COMBINAISON GENERALE
DES CHANGES
DES PRINCIPALES PLACES
DE L'EUROPE,
PAR RAPPORT
A LA FRANCE.

Par le Sieur DARIUS, Banquier.

TOME SECOND.

A PARIS,
De l'Imprimerie de JEAN-BAPTISTE COIGNARD fils,
Imprimeur du Roi, rue saint Jacques, au Livre d'or.

M. DCC. XXVIII.
AVEC APPROBATIONS ET PRIVILEGE DU ROI.

COMBINAISON GENERALE
DES CHANGES
DES PRINCIPALES PLACES
DE L'EUROPE,
PAR RAPPORT
A LA FRANCE.

PARIS, L'ESPAGNE, AMSTERDAM,

CINQUIÉME COMBINAISON.

PARIS, L'ESPAGNE, AMSTERDAM.

CEtte Combinaison est composée de quatre Nombres.

Les deux Nombres qui sont entre les deux Colomnes sur une même ligne marquent deux Changes.

Celuy d'Amsterdam sur Madrid, depuis 75 jusqu'à 105 deniers de gros d'Amsterdam, pour un Ducat d'Espagne de 375 Maravedis monnoye nouvelle.

Et celui d'Amsterdam sur Cadix, depuis $93\frac{1}{4}$ jusqu'à $131\frac{1}{4}$ deniers de gros d'Amsterdam, pour un Ducat d'Espagne de 375 Maravedis monnoye vieille.

Ces deux Changes sont dans une même proportion, & produisent toûjours les mêmes égalités.

La premiere Colomne contient les differents degrés du Change de Paris sur l'Espagne, depuis 10 livres jusqu'à 24 livres 14 sols de France, pour une Pistole d'Espagne.

La seconde Colomne contient les differents degrés du Change correspondant de Paris sur Amsterdam, depuis $33\frac{1}{16}$ jusqu'à $114\frac{1}{4}$ deniers de gros d'Amsterdam, pour un Ecu de France de 60 sols.

Pour operer avec Madrid, on se servira du Change indiqué d'Amsterdam sur Madrid.

Et pour operer avec Cadix, on se servira du Change indiqué d'Amsterdam sur Cadix.

4 COMBINAISON GENERALE

PARIS, L'ESPAGNE, AMSTERDAM.

Paris sur l'Espag.	Amster. sur Madrid.	Amster. sur Cadix.	Rend à Amster.	Paris sur l'Espag.	Amster. sur Madrid.	Amster. sur Cadix.	Rend à Amster.
10·	75	93¾	81⅝ m	13·14	75	93¾	59 9/16 m
10· 2			80 13/16 m	13·16			59⅛ p
10· 4			80	13·18			58 11/16 p
10· 6			79¼ m	14·			58¼ m
10· 8			78 7/16 p	14· 2			57⅞ m
10·10			77 11/16 p	14· 4			57 7/16 p
10·12			77 m	14· 6			57 1/16 p
10·14			76¼ p	14· 8			56 11/16 m
10·16			75 9/16 m	14·10			56¼ p
10·18			74⅞ m	14·12			55⅞ p
11·			74 3/16 m	14·14			55½ p
11· 2			73½ p	14·16			55⅛ p
11· 4			72⅞ m	14·18			54¾ p
11· 6			72 3/16 p	15·			54⅜ p
11· 8			71 9/16 p	15· 2			54 1/16 m
11·10			70 11/16 p	15· 4			53 11/16 m
11·12			70 3/16 m	15· 6			53 1/16 p
11·14			69¾ m	15· 8			53 m
11·16			69⅜ p	15·10			52⅝ p
11·18			68 3/16 p	15·12			52 1/16 p
12·			68	15·14			52 m
12· 2			67 7/16 p	15·16			51⅝ p
12· 4			66⅞ p	15·18			51⅜ p
12· 6			66 1/16 p	16·			51
12· 8			65 13/16 m	16· 2			50 11/16 m
12·10			65¼ p	16· 4			50⅖ m
12·12			64¾ p	16· 6			50 1/16 m
12·14			64¼ p	16· 8			49¾ p
12·16			63¾ p	16·10			49 7/16 p
12·18			63¼ p	16·12			49 1/16 m
13·			62½ p	16·14			48⅞ m
13· 2			62 1/16 m	16·16			48½ m
13· 4			61 13/16 p	16·18			48 5/16 m
13· 6			61⅜ m	17·			48
13· 8			60⅞ p	17· 2			47¾ m
13·10			60 7/16 p	17· 4			47 7/16 p
13·12			60	17· 6			47 3/16 m

DES CHANGES.

PARIS, L'ESPAGNE, AMSTERDAM.

Paris sur l'Espag.	Amster. sur Madrid.	Amster. sur Cadix.	Rend à Amster.	Paris sur l'Espag.	Amster. sur Madrid.	Amster. sur Cadix.	Rend à Amster.
17 . 8	75	93 $\frac{3}{4}$	46 $\frac{7}{8}$ p	21 . 2	75	93 $\frac{3}{4}$	38 $\frac{11}{16}$ m
17 . 10			46 $\frac{5}{8}$ p	21 . 4			38 $\frac{1}{2}$ m
17 . 12			46 $\frac{3}{8}$ m	21 . 6			38 $\frac{1}{4}$ m
17 . 14			46 $\frac{1}{8}$ m	21 . 8			38 $\frac{1}{16}$ p
17 . 16			45 $\frac{13}{16}$ p	21 . 10			37 $\frac{15}{16}$ p
17 . 18			45 $\frac{9}{16}$ p	21 . 12			37 $\frac{3}{4}$ p
18 .			45 $\frac{5}{16}$ p	21 . 14			37 $\frac{3}{8}$ m
18 . 2			45 $\frac{1}{16}$ p	21 . 16			37 $\frac{5}{16}$ m
18 . 4			44 $\frac{13}{16}$ p	21 . 18			37 $\frac{1}{4}$ p
18 . 6			44 $\frac{9}{16}$ p	22 .			37 $\frac{1}{16}$ p
18 . 8			44 $\frac{3}{8}$ m	22 . 2			36 $\frac{15}{16}$ m
18 . 10			44 $\frac{1}{8}$ m	22 . 4			36 $\frac{3}{4}$ p
18 . 12			43 $\frac{7}{8}$ m	22 . 6			36 $\frac{9}{16}$ p
18 . 14			43 $\frac{5}{8}$ p	22 . 8			36 $\frac{7}{16}$ m
18 . 16			43 $\frac{3}{8}$ p	22 . 10			36 $\frac{1}{4}$ p
18 . 18			43 $\frac{3}{16}$ p	22 . 12			36 $\frac{1}{16}$ m
19 .			42 $\frac{15}{16}$ p	22 . 14			35 $\frac{15}{16}$ p
19 . 2			42 $\frac{3}{4}$ m	22 . 16			35 $\frac{13}{16}$ m
19 . 4			42 $\frac{1}{2}$ m	22 . 18			35 $\frac{5}{8}$ p
19 . 6			42 $\frac{1}{4}$ p	23 .			35 $\frac{1}{2}$ m
19 . 8			42 $\frac{1}{16}$ m	23 . 2			35 $\frac{5}{16}$ p
19 . 10			41 $\frac{7}{8}$ m	23 . 4			35 $\frac{3}{16}$ m
19 . 12			41 $\frac{5}{8}$ p	23 . 6			35 p
19 . 14			41 $\frac{7}{16}$ m	23 . 8			34 $\frac{7}{8}$ m
19 . 16			41 $\frac{3}{16}$ p	23 . 10			34 $\frac{3}{4}$ m
19 . 18			41 p	23 . 12			34 $\frac{9}{16}$ p
20 .			40 $\frac{13}{16}$ m	23 . 14			34 $\frac{7}{16}$ m
20 . 2			40 $\frac{5}{8}$ m	23 . 16			34 $\frac{1}{16}$ m
20 . 4			40 $\frac{3}{8}$ p	23 . 18			34 $\frac{1}{8}$ p
20 . 6			40 $\frac{3}{16}$ p	24 .			34
20 . 8			40	24 . 2			33 $\frac{7}{8}$ m
20 . 10			39 $\frac{13}{16}$ m	24 . 4			33 $\frac{3}{4}$ m
20 . 12			39 $\frac{5}{8}$ m	24 . 6			33 $\frac{9}{16}$ p
20 . 14			39 $\frac{7}{16}$ m	24 . 8			33 $\frac{7}{16}$ p
20 . 16			39 $\frac{1}{4}$ m	24 . 10			33 $\frac{5}{16}$ m
20 . 18			39 $\frac{1}{16}$ m	24 . 12			33 $\frac{3}{16}$ m
21 .			38 $\frac{7}{8}$ m	24 . 14			33 $\frac{1}{16}$ p

COMBINAISON GENERALE

PARIS, L'ESPAGNE, AMSTERDAM.

Paris. sur l'Espag.	Amster. sur Madrid.	Amster. sur Cadix.	Rend à Amster.	Paris sur l'Espag.	Amster. sur Madrid.	Amster. sur Cadix.	Rend à Amster.
10·	$75\frac{1}{4}$	$94\frac{1}{16}$	$81\frac{7}{16}$ m	13·14	$75\frac{1}{4}$	$94\frac{1}{16}$	$59\frac{3}{4}$ P
10· 2	....	....	$81\frac{1}{16}$ m	13·16	....	....	$59\frac{5}{16}$ P
10· 4	....	....	$80\frac{1}{4}$ P	13·18	....	....	$58\frac{7}{8}$ P
10· 6	....	....	$79\frac{1}{2}$ m	14·	....	....	$58\frac{1}{2}$ m
10· 8	....	....	$78\frac{3}{4}$ m	14· 2	....	....	$58\frac{11}{16}$ P
10·10	....	....	78 m	14· 4	....	....	$57\frac{11}{16}$ m
10·12	....	....	$77\frac{1}{4}$ m	14· 6	....	....	$57\frac{1}{4}$ P
10·14	....	....	$76\frac{1}{2}$ P	14· 8	....	....	$56\frac{7}{8}$ m
10·16	....	....	$75\frac{13}{16}$ m	14·10	....	....	$56\frac{7}{16}$ P
10·18	....	....	$75\frac{1}{8}$ m	14·12	....	....	$56\frac{1}{16}$ P
11·	....	....	$74\frac{7}{16}$ m	14·14	....	....	$55\frac{11}{16}$ P
11· 2	....	....	$73\frac{3}{4}$ P	14·16	....	....	$55\frac{5}{16}$ P
11· 4	....	....	$73\frac{1}{8}$ m	14·18	....	....	$54\frac{15}{16}$ P
11· 6	....	....	$72\frac{7}{16}$ P	15·	....	....	$54\frac{9}{16}$ P
11· 8	....	....	$71\frac{13}{16}$ P	15· 2	....	....	$54\frac{1}{4}$ m
11·10	....	....	$71\frac{3}{16}$ P	15· 4	....	....	$53\frac{7}{8}$ m
11·12	....	....	$70\frac{9}{16}$ P	15· 6	....	....	$53\frac{1}{2}$ P
11·14	....	....	70 m	15· 8	....	....	$53\frac{3}{16}$ m
11·16	....	....	$69\frac{3}{8}$ P	15·10	....	....	$52\frac{13}{16}$ P
11·18	....	....	$68\frac{13}{16}$ m	15·12	....	....	$52\frac{1}{2}$ m
12·	....	....	$68\frac{1}{4}$ P	15·14	....	....	$52\frac{1}{8}$ P
12· 2	....	....	$67\frac{11}{16}$ m	15·16	....	....	$51\frac{13}{16}$ P
12· 4	....	....	$67\frac{1}{8}$ m	15·18	....	....	$51\frac{1}{2}$ m
12· 6	....	....	$66\frac{9}{16}$ P	16·	....	....	$51\frac{3}{16}$ m
12· 8	....	....	66 P	16· 2	....	....	$50\frac{7}{8}$ m
12·10	....	....	$65\frac{1}{2}$ m	16· 4	....	....	$50\frac{9}{16}$ m
12·12	....	....	65 m	16· 6	....	....	$50\frac{1}{4}$ m
12·14	....	....	$64\frac{7}{16}$ P	16· 8	....	....	$49\frac{15}{16}$ m
12·16	....	....	$63\frac{15}{16}$ P	16·10	....	....	$49\frac{5}{8}$ m
12·18	....	....	$63\frac{7}{16}$ P	16·12	....	....	$49\frac{5}{16}$ P
13·	....	....	63 m	16·14	....	....	49 P
13· 2	....	....	$62\frac{1}{2}$ m	16·16	....	....	$48\frac{3}{4}$ m
13· 4	....	....	62 P	16·18	....	....	$48\frac{7}{16}$ P
13· 6	....	....	$61\frac{9}{16}$ m	17·	....	....	$48\frac{3}{16}$ m
13· 8	....	....	$61\frac{1}{8}$ m	17· 2	....	....	$47\frac{7}{8}$ P
13·10	....	....	$60\frac{5}{8}$ P	17· 4	....	....	$47\frac{5}{8}$ m
13·12	....	....	$60\frac{3}{16}$ P	17· 6	....	....	$47\frac{5}{16}$ P

DES CHANGES.

Paris, l'Espagne, Amsterdam.

Paris sur l'Espag.	Amster. sur Madrid.	Amster. sur Cadix.	Rend à Amster.	Paris sur l'Espag.	Amster. sur Madrid.	Amster. sur Cadix.	Rend à Amster.
17. 8	75 $\frac{1}{4}$	94 $\frac{1}{16}$	47 $\frac{1}{16}$ m	21. 2	75 $\frac{1}{4}$	94 $\frac{1}{16}$	38 $\frac{13}{16}$ m
17.10			46 $\frac{13}{16}$ m	21. 4			38 $\frac{5}{8}$
17.12			46 $\frac{1}{2}$ p	21. 6			38 $\frac{7}{16}$ p
17.14			46 $\frac{1}{4}$ p	21. 8			38 $\frac{1}{4}$ p
17.16			46 m	21.10			38 $\frac{1}{16}$ p
17.18			45 $\frac{3}{4}$ m	21.12			37 $\frac{7}{8}$ p
18.			45 $\frac{1}{2}$ m	21.14			37 $\frac{4}{16}$ m
18. 2			45 $\frac{1}{4}$ m	21.16			37 $\frac{9}{16}$ m
18. 4			45 m	21.18			37 $\frac{3}{8}$ p
18. 6			44 $\frac{3}{4}$ m	22.			37 $\frac{3}{16}$ p
18. 8			44 $\frac{1}{2}$ m	22. 2			37 $\frac{1}{16}$ m
18.10			44 $\frac{1}{4}$ p	22. 4			36 $\frac{7}{8}$ p
18.12			44 p	22. 6			36 $\frac{11}{16}$ p
18.14			43 $\frac{13}{16}$ m	22. 8			36 $\frac{9}{16}$ m
18.16			43 $\frac{9}{16}$ m	22.10			36 $\frac{3}{8}$ p
18.18			43 $\frac{1}{16}$ p	22.12			36 $\frac{1}{4}$ m
19.			43 $\frac{1}{16}$ p	22.14			36 $\frac{1}{16}$ p
19. 2			42 $\frac{7}{8}$ m	22.16			35 $\frac{15}{16}$ p
19. 4			42 $\frac{3}{4}$ p	22.18			35 $\frac{3}{4}$ p
19. 6			42 $\frac{1}{2}$ m	23.			35 $\frac{1}{4}$ m
19. 8			42 $\frac{5}{16}$ p	23. 2			35 $\frac{5}{16}$ p
19.10			42 m	23. 4			35 $\frac{5}{16}$ m
19.12			41 $\frac{3}{4}$ p	23. 6			35 $\frac{1}{8}$ p
19.14			41 $\frac{9}{16}$ m	23. 8			35 m
19.16			41 $\frac{3}{8}$ m	23.10			34 $\frac{13}{16}$ p
19.18			41 $\frac{1}{8}$ p	23.12			34 $\frac{11}{16}$ p
20.			40 $\frac{15}{16}$ m	23.14			34 $\frac{9}{16}$ m
20. 2			40 $\frac{3}{4}$ m	23.16			34 $\frac{3}{8}$ p
20. 4			40 $\frac{1}{2}$ p	23.18			34 $\frac{1}{4}$ p
20. 6			40 $\frac{1}{16}$ p	24.			34 $\frac{1}{8}$ m
20. 8			40 $\frac{1}{8}$ p	24. 2			34 m
20.10			39 $\frac{15}{16}$ p	24. 4			33 $\frac{13}{16}$ p
20.12			39 $\frac{3}{4}$ m	24. 6			33 $\frac{11}{16}$ p
20.14			39 $\frac{9}{16}$ m	24. 8			33 $\frac{9}{16}$ m
20.16			39 $\frac{3}{8}$ m	24.10			33 $\frac{7}{16}$ m
20.18			39 $\frac{3}{16}$ m	24.12			33 $\frac{1}{16}$ m
21.			39 m	24.14			33 $\frac{1}{8}$ p

COMBINAISON GENERALE

PARIS, L'ESPAGNE, AMSTERDAM.

Paris. sur l'Espag.	Amster. sur Madrid.	Amster. sur Cadix.	Rend à Amster.	Paris sur l'Espag.	Amster. sur Madrid.	Amster. sur Cadix.	Rend à Amster.
10·	75$\frac{1}{2}$	94$\frac{3}{8}$	82$\frac{1}{8}$ p	13·14	75$\frac{1}{2}$	94$\frac{3}{8}$	59$\frac{15}{16}$ p
10· 2			81$\frac{1}{16}$ p	13·16			59$\frac{1}{2}$ p
10· 4			80$\frac{9}{16}$ m	13·18			59$\frac{1}{8}$ m
10· 6			79$\frac{3}{4}$ p	14·			58$\frac{11}{16}$ p
10· 8			79 m	14· 2			58$\frac{1}{4}$ p
10·10			78$\frac{1}{4}$ m	14· 4			57$\frac{7}{8}$ m
10·12			77$\frac{1}{2}$ m	14· 6			57$\frac{7}{16}$ p
10·14			76$\frac{3}{4}$ p	14· 8			57$\frac{1}{16}$ p
10·16			76$\frac{1}{16}$ m	14·10			56$\frac{5}{8}$ p
10·18			75$\frac{3}{8}$ m	14·12			56$\frac{1}{4}$ p
11·			74$\frac{11}{16}$ m	14·14			55$\frac{7}{8}$ p
11· 2			74 p	14·16			55$\frac{1}{2}$ p
11· 4			73$\frac{5}{16}$ p	14·18			55 p
11· 6			72$\frac{11}{16}$ p	15·			54$\frac{3}{4}$ p
11· 8			72$\frac{1}{16}$ m	15· 2			54$\frac{3}{8}$ p
11·10			71$\frac{7}{16}$ m	15· 4			54$\frac{1}{16}$ p
11·12			70$\frac{13}{16}$ p	15· 6			53$\frac{11}{16}$ p
11·14			70$\frac{3}{16}$ p	15· 8			53$\frac{5}{16}$ p
11·16			69$\frac{5}{8}$ m	15·10			53 p
11·18			69 p	15·12			52$\frac{11}{16}$ m
12·			68$\frac{7}{16}$ p	15·14			52$\frac{1}{16}$ p
12· 2			67$\frac{7}{8}$ p	15·16			52 m
12· 4			67$\frac{5}{16}$ p	15·18			51$\frac{11}{16}$ m
12· 6			66$\frac{13}{16}$ m	16·			51$\frac{5}{16}$ p
12· 8			66$\frac{1}{4}$ m	16· 2			51 p
12·10			65$\frac{11}{16}$ p	16· 4			50$\frac{11}{16}$ p
12·12			65$\frac{5}{16}$ p	16· 6			50$\frac{3}{8}$ p
12·14			64$\frac{11}{16}$ m	16· 8			50$\frac{1}{16}$ p
12·16			64$\frac{3}{16}$ m	16·10			49$\frac{13}{16}$ m
12·18			63$\frac{11}{16}$ m	16·12			49$\frac{1}{2}$ p
13·			63$\frac{3}{16}$ p	16·14			49$\frac{1}{16}$ p
13· 2			62$\frac{11}{16}$ p	16·16			48$\frac{7}{8}$ p
13· 4			62$\frac{1}{4}$	16·18			48$\frac{5}{8}$ m
13· 6			61$\frac{3}{4}$ p	17·			48$\frac{1}{16}$ p
13· 8			61$\frac{5}{16}$ m	17· 2			48$\frac{1}{16}$ m
13·10			60$\frac{7}{8}$ m	17· 4			47$\frac{3}{4}$ p
13·12			60$\frac{3}{8}$ p	17· 6			47$\frac{1}{2}$ m

DES CHANGES.

PARIS, L'ESPAGNE, AMSTERDAM.

Paris sur l'Espag.	Amster. sur Madrid.	Amster. sur Cadix.	Rend à Amster.	Paris sur l'Espag.	Amster. sur Madrid.	Amster. sur Cadix.	Rend à Amster.
17· 8	75 $\frac{1}{2}$	94 $\frac{3}{8}$	47 $\frac{3}{16}$ p	21· 2	75 $\frac{1}{2}$	94 $\frac{3}{8}$	38 $\frac{15}{16}$ m
17·10			46 $\frac{13}{16}$ p	21· 4			38 $\frac{1}{2}$ m
17·12			46 $\frac{11}{16}$ m	21· 6			38 $\frac{4}{6}$ p
17·14			46 $\frac{7}{16}$ m	21· 8			38 $\frac{3}{8}$ p
17·16			46 $\frac{1}{8}$ p	21·10			38 $\frac{3}{16}$ p
17·18			45 $\frac{5}{8}$ p	21·12			38 p
18·			45 $\frac{5}{8}$ p	21·14			37 $\frac{7}{8}$ m
18· 2			45 $\frac{5}{8}$ p	21·16			37 $\frac{11}{16}$ m
18· 4			45 $\frac{3}{8}$ p	21·18			37 $\frac{1}{2}$ p
18· 6			44 $\frac{5}{8}$ p	22·			37 $\frac{1}{6}$ p
18· 8			44 $\frac{5}{8}$ p	22· 2			37 $\frac{1}{16}$ m
18·10			44 $\frac{3}{8}$ p	22· 4			37 p
18·12			44 $\frac{3}{16}$ m	22· 6			36 $\frac{13}{16}$ p
18·14			43 $\frac{5}{6}$ m	22· 8			36 $\frac{11}{16}$ m
18·16			43 $\frac{11}{16}$ p	22·10			36 $\frac{1}{2}$ p
18·18			43 $\frac{7}{16}$ p	22·12			36 $\frac{3}{8}$ m
19·			43 $\frac{1}{4}$ m	22·14			36 $\frac{3}{16}$ m
19· 2			43 p	22·16			36 p
19· 4			42 $\frac{13}{16}$ m	22·18			35 $\frac{7}{8}$ m
19· 6			42 $\frac{9}{16}$ p	23·			35 $\frac{11}{16}$ m
19· 8			42 $\frac{5}{16}$ p	23· 2			35 $\frac{9}{16}$ m
19·10			42 $\frac{1}{8}$ p	23· 4			35 $\frac{7}{16}$ m
19·12			41 $\frac{15}{16}$ m	23· 6			35 $\frac{1}{4}$ p
19·14			41 $\frac{11}{16}$ p	23· 8			35 $\frac{1}{8}$ m
19·16			41 $\frac{1}{2}$ m	23·10			34 $\frac{15}{16}$ p
19·18			41 $\frac{1}{4}$ p	23·12			34 $\frac{13}{16}$ m
20·			41 $\frac{1}{16}$ p	23·14			34 $\frac{11}{16}$ p
20· 2			40 $\frac{7}{8}$ m	23·16			34 $\frac{1}{2}$ m
20· 4			40 $\frac{11}{16}$ m	23·18			34 $\frac{3}{8}$ m
20· 6			40 $\frac{7}{16}$ p	24·			34 $\frac{1}{4}$ m
20· 8			40 $\frac{5}{16}$ p	24· 2			34 $\frac{1}{16}$ p
20·10			40 $\frac{1}{8}$ p	24· 4			33 $\frac{15}{16}$ p
20·12			39 $\frac{7}{8}$ p	24· 6			33 $\frac{13}{16}$ m
20·14			39 $\frac{11}{16}$ m	24· 8			33 $\frac{11}{16}$ m
20·16			39 $\frac{1}{2}$ m	24·10			33 $\frac{1}{2}$ p
20·18			39 $\frac{5}{16}$ m	24·12			33 $\frac{3}{8}$ p
21·			39 $\frac{1}{8}$ m	24·14			33 $\frac{1}{4}$ p

Tome II.

10 COMBINAISON GENERALE

PARIS, L'ESPAGNE, AMSTERDAM.

Paris sur l'Espag.	Amster. sur Madrid.	Amster. sur Cadix.	Rend à Amster.	Paris sur l'Espag.	Amster. sur Madrid.	Amster. sur Cadix.	Rend à Amster.
10 ·	· 75 $\frac{3}{4}$	· 94 $\frac{11}{16}$	· 82 $\frac{7}{16}$ m	13 · 14	· 75 $\frac{3}{4}$	· 94 $\frac{11}{16}$	· 60 $\frac{3}{4}$ m
10 · 2			81 $\frac{1}{8}$ m	13 · 16			59 $\frac{3}{4}$ m
10 · 4			80 $\frac{13}{16}$ m	13 · 18			59 $\frac{1}{16}$ m
10 · 6			80 p	14 ·			58 $\frac{7}{8}$ m
10 · 8			79 $\frac{1}{4}$ m	14 · 2			58 $\frac{3}{16}$ p
10 · 10			78 $\frac{1}{2}$ m	14 · 4			58 $\frac{1}{16}$ m
10 · 12			77 $\frac{3}{4}$ p	14 · 6			57 $\frac{1}{8}$ p
10 · 14			77 p	14 · 8			57 $\frac{1}{4}$ m
10 · 16			76 $\frac{5}{16}$ m	14 · 10			56 $\frac{13}{16}$ p
10 · 18			75 $\frac{5}{8}$ m	14 · 12			56 $\frac{7}{16}$ p
11 ·			74 $\frac{15}{16}$ m	14 · 14			56 $\frac{1}{16}$ p
11 · 2			74 $\frac{1}{4}$ m	14 · 16			55 $\frac{11}{16}$ m
11 · 4			73 $\frac{9}{16}$ p	14 · 18			55 $\frac{1}{16}$ p
11 · 6			72 $\frac{15}{16}$ m	15 ·			54 $\frac{15}{16}$ p
11 · 8			72 $\frac{5}{16}$ m	15 · 2			54 $\frac{9}{16}$ p
11 · 10			71 $\frac{11}{16}$ m	15 · 4			54 $\frac{1}{4}$ p
11 · 12			71 $\frac{1}{16}$ m	15 · 6			53 $\frac{7}{8}$ m
11 · 14			70 $\frac{7}{16}$ m	15 · 8			53 $\frac{1}{2}$ m
11 · 16			69 $\frac{7}{8}$ m	15 · 10			53 $\frac{3}{16}$ m
11 · 18			69 $\frac{1}{4}$ p	15 · 12			52 $\frac{13}{16}$ p
12 ·			68 $\frac{11}{16}$ m	15 · 14			52 $\frac{1}{2}$ m
12 · 2			68 $\frac{1}{8}$ m	15 · 16			52 $\frac{3}{16}$ m
12 · 4			67 $\frac{9}{16}$ m	15 · 18			51 $\frac{13}{16}$ p
12 · 6			67 p	16 ·			51 $\frac{1}{2}$ p
12 · 8			66 $\frac{7}{16}$ p	16 · 2			51 $\frac{3}{16}$ p
12 · 10			65 $\frac{15}{16}$ m	16 · 4			50 $\frac{7}{8}$ m
12 · 12			65 $\frac{1}{16}$ m	16 · 6			50 $\frac{9}{16}$ m
12 · 14			64 $\frac{7}{8}$ p	16 · 8			50 $\frac{1}{4}$ p
12 · 16			64 $\frac{3}{8}$ p	16 · 10			49 $\frac{15}{16}$ p
12 · 18			63 $\frac{7}{8}$ p	16 · 12			49 $\frac{5}{8}$ p
13 ·			63 $\frac{3}{8}$ p	16 · 14			49 $\frac{3}{8}$ m
13 · 2			62 $\frac{15}{16}$ m	16 · 16			49 $\frac{1}{16}$ m
13 · 4			62 $\frac{7}{16}$ m	16 · 18			48 $\frac{3}{4}$ p
13 · 6			61 $\frac{15}{16}$ p	17 ·			48 $\frac{1}{2}$ m
13 · 8			61 $\frac{1}{2}$ p	17 · 2			48 $\frac{3}{16}$ p
13 · 10			61 $\frac{1}{16}$ m	17 · 4			47 $\frac{13}{16}$ m
13 · 12			60 $\frac{5}{8}$ m	17 · 6			47 $\frac{5}{8}$ p

DES CHANGES.

Paris, l'Espagne, Amsterdam.

Paris sur l'Espag.	Amster. sur Madrid.	Amster. sur Cadix.	Rend à Amster.	Paris sur l'Espag.	Amster. sur Madrid.	Amster. sur Cadix.	Rend à Amster.
17. 8	$75\frac{3}{4}$	$94\frac{11}{16}$	$47\frac{3}{8}$ m	21. 2	$75\frac{3}{4}$	$94\frac{11}{16}$	$39\frac{1}{16}$ m
17.10	....	....	$47\frac{1}{8}$ m	21. 4	....	....	$38\frac{7}{8}$ p
17.12	....	....	$46\frac{13}{16}$ p	21. 6	....	....	$38\frac{11}{16}$ p
17.14	....	....	$46\frac{9}{16}$ p	21. 8	....	....	$38\frac{1}{2}$ p
17.16	....	....	$46\frac{1}{16}$ m	21.10	....	....	$38\frac{5}{16}$ p
17.18	....	....	$46\frac{1}{16}$ m	21.12	....	....	$38\frac{1}{8}$ p
18.	....	....	$45\frac{13}{16}$ m	21.14	....	....	38 m
18. 2	....	....	$45\frac{9}{16}$ m	21.16	....	....	$37\frac{13}{16}$ m
18. 4	....	....	$45\frac{5}{16}$ m	21.18	....	....	$37\frac{5}{8}$ p
18. 6	....	....	$45\frac{1}{16}$ m	22.	....	....	$37\frac{7}{16}$ p
18. 8	....	....	$44\frac{13}{16}$ m	22. 2	....	....	$37\frac{5}{16}$ m
18.10	....	....	$44\frac{9}{16}$ m	22. 4	....	....	$37\frac{1}{8}$ m
18.12	....	....	$44\frac{5}{16}$ m	22. 6	....	....	$36\frac{15}{16}$ p
18.14	....	....	$44\frac{1}{16}$ p	22. 8	....	....	$36\frac{1}{2}$ m
18.16	....	....	$43\frac{13}{16}$ p	22.10	....	....	$36\frac{3}{8}$ p
18.18	....	....	$43\frac{5}{8}$ m	22.12	....	....	$36\frac{7}{16}$ p
19.	....	....	$43\frac{3}{8}$ p	22.14	....	....	$36\frac{1}{16}$ m
19. 2	....	....	$43\frac{1}{8}$ p	22.16	....	....	$36\frac{1}{8}$ p
19. 4	....	....	$42\frac{15}{16}$ m	22.18	....	....	36 m
19. 6	....	....	$42\frac{11}{16}$ p	23.	....	....	$35\frac{13}{16}$ p
19. 8	....	....	$42\frac{1}{2}$ m	23. 2	....	....	$35\frac{11}{16}$ m
19.10	....	....	$42\frac{1}{4}$ p	23. 4	....	....	$35\frac{1}{2}$ p
19.12	....	....	$42\frac{1}{16}$ m	23. 6	....	....	$35\frac{3}{8}$ m
19.14	....	....	$41\frac{13}{16}$ p	23. 8	....	....	$35\frac{1}{4}$ m
19.16	....	....	$41\frac{5}{8}$ m	23.10	....	....	$35\frac{1}{16}$ p
19.18	....	....	$41\frac{7}{16}$ m	23.12	....	....	$34\frac{15}{16}$ m
20.	....	....	$41\frac{3}{16}$ p	23.14	....	....	$34\frac{3}{4}$ p
20. 2	....	....	41 p	23.16	....	....	$34\frac{5}{8}$ p
20. 4	....	....	$40\frac{13}{16}$ m	23.18	....	....	$34\frac{1}{2}$ m
20. 6	....	....	$40\frac{1}{2}$ m	24.	....	....	$34\frac{5}{16}$ p
20. 8	....	....	$40\frac{3}{8}$ p	24. 2	....	....	$34\frac{3}{16}$ p
20.10	....	....	$40\frac{1}{4}$ p	24. 4	....	....	$34\frac{1}{16}$ m
20.12	....	....	40 p	24. 6	....	....	$33\frac{15}{16}$ m
20.14	....	....	$39\frac{13}{16}$ p	24. 8	....	....	$33\frac{3}{4}$ p
20.16	....	....	$39\frac{1}{2}$ m	24.10	....	....	$33\frac{1}{2}$ p
20.18	....	....	$39\frac{1}{16}$ m	24.12	....	....	$33\frac{1}{2}$ p
21.	....	....	$39\frac{1}{4}$ m	24.14	....	....	$33\frac{3}{8}$ m

COMBINAISON GENERALE

PARIS, L'ESPAGNE, AMSTERDAM.

Paris sur l'Espag.	Amster. sur Madrid.	Amster. sur Cadix.	Rend à Amster.	Paris sur l'Espag.	Amster. sur Madrid.	Amster. sur Cadix.	Rend à Amster.
10·	76	95	$82\frac{11}{16}$ p	13·14	76	95	$60\frac{3}{8}$ m
10· 2			$81\frac{7}{8}$ m	13·16			$59\frac{13}{16}$ m
10· 4			$81\frac{1}{16}$ p	13·18			$59\frac{1}{2}$ m
10· 6			$80\frac{1}{4}$ p	14·			$59\frac{1}{16}$ p
10· 8			79 p	14· 2			$58\frac{1}{2}$ p
10·10			$78\frac{3}{4}$ p	14· 4			$58\frac{1}{4}$ m
10·12			78 p	14· 6			$57\frac{13}{16}$ p
10·14			$77\frac{1}{4}$ p	14· 8			$57\frac{7}{16}$ m
10·16			$76\frac{1}{16}$ p	14·10			57 p
10·18			$75\frac{7}{8}$ m	14·12			$56\frac{5}{8}$ p
11·			$75\frac{2}{16}$ m	14·14			$56\frac{1}{4}$ p
11· 2			$74\frac{1}{2}$ m	14·16			$55\frac{7}{8}$ m
11· 4			$73\frac{13}{16}$ p	14·18			$55\frac{1}{2}$ m
11· 6			$73\frac{3}{16}$ m	15·			$55\frac{1}{2}$ p
11· 8			$72\frac{9}{16}$ m	15· 2			$54\frac{3}{4}$ p
11·10			$71\frac{7}{8}$ p	15· 4			$54\frac{3}{8}$ p
11·12			$71\frac{1}{16}$ m	15· 6			$54\frac{1}{16}$ m
11·14			$70\frac{11}{16}$ m	15· 8			$53\frac{11}{16}$ p
11·16			$70\frac{1}{16}$ p	15·10			$53\frac{3}{8}$ m
11·18			$69\frac{1}{2}$ m	15·12			53 p
12·			$68\frac{15}{16}$ m	15·14			$52\frac{11}{16}$ p
12· 2			$68\frac{5}{16}$ p	15·16			$52\frac{5}{16}$ p
12· 4			$67\frac{3}{4}$ p	15·18			52 p
12· 6			$67\frac{1}{4}$ m	16·			$51\frac{11}{16}$ m
12· 8			$66\frac{11}{16}$ m	16· 2			$51\frac{3}{8}$ m
12·10			$66\frac{1}{2}$ p	16· 4			$51\frac{1}{16}$ m
12·12			$65\frac{1}{2}$ p	16· 6			$50\frac{3}{4}$ m
12·14			$65\frac{1}{8}$ m	16· 8			$50\frac{7}{16}$ m
12·16			$64\frac{5}{8}$ m	16·10			$50\frac{1}{8}$ m
12·18			$64\frac{1}{8}$ m	16·12			$49\frac{13}{16}$ p
13·			$63\frac{5}{8}$ m	16·14			$49\frac{1}{2}$ p
13· 2			$63\frac{1}{8}$ m	16·16			$49\frac{1}{4}$ m
13· 4			$62\frac{3}{4}$ p	16·18			$48\frac{15}{16}$ m
13· 6			$62\frac{1}{16}$ m	17·			$48\frac{5}{8}$ p
13· 8			$61\frac{11}{16}$ p	17· 2			$48\frac{3}{8}$ m
13·10			$61\frac{1}{4}$ p	17· 4			$48\frac{1}{16}$ p
13·12			$60\frac{13}{16}$ m	17· 6			$47\frac{13}{16}$ m

DES CHANGES.

PARIS, L'ESPAGNE, AMSTERDAM.

Paris sur l'Espag.	Amster. sur Madrid.	Amster. sur Cadix.	Rend à Amster.	Paris sur l'Espag.	Amster. sur Madrid.	Amster. sur Cadix.	Rend à Amster.
17. 8	76	95	$47\frac{1}{2}$ p	21. 2	76	95	$39\frac{3}{16}$ p
17.10			$47\frac{1}{4}$ p	21. 4			39 p
17.12			47 m	21. 6			$38\frac{13}{16}$ p
17.14			$46\frac{11}{16}$ p	21. 8			$38\frac{1}{2}$ p
17.16			$46\frac{7}{16}$ p	21.10			$38\frac{3}{16}$ p
17.18			$46\frac{3}{16}$ p	21.12			$38\frac{1}{16}$ m
18.			$45\frac{15}{16}$ p	21.14			$38\frac{1}{8}$ m
18. 2			$45\frac{11}{16}$ m	21.16			$37\frac{11}{16}$ m
18. 4			$45\frac{7}{16}$ p	21.18			$37\frac{1}{4}$ p
18. 6			$45\frac{3}{16}$ m	22.			$37\frac{9}{16}$ p
18. 8			$44\frac{15}{16}$ p	22. 2			$37\frac{7}{16}$ m
18.10			$44\frac{11}{16}$ p	22. 4			$37\frac{1}{4}$ m
18.12			$44\frac{7}{16}$ p	22. 6			$37\frac{1}{16}$ p
18.14			$44\frac{3}{16}$ p	22. 8			$36\frac{13}{16}$ m
18.16			44 m	22.10			$36\frac{3}{4}$ p
18.18			$43\frac{3}{4}$ p	22.12			$36\frac{9}{16}$ p
19.			$43\frac{1}{2}$ p	22.14			$36\frac{7}{16}$ m
19. 2			$43\frac{5}{16}$ m	22.16			$36\frac{1}{4}$ p
19. 4			$43\frac{1}{16}$ p	22.18			$36\frac{1}{8}$ m
19. 6			$42\frac{12}{16}$ p	23.			$35\frac{15}{16}$ p
19. 8			$42\frac{5}{8}$ m	23. 2			$35\frac{13}{16}$ m
19.10			$42\frac{3}{8}$ p	23. 4			$35\frac{1}{2}$ m
19.12			$42\frac{3}{16}$ p	23. 6			$35\frac{1}{2}$ m
19.14			42 m	23. 8			$35\frac{5}{16}$ p
19.16			$41\frac{3}{4}$ p	23.10			$35\frac{3}{16}$ m
19.18			$41\frac{9}{16}$ m	23.12			$35\frac{1}{16}$ m
20.			$41\frac{3}{8}$ m	23.14			$34\frac{7}{8}$ p
20. 2			$41\frac{1}{8}$ p	23.16			$34\frac{3}{4}$ p
20. 4			$40\frac{15}{16}$ m	23.18			$34\frac{3}{8}$ m
20. 6			$40\frac{3}{4}$ m	24.			$34\frac{3}{16}$ p
20. 8			$40\frac{9}{16}$ m	24. 2			$34\frac{5}{16}$ m
20.10			$40\frac{5}{16}$ p	24. 4			$34\frac{3}{16}$ m
20.12			$40\frac{1}{8}$ p	24. 6			34 p
20.14			$39\frac{15}{16}$ p	24. 8			$33\frac{7}{8}$ p
20.16			$39\frac{3}{4}$ p	24.10			$33\frac{3}{4}$ p
20.18			$39\frac{9}{16}$ p	24.12			$33\frac{5}{8}$ m
21.			$39\frac{3}{8}$ p	24.14			$33\frac{1}{2}$ m

COMBINAISON GENERALE

PARIS, L'ESPAGNE, AMSTERDAM.

Paris. sur l'Espag.	Amster. sur Madrid.	Amster. sur Cadix.	Rend à Amster.	Paris sur l'Espag.	Amster. sur Madrid.	Amster. sur Cadix.	Rend à Amster.
10.	76 $\frac{1}{4}$	95 $\frac{5}{16}$	82 $\frac{15}{16}$ P	13.14	76 $\frac{1}{4}$	95 $\frac{5}{16}$	60 $\frac{9}{16}$ m
10. 2			82 $\frac{1}{8}$ P	13.16			60 $\frac{1}{8}$
10. 4			81 $\frac{1}{16}$ P	13.18			59 $\frac{11}{16}$ m
10. 6			80 $\frac{9}{16}$ m	14.			59 $\frac{1}{4}$ P
10. 8			79 $\frac{3}{4}$ P	14. 2			58 $\frac{13}{16}$ P
10.10			79 P	14. 4			58 $\frac{7}{16}$ m
10.12			78 $\frac{1}{4}$ P	14. 6			58 P
10.14			77 $\frac{13}{16}$ m	14. 8			57 $\frac{5}{8}$ m
10.16			76 $\frac{13}{16}$ P	14.10			57 $\frac{13}{16}$ P
10.18			76 $\frac{1}{8}$ m	14.12			56 $\frac{13}{16}$ P
11.			75 $\frac{7}{16}$ m	14.14			56 $\frac{7}{16}$ m
11. 2			74 $\frac{3}{4}$ m	14.16			56 $\frac{1}{16}$ P
11. 4			74 $\frac{1}{16}$ P	14.18			55 $\frac{11}{16}$ P
11. 6			73 $\frac{7}{16}$ m	15.			55 $\frac{5}{16}$ m
11. 8			72 $\frac{3}{4}$ P	15. 2			54 $\frac{15}{16}$ P
11.10			72 $\frac{1}{8}$ P	15. 4			54 $\frac{9}{16}$ P
11.12			71 $\frac{1}{2}$ P	15. 6			54 $\frac{1}{4}$ P
11.14			70 $\frac{7}{8}$ P	15. 8			53 $\frac{7}{8}$ m
11.16			70 $\frac{3}{16}$ m	15.10			53 $\frac{1}{2}$ P
11.18			69 $\frac{11}{16}$ P	15.12			53 $\frac{3}{16}$ m
12.			69 $\frac{1}{8}$ P	15.14			52 $\frac{13}{16}$ P
12. 2			68 $\frac{9}{16}$ m	15.16			52 $\frac{7}{16}$
12. 4			68	15.18			52 $\frac{1}{16}$ m
12. 6			67 $\frac{7}{16}$ P	16.			51 $\frac{3}{4}$ m
12. 8			66 $\frac{7}{8}$ P	16. 2			51 $\frac{1}{8}$ P
12.10			66 $\frac{3}{8}$ m	16. 4			51 $\frac{3}{16}$ P
12.12			65 $\frac{13}{16}$ P	16. 6			50 $\frac{7}{8}$ P
12.14			65 $\frac{13}{16}$ P	16. 8			50 $\frac{9}{16}$ P
12.16			64 $\frac{13}{16}$	16.10			50 $\frac{1}{4}$ P
12.18			64 $\frac{5}{16}$ m	16.12			50 m
13.			63 $\frac{13}{16}$ P	16.14			49 $\frac{11}{16}$ m
13. 2			63 $\frac{1}{16}$ P	16.16			49 $\frac{3}{8}$
13. 4			62 $\frac{7}{8}$ m	16.18			49 $\frac{1}{16}$ P
13. 6			62 $\frac{3}{8}$ P	17.			48 $\frac{13}{16}$ P
13. 8			61 $\frac{15}{16}$ m	17. 2			48 $\frac{1}{2}$ P
13.10			61 $\frac{7}{16}$ P	17. 4			48 $\frac{1}{4}$ m
13 12			61	17. 6			47 $\frac{15}{16}$ P

DES CHANGES.

PARIS, L'ESPAGNE, AMSTERDAM.

Paris sur l'Espag.	Amster. sur Madrid.	Amster. sur Cadix.	Rend à Amster.	Paris sur l'Espag.	Amster. sur Madrid.	Amster. sur Cadix.	Rend à Amster.
17. 8	76 $\frac{1}{4}$	95 $\frac{5}{16}$	47 $\frac{11}{16}$ m	21. 2	76 $\frac{1}{4}$	95 $\frac{5}{16}$	39 $\frac{5}{16}$ p
17.10			47 $\frac{3}{8}$ p	21. 4			39 $\frac{1}{8}$ p
17.12			47 $\frac{1}{16}$ p	21. 6			38 $\frac{15}{16}$ p
17.14			46 $\frac{13}{16}$ m	21. 8			38 $\frac{3}{4}$ p
17.16			46 $\frac{1}{2}$ m	21.10			38 $\frac{9}{16}$ p
17.18			46 $\frac{3}{16}$ m	21.12			38 $\frac{7}{16}$ m
18.			46 $\frac{1}{16}$ p	21.14			38 $\frac{1}{4}$ m
18. 2			45 $\frac{13}{16}$ p	21.16			38 $\frac{1}{16}$ m
18. 4			45 $\frac{9}{16}$ p	21.18			37 $\frac{7}{8}$ p
18. 6			45 $\frac{5}{16}$ p	22.			37 $\frac{11}{16}$ p
18. 8			45 $\frac{1}{16}$ p	22. 2			37 $\frac{9}{16}$ m
18.10			44 $\frac{13}{16}$ p	22. 4			37 $\frac{3}{8}$ m
18.12			44 $\frac{5}{8}$ m	22. 6			37 $\frac{3}{16}$ p
18.14			44 $\frac{3}{8}$ m	22. 8			37 $\frac{1}{16}$ m
18.16			44 $\frac{1}{8}$ p	22.10			36 $\frac{7}{8}$ m
18.18			43 $\frac{7}{8}$ p	22.12			36 $\frac{11}{16}$ p
19.			43 $\frac{11}{16}$ m	22.14			36 $\frac{9}{16}$ m
19. 2			43 $\frac{7}{16}$ m	22.16			36 $\frac{3}{8}$ p
19. 4			43 $\frac{3}{16}$ p	22.18			36 $\frac{1}{4}$ p
19. 6			43 m	23.			36 $\frac{1}{16}$ p
19. 8			42 $\frac{3}{4}$ p	23. 2			35 $\frac{15}{16}$ m
19.10			42 $\frac{9}{16}$ m	23. 4			35 $\frac{3}{4}$ p
19.12			42 $\frac{1}{16}$ p	23. 6			35 $\frac{5}{8}$ m
19.14			42 $\frac{1}{8}$ m	23. 8			35 $\frac{7}{16}$ p
19.16			41 $\frac{7}{8}$ p	23.10			35 $\frac{5}{16}$ m
19.18			41 $\frac{11}{16}$ p	23.12			35 $\frac{1}{8}$ p
20.			41 $\frac{1}{2}$ m	23.14			35 p
20. 2			41 $\frac{1}{4}$ p	23.16			34 $\frac{7}{8}$ m
20. 4			41 $\frac{1}{8}$ p	23.18			34 $\frac{11}{16}$ p
20. 6			40 $\frac{7}{8}$ m	24.			34 $\frac{9}{16}$ p
20. 8			40 $\frac{11}{16}$ m	24. 2			34 $\frac{7}{16}$ m
20.10			40 $\frac{7}{16}$ p	24. 4			34 $\frac{1}{4}$ p
20.12			40 $\frac{1}{4}$ p	24. 6			34 $\frac{1}{8}$ p
20.14			40 $\frac{1}{16}$ p	24. 8			34
20.16			39 $\frac{7}{8}$ p	24.10			33 $\frac{7}{8}$ m
20.18			39 $\frac{11}{16}$ p	24.12			33 $\frac{3}{4}$ m
21.			39 $\frac{1}{2}$ p	24.14			33 $\frac{9}{16}$ p

COMBINAISON GENERALE

PARIS, L'ESPAGNE, AMSTERDAM.

Paris sur l'Espag.	Amster. sur Madrid.	Amster. sur Cadix.	Rend à Amster.	Paris sur l'Espag.	Amster. sur Madrid.	Amster. sur Cadix.	Rend à Amster.
10·	76 ½	95 ⅝	83 ¼ m	13·14	76 ½	95 ⅝	60 ¾ p
10· 2			82 7/16 m	13·16			60 ½ p
10· 4			81 ⅝ m	13·18			59 7/16 p
10· 6			80 13/16 m	14·			59 ¼ p
10· 8			80 p	14· 2			59 p
10·10			79 ¼ p	14· 4			58 ⅝ m
10·12			78 ½ p	14· 6			58 3/16 p
10·14			77 13/16 m	14· 8			57 13/16 m
10·16			77 1/16 p	14·10			57 ⅜ p
10·18			76 ⅜ m	14·12			57 p
11·			75 11/16 m	14·14			56 ⅛ m
11· 2			75 m	14·16			56 1/16 p
11· 4			74 5/16 p	14·18			55 ⅞ m
11· 6			73 11/16 m	15·			55 ½ m
11· 8			73 p	15· 2			55 ⅛ m
11·10			72 ⅜ p	15· 4			54 ¾ p
11·12			71 ¼ p	15· 6			54 ⅜ p
11·14			71 ⅛ p	15· 8			54 1/16 m
11·16			70 9/16 m	15·10			53 11/16 p
11·18			69 15/16 p	15·12			53 ⅜ m
12·			69 ⅜ m	15·14			53 p
12· 2			68 13/16 m	15·16			52 11/16 m
12· 4			68 ¼ m	15·18			52 ⅜ p
12· 6			67 11/16 m	16·			52 p
12· 8			67 ⅛ m	16· 2			51 11/16 p
12·10			66 9/16 p	16· 4			51 ⅜ p
12·12			66 1/16 m	16· 6			51 1/16 p
12·14			65 9/16 m	16· 8			50 ¾ p
12·16			65 p	16·10			50 7/16 p
12·18			64 ½ p	16·12			50 ⅛ p
13·			64 p	16·14			49 13/16 p
13· 2			63 9/16 m	16·16			49 9/16 m
13· 4			63 1/16 m	16·18			49 ¼ m
13· 6			62 9/16 p	17·			48 15/16 p
13· 8			62 ⅛ m	17· 2			48 11/16 m
13·10			61 ⅝ p	17· 4			48 ⅜ p
13·12			61 3/16 p	17· 6			48 ⅛ m

PARIS, L'ESPAGNE, AMSTERDAM.

Paris. ſur l'Eſpag.	Amſter. ſur Madrid.	Amſter. ſur Cadix.	Rend à Amſter.	Paris ſur l'Eſpag.	Amſter. ſur Madrid.	Amſter. ſur Cadix.	Rend à Amſter.
17· 8	76 $\frac{1}{2}$	95 $\frac{5}{8}$	47 $\frac{13}{16}$ p	21· 2	76 $\frac{1}{2}$	95 $\frac{5}{8}$	39 $\frac{7}{16}$ p
17·10	....	....	47 $\frac{9}{16}$ m	21· 4	....	....	39 $\frac{1}{4}$ p
17·12	....	....	47 $\frac{5}{16}$ m	21· 6	....	....	39 $\frac{1}{16}$ p
17·14	....	....	47 p	21· 8	....	....	38 $\frac{7}{8}$ p
17·16	....	....	46 $\frac{3}{4}$ p	21·10	....	....	38 $\frac{11}{16}$ p
17·18	....	....	46 $\frac{1}{2}$ m	21·12	....	....	38 $\frac{9}{16}$ m
18·	....	....	46 $\frac{1}{4}$ m	21·14	....	....	38 $\frac{3}{8}$ m
18· 2	....	....	46 m	21·16	....	....	38 $\frac{3}{16}$ m
18· 4	....	....	45 $\frac{3}{4}$ m	21·18	....	....	38 p
18· 6	....	....	45 $\frac{1}{2}$ m	22·	....	....	37 $\frac{13}{16}$ p
18· 8	....	....	45 $\frac{1}{4}$ m	22· 2	....	....	37 $\frac{11}{16}$ m
18·10	....	....	45 m	22· 4	....	....	37 $\frac{1}{2}$ m
18·12	....	....	44 $\frac{3}{4}$ m	22· 6	....	....	37 $\frac{5}{16}$ p
18·14	....	....	44 $\frac{1}{2}$ p	22· 8	....	....	37 $\frac{3}{16}$ m
18·16	....	....	44 $\frac{1}{4}$ p	22·10	....	....	37 m
18·18	....	....	44 $\frac{1}{16}$ m	22·12	....	....	36 $\frac{13}{16}$ p
19·	....	....	43 $\frac{13}{16}$ m	22·14	....	....	36 $\frac{11}{16}$ m
19· 2	....	....	43 $\frac{9}{16}$ p	22·16	....	....	36 $\frac{1}{2}$ p
19· 4	....	....	43 $\frac{3}{8}$ m	22·18	....	....	36 $\frac{3}{8}$ m
19· 6	....	....	43 $\frac{1}{8}$ p	23·	....	....	36 $\frac{3}{16}$ p
19· 8	....	....	42 $\frac{7}{8}$ p	23· 2	....	....	36 p
19·10	....	....	42 $\frac{11}{16}$ m	23· 4	....	....	35 $\frac{7}{8}$ p
19·12	....	....	42 $\frac{7}{16}$ p	23· 6	....	....	35 $\frac{3}{4}$ m
19·14	....	....	42 $\frac{1}{4}$ m	23· 8	....	....	35 $\frac{9}{16}$ p
19·16	....	....	42 $\frac{1}{16}$ m	23·10	....	....	35 $\frac{7}{16}$ m
19·18	....	....	41 $\frac{13}{16}$ p	23·12	....	....	35 $\frac{1}{4}$ p
20·	....	....	41 $\frac{5}{8}$ m	23·14	....	....	35 $\frac{1}{8}$ m
20· 2	....	....	41 $\frac{7}{16}$ m	23·16	....	....	35 m
20· 4	....	....	41 $\frac{3}{16}$ p	23·18	....	....	34 $\frac{13}{16}$ p
20· 6	....	....	41 p	24·	....	....	34 $\frac{11}{16}$ m
20· 8	....	....	40 $\frac{13}{16}$ m	24· 2	....	....	34 $\frac{9}{16}$ m
20·10	....	....	40 $\frac{5}{8}$ m	24· 4	....	....	34 $\frac{3}{8}$ p
20·12	....	....	40 $\frac{3}{8}$ p	24· 6	....	....	34 $\frac{1}{4}$ p
20·14	....	....	40 $\frac{3}{16}$ p	24· 8	....	....	34 $\frac{1}{8}$ m
20·16	....	....	40 p	24·10	....	....	34 m
20·18	....	....	39 $\frac{13}{16}$ p	24·12	....	....	33 $\frac{13}{16}$ p
21·	....	....	39 $\frac{5}{8}$ p	24·14	....	....	33 $\frac{11}{16}$ p

COMBINAISON GENERALE

PARIS, L'ESPAGNE, AMSTERDAM.

Paris sur l'Espag.	Amster. sur Madrid.	Amster. sur Cadix.	Rend à Amster.	Paris sur l'Espag.	Amster. sur Madrid.	Amster. sur Cadix.	Rend à Amster.
10·	76¾	95 15/16	83 ½ P	13·14	76¾	95 15/16	60 15/16 p
10· 2			82 11/16 m	13·16			60 ½ m
10· 4			81 7/8 m	13·18			60 7/16 m
10· 6			81 1/16 P	14·			59 5/8 p
10· 8			80 5/16 m	14· 2			59 ¼ m
10·10			79 ½ P	14· 4			58 13/16 p
10·12			78 ¾ P	14· 6			58 3/8 p
10·14			78 1/16 m	14· 8			58 m
10·16			77 5/16 P	14·10			57 9/16 p
10·18			76 ⅝ m	14·12			57 3/16 p
11·			75 15/16 p	14·14			56 13/16 m
11· 2			75 ¼ m	14·16			56 7/16 m
11· 4			74 9/16 m	14·18			56 1/16 m
11· 6			73 7/8 P	15·			55 11/16 m
11· 8			73 ¼ m	15· 2			55 5/16 m
11·10			72 ⅝ m	15· 4			54 15/16 m
11·12			72 m	15· 6			54 9/16 m
11·14			71 3/8 m	15· 8			54 ¼ m
11·16			70 ¾ P	15·10			53 7/8 m
11·18			70 1/16 m	15·12			53 ½ P
12·			69 9/16 p	15·14			53 3/16 m
12· 2			69 P	15·16			52 ⅞ m
12· 4			68 7/16 p	15·18			52 ½ p
12· 6			67 ⅞	16·			52 1/8 p
12· 8			67 7/16 P	16· 2			51 7/8 m
12·10			66 13/16 m	16· 4			51 9/16 m
12·12			66 ¼ P	16· 6			51 ¼ m
12·14			65 ¾ P	16· 8			50 15/16 m
12·16			65 ¼ m	16·10			50 ⅝ m
12·18			64 ¾ m	16·12			50 5/16 m
13·			64 ¼ m	16·14			50 p
13· 2			63 ¾ m	16·16			49 11/16 p
13· 4			63 ¼ P	16·18			49 7/16 m
13· 6			62 13/16 m	17·			49 ⅛ m
13· 8			62 ⅜ P	17· 2			48 13/16 p
13·10			61 7/16 m	17· 4			48 9/16 m
13·12			61 ⅞ P	17· 6			48 ¼ p

PARIS, L'ESPAGNE, AMSTERDAM.

Paris sur l'Espag.	Amster. sur Madrid.	Amster. sur Cadix.	Rend à Amster.	Paris sur l'Espag.	Amster. sur Madrid.	Amster. sur Cadix.	Rend à Amster.
17· 8	$76\frac{3}{4}$	$95\frac{15}{16}$	48 m	21· 2	$76\frac{3}{4}$	$95\frac{15}{16}$	$39\frac{9}{16}$ p
17·10			$47\frac{11}{16}$ p	21· 4			$39\frac{3}{8}$ p
17·12			$47\frac{7}{16}$ p	21· 6			$39\frac{3}{16}$ p
17·14			$47\frac{3}{16}$ m	21· 8			39 p
17·16			$46\frac{15}{16}$ m	21·10			$38\frac{13}{16}$ p
17·18			$46\frac{5}{8}$ p	21·12			$38\frac{11}{16}$ m
18·			$46\frac{3}{8}$ p	21·14			$38\frac{1}{2}$ m
18· 2			$46\frac{1}{8}$ p	21·16			$38\frac{5}{16}$ m
18· 4			$45\frac{7}{8}$ p	21·18			$38\frac{1}{8}$ p
18· 6			$45\frac{5}{8}$ p	22·			$37\frac{15}{16}$ p
18· 8			$45\frac{3}{8}$ p	22· 2			$37\frac{13}{16}$ m
18·10			$45\frac{1}{8}$ p	22· 4			$37\frac{5}{8}$ m
18·12			$44\frac{7}{8}$ p	22· 6			$37\frac{7}{16}$ p
18·14			$44\frac{5}{8}$ p	22· 8			$37\frac{1}{4}$ p
18·16			$44\frac{7}{16}$ m	22·10			$37\frac{1}{8}$ m
18·18			$44\frac{3}{16}$ m	22·12			$36\frac{15}{16}$ p
19·			$43\frac{15}{16}$ p	22·14			$36\frac{13}{16}$ m
19· 2			$43\frac{3}{4}$ m	22·16			$36\frac{5}{8}$ m
19· 4			$43\frac{1}{2}$ m	22·18			$36\frac{7}{16}$ p
19· 6			$43\frac{1}{4}$ p	23·			$36\frac{5}{16}$ m
19· 8			$43\frac{1}{16}$ m	23· 2			$36\frac{1}{8}$ p
19·10			$42\frac{13}{16}$ p	23· 4			36 m
19·12			$42\frac{5}{8}$ m	23· 6			$35\frac{13}{16}$ p
19·14			$42\frac{3}{8}$ p	23· 8			$35\frac{11}{16}$ m
19·16			$42\frac{3}{16}$ m	23·10			$35\frac{9}{16}$ m
19·18			$41\frac{15}{16}$ p	23·12			$35\frac{3}{8}$ p
20·			$41\frac{3}{4}$ p	23·14			$35\frac{1}{4}$ m
20· 2			$41\frac{9}{16}$ m	23·16			$35\frac{1}{16}$ p
20· 4			$41\frac{5}{16}$ p	23·18			$34\frac{15}{16}$ p
20· 6			$41\frac{1}{8}$ p	24·			$34\frac{13}{16}$ m
20· 8			$40\frac{15}{16}$ m	24· 2			$34\frac{5}{8}$ p
20·10			$40\frac{3}{4}$ m	24· 4			$34\frac{1}{2}$ p
20·12			$40\frac{9}{16}$ m	24· 6			$34\frac{3}{8}$ m
20·14			$40\frac{5}{16}$ p	24· 8			$34\frac{1}{4}$ m
20·16			$40\frac{1}{8}$ p	24·10			$34\frac{1}{16}$ p
20·18			$39\frac{15}{16}$ p	24·12			$33\frac{15}{16}$ p
21·			$39\frac{3}{4}$ p	24·14			$33\frac{13}{16}$ m

COMBINAISON GENERALE

PARIS, L'ESPAGNE, AMSTERDAM.

Paris sur l'Espag.	Amster. sur Madrid.	Amster. sur Cadix.	Rend à Amster.	Paris sur l'Espag.	Amster. sur Madrid.	Amster. sur Cadix.	Rend à Amster.
10.	77	96 $\frac{1}{4}$	83 $\frac{3}{4}$ p	13.14	77	96 $\frac{1}{4}$	61 $\frac{1}{8}$ p
10. 2			82 $\frac{13}{16}$ p	13.16			60 $\frac{11}{16}$ p
10. 4			82 $\frac{1}{8}$ p	13.18			60 $\frac{1}{4}$ p
10. 6			81 $\frac{7}{16}$ p	14.			59 $\frac{13}{16}$ p
10. 8			80 $\frac{9}{16}$ m	14. 2			59 $\frac{7}{16}$ m
10.10			79 $\frac{13}{16}$ m	14. 4			59 m
10.12			79 $\frac{1}{16}$ m	14. 6			58 $\frac{9}{16}$ p
10.14			78 $\frac{5}{16}$ m	14. 8			58 $\frac{3}{16}$ m
10.16			77 $\frac{9}{16}$ p	14.10			57 $\frac{3}{4}$ p
10.18			76 $\frac{7}{16}$ m	14.12			57 $\frac{3}{8}$ p
11.			76 $\frac{3}{16}$ m	14.14			57 m
11. 2			75 $\frac{1}{2}$ m	14.16			56 $\frac{5}{16}$ m
11. 4			74 $\frac{13}{16}$ m	14.18			56 $\frac{1}{4}$ m
11. 6			74 $\frac{1}{8}$ p	15.			55 $\frac{7}{8}$ m
11. 8			73 $\frac{7}{16}$ m	15. 2			55 $\frac{1}{2}$ m
11.10			72 $\frac{7}{8}$ m	15. 4			55 $\frac{1}{8}$ m
11.12			72 $\frac{1}{4}$ m	15. 6			54 $\frac{3}{4}$ p
11.14			71 $\frac{5}{8}$ m	15. 8			54 $\frac{3}{8}$ p
11.16			71 m	15.10			54 $\frac{1}{16}$ m
11.18			70 $\frac{3}{8}$ p	15.12			53 $\frac{13}{16}$ p
12.			69 $\frac{13}{16}$ p	15.14			53 $\frac{3}{8}$
12. 2			69 $\frac{1}{4}$ m	15.16			53 p
12. 4			68 $\frac{11}{16}$ m	15.18			52 $\frac{11}{16}$ p
12. 6			68 $\frac{1}{8}$ m	16.			52 $\frac{3}{8}$ m
12. 8			67 $\frac{7}{16}$ m	16. 2			52 $\frac{1}{16}$ m
12.10			67 p	16. 4			51 $\frac{11}{16}$ p
12.12			66 $\frac{1}{2}$ m	16. 6			51 $\frac{3}{8}$ p
12.14			65 $\frac{13}{16}$ p	16. 8			51 $\frac{1}{16}$ p
12.16			65 $\frac{7}{16}$ p	16.10			50 $\frac{3}{4}$ p
12.18			64 $\frac{11}{16}$ p	16.12			50 $\frac{3}{16}$ p
13.			64 $\frac{7}{16}$ p	16.14			50 $\frac{1}{16}$ m
13. 2			63 $\frac{13}{16}$ p	16.16			49 $\frac{7}{8}$ m
13. 4			63 $\frac{7}{16}$ p	16.18			49 $\frac{9}{16}$ p
13. 6			63 m	17.			49 $\frac{1}{4}$ p
13. 8			62 $\frac{1}{2}$ p	17. 2			49 m
13.10			62 $\frac{1}{16}$ m	17. 4			48 $\frac{11}{16}$ p
13.12			61 $\frac{5}{8}$ m	17. 6			48 $\frac{7}{16}$ m

DES CHANGES.

PARIS, L'ESPAGNE, AMSTERDAM.

Paris sur l'Espag.	Amster. sur Madrid.	Amster. sur Cadix.	Rend à Amster.	Paris sur l'Espag.	Amster. sur Madrid.	Amster. sur Cadix.	Rend à Amster.
17 . 8	77	96 $\frac{1}{4}$	48 $\frac{1}{8}$ p	21 . 2	77	96 $\frac{1}{4}$	39 $\frac{11}{16}$ p
17 . 10			47 $\frac{7}{8}$ m	21 . 4			39 $\frac{1}{2}$ p
17 . 12			47 $\frac{5}{8}$ m	21 . 6			39 $\frac{5}{16}$ p
17 . 14			47 $\frac{7}{16}$ p	21 . 8			39 $\frac{1}{8}$ p
17 . 16			47 $\frac{1}{16}$ p	21 . 10			38 $\frac{15}{16}$ p
17 . 18			46 $\frac{13}{16}$ m	21 . 12			38 $\frac{13}{16}$ m
18 .			46 $\frac{9}{16}$ m	21 . 14			38 $\frac{5}{8}$ m
18 . 2			46 $\frac{5}{16}$ m	21 . 16			38 $\frac{7}{16}$ m
18 . 4			46 p	21 . 18			38 $\frac{1}{4}$ p
18 . 6			45 $\frac{3}{4}$ p	22 .			38 $\frac{1}{16}$ p
18 . 8			45 $\frac{1}{2}$ p	22 . 2			37 $\frac{15}{16}$ m
18 . 10			45 $\frac{5}{16}$ m	22 . 4			37 $\frac{3}{4}$ m
18 . 12			45 $\frac{1}{16}$ m	22 . 6			37 $\frac{9}{16}$ p
18 . 14			44 $\frac{13}{16}$ m	22 . 8			37 $\frac{3}{8}$ p
18 . 16			44 $\frac{9}{16}$ m	22 . 10			37 $\frac{1}{4}$ m
18 . 18			44 $\frac{1}{16}$ p	22 . 12			37 $\frac{1}{16}$ p
19 .			44 $\frac{1}{16}$ p	22 . 14			36 $\frac{7}{8}$ p
19 . 2			43 $\frac{7}{8}$ m	22 . 16			36 $\frac{3}{4}$ m
19 . 4			43 $\frac{5}{8}$ p	22 . 18			36 $\frac{9}{16}$ p
19 . 6			43 $\frac{7}{16}$ m	23 .			36 $\frac{7}{16}$ m
19 . 8			43 $\frac{3}{16}$ m	23 . 2			36 $\frac{1}{4}$ p
19 . 10			42 $\frac{15}{16}$ p	23 . 4			36 $\frac{1}{8}$ m
19 . 12			42 $\frac{3}{4}$ m	23 . 6			35 $\frac{15}{16}$ p
19 . 14			42 $\frac{1}{2}$ p	23 . 8			35 $\frac{3}{4}$ p
19 . 16			42 $\frac{3}{8}$ m	23 . 10			35 $\frac{5}{8}$ p
19 . 18			42 $\frac{1}{8}$ m	23 . 12			35 $\frac{1}{2}$ m
20 .			41 $\frac{7}{8}$ p	23 . 14			35 $\frac{3}{8}$ m
20 . 2			41 $\frac{11}{16}$ m	23 . 16			35 $\frac{1}{16}$ p
20 . 4			41 $\frac{1}{2}$ m	23 . 18			35 $\frac{1}{16}$ m
20 . 6			41 $\frac{1}{4}$ p	24 .			34 $\frac{1}{16}$ m
20 . 8			41 $\frac{1}{16}$ p	24 . 2			34 $\frac{3}{4}$ p
20 . 10			40 $\frac{7}{8}$ m	24 . 4			34 $\frac{1}{2}$ p
20 . 12			40 $\frac{11}{16}$ m	24 . 6			34 $\frac{1}{2}$ m
20 . 14			40 $\frac{1}{2}$ m	24 . 8			34 $\frac{5}{16}$ p
20 . 16			40 $\frac{1}{4}$ p	24 . 10			34 $\frac{3}{16}$ p
20 . 18			40 $\frac{1}{16}$ p	24 . 12			34 $\frac{1}{16}$ m
21 .			39 $\frac{7}{8}$ p	24 . 14			33 $\frac{15}{16}$ m

C iij

COMBINAISON GENERALE

PARIS, L'ESPAGNE, AMSTERDAM.

Paris sur l'Espag.	Amster. sur Madrid.	Amster. sur Cadix.	Rend à Amster.	Paris sur l'Espag.	Amster. sur Madrid.	Amster. sur Cadix.	Rend à Amster.
10·	77 $\frac{1}{4}$	96 $\frac{9}{16}$	84 $\frac{1}{16}$ m	13·14	77 $\frac{1}{4}$	96 $\frac{9}{16}$	61 $\frac{3}{8}$ m
10· 2			83 $\frac{3}{16}$ p	13·16			60 $\frac{5}{8}$ p
10· 4			82 $\frac{3}{8}$ p	13·18			60 $\frac{1}{16}$ p
10· 6			81 $\frac{3}{8}$ m	14·			60 $\frac{1}{16}$ m
10· 8			80 $\frac{3}{16}$ p	14· 2			59 $\frac{3}{8}$ m
10·10			80 $\frac{1}{16}$ m	14· 4			59 $\frac{7}{16}$ p
10·12			79 $\frac{5}{16}$ m	14· 6			58 $\frac{2}{8}$ p
10·14			78 $\frac{9}{16}$ m	14· 8			58 $\frac{3}{8}$ m
10·16			77 $\frac{13}{16}$ p	14·10			57 $\frac{15}{16}$ p
10·18			77 $\frac{1}{4}$ m	14·12			57 $\frac{9}{16}$ p
11·			76 $\frac{7}{16}$ m	14·14			57 $\frac{2}{16}$ p
11· 2			75 $\frac{3}{4}$ m	14·16			56 $\frac{13}{16}$ m
11· 4			75 $\frac{1}{16}$ m	14·18			56 $\frac{7}{16}$ m
11· 6			74 $\frac{3}{8}$ p	15·			56 $\frac{1}{16}$ m
11· 8			73 $\frac{3}{4}$ m	15· 2			55 $\frac{11}{16}$ m
11·10			73 $\frac{1}{16}$ p	15· 4			55 $\frac{5}{16}$ m
11·12			72 $\frac{7}{16}$ p	15· 6			54 $\frac{15}{16}$ m
11·14			71 $\frac{13}{16}$ p	15· 8			54 $\frac{9}{16}$ p
11·16			71 $\frac{1}{4}$ m	15·10			54 $\frac{1}{4}$ m
11·18			70 $\frac{3}{8}$ p	15·12			53 $\frac{7}{8}$ p
12·			70 $\frac{1}{16}$ m	15·14			53 $\frac{9}{16}$ p
12· 2			69 $\frac{7}{16}$ p	15·16			53 $\frac{3}{16}$ p
12· 4			68 $\frac{7}{8}$ p	15·18			52 $\frac{7}{8}$ m
12· 6			68 $\frac{5}{16}$ p	16·			52 $\frac{1}{2}$ p
12· 8			67 $\frac{3}{4}$ p	16· 2			52 $\frac{3}{16}$ p
12·10			67 $\frac{1}{4}$ m	16· 4			51 $\frac{7}{8}$ p
12·12			66 $\frac{11}{16}$ p	16· 6			51 $\frac{9}{16}$ p
12·14			66 $\frac{3}{16}$ m	16· 8			51 $\frac{1}{4}$ p
12·16			65 $\frac{11}{16}$ m	16·10			50 $\frac{15}{16}$ p
12·18			65 $\frac{3}{8}$ p	16·12			50 $\frac{5}{8}$ p
13·			64 $\frac{3}{8}$ p	16·14			50 $\frac{1}{16}$ p
13· 2			64 $\frac{3}{16}$ m	16·16			50 p
13· 4			63 $\frac{11}{16}$ m	16·18			49 $\frac{3}{4}$ m
13· 6			63 $\frac{3}{16}$ p	17·			49 $\frac{7}{16}$ p
13· 8			62 $\frac{3}{4}$ p	17· 2			49 $\frac{1}{8}$ p
13·10			62 $\frac{1}{4}$ p	17· 4			48 $\frac{3}{8}$ m
13·12			61 $\frac{13}{16}$ m	17· 6			48 $\frac{7}{16}$ p

DES CHANGES.

PARIS, L'ESPAGNE, AMSTERDAM.

Paris sur l'Espag.	Amster. sur Madrid	Amster. sur Cadix.	Rend à Amster.	Paris sur l'Espag.	Amster. sur Madrid	Amster. sur Cadix.	Rend à Amster.
17 . 8	77 $\frac{1}{4}$	96 $\frac{9}{16}$	48 $\frac{5}{16}$ m	21 . 2	77 $\frac{1}{4}$	96 $\frac{9}{16}$	39 $\frac{13}{16}$ p
17 . 10			48 p	21 . 4			39 $\frac{5}{8}$ p
17 . 12			47 $\frac{3}{4}$ p	21 . 6			39 $\frac{7}{16}$ p
17 . 14			47 $\frac{1}{2}$ m	21 . 8			39 $\frac{1}{4}$ p
17 . 16			47 $\frac{3}{16}$ p	21 . 10			39 $\frac{1}{16}$ p
17 . 18			46 $\frac{15}{16}$ p	21 . 12			38 $\frac{15}{16}$ m
18 .			46 $\frac{11}{16}$ p	21 . 14			38 $\frac{3}{4}$ m
18 . 2			46 $\frac{7}{16}$ m	21 . 16			38 $\frac{9}{16}$ m
18 . 4			46 $\frac{3}{16}$ m	21 . 18			38 $\frac{3}{8}$ p
18 . 6			45 $\frac{15}{16}$ m	22 .			38 $\frac{3}{16}$ p
18 . 8			45 $\frac{11}{16}$ m	22 . 2			38 p
18 . 10			45 $\frac{7}{16}$ m	22 . 4			37 $\frac{7}{8}$ m
18 . 12			45 $\frac{3}{16}$ m	22 . 6			37 $\frac{11}{16}$ p
18 . 14			44 $\frac{15}{16}$ p	22 . 8			37 $\frac{1}{2}$ p
18 . 16			44 $\frac{11}{16}$ p	22 . 10			37 $\frac{5}{16}$ m
18 . 18			44 $\frac{1}{2}$ m	22 . 12			37 $\frac{1}{16}$ p
19 .			44 $\frac{1}{4}$ m	22 . 14			37 p
19 . 2			44 p	22 . 16			36 $\frac{7}{8}$ m
19 . 4			43 $\frac{3}{4}$ p	22 . 18			36 $\frac{11}{16}$ p
19 . 6			43 $\frac{9}{16}$ m	23 .			36 $\frac{9}{16}$ m
19 . 8			43 $\frac{5}{16}$ p	23 . 2			36 $\frac{3}{8}$ p
19 . 10			43 $\frac{1}{8}$ m	23 . 4			36 m
19 . 12			42 $\frac{7}{8}$ p	23 . 6			36 $\frac{1}{16}$ p
19 . 14			42 $\frac{11}{16}$ m	23 . 8			35 $\frac{15}{16}$ m
19 . 16			42 $\frac{7}{16}$ p	23 . 10			35 $\frac{3}{4}$ p
19 . 18			42 $\frac{1}{4}$ m	23 . 12			35 $\frac{5}{8}$ m
20 .			42 p	23 . 14			35 $\frac{5}{16}$ p
20 . 2			41 $\frac{13}{16}$ p	23 . 16			35 $\frac{3}{16}$ p
20 . 4			41 $\frac{5}{8}$ m	23 . 18			35 $\frac{1}{16}$ m
20 . 6			41 $\frac{3}{8}$ m	24 .			35 p
20 . 8			41 $\frac{3}{16}$ p	24 . 2			34 $\frac{7}{8}$ m
20 . 10			41 m	24 . 4			34 $\frac{3}{4}$ m
20 . 12			40 $\frac{13}{16}$ m	24 . 6			34 $\frac{9}{16}$ m
20 . 14			40 $\frac{5}{8}$ m	24 . 8			34 $\frac{7}{16}$ p
20 . 16			40 $\frac{7}{16}$ m	24 . 10			34 $\frac{1}{4}$ p
20 . 18			40 $\frac{3}{16}$ p	24 . 12			34 $\frac{3}{16}$ m
21 .			40 p	24 . 14			34 p

24 COMBINAISON GENERALE

PARIS, L'ESPAGNE, AMSTERDAM.

Paris sur l'Espag.	Amster. sur Madrid.	Amster. sur Cadix.	Rend à Amster.	Paris sur l'Espag.	Amster. sur Madrid.	Amster. sur Cadix.	Rend à Amster.
10 ·	77$\frac{1}{2}$	96$\frac{7}{8}$	84$\frac{1}{16}$ p	13·14	77$\frac{1}{2}$	96$\frac{7}{8}$	61$\frac{9}{16}$ m
10· 2			83$\frac{1}{2}$ m	13·16			61$\frac{1}{8}$ m
10· 4			82$\frac{11}{16}$ m	13·18			60$\frac{11}{16}$ m
10· 6			81$\frac{7}{8}$ m	14·			60$\frac{1}{4}$ m
10· 8			81$\frac{1}{16}$ p	14· 2			59$\frac{13}{16}$ m
10·10			80$\frac{3}{8}$ m	14· 4			59$\frac{3}{8}$ p
10·12			79$\frac{9}{16}$ m	14· 6			58$\frac{15}{16}$ p
10·14			78$\frac{13}{16}$ m	14· 8			58$\frac{9}{16}$ m
10·16			78$\frac{1}{16}$ p	14·10			58$\frac{1}{8}$ p
10·18			77$\frac{3}{8}$ m	14·12			57$\frac{3}{4}$ p
11·			76$\frac{5}{8}$ p	14·14			57$\frac{3}{8}$ m
11· 2			75$\frac{15}{16}$ p	14·16			57 m
11· 4			75$\frac{5}{16}$ m	14·18			56$\frac{9}{16}$ p
11· 6			74$\frac{5}{8}$ m	15·			56$\frac{3}{16}$ m
11· 8			73$\frac{15}{16}$ p	15· 2			55$\frac{13}{16}$ p
11·10			73$\frac{5}{16}$ p	15· 4			55$\frac{1}{2}$ m
11·12			72$\frac{11}{16}$ p	15· 6			55$\frac{1}{8}$ m
11·14			72$\frac{1}{16}$ p	15· 8			54$\frac{3}{4}$ p
11·16			71$\frac{7}{16}$ p	15·10			54$\frac{3}{8}$ p
11·18			70$\frac{7}{8}$ m	15·12			54$\frac{1}{16}$ m
12·			70$\frac{1}{4}$ p	15·14			53$\frac{11}{16}$ p
12· 2			69$\frac{11}{16}$ m	15·16			53$\frac{3}{8}$ m
12· 4			69$\frac{1}{8}$ m	15·18			53$\frac{1}{16}$ m
12· 6			68$\frac{9}{16}$ m	16·			52$\frac{11}{16}$ p
12· 8			68	16· 2			52$\frac{3}{8}$ m
12·10			67$\frac{7}{16}$ p	16· 4			52$\frac{1}{16}$ m
12·12			66$\frac{15}{16}$ m	16· 6			51$\frac{3}{4}$ m
12·14			66$\frac{3}{8}$ p	16· 8			51$\frac{1}{16}$ m
12·16			65$\frac{7}{8}$	16·10			51$\frac{1}{8}$ m
12·18			65$\frac{5}{16}$ m	16·12			50$\frac{13}{16}$ m
13·			64$\frac{3}{4}$ m	16·14			50$\frac{1}{2}$ m
13· 2			64$\frac{3}{8}$ m	16·16			50$\frac{3}{16}$ p
13· 4			63$\frac{7}{8}$ p	16·18			49$\frac{7}{8}$ p
13· 6			63$\frac{3}{8}$ p	17·			49$\frac{5}{8}$ m
13· 8			62$\frac{15}{16}$ m	17· 2			49$\frac{5}{16}$ m
13·10			62$\frac{7}{16}$ p	17· 4			49 p
13·12			62	17· 6			48$\frac{3}{4}$ m

DES CHANGES.

PARIS, L'ESPAGNE, AMSTERDAM.

Paris. sur l'Espag.	Amster. sur Madrid.	Amster. sur Cadix.	Rend à Amster.	Paris sur l'Espag.	Amster. sur Madrid.	Amster. sur Cadix.	Rend à Amster.
17. 8	$77\frac{1}{2}$	$96\frac{7}{8}$	$48\frac{7}{16}$ p	21. 2	$77\frac{1}{2}$	$96\frac{7}{8}$	$39\frac{15}{16}$ p
17.10	......	......	$48\frac{3}{16}$ m	21. 4	......	......	$39\frac{3}{4}$ p
17.12	......	......	$47\frac{11}{16}$ m	21. 6	......	......	$39\frac{9}{16}$ p
17.14	......	......	$47\frac{3}{8}$ p	21. 8	......	......	$39\frac{3}{8}$ p
17.16	......	......	$47\frac{3}{16}$ m	21.10	......	......	$39\frac{3}{16}$ p
17.18	......	......	$47\frac{1}{16}$ m	21.12	......	......	$39\frac{1}{16}$ m
18.	......	......	$46\frac{7}{8}$ m	21.14	......	......	$38\frac{7}{8}$ m
18. 2	......	......	$46\frac{9}{16}$ p	21.16	......	......	$38\frac{11}{16}$ m
18. 4	......	......	$46\frac{1}{16}$ p	21.18	......	......	$38\frac{1}{2}$ p
18. 6	......	......	$46\frac{1}{16}$ p	22.	......	......	$38\frac{5}{16}$ p
18. 8	......	......	$45\frac{13}{16}$ m	22. 2	......	......	$38\frac{1}{8}$ p
18.10	......	......	$45\frac{9}{16}$ p	22. 4	......	......	38
18.12	......	......	$45\frac{1}{2}$ p	22. 6	......	......	$37\frac{13}{16}$ m
18.14	......	......	$45\frac{1}{8}$ p	22. 8	......	......	$37\frac{5}{8}$ p
18.16	......	......	$44\frac{7}{8}$ m	22.10	......	......	$37\frac{1}{2}$ m
18.18	......	......	$44\frac{1}{2}$ m	22.12	......	......	$37\frac{5}{16}$ m
19.	......	......	$44\frac{3}{8}$ p	22.14	......	......	$37\frac{1}{8}$ p
19. 2	......	......	$44\frac{1}{8}$ p	22.16	......	......	37 m
19. 4	......	......	$43\frac{15}{16}$ m	22.18	......	......	$36\frac{13}{16}$ p
19. 6	......	......	$43\frac{11}{16}$ p	23.	......	......	$36\frac{11}{16}$ m
19. 8	......	......	$43\frac{7}{16}$ p	23. 2	......	......	$36\frac{1}{2}$ p
19.10	......	......	$43\frac{1}{4}$ p	23. 4	......	......	$36\frac{1}{2}$ p
19.12	......	......	43 p	23. 6	......	......	$36\frac{3}{16}$ p
19.14	......	......	$42\frac{13}{16}$ m	23. 8	......	......	$36\frac{1}{16}$ m
19.16	......	......	$42\frac{9}{16}$ p	23.10	......	......	$35\frac{7}{8}$ p
19.18	......	......	$42\frac{3}{8}$ m	23.12	......	......	$35\frac{3}{4}$ m
20.	......	......	$42\frac{3}{16}$ m	23.14	......	......	$35\frac{7}{16}$ p
20. 2	......	......	$41\frac{15}{16}$ p	23.16	......	......	$35\frac{5}{16}$ m
20. 4	......	......	$41\frac{3}{4}$ m	23.18	......	......	$35\frac{1}{4}$ p
20. 6	......	......	$41\frac{9}{16}$ m	24.	......	......	$35\frac{1}{8}$ p
20. 8	......	......	$41\frac{7}{16}$ p	24. 2	......	......	35
20.10	......	......	$41\frac{1}{8}$ p	24. 4	......	......	$34\frac{13}{16}$ p
20.12	......	......	$40\frac{15}{16}$ m	24. 6	......	......	$34\frac{11}{16}$ p
20.14	......	......	$40\frac{3}{4}$ m	24. 8	......	......	$34\frac{9}{16}$ m
20.16	......	......	$40\frac{1}{2}$ m	24.10	......	......	$34\frac{7}{16}$ m
20.18	......	......	$40\frac{3}{8}$ m	24.12	......	......	$34\frac{1}{4}$ p
21.	......	......	$40\frac{1}{8}$ p	24.14	......	......	$34\frac{1}{8}$ p

Tome II.

26 COMBINAISON GENERALE

PARIS, L'ESPAGNE, AMSTERDAM.

Paris sur l'Espag.	Amster. sur Madrid.	Amster. sur Cadix.	Rend à Amster.	Paris sur l'Espag.	Amster. sur Madrid.	Amster. sur Cadix.	Rend à Amster.
10·	77¾	97 3/16	84 9/16 p	13·14	77¾	97 3/16	61 ¾ m
10· 2			83 ¾ p	13·16			61 1/16 m
10· 4			82 13/16 m	13·18			60 7/16 m
10· 6			82 1/8 p	14·			60 3/16 m
10· 8			81 1/16 p	14· 2			60 m
10·10			80 ½ p	14· 4			59 9/16 p
10·12			79 13/16 m	14· 6			59 1/8 p
10·14			79 1/16 m	14· 8			58 ¾ m
10·16			78 5/16 p	14·10			58 1/16 p
10·18			77 ½ m	14·12			57 9/16 p
11·			76 7/8 p	14·14			57 2/16 m
11· 2			76 3/16 p	14·16			57 1/16 m
11· 4			75 ½ p	14·18			56 ¾ p
11· 6			74 7/8 m	15·			56 3/8 p
11· 8			74 ¾ p	15· 2			56 p
11·10			73 9/16 m	15· 4			55 5/8 p
11·12			72 15/16 m	15· 6			55 1/16 p
11·14			72 5/16 m	15· 8			54 13/16 m
11·16			71 11/16 p	15·10			54 2/16 p
11·18			71 1/16 p	15·12			54 ¼ m
12·			70 ½ m	15·14			53 3/8 p
12· 2			69 13/16 m	15·16			53 9/16 p
12· 4			69 1/16 p	15·18			53 3/16 p
12· 6			68 ¾ p	16·			52 7/8 m
12· 8			68 ¼ m	16· 2			52 2/16 m
12·10			67 11/16 m	16· 4			52 2/16 p
12·12			67 1/8 p	16· 6			51 7/8 p
12·14			66 5/16 m	16· 8			51 9/16 p
12·16			66 1/16 p	16·10			51 ¼ p
12·18			65 9/16 p	16·12			50 15/16 p
13·			65 1/16 p	16·14			50 p
13· 2			64 9/16 p	16·16			50 m
13· 4			64 1/16 p	16·18			50 1/16 m
13· 6			63 ½ m	17·			49 ¼ p
13· 8			63 1/8 p	17· 2			49 m
13·10			62 11/16 m	17· 4			49 1/16 m
13·12			62 3/16 p	17· 6			48 7/8 p

DES CHANGES.

PARIS, L'ESPAGNE, AMSTERDAM.

Paris sur l'Espag.	Amster. sur Madrid.	Amster. sur Cadix.	Rend à Amster.	Paris sur l'Espag.	Amster. sur Madrid.	Amster. sur Cadix.	Rend à Amster.
17 . 8	$77\frac{3}{4}$	$97\frac{3}{16}$	$48\frac{5}{8}$ m	21 . 2	$77\frac{3}{4}$	$97\frac{3}{16}$	$40\frac{1}{16}$ p
17 . 10			$48\frac{3}{8}$ p	21 . 4			$39\frac{7}{8}$ p
17 . 12			$48\frac{1}{16}$ p	21 . 6			$39\frac{11}{16}$ p
17 . 14			$47\frac{13}{16}$ m	21 . 8			$39\frac{1}{2}$ p
17 . 16			$47\frac{1}{2}$ p	21 . 10			$39\frac{3}{8}$ m
17 . 18			$47\frac{1}{4}$ p	21 . 12			$39\frac{3}{16}$ m
18 .			47 m	21 . 14			39 m
18 . 2			$46\frac{3}{4}$ m	21 . 16			$38\frac{13}{16}$ m
18 . 4			$46\frac{1}{2}$ m	21 . 18			$38\frac{5}{8}$ p
18 . 6			$46\frac{1}{4}$ m	22 .			$38\frac{7}{16}$ p
18 . 8			46 m	22 . 2			$38\frac{1}{4}$ p
18 . 10			$45\frac{3}{4}$ m	22 . 4			$38\frac{1}{8}$ m
18 . 12			$45\frac{1}{2}$ m	22 . 6			$37\frac{15}{16}$ m
18 . 14			$45\frac{1}{4}$ m	22 . 8			$37\frac{3}{4}$ p
18 . 16			45 m	22 . 10			$37\frac{1}{2}$ m
18 . 18			$44\frac{3}{4}$ p	22 . 12			$37\frac{5}{16}$ m
19 .			$44\frac{1}{2}$ p	22 . 14			$37\frac{1}{4}$ p
19 . 2			$44\frac{5}{16}$ m	22 . 16			$37\frac{1}{8}$ m
19 . 4			$44\frac{1}{4}$ m	22 . 18			$36\frac{15}{16}$ p
19 . 6			$43\frac{13}{16}$ p	23 .			$36\frac{3}{4}$ p
19 . 8			$43\frac{5}{8}$ m	23 . 2			$36\frac{5}{8}$ m
19 . 10			$43\frac{3}{8}$ p	23 . 4			$36\frac{7}{16}$ p
19 . 12			$43\frac{3}{16}$ m	23 . 6			$36\frac{5}{16}$ m
19 . 14			$42\frac{15}{16}$ p	23 . 8			$36\frac{1}{8}$ p
19 . 16			$42\frac{3}{4}$ m	23 . 10			36 m
19 . 18			$42\frac{1}{2}$ p	23 . 12			$35\frac{7}{8}$ m
20 .			$42\frac{5}{16}$ m	23 . 14			$35\frac{11}{16}$ p
20 . 2			$42\frac{1}{16}$ m	23 . 16			$35\frac{9}{16}$ p
20 . 4			$41\frac{7}{8}$ p	23 . 18			$35\frac{1}{2}$ p
20 . 6			$41\frac{11}{16}$ m	24 .			$35\frac{1}{4}$ m
20 . 8			$41\frac{7}{16}$ p	24 . 2			$35\frac{1}{8}$ p
20 . 10			$41\frac{1}{4}$ p	24 . 4			$34\frac{15}{16}$ p
20 . 12			$41\frac{1}{16}$ p	24 . 6			$34\frac{13}{16}$ m
20 . 14			$40\frac{7}{8}$ m	24 . 8			$34\frac{11}{16}$ m
20 . 16			$40\frac{11}{16}$ m	24 . 10			$34\frac{1}{2}$ p
20 . 18			$40\frac{1}{2}$ m	24 . 12			$34\frac{3}{8}$ p
21 .			$40\frac{3}{16}$ m	24 . 14			$34\frac{1}{4}$ m

D ij

COMBINAISON GENERALE

PARIS, L'ESPAGNE, AMSTERDAM.

Paris sur l'Espag.	Amster. sur Madrid.	Amster. sur Cadix.	Rend à Amster.	Paris sur l'Espag.	Amster. sur Madrid.	Amster. sur Cadix.	Rend à Amster.
10·	78	97½	84 $\frac{7}{8}$ m	13·14	78	97½	61 $\frac{15}{16}$ p
10· 2			84 p	13·16			61 $\frac{1}{2}$ p
10· 4			83 $\frac{3}{16}$ p	13·18			61 $\frac{1}{16}$ m
10· 6			82 $\frac{3}{8}$ p	14·			60 $\frac{5}{8}$ m
10· 8			81 $\frac{1}{4}$ m	14· 2			60 $\frac{1}{16}$ m
10·10			80 $\frac{13}{16}$ p	14· 4			59 $\frac{3}{4}$ p
10·12			80 $\frac{1}{16}$ m	14· 6			59 $\frac{3}{8}$ m
10·14			79 $\frac{5}{16}$ m	14· 8			58 $\frac{13}{16}$ m
10·16			78 $\frac{9}{16}$ p	14·10			58 $\frac{1}{2}$ p
10·18			77 $\frac{7}{16}$ m	14·12			58 $\frac{1}{8}$ p
11·			77 $\frac{3}{8}$ p	14·14			57 $\frac{3}{4}$ m
11· 2			76 $\frac{7}{16}$ p	14·16			57 $\frac{5}{16}$ p
11· 4			75 $\frac{3}{4}$ p	14·18			56 $\frac{15}{16}$ p
11· 6			75 $\frac{3}{8}$ m	15·			56 $\frac{9}{16}$ p
11· 8			74 $\frac{13}{16}$ p	15· 2			56 $\frac{3}{16}$ p
11·10			73 $\frac{13}{16}$ m	15· 4			55 $\frac{1}{2}$ p
11·12			73 $\frac{3}{16}$ m	15· 6			55 $\frac{7}{16}$ p
11·14			72 $\frac{9}{16}$ m	15· 8			55 $\frac{1}{8}$ m
11·16			71 $\frac{13}{16}$ m	15·10			54 $\frac{3}{4}$ p
11·18			71 $\frac{5}{16}$ p	15·12			54 $\frac{3}{8}$ p
12·			70 $\frac{3}{4}$ m	15·14			54 $\frac{1}{16}$ m
12· 2			70 $\frac{3}{8}$ p	15·16			53 $\frac{11}{16}$ p
12· 4			69 $\frac{9}{16}$ m	15·18			53 $\frac{3}{8}$ m
12· 6			69 m	16·			53 $\frac{1}{16}$ m
12· 8			68 $\frac{7}{16}$ p	16· 2			52 $\frac{11}{16}$ p
12·10			67 $\frac{7}{8}$ p	16· 4			52 $\frac{3}{8}$ p
12·12			67 $\frac{3}{8}$ m	16· 6			52 $\frac{1}{16}$ p
12·14			66 $\frac{13}{16}$ p	16· 8			51 $\frac{3}{4}$ m
12·16			66 $\frac{3}{16}$ m	16·10			51 $\frac{7}{16}$ m
12·18			65 $\frac{13}{16}$ m	16·12			51 $\frac{1}{8}$ p
13·			65 $\frac{1}{4}$ p	16·14			50 $\frac{13}{16}$ p
13· 2			64 $\frac{13}{16}$ m	16·16			50 $\frac{1}{2}$ p
13· 4			64 $\frac{5}{16}$ m	16·18			50 $\frac{3}{16}$ p
13· 6			63 $\frac{13}{16}$ m	17·			49 $\frac{15}{16}$ m
13· 8			63 $\frac{5}{16}$ p	17· 2			49 $\frac{5}{8}$ p
13·10			62 $\frac{7}{8}$ m	17· 4			49 $\frac{5}{16}$ p
13·12			62 $\frac{3}{8}$ p	17· 6			49 $\frac{1}{16}$ m

DES CHANGES.

PARIS, L'ESPAGNE, AMSTERDAM.

Paris sur l'Espag.	Amster. sur Madrid.	Amster. sur Cadix.	Rend à Amster.	Paris sur l'Espag.	Amster. sur Madrid.	Amster. sur Cadix.	Rend à Amster.
17. 8	78	97½	48¾ p	21. 2	78	97½	40¼ m
17.10			48½ m	21. 4			40 p
17.12			48 $\frac{3}{16}$ p	21. 6			39 $\frac{13}{16}$ p
17.14			47 $\frac{13}{16}$ p	21. 8			39 $\frac{5}{8}$ p
17.16			47 $\frac{11}{16}$ m	21.10			39 $\frac{3}{8}$ m
17.18			47 $\frac{7}{16}$ m	21.12			39 $\frac{5}{16}$ m
18.			47 $\frac{1}{8}$ p	21.14			39 $\frac{1}{8}$ m
18. 2			46 $\frac{7}{8}$ p	21.16			38 $\frac{15}{16}$ m
18. 4			46 $\frac{5}{8}$ p	21.18			38 $\frac{3}{4}$ p
18. 6			46 $\frac{3}{8}$ m	22.			38 $\frac{9}{16}$ p
18. 8			46 $\frac{1}{8}$ m	22. 2			38 $\frac{3}{8}$ p
18.10			45 $\frac{7}{8}$ m	22. 4			38 $\frac{1}{4}$ p
18.12			45 $\frac{5}{8}$ p	22. 6			38 $\frac{1}{16}$ m
18.14			45 $\frac{3}{8}$ p	22. 8			37 $\frac{7}{8}$ m
18.16			45 $\frac{7}{8}$ p	22.10			37 $\frac{11}{16}$ p
18.18			44 $\frac{7}{8}$ p	22.12			37 $\frac{9}{16}$ m
19.			44 $\frac{11}{16}$	22.14			37 $\frac{3}{8}$ p
19. 2			44 $\frac{7}{16}$ m	22.16			37 $\frac{1}{4}$ m
19. 4			44 $\frac{3}{16}$ p	22.18			37 $\frac{1}{16}$ m
19. 6			44 m	23.			36 $\frac{7}{8}$ p
19. 8			43 $\frac{3}{4}$ m	23. 2			36 $\frac{3}{4}$ m
19.10			43 $\frac{1}{2}$ p	23. 4			36 $\frac{9}{16}$ p
19.12			43 $\frac{1}{16}$ m	23. 6			36 $\frac{3}{8}$ m
19.14			43 $\frac{1}{2}$ p	23. 8			36 $\frac{1}{4}$ p
19.16			42 $\frac{7}{8}$	23.10			36 $\frac{1}{8}$ m
19.18			42 $\frac{5}{8}$ p	23.12			35 $\frac{15}{16}$ p
20.			42 $\frac{7}{16}$ m	23.14			35 $\frac{13}{16}$ m
20. 2			42 $\frac{1}{4}$ m	23.16			35 $\frac{11}{16}$ m
20. 4			42 p	23.18			35 $\frac{1}{2}$ p
20. 6			41 $\frac{13}{16}$ m	24.			35 $\frac{3}{8}$ m
20. 8			41 $\frac{5}{8}$ m	24. 2			35 $\frac{1}{4}$ p
20.10			41 $\frac{3}{8}$ p	24. 4			35 $\frac{1}{16}$ p
20.12			41 $\frac{3}{16}$ p	24. 6			34 $\frac{15}{16}$ m
20.14			41 m	24. 8			34 $\frac{3}{4}$ p
20.16			40 $\frac{13}{16}$ m	24.10			34 $\frac{5}{8}$ p
20.18			40 $\frac{5}{8}$ m	24.12			34 $\frac{1}{2}$ m
21.			40 $\frac{7}{16}$ m	24.14			34 $\frac{3}{8}$ m

COMBINAISON GENERALE

PARIS, L'ESPAGNE, AMSTERDAM.

Paris sur l'Espag.	Amster. sur Madrid.	Amster. sur Cadix.	Rend à Amster.	Paris sur l'Espag.	Amster. sur Madrid.	Amster. sur Cadix.	Rend à Amster.
10 ·	78 $\frac{1}{4}$ ·	97 $\frac{13}{16}$ ·	85 $\frac{1}{8}$ p	13 · 14 ·	78 $\frac{1}{4}$ ·	97 $\frac{13}{16}$ ·	62 $\frac{1}{8}$ p
10 · 2			84 $\frac{1}{16}$ m	13 · 16			61 $\frac{11}{16}$ p
10 · 4			83 $\frac{7}{16}$ p	13 · 18			61 $\frac{1}{4}$ m
10 · 6			82 $\frac{11}{16}$ m	14 ·			60 $\frac{13}{16}$ m
10 · 8			81 $\frac{7}{16}$ p	14 · 2			60 $\frac{3}{8}$ p
10 · 10			81 $\frac{1}{8}$ p	14 · 4			59 $\frac{15}{16}$ p
10 · 12			80 $\frac{5}{16}$ p	14 · 6			59 $\frac{9}{16}$ m
10 · 14			79 $\frac{9}{16}$ p	14 · 8			59 $\frac{1}{8}$ p
10 · 16			78 $\frac{13}{16}$ p	14 · 10			58 $\frac{1}{16}$ p
10 · 18			78 $\frac{3}{8}$ m	14 · 12			58 $\frac{5}{16}$ m
11 ·			77 $\frac{3}{8}$ p	14 · 14			57 $\frac{13}{16}$ m
11 · 2			76 $\frac{11}{16}$ p	14 · 16			57 $\frac{1}{2}$ p
11 · 4			76 p	14 · 18			57 $\frac{1}{2}$ p
11 · 6			75 $\frac{5}{16}$ p	15 ·			56 $\frac{5}{8}$ p
11 · 8			74 $\frac{11}{16}$ p	15 · 2			56 $\frac{3}{8}$ p
11 · 10			74 $\frac{1}{16}$ m	15 · 4			56 p
11 · 12			73 $\frac{3}{8}$ p	15 · 6			55 $\frac{5}{8}$ p
11 · 14			72 $\frac{3}{4}$ p	15 · 8			55 $\frac{1}{16}$ m
11 · 16			72 $\frac{1}{8}$ p	15 · 10			54 $\frac{1}{2}$ p
11 · 18			71 $\frac{9}{16}$ m	15 · 12			54 $\frac{9}{16}$ p
12 ·			70 $\frac{13}{16}$ p	15 · 14			54 $\frac{1}{4}$ m
12 · 2			70 $\frac{3}{8}$ m	15 · 16			53 $\frac{7}{8}$ p
12 · 4			69 $\frac{13}{16}$ m	15 · 18			53 $\frac{9}{16}$ m
12 · 6			69 $\frac{3}{16}$ p	16 ·			53 $\frac{3}{16}$ p
12 · 8			68 $\frac{11}{16}$ m	16 · 2			52 $\frac{3}{8}$ p
12 · 10			68 $\frac{1}{8}$ m	16 · 4			52 $\frac{3}{16}$ m
12 · 12			67 $\frac{9}{16}$ p	16 · 6			52 $\frac{1}{4}$ m
12 · 14			67 $\frac{1}{16}$ m	16 · 8			51 $\frac{11}{16}$ m
12 · 16			66 $\frac{1}{2}$ p	16 · 10			51 $\frac{1}{2}$ m
12 · 18			66 m	16 · 12			51 $\frac{3}{16}$ m
13 ·			65 $\frac{1}{2}$ m	16 · 14			51 m
13 · 2			65 m	16 · 16			50 $\frac{11}{16}$ m
13 · 4			64 $\frac{1}{2}$ m	16 · 18			50 $\frac{3}{8}$ p
13 · 6			64 p	17 ·			50 $\frac{1}{16}$ p
13 · 8			63 $\frac{9}{16}$ m	17 · 2			49 $\frac{13}{16}$ m
13 · 10			63 $\frac{1}{16}$ p	17 · 4			49 $\frac{1}{2}$ m
13 · 12			62 $\frac{5}{8}$ m	17 · 6			49 $\frac{3}{16}$ p

DES CHANGES.

PARIS, L'ESPAGNE, AMSTERDAM.

Paris sur l'Espag.	Amster. sur Madrid.	Amster. sur Cadix.	Rend à Amster.	Paris sur l'Espag.	Amster. sur Madrid.	Amster. sur Cadix.	Rend à Amster.
17 . 8	$78\frac{1}{4}$	$97\frac{13}{16}$	$48\frac{15}{16}$ m	21 . 2	$78\frac{1}{4}$	$97\frac{13}{16}$	$40\frac{3}{8}$ m
17 . 10	....	....	$48\frac{5}{8}$ p	21 . 4	....	....	$40\frac{5}{16}$ m
17 . 12	....	....	$48\frac{1}{2}$ m	21 . 6	....	....	40 m
17 . 14	....	....	$48\frac{1}{8}$ m	21 . 8	....	....	$39\frac{13}{16}$ m
17 . 16	....	....	$47\frac{13}{16}$ p	21 . 10	....	....	$39\frac{5}{8}$ m
17 . 18	....	....	$47\frac{9}{16}$ m	21 . 12	....	....	$39\frac{7}{16}$ m
18 .	....	....	$47\frac{5}{16}$ m	21 . 14	....	....	$39\frac{1}{4}$ m
18 . 2	....	....	$47\frac{1}{16}$ m	21 . 16	....	....	$39\frac{1}{16}$ m
18 . 4	....	....	$46\frac{3}{4}$ p	21 . 18	....	....	$38\frac{7}{8}$ m
18 . 6	....	....	$46\frac{1}{2}$ p	22 .	....	....	$38\frac{11}{16}$ p
18 . 8	....	....	$46\frac{1}{4}$ p	22 . 2	....	....	$38\frac{1}{2}$ p
18 . 10	....	....	46 p	22 . 4	....	....	$38\frac{3}{8}$ m
18 . 12	....	....	$45\frac{3}{4}$ p	22 . 6	....	....	$38\frac{3}{16}$ m
18 . 14	....	....	$45\frac{1}{2}$ p	22 . 8	....	....	38 p
18 . 16	....	....	$45\frac{5}{16}$ m	22 . 10	....	....	$37\frac{13}{16}$ p
18 . 18	....	....	$45\frac{1}{16}$ m	22 . 12	....	....	$37\frac{11}{16}$ m
19 .	....	....	$44\frac{13}{16}$ m	22 . 14	....	....	$37\frac{1}{2}$ p
19 . 2	....	....	$44\frac{9}{16}$ p	22 . 16	....	....	$37\frac{5}{16}$ p
19 . 4	....	....	$44\frac{5}{16}$ p	22 . 18	....	....	$37\frac{3}{16}$ m
19 . 6	....	....	$44\frac{1}{8}$ m	23 .	....	....	37 p
19 . 8	....	....	$43\frac{7}{8}$ p	23 . 2	....	....	$36\frac{7}{8}$ m
19 . 10	....	....	$43\frac{11}{16}$ m	23 . 4	....	....	$36\frac{11}{16}$ p
19 . 12	....	....	$43\frac{7}{16}$ m	23 . 6	....	....	$36\frac{9}{16}$ m
19 . 14	....	....	$43\frac{3}{16}$ p	23 . 8	....	....	$36\frac{3}{8}$ p
19 . 16	....	....	43 m	23 . 10	....	....	$36\frac{1}{4}$ m
19 . 18	....	....	$42\frac{13}{16}$ m	23 . 12	....	....	$36\frac{1}{16}$ p
20 .	....	....	$42\frac{9}{16}$ p	23 . 14	....	....	$35\frac{15}{16}$ m
20 . 2	....	....	$42\frac{3}{8}$ m	23 . 16	....	....	$35\frac{3}{4}$ p
20 . 4	....	....	$42\frac{1}{8}$ p	23 . 18	....	....	$35\frac{5}{8}$ m
20 . 6	....	....	$41\frac{15}{16}$ p	24 .	....	....	$35\frac{1}{2}$ m
20 . 8	....	....	$41\frac{3}{4}$ m	24 . 2	....	....	$35\frac{5}{16}$ p
20 . 10	....	....	$41\frac{1}{2}$ p	24 . 4	....	....	$35\frac{3}{16}$ m
20 . 12	....	....	$41\frac{5}{16}$ p	24 . 6	....	....	$35\frac{1}{16}$ m
20 . 14	....	....	$41\frac{1}{8}$ p	24 . 8	....	....	$34\frac{7}{8}$ p
20 . 16	....	....	$40\frac{15}{16}$ m	24 . 10	....	....	$34\frac{3}{4}$ m
20 . 18	....	....	$40\frac{3}{4}$ m	24 . 12	....	....	$34\frac{5}{8}$ m
21 .	....	....	$40\frac{9}{16}$ m	24 . 14	....	....	$34\frac{7}{16}$ p

COMBINAISON GENERALE

PARIS, L'ESPAGNE, AMSTERDAM.

Paris sur l'Espag.	Amster. sur Madrid.	Amster. sur Cadix.	Rend à Amster.	Paris sur l'Espag.	Amster. sur Madrid.	Amster. sur Cadix.	Rend à Amster.
10 ·	78 $\frac{1}{2}$	98 $\frac{1}{8}$	85 $\frac{7}{16}$ m	13 · 14	78 $\frac{1}{2}$	98 $\frac{1}{8}$	62 $\frac{5}{16}$ p
10 · 2			84 $\frac{9}{16}$ m	13 · 16			61 $\frac{7}{8}$ p
10 · 4			83 $\frac{3}{4}$ m	13 · 18			61 $\frac{1}{16}$ p
10 · 6			82 $\frac{13}{16}$ m	14 ·			61
10 · 8			82 $\frac{1}{8}$ m	14 · 2			60 $\frac{9}{16}$ p
10 · 10			81 $\frac{1}{16}$ p	14 · 4			60 $\frac{1}{8}$ p
10 · 12			80 $\frac{9}{16}$ p	14 · 6			59 $\frac{3}{4}$ m
10 · 14			79 $\frac{13}{16}$ p	14 · 8			59 $\frac{1}{16}$ m
10 · 16			79 $\frac{1}{16}$ p	14 · 10			58 $\frac{5}{8}$ p
10 · 18			78 $\frac{3}{8}$ m	14 · 12			58 $\frac{1}{4}$ m
11 ·			77 $\frac{3}{8}$ p	14 · 14			58 $\frac{1}{8}$ m
11 · 2			76 $\frac{15}{16}$ p	14 · 16			57 $\frac{11}{16}$ p
11 · 4			76 $\frac{1}{4}$ p	14 · 18			57 $\frac{3}{16}$ p
11 · 6			75 $\frac{9}{16}$ p	15 ·			56 $\frac{13}{16}$ p
11 · 8			74 $\frac{13}{16}$ m	15 · 2			56 $\frac{9}{16}$ m
11 · 10			74 $\frac{1}{4}$ p	15 · 4			56 $\frac{3}{16}$ p
11 · 12			73 $\frac{3}{8}$ p	15 · 6			55 $\frac{13}{16}$ p
11 · 14			73 m	15 · 8			55 $\frac{7}{16}$ p
11 · 16			72 $\frac{3}{8}$ p	15 · 10			55 $\frac{3}{8}$ m
11 · 18			71 $\frac{3}{4}$ p	15 · 12			54 $\frac{4}{4}$ m
12 ·			71 $\frac{3}{16}$ m	15 · 14			54 $\frac{3}{8}$ p
12 · 2			70 $\frac{9}{16}$ p	15 · 16			54 $\frac{1}{16}$ m
12 · 4			70 p	15 · 18			53 $\frac{13}{16}$ p
12 · 6			69 $\frac{7}{16}$ m	16 ·			53 $\frac{2}{8}$ p
12 · 8			68 $\frac{7}{8}$ p	16 · 2			53 $\frac{1}{16}$ m
12 · 10			68 $\frac{5}{16}$ p	16 · 4			52 $\frac{3}{4}$ m
12 · 12			67 $\frac{13}{16}$ m	16 · 6			52 $\frac{3}{8}$ p
12 · 14			67 $\frac{1}{4}$ p	16 · 8			52 $\frac{1}{8}$ p
12 · 16			66 $\frac{3}{4}$ m	16 · 10			51 $\frac{3}{4}$ p
12 · 18			66 $\frac{1}{16}$ p	16 · 12			51 $\frac{1}{16}$ p
13 ·			65 $\frac{11}{16}$ p	16 · 14			51 $\frac{1}{8}$ p
13 · 2			65 $\frac{3}{16}$ p	16 · 16			50 $\frac{13}{16}$ p
13 · 4			64 $\frac{11}{16}$ p	16 · 18			50 $\frac{9}{16}$ m
13 · 6			64 $\frac{3}{8}$ p	17 ·			50 $\frac{1}{4}$ p
13 · 8			63 $\frac{3}{4}$ m	17 · 2			49 $\frac{15}{16}$ p
13 · 10			63 $\frac{1}{4}$ p	17 · 4			49 $\frac{5}{8}$ p
13 · 12			62 $\frac{13}{16}$ m	17 · 6			49 $\frac{3}{8}$ m

DES CHANGES.

PARIS, L'ESPAGNE, AMSTERDAM.

Paris. sur l'Espag.	Amster. sur Madrid.	Amster. sur Cadix.	Rend à Amster.	Paris sur l'Espag.	Amster. sur Madrid.	Amster. sur Cadix.	Rend à Amster.
17 . 8	78 ½	98 ⅛	49 $\frac{1}{16}$ p	21 . 2	78 ½	98 ⅛	40 $\frac{1}{2}$ m
17 . 10			48 $\frac{13}{16}$ m	21 . 4			40 $\frac{5}{16}$ m
17 . 12			48 $\frac{1}{2}$ p	21 . 6			40 $\frac{1}{8}$ m
17 . 14			48 $\frac{1}{4}$ p	21 . 8			39 $\frac{15}{16}$ m
17 . 16			48 m	21 . 10			39 $\frac{3}{4}$ m
17 . 18			47 $\frac{11}{16}$ p	21 . 12			39 $\frac{9}{16}$ m
18 .			47 $\frac{7}{16}$ p	21 . 14			39 $\frac{3}{8}$ m
18 . 2			47 $\frac{3}{16}$ m	21 . 16			39 $\frac{3}{16}$ m
18 . 4			46 $\frac{15}{16}$ m	21 . 18			39 m
18 . 6			46 $\frac{11}{16}$ m	22 .			38 $\frac{13}{16}$ p
18 . 8			46 $\frac{7}{16}$ m	22 . 2			38 $\frac{5}{8}$ p
18 . 10			46 $\frac{3}{16}$ m	22 . 4			38 $\frac{1}{2}$ m
18 . 12			45 $\frac{15}{16}$ m	22 . 6			38 $\frac{5}{16}$ m
18 . 14			45 $\frac{11}{16}$ m	22 . 8			38 $\frac{1}{8}$ p
18 . 16			45 $\frac{7}{16}$ m	22 . 10			37 $\frac{15}{16}$ p
18 . 18			45 $\frac{3}{16}$ p	22 . 12			37 $\frac{13}{16}$ m
19 .			44 $\frac{15}{16}$ p	22 . 14			37 $\frac{5}{8}$ m
19 . 2			44 $\frac{11}{16}$ p	22 . 16			37 $\frac{7}{16}$ p
19 . 4			44 $\frac{1}{2}$ m	22 . 18			37 $\frac{1}{16}$ m
19 . 6			44 $\frac{1}{4}$ p	23 .			37 $\frac{1}{8}$ p
19 . 8			44 p	23 . 2			37 m
19 . 10			43 $\frac{13}{16}$ m	23 . 4			36 $\frac{13}{16}$ p
19 . 12			43 $\frac{9}{16}$ p	23 . 6			36 $\frac{5}{8}$ p
19 . 14			43 $\frac{3}{8}$ m	23 . 8			36 $\frac{1}{2}$ m
19 . 16			43 $\frac{1}{8}$ p	23 . 10			36 $\frac{5}{16}$ m
19 . 18			42 $\frac{15}{16}$ m	23 . 12			36 $\frac{3}{16}$ p
20 .			42 $\frac{11}{16}$ p	23 . 14			36 $\frac{1}{16}$ m
20 . 2			42 $\frac{1}{2}$ m	23 . 16			35 $\frac{7}{8}$ p
20 . 4			42 $\frac{1}{4}$ p	23 . 18			35 $\frac{3}{4}$ m
20 . 6			42 $\frac{1}{16}$ p	24 .			35 $\frac{9}{16}$ p
20 . 8			41 $\frac{7}{8}$ m	24 . 2			35 $\frac{7}{16}$ p
20 . 10			41 $\frac{11}{16}$ m	24 . 4			35 $\frac{1}{4}$ m
20 . 12			41 $\frac{7}{16}$ p	24 . 6			35 $\frac{1}{8}$ p
20 . 14			41 $\frac{1}{4}$ p	24 . 8			35 p
20 . 16			41 $\frac{1}{16}$ m	24 . 10			34 $\frac{7}{8}$ m
20 . 18			40 $\frac{7}{8}$ m	24 . 12			34 $\frac{11}{16}$ p
21 .			40 $\frac{11}{16}$ m	24 . 14			34 $\frac{9}{16}$ p

Tome II.

COMBINAISON GENERALE

PARIS, L'ESPAGNE, AMSTERDAM.

Paris sur l'Espag.	Amster. sur Madrid.	Amster. sur Cadix.	Rend à Amster.	Paris sur l'Espag.	Amster. sur Madrid.	Amster. sur Cadix.	Rend à Amster.
10·	78 $\frac{3}{4}$	98 $\frac{7}{16}$	85 $\frac{11}{16}$ m	13·14	78 $\frac{3}{4}$	98 $\frac{7}{16}$	62 $\frac{9}{16}$ m
10· 2	....	....	84 $\frac{13}{16}$ p	13·16	....	....	62 $\frac{1}{16}$ p
10· 4	....	....	84	13·18	....	....	61 $\frac{5}{8}$ p
10· 6	....	....	83 $\frac{3}{16}$ m	14·	....	....	61 $\frac{7}{16}$ p
10· 8	....	....	82 $\frac{3}{8}$ p	14· 2	....	....	60 $\frac{3}{4}$ p
10·10	....	....	81 $\frac{5}{8}$ m	14· 4	....	....	60 $\frac{15}{16}$ p
10·12	....	....	80 $\frac{13}{16}$ p	14· 6	....	....	59 $\frac{15}{16}$ m
10·14	....	....	80 $\frac{1}{16}$ p	14· 8	....	....	59 $\frac{1}{2}$
10·16	....	....	79 $\frac{5}{16}$ p	14·10	....	....	59 $\frac{1}{16}$ p
10·18	....	....	78 $\frac{5}{8}$ m	14·12	....	....	58 $\frac{1}{16}$ p
11·	....	....	77 $\frac{7}{8}$ p	14·14	....	....	58 $\frac{1}{16}$ m
11· 2	....	....	77 $\frac{3}{16}$	14·16	....	....	57 $\frac{7}{8}$ p
11· 4	....	....	76 $\frac{1}{2}$	14·18	....	....	57 $\frac{1}{8}$ p
11· 6	....	....	75 $\frac{13}{16}$ p	15·	....	....	57 $\frac{1}{2}$ m
11· 8	....	....	75 $\frac{3}{16}$ m	15· 2	....	....	56 $\frac{5}{8}$ m
11·10	....	....	74 $\frac{1}{2}$ p	15· 4	....	....	56 $\frac{3}{8}$ m
11·12	....	....	73 $\frac{7}{8}$ m	15· 6	....	....	56
11·14	....	....	73 $\frac{1}{4}$ m	15· 8	....	....	55 $\frac{5}{8}$ p
11·16	....	....	72 $\frac{5}{8}$ m	15·10	....	....	55 $\frac{1}{4}$ p
11·18	....	....	72	15·12	....	....	54 $\frac{11}{16}$ m
12·	....	....	71 $\frac{3}{8}$ p	15·14	....	....	54 $\frac{9}{16}$ p
12· 2	....	....	70 $\frac{13}{16}$ p	15·16	....	....	54 $\frac{1}{4}$ m
12· 4	....	....	70 $\frac{1}{4}$ m	15·18	....	....	53 $\frac{7}{8}$ p
12· 6	....	....	69 $\frac{11}{16}$ m	16·	....	....	53 $\frac{5}{16}$ m
12· 8	....	....	69 $\frac{1}{8}$ m	16· 2	....	....	53 $\frac{3}{8}$ p
12·10	....	....	68 $\frac{9}{16}$ m	16· 4	....	....	52 $\frac{7}{8}$ p
12·12	....	....	68	16· 6	....	....	52 $\frac{5}{16}$ p
12·14	....	....	67 $\frac{7}{16}$ p	16· 8	....	....	52 $\frac{1}{4}$ m
12·16	....	....	66 $\frac{13}{16}$	16·10	....	....	51 $\frac{15}{16}$ m
12·18	....	....	66 $\frac{7}{16}$ m	16·12	....	....	51 $\frac{1}{2}$ m
13·	....	....	65 $\frac{13}{16}$ m	16·14	....	....	51 $\frac{1}{16}$ p
13· 2	....	....	65 $\frac{3}{8}$ p	16·16	....	....	51
13· 4	....	....	64 $\frac{15}{16}$ m	16·18	....	....	50 $\frac{11}{16}$ p
13· 6	....	....	64 $\frac{7}{16}$ m	17·	....	....	50 $\frac{3}{8}$ p
13· 8	....	....	63 $\frac{13}{16}$ p	17· 2	....	....	50 $\frac{1}{8}$ m
13·10	....	....	63 $\frac{7}{16}$ p	17· 4	....	....	49 $\frac{13}{16}$ p
13·12	....	....	63	17· 6	....	....	49 $\frac{1}{2}$ p

DES CHANGES.

PARIS, L'ESPAGNE, AMSTERDAM.

Paris sur l'Espag.	Amster. sur Madrid.	Amster. sur Cadix.	Rend à Amster.	Paris sur l'Espag.	Amster. sur Madrid.	Amster. sur Cadix.	Rend à Amster.
17 . 8	$78\frac{3}{4}$	$98\frac{7}{16}$	$49\frac{1}{4}$ m	21 . 2	$78\frac{1}{4}$	$98\frac{7}{16}$	$40\frac{5}{8}$ m
17 . 10	....	....	$48\frac{11}{16}$ p	21 . 4	....	....	$40\frac{7}{16}$ m
17 . 12	....	....	$48\frac{11}{16}$ m	21 . 6	....	....	$40\frac{1}{4}$ m
17 . 14	....	....	$48\frac{7}{16}$ m	21 . 8	....	....	$40\frac{1}{16}$ m
17 . 16	....	....	$48\frac{1}{2}$ p	21 . 10	....	....	$39\frac{7}{8}$ m
17 . 18	....	....	$47\frac{7}{8}$ m	21 . 12	....	....	$39\frac{11}{16}$ m
18 .	....	....	$47\frac{3}{8}$ m	21 . 14	....	....	$39\frac{1}{2}$ m
18 . 2	....	....	$47\frac{7}{16}$ p	21 . 16	....	....	$39\frac{5}{16}$ p
18 . 4	....	....	$47\frac{1}{4}$ p	21 . 18	....	....	$39\frac{1}{8}$ m
18 . 6	....	....	$46\frac{13}{16}$ p	22 .	....	....	$38\frac{15}{16}$ p
18 . 8	....	....	$46\frac{9}{16}$ p	22 . 2	....	....	$38\frac{3}{4}$ p
18 . 10	....	....	$46\frac{1}{2}$ p	22 . 4	....	....	$38\frac{1}{2}$ m
18 . 12	....	....	$46\frac{1}{16}$ p	22 . 6	....	....	$38\frac{3}{16}$ m
18 . 14	....	....	$45\frac{13}{16}$ p	22 . 8	....	....	$38\frac{1}{4}$
18 . 16	....	....	$45\frac{9}{16}$ p	22 . 10	....	....	$38\frac{1}{16}$ p
18 . 18	....	....	$45\frac{5}{16}$ p	22 . 12	....	....	$37\frac{7}{8}$ m
19 .	....	....	$45\frac{1}{8}$ m	22 . 14	....	....	$37\frac{3}{4}$ m
19 . 2	....	....	$44\frac{7}{8}$ m	22 . 16	....	....	$37\frac{9}{16}$ p
19 . 4	....	....	$44\frac{5}{8}$	22 . 18	....	....	$37\frac{7}{16}$ m
19 . 6	....	....	$44\frac{3}{8}$ p	23 .	....	....	$37\frac{1}{4}$ p
19 . 8	....	....	$44\frac{1}{16}$ m	23 . 2	....	....	$37\frac{1}{16}$ p
19 . 10	....	....	$43\frac{13}{16}$ p	23 . 4	....	....	$36\frac{15}{16}$ m
19 . 12	....	....	$43\frac{11}{16}$ p	23 . 6	....	....	$36\frac{3}{4}$ p
19 . 14	....	....	$43\frac{1}{2}$ m	23 . 8	....	....	$36\frac{3}{8}$ m
19 . 16	....	....	$43\frac{1}{4}$ p	23 . 10	....	....	$36\frac{1}{4}$
19 . 18	....	....	$43\frac{1}{16}$ m	23 . 12	....	....	$36\frac{3}{16}$ m
20 .	....	....	$42\frac{13}{16}$ p	23 . 14	....	....	$36\frac{1}{8}$ p
20 . 2	....	....	$42\frac{5}{8}$ p	23 . 16	....	....	36
20 . 4	....	....	$42\frac{7}{16}$ m	23 . 18	....	....	$35\frac{7}{9}$ m
20 . 6	....	....	$42\frac{3}{16}$ p	24 .	....	....	$35\frac{11}{16}$ p
20 . 8	....	....	42	24 . 2	....	....	$35\frac{9}{16}$ m
20 . 10	....	....	$41\frac{13}{16}$ m	24 . 4	....	....	$35\frac{3}{8}$ p
20 . 12	....	....	$41\frac{9}{16}$ p	24 . 6	....	....	$35\frac{1}{4}$ p
20 . 14	....	....	$41\frac{3}{8}$ p	24 . 8	....	....	$35\frac{1}{8}$
20 . 16	....	....	$41\frac{1}{4}$ p	24 . 10	....	....	35 m
20 . 18	....	....	41 m	24 . 12	....	....	$34\frac{13}{16}$ p
21 .	....	....	$40\frac{13}{16}$ m	24 . 14	....	....	$34\frac{11}{16}$ p

COMBINAISON GENERALE

PARIS, L'ESPAGNE, AMSTERDAM.

Paris sur l'Espag.	Amster. sur Madrid.	Amster. sur Cadix.	Rend à Amster.	Paris sur l'Espag.	Amster. sur Madrid.	Amster. sur Cadix.	Rend à Amster.
10 ·	79	98 $\frac{3}{4}$	85 $\frac{15}{16}$ p	13 · 14	79	98 $\frac{3}{4}$	62 $\frac{3}{4}$ m
10 · 2			85 $\frac{1}{8}$ m	13 · 16			62 $\frac{1}{16}$ m
10 · 4			84 $\frac{1}{4}$ p	13 · 18			61 $\frac{13}{16}$ p
10 · 6			83 $\frac{7}{16}$ p	14 ·			61 $\frac{3}{8}$ p
10 · 8			82 $\frac{5}{8}$ p	14 · 2			60 $\frac{11}{16}$ p
10 · 10			81 $\frac{7}{8}$ m	14 · 4			60 $\frac{1}{2}$ p
10 · 12			81 $\frac{1}{16}$ p	14 · 6			60 $\frac{1}{8}$ m
10 · 14			80 $\frac{5}{16}$ p	14 · 8			59 $\frac{11}{16}$ p
10 · 16			79 $\frac{9}{16}$ p	14 · 10			59 $\frac{1}{4}$ p
10 · 18			78 $\frac{7}{8}$ m	14 · 12			58 $\frac{7}{8}$ m
11 ·			78 $\frac{1}{8}$ p	14 · 14			58 $\frac{1}{2}$ m
11 · 2			77 $\frac{7}{16}$ m	14 · 16			58 $\frac{1}{16}$ p
11 · 4			76 $\frac{3}{4}$ m	14 · 18			57 $\frac{11}{16}$ m
11 · 6			76 $\frac{1}{16}$ p	15 ·			57 $\frac{5}{16}$ m
11 · 8			75 $\frac{3}{8}$ p	15 · 2			56 $\frac{15}{16}$ m
11 · 10			74 $\frac{3}{4}$ p	15 · 4			56 $\frac{9}{16}$ p
11 · 12			74 $\frac{1}{8}$ m	15 · 6			56 $\frac{3}{16}$ p
11 · 14			73 $\frac{7}{16}$ p	15 · 8			55 $\frac{13}{16}$ p
11 · 16			72 $\frac{13}{16}$ p	15 · 10			55 $\frac{7}{16}$ p
11 · 18			72 $\frac{1}{4}$ m	15 · 12			55 $\frac{1}{8}$ m
12 ·			71 $\frac{1}{8}$ p	15 · 14			54 $\frac{3}{4}$ m
12 · 2			71 $\frac{1}{16}$ m	15 · 16			54 $\frac{3}{8}$ p
12 · 4			70 $\frac{7}{16}$ p	15 · 18			54 $\frac{1}{16}$ p
12 · 6			69 $\frac{7}{8}$ p	16 ·			53 $\frac{3}{4}$ p
12 · 8			69 $\frac{5}{16}$ p	16 · 2			53 $\frac{3}{8}$ p
12 · 10			68 $\frac{3}{4}$ p	16 · 4			53 $\frac{1}{16}$ m
12 · 12			68 $\frac{3}{16}$ p	16 · 6			52 $\frac{3}{4}$ m
12 · 14			67 $\frac{11}{16}$ m	16 · 8			52 $\frac{7}{16}$ m
12 · 16			67 $\frac{3}{8}$ p	16 · 10			52 $\frac{1}{16}$ p
12 · 18			66 $\frac{5}{8}$ p	16 · 12			51 $\frac{3}{4}$ p
13 ·			66 $\frac{1}{8}$ m	16 · 14			51 $\frac{7}{16}$ p
13 · 2			65 $\frac{5}{8}$ m	16 · 16			51 $\frac{1}{8}$ m
13 · 4			65 $\frac{3}{8}$ m	16 · 18			50 $\frac{7}{8}$ m
13 · 6			64 $\frac{1}{2}$ p	17 ·			50 $\frac{9}{16}$ m
13 · 8			64 $\frac{1}{8}$ p	17 · 2			50 $\frac{1}{4}$ p
13 · 10			63 $\frac{11}{16}$ m	17 · 4			50 m
13 · 12			63 $\frac{3}{16}$ p	17 · 6			49 $\frac{11}{16}$ m

DES CHANGES.

PARIS, L'ESPAGNE, AMSTERDAM.

Paris sur l'Espag.	Amster. sur Madrid.	Amster. sur Cadix.	Rend à Amster.	Paris sur l'Espag.	Amster. sur Madrid.	Amster. sur Cadix.	Rend à Amster.
17 . 8	79	98 $\frac{3}{4}$	49 $\frac{3}{8}$ p	21 . 2	79	98 $\frac{3}{4}$	40 $\frac{3}{4}$ m
17 . 10			49 $\frac{1}{8}$ m	21 . 4			40 $\frac{9}{16}$ m
17 . 12			48 $\frac{13}{16}$ p	21 . 6			40 $\frac{3}{8}$ m
17 . 14			48 $\frac{9}{16}$ m	21 . 8			40 $\frac{3}{16}$ m
17 . 16			48 $\frac{5}{16}$ m	21 . 10			40 m
17 . 18			48 p	21 . 12			39 $\frac{13}{16}$ m
18 .			47 $\frac{3}{4}$ p	21 . 14			39 $\frac{5}{8}$ m
18 . 2			47 $\frac{1}{2}$ m	21 . 16			39 $\frac{7}{16}$ m
18 . 4			47 $\frac{1}{4}$ m	21 . 18			39 $\frac{1}{4}$ m
18 . 6			46 $\frac{15}{16}$ p	22 .			39 $\frac{1}{16}$ p
18 . 8			46 $\frac{11}{16}$ p	22 . 2			38 $\frac{7}{8}$ p
18 . 10			46 $\frac{7}{16}$ p	22 . 4			38 $\frac{11}{16}$ p
18 . 12			46 $\frac{3}{16}$ p	22 . 6			38 $\frac{9}{16}$ m
18 . 14			45 $\frac{15}{16}$ p	22 . 8			38 $\frac{3}{8}$ m
18 . 16			45 $\frac{3}{4}$ m	22 . 10			38 $\frac{3}{16}$ p
18 . 18			45 $\frac{1}{2}$ m	22 . 12			38 $\frac{1}{16}$ p
19 .			45 $\frac{1}{4}$ p	22 . 14			37 $\frac{7}{8}$ m
19 . 2			45 p	22 . 16			37 $\frac{11}{16}$ p
19 . 4			44 $\frac{3}{4}$ p	22 . 18			37 $\frac{9}{16}$ p
19 . 6			44 $\frac{9}{16}$ m	23 .			37 $\frac{3}{8}$ m
19 . 8			44 $\frac{5}{16}$ m	23 . 2			37 $\frac{3}{16}$ p
19 . 10			44 $\frac{1}{16}$ p	23 . 4			37 $\frac{1}{16}$ p
19 . 12			43 $\frac{7}{8}$ m	23 . 6			36 $\frac{7}{8}$ p
19 . 14			43 $\frac{5}{8}$ p	23 . 8			36 $\frac{3}{4}$ m
19 . 16			43 $\frac{7}{16}$ m	23 . 10			36 $\frac{9}{16}$ p
19 . 18			43 $\frac{3}{16}$ p	23 . 12			36 $\frac{7}{16}$ m
20 .			43 m	23 . 14			36 $\frac{1}{4}$ p
20 . 2			42 $\frac{3}{4}$ p	23 . 16			36 $\frac{1}{8}$ m
20 . 4			42 $\frac{9}{16}$ m	23 . 18			35 $\frac{15}{16}$ p
20 . 6			42 $\frac{5}{16}$ p	24 .			35 $\frac{13}{16}$ m
20 . 8			42 $\frac{1}{8}$ p	24 . 2			35 $\frac{11}{16}$ m
20 . 10			41 $\frac{15}{16}$ m	24 . 4			35 $\frac{1}{2}$ p
20 . 12			41 $\frac{3}{4}$ m	24 . 6			35 $\frac{3}{8}$ m
20 . 14			41 $\frac{1}{2}$ p	24 . 8			35 $\frac{1}{4}$ m
20 . 16			41 $\frac{5}{16}$ p	24 . 10			35 $\frac{1}{8}$ p
20 . 18			41 $\frac{1}{8}$ p	24 . 12			34 $\frac{15}{16}$ p
21 .			40 $\frac{15}{16}$ m	24 . 14			34 $\frac{13}{16}$ m

COMBINAISON GENERALE

PARIS, L'ESPAGNE, AMSTERDAM.

Paris sur l'Espag.	Amster. sur Madrid.	Amster. sur Cadix.	Rend à Amster.	Paris sur l'Espag.	Amster. sur Madrid.	Amster. sur Cadix.	Rend à Amster.
10 ·	79 $\frac{1}{4}$	99 $\frac{1}{16}$	86 $\frac{1}{4}$ m	13 · 14	79 $\frac{1}{4}$	99 $\frac{1}{16}$	62 $\frac{15}{16}$ m
10 · 2			85 $\frac{3}{8}$ m	13 · 16			62 $\frac{1}{4}$
10 · 4			84 $\frac{9}{16}$ m	13 · 18			62 $\frac{1}{16}$ m
10 · 6			83 $\frac{11}{16}$ p	14 ·			61 $\frac{9}{16}$ p
10 · 8			82 $\frac{13}{16}$ m	14 · 2			61 $\frac{1}{2}$ p
10 · 10			82 $\frac{1}{8}$ m	14 · 4			60 $\frac{3}{4}$ m
10 · 12			81 $\frac{3}{16}$ p	14 · 6			60 $\frac{1}{16}$ m
10 · 14			80 $\frac{9}{16}$ p	14 · 8			59 $\frac{7}{8}$ p
10 · 16			79 $\frac{1}{2}$ p	14 · 10			59 $\frac{7}{16}$ p
10 · 18			79 $\frac{3}{8}$ m	14 · 12			59 $\frac{1}{16}$ m
11 ·			78 $\frac{3}{8}$ p	14 · 14			58 $\frac{1}{2}$ p
11 · 2			77 $\frac{11}{16}$ m	14 · 16			58 $\frac{1}{4}$ p
11 · 4			77 m	14 · 18			57 $\frac{7}{8}$ m
11 · 6			76 $\frac{1}{16}$ m	15 ·			57 $\frac{1}{2}$ m
11 · 8			75 $\frac{5}{8}$ p	15 · 2			57 $\frac{1}{8}$ m
11 · 10			75 m	15 · 4			56 $\frac{7}{8}$ m
11 · 12			74 $\frac{5}{16}$ p	15 · 6			56 $\frac{2}{8}$ m
11 · 14			73 $\frac{11}{16}$ p	15 · 8			56 m
11 · 16			73 $\frac{1}{16}$ p	15 · 10			55 $\frac{5}{8}$ p
11 · 18			72 $\frac{7}{16}$ p	15 · 12			55 $\frac{1}{4}$ p
12 ·			71 $\frac{7}{8}$ m	15 · 14			54 $\frac{15}{16}$ m
12 · 2			71 $\frac{1}{4}$ p	15 · 16			54 $\frac{9}{16}$ p
12 · 4			70 $\frac{11}{16}$ m	15 · 18			54 $\frac{1}{4}$ m
12 · 6			70 $\frac{1}{8}$ m	16 ·			53 $\frac{7}{8}$ p
12 · 8			69 $\frac{9}{16}$ m	16 · 2			53 $\frac{3}{8}$ m
12 · 10			69 m	16 · 4			53 $\frac{1}{4}$ m
12 · 12			68 $\frac{7}{16}$ m	16 · 6			52 $\frac{7}{8}$ p
12 · 14			67 p	16 · 8			52 $\frac{9}{16}$ p
12 · 16			67 $\frac{3}{8}$ p	16 · 10			52 $\frac{1}{4}$ p
12 · 18			66 $\frac{13}{16}$ p	16 · 12			51 $\frac{13}{16}$ p
13 ·			66 $\frac{5}{16}$ p	16 · 14			51 $\frac{3}{8}$ p
13 · 2			65 $\frac{13}{16}$ p	16 · 16			51 $\frac{1}{16}$ p
13 · 4			65 $\frac{5}{16}$ p	16 · 18			51 p
13 · 6			64 $\frac{13}{16}$ p	17 ·			50 $\frac{3}{4}$ m
13 · 8			64 $\frac{3}{8}$ m	17 · 2			50 $\frac{1}{16}$ m
13 · 10			63 $\frac{7}{8}$ m	17 · 4			50 $\frac{1}{8}$ p
13 · 12			63 $\frac{3}{8}$ p	17 · 6			49 $\frac{13}{16}$ p

PARIS, L'ESPAGNE, AMSTERDAM.

Paris fur l'Efpag.	Amfter. fur Madrid.	Amfter. fur Cadix.	Rend à Amfter.	Paris. fur l'Efpag.	Amfter. fur Madrid.	Amfter. fur Cadix.	Rend à Amfter.
17· 8	79 1/4	99 1/16	49 9/16 m	21· 2	79 1/4	99 1/16	40 7/8 m
17·10			49 1/4 p	21· 4			40 11/16 m
17·12			49 m	21· 6			40 1/2 m
17·14			48 11/16 p	21· 8			40 5/16 m
17·16			48 7/16 p	21·10			40 1/8 m
17·18			48 3/16 m	21·12			39 15/16 m
18·			47 7/8 p	21·14			39 3/4 m
18· 2			47 5/8 p	21·16			39 9/16 m
18· 4			47 3/8 p	21·18			39 3/8 m
18· 6			47 1/8 m	22·			39 3/16 p
18· 8			46 7/8 m	22· 2			39 p
18·10			46 5/8 m	22· 4			38 13/16 p
18·12			46 3/8 m	22· 6			38 11/16 m
18·14			46 1/8 m	22· 8			38 1/2 m
18·16			45 7/8 m	22·10			38 5/16 p
18·18			45 5/8 m	22·12			38 1/8 p
19·			45 3/8 p	22·14			38 m
19· 2			45 1/8 p	22·16			37 13/16 p
19· 4			44 15/16 m	22·18			37 5/8 p
19· 6			44 11/16 m	23·			37 1/2 m
19· 8			44 7/16 p	23· 2			37 5/16 p
19·10			44 3/16 p	23· 4			37 3/16 m
19·12			44 m	23· 6			37 p
19·14			43 3/4 p	23· 8			36 7/8 m
19·16			43 9/16 m	23·10			36 11/16 p
19·18			43 5/16 p	23·12			36 9/16 m
20·			43 1/8 m	23·14			36 3/8 p
20· 2			42 7/8 p	23·16			36 1/4 m
20· 4			42 11/16 m	23·18			36 1/16 p
20· 6			42 1/2 m	24·			35 15/16 m
20· 8			42 1/4 p	24· 2			35 3/4 p
20·10			42 1/16 m	24· 4			35 5/8 p
20·12			41 7/8 m	24· 6			35 1/2 m
20·14			41 5/8 p	24· 8			35 5/16 p
20·16			41 7/16 p	24·10			35 3/16 p
20·18			41 1/4 p	24·12			35 1/16 m
21·			41 1/16 m	24·14			34 15/16 m

COMBINAISON GENERALE

PARIS, L'ESPAGNE, AMSTERDAM.

Paris sur l'Espag.	Amster. sur Madrid.	Amster. sur Cadix.	Rend à Amster.	Paris sur l'Espag.	Amster. sur Madrid.	Amster. sur Cadix.	Rend à Amster.
10·	79 $\frac{1}{2}$	99 $\frac{3}{8}$	86 $\frac{1}{2}$ m	13·14	79 $\frac{1}{2}$	99 $\frac{3}{8}$	63 $\frac{1}{8}$ p
10· 2			85 $\frac{5}{8}$ p	13·16			62 $\frac{11}{16}$ m
10· 4			84 $\frac{13}{16}$ m	13·18			62 $\frac{1}{4}$ m
10· 6			84 m	14·			61 $\frac{13}{16}$ m
10· 8			83 $\frac{3}{16}$ m	14· 2			61 $\frac{3}{8}$ m
10·10			82 $\frac{3}{8}$ p	14· 4			60 $\frac{15}{16}$ m
10·12			81 $\frac{5}{8}$ m	14· 6			60 $\frac{1}{2}$ m
10·14			80 $\frac{13}{16}$ m	14· 8			60 $\frac{1}{16}$ p
10·16			80 $\frac{1}{16}$ p	14·10			59 $\frac{5}{8}$ p
10·18			79 $\frac{3}{8}$ m	14·12			59 $\frac{1}{4}$ m
11·			78 $\frac{5}{8}$ p	14·14			58 $\frac{13}{16}$ p
11· 2			77 $\frac{15}{16}$ m	14·16			58 $\frac{7}{16}$ m
11· 4			77 $\frac{1}{4}$ m	14·18			58 $\frac{1}{16}$ m
11· 6			76 $\frac{9}{16}$ m	15·			57 $\frac{11}{16}$ m
11· 8			75 $\frac{7}{8}$ m	15· 2			57 $\frac{5}{16}$ m
11·10			75 $\frac{7}{16}$ p	15· 4			56 $\frac{5}{8}$ p
11·12			74 $\frac{9}{16}$ p	15· 6			56 $\frac{9}{16}$ m
11·14			73 $\frac{11}{16}$ m	15· 8			56 $\frac{3}{16}$ m
11·16			73 $\frac{5}{16}$ m	15·10			55 $\frac{13}{16}$ m
11·18			72 $\frac{11}{16}$ m	15·12			55 $\frac{7}{16}$ p
12·			72 $\frac{1}{16}$ p	15·14			55 $\frac{1}{16}$ p
12· 2			71 $\frac{1}{16}$ m	15·16			54 $\frac{3}{4}$ p
12· 4			70 $\frac{7}{8}$ p	15·18			54 $\frac{3}{8}$ p
12· 6			70 $\frac{1}{16}$ p	16·			54 $\frac{1}{16}$ m
12· 8			69 $\frac{3}{4}$ p	16· 2			53 $\frac{3}{4}$ m
12·10			69 $\frac{3}{16}$ p	16· 4			53 $\frac{3}{8}$ m
12·12			68 $\frac{5}{8}$ p	16· 6			53 $\frac{1}{16}$ p
12·14			68 $\frac{1}{16}$ m	16· 8			52 $\frac{3}{4}$ m
12·16			67 $\frac{9}{16}$ p	16·10			52 $\frac{7}{16}$ m
12·18			67 $\frac{1}{16}$ m	16·12			52 $\frac{1}{8}$ p
13·			66 $\frac{9}{16}$ m	16·14			51 $\frac{13}{16}$ m
13· 2			66 p	16·16			51 $\frac{1}{2}$ p
13· 4			65 $\frac{1}{2}$ p	16·18			51 $\frac{3}{16}$ m
13· 6			65 $\frac{1}{16}$ m	17·			50 $\frac{7}{8}$ p
13· 8			64 $\frac{9}{16}$ m	17· 2			50 $\frac{9}{16}$ p
13·10			64 $\frac{1}{16}$ p	17· 4			50 $\frac{1}{16}$ m
13·12			63 $\frac{5}{8}$ m	17· 6			50 m

DES CHANGES. 41

PARIS, L'ESPAGNE, AMSTERDAM.

Paris sur l'Espag.	Amster. sur Madrid.	Amster. sur Cadix.	Rend à Amster.	Paris sur l'Espag.	Amster. sur Madrid.	Amster. sur Cadix.	Rend à Amster.
17 · 8	$79\frac{1}{2}$	$99\frac{3}{8}$	$49\frac{11}{16}$ P	21 · 2	$79\frac{1}{2}$	$99\frac{3}{8}$	41 m
17 · 10	....	....	$49\frac{7}{16}$ m	21 · 4	....	....	$40\frac{13}{16}$ m
17 · 12	....	....	$49\frac{3}{8}$ P	21 · 6	....	....	$40\frac{5}{8}$ m
17 · 14	....	....	$48\frac{7}{8}$ m	21 · 8	....	....	$40\frac{7}{16}$ m
17 · 16	....	....	$48\frac{9}{16}$ P	21 · 10	....	....	$40\frac{1}{4}$ m
17 · 18	....	....	$48\frac{5}{16}$ P	21 · 12	....	....	$40\frac{1}{16}$ m
18 ·	....	....	$48\frac{1}{16}$ m	21 · 14	....	....	$39\frac{7}{8}$ m
18 · 2	....	....	$47\frac{13}{16}$ m	21 · 16	....	....	$39\frac{11}{16}$ m
18 · 4	....	....	$47\frac{1}{2}$ P	21 · 18	....	....	$39\frac{1}{2}$ m
18 · 6	....	....	$47\frac{1}{4}$ P	22 ·	....	....	$39\frac{5}{16}$ P
18 · 8	....	....	47 P	22 · 2	....	....	$39\frac{3}{8}$ P
18 · 10	....	....	$46\frac{3}{4}$ P	22 · 4	....	....	$38\frac{15}{16}$ P
18 · 12	....	....	$46\frac{1}{2}$ P	22 · 6	....	....	$38\frac{13}{16}$ m
18 · 14	....	....	$46\frac{1}{4}$ P	22 · 8	....	....	$38\frac{1}{2}$ P
18 · 16	....	....	46 P	22 · 10	....	....	$38\frac{7}{16}$ P
18 · 18	....	....	$45\frac{3}{4}$ P	22 · 12	....	....	$38\frac{1}{4}$ m
19 ·	....	....	$45\frac{1}{2}$ P	22 · 14	....	....	$38\frac{1}{8}$ m
19 · 2	....	....	$45\frac{5}{16}$ m	22 · 16	....	....	$37\frac{15}{16}$ m
19 · 4	....	....	$45\frac{1}{16}$ m	22 · 18	....	....	$37\frac{3}{4}$ P
19 · 6	....	....	$44\frac{13}{16}$ P	23 ·	....	....	$37\frac{5}{8}$ m
19 · 8	....	....	$44\frac{9}{16}$ P	23 · 2	....	....	$37\frac{7}{16}$ P
19 · 10	....	....	$44\frac{3}{8}$ m	23 · 4	....	....	$37\frac{5}{16}$ m
19 · 12	....	....	$44\frac{1}{8}$ P	23 · 6	....	....	$37\frac{1}{8}$ m
19 · 14	....	....	$43\frac{15}{16}$ m	23 · 8	....	....	$36\frac{15}{16}$ m
19 · 16	....	....	$43\frac{11}{16}$ m	23 · 10	....	....	$36\frac{13}{16}$ m
19 · 18	....	....	$43\frac{7}{16}$ P	23 · 12	....	....	$36\frac{5}{8}$ P
20 ·	....	....	$43\frac{1}{4}$ m	23 · 14	....	....	$36\frac{1}{2}$ m
20 · 2	....	....	$43\frac{1}{16}$ m	23 · 16	....	....	$36\frac{1}{4}$ m
20 · 4	....	....	$42\frac{13}{16}$ P	23 · 18	....	....	$36\frac{3}{16}$ m
20 · 6	....	....	$42\frac{1}{8}$ m	24 ·	....	....	$36\frac{1}{16}$ m
20 · 8	....	....	$42\frac{3}{8}$ P	24 · 2	....	....	$35\frac{7}{8}$ P
20 · 10	....	....	$42\frac{3}{16}$ P	24 · 4	....	....	$35\frac{3}{4}$ m
20 · 12	....	....	42 m	24 · 6	....	....	$35\frac{1}{2}$ P
20 · 14	....	....	$41\frac{13}{16}$ m	24 · 8	....	....	$35\frac{7}{16}$ P
20 · 16	....	....	$41\frac{9}{16}$ P	24 · 10	....	....	$35\frac{1}{4}$ m
20 · 18	....	....	$41\frac{3}{8}$ P	24 · 12	....	....	$35\frac{3}{16}$ m
21 ·	....	....	$41\frac{3}{16}$ P	24 · 14	....	....	35 m

Tome II.

42 COMBINAISON GENERALE

PARIS, L'ESPAGNE, AMSTERDAM.

Paris sur l'Espag.	Amster. sur Madrid.	Amster. sur Cadix.	Rend à Amster.	Paris sur l'Espag.	Amster. sur Madrid.	Amster. sur Cadix.	Rend à Amster.
10.	$79\frac{3}{4}$	$99\frac{11}{16}$	$86\frac{3}{4}$ p	13.14	$79\frac{3}{4}$	$99\frac{11}{16}$	$63\frac{5}{16}$ p
10. 2			$85\frac{15}{16}$ m	13.16			$62\frac{7}{8}$ p
10. 4			$85\frac{1}{2}$ p	13.18			$62\frac{7}{16}$ m
10. 6			$84\frac{1}{4}$ m	14.			62 m
10. 8			$83\frac{7}{16}$ m	14. 2			$61\frac{9}{16}$ m
10.10			$82\frac{5}{8}$ p	14. 4			$61\frac{1}{8}$ p
10.12			$81\frac{7}{8}$ m	14. 6			$60\frac{11}{16}$ m
10.14			$81\frac{1}{16}$ p	14. 8			$60\frac{1}{4}$ p
10.16			$80\frac{5}{16}$ p	14.10			$59\frac{13}{16}$ p
10.18			$79\frac{5}{8}$ m	14.12			$59\frac{7}{16}$ m
11.			$78\frac{7}{8}$ p	14.14			59 p
11. 2			$78\frac{3}{16}$ m	14.16			$58\frac{5}{8}$ p
11. 4			$77\frac{1}{2}$ m	14.18			$58\frac{1}{4}$ m
11. 6			$76\frac{13}{16}$ m	15.			$57\frac{7}{8}$ m
11. 8			$76\frac{1}{8}$ m	15. 2			$57\frac{7}{16}$ p
11.10			$75\frac{7}{16}$ p	15. 4			$57\frac{1}{16}$ p
11.12			$74\frac{13}{16}$ m	15. 6			$56\frac{11}{16}$ p
11.14			$74\frac{3}{16}$ m	15. 8			$56\frac{5}{16}$ p
11.16			$73\frac{9}{16}$ m	15.10			56 m
11.18			$72\frac{13}{16}$ m	15.12			$55\frac{5}{8}$ m
12.			$72\frac{5}{16}$ m	15.14			$55\frac{1}{4}$ p
12. 2			$71\frac{11}{16}$ p	15.16			$54\frac{15}{16}$ m
12. 4			$71\frac{1}{8}$ m	15.18			$54\frac{9}{16}$ m
12. 6			$70\frac{9}{16}$ m	16.			$54\frac{1}{4}$ m
12. 8			70 m	16. 2			$53\frac{7}{8}$ p
12.10			$69\frac{7}{16}$ m	16. 4			$53\frac{9}{16}$ m
12.12			$68\frac{7}{8}$ m	16. 6			$53\frac{1}{4}$ m
12.14			$68\frac{5}{16}$ p	16. 8			$52\frac{15}{16}$ m
12.16			$67\frac{13}{16}$ m	16.10			$52\frac{9}{16}$ p
12.18			$67\frac{1}{4}$ p	16.12			$52\frac{1}{4}$ p
13.			$66\frac{3}{4}$ m	16.14			$51\frac{15}{16}$ p
13. 2			$66\frac{1}{4}$ m	16.16			$51\frac{5}{8}$ p
13. 4			$65\frac{3}{4}$ m	16.18			$51\frac{1}{16}$ p
13. 6			$65\frac{1}{4}$ m	17.			$51\frac{1}{16}$ p
13. 8			$64\frac{3}{4}$ p	17. 2			$50\frac{1}{2}$ m
13.10			$64\frac{1}{4}$ p	17. 4			$50\frac{7}{16}$ p
13.12			$63\frac{15}{16}$ m	17. 6			$50\frac{1}{8}$ p

DES CHANGES.

PARIS, L'ESPAGNE, AMSTERDAM.

Paris sur l'Espag.	Amster. sur Madrid.	Amster. sur Cadix.	Rend à Amster.	Paris sur l'Espag.	Amster. sur Madrid.	Amster. sur Cadix.	Rend à Amster.
17. 8	79¾	99 11/16	49 7/8 m	21. 2	79¾	99 11/16	41 1/8 m
17.10			49 9/16 p	21. 4			40 13/16 m
17.12			49 1/16 m	21. 6			40 3/4 m
17.14			49 p	21. 8			40 9/16 m
17.16			48 3/4 m	21.10			40 3/8 m
17.18			48 1/2 m	21.12			40 3/16 m
18.			48 5/16 p	21.14			40 m
18. 2			47 15/16 p	21.16			39 13/16 m
18. 4			47 11/16 m	21.18			39 5/8 m
18. 6			47 7/16 m	22.			39 1/16 p
18. 8			47 3/16 m	22. 2			39 1/4 p
18.10			46 7/8 p	22. 4			39 1/16 p
18.12			46 5/8 p	22. 6			38 15/16 m
18.14			46 p	22. 8			38 3/4 m
18.16			46 1/8 p	22.10			38 1/2 p
18.18			45 15/16 m	22.12			38 3/8 p
19.			45 11/16 m	22.14			38 1/4 m
19. 2			45 7/16 m	22.16			38 1/16 m
19. 4			45 5/16 p	22.18			37 7/8 p
19. 6			44 15/16 p	23.			37 3/4 m
19. 8			44 3/4 m	23. 2			37 9/16 m
19.10			44 1/2 m	23. 4			37 3/8 p
19.12			44 1/4 p	23. 6			37 3/16 m
19.14			44 1/16 p	23. 8			37 1/16 m
19.16			43 15/16 p	23.10			36 15/16 m
19.18			43 5/8 m	23.12			36 3/4 p
20.			43 3/8 p	23.14			36 1/2 m
20. 2			43 3/16 m	23.15			36 5/16 p
20. 4			42 15/16 p	23.18			36 1/16 m
20. 6			42 3/4 m	24.			36 1/8 p
20. 8			42 1/16 p	24. 2			36 p
20.10			42 1/2 p	24. 4			35 7/8 m
20.12			42 5/16 m	24. 6			35 11/16 p
20.14			41 15/16 m	24. 8			35 9/16 m
20.16			41 11/16 p	24.10			35 7/16 m
20.18			41 1/2 p	24.12			35 1/4 p
21.			41 5/16 p	24.14			35 1/8 p

44 COMBINAISON GENERALE

PARIS, L'ESPAGNE, AMSTERDAM.

Paris sur l'Espag.	Amster. sur Madrid.	Amster. sur Cadix.	Rend à Amster.	Paris sur l'Espag.	Amster. sur Madrid.	Amster. sur Cadix.	Rend à Amster.
10·	80	100	$87\frac{1}{16}$ m	13·14	80	100	$63\frac{9}{16}$ m
10· 2			$86\frac{3}{16}$ m	13·16			$63\frac{1}{16}$ p
10· 4			$85\frac{5}{16}$ p	13·18			$62\frac{1}{2}$ m
10· 6			$84\frac{1}{2}$ p	14·			$62\frac{3}{16}$ m
10· 8			$83\frac{11}{16}$ p	14· 2			$61\frac{3}{4}$ p
10·10			$82\frac{7}{8}$ p	14· 4			$61\frac{1}{16}$ p
10·12			$82\frac{1}{8}$ m	14· 6			$60\frac{7}{8}$ p
10·14			$81\frac{3}{8}$ m	14· 8			$60\frac{7}{16}$ p
10·16			$80\frac{9}{16}$ p	14·10			60
10·18			$79\frac{7}{8}$ m	14·12			$59\frac{5}{8}$ m
11·			$79\frac{1}{8}$ p	14·14			$59\frac{3}{16}$ p
11· 2			$78\frac{7}{16}$ m	14·16			$58\frac{13}{16}$ m
11· 4			$77\frac{11}{16}$ p	14·18			$58\frac{2}{16}$ m
11· 6			77 p	15·			58 p
11· 8			$76\frac{3}{8}$ m	15· 2			$57\frac{5}{8}$ p
11·10			$75\frac{11}{16}$ m	15· 4			$57\frac{1}{4}$ p
11·12			$75\frac{1}{16}$ m	15· 6			$56\frac{7}{8}$ p
11·14			$74\frac{3}{8}$ p	15· 8			$56\frac{1}{2}$ p
11·16			$73\frac{3}{4}$ p	15·10			$56\frac{2}{16}$ p
11·18			$73\frac{1}{8}$ p	15·12			$55\frac{13}{16}$ m
12·			$72\frac{1}{2}$ m	15·14			$55\frac{7}{16}$ p
12· 2			$71\frac{15}{16}$ m	15·16			$55\frac{1}{16}$ p
12· 4			$71\frac{3}{8}$ m	15·18			$54\frac{3}{4}$ m
12· 6			$70\frac{3}{4}$ p	16·			$54\frac{3}{8}$ p
12· 8			$70\frac{2}{16}$ p	16· 2			$54\frac{1}{16}$ p
12·10			$69\frac{3}{8}$ p	16· 4			$53\frac{3}{4}$ m
12·12			$69\frac{1}{16}$ p	16· 6			$53\frac{3}{8}$ p
12·14			$68\frac{9}{16}$ p	16· 8			$53\frac{1}{16}$ p
12·16			68	16·10			$52\frac{3}{4}$ p
12·18			$67\frac{1}{2}$ m	16·12			$52\frac{7}{16}$ m
13·			$66\frac{15}{16}$ p	16·14			$52\frac{1}{8}$ m
13· 2			$66\frac{7}{16}$ p	16·16			$51\frac{13}{16}$ m
13· 4			$65\frac{13}{16}$ p	16·18			$51\frac{1}{2}$ p
13· 6			$65\frac{5}{16}$ p	17·			$51\frac{1}{16}$ p
13· 8			$64\frac{13}{16}$ p	17· 2			$50\frac{7}{8}$ p
13·10			$64\frac{1}{2}$ m	17· 4			$50\frac{8}{16}$ m
13·12			64	17· 6			$50\frac{2}{16}$ m

DES CHANGES.

PARIS, L'ESPAGNE, AMSTERDAM.

Paris sur l'Espag.	Amster. sur Madrid.	Amster. sur Cadix.	Rend à Amster.	Paris sur l'Espag.	Amster. sur Madrid.	Amster. sur Cadix.	Rend à Amster.
17. 8	80	100	50 p	21. 2	80	100	41 $\frac{1}{4}$ p
17. 10			49 $\frac{3}{4}$ m	21. 4			41 $\frac{1}{16}$ m
17. 12			49 $\frac{7}{16}$ p	21. 6			40 $\frac{7}{8}$ p
17. 14			49 $\frac{3}{16}$ m	21. 8			40 $\frac{11}{16}$ m
17. 16			48 $\frac{7}{8}$ p	21. 10			40 $\frac{1}{2}$ p
17. 18			48 $\frac{9}{16}$ p	21. 12			40 $\frac{5}{16}$ m
18.			48 $\frac{5}{16}$ m	21. 14			40 $\frac{1}{8}$ m
18. 2			48 $\frac{1}{16}$ p	21. 16			39 $\frac{15}{16}$ m
18. 4			47 $\frac{13}{16}$ p	21. 18			39 $\frac{3}{4}$ m
18. 6			47 $\frac{9}{16}$ p	22.			39 $\frac{9}{16}$ p
18. 8			47 $\frac{5}{16}$ m	22. 2			39 $\frac{3}{8}$ p
18. 10			47 $\frac{1}{16}$ m	22. 4			39 $\frac{3}{16}$ p
18. 12			46 $\frac{13}{16}$ m	22. 6			39 m
18. 14			46 $\frac{9}{16}$ m	22. 8			38 $\frac{7}{8}$ m
18. 16			46 $\frac{5}{16}$ m	22. 10			38 $\frac{11}{16}$ m
18. 18			46 $\frac{1}{16}$ m	22. 12			38 $\frac{1}{2}$ p
19.			45 $\frac{13}{16}$ m	22. 14			38 $\frac{1}{3}$ p
19. 2			45 $\frac{9}{16}$ p	22. 16			38 $\frac{3}{16}$ m
19. 4			45 $\frac{5}{16}$ p	22. 18			38 p
19. 6			45 $\frac{1}{8}$ m	23.			37 $\frac{13}{16}$ p
19. 8			44 $\frac{7}{8}$ m	23. 2			37 $\frac{11}{16}$ m
19. 10			44 $\frac{5}{8}$ p	23. 4			37 $\frac{1}{2}$ p
19. 12			44 $\frac{7}{16}$ m	23. 6			37 $\frac{5}{16}$ p
19. 14			44 $\frac{3}{16}$ p	23. 8			37 $\frac{3}{16}$ p
19. 16			43 $\frac{15}{16}$ p	23. 10			37 $\frac{1}{16}$ m
19. 18			43 $\frac{3}{4}$ m	23. 12			36 $\frac{7}{8}$ p
20.			43 $\frac{1}{2}$ p	23. 14			36 $\frac{3}{4}$ m
20. 2			43 $\frac{5}{16}$ m	23. 16			36 $\frac{9}{16}$ p
20. 4			43 $\frac{1}{16}$ p	23. 18			36 $\frac{7}{16}$ m
20. 6			42 $\frac{7}{8}$ p	24.			36 $\frac{1}{4}$ p
20. 8			42 $\frac{11}{16}$ m	24. 2			36 $\frac{1}{8}$ m
20. 10			42 $\frac{1}{2}$ p	24. 4			35 $\frac{15}{16}$ p
20. 12			42 $\frac{1}{4}$ p	24. 6			35 $\frac{13}{16}$ p
20. 14			42 $\frac{1}{16}$ m	24. 8			35 $\frac{11}{16}$ m
20. 16			41 $\frac{7}{8}$ m	24. 10			35 $\frac{1}{2}$ p
20. 18			41 $\frac{3}{16}$ p	24. 12			35 $\frac{3}{8}$ p
21.			41 $\frac{7}{16}$ p	24. 14			35 $\frac{1}{4}$ m

COMBINAISON GENERALE

PARIS, L'ESPAGNE, AMSTERDAM.

Paris sur l'Espag.	Amster. sur Madrid.	Amster. sur Cadix.	Rend à Amster.	Paris sur l'Espag.	Amster. sur Madrid.	Amster. sur Cadix.	Rend à Amster.
10. ·	80 $\frac{1}{4}$ ·	100 $\frac{5}{16}$ ·	87 $\frac{5}{16}$ m	13.14 ·	80 $\frac{1}{4}$ ·	100 $\frac{5}{16}$ ·	63 $\frac{3}{4}$ m
10. 2	....	....	86 $\frac{7}{16}$ p	13.16	....	....	63 $\frac{1}{4}$ p
10. 4	....	....	85 $\frac{5}{8}$ m	13.18	....	....	62 $\frac{13}{16}$ m
10. 6	....	....	84 $\frac{3}{4}$ p	14. ·	....	....	62 $\frac{3}{8}$ m
10. 8	....	....	83 $\frac{15}{16}$ p	14. 2	....	....	61 $\frac{15}{16}$ p
10.10	....	....	83 $\frac{1}{8}$ p	14. 4	....	....	61 $\frac{1}{2}$ m
10.12	....	....	82 $\frac{3}{8}$ m	14. 6	....	....	61 $\frac{1}{16}$ m
10.14	....	....	81 $\frac{5}{8}$ m	14. 8	....	....	60 $\frac{5}{8}$ p
10.16	....	....	80 $\frac{7}{8}$ m	14.10	....	....	60 $\frac{3}{16}$ p
10.18	....	....	80 $\frac{1}{8}$ m	14.12	....	....	59 $\frac{13}{16}$ m
11. ·	....	....	79 $\frac{3}{8}$ m	14.14	....	....	59 $\frac{3}{8}$ p
11. 2	....	....	78 $\frac{11}{16}$ m	14.16	....	....	59 m
11. 4	....	....	77 $\frac{15}{16}$ p	14.18	....	....	58 $\frac{5}{8}$ m
11. 6	....	....	77 $\frac{1}{4}$ p	15. ·	....	....	58 $\frac{3}{16}$ p
11. 8	....	....	76 $\frac{9}{16}$ p	15. 2	....	....	57 $\frac{13}{16}$ p
11.10	....	....	75 $\frac{13}{16}$ m	15. 4	....	....	57 $\frac{7}{16}$ p
11.12	....	....	75 $\frac{1}{4}$ p	15. 6	....	....	57 $\frac{1}{16}$ p
11.14	....	....	74 $\frac{5}{8}$ p	15. 8	....	....	56 $\frac{11}{16}$ p
11.16	....	....	74 m	15.10	....	....	56 $\frac{5}{16}$ p
11.18	....	....	73 $\frac{3}{8}$ m	15.12	....	....	56 m
12. ·	....	....	72 $\frac{3}{4}$ p	15.14	....	....	55 $\frac{5}{8}$ m
12. 2	....	....	72 $\frac{3}{16}$ m	15.16	....	....	55 $\frac{1}{4}$ p
12. 4	....	....	71 $\frac{9}{16}$ p	15.18	....	....	54 $\frac{15}{16}$ m
12. 6	....	....	71 m	16. ·	....	....	54 $\frac{9}{16}$ p
12. 8	....	....	70 $\frac{7}{16}$ m	16. 2	....	....	54 $\frac{1}{4}$ m
12.10	....	....	69 $\frac{7}{8}$ m	16. 4	....	....	53 $\frac{7}{8}$ p
12.12	....	....	69 $\frac{5}{16}$ m	16. 6	....	....	53 $\frac{1}{2}$ p
12.14	....	....	68 $\frac{3}{4}$ m	16. 8	....	....	53 $\frac{1}{4}$ m
12.16	....	....	68 $\frac{3}{16}$ p	16.10	....	....	52 $\frac{15}{16}$ m
12.18	....	....	67 $\frac{11}{16}$ m	16.12	....	....	52 $\frac{5}{8}$ m
13. ·	....	....	67 $\frac{3}{16}$ m	16.14	....	....	52 $\frac{5}{16}$ m
13. 2	....	....	66 $\frac{5}{8}$ p	16.16	....	....	52 m
13. 4	....	....	66 $\frac{1}{8}$ p	16.18	....	....	51 $\frac{11}{16}$ m
13. 6	....	....	65 $\frac{5}{8}$ p	17. ·	....	....	51 $\frac{3}{8}$ m
13. 8	....	....	65 $\frac{5}{16}$ m	17. 2	....	....	51 $\frac{1}{16}$ m
13.10	....	....	64 $\frac{11}{16}$ m	17. 4	....	....	50 $\frac{3}{4}$ p
13.12	....	....	64 $\frac{3}{16}$ p	17. 6	....	....	50 $\frac{1}{2}$ m

DES CHANGES.

PARIS, L'ESPAGNE, AMSTERDAM.

Paris sur l'Espag.	Amster. sur Madrid.	Amster. sur Cadix.	Rend à Amster.	Paris sur l'Espag.	Amster. sur Madrid.	Amster. sur Cadix.	Rend à Amster.
17. 8	$80\frac{1}{4}$	$100\frac{1}{16}$	$50\frac{3}{16}$ m	21. 2	$80\frac{1}{4}$	$100\frac{5}{16}$	$41\frac{3}{8}$ p
17.10			$49\frac{7}{8}$ p	21. 4			$41\frac{3}{16}$ m
17.12			$49\frac{5}{8}$ m	21. 6			41 m
17.14			$49\frac{1}{2}$ p	21. 8			$40\frac{13}{16}$ m
17.16			$49\frac{1}{16}$ m	21.10			$40\frac{5}{8}$ m
17.18			$48\frac{3}{4}$ p	21.12			$40\frac{7}{16}$ m
18.			$48\frac{1}{2}$ p	21.14			$40\frac{1}{4}$ m
18. 2			$48\frac{1}{4}$ m	21.16			$40\frac{1}{16}$ m
18. 4			48 m	21.18			$39\frac{7}{8}$ m
18. 6			$47\frac{11}{16}$ p	22.			$39\frac{11}{16}$ m
18. 8			$47\frac{7}{16}$ p	22. 2			$39\frac{1}{2}$ p
18.10			$47\frac{3}{16}$ p	22. 4			$39\frac{5}{16}$ p
18.12			$46\frac{15}{16}$ p	22. 6			$39\frac{1}{8}$ p
18.14			$46\frac{11}{16}$ p	22. 8			39 m
18.16			$46\frac{7}{16}$ m	22.10			$38\frac{13}{16}$ m
18.18			$46\frac{3}{16}$ p	22.12			$38\frac{1}{2}$ p
19.			$45\frac{15}{16}$ p	22.14			$38\frac{7}{8}$ p
19. 2			$45\frac{11}{16}$ p	22.16			$38\frac{1}{16}$ m
19. 4			$45\frac{1}{2}$ m	22.18			$38\frac{1}{8}$ p
19. 6			$45\frac{1}{4}$ m	23.			$37\frac{15}{16}$ p
19. 8			45 p	23. 2			$37\frac{13}{16}$ m
19.10			$44\frac{3}{4}$ p	23. 4			$37\frac{5}{8}$ p
19.12			$44\frac{9}{16}$ m	23. 6			$37\frac{7}{16}$ m
19.14			$44\frac{5}{16}$ p	23. 8			$37\frac{5}{16}$ p
19.16			$44\frac{1}{8}$ p	23.10			$37\frac{1}{8}$ p
19.18			$43\frac{7}{8}$ p	23.12			37 m
20.			$43\frac{5}{8}$ p	23.14			$36\frac{13}{16}$ p
20. 2			$43\frac{7}{16}$ p	23.16			$36\frac{11}{16}$ m
20. 4			$43\frac{1}{4}$ m	23.18			$36\frac{9}{16}$ m
20. 6			43 p	24.			$36\frac{3}{8}$ p
20. 8			$42\frac{13}{16}$ m	24. 2			$36\frac{1}{4}$ m
20.10			$42\frac{9}{16}$ p	24. 4			$36\frac{1}{16}$ p
20.12			$42\frac{3}{8}$ p	24. 6			$35\frac{15}{16}$ m
20.14			$42\frac{3}{16}$ p	24. 8			$35\frac{13}{16}$ m
20.16			42 m	24.10			$35\frac{5}{8}$ p
20.18			$41\frac{3}{4}$ p	24.12			$35\frac{1}{2}$ m
21.			$41\frac{9}{16}$ p	24.14			$35\frac{3}{8}$ m

COMBINAISON GENERALE

PARIS, L'ESPAGNE, AMSTERDAM.

Paris sur l'Espag.	Amster. sur Madrid.	Amster. sur Cadix.	Rend à Amster.	Paris sur l'Espag.	Amster. sur Madrid.	Amster. sur Cadix.	Rend à Amster.
10·	80 $\frac{1}{2}$	100 $\frac{5}{8}$	87 $\frac{9}{16}$ p	13·14	80 $\frac{1}{2}$	100 $\frac{5}{8}$	63 $\frac{11}{16}$ m
10· 2			86 $\frac{11}{16}$ p	13·16			63 $\frac{7}{16}$ p
10· 4			85 $\frac{7}{8}$ m	13·18			63 p
10· 6			85 $\frac{1}{16}$ m	14·			62 $\frac{9}{16}$ m
10· 8			84 $\frac{3}{16}$ p	14· 2			62 $\frac{1}{8}$ p
10·10			83 $\frac{7}{16}$ p	14· 4			61 $\frac{11}{16}$ m
10·12			82 $\frac{5}{8}$ p	14· 6			61 $\frac{1}{4}$ m
10·14			81 $\frac{7}{8}$ m	14· 8			60 $\frac{13}{16}$ p
10·16			81 $\frac{1}{8}$ m	14·10			60 $\frac{3}{8}$ p
10·18			80 $\frac{3}{8}$ m	14·12			60 m
11·			79 $\frac{5}{8}$ m	14·14			59 $\frac{9}{16}$ p
11· 2			78 $\frac{7}{8}$ p	14·16			59 $\frac{3}{16}$ p
11· 4			78 $\frac{3}{16}$ p	14·18			58 $\frac{3}{4}$ p
11· 6			77 $\frac{1}{2}$ p	15·			58 $\frac{3}{8}$ p
11· 8			76 $\frac{13}{16}$ p	15· 2			58 p
11·10			76 $\frac{3}{16}$ m	15· 4			57 $\frac{5}{8}$ m
11·12			75 $\frac{1}{2}$ p	15· 6			57 $\frac{1}{4}$ m
11·14			74 $\frac{7}{8}$ m	15· 8			56 $\frac{7}{8}$ m
11·16			74 $\frac{1}{4}$ m	15·10			56 $\frac{1}{2}$ p
11·18			73 $\frac{1}{2}$ m	15·12			56 $\frac{1}{8}$ p
12·			73 m	15·14			55 $\frac{13}{16}$ m
12· 2			72 $\frac{3}{8}$ p	15·16			55 $\frac{7}{16}$ m
12· 4			71 $\frac{13}{16}$ m	15·18			55 $\frac{1}{16}$ p
12· 6			71 $\frac{3}{16}$ p	16·			54 $\frac{3}{4}$ m
12· 8			70 $\frac{5}{8}$ p	16· 2			54 $\frac{3}{8}$ p
12·10			70 $\frac{1}{16}$ p	16· 4			54 $\frac{1}{16}$ p
12·12			69 $\frac{1}{2}$ p	16· 6			53 $\frac{3}{4}$ m
12·14			68 $\frac{15}{16}$ p	16· 8			53 $\frac{3}{8}$ p
12·16			68 $\frac{3}{8}$ p	16·10			53 $\frac{1}{16}$ p
12·18			67 $\frac{7}{8}$ p	16·12			52 $\frac{3}{4}$ p
13·			67 m	16·14			52 $\frac{7}{16}$ p
13· 2			66 $\frac{5}{8}$ m	16·16			52 $\frac{1}{8}$ p
13· 4			66 $\frac{1}{8}$ m	16·18			51 $\frac{13}{16}$ p
13· 6			65 $\frac{5}{8}$ m	17·			51 $\frac{1}{2}$ p
13· 8			65 $\frac{1}{8}$ m	17· 2			51 $\frac{1}{16}$ p
13·10			64 $\frac{7}{8}$ p	17· 4			50 $\frac{13}{16}$ m
13·12			64 $\frac{3}{8}$ p	17· 6			50 $\frac{5}{8}$ p

DES CHANGES.

PARIS, L'ESPAGNE, AMSTERDAM.

Paris. sur l'Espag.	Amster. sur Madrid.	Amster. sur Cadix.	Rend à Amster.	Paris sur l'Espag.	Amster. sur Madrid.	Amster. sur Cadix.	Rend à Amster.
17 . 8	80$\frac{1}{2}$	100$\frac{5}{8}$	50$\frac{5}{16}$ p	21 . 2	80$\frac{1}{2}$	100$\frac{5}{8}$	41$\frac{1}{2}$ p
17.10			50$\frac{1}{16}$ m	21 . 4			41$\frac{5}{16}$ p
17.12			49$\frac{3}{4}$ p	21 . 6			41$\frac{1}{8}$ m
17.14			49$\frac{1}{2}$ m	21 . 8			40$\frac{15}{16}$ m
17.16			49$\frac{5}{16}$ p	21.10			40$\frac{3}{4}$ m
17.18			48$\frac{15}{16}$ m	21.12			40$\frac{9}{16}$ m
18 .			48$\frac{11}{16}$ m	21.14			40$\frac{3}{8}$ m
18 . 2			48$\frac{3}{8}$ p	21.16			40$\frac{3}{16}$ m
18 . 4			48$\frac{1}{8}$ m	21.18			40 m
18 . 6			47$\frac{7}{8}$ m	22 .			39$\frac{13}{16}$ m
18 . 8			47$\frac{5}{8}$ m	22 . 2			39$\frac{5}{8}$ p
18.10			47$\frac{3}{8}$ p	22 . 4			39$\frac{7}{16}$ p
18.12			47$\frac{1}{8}$ p	22 . 6			39$\frac{1}{4}$ p
18.14			46$\frac{13}{16}$ p	22 . 8			39$\frac{1}{8}$ m
18.16			46$\frac{9}{16}$ p	22.10			38$\frac{15}{16}$ m
18.18			46$\frac{5}{16}$ p	22.12			38$\frac{3}{4}$ p
19 .			46$\frac{1}{8}$ m	22.14			38$\frac{4}{16}$ p
19 . 2			45$\frac{7}{8}$ m	22.16			38$\frac{7}{16}$ m
19 . 4			45$\frac{5}{8}$ m	22.18			38$\frac{1}{4}$ m
19 . 6			45$\frac{3}{8}$ p	23 .			38$\frac{1}{16}$ m
19 . 8			45$\frac{1}{8}$ p	23 . 2			37$\frac{15}{16}$ m
19.10			44$\frac{15}{16}$ m	23 . 4			37$\frac{3}{4}$ p
19.12			44$\frac{11}{16}$ m	23 . 6			37$\frac{9}{16}$ p
19.14			44$\frac{7}{16}$ p	23 . 8			37$\frac{7}{16}$ m
19.16			44$\frac{1}{4}$ m	23.10			37$\frac{1}{4}$ m
19.18			44 p	23.12			37$\frac{1}{8}$ m
20 .			43$\frac{13}{16}$ m	23.14			36$\frac{15}{16}$ p
20 . 2			43$\frac{9}{16}$ p	23.16			36$\frac{13}{16}$ m
20 . 4			43$\frac{3}{8}$ m	23.18			36$\frac{1}{2}$ p
20 . 6			43$\frac{1}{8}$ p	24 .			36$\frac{1}{2}$ m
20 . 8			42$\frac{15}{16}$ m	24 . 2			36$\frac{5}{16}$ p
20.10			42$\frac{3}{4}$ m	24 . 4			36$\frac{3}{16}$ p
20.12			42$\frac{1}{2}$ p	24 . 6			36$\frac{1}{16}$ p
20.14			42$\frac{1}{4}$ m	24 . 8			35$\frac{7}{8}$ p
20.16			42$\frac{1}{8}$ m	24.10			35$\frac{3}{4}$ p
20.18			41$\frac{7}{8}$ p	24.12			35$\frac{5}{8}$ m
21 .			41$\frac{11}{16}$ p	24.14			35$\frac{7}{16}$ p

Tome II.

50 COMBINAISON GENERALE

PARIS, L'ESPAGNE, AMSTERDAM.

Paris sur l'Espag.	Amster. sur Madrid.	Amster. sur Cadix.	Rend à Amster.	Paris sur l'Espag.	Amster. sur Madrid.	Amster. sur Cadix.	Rend à Amster.
10·	· 80 $\frac{3}{4}$ ·	100 $\frac{15}{16}$ ·	87 $\frac{7}{8}$ m	13·14 ·	80 $\frac{3}{4}$ ·	100 $\frac{15}{16}$ ·	64 $\frac{1}{8}$ p
10· 2			87 m	13·16			63 $\frac{11}{16}$ m
10· 4			86 $\frac{1}{8}$ p	13·18			63 $\frac{3}{16}$ p
10· 6			85 $\frac{5}{16}$ m	14·			62 $\frac{3}{4}$ p
10· 8			84 $\frac{1}{2}$ m	14· 2			62 $\frac{1}{16}$ m
10·10			83 $\frac{11}{16}$ m	14· 4			61 $\frac{7}{8}$ m
10·12			82 $\frac{7}{8}$ p	14· 6			61 $\frac{7}{16}$ p
10·14			82 $\frac{1}{8}$ m	14· 8			61 m
10·16			81 $\frac{3}{8}$ m	14·10			60 $\frac{9}{16}$ p
10·18			80 $\frac{5}{8}$ m	14·12			60 $\frac{3}{16}$ m
11·			79 $\frac{7}{8}$ m	14·14			59 $\frac{3}{4}$ p
11· 2			79 $\frac{1}{8}$ p	14·16			59 $\frac{3}{8}$ m
11· 4			78 $\frac{7}{16}$ p	14·18			58 $\frac{15}{16}$ p
11· 6			77 $\frac{3}{4}$ m	15·			58 $\frac{9}{16}$ p
11· 8			77 $\frac{1}{16}$ p	15· 2			58 $\frac{3}{16}$ m
11·10			76 $\frac{3}{8}$ p	15· 4			57 $\frac{13}{16}$ m
11·12			75 $\frac{3}{4}$ m	15· 6			57 $\frac{7}{16}$ m
11·14			75 $\frac{1}{16}$ p	15· 8			57 $\frac{1}{16}$ m
11·16			74 $\frac{7}{16}$ p	15·10			56 $\frac{11}{16}$ m
11·18			73 $\frac{13}{16}$ p	15·12			56 $\frac{5}{16}$ p
12·			73 $\frac{3}{16}$ p	15·14			55 $\frac{15}{16}$ p
12· 2			72 $\frac{5}{8}$ m	15·16			55 $\frac{5}{8}$ m
12· 4			72 p	15·18			55 $\frac{1}{4}$ p
12· 6			71 $\frac{7}{16}$ m	16·			54 $\frac{15}{16}$ m
12· 8			70 $\frac{7}{8}$ m	16· 2			54 $\frac{9}{16}$ p
12·10			70 $\frac{5}{16}$ m	16· 4			54 $\frac{1}{4}$ m
12·12			69 $\frac{3}{4}$ p	16· 6			53 $\frac{7}{8}$ p
12·14			69 $\frac{3}{16}$ p	16· 8			53 $\frac{9}{16}$ p
12·16			68 $\frac{5}{8}$ p	16·10			53 $\frac{1}{4}$ m
12·18			68 $\frac{1}{8}$ m	16·12			52 $\frac{15}{16}$ m
13·			67 $\frac{9}{16}$ p	16·14			52 $\frac{5}{8}$ m
13· 2			67 $\frac{1}{16}$ p	16·16			52 $\frac{5}{16}$ m
13· 4			66 $\frac{9}{16}$ m	16·18			52 m
13· 6			66 $\frac{1}{16}$ m	17·			51 $\frac{11}{16}$ m
13· 8			65 $\frac{9}{16}$ p	17· 2			51 $\frac{3}{8}$ p
13·10			65 $\frac{1}{16}$ p	17· 4			51 $\frac{1}{16}$ p
13·12			64 $\frac{5}{8}$ m	17· 6			50 $\frac{13}{16}$ m

DES CHANGES.

PARIS, L'ESPAGNE, AMSTERDAM.

Paris sur l'Espag.	Amster. sur Madrid.	Amster. sur Cadix.	Rend à Amster.	Paris sur l'Espag.	Amster. sur Madrid.	Amster. sur Cadix.	Rend à Amster.
17. 8	$80\frac{1}{4}$	$100\frac{15}{16}$	$50\frac{1}{2}$ m	21. 2	$80\frac{3}{4}$	$100\frac{15}{16}$	$41\frac{5}{8}$ p
17.10			$50\frac{3}{16}$ p	21. 4			$41\frac{7}{16}$ p
17.12			$49\frac{15}{16}$ m	21. 6			$41\frac{1}{4}$ m
17.14			$49\frac{5}{8}$ p	21. 8			$41\frac{1}{16}$ m
17.16			$49\frac{3}{8}$ m	21.10			$40\frac{7}{8}$ m
17.18			$49\frac{1}{16}$ p	21.12			$40\frac{11}{16}$ m
18·			$48\frac{13}{16}$ m	21.14			$40\frac{1}{2}$ m
18. 2			$48\frac{9}{16}$ m	21.16			$40\frac{5}{16}$ m
18. 4			$48\frac{1}{4}$ p	21.18			$40\frac{1}{8}$ m
18. 6			48 p	22·			$39\frac{15}{16}$ m
18. 8			$47\frac{3}{4}$ m	22. 2			$39\frac{3}{4}$ p
18.10			$47\frac{1}{2}$ m	22. 4			$39\frac{9}{16}$ p
18.12			$47\frac{1}{4}$ m	22. 6			$39\frac{3}{8}$ p
18.14			47 m	22. 8			$39\frac{1}{4}$ p
18.16			$46\frac{3}{4}$ m	22.10			$39\frac{1}{16}$ m
18.18			$46\frac{1}{2}$ m	22.12			$38\frac{7}{8}$ m
19·			$46\frac{1}{4}$ m	22.14			$38\frac{11}{16}$ p
19. 2			46 m	22.16			$38\frac{9}{16}$ m
19. 4			$45\frac{3}{4}$ p	22.18			$38\frac{3}{8}$ m
19. 6			$45\frac{1}{2}$ p	23·			$38\frac{3}{16}$ p
19. 8			$45\frac{5}{16}$ m	23. 2			$38\frac{1}{16}$ m
19.10			$45\frac{1}{16}$ m	23. 4			$37\frac{7}{8}$ m
19.12			$44\frac{13}{16}$ p	23. 6			$37\frac{11}{16}$ p
19.14			$44\frac{5}{8}$ m	23. 8			$37\frac{9}{16}$ m
19.16			$44\frac{3}{8}$ m	23.10			$37\frac{3}{8}$ p
19.18			$44\frac{1}{8}$ p	23.12			$37\frac{1}{4}$ m
20·			$43\frac{15}{16}$ m	23.14			$37\frac{1}{16}$ p
20. 2			$43\frac{11}{16}$ p	23.15			$36\frac{15}{16}$ m
20. 4			$43\frac{1}{2}$ m	23.18			$36\frac{3}{4}$ p
20. 6			$43\frac{1}{4}$ p	24·			$36\frac{5}{8}$ m
20. 8			$43\frac{1}{16}$ p	24. 2			$36\frac{7}{16}$ p
20.10			$42\frac{7}{8}$ m	24. 4			$36\frac{5}{16}$ m
20.12			$42\frac{5}{8}$ p	24. 6			$36\frac{1}{8}$ p
20.14			$42\frac{7}{16}$ p	24. 8			36 p
20.16			$42\frac{1}{4}$ m	24.10			$35\frac{7}{8}$ m
20.18			$42\frac{1}{16}$ m	24.12			$35\frac{11}{16}$ p
21·			$41\frac{13}{16}$ p	24.14			$35\frac{9}{16}$ p

PARIS, L'ESPAGNE, AMSTERDAM.

Paris sur l'Espag.	Amster. sur Madrid.	Amster. sur Cadix.	Rend à Amster.	Paris sur l'Espag.	Amster. sur Madrid.	Amster. sur Cadix.	Rend à Amster.
10·	81	101 $\frac{1}{4}$	88 $\frac{1}{8}$ p	13·14	81	101 $\frac{1}{4}$	64 $\frac{5}{16}$ p
10· 2			87 $\frac{1}{4}$ p	13·16			63 $\frac{7}{8}$ m
10· 4			86 $\frac{3}{8}$ p	13·18			63 $\frac{3}{8}$ p
10· 6			85 $\frac{9}{16}$ m	14·			62 $\frac{15}{16}$ p
10· 8			84 $\frac{3}{4}$ m	14· 2			62 $\frac{1}{2}$ p
10·10			83 $\frac{15}{16}$ m	14· 4			62 $\frac{1}{16}$ m
10·12			83 $\frac{1}{8}$ p	14· 6			61 $\frac{5}{8}$ p
10·14			82 $\frac{3}{8}$ m	14· 8			61 $\frac{3}{16}$ p
10·16			81 $\frac{5}{8}$ m	14·10			60 $\frac{3}{4}$ p
10·18			80 $\frac{7}{8}$ m	14·12			60 $\frac{3}{8}$ m
11·			80 $\frac{1}{8}$ m	14·14			59 $\frac{15}{16}$ p
11· 2			79 $\frac{3}{8}$ p	14·16			59 $\frac{9}{16}$ m
11· 4			78 $\frac{11}{16}$ m	14·18			59 $\frac{1}{8}$ p
11· 6			78 m	15·			58 $\frac{3}{4}$ p
11· 8			77 $\frac{5}{16}$ m	15· 2			58 $\frac{3}{8}$ m
11·10			76 $\frac{5}{8}$ p	15· 4			58 m
11·12			76 m	15· 6			57 $\frac{5}{8}$ m
11·14			75 $\frac{5}{16}$ p	15· 8			57 $\frac{1}{4}$ m
11·16			74 $\frac{11}{16}$ m	15·10			56 $\frac{7}{8}$ m
11·18			74 $\frac{1}{16}$ m	15·12			56 $\frac{1}{2}$ m
12·			73 $\frac{7}{16}$ p	15·14			56 $\frac{1}{8}$ p
12· 2			72 $\frac{13}{16}$ p	15·16			55 $\frac{3}{4}$ p
12· 4			72 $\frac{1}{4}$ m	15·18			55 $\frac{7}{16}$ m
12· 6			71 $\frac{5}{8}$ p	16·			55 $\frac{1}{16}$ p
12· 8			71 $\frac{1}{16}$ p	16· 2			54 $\frac{3}{4}$ m
12·10			70 $\frac{1}{2}$ p	16· 4			54 $\frac{3}{8}$ p
12·12			69 $\frac{15}{16}$ p	16· 6			54 $\frac{1}{16}$ p
12·14			69 $\frac{3}{8}$ p	16· 8			53 $\frac{3}{4}$ m
12·16			68 $\frac{7}{8}$ m	16·10			53 $\frac{7}{16}$ m
12·18			68 $\frac{5}{16}$ p	16·12			53 $\frac{1}{16}$ p
13·			67 $\frac{13}{16}$ m	16·14			52 $\frac{3}{4}$ p
13· 2			67 $\frac{1}{4}$ p	16·16			52 $\frac{7}{16}$ p
13· 4			66 $\frac{3}{4}$ p	16·18			52 $\frac{1}{8}$ p
13· 6			66 $\frac{1}{4}$ p	17·			51 $\frac{13}{16}$ p
13· 8			65 $\frac{3}{4}$ p	17· 2			51 $\frac{9}{16}$ m
13·10			65 $\frac{1}{4}$ p	17· 4			51 $\frac{1}{4}$ m
13·12			64 $\frac{13}{16}$ m	17· 6			50 $\frac{15}{16}$ p

DES CHANGES. 53

PARIS, L'ESPAGNE, AMSTERDAM.

Paris sur l'Espag.	Amster. sur Madrid.	Amster. sur Cadix.	Rend à Amster.	Paris sur l'Espag.	Amster. sur Madrid.	Amster. sur Cadix.	Rend à Amster.
17 . 8	81	101 $\frac{1}{4}$	50 $\frac{5}{8}$ p	21 . 2	81	101 $\frac{1}{4}$	41 $\frac{3}{4}$ p
17 . 10	....	....	50 $\frac{3}{8}$ m	21 . 4			41 $\frac{9}{16}$ p
17 . 12			50 $\frac{1}{16}$ p	21 . 6			41 $\frac{3}{8}$ m
17 . 14			49 $\frac{13}{16}$ m	21 . 8			41 $\frac{3}{16}$ m
17 . 16			49 $\frac{1}{2}$ p	21 . 10			41
17 . 18			49 $\frac{1}{4}$ m	21 . 12			40 $\frac{13}{16}$ m
18 .			48 $\frac{15}{16}$ p	21 . 14			40 $\frac{5}{8}$ m
18 . 2			48 $\frac{11}{16}$ p	21 . 16			40 $\frac{7}{16}$ m
18 . 4			48 $\frac{7}{16}$ m	21 . 18			40 $\frac{1}{4}$ m
18 . 6			48 $\frac{3}{16}$ m	22 .			40 $\frac{1}{16}$ m
18 . 8			47 $\frac{7}{8}$ p	22 . 2			39 $\frac{7}{8}$ p
18 . 10			47 $\frac{5}{8}$ p	22 . 4			39 $\frac{11}{16}$ p
18 . 12			47 $\frac{3}{8}$ p	22 . 6			39 $\frac{1}{2}$ p
18 . 14			47 $\frac{1}{8}$ p	22 . 8			39 $\frac{5}{16}$ m
18 . 16			46 $\frac{7}{8}$ p	22 . 10			39 $\frac{3}{16}$ m
18 . 18			46 $\frac{5}{8}$ p	22 . 12			39 m
19 .			46 $\frac{3}{8}$ p	22 . 14			38 $\frac{13}{16}$ p
19 . 2			46 $\frac{1}{8}$ p	22 . 16			38 $\frac{5}{8}$ p
19 . 4			45 $\frac{7}{8}$ p	22 . 18			38 $\frac{1}{2}$ m
19 . 6			45 $\frac{11}{16}$ m	23 .			38 $\frac{5}{16}$ p
19 . 8			45 $\frac{7}{16}$ m	23 . 2			38 $\frac{1}{8}$ p
19 . 10			45 $\frac{3}{16}$ p	23 . 4			38 m
19 . 12			44 $\frac{15}{16}$ p	23 . 6			37 $\frac{13}{16}$ p
19 . 14			44 $\frac{3}{4}$ m	23 . 8			37 $\frac{11}{16}$ m
19 . 16			44 $\frac{1}{2}$ p	23 . 10			37 $\frac{1}{2}$ p
19 . 18			44 $\frac{5}{16}$ m	23 . 12			37 $\frac{5}{16}$ p
20 .			44 $\frac{1}{16}$ p	23 . 14			37 $\frac{3}{16}$ m
20 . 2			43 $\frac{7}{8}$ m	23 . 16			37 p
20 . 4			43 $\frac{5}{8}$ p	23 . 18			36 $\frac{7}{8}$ m
20 . 6			43 $\frac{7}{16}$ m	24 .			36 $\frac{3}{4}$ p
20 . 8			43 $\frac{1}{6}$ p	24 . 2			36 $\frac{7}{16}$ p
20 . 10			43 m	24 . 4			36 $\frac{7}{16}$ m
20 . 12			42 $\frac{3}{4}$ p	24 . 6			36 $\frac{1}{4}$ p
20 . 14			42 $\frac{9}{16}$ p	24 . 8			36 $\frac{1}{8}$ m
20 . 16			42 $\frac{3}{8}$ m	24 . 10			36 m
20 . 18			42 $\frac{3}{16}$ m	24 . 12			35 $\frac{13}{16}$ p
21 .			41 $\frac{15}{16}$ p	24 . 14			35 $\frac{11}{16}$ m

COMBINAISON GENERALE

PARIS, L'ESPAGNE, AMSTERDAM.

Paris sur l'Espag.	Amster. sur Madrid.	Amster. sur Cadix.	Rend à Amster.	Paris sur l'Espag.	Amster. sur Madrid.	Amster. sur Cadix.	Rend à Amster.
10 ·	·	$81\frac{1}{4}$ ·	$101\frac{9}{16}$ ·	$88\frac{3}{8}$ p	13·14 ·	$81\frac{1}{4}$ ·	$101\frac{9}{16}$ · $64\frac{1}{2}$ p
10 · 2	....	....	$87\frac{1}{2}$ p	13·16	....		$64\frac{1}{16}$ m
10 · 4	....	....	$86\frac{11}{16}$ m	13·18	....		$63\frac{5}{16}$ m
10 · 6	....	....	$85\frac{13}{16}$ p	14 ·	....		$63\frac{3}{8}$ p
10 · 8	....	....	85	14 · 2	....		$62\frac{11}{16}$ p
10 · 10	....	....	$84\frac{3}{16}$ p	14 · 4	....		$62\frac{1}{16}$ p
10 · 12	....	....	$83\frac{3}{8}$ p	14 · 6	....		$61\frac{1}{2}$ p
10 · 14	....	....	$82\frac{5}{8}$ m	14 · 8	....		$61\frac{3}{8}$ p
10 · 16	....	....	$81\frac{7}{8}$ m	14·10	....		$60\frac{15}{16}$ p
10 · 18	....	....	$81\frac{1}{8}$ m	14·12	....		$60\frac{9}{16}$ m
11 ·	....	....	$80\frac{3}{8}$ m	14·14	....		$60\frac{3}{16}$ p
11 · 2	....	....	$79\frac{5}{8}$ p	14·16	....		$59\frac{3}{4}$ m
11 · 4	....	....	$78\frac{15}{16}$ m	14·18	....		$59\frac{5}{16}$ p
11 · 6	....	....	$78\frac{1}{4}$ m	15 ·	....		$58\frac{13}{16}$ m
11 · 8	....	....	$77\frac{9}{16}$ p	15 · 2	....		$58\frac{9}{16}$ m
11 · 10	....	....	$76\frac{7}{8}$ m	15 · 4	....		$58\frac{1}{16}$ m
11 · 12	....	....	$76\frac{3}{16}$ p	15 · 6	....		$57\frac{3}{4}$ p
11 · 14	....	....	$75\frac{9}{16}$ m	15 · 8	....		$57\frac{3}{8}$ p
11 · 16	....	....	$74\frac{15}{16}$ m	15·10	....		$57\frac{1}{16}$ m
11 · 18	....	....	$74\frac{5}{16}$ m	15·12	....		$56\frac{11}{16}$ m
12 ·	....	....	$73\frac{11}{16}$ m	15·14	....		$56\frac{5}{16}$ m
12 · 2	....	....	$73\frac{1}{16}$ m	15·16	....		$55\frac{15}{16}$ p
12 · 4	....	....	$72\frac{7}{16}$ p	15·18	....		$55\frac{5}{8}$ m
12 · 6	....	....	$71\frac{7}{8}$ m	16 ·	....		$55\frac{5}{16}$ p
12 · 8	....	....	$71\frac{5}{16}$ m	16 · 2	....		$54\frac{15}{16}$ m
12 · 10	....	....	$70\frac{3}{4}$ m	16 · 4	....		$54\frac{9}{16}$ p
12 · 12	....	....	$70\frac{3}{16}$ m	16 · 6	....		$54\frac{1}{4}$ p
12 · 14	....	....	$69\frac{5}{8}$ m	16 · 8	....		$53\frac{7}{8}$ p
12 · 16	....	....	$69\frac{1}{8}$ m	16·10	....		$53\frac{9}{16}$ p
12 · 18	....	....	$68\frac{1}{2}$ p	16·12	....		$53\frac{1}{4}$ p
13 ·	....	....	68	16·14	....		$52\frac{15}{16}$ m
13 · 2	....	....	$67\frac{1}{2}$ m	16·16	....		$52\frac{5}{8}$ m
13 · 4	....	....	67 m	16·18	....		$52\frac{5}{16}$ m
13 · 6	....	....	$66\frac{7}{16}$ p	17 ·	....		52
13 · 8	....	....	66 m	17 · 2	....		$51\frac{11}{16}$ p
13 · 10	....	....	$65\frac{1}{2}$ m	17 · 4	....		$51\frac{3}{8}$ p
13 · 12	....	....	65	17 · 6	....		$51\frac{1}{8}$ m

DES CHANGES.

PARIS, L'ESPAGNE, AMSTERDAM.

Paris sur l'Espag.	Amster. sur Madrid.	Amster. sur Cadix.	Rend à Amster.	Paris sur l'Espag.	Amster. sur Madrid.	Amster. sur Cadix.	Rend à Amster.
17. 8	$81\frac{1}{4}$	$101\frac{9}{16}$	$50\frac{13}{16}$ m	21. 2	$81\frac{1}{4}$	$101\frac{9}{16}$	$41\frac{7}{8}$ p
17.10	....	....	$50\frac{1}{2}$ p	21. 4	....	....	$41\frac{11}{16}$ p
17.12	....	....	$50\frac{1}{4}$ m	21. 6	....	....	$41\frac{1}{2}$ p
17.14	....	....	$49\frac{15}{16}$ p	21. 8	....	....	$41\frac{5}{16}$ m
17.16	....	....	$49\frac{11}{16}$ m	21.10	....	....	$41\frac{1}{8}$ m
17.18	....	....	$49\frac{3}{8}$ p	21.12	....	....	$40\frac{15}{16}$ m
18.	....	....	$49\frac{1}{8}$ m	21.14	....	....	$40\frac{3}{4}$ m
18. 2	....	....	$48\frac{13}{16}$ p	21.16	....	....	$40\frac{9}{16}$ m
18. 4	....	....	$48\frac{9}{16}$ p	21.18	....	....	$40\frac{3}{8}$ m
18. 6	....	....	$48\frac{5}{16}$ m	22.	....	....	$40\frac{3}{16}$ m
18. 8	....	....	$48\frac{1}{16}$ m	22. 2	....	....	40
18.10	....	....	$47\frac{13}{16}$ m	22. 4	....	....	$39\frac{13}{16}$ p
18.12	....	....	$47\frac{1}{2}$ p	22. 6	....	....	$39\frac{5}{8}$ p
18.14	....	....	$47\frac{1}{4}$ p	22. 8	....	....	$39\frac{7}{16}$ p
18.16	....	....	47 p	22.10	....	....	$39\frac{5}{16}$ m
18.18	....	....	$46\frac{3}{4}$ p	22.12	....	....	$39\frac{1}{8}$ m
19.	....	....	$46\frac{1}{2}$ p	22.14	....	....	$38\frac{15}{16}$ p
19. 2	....	....	$46\frac{5}{16}$ m	22.16	....	....	$38\frac{3}{4}$ p
19. 4	....	....	$46\frac{1}{16}$ m	22.18	....	....	$38\frac{5}{8}$ m
19. 6	....	....	$45\frac{13}{16}$ m	23.	....	....	$38\frac{7}{16}$ m
19. 8	....	....	$45\frac{9}{16}$ p	23. 2	....	....	$38\frac{1}{4}$ p
19.10	....	....	$45\frac{5}{16}$ p	23. 4	....	....	$38\frac{1}{8}$ m
19.12	....	....	$45\frac{1}{8}$ m	23. 6	....	....	$37\frac{15}{16}$ p
19.14	....	....	$44\frac{7}{8}$ m	23. 8	....	....	$37\frac{3}{4}$ m
19.16	....	....	$44\frac{5}{8}$ m	23.10	....	....	$37\frac{5}{8}$ m
19.18	....	....	$44\frac{7}{16}$ m	23.12	....	....	$37\frac{7}{16}$ m
20.	....	....	$44\frac{3}{16}$ p	23.14	....	....	$37\frac{5}{16}$ m
20. 2	....	....	44 m	23.16	....	....	$37\frac{1}{8}$ p
20. 4	....	....	$43\frac{3}{4}$ p	23.18	....	....	37 m
20. 6	....	....	$43\frac{9}{16}$ m	24.	....	....	$36\frac{13}{16}$ p
20. 8	....	....	$43\frac{5}{16}$ p	24. 2	....	....	$36\frac{11}{16}$ m
20.10	....	....	$43\frac{1}{8}$ m	24. 4	....	....	$36\frac{1}{2}$ p
20.12	....	....	$42\frac{15}{16}$ m	24. 6	....	....	$36\frac{3}{8}$ m
20.14	....	....	$42\frac{11}{16}$ p	24. 8	....	....	$36\frac{1}{4}$ m
20.16	....	....	$42\frac{1}{2}$ m	24.10	....	....	$36\frac{1}{16}$ m
20.18	....	....	$42\frac{5}{16}$ m	24.12	....	....	$35\frac{15}{16}$ m
21.	....	....	$42\frac{1}{8}$ m	24.14	....	....	$35\frac{13}{16}$ m

COMBINAISON GENERALE

PARIS, L'ESPAGNE, AMSTERDAM.

Paris sur l'Espag.	Amster. sur Madrid.	Amster. sur Cadix.	Rend à Amster.	Paris sur l'Espag.	Amster. sur Madrid.	Amster. sur Cadix.	Rend à Amster.
10 ·	$81\frac{1}{2}$	$101\frac{7}{8}$	$88\frac{15}{16}$ m	13 · 14	$81\frac{1}{2}$	$101\frac{7}{8}$	$64\frac{3}{4}$ m
10 · 2			$87\frac{13}{16}$ m	13 · 16			$64\frac{1}{4}$ p
10 · 4			$86\frac{15}{16}$ m	13 · 18			$63\frac{13}{16}$ m
10 · 6			$86\frac{1}{16}$ p	14 ·			$63\frac{5}{16}$ p
10 · 8			$85\frac{1}{4}$ p	14 · 2			$62\frac{7}{8}$ p
10 · 10			$84\frac{7}{16}$ p	14 · 4			$62\frac{7}{16}$ p
10 · 12			$83\frac{5}{8}$ p	14 · 6			62 p
10 · 14			$82\frac{13}{16}$ m	14 · 8			$61\frac{9}{16}$ p
10 · 16			82 m	14 · 10			$61\frac{1}{8}$ p
10 · 18			$81\frac{3}{16}$ m	14 · 12			$60\frac{3}{4}$ m
11 ·			$80\frac{3}{8}$ m	14 · 14			$60\frac{5}{16}$ p
11 · 2			$79\frac{5}{8}$ p	14 · 16			$59\frac{13}{16}$ m
11 · 4			$79\frac{3}{16}$ m	14 · 18			$59\frac{1}{2}$ p
11 · 6			$78\frac{1}{2}$ m	15 ·			$59\frac{1}{16}$ m
11 · 8			$77\frac{13}{16}$ m	15 · 2			$58\frac{3}{4}$ m
11 · 10			$77\frac{1}{8}$ m	15 · 4			$58\frac{5}{16}$ p
11 · 12			$76\frac{7}{16}$ p	15 · 6			$57\frac{15}{16}$ p
11 · 14			$75\frac{13}{16}$ m	15 · 8			$57\frac{7}{16}$ p
11 · 16			$75\frac{1}{8}$ p	15 · 10			$57\frac{1}{16}$ p
11 · 18			$74\frac{1}{2}$ p	15 · 12			$56\frac{13}{16}$ p
12 ·			$73\frac{7}{8}$ p	15 · 14			$56\frac{1}{4}$ m
12 · 2			$73\frac{3}{16}$ m	15 · 16			$56\frac{1}{8}$ m
12 · 4			$72\frac{13}{16}$ m	15 · 18			$55\frac{3}{4}$ p
12 · 6			$72\frac{1}{16}$ p	16 ·			$55\frac{7}{16}$ m
12 · 8			$71\frac{1}{2}$ p	16 · 2			$55\frac{1}{16}$ p
12 · 10			$70\frac{15}{16}$ p	16 · 4			$54\frac{3}{4}$ m
12 · 12			$70\frac{3}{8}$ m	16 · 6			$54\frac{3}{8}$ p
12 · 14			$69\frac{13}{16}$ p	16 · 8			$54\frac{1}{16}$ p
12 · 16			$69\frac{1}{4}$ p	16 · 10			$53\frac{3}{4}$ p
12 · 18			$68\frac{3}{4}$ m	16 · 12			$53\frac{7}{16}$ m
13 ·			$68\frac{3}{16}$ p	16 · 14			$53\frac{1}{8}$ m
13 · 2			$67\frac{11}{16}$ p	16 · 16			$52\frac{3}{4}$ p
13 · 4			$67\frac{3}{16}$ m	16 · 18			$52\frac{7}{16}$ p
13 · 6			$66\frac{11}{16}$ m	17 ·			$52\frac{1}{16}$ m
13 · 8			$66\frac{3}{16}$ m	17 · 2			$51\frac{3}{8}$ m
13 · 10			$65\frac{11}{16}$ m	17 · 4			$51\frac{1}{16}$ m
13 · 12			$65\frac{3}{16}$ p	17 · 6			$51\frac{1}{4}$ p

DES CHANGES.

PARIS, L'ESPAGNE, AMSTERDAM.

Paris. sur l'Espag.	Amster. sur Madrid.	Amster. sur Cadix.	Rend à Amster.	Paris sur l'Espag.	Amster. sur Madrid.	Amster. sur Cadix.	Rend à Amster.
17. 8	$81\frac{1}{2}$	$101\frac{7}{8}$	$50\frac{15}{16}$ p	21. 2	$81\frac{1}{2}$	$101\frac{7}{8}$	42 p
17.10			$50\frac{11}{16}$ m	21. 4			$41\frac{13}{16}$ p
17.12			$50\frac{3}{8}$ p	21. 6			$41\frac{3}{8}$ p
17.14			$50\frac{1}{8}$ m	21. 8			$41\frac{1}{16}$ m
17.16			$49\frac{13}{16}$ p	21.10			$41\frac{1}{4}$ m
17.18			$49\frac{9}{16}$ m	21.12			$41\frac{1}{16}$ m
18.			$49\frac{1}{4}$ p	21.14			$40\frac{7}{8}$ m
18. 2			49 m	21.16			$40\frac{11}{16}$ m
18. 4			$48\frac{3}{4}$ m	21.18			$40\frac{1}{2}$ m
18. 6			$48\frac{7}{16}$ p	22.			$40\frac{5}{16}$ m
18. 8			$48\frac{3}{16}$ p	22. 2			$40\frac{1}{8}$ m
18.10			$47\frac{13}{16}$ m	22. 4			$39\frac{15}{16}$ p
18.12			$47\frac{1}{16}$ m	22. 6			$39\frac{3}{4}$ p
18.14			$47\frac{7}{16}$ m	22. 8			$39\frac{9}{16}$ p
18.16			$47\frac{3}{16}$ m	22.10			$39\frac{7}{16}$ m
18.18			$46\frac{13}{16}$ m	22.12			$39\frac{1}{4}$ p
19.			$46\frac{11}{16}$ m	22.14			$39\frac{1}{16}$ p
19. 2			$46\frac{7}{16}$ m	22.16			$38\frac{7}{8}$ p
19. 4			$46\frac{3}{16}$ m	22.18			$38\frac{3}{4}$ m
19. 6			$45\frac{15}{16}$ p	23.			$38\frac{1}{2}$ m
19. 8			$45\frac{11}{16}$ p	23. 2			$38\frac{3}{8}$ p
19.10			$45\frac{1}{2}$ m	23. 4			$38\frac{1}{4}$ m
19.12			$45\frac{1}{4}$ m	23. 6			$38\frac{1}{16}$ m
19.14			45 p	23. 8			$37\frac{7}{8}$ p
19.16			$44\frac{13}{16}$ m	23.10			$37\frac{3}{4}$ m
19.18			$44\frac{9}{16}$ m	23.12			$37\frac{9}{16}$ m
20.			$44\frac{5}{16}$ p	23.14			$37\frac{7}{16}$ m
20. 2			$44\frac{1}{8}$ m	23.16			$37\frac{1}{4}$ p
20. 4			$43\frac{7}{8}$ p	23.18			$37\frac{1}{8}$ m
20. 6			$43\frac{11}{16}$ m	24.			$36\frac{15}{16}$ p
20. 8			$43\frac{7}{16}$ p	24. 2			$36\frac{13}{16}$ m
20.10			$43\frac{1}{4}$ p	24. 4			$36\frac{5}{8}$ p
20.12			$43\frac{1}{16}$ m	24. 6			$36\frac{1}{2}$ m
20.14			$42\frac{13}{16}$ p	24. 8			$36\frac{5}{16}$ m
20.16			$42\frac{5}{8}$ p	24.10			$36\frac{3}{16}$ p
20.18			$42\frac{7}{16}$ m	24.12			$36\frac{1}{16}$ m
21.			$42\frac{1}{4}$ m	24.14			$35\frac{7}{8}$ p

Tome II.

COMBINAISON GENERALE

PARIS, L'ESPAGNE, AMSTERDAM.

Paris sur l'Espag.	Amster. sur Madrid.	Amster. sur Cadix.	Rend à Amster.	Paris sur l'Espag.	Amster. sur Madrid.	Amster. sur Cadix.	Rend à Amster.
10 ·	· 81 $\frac{3}{4}$	· 102 $\frac{3}{16}$	88 $\frac{15}{16}$ P	13 · 14	· 81 $\frac{3}{4}$	· 102 $\frac{3}{16}$	64 $\frac{15}{16}$ m
10 · 2			88 $\frac{1}{16}$ P	13 · 16			64 $\frac{7}{16}$ P
10 · 4			87 $\frac{3}{16}$ P	13 · 18			64 m
10 · 6			86 $\frac{3}{8}$ m	14 ·			63 $\frac{9}{16}$ P
10 · 8			85 $\frac{1}{2}$ P	14 · 2			63 $\frac{1}{16}$ P
10 · 10			84 $\frac{11}{16}$ P	14 · 4			62 $\frac{5}{8}$ P
10 · 12			83 $\frac{15}{16}$ m	14 · 6			62 $\frac{1}{8}$ P
10 · 14			83 $\frac{1}{8}$ P	14 · 8			61 $\frac{3}{4}$ P
10 · 16			82 $\frac{3}{8}$ m	14 · 10			61 $\frac{1}{4}$ P
10 · 18			81 $\frac{1}{2}$ m	14 · 12			60 $\frac{13}{16}$ m
11 ·			80 $\frac{7}{8}$ m	14 · 14			60 $\frac{5}{16}$ P
11 · 2			80 $\frac{1}{8}$ P	14 · 16			60 $\frac{1}{8}$ m
11 · 4			79 $\frac{7}{16}$ m	14 · 18			59 $\frac{11}{16}$ P
11 · 6			78 $\frac{11}{16}$ P	15 ·			59 $\frac{5}{16}$ m
11 · 8			78 P	15 · 2			58 $\frac{7}{8}$ P
11 · 10			77 $\frac{5}{16}$ P	15 · 4			58 $\frac{1}{2}$ P
11 · 12			76 $\frac{11}{16}$ m	15 · 6			58 $\frac{1}{8}$ P
11 · 14			76 P	15 · 8			57 $\frac{3}{4}$ P
11 · 16			75 $\frac{3}{8}$ P	15 · 10			57 $\frac{3}{8}$ P
11 · 18			74 $\frac{3}{4}$ m	15 · 12			57 P
12 ·			74 $\frac{1}{8}$ m	15 · 14			56 $\frac{5}{8}$ P
12 · 2			73 $\frac{1}{2}$ P	15 · 16			56 $\frac{1}{16}$ m
12 · 4			72 $\frac{15}{16}$ P	15 · 18			55 $\frac{15}{16}$ P
12 · 6			72 $\frac{5}{16}$ m	16 ·			55 $\frac{9}{16}$ P
12 · 8			71 $\frac{3}{4}$ m	16 · 2			55 $\frac{1}{4}$ m
12 · 10			71 $\frac{1}{8}$ P	16 · 4			54 $\frac{7}{8}$ P
12 · 12			70 $\frac{9}{16}$ P	16 · 6			54 $\frac{9}{16}$ P
12 · 14			70 $\frac{1}{16}$ m	16 · 8			54 $\frac{1}{4}$ m
12 · 16			69 $\frac{1}{2}$ m	16 · 10			53 $\frac{7}{8}$ P
12 · 18			68 $\frac{15}{16}$ P	16 · 12			53 $\frac{9}{16}$ P
13 ·			68 $\frac{7}{16}$ m	16 · 14			53 $\frac{1}{4}$ P
13 · 2			67 $\frac{7}{8}$ P	16 · 16			52 $\frac{15}{16}$ P
13 · 4			67 $\frac{3}{8}$ P	16 · 18			52 $\frac{1}{2}$ P
13 · 6			66 $\frac{7}{8}$ P	17 ·			52 $\frac{1}{16}$ P
13 · 8			66 $\frac{3}{8}$ P	17 · 2			52 P
13 · 10			65 $\frac{7}{8}$ P	17 · 4			51 $\frac{11}{16}$ P
13 · 12			65 $\frac{5}{8}$ P	17 · 6			51 $\frac{7}{16}$ m

DES CHANGES.

PARIS, L'ESPAGNE, AMSTERDAM.

Paris sur l'Espag.	Amster. sur Madrid.	Amster. sur Cadix.	Rend à Amster.	Paris sur l'Espag.	Amster. sur Madrid.	Amster. sur Cadix.	Rend à Amster.
17. 8	81 $\frac{3}{4}$	102 $\frac{3}{16}$	51 $\frac{1}{8}$ m	21. 2	81 $\frac{3}{4}$	102 $\frac{3}{16}$	42 $\frac{1}{8}$ p
17.10			50 $\frac{13}{16}$ p	21. 4			41 $\frac{15}{16}$ p
17.12			50 $\frac{9}{16}$ m	21. 6			41 $\frac{3}{4}$ p
17.14			50 $\frac{1}{4}$ p	21. 8			41 $\frac{9}{16}$ p
17.16			49 $\frac{15}{16}$ p	21.10			41 $\frac{3}{8}$ m
17.18			49 $\frac{11}{16}$ p	21.12			41 $\frac{3}{16}$ m
18.			49 $\frac{7}{16}$ m	21.14			41 m
18. 2			49 $\frac{1}{8}$ p	21.16			40 $\frac{13}{16}$ m
18. 4			48 $\frac{7}{8}$ p	21.18			40 $\frac{5}{8}$ m
18. 6			48 $\frac{5}{8}$ m	22.			40 $\frac{7}{16}$ m
18. 8			48 $\frac{5}{16}$ p	22. 2			40 $\frac{1}{4}$ m
18.10			48 $\frac{1}{16}$ p	22. 4			40 $\frac{1}{16}$ p
18.12			47 $\frac{13}{16}$ p	22. 6			39 $\frac{7}{8}$ p
18.14			47 $\frac{9}{16}$ p	22. 8			39 $\frac{11}{16}$ p
18.16			47 $\frac{5}{16}$ m	22.10			39 $\frac{1}{2}$ p
18.18			47 $\frac{1}{16}$ m	22.12			39 $\frac{5}{16}$ m
19.			46 $\frac{13}{16}$ p	22.14			39 $\frac{1}{16}$ m
19. 2			46 $\frac{9}{16}$ p	22.16			39 p
19. 4			46 $\frac{5}{16}$ p	22.18			38 $\frac{13}{16}$ p
19. 6			46 $\frac{1}{16}$ p	23.			38 $\frac{11}{16}$ m
19. 8			45 $\frac{7}{8}$ m	23. 2			38 $\frac{1}{2}$ m
19.10			45 $\frac{5}{8}$ m	23. 4			38 $\frac{5}{16}$ p
19.12			45 $\frac{3}{8}$ p	23. 6			38 $\frac{2}{16}$ m
19.14			45 $\frac{1}{8}$ p	23. 8			38 p
19.16			44 $\frac{15}{16}$ m	23.10			37 $\frac{7}{8}$ m
19.18			44 $\frac{11}{16}$ p	23.12			37 $\frac{11}{16}$ p
20.			44 $\frac{1}{2}$ m	23.14			37 $\frac{1}{2}$ p
20. 2			44 $\frac{1}{4}$ p	23.15			37 $\frac{3}{8}$ p
20. 4			44 $\frac{1}{16}$ m	23.18			37 $\frac{3}{16}$ p
20. 6			43 $\frac{13}{16}$ p	24.			37 $\frac{1}{16}$ m
20. 8			43 $\frac{5}{8}$ m	24. 2			36 $\frac{7}{8}$ p
20.10			43 $\frac{3}{8}$ p	24. 4			36 $\frac{3}{4}$ p
20.12			43 $\frac{3}{16}$ m	24. 6			36 $\frac{3}{8}$ m
20.14			42 $\frac{15}{16}$ p	24. 8			36 $\frac{5}{16}$ p
20.16			42 $\frac{3}{4}$ p	24.10			36 $\frac{1}{16}$ m
20.18			42 $\frac{9}{16}$ m	24.12			36 $\frac{1}{8}$ p
21.			42 $\frac{3}{8}$ p	24.14			36 p

60 COMBINAISON GENERALE

PARIS, L'ESPAGNE, AMSTERDAM.

Paris sur l'Espag.	Amster. sur Madrid.	Amster. sur Cadix.	Rend à Amster.	Paris sur l'Espag.	Amster. sur Madrid.	Amster. sur Cadix.	Rend à Amster.
10·	82	$102\frac{1}{2}$	$89\frac{3}{16}$ P	13·14	82	$102\frac{1}{2}$	$65\frac{1}{8}$ m
10· 2			$88\frac{1}{16}$ P	13·16			$64\frac{3}{8}$ P
10· 4			$87\frac{7}{16}$ P	13·18			$64\frac{5}{16}$ m
10· 6			$86\frac{5}{8}$ m	14·			$63\frac{1}{2}$ m
10· 8			$85\frac{13}{16}$ m	14· 2			$63\frac{1}{4}$ P
10·10			$84\frac{13}{16}$ P	14· 4			$62\frac{13}{16}$ P
10·12			$84\frac{3}{16}$ m	14· 6			$62\frac{3}{8}$ P
10·14			$83\frac{3}{8}$ P	14· 8			$61\frac{15}{16}$ P
10·16			$82\frac{3}{8}$ m	14·10			$61\frac{1}{2}$ P
10·18			$81\frac{7}{8}$ m	14·12			$61\frac{1}{8}$ m
11·			$81\frac{1}{16}$ m	14·14			$60\frac{11}{16}$ P
11· 2			$80\frac{3}{16}$ m	14·16			$60\frac{1}{4}$ P
11· 4			$79\frac{11}{16}$ m	14·18			$59\frac{7}{8}$ P
11· 6			$78\frac{11}{16}$ P	15·			$59\frac{1}{2}$ m
11· 8			$78\frac{1}{4}$ P	15· 2			$59\frac{1}{16}$ P
11·10			$77\frac{9}{16}$ P	15· 4			$58\frac{11}{16}$ P
11·12			$76\frac{15}{16}$ m	15· 6			$58\frac{5}{16}$ m
11·14			$76\frac{1}{4}$ P	15· 8			$57\frac{15}{16}$ m
11·16			$75\frac{5}{8}$ P	15·10			$57\frac{9}{16}$ P
11·18			75 m	15·12			$57\frac{3}{16}$ P
12·			$74\frac{3}{8}$ m	15·14			$56\frac{7}{8}$ P
12· 2			$73\frac{3}{4}$ m	15·16			$56\frac{7}{16}$ P
12· 4			$73\frac{1}{8}$ P	15·18			$56\frac{1}{8}$ m
12· 6			$72\frac{9}{16}$ m	16·			$55\frac{3}{4}$ P
12· 8			$71\frac{15}{16}$ P	16· 2			$55\frac{7}{16}$ m
12·10			$71\frac{3}{8}$ m	16· 4			$55\frac{1}{16}$ P
12·12			$70\frac{13}{16}$ m	16· 6			$54\frac{3}{4}$ m
12·14			$70\frac{1}{4}$ m	16· 8			$54\frac{3}{8}$ P
12·16			$69\frac{11}{16}$ P	16·10			$54\frac{1}{16}$ P
12·18			$69\frac{3}{16}$ m	16·12			$53\frac{3}{4}$ m
13·			$68\frac{5}{8}$ P	16·14			$53\frac{3}{16}$ m
13· 2			$68\frac{3}{8}$ m	16·16			$53\frac{1}{8}$ m
13· 4			$67\frac{9}{16}$ P	16·18			$52\frac{13}{16}$ m
13· 6			$67\frac{1}{16}$ P	17·			$52\frac{1}{2}$ m
13· 8			$66\frac{9}{16}$ P	17· 2			$52\frac{3}{16}$ m
13·10			$66\frac{1}{16}$ P	17· 4			$51\frac{7}{8}$ m
13·12			$65\frac{5}{8}$ m	17· 6			$51\frac{9}{16}$ P

DES CHANGES.

PARIS, L'ESPAGNE, AMSTERDAM.

Paris sur l'Espag.	Amster. sur Madrid.	Amster. sur Cadix.	Rend à Amster.	Paris sur l'Espag.	Amster. sur Madrid.	Amster. sur Cadix.	Rend à Amster.
17. 8	82	$102\frac{1}{2}$	$51\frac{1}{4}$ p	21. 2	82	$102\frac{1}{2}$	$42\frac{5}{16}$ m
17.10			51 m	21. 4			$42\frac{1}{16}$ p
17.12			$50\frac{11}{16}$ p	21. 6			$41\frac{3}{8}$ p
17.14			$50\frac{3}{8}$ p	21. 8			$41\frac{1}{16}$ p
17.16			$50\frac{1}{8}$ m	21.10			$41\frac{1}{4}$ m
17.18			$49\frac{13}{16}$ p	21.12			$41\frac{1}{16}$ m
18.			$49\frac{9}{16}$ p	21.14			$41\frac{1}{8}$ m
18. 2			$49\frac{5}{16}$ m	21.16			$40\frac{15}{16}$ m
18. 4			49 p	21.18			$40\frac{5}{8}$ m
18. 6			$48\frac{3}{4}$ p	22.			$40\frac{9}{16}$ m
18. 8			$48\frac{1}{2}$ m	22. 2			$40\frac{3}{8}$ m
18.10			$48\frac{1}{4}$ m	22. 4			$40\frac{1}{16}$ m
18.12			$47\frac{15}{16}$ p	22. 6			40 p
18.14			$47\frac{11}{16}$ p	22. 8			$39\frac{13}{16}$ p
18.16			$47\frac{7}{16}$ p	22.10			$39\frac{5}{8}$ p
18.18			$47\frac{3}{16}$ p	22.12			$39\frac{1}{16}$ m
19.			$46\frac{15}{16}$ p	22.14			$39\frac{5}{16}$ m
19. 2			$46\frac{11}{16}$ p	22.16			$39\frac{1}{8}$ p
19. 4			$46\frac{7}{16}$ p	22.18			$38\frac{15}{16}$ p
19. 6			$46\frac{1}{4}$ m	23.			$38\frac{13}{16}$ m
19. 8			46 m	23. 2			$38\frac{5}{8}$ m
19.10			$45\frac{3}{4}$ p	23. 4			$38\frac{7}{16}$ p
19.12			$45\frac{1}{2}$ p	23. 6			$38\frac{1}{4}$ p
19.14			$45\frac{5}{16}$ m	23. 8			$38\frac{1}{16}$ p
19.16			$45\frac{1}{16}$ m	23.10			$37\frac{15}{16}$ p
19.18			$44\frac{13}{16}$ p	23.12			$37\frac{13}{16}$ m
20.			$44\frac{5}{8}$ m	23.14			$37\frac{1}{2}$ p
20. 2			$44\frac{3}{8}$ p	23.16			$37\frac{1}{4}$ m
20. 4			$44\frac{3}{16}$ m	23.18			$37\frac{1}{16}$ p
20. 6			$43\frac{15}{16}$ p	24.			$37\frac{3}{16}$ p
20. 8			$43\frac{3}{4}$ m	24. 2			37 p
20.10			$43\frac{1}{2}$ p	24. 4			$36\frac{7}{8}$ m
20.12			$43\frac{1}{4}$ m	24. 6			$36\frac{11}{16}$ p
20.14			$43\frac{1}{8}$ p	24. 8			$36\frac{9}{16}$ p
20.16			$42\frac{7}{8}$ p	24.10			$36\frac{7}{16}$ m
20.18			$42\frac{11}{16}$ m	24.12			$36\frac{1}{4}$ p
21.			$42\frac{1}{2}$ m	24.14			$36\frac{1}{8}$ m

COMBINAISON GENERALE

PARIS, L'ESPAGNE, AMSTERDAM.

Paris sur l'Espag.	Amster. sur Madrid.	Amster. sur Cadix.	Rend à Amster.	Paris sur l'Espag.	Amster. sur Madrid.	Amster. sur Cadix.	Rend à Amster.
10·	82 $\frac{1}{4}$ ·	102 $\frac{13}{16}$ ·	89 $\frac{1}{2}$ m	13·14	82 $\frac{1}{4}$ ·	102 $\frac{13}{16}$ ·	65 $\frac{5}{16}$ p
10· 2			88 $\frac{5}{8}$ m	13·16			64 $\frac{7}{8}$ m
10· 4			87 $\frac{2}{4}$ m	13·18			64 $\frac{3}{16}$ p
10· 6			86 $\frac{9}{8}$ p	14·			63 $\frac{15}{16}$ m
10· 8			86 $\frac{1}{16}$ m	14· 2			63 $\frac{7}{16}$ p
10·10			85 $\frac{1}{4}$ m	14· 4			63 p
10·12			84 $\frac{7}{16}$ m	14· 6			62 $\frac{9}{16}$ p
10·14			83 $\frac{3}{8}$ p	14· 8			62 $\frac{1}{8}$ p
10·16			82 $\frac{7}{8}$ m	14·10			61 $\frac{11}{16}$ p
10·18			82 $\frac{1}{8}$ m	14·12			61 $\frac{5}{16}$ m
11·			81 $\frac{3}{8}$ m	14·14			60 $\frac{7}{8}$ p
11· 2			80 $\frac{5}{8}$ m	14·16			60 $\frac{7}{16}$ p
11· 4			79 $\frac{7}{8}$ p	14·18			60 $\frac{1}{16}$ m
11· 6			79 $\frac{3}{16}$ p	15·			59 $\frac{11}{16}$ m
11· 8			78 $\frac{1}{2}$ m	15· 2			59 $\frac{1}{4}$ p
11·10			77 $\frac{13}{16}$ p	15· 4			58 $\frac{7}{8}$ m
11·12			77 $\frac{1}{8}$ p	15· 6			58 $\frac{1}{2}$ p
11·14			76 $\frac{1}{2}$ m	15· 8			58 $\frac{1}{8}$ m
11·16			75 $\frac{13}{16}$ p	15·10			57 $\frac{3}{4}$ p
11·18			75 $\frac{2}{16}$ p	15·12			57 $\frac{3}{8}$ m
12·			74 $\frac{9}{16}$ p	15·14			57 m
12· 2			73 $\frac{13}{16}$ p	15·16			56 $\frac{5}{8}$ p
12· 4			73 $\frac{3}{8}$ m	15·18			56 $\frac{1}{16}$ m
12· 6			72 $\frac{3}{4}$ p	16·			55 $\frac{11}{16}$ m
12· 8			72 $\frac{1}{16}$ m	16· 2			55 $\frac{5}{16}$ p
12·10			71 $\frac{9}{16}$ p	16· 4			55 $\frac{1}{4}$ m
12·12			71 p	16· 6			54 $\frac{5}{8}$ p
12·14			70 $\frac{7}{16}$ p	16· 8			54 $\frac{9}{16}$ p
12·16			69 $\frac{13}{16}$ m	16·10			54 $\frac{1}{4}$ p
12·18			69 $\frac{3}{8}$ m	16·12			53 $\frac{15}{16}$ m
13·			68 $\frac{13}{16}$ p	16·14			53 $\frac{9}{16}$ m
13· 2			68 $\frac{13}{16}$ m	16·16			53 $\frac{1}{4}$ p
13· 4			67 $\frac{13}{16}$ m	16·18			52 $\frac{13}{16}$ p
13· 6			67 $\frac{1}{16}$ m	17·			52 $\frac{5}{8}$ p
13· 8			66 $\frac{13}{16}$ m	17· 2			52 $\frac{1}{16}$ p
13·10			66 $\frac{5}{16}$ m	17· 4			52 p
13·12			65 $\frac{12}{16}$ m	17· 6			51 $\frac{3}{4}$ m

DES CHANGES.

PARIS, L'ESPAGNE, AMSTERDAM.

Paris sur l'Espag.	Amster. sur Madrid.	Amster. sur Cadix.	Rend à Amster.	Paris. sur l'Espag.	Amster. sur Madrid.	Amster. sur Cadix.	Rend à Amster.
17. 8	$82\frac{1}{4}$	$102\frac{13}{16}$	$51\frac{7}{16}$ m	21. 2	$82\frac{1}{4}$	$102\frac{13}{16}$	$42\frac{7}{16}$ m
17.10			$51\frac{1}{8}$ p	21. 4			$42\frac{3}{16}$ p
17.12			$50\frac{7}{8}$ m	21. 6			42 p
17.14			$50\frac{9}{16}$ m	21. 8			$41\frac{13}{16}$ p
17.16			$50\frac{1}{4}$ p	21.10			$41\frac{5}{8}$ m
17.18			50 m	21.12			$41\frac{7}{16}$ m
18.			$49\frac{11}{16}$ p	21.14			$41\frac{1}{4}$ m
18. 2			$49\frac{7}{16}$ p	21.16			$41\frac{1}{16}$ m
18. 4			$49\frac{3}{16}$ m	21.18			$40\frac{7}{8}$ m
18. 6			$48\frac{7}{8}$ p	22.			$40\frac{11}{16}$ m
18. 8			$48\frac{5}{8}$ p	22. 2			$40\frac{1}{2}$ m
18.10			$48\frac{3}{8}$ m	22. 4			$40\frac{5}{16}$ m
18.12			$48\frac{1}{8}$ m	22. 6			$40\frac{1}{8}$ p
18.14			$47\frac{7}{8}$ m	22. 8			$39\frac{15}{16}$ p
18.16			$47\frac{5}{8}$ m	22.10			$39\frac{3}{4}$ p
18.18			$47\frac{3}{8}$ m	22.12			$39\frac{5}{8}$ m
19.			$47\frac{1}{8}$ m	22.14			$39\frac{7}{16}$ m
19. 2			$46\frac{7}{8}$ m	22.16			$39\frac{1}{4}$ m
19. 4			$46\frac{5}{8}$ m	22.18			$39\frac{1}{16}$ p
19. 6			$46\frac{3}{8}$ m	23.			$38\frac{15}{16}$ m
19. 8			$46\frac{1}{8}$ p	23. 2			$38\frac{3}{4}$ m
19.10			$45\frac{7}{8}$ p	23. 4			$38\frac{9}{16}$ p
19.12			$45\frac{11}{16}$ m	23. 6			$38\frac{7}{16}$ m
19.14			$45\frac{7}{16}$ m	23. 8			$38\frac{1}{4}$ m
19.16			$45\frac{3}{16}$ p	23.10			$38\frac{1}{16}$ p
19.18			45 m	23.12			$37\frac{13}{16}$ m
20.			$44\frac{3}{4}$ p	23.14			$37\frac{5}{8}$ p
20. 2			$44\frac{1}{2}$ p	23.16			$37\frac{1}{2}$ m
20. 4			$44\frac{5}{16}$ m	23.18			$37\frac{5}{16}$ p
20. 6			$44\frac{1}{8}$ p	24.			$37\frac{3}{16}$ m
20. 8			$43\frac{7}{8}$ m	24. 2			$37\frac{1}{8}$ p
20.10			$43\frac{5}{8}$ p	24. 4			37 m
20.12			$43\frac{7}{16}$ p	24. 6			$36\frac{13}{16}$ p
20.14			$43\frac{1}{4}$ m	24. 8			$36\frac{11}{16}$ m
20.16			43 p	24.10			$36\frac{1}{2}$ p
20.18			$42\frac{13}{16}$ p	24.12			$36\frac{3}{8}$ p
21.			$42\frac{3}{8}$ m	24.14			$36\frac{1}{4}$ m

COMBINAISON GENERALE

PARIS, L'ESPAGNE, AMSTERDAM.

Paris sur l'Espag.	Amster. sur Madrid.	Amster. sur Cadix.	Rend à Amster.	Paris sur l'Espag.	Amster. sur Madrid.	Amster. sur Cadix.	Rend à Amster.
10 ·	82 $\frac{1}{2}$ ·	103 $\frac{1}{8}$ ·	89 $\frac{3}{4}$ p	13 · 14	82 $\frac{1}{2}$ ·	103 $\frac{1}{8}$ ·	65 $\frac{1}{2}$ p
10 · 2			88 $\frac{7}{8}$ m	13 · 16			65 $\frac{1}{16}$ m
10 · 4			88	13 · 18			64 $\frac{9}{16}$ p
10 · 6			87 $\frac{1}{8}$ p	14 ·			64 $\frac{1}{8}$ m
10 · 8			86 $\frac{5}{16}$ m	14 · 2			63 $\frac{11}{16}$ m
10 · 10			85 $\frac{1}{2}$ m	14 · 4			63 $\frac{3}{16}$ p
10 · 12			84 $\frac{11}{16}$ m	14 · 6			62 $\frac{2}{8}$ p
10 · 14			83 $\frac{7}{8}$ p	14 · 8			62 $\frac{1}{4}$ p
10 · 16			83 $\frac{1}{8}$ p	14 · 10			61 $\frac{7}{8}$ p
10 · 18			82 $\frac{3}{8}$ m	14 · 12			61 $\frac{1}{2}$ m
11 ·			81 $\frac{9}{16}$ m	14 · 14			61 $\frac{1}{16}$ m
11 · 2			80 $\frac{9}{16}$ m	14 · 16			60 $\frac{1}{2}$ p
11 · 4			80 $\frac{1}{8}$ p	14 · 18			60 $\frac{1}{4}$ m
11 · 6			79 $\frac{13}{16}$ m	15 ·			59 $\frac{13}{16}$ p
11 · 8			78 $\frac{3}{4}$ m	15 · 2			59 $\frac{7}{16}$ p
11 · 10			78 $\frac{1}{16}$ m	15 · 4			59 $\frac{1}{16}$ m
11 · 12			77 $\frac{3}{8}$ p	15 · 6			58 $\frac{11}{16}$ m
11 · 14			76 $\frac{11}{16}$ p	15 · 8			58 $\frac{5}{16}$ m
11 · 16			76 $\frac{1}{16}$ p	15 · 10			57 $\frac{15}{16}$ m
11 · 18			75 $\frac{7}{16}$ m	15 · 12			57 $\frac{9}{16}$ m
12 ·			74 $\frac{13}{16}$ m	15 · 14			57 $\frac{3}{16}$ m
12 · 2			74 $\frac{3}{16}$ m	15 · 16			56 $\frac{13}{16}$ m
12 · 4			73 $\frac{9}{16}$ p	15 · 18			56 $\frac{7}{16}$ p
12 · 6			73 m	16 ·			56 $\frac{1}{16}$ m
12 · 8			72 $\frac{3}{8}$ p	16 · 2			55 $\frac{3}{4}$ p
12 · 10			71 $\frac{13}{16}$ m	16 · 4			55 $\frac{7}{16}$ m
12 · 12			71 $\frac{1}{4}$ m	16 · 6			55 $\frac{1}{16}$ p
12 · 14			70 $\frac{11}{16}$ m	16 · 8			54 $\frac{3}{4}$ m
12 · 16			70 $\frac{1}{8}$ p	16 · 10			54 $\frac{7}{16}$ p
12 · 18			69 $\frac{9}{16}$ p	16 · 12			54 $\frac{1}{16}$ p
13 ·			69 $\frac{1}{16}$ m	16 · 14			53 $\frac{3}{4}$ m
13 · 2			68 $\frac{1}{2}$ p	16 · 16			53 $\frac{7}{16}$ m
13 · 4			68	16 · 18			53 $\frac{1}{8}$ m
13 · 6			67 $\frac{1}{2}$ m	17 ·			52 $\frac{13}{16}$ m
13 · 8			67 m	17 · 2			52 $\frac{1}{2}$ m
13 · 10			66 $\frac{1}{2}$ m	17 · 4			52 $\frac{3}{16}$ m
13 · 12			66	17 · 6			51 $\frac{7}{8}$ p

DES CHANGES.

PARIS, L'ESPAGNE, AMSTERDAM.

Paris. sur l'Espag.	Amster. sur Madrid.	Amster. sur Cadix.	Rend à Amster.	Paris sur l'Espag.	Amster. sur Madrid.	Amster. sur Cadix.	Rend à Amster.
17. 8	82 $\frac{1}{2}$	103 $\frac{1}{8}$	51 $\frac{9}{16}$ P	21. 2	82 $\frac{1}{2}$	103 $\frac{1}{8}$	42 $\frac{9}{16}$ m
17.10	....	....	51 $\frac{1}{16}$ m	21. 4	....	....	42 $\frac{1}{16}$ P
17.12	....	....	51 .	21. 6	....	....	42 $\frac{1}{8}$ P
17.14	....	....	50 $\frac{11}{16}$ P	21. 8	....	....	41 $\frac{11}{16}$ m
17.16	....	....	50 $\frac{7}{16}$ m	21.10	....	....	41 $\frac{1}{2}$ m
17.18	....	....	50 $\frac{1}{8}$ P	21.12	....	....	41 $\frac{3}{16}$ m
18.	....	....	49 $\frac{7}{8}$ m	21.14	....	....	41 $\frac{3}{8}$ m
18. 2	....	....	49 $\frac{9}{16}$ P	21.16	....	....	41 $\frac{1}{16}$ m
18. 4	....	....	49 $\frac{5}{16}$ P	21.18	....	....	41 m
18. 6	....	....	49 $\frac{1}{16}$ m	22.	....	....	40 $\frac{13}{16}$ m
18. 8	....	....	48 $\frac{15}{16}$ m	22. 2	....	....	40 $\frac{5}{8}$ m
18.10	....	....	48 $\frac{1}{2}$ P	22. 4	....	....	40 $\frac{7}{16}$ m
18.12	....	....	48 $\frac{1}{4}$ P	22. 6	....	....	40 $\frac{1}{4}$ P
18.14	....	....	48	22. 8	....	....	40 $\frac{1}{16}$ P
18.16	....	....	47 $\frac{3}{4}$ m	22.10	....	....	39 $\frac{7}{8}$ P
18.18	....	....	47 $\frac{1}{2}$ m	22.12	....	....	39 $\frac{11}{16}$ P
19.	....	....	47 $\frac{1}{4}$ m	22.14	....	....	39 $\frac{9}{16}$ m
19. 2	....	....	47 m	22.16	....	....	39 $\frac{3}{8}$ m
19. 4	....	....	46 $\frac{3}{4}$ m	22.18	....	....	39 $\frac{3}{16}$ P
19. 6	....	....	46 $\frac{1}{2}$ P	23.	....	....	39 P
19. 8	....	....	46 $\frac{1}{4}$ P	23. 2	....	....	38 $\frac{7}{8}$ m
19.10	....	....	46 . P	23. 4	....	....	38 $\frac{11}{16}$ P
19.12	....	....	45 $\frac{13}{16}$ m	23. 6	....	....	38 $\frac{1}{2}$ P
19.14	....	....	45 $\frac{9}{16}$ P	23. 8	....	....	38 $\frac{1}{2}$ m
19.16	....	....	45 $\frac{1}{6}$ P	23.10	....	....	38 $\frac{3}{8}$ P
19.18	....	....	45 $\frac{1}{8}$ m	23.12	....	....	38 $\frac{1}{16}$ m
20.	....	....	44 $\frac{7}{8}$ P	23.14	....	....	37 $\frac{7}{8}$ m
20. 2	....	....	44 $\frac{11}{16}$ m	23.16	....	....	37 $\frac{11}{16}$ P
20. 4	....	....	44 $\frac{7}{16}$ m	23.18	....	....	37 $\frac{7}{16}$ P
20. 6	....	....	44 $\frac{1}{16}$ P	24.	....	....	37 $\frac{3}{8}$ P
20. 8	....	....	44	24. 2	....	....	37 $\frac{1}{4}$ m
20.10	....	....	43 $\frac{13}{16}$ m	24. 4	....	....	37 $\frac{1}{16}$ P
20.12	....	....	43 $\frac{9}{16}$ P	24. 6	....	....	36 $\frac{11}{16}$ P
20.14	....	....	43 $\frac{3}{8}$ m	24. 8	....	....	36 $\frac{13}{16}$ m
20.16	....	....	43 $\frac{1}{8}$ P	24.10	....	....	36 $\frac{3}{8}$ P
20.18	....	....	42 $\frac{15}{16}$ P	24.12	....	....	36 $\frac{1}{4}$ m
21.	....	....	42 $\frac{3}{4}$ m	24.14	....	....	36 $\frac{5}{16}$ P

Tome II.

66 COMBINAISON GENERALE

Paris, l'Espagne, Amsterdam.

Paris sur l'Espag.	Amster. sur Madrid.	Amster. sur Cadix.	Rend à Amster.	Paris sur l'Espag.	Amster. sur Madrid.	Amster. sur Cadix.	Rend à Amster.
10·	82¾	103 7/16	90 1/16 m	13·14	82¾	103 7/16	65 11/16 p
10· 2			89 1/8 p	13·16			65 ¼ m
10· 4			88 ½ p	13·18			64 ¾ p
10· 6			87 7/16 m	14·			64 5/16 m
10· 8			86 9/16 p	14· 2			63 7/8 p
10·10			85 ¾ m	14· 4			63 ½ p
10·12			84 13/16 m	14· 6			62 13/16 p
10·14			84 1/8 p	14· 8			62 ½ p
10·16			83 ⅜ m	14·10			62 1/16 p
10·18			82 ⅝ m	14·12			61 11/16 m
11·			81 7/8 m	14·14			61 ¼ m
11· 2			81 1/8 m	14·16			60 13/16 p
11· 4			80 ⅜ p	14·18			60 7/16 m
11· 6			79 11/16 m	15·			60 p
11· 8			79 m	15· 2			59 ⅝ m
11·10			78 5/16 m	15· 4			59 3/16 m
11·12			77 ⅜ m	15· 6			58 ¾ m
11·14			76 13/16 p	15· 8			58 ⅜ p
11·16			76 3/16 m	15·10			58 1/16 p
11·18			75 13/16 m	15·12			57 11/16 p
12·			75 p	15·14			57 ⅜ m
12· 2			74 7/16 m	15·16			57 m
12· 4			73 13/16 m	15·18			56 ⅝ m
12· 6			73 3/16 p	16·			56 ¼ p
12· 8			72 ⅝ m	16· 2			55 13/16 m
12·10			72 p	16· 4			55 9/16 p
12·12			71 7/16 p	16· 6			55 ¼ m
12·14			70 ⅞ p	16· 8			54 ⅞ p
12·16			70 5/16 p	16·10			54 9/16 p
12·18			69 13/16 m	16·12			54 ¼ p
13·			69 ¼ p	16·14			53 13/16 m
13· 2			68 ¾ m	16·16			53 9/16 p
13· 4			68 3/16 p	16·18			53 ¼ p
13· 6			67 11/16 p	17·			52 15/16 p
13· 8			67 3/16 p	17· 2			52 ½ p
13·10			66 11/16 p	17· 4			52 ⅜ m
13·12			66 5/16 p	17· 6			52 1/16 m

PARIS, L'ESPAGNE, AMSTERDAM.

Paris ſur l'Eſpag.	Amſter. ſur Madrid.	Amſter. ſur Cadix.	Rend à Amſter.	Paris ſur l'Eſpag.	Amſter. ſur Madrid.	Amſter. ſur Cadix.	Rend à Amſter.
17· 8	82 3/4	103 7/16	51 3/4 m	21· 2	82 3/4	103 7/16	42 11/16 m
17·10			51 7/16 p	21· 4			42 7/16 p
17·12			51 1/8 p	21· 6			42 1/4 p
17·14			50 7/8 m	21· 8			42 1/16 p
17·16			50 9/16 p	21·10			41 7/8 p
17·18			50 5/16 m	21·12			41 11/16 m
18·			50 p	21·14			41 1/2 m
18· 2			49 3/4 m	21·16			41 5/16 m
18· 4			49 7/16 p	21·18			41 1/8 m
18· 6			49 3/16 p	22·			40 15/16 m
18· 8			48 15/16 m	22· 2			40 3/4 m
18·10			48 11/16 m	22· 4			40 9/16 m
18·12			48 3/8 p	22· 6			40 3/8 m
18·14			48 1/8 p	22· 8			40 3/16 p
18·16			47 7/8 p	22·10			40 p
18·18			47 5/8 p	22·12			39 13/16 p
19·			47 3/8 p	22·14			39 11/16 m
19· 2			47 1/8 p	22·16			39 1/2 m
19· 4			46 7/8 p	22·18			39 5/16 p
19· 6			46 5/8 p	23·			39 1/8 p
19· 8			46 7/16 m	23· 2			39 m
19·10			46 3/16 m	23· 4			38 13/16 m
19·12			45 15/16 m	23· 6			38 5/8 p
19·14			45 11/16 p	23· 8			38 1/2 m
19·16			45 1/2 m	23·10			38 5/16 m
19·18			45 1/4 m	23·12			38 1/8 p
20·			45 p	23·14			38 m
20· 2			44 13/16 m	23·15			37 13/16 p
20· 4			44 9/16 p	23·18			37 11/16 m
20· 6			44 3/8 m	24·			37 1/2 p
20· 8			44 1/8 p	24· 2			37 3/8 m
20·10			43 15/16 m	24· 4			37 3/16 p
20·12			43 11/16 p	24· 6			37 1/16 m
20·14			43 1/2 m	24· 8			36 7/8 p
20·16			43 5/16 m	24·10			36 3/4 m
20·18			43 1/16 p	24·12			36 5/8 m
21·			42 7/8 m	24·14			36 7/16 p

COMBINAISON GENERALE
PARIS, L'ESPAGNE, AMSTERDAM.

Paris sur l'Espag.	Amster. sur Madrid.	Amster. sur Cadix.	Rend à Amster.	Paris sur l'Espag.	Amster. sur Madrid.	Amster. sur Cadix.	Rend à Amster.
10·	83	103¾	90 $\frac{5}{16}$ m	13·14	83	103¾	65 $\frac{15}{16}$ m
10· 2			89 $\frac{7}{16}$ m	13·16			65 $\frac{7}{16}$ p
10· 4			88 $\frac{9}{16}$ m	13·18			64 $\frac{11}{16}$ p
10· 6			87 $\frac{11}{16}$ m	14·			64 $\frac{1}{4}$ p
10· 8			86 $\frac{13}{16}$ p	14· 2			64 $\frac{1}{16}$ m
10·10			86 p	14· 4			63 $\frac{5}{8}$ m
10·12			85 $\frac{3}{16}$ p	14· 6			63 $\frac{3}{8}$ p
10·14			84 $\frac{1}{2}$ p	14· 8			62 $\frac{11}{16}$ m
10·16			83 $\frac{3}{8}$ m	14·10			62 $\frac{1}{4}$ p
10·18			82 $\frac{7}{8}$ m	14·12			61 $\frac{7}{8}$ p
11·			82 $\frac{1}{4}$ m	14·14			61 $\frac{7}{16}$ m
11· 2			81 $\frac{3}{8}$ m	14·16			61 p
11· 4			80 $\frac{3}{8}$ p	14·18			60 $\frac{5}{8}$ m
11· 6			79 $\frac{15}{16}$ m	15·			60 $\frac{1}{4}$ p
11· 8			79 $\frac{3}{16}$ p	15· 2			59 $\frac{13}{16}$ m
11·10			78 $\frac{1}{2}$ p	15· 4			59 $\frac{3}{16}$ m
11·12			77 $\frac{7}{8}$ m	15· 6			59
11·14			77 $\frac{3}{16}$ m	15· 8			58 $\frac{1}{8}$ p
11·16			76 $\frac{1}{2}$ p	15·10			58 $\frac{1}{4}$ p
11·18			75 $\frac{7}{8}$ p	15·12			57 $\frac{7}{8}$ p
12·			75 $\frac{1}{4}$ p	15·14			57 $\frac{1}{2}$ p
12· 2			74 $\frac{5}{8}$ p	15·16			57 $\frac{1}{8}$ p
12· 4			74 p	15·18			56 $\frac{13}{16}$ m
12· 6			73 $\frac{7}{16}$ m	16·			56 $\frac{7}{16}$ p
12· 8			72 $\frac{13}{16}$ p	16· 2			56 $\frac{1}{16}$ p
12·10			72 $\frac{1}{4}$ m	16· 4			55 $\frac{1}{2}$ m
12·12			71 $\frac{11}{16}$ m	16· 6			55 $\frac{3}{8}$ p
12·14			71 $\frac{1}{8}$ p	16· 8			55 $\frac{1}{16}$ p
12·16			70 $\frac{9}{16}$ p	16·10			54 $\frac{3}{4}$ m
12·18			70 p	16·12			54 $\frac{3}{8}$ p
13·			69 $\frac{7}{16}$ p	16·14			54 $\frac{1}{16}$ p
13· 2			68 $\frac{15}{16}$ m	16·16			53 $\frac{3}{4}$ p
13· 4			68 $\frac{7}{16}$ m	16·18			53 $\frac{7}{16}$ m
13· 6			67 $\frac{7}{8}$ p	17·			53 $\frac{1}{8}$ m
13· 8			67 $\frac{3}{8}$ p	17· 2			52 $\frac{13}{16}$ m
13·10			66 $\frac{7}{8}$ p	17· 4			52 $\frac{1}{2}$ p
13·12			66 $\frac{3}{8}$ p	17· 6			52 $\frac{3}{16}$ p

DES CHANGES.

PARIS, L'ESPAGNE, AMSTERDAM.

Paris fur l'Efpag.	Amfter. fur Madrid.	Amfter. fur Cadix.	Rend à Amfter.	Paris fur l'Efpag.	Amfter. fur Madrid.	Amfter. fur Cadix.	Rend à Amfter.
17 · 8	83	103¾	51 $\frac{7}{8}$ p	21 · 2	83	103¾	42 $\frac{13}{16}$ m
17 · 10			51 $\frac{3}{8}$ m	21 · 4			42 $\frac{5}{8}$ m
17 · 12			51 $\frac{1}{16}$ m	21 · 6			42 $\frac{3}{8}$ p
17 · 14			51 p	21 · 8			42 $\frac{3}{16}$ p
17 · 16			50 $\frac{3}{4}$ m	21 · 10			42 p
17 · 18			50 $\frac{7}{16}$ p	21 · 12			41 $\frac{13}{16}$ m
18 ·			50 $\frac{3}{16}$ m	21 · 14			41 $\frac{5}{8}$ m
18 · 2			49 $\frac{7}{8}$ p	21 · 16			41 $\frac{7}{16}$ m
18 · 4			49 $\frac{5}{8}$ m	21 · 18			41 $\frac{1}{4}$ m
18 · 6			49 $\frac{3}{8}$ m	22 ·			41 $\frac{1}{16}$ m
18 · 8			49 $\frac{1}{16}$ p	22 · 2			40 $\frac{7}{8}$ m
18 · 10			48 $\frac{13}{16}$ p	22 · 4			40 $\frac{11}{16}$ m
18 · 12			48 $\frac{9}{16}$ m	22 · 6			40 $\frac{1}{2}$ m
18 · 14			48 $\frac{5}{16}$ m	22 · 8			40 $\frac{5}{16}$ p
18 · 16			48 $\frac{1}{16}$ m	22 · 10			40 $\frac{1}{8}$ p
18 · 18			47 $\frac{3}{4}$ p	22 · 12			39 $\frac{15}{16}$ p
19 ·			47 $\frac{1}{2}$ p	22 · 14			39 $\frac{13}{16}$ m
19 · 2			47 $\frac{1}{4}$ p	22 · 16			39 $\frac{5}{8}$ m
19 · 4			47 $\frac{1}{16}$ m	22 · 18			39 $\frac{7}{16}$ m
19 · 6			46 $\frac{13}{16}$ m	23 ·			39 $\frac{1}{4}$ p
19 · 8			46 $\frac{9}{16}$ m	23 · 2			39 $\frac{1}{16}$ p
19 · 10			46 $\frac{5}{16}$ m	23 · 4			38 $\frac{15}{16}$ m
19 · 12			46 $\frac{1}{16}$ p	23 · 6			38 $\frac{3}{4}$ p
19 · 14			45 $\frac{13}{16}$ p	23 · 8			38 $\frac{9}{16}$ p
19 · 16			45 $\frac{5}{8}$ p	23 · 10			38 $\frac{7}{16}$ m
19 · 18			45 $\frac{3}{8}$ p	23 · 12			38 $\frac{1}{4}$ p
20 ·			45 $\frac{1}{8}$ p	23 · 14			38 $\frac{1}{8}$ p
20 · 2			44 $\frac{15}{16}$ m	23 · 16			37 $\frac{15}{16}$ p
20 · 4			44 $\frac{11}{16}$ p	23 · 18			37 $\frac{13}{16}$ m
20 · 6			44 $\frac{1}{2}$ m	24 ·			37 $\frac{5}{8}$ p
20 · 8			44 $\frac{1}{4}$ p	24 · 2			37 $\frac{1}{2}$ m
20 · 10			44 $\frac{1}{16}$ m	24 · 4			37 $\frac{5}{16}$ p
20 · 12			43 $\frac{13}{16}$ p	24 · 6			37 $\frac{3}{16}$ m
20 · 14			43 $\frac{5}{8}$ p	24 · 8			37 p
20 · 16			43 $\frac{7}{16}$ m	24 · 10			36 $\frac{7}{8}$ m
20 · 18			43 $\frac{3}{16}$ p	24 · 12			36 $\frac{11}{16}$ m
21 ·			43 p	24 · 14			36 $\frac{9}{16}$ m

COMBINAISON GENERALE

PARIS, L'ESPAGNE, AMSTERDAM.

Paris sur l'Espag.	Amster. sur Madrid.	Amster. sur Cadix.	Rend à Amster.	Paris sur l'Espag.	Amster. sur Madrid.	Amster. sur Cadix.	Rend à Amster.
10·	· 83 $\frac{1}{4}$	· 104 $\frac{1}{16}$ ·	90 $\frac{9}{16}$ p	13·14	83 $\frac{1}{4}$	· 104 $\frac{1}{16}$ ·	66 $\frac{1}{16}$ m
10· 2			89 $\frac{11}{16}$ m	13·16			65 $\frac{5}{8}$ p
10· 4			88 $\frac{13}{16}$ m	13·18			65 $\frac{1}{16}$ m
10· 6			87 $\frac{15}{16}$ p	14·			64 $\frac{11}{16}$ m
10· 8			87 $\frac{1}{16}$ p	14· 2			64 $\frac{1}{4}$ m
10·10			86 $\frac{1}{4}$ p	14· 4			63 $\frac{13}{16}$ m
10·12			85 $\frac{7}{16}$ p	14· 6			63 $\frac{5}{16}$ p
10·14			84 $\frac{5}{8}$ p	14· 8			62 $\frac{7}{8}$ p
10·16			83 $\frac{7}{8}$ m	14·10			62 $\frac{7}{16}$ p
10·18			83 $\frac{1}{8}$ m	14·12			62 $\frac{1}{16}$ p
11·			82 $\frac{5}{16}$ p	14·14			61 $\frac{5}{16}$ m
11· 2			81 $\frac{1}{2}$ m	14·16			61 $\frac{3}{16}$ p
11· 4			80 $\frac{7}{8}$ m	14·18			60 $\frac{13}{16}$ m
11· 6			80 $\frac{1}{8}$ p	15·			60 $\frac{3}{8}$ p
11· 8			79 $\frac{7}{16}$ p	15· 2			60· m
11·10			78 $\frac{3}{4}$ p	15· 4			59 $\frac{9}{16}$ p
11·12			78 $\frac{1}{16}$ p	15· 6			59 $\frac{3}{16}$ p
11·14			77 $\frac{7}{16}$ m	15· 8			58 $\frac{13}{16}$ p
11·16			76 $\frac{3}{4}$ p	15·10			58 $\frac{7}{16}$ m
11·18			76 $\frac{1}{8}$ p	15·12			58 $\frac{1}{16}$ p
12·			75 $\frac{1}{2}$ m	15·14			57 $\frac{11}{16}$ p
12· 2			74 $\frac{7}{8}$ m	15·16			57 $\frac{5}{16}$ p
12· 4			74 $\frac{1}{4}$ m	15·18			56 $\frac{15}{16}$ p
12· 6			73 $\frac{5}{8}$ p	16·			56 $\frac{5}{8}$ p
12· 8			73 $\frac{1}{16}$ m	16· 2			56 $\frac{1}{4}$ p
12·10			72 $\frac{7}{16}$ p	16· 4			55 $\frac{15}{16}$ m
12·12			71 $\frac{7}{8}$ p	16· 6			55 $\frac{9}{16}$ p
12·14			71 $\frac{1}{16}$ p	16· 8			55 $\frac{1}{4}$ m
12·16			70 $\frac{3}{4}$ p	16·10			54 $\frac{7}{8}$ p
12·18			70 $\frac{3}{16}$ p	16·12			54 $\frac{9}{16}$ p
13·			69 $\frac{11}{16}$ m	16·14			54 $\frac{1}{4}$ p
13· 2			69 $\frac{1}{8}$ p	16·16			53 $\frac{15}{16}$ p
13· 4			68 $\frac{5}{8}$ m	16·18			53 $\frac{5}{8}$ p
13· 6			68 $\frac{1}{8}$ m	17·			53 $\frac{1}{4}$ p
13· 8			67 $\frac{3}{8}$ m	17· 2			52 $\frac{15}{16}$ p
13·10			67 $\frac{1}{16}$ p	17· 4			52 $\frac{11}{16}$ m
13·12			66 $\frac{5}{8}$ m	17· 6			52 $\frac{3}{8}$ m

DES CHANGES.

PARIS, L'ESPAGNE, AMSTERDAM.

Paris sur l'Espag.	Amster. sur Madrid.	Amster. sur Cadix.	Rend à Amster.	Paris. sur l'Espag.	Amster. sur Madrid.	Amster. sur Cadix.	Rend à Amster.
17 . 8	$83\frac{1}{4}$	$104\frac{1}{16}$	$52\frac{1}{16}$ m	21 . 2	$83\frac{1}{4}$	$104\frac{1}{16}$	$42\frac{15}{16}$ m
17 . 10			$51\frac{3}{4}$ p	21 . 4			$42\frac{3}{4}$ m
17 . 12			$51\frac{7}{16}$ p	21 . 6			$42\frac{1}{2}$ p
17 . 14			$51\frac{3}{16}$ m	21 . 8			$42\frac{1}{16}$ p
17 . 16			$50\frac{7}{8}$ p	21 . 10			$42\frac{1}{8}$ p
17 . 18			$50\frac{5}{8}$ m	21 . 12			$41\frac{11}{16}$ m
18 .			$50\frac{5}{16}$ p	21 . 14			$41\frac{3}{4}$ m
18 . 2			$50\frac{1}{16}$ m	21 . 16			$41\frac{9}{16}$ m
18 . 4			$49\frac{3}{4}$ p	21 . 18			$41\frac{3}{8}$ m
18 . 6			$49\frac{1}{2}$ m	22 .			$41\frac{3}{16}$ m
18 . 8			$49\frac{1}{4}$ m	22 . 2			41 m
18 . 10			$48\frac{15}{16}$ p	22 . 4			$40\frac{13}{16}$ m
18 . 12			$48\frac{11}{16}$ p	22 . 6			$40\frac{5}{8}$ m
18 . 14			$48\frac{7}{16}$ m	22 . 8			$40\frac{7}{16}$ m
18 . 16			$48\frac{3}{16}$ m	22 . 10			$40\frac{1}{4}$ p
18 . 18			$47\frac{15}{16}$ m	22 . 12			$40\frac{1}{16}$ p
19 .			$47\frac{11}{16}$ m	22 . 14			$39\frac{7}{8}$ p
19 . 2			$47\frac{7}{16}$ m	22 . 16			$39\frac{3}{4}$ m
19 . 4			$47\frac{3}{16}$ m	22 . 18			$39\frac{9}{16}$ m
19 . 6			$46\frac{15}{16}$ m	23 .			$39\frac{3}{8}$ p
19 . 8			$46\frac{11}{16}$ p	23 . 2			$39\frac{3}{16}$ p
19 . 10			$46\frac{7}{16}$ p	23 . 4			$39\frac{1}{16}$ m
19 . 12			$46\frac{3}{16}$ p	23 . 6			$38\frac{7}{8}$ m
19 . 14			46 m	23 . 8			$38\frac{11}{16}$ p
19 . 16			$45\frac{3}{4}$ p	23 . 10			$38\frac{9}{16}$ m
19 . 18			$45\frac{1}{2}$ p	23 . 12			$38\frac{3}{8}$ p
20 .			$45\frac{5}{16}$ m	23 . 14			$38\frac{3}{16}$ p
20 . 2			$45\frac{1}{16}$ p	23 . 16			$38\frac{1}{16}$ m
20 . 4			$44\frac{13}{16}$ p	23 . 18			$37\frac{7}{8}$ p
20 . 6			$44\frac{5}{8}$ m	24 .			$37\frac{3}{4}$ m
20 . 8			$44\frac{3}{8}$ p	24 . 2			$37\frac{9}{16}$
20 . 10			$44\frac{3}{16}$ m	24 . 4			$37\frac{7}{16}$ m
20 . 12			44 m	24 . 6			$37\frac{1}{4}$ p
20 . 14			$43\frac{3}{4}$ p	24 . 8			$37\frac{1}{8}$
20 . 16			$43\frac{9}{16}$ m	24 . 10			37 m
20 . 18			$43\frac{5}{16}$ p	24 . 12			$36\frac{13}{16}$ p
21 .			$43\frac{1}{8}$ p	24 . 14			$36\frac{11}{16}$ m

COMBINAISON GENERALE

PARIS, L'ESPAGNE, AMSTERDAM.

Paris sur l'Espag.	Amster. sur Madrid.	Amster. sur Cadix.	Rend à Amster.	Paris sur l'Espag.	Amster. sur Madrid.	Amster. sur Cadix.	Rend à Amster.
10·	83 $\frac{1}{2}$	104 $\frac{3}{8}$	90 $\frac{7}{8}$ m	13·14	83 $\frac{1}{2}$	104 $\frac{3}{8}$	66 $\frac{5}{16}$ m
10· 2			89 $\frac{15}{16}$ p	13·16			65 $\frac{13}{16}$ p
10· 4			89 $\frac{1}{16}$ p	13·18			65 $\frac{3}{8}$ m
10· 6			88 $\frac{3}{16}$ p	14·			64 $\frac{7}{8}$ p
10· 8			87 $\frac{5}{8}$ m	14· 2			64 $\frac{7}{16}$ m
10·10			86 $\frac{1}{2}$ p	14· 4			64
10·12			85 $\frac{11}{16}$ p	14· 6			63 $\frac{1}{2}$ p
10·14			84 $\frac{7}{8}$ p	14· 8			63 $\frac{1}{16}$ p
10·16			84 $\frac{1}{8}$ m	14·10			62 $\frac{5}{8}$ p
10·18			83 $\frac{3}{8}$ m	14·12			62 $\frac{1}{4}$ m
11·			82 $\frac{9}{16}$ p	14·14			61 $\frac{13}{16}$ m
11· 2			81 $\frac{7}{8}$ m	14·16			61 $\frac{3}{8}$ p
11· 4			81 $\frac{1}{8}$ m	14·18			61 m
11· 6			80 $\frac{3}{8}$ p	15·			60 $\frac{9}{16}$ p
11· 8			79 $\frac{11}{16}$ p	15· 2			60 $\frac{3}{16}$ m
11·10			79 m	15· 4			59 $\frac{3}{4}$ p
11·12			78 $\frac{5}{16}$ p	15· 6			59 $\frac{3}{8}$ p
11·14			77 $\frac{5}{8}$ p	15· 8			59 m
11·16			77 m	15·10			58 $\frac{5}{8}$ m
11·18			76 $\frac{5}{16}$ p	15 12			58 $\frac{1}{4}$ m
12·			75 $\frac{11}{16}$ p	15·14			57 $\frac{7}{8}$ m
12· 2			75 $\frac{1}{16}$ p	15·16			57 $\frac{1}{2}$ m
12· 4			74 $\frac{7}{16}$ p	15·18			57 $\frac{1}{8}$ p
12· 6			73 $\frac{7}{8}$ m	16·			56 $\frac{3}{4}$ p
12· 8			73 $\frac{1}{4}$ p	16· 2			56 $\frac{7}{16}$ m
12·10			72 $\frac{11}{16}$ m	16· 4			56 $\frac{1}{16}$ m
12·12			72 $\frac{1}{8}$ m	16· 6			55 $\frac{3}{4}$ m
12·14			71 $\frac{9}{16}$ m	16· 8			55 $\frac{3}{8}$ p
12·16			71 m	16·10			55 $\frac{1}{16}$ p
12·18			70 $\frac{7}{16}$ m	16·12			54 $\frac{3}{4}$ m
13·			69 $\frac{7}{8}$ p	16·14			54 $\frac{7}{16}$ p
13· 2			69 $\frac{3}{8}$ m	16·16			54 $\frac{1}{8}$ p
13· 4			68 $\frac{13}{16}$ p	16·18			53 $\frac{3}{4}$ p
13· 6			68 $\frac{5}{16}$ m	17·			53 $\frac{7}{16}$ p
13· 8			67 $\frac{13}{16}$ m	17· 2			53 $\frac{1}{8}$ p
13·10			67 $\frac{5}{16}$ m	17· 4			52 $\frac{13}{16}$ p
13 12			66 $\frac{13}{16}$ m	17· 6			52 $\frac{1}{2}$ p

DES CHANGES. 73

PARIS, L'ESPAGNE, AMSTERDAM.

Paris. sur l'Espag.	Amster. sur Madrid.	Amster. sur Cadix.	Rend à Amster.	Paris sur l'Espag.	Amster. sur Madrid.	Amster. sur Cadix.	Rend à Amster.
17 . 8	$83\frac{1}{2}$	$104\frac{3}{8}$	$52\frac{3}{16}$ p	21 . 2	$83\frac{1}{2}$	$104\frac{3}{8}$	$43\frac{1}{16}$ m
17 . 10	....	....	$51\frac{15}{16}$ m	21 . 4	....	....	$42\frac{7}{8}$ m
17 . 12	....	....	$51\frac{3}{4}$ m	21 . 6	....	....	$42\frac{3}{8}$ p
17 . 14	....	....	$51\frac{9}{16}$ p	21 . 8	....	....	$42\frac{7}{16}$ p
17 . 16	....	....	$51\frac{1}{16}$ m	21 . 10	....	....	$42\frac{1}{4}$ p
17 . 18	....	....	$50\frac{3}{4}$ p	21 . 12	....	....	$42\frac{1}{16}$ m
18 .	....	....	$50\frac{1}{2}$ m	21 . 14	....	....	$41\frac{7}{8}$ m
18 . 2	....	....	$50\frac{3}{16}$ p	21 . 16	....	....	$41\frac{11}{16}$ p
18 . 4	....	....	$49\frac{15}{16}$ m	21 . 18	....	....	$41\frac{1}{2}$ m
18 . 6	....	....	$49\frac{3}{4}$ p	22 .	....	....	$41\frac{5}{16}$ m
18 . 8	....	....	$49\frac{3}{8}$ m	22 . 2	....	....	$41\frac{1}{8}$ m
18 . 10	....	....	$49\frac{1}{8}$ m	22 . 4	....	....	$40\frac{15}{16}$ m
18 . 12	....	....	$48\frac{13}{16}$ p	22 . 6	....	....	$40\frac{3}{4}$ m
18 . 14	....	....	$48\frac{9}{16}$ p	22 . 8	....	....	$40\frac{9}{16}$ m
18 . 16	....	....	$48\frac{5}{16}$ p	22 . 10	....	....	$40\frac{3}{8}$ p
18 . 18	....	....	$48\frac{1}{16}$ p	22 . 12	....	....	$40\frac{3}{16}$ p
19 .	....	....	$47\frac{13}{16}$ p	22 . 14	....	....	40 p
19 . 2	....	....	$47\frac{9}{16}$ p	22 . 16	....	....	$39\frac{7}{8}$ m
19 . 4	....	....	$47\frac{5}{16}$ p	22 . 18	....	....	$39\frac{11}{16}$ m
19 . 6	....	....	$47\frac{1}{16}$ p	23 .	....	....	$39\frac{1}{2}$ m
19 . 8	....	....	$46\frac{13}{16}$ p	23 . 2	....	....	$39\frac{1}{16}$ p
19 . 10	....	....	$46\frac{9}{16}$ p	23 . 4	....	....	$39\frac{1}{2}$ m
19 . 12	....	....	$46\frac{3}{8}$ m	23 . 6	....	....	39 m
19 . 14	....	....	$46\frac{1}{8}$ m	23 . 8	....	....	$38\frac{13}{16}$ p
19 . 16	....	....	$45\frac{7}{8}$ p	23 . 10	....	....	$38\frac{11}{16}$ p
19 . 18	....	....	$45\frac{5}{8}$ p	23 . 12	....	....	$38\frac{1}{2}$ m
20 .	....	....	$45\frac{7}{16}$ p	23 . 14	....	....	$38\frac{3}{16}$ p
20 . 2	....	....	$45\frac{3}{16}$ p	23 . 16	....	....	$38\frac{3}{16}$ m
20 . 4	....	....	45 m	23 . 18	....	....	38 p
20 . 6	....	....	$44\frac{3}{4}$ p	24 .	....	....	$37\frac{7}{8}$ m
20 . 8	....	....	$44\frac{9}{16}$ m	24 . 2	....	....	$37\frac{11}{16}$ p
20 . 10	....	....	$44\frac{5}{16}$ p	24 . 4	....	....	$37\frac{9}{16}$ m
20 . 12	....	....	$44\frac{1}{8}$ m	24 . 6	....	....	$37\frac{3}{8}$ p
20 . 14	....	....	$43\frac{7}{8}$ p	24 . 8	....	....	$37\frac{1}{4}$ m
20 . 16	....	....	$43\frac{11}{16}$ m	24 . 10	....	....	$37\frac{1}{16}$ p
20 . 18	....	....	$43\frac{7}{16}$ p	24 . 12	....	....	$36\frac{15}{16}$ m
21 .	....	....	$43\frac{1}{4}$ p	24 . 14	....	....	$36\frac{3}{4}$ p

Tome II.   K

74 COMBINAISON GENERALE
PARIS, L'ESPAGNE, AMSTERDAM.

Paris sur l'Espag.	Amster. sur Madrid.	Amster. sur Cadix.	Rend à Amster.	Paris sur l'Espag.	Amster. sur Madrid.	Amster. sur Cadix.	Rend à Amster.
10·	· $83\frac{3}{4}$ ·	$104\frac{11}{16}$ ·	$91\frac{1}{8}$ m	13·14	$83\frac{3}{4}$	$104\frac{11}{16}$ ·	$66\frac{1}{2}$ p
10· 2			$90\frac{1}{16}$ p	13·16			66 p
10· 4			$89\frac{1}{16}$ p	13·18			$65\frac{9}{16}$ m
10· 6			$88\frac{7}{16}$ p	14·			$65\frac{1}{16}$ p
10· 8			$87\frac{5}{8}$ m	14· 2			$64\frac{5}{8}$ m
10·10			$86\frac{3}{4}$ p	14· 4			$64\frac{3}{16}$ m
10·12			$85\frac{15}{16}$ p	14· 6			$63\frac{3}{4}$ m
10·14			$85\frac{5}{16}$ p	14· 8			$63\frac{1}{4}$ p
10·16			$84\frac{5}{8}$ p	14·10			$62\frac{13}{16}$ p
10·18			$83\frac{3}{8}$ m	14·12			$62\frac{7}{16}$ m
11·			$82\frac{13}{16}$ p	14·14			62 m
11· 2			$82\frac{1}{4}$ p	14·16			$61\frac{9}{16}$ p
11· 4			$81\frac{5}{8}$ m	14·18			$61\frac{3}{8}$ p
11· 6			$80\frac{3}{8}$ p	15·			$60\frac{3}{4}$ m
11· 8			$79\frac{15}{16}$ m	15· 2			$60\frac{3}{8}$ m
11·10			$79\frac{1}{4}$ m	15· 4			$59\frac{15}{16}$ p
11·12			$78\frac{7}{16}$ m	15· 6			$59\frac{9}{16}$ m
11·14			$77\frac{7}{8}$ p	15· 8			$59\frac{3}{16}$ m
11·16			$77\frac{1}{4}$ m	15·10			$58\frac{13}{16}$ m
11·18			$76\frac{9}{16}$ p	15·12			$58\frac{7}{16}$ m
12·			$75\frac{15}{16}$ m	15·14			$58\frac{1}{16}$ m
12· 2			$75\frac{5}{16}$ m	15·16			$57\frac{11}{16}$ m
12· 4			$74\frac{11}{16}$ p	15·18			$57\frac{5}{16}$ m
12· 6			$74\frac{1}{16}$ p	16·			$56\frac{15}{16}$ p
12· 8			$73\frac{1}{2}$ m	16· 2			$56\frac{5}{8}$ m
12·10			$72\frac{7}{8}$ p	16· 4			$56\frac{1}{4}$ m
12·12			$72\frac{5}{16}$ p	16· 6			$55\frac{7}{8}$ p
12·14			$71\frac{3}{4}$ m	16· 8			$55\frac{9}{16}$ m
12·16			$71\frac{3}{16}$	16·10			$55\frac{1}{4}$ m
12·18			$70\frac{5}{8}$ p	16·12			$54\frac{9}{8}$ p
13·			$70\frac{1}{16}$ p	16·14			$54\frac{1}{16}$ p
13· 2			$69\frac{9}{16}$ m	16·16			$54\frac{1}{16}$ m
13· 4			69 p	16·18			$53\frac{13}{16}$
13· 6			$68\frac{1}{2}$ p	17·			$53\frac{1}{2}$ m
13· 8			68	17· 2			$53\frac{3}{16}$ m
13·10			$67\frac{1}{2}$ m	17· 4			53 m
13·12			67	17· 6			$52\frac{11}{16}$ m

DES CHANGES. 75

PARIS, L'ESPAGNE, AMSTERDAM.

Paris sur l'Espag.	Amster. sur Madrid.	Amster. sur Cadix.	Rend à Amster.	Paris sur l'Espag.	Amster. sur Madrid.	Amster. sur Cadix.	Rend à Amster.
17 . 8	$83\frac{3}{4}$	$104\frac{11}{16}$	$52\frac{3}{8}$ m	21 . 2	$83\frac{3}{4}$	$104\frac{11}{16}$	$43\frac{3}{16}$ m
17 . 10			$52\frac{1}{16}$ p	21 . 4			43 m
17 . 12			$51\frac{3}{4}$ p	21 . 6			$42\frac{3}{4}$ p
17 . 14			$51\frac{1}{2}$ m	21 . 8			$42\frac{9}{16}$ p
17 . 16			$51\frac{3}{16}$ p	21 . 10			$42\frac{3}{8}$ p
17 . 18			$50\frac{7}{8}$ p	21 . 12			$42\frac{3}{16}$ m
18 .			$50\frac{5}{8}$ m	21 . 14			42 m
18 . 2			$50\frac{5}{16}$ p	21 . 16			$41\frac{13}{16}$ p
18 . 4			$50\frac{1}{16}$ p	21 . 18			$41\frac{5}{8}$ p
18 . 6			$49\frac{13}{16}$ m	22 .			$41\frac{7}{16}$ m
18 . 8			$49\frac{1}{2}$ m	22 . 2			$41\frac{1}{4}$ m
18 . 10			$49\frac{1}{4}$ p	22 . 4			$41\frac{1}{16}$ m
18 . 12			49 m	22 . 6			$40\frac{7}{8}$ m
18 . 14			$48\frac{3}{4}$ m	22 . 8			$40\frac{11}{16}$ m
18 . 16			$48\frac{9}{16}$ p	22 . 10			$40\frac{1}{2}$ m
18 . 18			$48\frac{5}{16}$ p	22 . 12			$40\frac{5}{16}$ p
19 .			$47\frac{13}{16}$ p	22 . 14			$40\frac{1}{8}$ p
19 . 2			$47\frac{11}{16}$ p	22 . 16			$39\frac{15}{16}$ p
19 . 4			$47\frac{7}{16}$ p	22 . 18			$39\frac{13}{16}$ m
19 . 6			$47\frac{5}{16}$ p	23 .			$39\frac{1}{2}$ m
19 . 8			47 m	23 . 2			$39\frac{5}{16}$ p
19 . 10			$46\frac{3}{4}$ m	23 . 4			$39\frac{1}{4}$ p
19 . 12			$46\frac{1}{2}$ m	23 . 6			$39\frac{1}{8}$ p
19 . 14			$46\frac{1}{4}$ p	23 . 8			$38\frac{15}{16}$ p
19 . 16			46 p	23 . 10			$38\frac{3}{4}$ p
19 . 18			$45\frac{13}{16}$ m	23 . 12			$38\frac{1}{2}$ m
20 .			$45\frac{9}{16}$ m	23 . 14			$38\frac{7}{16}$ m
20 . 2			$45\frac{1}{2}$ p	23 . 16			$38\frac{1}{4}$ m
20 . 4			$45\frac{1}{8}$ m	23 . 18			$38\frac{1}{8}$ p
20 . 6			$44\frac{7}{8}$ p	24 .			$37\frac{15}{16}$ p
20 . 8			$44\frac{11}{16}$ m	24 . 2			$37\frac{1}{16}$ m
20 . 10			$44\frac{7}{16}$ p	24 . 4			$37\frac{5}{8}$ p
20 . 12			$44\frac{1}{4}$ m	24 . 6			$37\frac{1}{2}$ p
20 . 14			44 p	24 . 8			$37\frac{3}{8}$ p
20 . 16			$43\frac{13}{16}$ m	24 . 10			$37\frac{3}{16}$ p
20 . 18			$43\frac{5}{8}$ m	24 . 12			$37\frac{1}{16}$ m
21 .			$43\frac{3}{8}$ p	24 . 14			$36\frac{7}{8}$ p

COMBINAISON GENERALE
PARIS, L'ESPAGNE, AMSTERDAM.

Paris sur l'Espag.	Amster. sur Madrid.	Amster. sur Cadix.	Rend à Amster.	Paris sur l'Espag.	Amster. sur Madrid.	Amster. sur Cadix.	Rend à Amster.
10 ·	84	105	$91\frac{3}{2}$ p	13 · 14	84	105	$66\frac{11}{16}$ p
10 · 2			$90\frac{1}{2}$ m	13 · 16			$66\frac{1}{4}$ m
10 · 4			$89\frac{5}{8}$ m	13 · 18			$65\frac{2}{4}$ m
10 · 6			$88\frac{3}{4}$ m	14 ·			$65\frac{1}{4}$ p
10 · 8			$87\frac{7}{8}$ p	14 · 2			$64\frac{13}{16}$ p
10 · 10			$87\frac{1}{16}$ p	14 · 4			$64\frac{3}{8}$ m
10 · 12			$86\frac{1}{4}$ p	14 · 6			$63\frac{1}{16}$ p
10 · 14			$85\frac{7}{16}$ m	14 · 8			$63\frac{7}{16}$ p
10 · 16			$84\frac{5}{8}$ m	14 · 10			63 p
10 · 18			$83\frac{7}{8}$ m	14 · 12			$62\frac{5}{8}$ m
11 ·			$83\frac{1}{16}$ p	14 · 14			$62\frac{3}{16}$ m
11 · 2			$82\frac{1}{4}$ p	14 · 16			$61\frac{3}{4}$ p
11 · 4			$81\frac{5}{8}$ m	14 · 18			$61\frac{1}{4}$ p
11 · 6			$80\frac{7}{8}$ p	15 ·			$60\frac{13}{16}$ m
11 · 8			$80\frac{3}{16}$ m	15 · 2			$60\frac{1}{2}$ p
11 · 10			$79\frac{1}{2}$ m	15 · 4			$60\frac{1}{8}$ p
11 · 12			$78\frac{13}{16}$ m	15 · 6			$59\frac{3}{4}$ m
11 · 14			$78\frac{1}{8}$ m	15 · 8			$59\frac{3}{8}$ m
11 · 16			$77\frac{7}{16}$ p	15 · 10			$58\frac{15}{16}$ p
11 · 18			$76\frac{13}{16}$ m	15 · 12			$58\frac{9}{16}$ p
12 ·			$76\frac{3}{16}$ m	15 · 14			$58\frac{3}{16}$ p
12 · 2			$75\frac{1}{2}$ p	15 · 16			$57\frac{13}{16}$ p
12 · 4			$74\frac{15}{16}$ m	15 · 18			$57\frac{1}{2}$ m
12 · 6			$74\frac{5}{16}$ m	16 ·			$57\frac{1}{2}$ m
12 · 8			$73\frac{11}{16}$ p	16 · 2			$56\frac{3}{4}$ p
12 · 10			$73\frac{1}{8}$ m	16 · 4			$56\frac{7}{16}$ m
12 · 12			$72\frac{9}{16}$ m	16 · 6			$56\frac{1}{16}$ p
12 · 14			$71\frac{15}{16}$ p	16 · 8			$55\frac{3}{4}$ m
12 · 16			$71\frac{3}{8}$ p	16 · 10			$55\frac{3}{8}$ p
12 · 18			$70\frac{7}{9}$ p	16 · 12			$55\frac{1}{16}$ m
13 ·			$70\frac{3}{16}$ m	16 · 14			$54\frac{3}{4}$ p
13 · 2			$69\frac{3}{4}$ p	16 · 16			$54\frac{3}{8}$ p
13 · 4			$69\frac{1}{4}$ m	16 · 18			$54\frac{1}{16}$ p
13 · 6			$68\frac{11}{16}$ p	17 ·			$53\frac{3}{4}$ p
13 · 8			$68\frac{3}{16}$ p	17 · 2			$53\frac{7}{16}$ p
13 · 10			$67\frac{11}{16}$ p	17 · 4			$53\frac{1}{8}$ p
13 · 12			$67\frac{3}{16}$ p	17 · 6			$52\frac{13}{16}$ p

DES CHANGES.

PARIS, L'ESPAGNE, AMSTERDAM.

Paris sur l'Espag.	Amster. sur Madrid.	Amster. sur Cadix.	Rend à Amster.	Paris sur l'Espag.	Amster. sur Madrid.	Amster. sur Cadix.	Rend à Amster.
17. 8	84	105	$52 \frac{1}{2}$ p	21. 2	84	105	$43 \frac{1}{16}$ p
17.10			$52 \frac{1}{4}$ m	21. 4			$43 \frac{1}{8}$ m
17.12			$51 \frac{15}{16}$ m	21. 6			$42 \frac{13}{16}$ m
17.14			$51 \frac{5}{8}$ p	21. 8			$42 \frac{11}{16}$ p
17.16			$51 \frac{3}{8}$ m	21.10			$42 \frac{1}{2}$
17.18			$51 \frac{1}{16}$ m	21.12			$42 \frac{5}{16}$ m
18.			$50 \frac{3}{4}$ p	21.14			$42 \frac{1}{8}$ m
18. 2			$50 \frac{1}{2}$ m	21.16			$41 \frac{15}{16}$ m
18. 4			$50 \frac{3}{16}$ p	21.18			$41 \frac{3}{4}$ m
18. 6			$49 \frac{15}{16}$ p	22.			$41 \frac{9}{16}$ m
18. 8			$49 \frac{11}{16}$ m	22. 2			$41 \frac{3}{8}$ m
18.10			$49 \frac{3}{8}$ p	22. 4			$41 \frac{1}{16}$
18.12			$49 \frac{1}{8}$ p	22. 6			41
18.14			$48 \frac{7}{8}$ m	22. 8			$40 \frac{13}{16}$ m
18.16			$48 \frac{5}{8}$ m	22.10			$40 \frac{5}{8}$ m
18.18			$48 \frac{3}{8}$ m	22.12			$40 \frac{7}{16}$ p
19.			$48 \frac{1}{8}$ m	22.14			$40 \frac{1}{4}$ p
19. 2			$47 \frac{7}{8}$ m	22.16			$40 \frac{1}{16}$ p
19. 4			$47 \frac{5}{8}$ m	22.18			$39 \frac{15}{16}$ m
19. 6			$47 \frac{3}{8}$ m	23.			$39 \frac{3}{4}$ m
19. 8			$47 \frac{1}{8}$ m	23. 2			$39 \frac{9}{16}$ p
19.10			$46 \frac{7}{8}$ m	23. 4			$39 \frac{3}{8}$ p
19.12			$46 \frac{5}{8}$ p	23. 6			$39 \frac{1}{4}$ m
19.14			$46 \frac{3}{8}$ p	23. 8			$39 \frac{1}{16}$ m
19.16			$46 \frac{1}{8}$ m	23.10			$38 \frac{7}{8}$ p
19.18			$45 \frac{15}{16}$ m	23.12			$38 \frac{3}{4}$ m
20.			$45 \frac{11}{16}$ p	23.14			$38 \frac{9}{16}$ m
20. 2			$45 \frac{7}{16}$ p	23.16			$38 \frac{3}{8}$ p
20. 4			$45 \frac{1}{4}$ m	23.18			$38 \frac{1}{4}$ m
20. 6			45 p	24.			$38 \frac{1}{16}$ p
20. 8			$44 \frac{13}{16}$ m	24. 2			$37 \frac{15}{16}$ m
20.10			$44 \frac{9}{16}$ p	24. 4			$37 \frac{3}{4}$ p
20.12			$44 \frac{3}{8}$ p	24. 6			$37 \frac{5}{8}$
20.14			$44 \frac{1}{8}$ p	24. 8			$37 \frac{7}{16}$ p
20.16			$43 \frac{15}{16}$ p	24.10			$37 \frac{1}{4}$ m
20.18			$43 \frac{3}{4}$ m	24.12			$37 \frac{1}{8}$ p
21.			$43 \frac{1}{2}$ p	24.14			37 p

K iij

COMBINAISON GENERALE

PARIS, L'ESPAGNE, AMSTERDAM.

Paris sur l'Espag.	Amster. sur Madrid.	Amster. sur Cadix.	Rend à Amster.	Paris sur l'Espag.	Amster. sur Madrid.	Amster. sur Cadix.	Rend à Amster.
10·	84 $\frac{1}{4}$	105 $\frac{5}{16}$	91 $\frac{11}{16}$ m	13·14	84 $\frac{1}{4}$	105 $\frac{5}{16}$	66 $\frac{15}{16}$ m
10· 2			90 $\frac{3}{4}$ p	13·16			66 $\frac{7}{16}$ m
10· 4			89 $\frac{7}{8}$ m	13·18			65 $\frac{13}{16}$ p
10· 6			89 m	14·			65 $\frac{1}{2}$ m
10· 8			88 $\frac{1}{8}$ p	14· 2			65
10·10			87 $\frac{5}{16}$ m	14· 4			64 $\frac{9}{16}$ p
10·12			86 $\frac{1}{2}$ m	14· 6			64 $\frac{1}{8}$ m
10·14			85 $\frac{11}{16}$ m	14· 8			63 $\frac{3}{4}$ p
10·16			84 $\frac{7}{8}$ m	14·10			63 $\frac{3}{16}$ p
10·18			84 $\frac{1}{8}$ m	14·12			62 $\frac{13}{16}$ m
11·			83 $\frac{5}{16}$ p	14·14			62 $\frac{3}{8}$ p
11· 2			82 $\frac{9}{16}$ p	14·16			61 $\frac{15}{16}$ m
11· 4			81 $\frac{13}{16}$ p	14·18			61 $\frac{1}{2}$ p
11· 6			81 $\frac{1}{8}$ m	15·			61 $\frac{1}{8}$ m
11· 8			80 $\frac{7}{16}$ m	15· 2			60 $\frac{11}{16}$ p
11·10			79 $\frac{11}{16}$ m	15· 4			60 $\frac{1}{16}$ m
11·12			79 p	15· 6			59 $\frac{11}{16}$ m
11·14			78 $\frac{3}{8}$ m	15· 8			59 $\frac{1}{2}$ p
11·16			77 $\frac{11}{16}$ m	15·10			59 $\frac{1}{8}$ p
11·18			77 p	15·12			58 $\frac{3}{4}$ p
12·			76 $\frac{3}{8}$ p	15·14			58 $\frac{3}{8}$ p
12· 2			75 $\frac{3}{4}$ p	15·16			58 p
12· 4			75 $\frac{1}{8}$ p	15·18			57 $\frac{5}{8}$ p
12· 6			74 $\frac{1}{2}$ p	16·			57 $\frac{5}{16}$ p
12· 8			73 $\frac{15}{16}$ m	16· 2			56 $\frac{15}{16}$ m
12·10			73 $\frac{5}{16}$ p	16· 4			56 $\frac{9}{16}$ p
12·12			72 $\frac{3}{4}$ m	16· 6			56 $\frac{1}{4}$ p
12·14			72 $\frac{3}{16}$ m	16· 8			55 $\frac{7}{8}$ p
12·16			71 $\frac{5}{8}$ m	16·10			55 $\frac{1}{2}$ p
12·18			71 $\frac{1}{16}$ m	16·12			55 $\frac{3}{16}$ p
13·			70 $\frac{1}{2}$ p	16·14			54 $\frac{7}{8}$ p
13· 2			70 m	16·16			54 $\frac{9}{16}$ p
13· 4			69 $\frac{7}{16}$ p	16·18			54 $\frac{1}{4}$ m
13· 6			68 $\frac{15}{16}$ m	17·			53 $\frac{15}{16}$ m
13· 8			68 $\frac{3}{8}$ p	17· 2			53 $\frac{5}{8}$ m
13·10			67 $\frac{7}{8}$ p	17· 4			53 $\frac{5}{16}$ m
13·12			67 $\frac{3}{8}$ p	17· 6			53 m

DES CHANGES.

PARIS, L'ESPAGNE, AMSTERDAM.

Paris sur l'Espag.	Amster. sur Madrid.	Amster. sur Cadix.	Rend à Amster.	Paris sur l'Espag.	Amster. sur Madrid.	Amster. sur Cadix.	Rend à Amster.
17. 8	$84\frac{1}{4}$	$105\frac{5}{16}$	$52\frac{11}{16}$ m	21. 2	$84\frac{1}{4}$	$105\frac{5}{16}$	$43\frac{7}{16}$ p
17.10			$52\frac{3}{8}$ p	21. 4			$43\frac{1}{4}$ m
17.12			$52\frac{1}{16}$ p	21. 6			$43\frac{1}{16}$ m
17.14			$51\frac{13}{16}$ m	21. 8			$42\frac{13}{16}$ p
17.16			$51\frac{1}{2}$ m	21.10			$42\frac{5}{8}$ p
17.18			$51\frac{3}{16}$ p	21.12			$42\frac{7}{16}$ m
18.			$50\frac{15}{16}$ m	21.14			$42\frac{1}{4}$ m
18. 2			$50\frac{5}{8}$ p	21.16			$42\frac{1}{16}$ m
18. 4			$50\frac{3}{8}$ m	21.18			$41\frac{7}{8}$ m
18. 6			$50\frac{1}{16}$ p	22.			$41\frac{11}{16}$ m
18. 8			$49\frac{13}{16}$ p	22. 2			$41\frac{1}{2}$ m
18.10			$49\frac{9}{16}$ m	22. 4			$41\frac{5}{16}$ m
18.12			$49\frac{5}{16}$ m	22. 6			$41\frac{1}{8}$ m
18.14			49 p	22. 8			$40\frac{15}{16}$ m
18.16			$48\frac{3}{4}$ p	22.10			$40\frac{3}{4}$ p
18.18			$48\frac{1}{2}$ m	22.12			$40\frac{9}{16}$ m
19.			$48\frac{1}{4}$ m	22.14			$40\frac{3}{8}$ p
19. 2			48 m	22.16			$40\frac{3}{16}$ p
19. 4			$47\frac{3}{4}$ m	22.18			40 p
19. 6			$47\frac{1}{2}$ m	23.			$39\frac{7}{8}$ m
19. 8			$47\frac{1}{4}$ m	23. 2			$39\frac{11}{16}$ m
19.10			47 p	23. 4			$39\frac{1}{2}$ p
19.12			$46\frac{3}{4}$ p	23. 6			$39\frac{5}{16}$ p
19.14			$46\frac{1}{2}$ m	23. 8			$39\frac{1}{16}$ p
19.16			$46\frac{1}{16}$ m	23.10			39 p
19.18			$46\frac{1}{4}$ m	23.12			$38\frac{13}{16}$ p
20.			$45\frac{13}{16}$ p	23.14			$38\frac{11}{16}$ m
20. 2			$45\frac{5}{8}$ m	23.16			$38\frac{1}{2}$ p
20. 4			$45\frac{3}{8}$ p	23.18			$38\frac{3}{8}$ m
20. 6			$45\frac{1}{8}$ p	24.			$38\frac{3}{16}$ p
20. 8			$44\frac{15}{16}$ m	24. 2			$38\frac{1}{16}$ m
20.10			$44\frac{11}{16}$ p	24. 4			$37\frac{7}{8}$ p
20.12			$44\frac{1}{2}$ m	24. 6			$37\frac{3}{4}$ p
20.14			$44\frac{1}{4}$ m	24. 8			$37\frac{9}{16}$ p
20.16			$44\frac{1}{16}$ p	24.10			$37\frac{7}{16}$ m
20.18			$43\frac{7}{8}$ m	24.12			$37\frac{1}{4}$ p
21.			$43\frac{5}{8}$ p	24.14			$37\frac{1}{8}$ m

COMBINAISON GENERALE

PARIS, L'ESPAGNE, AMSTERDAM.

Paris sur l'Espag.	Amster. sur Madrid.	Amster. sur Cadix.	Rend à Amster.	Paris sur l'Espag.	Amster. sur Madrid.	Amster. sur Cadix.	Rend à Amster.
10 ·	84 $\frac{1}{2}$ ·	105 $\frac{5}{8}$ ·	91 $\frac{15}{16}$ m	13 · 14 ·	84 $\frac{1}{2}$ ·	105 $\frac{5}{8}$ ·	67 $\frac{1}{8}$ m
10 · 2			91 p	13 · 16			66 $\frac{3}{8}$ m
10 · 4			90 $\frac{1}{8}$ p	13 · 18			66 $\frac{5}{16}$ p
10 · 6			89 $\frac{1}{4}$ p	14 ·			65 $\frac{11}{16}$ m
10 · 8			88 $\frac{3}{8}$ p	14 · 2			65 $\frac{3}{16}$ m
10 · 10			87 $\frac{9}{16}$ m	14 · 4			64 $\frac{3}{8}$ m
10 · 12			86 $\frac{3}{4}$ m	14 · 6			64 $\frac{1}{16}$ m
10 · 14			85 $\frac{15}{16}$ m	14 · 8			63 $\frac{7}{16}$ m
10 · 16			85 $\frac{1}{8}$ p	14 · 10			63 $\frac{3}{8}$ p
10 · 18			84 $\frac{5}{16}$ m	14 · 12			63
11 ·			83 $\frac{7}{16}$ p	14 · 14			62 $\frac{2}{16}$ m
11 · 2			82 $\frac{11}{16}$ p	14 · 16			62 $\frac{1}{8}$
11 · 4			82 $\frac{1}{16}$ p	14 · 18			61 $\frac{11}{16}$ p
11 · 6			81 $\frac{3}{8}$ m	15 ·			61 $\frac{1}{16}$ m
11 · 8			80 $\frac{5}{8}$ p	15 · 2			60 $\frac{7}{8}$ m
11 · 10			79 $\frac{15}{16}$ p	15 · 4			60 $\frac{1}{16}$ m
11 · 12			79 $\frac{1}{4}$ p	15 · 6			60 $\frac{1}{16}$ p
11 · 14			78 $\frac{9}{16}$ p	15 · 8			59 $\frac{11}{16}$ p
11 · 16			77 $\frac{15}{16}$ m	15 · 10			59 $\frac{3}{16}$
11 · 18			77 $\frac{1}{4}$ p	15 · 12			58 $\frac{13}{16}$ m
12 ·			76 $\frac{5}{8}$ m	15 · 14			58 $\frac{9}{16}$ m
12 · 2			76 m	15 · 16			58 $\frac{3}{16}$
12 · 4			75 $\frac{3}{8}$ m	15 · 18			57 $\frac{13}{16}$
12 · 6			74 $\frac{3}{4}$ m	16 ·			57 $\frac{7}{16}$ p
12 · 8			74 $\frac{1}{8}$ p	16 · 2			57 $\frac{1}{16}$ m
12 · 10			73 $\frac{9}{16}$ m	16 · 4			56 $\frac{3}{4}$ m
12 · 12			72 $\frac{15}{16}$ p	16 · 6			56 $\frac{3}{8}$ p
12 · 14			72 $\frac{3}{8}$ p	16 · 8			56 $\frac{1}{16}$ m
12 · 16			71 $\frac{13}{16}$ p	16 · 10			55 $\frac{3}{4}$ m
12 · 18			71 $\frac{1}{4}$ p	16 · 12			55 $\frac{3}{8}$ p
13 ·			70 $\frac{3}{4}$ m	16 · 14			55 $\frac{1}{16}$ m
13 · 2			70 $\frac{3}{16}$ m	16 · 16			54 $\frac{3}{4}$ m
13 · 4			69 $\frac{5}{8}$ p	16 · 18			54 $\frac{3}{8}$ p
13 · 6			69 $\frac{1}{8}$ m	17 ·			54 $\frac{1}{16}$
13 · 8			68 $\frac{9}{16}$ m	17 · 2			53 $\frac{3}{4}$ p
13 · 10			68 m	17 · 4			53 $\frac{7}{16}$ p
13 · 12			67 $\frac{5}{8}$ m	17 · 6			53 $\frac{1}{8}$ p

DES CHANGES.

PARIS, L'ESPAGNE, AMSTERDAM.

Paris. sur l'Espag.	Amster. sur Madrid.	Amster. sur Cadix.	Rend à Amster.	Paris sur l'Espag.	Amster. sur Madrid.	Amster. sur Cadix.	Rend à Amster.
17 . 8	$84\frac{1}{2}$	$105\frac{5}{8}$	$52\frac{13}{16}$ p	21 . 2	$84\frac{1}{2}$	$105\frac{5}{8}$	$43\frac{9}{16}$ p
17 . 10			$52\frac{9}{16}$ m	21 . 4			$43\frac{3}{8}$ m
17 . 12			$52\frac{1}{4}$ m	21 . 6			$43\frac{3}{16}$ m
17 . 14			$51\frac{15}{16}$ p	21 . 8			$42\frac{13}{16}$ p
17 . 16			$51\frac{5}{8}$ p	21 . 10			$42\frac{3}{4}$ p
17 . 18			$51\frac{3}{8}$ m	21 . 12			$42\frac{9}{16}$ p
18 .			$51\frac{1}{16}$ p	21 . 14			$42\frac{3}{8}$ m
18 . 2			$50\frac{13}{16}$ m	21 . 16			$42\frac{3}{16}$ m
18 . 4			$50\frac{1}{2}$ p	21 . 18			42 m
18 . 6			$50\frac{1}{4}$ m	22 .			$41\frac{13}{16}$ m
18 . 8			$49\frac{15}{16}$ p	22 . 2			$41\frac{1}{2}$ m
18 . 10			$49\frac{11}{16}$ p	22 . 4			$41\frac{1}{16}$ m
18 . 12			$49\frac{7}{16}$ m	22 . 6			$41\frac{1}{4}$ p
18 . 14			$49\frac{3}{16}$ m	22 . 8			$41\frac{1}{16}$ m
18 . 16			$48\frac{7}{8}$ p	22 . 10			$40\frac{7}{8}$ m
18 . 18			$48\frac{5}{8}$ p	22 . 12			$40\frac{11}{16}$ p
19 .			$48\frac{3}{8}$ p	22 . 14			$40\frac{1}{2}$ p
19 . 2			$48\frac{1}{8}$ p	22 . 16			$40\frac{5}{16}$ p
19 . 4			$47\frac{7}{8}$ p	22 . 18			$40\frac{1}{8}$ p
19 . 6			$47\frac{5}{8}$ p	23 .			40 m
19 . 8			$47\frac{3}{8}$ p	23 . 2			$39\frac{13}{16}$ m
19 . 10			$47\frac{1}{8}$ p	23 . 4			$39\frac{3}{8}$ p
19 . 12			$46\frac{7}{8}$ p	23 . 6			$39\frac{1}{16}$ p
19 . 14			$46\frac{11}{16}$ m	23 . 8			$39\frac{1}{16}$ m
19 . 16			$46\frac{7}{16}$ m	23 . 10			$39\frac{3}{8}$ m
19 . 18			$46\frac{3}{16}$ p	23 . 12			$38\frac{11}{16}$ p
20 .			$45\frac{15}{16}$ p	23 . 14			$38\frac{11}{16}$ m
20 . 2			$45\frac{3}{4}$ m	23 . 16			$38\frac{1}{2}$ p
20 . 4			$45\frac{1}{2}$ p	23 . 18			$38\frac{5}{16}$ p
20 . 6			$45\frac{1}{16}$ m	24 .			$38\frac{1}{16}$ m
20 . 8			$45\frac{1}{16}$ p	24 . 2			$38\frac{1}{8}$ p
20 . 10			$44\frac{7}{8}$ m	24 . 4			38 m
20 . 12			$44\frac{1}{2}$ p	24 . 6			$37\frac{13}{16}$ p
20 . 14			$44\frac{1}{16}$ m	24 . 8			$37\frac{11}{16}$ m
20 . 16			$44\frac{3}{16}$ p	24 . 10			$37\frac{1}{2}$ p
20 . 18			44 m	24 . 12			$37\frac{3}{8}$ m
21 .			$43\frac{3}{4}$ p	24 . 14			$37\frac{1}{4}$ m

Tome II.

82   COMBINAISON GENERALE

PARIS, L'ESPAGNE, AMSTERDAM.

Paris sur l'Espag.	Amster. sur Madrid.	Amster. sur Cadix.	Rend à Amster.	Paris sur l'Espag.	Amster. sur Madrid.	Amster. sur Cadix.	Rend à Amster.
10·	84¾	105 15/16	92 3/16 p	13·14	84¾	105 15/16	67 5/16 m
10· 2	....	....	91 5/16 m	13·16	....	....	66 13/16 p
10· 4	....	....	90 3/8 p	13·18	....	....	66 1/2 p
10· 6	....	....	89 1/2 p	14·	....	....	65 7/8
10· 8	....	....	88 11/16 m	14· 2	....	....	65 5/8 p
10·10	....	....	87 15/16 p	14· 4	....	....	64 15/16 m
10·12	....	....	87 m	14· 6	....	....	64 1/2 m
10·14	....	....	86 3/16 m	14· 8	....	....	64 1/16 m
10·16	....	....	85 3/8 p	14·10	....	....	63 9/16 p
10·18	....	....	84 3/8 m	14·12	....	....	63 1/8 p
11·	....	....	83 13/16 p	14·14	....	....	62 3/4 m
11· 2	....	....	83 1/16 p	14·16	....	....	62 5/16 m
11· 4	....	....	82 1/16 p	14·18	....	....	61 7/8 p
11· 6	....	....	81 3/8 m	15·	....	....	61 1/2 m
11· 8	....	....	80 7/8 p	15· 2	....	....	61 1/8 p
11·10	....	....	80 3/16 m	15· 4	....	....	60 11/16 m
11·12	....	....	79 1/2 m	15· 6	....	....	60 p
11·14	....	....	78 13/16 m	15· 8	....	....	59 7/8 p
11·16	....	....	78 1/8 p	15·10	....	....	59 1/2 m
11·18	....	....	77 1/2 m	15·12	....	....	59 1/2 m
12·	....	....	76 13/16 p	15·14	....	....	58 5/8 m
12· 2	....	....	76 2/9 p	15·16	....	....	58 3/8 m
12· 4	....	....	75 7/16 p	15·18	....	....	58 m
12· 6	....	....	74 11/16 p	16·	....	....	57 5/8 p
12· 8	....	....	74 3/8 m	16· 2	....	....	57 1/4 p
12·10	....	....	73 3/4 p	16· 4	....	....	56 13/16 m
12·12	....	....	73 3/16 m	16· 6	....	....	56 9/16 m
12·14	....	....	72 5/8 m	16· 8	....	....	56 1/2 m
12·16	....	....	72 1/4 m	16·10	....	....	55 7/8 p
12·18	....	....	71 1/2 m	16·12	....	....	55 9/16 m
13·	....	....	70 15/16 m	16·14	....	....	55 3/16 p
13· 2	....	....	70 5/8 p	16·16	....	....	54 7/8 p
13· 4	....	....	69 7/8 m	16·18	....	....	54 1/2 m
13· 6	....	....	69 1/2 p	17·	....	....	54 1/4 m
13· 8	....	....	68 13/16 m	17· 2	....	....	53 13/16 m
13·10	....	....	68 1/16 m	17· 4	....	....	53 3/8 m
13·12	....	....	67 13/16 m	17· 6	....	....	53 3/16 m

DES CHANGES. 83

PARIS, L'ESPAGNE, AMSTERDAM.

Paris sur l'Espag.	Amster. sur Madrid.	Amster. sur Cadix.	Rend à Amster.	Paris sur l'Espag.	Amster. sur Madrid.	Amster. sur Cadix.	Rend à Amster.
17 . 8	$84\frac{1}{4}$	$105.\frac{15}{16}$	53 m	21 . 2	$84\frac{3}{4}$	$105\frac{15}{16}$	$43\frac{11}{16}$ p
17 . 10	....	....	$52\frac{11}{16}$ p	21 . 4	....	....	$43\frac{1}{2}$ m
17 . 12	....	....	$52\frac{3}{8}$ p	21 . 6	....	....	$43\frac{1}{16}$ m
17 . 14	....	....	$52\frac{1}{8}$ m	21 . 8	....	....	$43\frac{1}{16}$ p
17 . 16	....	....	$51\frac{13}{16}$ m	21 . 10	....	....	$42\frac{7}{8}$ p
17 . 18	....	....	$51\frac{1}{2}$ p	21 . 12	....	....	$42\frac{1}{4}$ p
18 .	....	....	$51\frac{1}{4}$ m	21 . 14	....	....	$42\frac{1}{16}$ m
18 . 2	....	....	$50\frac{13}{16}$ p	21 . 16	....	....	$42\frac{1}{16}$ m
18 . 4	....	....	$50\frac{1}{16}$ m	21 . 18	....	....	$42\frac{1}{2}$ m
18 . 6	....	....	$50\frac{3}{8}$ p	22 .	....	....	$41\frac{3}{16}$ p
18 . 8	....	....	$50\frac{1}{8}$ m	22 . 2	....	....	$41\frac{1}{2}$ m
18 . 10	....	....	$49\frac{13}{16}$ p	22 . 4	....	....	$41\frac{1}{16}$ p
18 . 12	....	....	$49\frac{9}{16}$ p	22 . 6	....	....	$41\frac{3}{8}$ m
18 . 14	....	....	$49\frac{5}{16}$ m	22 . 8	....	....	$41\frac{1}{16}$ m
18 . 16	....	....	$49\frac{1}{16}$ m	22 . 10	....	....	41 m
18 . 18	....	....	$48\frac{13}{16}$ p	22 . 12	....	....	$40\frac{13}{16}$ m
19 .	....	....	$48\frac{1}{2}$ p	22 . 14	....	....	$40\frac{5}{8}$ m
19 . 2	....	....	$48\frac{1}{4}$ p	22 . 16	....	....	$40\frac{5}{16}$ p
19 . 4	....	....	48 p	22 . 18	....	....	$40\frac{1}{4}$ p
19 . 6	....	....	$47\frac{3}{4}$ p	23 .	....	....	$40\frac{1}{16}$ p
19 . 8	....	....	$47\frac{1}{2}$ p	23 . 2	....	....	$39\frac{13}{16}$ m
19 . 10	....	....	$47\frac{1}{16}$ m	23 . 4	....	....	$39\frac{3}{4}$ m
19 . 12	....	....	$47\frac{1}{16}$ m	23 . 6	....	....	$39\frac{1}{16}$ p
19 . 14	....	....	$46\frac{13}{16}$ m	23 . 8	....	....	$39\frac{3}{8}$ p
19 . 16	....	....	$46\frac{5}{16}$ p	23 . 10	....	....	$39\frac{1}{4}$ m
19 . 18	....	....	$46\frac{5}{16}$ p	23 . 12	....	....	$39\frac{1}{16}$ p
20 .	....	....	$46\frac{1}{8}$ m	23 . 14	....	....	$38\frac{13}{16}$ m
20 . 2	....	....	$45\frac{7}{8}$ m	23 . 16	....	....	$38\frac{4}{4}$ p
20 . 4	....	....	$45\frac{3}{4}$ p	23 . 18	....	....	$38\frac{9}{16}$ p
20 . 6	....	....	$45\frac{7}{16}$ m	24 .	....	....	$38\frac{7}{16}$ m
20 . 8	....	....	$45\frac{5}{16}$ p	24 . 2	....	....	$38\frac{1}{4}$ p
20 . 10	....	....	45 m	24 . 4	....	....	$38\frac{1}{8}$ m
20 . 12	....	....	$44\frac{3}{4}$ p	24 . 6	....	....	$37\frac{15}{16}$ p
20 . 14	....	....	$44\frac{7}{16}$ m	24 . 8	....	....	$37\frac{13}{16}$ p
20 . 16	....	....	$44\frac{5}{16}$ p	24 . 10	....	....	$37\frac{1}{2}$ p
20 . 18	....	....	$44\frac{1}{8}$ p	24 . 12	....	....	$37\frac{1}{4}$ m
21 .	....	....	$43\frac{15}{16}$ m	24 . 14	....	....	$37\frac{1}{16}$ p

L ij

84 COMBINAISON GENERALE

PARIS, L'ESPAGNE, AMSTERDAM.

Paris sur l'Espag.	Amster. sur Madrid.	Amster. sur Cadix.	Rend à Amster.	Paris sur l'Espag.	Amster. sur Madrid.	Amster. sur Cadix.	Rend à Amster.
10·	85	106¼	92½ m	13·14	85	106¼	67½ p
10· 2			91 9/16 p	13·16			67 p
10· 4			90 11/16 m	13·18			66 9/16 m
10· 6			89 13/16 m	14·			66 1/16 m
10· 8			88 13/16 m	14· 2			65 9/16 p
10·10			88 1/16 p	14· 4			65 ¼ p
10·12			87 ¼ m	14· 6			64 11/16 p
10·14			86 7/16 m	14· 8			64 ¼ m
10·16			85 5/8 p	14·10			63 ¾ p
10·18			84 7/8 m	14·12			63 5/16 p
11·			84 1/16 p	14·14			62 13/16 m
11· 2			83 5/16 p	14·16			62 1/16 m
11· 4			82 9/16 p	14·18			62 1/16 p
11· 6			81 13/16 p	15·			61 5/8 p
11· 8			81 1/8 m	15· 2			61 ¼ m
11·10			80 7/16 m	15· 4			60 13/16 m
11·12			79 ¾ m	15· 6			60 7/16 m
11·14			79 4/16 m	15· 8			60 1/16 m
11·16			78 3/8 m	15·10			59 11/16 m
11·18			77 11/16 p	15·12			59 1/16 p
12·			77 1/16 p	15·14			58 7/8 p
12· 2			76 7/16 m	15·16			58 9/16 m
12· 4			75 13/16 m	15·18			58 3/16 m
12· 6			75 3/16 m	16·			57 13/16 m
12· 8			74 9/16 p	16· 2			57 7/16 p
12·10			74 m	16· 4			57 1/16 p
12·12			73 3/8 p	16· 6			56 ¾ m
12·14			72 13/16 p	16· 8			56 3/8 p
12·16			72 ¼	16·10			56 1/16 m
12·18			71 11/16 p	16·12			55 1/16 p
13·			71 1/8 p	16·14			55 5/8 p
13· 2			70 5/8 m	16·16			55 1/16 m
13· 4			70 1/16 m	16·18			54 ¾ m
13· 6			69 9/16 m	17·			54 3/8 p
13· 8			69 p	17· 2			54 1/16 p
13·10			68 ½ p	17· 4			53 ¾ p
13·12			68	17· 6			53 7/16 p

DES CHANGES. 85

PARIS, L'ESPAGNE, AMSTERDAM.

Paris sur l'Espag.	Amster. sur Madrid.	Amster. sur Cadix.	Rend à Amster.	Paris sur l'Espag.	Amster. sur Madrid.	Amster. sur Cadix.	Rend à Amster.
17 . 8	85	106 $\frac{1}{4}$	53 $\frac{1}{4}$ p	21 . 2	85	106 $\frac{1}{4}$	43 $\frac{13}{16}$ p
17 . 10			52 $\frac{7}{8}$ m	21 . 4			43 $\frac{5}{8}$ m
17 . 12			52 $\frac{9}{16}$ m	21 . 6			43 $\frac{7}{16}$ m
17 . 14			52 $\frac{1}{4}$ m	21 . 8			43 $\frac{3}{16}$ p
17 . 16			51 $\frac{15}{16}$ p	21 . 10			43
17 . 18			51 $\frac{5}{8}$ m	21 . 12			42 $\frac{13}{16}$ p
18 .			51 $\frac{3}{8}$ p	21 . 14			42 $\frac{5}{8}$ m
18 . 2			51 $\frac{1}{8}$ m	21 . 16			42 $\frac{7}{16}$ m
18 . 4			50 $\frac{13}{16}$ p	21 . 18			42 $\frac{1}{4}$ m
18 . 6			50 $\frac{9}{16}$ m	22 .			42 $\frac{1}{16}$ m
18 . 8			50 $\frac{1}{4}$ p	22 . 2			41 $\frac{7}{8}$ m
18 . 10			50 m	22 . 4			41 $\frac{11}{16}$ m
18 . 12			49 $\frac{3}{4}$ m	22 . 6			41 $\frac{1}{2}$ m
18 . 14			49 $\frac{1}{2}$ p	22 . 8			41 $\frac{5}{16}$ m
18 . 16			49 $\frac{3}{16}$ p	22 . 10			41 $\frac{1}{8}$ m
18 . 18			48 $\frac{15}{16}$ m	22 . 12			40 $\frac{15}{16}$ m
19 .			48 $\frac{11}{16}$ m	22 . 14			40 $\frac{3}{4}$ m
19 . 2			48 $\frac{7}{16}$ m	22 . 16			40 $\frac{9}{16}$ m
19 . 4			48 $\frac{3}{16}$ m	22 . 18			40 $\frac{3}{8}$ p
19 . 6			47 $\frac{15}{16}$ m	23 .			40 $\frac{3}{16}$ p
19 . 8			47 $\frac{11}{16}$ m	23 . 2			40 $\frac{1}{16}$ m
19 . 10			47 $\frac{7}{16}$ m	23 . 4			39 $\frac{7}{8}$ m
19 . 12			47 $\frac{1}{4}$ p	23 . 6			39 $\frac{11}{16}$ p
19 . 14			46 $\frac{15}{16}$ p	23 . 8			39 $\frac{1}{2}$ p
19 . 16			46 $\frac{11}{16}$ p	23 . 10			39 $\frac{3}{8}$ m
19 . 18			46 $\frac{1}{2}$ m	23 . 12			39 $\frac{3}{16}$ m
20 .			46 $\frac{1}{4}$ m	23 . 14			39 p
20 . 2			46 p	23 . 16			38 $\frac{7}{8}$ m
20 . 4			45 $\frac{13}{16}$ m	23 . 18			38 $\frac{11}{16}$ m
20 . 6			45 $\frac{9}{16}$ m	24 .			38 $\frac{9}{16}$ m
20 . 8			45 $\frac{5}{16}$ p	24 . 2			38 $\frac{3}{8}$ p
20 . 10			45 $\frac{1}{4}$ m	24 . 4			38 $\frac{1}{16}$ p
20 . 12			44 $\frac{7}{8}$ p	24 . 6			38 p
20 . 14			44 $\frac{11}{16}$ m	24 . 8			37 $\frac{7}{8}$ p
20 . 16			44 $\frac{7}{16}$ p	24 . 10			37 $\frac{3}{4}$ m
20 . 18			44 $\frac{1}{4}$ m	24 . 12			37 $\frac{9}{16}$ p
21 .			44 $\frac{1}{16}$ m	24 . 14			37 $\frac{7}{16}$ p

L iij

COMBINAISON GENERALE

PARIS, L'ESPAGNE, AMSTERDAM.

Paris sur l'Espag.	Amster. sur Madrid.	Amster. sur Cadix.	Rend à Amster.	Paris sur l'Espag.	Amster. sur Madrid.	Amster. sur Cadix.	Rend à Amster.
10·	85 $\frac{1}{4}$	106 $\frac{9}{16}$	92 $\frac{3}{4}$ p	13·14	85 $\frac{1}{4}$	106 $\frac{9}{16}$	67 $\frac{11}{16}$ p
10· 2			91 $\frac{13}{16}$ p	13·16			67 $\frac{3}{16}$ p
10· 4			90 $\frac{13}{16}$ m	13·18			66 $\frac{5}{8}$ m
10· 6			90 $\frac{1}{16}$ m	14·			66 $\frac{1}{4}$ p
10· 8			89 $\frac{3}{16}$ p	14· 2			65 $\frac{13}{16}$ m
10·10			88 $\frac{5}{16}$ p	14· 4			65 $\frac{5}{16}$ p
10·12			87 $\frac{1}{2}$ p	14· 6			64 $\frac{7}{8}$ p
10·14			86 $\frac{11}{16}$ m	14· 8			64 $\frac{3}{16}$ m
10·16			85 $\frac{7}{8}$ p	14·10			63 $\frac{13}{16}$ p
10·18			85 $\frac{1}{16}$ p	14·12			63 $\frac{1}{2}$ p
11·			84 $\frac{5}{16}$ p	14·14			63 $\frac{1}{8}$ p
11· 2			83 $\frac{9}{16}$ m	14·16			62 $\frac{11}{16}$ m
11· 4			82 $\frac{13}{16}$ p	14·18			62 $\frac{1}{4}$ m
11· 6			82 $\frac{1}{16}$ p	15·			61 $\frac{13}{16}$ p
11· 8			81 $\frac{3}{8}$ m	15· 2			61 $\frac{7}{16}$ m
11·10			80 $\frac{5}{8}$ p	15· 4			61 p
11·12			79 $\frac{15}{16}$ p	15· 6			60 $\frac{5}{8}$ p
11·14			79 $\frac{1}{4}$ p	15· 8			60 $\frac{1}{4}$ p
11·16			78 $\frac{5}{8}$ m	15·10			59 $\frac{13}{16}$ p
11·18			77 $\frac{15}{16}$ p	15·12			59 $\frac{7}{16}$ p
12·			77 $\frac{5}{16}$ m	15·14			59 $\frac{1}{16}$ p
12· 2			76 $\frac{5}{8}$ p	15·16			58 $\frac{11}{16}$ p
12· 4			76 p	15·18			58 $\frac{1}{16}$ p
12· 6			75 $\frac{7}{16}$ m	16·			58 m
12· 8			74 $\frac{13}{16}$ m	16· 2			57 $\frac{5}{8}$ m
12·10			74 $\frac{3}{16}$ p	16· 4			57 $\frac{1}{4}$ p
12·12			73 $\frac{5}{8}$ p	16· 6			56 $\frac{7}{8}$ p
12·14			73 $\frac{1}{16}$ m	16· 8			56 $\frac{9}{16}$ m
12·16			72 $\frac{7}{16}$ p	16·10			56 $\frac{3}{16}$ p
12·18			71 $\frac{7}{8}$ p	16·12			55 $\frac{7}{8}$ p
13·			71 $\frac{1}{8}$ m	16·14			55 $\frac{9}{16}$ p
13· 2			70 $\frac{13}{16}$ m	16·16			55 $\frac{3}{16}$ p
13· 4			70 $\frac{1}{4}$ p	16·18			54 $\frac{7}{8}$ p
13· 6			69 $\frac{3}{4}$ m	17·			54 $\frac{8}{16}$ p
13· 8			69 $\frac{3}{16}$ p	17· 2			54 $\frac{1}{4}$ m
13·10			68 $\frac{11}{16}$ p	17· 4			53 $\frac{13}{16}$ p
13·12			68 $\frac{3}{16}$ p	17· 6			53 $\frac{5}{8}$ m

DES CHANGES.

PARIS, L'ESPAGNE, AMSTERDAM.

Paris sur l'Espag.	Amster. sur Madrid.	Amster. sur Cadix.	Rend à Amster.	Paris sur l'Espag.	Amster. sur Madrid.	Amster. sur Cadix.	Rend à Amster.
17 . 8	$85\frac{1}{4}$	$106\frac{9}{16}$	$53\frac{5}{16}$ m	21 . 2	$85\frac{1}{4}$	$106\frac{9}{16}$	$43\frac{13}{16}$ p
17 . 10	....	....	53 p	21 . 4	....	....	$43\frac{3}{4}$ p
17 . 12	....	....	$52\frac{11}{16}$ p	21 . 6	....	....	$43\frac{9}{16}$ m
17 . 14	....	....	$52\frac{3}{8}$ p	21 . 8	....	....	$43\frac{5}{16}$ p
17 . 16	....	....	$52\frac{1}{8}$ m	21 . 10	....	....	$43\frac{1}{8}$ p
17 . 18	....	....	$51\frac{13}{16}$ p	21 . 12	....	....	$42\frac{15}{16}$ p
18 .	....	....	$51\frac{1}{2}$ p	21 . 14	....	....	$42\frac{3}{4}$ m
18 . 2	....	....	$51\frac{1}{4}$ m	21 . 16	....	....	$42\frac{9}{16}$ m
18 . 4	....	....	$50\frac{15}{16}$ p	21 . 18	....	....	$42\frac{3}{8}$ m
18 . 6	....	....	$50\frac{11}{16}$ m	22 .	....	....	$42\frac{3}{16}$ m
18 . 8	....	....	$50\frac{7}{16}$ m	22 . 2	....	....	42 m
18 . 10	....	....	$50\frac{1}{8}$ p	22 . 4	....	....	$41\frac{3}{4}$ p
18 . 12	....	....	$49\frac{7}{8}$ m	22 . 6	....	....	$41\frac{9}{16}$ p
18 . 14	....	....	$49\frac{3}{8}$ m	22 . 8	....	....	$41\frac{7}{16}$ m
18 . 16	....	....	$49\frac{5}{16}$ p	22 . 10	....	....	$41\frac{1}{4}$ m
18 . 18	....	....	$49\frac{1}{16}$ p	22 . 12	....	....	$41\frac{1}{16}$ m
19 .	....	....	$48\frac{13}{16}$ p	22 . 14	....	....	$40\frac{7}{8}$ m
19 . 2	....	....	$48\frac{9}{16}$ m	22 . 16	....	....	$40\frac{11}{16}$ m
19 . 4	....	....	$48\frac{5}{16}$ m	22 . 18	....	....	$40\frac{1}{2}$ p
19 . 6	....	....	$48\frac{1}{16}$ m	23 .	....	....	$40\frac{5}{16}$ p
19 . 8	....	....	$47\frac{13}{16}$ m	23 . 2	....	....	$40\frac{1}{8}$ p
19 . 10	....	....	$47\frac{9}{16}$ p	23 . 4	....	....	40 m
19 . 12	....	....	$47\frac{5}{16}$ p	23 . 6	....	....	$39\frac{13}{16}$ m
19 . 14	....	....	$47\frac{1}{16}$ p	23 . 8	....	....	$39\frac{5}{8}$ p
19 . 16	....	....	$46\frac{7}{8}$ m	23 . 10	....	....	$39\frac{1}{2}$ m
19 . 18	....	....	$46\frac{5}{8}$ m	23 . 12	....	....	$39\frac{5}{16}$ m
20 .	....	....	$46\frac{3}{8}$ p	23 . 14	....	....	$39\frac{1}{8}$ p
20 . 2	....	....	$46\frac{1}{8}$ p	23 . 16	....	....	39
20 . 4	....	....	$45\frac{15}{16}$ m	23 . 18	....	....	$38\frac{13}{16}$ m
20 . 6	....	....	$45\frac{11}{16}$ p	24 .	....	....	$38\frac{5}{8}$ p
20 . 8	....	....	$45\frac{7}{16}$ p	24 . 2	....	....	$38\frac{1}{2}$ m
20 . 10	....	....	$45\frac{1}{4}$ m	24 . 4	....	....	$38\frac{5}{16}$ p
20 . 12	....	....	45 p	24 . 6	....	....	$38\frac{3}{16}$ m
20 . 14	....	....	$44\frac{13}{16}$ m	24 . 8	....	....	38 p
20 . 16	....	....	$44\frac{9}{16}$ p	24 . 10	....	....	$37\frac{7}{8}$ m
20 . 18	....	....	$44\frac{3}{8}$ p	24 . 12	....	....	$37\frac{11}{16}$ p
21 .	....	....	$44\frac{3}{16}$ m	24 . 14	....	....	$37\frac{9}{16}$ m

COMBINAISON GENERALE

PARIS, L'ESPAGNE, AMSTERDAM.

Paris sur l'Espag.	Amster. sur Madrid.	Amster. sur Cadix.	Rend à Amster.	Paris sur l'Espag.	Amster. sur Madrid.	Amster. sur Cadix.	Rend à Amster.
10·	$85\frac{1}{2}$	$106\frac{7}{8}$	93 p	13·14	$85\frac{1}{2}$	$106\frac{7}{8}$	$67\frac{7}{8}$ p
10· 2			$92\frac{1}{8}$ m	13·16			$67\frac{1}{16}$ p
10· 4			$91\frac{3}{16}$ p	13·18			$66\frac{15}{16}$ m
10· 6			$90\frac{1}{16}$ p	14·			$66\frac{7}{16}$ p
10· 8			$89\frac{7}{16}$ p	14· 2			66 m
10·10			$88\frac{5}{8}$ m	14· 4			$65\frac{1}{2}$ p
10·12			$87\frac{3}{4}$ p	14· 6			$65\frac{1}{16}$ m
10·14			$86\frac{15}{16}$ p	14· 8			$64\frac{3}{8}$ m
10·16			$86\frac{1}{8}$ p	14·10			$64\frac{1}{8}$ p
10·18			$85\frac{1}{16}$ p	14·12			$63\frac{11}{16}$ p
11·			$84\frac{9}{16}$ p	14·14			$63\frac{1}{16}$ m
11· 2			$83\frac{13}{16}$ m	14·16			$62\frac{7}{8}$ p
11· 4			$83\frac{1}{16}$ m	14·18			$62\frac{7}{16}$ m
11· 6			$82\frac{5}{16}$ p	15·			62 p
11· 8			$81\frac{1}{2}$ m	15· 2			$61\frac{5}{8}$ m
11·10			$80\frac{7}{16}$ p	15· 4			$61\frac{3}{16}$ p
11·12			$80\frac{3}{16}$ p	15· 6			$60\frac{13}{16}$ m
11·14			$79\frac{1}{2}$ p	15· 8			$60\frac{3}{8}$ p
11·16			$78\frac{13}{16}$ p	15·10			60 p
11·18			$78\frac{3}{16}$ m	15·12			$59\frac{5}{8}$ p
12·			$77\frac{1}{2}$ p	15·14			$59\frac{1}{4}$ p
12· 2			$76\frac{7}{8}$ p	15·16			$58\frac{7}{8}$ p
12· 4			$76\frac{1}{4}$ m	15·18			$58\frac{1}{2}$ p
12· 6			$75\frac{5}{8}$ p	16·			$58\frac{1}{8}$ p
12· 8			75 p	16· 2			$57\frac{3}{4}$ p
12·10			$74\frac{7}{16}$ m	16· 4			$57\frac{7}{16}$ p
12·12			$73\frac{13}{16}$ p	16· 6			$57\frac{1}{16}$ p
12·14			$73\frac{1}{4}$ m	16· 8			$56\frac{3}{4}$ m
12·16			$72\frac{11}{16}$ m	16·10			$56\frac{3}{8}$ p
12·18			$72\frac{1}{8}$ m	16·12			$56\frac{1}{16}$ m
13·			$71\frac{9}{16}$ m	16·14			$55\frac{11}{16}$ p
13· 2			71 p	16·16			$55\frac{3}{8}$ p
13· 4			$70\frac{1}{2}$ m	16·18			$55\frac{1}{16}$ p
13· 6			$69\frac{15}{16}$ p	17·			$54\frac{3}{4}$ p
13· 8			$69\frac{7}{16}$ m	17· 2			$54\frac{3}{8}$ p
13·10			$68\frac{15}{16}$ m	17· 4			$54\frac{1}{16}$ p
13·12			$68\frac{3}{8}$ p	17· 6			$53\frac{3}{4}$ p

DES CHANGES.

PARIS, L'ESPAGNE, AMSTERDAM.

Paris. sur l'Espag.	Amster. sur Madrid.	Amster. sur Cadix.	Rend à Amster.	Paris sur l'Espag.	Amster. sur Madrid.	Amster. sur Cadix.	Rend à Amster.
17. 8	85 $\frac{1}{2}$	106 $\frac{7}{8}$	53 $\frac{7}{16}$ p	21. 2	85 $\frac{1}{2}$	106 $\frac{7}{8}$	44 $\frac{1}{6}$ p
17.10			53 $\frac{3}{16}$ m	21. 4			43 $\frac{7}{8}$ p
17.12			52 $\frac{7}{8}$ m	21. 6			43 $\frac{11}{16}$ m
17.14			52 $\frac{9}{16}$ m	21. 8			43 $\frac{1}{2}$ m
17.16			52 $\frac{1}{4}$ p	21.10			43 $\frac{1}{4}$ p
17.18			51 $\frac{11}{16}$ p	21.12			43 $\frac{1}{16}$ p
18·			51 $\frac{11}{16}$ m	21.14			42 $\frac{7}{8}$ m
18. 2			51 $\frac{3}{8}$ p	21.16			42 $\frac{11}{16}$ m
18. 4			51 $\frac{1}{8}$ m	21.18			42 $\frac{1}{2}$ m
18. 6			50 $\frac{13}{16}$ p	22·			42 $\frac{1}{16}$ m
18. 8			50 $\frac{9}{16}$ m	22. 2			42 $\frac{1}{16}$ p
18.10			50 $\frac{5}{16}$ m	22. 4			41 $\frac{7}{8}$ p
18.12			50 p	22. 6			41 $\frac{11}{16}$ p
18.14			49 $\frac{3}{4}$ m	22. 8			41 $\frac{1}{2}$ p
18.16			49 $\frac{1}{2}$ m	22.10			41 $\frac{5}{16}$ p
18.18			49 $\frac{1}{4}$ m	22.12			41 $\frac{3}{16}$ m
19·			48 $\frac{15}{16}$ p	22.14			41 m
19. 2			48 $\frac{11}{16}$ p	22.16			40 $\frac{13}{16}$ m
19. 4			48 $\frac{7}{16}$ p	22.18			40 $\frac{1}{2}$ m
19. 6			48 $\frac{3}{16}$ p	23·			40 $\frac{5}{16}$ p
19. 8			47 $\frac{15}{16}$ p	23. 2			40 $\frac{1}{4}$ p
19.10			47 $\frac{11}{16}$ p	23. 4			40 $\frac{1}{8}$ m
19.12			47 $\frac{7}{16}$ p	23. 6			39 $\frac{15}{16}$ m
19.14			47 $\frac{1}{4}$ m	23. 8			39 $\frac{3}{4}$ p
19.16			47 m	23.10			39 $\frac{9}{16}$ p
19.18			46 $\frac{3}{4}$ m	23.12			39 $\frac{7}{16}$ m
20·			46 $\frac{1}{2}$ p	23.14			39 $\frac{1}{4}$ p
20. 2			46 $\frac{1}{4}$ p	23.16			39 $\frac{1}{16}$ p
20. 4			46 $\frac{1}{16}$ m	23.18			38 $\frac{13}{16}$ m
20. 6			45 $\frac{13}{16}$ p	24·			38 $\frac{3}{4}$ p
20. 8			45 $\frac{5}{8}$ m	24. 2			38 $\frac{3}{8}$ m
20.10			45 $\frac{3}{8}$ p	24. 4			38 $\frac{3}{16}$ p
20.12			45 $\frac{3}{16}$ m	24. 6			38 $\frac{1}{16}$ m
20.14			44 $\frac{15}{16}$ p	24. 8			38 $\frac{1}{8}$ m
20.16			44 $\frac{3}{4}$ m	24.10			38 m
20.18			44 $\frac{1}{2}$ p	24.12			37 $\frac{13}{16}$ p
21·			44 $\frac{1}{16}$ m	24.14			37 $\frac{11}{16}$ m

COMBINAISON GENERALE

PARIS, L'ESPAGNE, AMSTERDAM.

Paris sur l'Espag.	Amster. sur Madrid.	Amster. sur Cadix.	Rend à Amster.	Paris sur l'Espag.	Amster. sur Madrid.	Amster. sur Cadix.	Rend à Amster.
10·	85 $\frac{3}{4}$	107 $\frac{3}{16}$	93 $\frac{1}{16}$ m	13·14	85 $\frac{3}{4}$	107 $\frac{3}{16}$	68 $\frac{1}{16}$ m
10· 2			92 $\frac{3}{8}$ m	13·16			67 $\frac{5}{8}$ m
10· 4			91 $\frac{7}{16}$ p	13·18			67 $\frac{1}{8}$ m
10· 6			90 $\frac{9}{16}$ p	14·			66 $\frac{3}{4}$ p
10· 8			89 $\frac{13}{16}$ p	14· 2			66 $\frac{1}{16}$ m
10·10			88 $\frac{7}{8}$ m	14· 4			65 $\frac{13}{16}$ p
10·12			88 p	14· 6			65 $\frac{1}{16}$ m
10·14			87 $\frac{3}{16}$ p	14· 8			64 $\frac{13}{16}$ m
10·16			86 $\frac{3}{8}$ p	14·10			64 $\frac{1}{16}$ p
10·18			85 $\frac{9}{16}$ p	14·12			63 $\frac{7}{8}$ p
11·			84 $\frac{13}{16}$ p	14·14			63 $\frac{7}{16}$ p
11· 2			84 $\frac{1}{16}$ m	14·16			63 $\frac{1}{16}$ m
11· 4			83 $\frac{1}{16}$ m	14·18			62 $\frac{5}{8}$ m
11· 6			82 $\frac{9}{16}$ p	15·			62 $\frac{3}{16}$ p
11· 8			81 $\frac{13}{16}$ p	15· 2			61 $\frac{13}{16}$ m
11·10			81 $\frac{1}{16}$ p	15· 4			61 $\frac{3}{8}$ p
11·12			80 $\frac{7}{16}$ m	15· 6			61 p
11·14			79 $\frac{3}{4}$ m	15· 8			60 $\frac{9}{16}$ p
11·16			79 $\frac{1}{16}$ p	15·10			60 $\frac{3}{16}$ p
11·18			78 $\frac{3}{8}$ p	15·12			59 $\frac{13}{16}$ p
12·			77 $\frac{3}{4}$ m	15·14			59 $\frac{7}{16}$ m
12· 2			77 $\frac{1}{8}$ m	15·16			59 $\frac{1}{16}$ m
12· 4			76 $\frac{1}{2}$ m	15·18			58 $\frac{11}{16}$ p
12· 6			75 $\frac{7}{8}$ m	16·			58 $\frac{5}{16}$ m
12· 8			75 $\frac{1}{4}$ m	16· 2			57 $\frac{13}{16}$ p
12·10			74 $\frac{5}{8}$ p	16· 4			57 $\frac{9}{16}$ p
12·12			74 $\frac{1}{16}$ m	16· 6			57 $\frac{1}{4}$ p
12·14			73 $\frac{7}{16}$ p	16· 8			56 $\frac{7}{8}$ p
12·16			72 $\frac{7}{8}$ p	16·10			56 $\frac{9}{16}$ p
12·18			72 $\frac{5}{16}$ p	16·12			56 $\frac{3}{16}$ p
13·			71 $\frac{3}{4}$ p	16·14			55 $\frac{7}{8}$ m
13· 2			71 $\frac{3}{16}$ p	16·16			55 $\frac{9}{16}$ m
13· 4			70 $\frac{11}{16}$ m	16·18			55 $\frac{3}{16}$ p
13· 6			70 $\frac{1}{2}$ p	17·			54 $\frac{7}{8}$ p
13· 8			69 $\frac{5}{8}$ m	17· 2			54 $\frac{9}{16}$ m
13·10			69 $\frac{1}{8}$ m	17· 4			54 $\frac{1}{4}$ m
13·12			68 $\frac{5}{8}$ m	17· 6			53 $\frac{15}{16}$ m

DES CHANGES.

PARIS, L'ESPAGNE, AMSTERDAM.

Paris sur l'Espag.	Amster. sur Madrid.	Amster. sur Cadix.	Rend à Amster.	Paris sur l'Espag.	Amster. sur Madrid.	Amster. sur Cadix.	Rend à Amster.
17. 8	$85\frac{3}{4}$	$107\frac{3}{16}$	$53\frac{5}{8}$ m	21. 2	$85\frac{3}{4}$	$107\frac{3}{16}$	$44\frac{3}{16}$ p
17.10			$53\frac{3}{16}$ m	21. 4			44 p
17.12			53 p	21. 6			$43\frac{13}{16}$ m
17.14			$52\frac{11}{16}$ p	21. 8			$43\frac{5}{8}$ m
17.16			$52\frac{7}{16}$ m	21.10			$43\frac{3}{8}$ p
17.18			$52\frac{1}{8}$ m	21.12			$43\frac{3}{16}$ p
18.			$51\frac{13}{16}$ p	21.14			43 m
18. 2			$51\frac{9}{16}$ m	21.16			$42\frac{13}{16}$ m
18. 4			$51\frac{1}{4}$ p	21.18			$42\frac{1}{2}$ m
18. 6			51 m	22.			$42\frac{5}{16}$ m
18. 8			$50\frac{11}{16}$ p	22. 2			$42\frac{3}{16}$ p
18.10			$50\frac{7}{16}$ m	22. 4			42 p
18.12			$50\frac{3}{16}$ m	22. 6			$41\frac{13}{16}$ p
18.14			$49\frac{7}{8}$ p	22. 8			$41\frac{5}{8}$ m
18.16			$49\frac{5}{8}$ m	22.10			$41\frac{7}{16}$ p
18.18			$49\frac{3}{8}$ m	22.12			$41\frac{5}{16}$ m
19.			$49\frac{1}{16}$ m	22.14			$41\frac{1}{8}$ m
19. 2			$48\frac{7}{8}$ m	22.16			$40\frac{15}{16}$ m
19. 4			$48\frac{11}{16}$ p	22.18			$40\frac{3}{4}$ m
19. 6			$48\frac{5}{16}$ p	23.			$40\frac{9}{16}$ p
19. 8			$48\frac{1}{16}$ p	23. 2			$40\frac{3}{8}$ p
19.10			$47\frac{7}{8}$ m	23. 4			$40\frac{1}{4}$ m
19.12			$47\frac{5}{8}$ m	23. 6			$40\frac{1}{16}$ m
19.14			$47\frac{3}{8}$ m	23. 8			$39\frac{7}{8}$ m
19.16			$47\frac{1}{8}$ m	23.10			$39\frac{11}{16}$ p
19.18			$46\frac{7}{8}$ p	23.12			$39\frac{9}{16}$ m
20.			$46\frac{5}{8}$ p	23.14			$39\frac{3}{8}$ m
20. 2			$46\frac{7}{16}$ m	23.16			$39\frac{3}{16}$ p
20. 4			$46\frac{3}{16}$ m	23.18			$39\frac{1}{16}$ p
20. 6			$45\frac{15}{16}$ m	24.			$38\frac{7}{8}$ m
20. 8			$45\frac{3}{4}$ m	24. 2			$38\frac{11}{16}$ p
20.10			$45\frac{1}{2}$ p	24. 4			$38\frac{9}{16}$ m
20.12			$45\frac{5}{16}$ m	24. 6			$38\frac{3}{8}$ p
20.14			$45\frac{1}{16}$ p	24. 8			$38\frac{1}{4}$ m
20.16			$44\frac{7}{8}$ m	24.10			$38\frac{1}{16}$ p
20.18			$44\frac{5}{8}$ p	24.12			$37\frac{15}{16}$ m
21.			$44\frac{7}{16}$ m	24.14			$37\frac{3}{4}$ p

Mij

COMBINAISON GENERALE

PARIS, L'ESPAGNE, AMSTERDAM.

Paris sur l'Espag.	Amster. sur Madrid.	Amster. sur Cadix.	Rend à Amster.	Paris sur l'Espag.	Amster. sur Madrid.	Amster. sur Cadix.	Rend à Amster.
10·	86	107½	93 $\frac{9}{16}$ p	13·14	86	107½	68 $\frac{5}{16}$ m
10· 2			92 $\frac{5}{8}$ p	13·16			67 $\frac{13}{16}$ m
10· 4			91 $\frac{3}{4}$ m	13·18			67 $\frac{5}{16}$ p
10· 6			90 $\frac{13}{16}$ p	14·			66 $\frac{13}{16}$ m
10· 8			90 m	14· 2			66 $\frac{5}{16}$ m
10·10			89 $\frac{1}{8}$ m	14· 4			65 $\frac{7}{8}$ p
10·12			88 $\frac{1}{4}$ p	14· 6			65 $\frac{5}{16}$ m
10·14			87 $\frac{7}{16}$ p	14· 8			65 m
10·16			86 $\frac{5}{8}$ p	14·10			64 $\frac{1}{2}$ p
10·18			85 $\frac{13}{16}$ p	14·12			64 $\frac{1}{16}$ p
11·			85 $\frac{1}{16}$ m	14·14			63 $\frac{1}{2}$ p
11· 2			84 $\frac{1}{16}$ m	14·16			63 $\frac{1}{4}$ p
11· 4			83 $\frac{9}{16}$ m	14·18			62 $\frac{13}{16}$ m
11· 6			82 $\frac{13}{16}$ m	15·			62 $\frac{3}{8}$ p
11· 8			82 $\frac{1}{16}$ m	15· 2			61 $\frac{13}{16}$ m
11·10			81 $\frac{3}{8}$ m	15· 4			61 $\frac{9}{16}$ p
11·12			80 $\frac{11}{16}$ m	15· 6			61 $\frac{1}{2}$ p
11·14			80 m	15· 8			60 $\frac{5}{8}$ p
11·16			79 $\frac{5}{16}$ m	15·10			60 $\frac{3}{8}$ p
11·18			78 $\frac{5}{8}$ p	15·12			60
12·			78 m	15·14			59 $\frac{5}{8}$ p
12· 2			77 $\frac{5}{16}$ p	15·16			59 $\frac{1}{4}$ p
12· 4			76 $\frac{11}{16}$ p	15·18			58 $\frac{7}{8}$ p
12· 6			76 $\frac{1}{16}$ p	16·			58 $\frac{1}{2}$ m
12· 8			75 $\frac{7}{16}$ p	16· 2			58 $\frac{1}{8}$ m
12·10			74 $\frac{7}{8}$ m	16· 4			57 $\frac{3}{4}$ p
12·12			74 $\frac{1}{4}$ p	16· 6			57 $\frac{3}{8}$ p
12·14			73 $\frac{11}{16}$ m	16· 8			57 $\frac{1}{16}$ p
12·16			73 $\frac{1}{8}$ m	16·10			56 $\frac{11}{16}$ m
12·18			72 $\frac{9}{16}$ m	16·12			56 $\frac{3}{8}$ m
13·			72 m	16·14			56 p
13· 2			71 $\frac{7}{16}$ m	16·16			55 $\frac{11}{16}$ p
13· 4			70 $\frac{7}{8}$ p	16·18			55 $\frac{3}{8}$ m
13· 6			70 $\frac{3}{8}$ m	17·			55 $\frac{1}{16}$ m
13· 8			69 $\frac{13}{16}$ p	17· 2			54 $\frac{11}{16}$ m
13·10			69 $\frac{1}{16}$ m	17· 4			54 $\frac{3}{8}$ p
13·12			68 $\frac{13}{16}$ m	17· 6			54 $\frac{1}{16}$ p

DES CHANGES.

PARIS, L'ESPAGNE, AMSTERDAM.

Paris sur l'Espag.	Amster. sur Madrid.	Amster. sur Cadix.	Rend à Amster.	Paris sur l'Espag.	Amster. sur Madrid.	Amster. sur Cadix.	Rend à Amster.
17. 8	86	107½	53¾ p	21. 2	86	107½	44⅜ m
17.10			53 7/16 p	21. 4			44⅛ p
17.12			53 3/16 m	21. 6			43 13/16 m
17.14			52⅞ m	21. 8			43¾ m
17.16			52 8/16 p	21.10			43½ p
17.18			52¼ p	21.12			43 7/16 p
18.			52 m	21.14			43⅛ m
18. 2			51 11/16 p	21.16			42 15/16 m
18. 4			51 7/16 m	21.18			42¼ m
18. 6			51⅛ p	22.			42¼ p
18. 8			50⅞ m	22. 2			42⅝ p
18.10			50 9/16 p	22. 4			42⅛ p
18.12			50 5/16 m	22. 6			41⅝ p
18.14			50 1/16 m	22. 8			41¼ p
18.16			49¾ p	22.10			41 9/16 p
18.18			49½ p	22.12			41⅜ p
19.			49¼ m	22.14			41¼ m
19. 2			49	22.16			41 1/16 m
19. 4			48¾ m	22.18			40⅞ m
19. 6			48½ m	23.			40 11/16 m
19. 8			48¼ m	23. 2			40½ p
19.10			48 m	23. 4			40 5/16 p
19.12			47¾ m	23. 6			40 3/16 p
19.14			47½ m	23. 8			40 m
19.16			47¼ p	23.10			39 13/16 p
19.18			47 p	23.12			39⅝ p
20.			46 13/16 m	23.14			39½ m
20. 2			46 9/16 m	23.16			39 5/16 p
20. 4			46 1/16 p	23.18			39⅛ p
20. 6			46 1/16 p	24.			39 m
20. 8			45⅞ m	24. 2			38 13/16 p
20.10			45⅝ p	24. 4			38 11/16 m
20.12			45 5/16 m	24. 6			38½ p
20.14			45 3/16 p	24. 8			38 3/16 p
20.16			45 m	24.10			38⅛ m
20.18			44¾ p	24.12			38 1/16 m
21.			44 3/16 m	24.14			37⅞ p

COMBINAISON GENERALE

PARIS, L'ESPAGNE, AMSTERDAM.

Paris sur l'Espag.	Amster. sur Madrid.	Amster. sur Cadix.	Rend à Amster.	Paris sur l'Espag.	Amster. sur Madrid.	Amster. sur Cadix.	Rend à Amster.
10·	86 $\frac{1}{4}$	107 $\frac{13}{16}$	93 $\frac{13}{16}$ p	13·14	86 $\frac{1}{4}$	107 $\frac{13}{16}$	68 $\frac{1}{2}$ m
10· 2			92 $\frac{13}{16}$ m	13·16			68
10· 4			92	13·18			67 $\frac{1}{2}$ p
10· 6			91 $\frac{1}{8}$ m	14·			67 p
10· 8			90 $\frac{1}{4}$ m	14· 2			66 $\frac{9}{16}$ m
10·10			89 $\frac{3}{8}$ m	14· 4			66 $\frac{1}{16}$ m
10·12			88 $\frac{1}{2}$ p	14· 6			65 $\frac{5}{8}$
10·14			87 $\frac{11}{16}$ p	14· 8			65 $\frac{3}{16}$ m
10·16			86 $\frac{7}{8}$ p	14·10			64 $\frac{11}{16}$ p
10·18			86 $\frac{1}{16}$ p	14·12			64 $\frac{1}{4}$ p
11·			85 $\frac{5}{16}$ m	14·14			63 $\frac{13}{16}$ p
11· 2			84 $\frac{9}{16}$ m	14·16			63 $\frac{3}{8}$ p
11· 4			83 $\frac{13}{16}$ m	14·18			63 m
11· 6			83 $\frac{1}{16}$ m	15·			62 $\frac{9}{16}$ m
11· 8			82 $\frac{5}{16}$ p	15· 2			62 $\frac{1}{8}$ p
11·10			81 $\frac{5}{8}$ m	15· 4			61 $\frac{3}{4}$ m
11·12			80 $\frac{7}{8}$ p	15· 6			61 $\frac{5}{16}$ p
11·14			80 $\frac{1}{6}$ p	15· 8			60 $\frac{15}{16}$ m
11·16			79 $\frac{1}{2}$ p	15·10			60 $\frac{9}{16}$ m
11·18			78 $\frac{7}{8}$ m	15·12			60 $\frac{1}{8}$ p
12·			78 $\frac{3}{16}$ p	15·14			59 $\frac{3}{4}$ p
12· 2			77 $\frac{9}{16}$ m	15·16			59 $\frac{3}{8}$ p
12· 4			76 $\frac{15}{16}$ m	15·18			59 p
12· 6			76 $\frac{5}{16}$ m	16·			58 $\frac{5}{8}$ p
12· 8			75 $\frac{11}{16}$ m	16· 2			58 $\frac{5}{16}$ m
12·10			75 $\frac{1}{16}$ p	16· 4			57 $\frac{15}{16}$ m
12·12			74 $\frac{1}{2}$ m	16· 6			57 $\frac{9}{16}$ p
12·14			73 $\frac{7}{8}$ p	16· 8			57 $\frac{1}{4}$ m
12·16			73 $\frac{5}{16}$ p	16·10			56 $\frac{7}{8}$ m
12·18			72 $\frac{3}{4}$ m	16·12			56 $\frac{1}{2}$ p
13·			72 $\frac{3}{16}$ m	16·14			56 $\frac{1}{16}$ p
13· 2			71 $\frac{5}{8}$ p	16·16			55 $\frac{5}{8}$ p
13· 4			71 $\frac{1}{16}$ p	16·18			55 $\frac{3}{8}$ p
13· 6			70 $\frac{9}{16}$ m	17·			55 $\frac{1}{16}$ p
13· 8			70 p	17· 2			54 $\frac{7}{8}$ p
13·10			69 $\frac{1}{2}$ p	17· 4			54 $\frac{9}{16}$ m
13·12			69	17· 6			54 $\frac{1}{4}$ m

DES CHANGES.

PARIS, L'ESPAGNE, AMSTERDAM.

Paris sur l'Espag.	Amster. sur Madrid.	Amster. sur Cadix.	Rend à Amster.	Paris. sur l'Espag.	Amster. sur Madrid.	Amster. sur Cadix.	Rend à Amster.
17 . 8	86¼ ·	107 13/16 ·	53 15/16 m	21 . 2 ·	86¼ ·	107 13/16 ·	44 ½ m
17 . 10			53 ½ m	21 . 4			44 ¼ p
17 . 12			53 1/16 p	21 . 6			44 1/16 m
17 . 14			53 p	21 . 8			43 ⅞ m
17 . 16			52 ¾ m	21 . 10			43 ⅝ p
17 . 18			52 9/16 m	21 . 12			43 7/16 p
18 .			52 3/8 p	21 . 14			43 ¼ m
18 . 2			51 7/8 m	21 . 16			43 1/16 m
18 . 4			51 9/16 m	21 . 18			42 ⅞ m
18 . 6			51 ¼ p	22 .			42 ⅝ p
18 . 8			51	22 . 2			42 7/16 p
18 . 10			50 ¾ m	22 . 4			42 ¼ p
18 . 12			50 1/16 p	22 . 6			42 1/16 p
18 . 14			50 3/16 m	22 . 8			41 ⅞ p
18 . 16			49 15/16 m	22 . 10			41 11/16 p
18 . 18			49 ⅜ p	22 . 12			41 ½ p
19 .			49 ⅜ p	22 . 14			41 5/16 p
19 . 2			49 ¼ p	22 . 16			41 3/16 m
19 . 4			48 ⅞ m	22 . 18			41 m
19 . 6			48 ⅝ m	23 .			40 13/16 m
19 . 8			48 ⅜ m	23 . 2			40 ⅝ m
19 . 10			48 m	23 . 4			40 7/16 p
19 . 12			47 ⅝ p	23 . 6			40 ¼ p
19 . 14			47 ⅝ p	23 . 8			40 1/16 m
19 . 16			47 ⅜ p	23 . 10			39 11/16 m
19 . 18			47 ⅛ p	23 . 12			39 ½ p
20 .			46 5/16 m	23 . 14			39 ⅜ m
20 . 2			46 11/16 m	23 . 16			39 1/16 m
20 . 4			46 7/16 p	23 . 18			39 ¼ p
20 . 6			46 ¼ m	24 .			39 ⅛ m
20 . 8			46	24 . 2			38 15/16 p
20 . 10			45 ¾ p	24 . 4			38 ⅔ p
20 . 12			45 9/16 p	24 . 6			38 ⅓ m
20 . 14			45 5/16 p	24 . 8			38 1/16 p
20 . 16			45 ⅛ m	24 . 10			38 1/16 m
20 . 18			44 ⅞ p	24 . 12			38 ⅛ p
21 .			44 11/16 m	24 . 14			38 m

COMBINAISON GENERALE

PARIS, L'ESPAGNE, AMSTERDAM.

Paris sur l'Espag.	Amster. sur Madrid.	Amster. sur Cadix.	Rend à Amster.	Paris sur l'Espag.	Amster. sur Madrid.	Amster. sur Cadix.	Rend à Amster.
10·	$86\frac{1}{2}$	$108\frac{1}{8}$	$94\frac{1}{8}$ m	13·14	$86\frac{1}{2}$	$108\frac{1}{8}$	$68\frac{11}{16}$ p
10· 2	....	....	$93\frac{3}{16}$ m	13·16	....	....	$68\frac{3}{16}$ p
10· 4	....	....	$92\frac{1}{4}$ p	13·18	....	....	$67\frac{11}{16}$ p
10· 6	....	....	$91\frac{3}{8}$ m	14·	....	....	$67\frac{1}{4}$ p
10· 8	....	....	$90\frac{1}{2}$ m	14· 2	....	....	$66\frac{3}{4}$ p
10·10	....	....	$89\frac{5}{8}$ p	14· 4	....	....	$66\frac{1}{4}$ p
10·12	....	....	$88\frac{13}{16}$ m	14· 6	....	....	$65\frac{13}{16}$ p
10·14	....	....	$87\frac{15}{16}$ p	14· 8	....	....	$65\frac{3}{16}$ m
10·16	....	....	$87\frac{1}{8}$ p	14·10	....	....	$64\frac{7}{16}$ p
10·18	....	....	$86\frac{1}{16}$ p	14·12	....	....	$64\frac{1}{16}$ p
11·	....	....	$85\frac{9}{16}$ m	14·14	....	....	64 p
11· 2	....	....	$84\frac{13}{16}$ m	14·16	....	....	$63\frac{9}{16}$ p
11· 4	....	....	84 p	14·18	....	....	$63\frac{3}{16}$ m
11· 6	....	....	$83\frac{5}{16}$ m	15·	....	....	$62\frac{3}{4}$ m
11· 8	....	....	$82\frac{9}{16}$ m	15· 2	....	....	$62\frac{19}{16}$ p
11·10	....	....	$81\frac{13}{16}$ p	15· 4	....	....	$61\frac{1}{16}$ p
11·12	....	....	$81\frac{1}{8}$ p	15· 6	....	....	$61\frac{1}{2}$ p
11·14	....	....	$80\frac{7}{16}$ p	15· 8	....	....	$61\frac{1}{8}$ p
11·16	....	....	$79\frac{3}{4}$ p	15·10	....	....	$60\frac{11}{16}$ p
11·18	....	....	$79\frac{1}{16}$ p	15 12	....	....	$60\frac{5}{16}$ p
12·	....	....	$78\frac{7}{16}$ m	15·14	....	....	$59\frac{11}{16}$ p
12· 2	....	....	$77\frac{3}{4}$ p	15·16	....	....	$59\frac{9}{16}$ p
12· 4	....	....	$77\frac{1}{8}$ p	15·18	....	....	$59\frac{3}{16}$ p
12· 6	....	....	$76\frac{1}{2}$ p	16·	....	....	$58\frac{13}{16}$ p
12· 8	....	....	$75\frac{7}{8}$ p	16· 2	....	....	$58\frac{7}{16}$ p
12·10	....	....	$75\frac{5}{16}$ p	16· 4	....	....	$58\frac{1}{8}$ m
12·12	....	....	$74\frac{11}{16}$ p	16· 6	....	....	$57\frac{3}{4}$ m
12·14	....	....	$74\frac{1}{8}$ m	16· 8	....	....	$57\frac{3}{8}$ p
12·16	....	....	$73\frac{1}{2}$ p	16·10	....	....	$57\frac{1}{16}$ p
12·18	....	....	$72\frac{15}{16}$ p	16·12	....	....	$56\frac{11}{16}$ p
13·	....	....	$72\frac{3}{8}$ p	16·14	....	....	$56\frac{3}{8}$ m
13· 2	....	....	$71\frac{13}{16}$ p	16·16	....	....	56 p
13· 4	....	....	$71\frac{1}{16}$ m	16·18	....	....	$55\frac{11}{16}$ m
13· 6	....	....	$70\frac{3}{4}$ p	17·	....	....	$55\frac{3}{8}$ m
13· 8	....	....	$70\frac{1}{4}$ m	17· 2	....	....	$55\frac{1}{16}$ m
13·10	....	....	$69\frac{11}{16}$ p	17· 4	....	....	$54\frac{11}{16}$ p
13 12	....	....	$69\frac{3}{16}$ p	17· 6	....	....	$54\frac{3}{8}$ p

DES CHANGES.
PARIS, L'ESPAGNE, AMSTERDAM.

Paris sur l'Espag.	Amster. sur Madrid.	Amster. sur Cadix.	Rend à Amster.	Paris sur l'Espag.	Amster. sur Madrid.	Amster. sur Cadix.	Rend à Amster.
17. 8	$86\frac{1}{2}$	$108\frac{1}{8}$	$54\frac{1}{16}$ p	21. 2	$86\frac{1}{2}$	$108\frac{1}{8}$	$44\frac{5}{8}$ m
17.10			$53\frac{3}{4}$ p	21. 4			$44\frac{3}{8}$ p
17.12			$53\frac{1}{2}$ m	21. 6			$44\frac{3}{16}$ m
17.14			$53\frac{5}{16}$ m	21. 8			44 m
17.16			$52\frac{7}{8}$ m	21.10			$43\frac{3}{4}$ p
17.18			$52\frac{9}{16}$ p	21.12			$43\frac{9}{16}$ p
18.			$52\frac{5}{16}$ m	21.14			$43\frac{3}{8}$ m
18. 2			52 m	21.16			$43\frac{3}{16}$ m
18. 4			$51\frac{11}{16}$ p	21.18			43 m
18. 6			$51\frac{7}{16}$ m	22.			$42\frac{3}{4}$ p
18. 8			$51\frac{1}{4}$ p	22. 2			$42\frac{9}{16}$ p
18.10			$50\frac{7}{8}$ m	22. 4			$42\frac{3}{8}$ p
18.12			$50\frac{5}{8}$ m	22. 6			$42\frac{3}{16}$ p
18.14			$50\frac{5}{16}$ p	22. 8			42 p
18.16			$50\frac{1}{16}$ m	22.10			$41\frac{13}{16}$ p
18.18			$49\frac{13}{16}$ m	22.12			$41\frac{1}{2}$ p
19.			$49\frac{9}{16}$ m	22.14			$41\frac{7}{16}$ p
19. 2			$49\frac{1}{4}$ p	22.16			$41\frac{1}{4}$ p
19. 4			49 p	22.18			$41\frac{1}{16}$ m
19. 6			$48\frac{3}{4}$ p	23.			$40\frac{13}{16}$ m
19. 8			$48\frac{1}{2}$ p	23. 2			$40\frac{5}{8}$ m
19.10			$48\frac{1}{4}$ p	23. 4			$40\frac{7}{16}$ p
19.12			48 p	23. 6			$40\frac{3}{8}$ p
19.14			$47\frac{3}{4}$ p	23. 8			$40\frac{1}{4}$ m
19.16			$47\frac{9}{16}$ m	23.10			$40\frac{1}{16}$ m
19.18			$47\frac{5}{16}$ m	23.12			$39\frac{7}{8}$ p
20.			$47\frac{1}{16}$ m	23.14			$39\frac{11}{16}$ p
20. 2			$46\frac{13}{16}$ p	23.16			$39\frac{9}{16}$ m
20. 4			$46\frac{9}{16}$ p	23.18			$39\frac{3}{8}$ p
20. 6			$46\frac{3}{8}$ m	24.			$39\frac{1}{4}$ p
20. 8			$46\frac{1}{8}$ p	24. 2			$39\frac{1}{16}$ m
20.10			$45\frac{15}{16}$ m	24. 4			$38\frac{7}{8}$ p
20.12			$45\frac{11}{16}$ m	24. 6			$38\frac{5}{8}$ m
20.14			$45\frac{7}{16}$ p	24. 8			$38\frac{9}{16}$ p
20.16			$45\frac{1}{4}$ m	24.10			$38\frac{7}{16}$ m
20.18			45 p	24.12			$38\frac{1}{4}$ p
21.			$44\frac{13}{16}$ p	24.14			$38\frac{1}{8}$ m

Tome II.

COMBINAISON GENERALE

PARIS, L'ESPAGNE, AMSTERDAM.

Paris sur l'Espag.	Amster. sur Madrid.	Amster. sur Cadix.	Rend à Amster.	Paris sur l'Espag.	Amster. sur Madrid.	Amster. sur Cadix.	Rend à Amster.
10 ·	86 $\frac{3}{4}$ ·	108 $\frac{7}{16}$ ·	94 $\frac{3}{8}$ p	13 · 14	86 $\frac{3}{4}$ ·	108 $\frac{7}{16}$ ·	68 $\frac{7}{16}$ p
10 · 2			93 $\frac{7}{16}$ p	13 · 16			68 $\frac{3}{16}$ p
10 · 4			92 $\frac{9}{16}$ m	13 · 18			67 $\frac{7}{8}$ p
10 · 6			91 $\frac{1}{8}$ p	14 ·			67 $\frac{7}{16}$ m
10 · 8			90 $\frac{3}{4}$ p	14 · 2			66 $\frac{13}{16}$ p
10 · 10			89 $\frac{7}{8}$ p	14 · 4			66 $\frac{7}{16}$ p
10 · 12			89 $\frac{1}{16}$ m	14 · 6			66 p
10 · 14			88 $\frac{2}{16}$ p	14 · 8			65 $\frac{9}{16}$ m
10 · 16			87 $\frac{3}{8}$ p	14 · 10			65 $\frac{1}{16}$ p
10 · 18			86 $\frac{9}{16}$ p	14 · 12			64 $\frac{5}{8}$ p
11 ·			85 $\frac{13}{16}$ m	14 · 14			64 $\frac{3}{16}$ p
11 · 2			85 p	14 · 16			63 $\frac{3}{4}$ p
11 · 4			84 $\frac{1}{4}$ p	14 · 18			63 $\frac{3}{8}$ m
11 · 6			83 $\frac{1}{2}$ p	15 ·			62 $\frac{13}{16}$ m
11 · 8			82 $\frac{13}{16}$ m	15 · 2			62 $\frac{1}{2}$ p
11 · 10			82 $\frac{1}{16}$ p	15 · 4			62 $\frac{1}{8}$ m
11 · 12			81 $\frac{3}{8}$ m	15 · 6			61 $\frac{11}{16}$ p
11 · 14			80 $\frac{11}{16}$ m	15 · 8			61 $\frac{1}{16}$ p
11 · 16			80 m	15 · 10			60 $\frac{5}{8}$ p
11 · 18			79 $\frac{5}{16}$ p	15 · 12			60 $\frac{3}{8}$ p
12 ·			78 $\frac{5}{8}$ p	15 · 14			60 $\frac{1}{16}$ m
12 · 2			78 p	15 · 16			59 $\frac{3}{4}$ p
12 · 4			77 $\frac{3}{8}$ m	15 · 18			59 $\frac{3}{8}$ m
12 · 6			76 $\frac{3}{4}$ m	16 ·			59 m
12 · 8			76 $\frac{1}{8}$ m	16 · 2			58 $\frac{5}{8}$ m
12 · 10			75 $\frac{1}{2}$ p	16 · 4			58 $\frac{1}{4}$ p
12 · 12			74 $\frac{13}{16}$ m	16 · 6			57 $\frac{7}{8}$ p
12 · 14			74 $\frac{5}{16}$ p	16 · 8			57 $\frac{9}{16}$ p
12 · 16			73 $\frac{5}{8}$ m	16 · 10			57 $\frac{3}{16}$ p
12 · 18			73 $\frac{3}{8}$ m	16 · 12			56 $\frac{7}{8}$ m
13 ·			72 $\frac{5}{8}$ m	16 · 14			56 $\frac{1}{2}$ p
13 · 2			72 $\frac{1}{16}$ m	16 · 16			56 $\frac{3}{16}$ p
13 · 4			71 $\frac{1}{2}$ p	16 · 18			55 $\frac{7}{8}$ m
13 · 6			70 $\frac{15}{16}$ p	17 ·			55 $\frac{1}{2}$ p
13 · 8			70 $\frac{7}{16}$ m	17 · 2			55 $\frac{1}{4}$ p
13 · 10			69 $\frac{15}{16}$ m	17 · 4			54 $\frac{7}{8}$ m
13 · 12			69 $\frac{3}{8}$ p	17 · 6			54 $\frac{9}{16}$ m

DES CHANGES.

PARIS, L'ESPAGNE, AMSTERDAM.

Paris sur l'Espag.	Amster. sur Madrid.	Amster. sur Cadix.	Rend à Amster.	Paris sur l'Espag.	Amster. sur Madrid.	Amster. sur Cadix.	Rend à Amster.
17. 8	86 $\frac{3}{4}$	108 $\frac{7}{16}$	54 $\frac{1}{4}$ m	21. 2	86 $\frac{3}{4}$	108 $\frac{7}{16}$	44 $\frac{3}{4}$ m
17. 10	....	....	53 $\frac{13}{16}$ m	21. 4	....	....	44 $\frac{1}{2}$ p
17. 12	....	....	53 $\frac{3}{8}$ p	21. 6	....	....	44 $\frac{1}{16}$ m
17. 14	....	....	53 $\frac{3}{16}$ p	21. 8	....	....	44 $\frac{1}{8}$ p
17. 16	....	....	53 p	21. 10	....	....	43 $\frac{11}{16}$ p
17. 18	....	....	52 $\frac{3}{4}$ m	21. 12	....	....	43 $\frac{1}{16}$ m
18.	....	....	52 $\frac{7}{16}$ m	21. 14	....	....	43 $\frac{1}{2}$ m
18. 2	....	....	52 $\frac{1}{8}$ p	21. 16	....	....	43 $\frac{1}{16}$ m
18. 4	....	....	51 $\frac{7}{8}$ p	21. 18	....	....	43 $\frac{1}{2}$ m
18. 6	....	....	51 $\frac{9}{16}$ p	22.	....	....	42 $\frac{7}{8}$ p
18. 8	....	....	51 $\frac{1}{4}$ m	22. 2	....	....	42 $\frac{11}{16}$ p
18. 10	....	....	51 p	22. 4	....	....	42 $\frac{1}{2}$ p
18. 12	....	....	50 $\frac{3}{4}$ m	22. 6	....	....	42 $\frac{1}{16}$ p
18. 14	....	....	50 $\frac{1}{2}$ m	22. 8	....	....	42 $\frac{1}{8}$ p
18. 16	....	....	50 $\frac{3}{16}$ p	22. 10	....	....	41 $\frac{15}{16}$ m
18. 18	....	....	49 $\frac{13}{16}$ p	22. 12	....	....	41 $\frac{3}{4}$ p
19.	....	....	49 $\frac{11}{16}$ m	22. 14	....	....	41 $\frac{9}{16}$ p
19. 2	....	....	49 $\frac{7}{16}$ m	22. 16	....	....	41 $\frac{3}{8}$ p
19. 4	....	....	49 $\frac{3}{16}$ m	22. 18	....	....	41 $\frac{1}{16}$ p
19. 6	....	....	48 $\frac{7}{8}$ p	23.	....	....	41 $\frac{1}{16}$ m
19. 8	....	....	48 $\frac{5}{8}$ p	23. 2	....	....	40 $\frac{7}{8}$ m
19. 10	....	....	48 $\frac{3}{8}$ p	23. 4	....	....	40 $\frac{11}{16}$ m
19. 12	....	....	48 $\frac{1}{8}$ p	23. 6	....	....	40 $\frac{1}{2}$ p
19. 14	....	....	47 $\frac{15}{16}$ m	23. 8	....	....	40 $\frac{1}{4}$ p
19. 16	....	....	47 $\frac{11}{16}$ m	23. 10	....	....	40 $\frac{3}{16}$ m
19. 18	....	....	47 $\frac{7}{16}$ m	23. 12	....	....	40 m
20.	....	....	47 $\frac{3}{16}$ p	23. 14	....	....	39 $\frac{13}{16}$ p
20. 2	....	....	46 $\frac{13}{16}$ p	23. 16	....	....	39 $\frac{11}{16}$ m
20. 4	....	....	46 $\frac{3}{4}$ m	23. 18	....	....	39 $\frac{1}{2}$ m
20. 6	....	....	46 $\frac{1}{2}$ m	24.	....	....	39 $\frac{1}{16}$ p
20. 8	....	....	46 $\frac{1}{4}$ p	24. 2	....	....	39 $\frac{3}{16}$ m
20. 10	....	....	46 $\frac{1}{16}$ m	24. 4	....	....	39 p
20. 12	....	....	45 $\frac{13}{16}$ p	24. 6	....	....	38 $\frac{13}{16}$ p
20. 14	....	....	45 $\frac{5}{8}$ m	24. 8	....	....	38 $\frac{11}{16}$ p
20. 16	....	....	45 $\frac{3}{8}$ p	24. 10	....	....	38 $\frac{1}{2}$ m
20. 18	....	....	45 $\frac{3}{16}$ m	24. 12	....	....	38 $\frac{3}{8}$ m
21.	....	....	44 $\frac{15}{16}$ p	24. 14	....	....	38 $\frac{3}{16}$ p

COMBINAISON GENERALE

PARIS, L'ESPAGNE, AMSTERDAM.

Paris sur l'Espag.	Amster. sur Madrid.	Amster. sur Cadix.	Rend à Amster.	Paris sur l'Espag.	Amster. sur Madrid.	Amster. sur Cadix.	Rend à Amster.
10·	87	108 $\frac{3}{4}$	94 $\frac{5}{8}$ p	13·14	87	108 $\frac{3}{4}$	69 $\frac{1}{16}$ p
10· 2			93 $\frac{3}{4}$ m	13·16			68 $\frac{9}{16}$ p
10· 4			92 $\frac{13}{16}$ m	13·18			68 $\frac{1}{8}$ m
10· 6			91 $\frac{7}{8}$ p	14·			67 $\frac{5}{8}$ p
10· 8			91 p	14· 2			67 $\frac{1}{8}$ p
10·10			90 $\frac{1}{8}$ p	14· 4			66 $\frac{11}{16}$ m
10·12			89 $\frac{5}{16}$ m	14· 6			66 $\frac{3}{16}$ p
10·14			88 $\frac{7}{16}$ p	14· 8			65 $\frac{3}{4}$ p
10·16			87 $\frac{5}{8}$ p	14·10			65 $\frac{1}{4}$ p
10·18			86 $\frac{13}{16}$ p	14·12			64 $\frac{13}{16}$ p
11·			86 $\frac{1}{16}$ m	14·14			64 $\frac{3}{8}$ p
11· 2			85 $\frac{1}{4}$ p	14·16			63 $\frac{15}{16}$ p
11· 4			84 $\frac{1}{2}$ p	14·18			63 $\frac{1}{2}$ p
11· 6			83 $\frac{3}{4}$ p	15·			63 $\frac{1}{8}$ m
11· 8			83 $\frac{1}{16}$ m	15· 2			62 $\frac{11}{16}$ m
11·10			82 $\frac{5}{16}$ m	15· 4			62 $\frac{1}{4}$ p
11·12			81 $\frac{5}{8}$ p	15· 6			61 $\frac{7}{8}$ p
11·14			80 $\frac{7}{8}$ p	15· 8			61 $\frac{7}{16}$ p
11·16			80 $\frac{3}{16}$ p	15·10			61 $\frac{1}{16}$ p
11·18			79 $\frac{9}{16}$ m	15·12			60 $\frac{11}{16}$ m
12·			78 $\frac{7}{8}$ p	15·14			60 $\frac{5}{16}$ m
12· 2			78 $\frac{1}{4}$ m	15·16			59 $\frac{13}{16}$ p
12· 4			77 $\frac{15}{16}$ p	15·18			59 $\frac{9}{16}$ p
12· 6			76 $\frac{13}{16}$ p	16·			59 $\frac{3}{16}$ m
12· 8			76 $\frac{3}{16}$ p	16· 2			58 $\frac{13}{16}$ p
12·10			75 $\frac{9}{16}$ m	16· 4			58 $\frac{7}{16}$ m
12·12			75 $\frac{1}{8}$ m	16· 6			58 $\frac{1}{16}$ p
12·14			74 $\frac{9}{16}$ m	16· 8			57 $\frac{11}{16}$ p
12·16			73 $\frac{13}{16}$ p	16·10			57 $\frac{3}{8}$ m
12·18			73 $\frac{3}{8}$ p	16·12			57 p
13·			72 $\frac{13}{16}$ m	16·14			56 $\frac{11}{16}$ m
13· 2			72 $\frac{1}{4}$ p	16·16			56 $\frac{5}{16}$ p
13· 4			71 $\frac{11}{16}$ p	16·18			56 p
13· 6			71 $\frac{3}{16}$ m	17·			55 $\frac{11}{16}$ m
13· 8			70 $\frac{5}{8}$ p	17· 2			55 $\frac{3}{8}$ m
13·10			70 $\frac{3}{8}$ m	17· 4			55 $\frac{1}{16}$ m
13·12			69 $\frac{5}{8}$ m	17· 6			54 $\frac{11}{16}$ p

DES CHANGES.

PARIS, L'ESPAGNE, AMSTERDAM.

Paris sur l'Espag.	Amster. sur Madrid.	Amster. sur Cadix.	Rend à Amster.	Paris sur l'Espag.	Amster. sur Madrid.	Amster. sur Cadix.	Rend à Amster.
17.8	87	$108\frac{3}{4}$	$54\frac{3}{8}$ p	21.2	87	$108\frac{3}{4}$	$44\frac{7}{8}$ m
17.10			$54\frac{1}{8}$ p	21.4			$44\frac{5}{8}$ p
17.12			$53\frac{13}{16}$ m	21.6			$44\frac{7}{16}$ p
17.14			$53\frac{1}{2}$ m	21.8			$44\frac{1}{4}$ m
17.16			$53\frac{3}{16}$ m	21.10			44 p
17.18			$52\frac{7}{8}$ p	21.12			$43\frac{13}{16}$ p
18.			$52\frac{9}{16}$ p	21.14			$43\frac{5}{8}$ p
18.2			$52\frac{5}{16}$ m	21.16			$43\frac{7}{16}$ m
18.4			52 p	21.18			$43\frac{1}{4}$ m
18.6			$51\frac{3}{4}$ m	22.			43 p
18.8			$51\frac{7}{16}$ p	22.2			$42\frac{13}{16}$ p
18.10			$51\frac{3}{16}$ m	22.4			$42\frac{5}{8}$ p
18.12			$50\frac{7}{8}$ p	22.6			$42\frac{7}{16}$ p
18.14			$50\frac{5}{8}$ m	22.8			$42\frac{1}{4}$ p
18.16			$50\frac{3}{8}$ m	22.10			$42\frac{1}{16}$ p
18.18			$50\frac{1}{16}$ p	22.12			$41\frac{7}{8}$ p
19.			$49\frac{13}{16}$ p	22.14			$41\frac{11}{16}$ p
19.2			$49\frac{9}{16}$ m	22.16			$41\frac{1}{2}$ p
19.4			$49\frac{5}{16}$ m	22.18			$41\frac{5}{16}$ p
19.6			$49\frac{1}{16}$ m	23.			$41\frac{1}{8}$ p
19.8			$48\frac{13}{16}$ m	23.2			41 m
19.10			$48\frac{9}{16}$ m	23.4			$40\frac{13}{16}$ m
19.12			$48\frac{5}{16}$ m	23.6			$40\frac{5}{8}$ m
19.14			$48\frac{1}{16}$ m	23.8			$40\frac{7}{16}$ p
19.16			$47\frac{13}{16}$ m	23.10			$40\frac{1}{4}$ p
19.18			$47\frac{9}{16}$ p	23.12			$40\frac{1}{8}$ m
20.			$47\frac{5}{16}$ p	23.14			$39\frac{15}{16}$ p
20.2			$47\frac{1}{16}$ p	23.16			$39\frac{3}{4}$ p
20.4			$46\frac{7}{8}$ m	23.18			$39\frac{5}{8}$ m
20.6			$46\frac{5}{8}$ p	24.			$39\frac{7}{16}$ p
20.8			$46\frac{3}{8}$ p	24.2			$39\frac{1}{4}$ p
20.10			$46\frac{3}{16}$ m	24.4			$39\frac{1}{8}$ m
20.12			$45\frac{13}{16}$ p	24.6			$38\frac{15}{16}$ p
20.14			$45\frac{3}{4}$ p	24.8			$38\frac{13}{16}$ m
20.16			$45\frac{1}{2}$ p	24.10			$38\frac{5}{8}$ p
20.18			$45\frac{5}{16}$ m	24.12			$38\frac{1}{2}$ m
21.			$45\frac{1}{16}$ p	24.14			$38\frac{5}{16}$ p

COMBINAISON GENERALE

PARIS, L'ESPAGNE, AMSTERDAM.

Paris sur l'Espag.	Amster. sur Madrid.	Amster. sur Cadix.	Rend à Amster.	Paris sur l'Espag.	Amster. sur Madrid.	Amster. sur Cadix.	Rend à Amster.
10 ·	· $87\frac{1}{4}$ ·	$109\frac{1}{16}$ ·	$94\frac{15}{16}$ m	13 · 14	$87\frac{1}{4}$ ·	$109\frac{1}{16}$	$69\frac{5}{16}$ m
10 · 2			94 m	13 · 16			$68\frac{13}{16}$ m
10 · 4			$93\frac{1}{16}$ p	13 · 18			$68\frac{5}{16}$ m
10 · 6			$92\frac{3}{16}$ m	14 ·			$67\frac{13}{16}$ m
10 · 8			$91\frac{1}{4}$ p	14 · 2			$67\frac{5}{16}$ m
10 · 10			$90\frac{7}{16}$ m	14 · 4			$66\frac{7}{8}$ m
10 · 12			$89\frac{9}{16}$ m	14 · 6			$66\frac{3}{8}$ p
10 · 14			$88\frac{11}{16}$ p	14 · 8			$65\frac{13}{16}$ m
10 · 16			$87\frac{7}{8}$ p	14 · 10			$65\frac{7}{16}$ p
10 · 18			$87\frac{1}{16}$ p	14 · 12			65 p
11 ·			$86\frac{5}{16}$ m	14 · 14			$64\frac{9}{16}$ m
11 · 2			$85\frac{1}{2}$ p	14 · 16			$64\frac{1}{8}$ p
11 · 4			$84\frac{3}{4}$ p	14 · 18			$63\frac{11}{16}$ p
11 · 6			84 p	15 ·			$63\frac{1}{16}$ m
11 · 8			$83\frac{1}{4}$ p	15 · 2			$62\frac{7}{8}$ m
11 · 10			$82\frac{9}{16}$ m	15 · 4			$62\frac{7}{16}$ m
11 · 12			$81\frac{13}{16}$ p	15 · 6			$62\frac{1}{16}$ m
11 · 14			$81\frac{1}{8}$ p	15 · 8			$61\frac{5}{8}$ p
11 · 16			$80\frac{7}{16}$ p	15 · 10			$61\frac{1}{4}$ m
11 · 18			$79\frac{3}{4}$ p	15 · 12			$60\frac{4}{7}$ m
12 ·			$79\frac{1}{8}$ m	15 · 14			$60\frac{7}{16}$ p
12 · 2			$78\frac{7}{16}$ p	15 · 16			$60\frac{1}{16}$ p
12 · 4			$77\frac{13}{16}$ m	15 · 18			$59\frac{11}{16}$ m
12 · 6			$77\frac{3}{16}$ m	16 ·			$59\frac{5}{16}$ m
12 · 8			$76\frac{9}{16}$ m	16 · 2			$58\frac{13}{16}$ p
12 · 10			$75\frac{11}{16}$ p	16 · 4			$58\frac{5}{8}$ m
12 · 12			$75\frac{5}{16}$ p	16 · 6			$58\frac{1}{4}$ m
12 · 14			$74\frac{5}{8}$ m	16 · 8			$57\frac{7}{8}$ m
12 · 16			$74\frac{3}{8}$ m	16 · 10			$57\frac{9}{16}$ m
12 · 18			$73\frac{9}{16}$ p	16 · 12			$57\frac{3}{16}$ p
13 ·			73 p	16 · 14			$56\frac{13}{16}$ p
13 · 2			$72\frac{7}{16}$ p	16 · 16			$56\frac{1}{2}$ p
13 · 4			$71\frac{11}{16}$ m	16 · 18			$56\frac{3}{16}$ p
13 · 6			$71\frac{3}{8}$ m	17 ·			$55\frac{13}{16}$ p
13 · 8			$70\frac{13}{16}$ p	17 · 2			$55\frac{1}{2}$ p
13 · 10			$70\frac{5}{16}$ p	17 · 4			$55\frac{3}{16}$ p
13 · 12			$69\frac{13}{16}$ m	17 · 6			$54\frac{7}{8}$ m

PARIS, L'ESPAGNE, AMSTERDAM.

Paris ſur l'Eſpag.	Amſter. ſur Madrid.	Amſter. ſur Cadix.	Rend à Amſter.
17· 8	87 $\frac{1}{4}$	109 $\frac{1}{16}$	54 $\frac{9}{16}$ m
17·10			54 $\frac{1}{4}$ m
17·12			53 $\frac{15}{16}$ m
17·14			53 $\frac{5}{8}$ p
17·16			53 $\frac{5}{16}$ p
17·18			53 $\frac{1}{16}$ m
18·			52 $\frac{3}{4}$ m
18· 2			52 $\frac{7}{16}$ p
18· 4			52 $\frac{3}{16}$ m
18· 6			51 $\frac{7}{8}$ m
18· 8			51 $\frac{9}{16}$ p
18·10			51 $\frac{5}{16}$ m
18·12			51 $\frac{1}{16}$ m
18·14			50 $\frac{3}{4}$ p
18·16			50 $\frac{1}{2}$ m
18·18			50 $\frac{1}{4}$ m
19·			49 $\frac{15}{16}$ p
19· 2			49 $\frac{11}{16}$ p
19· 4			49 $\frac{7}{16}$ p
19· 6			49 $\frac{3}{16}$ m
19· 8			48 $\frac{15}{16}$ m
19·10			48 $\frac{11}{16}$ m
19·12			48 $\frac{7}{16}$ m
19·14			48 $\frac{3}{16}$ m
19·16			47 $\frac{15}{16}$ p
19·18			47 $\frac{11}{16}$ p
20·			47 $\frac{7}{16}$ p
20· 2			47 $\frac{1}{4}$ m
20· 4			47 m
20· 6			46 $\frac{3}{4}$ p
20· 8			46 $\frac{9}{16}$ m
20·10			46 $\frac{5}{16}$ m
20·12			46 $\frac{1}{16}$ p
20·14			45 $\frac{7}{8}$ m
20·16			45 $\frac{5}{8}$ p
20·18			45 $\frac{7}{16}$ m
21·			45 $\frac{3}{16}$ p

Paris. ſur l'Eſpag.	Amſter. ſur Madrid.	Amſter. ſur Cadix.	Rend à Amſter.
21· 2	87 $\frac{1}{4}$	109 $\frac{1}{16}$	45 m
21· 4			44 $\frac{3}{4}$ p
21· 6			44 $\frac{9}{16}$ p
21· 8			44 $\frac{3}{8}$ m
21·10			44 $\frac{1}{8}$ p
21·12			43 $\frac{15}{16}$ p
21·14			43 $\frac{3}{4}$ m
21·16			43 $\frac{9}{16}$ m
21·18			43 $\frac{3}{8}$ m
22·			43 $\frac{1}{8}$ p
22· 2			42 $\frac{15}{16}$ p
22· 4			42 $\frac{3}{4}$ p
22· 6			42 $\frac{9}{16}$ p
22· 8			42 $\frac{3}{8}$ p
22·10			42 $\frac{3}{16}$ p
22·12			42 p
22·14			41 $\frac{13}{16}$ p
22·16			41 $\frac{5}{8}$ p
22·18			41 $\frac{7}{16}$ p
23·			41 $\frac{1}{4}$ p
23· 2			41 $\frac{1}{8}$ m
23· 4			40 $\frac{15}{16}$ m
23· 6			40 $\frac{3}{4}$ m
23· 8			40 $\frac{9}{16}$ p
23·10			40 $\frac{3}{8}$ p
23·12			40 $\frac{1}{4}$ m
23·14			40 $\frac{1}{16}$ m
23·16			39 $\frac{7}{8}$ p
23·18			39 $\frac{3}{4}$ m
24·			39 $\frac{9}{16}$ m
24· 2			39 $\frac{3}{8}$ p
24· 4			39 $\frac{1}{4}$ m
24· 6			39 $\frac{1}{16}$ p
24· 8			38 $\frac{7}{8}$ p
24·10			38 $\frac{3}{4}$ m
24·12			38 $\frac{9}{16}$ p
24·14			38 $\frac{7}{16}$ m

COMBINAISON GENERALE

PARIS, L'ESPAGNE, AMSTERDAM.

Paris sur l'Espag.	Amster. sur Madrid.	Amster. sur Cadix.	Rend à Amster.	Paris sur l'Espag.	Amster. sur Madrid.	Amster. sur Cadix.	Rend à Amster.
10·	$87\frac{1}{2}$	$109\frac{3}{8}$	$95\frac{1}{16}$ p	13·14	$87\frac{1}{2}$	$109\frac{3}{8}$	$69\frac{1}{2}$ m
10· 2			$94\frac{1}{4}$ p	13·16			69 m
10· 4			$93\frac{1}{16}$ p	13·18			$68\frac{1}{2}$ m
10· 6			$92\frac{7}{16}$ m	14·			68
10· 8			$91\frac{9}{16}$ m	14· 2			$67\frac{1}{2}$ p
10·10			$90\frac{11}{16}$ m	14· 4			$67\frac{1}{16}$ p
10·12			$89\frac{13}{16}$ m	14· 6			$66\frac{9}{16}$
10·14			89 m	14· 8			$66\frac{1}{2}$ m
10·16			$88\frac{1}{8}$ p	14·10			$65\frac{5}{8}$
10·18			$87\frac{5}{16}$ p	14·12			$65\frac{3}{16}$ p
11·			$86\frac{9}{16}$ m	14·14			$64\frac{3}{4}$ p
11· 2			$85\frac{3}{4}$ p	14·16			$64\frac{1}{16}$
11· 4			85	14·18			$63\frac{7}{8}$ p
11· 6			$84\frac{1}{4}$ m	15·			$63\frac{5}{16}$
11· 8			$83\frac{1}{2}$ p	15· 2			$63\frac{1}{16}$ m
11·10			$82\frac{13}{16}$ m	15· 4			$62\frac{5}{8}$ p
11·12			$82\frac{1}{16}$ p	15· 6			$62\frac{1}{4}$ m
11·14			$81\frac{3}{8}$ m	15· 8			$61\frac{13}{16}$
11·16			$80\frac{11}{16}$ m	15·10			$61\frac{7}{16}$ m
11·18			80	15·12			61
12·			$79\frac{5}{16}$ p	15·14			$60\frac{5}{8}$
12· 2			$78\frac{11}{16}$ m	15·16			$60\frac{1}{2}$ p
12· 4			$78\frac{1}{16}$ m	15·18			$59\frac{7}{8}$ m
12· 6			$77\frac{3}{8}$ p	16·			$59\frac{1}{2}$
12· 8			$76\frac{3}{4}$ p	16· 2			$59\frac{1}{8}$ p
12·10			$76\frac{3}{16}$ m	16· 4			$58\frac{3}{4}$ p
12·12			$75\frac{9}{16}$ m	16· 6			$58\frac{3}{8}$
12·14			$74\frac{15}{16}$ p	16· 8			$58\frac{1}{16}$
12·16			$74\frac{3}{8}$	16·10			$57\frac{11}{16}$
12·18			$73\frac{13}{16}$ m	16·12			$57\frac{3}{8}$ m
13·			$73\frac{1}{4}$ m	16·14			57 p
13· 2			$72\frac{11}{16}$ m	16·16			$56\frac{11}{16}$
13· 4			$72\frac{1}{8}$ m	16·18			$56\frac{5}{16}$ p
13· 6			$71\frac{9}{16}$ p	17·			56
13· 8			$71\frac{1}{16}$ p	17· 2			$55\frac{11}{16}$
13·10			$70\frac{1}{2}$ p	17· 4			$55\frac{3}{8}$ m
13·12			70	17· 6			55 p

DES CHANGES.

PARIS, L'ESPAGNE, AMSTERDAM.

Paris. sur l'Espag.	Amster. sur Madrid.	Amster. sur Cadix.	Rend à Amster.	Paris sur l'Espag.	Amster. sur Madrid.	Amster. sur Cadix.	Rend à Amster.
17. 8	87½	109⅛	54 11/16 p	21. 2	87½	109⅜	45 1/8 m
17.10			54 ⅜ p	21. 4			44 ⅜ p
17.12			54 1/16 p	21. 6			44 11/16 p
17.14			53 13/16 m	21. 8			44 ½ m
17.16			53 ½ m	21.10			44 ¼ p
17.18			53 3/16 m	21.12			44 1/16 p
18.			52 ⅞ p	21.14			43 ⅞ m
18. 2			52 ⅝ m	21.16			43 11/16 p
18. 4			52 5/16 m	21.18			43 ½ m
18. 6			52 p	22.			43 ¼ p
18. 8			51 ¾ m	22. 2			43 1/16 p
18.10			51 7/16 p	22. 4			42 ⅞ p
18.12			51 3/16 m	22. 6			42 11/16 p
18.14			50 13/16 m	22. 8			42 ½
18.16			50 ⅝ p	22.10			42 5/16 m
18.18			50 ⅜ m	22.12			42 ⅛ m
19.			50 ⅛ m	22.14			41 15/16 p
19. 2			49 13/16 p	22.16			41 ¾ p
19. 4			49 9/16 p	22.18			41 1/16 p
19. 6			49 5/16 p	23.			41 ⅜ p
19. 8			49 1/16 p	23. 2			41 3/16 p
19.10			48 13/16 p	23. 4			41 1/16 m
19.12			48 9/16 p	23. 6			40 ⅞ m
19.14			48 5/16 p	23. 8			40 11/16 m
19.16			48 1/16 p	23.10			40 ½ p
19.18			47 13/16 p	23.12			40 5/16 p
20.			47 ½ m	23.14			40 3/16 m
20. 2			47 ⅜ m	23.16			40
20. 4			47 ⅛ p	23.18			39 13/16 p
20. 6			46 ⅞ p	24.			39 11/16 m
20. 8			46 11/16 m	24. 2			39 ½ p
20.10			46 7/16 p	24. 4			39 5/16 p
20.12			46 3/16 p	24. 6			39 3/16 m
20.14			46 m	24. 8			39 p
20.16			45 ¾ p	24.10			38 ⅞ m
20.18			45 9/16 m	24.12			38 13/16 p
21.			45 5/16 p	24.14			38 9/16 m

Tome II.

COMBINAISON GENERALE

PARIS, L'ESPAGNE, AMSTERDAM.

Paris sur l'Espag.	Amster. sur Madrid.	Amster. sur Cadix.	Rend à Amster.	Paris sur l'Espag.	Amster. sur Madrid.	Amster. sur Cadix.	Rend à Amster.
10·	87¾	109 11/16	95 ½ m	13·14	87¾	109 11/16	69 11/16 p
10· 2			94 ¼ p	13·16			69 3/16 m
10· 4			93 ⅝ m	13·18			68 11/16 m
10· 6			92 11/16 p	14·			68 3/16 p
10· 8			91 13/16 m	14· 2			67 11/16 p
10·10			90 13/16 m	14· 4			67 ¼ m
10·12			90 ¼ p	14· 6			66 ¾ p
10·14			89 ¼ m	14· 8			66 13/16 m
10·16			88 ⅜ p	14·10			65 13/16 p
10·18			87 9/16 p	14·12			65 ⅜ p
11·			86 13/16 m	14·14			64 13/16 p
11· 2			86 p	14·16			64 ½ p
11· 4			85 ¼ m	14·18			64 1/16 p
11· 6			84 ¼ m	15·			63 ⅝ p
11· 8			83 ¾ m	15· 2			63 ¼ m
11·10			83 p	15· 4			62 13/16 m
11·12			82 5/16 m	15· 6			62 ⅜ p
11·14			81 ⅝ m	15· 8			62 m
11·16			80 13/16 m	15·10			61 ⅝ m
11·18			80 ¼ m	15·12			61 1/16 p
12·			79 9/16 m	15·14			60 13/16 m
12· 2			78 ⅞ p	15·16			60 7/16 m
12· 4			78 ¼ p	15·18			60 1/16 m
12· 6			77 ⅝ m	16·			59 11/16 m
12· 8			77 m	16· 2			59 5/16 m
12·10			76 ⅜ p	16· 4			58 13/16 m
12·12			75 ¾ p	16· 6			58 9/16 m
12·14			75 3/16 m	16· 8			58 3/16 p
12·16			74 9/16 p	16·10			57 ⅞ m
12·18			74 p	16·12			57 ½ p
13·			73 7/16 p	16·14			57 ⅛ p
13· 2			72 ⅞ p	16·16			56 13/16 p
13· 4			72 5/16 p	16·18			56 ½ m
13· 6			71 13/16 m	17·			56 3/16 m
13· 8			71 ¼ m	17· 2			55 13/16 m
13·10			70 ¾ m	17· 4			55 ½ p
13·12			70 3/16 p	17· 6			55 5/16 m

DES CHANGES.

PARIS, L'ESPAGNE, AMSTERDAM.

Paris sur l'Espag.	Amster. sur Madrid.	Amster. sur Cadix.	Rend à Amster.	Paris sur l'Espag.	Amster. sur Madrid.	Amster. sur Cadix.	Rend à Amster.
17 . 8	$87\frac{3}{4}$	$109\frac{14}{16}$	$54\frac{7}{8}$ m	21 . 2	$87\frac{3}{4}$	$109\frac{11}{16}$	$45\frac{1}{4}$ m
17 . 10			$54\frac{9}{16}$ m	21 . 4			$45\frac{1}{16}$ m
17 . 12			$54\frac{1}{4}$ m	21 . 6			$44\frac{13}{16}$ p
17 . 14			$53\frac{11}{16}$ p	21 . 8			$44\frac{5}{8}$ m
17 . 16			$53\frac{5}{8}$ p	21 . 10			$44\frac{3}{8}$ p
17 . 18			$53\frac{3}{16}$ p	21 . 12			$44\frac{1}{16}$ p
18 .			$53\frac{1}{16}$ m	21 . 14			44 m
18 . 2			$52\frac{3}{4}$ m	21 . 16			$43\frac{13}{16}$ m
18 . 4			$52\frac{7}{16}$ p	21 . 18			$43\frac{1}{2}$ m
18 . 6			$52\frac{3}{16}$ m	22 .			$43\frac{3}{8}$ p
18 . 8			$51\frac{7}{8}$ p	22 . 2			$43\frac{1}{16}$ p
18 . 10			$51\frac{5}{8}$ m	22 . 4			43 p
18 . 12			$51\frac{5}{16}$ p	22 . 6			$42\frac{13}{16}$ p
18 . 14			$51\frac{1}{16}$ m	22 . 8			$42\frac{3}{8}$ m
18 . 16			$50\frac{13}{16}$ m	22 . 10			$42\frac{7}{16}$ m
18 . 18			$50\frac{1}{2}$ p	22 . 12			$42\frac{1}{4}$ p
19 .			$50\frac{1}{4}$ m	22 . 14			$42\frac{1}{16}$ m
19 . 2			50 m	22 . 16			$41\frac{7}{8}$ m
19 . 4			$49\frac{3}{4}$ m	22 . 18			$41\frac{11}{16}$ p
19 . 6			$49\frac{7}{16}$ p	23 .			$41\frac{1}{2}$ p
19 . 8			$49\frac{3}{8}$ p	23 . 2			$41\frac{5}{16}$ p
19 . 10			$48\frac{15}{16}$ p	23 . 4			$41\frac{1}{8}$ p
19 . 12			$48\frac{11}{16}$ p	23 . 6			41 m
19 . 14			$48\frac{7}{16}$ p	23 . 8			$40\frac{13}{16}$ m
19 . 16			$48\frac{3}{16}$ p	23 . 10			$40\frac{5}{8}$ p
19 . 18			48 m	23 . 12			$40\frac{7}{16}$ p
20 .			$47\frac{3}{4}$ m	23 . 14			$40\frac{1}{4}$ m
20 . 2			$47\frac{1}{2}$ m	23 . 16			$40\frac{1}{8}$ m
20 . 4			$47\frac{1}{4}$ p	23 . 18			$39\frac{15}{16}$ p
20 . 6			47 p	24 .			$39\frac{3}{4}$ p
20 . 8			$46\frac{13}{16}$ m	24 . 2			$39\frac{5}{8}$ m
20 . 10			$46\frac{9}{16}$ p	24 . 4			$39\frac{7}{16}$ p
20 . 12			$46\frac{5}{8}$ m	24 . 6			$39\frac{5}{16}$ m
20 . 14			$46\frac{3}{8}$ p	24 . 8			$39\frac{1}{8}$ p
20 . 16			$45\frac{7}{8}$ p	24 . 10			$38\frac{15}{16}$ p
20 . 18			$45\frac{11}{16}$ m	24 . 12			$38\frac{3}{4}$ m
21 .			$45\frac{7}{16}$ p	24 . 14			$38\frac{5}{8}$ p

Oij

108 COMBINAISON GENERALE

PARIS, L'ESPAGNE, AMSTERDAM.

Paris sur l'Espag.	Amster. sur Madrid.	Amster. sur Cadix.	Rend à Amster.	Paris sur l'Espag.	Amster. sur Madrid.	Amster. sur Cadix.	Rend à Amster.
10 ·	88	110	$95\frac{3}{4}$ m	13 · 14	88	110	$69\frac{7}{16}$ p
10 · 2			$94\frac{13}{16}$ m	13 · 16			$69\frac{5}{16}$ p
10 · 4			$93\frac{7}{8}$ m	13 · 18			$68\frac{5}{8}$ p
10 · 6			$92\frac{11}{16}$ p	14 ·			$68\frac{5}{16}$ p
10 · 8			$92\frac{1}{16}$ m	14 · 2			$67\frac{7}{8}$ p
10 · 10			$91\frac{3}{16}$ m	14 · 4			$67\frac{1}{16}$ m
10 · 12			$90\frac{5}{16}$ p	14 · 6			$66\frac{13}{16}$ p
10 · 14			$89\frac{1}{2}$ m	14 · 8			$66\frac{1}{2}$ m
10 · 16			$88\frac{5}{8}$ p	14 · 10			66 p
10 · 18			$87\frac{13}{16}$ p	14 · 12			$65\frac{9}{16}$ p
11 ·			$87\frac{1}{16}$ m	14 · 14			$65\frac{1}{8}$ p
11 · 2			$86\frac{1}{4}$ p	14 · 16			$64\frac{11}{16}$ p
11 · 4			$85\frac{1}{2}$ m	14 · 18			$64\frac{1}{4}$ p
11 · 6			$84\frac{3}{4}$ m	15 ·			$63\frac{13}{16}$ m
11 · 8			84 m	15 · 2			$63\frac{7}{16}$ p
11 · 10			$83\frac{1}{4}$ p	15 · 4			63 m
11 · 12			$82\frac{9}{16}$ m	15 · 6			$62\frac{9}{16}$ p
11 · 14			$81\frac{13}{16}$ p	15 · 8			$62\frac{3}{16}$ m
11 · 16			$81\frac{5}{8}$ p	15 · 10			$61\frac{3}{4}$ p
11 · 18			$80\frac{7}{8}$ p	15 · 12			$61\frac{3}{8}$ m
12 ·			$79\frac{15}{16}$ m	15 · 14			61 m
12 · 2			$79\frac{1}{8}$ p	15 · 16			$60\frac{5}{8}$ p
12 · 4			$78\frac{1}{2}$ m	15 · 18			$60\frac{3}{16}$ p
12 · 6			$77\frac{13}{16}$ p	16 ·			$59\frac{13}{16}$ p
12 · 8			$77\frac{3}{16}$ p	16 · 2			$59\frac{7}{16}$ p
12 · 10			$76\frac{5}{8}$ m	16 · 4			$59\frac{1}{8}$ m
12 · 12			76 m	16 · 6			$58\frac{3}{4}$ m
12 · 14			$75\frac{3}{8}$ p	16 · 8			$58\frac{3}{8}$ p
12 · 16			$74\frac{13}{16}$ m	16 · 10			58 p
12 · 18			$74\frac{1}{4}$ m	16 · 12			$57\frac{11}{16}$ m
13 ·			$73\frac{3}{8}$ p	16 · 14			$57\frac{5}{16}$ p
13 · 2			$73\frac{1}{16}$ p	16 · 16			57 m
13 · 4			$72\frac{9}{16}$ p	16 · 18			$56\frac{5}{8}$ p
13 · 6			72 m	17 ·			$56\frac{5}{16}$ p
13 · 8			$71\frac{7}{16}$ p	17 · 2			56 m
13 · 10			$70\frac{15}{16}$ m	17 · 4			$55\frac{11}{16}$ m
13 · 12			$70\frac{3}{8}$ p	17 · 6			$55\frac{5}{16}$ p

DES CHANGES.

PARIS, L'ESPAGNE, AMSTERDAM.

Paris sur l'Espag.	Amster. sur Madrid.	Amster. sur Cadix.	Rend à Amster.	Paris sur l'Espag.	Amster. sur Madrid.	Amster. sur Cadix.	Rend à Amster.
17. 8	88	110	55 p	21. 2	88	110	45 $\frac{3}{8}$ p
17. 10			54 $\frac{11}{16}$ p	21. 4			45 $\frac{1}{16}$ m
17. 12			54 $\frac{3}{8}$ p	21. 6			44 $\frac{13}{16}$ p
17. 14			54 $\frac{1}{16}$ p	21. 8			44 $\frac{3}{4}$ m
17. 16			53 $\frac{13}{16}$ m	21. 10			44 $\frac{9}{16}$ m
17. 18			53 $\frac{1}{2}$ m	21. 12			44 $\frac{5}{16}$ p
18.			53 $\frac{3}{16}$ p	21. 14			44 $\frac{1}{8}$ m
18. 2			52 $\frac{7}{8}$ p	21. 16			43 $\frac{15}{16}$ m
18. 4			52 $\frac{5}{8}$ m	21. 18			43 $\frac{11}{16}$ p
18. 6			52 $\frac{5}{16}$ p	22.			43 $\frac{1}{2}$ p
18. 8			52 $\frac{1}{16}$ m	22. 2			43 $\frac{5}{16}$ p
18. 10			51 $\frac{3}{4}$ p	22. 4			43 $\frac{1}{8}$ p
18. 12			51 $\frac{1}{2}$ m	22. 6			42 $\frac{15}{16}$ m
18. 14			51 $\frac{3}{16}$ p	22. 8			42 $\frac{3}{4}$ m
18. 16			50 $\frac{15}{16}$ m	22. 10			42 $\frac{9}{16}$ m
18. 18			50 $\frac{11}{16}$ m	22. 12			42 $\frac{3}{8}$ m
19.			50 $\frac{3}{8}$ p	22. 14			42 $\frac{3}{16}$ m
19. 2			50 $\frac{1}{8}$ p	22. 16			42 m
19. 4			49 $\frac{13}{16}$ m	22. 18			41 $\frac{13}{16}$ m
19. 6			49 $\frac{5}{8}$ m	23.			41 $\frac{5}{8}$ p
19. 8			49 $\frac{7}{16}$ m	23. 2			41 $\frac{7}{16}$ p
19. 10			49 $\frac{3}{16}$ m	23. 4			41 $\frac{1}{4}$ p
19. 12			48 $\frac{15}{16}$ m	23. 6			41 $\frac{1}{16}$ p
19. 14			48 $\frac{11}{16}$ m	23. 8			40 $\frac{13}{16}$ m
19. 16			48 $\frac{7}{16}$ m	23. 10			40 $\frac{5}{8}$ m
19. 18			48 $\frac{3}{16}$ m	23. 12			40 $\frac{7}{16}$ p
20.			47 $\frac{7}{8}$ m	23. 14			40 $\frac{3}{8}$ p
20. 2			47 $\frac{5}{8}$ p	23. 16			40 $\frac{1}{4}$ m
20. 4			47 $\frac{3}{8}$ p	23. 18			40 $\frac{1}{16}$ p
20. 6			47 $\frac{3}{16}$ m	24.			39 $\frac{7}{8}$ p
20. 8			46 $\frac{15}{16}$ m	24. 2			39 $\frac{3}{4}$ m
20. 10			46 $\frac{11}{16}$ p	24. 4			39 $\frac{9}{16}$ p
20. 12			46 $\frac{1}{2}$ m	24. 6			39 $\frac{3}{8}$ p
20. 14			46 $\frac{1}{4}$ p	24. 8			39 $\frac{1}{4}$ m
20. 16			46 p	24. 10			39 $\frac{1}{16}$ p
20. 18			45 $\frac{13}{16}$ p	24. 12			38 $\frac{15}{16}$ m
21.			45 $\frac{9}{16}$ p	24. 14			38 $\frac{3}{4}$ p

COMBINAISON GENERALE

PARIS, L'ESPAGNE, AMSTERDAM.

Paris sur l'Espag.	Amster. sur Madrid.	Amster. sur Cadix.	Rend à Amster.	Paris sur l'Espag.	Amster. sur Madrid.	Amster. sur Cadix.	Rend à Amster.
10·	88$\frac{1}{4}$	110$\frac{5}{16}$	96 P	13·14	88$\frac{1}{4}$	110$\frac{5}{16}$	70$\frac{1}{16}$ P
10· 2			95$\frac{1}{16}$ P	13·16			69$\frac{9}{16}$ P
10· 4			94$\frac{1}{8}$ P	13·18			69$\frac{1}{16}$ P
10· 6			93$\frac{3}{4}$ m	14·			68$\frac{9}{16}$ P
10· 8			92$\frac{1}{16}$ P	14· 2			68$\frac{1}{8}$ m
10·10			91$\frac{7}{16}$ P	14· 4			67$\frac{1}{2}$ m
10·12			90$\frac{9}{16}$ P	14· 6			67$\frac{1}{8}$ P
10·14			89$\frac{3}{4}$ m	14· 8			66$\frac{11}{16}$ P
10·16			88$\frac{7}{8}$ P	14·10			66$\frac{3}{16}$ P
10·18			88$\frac{1}{16}$ P	14·12			65$\frac{3}{4}$ P
11·			87$\frac{5}{16}$ m	14·14			65$\frac{5}{16}$ P
11· 2			86$\frac{1}{2}$ P	14·16			64$\frac{7}{8}$ P
11· 4			85$\frac{3}{4}$ m	14·18			64$\frac{7}{16}$ P
11· 6			85 m	15·			64 P
11· 8			84$\frac{1}{4}$ m	15· 2			63$\frac{9}{16}$ P
11·10			83$\frac{1}{2}$ m	15· 4			63$\frac{3}{16}$ m
11·12			82$\frac{3}{4}$ P	15· 6			62$\frac{3}{4}$ P
11·14			82$\frac{1}{16}$ P	15· 8			62$\frac{3}{8}$ m
11·16			81$\frac{3}{8}$ m	15·10			61$\frac{1}{16}$ P
11·18			80$\frac{11}{16}$ m	15·12			61$\frac{9}{16}$ P
12·			80 P	15·14			61$\frac{3}{16}$ m
12· 2			79$\frac{3}{8}$ m	15·16			60$\frac{3}{4}$ P
12· 4			78$\frac{11}{16}$ P	15·18			60$\frac{3}{8}$ P
12· 6			78$\frac{1}{16}$ m	16·			60 P
12· 8			77$\frac{7}{16}$ m	16· 2			59$\frac{5}{8}$ P
12·10			76$\frac{13}{16}$ P	16· 4			59$\frac{1}{4}$ P
12·12			76$\frac{3}{16}$ P	16· 6			58$\frac{7}{8}$ P
12·14			75$\frac{1}{2}$ P	16· 8			58$\frac{1}{16}$ m
12·16			75 P	16·10			58$\frac{3}{16}$ P
12·18			74$\frac{7}{16}$ m	16·12			57$\frac{13}{16}$ P
13·			73$\frac{7}{8}$ m	16·14			57$\frac{1}{2}$ m
13· 2			73$\frac{1}{16}$ m	16·16			57$\frac{1}{8}$ P
13· 4			72$\frac{3}{4}$ m	16·18			56$\frac{13}{16}$ P
13· 6			72$\frac{3}{16}$ P	17·			56$\frac{1}{2}$ m
13· 8			71$\frac{5}{8}$ P	17· 2			56$\frac{1}{8}$ P
13·10			71$\frac{1}{8}$ m	17· 4			55$\frac{13}{16}$ P
13·12			70$\frac{5}{8}$ m	17· 6			55$\frac{1}{2}$ P

DES CHANGES.   III

PARIS, L'ESPAGNE, AMSTERDAM.

Paris sur l'Espag.	Amster. sur Madrid.	Amster. sur Cadix.	Rend à Amster.	Paris sur l'Espag.	Amster. sur Madrid.	Amster. sur Cadix.	Rend à Amster.
17·8	$88\frac{1}{4}$	$110\frac{5}{16}$	$55\frac{3}{16}$ m	21·2	$88\frac{1}{4}$	$110\frac{1}{16}$	$45\frac{1}{2}$ p
17·10	....	....	$54\frac{7}{8}$ m	21·4	....	....	$45\frac{1}{16}$ m
17·12	....	....	$54\frac{9}{16}$ m	21·6	....	....	$45\frac{1}{8}$ p
17·14	....	....	$54\frac{1}{4}$ m	21·8	....	....	$44\frac{7}{8}$ p
17·16	....	....	$53\frac{13}{16}$ p	21·10	....	....	$44\frac{11}{16}$ m
17·18	....	....	$53\frac{5}{8}$ p	21·12	....	....	$44\frac{7}{16}$ p
18·	....	....	$53\frac{5}{16}$ p	21·14	....	....	$44\frac{1}{4}$ m
18·2	....	....	$53\frac{1}{16}$ m	21·16	....	....	$44\frac{1}{16}$ m
18·4	....	....	$52\frac{3}{4}$ p	21·18	....	....	$43\frac{13}{16}$ p
18·6	....	....	$52\frac{1}{2}$ p	22·	....	....	$43\frac{5}{8}$ p
18·8	....	....	$52\frac{3}{16}$ m	22·2	....	....	$43\frac{7}{16}$ p
18·10	....	....	$51\frac{7}{8}$ p	22·4	....	....	$43\frac{1}{4}$ p
18·12	....	....	$51\frac{5}{8}$ m	22·6	....	....	$43\frac{1}{16}$ m
18·14	....	....	$51\frac{3}{8}$ m	22·8	....	....	$42\frac{7}{8}$ m
18·16	....	....	$51\frac{1}{8}$ p	22·10	....	....	$42\frac{11}{16}$ m
18·18	....	....	$50\frac{13}{16}$ m	22·12	....	....	$42\frac{1}{2}$ m
19·	....	....	$50\frac{9}{16}$ m	22·14	....	....	$42\frac{5}{16}$ m
19·2	....	....	$50\frac{1}{4}$ p	22·16	....	....	$42\frac{1}{8}$ m
19·4	....	....	50 p	22·18	....	....	$41\frac{15}{16}$ m
19·6	....	....	$49\frac{3}{4}$ m	23·	....	....	$41\frac{3}{4}$ m
19·8	....	....	$49\frac{1}{2}$ m	23·2	....	....	$41\frac{9}{16}$ p
19·10	....	....	$49\frac{1}{4}$ m	23·4	....	....	$41\frac{3}{8}$ p
19·12	....	....	49 m	23·6	....	....	$41\frac{3}{16}$ p
19·14	....	....	$48\frac{3}{4}$ m	23·8	....	....	$41\frac{1}{16}$ m
19·16	....	....	$48\frac{1}{2}$ m	23·10	....	....	$40\frac{7}{8}$ m
19·18	....	....	$48\frac{1}{4}$ m	23·12	....	....	$40\frac{11}{16}$ m
20·	....	....	48 p	23·14	....	....	$40\frac{1}{2}$ p
20·2	....	....	$47\frac{3}{4}$ p	23·16	....	....	$40\frac{5}{16}$ p
20·4	....	....	$47\frac{9}{16}$ m	23·18	....	....	$40\frac{1}{16}$ m
20·6	....	....	$47\frac{5}{16}$ m	24·	....	....	40 p
20·8	....	....	$47\frac{1}{16}$ p	24·2	....	....	$39\frac{13}{16}$ p
20·10	....	....	$46\frac{13}{16}$ p	24·4	....	....	$39\frac{11}{16}$ m
20·12	....	....	$46\frac{5}{8}$ m	24·6	....	....	$39\frac{1}{2}$ p
20·14	....	....	$46\frac{3}{8}$ p	24·8	....	....	$39\frac{3}{8}$ m
20·16	....	....	$46\frac{1}{16}$ m	24·10	....	....	$39\frac{3}{16}$ p
20·18	....	....	$45\frac{15}{16}$ p	24·12	....	....	39 p
21·	....	....	$45\frac{3}{4}$ m	24·14	....	....	$38\frac{7}{8}$ m

COMBINAISON GENERALE

PARIS, L'ESPAGNE, AMSTERDAM.

Paris sur l'Efpag.	Amfter. sur Madrid.	Amfter. sur Cadix.	Rend à Amfter.	Paris sur l'Efpag.	Amfter. sur Madrid.	Amfter. sur Cadix.	Rend à Amfter.
10 ·	$88\frac{1}{2}$	$110\frac{5}{8}$	$96\frac{5}{16}$ m	13 · 14	$88\frac{1}{2}$	$110\frac{5}{8}$	$70\frac{5}{16}$ m
10 · 2			$95\frac{5}{16}$ p	13 · 16			$69\frac{5}{4}$ p
10 · 4			$94\frac{3}{8}$ p	13 · 18			$69\frac{1}{4}$ p
10 · 6			$93\frac{1}{2}$ m	14 ·			$68\frac{3}{4}$ p
10 · 8			$92\frac{9}{16}$ p	14 · 2			$68\frac{5}{16}$ m
10 · 10			$91\frac{11}{16}$ p	14 · 4			$67\frac{13}{16}$ m
10 · 12			$90\frac{13}{16}$ p	14 · 6			$67\frac{5}{16}$ p
10 · 14			90 m	14 · 8			$66\frac{7}{8}$ m
10 · 16			$89\frac{1}{8}$ p	14 · 10			$66\frac{3}{8}$ p
10 · 18			$88\frac{3}{16}$ p	14 · 12			$65\frac{15}{16}$
11 ·			$87\frac{9}{16}$ m	14 · 14			$65\frac{1}{2}$
11 · 2			$86\frac{2}{4}$ m	14 · 16			$65\frac{1}{16}$
11 · 4			86 m	14 · 18			$64\frac{5}{8}$
11 · 6			$85\frac{3}{16}$ p	15 ·			$64\frac{3}{16}$ p
11 · 8			$84\frac{7}{16}$ p	15 · 2			$63\frac{3}{4}$
11 · 10			$83\frac{3}{4}$ m	15 · 4			$63\frac{3}{8}$
11 · 12			83 p	15 · 6			$62\frac{15}{16}$
11 · 14			$82\frac{5}{16}$ m	15 · 8			$62\frac{1}{2}$
11 · 16			$81\frac{5}{8}$ m	15 · 10			$62\frac{1}{8}$ m
11 · 18			$80\frac{15}{16}$ m	15 · 12			$61\frac{1}{2}$
12 ·			$80\frac{1}{4}$ m	15 · 14			$61\frac{1}{4}$ p
12 · 2			$79\frac{9}{16}$ p	15 · 16			$60\frac{15}{16}$
12 · 4			$78\frac{15}{16}$ m	15 · 18			$60\frac{9}{16}$ p
12 · 6			$78\frac{5}{16}$ p	16 ·			$60\frac{3}{16}$
12 · 8			$77\frac{7}{8}$ p	16 · 2			$59\frac{13}{16}$ m
12 · 10			77 p	16 · 4			$59\frac{7}{16}$ m
12 · 12			$76\frac{7}{16}$ m	16 · 6			$59\frac{1}{16}$ p
12 · 14			$75\frac{13}{16}$ p	16 · 8			$58\frac{11}{16}$ p
12 · 16			$75\frac{1}{4}$ m	16 · 10			$58\frac{3}{8}$ p
12 · 18			$74\frac{5}{8}$ p	16 · 12			58 p
13 ·			$74\frac{1}{16}$ p	16 · 14			$57\frac{11}{16}$ m
13 · 2			$73\frac{1}{2}$ p	16 · 16			$57\frac{5}{16}$ p
13 · 4			$72\frac{15}{16}$ p	16 · 18			57 m
13 · 6			$72\frac{3}{8}$ p	17 ·			$56\frac{5}{8}$ p
13 · 8			$71\frac{7}{8}$ m	17 · 2			$56\frac{5}{16}$ m
13 · 10			$71\frac{5}{16}$ p	17 · 4			56 m
13 · 12			$70\frac{13}{16}$ m	17 · 6			$55\frac{11}{16}$ m

DES CHANGES.

PARIS, L'ESPAGNE, AMSTERDAM.

Paris. sur l'Espag.	Amster. sur Madrid.	Amster. sur Cadix.	Rend à Amster.	Paris sur l'Espag.	Amster. sur Madrid.	Amster. sur Cadix.	Rend à Amster.
17. 8	$88\frac{1}{2}$	$110\frac{5}{8}$	$55\frac{5}{16}$ P	21. 2	$88\frac{1}{2}$	$110\frac{5}{8}$	$45\frac{5}{8}$ P
17.10	....	....	55 P	21. 4	....	....	$45\frac{7}{16}$ m
17.12	....	....	$54\frac{11}{16}$ P	21. 6	....	....	$45\frac{3}{16}$ P
17.14	....	....	$54\frac{3}{8}$ P	21. 8	....	....	45 m
17.16	....	....	$54\frac{1}{8}$ m	21.10	....	....	$44\frac{13}{16}$ m
17.18	....	....	$53\frac{13}{16}$ m	21.12	....	....	$44\frac{9}{16}$ P
18.	....	....	$53\frac{1}{2}$ m	21.14	....	....	$44\frac{3}{8}$ m
18. 2	....	....	$53\frac{3}{16}$ P	21.16	....	....	$44\frac{1}{8}$ m
18. 4	....	....	$52\frac{7}{8}$ P	21.18	....	....	$43\frac{15}{16}$ P
18. 6	....	....	$52\frac{5}{8}$ m	22.	....	....	$43\frac{3}{4}$ P
18. 8	....	....	$52\frac{5}{16}$ P	22. 2	....	....	$43\frac{9}{16}$ P
18.10	....	....	$52\frac{1}{16}$ m	22. 4	....	....	$43\frac{3}{8}$ m
18.12	....	....	$51\frac{3}{4}$ P	22. 6	....	....	$43\frac{3}{16}$ m
18.14	....	....	$51\frac{1}{2}$ m	22. 8	....	....	43 m
18.16	....	....	$51\frac{2}{9}$ P	22.10	....	....	$42\frac{13}{16}$ m
18.18	....	....	$50\frac{15}{16}$ P	22.12	....	....	$42\frac{5}{8}$ m
19.	....	....	$50\frac{11}{16}$ m	22.14	....	....	$42\frac{7}{16}$ m
19. 2	....	....	$50\frac{7}{16}$ m	22.16	....	....	$42\frac{1}{4}$ m
19. 4	....	....	$50\frac{1}{8}$ P	22.18	....	....	$42\frac{1}{16}$ m
19. 6	....	....	$49\frac{7}{8}$ P	23.	....	....	$41\frac{7}{8}$ m
19. 8	....	....	$49\frac{5}{8}$ P	23. 2	....	....	$41\frac{11}{16}$ m
19.10	....	....	$49\frac{3}{8}$ P	23. 4	....	....	$41\frac{1}{2}$ P
19.12	....	....	$49\frac{1}{8}$ P	23. 6	....	....	$41\frac{1}{6}$ P
19.14	....	....	$48\frac{7}{8}$ P	23. 8	....	....	$41\frac{1}{8}$ P
19.16	....	....	$48\frac{5}{8}$ P	23.10	....	....	41 m
19.18	....	....	$48\frac{3}{8}$ P	23.12	....	....	$40\frac{13}{16}$ m
20.	....	....	$48\frac{1}{8}$ P	23.14	....	....	$40\frac{5}{8}$ P
20. 2	....	....	$47\frac{7}{8}$ P	23.16	....	....	$40\frac{7}{16}$ P
20. 4	....	....	$47\frac{11}{16}$ m	23.18	....	....	$40\frac{5}{16}$ m
20. 6	....	....	$47\frac{7}{16}$ m	24.	....	....	$40\frac{1}{8}$ m
20. 8	....	....	$47\frac{3}{16}$ P	24. 2	....	....	$39\frac{15}{16}$ P
20.10	....	....	47 m	24. 4	....	....	$39\frac{5}{16}$ m
20.12	....	....	$46\frac{3}{4}$ P	24. 6	....	....	$39\frac{5}{8}$ m
20.14	....	....	$46\frac{1}{2}$ P	24. 8	....	....	$39\frac{7}{16}$ P
20.16	....	....	$46\frac{5}{16}$ m	24.10	....	....	$39\frac{5}{16}$ m
20.18	....	....	$46\frac{1}{16}$ P	24.12	....	....	$39\frac{1}{8}$ P
21.	....	....	$45\frac{7}{8}$ m	24.14	....	....	39 m

Tome II.   P

COMBINAISON GENERALE

PARIS, L'ESPAGNE, AMSTERDAM.

Paris sur l'Espag.	Amster. sur Madrid.	Amster. sur Cadix.	Rend à Amster.	Paris sur l'Espag.	Amster. sur Madrid.	Amster. sur Cadix.	Rend à Amster.
10 ·	88 $\frac{3}{4}$	110 $\frac{15}{16}$	96 $\frac{2}{16}$ m	13 · 14	88 $\frac{3}{4}$	110 $\frac{15}{16}$	70 $\frac{1}{2}$ m
10 · 2			95 $\frac{5}{8}$ m	13 · 16			70 m
10 · 4			94 $\frac{11}{16}$ m	13 · 18			69 $\frac{7}{16}$ p
10 · 6			93 $\frac{3}{4}$ m	14 ·			69 m
10 · 8			92 $\frac{7}{8}$ m	14 · 2			68 $\frac{1}{2}$ m
10 · 10			91 $\frac{15}{16}$ p	14 · 4			68 m
10 · 12			91 $\frac{1}{8}$ m	14 · 6			67 $\frac{1}{2}$ p
10 · 14			90 $\frac{1}{4}$ m	14 · 8			67 $\frac{1}{16}$ m
10 · 16			89 $\frac{7}{16}$ m	14 · 10			66 $\frac{9}{16}$ p
10 · 18			88 $\frac{9}{16}$ p	14 · 12			66 $\frac{1}{8}$ p
11 ·			87 $\frac{13}{16}$ m	14 · 14			65 $\frac{11}{16}$ m
11 · 2			87 m	14 · 16			65 $\frac{1}{4}$ m
11 · 4			86 $\frac{3}{16}$ p	14 · 18			64 $\frac{13}{16}$ m
11 · 6			85 $\frac{7}{16}$ p	15 ·			64 $\frac{3}{8}$ m
11 · 8			84 $\frac{11}{16}$ p	15 · 2			63 $\frac{15}{16}$ p
11 · 10			83 $\frac{13}{16}$ p	15 · 4			63 $\frac{1}{2}$ p
11 · 12			83 $\frac{1}{4}$ m	15 · 6			63 $\frac{1}{8}$ p
11 · 14			82 $\frac{1}{2}$ p	15 · 8			62 $\frac{11}{16}$ p
11 · 16			81 $\frac{13}{16}$ p	15 · 10			62 $\frac{5}{16}$ m
11 · 18			81 $\frac{1}{8}$ p	15 · 12			61 $\frac{7}{8}$ p
12 ·			80 $\frac{7}{16}$ p	15 · 14			61 $\frac{1}{2}$ p
12 · 2			79 $\frac{13}{16}$ m	15 · 16			61 $\frac{1}{8}$ m
12 · 4			79 $\frac{3}{8}$ p	15 · 18			60 $\frac{5}{8}$ m
12 · 6			78 $\frac{1}{2}$ p	16 ·			60 $\frac{1}{2}$ m
12 · 8			77 $\frac{7}{8}$ m	16 · 2			60 m
12 · 10			77 $\frac{1}{4}$ m	16 · 4			59 $\frac{5}{8}$ m
12 · 12			76 $\frac{5}{8}$ p	16 · 6			59 $\frac{1}{4}$ m
12 · 14			76 $\frac{1}{16}$ m	16 · 8			58 $\frac{7}{8}$ p
12 · 16			75 $\frac{7}{16}$	16 · 10			58 $\frac{1}{2}$ p
12 · 18			74 $\frac{7}{8}$ m	16 · 12			58 $\frac{1}{8}$ m
13 ·			74 $\frac{1}{4}$ p	16 · 14			57 $\frac{13}{16}$ p
13 · 2			73 $\frac{11}{16}$ p	16 · 16			57 $\frac{1}{2}$ m
13 · 4			73 $\frac{1}{8}$ p	16 · 18			57 $\frac{1}{8}$ p
13 · 6			72 $\frac{8}{16}$ m	17 ·			56 $\frac{13}{16}$ m
13 · 8			72 $\frac{1}{16}$ m	17 · 2			56 $\frac{7}{16}$ p
13 · 10			71 $\frac{1}{2}$ p	17 · 4			56 $\frac{1}{8}$ p
13 · 12			71	17 · 6			55 $\frac{13}{16}$ p

DES CHANGES.

PARIS, L'ESPAGNE, AMSTERDAM.

Paris sur l'Espag.	Amster. sur Madrid.	Amster. sur Cadix.	Rend à Amster.	Paris sur l'Espag.	Amster. sur Madrid.	Amster. sur Cadix.	Rend à Amster.
17 . 8	88¾	110 $\frac{11}{16}$	55 $\frac{1}{2}$ m	21 . 2	88¾	110 $\frac{11}{16}$	45 $\frac{3}{4}$ P
17 . 10			55 $\frac{7}{16}$ m	21 . 4			45 $\frac{9}{16}$ m
17 . 12			54 $\frac{3}{8}$ m	21 . 6			45 $\frac{5}{16}$ P
17 . 14			54 $\frac{9}{16}$ m	21 . 8			45 $\frac{1}{8}$ m
17 . 16			54 $\frac{1}{4}$ m	21 . 10			44 $\frac{15}{16}$ m
17 . 18			53 $\frac{15}{16}$ P	21 . 12			44 $\frac{11}{16}$ P
18 .			53 $\frac{1}{2}$ P	21 . 14			44 $\frac{1}{2}$ m
18 . 2			53 $\frac{3}{8}$ m	21 . 16			44 $\frac{5}{16}$ m
18 . 4			53 $\frac{1}{16}$ m	21 . 18			44 $\frac{1}{16}$ P
18 . 6			52 $\frac{3}{4}$ P	22 .			43 $\frac{7}{8}$ m
18 . 8			52 $\frac{1}{2}$ m	22 . 2			43 $\frac{11}{16}$ P
18 . 10			52 $\frac{1}{4}$ P	22 . 4			43 $\frac{1}{2}$ m
18 . 12			51 $\frac{13}{16}$ m	22 . 6			43 $\frac{1}{16}$ m
18 . 14			51 $\frac{1}{2}$ P	22 . 8			43 $\frac{1}{8}$ m
18 . 16			51 $\frac{3}{8}$ m	22 . 10			42 $\frac{13}{16}$ m
18 . 18			51 $\frac{1}{16}$ P	22 . 12			42 $\frac{3}{4}$ m
19 .			50 $\frac{13}{16}$ P	22 . 14			42 $\frac{9}{16}$ m
19 . 2			50 $\frac{9}{16}$ m	22 . 16			42 $\frac{3}{8}$ m
19 . 4			50 $\frac{1}{16}$ m	22 . 18			42 $\frac{3}{16}$ m
19 . 6			50 P	23 .			42 m
19 . 8			49 $\frac{3}{4}$ P	23 . 2			41 $\frac{13}{16}$ m
19 . 10			49 $\frac{1}{2}$ P	23 . 4			41 $\frac{1}{2}$ m
19 . 12			49 $\frac{1}{4}$ P	23 . 6			41 $\frac{7}{16}$ P
19 . 14			49 P	23 . 8			41 $\frac{1}{4}$ P
19 . 16			48 $\frac{3}{4}$ P	23 . 10			41 $\frac{1}{16}$ P
19 . 18			48 $\frac{1}{2}$ P	23 . 12			40 $\frac{13}{16}$ m
20 .			48 $\frac{1}{4}$ P	23 . 14			40 $\frac{1}{2}$ m
20 . 2			48 $\frac{1}{16}$ m	23 . 16			40 $\frac{9}{16}$ P
20 . 4			47 $\frac{13}{16}$ m	23 . 18			40 $\frac{3}{8}$ P
20 . 6			47 $\frac{9}{16}$ P	24 .			40 $\frac{1}{4}$ m
20 . 8			47 $\frac{5}{16}$ P	24 . 2			40 $\frac{1}{16}$ P
20 . 10			47 $\frac{1}{16}$ m	24 . 4			39 $\frac{7}{8}$ P
20 . 12			46 $\frac{3}{4}$ m	24 . 6			39 $\frac{3}{4}$ m
20 . 14			46 $\frac{3}{8}$ P	24 . 8			39 $\frac{9}{16}$ P
20 . 16			46 $\frac{7}{16}$ m	24 . 10			39 $\frac{5}{16}$ m
20 . 18			46 $\frac{3}{16}$ P	24 . 12			39 $\frac{1}{4}$ P
21 .			46 m	24 . 14			39 $\frac{1}{16}$ P

COMBINAISON GENERALE

PARIS, L'ESPAGNE, AMSTERDAM.

Paris sur l'Espag.	Amster. sur Madrid.	Amster. sur Cadix.	Rend à Amster.	Paris sur l'Espag.	Amster. sur Madrid.	Amster. sur Cadix.	Rend à Amster.
10·	89	111 $\frac{1}{4}$	96 $\frac{13}{16}$ p	13·14	89	111 $\frac{1}{4}$	70 $\frac{11}{16}$ m
10· 2			95 $\frac{7}{8}$ m	13·16			70 $\frac{3}{16}$ m
10· 4			94 $\frac{15}{16}$ m	13·18			69 $\frac{11}{16}$ m
10· 6			94 p	14·			69 $\frac{3}{16}$ m
10· 8			93 $\frac{1}{8}$ m	14· 2			68 $\frac{11}{16}$ m
10·10			92 $\frac{1}{4}$ m	14· 4			68 $\frac{3}{16}$ p
10·12			91 $\frac{3}{8}$ m	14· 6			67 $\frac{11}{16}$ m
10·14			90 $\frac{1}{2}$ m	14· 8			67 $\frac{1}{4}$ m
10·16			89 $\frac{11}{16}$ m	14·10			66 $\frac{3}{4}$ p
10·18			88 $\frac{13}{16}$ p	14·12			66 $\frac{1}{4}$ p
11·			88 p	14·14			65 $\frac{7}{8}$ p
11· 2			87 $\frac{1}{4}$ m	14·16			65 $\frac{7}{16}$ m
11· 4			86 $\frac{7}{16}$ p	14·18			65 m
11· 6			85 $\frac{11}{16}$ p	15·			64 $\frac{9}{16}$ m
11· 8			84 $\frac{15}{16}$ p	15· 2			64 $\frac{1}{8}$ p
11·10			84 $\frac{3}{16}$ p	15· 4			63 $\frac{11}{16}$ p
11·12			83 $\frac{1}{2}$ m	15· 6			63 $\frac{1}{16}$ m
11·14			82 $\frac{3}{4}$ p	15· 8			62 $\frac{7}{8}$ p
11·16			82 $\frac{1}{16}$ m	15·10			62 $\frac{1}{2}$ m
11·18			81 $\frac{3}{8}$ m	15·12			62 $\frac{1}{16}$ p
12·			80 $\frac{11}{16}$ p	15·14			61 $\frac{11}{16}$ m
12· 2			80 p	15·16			61 $\frac{1}{4}$ m
12· 4			79 $\frac{3}{8}$ m	15·18			60 $\frac{7}{8}$ p
12· 6			78 $\frac{3}{4}$ m	16·			60 $\frac{1}{2}$ p
12· 8			78 $\frac{1}{16}$ p	16· 2			60 $\frac{1}{8}$ p
12·10			77 $\frac{7}{16}$ p	16· 4			59 $\frac{3}{4}$ p
12·12			76 $\frac{7}{8}$ m	16· 6			59 $\frac{3}{8}$ p
12·14			76 $\frac{1}{4}$ m	16· 8			59 $\frac{1}{16}$ m
12·16			75 $\frac{5}{8}$ p	16·10			58 $\frac{11}{16}$ m
12·18			75 $\frac{1}{16}$ p	16·12			58 $\frac{1}{16}$ p
13·			74 $\frac{1}{2}$ m	16·14			58 m
13· 2			73 $\frac{13}{16}$ m	16·16			57 $\frac{5}{8}$ p
13· 4			73 $\frac{3}{8}$ m	16·18			57 $\frac{1}{4}$ p
13· 6			72 $\frac{13}{16}$ m	17·			56 $\frac{13}{16}$ p
13· 8			72 $\frac{1}{4}$ p	17· 2			56 $\frac{5}{8}$ p
13·10			71 $\frac{3}{4}$ m	17· 4			56 $\frac{3}{16}$ m
13·12			71 $\frac{1}{16}$ p	17· 6			56 m

DES CHANGES.

PARIS, L'ESPAGNE, AMSTERDAM.

Paris sur l'Espag.	Amster. sur Madrid.	Amster. sur Cadix.	Rend à Amster.	Paris sur l'Espag.	Amster. sur Madrid.	Amster. sur Cadix.	Rend à Amster.
17. 8	89	111 $\frac{1}{4}$	55 $\frac{5}{8}$ p	21. 2	89	111 $\frac{1}{4}$	45 $\frac{7}{8}$ p
17.10			55 $\frac{5}{16}$ p	21. 4			45 $\frac{11}{16}$ m
17.12			55 p	21. 6			45 $\frac{7}{16}$ p
17.14			54 $\frac{11}{16}$ p	21. 8			45 $\frac{1}{4}$ m
17.16			54 $\frac{3}{8}$ p	21.10			45 $\frac{1}{16}$ m
17.18			54 $\frac{1}{8}$ m	21.12			44 $\frac{13}{16}$ p
18.			53 $\frac{13}{16}$ m	21.14			44 $\frac{5}{8}$ m
18. 2			53 $\frac{1}{2}$ m	21.16			44 $\frac{7}{16}$ m
18. 4			53 $\frac{3}{16}$ p	21.18			44 $\frac{5}{16}$ p
18. 6			52 $\frac{15}{16}$ m	22.			44 p
18. 8			52 $\frac{5}{8}$ p	22. 2			43 $\frac{13}{16}$ p
18.10			52 $\frac{5}{16}$ p	22. 4			43 $\frac{5}{8}$ m
18.12			52 $\frac{1}{16}$ m	22. 6			43 $\frac{7}{16}$ m
18.14			51 $\frac{13}{16}$ m	22. 8			43 $\frac{1}{4}$ m
18.16			51 $\frac{1}{2}$ p	22.10			43 $\frac{1}{16}$ m
18.18			51 $\frac{1}{4}$ p	22.12			42 $\frac{7}{8}$ m
19.			50 $\frac{15}{16}$ p	22.14			42 $\frac{11}{16}$ m
19. 2			50 $\frac{11}{16}$ p	22.16			42 $\frac{1}{2}$ m
19. 4			50 $\frac{7}{16}$ m	22.18			42 $\frac{5}{16}$ m
19. 6			50 $\frac{3}{16}$ m	23.			42 $\frac{1}{8}$ m
19. 8			49 $\frac{15}{16}$ m	23. 2			41 $\frac{15}{16}$ m
19.10			49 $\frac{11}{16}$ m	23. 4			41 $\frac{1}{2}$ m
19.12			49 $\frac{3}{8}$ p	23. 6			41 $\frac{9}{16}$ m
19.14			49 $\frac{1}{8}$ p	23. 8			41 $\frac{3}{8}$ p
19.16			48 $\frac{7}{8}$ p	23.10			41 $\frac{3}{16}$ p
19.18			48 $\frac{11}{16}$ m	23.12			41 p
20.			48 $\frac{7}{16}$ m	23.14			40 $\frac{7}{8}$ m
20. 2			48 $\frac{3}{16}$ m	23.16			40 $\frac{11}{16}$ m
20. 4			47 $\frac{13}{16}$ m	23.18			40 $\frac{1}{2}$ p
20. 6			47 $\frac{11}{16}$ p	24.			40 $\frac{3}{8}$ m
20. 8			47 $\frac{1}{16}$ p	24. 2			40 $\frac{3}{16}$ m
20.10			47 $\frac{1}{4}$ m	24. 4			40 p
20.12			47 p	24. 6			39 $\frac{7}{8}$ m
20.14			46 $\frac{3}{4}$ p	24. 8			39 $\frac{11}{16}$ m
20.16			46 $\frac{1}{2}$ m	24.10			39 $\frac{1}{2}$ p
20.18			46 $\frac{5}{16}$ p	24.12			39 $\frac{3}{8}$ m
21.			46 $\frac{1}{8}$ m	24.14			39 $\frac{3}{16}$ p

COMBINAISON GENERALE

PARIS, L'ESPAGNE, AMSTERDAM.

Paris sur l'Espag.	Amster. sur Madrid.	Amster. sur Cadix.	Rend à Amster.	Paris sur l'Espag.	Amster. sur Madrid.	Amster. sur Cadix.	Rend à Amster.
10·	$89\frac{1}{4}$	$111\frac{9}{16}$	$97\frac{1}{8}$ m	13·14	$89\frac{1}{4}$	$111\frac{9}{16}$	$70\frac{7}{8}$ p
10· 2			$96\frac{1}{2}$ p	13·16			$70\frac{1}{4}$ m
10· 4			$95\frac{3}{16}$ p	13·18			$69\frac{7}{8}$ m
10· 6			$94\frac{1}{4}$ p	14·			$69\frac{1}{2}$ m
10· 8			$93\frac{3}{8}$ m	14· 2			$68\frac{7}{8}$ m
10· 10			$92\frac{1}{2}$ m	14· 4			$68\frac{3}{8}$ p
10· 12			$91\frac{1}{8}$ m	14· 6			$67\frac{7}{8}$ p
10· 14			$90\frac{2}{4}$ p	14· 8			$67\frac{7}{16}$ m
10· 16			$89\frac{15}{16}$ p	14· 10			$66\frac{1}{2}$ p
10· 18			$89\frac{7}{16}$ p	14· 12			$66\frac{1}{2}$ p
11·			$88\frac{1}{4}$ p	14· 14			$66\frac{1}{16}$ m
11· 2			$87\frac{1}{2}$ m	14· 16			$65\frac{5}{8}$ m
11· 4			$86\frac{11}{16}$ p	14· 18			$65\frac{3}{16}$ m
11· 6			$85\frac{15}{16}$ m	15·			$64\frac{3}{4}$ m
11· 8			$85\frac{3}{16}$ m	15· 2			$64\frac{1}{16}$ m
11· 10			$84\frac{7}{16}$ p	15· 4			$63\frac{7}{8}$ p
11· 12			$83\frac{11}{16}$ p	15· 6			$63\frac{7}{16}$ p
11· 14			83 m	15· 8			$63\frac{1}{16}$ m
11· 16			$82\frac{5}{16}$ m	15· 10			$62\frac{5}{8}$ p
11· 18			$81\frac{5}{8}$ m	15· 12			$62\frac{1}{4}$ p
12·			$80\frac{15}{16}$ m	15· 14			$61\frac{7}{8}$ m
12· 2			$80\frac{1}{4}$ p	15· 16			$61\frac{7}{16}$ p
12· 4			$79\frac{9}{16}$ p	15· 18			$61\frac{1}{16}$ p
12· 6			$78\frac{15}{16}$ p	16·			$60\frac{11}{16}$ p
12· 8			$78\frac{1}{4}$ m	16· 2			$60\frac{5}{16}$ p
12· 10			$77\frac{11}{16}$ m	16· 4			$59\frac{15}{16}$ p
12· 12			$77\frac{1}{16}$ p	16· 6			$59\frac{9}{16}$ p
12· 14			$76\frac{7}{16}$ p	16· 8			$59\frac{3}{16}$ p
12· 16			$75\frac{7}{8}$ m	16· 10			$58\frac{7}{8}$ m
12· 18			$75\frac{1}{4}$ p	16· 12			$58\frac{1}{2}$ m
13·			$74\frac{11}{16}$ p	16· 14			$58\frac{1}{8}$ p
13· 2			$74\frac{1}{8}$ p	16· 16			$57\frac{13}{16}$ p
13· 4			$73\frac{9}{16}$ p	16· 18			$57\frac{7}{16}$ p
13· 6			73 p	17·			$57\frac{1}{16}$ p
13· 8			$72\frac{7}{16}$ p	17· 2			$56\frac{13}{16}$ m
13· 10			$71\frac{15}{16}$ m	17· 4			$56\frac{7}{16}$ p
13· 12			$71\frac{3}{8}$ p	17· 6			$56\frac{1}{8}$ p

DES CHANGES.

PARIS, L'ESPAGNE, AMSTERDAM.

Paris sur l'Espag.	Amster. sur Madrid.	Amster. sur Cadix.	Rend à Amster.	Paris sur l'Espag.	Amster. sur Madrid.	Amster. sur Cadix.	Rend à Amster.
17 . 8	$89\frac{1}{4}$	$111\frac{9}{16}$	$55\frac{13}{16}$ m	21 . 2	$89\frac{1}{4}$	$111\frac{9}{16}$	46 p
17 . 10	....	....	$55\frac{1}{2}$ m	21 . 4	....	....	$45\frac{13}{16}$ m
17 . 12	....	....	$55\frac{3}{16}$ m	21 . 6	....	....	$45\frac{9}{16}$ p
17 . 14	....	....	$54\frac{7}{8}$ m	21 . 8	....	....	$45\frac{3}{8}$ p
17 . 16	....	....	$54\frac{9}{16}$ m	21 . 10	....	....	$45\frac{3}{16}$ m
17 . 18	....	....	$54\frac{1}{4}$ m	21 . 12	....	....	$44\frac{13}{16}$ p
18 . -	....	....	$53\frac{15}{16}$ p	21 . 14	....	....	$44\frac{5}{8}$ m
18 . 2	....	....	$53\frac{5}{8}$ p	21 . 16	....	....	$44\frac{9}{16}$ m
18 . 4	....	....	$53\frac{3}{8}$ m	21 . 18	....	....	$44\frac{5}{16}$ p
18 . 6	....	....	$53\frac{1}{16}$ m	22 . -	....	....	$44\frac{1}{8}$ p
18 . 8	....	....	$52\frac{3}{4}$ p	22 . 2	....	....	$43\frac{15}{16}$ p
18 . 10	....	....	$52\frac{1}{2}$ m	22 . 4	....	....	$43\frac{3}{4}$ m
18 . 12	....	....	$52\frac{1}{4}$ p	22 . 6	....	....	$43\frac{9}{16}$ p
18 . 14	....	....	$51\frac{15}{16}$ p	22 . 8	....	....	$43\frac{3}{8}$ m
18 . 16	....	....	$51\frac{3}{8}$ p	22 . 10	....	....	$43\frac{3}{16}$ m
18 . 18	....	....	$51\frac{3}{8}$ p	22 . 12	....	....	$42\frac{15}{16}$ p
19 . -	....	....	$51\frac{1}{8}$ m	22 . 14	....	....	$42\frac{3}{4}$ p
19 . 2	....	....	$50\frac{13}{16}$ p	22 . 16	....	....	$42\frac{9}{16}$ p
19 . 4	....	....	$50\frac{9}{16}$ p	22 . 18	....	....	$42\frac{3}{8}$ p
19 . 6	....	....	$50\frac{3}{16}$ p	23 . -	....	....	$42\frac{1}{4}$ m
19 . 8	....	....	$50\frac{1}{16}$ m	23 . 2	....	....	$42\frac{1}{16}$ m
19 . 10	....	....	$49\frac{13}{16}$ m	23 . 4	....	....	$41\frac{7}{8}$ p
19 . 12	....	....	$49\frac{9}{16}$ m	23 . 6	....	....	$41\frac{11}{16}$ m
19 . 14	....	....	$49\frac{5}{16}$ m	23 . 8	....	....	$41\frac{1}{2}$ m
19 . 16	....	....	$49\frac{1}{16}$ m	23 . 10	....	....	$41\frac{5}{16}$ p
19 . 18	....	....	$48\frac{13}{16}$ m	23 . 12	....	....	$41\frac{1}{8}$ p
20 . -	....	....	$48\frac{5}{8}$ m	23 . 14	....	....	41 m
20 . 2	....	....	$48\frac{5}{16}$ m	23 . 16	....	....	$40\frac{13}{16}$ m
20 . 4	....	....	$48\frac{1}{16}$ p	23 . 18	....	....	$40\frac{5}{8}$ p
20 . 6	....	....	$47\frac{13}{16}$ p	24 . -	....	....	$40\frac{7}{16}$ p
20 . 8	....	....	$47\frac{5}{8}$ m	24 . 2	....	....	$40\frac{5}{16}$ m
20 . 10	....	....	$47\frac{3}{8}$ m	24 . 4	....	....	$40\frac{1}{8}$ p
20 . 12	....	....	$47\frac{1}{8}$ p	24 . 6	....	....	$39\frac{15}{16}$ p
20 . 14	....	....	$46\frac{15}{16}$ m	24 . 8	....	....	$39\frac{13}{16}$ m
20 . 16	....	....	$46\frac{11}{16}$ m	24 . 10	....	....	$39\frac{5}{8}$ p
20 . 18	....	....	$46\frac{7}{16}$ p	24 . 12	....	....	$39\frac{1}{2}$ m
21 . -	....	....	$46\frac{1}{4}$ m	24 . 14	....	....	$39\frac{5}{16}$ p

PARIS, L'ESPAGNE, AMSTERDAM.

Paris ſur l'Eſpag.	Amſter. ſur Madrid.	Amſter. ſur Cadix.	Rend à Amſter.	Paris ſur l'Eſpag.	Amſter. ſur Madrid.	Amſter. ſur Cadix.	Rend à Amſter.
10·	89 1/2	111 7/8	97 3/8 p	13·14	89 1/2	111 7/8	71 1/16 p
10· 2			96 7/16 m	13·16			70 9/16 m
10· 4			95 7/16 p	13·18			70 1/16 m
10· 6			94 9/16 m	14·			69 9/16 m
10· 8			93 5/8 p	14· 2			69 1/16 m
10·10			92 3/4 m	14· 4			68 9/16 p
10·12			91 7/8 m	14· 6			68 1/8 m
10·14			91 p	14· 8			67 5/8 m
10·16			90 3/16 m	14·10			67 1/8 p
10·18			89 5/16 p	14·12			66 11/16 p
11·			88 1/2 p	14·14			66 1/4 m
11· 2			87 3/4 m	14·16			65 13/16 m
11· 4			86 15/16 p	14·18			65 3/8 m
11· 6			86 3/16 m	15·			64 15/16 m
11· 8			85 7/16 m	15· 2			64 1/2 m
11·10			84 11/16 m	15· 4			64 1/16 p
11·12			83 15/16 p	15· 6			63 5/8 p
11·14			83 1/4 m	15· 8			63 1/4 m
11·16			82 1/2 p	15·10			62 13/16 p
11·18			81 13/16 p	15 12			62 7/16 m
12·			81 1/8 p	15·14			62 p
12· 2			80 1/2 m	15·16			61 5/8 p
12· 4			79 13/16 p	15·18			61 1/4 m
12· 6			79 3/16 m	16·			60 7/8 m
12· 8			78 1/2 p	16· 2			60 1/2 m
12·10			77 7/8 p	16· 4			60 1/8 m
12·12			77 5/16 m	16· 6			59 3/4 m
12·14			76 11/16 m	16· 8			59 3/8 p
12·16			76 1/16 p	16·10			59 p
12·18			75 1/2 m	16·12			58 11/16 m
13·			74 7/8 p	16·14			58 5/16 m
13· 2			74 5/16 p	16·16			57 15/16 p
13· 4			73 3/4 p	16·18			57 5/8 m
13· 6			73 3/16 p	17·			57 1/4 p
13· 8			72 11/16 m	17· 2			56 15/16 p
13·10			72 1/8 p	17· 4			56 5/8 m
13 12			71 5/8 m	17· 6			56 5/16 m

DES CHANGES.

PARIS, L'ESPAGNE, AMSTERDAM.

Paris. sur l'Espag.	Amster. sur Madrid.	Amster. sur Cadix.	Rend à Amster.	Paris sur l'Espag.	Amster. sur Madrid.	Amster. sur Cadix.	Rend à Amster.
17. 8	$89\frac{1}{2}$	$111\frac{7}{8}$	$55\frac{15}{16}$ p	21. 2	$89\frac{1}{2}$	$111\frac{7}{8}$	$46\frac{1}{8}$ p
17.10	....	....	$55\frac{5}{8}$ p	21. 4	....	....	$45\frac{15}{16}$ m
17.12	....	....	$55\frac{5}{16}$ p	21. 6	....	....	$45\frac{11}{16}$ p
17.14	....	....	55 p	21. 8	....	....	$45\frac{1}{2}$ p
17.16	....	....	$54\frac{11}{16}$ p	21.10	....	....	$45\frac{1}{4}$ m
17.18	....	....	$54\frac{2}{8}$ p	21.12	....	....	$45\frac{1}{16}$ p
18.	....	....	$54\frac{1}{8}$ m	21.14	....	....	$44\frac{7}{8}$ m
18. 2	....	....	$53\frac{13}{16}$ m	21.16	....	....	$44\frac{11}{16}$ m
18. 4	....	....	$53\frac{1}{2}$ p	21.18	....	....	$44\frac{7}{16}$ p
18. 6	....	....	$53\frac{3}{16}$ p	22.	....	....	$44\frac{1}{4}$ p
18. 8	....	....	$52\frac{13}{16}$ m	22. 2	....	....	$44\frac{1}{16}$ m
18.10	....	....	$52\frac{5}{8}$ p	22. 4	....	....	$43\frac{7}{8}$ m
18.12	....	....	$52\frac{3}{8}$ m	22. 6	....	....	$43\frac{11}{16}$ m
18.14	....	....	$52\frac{1}{16}$ p	22. 8	....	....	$43\frac{1}{2}$ p
18.16	....	....	$51\frac{13}{16}$ m	22.10	....	....	$43\frac{1}{4}$ p
18.18	....	....	$51\frac{1}{2}$ p	22.12	....	....	$43\frac{1}{16}$ p
19.	....	....	$51\frac{1}{4}$ p	22.14	....	....	$42\frac{7}{8}$ p
19. 2	....	....	51 m	22.16	....	....	$42\frac{11}{16}$ p
19. 4	....	....	$50\frac{11}{16}$ p	22.18	....	....	$42\frac{1}{2}$ p
19. 6	....	....	$50\frac{7}{16}$ p	23.	....	....	$42\frac{5}{16}$ p
19. 8	....	....	$50\frac{3}{16}$ p	23. 2	....	....	$42\frac{1}{8}$ p
19.10	....	....	$49\frac{13}{16}$ m	23. 4	....	....	42 m
19.12	....	....	$49\frac{11}{16}$ m	23. 6	....	....	$41\frac{13}{16}$ m
19.14	....	....	$49\frac{7}{16}$ p	23. 8	....	....	$41\frac{5}{8}$ m
19.16	....	....	$49\frac{3}{16}$ m	23.10	....	....	$41\frac{7}{16}$ m
19.18	....	....	$48\frac{15}{16}$ m	23.12	....	....	$41\frac{1}{4}$ p
20.	....	....	$48\frac{11}{16}$ p	23.14	....	....	$41\frac{1}{16}$ p
20. 2	....	....	$48\frac{7}{16}$ p	23.16	....	....	$40\frac{15}{16}$ m
20. 4	....	....	$48\frac{3}{16}$ p	23.18	....	....	$40\frac{3}{4}$ m
20. 6	....	....	$47\frac{13}{16}$ p	24.	....	....	$40\frac{7}{16}$ p
20. 8	....	....	$47\frac{3}{4}$ m	24. 2	....	....	$40\frac{3}{8}$ p
20.10	....	....	$47\frac{1}{2}$ p	24. 4	....	....	$40\frac{1}{4}$ p
20.12	....	....	$47\frac{1}{4}$ p	24. 6	....	....	$40\frac{1}{16}$ p
20.14	....	....	$47\frac{1}{16}$ m	24. 8	....	....	$39\frac{11}{16}$ m
20.16	....	....	$46\frac{13}{16}$ p	24.10	....	....	$39\frac{3}{4}$ m
20.18	....	....	$46\frac{9}{16}$ p	24.12	....	....	$39\frac{9}{16}$ p
21.	....	....	$46\frac{5}{8}$ m	24.14	....	....	$39\frac{7}{16}$ m

Tome II.

COMBINAISON GENERALE

PARIS, L'ESPAGNE, AMSTERDAM.

Paris sur l'Espag.	Amster. sur Madrid.	Amster. sur Cadix.	Rend à Amster.	Paris sur l'Espag.	Amster. sur Madrid.	Amster. sur Cadix.	Rend à Amster.
10 ·	· $89\frac{3}{4}$ ·	$112\frac{3}{16}$ ·	$97\frac{5}{8}$ p	13 · 14	· $89\frac{3}{4}$ ·	$112\frac{3}{16}$ ·	$71\frac{1}{4}$ p
10 · 2	....	....	$96\frac{11}{16}$ m	13 · 16	....	....	$70\frac{3}{4}$ p
10 · 4	....	....	$95\frac{3}{4}$ m	13 · 18	....	....	$70\frac{1}{4}$ m
10 · 6	....	....	$94\frac{13}{16}$ m	14 ·	....	....	$69\frac{3}{4}$ m
10 · 8	....	....	$93\frac{7}{8}$ p	14 · 2	....	....	$69\frac{1}{4}$ p
10 · 10	....	....	93 m	14 · 4	....	....	$68\frac{3}{4}$ p
10 · 12	....	....	$92\frac{1}{8}$ m	14 · 6	....	....	$68\frac{4}{16}$ m
10 · 14	....	....	$91\frac{1}{4}$ p	14 · 8	....	....	$67\frac{13}{16}$ m
10 · 16	....	....	$90\frac{5}{16}$ m	14 · 10	....	....	$67\frac{5}{16}$ p
10 · 18	....	....	$89\frac{9}{16}$ p	14 · 12	....	....	$66\frac{7}{8}$ p
11 ·	....	....	$88\frac{2}{4}$ p	14 · 14	....	....	$66\frac{7}{16}$ m
11 · 2	....	....	88 m	14 · 16	....	....	66 m
11 · 4	....	....	$87\frac{3}{16}$ m	14 · 18	....	....	$65\frac{9}{16}$ m
11 · 6	....	....	$86\frac{6}{16}$ m	15 ·	....	....	$65\frac{1}{8}$ m
11 · 8	....	....	$85\frac{5}{8}$ p	15 · 2	....	....	$64\frac{11}{16}$ m
11 · 10	....	....	$84\frac{13}{16}$ m	15 · 4	....	....	$64\frac{1}{4}$ m
11 · 12	....	....	$84\frac{2}{16}$ m	15 · 6	....	....	$63\frac{13}{16}$ p
11 · 14	....	....	$83\frac{5}{16}$ p	15 · 8	....	....	$63\frac{7}{16}$ m
11 · 16	....	....	$82\frac{3}{4}$ p	15 · 10	....	....	63 m
11 · 18	....	....	$82\frac{1}{16}$ m	15 · 12	....	....	$62\frac{5}{8}$ m
12 ·	....	....	$81\frac{5}{16}$ m	15 · 14	....	....	$62\frac{3}{16}$ m
12 · 2	....	....	$80\frac{11}{16}$ p	15 · 16	....	....	$61\frac{13}{16}$ m
12 · 4	....	....	$80\frac{1}{16}$ m	15 · 18	....	....	$61\frac{7}{16}$ m
12 · 6	....	....	$79\frac{3}{8}$ p	16 ·	....	....	61 p
12 · 8	....	....	$78\frac{3}{4}$ m	16 · 2	....	....	$60\frac{5}{8}$ p
12 · 10	....	....	$78\frac{1}{8}$ m	16 · 4	....	....	$60\frac{1}{4}$ p
12 · 12	....	....	$77\frac{1}{2}$ m	16 · 6	....	....	$59\frac{15}{16}$ m
12 · 14	....	....	$76\frac{7}{8}$ p	16 · 8	....	....	$59\frac{9}{16}$ m
12 · 16	....	....	$76\frac{3}{16}$ m	16 · 10	....	....	$59\frac{3}{16}$ m
12 · 18	....	....	$75\frac{11}{16}$ p	16 · 12	....	....	$58\frac{13}{16}$ p
13 ·	....	....	$75\frac{1}{8}$ p	16 · 14	....	....	$58\frac{1}{4}$ m
13 · 2	....	....	$74\frac{9}{16}$ m	16 · 16	....	....	58 m
13 · 4	....	....	74 m	16 · 18	....	....	$57\frac{3}{4}$ p
13 · 6	....	....	$73\frac{7}{16}$ m	17 ·	....	....	$57\frac{7}{16}$ p
13 · 8	....	....	$72\frac{7}{8}$ m	17 · 2	....	....	$57\frac{1}{8}$ m
13 · 10	....	....	$72\frac{5}{16}$ p	17 · 4	....	....	$56\frac{3}{4}$ p
13 · 12	....	....	$71\frac{13}{16}$ m	17 · 6	....	....	$56\frac{4}{16}$ p

DES CHANGES.

PARIS, L'ESPAGNE, AMSTERDAM.

Paris sur l'Espag.	Amster. sur Madrid.	Amster. sur Cadix.	Rend à Amster.	Paris sur l'Espag.	Amster. sur Madrid.	Amster. sur Cadix.	Rend à Amster.
17.8	$89\frac{3}{4}$	$112\frac{3}{16}$	$56\frac{1}{8}$ m	21.2	$89\frac{3}{4}$	$112\frac{3}{16}$	$46\frac{1}{4}$ p
17.10	....	....	$55\frac{13}{16}$ m	21.4	....	....	$46\frac{1}{16}$ m
17.12	....	....	$55\frac{1}{2}$ m	21.6	....	....	$45\frac{7}{8}$ m
17.14	....	....	$55\frac{3}{16}$ m	21.8	....	....	$45\frac{1}{2}$ p
17.16	....	....	$54\frac{7}{8}$ m	21.10	....	....	$45\frac{1}{16}$ m
17.18	....	....	$54\frac{9}{16}$ m	21.12	....	....	$45\frac{3}{16}$ p
18.	....	....	$54\frac{1}{4}$ m	21.14	....	....	45 m
18.2	....	....	$53\frac{15}{16}$ p	21.16	....	....	$44\frac{13}{16}$ m
18.4	....	....	$53\frac{5}{8}$ p	21.18	....	....	$44\frac{9}{16}$ p
18.6	....	....	$53\frac{3}{8}$ m	22.	....	....	$44\frac{3}{8}$ p
18.8	....	....	$53\frac{1}{16}$ p	22.2	....	....	$44\frac{3}{16}$ m
18.10	....	....	$52\frac{13}{16}$ m	22.4	....	....	44 m
18.12	....	....	$52\frac{1}{2}$ m	22.6	....	....	$43\frac{13}{16}$ m
18.14	....	....	$52\frac{1}{4}$ p	22.8	....	....	$43\frac{9}{16}$ p
18.16	....	....	$51\frac{13}{16}$ p	22.10	....	....	$43\frac{3}{8}$ p
18.18	....	....	$51\frac{11}{16}$ m	22.12	....	....	$43\frac{3}{16}$ p
19.	....	....	$51\frac{3}{8}$ p	22.14	....	....	43 p
19.2	....	....	$51\frac{1}{8}$ p	22.16	....	....	$42\frac{13}{16}$ m
19.4	....	....	$50\frac{7}{8}$ m	22.18	....	....	$42\frac{5}{8}$ p
19.6	....	....	$50\frac{5}{8}$ m	23.	....	....	$42\frac{7}{16}$ p
19.8	....	....	$50\frac{3}{16}$ p	23.2	....	....	$42\frac{1}{4}$ p
19.10	....	....	$50\frac{1}{16}$ p	23.4	....	....	$42\frac{1}{16}$ p
19.12	....	....	$49\frac{13}{16}$ p	23.6	....	....	$41\frac{13}{16}$ m
19.14	....	....	$49\frac{9}{16}$ p	23.8	....	....	$41\frac{3}{4}$ m
19.16	....	....	$49\frac{5}{16}$ p	23.10	....	....	$41\frac{9}{16}$ m
19.18	....	....	$49\frac{1}{16}$ p	23.12	....	....	$41\frac{3}{8}$ p
20.	....	....	$48\frac{13}{16}$ p	23.14	....	....	$41\frac{3}{16}$ p
20.2	....	....	$48\frac{9}{16}$ p	23.16	....	....	41 p
20.4	....	....	$48\frac{5}{16}$ p	23.18	....	....	$40\frac{7}{8}$ m
20.6	....	....	$48\frac{1}{8}$ m	24.	....	....	$40\frac{11}{16}$ m
20.8	....	....	$47\frac{7}{8}$ m	24.2	....	....	$40\frac{1}{2}$ p
20.10	....	....	$47\frac{5}{8}$ p	24.4	....	....	$40\frac{3}{8}$ m
20.12	....	....	$47\frac{3}{8}$ p	24.6	....	....	$40\frac{3}{16}$ m
20.14	....	....	$47\frac{3}{16}$ m	24.8	....	....	40 p
20.16	....	....	$46\frac{15}{16}$ p	24.10	....	....	$39\frac{7}{8}$ m
20.18	....	....	$46\frac{3}{4}$ m	24.12	....	....	$39\frac{11}{16}$ p
21.	....	....	$46\frac{1}{2}$ m	24.14	....	....	$39\frac{9}{16}$ m

COMBINAISON GENERALE

PARIS, L'ESPAGNE, AMSTERDAM.

Paris sur l'Espag.	Amster. sur Madrid.	Amster. sur Cadix.	Rend à Amster.	Paris sur l'Espag.	Amster. sur Madrid.	Amster. sur Cadix.	Rend à Amster.
10·	90	$112\frac{1}{2}$	$97\frac{15}{16}$ m	13·14	90	$112\frac{1}{2}$	$71\frac{1}{2}$ m
10· 2			$96\frac{13}{16}$ p	13·16			$70\frac{15}{16}$ p
10· 4			96	13·18			$70\frac{7}{16}$ p
10· 6			$95\frac{1}{16}$ p	14·			$69\frac{13}{16}$ p
10· 8			$94\frac{1}{8}$ p	14· 2			$69\frac{7}{16}$ p
10·10			$93\frac{1}{4}$ p	14· 4			$68\frac{1}{16}$ p
10·12			$92\frac{2}{8}$ p	14· 6			$68\frac{1}{2}$ m
10·14			$91\frac{1}{2}$ p	14· 8			68
10·16			$90\frac{11}{16}$ m	14·10			$67\frac{1}{2}$ p
10·18			$89\frac{13}{16}$ p	14·12			$67\frac{1}{16}$ p
11·			89 p	14·14			$66\frac{5}{8}$ m
11· 2			$88\frac{3}{16}$ p	14·16			$66\frac{3}{16}$ m
11· 4			$87\frac{7}{16}$ m	14·18			$65\frac{11}{16}$ p
11· 6			$86\frac{5}{8}$ p	15·			$65\frac{1}{4}$ p
11· 8			$85\frac{7}{8}$ p	15· 2			$64\frac{7}{8}$ m
11·10			$85\frac{1}{8}$ p	15· 4			$64\frac{7}{16}$ m
11·12			$84\frac{7}{16}$ m	15· 6			64
11·14			$83\frac{11}{16}$ p	15· 8			$63\frac{9}{16}$ p
11·16			83 m	15·10			$63\frac{3}{16}$ m
11·18			$82\frac{5}{16}$ m	15·12			$62\frac{3}{4}$ p
12·			$81\frac{5}{8}$ m	15·14			$62\frac{3}{8}$ p
12· 2			$80\frac{15}{16}$ m	15·16			62
12· 4			$80\frac{1}{4}$ p	15·18			$61\frac{9}{16}$ p
12· 6			$79\frac{5}{8}$ m	16·			$61\frac{3}{16}$ p
12· 8			$78\frac{15}{16}$ p	16· 2			$60\frac{13}{16}$ p
12·10			$78\frac{5}{16}$ p	16· 4			$60\frac{7}{16}$ p
12·12			$77\frac{11}{16}$ p	16· 6			$60\frac{1}{16}$ p
12·14			$77\frac{1}{8}$ m	16· 8			$59\frac{11}{16}$ p
12·16			$76\frac{1}{2}$	16·10			$59\frac{3}{8}$ p
12·18			$75\frac{15}{16}$ m	16·12			59 m
13·			$75\frac{5}{16}$ p	16·14			$58\frac{5}{8}$ p
13· 2			$74\frac{3}{4}$ m	16·16			$58\frac{5}{16}$ p
13· 4			$74\frac{3}{16}$ m	16·18			$57\frac{15}{16}$ p
13· 6			$73\frac{5}{8}$ m	17·			$57\frac{5}{8}$ m
13· 8			$73\frac{1}{16}$ p	17· 2			$57\frac{1}{4}$ p
13·10			$72\frac{9}{16}$ m	17· 4			$56\frac{15}{16}$ m
13·12			72	17· 6			$56\frac{5}{8}$ m

DES CHANGES.

PARIS, L'ESPAGNE, AMSTERDAM.

Paris sur l'Espag.	Amster. sur Madrid.	Amster. sur Cadix.	Rend à Amster.	Paris sur l'Espag.	Amster. sur Madrid.	Amster. sur Cadix.	Rend à Amster.
17. 8	90	112 $\frac{1}{2}$	56 $\frac{1}{4}$ p	21. 2	90	112 $\frac{1}{2}$	46 $\frac{7}{16}$ m
17.10			55 $\frac{15}{16}$ p	21. 4			46 $\frac{3}{16}$ p
17.12			55 $\frac{5}{8}$ p	21. 6			46 m
17.14			55 $\frac{5}{16}$ p	21. 8			45 $\frac{3}{4}$ p
17.16			55 p	21.10			45 $\frac{9}{16}$ p
17.18			54 $\frac{11}{16}$ p	21.12			45 $\frac{3}{8}$ p
18.			54 $\frac{3}{8}$ p	21.14			45 $\frac{1}{8}$ m
18. 2			54 $\frac{1}{8}$ m	21.16			44 $\frac{15}{16}$ m
18. 4			53 $\frac{13}{16}$ m	21.18			44 $\frac{11}{16}$ p
18. 6			53 $\frac{1}{2}$ p	22.			44 $\frac{1}{2}$ p
18. 8			53 $\frac{3}{16}$ p	22. 2			44 $\frac{5}{16}$ m
18.10			52 $\frac{15}{16}$ m	22. 4			44 $\frac{1}{8}$ m
18.12			52 $\frac{5}{8}$ p	22. 6			43 $\frac{15}{16}$ m
18.14			52 $\frac{3}{8}$ m	22. 8			43 $\frac{11}{16}$ p
18.16			52 $\frac{1}{8}$ p	22.10			43 $\frac{1}{2}$ p
18.18			51 $\frac{13}{16}$ m	22.12			43 $\frac{5}{16}$ p
19.			51 $\frac{9}{16}$ m	22.14			43 $\frac{1}{8}$ p
19. 2			51 $\frac{1}{4}$ p	22.16			42 $\frac{15}{16}$ p
19. 4			51	22.18			42 $\frac{3}{4}$ p
19. 6			50 $\frac{3}{4}$ m	23.			42 $\frac{9}{16}$ p
19. 8			50 $\frac{1}{2}$ m	23. 2			42 $\frac{3}{8}$ p
19.10			50 $\frac{3}{16}$ p	23. 4			42 $\frac{3}{16}$ p
19.12			49 $\frac{15}{16}$ p	23. 6			42 p
19.14			49 $\frac{11}{16}$ p	23. 8			41 $\frac{7}{8}$ m
19.16			49 $\frac{7}{16}$ p	23.10			41 $\frac{11}{16}$ m
19.18			49 $\frac{3}{16}$ p	23.12			41 $\frac{1}{2}$ p
20.			48 $\frac{15}{16}$ p	23.14			41 $\frac{5}{16}$ p
20. 2			48 $\frac{11}{16}$ p	23.16			41 $\frac{1}{8}$ p
20. 4			48 $\frac{1}{2}$ m	23.18			41 m
20. 6			48 $\frac{1}{4}$ m	24.			40 $\frac{13}{16}$ m
20. 8			48	24. 2			40 $\frac{5}{8}$ p
20.10			47 $\frac{3}{4}$ p	24. 4			40 $\frac{7}{16}$ p
20.12			47 $\frac{9}{16}$ m	24. 6			40 $\frac{5}{16}$ m
20.14			47 $\frac{5}{16}$ m	24. 8			40 $\frac{1}{8}$ p
20.16			47 $\frac{1}{16}$ p	24.10			39 $\frac{15}{16}$ p
20.18			46 $\frac{7}{8}$ m	24.12			39 $\frac{11}{16}$ m
21.			46 $\frac{5}{8}$ p	24.14			39 $\frac{3}{8}$ p

Q iij

COMBINAISON GENERALE
PARIS, L'ESPAGNE, AMSTERDAM.

Paris sur l'Espag.	Amster. sur Madrid.	Amster. sur Cadix.	Rend à Amster.	Paris sur l'Espag.	Amster. sur Madrid.	Amster. sur Cadix.	Rend à Amster.
10 ·	90 $\frac{1}{4}$	112 $\frac{13}{16}$	98 $\frac{3}{16}$ P	13 · 14	90 $\frac{1}{4}$	112 $\frac{13}{16}$	71 $\frac{11}{16}$ m
10 · 2			97 $\frac{1}{4}$ m	13 · 16			71 $\frac{1}{8}$ P
10 · 4			96 $\frac{1}{4}$ P	13 · 18			70 $\frac{1}{8}$ P
10 · 6			95 $\frac{5}{16}$ P	14 ·			70 $\frac{1}{8}$ P
10 · 8			94 $\frac{7}{16}$ m	14 · 2			69 $\frac{1}{2}$ P
10 · 10			93 $\frac{1}{2}$ P	14 · 4			69 $\frac{1}{8}$ P
10 · 12			92 $\frac{5}{8}$ P	14 · 6			68 $\frac{11}{16}$ P
10 · 14			91 $\frac{1}{4}$ P	14 · 8			68 $\frac{3}{16}$ P
10 · 16			90 $\frac{15}{16}$ m	14 · 10			67 $\frac{11}{16}$ P
10 · 18			90 $\frac{1}{16}$ P	14 · 12			67 $\frac{1}{4}$ P
11 ·			89 $\frac{1}{4}$ P	14 · 14			66 $\frac{13}{16}$ P
11 · 2			88 $\frac{7}{16}$ P	14 · 16			66 $\frac{7}{16}$ m
11 · 4			87 $\frac{11}{16}$ m	14 · 18			65 $\frac{7}{8}$ P
11 · 6			86 $\frac{7}{8}$ P	15 ·			65 $\frac{9}{16}$ P
11 · 8			86 $\frac{3}{32}$ P	15 · 2			65
11 · 10			85 $\frac{5}{8}$ P	15 · 4			64 $\frac{5}{8}$ P
11 · 12			84 $\frac{5}{8}$ P	15 · 6			64 $\frac{1}{16}$ P
11 · 14			83 $\frac{15}{16}$ m	15 · 8			63 $\frac{3}{4}$ P
11 · 16			83 $\frac{3}{16}$ P	15 · 10			63 $\frac{3}{8}$ P
11 · 18			82 $\frac{1}{2}$ P	15 · 12			62 $\frac{15}{16}$ P
12 ·			81 $\frac{13}{16}$ P	15 · 14			62 $\frac{9}{16}$ P
12 · 2			81 $\frac{1}{8}$ P	15 · 16			62 $\frac{1}{8}$ P
12 · 4			80 $\frac{1}{2}$ m	15 · 18			61 $\frac{1}{2}$ P
12 · 6			79 $\frac{13}{16}$ P	16 ·			61 $\frac{3}{8}$ P
12 · 8			79 $\frac{3}{16}$ m	16 · 2			61 m
12 · 10			78 $\frac{9}{16}$ m	16 · 4			60 $\frac{5}{8}$ P
12 · 12			77 $\frac{11}{16}$ m	16 · 6			60 $\frac{1}{4}$ P
12 · 14			77 $\frac{5}{16}$ P	16 · 8			59 $\frac{7}{8}$ m
12 · 16			76 $\frac{11}{16}$ P	16 · 10			59 $\frac{1}{2}$ P
12 · 18			76 $\frac{1}{8}$ m	16 · 12			59 $\frac{1}{8}$ P
13 ·			75 $\frac{9}{16}$ m	16 · 14			58 $\frac{13}{16}$ m
13 · 2			74 $\frac{15}{16}$ P	16 · 16			58 $\frac{7}{16}$ P
13 · 4			74 $\frac{3}{8}$ P	16 · 18			58 $\frac{1}{8}$ m
13 · 6			73 $\frac{13}{16}$ P	17 ·			57 $\frac{3}{4}$ P
13 · 8			73 $\frac{1}{4}$ P	17 · 2			57 $\frac{7}{16}$ m
13 · 10			72 $\frac{3}{4}$ m	17 · 4			57 $\frac{1}{16}$ P
13 · 12			72 $\frac{3}{16}$ P	17 · 6			56 $\frac{3}{4}$ P

DES CHANGES.

PARIS, L'ESPAGNE, AMSTERDAM.

Paris sur l'Espag.	Amster. sur Madrid.	Amster. sur Cadix.	Rend à Amster.	Paris sur l'Espag.	Amster. sur Madrid.	Amster. sur Cadix.	Rend à Amster.
17. 8	90 $\frac{1}{4}$	112 $\frac{13}{16}$	56 $\frac{7}{16}$ m	21. 2	90 $\frac{1}{4}$	112 $\frac{13}{16}$	46 $\frac{9}{16}$ m
17.10			56 $\frac{1}{8}$ m	21. 4			46 $\frac{3}{8}$ p
17.12			55 $\frac{13}{16}$ m	21. 6			46 $\frac{1}{8}$ m
17.14			55 $\frac{1}{2}$ m	21. 8			45 $\frac{7}{8}$ p
17.16			55 $\frac{3}{16}$ m	21.10			45 $\frac{11}{16}$ m
17.18			54 $\frac{7}{8}$ m	21.12			45 $\frac{7}{16}$ p
18.			54 $\frac{9}{16}$ m	21.14			45 $\frac{1}{4}$ m
18. 2			54 $\frac{1}{4}$ m	21.16			45 $\frac{1}{16}$ m
18. 4			53 $\frac{15}{16}$ p	21.18			44 $\frac{13}{16}$ m
18. 6			53 $\frac{11}{16}$ m	22.			44 $\frac{5}{8}$ p
18. 8			53 $\frac{3}{8}$ m	22. 2			44 $\frac{7}{16}$ m
18.10			53 $\frac{1}{2}$ p	22. 4			44 $\frac{1}{4}$ m
18.12			52 $\frac{13}{16}$ m	22. 6			44 $\frac{1}{16}$ m
18.14			52 $\frac{1}{2}$ p	22. 8			43 $\frac{13}{16}$ p
18.16			52 $\frac{1}{4}$ m	22.10			43 $\frac{5}{8}$ p
18.18			51 $\frac{15}{16}$ p	22.12			43 $\frac{7}{16}$ p
19.			51 $\frac{11}{16}$ m	22.14			43 $\frac{1}{4}$ p
19. 2			51 $\frac{7}{16}$ m	22.16			43 $\frac{1}{16}$ m
19. 4			51 $\frac{1}{8}$ p	22.18			42 $\frac{7}{8}$ p
19. 6			50 $\frac{7}{8}$ p	23.			42 $\frac{11}{16}$ p
19. 8			50 $\frac{5}{8}$ m	23. 2			42 $\frac{1}{2}$ p
19.10			50 $\frac{3}{8}$ m	23. 4			42 $\frac{5}{16}$ p
19.12			50 $\frac{1}{8}$ m	23. 6			42 $\frac{1}{8}$ p
19.14			49 $\frac{13}{16}$ p	23. 8			41 $\frac{15}{16}$ p
19.16			49 $\frac{7}{16}$ p	23.10			41 $\frac{11}{16}$ m
19.18			49 $\frac{1}{4}$ p	23.12			41 $\frac{1}{2}$ m
20.			49 $\frac{1}{8}$ m	23.14			41 $\frac{5}{16}$ m
20. 2			48 $\frac{7}{8}$ m	23.16			41 $\frac{1}{4}$ p
20. 4			48 $\frac{5}{8}$ m	23.18			41 $\frac{1}{16}$ p
20. 6			48 $\frac{3}{8}$ m	24.			40 $\frac{13}{16}$ m
20. 8			48 $\frac{1}{2}$ p	24. 2			40 $\frac{3}{4}$ m
20.10			47 $\frac{7}{8}$ p	24. 4			40 $\frac{9}{16}$ p
20.12			47 $\frac{11}{16}$ m	24. 6			40 $\frac{7}{16}$ m
20.14			47 $\frac{7}{16}$ m	24. 8			40 $\frac{1}{4}$ m
20.16			47 $\frac{3}{16}$ p	24.10			40 $\frac{1}{8}$ p
20.18			47 m	24.12			39 $\frac{13}{16}$ m
21.			46 $\frac{3}{4}$ p	24.14			39 $\frac{3}{4}$ p

COMBINAISON GENERALE

PARIS, L'ESPAGNE, AMSTERDAM.

Paris sur l'Espag.	Amster. sur Madrid.	Amster. sur Cadix.	Rend à Amster.	Paris sur l'Espag.	Amster. sur Madrid.	Amster. sur Cadix.	Rend à Amster.
10·	90 $\frac{1}{2}$	113 $\frac{1}{8}$	98 $\frac{7}{16}$ p	13·14	90 $\frac{1}{2}$	113 $\frac{1}{8}$	71 $\frac{7}{8}$ m
10· 2			97 $\frac{1}{2}$ m	13·16			71 $\frac{1}{8}$ m
10· 4			96 $\frac{9}{16}$ m	13·18			70 $\frac{13}{16}$ p
10· 6			95 $\frac{5}{8}$ m	14·			70 $\frac{1}{16}$ p
10· 8			94 $\frac{11}{16}$ m	14· 2			69 $\frac{5}{8}$ p
10·10			93 $\frac{3}{4}$ p	14· 4			69 $\frac{5}{16}$ p
10·12			92 $\frac{7}{8}$ p	14· 6			68 $\frac{7}{8}$ p
10·14			92 p	14· 8			68 $\frac{3}{8}$ p
10·16			91 $\frac{5}{16}$ m	14·10			67 $\frac{7}{8}$ p.
10·18			90 $\frac{1}{16}$ p	14·12			67 $\frac{7}{16}$ p
11·			89 $\frac{1}{2}$ p	14·14			67 m
11· 2			88 $\frac{11}{16}$ p	14·16			66 $\frac{1}{2}$ p
11· 4			87 $\frac{15}{16}$ m	14·18			66 $\frac{1}{16}$ p
11· 6			87 $\frac{1}{2}$ p	15·			65 $\frac{5}{8}$ p
11· 8			86 $\frac{5}{16}$ m	15· 2			65 $\frac{1}{16}$ p
11·10			85 $\frac{5}{8}$ p	15· 4			64 $\frac{3}{4}$ p
11·12			84 $\frac{7}{8}$ p	15· 6			64 $\frac{3}{8}$ m
11·14			84 $\frac{3}{16}$ m	15· 8			63 $\frac{1}{2}$ p
11·16			83 $\frac{7}{16}$ p	15·10			63 $\frac{1}{2}$ p
11·18			82 $\frac{3}{4}$ m	15·12			63 $\frac{1}{8}$ m
12·			82 $\frac{1}{16}$ m	15·14			62 $\frac{11}{16}$ p
12· 2			81 $\frac{1}{3}$ p	15·16			62 $\frac{1}{16}$ p
12· 4			80 $\frac{11}{16}$ p	15·18			61 $\frac{15}{16}$ m
12· 6			80 $\frac{1}{16}$ m	16·			61 $\frac{9}{16}$ m
12· 8			79 $\frac{7}{16}$ m	16· 2			61 $\frac{1}{2}$ m
12·10			78 $\frac{3}{4}$ p	16· 4			60 $\frac{3}{4}$ p
12·12			78 $\frac{1}{8}$ p	16· 6			60 $\frac{7}{16}$ m
12·14			77 $\frac{1}{2}$ p	16· 8			60 $\frac{1}{16}$ m
12·16			76 $\frac{13}{16}$ m	16·10			59 $\frac{11}{16}$ p
12·18			76 $\frac{5}{16}$ p	16·12			59 $\frac{15}{16}$ p
13·			75 $\frac{3}{4}$ m	16·14			58 $\frac{15}{16}$ p
13· 2			75 $\frac{3}{16}$ m	16·16			58 $\frac{5}{8}$ m
13· 4			74 $\frac{5}{8}$ m	16·18			58 $\frac{1}{4}$ p
13· 6			74 $\frac{1}{16}$ m	17·			57 $\frac{15}{16}$ m
13· 8			73 $\frac{1}{2}$ m	17· 2			57 $\frac{9}{16}$ p
13·10			72 $\frac{15}{16}$ m	17· 4			57 $\frac{1}{4}$ m
13·12			72 $\frac{3}{8}$ p	17· 6			56 $\frac{15}{16}$ m

DES CHANGES.

PARIS, L'ESPAGNE, AMSTERDAM.

Paris sur l'Espag.	Amster. sur Madrid.	Amster. sur Cadix.	Rend à Amster.	Paris sur l'Espag.	Amster. sur Madrid.	Amster. sur Cadix.	Rend à Amster.
17 . 8	$90\frac{1}{2}$	$113\frac{1}{8}$	$56\frac{9}{16}$ p	21 . 2	$90\frac{1}{2}$	$113\frac{1}{8}$	$46\frac{11}{16}$ m
17 . 10	....	....	$56\frac{1}{4}$ p	21 . 4	....	....	$46\frac{7}{16}$ p
17 . 12	....	....	$55\frac{15}{16}$ p	21 . 6	....	....	$46\frac{1}{4}$ m
17 . 14	....	....	$55\frac{5}{8}$ p	21 . 8	....	....	46 p
17 . 16	....	....	$55\frac{5}{16}$ p	21 . 10	....	....	$45\frac{13}{16}$ m
17 . 18	....	....	55 p	21 . 12	....	....	$45\frac{9}{16}$ p
18 .	....	....	$54\frac{11}{16}$ p	21 . 14	....	....	$45\frac{3}{8}$ p
18 . 2	....	....	$54\frac{3}{8}$ p	21 . 16	....	....	$45\frac{5}{32}$ m
18 . 4	....	....	$54\frac{1}{8}$ m	21 . 18	....	....	$44\frac{15}{16}$ p
18 . 6	....	....	$53\frac{13}{16}$ m	22 .	....	....	$44\frac{3}{4}$ p
18 . 8	....	....	$53\frac{1}{2}$ p	22 . 2	....	....	$44\frac{9}{16}$ m
18 . 10	....	....	$53\frac{1}{4}$ m	22 . 4	....	....	$44\frac{3}{8}$ m
18 . 12	....	....	$52\frac{15}{16}$ p	22 . 6	....	....	$44\frac{1}{8}$ p
18 . 14	....	....	$52\frac{5}{8}$ p	22 . 8	....	....	$43\frac{15}{16}$ p
18 . 16	....	....	$52\frac{3}{8}$ m	22 . 10	....	....	$43\frac{3}{4}$ p
18 . 18	....	....	$52\frac{1}{8}$ m	22 . 12	....	....	$43\frac{9}{16}$ p
19 .	....	....	$51\frac{13}{16}$ p	22 . 14	....	....	$43\frac{3}{8}$ p
19 . 2	....	....	$51\frac{9}{16}$ m	22 . 16	....	....	$43\frac{3}{16}$ m
19 . 4	....	....	$51\frac{5}{16}$ m	22 . 18	....	....	43 m
19 . 6	....	....	51 p	23 .	....	....	$42\frac{13}{16}$ m
19 . 8	....	....	$50\frac{3}{4}$ p	23 . 2	....	....	$42\frac{5}{8}$ p
19 . 10	....	....	$50\frac{1}{2}$ m	23 . 4	....	....	$42\frac{7}{16}$ p
19 . 12	....	....	$50\frac{1}{4}$ p	23 . 6	....	....	$42\frac{1}{4}$ p
19 . 14	....	....	50 m	23 . 8	....	....	$42\frac{1}{16}$ m
19 . 16	....	....	$49\frac{3}{4}$ m	23 . 10	....	....	$41\frac{7}{8}$ p
19 . 18	....	....	$49\frac{1}{2}$ m	23 . 12	....	....	$41\frac{5}{8}$ m
20 .	....	....	$49\frac{1}{4}$ m	23 . 14	....	....	$41\frac{5}{16}$ m
20 . 2	....	....	49 m	23 . 16	....	....	$41\frac{3}{8}$ m
20 . 4	....	....	$48\frac{3}{4}$ m	23 . 18	....	....	$41\frac{3}{16}$ p
20 . 6	....	....	$48\frac{1}{2}$ p	24 .	....	....	41 p
20 . 8	....	....	$48\frac{1}{4}$ p	24 . 2	....	....	$40\frac{7}{8}$ m
20 . 10	....	....	48 p	24 . 4	....	....	$40\frac{11}{16}$ p
20 . 12	....	....	$47\frac{13}{16}$ m	24 . 6	....	....	$40\frac{1}{2}$ p
20 . 14	....	....	$47\frac{5}{16}$ p	24 . 8	....	....	$40\frac{3}{8}$ m
20 . 16	....	....	$47\frac{5}{16}$ p	24 . 10	....	....	$40\frac{3}{16}$ p
20 . 18	....	....	$47\frac{1}{8}$ m	24 . 12	....	....	40 p
21 .	....	....	$46\frac{7}{8}$ p	24 . 14	....	....	$39\frac{7}{8}$ m

Tome II.

COMBINAISON GENERALE

PARIS, L'ESPAGNE, AMSTERDAM.

Paris sur l'Espag.	Amster. sur Madrid.	Amster. sur Cadix.	Rend à Amster.	Paris sur l'Espag.	Amster. sur Madrid.	Amster. sur Cadix.	Rend à Amster.
10·	$90\frac{3}{4}$	$113\frac{7}{16}$	$98\frac{3}{4}$ m	13·14	$90\frac{3}{4}$	$113\frac{7}{16}$	$72\frac{1}{16}$ p
10· 2	....	....	$97\frac{2}{4}$ p	13·16	....	....	$71\frac{2}{16}$ m
10· 4	....	....	$96\frac{13}{16}$ m	13·18	....	....	$71\frac{1}{16}$ p
10· 6	....	....	$95\frac{7}{8}$ m	14·	....	....	$70\frac{1}{2}$ p
10· 8	....	....	$94\frac{15}{16}$ p	14· 2	....	....	70 p
10·10	....	....	$94\frac{1}{16}$ m	14· 4	....	....	$69\frac{9}{16}$ m
10·12	....	....	$93\frac{1}{8}$ p	14· 6	....	....	$69\frac{1}{16}$ p
10·14	....	....	$92\frac{1}{4}$ p	14· 8	....	....	$68\frac{5}{16}$ p
10·16	....	....	$91\frac{7}{16}$ m	14·10	....	....	$68\frac{1}{8}$ m
10·18	....	....	$90\frac{9}{16}$ p	14·12	....	....	$67\frac{5}{8}$ p
11·	....	....	$89\frac{3}{4}$ p	14·14	....	....	$67\frac{11}{16}$ m
11· 2	....	....	$88\frac{15}{16}$ p	14·16	....	....	$66\frac{11}{15}$ p
11· 4	....	....	$88\frac{3}{16}$ m	14·18	....	....	$66\frac{1}{4}$ p
11· 6	....	....	$87\frac{3}{8}$ p	15·	....	....	$65\frac{13}{16}$ p
11· 8	....	....	$86\frac{5}{8}$ m	15· 2	....	....	$65\frac{3}{8}$ p
11·10	....	....	$85\frac{7}{8}$ m	15· 4	....	....	$64\frac{15}{16}$ p
11·12	....	....	$85\frac{5}{8}$ m	15· 6	....	....	$64\frac{9}{16}$ m
11·14	....	....	$84\frac{3}{8}$ p	15· 8	....	....	$64\frac{1}{16}$ m
11·16	....	....	$83\frac{11}{16}$ m	15·10	....	....	$63\frac{11}{16}$ p
11·18	....	....	83 m	15·12	....	....	$63\frac{5}{16}$ m
12·	....	....	$82\frac{1}{4}$ p	15·14	....	....	$62\frac{7}{8}$ p
12· 2	....	....	$81\frac{3}{5}$ m	15·16	....	....	$62\frac{1}{2}$ m
12· 4	....	....	$80\frac{13}{16}$ m	15·18	....	....	$62\frac{1}{8}$ m
12· 6	....	....	$80\frac{1}{4}$ p	16·	....	....	$61\frac{11}{16}$ p
12· 8	....	....	$79\frac{5}{8}$ p	16· 2	....	....	$61\frac{5}{16}$ p
12·10	....	....	79 m	16· 4	....	....	$60\frac{15}{16}$ p
12·12	....	....	$78\frac{3}{8}$ p	16· 6	....	....	$60\frac{9}{16}$ m
12·14	....	....	$77\frac{3}{4}$ p	16· 8	....	....	$60\frac{3}{16}$ p
12·16	....	....	$77\frac{1}{8}$ p	16·10	....	....	$59\frac{13}{16}$ p
12·18	....	....	$76\frac{9}{16}$ m	16·12	....	....	$59\frac{1}{2}$ p
13·	....	....	$75\frac{15}{16}$ p	16·14	....	....	$59\frac{1}{8}$ p
13· 2	....	....	$75\frac{3}{8}$ m	16·16	....	....	$58\frac{3}{4}$ p
13· 4	....	....	$74\frac{13}{16}$ m	16·18	....	....	$58\frac{7}{16}$ m
13· 6	....	....	$74\frac{1}{4}$ m	17·	....	....	$58\frac{1}{16}$ p
13· 8	....	....	$73\frac{11}{16}$ m	17· 2	....	....	$57\frac{3}{4}$ m
13·10	....	....	$73\frac{3}{8}$ p	17· 4	....	....	$57\frac{3}{8}$ p
13·12	....	....	$72\frac{5}{8}$ m	17· 6	....	....	$57\frac{1}{16}$ p

DES CHANGES.

PARIS, L'ESPAGNE, AMSTERDAM.

Paris sur l'Espag.	Amster. sur Madrid.	Amster. sur Cadix.	Rend à Amster.	Paris sur l'Espag.	Amster. sur Madrid.	Amster. sur Cadix.	Rend à Amster.
17·8	$90\frac{3}{4}$	$113\frac{7}{16}$	$56\frac{3}{4}$ m	21·2	$90\frac{3}{4}$	$113\frac{7}{16}$	$46\frac{13}{16}$ m
17·10			$56\frac{7}{16}$ m	21·4			$46\frac{9}{16}$ p
17·12			$56\frac{1}{8}$ m	21·6			$46\frac{3}{8}$ m
17·14			$55\frac{13}{16}$ m	21·8			$46\frac{1}{8}$ p
17·16			$55\frac{1}{2}$ m	21·10			$45\frac{13}{16}$ m
17·18			$55\frac{3}{16}$ m	21·12			$45\frac{11}{16}$ p
18·			$54\frac{7}{8}$ m	21·14			$45\frac{1}{2}$ p
18·2			$54\frac{9}{16}$ m	21·16			$45\frac{5}{16}$ m
18·4			$54\frac{1}{4}$ p	21·18			$45\frac{1}{16}$ p
18·6			$53\frac{15}{16}$ p	22·			$44\frac{7}{8}$ p
18·8			$53\frac{11}{16}$ m	22·2			$44\frac{11}{16}$ m
18·10			$53\frac{3}{8}$ m	22·4			$44\frac{1}{2}$ m
18·12			$53\frac{1}{8}$ p	22·6			$44\frac{1}{4}$ p
18·14			$52\frac{13}{16}$ m	22·8			$44\frac{1}{16}$ p
18·16			$52\frac{1}{2}$ p	22·10			$43\frac{7}{8}$ p
18·18			$52\frac{1}{4}$ p	22·12			$43\frac{1}{2}$ p
19·			$51\frac{15}{16}$ p	22·14			$43\frac{1}{2}$ m
19·2			$51\frac{5}{8}$ p	22·16			$43\frac{3}{16}$ m
19·4			$51\frac{7}{16}$ m	22·18			$43\frac{1}{8}$ m
19·6			$51\frac{3}{16}$ m	23·			$42\frac{15}{16}$ m
19·8			$50\frac{7}{8}$ p	23·2			$42\frac{5}{8}$ m
19·10			$50\frac{5}{8}$ p	23·4			$42\frac{9}{16}$ m
19·12			$50\frac{3}{8}$ p	23·6			$42\frac{3}{8}$ p
19·14			$50\frac{1}{8}$ m	23·8			$42\frac{1}{16}$ p
19·16			$49\frac{7}{8}$ m	23·10			42 p
19·18			$49\frac{5}{8}$ m	23·12			$41\frac{13}{16}$ p
20·			$49\frac{3}{8}$ m	23·14			$41\frac{11}{16}$ m
20·2			$49\frac{1}{8}$ m	23·16			$41\frac{1}{2}$ m
20·4			$48\frac{7}{8}$ p	23·18			$41\frac{1}{16}$ m
20·6			$48\frac{5}{8}$ p	24·			$41\frac{1}{8}$ p
20·8			$48\frac{3}{8}$ p	24·2			41 m
20·10			$48\frac{3}{16}$ m	24·4			$40\frac{13}{16}$ m
20·12			$47\frac{15}{16}$ m	24·6			$40\frac{3}{8}$ p
20·14			$47\frac{11}{16}$ p	24·8			$40\frac{5}{16}$ p
20·16			$47\frac{1}{2}$ m	24·10			$40\frac{1}{2}$ p
20·18			$47\frac{1}{4}$ m	24·12			$40\frac{1}{8}$ p
21·			47 p	24·14			40 m

COMBINAISON GENERALE

PARIS, L'ESPAGNE, AMSTERDAM.

Paris sur l'Espag.	Amster. sur Madrid.	Amster. sur Cadix.	Rend à Amster.	Paris sur l'Espag.	Amster. sur Madrid.	Amster. sur Cadix.	Rend à Amster.
10·	91	113¾	99 p	13·14	91	113¾	72 1/4 p
10· 2			98 p	13·16			71 3/4 m
10· 4			97 1/16 p	13·18			71 1/4 m
10· 6			96 1/8 m	14·			70 3/4 p
10· 8			95 3/16 p	14· 2			70 3/16 p
10·10			94 3/16 m	14· 4			69 3/4 p
10·12			93 3/8 p	14· 6			69 1/4 p
10·14			92 1/2 p	14· 8			68 3/4 p
10·16			91 11/16 m	14·10			68 5/16 m
10·18			90 13/16 p	14·12			67 13/16 p
11·			90 p	14·14			67 1/2 p
11· 2			89 3/16 p	14·16			66 7/8 p
11· 4			88 3/8 p	14·18			66 7/16 p
11· 6			87 5/8 m	15·			66 p
11· 8			86 7/8 m	15· 2			65 9/16 p
11·10			86 1/8 m	15· 4			65 1/8 p
11·12			85 5/16 m	15· 6			64 11/16 p
11·14			84 9/16 m	15· 8			64 1/16 p
11·16			83 7/8 p	15·10			63 7/8 p
11·18			83 3/16 p	15·12			63 7/16 p
12·			82 1/2 p	15·14			63 1/16 p
12· 2			81 13/16 p	15·16			62 11/16 p
12· 4			81 1/8 p	15·18			62 1/4 p
12· 6			80 1/2 m	16·			61 7/8 p
12· 8			79 7/8 m	16· 2			61 1/8 p
12·10			79 3/16 p	16· 4			61· 1/2 m
12·12			78 9/16 p	16· 6			60 m
12·14			77 15/16 p	16· 8			60 1/8 m
12·16			77 3/8 m	16·10			60 p
12·18			76 3/4 p	16·12			59 1/2 p
13·			76 1/4 p	16·14			59 1/16 p
13· 2			75 9/16 p	16·16			58 1/16 p
13 4			75 p	16·18			58 9/16 p
13· 6			74 7/16 p	17·			58 1/4 p
13· 8			73 7/8 p	17· 2			57 7/8 p.
13·10			73 1/8 p	17· 4			57 9/16 p.
13·12			72 13/16 m	17· 6			57 1/4 m

DES CHANGES.

PARIS, L'ESPAGNE, AMSTERDAM.

Paris sur l'Espag.	Amster. sur Madrid.	Amster. sur Cadix.	Rend à Amster.	Paris sur l'Espag.	Amster. sur Madrid.	Amster. sur Cadix.	Rend à Amster.
17. 8	91	113¾	56 7/8 p	21. 2	91	113¾	46 15/16 m
17.10			56 7/16 p	21. 4			46 11/16 p
17.12			56 ¼ p	21. 6			46 ½ m
17.14			55 15/16 m	21. 8			46 ¼ p
17.16			55 5/8 m	21.10			46 1/16 m
17.18			55 1/16 m	21.12			45 13/16 p
18.			55 p	21.14			45 5/8 p
18. 2			54 11/16 p	21.16			45 7/16 m
18. 4			54 ½ p	21.18			45 3/16 p
18. 6			54 ⅛ m	22.			45 p
18. 8			53 13/16 m	22. 2			44 13/16 m
18.10			53 ½ p	22. 4			44 5/8 m
18.12			53 ¼ m	22. 6			44 3/8 p
18.14			52 15/16 p	22. 8			44 3/16 p
18.16			52 11/16 m	22.10			44 p
18.18			52 ⅜ p	22.12			43 13/16 m
19.			52 ⅛ m	22.14			43 ½ m
19. 2			51 13/16 p	22.16			43 7/16 m
19. 4			51 9/16 p	22.18			43 ¼ m
19. 6			51 5/16 m	23.			43 1/16 m
19. 8			51 1/16 m	23. 2			42 7/8 m
19.10			50 ¾ p	23. 4			42 11/16 m
19.12			50 ½ p	23. 6			42 ½ m
19.14			50 ¼ p	23. 8			42 5/16 m
19.16			50 p	23.10			42 ⅛ p
19.18			49 ¾ p	23.12			41 15/16 p
20.			49 ½ p	23.14			41 ¾ p
20. 2			49 ¼ p	23.16			41 ⅝ m
20. 4			49 p	23.18			41 7/16 m
20. 6			48 ¾ p	24.			41 ¼ p
20. 8			48 9/16 m	24. 2			41 1/16 p
20.10			48 5/16 m	24. 4			40 13/16 m
20.12			48 1/16 m	24. 6			40 ⅜ m
20.14			47 13/16 p	24. 8			40 9/16 p
20.16			47 5/8 m	24.10			40 7/16 m
20.18			47 ⅜ m	24.12			40 ¼ m
21.			47 ⅛ p	24.14			40 1/16 p

COMBINAISON GENERALE

PARIS, L'ESPAGNE, AMSTERDAM.

Paris sur l'Espag.	Amster. sur Madrid.	Amster. sur Cadix.	Rend à Amster.	Paris sur l'Espag.	Amster. sur Madrid.	Amster. sur Cadix.	Rend à Amster.
10·	91 $\frac{1}{4}$	114 $\frac{1}{16}$	99 $\frac{1}{4}$ p	13·14	91 $\frac{1}{4}$	114 $\frac{1}{16}$	72 $\frac{7}{16}$ p
10· 2			98 $\frac{3}{16}$ m	13·16			71 $\frac{13}{16}$ p
10· 4			97 $\frac{5}{16}$ p	13·18			71 $\frac{1}{16}$ m
10· 6			96 $\frac{3}{8}$ p	14·			70 $\frac{13}{16}$ m
10· 8			95 $\frac{7}{16}$ p	14· 2			70 $\frac{7}{16}$ m
10·10			94 $\frac{9}{16}$ m	14· 4			69 $\frac{13}{16}$ m
10·12			93 $\frac{11}{16}$ m	14· 6			69 $\frac{7}{16}$ m
10·14			92 $\frac{13}{16}$ m	14· 8			68 $\frac{11}{16}$ p
10·16			91 $\frac{13}{16}$ m	14·10			68 $\frac{1}{2}$ m
10·18			91 $\frac{1}{16}$ p	14·12			68
11·			90 $\frac{1}{4}$ p	14·14			67 $\frac{9}{16}$ m
11· 2			89 $\frac{7}{16}$ p	14·16			67 $\frac{1}{16}$ p
11· 4			88 $\frac{1}{2}$ p	14·18			66 $\frac{5}{8}$ p
11· 6			87 $\frac{7}{8}$ m	15·			66 $\frac{3}{16}$ p
11· 8			87 $\frac{1}{16}$ p	15· 2			65 $\frac{3}{4}$ p
11·10			86 $\frac{5}{16}$ p	15· 4			65 $\frac{7}{16}$ p
11·12			85 $\frac{9}{16}$ p	15· 6			64 $\frac{7}{8}$ p
11·14			84 $\frac{7}{8}$ m	15· 8			64 $\frac{7}{8}$ p
11·16			84 $\frac{7}{8}$ p	15·10			64 $\frac{1}{16}$ m
11·18			83 $\frac{3}{16}$ m	15·12			63 $\frac{5}{8}$ p
12·			82 $\frac{3}{4}$ m	15·14			63 $\frac{1}{4}$ p
12· 2			82 $\frac{1}{16}$ m	15·16			62 $\frac{13}{16}$ p
12· 4			81 $\frac{3}{8}$ p	15·18			62 $\frac{7}{16}$ p
12· 6			80 $\frac{11}{16}$ p	16·			62 $\frac{1}{16}$ p
12· 8			80 $\frac{1}{16}$ p	16· 2			61 $\frac{11}{16}$ m
12·10			79 $\frac{7}{16}$ m	16· 4			61 $\frac{1}{16}$ m
12·12			78 $\frac{13}{16}$ m	16· 6			60 $\frac{11}{16}$ m
12·14			78 $\frac{3}{16}$ m	16· 8			60 $\frac{9}{16}$ m
12·16			77 $\frac{9}{16}$	16·10			60 $\frac{1}{16}$ m
12·18			76 $\frac{15}{16}$ p	16·12			59 $\frac{13}{16}$ m
13·			76 $\frac{3}{8}$ m	16·14			59 $\frac{7}{16}$ m
13· 2			75 $\frac{13}{16}$ m	16·16			59 $\frac{1}{8}$ m
13· 4			75 $\frac{3}{16}$ p	16·18			58 $\frac{3}{8}$ m
13· 6			74 $\frac{5}{8}$ p	17·			58 $\frac{3}{4}$ p
13· 8			74 $\frac{1}{16}$ p	17· 2			58 $\frac{1}{16}$ p
13·10			73 $\frac{9}{16}$ m	17· 4			57 $\frac{3}{4}$ m
13·12			73	17· 6			57 $\frac{3}{8}$ p

DES CHANGES.

PARIS, L'ESPAGNE, AMSTERDAM.

Paris sur l'Espag.	Amster. sur Madrid.	Amster. sur Cadix.	Rend à Amster.	Paris sur l'Espag.	Amster. sur Madrid.	Amster. sur Cadix.	Rend à Amster.
17 . 8	$91\frac{1}{4}$	$114\frac{1}{16}$	$57\frac{1}{16}$ m	21 . 2	$91\frac{1}{4}$	$114\frac{1}{16}$	$47\frac{1}{16}$ m
17 . 10	....	....	$56\frac{3}{4}$ m	21 . 4	....	....	$46\frac{13}{16}$ p
17 . 12	....	....	$56\frac{7}{16}$ m	21 . 6	....	....	$46\frac{5}{8}$ m
17 . 14	....	....	$56\frac{1}{16}$ p	21 . 8	....	....	$46\frac{3}{8}$ p
17 . 16	....	....	$55\frac{3}{4}$ p	21 . 10	....	....	$46\frac{3}{16}$ m
17 . 18	....	....	$55\frac{7}{16}$ p	21 . 12	....	....	$45\frac{15}{16}$ p
18 .	....	....	$55\frac{1}{8}$ p	21 . 14	....	....	$45\frac{3}{4}$ p
18 . 2	....	....	$54\frac{2}{4}$ m	21 . 16	....	....	$45\frac{9}{16}$ m
18 . 4	....	....	$54\frac{8}{16}$ m	21 . 18	....	....	$45\frac{5}{16}$ p
18 . 6	....	....	$54\frac{1}{4}$ p	22 .	....	....	$45\frac{1}{8}$ p
18 . 8	....	....	$53\frac{15}{16}$ p	22 . 2	....	....	$44\frac{15}{16}$ m
18 . 10	....	....	$53\frac{11}{16}$ m	22 . 4	....	....	$44\frac{3}{4}$ m
18 . 12	....	....	$53\frac{3}{8}$ p	22 . 6	....	....	$44\frac{1}{2}$ p
18 . 14	....	....	$53\frac{1}{16}$ p	22 . 8	....	....	$44\frac{1}{4}$ p
18 . 16	....	....	$52\frac{13}{16}$ m	22 . 10	....	....	$44\frac{1}{8}$ m
18 . 18	....	....	$52\frac{1}{2}$ p	22 . 12	....	....	$43\frac{15}{16}$ m
19 .	....	....	$52\frac{1}{4}$ p	22 . 14	....	....	$43\frac{3}{4}$ m
19 . 2	....	....	52 m	22 . 16	....	....	$43\frac{9}{16}$ m
19 . 4	....	....	$51\frac{11}{16}$ p	22 . 18	....	....	$43\frac{1}{2}$ m
19 . 6	....	....	$51\frac{7}{16}$ p	23 .	....	....	$43\frac{3}{8}$ m
19 . 8	....	....	$51\frac{3}{16}$ m	23 . 2	....	....	43 m
19 . 10	....	....	$50\frac{15}{16}$ m	23 . 4	....	....	$42\frac{13}{16}$ m
19 . 12	....	....	$50\frac{5}{8}$ p	23 . 6	....	....	$42\frac{5}{8}$ m
19 . 14	....	....	$50\frac{3}{8}$ p	23 . 8	....	....	$42\frac{7}{16}$ p
19 . 16	....	....	$50\frac{1}{8}$ p	23 . 10	....	....	$42\frac{1}{4}$ m
19 . 18	....	....	$49\frac{7}{8}$ p	23 . 12	....	....	$42\frac{1}{16}$ p
20 .	....	....	$49\frac{5}{8}$ p	23 . 14	....	....	$41\frac{7}{8}$ p
20 . 2	....	....	$49\frac{3}{8}$ p	23 . 16	....	....	$41\frac{11}{16}$ p
20 . 4	....	....	$49\frac{1}{8}$ p	23 . 18	....	....	$41\frac{9}{16}$ m
20 . 6	....	....	$48\frac{15}{16}$ m	24 .	....	....	$41\frac{3}{8}$ m
20 . 8	....	....	$48\frac{11}{16}$ m	24 . 2	....	....	$41\frac{3}{16}$ p
20 . 10	....	....	$48\frac{7}{16}$ m	24 . 4	....	....	41 p
20 . 12	....	....	$48\frac{3}{16}$ p	24 . 6	....	....	$40\frac{7}{8}$ m
20 . 14	....	....	$47\frac{15}{16}$ p	24 . 8	....	....	$40\frac{11}{16}$ p
20 . 16	....	....	$47\frac{3}{4}$ m	24 . 10	....	....	$40\frac{1}{2}$ p
20 . 18	....	....	$47\frac{1}{2}$ p	24 . 12	....	....	$40\frac{3}{8}$ m
21 .	....	....	$47\frac{1}{4}$ p	24 . 14	....	....	$40\frac{3}{16}$ p

COMBINAISON GENERALE
PARIS, L'ESPAGNE, AMSTERDAM.

Paris sur l'Espag.	Amster. sur Madrid.	Amster. sur Cadix.	Rend à Amster.	Paris sur l'Espag.	Amster. sur Madrid.	Amster. sur Cadix.	Rend à Amster.
10·	91¼	114⅜	99 9/16 m	13·14	91¼	114⅜	72 11/16 m
10· 2			98 9/16 p	13·16			72 ⅛ p
10· 4			97 ⅝ m	13·18			71 ⅝ m
10· 6			96 ⅝ p	14·			71 ⅛ m
10· 8			95 ¾ m	14· 2			70 ⅝ m
10·10			94 13/16 m	14· 4			70 ⅛ m
10·12			93 13/16 m	14· 6			69 ⅝ m
10·14			93 1/16 m	14· 8			69 ⅛ p
10·16			92 2/16 m	14·10			68 11/16 m
10·18			91 1/16 p	14·12			68 2/16 m
11·			90 ½ p	14·14			67 ½ m
11· 2			89 11/16 m	14·16			67 ¼ p
11· 4			88 ⅞ p	14·18			66 13/16 p
11· 6			88 ⅛ m	15·			66 ⅜ m
11· 8			87 1/16 p	15· 2			65 11/16 m
11·10			86 9/16 m	15· 4			65 ½ m
11·12			85 13/16 p	15· 6			65 1/16 p
11·14			85 1/16 p	15· 8			64 ⅜ p
11·16			84 ⅜ m	15·10			64 ¼ m
11·18			83 11/16 m	15 12			63 13/16 p
12·			82 13/16 p	15·14			63 7/16 m
12· 2			82 ¼ p	15·16			63 p
12· 4			81 ⅝ m	15·18			62 5/16 m
12· 6			80 13/16 m	16·			62 ¼ m
12· 8			80 5/16 m	16· 2			61 13/16 p
12·10			79 ⅝ p	16· 4			61 7/16 p
12·12			79 p	16· 6			61 1/16 p
12·14			78 ⅜ p	16· 8			60 11/16 p
12·16			77 ¾ p	16·10			60 5/16 p
12·18			77 3/16 m	16·12			60 m
13·			76 9/16 p	16·14			59 5/16 m
13· 2			76 m	16·16			59 ¼ p
13· 4			75 7/16 m	16·18			58 11/16 m
13· 6			74 ⅞ m	17·			58 9/16 m
13· 8			74 5/16 m	17· 2			58 3/16 m
13·10			73 ¾ m	17· 4			57 ⅞ p
13·12			73 3/16 p	17· 6			57 5/16 m

DES CHANGES. 137

PARIS, L'ESPAGNE, AMSTERDAM.

Paris. sur l'Espag.	Amster. sur Madrid.	Amster. sur Cadix.	Rend à Amster.	Paris sur l'Espag.	Amster. sur Madrid.	Amster. sur Cadix.	Rend à Amster.
17. 8	91 $\frac{1}{2}$	114 $\frac{3}{8}$	57 $\frac{3}{16}$ p	21. 2	91 $\frac{1}{2}$	114 $\frac{3}{8}$	47 $\frac{3}{16}$ m
17.10			56 $\frac{7}{8}$ p	21. 4			46 $\frac{11}{16}$ p
17.12			56 $\frac{9}{16}$ p	21. 6			46 $\frac{3}{4}$ m
17.14			56 $\frac{1}{4}$ m	21. 8			46 $\frac{1}{2}$ p
17.16			55 $\frac{15}{16}$ m	21.10			46 $\frac{1}{16}$ m
17.18			55 $\frac{5}{8}$ m	21.12			46 $\frac{1}{16}$ p
18.			55 $\frac{5}{16}$ m	21.14			45 $\frac{7}{8}$ p
18. 2			55 p	21.16			45 $\frac{11}{16}$ m
18. 4			54 $\frac{11}{16}$ p	21.18			45 $\frac{7}{16}$ p
18. 6			54 $\frac{3}{8}$ p	22.			45 $\frac{1}{4}$ p
18. 8			54 $\frac{1}{8}$ m	22. 2			45 $\frac{1}{16}$ m
18.10			53 $\frac{13}{16}$ m	22. 4			44 $\frac{11}{16}$ p
18.12			53 $\frac{1}{2}$ p	22. 6			44 $\frac{3}{8}$ p
18.14			53 $\frac{1}{4}$ m	22. 8			44 $\frac{1}{16}$ p
18.16			52 $\frac{15}{16}$ p	22.10			44 $\frac{1}{4}$ m
18.18			52 $\frac{11}{16}$ m	22.12			44 $\frac{1}{16}$ m
19.			52 $\frac{3}{8}$ p	22.14			43 $\frac{7}{8}$ m
19. 2			52 $\frac{1}{8}$ m	22.16			43 $\frac{11}{16}$ m
19. 4			51 $\frac{7}{8}$ m	22.18			43 $\frac{1}{2}$ m
19. 6			51 $\frac{7}{16}$ p	23.			43 $\frac{5}{16}$ m
19. 8			51 $\frac{1}{16}$ p	23. 2			43 $\frac{1}{8}$ m
19.10			51 $\frac{1}{16}$ m	23. 4			42 $\frac{11}{16}$ m
19.12			50 $\frac{11}{16}$ m	23. 6			42 $\frac{1}{2}$ p
19.14			50 $\frac{5}{16}$ m	23. 8			42 $\frac{9}{16}$ m
19.16			50 $\frac{1}{4}$ p	23.10			42 $\frac{3}{4}$ m
19.18			50 p	23.12			42 $\frac{3}{16}$ m
20.			49 $\frac{3}{4}$ p	23.14			42 p
20. 2			49 $\frac{1}{2}$ p	23.16			41 $\frac{11}{16}$ p
20. 4			49 $\frac{5}{16}$ m	23.18			41 $\frac{3}{8}$ p
20. 6			49 $\frac{1}{16}$ m	24.			41 $\frac{1}{4}$ p
20. 8			48 $\frac{13}{16}$ m	24. 2			41 $\frac{1}{16}$ m
20.10			48 $\frac{9}{16}$ m	24. 4			41 p
20.12			48 $\frac{5}{16}$ p	24. 6			40 $\frac{15}{16}$ p
20.14			48 $\frac{1}{16}$ p	24. 8			40 $\frac{13}{16}$ m
20.16			47 $\frac{7}{8}$ m	24.10			40 $\frac{3}{4}$ p
20.18			47 $\frac{3}{8}$ p	24.12			40 $\frac{1}{16}$ p
21.			47 $\frac{3}{8}$ p	24.14			40 $\frac{5}{16}$ m

Tome II.   S

COMBINAISON GENERALE

PARIS, L'ESPAGNE, AMSTERDAM.

Paris sur l'Espag.	Amster. sur Madrid.	Amster. sur Cadix.	Rend à Amster.	Paris sur l'Espag.	Amster. sur Madrid.	Amster. sur Cadix.	Rend à Amster.
10 ·	91 $\frac{3}{4}$	114 $\frac{11}{16}$	99 $\frac{13}{16}$ p	13 · 14	91 $\frac{3}{4}$	114 $\frac{11}{16}$	72 $\frac{7}{8}$ m
10 · 2			98 $\frac{13}{16}$ p	13 · 16			72 $\frac{1}{16}$ p
10 · 4			97 $\frac{7}{8}$ m	13 · 18			71 $\frac{13}{16}$ p
10 · 6			96 $\frac{15}{16}$ m	14 ·			71 $\frac{5}{16}$ m
10 · 8			96 m	14 · 2			70 $\frac{13}{16}$ m
10 · 10			95 $\frac{1}{16}$ p	14 · 4			70 $\frac{5}{16}$ m
10 · 12			94 $\frac{2}{16}$ m	14 · 6			69 $\frac{13}{16}$ m
10 · 14			93 $\frac{3}{16}$ m	14 · 8			69 $\frac{5}{16}$ p
10 · 16			92 $\frac{7}{16}$ m	14 · 10			68 $\frac{7}{8}$ m
10 · 18			91 $\frac{9}{16}$ p	14 · 12			68 $\frac{3}{8}$ m
11 ·			90 $\frac{3}{4}$ m	14 · 14			67 $\frac{11}{16}$ m
11 · 2			89 $\frac{11}{16}$ m	14 · 16			67 $\frac{7}{16}$ p
11 · 4			89 $\frac{5}{16}$ p	14 · 18			67 m
11 · 6			88 $\frac{5}{16}$ m	15 ·			66 $\frac{9}{16}$ m
11 · 8			87 $\frac{9}{16}$ p	15 · 2			66 $\frac{3}{8}$ m
11 · 10			86 $\frac{13}{16}$ m	15 · 4			65 $\frac{11}{16}$ m
11 · 12			86 $\frac{1}{16}$ m	15 · 6			65 $\frac{1}{4}$ m
11 · 14			85 $\frac{5}{16}$ p	15 · 8			64 $\frac{13}{16}$ p
11 · 16			84 $\frac{5}{8}$ m	15 · 10			64 $\frac{3}{8}$ p
11 · 18			83 $\frac{5}{8}$ p	15 · 12			64 m
12 ·			83 $\frac{3}{16}$ m	15 · 14			63 $\frac{9}{16}$ p
12 · 2			82 $\frac{1}{2}$ m	15 · 16			63 $\frac{3}{16}$ m
12 · 4			81 $\frac{13}{16}$ p	15 · 18			62 $\frac{13}{16}$ m
12 · 6			81 $\frac{5}{16}$ m	16 ·			62 $\frac{3}{8}$ p
12 · 8			80 $\frac{7}{2}$ p	16 · 2			62 p
12 · 10			79 $\frac{5}{8}$ m	16 · 4			61 $\frac{5}{8}$ m
12 · 12			79 $\frac{1}{4}$ m	16 · 6			61 $\frac{1}{6}$ m
12 · 14			78 $\frac{5}{8}$ m	16 · 8			60 $\frac{3}{4}$ m
12 · 16			78 m	16 · 10			60 $\frac{1}{2}$ m
12 · 18			77 $\frac{3}{8}$ p	16 · 12			60 $\frac{1}{8}$ p
13 ·			76 $\frac{13}{16}$ m	16 · 14			59 $\frac{3}{4}$ m
13 · 2			76 $\frac{5}{16}$ p	16 · 16			59 $\frac{7}{16}$ p
13 · 4			75 $\frac{5}{8}$ m	16 · 18			59 $\frac{1}{16}$ p
13 · 6			75 $\frac{5}{16}$ m	17 ·			58 $\frac{3}{4}$ m
13 · 8			74 $\frac{1}{2}$ m	17 · 2			58 $\frac{3}{8}$ p
13 · 10			73 $\frac{13}{16}$ p	17 · 4			58 $\frac{1}{16}$ m
13 · 12			73 $\frac{3}{8}$ p	17 · 6			57 $\frac{11}{16}$ p

DES CHANGES. 139

PARIS, L'ESPAGNE, AMSTERDAM.

Paris sur l'Espag.	Amster. sur Madrid.	Amster. sur Cadix.	Rend à Amster.	Paris sur l'Espag.	Amster. sur Madrid.	Amster. sur Cadix.	Rend à Amster.
17. 8	$91\frac{3}{4}$	$114\frac{11}{16}$	$57\frac{3}{8}$ m	21. 2	$91\frac{3}{4}$	$114\frac{11}{16}$	$47\frac{5}{16}$ m
17.10			$57\frac{1}{16}$ m	21. 4			$47\frac{1}{16}$ p
17.12			$56\frac{11}{16}$ p	21. 6			$46\frac{7}{8}$ m
17.14			$56\frac{5}{8}$ p	21. 8			$46\frac{9}{16}$ p
17.16			$56\frac{1}{16}$ p	21.10			$46\frac{7}{16}$ m
17.18			$55\frac{3}{4}$ p	21.12			$46\frac{3}{16}$ p
18.			$55\frac{1}{16}$ p	21.14			46 p
18. 2			$55\frac{5}{8}$ p	21.16			$45\frac{13}{16}$ m
18. 4			$54\frac{7}{8}$ m	21.18			$45\frac{9}{16}$ p
18. 6			$54\frac{9}{16}$ m	22.			$45\frac{3}{8}$ m
18. 8			$54\frac{1}{4}$ p	22. 2			$45\frac{1}{16}$ m
18.10			$53\frac{11}{16}$ p	22. 4			$44\frac{13}{16}$ p
18.12			$53\frac{1}{16}$ m	22. 6			$44\frac{3}{4}$ p
18.14			$53\frac{3}{8}$ p	22. 8			$44\frac{9}{16}$ p
18.16			$53\frac{1}{8}$ p	22.10			$44\frac{3}{8}$ m
18.18			$52\frac{13}{16}$ p	22.12			$44\frac{2}{16}$ m
19.			$52\frac{9}{16}$ m	22.14			44 m
19. 2			$52\frac{1}{4}$ p	22.16			$43\frac{13}{16}$ m
19. 4			52 m	22.18			$43\frac{9}{16}$ p
19. 6			$51\frac{3}{4}$ m	23.			$43\frac{3}{8}$ p
19. 8			$51\frac{7}{12}$ p	23. 2			$43\frac{3}{16}$ p
19.10			$51\frac{3}{16}$ p	23. 4			43 p
19.12			$50\frac{13}{16}$ m	23. 6			$42\frac{13}{16}$ p
19.14			$50\frac{11}{16}$ m	23. 8			$42\frac{11}{16}$ m
19.16			$50\frac{7}{16}$ m	23.10			$42\frac{1}{2}$ m
19.18			$50\frac{3}{16}$ m	23.12			$42\frac{5}{16}$ m
20.			$49\frac{13}{16}$ m	23.14			$42\frac{1}{8}$ m
20. 2			$49\frac{11}{16}$ m	23.16			$41\frac{15}{16}$ p
20. 4			$49\frac{7}{16}$ m	23.18			$41\frac{3}{4}$ p
20. 6			$49\frac{1}{16}$ m	24.			$41\frac{9}{16}$ p
20. 8			$48\frac{13}{16}$ m	24. 2			$41\frac{7}{16}$ m
20.10			$48\frac{11}{16}$ p	24. 4			$41\frac{1}{4}$ m
20.12			$48\frac{7}{16}$ p	24. 6			$41\frac{1}{8}$ m
20.14			$48\frac{1}{4}$ p	24. 8			$40\frac{13}{16}$ m
20.16			48 m	24.10			$40\frac{4}{9}$ m
20.18			$47\frac{3}{4}$ p	24.12			$40\frac{7}{16}$ p
21.			$47\frac{9}{16}$ m	24.14			$40\frac{9}{16}$ m

COMBINAISON GENERALE

PARIS, L'ESPAGNE, AMSTERDAM.

Paris sur l'Espag.	Amster. sur Madrid.	Amster. sur Cadix.	Rend à Amster.	Paris sur l'Espag.	Amster. sur Madrid.	Amster. sur Cadix.	Rend à Amster.
10·	92	115	100 $\frac{1}{8}$ m	13·14	92	115	73 $\frac{1}{16}$ p
10· 2			99 $\frac{1}{8}$ m	13·16			72 $\frac{9}{16}$ m
10· 4			98 $\frac{1}{8}$ p	13·18			72 p
10· 6			97 $\frac{3}{16}$ m	14·			71 $\frac{1}{2}$ m
10· 8			96 $\frac{1}{4}$ m	14· 2			71 m
10·10			95 $\frac{5}{16}$ p	14· 4			70 $\frac{1}{2}$ m
10·12			94 $\frac{7}{16}$ m	14· 6			70 m
10·14			93 $\frac{9}{16}$ m	14· 8			69 $\frac{1}{2}$ p
10·16			92 $\frac{11}{16}$ m	14·10			69 $\frac{1}{16}$ m
10·18			91 $\frac{13}{16}$ p	14·12			68 $\frac{9}{16}$ m
11·			91 m	14·14			68 $\frac{1}{8}$ p
11· 2			90 $\frac{3}{16}$ m	14·16			67 $\frac{1}{2}$ p
11· 4			89 $\frac{3}{8}$ m	14·18			67 $\frac{1}{16}$ m
11· 6			88 $\frac{9}{16}$ p	15·			66 $\frac{5}{8}$ m
11· 8			87 $\frac{13}{16}$ m	15· 2			66 $\frac{1}{16}$ m
11·10			87 $\frac{1}{16}$ m	15· 4			65 $\frac{7}{8}$ m
11·12			86 $\frac{5}{16}$ m	15· 6			65 $\frac{7}{16}$ m
11·14			85 $\frac{9}{16}$ m	15· 8			65 m
11·16			84 $\frac{13}{16}$ p	15·10			64 $\frac{9}{16}$ p
11·18			84 $\frac{1}{8}$ m	15·12			64 $\frac{3}{16}$ p
12·			83 $\frac{7}{16}$ m	15·14			63 $\frac{3}{4}$ m
12· 2			82 $\frac{3}{4}$ m	15·16			63 $\frac{3}{8}$ m
12· 4			82 $\frac{1}{16}$ m	15·18			62 $\frac{15}{16}$ m
12· 6			81 $\frac{3}{8}$ p	16·			62 $\frac{9}{16}$ m
12· 8			80 $\frac{3}{4}$ m	16· 2			62 $\frac{3}{16}$ m
12·10			80 $\frac{1}{16}$ p	16· 4			61 $\frac{13}{16}$ m
12·12			79 $\frac{7}{16}$ p	16· 6			61 $\frac{7}{16}$ m
12·14			78 $\frac{13}{16}$ p	16· 8			61 $\frac{1}{16}$ m
12·16			78 $\frac{3}{16}$ p	16·10			60 $\frac{11}{16}$ m
12·18			77 $\frac{5}{8}$ m	16·12			60 $\frac{1}{16}$ m
13·			77 m	16·14			59 $\frac{13}{16}$ p
13· 2			76 $\frac{7}{16}$ m	16·16			59 $\frac{7}{16}$ p
13· 4			75 $\frac{13}{16}$ p	16·18			59 $\frac{1}{4}$ m
13· 6			75 $\frac{1}{4}$ p	17·			58 $\frac{7}{8}$ p
13· 8			74 $\frac{11}{16}$ p	17· 2			58 $\frac{9}{16}$ m
13·10			74 $\frac{1}{8}$ p	17· 4			58 $\frac{3}{16}$ p
13·12			73 $\frac{5}{8}$ m	17· 6			57 $\frac{7}{8}$ m

DES CHANGES.

PARIS, L'ESPAGNE, AMSTERDAM.

Paris sur l'Espag.	Amster. sur Madrid.	Amster. sur Cadix.	Rend à Amster.	Paris sur l'Espag.	Amster. sur Madrid.	Amster. sur Cadix.	Rend à Amster.
17. 8	92	115	$57\frac{1}{2}$ p	21. 2	92	115	$47\frac{7}{16}$ p
17.10			$57\frac{3}{16}$ p	21. 4			$47\frac{3}{16}$ p
17.12			$56\frac{7}{8}$ m	21. 6			47 m
17.14			$56\frac{9}{16}$ m	21. 8			$46\frac{3}{4}$ p
17.16			$56\frac{1}{4}$ m	21.10			$46\frac{9}{16}$ m
17.18			$55\frac{15}{16}$ m	21.12			$46\frac{5}{16}$ p
18·			$55\frac{5}{8}$ m	21.14			$46\frac{1}{8}$ p
18. 2			$55\frac{5}{16}$ m	21.16			$45\frac{13}{16}$ m
18. 4			55 m	21.18			$45\frac{11}{16}$ p
18. 6			$54\frac{11}{16}$ p	22·			$45\frac{1}{2}$ m
18. 8			$54\frac{3}{8}$ p	22. 2			$45\frac{5}{16}$ m
18.10			$54\frac{1}{8}$ m	22. 4			$45\frac{1}{8}$ p
18.12			$53\frac{13}{16}$ p	22. 6			$44\frac{7}{8}$ p
18.14			$53\frac{1}{2}$ p	22. 8			$44\frac{11}{16}$ m
18.16			$53\frac{1}{4}$ m	22.10			$44\frac{1}{2}$ m
18.18			$52\frac{15}{16}$ p	22.12			$44\frac{5}{16}$ m
19·			$52\frac{11}{16}$ m	22.14			$44\frac{1}{8}$ p
19. 2			$52\frac{7}{16}$ m	22.16			$43\frac{7}{8}$ p
19. 4			$52\frac{1}{8}$ p	22.18			$43\frac{11}{16}$ p
19. 6			$51\frac{7}{8}$ m	23·			$43\frac{1}{2}$ p
19. 8			$51\frac{5}{8}$ m	23. 2			$43\frac{5}{16}$ p
19.10			$51\frac{1}{4}$ p	23. 4			$43\frac{1}{8}$ p
19.12			$51\frac{1}{16}$ p	23. 6			$42\frac{15}{16}$ p
19.14			$50\frac{13}{16}$ m	23. 8			$42\frac{3}{4}$ p
19.16			$50\frac{9}{16}$ m	23.10			$42\frac{5}{8}$ m
19.18			$50\frac{5}{16}$ m	23.12			$42\frac{7}{16}$ p
20·			$50\frac{1}{16}$ m	23.14			$42\frac{1}{4}$ m
20. 2			$49\frac{13}{16}$ m	23.16			42 m
20. 4			$49\frac{9}{16}$ m	23.18			$41\frac{7}{8}$ p
20. 6			$49\frac{5}{16}$ m	24·			$41\frac{11}{16}$ p
20. 8			$49\frac{1}{16}$ p	24. 2			$41\frac{9}{16}$ p
20.10			$48\frac{13}{16}$ p	24. 4			$41\frac{3}{8}$ m
20.12			$48\frac{9}{16}$ p	24. 6			$41\frac{1}{16}$ p
20.14			$48\frac{5}{16}$ m	24. 8			41 p
20.16			$48\frac{1}{8}$ p	24.10			$40\frac{7}{8}$ m
20.18			$47\frac{7}{8}$ p	24.12			$40\frac{11}{16}$ p
21·			$47\frac{11}{16}$ m	24.14			$40\frac{1}{2}$ p

S iij

COMBINAISON GENERALE

PARIS, L'ESPAGNE, AMSTERDAM.

Paris sur l'Espag.	Amster. sur Madrid.	Amster. sur Cadix.	Rend à Amster.	Paris sur l'Espag.	Amster. sur Madrid.	Amster. sur Cadix.	Rend à Amster.
10·	92 $\frac{1}{4}$	115 $\frac{5}{16}$	100 $\frac{3}{8}$ m	13·14	92 $\frac{1}{4}$	115 $\frac{5}{16}$	73 $\frac{1}{4}$ p
10· 2			99 $\frac{3}{8}$ m	13·16			72 $\frac{3}{4}$ m
10· 4			98 $\frac{3}{8}$ p	13·18			72 $\frac{3}{16}$ p
10· 6			97 $\frac{7}{16}$ p	14·			71 $\frac{11}{16}$
10· 8			96 $\frac{1}{2}$ p	14· 2			71 $\frac{1}{16}$
10·10			95 $\frac{9}{16}$ p	14· 4			70 $\frac{11}{16}$
10·12			94 $\frac{11}{16}$ m	14· 6			70 $\frac{1}{16}$
10·14			93 $\frac{13}{16}$ m	14· 8			69 $\frac{11}{16}$
10·16			92 $\frac{15}{16}$ m	14·10			69 $\frac{1}{4}$ m
10·18			92 $\frac{1}{16}$ p	14·12			68 $\frac{3}{4}$ m
11·			91 $\frac{1}{4}$ m	14·14			68 $\frac{1}{4}$ p
11· 2			90 $\frac{7}{16}$ m	14·16			67 $\frac{13}{16}$
11· 4			89 $\frac{5}{8}$ m	14·18			67 $\frac{3}{8}$ m
11· 6			88 $\frac{13}{16}$ p	15·			66 $\frac{15}{16}$ m
11· 8			88 $\frac{1}{16}$ m	15· 2			66 $\frac{1}{2}$ m
11·10			87 $\frac{1}{4}$ p	15· 4			66 $\frac{1}{16}$ m
11·12			86 $\frac{1}{2}$ p	15· 6			65 $\frac{5}{8}$ m
11·14			85 $\frac{13}{16}$ m	15· 8			65 $\frac{1}{16}$ m
11·16			85 $\frac{1}{16}$ m	15·10			64 $\frac{3}{4}$ p
11·18			84 $\frac{1}{16}$ p	15·12			64 $\frac{7}{16}$ p
12·			83 $\frac{3}{8}$ p	15·14			63 $\frac{13}{16}$ m
12· 2			82 $\frac{15}{16}$ p	15·16			63 $\frac{1}{2}$ p
12· 4			82 $\frac{1}{4}$ p	15·18			63 $\frac{1}{8}$ m
12· 6			81 $\frac{3}{4}$ m	16·			62 $\frac{3}{4}$ m
12· 8			80 $\frac{15}{16}$ p	16· 2			62 $\frac{3}{8}$ p
12·10			80 $\frac{5}{16}$ m	16· 4			61 $\frac{15}{16}$ p
12·12			79 $\frac{11}{16}$ m	16· 6			61 $\frac{9}{16}$ p
12·14			79 p	16· 8			61 $\frac{3}{16}$ p
12·16			78 $\frac{7}{16}$ m	16·10			60 $\frac{13}{16}$ p
12·18			77 $\frac{13}{16}$ m	16·12			60 $\frac{7}{16}$ p
13·			77 $\frac{3}{16}$ p	16·14			60 $\frac{1}{8}$ p
13· 2			76 $\frac{1}{2}$ m	16·16			59 $\frac{3}{4}$ p
13· 4			76 $\frac{1}{16}$ m	16·18			59 $\frac{3}{8}$ p
13· 6			75 $\frac{7}{16}$ p	17·			59 $\frac{1}{16}$ m
13· 8			74 $\frac{7}{8}$ p	17· 2			58 $\frac{11}{16}$ p
13·10			74 $\frac{3}{8}$ m	17· 4			58 $\frac{3}{8}$ m
13·12			73 $\frac{13}{16}$ m	17· 6			58 p

DES CHANGES.

PARIS, L'ESPAGNE, AMSTERDAM.

Paris sur l'Espag.	Amster. sur Madrid.	Amster. sur Cadix.	Rend à Amster.	Paris sur l'Espag.	Amster. sur Madrid.	Amster. sur Cadix.	Rend à Amster.
17. 8	$92\frac{1}{4}$	$115\frac{1}{16}$	$57\frac{11}{16}$ m	21. 2	$92\frac{1}{4}$	$115\frac{1}{16}$	$47\frac{9}{16}$ p
17.10			$57\frac{3}{8}$ m	21. 4			$47\frac{5}{16}$ p
17.12			57 p	21. 6			$47\frac{1}{8}$ m
17.14			$56\frac{11}{16}$ p	21. 8			$46\frac{7}{8}$ p
17.16			$56\frac{5}{8}$ p	21.10			$46\frac{11}{16}$ p
17.18			$56\frac{5}{16}$ p	21.12			$46\frac{7}{16}$ p
18.			$55\frac{3}{5}$ p	21.14			$46\frac{1}{4}$ p
18. 2			$55\frac{7}{16}$ p	21.16			$46\frac{1}{16}$ m
18. 4			$55\frac{1}{8}$ p	21.18			$45\frac{13}{16}$ p
18. 6			$54\frac{7}{8}$ m	22.			$45\frac{5}{8}$ m
18. 8			$54\frac{9}{16}$ m	22. 2			$45\frac{7}{16}$ m
18.10			$54\frac{1}{4}$ p	22. 4			$45\frac{3}{16}$ p
18.12			$53\frac{13}{16}$ p	22. 6			45 p
18.14			$53\frac{11}{16}$ p	22. 8			$44\frac{13}{16}$ m
18.16			$53\frac{3}{8}$ p	22.10			$44\frac{5}{8}$ p
18.18			$53\frac{1}{8}$ m	22.12			$44\frac{3}{8}$ m
19.			$52\frac{13}{16}$ p	22.14			$44\frac{3}{16}$ p
19. 2			$52\frac{9}{16}$ m	22.16			44 p
19. 4			$52\frac{1}{4}$ p	22.18			$43\frac{13}{16}$ p
19. 6			52 p	23.			$43\frac{5}{8}$ p
19. 8			$51\frac{3}{4}$ m	23. 2			$43\frac{7}{16}$ p
19.10			$51\frac{1}{2}$ m	23. 4			$43\frac{1}{4}$ p
19.12			$51\frac{1}{16}$ p	23. 6			$43\frac{1}{8}$ p
19.14			$50\frac{15}{16}$ p	23. 8			$42\frac{7}{8}$ p
19.16			$50\frac{11}{16}$ p	23.10			$42\frac{11}{16}$ p
19.18			$50\frac{7}{16}$ m	23.12			$42\frac{1}{2}$ p
20.			$50\frac{3}{16}$ m	23.14			$42\frac{2}{5}$ m
20. 2			$49\frac{15}{16}$ m	23.16			$42\frac{1}{5}$ m
20. 4			$49\frac{11}{16}$ m	23.18			42 m
20. 6			$49\frac{7}{16}$ p	24.			$41\frac{13}{16}$ p
20. 8			$49\frac{3}{16}$ p	24. 2			$41\frac{5}{8}$ p
20.10			$48\frac{13}{16}$ p	24. 4			$41\frac{1}{2}$ m
20.12			$48\frac{5}{8}$ m	24. 6			$41\frac{1}{4}$ m
20.14			$48\frac{1}{4}$ m	24. 8			$41\frac{1}{8}$ p
20.16			$48\frac{1}{4}$ p	24.10			$40\frac{15}{16}$ p
20.18			48 p	24.12			$40\frac{13}{16}$ m
21.			$47\frac{13}{16}$ m	24.14			$40\frac{1}{2}$ p

PARIS, L'ESPAGNE, AMSTERDAM.

Paris sur l'Espag.	Amster. sur Madrid.	Amster. sur Cadix.	Rend à Amster.	Paris sur l'Espag.	Amster. sur Madrid.	Amster. sur Cadix.	Rend à Amster.
10.	92 1/2	115 5/8	100 5/8 p	13.14	92 1/2	115 5/8	73 7/16 p
10. 2			99 5/8 p	13.16			72 15/16 m
10. 4			98 11/16 m	13.18			72 3/8 p
10. 6			97 11/16 p	14.			71 7/8 p
10. 8			96 3/4 p	14. 2			71 3/8 p
10.10			95 7/8 m	14. 4			70 7/8 m
10.12			94 15/16 p	14. 6			70 3/8 p
10.14			94 1/16 m	14. 8			69 7/8 p
10.16			93 3/16 m	14.10			69 7/16 m
10.18			92 5/16 p	14.12			68 15/16 m
11.			91 1/2 m	14.14			68 7/16 p
11. 2			90 11/16 m	14.16			68
11. 4			89 7/8 m	14.18			67 9/16 m
11. 6			89 1/16 m	15.			67 1/16 p
11. 8			88 1/4 p	15. 2			66 5/8 p
11.10			87 1/2 p	15. 4			66 3/16 p
11.12			86 3/4 p	15. 6			65 3/4 p
11.14			86 p	15. 8			65 3/8 m
11.16			85 5/16 m	15.10			64 15/16 m
11.18			84 9/16 p	15 12			64 1/2 p
12.			83 7/8 m	15.14			64 1/8 m
12. 2			83 3/16 m	15.16			63 11/16 p
12. 4			82 1/2 m	15.18			63 5/16 m
12. 6			81 13/16 p	16.			62 7/8 p
12. 8			81 3/16 m	16. 2			62 1/2 p
12.10			80 1/2 p	16. 4			62 1/8 m
12.12			79 7/8 m	16. 6			61 3/4 m
12.14			79 1/4 m	16. 8			61 3/8 m
12.16			78 5/8	16.10			61 m
12.18			78 p	16.12			60 5/8 p
13.			77 7/16 m	16.14			60 1/4 p
13. 2			76 13/16 p	16.16			59 7/8 p
13. 4			76 1/4 m	16.18			59 9/16 m
13. 6			75 11/16 m	17.			59 3/16 p
13. 8			75 1/8 m	17. 2			58 7/8 m
13.10			74 9/16 m	17. 4			58 1/2 p
13.12			74	17. 6			58 3/16 m

DES CHANGES.

PARIS, L'ESPAGNE, AMSTERDAM.

Paris. sur l'Espag.	Amster. sur Madrid.	Amster. sur Cadix.	Rend à Amster.	Paris sur l'Espag.	Amster. sur Madrid.	Amster. sur Cadix.	Rend à Amster.
17. 8	92 $\frac{1}{2}$	115 $\frac{1}{8}$	57 $\frac{13}{16}$ p	21. 2	92 $\frac{1}{2}$	115 $\frac{5}{8}$	47 $\frac{11}{16}$ p
17.10			57 $\frac{1}{6}$ p	21. 4			47 $\frac{1}{2}$ m
17.12			57 $\frac{3}{16}$ m	21. 6			47 $\frac{1}{4}$ m
17.14			56 $\frac{7}{8}$ m	21. 8			47 p
17.16			56 $\frac{9}{16}$ m	21.10			46 $\frac{13}{16}$ m
17.18			56 $\frac{1}{4}$ m	21.12			46 $\frac{9}{16}$ p
18.			55 $\frac{15}{16}$ m	21.14			46 $\frac{2}{8}$ p
18. 2			55 $\frac{5}{8}$ m	21.16			46 $\frac{1}{16}$ m
18. 4			55 $\frac{5}{16}$ m	21.18			45 $\frac{13}{16}$ p
18. 6			55 m	22.			45 $\frac{5}{8}$ m
18. 8			54 $\frac{11}{16}$ p	22. 2			45 $\frac{9}{16}$ m
18.10			54 $\frac{3}{8}$ p	22. 4			45 $\frac{5}{16}$ p
18.12			54 $\frac{1}{8}$ m	22. 6			45 $\frac{1}{8}$ p
18.14			53 $\frac{13}{16}$ p	22. 8			44 $\frac{11}{16}$ m
18.16			53 $\frac{2}{16}$ m	22.10			44 $\frac{4}{16}$ m
18.18			53 $\frac{1}{4}$ m	22.12			44 $\frac{1}{2}$ p
19.			52 $\frac{15}{16}$ p	22.14			44 $\frac{1}{16}$ p
19. 2			52 $\frac{11}{16}$ p	22.16			44 $\frac{1}{8}$ p
19. 4			52 $\frac{7}{16}$ m	22.18			43 $\frac{15}{16}$ p
19. 6			52 $\frac{1}{8}$ p	23.			43 $\frac{3}{4}$ p
19. 8			51 $\frac{7}{8}$ p	23. 2			43 $\frac{9}{16}$ p
19.10			51 $\frac{5}{8}$ m	23. 4			43 $\frac{2}{16}$ p
19.12			51 $\frac{2}{8}$ m	23. 6			43 $\frac{1}{8}$ p
19.14			51 $\frac{1}{16}$ p	23. 8			43 p
19.16			50 $\frac{13}{16}$ p	23.10			42 $\frac{13}{16}$ p
19.18			50 $\frac{9}{16}$ p	23.12			42 $\frac{2}{8}$ p
20.			50 $\frac{5}{16}$ p	23.14			42 $\frac{7}{16}$ p
20. 2			50 $\frac{1}{16}$ p	23.16			42 $\frac{5}{16}$ m
20. 4			49 $\frac{13}{16}$ p	23.18			42 $\frac{1}{8}$ m
20. 6			49 $\frac{9}{16}$ p	24.			41 $\frac{15}{16}$ m
20. 8			49 $\frac{5}{16}$ p	24. 2			41 $\frac{3}{4}$ p
20.10			49 $\frac{1}{16}$ p	24. 4			41 $\frac{1}{2}$ p
20.12			48 $\frac{7}{8}$ m	24. 6			41 $\frac{1}{16}$ p
20.14			48 $\frac{5}{8}$ m	24. 8			41 $\frac{1}{4}$ m
20.16			48 $\frac{3}{8}$ p	24.10			41 $\frac{1}{16}$ p
20.18			48 $\frac{1}{8}$ p	24.12			40 $\frac{15}{16}$ p
21.			47 $\frac{15}{16}$ m	24.14			40 $\frac{2}{4}$ m

Tome II.   T

COMBINAISON GENERALE
PARIS, L'ESPAGNE, AMSTERDAM.

Paris sur l'Espag.	Amster. sur Madrid.	Amster. sur Cadix.	Rend à Amster.	Paris sur l'Espag.	Amster. sur Madrid.	Amster. sur Cadix.	Rend à Amster.
10 ·	· 92 ¾ ·	115 15/16 ·	100 15/16 m	13 · 14	· 92 ¾ ·	115 15/16 ·	73 11/16 m
10 · 2			99 1/16 m	13 · 16			73 1/8 m
10 · 4			98 1/16 m	13 · 18			72 3/4 m
10 · 6			98 m	14 ·			72 1/16 m
10 · 8			97 p	14 · 2			71 9/16 m
10 · 10			96 1/4 m	14 · 4			71 1/16 m
10 · 12			95 5/16 p	14 · 6			70 9/16 p
10 · 14			94 5/16 m	14 · 8			70 1/16 p
10 · 16			93 7/16 m	14 · 10			69 1/2 m
10 · 18			92 9/16 p	14 · 12			69 1/8 p
11 ·			91 3/4 m	14 · 14			68 5/8 p
11 · 2			90 13/16 m	14 · 16			68 3/16 m
11 · 4			90 1/8 m	14 · 18			67 3/4 m
11 · 6			89 1/16 m	15 ·			67 1/4 p
11 · 8			88 1/2 p	15 · 2			66 13/16 m
11 · 10			87 2/3 m	15 · 4			66 3/8 p
11 · 12			87 m	15 · 6			65 15/16 p
11 · 14			86 1/4 m	15 · 8			65 1/2 p
11 · 16			85 1/2 p	15 · 10			65 1/8 m
11 · 18			84 13/16 m	15 · 12			64 11/16 m
12 ·			84 1/16 p	15 · 14			64 1/4 p
12 · 2			83 3/8 p	15 · 16			63 7/8 m
12 · 4			82 11/16 m	15 · 18			63 7/16 p
12 · 6			82 1/16 m	16 ·			63 1/16 p
12 · 8			81 3/8 p	16 · 2			62 11/16 m
12 · 10			80 3/4 m	16 · 4			62 1/4 m
12 · 12			80 1/16 p	16 · 6			61 13/16 m
12 · 14			79 1/2 p	16 · 8			61 1/2 m
12 · 16			78 13/16 p	16 · 10			61 1/8 m
12 · 18			78 1/4 m	16 · 12			60 3/4 m
13 ·			77 5/8 m	16 · 14			60 7/16 m
13 · 2			77 1/4 m	16 · 16			60 1/16 p
13 · 4			76 7/16 m	16 · 18			59 11/16 p
13 · 6			75 7/8 m	17 ·			59 3/8 m
13 · 8			75 1/6 m	17 · 2			59 p
13 · 10			74 2/3 m	17 · 4			58 11/16 m
13 · 12			74 1/16 p	17 · 6			58 1/16 p

DES CHANGES.

PARIS, L'ESPAGNE, AMSTERDAM.

Paris sur l'Espag.	Amster. sur Madrid.	Amster. sur Cadix.	Rend à Amster.	Paris sur l'Espag.	Amster. sur Madrid.	Amster. sur Cadix.	Rend à Amster.
17 . 8	92 $\frac{3}{4}$	115 $\frac{15}{16}$	58 m	21 . 2	92 $\frac{3}{4}$	115 $\frac{15}{16}$	47 $\frac{13}{16}$ p
17 . 10			57 $\frac{11}{16}$ m	21 . 4			47 $\frac{5}{8}$ m
17 . 12			57 $\frac{5}{16}$ p	21 . 6			47 $\frac{3}{8}$ p
17 . 14			57 p	21 . 8			47 $\frac{1}{8}$ p
17 . 16			56 $\frac{11}{16}$ p	21 . 10			46 $\frac{13}{16}$ m
17 . 18			56 $\frac{3}{8}$ p	21 . 12			46 $\frac{11}{16}$ p
18 .			56 $\frac{1}{4}$ m	21 . 14			46 $\frac{1}{2}$ p
18 . 2			55 $\frac{3}{4}$ m	21 . 16			46 $\frac{1}{16}$ m
18 . 4			55 $\frac{7}{16}$ p	21 . 18			46 $\frac{1}{16}$ p
18 . 6			55 $\frac{1}{8}$ p	22 .			45 $\frac{7}{8}$ m
18 . 8			54 $\frac{13}{16}$ p	22 . 2			45 $\frac{11}{16}$ m
18 . 10			54 $\frac{9}{16}$ m	22 . 4			45 $\frac{7}{16}$ p
18 . 12			54 $\frac{1}{4}$ p	22 . 6			45 $\frac{1}{4}$ p
18 . 14			53 $\frac{13}{16}$ p	22 . 8			45 $\frac{1}{16}$ m
18 . 16			53 $\frac{11}{16}$ m	22 . 10			44 $\frac{7}{8}$ m
18 . 18			53 $\frac{3}{8}$ p	22 . 12			44 $\frac{5}{8}$ p
19 .			53 $\frac{1}{8}$ p	22 . 14			44 $\frac{1}{2}$ p
19 . 2			52 $\frac{13}{16}$ p	22 . 16			44 $\frac{1}{4}$ p
19 . 4			52 $\frac{9}{16}$ m	22 . 18			44 $\frac{1}{16}$ p
19 . 6			52 $\frac{5}{16}$ m	23 .			43 $\frac{7}{8}$ m
19 . 8			52 p	23 . 2			43 $\frac{11}{16}$ m
19 . 10			51 $\frac{3}{4}$ m	23 . 4			43 $\frac{1}{2}$ m
19 . 12			51 $\frac{1}{2}$ m	23 . 6			43 $\frac{5}{16}$ m
19 . 14			51 $\frac{1}{4}$ m	23 . 8			43 $\frac{1}{8}$ m
19 . 16			50 $\frac{15}{16}$ p	23 . 10			42 $\frac{15}{16}$ p
19 . 18			50 $\frac{11}{16}$ p	23 . 12			42 $\frac{3}{4}$ p
20 .			50 $\frac{7}{16}$ p	23 . 14			42 $\frac{1}{2}$ p
20 . 2			50 $\frac{3}{16}$ p	23 . 16			42 $\frac{3}{8}$ p
20 . 4			49 $\frac{15}{16}$ p	23 . 18			42 $\frac{1}{4}$ m
20 . 6			49 $\frac{11}{16}$ p	24 .			42 $\frac{1}{16}$ m
20 . 8			49 $\frac{7}{16}$ p	24 . 2			41 $\frac{7}{8}$ m
20 . 10			49 $\frac{1}{4}$ m	24 . 4			41 $\frac{11}{16}$ p
20 . 12			49 m	24 . 6			41 $\frac{1}{2}$ p
20 . 14			48 $\frac{3}{4}$ m	24 . 8			41 $\frac{3}{8}$ m
20 . 16			48 $\frac{1}{2}$ p	24 . 10			41 $\frac{5}{16}$ p
20 . 18			48 $\frac{1}{16}$ m	24 . 12			41 p
21 .			48 $\frac{1}{16}$ m	24 . 14			40 $\frac{7}{8}$ m

T ij

148 COMBINAISON GENERALE

PARIS, L'ESPAGNE, AMSTERDAM.

Paris sur l'Espag.	Amster. sur Madrid.	Amster. sur Cadix.	Rend à Amster.	Paris sur l'Espag.	Amster. sur Madrid.	Amster. sur Cadix.	Rend à Amster.
10·	93	116 $\frac{1}{4}$	101 $\frac{3}{16}$ m	13·14	93	116 $\frac{1}{4}$	73 $\frac{7}{8}$ m
10· 2			100 $\frac{3}{16}$ m	13·16			73 $\frac{3}{16}$ p
10· 4			99 $\frac{3}{16}$ p	13·18			72 $\frac{13}{16}$ m
10· 6			98 $\frac{1}{4}$ m	14·			72 $\frac{1}{4}$ m
10· 8			97 $\frac{5}{16}$ m	14· 2			71 $\frac{3}{4}$
10·10			96 $\frac{3}{8}$ m	14· 4			71 $\frac{1}{4}$
10·12			95 $\frac{7}{16}$ p	14· 6			70 $\frac{3}{4}$ p
10·14			94 $\frac{9}{16}$ p	14· 8			70 $\frac{1}{4}$ p
10·16			93 $\frac{11}{16}$ p	14·10			69 $\frac{13}{16}$ m
10·18			92 $\frac{13}{16}$ p	14·12			69 $\frac{5}{16}$ m
11·			92 m	14·14			68 $\frac{13}{16}$ p
11· 2			91 $\frac{3}{16}$ m	14·16			68 $\frac{3}{8}$ m
11· 4			90 $\frac{7}{16}$ p	14·18			67 $\frac{15}{16}$ m
11· 6			89 $\frac{9}{16}$ m	15·			67 $\frac{7}{16}$ p
11· 8			88 $\frac{3}{4}$ p	15· 2			67 p
11·10			88 m	15· 4			66 $\frac{9}{16}$ p
11·12			87 $\frac{1}{4}$ m	15· 6			66 $\frac{1}{8}$ p
11·14			86 $\frac{1}{2}$ m	15· 8			65 $\frac{11}{16}$
11·16			85 $\frac{3}{4}$ m	15·10			65 $\frac{1}{4}$ m
11·18			85 p	15·12			64 $\frac{7}{8}$ m
12·			84 $\frac{5}{16}$ p	15·14			64 $\frac{7}{16}$
12· 2			83 $\frac{5}{8}$ m	15·16			64 $\frac{1}{16}$
12· 4			82 $\frac{15}{16}$ p	15·18			63 $\frac{5}{8}$ p
12· 6			82 $\frac{1}{4}$ p	16·			63 $\frac{1}{4}$ m
12· 8			81 $\frac{5}{8}$ m	16· 2			62 $\frac{7}{8}$ m
12·10			80 $\frac{15}{16}$ p	16· 4			62 $\frac{1}{2}$ p
12·12			80 $\frac{5}{16}$ m	16· 6			62 $\frac{1}{8}$ p
12·14			79 $\frac{11}{16}$ m	16· 8			61 $\frac{11}{16}$ p
12·16			79 $\frac{1}{16}$ m	16·10			61 $\frac{5}{16}$ p
12·18			78 $\frac{7}{16}$ m	16·12			60 $\frac{15}{16}$ p
13·			77 $\frac{13}{16}$ p	16·14			60 $\frac{9}{16}$ p
13· 2			77 $\frac{1}{4}$ m	16·16			60 $\frac{1}{4}$ p
13· 4			76 $\frac{5}{8}$ p	16·18			59 $\frac{7}{8}$ m
13· 6			76 $\frac{1}{16}$ p	17·			59 $\frac{1}{2}$
13· 8			75 $\frac{1}{2}$ p	17· 2			59 $\frac{3}{16}$ m
13·10			74 $\frac{15}{16}$ p	17· 4			58 $\frac{13}{16}$ p
13·12			74 $\frac{3}{8}$ p	17· 6			58 $\frac{1}{2}$

DES CHANGES. 149

PARIS, L'ESPAGNE, AMSTERDAM.

Paris sur l'Espag.	Amster. sur Madrid.	Amster. sur Cadix.	Rend à Amster.	Paris sur l'Espag.	Amster. sur Madrid.	Amster. sur Cadix.	Rend à Amster.
17. 8	93	$116\frac{1}{4}$	$58\frac{1}{8}$ p	21. 2	93	$116\frac{1}{4}$	$47\frac{15}{16}$ p
17.10			$57\frac{7}{8}$ p	21. 4			$47\frac{3}{4}$ m
17.12			$57\frac{1}{16}$ m	21. 6			$47\frac{1}{2}$ p
17.14			$57\frac{1}{16}$ m	21. 8			$47\frac{5}{16}$ p
17.16			$56\frac{7}{8}$ m	21.10			$47\frac{1}{16}$ m
17.18			$56\frac{1}{2}$ p	21.12			$46\frac{5}{8}$ p
18.			$56\frac{1}{2}$ p	21.14			$46\frac{5}{8}$ p
18. 2			$55\frac{1}{2}$ p	21.16			$46\frac{7}{16}$ m
18. 4			$55\frac{3}{8}$ m	21.18			$46\frac{3}{16}$ p
18. 6			$55\frac{1}{16}$ m	22.			46 m
18. 8			55 m	22. 2			$45\frac{13}{16}$ m
18.10			$54\frac{11}{16}$ p	22. 4			$45\frac{9}{16}$ p
18.12			$54\frac{3}{8}$ p	22. 6			$45\frac{3}{8}$ m
18.14			$54\frac{1}{8}$ p	22. 8			$45\frac{1}{16}$ m
18.16			$53\frac{13}{16}$ p	22.10			45 m
18.18			$53\frac{9}{16}$ m	22.12			$44\frac{3}{4}$ p
19.			$53\frac{1}{4}$ p	22.14			$44\frac{9}{16}$ p
19. 2			53 m	22.16			$44\frac{3}{8}$ p
19. 4			$52\frac{11}{16}$ p	22.18			$44\frac{1}{16}$ m
19. 6			$52\frac{7}{16}$ m	23.			44 m
19. 8			$52\frac{1}{16}$ m	23. 2			$43\frac{13}{16}$ m
19.10			$51\frac{7}{8}$ p	23. 4			$43\frac{5}{8}$ p
19.12			$51\frac{5}{8}$ m	23. 6			$43\frac{3}{8}$ p
19.14			$51\frac{3}{8}$ p	23. 8			$43\frac{1}{4}$ m
19.16			$51\frac{1}{8}$ m	23.10			$43\frac{1}{16}$ m
19.18			$50\frac{7}{8}$ m	23.12			$42\frac{7}{8}$ m
20.			$50\frac{9}{16}$ p	23.14			$42\frac{11}{16}$ p
20. 2			$50\frac{5}{16}$ p	23.16			$42\frac{1}{2}$ p
20. 4			$50\frac{1}{16}$ p	23.18			$42\frac{5}{16}$ p
20. 6			$49\frac{7}{8}$ m	24.			$42\frac{3}{16}$ m
20. 8			$49\frac{5}{8}$ m	24. 2			42 m
20.10			$49\frac{3}{8}$ m	24. 4			$41\frac{13}{16}$ m
20.12			$49\frac{1}{8}$ m	24. 6			$41\frac{5}{8}$ p
20.14			$48\frac{7}{8}$ p	24. 8			$41\frac{1}{2}$ m
20.16			$48\frac{5}{8}$ p	24.10			$41\frac{5}{16}$ m
20.18			$48\frac{7}{16}$ m	24.12			$41\frac{1}{8}$ p
21.			$48\frac{3}{16}$ m	24.14			$40\frac{15}{16}$ p

COMBINAISON GENERALE

Paris, l'Espagne, Amsterdam.

Paris sur l'Espag.	Amster. sur Madrid.	Amster. sur Cadix.	Rend à Amster.	Paris sur l'Espag.	Amster. sur Madrid.	Amster. sur Cadix.	Rend à Amster.
10·	· 93 $\frac{1}{4}$	· 116 $\frac{9}{16}$	· 101 $\frac{7}{16}$ p	13·14	· 93 $\frac{1}{4}$	· 116 $\frac{9}{16}$	· 74 $\frac{1}{16}$ m
10· 2			100 $\frac{7}{16}$ p	13·16			73 $\frac{1}{2}$ p
10· 4			99 $\frac{7}{16}$ p	13·18			73 m
10· 6			98 $\frac{1}{2}$ p	14·			72 $\frac{7}{16}$ m
10· 8			97 $\frac{9}{16}$ m	14· 2			71 $\frac{15}{16}$ p
10·10			96 $\frac{5}{8}$ m	14· 4			71 $\frac{7}{16}$ p
10·12			95 $\frac{11}{16}$ p	14· 6			70 $\frac{15}{16}$ p
10·14			94 $\frac{1}{2}$ p	14· 8			70 $\frac{7}{16}$ p
10·16			93 $\frac{13}{16}$ p	14·10			70 m
10·18			93 $\frac{1}{16}$ p	14·12			69 $\frac{1}{2}$ m
11·			92 $\frac{1}{4}$ m	14·14			69 p
11· 2			91 $\frac{3}{8}$ p	14·16			68 $\frac{9}{16}$ m
11· 4			90 $\frac{7}{16}$ p	14·18			68 $\frac{1}{16}$ p
11· 6			89 $\frac{1}{16}$ m	15·			67 $\frac{5}{8}$ p
11· 8			89 m	15· 2			67 $\frac{1}{16}$ p
11·10			88 $\frac{1}{4}$ m	15· 4			66 $\frac{2}{3}$ m
11·12			87 $\frac{7}{16}$ p	15· 6			66 $\frac{1}{6}$ m
11·14			86 $\frac{11}{16}$ p	15· 8			65 $\frac{7}{8}$ p
11·16			86 m	15·10			65 $\frac{7}{16}$ p
11·18			85 $\frac{1}{4}$ p	15·12			65 $\frac{1}{16}$ m
12·			84 $\frac{9}{16}$ m	15·14			64 $\frac{5}{8}$ m
12· 2			83 $\frac{7}{8}$ m	15·16			64 $\frac{1}{8}$ p
12· 4			83 $\frac{3}{16}$ m	15·18			63 $\frac{13}{16}$ m
12· 6			82 $\frac{1}{2}$ m	16·			63 $\frac{7}{16}$ m
12· 8			81 $\frac{13}{16}$ p	16· 2			63 p
12·10			81 $\frac{3}{16}$ m	16· 4			62 $\frac{5}{8}$ p
12·12			80 $\frac{1}{2}$ m	16· 6			62 $\frac{1}{4}$ m
12·14			79 $\frac{7}{8}$ p	16· 8			61 $\frac{7}{8}$ m
12·16			79 $\frac{1}{4}$ p	16·10			61 $\frac{1}{2}$ m
12·18			78 $\frac{5}{8}$ p	16·12			61 $\frac{1}{4}$ m
13·			78 $\frac{1}{16}$ m	16·14			60 $\frac{7}{8}$ p
13· 2			77 $\frac{7}{16}$ p	16·16			60 $\frac{3}{8}$ p
13· 4			76 $\frac{7}{8}$ m	16·18			60 $\frac{1}{16}$ p
13· 6			76 $\frac{5}{16}$ m	17·			59 $\frac{11}{16}$ m
13· 8			75 $\frac{11}{16}$ p	17· 2			59 $\frac{1}{16}$ p
13·10			75 $\frac{1}{8}$ p	17· 4			59 m
13·12			74 $\frac{5}{8}$ m	17· 6			58 $\frac{5}{8}$ p

DES CHANGES.

PARIS, L'ESPAGNE, AMSTERDAM.

Paris sur l'Espag.	Amster. sur Madrid.	Amster. sur Cadix.	Rend à Amster.	Paris. sur l'Espag.	Amster. sur Madrid.	Amster. sur Cadix.	Rend à Amster.
17 . 8	$93\frac{1}{4}$	$116\frac{9}{16}$	$58\frac{5}{16}$ m	21 . 2	$93\frac{1}{4}$	$116\frac{9}{16}$	$48\frac{9}{16}$ p
17 . 10			58 m	21 . 4			$47\frac{7}{8}$ m
17 . 12			$57\frac{5}{8}$ p	21 . 6			$47\frac{3}{8}$ p
17 . 14			$57\frac{1}{16}$ p	21 . 8			$47\frac{1}{16}$ m
17 . 16			57 m	21 . 10			$47\frac{3}{16}$ p
17 . 18			$56\frac{11}{16}$ m	21 . 12			47 m
18 .			$56\frac{2}{4}$ m	21 . 14			$46\frac{3}{4}$ p
18 . 2			$56\frac{1}{16}$ m	21 . 16			$46\frac{2}{4}$ m
18 . 4			$55\frac{3}{4}$ m	21 . 18			$46\frac{3}{16}$ p
18 . 6			$55\frac{7}{16}$ p	22 .			$46\frac{1}{8}$ m
18 . 8			$55\frac{1}{8}$ p	22 . 2			$45\frac{11}{16}$ m
18 . 10			$54\frac{13}{16}$ p	22 . 4			$45\frac{11}{16}$ p
18 . 12			$54\frac{9}{16}$ m	22 . 6			$45\frac{1}{2}$
18 . 14			$54\frac{1}{4}$ p	22 . 8			$45\frac{1}{16}$ m
18 . 16			$53\frac{13}{16}$ p	22 . 10			$45\frac{1}{16}$ p
18 . 18			$53\frac{11}{16}$ m	22 . 12			$44\frac{11}{16}$ m
19 .			$53\frac{2}{4}$ p	22 . 14			$44\frac{11}{16}$ p
19 . 2			$53\frac{1}{8}$ m	22 . 16			$44\frac{1}{2}$ m
19 . 4			$52\frac{13}{16}$ p	22 . 18			$44\frac{1}{4}$ m
19 . 6			$52\frac{9}{16}$ p	23 .			$44\frac{1}{8}$ m
19 . 8			$52\frac{1}{16}$ m	23 . 2			$43\frac{13}{16}$ m
19 . 10			52 p	23 . 4			$43\frac{3}{4}$ m
19 . 12			$51\frac{3}{4}$ p	23 . 6			$43\frac{9}{16}$ m
19 . 14			$51\frac{1}{2}$ p	23 . 8			$43\frac{3}{8}$ m
19 . 16			$51\frac{1}{4}$ m	23 . 10			$43\frac{3}{16}$ p
19 . 18			51 m	23 . 12			43 m
20 .			$50\frac{3}{4}$ m	23 . 14			$42\frac{13}{16}$ m
20 . 2			$50\frac{1}{2}$ m	23 . 16			$42\frac{2}{4}$ p
20 . 4			$50\frac{1}{4}$ m	23 . 18			$42\frac{7}{16}$ p
20 . 6			50 m	24 .			$42\frac{1}{4}$ p
20 . 8			$49\frac{3}{4}$ m	24 . 2			$42\frac{1}{8}$ m
20 . 10			$49\frac{1}{2}$ m	24 . 4			$41\frac{11}{16}$ m
20 . 12			$49\frac{1}{4}$ p	24 . 6			$41\frac{9}{16}$ p
20 . 14			49 p	24 . 8			$41\frac{7}{16}$ p
20 . 16			$48\frac{3}{4}$ p	24 . 10			$41\frac{7}{16}$ m
20 . 18			$48\frac{9}{16}$ m	24 . 12			$41\frac{1}{4}$ m
21 .			$48\frac{5}{16}$ m	24 . 14			$41\frac{1}{16}$ p

COMBINAISON GENERALE

PARIS, L'ESPAGNE, AMSTERDAM.

Paris sur l'Espag.	Amster. sur Madrid.	Amster. sur Cadix.	Rend à Amster.	Paris sur l'Espag.	Amster. sur Madrid.	Amster. sur Cadix.	Rend à Amster.
10·	93 $\frac{1}{2}$	116 $\frac{7}{8}$	101 $\frac{3}{4}$ m	13·14	93 $\frac{1}{2}$	116 $\frac{7}{8}$	74 $\frac{1}{4}$ p
10· 2			100 $\frac{3}{4}$ m	13·16			73 $\frac{11}{16}$ p
10· 4			99 $\frac{3}{4}$ m	13·18			73 $\frac{3}{16}$ m
10· 6			98 $\frac{3}{4}$ p	14·			72 $\frac{11}{16}$ m
10· 8			97 $\frac{13}{16}$ p	14· 2			72 $\frac{3}{8}$ p
10·10			96 $\frac{7}{8}$ p	14· 4			71 $\frac{5}{8}$ p
10·12			96 m	14· 6			71 $\frac{1}{8}$ p
10·14			95 $\frac{1}{16}$ p	14· 8			70 $\frac{5}{8}$ p
10·16			94 $\frac{3}{16}$ p	14·10			70 $\frac{1}{16}$ m
10·18			93 $\frac{5}{16}$ p	14·12			69 $\frac{11}{16}$ m
11·			92 $\frac{1}{2}$ m	14·14			69 $\frac{3}{16}$ p
11· 2			91 $\frac{5}{8}$ p	14·16			68 $\frac{3}{4}$ m
11· 4			90 $\frac{13}{16}$ p	14·18			68 $\frac{1}{4}$ p
11· 6			90 p	15·			67 $\frac{13}{16}$ p
11· 8			89 $\frac{1}{4}$ m	15· 2			67 $\frac{3}{8}$ m
11·10			88 $\frac{7}{16}$ p	15· 4			66 $\frac{15}{16}$ m
11·12			87 $\frac{11}{16}$ p	15· 6			66 $\frac{1}{2}$ m
11·14			86 $\frac{15}{16}$ p	15· 8			66 $\frac{1}{16}$ m
11·16			86 $\frac{3}{16}$ p	15·10			65 $\frac{5}{8}$ p
11·18			85 $\frac{1}{2}$ m	15·12			65 $\frac{1}{16}$ p
12·			84 $\frac{3}{4}$ p	15·14			64 $\frac{13}{16}$ m
12· 2			84 $\frac{1}{16}$ p	15·16			64 $\frac{3}{8}$ p
12· 4			83 $\frac{3}{8}$ p	15·18			64 m
12· 6			82 $\frac{11}{16}$ p	16·			63 $\frac{9}{16}$ p
12· 8			82 $\frac{1}{16}$ m	16· 2			63 $\frac{3}{16}$ m
12·10			81 $\frac{3}{8}$ p	16· 4			62 $\frac{13}{16}$ m
12·12			80 $\frac{3}{4}$ m	16· 6			62 $\frac{7}{16}$ m
12·14			80 $\frac{1}{8}$ m	16· 8			62 p
12·16			79 $\frac{1}{2}$ m	16·10			61 $\frac{5}{8}$ p
12·18			78 $\frac{7}{8}$ m	16·12			61 $\frac{1}{16}$ p
13·			78 $\frac{1}{4}$ p	16·14			60 $\frac{7}{8}$ p
13· 2			77 $\frac{5}{8}$ p	16·16			60 $\frac{9}{16}$ p
13· 4			77 $\frac{1}{16}$ p	16·18			60 $\frac{3}{16}$ p
13· 6			76 $\frac{1}{2}$ m	17·			59 $\frac{13}{16}$ m
13· 8			75 $\frac{15}{16}$ m	17· 2			59 $\frac{1}{2}$ m
13·10			75 $\frac{3}{8}$ m	17· 4			59 $\frac{1}{8}$ p
13·12			74 $\frac{13}{16}$ m	17· 6			58 $\frac{13}{16}$ m

DES CHANGES. 153

PARIS, L'ESPAGNE, AMSTERDAM.

Paris sur l'Espag.	Amster. sur Madrid.	Amster. sur Cadix.	Rend à Amster.	Paris sur l'Espag.	Amster. sur Madrid.	Amster. sur Cadix.	Rend à Amster.
17. 8	$93\frac{1}{2}$	$116\frac{7}{8}$	$58\frac{7}{16}$ p	21. 2	$93\frac{1}{2}$	$116\frac{7}{8}$	$48\frac{3}{16}$ p
17.10			$58\frac{1}{8}$ p	21. 4			48 m
17.12			$57\frac{13}{16}$ m	21. 6			$47\frac{3}{4}$ p
17.14			$57\frac{1}{2}$ m	21. 8			$47\frac{9}{16}$ m
17.16			$57\frac{3}{8}$ p	21.10			$47\frac{5}{16}$ p
17.18			$56\frac{13}{16}$ p	21.12			$47\frac{1}{8}$ m
18.			$56\frac{1}{2}$ p	21.14			$46\frac{7}{8}$ p
18. 2			$56\frac{3}{16}$ p	21.16			$46\frac{11}{16}$ m
18. 4			$55\frac{7}{8}$ p	21.18			$46\frac{7}{16}$ p
18. 6			$55\frac{9}{16}$ p	22.			$46\frac{1}{4}$ m
18. 8			$55\frac{5}{16}$ m	22. 2			46 p
18.10			55 m	22. 4			$45\frac{13}{16}$ p
18.12			$54\frac{11}{16}$ p	22. 6			$45\frac{5}{8}$ m
18.14			$54\frac{3}{8}$ p	22. 8			$45\frac{3}{8}$ m
18.16			$54\frac{1}{8}$ p	22.10			$45\frac{3}{16}$ p
18.18			$53\frac{13}{16}$ p	22.12			45 p
19.			$53\frac{9}{16}$ m	22.14			$44\frac{13}{16}$ p
19. 2			$53\frac{1}{4}$ p	22.16			$44\frac{5}{8}$ m
19. 4			53 m	22.18			$44\frac{7}{16}$ m
19. 6			$52\frac{11}{16}$ p	23.			$44\frac{1}{4}$ m
19. 8			$52\frac{7}{16}$ m	23. 2			$44\frac{1}{16}$ m
19.10			$52\frac{3}{16}$ m	23. 4			$43\frac{7}{8}$ m
19.12			$51\frac{7}{8}$ p	23. 6			$43\frac{11}{16}$ m
19.14			$51\frac{5}{8}$ p	23. 8			$43\frac{1}{2}$ m
19.16			$51\frac{3}{8}$ p	23.10			$43\frac{5}{16}$ m
19.18			$51\frac{1}{8}$ m	23.12			$43\frac{1}{16}$ m
20.			$50\frac{7}{8}$ m	23.14			$42\frac{15}{16}$ m
20. 2			$50\frac{5}{8}$ m	23.16			$42\frac{3}{4}$ m
20. 4			$50\frac{3}{8}$ m	23.18			$42\frac{9}{16}$ p
20. 6			$50\frac{1}{8}$ m	24.			$42\frac{3}{8}$ p
20. 8			$49\frac{7}{8}$ m	24. 2			$42\frac{3}{16}$ p
20.10			$49\frac{5}{8}$ m	24. 4			$42\frac{1}{16}$ m
20.12			$49\frac{3}{8}$ p	24. 6			$41\frac{7}{8}$ p
20.14			$49\frac{1}{8}$ p	24. 8			$41\frac{11}{16}$ p
20.16			$48\frac{7}{8}$ m	24.10			$41\frac{1}{2}$ p
20.18			$48\frac{11}{16}$ m	24.12			$41\frac{5}{16}$ m
21.			$48\frac{7}{16}$ p	24.14			$41\frac{1}{16}$ m

Tome II.   V.

COMBINAISON GENERALE

PARIS, L'ESPAGNE, AMSTERDAM.

Paris sur l'Espag.	Amster. sur Madrid.	Amster. sur Cadix.	Rend à Amster.	Paris sur l'Espag.	Amster. sur Madrid.	Amster. sur Cadix.	Rend à Amster.
10·	· $93\frac{3}{4}$	· $117\frac{3}{16}$	· 102	13·14	· $93\frac{3}{4}$	· $117\frac{3}{16}$	· $74\frac{7}{16}$ p
10· 2			101 m	13·16			$73\frac{15}{16}$ m
10· 4			100	13·18			$73\frac{3}{8}$ p
10· 6			99 p	14·			$72\frac{7}{8}$ m
10· 8			$98\frac{1}{16}$ p	14· 2			$72\frac{5}{16}$ p
10·10			$97\frac{1}{8}$ p	14· 4			$71\frac{13}{16}$ p
10·12			$96\frac{1}{4}$ m	14· 6			$71\frac{5}{16}$ p
10·14			$95\frac{5}{16}$ p	14· 8			$70\frac{13}{16}$ p
10·16			$94\frac{7}{16}$ p	14·10			$70\frac{3}{8}$ m
10·18			$93\frac{9}{16}$ p	14·12			$69\frac{7}{8}$ m
11·			$92\frac{3}{4}$ m	14·14			$69\frac{3}{8}$ p
11· 2			$91\frac{7}{8}$ p	14·16			$68\frac{15}{16}$ m
11· 4			$91\frac{1}{16}$ p	14·18			$68\frac{7}{16}$ p
11· 6			$90\frac{1}{4}$ p	15·			68
11· 8			$89\frac{1}{2}$ m	15· 2			$67\frac{9}{16}$ m
11·10			$88\frac{11}{16}$ p	15· 4			$67\frac{1}{8}$ p
11·12			$87\frac{15}{16}$ m	15· 6			$66\frac{11}{16}$ m
11·14			$87\frac{3}{16}$ m	15· 8			$66\frac{1}{4}$ m
11·16			$86\frac{7}{16}$ p	15·10			$65\frac{13}{16}$ m
11·18			$85\frac{11}{16}$ p	15·12			$65\frac{3}{8}$ p
12·			85	15·14			$64\frac{15}{16}$ p
12· 2			$84\frac{5}{16}$ m	15·16			$64\frac{9}{16}$ m
12· 4			$83\frac{5}{8}$ m	15·18			$64\frac{1}{8}$ p
12· 6			$82\frac{15}{16}$ m	16·			$63\frac{3}{4}$
12· 8			$82\frac{1}{4}$ p	16· 2			$63\frac{3}{8}$ m
12·10			$81\frac{5}{8}$ m	16· 4			$62\frac{15}{16}$ p
12·12			$80\frac{15}{16}$ p	16· 6			$62\frac{9}{16}$ p
12·14			$80\frac{5}{16}$ p	16· 8			$62\frac{3}{16}$ p
12·16			$79\frac{11}{16}$	16·10			$61\frac{13}{16}$ p
12·18			$79\frac{1}{16}$ p	16·12			$61\frac{7}{16}$ p
13·			$78\frac{7}{16}$ p	16·14			$61\frac{1}{16}$ p
13· 2			$77\frac{7}{8}$ m	16·16			$60\frac{11}{16}$ p
13· 4			$77\frac{1}{4}$ p	16·18			$60\frac{3}{8}$ m
13· 6			$76\frac{11}{16}$ p	17·			60
13· 8			$76\frac{1}{8}$ m	17· 2			$59\frac{5}{8}$ p
13·10			$75\frac{9}{16}$ m	17· 4			$59\frac{5}{16}$ m
13·12			75	17· 6			$58\frac{15}{16}$ p

DES CHANGES.

PARIS, L'ESPAGNE, AMSTERDAM.

Paris sur l'Espag.	Amster. sur Madrid.	Amster. sur Cadix.	Rend à Amster.	Paris sur l'Espag.	Amster. sur Madrid.	Amster. sur Cadix.	Rend à Amster.
17 . 8	$93\frac{3}{4}$	$117\frac{3}{16}$	$58\frac{5}{8}$ m	21 . 2	$93\frac{3}{4}$	$117\frac{3}{16}$	$48\frac{1}{16}$ p
17 . 10			$58\frac{3}{16}$ m	21 . 4			$48\frac{3}{8}$ p
17 . 12			$57\frac{11}{16}$ p	21 . 6			$47\frac{7}{8}$ p
17 . 14			$57\frac{5}{8}$ p	21 . 8			$47\frac{11}{16}$ m
17 . 16			$57\frac{3}{16}$ m	21 . 10			$47\frac{7}{16}$ p
17 . 18			57 m	21 . 12			$47\frac{1}{4}$ m
18 .			$56\frac{11}{16}$ m	21 . 14			47 p
18 . 2			$56\frac{5}{8}$ m	21 . 16			$46\frac{13}{16}$ m
18 . 4			$56\frac{1}{16}$ m	21 . 18			$46\frac{9}{16}$ p
18 . 6			$55\frac{3}{4}$ m	22 .			$46\frac{3}{8}$ m
18 . 8			$55\frac{5}{8}$ m	22 . 2			$46\frac{1}{8}$ p
18 . 10			$55\frac{1}{8}$ p	22 . 4			$45\frac{15}{16}$ p
18 . 12			$54\frac{13}{16}$ p	22 . 6			$45\frac{3}{4}$ m
18 . 14			$54\frac{9}{16}$ m	22 . 8			$45\frac{9}{16}$ m
18 . 16			$54\frac{1}{4}$ p	22 . 10			$45\frac{5}{16}$ p
18 . 18			$53\frac{15}{16}$ p	22 . 12			$45\frac{1}{8}$ p
19 .			$53\frac{11}{16}$ m	22 . 14			$44\frac{13}{16}$ m
19 . 2			$53\frac{3}{8}$ p	22 . 16			$44\frac{3}{4}$ p
19 . 4			$53\frac{1}{8}$ p	22 . 18			$44\frac{9}{16}$ m
19 . 6			$52\frac{7}{8}$ m	23 .			$44\frac{3}{8}$ m
19 . 8			$52\frac{5}{8}$ p	23 . 2			$44\frac{1}{8}$ p
19 . 10			$52\frac{5}{16}$ m	23 . 4			$43\frac{15}{16}$ p
19 . 12			$52\frac{1}{16}$ m	23 . 6			$43\frac{3}{4}$ p
19 . 14			$51\frac{3}{4}$ p	23 . 8			$43\frac{9}{16}$ p
19 . 16			$51\frac{1}{2}$ p	23 . 10			$43\frac{3}{8}$ p
19 . 18			$51\frac{1}{4}$ p	23 . 12			$43\frac{1}{4}$ m
20 .			51	23 . 14			$43\frac{1}{16}$ m
20 . 2			$50\frac{3}{4}$ m	23 . 16			$42\frac{7}{8}$ m
20 . 4			$50\frac{1}{2}$ m	23 . 18			$42\frac{11}{16}$ m
20 . 6			$50\frac{1}{4}$ m	24 .			$42\frac{1}{2}$
20 . 8			50	24 . 2			$42\frac{1}{4}$ p
20 . 10			$49\frac{3}{4}$ p	24 . 4			$42\frac{1}{8}$ p
20 . 12			$49\frac{1}{2}$	24 . 6			42 m
20 . 14			$49\frac{1}{4}$ p	24 . 8			$41\frac{13}{16}$ m
20 . 16			$49\frac{1}{16}$ m	24 . 10			$41\frac{5}{8}$ p
20 . 18			$48\frac{13}{16}$ m	24 . 12			$41\frac{5}{16}$ p
21 .			$48\frac{9}{16}$ p	24 . 14			$41\frac{1}{16}$ m

156 COMBINAISON GENERALE

PARIS, L'ESPAGNE, AMSTERDAM.

Paris sur l'Espag.	Amster. sur Madrid.	Amster. sur Cadix.	Rend à Amster.	Paris sur l'Espag.	Amster. sur Madrid.	Amster. sur Cadix.	Rend à Amster.
10·	94	117$\frac{1}{2}$	102$\frac{1}{4}$ p	13·14	94	117$\frac{1}{2}$	74$\frac{5}{8}$ p
10· 2			101$\frac{1}{4}$ p	13·16			74$\frac{1}{8}$ m
10· 4			100$\frac{1}{4}$ p	13·18			73$\frac{9}{16}$ p
10· 6			99$\frac{5}{16}$ m	14·			73$\frac{1}{16}$ m
10· 8			98$\frac{5}{16}$ p	14· 2			72$\frac{9}{16}$ p
10·10			97$\frac{3}{8}$ p	14· 4			72 p
10·12			96$\frac{3}{8}$ m	14· 6			71$\frac{1}{2}$ p
10·14			95$\frac{7}{16}$ p	14· 8			71· p
10·16			94$\frac{11}{16}$ p	14·10			70$\frac{9}{16}$ m
10·18			93$\frac{13}{16}$ p	14·12			70$\frac{1}{16}$ p
11·			93 m	14·14			69$\frac{9}{16}$ p
11· 2			92$\frac{1}{8}$ p	14·16			69$\frac{1}{16}$ m
11· 4			91$\frac{1}{16}$ p	14·18			68$\frac{9}{16}$ p
11· 6			90$\frac{1}{2}$ p	15·			68$\frac{1}{16}$ m
11· 8			89$\frac{11}{16}$ p	15· 2			67$\frac{5}{8}$ m
11·10			88$\frac{13}{16}$ m	15· 4			67$\frac{1}{16}$ p
11·12			88$\frac{3}{16}$ m	15· 6			66$\frac{7}{16}$ m
11·14			87$\frac{7}{16}$ m	15· 8			66$\frac{1}{16}$ m
11·16			86$\frac{11}{16}$ m	15·10			66 m
11·18			85$\frac{11}{16}$ p	15·12			65$\frac{9}{16}$
12·			85$\frac{1}{4}$ p	15·14			65$\frac{1}{8}$ p
12· 2			84$\frac{1}{2}$ p	15·16			64$\frac{3}{4}$ m
12· 4			83$\frac{13}{16}$ p	15·18			64$\frac{4}{16}$ p
12· 6			83$\frac{1}{8}$ p	16·			63$\frac{13}{16}$ m
12· 8			82$\frac{1}{2}$ m	16· 2			63$\frac{3}{8}$ p
12·10			81$\frac{13}{16}$ p	16· 4			63 p
12·12			81$\frac{3}{16}$ m	16· 6			62$\frac{5}{8}$ m
12·14			80$\frac{1}{2}$ p	16· 8			62$\frac{3}{8}$ m
12·16			79$\frac{7}{8}$ p	16·10			62 m
12·18			79$\frac{1}{4}$ p	16·12			61$\frac{5}{8}$ m
13·			78$\frac{11}{16}$ m	16·14			61$\frac{1}{4}$ m
13· 2			78$\frac{1}{16}$ p	16·16			60$\frac{7}{8}$ p
13· 4			77$\frac{1}{2}$ m	16·18			60$\frac{1}{2}$ p
13· 6			76$\frac{7}{8}$ p	17·			60$\frac{1}{16}$ m
13· 8			76$\frac{5}{16}$ p	17· 2			59$\frac{13}{16}$ m
13·10			75$\frac{3}{4}$ p	17· 4			59$\frac{7}{16}$ p
13·12			75$\frac{3}{16}$ p	17· 6			59$\frac{1}{8}$ m

DES CHANGES.   157

Paris, l'Espagne, Amsterdam.

Paris sur l'Espag.	Amster. sur Madrid.	Amster. sur Cadix.	Rend à Amster.	Paris sur l'Espag.	Amster. sur Madrid.	Amster. sur Cadix.	Rend à Amster.
17 . 8	94	117 $\frac{1}{2}$	58 $\frac{3}{4}$ p	21 . 2	94	117 $\frac{1}{2}$	48 $\frac{1}{2}$ m
17 . 10			58 $\frac{7}{16}$ p	21 . 4			48 $\frac{1}{4}$ m
17 . 12			58 $\frac{1}{8}$ m	21 . 6			48 p
17 . 14			57 $\frac{3}{4}$ p	21 . 8			47 $\frac{13}{16}$ m
17 . 16			57 $\frac{7}{16}$ p	21 . 10			47 $\frac{9}{16}$ p
17 . 18			57 $\frac{1}{8}$ p	21 . 12			47 $\frac{3}{8}$ m
18 .			56 $\frac{13}{16}$ p	21 . 14			47 $\frac{1}{8}$ p
18 . 2			56 $\frac{1}{2}$ p	21 . 16			46 $\frac{15}{16}$ m
18 . 4			56 $\frac{3}{16}$ p	21 . 18			46 $\frac{11}{16}$ p
18 . 6			55 $\frac{7}{8}$ p	22 .			46 $\frac{1}{2}$ m
18 . 8			55 $\frac{9}{16}$ p	22 . 2			46 $\frac{1}{4}$ p
18 . 10			55 $\frac{1}{4}$ m	22 . 4			46 $\frac{1}{15}$ p
18 . 12			55 m	22 . 6			45 $\frac{7}{8}$ m
18 . 14			54 $\frac{11}{16}$ p	22 . 8			45 $\frac{11}{16}$ m
18 . 16			54 $\frac{3}{8}$ p	22 . 10			45 $\frac{7}{16}$ p
18 . 18			54 $\frac{1}{8}$ m	22 . 12			45 $\frac{1}{4}$ p
19 .			53 $\frac{13}{16}$ p	22 . 14			45 $\frac{1}{16}$ m
19 . 2			53 $\frac{9}{16}$ m	22 . 16			44 $\frac{7}{8}$ m
19 . 4			53 $\frac{1}{4}$ p	22 . 18			44 $\frac{11}{16}$ m
19 . 6			53 m	23 .			44 $\frac{7}{16}$ p
19 . 8			52 $\frac{11}{16}$ p	23 . 2			44 $\frac{1}{4}$ p
19 . 10			52 $\frac{7}{16}$ p	23 . 4			44 $\frac{1}{16}$ p
19 . 12			52 $\frac{3}{16}$ m	23 . 6			43 $\frac{7}{8}$ p
19 . 14			51 $\frac{15}{16}$ m	23 . 8			43 $\frac{11}{16}$ p
19 . 16			51 $\frac{5}{8}$ p	23 . 10			43 $\frac{1}{2}$ p
19 . 18			51 $\frac{1}{2}$ p	23 . 12			43 $\frac{5}{16}$ p
20 .			51 $\frac{1}{8}$ p	23 . 14			43 $\frac{1}{8}$ p
20 . 2			50 $\frac{7}{8}$ p	23 . 16			43 m
20 . 4			50 $\frac{5}{8}$ p	23 . 18			42 $\frac{13}{16}$ m
20 . 6			50 $\frac{3}{8}$ p	24 .			42 $\frac{5}{8}$ m
20 . 8			50 $\frac{1}{8}$ p	24 . 2			42 $\frac{7}{16}$ m
20 . 10			49 $\frac{7}{8}$ p	24 . 4			42 $\frac{1}{4}$ p
20 . 12			49 $\frac{5}{8}$ p	24 . 6			42 $\frac{1}{16}$ p
20 . 14			49 $\frac{7}{16}$ m	24 . 8			41 $\frac{11}{16}$ p
20 . 16			49 $\frac{3}{16}$ m	24 . 10			41 $\frac{11}{16}$ m
20 . 18			48 $\frac{15}{16}$ m	24 . 12			41 $\frac{9}{16}$ p
21 .			48 $\frac{11}{16}$ p	24 . 14			41 $\frac{3}{8}$ p

COMBINAISON GENERALE

PARIS, L'ESPAGNE, AMSTERDAM.

Paris sur l'Espag.	Amster. sur Madrid.	Amster. sur Cadix.	Rend à Amster.	Paris sur l'Espag.	Amster. sur Madrid.	Amster. sur Cadix.	Rend à Amster.
10 ·	· 94 $\frac{1}{4}$	· 117 $\frac{13}{16}$	· 102 $\frac{9}{16}$ m	13 · 14	· 94 $\frac{1}{4}$	· 117 $\frac{13}{16}$	· 74 $\frac{7}{8}$ m
10 · 2	....	....	101 $\frac{1}{2}$ p	13 · 16	....	....	74 $\frac{1}{16}$ m
10 · 4	....	....	100 $\frac{9}{16}$ m	13 · 18	....	....	73 $\frac{3}{4}$ p
10 · 6	....	....	99 $\frac{9}{16}$ m	14 ·	....	....	73 $\frac{1}{4}$ m
10 · 8	....	....	98 $\frac{1}{8}$ m	14 · 2	....	....	72 $\frac{3}{4}$ m
10 · 10	....	....	97 $\frac{11}{16}$ m	14 · 4	....	....	72 $\frac{3}{16}$ m
10 · 12	....	....	96 $\frac{1}{4}$ m	14 · 6	....	....	71 $\frac{11}{16}$ p
10 · 14	....	....	95 $\frac{13}{16}$ p	14 · 8	....	....	71 $\frac{3}{16}$ p
10 · 16	....	....	94 $\frac{13}{16}$ p	14 · 10	....	....	70 $\frac{3}{4}$ m
10 · 18	....	....	94 $\frac{1}{16}$ p	14 · 12	....	....	70 $\frac{1}{4}$ p
11 ·	....	....	93 $\frac{1}{4}$ m	14 · 14	....	....	69 $\frac{3}{4}$ p
11 · 2	....	....	92 $\frac{2}{3}$ p	14 · 16	....	....	69 $\frac{1}{16}$ m
11 · 4	....	....	91 $\frac{7}{16}$ m	14 · 18	....	....	68 $\frac{13}{16}$ p
11 · 6	....	....	90 $\frac{3}{4}$ m	15 ·	....	....	68 $\frac{3}{8}$ m
11 · 8	....	....	89 $\frac{13}{16}$ p	15 · 2	....	....	67 $\frac{13}{16}$ m
11 · 10	....	....	89 $\frac{3}{16}$ m	15 · 4	....	....	67 $\frac{7}{16}$ p
11 · 12	....	....	88 $\frac{3}{8}$ p	15 · 6	....	....	67 p
11 · 14	....	....	87 $\frac{1}{2}$ p	15 · 8	....	....	66 $\frac{9}{16}$ p
11 · 16	....	....	86 $\frac{7}{8}$ p	15 · 10	....	....	66 $\frac{3}{16}$ m
11 · 18	....	....	86 $\frac{7}{16}$ m	15 · 12	....	....	65 $\frac{3}{8}$ m
12 ·	....	....	85 $\frac{7}{16}$ p	15 · 14	....	....	65 $\frac{1}{16}$ p
12 · 2	....	....	84 $\frac{3}{4}$ m	15 · 16	....	....	64 $\frac{7}{8}$ p
12 · 4	....	....	84 $\frac{1}{16}$ m	15 · 18	....	....	64 $\frac{1}{2}$ p
12 · 6	....	....	83 $\frac{3}{8}$ m	16 ·	....	....	64 $\frac{1}{16}$ p
12 · 8	....	....	82 $\frac{11}{16}$ p	16 · 2	....	....	63 $\frac{11}{16}$ p
12 · 10	....	....	82 $\frac{1}{16}$ m	16 · 4	....	....	63 $\frac{3}{16}$ m
12 · 12	....	....	81 $\frac{3}{8}$ p	16 · 6	....	....	62 $\frac{11}{16}$ m
12 · 14	....	....	80 $\frac{3}{4}$ m	16 · 8	....	....	62 $\frac{1}{2}$ p
12 · 16	....	....	80 $\frac{1}{8}$ m	16 · 10	....	....	62 $\frac{1}{4}$ p
12 · 18	....	....	79 $\frac{1}{2}$ m	16 · 12	....	....	61 $\frac{1}{2}$ p
13 ·	....	....	78 $\frac{7}{8}$ p	16 · 14	....	....	61 $\frac{1}{4}$ p
13 · 2	....	....	78 $\frac{1}{4}$ p	16 · 16	....	....	61 $\frac{1}{16}$ m
13 · 4	....	....	77 $\frac{11}{16}$ m	16 · 18	....	....	60 $\frac{11}{16}$ m
13 · 6	....	....	77 $\frac{1}{16}$ m	17 ·	....	....	60 $\frac{3}{16}$ m
13 · 8	....	....	76 $\frac{1}{2}$ p	17 · 2	....	....	59 $\frac{13}{16}$ p
13 · 10	....	....	75 $\frac{13}{16}$ p	17 · 4	....	....	59 $\frac{1}{2}$ m
13 · 12	....	....	75 $\frac{3}{8}$ p	17 · 6	....	....	59 $\frac{1}{4}$ p

DES CHANGES.

PARIS, L'ESPAGNE, AMSTERDAM.

Paris sur l'Espag.	Amster. sur Madrid.	Amster. sur Cadix.	Rend à Amster.	Paris sur l'Espag.	Amster. sur Madrid.	Amster. sur Cadix.	Rend à Amster.
17. 8	94¼	117 13/16	58 15/16 m	21. 2	94¼	117 13/16	48 5/8 m
17.10			58 1/2 m	21. 4			48 3/8 m
17.12			58 1/4 p	21. 6			48 1/8 p
17.14			57 15/16 m	21. 8			47 15/16 m
17.16			57 5/8 m	21.10			47 11/16 m
17.18			57 5/16 m	21.12			47 7/16 m
18.			57 m	21.14			47 1/4 p
18. 2			56 5/8 p	21.16			47 1/16 m
18. 4			56 3/8 p	21.18			46 13/16 p
18. 6			56 1/16 m	22.			46 5/8 m
18. 8			55 3/4 m	22. 2			46 3/8 p
18.10			55 7/16 m	22. 4			46 3/16 p
18.12			55 1/8 p	22. 6			46.
18.14			54 13/16 p	22. 8			45 3/4 p
18.16			54 9/16 m	22.10			45 9/16 p
18.18			54 1/4 p	22.12			45 3/8 m
19.			54 m	22.14			45 3/16 m
19. 2			53 11/16 p	22.16			45 m
19. 4			53 7/16 m	22.18			44 3/4 p
19. 6			53 1/8 p	23.			44 9/16 p
19. 8			52 7/8 m	23. 2			44 3/8 p
19.10			52 9/16 p	23. 4			44 3/16 p
19.12			52 1/4 p	23. 6			44 p
19.14			52 1/16 m	23. 8			43 13/16 m
19.16			51 13/16 m	23.10			43 5/8 p
19.18			51 1/2 p	23.12			43 7/16 p
20.			51 1/4 p	23.14			43 1/4 p
20. 2			51 p	23.16			43 1/16 p
20. 4			50 3/4 p	23.18			42 7/8 p
20. 6			50 1/2 p	24.			42 3/4 m
20. 8			50 1/4 p	24. 2			42 9/16 m
20.10			50 p	24. 4			42 3/8 m
20.12			49 3/4 p	24. 6			42 3/16 p
20.14			49 9/16 m	24. 8			42 p
20.16			49 5/16 m	24.10			41 7/8 m
20.18			49 1/16 p	24.12			41 11/16 m
21.			48 13/16 p	24.14			41 1/2 p

COMBINAISON GENERALE

PARIS, L'ESPAGNE, AMSTERDAM.

Paris sur l'Espag.	Amster. sur Madrid.	Amster. sur Cadix.	Rend à Amster.	Paris sur l'Espag.	Amster. sur Madrid.	Amster. sur Cadix.	Rend à Amster.
10·	94 $\frac{1}{2}$	118 $\frac{1}{8}$	102 $\frac{13}{16}$ p	13·14	94 $\frac{1}{2}$	118 $\frac{1}{8}$	75 $\frac{1}{16}$ m
10· 2			101 $\frac{13}{16}$ m	13·16			74 $\frac{1}{2}$ p
10· 4			100 $\frac{13}{16}$ m	13·18			73 $\frac{15}{16}$ p
10· 6			99 $\frac{13}{16}$ p	14·			73 $\frac{7}{16}$ p
10· 8			98 $\frac{7}{8}$ m	14· 2			72 $\frac{1}{16}$ m
10·10			97 $\frac{15}{16}$ m	14· 4			72 $\frac{2}{9}$ p
10·12			97 m	14· 6			71 $\frac{7}{8}$
10·14			96 $\frac{1}{16}$ p	14· 8			71 $\frac{3}{8}$ p
10·16			95 $\frac{3}{16}$ p	14·10			70 $\frac{13}{16}$ m
10·18			94 $\frac{1}{16}$ p	14·12			70 $\frac{7}{16}$ m
11·			93 $\frac{1}{2}$ m	14·14			69 $\frac{15}{16}$ p
11· 2			92 $\frac{5}{8}$ p	14·16			69 $\frac{1}{2}$ m
11· 4			91 $\frac{13}{16}$ m	14·18			69 $\frac{9}{16}$ p
11· 6			91 m	15·			68 $\frac{9}{16}$ m
11· 8			90 $\frac{3}{16}$ p	15· 2			68 $\frac{1}{16}$ p
11·10			89 $\frac{3}{8}$ p	15· 4			67 $\frac{1}{2}$ p
11·12			88 $\frac{7}{8}$ p	15· 6			67 $\frac{1}{16}$ p
11·14			87 $\frac{7}{8}$ p	15· 8			66 $\frac{2}{4}$ p
11·16			87 $\frac{1}{8}$ p	15·10			66 $\frac{1}{16}$ p
11·18			86 $\frac{3}{8}$ p	15·12			65 $\frac{13}{16}$ m
12·			85 $\frac{11}{16}$ m	15·14			65 $\frac{1}{2}$ m
12· 2			85 m	15·16			65 $\frac{1}{16}$ p
12· 4			84 $\frac{1}{4}$ p	15·18			64 $\frac{11}{16}$ m
12· 6			83 $\frac{15}{16}$ p	16·			64 $\frac{1}{4}$ p
12· 8			82 $\frac{13}{16}$ m	16· 2			63 $\frac{3}{8}$ m
12·10			82 $\frac{1}{4}$ p	16· 4			63 $\frac{1}{16}$ p
12·12			81 $\frac{1}{8}$ m	16· 6			63 $\frac{1}{16}$ p
12·14			80 $\frac{13}{16}$ p	16· 8			62 $\frac{9}{16}$ p
12·16			80 $\frac{5}{16}$	16·10			62 $\frac{5}{8}$ p
12·18			79 $\frac{11}{16}$ p	16·12			61 $\frac{15}{16}$ m
13·			79 $\frac{1}{2}$ p	16·14			61 $\frac{9}{16}$ p
13· 2			78 $\frac{1}{2}$ m	16·16			61 $\frac{1}{16}$ p
13· 4			77 $\frac{7}{8}$ p	16·18			60 $\frac{13}{16}$ p
13· 6			77 $\frac{1}{16}$ m	17·			60 $\frac{1}{2}$ m
13· 8			76 $\frac{3}{4}$ m	17· 2			60 $\frac{1}{8}$ p
13·10			76 $\frac{3}{16}$ m	17· 4			59 $\frac{3}{4}$ p
13·12			75 $\frac{5}{8}$ m	17· 6			59 $\frac{5}{16}$ m

DES CHANGES.

PARIS, L'ESPAGNE, AMSTERDAM.

Paris. sur l'Espag.	Amster. sur Madrid.	Amster. sur Cadix.	Rend à Amster.	Paris sur l'Espag.	Amster. sur Madrid.	Amster. sur Cadix.	Rend à Amster.
17 . 8	$94\frac{1}{2}$	$118\frac{1}{8}$	$59\frac{1}{16}$ p	21 . 2	$94\frac{1}{2}$	$118\frac{1}{8}$	$48\frac{3}{4}$ m
17 . 10	....	....	$58\frac{3}{4}$ p	21 . 4	....	....	$48\frac{1}{2}$ m
17 . 12	....	....	$58\frac{7}{16}$ m	21 . 6	....	....	$48\frac{1}{4}$ p
17 . 14	....	....	$58\frac{1}{16}$ p	21 . 8	....	....	$48\frac{1}{16}$ m
17 . 16	....	....	$57\frac{3}{4}$ p	21 . 10	....	....	$47\frac{1}{2}$ p
17 . 18	....	....	$57\frac{7}{16}$ p	21 . 12	....	....	$47\frac{5}{8}$ m
18 .	....	....	$57\frac{1}{8}$ m	21 . 14	....	....	$47\frac{3}{8}$ p
18 . 2	....	....	$56\frac{13}{16}$ m	21 . 16	....	....	$47\frac{1}{16}$ m
18 . 4	....	....	$56\frac{1}{2}$ m	21 . 18	....	....	$46\frac{13}{16}$ p
18 . 6	....	....	$56\frac{3}{16}$ m	22 .	....	....	$46\frac{4}{6}$ m
18 . 8	....	....	$55\frac{7}{8}$ p	22 . 2	....	....	$46\frac{1}{2}$ p
18 . 10	....	....	$55\frac{9}{16}$ p	22 . 4	....	....	$46\frac{5}{16}$ p
18 . 12	....	....	$55\frac{1}{4}$ p	22 . 6	....	....	$46\frac{1}{16}$ m
18 . 14	....	....	55 m	22 . 8	....	....	$45\frac{7}{8}$ p
18 . 16	....	....	$54\frac{11}{16}$ p	22 . 10	....	....	$45\frac{11}{16}$ m
18 . 18	....	....	$54\frac{3}{8}$ p	22 . 12	....	....	$45\frac{1}{2}$ m
19 .	....	....	$54\frac{1}{8}$ m	22 . 14	....	....	$45\frac{5}{16}$ m
19 . 2	....	....	$53\frac{13}{16}$ p	22 . 16	....	....	$45\frac{1}{8}$ p
19 . 4	....	....	$53\frac{9}{16}$ m	22 . 18	....	....	$44\frac{15}{16}$ p
19 . 6	....	....	$53\frac{1}{4}$ p	23 .	....	....	$44\frac{11}{16}$ p
19 . 8	....	....	53 m	23 . 2	....	....	$44\frac{1}{2}$ p
19 . 10	....	....	$52\frac{3}{4}$ m	23 . 4	....	....	$44\frac{5}{16}$ p
19 . 12	....	....	$52\frac{1}{16}$ p	23 . 6	....	....	$44\frac{1}{8}$ p
19 . 14	....	....	$52\frac{3}{16}$ p	23 . 8	....	....	$43\frac{15}{16}$ p
19 . 16	....	....	$51\frac{15}{16}$ m	23 . 10	....	....	$43\frac{3}{4}$ p
19 . 18	....	....	$51\frac{11}{16}$ m	23 . 12	....	....	$43\frac{9}{16}$ p
20 .	....	....	$51\frac{7}{16}$ m	23 . 14	....	....	$43\frac{3}{8}$ p
20 . 2	....	....	$51\frac{1}{8}$ p	23 . 16	....	....	$43\frac{3}{16}$ p
20 . 4	....	....	$50\frac{7}{8}$ p	23 . 18	....	....	43 p
20 . 6	....	....	$50\frac{5}{8}$ p	24 .	....	....	$42\frac{13}{16}$ p
20 . 8	....	....	$50\frac{3}{8}$ p	24 . 2	....	....	$42\frac{11}{16}$ m
20 . 10	....	....	$50\frac{1}{8}$ p	24 . 4	....	....	$42\frac{1}{2}$ m
20 . 12	....	....	$49\frac{15}{16}$ m	24 . 6	....	....	$42\frac{5}{16}$ m
20 . 14	....	....	$49\frac{11}{16}$ m	24 . 8	....	....	$42\frac{1}{8}$ p
20 . 16	....	....	$49\frac{7}{16}$ m	24 . 10	....	....	$41\frac{15}{16}$ p
20 . 18	....	....	$49\frac{3}{16}$ p	24 . 12	....	....	$41\frac{13}{16}$ m
21 .	....	....	$48\frac{15}{16}$ p	24 . 14	....	....	$41\frac{5}{8}$ p

Tome II.

COMBINAISON GENERALE
PARIS, L'ESPAGNE, AMSTERDAM.

Paris sur l'Espag.	Amster. sur Madrid.	Amster. sur Cadix.	Rend à Amster.	Paris sur l'Espag.	Amster. sur Madrid.	Amster. sur Cadix.	Rend à Amster.
10·	94¾	118 7/16	103 1/16 P	13·14	94¾	118 7/16	75 1/4 m
10· 2			102 1/16 P	13·16			74 11/16 P
10· 4			101 1/16 P	13·18			74 3/16 m
10· 6			100 1/16 P	14·			73 5/8 P
10· 8			99 1/8 m	14· 2			73 1/4 m
10·10			98 3/16 m	14· 4			72 1/2 m
10·12			97 1/4 P	14· 6			72 1/16 P
10·14			96 3/8 m	14· 8			71 9/16 P
10·16			95 7/16 P	14·10			71 1/16 m
10·18			94 9/16 P	14·12			70 5/8 m
11·			93 11/16 P	14·14			70 P
11· 2			92 7/8 m	14·16			69 P
11· 4			92 1/16 m	14·18			69 1/16 m
11· 6			91 1/2 m	15·			68 3/4 m
11· 8			90 7/16 m	15· 2			68 1/4 P
11·10			89 5/8 P	15· 4			67 13/16 P
11·12			88 5/8 m	15· 6			67 3/8 P
11·14			88 1/8 m	15· 8			66 7/16 m
11·16			87 7/16 m	15·10			66 1/2 P
11·18			86 5/8 m	15·12			66 1/16 P
12·			85 15/16 m	15·14			65 11/16 m
12· 2			85 3/16 P	15·16			65 1/4 m
12· 4			84 1/2 m	15·18			64 1/2 P
12· 6			83 13/16 m	16·			64 7/16 m
12· 8			83 1/2 P	16· 2			64 P
12·10			82 1/2 m	16· 4			63 5/8 P
12·12			81 13/16 P	16· 6			63 1/4 m
12·14			81 3/16 m	16· 8			62 7/8 m
12·16			80 9/16 m	16·10			62 1/2 m
12·18			79 15/16 m	16·12			62 1/8 m
13·			79 5/16 P	16·14			61 3/4 m
13· 2			78 11/16 P	16·16			61 3/8 m
13· 4			78 1/16 m	16·18			61 m
13· 6			77 1/2 P	17·			60 5/8 P
13· 8			76 13/16 m	17· 2			60 1/4 m
13·10			76 3/8 m	17· 4			59 13/16 m
13·12			75 13/16 m	17· 6			59 9/16 P

DES CHANGES.

PARIS, L'ESPAGNE, AMSTERDAM.

Paris sur l'Espag.	Amster. sur Madrid.	Amster. sur Cadix.	Rend à Amster.	Paris sur l'Espag.	Amster. sur Madrid.	Amster. sur Cadix.	Rend à Amster.
17. 8	94 $\frac{3}{4}$	118 $\frac{7}{16}$	59 $\frac{1}{4}$ m	21. 2	94 $\frac{3}{4}$	118 $\frac{7}{16}$	48 $\frac{7}{16}$ m
17.10			58 $\frac{15}{16}$ m	21. 4			48 $\frac{5}{8}$ p
17.12			58 $\frac{9}{16}$ p	21. 6			48 $\frac{3}{8}$ p
17.14			58 $\frac{1}{4}$ m	21. 8			48 $\frac{3}{16}$ m
17.16			57 $\frac{15}{16}$ m	21.10			47 $\frac{13}{16}$ p
17.18			57 $\frac{9}{16}$ p	21.12			47 $\frac{5}{8}$ m
18.			57 $\frac{1}{4}$ p	21.14			47 $\frac{1}{2}$ p
18. 2			56 $\frac{15}{16}$ p	21.16			47 $\frac{5}{16}$ m
18. 4			56 $\frac{5}{8}$ p	21.18			47 $\frac{1}{16}$ p
18. 6			56 $\frac{5}{16}$ p	22.			46 $\frac{7}{8}$ m
18. 8			56 p	22. 2			46 $\frac{5}{8}$ p
18.10			55 $\frac{3}{4}$ m	22. 4			46 $\frac{7}{16}$ m
18.12			55 $\frac{7}{16}$ m	22. 6			46 $\frac{1}{4}$ m
18.14			55 $\frac{1}{8}$ p	22. 8			46 p
18.16			54 $\frac{13}{16}$ p	22.10			45 $\frac{13}{16}$ p
18.18			54 $\frac{9}{16}$ m	22.12			45 $\frac{5}{8}$ m
19.			54 $\frac{1}{4}$ p	22.14			45 $\frac{7}{16}$ m
19. 2			54 m	22.16			45 $\frac{3}{16}$ p
19. 4			53 $\frac{11}{16}$ p	22.18			45 *p
19. 6			53 $\frac{7}{16}$ m	23.			44 $\frac{13}{16}$ p
19. 8			53 $\frac{1}{8}$ p	23. 2			44 $\frac{5}{8}$ p
19.10			52 $\frac{7}{8}$ m	23. 4			44 $\frac{7}{16}$ m
19.12			52 $\frac{5}{8}$ m	23. 6			44 $\frac{1}{4}$ m
19.14			52 $\frac{3}{8}$ p	23. 8			44 $\frac{1}{16}$ m
19.16			52 $\frac{1}{16}$ p	23.10			43 $\frac{7}{8}$ m
19.18			51 $\frac{13}{16}$ m	23.12			43 $\frac{11}{16}$ p
20.			51 $\frac{9}{16}$ m	23.14			43 $\frac{1}{2}$ p
20. 2			51 $\frac{5}{16}$ m	23.16			43 $\frac{5}{16}$ p
20. 4			51 $\frac{1}{16}$ m	23.18			43 $\frac{1}{8}$ p
20. 6			50 $\frac{13}{16}$ m	24.			42 $\frac{15}{16}$ p
20. 8			50 $\frac{9}{16}$ m	24. 2			42 $\frac{3}{4}$ p
20.10			50 $\frac{5}{16}$ m	24. 4			42 $\frac{7}{16}$ m
20.12			50 $\frac{1}{16}$ m	24. 6			42 $\frac{5}{16}$ m
20.14			49 $\frac{13}{16}$ m	24. 8			42 $\frac{1}{4}$ m
20.16			49 $\frac{9}{16}$ m	24.10			42 $\frac{1}{16}$ p
20.18			49 $\frac{5}{16}$ p	24.12			41 $\frac{7}{8}$ p
21.			49 $\frac{1}{16}$ p	24.14			41 $\frac{1}{4}$ m

COMBINAISON GENERALE

Paris, l'Espagne, Amsterdam.

Paris sur l'Espag.	Amster. sur Madrid.	Amster. sur Cadix.	Rend à Amster.	Paris sur l'Espag.	Amster. sur Madrid.	Amster. sur Cadix.	Rend à Amster.
10 ·	95	118¾	103 ⅜ m	13 · 14	95	118¾	75 7/16 p
10 · 2			102 1/16 p	13 · 16			74 ⅔ p
10 · 4			101 5/16 p	13 · 18			74 ⅜ m
10 · 6			100 ⅜ m	14 ·			73 13/16 m
10 · 8			99 ⅝ p	14 · 2			73 5/16 m
10 · 10			98 7/16 p	14 · 4			72 13/16 m
10 · 12			97 ½ p	14 · 6			72 ¼ p
10 · 14			96 ⅛ m	14 · 8			71 ¾ p
10 · 16			95 11/16	14 · 10			71 ¼ m
10 · 18			94 13/16	14 · 12			70 12/16 m
11 ·			93 13/16 p	14 · 14			70 ⅙ p
11 · 2			93 ⅛ m	14 · 16			69 1/16 p
11 · 4			92 ⅝ m	14 · 18			69 ⅜ m
11 · 6			91 ¼ m	15 ·			68 11/16 m
11 · 8			90 12/16 m	15 · 2			68 7/16 p
11 · 10			89 ⅞ p	15 · 4			68
11 · 12			89 ⅛ m	15 · 6			67 9/16 m
11 · 14			88 7/16 p	15 · 8			67 ⅛ m
11 · 16			87 7/16 p	15 · 10			66 11/16 m
11 · 18			86 ⅞ m	15 · 12			66 ¼ p
12 ·			86 ⅛ p	15 · 14			65 13/16 p
12 · 2			85 1/16 p	15 · 16			65 7/16 m
12 · 4			84 ¾ m	15 · 18			65 p
12 · 6			84 4/16 m	16 ·			64 ⅝ m
12 · 8			83 ⅜ m	16 · 2			64 3/16 p
12 · 10			82 11/16 p	16 · 4			63 13/16 m
12 · 12			82 1/16 m	16 · 6			63 7/16 m
12 · 14			81 ⅜ p	16 · 8			63 p
12 · 16			80 ¾ m	16 · 10			62 ⅝ p
12 · 18			80 ⅛ m	16 · 12			62 ¼ p
13 ·			79 ½ p	16 · 14			61 ⅞ p
13 · 2			78 ⅞ p	16 · 16			61 ½ p
13 · 4			78 1/16 p	16 · 18			61 ⅜ m
13 · 6			77 11/16 p	17 ·			60 13/16 m
13 · 8			77 ⅞ p	17 · 2			60 7/16 m
13 · 10			76 9/16 p	17 · 4			60 1/16 p
13 · 12			76	17 · 6			59 ¾ m

DES CHANGES.

PARIS, L'ESPAGNE, AMSTERDAM.

Paris sur l'Espag.	Amster. sur Madrid.	Amster. sur Cadix.	Rend à Amster.	Paris sur l'Espag.	Amster. sur Madrid.	Amster. sur Cadix.	Rend à Amster.
17· 8	95	118¾	59 3/8 p	21· 2	95	118¾	49 m
17·10			59 1/16 p	21· 4			48 3/4 p
17·12			58 3/4 m	21· 6			48 1/2 p
17·14			58 3/8 p	21· 8			48 5/16 m
17·16			58 1/16 p	21·10			48 1/16 p
17·18			57 3/4 m	21·12			47 7/8 m
18·			57 7/16 m	21·14			47 5/8 p
18· 2			57 1/8 m	21·16			47 7/16 m
18· 4			56 13/16 m	21·18			47 3/16 p
18· 6			56 1/2 m	22·			47 m
18· 8			56 3/16 m	22· 2			46 3/4 p
18·10			55 7/8 m	22· 4			46 9/16 m
18·12			55 9/16 p	22· 6			46 1/2 m
18·14			55 1/4 p	22· 8			46 1/8 p
18·16			55 m	22·10			45 15/16 p
18·18			54 11/16 p	22·12			45 3/4 m
19·			54 3/8 p	22·14			45 9/16 m
19· 2			54 1/8 m	22·16			45 5/16 p
19· 4			53 13/16 p	22·18			45 1/8 p
19· 6			53 9/16 m	23·			44 15/16 p
19· 8			53 1/4 p	23· 2			44 3/4 m
19·10			53 p	23· 4			44 4/16 m
19·12			52 3/4 m	23· 6			44 3/8 m
19·14			52 7/16 p	23· 8			44 3/16 m
19·16			52 3/16 p	23·10			44 m
19·18			51 15/16 p	23·12			43 13/16 m
20·			51 11/16 m	23·14			43 5/8 m
20· 2			51 7/16 m	23·16			43 7/16 m
20· 4			51 3/16 m	23·18			43 1/4 m
20· 6			50 11/16 m	24·			43 1/16 p
20· 8			50 11/16 m	24· 2			42 7/8 p
20·10			50 7/16 m	24· 4			42 11/16 p
20·12			50 3/16 m	24· 6			42 7/16 m
20·14			49 15/16 m	24· 8			42 5/16 m
20·16			49 11/16 p	24·10			42 3/16 p
20·18			49 7/16 p	24·12			42 p
21·			49 1/4 m	24·14			41 7/8 m

COMBINAISON GENERALE

PARIS, L'ESPAGNE, AMSTERDAM.

Paris sur l'Espag.	Amster. sur Madrid.	Amster. sur Cadix.	Rend à Amster.	Paris sur l'Espag.	Amster. sur Madrid.	Amster. sur Cadix.	Rend à Amster.
10·	95 $\frac{1}{4}$	119 $\frac{1}{16}$	103 $\frac{5}{8}$ p	13·14	95 $\frac{1}{4}$	119 $\frac{1}{16}$	75 $\frac{5}{8}$ p
10· 2			102 $\frac{3}{4}$ m	13·16			75 $\frac{3}{8}$ m
10· 4			101 $\frac{7}{8}$ m	13·18			74 $\frac{9}{16}$ m
10· 6			100 $\frac{7}{8}$ m	14·			74 p
10· 8			99 $\frac{7}{8}$ p	14· 2			73 $\frac{1}{2}$ p
10·10			98 $\frac{11}{16}$ m	14· 4			73 m
10·12			97 $\frac{3}{4}$ p	14· 6			72 $\frac{1}{2}$ p
10·14			96 $\frac{7}{8}$ m	14· 8			71 $\frac{13}{16}$ p
10·16			95 $\frac{15}{16}$ p	14·10			71 $\frac{1}{2}$ m
10·18			95 $\frac{1}{16}$ p	14·12			71 m
11·			94 $\frac{3}{16}$ p	14·14			70 $\frac{1}{2}$ m
11· 2			93 $\frac{3}{8}$ m	14·16			70 p
11· 4			92 $\frac{1}{2}$ p	14·18			69 $\frac{9}{16}$ m
11· 6			91 $\frac{13}{16}$ p	15·			69 $\frac{1}{16}$ p
11· 8			90 $\frac{7}{8}$ p	15· 2			68 $\frac{1}{2}$ p
11·10			90 $\frac{1}{8}$ p	15· 4			68 $\frac{1}{16}$ m
11·12			89 $\frac{1}{2}$ p	15· 6			67 $\frac{3}{4}$ m
11·14			88 $\frac{9}{16}$ p	15· 8			67 $\frac{1}{16}$ m
11·16			87 $\frac{13}{16}$ p	15·10			66 $\frac{7}{16}$ m
11·18			87 $\frac{1}{16}$ p	15·12			66 $\frac{7}{16}$ m
12·			86 $\frac{3}{8}$ m	15·14			66 p
12· 2			85 $\frac{1}{8}$ p	15·16			65 $\frac{9}{16}$ m
12· 4			84 $\frac{15}{16}$ p	15·18			65 $\frac{3}{16}$ p
12· 6			84 $\frac{1}{4}$ p	16·			64 $\frac{3}{4}$ p
12· 8			83 $\frac{13}{16}$ p	16· 2			64 $\frac{3}{8}$ m
12·10			82 $\frac{7}{8}$ p	16· 4			64 m
12·12			82 $\frac{1}{4}$ m	16· 6			63 $\frac{9}{16}$ m
12·14			81 $\frac{1}{8}$ m	16· 8			63 $\frac{3}{8}$ m
12·16			80 $\frac{15}{16}$ m	16·10			62 $\frac{13}{16}$ m
12·18			80 $\frac{1}{16}$ p	16·12			62 $\frac{7}{16}$ m
13·			79 $\frac{11}{16}$ p	16·14			62 $\frac{1}{16}$ m
13· 2			79 $\frac{1}{8}$ m	16·16			61 $\frac{11}{16}$ m
13· 4			78 $\frac{1}{2}$ p	16·18			61 $\frac{1}{2}$ p
13· 6			77 $\frac{15}{16}$ m	17·			60 $\frac{1}{16}$ p
13· 8			77 $\frac{5}{16}$ p	17· 2			60 $\frac{5}{8}$ m
13·10			76 $\frac{3}{4}$ p	17· 4			60 $\frac{1}{4}$ p
13·12			76 $\frac{3}{16}$ p	17· 6			59 p

DES CHANGES.

PARIS, L'ESPAGNE, AMSTERDAM.

Paris sur l'Espag.	Amster. sur Madrid.	Amster. sur Cadix.	Rend à Amster.	Paris sur l'Espag.	Amster. sur Madrid.	Amster. sur Cadix.	Rend à Amster.
17 · 8	$95\frac{1}{4}$	$119\frac{1}{16}$	$59\frac{2}{16}$ m	21 · 2	$95\frac{1}{4}$	$119\frac{1}{16}$	$49\frac{1}{8}$ m
17 · 10	....	....	$59\frac{3}{16}$ p	21 · 4	....	....	$48\frac{7}{8}$ p
17 · 12	....	....	$58\frac{7}{8}$ p	21 · 6	....	....	$48\frac{7}{16}$ m
17 · 14	....	....	$58\frac{9}{16}$ m	21 · 8	....	....	$48\frac{3}{16}$ p
17 · 16	....	....	$58\frac{1}{4}$ m	21 · 10	....	....	48 m
17 · 18	....	....	$57\frac{7}{8}$ p	21 · 12	....	....	48 m
18 ·	....	....	$57\frac{9}{16}$ p	21 · 14	....	....	$47\frac{3}{4}$ p
18 · 2	....	....	$57\frac{1}{4}$ p	21 · 16	....	....	$47\frac{9}{16}$ m
18 · 4	....	....	$56\frac{15}{16}$ p	21 · 18	....	....	$47\frac{5}{16}$ p
18 · 6	....	....	$56\frac{5}{8}$ p	22 ·	....	....	$47\frac{1}{8}$ m
18 · 8	....	....	$56\frac{5}{16}$ p	22 · 2	....	....	$46\frac{11}{16}$ p
18 · 10	....	....	56 p	22 · 4	....	....	$46\frac{1}{2}$ m
18 · 12	....	....	$55\frac{11}{16}$ p	22 · 6	....	....	$46\frac{1}{4}$ p
18 · 14	....	....	$55\frac{7}{16}$ m	22 · 8	....	....	$46\frac{1}{16}$ m
18 · 16	....	....	$55\frac{1}{8}$ m	22 · 10	....	....	$45\frac{5}{8}$ m
18 · 18	....	....	$54\frac{13}{16}$ p	22 · 12	....	....	$45\frac{5}{8}$ m
19 ·	....	....	$54\frac{9}{16}$ m	22 · 14	....	....	$45\frac{7}{16}$ p
19 · 2	....	....	$54\frac{1}{4}$ p	22 · 16	....	....	$45\frac{5}{16}$ p
19 · 4	....	....	54 m	22 · 18	....	....	$45\frac{1}{4}$ p
19 · 6	....	....	$53\frac{11}{16}$ p	23 ·	....	....	$45\frac{1}{16}$ m
19 · 8	....	....	$53\frac{7}{16}$ m	23 · 2	....	....	$44\frac{7}{8}$ m
19 · 10	....	....	$53\frac{1}{16}$ m	23 · 4	....	....	$44\frac{1}{2}$ m
19 · 12	....	....	$52\frac{7}{8}$ m	23 · 6	....	....	$44\frac{1}{16}$ m
19 · 14	....	....	$52\frac{3}{16}$ m	23 · 8	....	....	$44\frac{1}{8}$ m
19 · 16	....	....	$52\frac{1}{2}$ p	23 · 10	....	....	$44\frac{1}{8}$ m
19 · 18	....	....	$52\frac{1}{16}$ p	23 · 12	....	....	$43\frac{9}{16}$ p
20 ·	....	....	$51\frac{13}{16}$ p	23 · 14	....	....	$43\frac{3}{4}$ m
20 · 2	....	....	$51\frac{9}{16}$ m	23 · 16	....	....	$43\frac{3}{16}$ m
20 · 4	....	....	$51\frac{5}{16}$ m	23 · 18	....	....	$43\frac{3}{8}$ m
20 · 6	....	....	$51\frac{1}{16}$ m	24 ·	....	....	$43\frac{3}{16}$ p
20 · 8	....	....	$50\frac{13}{16}$ p	24 · 2	....	....	43 p
20 · 10	....	....	$50\frac{9}{16}$ m	24 · 4	....	....	$42\frac{13}{16}$ p
20 · 12	....	....	$50\frac{5}{16}$ m	24 · 6	....	....	$42\frac{5}{8}$ p
20 · 14	....	....	$50\frac{1}{16}$ p	24 · 8	....	....	$42\frac{7}{16}$ m
20 · 16	....	....	$49\frac{13}{16}$ p	24 · 10	....	....	$42\frac{1}{4}$ m
20 · 18	....	....	$49\frac{7}{16}$ p	24 · 12	....	....	$42\frac{1}{8}$ p
21 ·	....	....	$49\frac{3}{8}$ m	24 · 14	....	....	$41\frac{15}{16}$ p

COMBINAISON GENERALE

PARIS, L'ESPAGNE, AMSTERDAM.

Paris sur l'Espag.	Amster. sur Madrid.	Amster. sur Cadix.	Rend à Amster.	Paris sur l'Espag.	Amster. sur Madrid.	Amster. sur Cadix.	Rend à Amster.
10·	95 $\frac{1}{2}$	119 $\frac{3}{8}$	103 $\frac{7}{16}$ p	13·14	95 $\frac{1}{2}$	119 $\frac{3}{8}$	75 $\frac{13}{16}$ p
10· 2			102 $\frac{7}{8}$ p	13·16			75 $\frac{3}{16}$ m
10· 4			101 $\frac{7}{8}$ m	13·18			74 $\frac{3}{4}$ p
10· 6			100 $\frac{5}{8}$ p	14·			74 $\frac{3}{16}$ p
10· 8			99 $\frac{15}{16}$ m	14· 2			73 $\frac{11}{16}$ p
10·10			98 $\frac{13}{16}$ p	14· 4			73 $\frac{1}{2}$ m
10·12			98 · p	14· 6			72 $\frac{11}{16}$ p
10·14			97 $\frac{1}{8}$ m	14· 8			72 $\frac{1}{8}$ p
10·16			96 $\frac{3}{16}$ p	14·10			71 $\frac{11}{16}$ m
10·18			95 $\frac{7}{16}$ p	14·12			71 $\frac{3}{16}$ m
11·			94 $\frac{7}{16}$ p	14·14			70 $\frac{11}{16}$ m
11· 2			93 $\frac{3}{8}$ m	14·16			70 $\frac{5}{16}$ p
11· 4			92 $\frac{3}{4}$ p	14·18			69 $\frac{3}{4}$ m
11· 6			91 $\frac{13}{16}$ p	15·			69 $\frac{1}{4}$ p
11· 8			91 $\frac{1}{8}$ p	15· 2			68 $\frac{13}{16}$ p
11·10			90 $\frac{3}{8}$ m	15· 4			68 $\frac{3}{8}$ p
11·12			89 $\frac{9}{16}$ p	15· 6			67 $\frac{15}{16}$ p
11·14			88 $\frac{13}{16}$ m	15· 8			67 $\frac{1}{2}$ p
11·16			88 $\frac{1}{16}$ m	15·10			67 $\frac{1}{16}$ m
11·18			87 $\frac{1}{16}$ p	15·12			66 $\frac{5}{8}$ m
12·			86 $\frac{5}{16}$ p	15·14			66 $\frac{5}{16}$ p
12· 2			85 $\frac{7}{8}$ m	15·16			65 $\frac{3}{4}$ p
12· 4			85 $\frac{3}{16}$ m	15·18			65 $\frac{1}{3}$ m
12· 6			84 $\frac{1}{2}$ m	16·			64 $\frac{11}{16}$ p
12· 8			83 $\frac{13}{16}$ m	16· 2			64 $\frac{9}{16}$ m
12·10			83 $\frac{1}{8}$ m	16· 4			64 $\frac{1}{8}$ p
12·12			82 $\frac{7}{16}$ p	16· 6			63 $\frac{3}{4}$ m
12·14			81 $\frac{13}{16}$ p	16· 8			63 $\frac{3}{8}$ p
12·16			81 $\frac{3}{16}$ m	16·10			63 ·
12·18			80 $\frac{9}{16}$ m	16·12			62 $\frac{9}{16}$ p
13·			79 $\frac{11}{16}$ m	16·14			62 $\frac{3}{16}$ p
13· 2			79 $\frac{5}{16}$ p	16·16			61 $\frac{7}{8}$ m
13· 4			78 $\frac{11}{16}$ p	16·18			61 $\frac{1}{2}$ m
13· 6			78 $\frac{1}{8}$ m	17·			61 $\frac{1}{8}$ m
13· 8			77 $\frac{9}{16}$ m	17· 2			60 $\frac{3}{4}$ p
13·10			76 $\frac{15}{16}$ p	17· 4			60 $\frac{7}{16}$ m
13·12			76 $\frac{3}{8}$ p	17· 6			60 $\frac{1}{16}$ m

DES CHANGES.

PARIS, L'ESPAGNE, AMSTERDAM.

Paris. sur l'Espag.	Amster. sur Madrid.	Amster. sur Cadix.	Rend à Amster.	Paris sur l'Espag.	Amster. sur Madrid.	Amster. sur Cadix.	Rend à Amster.
17. 8	95 $\frac{1}{2}$	119 $\frac{3}{8}$	59 $\frac{11}{16}$ P	21. 2	95 $\frac{1}{2}$	119 $\frac{3}{8}$	49 $\frac{1}{4}$ m
17. 10			59 $\frac{3}{8}$ m	21. 4			49 P
17. 12			59 $\frac{1}{16}$ m	21. 6			48 $\frac{3}{4}$ P
17. 14			58 $\frac{13}{16}$ P	21. 8			48 $\frac{9}{16}$ m
17. 16			58 $\frac{5}{8}$ m	21. 10			48 $\frac{5}{16}$ P
17. 18			58 $\frac{5}{16}$ m	21. 12			48 $\frac{1}{8}$ m
18.			57 $\frac{3}{4}$ m	21. 14			47 $\frac{7}{8}$ P
18. 2			57 $\frac{5}{8}$ P	21. 16			47 $\frac{11}{16}$ m
18. 4			57 $\frac{1}{16}$ P	21. 18			47 $\frac{7}{16}$ P
18. 6			56 $\frac{3}{4}$ P	22.			47 $\frac{1}{4}$ m
18. 8			56 $\frac{1}{2}$ m	22. 2			47 P
18. 10			56 $\frac{5}{16}$ m	22. 4			46 $\frac{13}{16}$ m
18. 12			55 $\frac{9}{16}$ m	22. 6			46 $\frac{9}{16}$ P
18. 14			55 $\frac{7}{16}$ P	22. 8			46 $\frac{3}{8}$ P
18. 16			55 $\frac{1}{4}$ P	22. 10			46 $\frac{3}{16}$ m
18. 18			55 m	22. 12			46 m
19.			54 $\frac{11}{16}$ m	22. 14			45 $\frac{3}{4}$ P
19. 2			54 $\frac{3}{4}$ P	22. 16			45 $\frac{9}{16}$ P
19. 4			54 $\frac{1}{8}$ m	22. 18			45 $\frac{3}{8}$ m
19. 6			53 $\frac{13}{16}$ P	23.			45 $\frac{3}{16}$ m
19. 8			53 $\frac{7}{16}$ m	23. 2			45 m
19. 10			53 $\frac{3}{16}$ m	23. 4			44 $\frac{13}{16}$ m
19. 12			53 P	23. 6			44 $\frac{1}{2}$ m
19. 14			52 $\frac{3}{4}$ m	23. 8			44 $\frac{3}{8}$ P
19. 16			52 $\frac{1}{2}$ m	23. 10			44 $\frac{3}{16}$ P
19. 18			52 $\frac{3}{16}$ P	23. 12			44 P
20.			51 $\frac{13}{16}$ P	23. 14			43 $\frac{13}{16}$ P
20. 2			51 $\frac{11}{16}$ P	23. 16			43 $\frac{5}{8}$ m
20. 4			51 $\frac{7}{16}$ P	23. 18			43 $\frac{1}{2}$ m
20. 6			51 $\frac{3}{16}$ m	24.			43 $\frac{5}{16}$ m
20. 8			50 $\frac{13}{16}$ m	24. 2			43 $\frac{1}{8}$ m
20. 10			50 $\frac{11}{16}$ m	24. 4			42 $\frac{15}{16}$ m
20. 12			50 $\frac{9}{16}$ P	24. 6			42 $\frac{3}{4}$ P
20. 14			50 $\frac{3}{16}$ P	24. 8			42 $\frac{9}{16}$ P
20. 16			49 $\frac{13}{16}$ P	24. 10			42 $\frac{7}{16}$ m
20. 18			49 $\frac{11}{16}$ P	24. 12			42 $\frac{1}{4}$ m
21.			49 $\frac{1}{2}$ m	24. 14			42 $\frac{1}{16}$ P

Tome II.

170 COMBINAISON GENERALE

PARIS, L'ESPAGNE, AMSTERDAM.

Paris sur l'Espag.	Amster. sur Madrid.	Amster. sur Cadix.	Rend à Amster.	Paris sur l'Espag.	Amster. sur Madrid.	Amster. sur Cadix.	Rend à Amster.
10·	·95 $\frac{3}{4}$	·119 $\frac{11}{16}$	·104 $\frac{3}{16}$ m	13·14	·95 $\frac{3}{4}$	·119 $\frac{11}{16}$	76 $\frac{1}{16}$ m
10· 2			103 $\frac{3}{8}$ p	13·16			75 $\frac{1}{2}$ m
10· 4			102 $\frac{1}{8}$ p	13·18			74 $\frac{15}{16}$ p
10· 6			101 $\frac{1}{8}$ p	14·			74 $\frac{7}{16}$ m
10· 8			100 $\frac{3}{16}$ m	14· 2			73 $\frac{7}{8}$ p
10·10			99 $\frac{5}{16}$ p	14· 4			73 $\frac{3}{8}$ m
10·12			98 $\frac{1}{4}$ p	14· 6			72 $\frac{7}{8}$ p
10·14			97 $\frac{3}{8}$ m	14· 8			72 $\frac{3}{8}$ m
10·16			96 $\frac{7}{16}$ p	14·10			71 $\frac{7}{8}$ m
10·18			95 $\frac{9}{16}$ p	14·12			71 $\frac{3}{8}$ m
11·			94 $\frac{11}{16}$ p	14·14			70 $\frac{7}{8}$ p
11· 2			93 $\frac{7}{8}$ m	14·16			70 $\frac{3}{8}$ p
11· 4			93 p	14·18			69 $\frac{15}{16}$ m
11· 6			92 $\frac{3}{16}$ p	15·			69 $\frac{7}{16}$ p
11· 8			91 $\frac{1}{2}$ p	15· 2			69 m
11·10			90 $\frac{9}{16}$ p	15· 4			68 $\frac{9}{16}$ m
11·12			89 $\frac{13}{16}$ m	15· 6			68 $\frac{1}{4}$ p
11·14			89 $\frac{1}{16}$ m	15· 8			67 $\frac{1}{8}$ p
11·16			88 $\frac{1}{16}$ m	15·10			67 $\frac{1}{16}$ p
11·18			87 $\frac{9}{16}$ m	15·12			66 $\frac{5}{8}$ p
12·			86 $\frac{11}{16}$ p	15·14			66 $\frac{3}{16}$ m
12· 2			86 $\frac{1}{4}$ m	15·16			65 $\frac{15}{16}$ p
12· 4			85 $\frac{3}{8}$ p	15·18			65 $\frac{1}{2}$ p
12· 6			84 $\frac{11}{16}$ p	16·			65 $\frac{1}{8}$ m
12· 8			84 p	16· 2			64 $\frac{11}{16}$ p
12·10			83 $\frac{5}{16}$ p	16· 4			64 $\frac{1}{16}$ p
12·12			82 $\frac{11}{16}$ m	16· 6			63 $\frac{15}{16}$ m
12·14			82 p	16· 8			63 $\frac{1}{2}$ p
12·16			81 $\frac{3}{8}$ p	16·10			63 $\frac{1}{8}$ p
12·18			80 $\frac{3}{4}$ p	16·12			62 $\frac{3}{4}$ p
13·			80 $\frac{1}{8}$ p	16·14			62 $\frac{3}{8}$ p
13· 2			79 $\frac{1}{2}$ p	16·16			62 p
13· 4			78 $\frac{15}{16}$ m	16·18			61 $\frac{5}{8}$ p
13· 6			78 $\frac{5}{16}$ p	17·			61 $\frac{1}{4}$ p
13· 8			77 $\frac{3}{4}$ m	17· 2			60 $\frac{15}{16}$ m
13·10			77 $\frac{3}{16}$ m	17· 4			60 $\frac{9}{16}$ p
13·12			76 $\frac{1}{8}$ m	17· 6			60 $\frac{7}{16}$ p

DES CHANGES.

PARIS, L'ESPAGNE, AMSTERDAM.

Paris sur l'Espag.	Amster. sur Madrid.	Amster. sur Cadix.	Rend à Amster.	Paris sur l'Espag.	Amster. sur Madrid.	Amster. sur Cadix.	Rend à Amster.
17· 8	95¾	119 11/16	59 7/8 m	21· 2	95¾	119 11/16	49 3/8 m
17·10			59 ½ p	21· 4			49 ⅛ p
17·12			59 3/16 p	21· 6			48 13/16 m
17·14			58 7/8 m	21· 8			48 11/16 m
17·16			58 ½ p	21·10			48 7/16 p
17·18			58 3/16 p	21·12			48 ¼ m
18·			57 7/8 p	21·14			48 p
18· 2			57 8/16 m	21·16			47 13/16 m
18· 4			57 ¼ m	21·18			47 9/16 p
18· 6			56 13/16 m	22·			47 ⅜ m
18· 8			56 ⅝ m	22· 2			47 1/8 p
18·10			56 1/16 m	22· 4			46 15/16 m
18·12			56 p	22· 6			46 11/16 p
18·14			55 11/16 p	22· 8			46 ½ p
18·16			55 7/16 m	22·10			46 1/16 m
18·18			55 ⅛ m	22·12			46 ⅛ m
19·			54 13/16 p	22·14			45 ⅞ p
19· 2			54 9/16 m	22·16			45 11/16 p
19· 4			54 ¼ p	22·18			45 ½ m
19· 6			54 m	23·			45 5/16 m
19· 8			53 11/16 p	23· 2			45 1/16 m
19·10			53 7/16 m	23· 4			44 ⅞ p
19·12			53 ¼ p	23· 6			44 11/16 p
19·14			52 15/16 p	23· 8			44 ½ p
19·16			52 ⅝ m	23·10			44 5/16 p
19·18			52 3/8 m	23·12			44 ⅛ p
20·			52 1/16 p	23·14			43 15/16 p
20· 2			51 13/16 m	23·16			43 ¾ p
20· 4			51 9/16 p	23·18			43 9/16 p
20· 6			51 ⅜ p	24·			43 7/16 m
20· 8			51 1/16 p	24· 2			43 ¼ m
20·10			50 13/16 p	24· 4			43 1/16 m
20·12			50 9/16 p	24· 6			42 ⅞ m
20·14			50 5/16 p	24· 8			42 11/16 p
20·16			50 1/16 p	24·10			42 ½ p
20·18			49 ⅞ m	24·12			42 ⅜ m
21·			49 ⅝ m	24·14			42 3/16 m

COMBINAISON GENERALE

PARIS, L'ESPAGNE, AMSTERDAM.

Paris sur l'Espag.	Amster. sur Madrid.	Amster. sur Cadix.	Rend à Amster.	Paris sur l'Espag.	Amster. sur Madrid.	Amster. sur Cadix.	Rend à Amster.
10·	96	120	$104\frac{7}{16}$ p	13·14	96	120	$76\frac{1}{4}$ m
10· 2			$103\frac{7}{16}$ m	13·16			$75\frac{11}{16}$ m
10· 4			$102\frac{5}{8}$ p	13·18			$75\frac{1}{8}$ p
10· 6			$101\frac{1}{2}$ p	14·			$74\frac{5}{8}$ m
10· 8			$100\frac{7}{16}$ m	14· 2			$74\frac{1}{16}$ m
10·10			$99\frac{1}{2}$ m	14· 4			$73\frac{9}{16}$ m
10·12			$98\frac{9}{16}$ m	14· 6			$73\frac{1}{16}$ m
10·14			$97\frac{5}{8}$ m	14· 8			$72\frac{9}{16}$ m
10·16			$96\frac{11}{16}$ p	14·10			$72\frac{1}{16}$ p
10·18			$95\frac{13}{16}$ p	14·12			$71\frac{9}{16}$ p
11·			$94\frac{11}{16}$	14·14			$71\frac{1}{16}$ m
11· 2			$94\frac{1}{8}$ m	14·16			$70\frac{9}{16}$ p
11· 4			$93\frac{1}{4}$ p	14·18			$70\frac{1}{8}$ p
11· 6			$92\frac{7}{16}$ m	15·			$69\frac{5}{8}$ p
11· 8			$91\frac{1}{2}$ m	15· 2			$69\frac{3}{16}$ m
11·10			$90\frac{13}{16}$ p	15· 4			$68\frac{11}{16}$ m
11·12			$90\frac{1}{16}$ m	15· 6			$68\frac{1}{4}$ p
11·14			$89\frac{1}{4}$ p	15· 8			$67\frac{13}{16}$ p
11·16			$88\frac{1}{2}$ p	15·10			$67\frac{3}{8}$ m
11·18			$87\frac{3}{4}$ p	15·12			$66\frac{15}{16}$ m
12·			$87\frac{1}{16}$	15·14			$66\frac{1}{2}$ m
12· 2			$86\frac{5}{16}$ p	15·16			$66\frac{1}{8}$ m
12· 4			$85\frac{5}{8}$ m	15·18			$65\frac{11}{16}$ m
12· 6			$84\frac{15}{16}$ m	16·			$65\frac{1}{4}$ p
12· 8			$84\frac{1}{4}$ m	16· 2			$64\frac{7}{8}$ m
12·10			$83\frac{9}{16}$ m	16· 4			$64\frac{1}{2}$ m
12·12			$82\frac{7}{8}$ p	16· 6			$64\frac{1}{16}$ p
12·14			$82\frac{1}{4}$ m	16· 8			$63\frac{11}{16}$ p
12·16			$81\frac{1}{8}$ m	16·10			$63\frac{5}{16}$ m
12·18			$80\frac{13}{16}$ p	16·12			$62\frac{15}{16}$ p
13·			$80\frac{5}{16}$ m	16·14			$62\frac{9}{16}$ m
13· 2			$79\frac{3}{4}$ m	16·16			$62\frac{3}{16}$ m
13· 4			$79\frac{1}{8}$ p	16·18			$61\frac{13}{16}$ m
13· 6			$78\frac{7}{16}$ m	17·			$61\frac{7}{16}$ m
13· 8			$77\frac{13}{16}$ p	17· 2			$61\frac{1}{16}$ p
13·10			$77\frac{3}{8}$ m	17· 4			$60\frac{3}{4}$ m
13·12			$76\frac{13}{16}$ m	17· 6			$60\frac{3}{8}$ m

DES CHANGES. 173

PARIS, L'ESPAGNE, AMSTERDAM.

Paris sur l'Espag.	Amster. sur Madrid.	Amster. sur Cadix.	Rend à Amster.	Paris sur l'Espag.	Amster. sur Madrid.	Amster. sur Cadix.	Rend à Amster.
17. 8	96	120	60 p	21. 2	96	120	$49\frac{1}{2}$ p
17.10			$59\frac{11}{16}$ m	21. 4			$49\frac{1}{4}$ p
17.12			$59\frac{3}{8}$ m	21. 6			$49\frac{1}{16}$ m
17.14			59 p	21. 8			$48\frac{15}{16}$ m
17.16			$58\frac{11}{16}$ m	21.10			$48\frac{5}{8}$ p
17.18			$58\frac{3}{8}$ m	21.12			$48\frac{3}{8}$ m
18·			58 p	21.14			$48\frac{1}{8}$ p
18. 2			$57\frac{11}{16}$ p	21.16			$47\frac{15}{16}$ m
18. 4			$57\frac{3}{8}$ p	21.18			$47\frac{11}{16}$ p
18. 6			$57\frac{1}{16}$ p	22·			$47\frac{1}{2}$ m
18. 8			$56\frac{3}{4}$ p	22. 2			$47\frac{1}{4}$ p
18.10			$56\frac{7}{16}$ p	22. 4			$47\frac{1}{16}$ m
18.12			$56\frac{1}{8}$ p	22. 6			$46\frac{13}{16}$ p
18.14			$55\frac{7}{8}$ m	22. 8			$46\frac{1}{2}$ p
18.16			$55\frac{5}{8}$ m	22.10			$46\frac{5}{16}$ m
18.18			$55\frac{1}{4}$ p	22.12			$46\frac{1}{16}$ p
19·			55 m	22.14			46 p
19. 2			$54\frac{11}{16}$ m	22.16			$45\frac{13}{16}$ m
19. 4			$54\frac{3}{8}$ p	22.18			$45\frac{5}{8}$ m
19. 6			$54\frac{1}{8}$ m	23·			$45\frac{3}{8}$ m
19. 8			$53\frac{13}{16}$ p	23. 2			$45\frac{3}{16}$ p
19.10			$53\frac{9}{16}$ p	23. 4			45 p
19.12			$53\frac{5}{16}$ m	23. 6			$44\frac{13}{16}$ p
19.14			53 p	23. 8			$44\frac{5}{8}$ p
19.16			$52\frac{3}{4}$ p	23.10			$44\frac{7}{16}$ p
19.18			$52\frac{1}{2}$ m	23.12			$44\frac{1}{4}$ p
20·			$52\frac{1}{4}$ m	23.14			$44\frac{1}{16}$ p
20. 2			$51\frac{15}{16}$ p	23.16			$43\frac{7}{8}$ p
20. 4			$51\frac{11}{16}$ p	23.18			$43\frac{11}{16}$ p
20. 6			$51\frac{7}{16}$ p	24·			$43\frac{1}{2}$ p
20. 8			$51\frac{3}{16}$ p	24. 2			$43\frac{5}{16}$ p
20.10			$50\frac{15}{16}$ p	24. 4			$43\frac{3}{16}$ m
20.12			$50\frac{11}{16}$ p	24. 6			43 m
20.14			$50\frac{7}{16}$ p	24. 8			$42\frac{13}{16}$ m
20.16			$50\frac{3}{16}$ p	24.10			$42\frac{5}{8}$ p
20.18			50 m	24.12			$42\frac{7}{16}$ p
21·			$49\frac{3}{4}$ m	24.14			$42\frac{1}{16}$ m

Y iij

COMBINAISON GENERALE

PARIS, L'ESPAGNE, AMSTERDAM.

Paris sur l'Espag.	Amster. sur Madrid.	Amster. sur Cadix.	Rend à Amster.	Paris sur l'Espag.	Amster. sur Madrid.	Amster. sur Cadix.	Rend à Amster.
10·	96 $\frac{1}{4}$	120 $\frac{5}{16}$	104 $\frac{3}{4}$ m	13·14	96 $\frac{1}{4}$	120 $\frac{5}{16}$	76 $\frac{7}{16}$ p
10· 2			103 $\frac{11}{16}$ m	13·16			75 $\frac{7}{8}$ p
10· 4			102 $\frac{11}{16}$ m	13·18			75 $\frac{5}{16}$ p
10· 6			101 $\frac{11}{16}$ m	14·			74 $\frac{13}{16}$ m
10· 8			100 $\frac{11}{16}$ p	14· 2			74 $\frac{1}{4}$ p
10·10			99 $\frac{3}{4}$ m	14· 4			73 $\frac{3}{4}$ p
10·12			98 $\frac{13}{16}$ m	14· 6			73 $\frac{1}{4}$ m
10·14			97 $\frac{7}{8}$ m	14· 8			72 $\frac{3}{4}$ m
10·16			96 $\frac{15}{16}$ p	14·10			72 $\frac{1}{4}$ m
10·18			96 $\frac{1}{16}$ p	14·12			71 $\frac{3}{4}$ m
11·			95 $\frac{3}{16}$ p	14·14			71 $\frac{1}{4}$ m
11· 2			94 $\frac{5}{16}$ p	14·16			70 $\frac{3}{4}$ p
11· 4			93 $\frac{1}{2}$	14·18			70 $\frac{5}{16}$ p
11· 6			92 $\frac{11}{16}$ m	15·			69 $\frac{13}{16}$ p
11· 8			91 $\frac{7}{8}$ m	15· 2			69 $\frac{3}{8}$ m
11·10			91 $\frac{1}{16}$ m	15· 4			68 $\frac{7}{8}$ p
11·12			90 $\frac{1}{4}$ p	15· 6			68 $\frac{1}{16}$
11·14			89 $\frac{1}{2}$ p	15· 8			68
11·16			88 $\frac{3}{4}$ m	15·10			67 $\frac{9}{16}$
11·18			88	15·12			67 $\frac{1}{8}$ p
12·			87 $\frac{1}{4}$ p	15·14			66 $\frac{11}{16}$ p
12· 2			86 $\frac{9}{16}$ m	15·16			66 $\frac{1}{4}$ p
12· 4			85 $\frac{13}{16}$ p	15·18			65 $\frac{4}{8}$
12· 6			85 $\frac{1}{2}$ p	16·			65 $\frac{7}{16}$
12· 8			84 $\frac{7}{16}$ p	16· 2			65 $\frac{1}{16}$ m
12·10			83 $\frac{3}{4}$ p	16· 4			64 $\frac{5}{8}$ p
12·12			83 $\frac{1}{8}$ m	16· 6			64 $\frac{1}{4}$ m
12·14			82 $\frac{7}{16}$	16· 8			63 $\frac{7}{8}$ m
12·16			81 $\frac{13}{16}$	16·10			63 $\frac{7}{16}$ p
12·18			81 $\frac{3}{16}$ m	16·12			63 $\frac{1}{16}$ p
13·			80 $\frac{9}{16}$ m	16·14			62 $\frac{11}{16}$
13· 2			79 $\frac{15}{16}$	16·16			62 $\frac{5}{16}$ p
13· 4			79 $\frac{1}{16}$	16·18			61 $\frac{15}{16}$ p
13· 6			78 $\frac{3}{4}$ m	17·			61 $\frac{9}{16}$ p
13· 8			78 $\frac{1}{8}$ p	17· 2			61 $\frac{1}{4}$ m
13·10			77 $\frac{9}{16}$ p	17· 4			60 $\frac{7}{8}$ p
13·12			77	17· 6			60 $\frac{9}{16}$ m

DES CHANGES.

PARIS, L'ESPAGNE, AMSTERDAM.

Paris sur l'Espag.	Amster. sur Madrid.	Amster. sur Cadix.	Rend à Amster.	Paris sur l'Espag.	Amster. sur Madrid.	Amster. sur Cadix.	Rend à Amster.
17. 8	96 $\frac{1}{4}$	120 $\frac{5}{16}$	60 $\frac{3}{4}$ m	21. 2	96 $\frac{1}{4}$	120 $\frac{1}{16}$	49 $\frac{1}{8}$ p
17. 10			59 $\frac{13}{16}$ p	21. 4			49 $\frac{2}{8}$ p
17. 12			59 $\frac{1}{2}$	21. 6			49 $\frac{3}{16}$ m
17. 14			59 $\frac{3}{16}$ m	21. 8			48 $\frac{14}{16}$ p
17. 16			58 $\frac{13}{16}$ p	21. 10			48 $\frac{11}{16}$ p
17. 18			58 $\frac{1}{2}$ p	21. 12			48 $\frac{1}{2}$ m
18.			58 $\frac{3}{16}$ m	21. 14			48 $\frac{1}{4}$ p
18. 2			57 $\frac{7}{8}$ m	21. 16			48 $\frac{1}{16}$ m
18. 4			57 $\frac{9}{16}$ m	21. 18			47 $\frac{13}{16}$ p
18. 6			57 $\frac{1}{4}$ m	22.			47 $\frac{5}{8}$ m
18. 8			56 $\frac{13}{16}$ m	22. 2			47 $\frac{3}{8}$ p
18. 10			56 $\frac{5}{8}$ m	22. 4			47 $\frac{1}{16}$ m
18. 12			56 $\frac{5}{16}$ m	22. 6			46 $\frac{13}{16}$ p
18. 14			56	22. 8			46 $\frac{5}{8}$
18. 16			55 $\frac{11}{16}$ p	22. 10			46 $\frac{6}{16}$ m
18. 18			55 $\frac{7}{16}$ m	22. 12			46 $\frac{1}{8}$ p
19.			55 $\frac{1}{8}$ m	22. 14			46 $\frac{1}{8}$ p
19. 2			54 $\frac{13}{16}$ p	22. 16			45 $\frac{11}{16}$ m
19. 4			54 $\frac{9}{16}$ m	22. 18			45 $\frac{3}{4}$ m
19. 6			54 $\frac{1}{4}$ p	23.			45 $\frac{1}{2}$ p
19. 8			54 m	23. 2			45 $\frac{1}{16}$ p
19. 10			53 $\frac{11}{16}$ p	23. 4			45 $\frac{1}{8}$
19. 12			53 $\frac{7}{16}$ m	23. 6			44 $\frac{1}{8}$
19. 14			53 $\frac{3}{16}$ p	23. 8			44 $\frac{5}{8}$ p
19. 16			52 $\frac{7}{8}$ p	23. 10			44 $\frac{9}{16}$ m
19. 18			52 $\frac{5}{8}$ m	23. 12			44 $\frac{3}{8}$ m
20.			52 $\frac{3}{8}$ m	23. 14			44 $\frac{1}{2}$ p
20. 2			52 $\frac{1}{8}$ m	23. 16			44
20. 4			51 $\frac{13}{16}$ p	23. 18			43 $\frac{13}{16}$ p
20. 6			51 $\frac{9}{16}$ p	24.			43 $\frac{1}{8}$ p
20. 8			51 $\frac{1}{16}$ p	24. 2			43 $\frac{1}{16}$
20. 10			51 $\frac{1}{16}$ p	24. 4			43 $\frac{1}{8}$
20. 12			50 $\frac{11}{16}$ p	24. 6			43 m
20. 14			50 $\frac{9}{16}$ p	24. 8			42 $\frac{11}{16}$ m
20. 16			50 $\frac{3}{8}$ m	24. 10			42 $\frac{2}{16}$ m
20. 18			50 $\frac{1}{16}$ m	24. 12			42 $\frac{9}{16}$ p
21.			49 $\frac{7}{8}$ m	24. 14			42 $\frac{3}{8}$ p

PARIS, L'ESPAGNE, AMSTERDAM.

Paris fur l'Efpag.	Amfter. fur Madrid.	Amfter. fur Cadix.	Rend à Amfter.	Paris fur l'Efpag.	Amfter. fur Madrid.	Amfter. fur Cadix.	Rend à Amfter.
10·	96 1/2	120 5/8	105 m	13·14	96 1/2	120 5/8	76 5/8 p
10· 2			103 15/16 p	13·16			76 1/16 p
10· 4			102 15/16 m	13·18			75 9/16 m
10· 6			101 15/16 m	14·			75 m
10· 8			100 15/16 p	14· 2			74 7/16 p
10·10			100 m	14· 4			73 15/16 p
10·12			99 1/16 m	14· 6			73 7/16 m
10·14			98 1/8 m	14· 8			72 15/16 m
10·16			97 3/16 p	14·10			72 7/16 m
10·18			96 5/16 p	14·12			71 15/16 m
11·			95 7/16 p	14·14			71 7/16 m
11· 2			94 9/16 p	14·16			70 15/16 p
11· 4			93 3/4 m	14·18			70 7/16 p
11· 6			92 15/16 m	15·			70 m
11· 8			92 1/8 m	15· 2			69 1/2 p
11·10			91 5/16 m	15· 4			69 1/16 p
11·12			90 1/2 p	15· 6			68 5/8 m
11·14			89 3/4 m	15· 8			68 3/16 m
11·16			89 m	15·10			67 3/4 m
11·18			88 1/4 m	15 12			67 5/16 m
12·			87 1/2 m	15·14			66 7/8 m
12· 2			86 3/4 p	15·16			66 7/16 p
12· 4			86 1/16 m	15·18			66 1/16 m
12· 6			85 3/8 m	16·			65 5/8 m
12· 8			84 11/16 m	16· 2			65 3/16 p
12·10			84 m	16· 4			64 13/16 m
12·12			83 5/16 p	16· 6			64 7/16 m
12·14			82 11/16 m	16· 8			64 p
12·16			82 p	16·10			63 5/8 p
12·18			81 3/8 p	16·12			63 1/4 m
13·			80 3/4 p	16·14			62 7/8 m
13· 2			80 1/8 p	16·16			62 1/2 m
13· 4			79 9/16 m	16·18			62 1/8 p
13· 6			78 15/16 p	17·			61 3/4 p
13· 8			78 3/8 m	17· 2			61 3/8 p
13·10			77 3/4 p	17· 4			61 1/16 m
13·12			77 3/16 p	17· 6			60 11/16 p

DES CHANGES.

PARIS, L'ESPAGNE, AMSTERDAM.

Paris. sur l'Espag.	Amster. sur Madrid.	Amster. sur Cadix.	Rend à Amster.	Paris sur l'Espag.	Amster. sur Madrid.	Amster. sur Cadix.	Rend à Amster.
17. 8	96 $\frac{1}{2}$	120 $\frac{5}{8}$	60 $\frac{5}{16}$ p	21. 2	96 $\frac{1}{2}$	120 $\frac{5}{8}$	49 $\frac{3}{4}$ p
17.10			60 m	21. 4			49 $\frac{1}{2}$ p
17.12			59 $\frac{5}{8}$ p	21. 6			49 $\frac{5}{16}$ m
17.14			59 $\frac{1}{16}$ p	21. 8			49 $\frac{1}{16}$ m
17.16			59 m	21.10			48 $\frac{13}{16}$ p
17.18			58 $\frac{5}{8}$ p	21.12			48 $\frac{5}{8}$ p
18.			58 $\frac{5}{16}$ p	21.14			48 p
18. 2			58 p	21.16			48 $\frac{3}{16}$ m
18. 4			57 $\frac{11}{16}$ p	21.18			47 $\frac{15}{16}$ p
18. 6			57 $\frac{3}{8}$ m	22.			47 $\frac{3}{4}$ m
18. 8			57 $\frac{1}{16}$ m	22. 2			47 $\frac{1}{2}$ p
18.10			56 $\frac{3}{4}$ p	22. 4			47 $\frac{5}{16}$ m
18.12			56 $\frac{7}{16}$ p	22. 6			47 $\frac{1}{16}$ p
18.14			56 $\frac{1}{8}$ p	22. 8			46 $\frac{7}{8}$ p
18.16			55 $\frac{7}{8}$ m	22.10			46 $\frac{11}{16}$ m
18.18			55 $\frac{9}{16}$ m	22.12			46 $\frac{7}{16}$ p
19.			55 $\frac{1}{4}$ p	22.14			46 $\frac{1}{4}$ p
19. 2			55 m	22.16			46 $\frac{1}{16}$ m
19. 4			54 $\frac{11}{16}$ m	22.18			45 $\frac{7}{8}$ m
19. 6			54 $\frac{3}{8}$ p	23.			45 $\frac{5}{8}$ p
19. 8			54 $\frac{1}{8}$ m	23. 2			45 $\frac{7}{16}$ p
19.10			53 $\frac{13}{16}$ p	23. 4			45 $\frac{1}{4}$ p
19.12			53 $\frac{9}{16}$ p	23. 6			45 p
19.14			53 $\frac{1}{16}$ m	23. 8			44 $\frac{11}{16}$ m
19.16			53 p	23.10			44 $\frac{11}{16}$ m
19.18			52 $\frac{3}{4}$ p	23.12			44 $\frac{1}{2}$ m
20.			52 $\frac{1}{2}$ m	23.14			44 $\frac{5}{16}$ m
20. 2			52 $\frac{1}{4}$ m	23.16			44 $\frac{1}{8}$ m
20. 4			52 m	23.18			43 $\frac{15}{16}$ m
20. 6			51 $\frac{3}{4}$ m	24.			43 $\frac{3}{4}$ m
20. 8			51 $\frac{7}{16}$ p	24. 2			43 $\frac{9}{16}$ p
20.10			51 $\frac{3}{16}$ p	24. 4			43 $\frac{3}{8}$ p
20.12			50 $\frac{15}{16}$ p	24. 6			43 p
20.14			50 $\frac{3}{4}$ m	24. 8			43 p
20.16			50 $\frac{1}{2}$ m	24.10			42 $\frac{7}{8}$ m
20.18			50 $\frac{1}{4}$ m	24.12			42 $\frac{11}{16}$ m
21.			50 m	24.14			42 $\frac{1}{2}$ p

Tome II.

COMBINAISON GENERALE

PARIS, L'ESPAGNE, AMSTERDAM.

Paris sur l'Espag.	Amster. sur Madrid.	Amster. sur Cadix.	Rend à Amster.	Paris sur l'Espag.	Amster. sur Madrid.	Amster. sur Cadix.	Rend à Amster.
10·	· 96 $\frac{3}{4}$	· 120 $\frac{15}{16}$	· 105 $\frac{1}{4}$ P	13·14	· 96 $\frac{3}{4}$	· 120 $\frac{15}{16}$	· 76 $\frac{13}{16}$ P
10· 2			104 $\frac{1}{4}$ m	13·16			76 $\frac{1}{4}$ P
10· 4			103 $\frac{3}{16}$ P	13·18			75 $\frac{3}{4}$ m
10· 6			102 $\frac{3}{16}$ P	14·			75 $\frac{1}{16}$ P
10· 8			101 $\frac{3}{16}$ P	14· 2			74 $\frac{5}{8}$ P
10·10			100 $\frac{1}{4}$ P	14· 4			74 $\frac{1}{9}$ P
10·12			99 $\frac{5}{16}$ m	14· 6			73 $\frac{1}{4}$ m
10·14			98 $\frac{3}{8}$ P	14· 8			73 $\frac{1}{2}$ m
10·16			97 $\frac{7}{16}$ P	14·10			72 $\frac{7}{8}$ m
10·18			96 $\frac{9}{16}$ P	14·12			72 $\frac{3}{8}$ m
11·			95 $\frac{11}{16}$ P	14·14			71 $\frac{7}{8}$ m
11· 2			94 $\frac{13}{16}$ P	14·16			71 $\frac{3}{8}$ m
11· 4			94 m	14·18			70 $\frac{7}{8}$ P
11· 6			93 $\frac{1}{8}$ P	15·			70 $\frac{7}{16}$ m
11· 8			92 $\frac{5}{16}$ P	15· 2			69 $\frac{11}{16}$ P
11·10			91 $\frac{9}{16}$ m	15· 4			69 $\frac{1}{4}$ P
11·12			90 $\frac{5}{4}$ m	15· 6			68 $\frac{13}{16}$ m
11·14			90 m	15· 8			68 $\frac{3}{8}$ m
11·16			89 $\frac{3}{16}$ P	15·10			67 $\frac{15}{16}$ m
11·18			88 $\frac{7}{16}$ P	15·12			67 $\frac{1}{2}$ m
12·			87 $\frac{3}{4}$ m	15·14			67 $\frac{1}{16}$ m
12· 2			87 m	15·16			66 $\frac{1}{2}$ m
12· 4			86 $\frac{5}{16}$ m	15·18			66 $\frac{1}{16}$ P
12· 6			85 $\frac{9}{16}$ P	16·			65 $\frac{13}{16}$ P
12· 8			84 $\frac{7}{8}$ P	16· 2			65 $\frac{3}{8}$ P
12·10			84 $\frac{3}{16}$ P	16· 4			65 m
12·12			83 $\frac{9}{16}$ m	16· 6			64 $\frac{9}{16}$ P
12·14			82 $\frac{7}{8}$ P	16· 8			64 $\frac{3}{8}$ m
12·16			82 $\frac{1}{4}$ m	16·10			63 $\frac{13}{16}$ m
12·18			81 $\frac{5}{8}$ m	16·12			63 $\frac{7}{16}$ m
13·			81 m	16·14			63 $\frac{1}{16}$ m
13· 2			80 $\frac{3}{8}$ m	16·16			62 $\frac{11}{16}$ m
13· 4			79 $\frac{3}{4}$ m	16·18			62 $\frac{1}{16}$ m
13· 6			79 $\frac{1}{8}$ P	17·			61 $\frac{11}{16}$ m
13· 8			78 $\frac{9}{16}$ m	17· 2			61 $\frac{5}{16}$ P
13·10			78 m	17· 4			61 $\frac{7}{16}$ P
13·12			77 $\frac{3}{8}$ P	17· 6			60 $\frac{7}{8}$

DES CHANGES.

PARIS, L'ESPAGNE, AMSTERDAM.

Paris sur l'Espag.	Amster. sur Madrid.	Amster. sur Cadix.	Rend à Amster.	Paris sur l'Espag.	Amster. sur Madrid.	Amster. sur Cadix.	Rend à Amster.
17. 8	$96\frac{3}{4}$	$120\frac{15}{16}$	$60\frac{1}{2}$ m	21. 2	$96\frac{3}{4}$	$120\frac{15}{16}$	$49\frac{7}{8}$ p
17.10			$60\frac{3}{8}$ p	21. 4			$49\frac{1}{2}$ p
17.12			$59\frac{13}{16}$ m	21. 6			$49\frac{7}{16}$ m
17.14			$59\frac{1}{2}$ m	21. 8			$49\frac{3}{8}$ p
17.16			$59\frac{1}{8}$ p	21.10			$48\frac{11}{16}$ p
17.18			$58\frac{13}{16}$ m	21.12			$48\frac{3}{4}$ m
18.			$58\frac{1}{2}$ m	21.14			$48\frac{1}{2}$ p
18. 2			$58\frac{3}{16}$ m	21.16			$48\frac{5}{16}$ m
18. 4			$57\frac{13}{16}$ p	21.18			$48\frac{1}{16}$ p
18. 6			$57\frac{1}{2}$ p	22.			$47\frac{7}{8}$ m
18. 8			$57\frac{1}{16}$ p	22. 2			$47\frac{7}{8}$ p
18.10			$56\frac{7}{8}$ p	22. 4			$47\frac{7}{16}$ p
18.12			$56\frac{9}{16}$ p	22. 6			$47\frac{3}{16}$ p
18.14			$56\frac{1}{16}$ m	22. 8			47 m
18.16			56 m	22.10			$46\frac{13}{16}$ m
18.18			$55\frac{11}{16}$ p	22.12			$46\frac{9}{16}$ p
19.			$55\frac{3}{8}$ p	22.14			$46\frac{3}{8}$ m
19. 2			$55\frac{1}{8}$ m	22.16			$46\frac{1}{16}$ m
19. 4			$54\frac{13}{16}$ p	22.18			$45\frac{11}{16}$ p
19. 6			$54\frac{7}{16}$ m	23.			$45\frac{1}{2}$ p
19. 8			$54\frac{1}{4}$ p	23. 2			$45\frac{9}{16}$ p
19.10			54 m	23. 4			$45\frac{1}{2}$ m
19.12			$53\frac{11}{16}$ p	23. 6			$45\frac{3}{16}$ m
19.14			$53\frac{7}{16}$ m	23. 8			45 m
19.16			$53\frac{3}{16}$ m	23.10			$44\frac{13}{16}$ m
19.18			$52\frac{7}{8}$ p	23.12			$44\frac{1}{2}$ m
20.			$52\frac{5}{8}$ p	23.14			$44\frac{1}{16}$ m
20. 2			$52\frac{3}{8}$ m	23.16			$44\frac{1}{4}$ m
20. 4			$52\frac{1}{8}$ m	23.18			$44\frac{1}{16}$ m
20. 6			$51\frac{7}{8}$ m	24.			$43\frac{7}{8}$ m
20. 8			$51\frac{5}{8}$ m	24. 2			$43\frac{11}{16}$ m
20.10			$51\frac{3}{8}$ m	24. 4			$43\frac{1}{2}$ m
20.12			$51\frac{1}{8}$ m	24. 6			$43\frac{1}{16}$ p
20.14			$50\frac{7}{8}$ m	24. 8			43 p
20.16			$50\frac{5}{8}$ m	24.10			$42\frac{15}{16}$ p
20.18			$50\frac{3}{8}$ m	24.12			$42\frac{13}{16}$ p
21.			$50\frac{1}{8}$ p	24.14			$42\frac{1}{8}$ m

COMBINAISON GENERALE

PARIS, L'ESPAGNE, AMSTERDAM.

Paris sur l'Espag.	Amster. sur Madrid.	Amster. sur Cadix.	Rend à Amster.	Paris sur l'Espag.	Amster. sur Madrid.	Amster. sur Cadix.	Rend à Amster.
10·	97	121 $\frac{1}{4}$	105 $\frac{9}{16}$ m	13·14	97	121 $\frac{1}{4}$	77 $\frac{1}{16}$ m
10· 2			104 $\frac{1}{2}$ m	13·16			76 $\frac{1}{2}$ m
10· 4			103 $\frac{7}{16}$ p	13·18			75 $\frac{11}{16}$ m
10· 6			102 $\frac{7}{16}$ p	14·			75 $\frac{3}{8}$ p
10· 8			101 $\frac{1}{2}$ m	14· 2			74 $\frac{5}{8}$ p
10·10			100 $\frac{1}{2}$ p	14· 4			74 $\frac{1}{16}$ p
10·12			99 $\frac{9}{16}$ m	14· 6			73 $\frac{13}{16}$ m
10·14			98 $\frac{5}{8}$ p	14· 8			73 $\frac{1}{8}$ m
10·16			97 $\frac{11}{16}$ p	14·10			72 $\frac{13}{16}$ m
10·18			96 $\frac{13}{16}$ p	14·12			72 $\frac{1}{16}$ m
11·			95 $\frac{15}{16}$ p	14·14			71 $\frac{13}{16}$ m
11· 2			95 $\frac{1}{16}$ p	14·16			71 $\frac{1}{16}$ m
11· 4			94 $\frac{1}{4}$ m	14·18			70 $\frac{13}{16}$ p
11· 6			93 $\frac{3}{8}$ p	15·			70 $\frac{3}{8}$ m
11· 8			92 $\frac{9}{16}$ p	15· 2			69 $\frac{3}{8}$ p
11·10			91 $\frac{3}{4}$ p	15· 4			69 $\frac{1}{16}$ p
11·12			91 m	15· 6			69 m
11·14			90 $\frac{3}{16}$ p	15· 8			68 $\frac{1}{16}$ p
11·16			89 $\frac{7}{16}$ m	15·10			68 $\frac{1}{16}$ p
11·18			88 $\frac{11}{16}$ m	15·12			67 $\frac{5}{8}$ p
12·			87 $\frac{15}{16}$ p	15·14			67 $\frac{1}{4}$ m
12· 2			87 $\frac{1}{4}$ m	15·16			66 $\frac{13}{16}$ m
12· 4			86 $\frac{1}{2}$ p	15·18			66 $\frac{3}{8}$ m
12· 6			85 $\frac{13}{16}$ m	16·			65 $\frac{1}{2}$ p
12· 8			85 $\frac{1}{8}$ m	16· 2			65 $\frac{1}{16}$ m
12·10			84 $\frac{7}{16}$ m	16· 4			65 $\frac{1}{8}$ p
12·12			83 $\frac{3}{4}$ p	16· 6			64 $\frac{3}{4}$ m
12·14			83 $\frac{1}{8}$ m	16· 8			64 $\frac{3}{8}$ m
12·16			82 $\frac{7}{16}$ p	16·10			63 $\frac{15}{16}$ p
12·18			81 $\frac{11}{16}$ m	16·12			63 $\frac{9}{16}$ p
13·			81 $\frac{3}{16}$ m	16·14			63 $\frac{3}{16}$ p
13· 2			80 $\frac{9}{16}$ m	16·16			62 $\frac{13}{16}$ p
13· 4			79 $\frac{15}{16}$ p	16·18			62 $\frac{7}{16}$ p
13· 6			79 $\frac{3}{8}$ m	17·			62 $\frac{1}{16}$ p
13· 8			78 $\frac{3}{4}$ p	17· 2			61 $\frac{11}{16}$ p
13·10			78 $\frac{3}{16}$ m	17· 4			61 $\frac{1}{8}$ m
13·12			77 $\frac{1}{2}$ m	17· 6			61 p

DES CHANGES.

PARIS, L'ESPAGNE, AMSTERDAM.

Paris sur l'Espag.	Amster. sur Madrid.	Amster. sur Cadix.	Rend à Amster.	Paris sur l'Espag.	Amster. sur Madrid.	Amster. sur Cadix.	Rend à Amster.
17. 8	97	121 $\frac{1}{4}$	60 $\frac{5}{8}$ p	21. 2	97	121 $\frac{1}{4}$	50 p
17.10			60 $\frac{1}{16}$ m	21. 4			49 $\frac{3}{4}$ p
17.12			59 $\frac{11}{16}$ p	21. 6			49 $\frac{9}{16}$ m
17.14			59 $\frac{1}{2}$ m	21. 8			49 $\frac{5}{16}$ p
17.16			59 $\frac{3}{16}$ m	21.10			49 $\frac{1}{8}$ p
17.18			58 $\frac{13}{16}$ p	21.12			48 $\frac{7}{8}$ m
18.			58 $\frac{5}{8}$ p	21.14			48 $\frac{1}{2}$ p
18. 2			58 $\frac{5}{16}$ m	21.16			48 $\frac{7}{16}$ m
18. 4			58 m	21.18			48 $\frac{3}{16}$ p
18. 6			57 $\frac{11}{16}$ m	22.			48 m
18. 8			57 $\frac{3}{8}$ m	22. 2			47 $\frac{3}{4}$ p
18.10			57 $\frac{1}{16}$ m	22. 4			47 $\frac{9}{16}$ p
18.12			56 $\frac{3}{4}$ m	22. 6			47 $\frac{5}{16}$ m
18.14			56 $\frac{7}{16}$ m	22. 8			47 $\frac{1}{8}$ m
18.16			56 $\frac{1}{8}$ p	22.10			46 $\frac{7}{8}$ p
18.18			55 $\frac{13}{16}$ p	22.12			46 $\frac{11}{16}$ p
19.			55 $\frac{9}{16}$ m	22.14			46 $\frac{1}{2}$ m
19. 2			55 $\frac{1}{4}$ p	22.16			46 $\frac{5}{16}$ m
19. 4			54 $\frac{15}{16}$ p	22.18			46 $\frac{1}{16}$ p
19. 6			54 $\frac{11}{16}$ m	23.			45 $\frac{7}{8}$ p
19. 8			54 $\frac{3}{8}$ p	23. 2			45 $\frac{11}{16}$ m
19.10			54 $\frac{1}{8}$ p	23. 4			45 $\frac{1}{2}$ m
19.12			53 $\frac{7}{8}$ m	23. 6			45 $\frac{5}{16}$ m
19.14			53 $\frac{9}{16}$ p	23. 8			45 $\frac{1}{8}$ p
19.16			53 $\frac{5}{16}$ m	23.10			44 $\frac{15}{16}$ m
19.18			53 $\frac{1}{16}$ m	23.12			44 $\frac{11}{16}$ p
20.			52 $\frac{3}{4}$ p	23.14			44 $\frac{1}{2}$ p
20. 2			52 $\frac{1}{2}$ p	23.16			44 $\frac{5}{16}$ p
20. 4			52 $\frac{1}{4}$ m	23.18			44 $\frac{3}{16}$ p
20. 6			52 m	24.			44 m
20. 8			51 $\frac{3}{4}$ m	24. 2			43 $\frac{13}{16}$ m
20.10			51 $\frac{1}{2}$ m	24. 4			43 $\frac{5}{8}$ m
20.12			51 $\frac{1}{4}$ m	24. 6			43 $\frac{7}{16}$ m
20.14			51 m	24. 8			43 $\frac{1}{4}$ p
20.16			50 $\frac{3}{4}$ m	24.10			43 $\frac{1}{16}$ p
20.18			50 $\frac{1}{2}$ m	24.12			42 $\frac{7}{8}$ p
21.			50 $\frac{1}{4}$ p	24.14			42 $\frac{3}{4}$ m

PARIS, L'ESPAGNE, AMSTERDAM.

Paris sur l'Espag.	Amster. sur Madrid.	Amster. sur Cadix.	Rend à Amster.	Paris sur l'Espag.	Amster. sur Madrid.	Amster. sur Cadix.	Rend à Amster.
10·	97 $\frac{1}{4}$	121 $\frac{9}{16}$	105 $\frac{13}{16}$ m	13·14	97 $\frac{1}{4}$	121 $\frac{9}{16}$	77 $\frac{1}{4}$ m
10· 2			104 $\frac{2}{4}$ p	13·16			76 $\frac{11}{16}$ m
10· 4			103 $\frac{2}{4}$ m	13·18			76 $\frac{1}{8}$ m
10· 6			102 $\frac{3}{4}$ m	14·			75 $\frac{9}{16}$ p
10· 8			101 $\frac{3}{4}$ m	14· 2			75 $\frac{1}{16}$ m
10·10			100 $\frac{3}{4}$ p	14· 4			74 $\frac{1}{2}$ p
10·12			99 $\frac{13}{16}$ p	14· 6			74 m
10·14			98 $\frac{7}{8}$ p	14· 8			73 $\frac{1}{2}$ m
10·16			98 m	14·10			73 m
10·18			97 $\frac{1}{16}$ p	14·12			72 $\frac{1}{2}$ m
11·			96 $\frac{2}{16}$ p	14·14			72 m
11· 2			95 $\frac{1}{16}$ p	14·16			71 $\frac{1}{2}$ m
11· 4			94 $\frac{1}{2}$ m	14·18			71 p
11· 6			93 $\frac{3}{8}$ p	15·			70 $\frac{9}{16}$ m
11· 8			92 $\frac{13}{16}$ p	15· 2			70 $\frac{1}{16}$ p
11·10			92 p	15· 4			69 $\frac{1}{2}$ m
11·12			91 $\frac{3}{16}$ p	15· 6			69 $\frac{1}{8}$ p
11·14			90 $\frac{7}{16}$ m	15· 8			68 $\frac{11}{16}$ p
11·16			89 $\frac{11}{16}$ m	15·19			68 $\frac{1}{4}$ p
11·18			88 $\frac{15}{16}$ m	15·12			67 $\frac{13}{16}$ p
12·			88 $\frac{3}{16}$ m	15·14			67 $\frac{3}{8}$ p
12· 2			87 $\frac{7}{16}$ p	15·16			66 $\frac{15}{16}$ p
12· 4			86 $\frac{3}{4}$ m	15·18			66 $\frac{9}{16}$ m
12· 6			86 p	16·			66 $\frac{1}{8}$ p
12· 8			85 $\frac{5}{16}$ p	16· 2			65 $\frac{3}{4}$ m
12·10			84 $\frac{5}{8}$ p	16· 4			65 $\frac{1}{16}$ p
12·12			84 m	16· 6			64 $\frac{15}{16}$ m
12·14			83 $\frac{5}{16}$ p	16· 8			64 $\frac{1}{2}$ p
12·16			82 $\frac{11}{16}$ m	16·10			64 $\frac{3}{8}$ p
12·18			82 p	16·12			63 $\frac{3}{4}$ m
13·			81 $\frac{3}{8}$ p	16·14			63 $\frac{3}{8}$ m
13· 2			80 $\frac{3}{4}$ p	16·16			63 m
13· 4			80 $\frac{2}{16}$ m	16·18			62 $\frac{5}{8}$ m
13· 6			79 $\frac{9}{16}$ m	17·			62 $\frac{1}{4}$ m
13· 8			78 $\frac{15}{16}$ p	17· 2			61 $\frac{7}{8}$ p
13·10			78 $\frac{5}{8}$ p	17· 4			61 $\frac{1}{2}$ p
13·12			77 $\frac{13}{16}$ m	17· 6			61 $\frac{3}{16}$ m

DES CHANGES.

PARIS, L'ESPAGNE, AMSTERDAM.

Paris sur l'Espag.	Amster. sur Madrid.	Amster. sur Cadix.	Rend à Amster.	Paris sur l'Espag.	Amster. sur Madrid.	Amster. sur Cadix.	Rend à Amster.
17 . 8	97 $\frac{1}{4}$.	121 $\frac{9}{16}$.	60 $\frac{13}{16}$ m	21 . 2	97 $\frac{1}{4}$.	121 $\frac{9}{16}$.	50 $\frac{7}{8}$ p
17 . 10	....	....	60 $\frac{7}{16}$ p	21 . 4	....	....	49 $\frac{13}{16}$ m
17 . 12	....	....	60 $\frac{1}{8}$ m	21 . 6	....	....	49 $\frac{11}{16}$ m
17 . 14	....	....	59 $\frac{3}{4}$ p	21 . 8	....	....	49 $\frac{7}{16}$ p
17 . 16	....	....	59 $\frac{7}{16}$ p	21 . 10	....	....	49 $\frac{3}{16}$ p
17 . 18	....	....	59 $\frac{1}{8}$ m	21 . 12	....	....	49 m
18 .	....	....	58 $\frac{13}{16}$ m	21 . 14	....	....	48 $\frac{3}{4}$ p
18 . 2	....	....	58 $\frac{7}{16}$ p	21 . 16	....	....	48 $\frac{9}{16}$ m
18 . 4	....	....	58 $\frac{1}{8}$ p	21 . 18	....	....	48 $\frac{5}{16}$ p
18 . 6	....	....	57 $\frac{13}{16}$ p	22 .	....	....	48 $\frac{1}{8}$ m
18 . 8	....	....	57 $\frac{1}{2}$ p	22 . 2	....	....	47 $\frac{7}{8}$ p
18 . 10	....	....	57 $\frac{3}{16}$ p	22 . 4	....	....	47 $\frac{11}{16}$ m
18 . 12	....	....	56 $\frac{7}{8}$ p	22 . 6	....	....	47 $\frac{7}{16}$ p
18 . 14	....	....	56 $\frac{9}{16}$ p	22 . 8	....	....	47 $\frac{1}{4}$ m
18 . 16	....	....	56 $\frac{1}{4}$ p	22 . 10	....	....	47 p
18 . 18	....	....	56 m	22 . 12	....	....	46 $\frac{13}{16}$ p
19 .	....	....	55 $\frac{11}{16}$ p	22 . 14	....	....	46 $\frac{5}{8}$ m
19 . 2	....	....	55 $\frac{3}{8}$ p	22 . 16	....	....	46 $\frac{7}{16}$ m
19 . 4	....	....	55 $\frac{1}{8}$ m	22 . 18	....	....	46 $\frac{3}{16}$ p
19 . 6	....	....	54 $\frac{13}{16}$ p	23 .	....	....	46 p
19 . 8	....	....	54 $\frac{9}{16}$ m	23 . 2	....	....	45 $\frac{13}{16}$ m
19 . 10	....	....	54 $\frac{1}{4}$ p	23 . 4	....	....	45 $\frac{5}{8}$ m
19 . 12	....	....	54 m	23 . 6	....	....	45 $\frac{7}{16}$ m
19 . 14	....	....	53 $\frac{11}{16}$ p	23 . 8	....	....	45 $\frac{3}{16}$ p
19 . 16	....	....	53 $\frac{7}{16}$ p	23 . 10	....	....	45 p
19 . 18	....	....	53 $\frac{3}{16}$ m	23 . 12	....	....	44 $\frac{13}{16}$ p
20 .	....	....	52 $\frac{7}{8}$ p	23 . 14	....	....	44 $\frac{5}{8}$ m
20 . 2	....	....	52 $\frac{5}{8}$ p	23 . 16	....	....	44 $\frac{7}{16}$ p
20 . 4	....	....	52 $\frac{3}{8}$ p	23 . 18	....	....	44 $\frac{1}{4}$ p
20 . 6	....	....	52 $\frac{1}{8}$ m	24 .	....	....	44 $\frac{1}{16}$ p
20 . 8	....	....	51 $\frac{7}{8}$ m	24 . 2	....	....	43 $\frac{7}{8}$ p
20 . 10	....	....	51 $\frac{5}{8}$ m	24 . 4	....	....	43 $\frac{3}{4}$ m
20 . 12	....	....	51 $\frac{3}{8}$ m	24 . 6	....	....	43 $\frac{9}{16}$ m
20 . 14	....	....	51 $\frac{1}{8}$ m	24 . 8	....	....	43 $\frac{3}{8}$ m
20 . 16	....	....	50 $\frac{7}{8}$ m	24 . 10	....	....	43 $\frac{3}{16}$ m
20 . 18	....	....	50 $\frac{5}{8}$ p	24 . 12	....	....	43 p
21 .	....	....	50 $\frac{3}{8}$ p	24 . 14	....	....	42 $\frac{13}{16}$ p

COMBINAISON GENERALE

PARIS, L'ESPAGNE, AMSTERDAM.

Paris sur l'Espag.	Amster. sur Madrid.	Amster. sur Cadix.	Rend à Amster.	Paris sur l'Espag.	Amster. sur Madrid.	Amster. sur Cadix.	Rend à Amster.
10·	$97\frac{1}{2}$	$121\frac{7}{8}$	$106\frac{1}{16}$ p	13·14	$97\frac{1}{2}$	$121\frac{7}{8}$	$77\frac{7}{16}$ m
10· 2	....	....	105 p	13·16	....	....	$76\frac{7}{8}$ m
10· 4	....	....	104	13·18	....	....	$76\frac{5}{16}$ p
10· 6	....	....	103 m	14·	....	....	$75\frac{3}{4}$ p
10· 8	....	....	102	14· 2	....	....	$75\frac{1}{4}$ p
10·10	....	....	101 p	14· 4	....	....	$74\frac{11}{16}$ p
10·12	....	....	$100\frac{1}{16}$ p	14· 6	....	....	$74\frac{3}{16}$ p
10·14	....	....	$99\frac{1}{8}$ p	14· 8	....	....	$73\frac{11}{16}$ m
10·16	....	....	$98\frac{1}{4}$ m	14·10	....	....	$73\frac{3}{16}$ m
10·18	....	....	$97\frac{5}{16}$ p	14·12	....	....	$72\frac{11}{16}$ p
11·	....	....	$96\frac{7}{16}$ m	14·14	....	....	$72\frac{5}{16}$ p
11· 2	....	....	$95\frac{9}{16}$ p	14·16	....	....	$71\frac{11}{16}$ p
11· 4	....	....	$94\frac{11}{16}$ p	14·18	....	....	$71\frac{5}{16}$ p
11· 6	....	....	$93\frac{7}{8}$ p	15·	....	....	$70\frac{3}{4}$ m
11· 8	....	....	$93\frac{1}{16}$ m	15· 2	....	....	$70\frac{1}{4}$ p
11·10	....	....	$92\frac{1}{4}$ m	15· 4	....	....	$69\frac{13}{16}$ p
11·12	....	....	$91\frac{7}{16}$ p	15· 6	....	....	$69\frac{5}{16}$ p
11·14	....	....	$90\frac{11}{16}$ m	15· 8	....	....	$68\frac{7}{8}$ p
11·16	....	....	$89\frac{7}{8}$ p	15·10	....	....	$68\frac{3}{16}$ p
11·18	....	....	$89\frac{1}{8}$ p	15 12	....	....	68
12·	....	....	$88\frac{3}{8}$ p	15·14	....	....	$67\frac{9}{16}$ p
12· 2	....	....	$87\frac{11}{16}$ m	15·16	....	....	$67\frac{1}{8}$ p
12· 4	....	....	$86\frac{15}{16}$ p	15·18	....	....	$66\frac{11}{16}$ p
12· 6	....	....	$86\frac{1}{4}$ m	16·	....	....	$66\frac{1}{4}$ p
12· 8	....	....	$85\frac{9}{16}$ m	16· 2	....	....	$65\frac{7}{8}$ p
12·10	....	....	$84\frac{7}{8}$ m	16· 4	....	....	$65\frac{1}{2}$ p
12·12	....	....	$84\frac{3}{16}$ p	16· 6	....	....	$65\frac{1}{16}$ p
12·14	....	....	$83\frac{1}{2}$ p	16· 8	....	....	$64\frac{11}{16}$ m
12·16	....	....	$82\frac{7}{8}$	16·10	....	....	$64\frac{5}{16}$ m
12·18	....	....	$82\frac{1}{4}$ m	16·12	....	....	$63\frac{7}{8}$ p
13·	....	....	$81\frac{5}{8}$ m	16·14	....	....	$63\frac{1}{2}$ p
13· 2	....	....	81 m	16·16	....	....	$63\frac{1}{8}$ p
13· 4	....	....	$80\frac{3}{8}$ m	16·18	....	....	$62\frac{3}{4}$ p
13· 6	....	....	$79\frac{3}{4}$ p	17·	....	....	$62\frac{3}{8}$ p
13· 8	....	....	$79\frac{3}{16}$ m	17· 2	....	....	$62\frac{1}{16}$ p
13·10	....	....	$78\frac{9}{16}$ p	17· 4	....	....	$61\frac{11}{16}$ m
13·12	....	....	78	17· 6	....	....	$61\frac{5}{16}$ p

PARIS, L'ESPAGNE, AMSTERDAM.

Paris. fur l'Efpag.	Amfter. fur Madrid.	Amfter. fur Cadix.	Rend à Amfter.	Paris fur l'Efpag.	Amfter. fur Madrid.	Amfter. fur Cadix.	Rend à Amfter.
17· 8	97 1/2	121 7/8	60 15/16 p	21· 2	97 1/2	121 7/8	50 1/4 p
17·10			60 5/8 m	21· 4			50 1/16 m
17·12			60 1/4 p	21· 6			49 13/16 m
17·14			59 15/16 m	21· 8			49 9/16 p
17·16			59 5/8 m	21·10			49 5/16 p
17·18			59 1/4 p	21·12			49 1/8 m
18·			58 15/16 m	21·14			48 7/8 p
18· 2			58 5/8 m	21·16			48 11/16 m
18· 4			58 5/16 m	21·18			48 7/16 p
18· 6			57 15/16 p	22·			48 3/16 p
18· 8			57 5/8 p	22· 2			48
18·10			57 5/16 p	22· 4			47 13/16 m
18·12			57 1/16 m	22· 6			47 9/16 p
18·14			56 3/4 m	22· 8			47 3/8 m
18·16			56 7/16 m	22·10			47 1/8 p
18·18			56 1/8 p	22·12			46 15/16 p
19·			55 13/16 p	22·14			46 3/4 m
19· 2			55 9/16 m	22·16			46 1/2 p
19· 4			55 1/4	22·18			46 5/16 p
19· 6			54 15/16 p	23·			46 1/8 m
19· 8			54 11/16 m	23· 2			45 15/16 m
19·10			54 3/8 p	23· 4			45 3/4 m
19·12			54 1/8 m	23· 6			45 1/2 p
19·14			53 7/8 m	23· 8			45 5/16 p
19·16			53 9/16 p	23·10			45 1/8 p
19·18			53 5/16 m	23·12			44 15/16 p
20·			53 1/16 m	23·14			44 3/4 p
20· 2			52 3/4 p	23·16			44 9/16 p
20· 4			52 1/2 p	23·18			44 3/8 p
20· 6			52 1/4 p	24·			44 3/16 p
20· 8			52	24· 2			44 p
20·10			51 3/4 m	24· 4			43 13/16 p
20·12			51 1/2 m	24· 6			43 5/8 p
20·14			51 1/4 m	24· 8			43 1/2 m
20·16			51	24·10			43 5/16 m
20·18			50 3/4 p	24·12			43 1/8 m
21·			50 1/2 p	24·14			42 15/16 p.

COMBINAISON GENERALE

PARIS, L'ESPAGNE, AMSTERDAM.

Paris sur l'Espag.	Amster. sur Madrid.	Amster. sur Cadix.	Rend à Amster.	Paris sur l'Espag.	Amster. sur Madrid.	Amster. sur Cadix.	Rend à Amster.
10·	· 97¾	· 122 3/16	· 106 3/8 m	13·14	· 97¾	· 122 3/16	77 5/8 p
10· 2			105 5/16 m	13·16			77 1/16 p
10· 4			104 1/4 p	13·18			76 1/2 p
10· 6			103 1/4 p	14·			75 15/16 m
10· 8			102 1/4 p	14· 2			75 7/16 m
10·10			101 5/16 m	14· 4			74 7/8 m
10·12			100 5/16 m	14· 6			74 3/8 m
10·14			99 3/8 p	14· 8			73 7/8 m
10·16			98 1/2 m	14·10			73 3/8 m
10·18			97 9/16 p	14·12			72 1/2 m
11·			96 1/16 m	14·14			72 3/8 m
11· 2			95 5/16 p	14·16			71 1/2 p
11· 4			94 15/16 p	14·18			71 p
11· 6			94 1/8 m	15·			70 1/2 p
11· 8			93 5/16 m	15· 2			70 1/16 m
11·10			92 1/2 m	15· 4			69 5/16 m
11·12			91 1/16 m	15· 6			69 1/2 p
11·14			90 7/8 p	15· 8			69 1/16 m
11·16			90 1/8 p	15·10			68 7/8 m
11·18			89 3/8 m	15·12			68 3/16 m
12·			88 5/8 p	15·14			67 3/4 m
12· 2			87 7/8 p	15·16			67 5/16 p
12· 4			87 3/16 m	15·18			66 7/8 p
12· 6			86 7/16 p	16·			66 1/2 p
12· 8			85 3/4 p	16· 2			66 1/16 m
12·10			85 1/16 p	16· 4			65 5/8 p
12·12			84 7/16 m	16· 6			65 1/4 p
12·14			83 3/4 m	16· 8			64 7/8 m
12·16			83 1/16 m	16·10			64 7/16 m
12·18			82 7/16 p	16·12			64 1/16 m
13·			81 13/16 m	16·14			63 11/16 m
13· 2			81 3/16 m	16·16			63 1/16 m
13· 4			80 9/16 p	16·18			62 11/16 m
13· 6			79 15/16 p	17·			62 5/16 m
13· 8			79 3/8 m	17· 2			62 1/16 p
13·10			78 3/4 p	17· 4			61 13/16 p
13·12			78 3/16 p	17· 6			61 1/2 m

DES CHANGES. 187

PARIS, L'ESPAGNE, AMSTERDAM.

Paris sur l'Espag.	Amster. sur Madrid.	Amster. sur Cadix.	Rend à Amster.	Paris sur l'Espag.	Amster. sur Madrid.	Amster. sur Cadix.	Rend à Amster.
17 . 8	97 $\frac{3}{4}$	122 $\frac{3}{16}$	61 $\frac{1}{8}$ m	21 . 2	97 $\frac{3}{4}$	122 $\frac{3}{16}$	50 $\frac{3}{8}$ p
17 . 10			60 $\frac{5}{8}$ p	21 . 4			50 $\frac{3}{16}$ m
17 . 12			60 $\frac{7}{16}$ m	21 . 6			49 $\frac{15}{16}$ m
17 . 14			60 $\frac{1}{16}$ p	21 . 8			49 $\frac{11}{16}$ p
17 . 16			59 $\frac{3}{4}$ m	21 . 10			49 $\frac{7}{16}$ p
17 . 18			59 $\frac{7}{16}$ m	21 . 12			49 $\frac{1}{4}$ m
18 .			59 $\frac{1}{16}$ p	21 . 14			49 p
18 . 2			58 $\frac{3}{4}$ p	21 . 16			48 $\frac{13}{16}$ m
18 . 4			58 $\frac{7}{16}$ m	21 . 18			48 $\frac{9}{16}$ p
18 . 6			58 $\frac{1}{8}$ m	22 .			48 $\frac{5}{16}$ p
18 . 8			57 $\frac{13}{16}$ m	22 . 2			48 $\frac{1}{8}$ m
18 . 10			57 $\frac{1}{2}$ m	22 . 4			47 $\frac{15}{16}$ m
18 . 12			57 $\frac{3}{16}$ m	22 . 6			47 $\frac{11}{16}$ p
18 . 14			56 $\frac{7}{8}$ m	22 . 8			47 $\frac{1}{2}$ m
18 . 16			56 $\frac{9}{16}$ p	22 . 10			47 $\frac{1}{4}$ p
18 . 18			56 $\frac{1}{4}$ p	22 . 12			47 $\frac{1}{16}$ m
19 .			56 m	22 . 14			46 $\frac{7}{8}$ m
19 . 2			55 $\frac{11}{16}$ m	22 . 16			46 $\frac{1}{2}$ p
19 . 4			55 $\frac{3}{8}$ p	22 . 18			46 $\frac{7}{16}$ p
19 . 6			55 $\frac{1}{8}$ m	23 .			46 $\frac{1}{4}$ m
19 . 8			54 $\frac{13}{16}$ p	23 . 2			46 $\frac{1}{16}$ m
19 . 10			54 $\frac{9}{16}$ m	23 . 4			45 $\frac{13}{16}$ p
19 . 12			54 $\frac{1}{4}$ p	23 . 6			45 $\frac{5}{8}$ p
19 . 14			54 m	23 . 8			45 $\frac{7}{16}$ p
19 . 16			53 $\frac{11}{16}$ p	23 . 10			45 $\frac{1}{4}$ p
19 . 18			53 $\frac{7}{16}$ p	23 . 12			45 $\frac{1}{16}$ p
20 .			53 $\frac{3}{16}$ m	23 . 14			44 $\frac{7}{8}$ m
20 . 2			52 $\frac{15}{16}$ m	23 . 16			44 $\frac{11}{16}$ m
20 . 4			52 $\frac{5}{8}$ p	23 . 18			44 $\frac{1}{2}$ p
20 . 6			52 $\frac{3}{8}$ p	24 .			44 $\frac{5}{16}$ p
20 . 8			52 $\frac{1}{8}$ p	24 . 2			44 $\frac{1}{8}$ p
20 . 10			51 $\frac{7}{8}$ p	24 . 4			43 $\frac{15}{16}$ p
20 . 12			51 $\frac{5}{8}$ p	24 . 6			43 $\frac{3}{4}$ p
20 . 14			51 $\frac{3}{8}$ p	24 . 8			43 $\frac{9}{16}$ p
20 . 16			51 $\frac{1}{8}$ p	24 . 10			43 $\frac{7}{16}$ m
20 . 18			50 $\frac{7}{8}$ p	24 . 12			43 $\frac{1}{4}$ m
21 .			50 $\frac{5}{8}$ p	24 . 14			43 $\frac{1}{16}$ m

COMBINAISON GENERALE

PARIS, L'ESPAGNE, AMSTERDAM.

Paris sur l'Espag.	Amster. sur Madrid.	Amster. sur Cadix.	Rend à Amster.	Paris sur l'Espag.	Amster. sur Madrid.	Amster. sur Cadix.	Rend à Amster.
10·	98	122½	106 5/16 m	13·14	98	122½	77 13/16 p
10· 2			105 9/16 p	13·16			77 ¼ p
10· 4			104 9/16 m	13·18			76 11/16 p
10· 6			103 ½ p	14·			76 5/16 m
10· 8			102 ½ p	14· 2			75 5/8 m
10·10			101 9/16 m	14· 4			75 1/16 p
10·12			100 9/16 p	14· 6			74 9/16 m
10·14			99 5/8 p	14· 8			74 1/16 m
10·16			98 ¼ m	14·10			73 5/16 m
10·18			97 13/16 p	14·12			73 p
11·			96 11/16 m	14·14			72 9/16 m
11· 2			96 1/16 m	14·16			72 1/16 m
11· 4			95 3/16 p	14·18			71 9/16 m
11· 6			94 3/8 m	15·			71 1/16 m
11· 8			93 ½ p	15· 2			70 5/8 m
11·10			92 11/16 p	15· 4			70 1/8 p
11·12			91 15/16 m	15· 6			69 11/16 p
11·14			91 ½ p	15· 8			69 ¼ m
11·16			90 3/8 m	15·10			68 13/16 m
11·18			89 ½ m	15·12			68 3/8 p
12·			88 7/8 m	15·14			67 1/16 m
12· 2			88 1/8 m	15·16			67 ½ p
12· 4			87 3/8 p	15·18			67 1/16 p
12· 6			86 11/16 m	16·			66 5/8 m
12· 8			86 m	16· 2			66 ¼ p
12·10			85 5/16 m	16· 4			65 13/16 m
12·12			84 1/8 m	16· 6			65 7/16 m
12·14			83 15/16 p	16· 8			65 p
12·16			83 3/16 m	16·10			64 5/8 m
12·18			82 5/8 p	16·12			64 ¼ p
13·			82 p	16·14			63 7/8 m
13· 2			81 3/8 p	16·16			63 7/16 p
13· 4			80 ¾ p	16·18			63 1/16 p
13· 6			80 3/16 m	17·			62 ¾ m
13· 8			79 9/16 p	17· 2			62 3/8 p
13·10			79 m	17· 4			62 m
13·12			78 3/8 p	17· 6			61 5/8 p

DES CHANGES.

PARIS, L'ESPAGNE, AMSTERDAM.

Paris sur l'Espag.	Amster. sur Madrid.	Amster. sur Cadix.	Rend à Amster.	Paris sur l'Espag.	Amster. sur Madrid.	Amster. sur Cadix.	Rend à Amster.
17. 8	98	122 $\frac{1}{2}$	61 $\frac{1}{4}$ p	21. 2	98	122 $\frac{1}{2}$	50 $\frac{9}{16}$ m
17.10			60 $\frac{15}{16}$ m	21. 4			50 $\frac{5}{16}$ m
17.12			60 $\frac{9}{16}$ p	21. 6			50 $\frac{1}{16}$ m
17.14			60 $\frac{1}{4}$ m	21. 8			49 $\frac{13}{16}$ p
17.16			59 $\frac{7}{8}$ p	21.10			49 $\frac{9}{16}$ p
17.18			59 $\frac{9}{16}$ p	21.12			49 $\frac{3}{8}$ m
18.			59 $\frac{1}{4}$ m	21.14			49 $\frac{1}{8}$ m
18. 2			58 $\frac{15}{16}$ m	21.16			48 $\frac{15}{16}$ m
18. 4			58 $\frac{9}{16}$ p	21.18			48 $\frac{11}{16}$ m
18. 6			58 $\frac{1}{4}$ p	22.			48 $\frac{7}{16}$ p
18. 8			57 $\frac{15}{16}$ p	22. 2			48 $\frac{1}{4}$ m
18.10			57 $\frac{5}{8}$ p	22. 4			48 p
18.12			57 $\frac{5}{16}$ p	22. 6			47 $\frac{13}{16}$ p
18.14			57 p	22. 8			47 $\frac{5}{8}$ m
18.16			56 $\frac{11}{16}$ p	22.10			47 $\frac{3}{8}$ p
18.18			56 $\frac{7}{16}$ m	22.12			47 $\frac{3}{16}$ m
19.			56 $\frac{1}{8}$ m	22.14			47 m
19. 2			55 $\frac{13}{16}$ p	22.16			46 $\frac{3}{4}$ p
19. 4			55 $\frac{9}{16}$ m	22.18			46 $\frac{9}{16}$ m
19. 6			55 $\frac{1}{4}$ m	23.			46 $\frac{3}{8}$ m
19. 8			54 $\frac{15}{16}$ p	23. 2			46 $\frac{3}{16}$ m
19.10			54 $\frac{11}{16}$ m	23. 4			45 $\frac{15}{16}$ p
19.12			54 $\frac{3}{8}$ p	23. 6			45 $\frac{3}{4}$ p
19.14			54 $\frac{1}{8}$ m	23. 8			45 $\frac{9}{16}$ p
19.16			53 $\frac{7}{8}$ m	23.10			45 $\frac{3}{8}$ m
19.18			53 $\frac{9}{16}$ p	23.12			45 $\frac{3}{16}$ m
20.			53 $\frac{5}{16}$ m	23.14			45 m
20. 2			53 $\frac{1}{16}$ m	23.16			44 $\frac{13}{16}$ m
20. 4			52 $\frac{13}{16}$ m	23.18			44 $\frac{5}{8}$ m
20. 6			52 $\frac{1}{2}$ p	24.			44 $\frac{7}{16}$ p
20. 8			52 $\frac{1}{4}$ p	24. 2			44 $\frac{1}{4}$ p
20.10			52 p	24. 4			44 $\frac{1}{16}$ m
20.12			51 $\frac{3}{4}$ p	24. 6			43 $\frac{7}{8}$ p
20.14			51 $\frac{1}{2}$ p	24. 8			43 $\frac{11}{16}$ p
20.16			51 $\frac{1}{4}$ p	24.10			43 $\frac{1}{2}$ p
20.18			51 p	24.12			43 $\frac{5}{16}$ p
21.			50 $\frac{3}{4}$ p	24.14			43 $\frac{3}{16}$ m

COMBINAISON GENERALE

PARIS, L'ESPAGNE, AMSTERDAM.

Paris sur l'Espag.	Amster. sur Madrid.	Amster. sur Cadix.	Rend à Amster.	Paris sur l'Espag.	Amster. sur Madrid.	Amster. sur Cadix.	Rend à Amster.
10·	98 $\frac{1}{4}$	122 $\frac{13}{16}$	106 $\frac{7}{8}$ p	13·14	98 $\frac{1}{4}$	122 $\frac{13}{16}$	78 p
10· 2			105 $\frac{13}{16}$ p	13·16			77 $\frac{7}{16}$ p
10· 4			104 $\frac{13}{16}$ m	13·18			76 $\frac{7}{8}$ p
10· 6			103 $\frac{13}{16}$ m	14·			76 $\frac{3}{8}$ m
10· 8			102 $\frac{13}{16}$ m	14· 2			75 $\frac{13}{16}$ p
10·10			101 $\frac{13}{16}$ m	14· 4			75 $\frac{1}{4}$ p
10·12			100 $\frac{7}{8}$ m	14· 6			74 $\frac{3}{4}$ p
10·14			99 $\frac{7}{8}$ p	14· 8			74 $\frac{1}{4}$ m
10·16			99 m	14·10			73 $\frac{3}{4}$ m
10·18			98 $\frac{1}{16}$ p	14·12			73 $\frac{3}{16}$ p
11·			97 $\frac{3}{16}$ m	14·14			72 $\frac{11}{16}$ p
11· 2			96 $\frac{5}{16}$ m	14·16			72 $\frac{1}{4}$ m
11· 4			95 $\frac{7}{16}$ p	14·18			71 $\frac{3}{4}$ m
11· 6			94 $\frac{5}{8}$ m	15·			71 $\frac{1}{4}$ p
11· 8			93 $\frac{3}{4}$ p	15· 2			70 $\frac{13}{16}$ p
11·10			92 $\frac{15}{16}$ p	15· 4			70 $\frac{5}{16}$ p
11·12			92 $\frac{1}{8}$ p	15· 6			69 $\frac{7}{8}$ p
11·14			91 $\frac{3}{8}$ m	15· 8			69 $\frac{7}{16}$ m
11·16			90 $\frac{9}{16}$ p	15·10			68 $\frac{13}{16}$ p
11·18			89 $\frac{13}{16}$ p	15·12			68 $\frac{1}{2}$ p
12·			89 $\frac{1}{16}$ p	15·14			68 $\frac{1}{16}$ p
12· 2			88 $\frac{3}{8}$ m	15·16			67 $\frac{5}{8}$ p
12· 4			87 $\frac{5}{8}$ m	15·18			67 $\frac{1}{4}$ p
12· 6			86 $\frac{15}{16}$ m	16·			66 $\frac{13}{16}$ m
12· 8			86 $\frac{3}{16}$ p	16· 2			66 $\frac{3}{8}$ p
12·10			85 $\frac{1}{2}$ p	16· 4			66
12·12			84 $\frac{13}{16}$ p	16· 6			65 $\frac{9}{16}$ p
12·14			84 $\frac{3}{4}$ p	16· 8			65 $\frac{3}{16}$ p
12·16			83 $\frac{1}{2}$ p	16·10			64 $\frac{13}{16}$ m
12·18			82 $\frac{7}{8}$ m	16·12			64 $\frac{3}{8}$ p
13·			82 $\frac{1}{4}$ m	16·14			64 p
13· 2			81 $\frac{1}{8}$ m	16·16			63 $\frac{5}{8}$ p
13· 4			81 m	16·18			63 $\frac{1}{4}$ p
13· 6			80 $\frac{3}{8}$ m	17·			62 $\frac{7}{8}$ p
13· 8			79 $\frac{3}{4}$ p	17· 2			62 $\frac{1}{2}$ p
13·10			79 $\frac{3}{16}$ m	17· 4			62 $\frac{1}{8}$ p
13·12			78 $\frac{5}{8}$ m	17· 6			61 $\frac{13}{16}$ m

DES CHANGES.

PARIS, L'ESPAGNE, AMSTERDAM.

Paris sur l'Espag.	Amster. sur Madrid.	Amster. sur Cadix.	Rend à Amster.	Paris sur l'Espag.	Amster. sur Madrid.	Amster. sur Cadix.	Rend à Amster.
17.8	98 $\frac{1}{4}$	122 $\frac{13}{16}$	61 $\frac{7}{16}$ m	21.2	98 $\frac{1}{4}$	122 $\frac{13}{16}$	50 $\frac{11}{16}$ m
17.10			61 $\frac{1}{16}$ p	21.4			50 $\frac{2}{16}$ m
17.12			60 $\frac{3}{4}$ m	21.6			50 $\frac{2}{16}$ p
17.14			60 $\frac{3}{8}$ p	21.8			49 $\frac{13}{16}$ p
17.16			60 $\frac{1}{16}$ m	21.10			49 $\frac{3}{4}$ m
17.18			59 $\frac{11}{16}$ p	21.12			49 $\frac{1}{2}$ m
18.			59 $\frac{3}{8}$ p	21.14			49 $\frac{1}{4}$ p
18. 2			59 $\frac{1}{16}$ m	21.16			49 $\frac{1}{16}$ m
18. 4			58 $\frac{3}{4}$ m	21.18			48 $\frac{13}{16}$ m
18. 6			58 $\frac{7}{16}$ m	22.			48 $\frac{10}{16}$ p
18. 8			58 $\frac{1}{8}$ m	22. 2			48 $\frac{3}{8}$ m
18.10			57 $\frac{13}{16}$ m	22. 4			48 $\frac{1}{8}$ p
18.12			57 $\frac{1}{2}$ m	22. 6			47 $\frac{13}{16}$ m
18.14			57 $\frac{3}{16}$ m	22. 8			47 $\frac{3}{4}$ m
18.16			56 $\frac{7}{8}$ m	22.10			47 $\frac{1}{2}$ p
18.18			56 $\frac{9}{16}$ m	22.12			47 $\frac{1}{16}$ m
19.			56 $\frac{1}{4}$ p	22.14			47 $\frac{1}{16}$ p
19. 2			55 $\frac{15}{16}$ p	22.16			46 $\frac{7}{8}$ p
19. 4			55 $\frac{11}{16}$ m	22.18			46 $\frac{11}{16}$ m
19. 6			55 $\frac{3}{8}$ p	23.			46 $\frac{1}{2}$ m
19. 8			55 $\frac{1}{8}$ m	23. 2			46 $\frac{1}{4}$ p
19.10			54 $\frac{13}{16}$ m	23. 4			46 $\frac{1}{16}$ p
19.12			54 $\frac{9}{16}$ m	23. 6			45 $\frac{7}{8}$ p
19.14			54 $\frac{1}{4}$ p	23. 8			45 $\frac{11}{16}$ m
19.16			54 m	23.10			45 $\frac{1}{2}$ m
19.18			53 $\frac{11}{16}$ p	23.12			45 $\frac{5}{16}$ m
20.			53 $\frac{7}{16}$ p	23.14			45 $\frac{1}{8}$ m
20. 2			53 $\frac{2}{16}$ m	23.16			44 $\frac{15}{16}$ m
20. 4			52 $\frac{13}{16}$ m	23.18			44 $\frac{3}{4}$ m
20. 6			52 $\frac{11}{16}$ m	24.			44 $\frac{9}{16}$ m
20. 8			52 $\frac{3}{8}$ p	24. 2			44 $\frac{3}{8}$ m
20.10			52 $\frac{1}{8}$ p	24. 4			44 $\frac{1}{4}$ m
20.12			51 $\frac{7}{8}$ p	24. 6			44 m
20.14			51 $\frac{5}{8}$ p	24. 8			43 $\frac{13}{16}$ m
20.16			51 $\frac{3}{8}$ p	24.10			43 $\frac{5}{8}$ p
20.18			51 $\frac{1}{8}$ p	24.12			43 $\frac{7}{16}$ p
21.			50 $\frac{7}{8}$ p	24.14			43 $\frac{1}{4}$ p

COMBINAISON GENERALE

Paris, l'Espagne, Amsterdam.

Paris sur l'Espag.	Amster. sur Madrid.	Amster. sur Cadix.	Rend à Amster.	Paris sur l'Espag.	Amster. sur Madrid.	Amster. sur Cadix.	Rend à Amster.
10·	98 $\frac{1}{2}$	123 $\frac{1}{8}$	107 $\frac{3}{16}$ m	13·14	98 $\frac{1}{2}$	123 $\frac{1}{8}$	78 $\frac{1}{4}$ m
10· 2			106 $\frac{1}{8}$ m	13·16			77 $\frac{11}{16}$ m
10· 4			105 $\frac{1}{16}$ p	13·18			77 $\frac{1}{8}$ m
10· 6			104 $\frac{1}{16}$ m	14·			76 $\frac{9}{16}$ m
10· 8			103 $\frac{1}{16}$ m	14· 2			76 p
10·10			102 $\frac{1}{16}$ p	14· 4			75 $\frac{1}{2}$ m
10·12			101 $\frac{1}{8}$ m	14· 6			74 $\frac{15}{16}$ m
10·14			100 $\frac{3}{16}$ m	14· 8			74 $\frac{7}{16}$ m
10·16			99 $\frac{1}{4}$ m	14·10			73 $\frac{13}{16}$ m
10·18			98 $\frac{5}{16}$ p	14·12			73 $\frac{3}{8}$ p
11·			97 $\frac{7}{16}$ m	14·14			72 $\frac{7}{8}$ p
11· 2			96 $\frac{9}{16}$ m	14·16			72 $\frac{7}{16}$ m
11· 4			95 $\frac{11}{16}$ m	14·18			71 $\frac{13}{16}$ m
11· 6			94 $\frac{13}{16}$ p	15·			71 $\frac{7}{16}$ p
11· 8			94 p	15· 2			71 m
11·10			93 $\frac{3}{16}$ p	15· 4			70 $\frac{1}{2}$ m
11·12			92 $\frac{3}{8}$ p	15· 6			70 $\frac{1}{16}$ m
11·14			91 $\frac{1}{16}$ m	15· 8			69 $\frac{9}{16}$ m
11·16			90 $\frac{13}{16}$ p	15·10			69 $\frac{1}{8}$ m
11·18			90 $\frac{1}{16}$ m	15·12			68 $\frac{11}{16}$ p
12·			89 $\frac{5}{16}$ m	15·14			68 $\frac{1}{4}$ p
12· 2			88 $\frac{9}{16}$ p	15·16			67 $\frac{13}{16}$ m
12· 4			87 $\frac{13}{16}$ p	15·18			67 $\frac{3}{8}$ p
12· 6			87 $\frac{3}{2}$ p	16·			67 m
12· 8			86 $\frac{7}{16}$ m	16· 2			66 $\frac{9}{16}$ p
12·10			85 $\frac{3}{4}$ m	16· 4			66 $\frac{1}{16}$ p
12·12			85 $\frac{1}{16}$ m	16· 6			65 $\frac{3}{4}$ m
12·14			84 $\frac{3}{8}$ p	16· 8			65 $\frac{3}{8}$ m
12·16			83 $\frac{3}{4}$ m	16·10			64 $\frac{15}{16}$ m
12·18			83 $\frac{1}{16}$ p	16·12			64 $\frac{9}{16}$ m
13·			82 $\frac{7}{16}$ m	16·14			64 $\frac{3}{16}$ m
13· 2			81 $\frac{13}{16}$ m	16·16			63 $\frac{13}{16}$ m
13· 4			81 $\frac{3}{16}$ m	16·18			63 $\frac{7}{16}$ m
13· 6			80 $\frac{9}{16}$ p	17·			63 $\frac{1}{16}$ m
13· 8			80 m	17· 2			62 $\frac{11}{16}$ m
13·10			79 $\frac{3}{8}$ p	17· 4			62 $\frac{5}{16}$ m
13·12			78 $\frac{13}{16}$ m	17· 6			61 $\frac{15}{16}$ p

DES CHANGES.

PARIS, L'ESPAGNE, AMSTERDAM.

Paris. sur l'Espag.	Amster. sur Madrid.	Amster. sur Cadix.	Rend à Amster.	Paris sur l'Espag.	Amster. sur Madrid.	Amster. sur Cadix.	Rend à Amster.
17. 8	$98\frac{1}{2}$	$123\frac{1}{8}$	$61\frac{9}{16}$ p	21. 2	$98\frac{1}{2}$	$123\frac{1}{8}$	$50\frac{13}{16}$ m
17.10	....	....	$61\frac{1}{4}$ m	21. 4	....	....	$50\frac{9}{16}$ m
17.12	....	....	$60\frac{9}{2}$ p	21. 6	....	....	$50\frac{1}{16}$ p
17.14	....	....	$60\frac{9}{16}$ m	21. 8	....	....	$50\frac{1}{16}$ p
17.16	....	....	$60\frac{3}{16}$ p	21.10	....	....	$49\frac{7}{8}$ m
17.18	....	....	$59\frac{7}{8}$ m	21.12	....	....	$49\frac{1}{16}$ m
18.	....	....	$59\frac{9}{16}$ m	21.14	....	....	$49\frac{3}{8}$ p
18. 2	....	....	$59\frac{3}{16}$ p	21.16	....	....	$49\frac{1}{16}$ m
18. 4	....	....	$58\frac{7}{8}$ p	21.18	....	....	$48\frac{11}{16}$ m
18. 6	....	....	$58\frac{9}{16}$ m	22.	....	....	$48\frac{1}{16}$ p
18. 8	....	....	$58\frac{1}{4}$ m	22. 2	....	....	$48\frac{1}{2}$ m
18.10	....	....	$57\frac{13}{16}$ m	22. 4	....	....	$48\frac{1}{4}$ p
18.12	....	....	$57\frac{3}{8}$ m	22. 6	....	....	$48\frac{1}{16}$ m
18.14	....	....	$57\frac{1}{16}$ m	22. 8	....	....	$47\frac{13}{16}$ p
18.16	....	....	57 p	22.10	....	....	$47\frac{7}{8}$ p
18.18	....	....	$56\frac{11}{16}$ p	22.12	....	....	$47\frac{1}{16}$ m
19.	....	....	$56\frac{3}{8}$ p	22.14	....	....	$47\frac{3}{16}$ p
19. 2	....	....	$56\frac{1}{8}$ m	22.16	....	....	47 p
19. 4	....	....	$55\frac{13}{16}$ p	22.18	....	....	$46\frac{13}{16}$ m
19. 6	....	....	$55\frac{1}{2}$ p	23.	....	....	$46\frac{5}{8}$ m
19. 8	....	....	$55\frac{1}{4}$ m	23. 2	....	....	$46\frac{3}{8}$ p
19.10	....	....	$54\frac{13}{16}$ p	23. 4	....	....	$46\frac{1}{16}$ p
19.12	....	....	$54\frac{11}{16}$ m	23. 6	....	....	46
19.14	....	....	$54\frac{3}{8}$ p	23. 8	....	....	$45\frac{13}{16}$ m
19.16	....	....	$54\frac{1}{8}$ p	23.10	....	....	$45\frac{5}{8}$
19.18	....	....	$53\frac{7}{8}$ m	23.12	....	....	$45\frac{1}{16}$ m
20.	....	....	$53\frac{9}{16}$ p	23.14	....	....	$45\frac{5}{16}$ p
20. 2	....	....	$53\frac{1}{6}$ p	23.16	....	....	45 p
20. 4	....	....	$53\frac{1}{16}$ m	23.18	....	....	$44\frac{13}{16}$ p
20. 6	....	....	$52\frac{13}{16}$ m	24.	....	....	$44\frac{5}{8}$ p
20. 8	....	....	$52\frac{9}{16}$ m	24. 2	....	....	$44\frac{7}{16}$ p
20.10	....	....	$52\frac{1}{4}$ p	24. 4	....	....	$44\frac{1}{16}$ m
20.12	....	....	52 p	24. 6	....	....	$44\frac{1}{16}$ m
20.14	....	....	$51\frac{3}{4}$ p	24. 8	....	....	$43\frac{13}{16}$ m
20.16	....	....	$51\frac{1}{2}$ p	24.10	....	....	$43\frac{3}{4}$
20.18	....	....	$51\frac{1}{4}$ p	24.12	....	....	$43\frac{9}{16}$ p
21.	....	....	$51\frac{1}{16}$ m	24.14	....	....	$43\frac{3}{8}$ p

COMBINAISON GENERALE

PARIS, L'ESPAGNE, AMSTERDAM.

Paris sur l'Espag.	Amster. sur Madrid.	Amster. sur Cadix.	Rend à Amster.	Paris sur l'Espag.	Amster. sur Madrid.	Amster. sur Cadix.	Rend à Amster.
10 ·	98 $\frac{3}{4}$	123 $\frac{7}{16}$	107 $\frac{7}{16}$ p	13 · 14	98 $\frac{3}{4}$	123 $\frac{7}{16}$	78 $\frac{7}{16}$ m
10 · 2			106 $\frac{3}{8}$ p	13 · 16			77 $\frac{7}{8}$ m
10 · 4			105 $\frac{1}{16}$ p	13 · 18			77 $\frac{1}{16}$ m
10 · 6			104 $\frac{1}{16}$ m	14 ·			76 $\frac{1}{2}$ m
10 · 8			103 $\frac{1}{16}$ m	14 · 2			76 $\frac{3}{4}$ p
10 · 10			102 $\frac{1}{16}$ p	14 · 4			75 $\frac{11}{16}$ m
10 · 12			101 $\frac{3}{8}$ m	14 · 6			75 $\frac{1}{8}$ p
10 · 14			100 $\frac{7}{16}$ m	14 · 8			74 $\frac{1}{2}$ m
10 · 16			99 $\frac{1}{2}$ m	14 · 10			74 $\frac{8}{16}$ m
10 · 18			98 $\frac{9}{16}$ p	14 · 12			73 $\frac{1}{16}$ p
11 ·			97 $\frac{11}{16}$ m	14 · 14			73 $\frac{1}{16}$ p
11 · 2			96 $\frac{13}{16}$ m	14 · 16			72 $\frac{5}{8}$ m
11 · 4			95 $\frac{13}{16}$ m	14 · 18			72 $\frac{1}{8}$ m
11 · 6			95 $\frac{1}{16}$ p	15 ·			71 $\frac{1}{8}$ p
11 · 8			94 $\frac{1}{4}$ p	15 · 2			71 $\frac{1}{8}$ p
11 · 10			93 $\frac{7}{16}$ m	15 · 4			70 $\frac{1}{16}$ m
11 · 12			92 $\frac{5}{8}$ m	15 · 6			70 $\frac{1}{16}$ p
11 · 14			91 $\frac{13}{16}$ p	15 · 8			69 $\frac{3}{4}$ p
11 · 16			91 $\frac{1}{16}$ m	15 · 10			69 $\frac{1}{16}$ p
11 · 18			90 $\frac{1}{16}$ m	15 · 12			68 $\frac{7}{8}$ m
12 ·			89 $\frac{9}{16}$ m	15 · 14			68 $\frac{1}{16}$ m
12 · 2			88 $\frac{13}{16}$ m	15 · 16			68
12 · 4			88 $\frac{1}{16}$ p	15 · 18			67 $\frac{9}{16}$ p
12 · 6			87 $\frac{3}{8}$ p	16 ·			67 $\frac{1}{2}$ p
12 · 8			86 $\frac{5}{8}$ p	16 · 2			66 $\frac{3}{4}$ m
12 · 10			85 $\frac{13}{16}$ p	16 · 4			66 $\frac{1}{16}$ p
12 · 12			85 $\frac{1}{4}$ p	16 · 6			65 $\frac{1}{16}$ p
12 · 14			84 $\frac{1}{8}$ m	16 · 8			65 $\frac{1}{2}$ p
12 · 16			83 $\frac{13}{16}$ p	16 · 10			65 $\frac{1}{2}$ m
12 · 18			83 $\frac{1}{16}$ m	16 · 12			64 $\frac{3}{4}$ m
13 ·			82 $\frac{5}{8}$ p	16 · 14			64 $\frac{1}{16}$ p
13 · 2			82 p	16 · 16			63 $\frac{3}{8}$ p
13 · 4			81 $\frac{3}{8}$ p	16 · 18			63 $\frac{9}{16}$ p
13 · 6			80 $\frac{13}{16}$ m	17 ·			63 $\frac{3}{16}$ p
13 · 8			80 $\frac{1}{16}$ m	17 · 2			62 $\frac{13}{16}$ p
13 · 10			79 $\frac{9}{16}$ p	17 · 4			62 $\frac{7}{16}$ p
13 · 12			79	17 · 6			62 $\frac{1}{8}$ m

DES CHANGES.

PARIS, L'ESPAGNE, AMSTERDAM.

Paris sur l'Espag.	Amster. sur Madrid.	Amster. sur Cadix.	Rend à Amster.	Paris sur l'Espag.	Amster. sur Madrid.	Amster. sur Cadix.	Rend à Amster.
17·8	98¾	123 $\frac{7}{16}$	61 $\frac{1}{4}$ m	21·2	98¾	123 $\frac{7}{16}$	50 $\frac{15}{16}$ m
17·10	……	……	61 $\frac{3}{8}$ p	21·4	……	……	50 $\frac{11}{16}$ m
17·12	……	……	61 $\frac{1}{16}$ m	21·6	……	……	50 $\frac{7}{16}$ m
17·14	……	……	60 $\frac{13}{16}$ p	21·8	……	……	50 $\frac{3}{16}$ p
17·16	……	……	60 $\frac{5}{8}$ m	21·10	……	……	50 m
17·18	……	……	60 p	21·12	……	……	49 $\frac{3}{4}$ m
18·	……	……	59 $\frac{11}{16}$ p	21·14	……	……	49 $\frac{1}{2}$ p
18·2	……	……	59 $\frac{3}{8}$ m	21·16	……	……	49 $\frac{5}{16}$ m
18·4	……	……	59 $\frac{1}{16}$ m	21·18	……	……	49 $\frac{1}{16}$ m
18·6	……	……	58 $\frac{13}{16}$ p	22·	……	……	48 $\frac{13}{16}$ p
18·8	……	……	58 $\frac{5}{8}$ p	22·2	……	……	48 $\frac{1}{2}$ m
18·10	……	……	58 $\frac{1}{16}$ p	22·4	……	……	48 $\frac{3}{8}$ m
18·12	……	……	57 $\frac{3}{4}$ p	22·6	……	……	48 $\frac{3}{16}$ m
18·14	……	……	57 $\frac{7}{16}$ p	22·8	……	……	47 $\frac{15}{16}$ p
18·16	……	……	57 $\frac{1}{8}$ p	22·10	……	……	47 $\frac{3}{4}$ p
18·18	……	……	56 $\frac{7}{8}$ m	22·12	……	……	47 $\frac{1}{2}$ m
19·	……	……	56 $\frac{9}{16}$ m	22·14	……	……	47 $\frac{1}{4}$ p
19·2	……	……	56 $\frac{1}{4}$ p	22·16	……	……	47 $\frac{1}{8}$ m
19·4	……	……	55 $\frac{15}{16}$ p	22·18	……	……	46 $\frac{15}{16}$ m
19·6	……	……	55 $\frac{11}{16}$ m	23·	……	……	46 $\frac{11}{16}$ p
19·8	……	……	55 $\frac{3}{8}$ p	23·2	……	……	46 $\frac{1}{2}$ m
19·10	……	……	55 $\frac{1}{8}$ m	23·4	……	……	46 $\frac{5}{16}$ m
19·12	……	……	54 $\frac{13}{16}$ p	23·6	……	……	46 $\frac{1}{8}$ m
19·14	……	……	54 $\frac{9}{16}$ m	23·8	……	……	45 $\frac{13}{16}$ m
19·16	……	……	54 $\frac{1}{4}$ p	23·10	……	……	45 $\frac{3}{4}$ m
19·18	……	……	54 m	23·12	……	……	45 $\frac{1}{2}$ p
20·	……	……	53 $\frac{3}{4}$ m	23·14	……	……	45 $\frac{1}{16}$ p
20·2	……	……	53 $\frac{7}{16}$ p	23·16	……	……	45 $\frac{1}{8}$ p
20·4	……	……	53 $\frac{3}{16}$ p	23·18	……	……	44 $\frac{15}{16}$ p
20·6	……	……	52 $\frac{13}{16}$ m	24·	……	……	44 $\frac{3}{4}$ p
20·8	……	……	52 $\frac{11}{16}$ m	24·2	……	……	44 $\frac{9}{16}$ p
20·10	……	……	52 $\frac{7}{16}$ m	24·4	……	……	44 $\frac{3}{8}$ p
20·12	……	……	52 $\frac{1}{8}$ p	24·6	……	……	44 $\frac{3}{16}$ p
20·14	……	……	51 $\frac{7}{8}$ p	24·8	……	……	44 $\frac{1}{16}$ m
20·16	……	……	51 $\frac{1}{2}$ p	24·10	……	……	43 $\frac{7}{8}$ m
20·18	……	……	51 $\frac{7}{16}$ m	24·12	……	……	43 $\frac{11}{16}$ m
21·	……	……	51 $\frac{3}{16}$ m	24·14	……	……	43 $\frac{1}{2}$ m

COMBINAISON GENERALE

PARIS, L'ESPAGNE, AMSTERDAM.

Paris sur l'Espag.	Amster. sur Madrid.	Amster. sur Cadix.	Rend à Amster.	Paris sur l'Espag.	Amster. sur Madrid.	Amster. sur Cadix.	Rend à Amster.
10·	99	123 $\frac{3}{4}$	107 $\frac{11}{16}$ p	13·14	99	123 $\frac{3}{4}$	78 $\frac{1}{8}$ m
10· 2			106 $\frac{5}{8}$ p	13·16			78 $\frac{1}{16}$ m
10· 4			105 $\frac{5}{8}$ m	13·18			77 $\frac{1}{2}$ m
10· 6			104 $\frac{2}{16}$ p	14·			76 $\frac{15}{16}$ m
10· 8			103 $\frac{9}{16}$ p	14· 2			76 $\frac{3}{8}$ p
10·10			102 $\frac{9}{16}$ p	14· 4			75 $\frac{7}{8}$ p
10·12			101 $\frac{1}{8}$ m	14· 6			75 $\frac{1}{16}$ p
10·14			100 $\frac{11}{16}$ m	14· 8			74 $\frac{13}{16}$ m
10·16			99 $\frac{3}{4}$ m	14·10			74 $\frac{1}{16}$ m
10·18			98 $\frac{13}{16}$ p	14·12			73 $\frac{3}{4}$ p
11·			97 $\frac{15}{16}$ p	14·14			73 $\frac{3}{16}$ p
11· 2			97 $\frac{1}{16}$ m	14·16			72 $\frac{3}{4}$ p
11· 4			96 $\frac{3}{16}$ m	14·18			72 $\frac{5}{16}$ m
11· 6			95 $\frac{1}{16}$ p	15·			71 $\frac{13}{16}$ m
11· 8			94 $\frac{1}{2}$ m	15· 2			71 $\frac{1}{16}$ p
11·10			93 $\frac{11}{16}$ m	15· 4			70 $\frac{7}{8}$ m
11·12			92 $\frac{7}{8}$ m	15· 6			70 $\frac{3}{8}$ p
11·14			92 $\frac{1}{16}$ m	15· 8			69 $\frac{15}{16}$ p
11·16			91 $\frac{1}{16}$ m	15·10			69 $\frac{1}{2}$ m
11·18			90 $\frac{1}{2}$ p	15·12			69 $\frac{1}{16}$ m
12·			89 $\frac{3}{4}$ p	15·14			68 $\frac{1}{2}$ p
12· 2			89 p	15·16			68 $\frac{3}{16}$ m
12· 4			88 $\frac{5}{16}$ m	15·18			67 $\frac{3}{4}$ m
12· 6			87 $\frac{9}{16}$ p	16·			67 $\frac{5}{16}$ p
12· 8			86 $\frac{7}{8}$ m	16· 2			66 $\frac{7}{8}$ p
12·10			86 $\frac{3}{16}$ m	16· 4			66 $\frac{1}{2}$ m
12·12			85 $\frac{1}{2}$ m	16· 6			66 $\frac{1}{16}$ p
12·14			84 $\frac{13}{16}$ p	16· 8			65 $\frac{11}{16}$ m
12·16			84 $\frac{1}{8}$ p	16·10			65 $\frac{1}{4}$ p
12·18			83 $\frac{1}{2}$ m	16·12			64 $\frac{7}{8}$ p
13·			82 $\frac{7}{8}$ m	16·14			64 $\frac{1}{2}$ m
13· 2			82 $\frac{1}{4}$ m	16·16			64 m
13· 4			81 $\frac{5}{8}$ m	16·18			63 $\frac{3}{4}$ p
13· 6			81 m	17·			63 $\frac{3}{8}$ m
13· 8			80 $\frac{3}{8}$ p	17· 2			63 m
13·10			79 $\frac{13}{16}$ m	17· 4			62 $\frac{5}{8}$ m
13·12			79 $\frac{3}{16}$ p	17· 6			62 $\frac{1}{4}$ p

DES CHANGES. 197

PARIS, L'ESPAGNE, AMSTERDAM.

Paris sur l'Espag.	Amster. sur Madrid.	Amster. sur Cadix.	Rend à Amster.	Paris sur l'Espag.	Amster. sur Madrid.	Amster. sur Cadix.	Rend à Amster.
17·8	99	$123\frac{3}{4}$	$61\frac{7}{8}$ p	21·2	99	$123\frac{3}{4}$	$51\frac{1}{16}$ m
17·10			$61\frac{9}{16}$ m	21·4			$50\frac{13}{16}$ m
17·12			$61\frac{3}{16}$ p	21·6			$50\frac{9}{16}$ p
17·14			$60\frac{7}{8}$ m	21·8			$50\frac{5}{16}$ p
17·16			$60\frac{1}{2}$ p	21·10			$50\frac{1}{8}$ m
17·18			$60\frac{1}{16}$ m	21·12			$49\frac{7}{8}$ m
18·			$59\frac{13}{16}$ p	21·14			$49\frac{5}{8}$ p
18·2			$59\frac{1}{2}$ p	21·16			$49\frac{7}{16}$ p
18·4			$59\frac{3}{16}$ m	21·18			$49\frac{3}{16}$ m
18·6			$58\frac{7}{8}$ m	22·			$48\frac{15}{16}$ p
18·8			$58\frac{9}{16}$ m	22·2			$48\frac{3}{4}$ m
18·10			$58\frac{1}{4}$ m	22·4			$48\frac{1}{2}$ p
18·12			$57\frac{13}{16}$ p	22·6			$48\frac{5}{16}$ m
18·14			$57\frac{1}{2}$ p	22·8			$48\frac{1}{16}$ p
18·16			$57\frac{3}{16}$ m	22·10			$47\frac{7}{8}$ m
18·18			57	22·12			$47\frac{9}{16}$ m
19·			$56\frac{11}{16}$ p	22·14			$47\frac{7}{16}$ p
19·2			$56\frac{3}{8}$ p	22·16			$47\frac{1}{4}$ m
19·4			$56\frac{1}{8}$ m	22·18			$47\frac{1}{16}$ m
19·6			$55\frac{13}{16}$ m	23·			$46\frac{13}{16}$ p
19·8			$55\frac{1}{2}$ p	23·2			$46\frac{5}{8}$ p
19·10			$55\frac{1}{4}$ m	23·4			$46\frac{7}{16}$ m
19·12			$54\frac{15}{16}$ p	23·6			$46\frac{1}{4}$ m
19·14			$54\frac{11}{16}$ m	23·8			46 p
19·16			$54\frac{3}{8}$ p	23·10			$45\frac{13}{16}$ p
19·18			$54\frac{1}{8}$ p	23·12			$45\frac{5}{8}$ p
20·			$53\frac{7}{8}$ m	23·14			$45\frac{7}{16}$ p
20·2			$53\frac{9}{16}$ p	23·16			$45\frac{1}{4}$ p
20·4			$53\frac{1}{4}$ p	23·18			$45\frac{1}{16}$ p
20·6			$53\frac{1}{16}$ m	24·			$44\frac{7}{8}$ p
20·8			$52\frac{13}{16}$ m	24·2			$44\frac{11}{16}$ p
20·10			$52\frac{9}{16}$ m	24·4			$44\frac{1}{2}$ p
20·12			$52\frac{5}{16}$ m	24·6			$44\frac{5}{16}$ p
20·14			$52\frac{1}{16}$ m	24·8			$44\frac{1}{8}$ p
20·16			$51\frac{13}{16}$ m	24·10			$43\frac{15}{16}$ p
20·18			$51\frac{9}{16}$ m	24·12			$43\frac{13}{16}$ m
21·			$51\frac{5}{16}$ m	24·14			$43\frac{5}{8}$ m

COMBINAISON GENERALE

PARIS, L'ESPAGNE, AMSTERDAM.

Paris sur l'Espag.	Amster. sur Madrid.	Amster. sur Cadix.	Rend à Amster.	Paris sur l'Espag.	Amster. sur Madrid.	Amster. sur Cadix.	Rend à Amster.
10·	99 $\frac{1}{4}$	124 $\frac{1}{16}$	108 m	13·14	99 $\frac{1}{4}$	124 $\frac{1}{16}$	78 $\frac{13}{16}$ p
10· 2			106 $\frac{15}{16}$ m	13·16			78 $\frac{1}{4}$ m
10· 4			105 $\frac{7}{8}$ m	13·18			77 $\frac{15}{16}$ m
10· 6			104 $\frac{13}{16}$ p	14·			77 $\frac{3}{8}$ p
10· 8			103 $\frac{13}{16}$ p	14· 2			76 $\frac{9}{16}$ p
10·10			102 $\frac{11}{16}$ p	14· 4			76 $\frac{1}{16}$ m
10·12			101 $\frac{7}{8}$ m	14· 6			75 $\frac{1}{2}$ p
10·14			100 $\frac{1}{16}$ m	14· 8			75 m
10·16			100 m	14·10			74 $\frac{1}{2}$ m
10·18			99 $\frac{1}{16}$ p	14·12			73 $\frac{1}{2}$ p
11·			98 $\frac{3}{16}$ m	14·14			73 $\frac{7}{8}$ p
11· 2			97 $\frac{5}{16}$ m	14·16			72 $\frac{13}{16}$ p
11· 4			96 $\frac{7}{16}$ m	14·18			72 $\frac{1}{2}$ m
11· 6			95 $\frac{9}{16}$ m	15·			72 m
11· 8			94 $\frac{3}{4}$ m	15· 2			71 $\frac{1}{2}$ p
11·10			93 $\frac{7}{8}$ p	15· 4			71 $\frac{1}{8}$ m
11·12			93 $\frac{1}{16}$ p	15· 6			70 $\frac{9}{16}$ p
11·14			92 $\frac{1}{16}$ m	15· 8			70 $\frac{1}{8}$ m
11·16			91 $\frac{1}{2}$ p	15·10			69 $\frac{11}{16}$ m
11·18			90 $\frac{3}{4}$ m	15·12			69 $\frac{1}{4}$ m
12·			90 m	15·14			68 $\frac{5}{8}$ p
12· 2			89 $\frac{1}{4}$ m	15·16			68 $\frac{1}{4}$ m
12· 4			88 $\frac{1}{2}$ p	15·18			67 $\frac{15}{16}$ p
12· 6			87 $\frac{13}{16}$ m	16·			67 $\frac{1}{2}$ p
12· 8			87 $\frac{1}{16}$ p	16· 2			67 $\frac{1}{16}$ p
12·10			86 $\frac{3}{8}$ p	16· 4			66 $\frac{11}{16}$ m
12·12			85 $\frac{11}{16}$ p	16· 6			66 $\frac{1}{4}$ m
12·14			85 p	16· 8			65 $\frac{3}{4}$ m
12·16			84 $\frac{3}{8}$ m	16·10			65 $\frac{7}{16}$ p
12·18			83 $\frac{11}{16}$ p	16·12			65 $\frac{1}{16}$ m
13·			83 $\frac{1}{16}$ p	16·14			64 $\frac{11}{16}$ m
13· 2			82 $\frac{7}{16}$ m	16·16			64 $\frac{1}{4}$ p
13· 4			81 $\frac{13}{16}$ m	16·18			63 $\frac{7}{8}$ p
13· 6			81 $\frac{3}{16}$ p	17·			63 $\frac{1}{2}$ p
13· 8			80 $\frac{9}{16}$ p	17· 2			63 $\frac{1}{8}$ p
13·10			80 m	17· 4			62 $\frac{13}{16}$ m
13·12			79 $\frac{3}{8}$ p	17· 6			62 $\frac{7}{16}$ m

DES CHANGES.

PARIS, L'ESPAGNE, AMSTERDAM.

Paris sur l'Espag.	Amster. sur Madrid.	Amster. sur Cadix.	Rend à Amster.	Paris sur l'Espag.	Amster. sur Madrid.	Amster. sur Cadix.	Rend à Amster.
17 . 8	$99\frac{1}{4}$	$124\frac{1}{16}$	$62\frac{1}{16}$ m	21 . 2	$99\frac{1}{4}$	$124\frac{1}{16}$	$51\frac{3}{16}$ m
17 . 10			$61\frac{11}{16}$ p	21 . 4			$50\frac{11}{16}$ m
17 . 12			$61\frac{3}{8}$ m	21 . 6			$50\frac{1}{16}$ p
17 . 14			61 p	21 . 8			$50\frac{1}{16}$ m
17 . 16			$60\frac{11}{16}$ m	21 . 10			$50\frac{1}{4}$ m
17 . 18			$60\frac{5}{16}$ p	21 . 12			50 m
18 .			60 m	21 . 14			$49\frac{3}{4}$ p
18 . 2			$59\frac{11}{16}$ m	21 . 16			$49\frac{9}{16}$ m
18 . 4			$59\frac{5}{16}$ p	21 . 18			$49\frac{1}{16}$ m
18 . 6			59 p	22 .			$49\frac{1}{16}$ p
18 . 8			$58\frac{11}{16}$ m	22 . 2			$48\frac{7}{8}$ m
18 . 10			$58\frac{3}{8}$ m	22 . 4			$48\frac{7}{8}$ p
18 . 12			$58\frac{1}{16}$ m	22 . 6			$48\frac{7}{16}$ p
18 . 14			$57\frac{3}{4}$ m	22 . 8			$48\frac{3}{16}$ p
18 . 16			$57\frac{7}{16}$ p	22 . 10			48 m
18 . 18			$57\frac{1}{8}$ p	22 . 12			$47\frac{3}{4}$ p
19 .			$56\frac{13}{16}$ p	22 . 14			$47\frac{9}{16}$ p
19 . 2			$56\frac{9}{16}$ m	22 . 16			$47\frac{3}{8}$ m
19 . 4			$56\frac{1}{4}$ m	22 . 18			$47\frac{1}{8}$ p
19 . 6			$55\frac{15}{16}$ p	23 .			$46\frac{11}{16}$ p
19 . 8			$55\frac{11}{16}$ m	23 . 2			$46\frac{3}{4}$ m
19 . 10			$55\frac{3}{8}$ p	23 . 4			$46\frac{9}{16}$ m
19 . 12			$55\frac{1}{8}$ m	23 . 6			$46\frac{3}{8}$ m
19 . 14			$54\frac{13}{16}$ p	23 . 8			$46\frac{1}{4}$ p
19 . 16			$54\frac{9}{16}$ m	23 . 10			$45\frac{11}{16}$ p
19 . 18			$54\frac{1}{4}$ p	23 . 12			$45\frac{3}{4}$ p
20 .			54 m	23 . 14			$45\frac{9}{16}$ p
20 . 2			$53\frac{3}{4}$ m	23 . 16			$45\frac{3}{8}$ m
20 . 4			$53\frac{7}{16}$ p	23 . 18			$45\frac{3}{16}$ m
20 . 6			$53\frac{3}{16}$ p	24 .			45 m
20 . 8			$52\frac{15}{16}$ m	24 . 2			$44\frac{13}{16}$ m
20 . 10			$52\frac{11}{16}$ m	24 . 4			$44\frac{5}{8}$ m
20 . 12			$52\frac{7}{16}$ m	24 . 6			$44\frac{7}{16}$ p
20 . 14			$52\frac{3}{16}$ m	24 . 8			$44\frac{1}{4}$ p
20 . 16			$51\frac{11}{16}$ m	24 . 10			$44\frac{1}{16}$ p
20 . 18			$51\frac{11}{16}$ m	24 . 12			$43\frac{7}{8}$ p
21 .			$51\frac{7}{16}$ m	24 . 14			$43\frac{11}{16}$ p

COMBINAISON GENERALE

PARIS, L'ESPAGNE, AMSTERDAM.

Paris sur l'Espag.	Amster. sur Madrid.	Amster. sur Cadix.	Rend à Amster.	Paris sur l'Espag.	Amster. sur Madrid.	Amster. sur Cadix.	Rend à Amster.
10·	99 $\frac{1}{2}$	124 $\frac{3}{8}$	108 $\frac{1}{4}$ p	13·14	99 $\frac{1}{2}$	124 $\frac{3}{8}$	79 p
10· 2			107 $\frac{3}{16}$ m	13·16			78 $\frac{7}{16}$ p
10· 4			106 $\frac{1}{8}$ p	13·18			77 $\frac{7}{8}$ p
10· 6			105 $\frac{1}{8}$ m	14·			77 $\frac{1}{8}$ p
10· 8			104 $\frac{1}{16}$ p	14· 2			76 $\frac{3}{4}$ p
10·10			103 $\frac{1}{8}$ m	14· 4			76 $\frac{1}{16}$ p
10·12			102 $\frac{1}{8}$ p	14· 6			75 $\frac{11}{16}$ p
10·14			101 $\frac{1}{16}$ m	14· 8			75 $\frac{1}{4}$ m
10·16			100 $\frac{1}{4}$ m	14·10			74 $\frac{11}{16}$ m
10·18			99 $\frac{7}{16}$ p	14·12			74 $\frac{1}{8}$ p
11·			98 $\frac{7}{16}$ m	14·14			73 $\frac{5}{8}$ p
11· 2			97 $\frac{1}{2}$ p	14·16			73 $\frac{3}{8}$ p
11· 4			96 $\frac{11}{16}$ m	14·18			72 $\frac{7}{8}$ p
11· 6			95 $\frac{13}{16}$ m	15·			72 $\frac{1}{8}$ m
11· 8			94 $\frac{13}{16}$ p	15· 2			71 $\frac{11}{16}$ p
11·10			94 $\frac{1}{8}$ p	15· 4			71 $\frac{1}{4}$ p
11·12			93 $\frac{3}{16}$ p	15· 6			70 $\frac{3}{4}$ p
11·14			92 $\frac{1}{2}$ p	15· 8			70 $\frac{3}{16}$ m
11·16			91 $\frac{1}{2}$ m	15·10			69 $\frac{13}{16}$ p
11·18			91 m	15·12			69 $\frac{1}{2}$ p
12·			90 $\frac{3}{16}$ p	15·14			68 $\frac{15}{16}$ p
12· 2			89 $\frac{7}{16}$ p	15·16			68 $\frac{1}{2}$ p
12· 4			88 $\frac{3}{4}$ p	15·18			68 $\frac{1}{16}$ p
12· 6			88 p	16·			67 $\frac{11}{16}$ p
12· 8			87 $\frac{1}{16}$ m	16· 2			67 $\frac{1}{4}$ m
12·10			86 $\frac{3}{8}$ m	16· 4			66 $\frac{13}{16}$ p
12·12			85 $\frac{15}{16}$ m	16· 6			66 $\frac{7}{16}$ m
12·14			85 $\frac{1}{4}$ m	16· 8			66 p
12·16			84 $\frac{9}{16}$ p	16·10			65 $\frac{5}{8}$ p
12·18			83 $\frac{15}{16}$ m	16·12			65 $\frac{5}{16}$ p
13·			83 $\frac{1}{4}$ p	16·14			64 $\frac{13}{16}$ p
13· 2			82 $\frac{5}{8}$ p	16·16			64 $\frac{7}{16}$ p
13· 4			82 p	16·18			64 $\frac{1}{16}$ p
13· 6			81 $\frac{3}{8}$ p	17·			63 $\frac{11}{16}$ p
13· 8			80 $\frac{13}{16}$ m	17· 2			63 $\frac{1}{16}$ p
13·10			80 $\frac{3}{16}$ p	17· 4			62 $\frac{15}{16}$ p
13·12			79 $\frac{5}{8}$ m	17· 6			62 $\frac{9}{16}$ p

DES CHANGES.

PARIS, L'ESPAGNE, AMSTERDAM.

Paris sur l'Espag.	Amster. sur Madrid.	Amster. sur Cadix.	Rend à Amster.	Paris sur l'Espag.	Amster. sur Madrid.	Amster. sur Cadix.	Rend à Amster.
17 . 8	$99\frac{1}{2}$	$124\frac{3}{8}$	$62\frac{3}{16}$ p	21 . 2	$99\frac{1}{2}$	$124\frac{3}{8}$	$51\frac{5}{16}$ m
17 . 10			$61\frac{7}{8}$ m	21 . 4			$51\frac{1}{14}$ p
17 . 12			$61\frac{1}{2}$ m	21 . 6			$50\frac{13}{16}$ p
17 . 14			$61\frac{3}{16}$ m	21 . 8			$50\frac{9}{16}$ p
17 . 16			$60\frac{13}{16}$ p	21 . 10			$50\frac{3}{8}$ m
17 . 18			$60\frac{1}{2}$ m	21 . 12			$50\frac{7}{7}$ m
18 .			$60\frac{3}{8}$ p	21 . 14			$49\frac{7}{8}$ p
18 . 2			$59\frac{13}{16}$ m	21 . 16			$49\frac{11}{16}$ m
18 . 4			$59\frac{1}{2}$ m	21 . 18			$49\frac{7}{16}$ m
18 . 6			$59\frac{3}{16}$ m	22 .			$49\frac{3}{16}$ p
18 . 8			$58\frac{13}{16}$ p	22 . 2			49 m
18 . 10			$58\frac{1}{2}$ p	22 . 4			$48\frac{3}{4}$ p
18 . 12			$58\frac{3}{16}$ p	22 . 6			$48\frac{9}{16}$ m
18 . 14			$57\frac{7}{8}$ p	22 . 8			$48\frac{5}{16}$ p
18 . 16			$57\frac{9}{16}$ p	22 . 10			$48\frac{1}{16}$ m
18 . 18			$57\frac{1}{4}$ p	22 . 12			$47\frac{7}{8}$ p
19 .			57 m	22 . 14			$47\frac{11}{16}$ p
19 . 2			$56\frac{11}{16}$ m	22 . 16			$47\frac{1}{2}$ m
19 . 4			$56\frac{3}{8}$ p	22 . 18			$47\frac{1}{4}$ p
19 . 6			$56\frac{1}{16}$ p	23 .			$47\frac{1}{16}$ p
19 . 8			$55\frac{13}{16}$ m	23 . 2			$46\frac{7}{8}$ m
19 . 10			$55\frac{1}{2}$ p	23 . 4			$46\frac{11}{16}$ m
19 . 12			$55\frac{1}{4}$ m	23 . 6			$46\frac{7}{16}$ p
19 . 14			$54\frac{13}{16}$ p	23 . 8			$46\frac{1}{4}$ p
19 . 16			$54\frac{11}{16}$ m	23 . 10			$46\frac{1}{16}$ p
19 . 18			$54\frac{3}{4}$ p	23 . 12			$45\frac{7}{8}$ p
20 .			$54\frac{1}{8}$ p	23 . 14			$45\frac{11}{16}$ m
20 . 2			$53\frac{8}{9}$ m	23 . 16			$45\frac{1}{2}$ m
20 . 4			$53\frac{9}{16}$ p	23 . 18			$45\frac{5}{16}$ m
20 . 6			$53\frac{5}{16}$ p	24 .			$45\frac{1}{8}$ m
20 . 8			$53\frac{1}{16}$ p	24 . 2			$44\frac{15}{16}$ m
20 . 10			$52\frac{13}{16}$ m	24 . 4			$44\frac{3}{4}$ m
20 . 12			$52\frac{9}{16}$ m	24 . 6			$44\frac{9}{16}$ p
20 . 14			$52\frac{5}{16}$ m	24 . 8			$44\frac{3}{8}$ m
20 . 16			$52\frac{1}{16}$ m	24 . 10			$44\frac{1}{16}$ m
20 . 18			$51\frac{13}{16}$ m	24 . 12			44 p
21 .			$51\frac{9}{16}$ m	24 . 14			$43\frac{13}{16}$ p

Tome II.

COMBINAISON GENERALE

PARIS, L'ESPAGNE, AMSTERDAM.

Paris sur l'Espag.	Amster. sur Madrid.	Amster. sur Cadix.	Rend à Amster.	Paris sur l'Espag.	Amster. sur Madrid.	Amster. sur Cadix.	Rend à Amster.
10·	99 $\frac{3}{4}$	124 $\frac{11}{16}$	108 $\frac{1}{2}$ p	13·14	99 $\frac{3}{4}$	124 $\frac{11}{16}$	79 $\frac{3}{16}$ p
10· 2			107 $\frac{7}{16}$ p	13·16			78 $\frac{5}{8}$ p
10· 4			106 $\frac{3}{8}$ p	13·18			78 $\frac{1}{16}$ p
10· 6			105 $\frac{5}{16}$ m	14·			77 $\frac{1}{2}$ p
10· 8			104 m	14· 2			77 m
10·10			103 $\frac{3}{8}$ m	14· 4			76 $\frac{7}{16}$ m
10·12			102 $\frac{3}{8}$ p	14· 6			75 $\frac{7}{8}$ p
10·14			101 $\frac{7}{16}$ m	14· 8			75 $\frac{5}{8}$ p
10·16			100 $\frac{1}{2}$ m	14·10			74 $\frac{7}{8}$ m
10·18			99 $\frac{9}{16}$ p	14·12			74 $\frac{1}{16}$ p
11·			98 $\frac{11}{16}$ m	14·14			73 $\frac{13}{16}$ p
11· 2			97 $\frac{2}{3}$ p	14·16			73 $\frac{3}{16}$ p
11· 4			96 $\frac{7}{8}$ p	14·18			72 $\frac{13}{16}$ p
11· 6			96 $\frac{1}{16}$ m	15·			72 $\frac{3}{8}$ m
11· 8			95 $\frac{3}{16}$ p	15· 2			71 $\frac{7}{16}$ m
11·10			94 $\frac{3}{8}$ m	15· 4			71 $\frac{1}{8}$ p
11·12			93 $\frac{1}{16}$ m	15· 6			70 $\frac{13}{16}$ m
11·14			92 $\frac{3}{4}$ p	15· 8			70 $\frac{1}{2}$ m
11·16			92 m	15·10			70
11·18			91 $\frac{3}{16}$ p	15·12			69 $\frac{9}{16}$ p
12·			90 $\frac{7}{16}$ p	15·14			69 $\frac{1}{8}$ p
12· 2			89 $\frac{11}{16}$ p	15·16			68 $\frac{11}{16}$ p
12· 4			88 $\frac{15}{16}$ p	15·18			68 $\frac{1}{4}$ p
12· 6			88 $\frac{1}{4}$ m	16·			67 $\frac{13}{16}$ p
12· 8			87 $\frac{1}{2}$ p	16· 2			67 $\frac{7}{16}$ p
12·10			86 $\frac{13}{16}$ p	16· 4			67 m
12·12			86 $\frac{1}{8}$ p	16· 6			66 $\frac{9}{16}$ p
12·14			85 $\frac{7}{16}$ p	16· 8			66 $\frac{3}{16}$ p
12·16			84 $\frac{13}{16}$ m	16·10			65 $\frac{3}{4}$ p
12·18			84 $\frac{1}{8}$ p	16·12			65 $\frac{3}{8}$ p
13·			83 $\frac{1}{2}$ m	16·14			65 m
13· 2			82 $\frac{7}{8}$ m	16·16			64 $\frac{5}{8}$ p
13· 4			82 $\frac{3}{16}$ p	16·18			64 $\frac{5}{16}$ p
13· 6			81 $\frac{5}{8}$ m	17·			63 $\frac{15}{16}$ p
13· 8			81 m	17· 2			63 $\frac{7}{16}$ p
13·10			80 $\frac{3}{8}$ p	17· 4			63 $\frac{1}{8}$ m
13·12			79 $\frac{13}{16}$ m	17· 6			62 $\frac{3}{4}$ m

DES CHANGES. 203

PARIS, L'ESPAGNE, AMSTERDAM.

Paris sur l'Espag.	Amster. sur Madrid.	Amster. sur Cadix.	Rend à Amster.	Paris sur l'Espag.	Amster. sur Madrid.	Amster. sur Cadix.	Rend à Amster.
17. 8	$99\frac{3}{4}$	$124\frac{11}{16}$	$62\frac{3}{8}$ m	21. 2	$99\frac{3}{4}$	$124\frac{11}{16}$	$51\frac{7}{16}$ m
17.10			62 p	21. 4			$51\frac{5}{16}$ p
17.12			$61\frac{11}{16}$ m	21. 6			$50\frac{11}{16}$ p
17.14			$61\frac{3}{16}$ p	21. 8			$50\frac{11}{16}$ p
17.16			61 m	21.10			$50\frac{1}{2}$ m
17.18			$60\frac{5}{8}$ p	21.12			$50\frac{1}{4}$ m
18.			$60\frac{3}{16}$ m	21.14			50 p
18. 2			$59\frac{13}{16}$ p	21.16			$49\frac{13}{16}$ m
18. 4			$59\frac{5}{8}$ p	21.18			$49\frac{9}{16}$ m
18. 6			$59\frac{5}{16}$ m	22.			$49\frac{5}{16}$ p
18. 8			59 m	22. 2			$49\frac{1}{3}$ m
18.10			$58\frac{11}{16}$ m	22. 4			$48\frac{3}{4}$ p
18.12			$58\frac{3}{8}$ m	22. 6			$48\frac{11}{16}$ m
18.14			$58\frac{1}{16}$ m	22. 8			$48\frac{7}{16}$ p
18.16			$57\frac{3}{4}$ m	22.10			$48\frac{1}{4}$ m
18.18			$57\frac{7}{16}$ m	22.12			48 p
19.			$57\frac{1}{8}$ m	22.14			$47\frac{13}{16}$ m
19. 2			$56\frac{13}{16}$ p	22.16			$47\frac{5}{8}$ m
19. 4			$56\frac{1}{2}$ p	22.18			$47\frac{3}{8}$ p
19. 6			$56\frac{1}{4}$ m	23.			$47\frac{3}{16}$ m
19. 8			$55\frac{11}{16}$ p	23. 2			47 m
19.10			$55\frac{5}{8}$ p	23. 4			$46\frac{3}{4}$ p
19.12			$55\frac{3}{8}$ m	23. 6			$46\frac{9}{16}$ p
19.14			$55\frac{1}{16}$ p	23. 8			$46\frac{3}{8}$ p
19.16			$54\frac{13}{16}$ m	23.10			$46\frac{3}{16}$ p
19.18			$54\frac{9}{16}$ m	23.12			46 m
20.			$54\frac{1}{4}$ p	23.14			$45\frac{13}{16}$ m
20. 2			54 m	23.16			$45\frac{5}{8}$ m
20. 4			$53\frac{3}{4}$ m	23.18			$45\frac{7}{16}$ m
20. 6			$53\frac{7}{16}$ p	24.			$45\frac{1}{4}$ m
20. 8			$53\frac{3}{16}$ p	24. 2			$45\frac{1}{16}$ m
20.10			$52\frac{15}{16}$ p	24. 4			$44\frac{7}{8}$ m
20.12			$52\frac{11}{16}$ m	24. 6			$44\frac{11}{16}$ m
20.14			$52\frac{1}{2}$ m	24. 8			$44\frac{1}{2}$ m
20.16			$52\frac{3}{16}$ m	24.10			$44\frac{5}{16}$ m
20.18			$51\frac{15}{16}$ m	24.12			$44\frac{1}{8}$ m
21.			$51\frac{11}{16}$ m	24.14			$43\frac{15}{16}$ p

COMBINAISON GENERALE

PARIS, L'ESPAGNE, AMSTERDAM.

Paris sur l'Espag.	Amster. sur Madrid.	Amster. sur Cadix.	Rend à Amster.	Paris sur l'Espag.	Amster. sur Madrid.	Amster. sur Cadix.	Rend à Amster.
10·	100	125	$108\frac{13}{16}$ m	13·14	100	125	$79\frac{7}{16}$ m
10· 2			$107\frac{3}{4}$ m	13·16			$78\frac{13}{16}$ p
10· 4			$106\frac{11}{16}$ m	13·18			$78\frac{1}{4}$ p
10· 6			$105\frac{5}{8}$ p	14·			$77\frac{11}{16}$ p
10· 8			$104\frac{5}{8}$ m	14· 2			$77\frac{1}{16}$ m
10·10			$103\frac{5}{8}$ m	14· 4			$76\frac{2}{8}$ m
10·12			$102\frac{5}{8}$ p	14· 6			$76\frac{1}{16}$ p
10·14			$101\frac{11}{16}$ m	14· 8			$75\frac{9}{16}$ m
10·16			$100\frac{3}{4}$ m	14·10			$75\frac{1}{16}$ m
10·18			$99\frac{13}{16}$ p	14·12			$74\frac{1}{2}$ p
11·			$98\frac{15}{16}$ m	14·14			74 p
11· 2			98 p	14·16			$73\frac{1}{2}$ p
11· 4			$97\frac{1}{8}$ p	14·18			73 p
11· 6			$96\frac{1}{16}$ m	15·			$72\frac{9}{16}$ m
11· 8			$95\frac{7}{16}$ p	15· 2			$72\frac{1}{16}$ m
11·10			$94\frac{5}{8}$ m	15· 4			$71\frac{9}{16}$ p
11·12			$93\frac{13}{16}$ m	15· 6			$71\frac{1}{8}$ m
11·14			93 m	15· 8			$70\frac{5}{8}$ p
11·16			$92\frac{3}{16}$ p	15·10			$70\frac{3}{16}$ p
11·18			$91\frac{7}{16}$ m	15·12			$69\frac{3}{4}$ m
12·			$90\frac{11}{16}$ m	15·14			$69\frac{1}{16}$ m
12· 2			$89\frac{15}{16}$ m	15·16			$68\frac{7}{8}$ p
12· 4			$89\frac{3}{16}$ m	15·18			$68\frac{7}{16}$ m
12· 6			$88\frac{7}{16}$ p	16·			68
12· 8			$87\frac{3}{4}$ m	16· 2			$67\frac{9}{16}$ p
12·10			$87\frac{1}{16}$ m	16· 4			$67\frac{3}{16}$ m
12·12			$86\frac{3}{8}$ m	16· 6			$66\frac{3}{4}$ m
12·14			$85\frac{11}{16}$ m	16· 8			$66\frac{1}{16}$ p
12·16			85	16·10			$65\frac{15}{16}$ p
12·18			$84\frac{5}{16}$ p	16·12			$65\frac{9}{16}$ m
13·			$83\frac{11}{16}$ p	16·14			$65\frac{1}{8}$ p
13· 2			$83\frac{1}{16}$ m	16·16			$64\frac{3}{4}$ p
13· 4			$82\frac{7}{16}$ m	16·18			$64\frac{3}{8}$ p
13· 6			$81\frac{13}{16}$ m	17·			64
13· 8			$81\frac{3}{16}$ p	17· 2			$63\frac{5}{8}$ p
13·10			$80\frac{9}{16}$ p	17· 4			$63\frac{1}{4}$ p
13·12			80	17· 6			$62\frac{7}{8}$ p

DES CHANGES.

PARIS, L'ESPAGNE, AMSTERDAM.

Paris sur l'Espag.	Amster. sur Madrid.	Amster. sur Cadix.	Rend à Amster.	Paris sur l'Espag.	Amster. sur Madrid.	Amster. sur Cadix.	Rend à Amster.
17. 8	100	125	$62\frac{1}{3}$ p	21. 2	100	125	$51\frac{9}{16}$ p
17.10	...	...	$62\frac{3}{16}$ m	21. 4	...	...	$51\frac{5}{16}$ p
17.12	...	...	$61\frac{13}{16}$ p	21. 6	...	...	$51\frac{1}{16}$ p
17.14	...	...	$61\frac{1}{2}$ m	21. 8	...	...	$50\frac{13}{16}$ p
17.16	...	...	$61\frac{1}{8}$ m	21.10	...	...	$50\frac{5}{8}$ m
17.18	...	...	$60\frac{13}{16}$ m	21.12	...	...	$50\frac{3}{8}$ m
18.	...	...	$60\frac{7}{16}$ p	21.14	...	...	$50\frac{1}{8}$ p
18. 2	...	...	$60\frac{1}{8}$ m	21.16	...	...	$49\frac{15}{16}$ m
18. 4	...	...	$59\frac{3}{4}$ p	21.18	...	...	$49\frac{11}{16}$ m
18. 6	...	...	$59\frac{1}{2}$ p	22.	...	...	$49\frac{7}{16}$ p
18. 8	...	...	$59\frac{1}{8}$ p	22. 2	...	...	$49\frac{1}{4}$ p
18.10	...	...	$58\frac{13}{16}$ m	22. 4	...	...	49 p
18.12	...	...	$58\frac{1}{2}$ m	22. 6	...	...	$48\frac{13}{16}$ m
18.14	...	...	$58\frac{3}{16}$ m	22. 8	...	...	$48\frac{9}{16}$ p
18.16	...	...	$57\frac{7}{8}$ m	22.10	...	...	$48\frac{3}{8}$ m
18.18	...	...	$57\frac{9}{16}$ p	22.12	...	...	$48\frac{1}{8}$ p
19.	...	...	$57\frac{1}{4}$ p	22.14	...	...	$47\frac{15}{16}$ m
19. 2	...	...	$56\frac{15}{16}$ p	22.16	...	...	$47\frac{3}{4}$ m
19. 4	...	...	$56\frac{11}{16}$ m	22.18	...	...	$47\frac{1}{2}$ p
19. 6	...	...	$56\frac{3}{8}$ m	23.	...	...	$47\frac{5}{16}$ p
19. 8	...	...	$56\frac{1}{16}$ p	23. 2	...	...	$47\frac{1}{8}$ m
19.10	...	...	$55\frac{13}{16}$ m	23. 4	...	...	$46\frac{7}{8}$ p
19.12	...	...	$55\frac{1}{2}$ p	23. 6	...	...	$46\frac{11}{16}$ p
19.14	...	...	$55\frac{1}{4}$ m	23. 8	...	...	$46\frac{1}{2}$ m
19.16	...	...	$54\frac{15}{16}$ p	23.10	...	...	$46\frac{5}{16}$ m
19.18	...	...	$54\frac{11}{16}$ m	23.12	...	...	$46\frac{1}{8}$ m
20.	...	...	$54\frac{3}{8}$ p	23.14	...	...	$45\frac{15}{16}$ m
20. 2	...	...	$54\frac{1}{8}$ p	23.16	...	...	$45\frac{11}{16}$ p
20. 4	...	...	$53\frac{7}{8}$ m	23.18	...	...	$45\frac{1}{2}$ p
20. 6	...	...	$53\frac{3}{8}$ m	24.	...	...	$45\frac{5}{16}$ p
20. 8	...	...	$53\frac{1}{4}$ p	24. 2	...	...	$45\frac{1}{8}$ p
20.10	...	...	$53\frac{1}{16}$ p	24. 4	...	...	$44\frac{15}{16}$ p
20.12	...	...	$52\frac{13}{16}$ p	24. 6	...	...	$44\frac{3}{4}$ p
20.14	...	...	$52\frac{9}{16}$ m	24. 8	...	...	$44\frac{9}{16}$ p
20.16	...	...	$52\frac{5}{16}$ m	24.10	...	...	$44\frac{7}{16}$ m
20.18	...	...	$52\frac{1}{16}$ m	24.12	...	...	$44\frac{1}{4}$ m
21.	...	...	$51\frac{13}{16}$ m	24.14	...	...	$44\frac{1}{16}$ m

PARIS, L'ESPAGNE, AMSTERDAM.

Paris sur l'Espag.	Amster. sur Madrid.	Amster. sur Cadix.	Rend à Amster.	Paris sur l'Espag.	Amster. sur Madrid.	Amster. sur Cadix.	Rend à Amster.
10·	· $100\frac{1}{4}$	· $125\frac{5}{16}$	· $109\frac{1}{16}$ p	13·14	· $100\frac{1}{4}$	· $125\frac{5}{16}$	· $79\frac{5}{8}$ m
10· 2			108 m	13·16			$79\frac{1}{16}$ m
10· 4			$106\frac{15}{16}$ m	13·18			$78\frac{7}{2}$ m
10· 6			$105\frac{7}{8}$ p	14·			$77\frac{15}{16}$ m
10· 8			$104\frac{7}{8}$ p	14· 2			$77\frac{3}{8}$ p
10·10			$103\frac{3}{8}$ p	14· 4			$76\frac{13}{16}$ m
10·12			$102\frac{7}{8}$ p	14· 6			$76\frac{1}{4}$ p
10·14			$101\frac{11}{16}$ m	14· 8			$75\frac{1}{2}$ m
10·16			101 m	14·10			$75\frac{1}{2}$ m
10·18			$100\frac{1}{16}$ p	14·12			$74\frac{11}{16}$ p
11·			$99\frac{3}{16}$ m	14·14			$74\frac{3}{16}$ p
11· 2			$98\frac{1}{4}$ p	14·16			$73\frac{11}{16}$ p
11· 4			$97\frac{3}{8}$ p	14·18			$73\frac{3}{16}$ p
11· 6			$96\frac{1}{2}$ p	15·			$72\frac{11}{16}$ p
11· 8			$95\frac{11}{16}$ m	15· 2			$72\frac{1}{4}$ m
11·10			$94\frac{7}{8}$ m	15· 4			$71\frac{3}{4}$ p
11·12			94 p	15· 6			$71\frac{1}{16}$ m
11·14			$93\frac{1}{4}$ m	15· 8			$70\frac{13}{16}$ p
11·16			$92\frac{7}{16}$ m	15·10			$70\frac{3}{8}$ m
11·18			$91\frac{11}{16}$ m	15·12			$69\frac{15}{16}$ m
12·			$90\frac{7}{8}$ p	15·14			$69\frac{1}{2}$ m
12· 2			$90\frac{1}{8}$ p	15·16			$69\frac{1}{16}$ m
12· 4			$89\frac{3}{8}$ p	15·18			$68\frac{3}{4}$ p
12· 6			$88\frac{11}{16}$ m	16·			$68\frac{3}{16}$ m
12· 8			$87\frac{15}{16}$ p	16· 2			$67\frac{3}{4}$ m
12·10			$87\frac{1}{4}$ p	16· 4			$67\frac{5}{16}$ p
12·12			$86\frac{9}{16}$ p	16· 6			$66\frac{15}{16}$ m
12·14			$85\frac{7}{8}$ p	16· 8			$66\frac{1}{2}$ p
12·16			$85\frac{3}{16}$ p	16·10			$66\frac{1}{8}$ m
12·18			$84\frac{9}{16}$ m	16·12			$65\frac{11}{16}$ p
13·			$83\frac{7}{8}$ p	16·14			$65\frac{5}{16}$ p
13· 2			$83\frac{1}{4}$ p	16·16			$64\frac{13}{16}$ m
13· 4			$82\frac{5}{8}$ p	16·18			$64\frac{9}{16}$ m
13· 6			82 p	17·			$64\frac{3}{16}$ m
13· 8			$81\frac{3}{8}$ p	17· 2			$63\frac{3}{4}$ m
13·10			$80\frac{13}{16}$ m	17· 4			$63\frac{2}{16}$ m
13·12			$80\frac{3}{16}$ p	17· 6			$63\frac{1}{16}$ m

DES CHANGES.

PARIS, L'ESPAGNE, AMSTERDAM.

Paris sur l'Espag.	Amster. sur Madrid.	Amster. sur Cadix.	Rend à Amster.	Paris. sur l'Espag.	Amster. sur Madrid.	Amster. sur Cadix.	Rend à Amster.
17 . 8	100 $\frac{1}{4}$	125 $\frac{5}{16}$	62 $\frac{11}{16}$ m	21 . 2	100 $\frac{1}{4}$	125 $\frac{5}{16}$	51 $\frac{11}{16}$ p
17 . 10			62 $\frac{7}{16}$ p	21 . 4			51 $\frac{7}{16}$ p
17 . 12			62 m	21 . 6			51 $\frac{3}{16}$ p
17 . 14			61 $\frac{5}{8}$ m	21 . 8			50 $\frac{15}{16}$ m
17 . 16			61 $\frac{1}{4}$ p	21 . 10			50 $\frac{2}{4}$ m
17 . 18			60 $\frac{11}{16}$ m	21 . 12			50 $\frac{1}{2}$ m
18 .			60 $\frac{1}{8}$ m	21 . 14			50 $\frac{1}{4}$ p
18 . 2			60 $\frac{1}{4}$ p	21 . 16			50 $\frac{1}{16}$ m
18 . 4			59 $\frac{13}{16}$ m	21 . 18			49 $\frac{13}{16}$ m
18 . 6			59 $\frac{1}{2}$ m	22 .			49 $\frac{9}{16}$ p
18 . 8			59 $\frac{1}{4}$ p	22 . 2			49 $\frac{3}{8}$ m
18 . 10			58 $\frac{13}{16}$ p	22 . 4			49 $\frac{1}{8}$ p
18 . 12			58 $\frac{5}{8}$ p	22 . 6			48 $\frac{15}{16}$ m
18 . 14			58 $\frac{5}{16}$ p	22 . 8			48 $\frac{11}{16}$ p
18 . 16			58 p	22 . 10			48 $\frac{1}{2}$ m
18 . 18			57 $\frac{11}{16}$ p	22 . 12			48 $\frac{1}{4}$ p
19 .			57 $\frac{7}{16}$ m	22 . 14			48 $\frac{1}{16}$ m
19 . 2			57 $\frac{1}{8}$ m	22 . 16			47 $\frac{13}{16}$ p
19 . 4			56 $\frac{13}{16}$ m	22 . 18			47 $\frac{5}{8}$ p
19 . 6			56 $\frac{1}{2}$ p	23 .			47 $\frac{7}{16}$ m
19 . 8			56 $\frac{1}{4}$ m	23 . 2			47 $\frac{3}{16}$ p
19 . 10			55 $\frac{11}{16}$ m	23 . 4			47 p
19 . 12			55 $\frac{5}{8}$ p	23 . 6			46 $\frac{13}{16}$ m
19 . 14			55 $\frac{5}{8}$ m	23 . 8			46 $\frac{5}{8}$ p
19 . 16			55 $\frac{1}{16}$ p	23 . 10			46 $\frac{7}{16}$ m
19 . 18			54 $\frac{13}{16}$ m	23 . 12			46 $\frac{2}{3}$ p
20 .			54 $\frac{9}{16}$ m	23 . 14			46 p
20 . 2			54 $\frac{1}{4}$ p	23 . 16			45 $\frac{13}{16}$ p
20 . 4			54 m	23 . 18			45 $\frac{5}{8}$ p
20 . 6			53 $\frac{3}{4}$ m	24 .			45 $\frac{7}{16}$ p
20 . 8			53 $\frac{7}{16}$ p	24 . 2			45 $\frac{1}{4}$ p
20 . 10			53 $\frac{3}{16}$ p	24 . 4			45 $\frac{1}{16}$ p
20 . 12			52 $\frac{15}{16}$ p	24 . 6			44 $\frac{7}{8}$ p
20 . 14			52 $\frac{11}{16}$ p	24 . 8			44 $\frac{11}{16}$ p
20 . 16			52 $\frac{7}{16}$ p	24 . 10			44 $\frac{1}{2}$ p
20 . 18			52 $\frac{3}{16}$ p	24 . 12			44 $\frac{1}{16}$ p
21 .			51 $\frac{15}{16}$ p	24 . 14			44 $\frac{1}{16}$ m

PARIS, L'ESPAGNE, AMSTERDAM.

Paris sur l'Espag.	Amster. sur Madrid.	Amster. sur Cadix.	Rend à Amster.	Paris sur l'Espag.	Amster. sur Madrid.	Amster. sur Cadix.	Rend à Amster.
10·	100 1/2	125 5/8	109 3/8 m	13·14	100 1/2	125 5/8	79 13/16 p
10· 2			108 1/4 p	13·16			79 1/4 m
10· 4			107 3/16 p	13·18			78 11/16 m
10· 6			106 3/16 m	14·			78 1/8 m
10· 8			105 1/8 p	14· 2			77 9/16 m
10·10			104 1/8 p	14· 4			77 p
10·12			103 1/8 p	14· 6			76 7/16 p
10·14			102 3/16 p	14· 8			75 13/16 m
10·16			101 1/4 m	14·10			75 7/16 m
10·18			100 5/16 p	14·12			74 7/8 p
11·			99 3/8 p	14·14			74 3/8 p
11· 2			98 1/2 p	14·16			73 7/8 p
11· 4			97 5/8 p	14·18			73 3/8 p
11· 6			96 3/4 p	15·			72 7/8 p
11· 8			95 15/16 m	15· 2			72 7/16 m
11·10			95 1/16 p	15· 4			71 15/16 m
11·12			94 1/4 p	15· 6			71 7/16 p
11·14			93 7/16 p	15· 8			71 p
11·16			92 11/16 m	15·10			70 9/16 m
11·18			91 7/8 p	15 12			70 1/16 p
12·			91 1/8 m	15·14			69 5/8 p
12· 2			90 3/8 m	15·16			69 3/16 p
12· 4			89 5/8 p	15·18			68 3/4 p
12· 6			88 7/8 p	16·			68 5/16 p
12· 8			88 3/16 m	16· 2			67 15/16 m
12·10			87 1/2 m	16· 4			67 1/2 m
12·12			86 3/4 p	16· 6			67 1/16 p
12·14			86 1/8 m	16· 8			66 11/16 m
12·16			85 7/16 m	16·10			66 1/4 p
12·18			84 3/4 p	16·12			65 7/8 m
13·			84 1/8 m	16·14			65 1/2 m
13· 2			83 7/16 p	16·16			65 1/16 p
13· 4			82 13/16 p	16·18			64 11/16 p
13· 6			82 3/16 p	17·			64 5/16 p
13· 8			81 5/8 m	17· 2			63 15/16 p
13·10			81 m	17· 4			63 9/16 p
13·12			80 3/8 p	17· 6			63 3/16 p

DES CHANGES.

PARIS, L'ESPAGNE, AMSTERDAM.

Paris. sur l'Espag.	Amster. sur Madrid.	Amster. sur Cadix.	Rend à Amster.	Paris sur l'Espag.	Amster. sur Madrid.	Amster. sur Cadix.	Rend à Amster.
17 · 8	100 $\frac{1}{2}$	125 $\frac{5}{8}$	62 $\frac{13}{16}$ p	21 · 2	100 $\frac{1}{2}$	125 $\frac{5}{8}$	51 $\frac{13}{16}$ p
17 · 10			62 $\frac{1}{2}$ m	21 · 4			51 $\frac{1}{2}$ p
17 · 12			62 $\frac{1}{4}$ p	21 · 6			51 $\frac{1}{4}$ p
17 · 14			61 $\frac{3}{8}$ p	21 · 8			51 $\frac{1}{8}$ m
17 · 16			61 $\frac{7}{16}$ m	21 · 10			50 $\frac{3}{8}$ m
17 · 18			61 $\frac{1}{16}$ p	21 · 12			50 $\frac{5}{8}$ m
18 ·			60 $\frac{3}{4}$ m	21 · 14			50 $\frac{3}{8}$ p
18 · 2			60 $\frac{7}{16}$ m	21 · 16			50 $\frac{1}{16}$ m
18 · 4			60 $\frac{1}{16}$ p	21 · 18			49 $\frac{13}{16}$ m
18 · 6			59 $\frac{3}{4}$ p	22 ·			49 $\frac{11}{16}$ p
18 · 8			59 $\frac{7}{16}$ m	22 · 2			49 $\frac{1}{4}$ m
18 · 10			59 $\frac{1}{8}$ m	22 · 4			49 $\frac{1}{4}$ p
18 · 12			58 $\frac{13}{16}$ m	22 · 6			49 $\frac{1}{16}$ m
18 · 14			58 $\frac{1}{2}$ m	22 · 8			48 $\frac{13}{16}$ p
18 · 16			58 $\frac{3}{16}$ m	22 · 10			48 $\frac{1}{2}$ m
18 · 18			57 $\frac{7}{8}$ m	22 · 12			48 $\frac{3}{8}$ p
19 ·			57 $\frac{7}{16}$ m	22 · 14			48 $\frac{1}{16}$ m
19 · 2			57 $\frac{1}{4}$ m	22 · 16			47 $\frac{13}{16}$ p
19 · 4			56 $\frac{15}{16}$ p	22 · 18			47 $\frac{5}{8}$ m
19 · 6			56 $\frac{5}{8}$ p	23 ·			47 $\frac{9}{16}$ m
19 · 8			56 $\frac{3}{8}$ m	23 · 2			47 $\frac{1}{8}$ p
19 · 10			56 $\frac{1}{16}$ p	23 · 4			47 $\frac{1}{8}$ p
19 · 12			55 $\frac{13}{16}$ m	23 · 6			46 $\frac{15}{16}$ m
19 · 14			55 $\frac{1}{2}$ p	23 · 8			46 $\frac{3}{4}$ m
19 · 16			55 $\frac{1}{4}$ m	23 · 10			46 $\frac{1}{2}$ p
19 · 18			54 $\frac{11}{16}$ p	23 · 12			46 $\frac{1}{16}$ p
20 ·			54 $\frac{11}{16}$ m	23 · 14			46 $\frac{1}{8}$ p
20 · 2			54 $\frac{3}{8}$ p	23 · 16			45 $\frac{13}{16}$ p
20 · 4			54 $\frac{1}{8}$ p	23 · 18			45 $\frac{1}{2}$ p
20 · 6			53 $\frac{7}{8}$ m	24 ·			45 $\frac{9}{16}$ m
20 · 8			53 $\frac{3}{8}$ m	24 · 2			45 $\frac{3}{8}$ m
20 · 10			53 $\frac{5}{16}$ p	24 · 4			45 $\frac{3}{16}$ m
20 · 12			53 $\frac{1}{8}$ p	24 · 6			45 m
20 · 14			52 $\frac{13}{16}$ p	24 · 8			44 $\frac{13}{16}$ p
20 · 16			52 $\frac{7}{16}$ p	24 · 10			44 $\frac{1}{8}$ p
20 · 18			52 $\frac{5}{16}$ p	24 · 12			44 $\frac{1}{16}$ p
21 ·			52 $\frac{1}{16}$ p	24 · 14			44 $\frac{1}{4}$ p

Tome II.

COMBINAISON GENERALE

PARIS, L'ESPAGNE, AMSTERDAM.

Paris sur l'Espag.	Amster. sur Madrid.	Amster. sur Cadix.	Rend à Amster.	Paris sur l'Espag.	Amster. sur Madrid.	Amster. sur Cadix.	Rend à Amster.
10·	100 $\frac{3}{4}$	125 $\frac{15}{16}$	109 $\frac{5}{8}$ m	13·14	100 $\frac{3}{4}$	125 $\frac{15}{16}$	80 p
10· 2			108 $\frac{1}{2}$ p	13·16			79 $\frac{7}{16}$ m
10· 4			107 $\frac{7}{16}$ p	13·18			78 $\frac{7}{16}$ m
10· 6			106 $\frac{7}{16}$ m	14·			78 $\frac{3}{16}$ m
10· 8			105 $\frac{3}{8}$ p	14· 2			77 $\frac{1}{2}$ m
10·10			104 $\frac{3}{16}$ p	14· 4			77 $\frac{3}{16}$ p
10·12			103 $\frac{7}{16}$ m	14· 6			76 $\frac{1}{2}$ p
10·14			102 $\frac{7}{16}$ p	14· 8			76 $\frac{1}{8}$ m
10·16			101 $\frac{1}{2}$ m	14·10			75 $\frac{1}{2}$ m
10·18			100 $\frac{9}{16}$ p	14·12			75 $\frac{1}{16}$ p
11·			99 $\frac{5}{8}$ p	14·14			74 $\frac{9}{16}$ p
11· 2			98 $\frac{3}{4}$ p	14·16			74 $\frac{1}{16}$ p
11· 4			97 $\frac{7}{8}$ m	14·18			73 $\frac{2}{16}$ p
11· 6			97 p	15·			73 $\frac{1}{16}$ p
11· 8			96 $\frac{1}{8}$ p	15· 2			72 $\frac{9}{16}$ p
11·10			95 $\frac{5}{16}$ p	15· 4			72 $\frac{1}{8}$ m
11·12			94 $\frac{1}{2}$ m	15· 6			71 $\frac{1}{8}$ p
11·14			93 $\frac{11}{16}$ p	15· 8			71 $\frac{1}{16}$ m
11·16			92 $\frac{7}{8}$ p	15·10			70 $\frac{1}{2}$ m
11·18			92 $\frac{1}{8}$ m	15·12			70 $\frac{1}{4}$ p
12·			91 $\frac{9}{8}$ m	15·14			69 $\frac{13}{16}$ m
12· 2			90 $\frac{7}{16}$ p	15·16			69 $\frac{3}{8}$ p
12· 4			89 $\frac{7}{8}$ m	15·18			68 $\frac{15}{16}$ p
12· 6			89 $\frac{1}{8}$ m	16·			68 $\frac{1}{2}$ p
12· 8			88 $\frac{3}{8}$ p	16· 2			68 $\frac{1}{16}$ p
12·10			87 $\frac{11}{16}$ p	16· 4			67 $\frac{11}{16}$ m
12·12			87 m	16· 6			67 $\frac{1}{4}$ m
12·14			86 $\frac{5}{16}$ m	16· 8			66 $\frac{13}{16}$ p
12·16			85 $\frac{5}{8}$ p	16·10			66 $\frac{7}{16}$ m
12·18			85 m	16·12			66 $\frac{1}{16}$ m
13·			84 $\frac{5}{16}$ p	16·14			65 p
13· 2			83 $\frac{11}{16}$ m	16·16			65 $\frac{1}{16}$ m
13· 4			83 $\frac{1}{16}$ m	16·18			64 $\frac{3}{8}$ m
13· 6			82 $\frac{7}{16}$ m	17·			64 $\frac{1}{2}$ m
13· 8			81 $\frac{13}{16}$ m	17· 2			64 m
13·10			81 $\frac{3}{16}$ p	17· 4			63 m
13·12			80 $\frac{1}{8}$ m	17· 6			63 $\frac{1}{8}$ m

DES CHANGES.

PARIS, L'ESPAGNE, AMSTERDAM.

Paris sur l'Espag.	Amster. sur Madrid.	Amster. sur Cadix.	Rend à Amster.	Paris sur l'Espag.	Amster. sur Madrid.	Amster. sur Cadix.	Rend à Amster.
17 . 8	100 $\frac{3}{4}$	125 $\frac{15}{16}$	63 m	21 . 2	100 $\frac{3}{4}$	125 $\frac{15}{16}$	51 $\frac{15}{16}$ p
17 . 10			62 $\frac{5}{8}$ p	21 . 4			51 $\frac{11}{16}$ p
17 . 12			62 $\frac{1}{16}$ m	21 . 6			51 $\frac{7}{16}$ p
17 . 14			61 $\frac{13}{16}$ m	21 . 8			51 $\frac{1}{4}$ m
17 . 16			61 $\frac{9}{16}$ p	21 . 10			51 m
17 . 18			61 $\frac{1}{4}$ m	21 . 12			50 $\frac{3}{4}$ m
18 .			60 $\frac{9}{8}$ p	21 . 14			50 $\frac{1}{2}$ p
18 . 2			60 $\frac{9}{16}$ m	21 . 16			50 $\frac{5}{16}$ m
18 . 4			60 $\frac{1}{4}$ m	21 . 18			50 $\frac{1}{16}$ m
18 . 6			59 $\frac{7}{8}$	22 .			49 $\frac{13}{16}$ p
18 . 8			59 $\frac{1}{16}$	22 . 2			49 $\frac{5}{8}$ m
18 . 10			59 $\frac{1}{4}$ p	22 . 4			49 $\frac{3}{8}$ p
18 . 12			58 $\frac{15}{16}$ m	22 . 6			49 $\frac{1}{8}$ p
18 . 14			58 $\frac{5}{8}$ m	22 . 8			48 $\frac{15}{16}$ m
18 . 16			58 $\frac{1}{16}$ m	22 . 10			48 $\frac{11}{16}$ p
18 . 18			58 m	22 . 12			48 $\frac{1}{2}$ p
19 .			57 $\frac{11}{16}$ p	22 . 14			48 $\frac{5}{16}$ m
19 . 2			57 $\frac{3}{8}$ p	22 . 16			48 $\frac{1}{16}$ p
19 . 4			57 $\frac{1}{16}$ p	22 . 18			47 $\frac{7}{8}$ m
19 . 6			56 $\frac{13}{16}$ m	23 .			47 $\frac{11}{16}$ m
19 . 8			56 $\frac{1}{2}$ p	23 . 2			47 $\frac{7}{16}$ p
19 . 10			56 $\frac{3}{16}$ p	23 . 4			47 $\frac{1}{4}$ m
19 . 12			55 $\frac{15}{16}$ m	23 . 6			47 $\frac{1}{16}$ m
19 . 14			55 $\frac{5}{8}$ p	23 . 8			46 $\frac{7}{8}$ m
19 . 16			55 $\frac{5}{8}$ m	23 . 10			46 $\frac{1}{2}$ p
19 . 18			55 $\frac{1}{16}$ p	23 . 12			46 $\frac{7}{16}$ p
20 .			54 $\frac{13}{16}$ m	23 . 14			46 $\frac{1}{4}$ p
20 . 2			54 $\frac{9}{16}$ m	23 . 16			46 $\frac{1}{16}$ m
20 . 4			54 $\frac{1}{4}$ p	23 . 18			45 $\frac{7}{8}$
20 . 6			54 m	24 .			45 $\frac{11}{16}$ m
20 . 8			53 $\frac{3}{4}$ p	24 . 2			45 $\frac{1}{2}$ m
20 . 10			53 $\frac{1}{2}$ m	24 . 4			45 $\frac{5}{16}$ m
20 . 12			53 $\frac{3}{16}$ p	24 . 6			45 $\frac{1}{8}$ m
20 . 14			52 $\frac{15}{16}$ p	24 . 8			44 $\frac{15}{16}$ m
20 . 16			52 $\frac{11}{16}$ p	24 . 10			44 $\frac{3}{4}$ m
20 . 18			52 $\frac{7}{16}$ p	24 . 12			44 $\frac{9}{16}$ m
21 .			52 $\frac{3}{16}$ p	24 . 14			44 $\frac{3}{8}$ p

COMBINAISON GENERALE

PARIS, L'ESPAGNE, AMSTERDAM.

Paris sur l'Espag.	Amster. sur Madrid.	Amster. sur Cadix.	Rend à Amster.	Paris sur l'Espag.	Amster. sur Madrid.	Amster. sur Cadix.	Rend à Amster.
10 ·	101	126 $\frac{1}{4}$	109 $\frac{7}{8}$ p	13 · 14	101	126 $\frac{1}{4}$	80 $\frac{1}{16}$ p
10 · 2			108 $\frac{13}{16}$ m	13 · 16			79 $\frac{1}{2}$ p
10 · 4			107 $\frac{3}{4}$ m	13 · 18			79 $\frac{1}{16}$ m
10 · 6			106 $\frac{11}{16}$ m	14 ·			78 $\frac{1}{2}$ m
10 · 8			105 $\frac{11}{16}$ m	14 · 2			77 $\frac{15}{16}$ m
10 · 10			104 $\frac{3}{8}$ p	14 · 4			77 $\frac{3}{8}$ p
10 · 12			103 $\frac{11}{16}$ m	14 · 6			76 $\frac{7}{8}$ p
10 · 14			102 $\frac{11}{16}$ p	14 · 8			76 $\frac{5}{16}$ p
10 · 16			101 $\frac{3}{4}$ m	14 · 10			75 $\frac{13}{16}$ p
10 · 18			100 $\frac{13}{16}$ p	14 · 12			75 $\frac{1}{4}$ p
11 ·			99 $\frac{7}{8}$ p	14 · 14			74 $\frac{3}{4}$ p
11 · 2			99 m	14 · 16			74 $\frac{1}{4}$ p
11 · 4			98 $\frac{1}{8}$ m	14 · 18			73 $\frac{3}{4}$ p
11 · 6			97 $\frac{1}{4}$ m	15 ·			73 $\frac{1}{4}$ p
11 · 8			96 $\frac{3}{8}$ p	15 · 2			72 $\frac{3}{4}$ p
11 · 10			95 $\frac{9}{16}$ m	15 · 4			72 $\frac{1}{4}$ p
11 · 12			94 $\frac{3}{4}$ m	15 · 6			71 $\frac{13}{16}$ p
11 · 14			93 $\frac{15}{16}$ m	15 · 8			71 $\frac{3}{8}$ m
11 · 16			93 $\frac{1}{8}$ p	15 · 10			70 $\frac{7}{8}$ p
11 · 18			92 $\frac{5}{16}$ p	15 · 12			70 $\frac{7}{16}$ p
12 ·			91 $\frac{9}{16}$ p	15 · 14			70 m
12 · 2			90 $\frac{13}{16}$ p	15 · 16			69 $\frac{9}{16}$ m
12 · 4			90 $\frac{1}{16}$ p	15 · 18			69 $\frac{5}{8}$ m
12 · 6			89 $\frac{5}{16}$ p	16 ·			68 $\frac{5}{8}$ m
12 · 8			88 $\frac{5}{8}$ m	16 · 2			68 $\frac{1}{4}$ p
12 · 10			87 $\frac{15}{16}$ m	16 · 4			67 $\frac{13}{16}$ p
12 · 12			87 $\frac{3}{16}$ p	16 · 6			67 $\frac{7}{16}$ p
12 · 14			86 $\frac{1}{2}$ p	16 · 8			67 p
12 · 16			85 $\frac{7}{8}$ m	16 · 10			66 $\frac{5}{8}$ m
12 · 18			85 $\frac{3}{16}$ m	16 · 12			66 $\frac{1}{4}$ p
13 ·			84 $\frac{1}{2}$ p	16 · 14			65 $\frac{13}{16}$ m
13 · 2			83 $\frac{7}{8}$ p	16 · 16			65 $\frac{7}{16}$ m
13 · 4			83 $\frac{1}{4}$ m	16 · 18			65 p
13 · 6			82 $\frac{5}{8}$ m	17 ·			64 $\frac{5}{8}$ p
13 · 8			82 p	17 · 2			64 $\frac{1}{4}$ p
13 · 10			81 $\frac{3}{8}$ p	17 · 4			63 $\frac{7}{8}$ p
13 · 12			80 $\frac{13}{16}$ m	17 · 6			63 $\frac{1}{2}$ p

DES CHANGES. 213

PARIS, L'ESPAGNE, AMSTERDAM.

Paris sur l'Espag.	Amster. sur Madrid.	Amster. sur Cadix.	Rend à Amster.	Paris sur l'Espag.	Amster. sur Madrid.	Amster. sur Cadix.	Rend à Amster.
17. 8	101	$126\frac{1}{4}$	$63\frac{1}{8}$ p	21. 2	101	$126\frac{1}{4}$	$52\frac{1}{16}$ p
17.10	....	....	$62\frac{13}{16}$ m	21. 4	....	....	$51\frac{13}{16}$ p
17.12	....	....	$62\frac{7}{16}$ m	21. 6	....	....	$51\frac{9}{16}$ p
17.14	....	....	$62\frac{1}{16}$ p	21. 8	....	....	$51\frac{3}{8}$ m
17.16	....	....	$61\frac{3}{4}$ m	21.10	....	....	$51\frac{1}{8}$ m
17.18	....	....	$61\frac{3}{8}$ p	21.12	....	....	$50\frac{7}{8}$ m
18.	....	....	$61\frac{1}{16}$ m	21.14	....	....	$50\frac{5}{8}$ p
18. 2	....	....	$60\frac{11}{16}$ p	21.16	....	....	$50\frac{7}{16}$ m
18. 4	....	....	$60\frac{3}{8}$ p	21.18	....	....	$50\frac{3}{16}$ m
18. 6	....	....	$60\frac{1}{8}$ m	22.	....	....	$49\frac{15}{16}$ p
18. 8	....	....	$59\frac{3}{4}$ m	22. 2	....	....	$49\frac{3}{4}$ m
18.10	....	....	$59\frac{3}{8}$ p	22. 4	....	....	$49\frac{1}{2}$ m
18.12	....	....	$59\frac{1}{16}$ p	22. 6	....	....	$49\frac{1}{4}$ p
18.14	....	....	$58\frac{3}{4}$ p	22. 8	....	....	$49\frac{1}{16}$ m
18.16	....	....	$58\frac{7}{16}$ p	22.10	....	....	$48\frac{13}{16}$ p
18.18	....	....	$58\frac{1}{8}$ p	22.12	....	....	$48\frac{5}{8}$ m
19.	....	....	$57\frac{13}{16}$ p	22.14	....	....	$48\frac{1}{16}$ m
19. 2	....	....	$57\frac{9}{16}$ m	22.16	....	....	$48\frac{3}{16}$ p
19. 4	....	....	$57\frac{1}{4}$ m	22.18	....	....	48 m
19. 6	....	....	$56\frac{15}{16}$ m	23.	....	....	$47\frac{3}{4}$ p
19. 8	....	....	$56\frac{5}{8}$ p	23. 2	....	....	$47\frac{7}{16}$ p
19.10	....	....	$56\frac{3}{8}$ m	23. 4	....	....	$47\frac{5}{16}$ m
19.12	....	....	$56\frac{1}{16}$ p	23. 6	....	....	$47\frac{3}{16}$ m
19.14	....	....	$55\frac{3}{4}$ p	23. 8	....	....	$46\frac{13}{16}$ p
19.16	....	....	$55\frac{1}{2}$ p	23.10	....	....	$46\frac{5}{8}$ m
19.18	....	....	$55\frac{1}{4}$ m	23.12	....	....	$46\frac{7}{16}$ p
20.	....	....	$54\frac{15}{16}$ p	23.14	....	....	$46\frac{3}{8}$ m
20. 2	....	....	$54\frac{11}{16}$ m	23.16	....	....	$46\frac{3}{16}$ m
20. 4	....	....	$54\frac{3}{8}$ p	23.18	....	....	46 m
20. 6	....	....	$54\frac{1}{8}$ p	24.	....	....	$45\frac{13}{16}$ m
20. 8	....	....	$53\frac{7}{8}$ m	24. 2	....	....	$45\frac{5}{8}$ m
20.10	....	....	$53\frac{5}{8}$ m	24. 4	....	....	$45\frac{7}{16}$ m
20.12	....	....	$53\frac{5}{16}$ p	24. 6	....	....	$45\frac{1}{4}$ m
20.14	....	....	$53\frac{1}{16}$ p	24. 8	....	....	$45\frac{1}{16}$ m
20.16	....	....	$52\frac{13}{16}$ p	24.10	....	....	$44\frac{7}{8}$ m
20.18	....	....	$52\frac{9}{16}$ p	24.12	....	....	$44\frac{11}{16}$ m
21.	....	....	$52\frac{1}{16}$ p	24.14	....	....	$44\frac{1}{2}$ m

COMBINAISON GENERALE

PARIS, L'ESPAGNE, AMSTERDAM.

Paris sur l'Espag.	Amster. sur Madrid.	Amster. sur Cadix.	Rend à Amster.	Paris sur l'Espag.	Amster. sur Madrid.	Amster. sur Cadix.	Rend à Amster.
10·	101 $\frac{1}{4}$	126 $\frac{9}{16}$	110 $\frac{3}{16}$ m	13·14	101 $\frac{1}{4}$	126 $\frac{9}{16}$	80 $\frac{7}{16}$ m
10· 2			109 $\frac{1}{16}$ p	13·16			79 $\frac{13}{16}$ p
10· 4			108	13·18			79 $\frac{1}{4}$ p
10· 6			106 $\frac{15}{16}$ p	14·			78 $\frac{11}{16}$ m
10· 8			105 $\frac{15}{16}$ m	14· 2			78 $\frac{1}{8}$ p
10·10			104 $\frac{15}{16}$ m	14· 4			77 $\frac{9}{16}$ p
10·12			103 $\frac{15}{16}$ m	14· 6			77 $\frac{1}{16}$ m
10·14			102 $\frac{15}{16}$ p	14· 8			76 $\frac{1}{2}$
10·16			102	14·10			76 m
10·18			101 $\frac{1}{16}$ p	14·12			75 $\frac{7}{16}$ p
11·			100 $\frac{1}{8}$ p	14·14			74 $\frac{15}{16}$ p
11· 2			99 $\frac{1}{4}$ m	14·16			74 $\frac{7}{16}$ m
11· 4			98 $\frac{3}{8}$ m	14·18			73 $\frac{15}{16}$ m
11· 6			97 $\frac{1}{2}$ m	15·			73 $\frac{7}{16}$ p
11· 8			96 $\frac{5}{8}$ p	15· 2			72 $\frac{15}{16}$ p
11·10			95 $\frac{13}{16}$ m	15· 4			72 $\frac{1}{2}$ m
11·12			94 $\frac{15}{16}$ p	15· 6			72
11·14			94 $\frac{1}{8}$ p	15· 8			71 $\frac{9}{16}$ p
11·16			93 $\frac{3}{8}$ m	15·10			71 $\frac{1}{16}$ p
11·18			92 $\frac{9}{16}$ p	15·12			70 $\frac{5}{8}$ m
12·			91 $\frac{13}{18}$ m	15·14			70 $\frac{3}{16}$ m
12· 2			91 $\frac{1}{16}$ m	15·16			69 $\frac{3}{4}$ p
12· 4			90 $\frac{1}{16}$ m	15·18			69 $\frac{1}{16}$ m
12· 6			89 $\frac{9}{16}$ m	16·			68 $\frac{7}{8}$ m
12· 8			88 $\frac{13}{16}$ p	16· 2			68 $\frac{7}{16}$ m
12·10			88 $\frac{1}{8}$ p	16· 4			68
12·12			87 $\frac{7}{16}$ m	16· 6			67 $\frac{9}{16}$ p
12·14			86 $\frac{3}{4}$ m	16· 8			67 $\frac{3}{16}$ m
12·16			86 $\frac{1}{16}$ p	16·10			66 $\frac{3}{4}$ p
12·18			85 $\frac{3}{8}$ p	16·12			66 $\frac{3}{8}$ m
13·			84 $\frac{3}{4}$ m	16·14			65 $\frac{15}{16}$ p
13· 2			84 $\frac{1}{16}$ p	16·16			65 $\frac{9}{16}$ p
13· 4			83 $\frac{7}{16}$ p	16·18			65 $\frac{3}{16}$ m
13· 6			82 $\frac{13}{16}$ p	17·			64 $\frac{13}{16}$ m
13· 8			82 $\frac{3}{16}$ p	17· 2			64 $\frac{7}{16}$ m
13·10			81 $\frac{3}{8}$ m	17· 4			64 $\frac{1}{16}$ m
13·12			81	17· 6			63 $\frac{11}{16}$ m

DES CHANGES.

PARIS, L'ESPAGNE, AMSTERDAM.

Paris sur l'Espag.	Amster. sur Madrid.	Amster. sur Cadix.	Rend à Amster.	Paris sur l'Espag.	Amster. sur Madrid.	Amster. sur Cadix.	Rend à Amster.
17 · 8	101 $\frac{1}{4}$	126 $\frac{9}{16}$	63 $\frac{5}{16}$ m	21 · 2	101 $\frac{1}{4}$	126 $\frac{9}{16}$	52 $\frac{3}{16}$ p
17 · 10			62 $\frac{13}{16}$ p	21 · 4			51 $\frac{13}{16}$ p
17 · 12			62 $\frac{9}{16}$ p	21 · 6			51 $\frac{11}{16}$ p
17 · 14			62 $\frac{1}{4}$ m	21 · 8			51 $\frac{1}{2}$ m
17 · 16			61 $\frac{7}{8}$ p	21 · 10			51 $\frac{1}{4}$ m
17 · 18			61 $\frac{9}{16}$ m	21 · 12			51
18 ·			61 $\frac{3}{16}$ p	21 · 14			50 $\frac{3}{4}$ p
18 · 2			60 $\frac{7}{8}$ m	21 · 16			50 $\frac{9}{16}$ m
18 · 4			60 $\frac{1}{2}$ p	21 · 18			50 $\frac{5}{16}$ m
18 · 6			60 $\frac{1}{16}$ p	22 ·			50 $\frac{1}{16}$ p
18 · 8			59 $\frac{7}{8}$ m	22 · 2			49 $\frac{7}{8}$ m
18 · 10			59 $\frac{9}{16}$ m	22 · 4			49 $\frac{5}{8}$ m
18 · 12			59 $\frac{1}{4}$ m	22 · 6			49 $\frac{3}{8}$ p
18 · 14			58 $\frac{15}{16}$ m	22 · 8			49 $\frac{3}{16}$ m
18 · 16			58 $\frac{5}{8}$ m	22 · 10			48 $\frac{15}{16}$ p
18 · 18			58 $\frac{5}{16}$ m	22 · 12			48 $\frac{3}{4}$ m
19 ·			58 m	22 · 14			48 $\frac{1}{2}$ p
19 · 2			57 $\frac{11}{16}$ m	22 · 16			48 $\frac{5}{16}$ p
19 · 4			57 $\frac{3}{8}$	22 · 18			48 $\frac{1}{8}$ m
19 · 6			57 $\frac{1}{16}$ p	23 ·			47 $\frac{7}{8}$ p
19 · 8			56 $\frac{13}{16}$ m	23 · 2			47 $\frac{11}{16}$ p
19 · 10			56 $\frac{1}{2}$ p	23 · 4			47 $\frac{1}{2}$ m
19 · 12			56 $\frac{1}{4}$ p	23 · 6			47 $\frac{5}{16}$ p
19 · 14			55 $\frac{15}{16}$ m	23 · 8			47 $\frac{1}{16}$ p
19 · 16			55 $\frac{5}{8}$ p	23 · 10			46 $\frac{7}{8}$ p
19 · 18			55 $\frac{3}{8}$ m	23 · 12			46 $\frac{11}{16}$ m
20 ·			55 $\frac{1}{16}$ p	23 · 14			46 $\frac{1}{2}$ m
20 · 2			54 $\frac{13}{16}$ m	23 · 16			46 $\frac{5}{16}$ m
20 · 4			54 $\frac{9}{16}$ m	23 · 18			46 $\frac{1}{16}$ p
20 · 6			54 $\frac{1}{4}$ p	24 ·			45 $\frac{7}{8}$ p
20 · 8			54	24 · 2			45 $\frac{11}{16}$ p
20 · 10			53 $\frac{3}{4}$ m	24 · 4			45 $\frac{1}{2}$ p
20 · 12			53 $\frac{1}{2}$ m	24 · 6			45 $\frac{5}{16}$ p
20 · 14			53 $\frac{3}{16}$ p	24 · 8			45 $\frac{1}{8}$ p
20 · 16			52 $\frac{13}{16}$ p	24 · 10			44 $\frac{15}{16}$ p
20 · 18			52 $\frac{11}{16}$ p	24 · 12			44 $\frac{3}{4}$ p
21 ·			52 $\frac{7}{16}$ p	24 · 14			44 $\frac{1}{8}$ m

216 COMBINAISON GENERALE

PARIS, L'ESPAGNE, AMSTERDAM.

Paris sur l'Espag.	Amster. sur Madrid.	Amster. sur Cadix.	Rend à Amster.	Paris sur l'Espag.	Amster. sur Madrid.	Amster. sur Cadix.	Rend à Amster.
10·	101 $\frac{1}{2}$	126 $\frac{7}{8}$	110 $\frac{7}{16}$ m	13·14	101 $\frac{1}{2}$	126 $\frac{7}{8}$	80 $\frac{5}{8}$ m
10· 2			109 $\frac{9}{16}$ p	13·16			80 p
10· 4			108 $\frac{1}{4}$ p	13·18			79 $\frac{7}{16}$ p
10· 6			107 $\frac{3}{16}$ p	14·			78 $\frac{7}{8}$ p
10· 8			106 $\frac{3}{16}$ m	14· 2			78 $\frac{1}{16}$ p
10·10			105 $\frac{3}{16}$ m	14· 4			77 $\frac{3}{8}$ p
10·12			104 $\frac{1}{16}$ m	14· 6			77 $\frac{1}{4}$ m
10·14			103 $\frac{3}{16}$ p	14· 8			76 $\frac{11}{16}$ p
10·16			102 $\frac{1}{4}$ p	14·10			76 $\frac{3}{16}$ m
10·18			101 $\frac{5}{16}$ p	14·12			75 $\frac{5}{8}$ p
11·			100 $\frac{3}{8}$ p	14·14			75 $\frac{1}{8}$ m
11· 2			99 $\frac{1}{2}$ m	14·16			74 m
11· 4			98 $\frac{5}{8}$ m	14·18			74 $\frac{1}{8}$ p
11· 6			97 $\frac{3}{4}$ m	15·			73 m
11· 8			96 $\frac{7}{8}$ m	15· 2			73 $\frac{1}{8}$ p
11·10			96 p	15· 4			72 p
11·12			95 $\frac{3}{16}$ p	15· 6			72 $\frac{3}{16}$ m
11·14			94 $\frac{3}{8}$ p	15· 8			71 $\frac{11}{16}$ p
11·16			93 $\frac{9}{16}$ p	15·10			71 $\frac{1}{4}$ p
11·18			92 $\frac{13}{16}$ m	15 12			70 $\frac{13}{16}$ m
12·			92 p	15·14			70 $\frac{5}{16}$ p
12· 2			91 $\frac{1}{4}$ p	15·16			69 $\frac{7}{8}$ p
12· 4			90 $\frac{1}{2}$ p	15·18			69 $\frac{7}{16}$ p
12· 6			89 $\frac{13}{16}$ m	16·			69 p
12· 8			89 $\frac{1}{16}$ m	16· 2			68 $\frac{9}{16}$ p
12·10			88 $\frac{3}{8}$ m	16· 4			68 $\frac{1}{16}$ m
12·12			87 $\frac{5}{8}$ p	16· 6			67 $\frac{3}{4}$ m
12·14			86 $\frac{15}{16}$ p	16· 8			67 $\frac{5}{16}$ p
12·16			86 $\frac{1}{4}$ p	16·10			66 $\frac{15}{16}$ p
12·18			85 $\frac{5}{8}$ m	16·12			66 $\frac{1}{2}$ p
13·			84 $\frac{15}{16}$ p	16·14			66 p
13· 2			84 $\frac{1}{16}$ m	16·16			65 m
13· 4			83 $\frac{11}{16}$ m	16·18			65 $\frac{5}{8}$ m
13· 6			83 $\frac{1}{16}$ m	17·			64 $\frac{13}{16}$ p
13· 8			82 $\frac{7}{16}$ m	17· 2			64 $\frac{5}{16}$ p
13·10			81 $\frac{13}{16}$ m	17· 4			64 $\frac{1}{16}$ p
13·12			81 $\frac{3}{16}$ p	17· 6			63 $\frac{13}{16}$ p

DES CHANGES.

PARIS, L'ESPAGNE, AMSTERDAM.

Paris sur l'Espag.	Amster. sur Madrid.	Amster. sur Cadix.	Rend à Amster.	Paris sur l'Espag.	Amster. sur Madrid.	Amster. sur Cadix.	Rend à Amster.
17 . 8	$101\frac{1}{2}$	$126\frac{7}{8}$	$63\frac{7}{16}$ p	21 . 2	$101\frac{1}{2}$	$126\frac{7}{8}$	$52\frac{5}{16}$ p
17 . 10			$63\frac{1}{8}$ m	21 . 4			$52\frac{1}{16}$ p
17 . 12			$62\frac{3}{4}$ m	21 . 6			$51\frac{7}{8}$ m
17 . 14			$62\frac{3}{8}$ p	21 . 8			$51\frac{3}{8}$ m
17 . 16			$62\frac{1}{16}$ m	21 . 10			$51\frac{3}{8}$ m
17 . 18			$61\frac{11}{16}$ p	21 . 12			$51\frac{1}{8}$ p
18 .			$61\frac{3}{8}$ m	21 . 14			$50\frac{7}{8}$ p
18 . 2			61 p	21 . 16			$50\frac{11}{16}$ m
18 . 4			$60\frac{11}{16}$ m	21 . 18			$50\frac{7}{16}$ p
18 . 6			$60\frac{3}{8}$ m	22 .			$50\frac{3}{16}$ p
18 . 8			60 p	22 . 2			50 m
18 . 10			$59\frac{11}{16}$ p	22 . 4			$49\frac{3}{4}$ m
18 . 12			$59\frac{3}{8}$ m	22 . 6			$49\frac{1}{2}$ p
18 . 14			$59\frac{1}{16}$ m	22 . 8			$49\frac{5}{16}$ m
18 . 16			$58\frac{3}{4}$ m	22 . 10			$49\frac{1}{16}$ p
18 . 18			$58\frac{7}{16}$ m	22 . 12			$48\frac{7}{8}$ p
19 .			$58\frac{1}{8}$ p	22 . 14			$48\frac{3}{8}$ p
19 . 2			$57\frac{13}{16}$ p	22 . 16			$48\frac{3}{8}$ p
19 . 4			$57\frac{1}{2}$ p	22 . 18			$48\frac{1}{4}$ m
19 . 6			$57\frac{3}{16}$ p	23 .			48 p
19 . 8			$56\frac{15}{16}$ m	23 . 2			$47\frac{13}{16}$ m
19 . 10			$56\frac{5}{8}$ p	23 . 4			$47\frac{1}{2}$ m
19 . 12			$56\frac{5}{16}$ p	23 . 6			$47\frac{3}{8}$ p
19 . 14			$56\frac{1}{16}$ m	23 . 8			$47\frac{3}{16}$ p
19 . 16			$55\frac{3}{4}$ p	23 . 10			47 m
19 . 18			$55\frac{1}{2}$ m	23 . 12			$46\frac{13}{16}$ m
20 .			$55\frac{3}{16}$ p	23 . 14			$46\frac{5}{8}$ p
20 . 2			$54\frac{15}{16}$ p	23 . 16			$46\frac{3}{8}$ p
20 . 4			$54\frac{11}{16}$ m	23 . 18			$46\frac{3}{16}$ p
20 . 6			$54\frac{3}{8}$ p	24 .			46 p
20 . 8			$54\frac{1}{8}$ p	24 . 2			$45\frac{13}{16}$ p
20 . 10			$53\frac{7}{8}$ m	24 . 4			$45\frac{5}{8}$ p
20 . 12			$53\frac{5}{8}$ m	24 . 6			$45\frac{7}{16}$ p
20 . 14			$53\frac{3}{8}$ m	24 . 8			$45\frac{1}{4}$ p
20 . 16			$53\frac{1}{8}$ p	24 . 10			$45\frac{1}{16}$ p
20 . 18			$52\frac{13}{16}$ p	24 . 12			$44\frac{7}{8}$ p
21 .			$52\frac{9}{16}$ p	24 . 14			$44\frac{11}{16}$ p

Tome II.

COMBINAISON GENERALE

PARIS, L'ESPAGNE, AMSTERDAM.

Paris sur l'Espag.	Amster. sur Madrid.	Amster. sur Cadix.	Rend à Amster.	Paris sur l'Espag.	Amster. sur Madrid.	Amster. sur Cadix.	Rend à Amster.
10·	101 $\frac{3}{4}$	127 $\frac{3}{16}$	110 $\frac{11}{16}$ p	13·14	101 $\frac{3}{4}$	127 $\frac{3}{16}$	80 $\frac{11}{16}$ m
10· 2			109 $\frac{5}{8}$ m	13·16			80 $\frac{1}{4}$ m
10· 4			108 $\frac{9}{16}$ m	13·18			79 $\frac{1}{8}$ p
10· 6			107 $\frac{1}{2}$ m	14·			79 $\frac{1}{16}$ p
10· 8			106 $\frac{7}{16}$ p	14· 2			78 $\frac{1}{2}$ p
10·10			105 $\frac{5}{16}$ m	14· 4			77 $\frac{15}{16}$ p
10·12			104 $\frac{7}{16}$ p	14· 6			77 $\frac{7}{16}$ p
10·14			103 $\frac{7}{16}$ p	14· 8			76 $\frac{7}{8}$ p
10·16			102 $\frac{1}{2}$ p	14·10			76 $\frac{8}{16}$ m
10·18			101 $\frac{9}{16}$ p	14·12			75 $\frac{13}{16}$ p
11·			100 $\frac{5}{8}$ p	14·14			75 $\frac{1}{16}$ m
11· 2			99 $\frac{3}{4}$ m	14·16			74 $\frac{13}{16}$ m
11· 4			98 $\frac{13}{16}$ p	14·18			74 $\frac{1}{16}$ p
11· 6			97 $\frac{12}{16}$ p	15·			73 $\frac{13}{16}$ m
11· 8			97 $\frac{1}{16}$ m	15· 2			73 $\frac{15}{16}$ m
11·10			96 $\frac{1}{4}$ p	15· 4			72 $\frac{15}{16}$ p
11·12			95 $\frac{7}{16}$ m	15· 6			72 $\frac{5}{8}$ m
11·14			94 $\frac{5}{8}$ m	15· 8			71 $\frac{7}{8}$ p
11·16			93 $\frac{13}{16}$ p	15·10			71 $\frac{7}{16}$ m
11·18			93 p	15·12			70 $\frac{13}{16}$ p
12·			92 $\frac{1}{4}$ p	15·14			70 $\frac{1}{2}$ p
12· 2			91 $\frac{1}{2}$ m	15·16			70 $\frac{1}{16}$ p
12· 4			90 $\frac{3}{4}$ m	15·18			69 $\frac{5}{8}$ p
12· 6			90 p	16·			69 $\frac{3}{16}$ m
12· 8			89 $\frac{1}{4}$ p	16· 2			68 $\frac{3}{4}$ p
12·10			88 $\frac{9}{16}$ p	16· 4			68 $\frac{5}{16}$ p
12·12			87 $\frac{7}{8}$ m	16· 6			67 $\frac{15}{16}$ p
12·14			87 $\frac{3}{16}$ m	16· 8			67 $\frac{1}{2}$ p
12·16			86 $\frac{1}{2}$ m	16·10			67 $\frac{1}{16}$ p
12·18			85 $\frac{13}{16}$ p	16·12			66 $\frac{11}{16}$ p
13·			85 $\frac{3}{16}$ p	16·14			66 $\frac{5}{16}$ m
13· 2			84 $\frac{1}{2}$ p	16·16			65 $\frac{7}{8}$ p
13· 4			83 $\frac{7}{8}$ m	16·18			65 p
13· 6			83 $\frac{1}{4}$ m	17·			65 $\frac{1}{8}$ m
13· 8			82 $\frac{5}{8}$ m	17· 2			64 $\frac{3}{4}$ m
13·10			82 p	17· 4			64 $\frac{3}{8}$ p
13·12			81 $\frac{3}{8}$ p	17· 6			64 m

DES CHANGES. 219

PARIS, L'ESPAGNE, AMSTERDAM.

Paris sur l'Espag.	Amster. sur Madrid.	Amster. sur Cadix.	Rend à Amster.	Paris sur l'Espag.	Amster. sur Madrid.	Amster. sur Cadix.	Rend à Amster.
17 . 8	101 $\frac{3}{4}$	127 $\frac{3}{16}$	63 $\frac{5}{16}$ m	21 . 2	101 $\frac{3}{4}$	127 $\frac{3}{16}$	52 $\frac{7}{16}$ p
17 . 10			63 $\frac{1}{8}$ p	21 . 4			52 $\frac{1}{4}$ m
17 . 12			62 $\frac{7}{8}$ p	21 . 6			52 m
17 . 14			62 $\frac{9}{16}$ m	21 . 8			51 $\frac{3}{4}$ m
17 . 16			62 $\frac{3}{16}$ p	21 . 10			51 $\frac{1}{2}$ m
17 . 18			61 $\frac{7}{8}$ m	21 . 12			51 $\frac{1}{4}$ p
18 .			61 $\frac{1}{2}$ p	21 . 14			51 p
18 . 2			61 $\frac{3}{16}$ m	21 . 16			50 $\frac{13}{16}$ m
18 . 4			60 $\frac{13}{16}$ p	21 . 18			50 $\frac{9}{16}$ m
18 . 6			60 $\frac{1}{16}$ m	22 .			50 $\frac{5}{16}$ p
18 . 8			60 $\frac{1}{16}$ m	22 . 2			50 $\frac{1}{16}$ p
18 . 10			59 $\frac{13}{16}$ p	22 . 4			49 $\frac{7}{8}$ m
18 . 12			59 $\frac{1}{2}$ p	22 . 6			49 $\frac{5}{8}$ p
18 . 14			59 $\frac{3}{16}$ p	22 . 8			49 $\frac{7}{16}$ m
18 . 16			58 $\frac{7}{8}$ p	22 . 10			49 $\frac{3}{16}$ p
18 . 18			58 $\frac{9}{16}$ p	22 . 12			49 m
19 .			58 $\frac{1}{4}$ p	22 . 14			48 $\frac{3}{4}$ p
19 . 2			57 $\frac{15}{16}$ p	22 . 16			48 $\frac{9}{16}$ m
19 . 4			57 $\frac{11}{16}$ m	22 . 18			48 $\frac{5}{16}$ p
19 . 6			57 $\frac{6}{16}$ m	23 .			48 $\frac{1}{8}$ p
19 . 8			57 $\frac{1}{16}$ p	23 . 2			47 $\frac{13}{16}$ m
19 . 10			56 $\frac{3}{4}$ p	23 . 4			47 $\frac{11}{16}$ p
19 . 12			56 $\frac{1}{2}$ m	23 . 6			47 $\frac{1}{2}$ p
19 . 14			56 $\frac{3}{16}$ p	23 . 8			47 $\frac{5}{16}$ m
19 . 16			55 $\frac{15}{16}$ m	23 . 10			47 $\frac{1}{8}$ m
19 . 18			55 $\frac{5}{8}$ p	23 . 12			46 $\frac{15}{16}$ m
20 .			55 $\frac{3}{8}$ m	23 . 14			46 $\frac{11}{16}$ p
20 . 2			55 $\frac{1}{16}$ p	23 . 16			46 $\frac{1}{2}$ p
20 . 4			54 $\frac{13}{16}$ p	23 . 18			46 $\frac{5}{16}$ p
20 . 6			54 $\frac{9}{16}$ m	24 .			46 $\frac{1}{8}$ p
20 . 8			54 $\frac{1}{4}$ p	24 . 2			45 $\frac{15}{16}$ m
20 . 10			54 p	24 . 4			45 $\frac{3}{4}$ m
20 . 12			53 $\frac{3}{4}$ m	24 . 6			45 $\frac{9}{16}$ m
20 . 14			53 $\frac{1}{2}$ m	24 . 8			45 $\frac{3}{8}$ p
20 . 16			53 $\frac{1}{4}$ m	24 . 10			45 $\frac{3}{16}$ m
20 . 18			52 $\frac{15}{16}$ p	24 . 12			45 p
21			52 $\frac{11}{16}$ p	24 . 14			44 $\frac{13}{16}$ p

Ee ij

COMBINAISON GENERALE

PARIS, L'ESPAGNE, AMSTERDAM.

Paris sur l'Espag.	Amster. sur Madrid.	Amster. sur Cadix.	Rend à Amster.	Paris sur l'Espag.	Amster. sur Madrid.	Amster. sur Cadix.	Rend à Amster.
10·	102	127½	111 m	13·14	102	127½	81 p
10· 2			109 $\frac{7}{8}$ p	13·16			80 $\frac{7}{16}$ m
10· 4			108 $\frac{13}{16}$ m	13·18			79 $\frac{15}{16}$ p
10· 6			107 $\frac{3}{4}$ m	14·			79 $\frac{1}{4}$ p
10· 8			106 $\frac{11}{16}$ p	14· 2			78 $\frac{11}{16}$ m
10·10			105 $\frac{11}{16}$ p	14· 4			78 $\frac{1}{8}$ p
10·12			104 $\frac{11}{16}$ p	14· 6			77 $\frac{5}{8}$ p
10·14			103 $\frac{11}{16}$ p	14· 8			77 $\frac{1}{16}$ m
10·16			102 $\frac{3}{4}$ p	14·10			76 $\frac{9}{16}$ m
10·18			101 $\frac{13}{16}$ p	14·12			76
11·			100 $\frac{7}{8}$ p	14·14			75 $\frac{1}{2}$
11· 2			100 m	14·16			75 m
11· 4			99 $\frac{1}{16}$ p	14·18			74 $\frac{1}{2}$ p
11· 6			98 $\frac{3}{16}$ p	15·			74 m
11· 8			97 $\frac{3}{8}$ m	15· 2			73 $\frac{1}{2}$ m
11·10			96 $\frac{1}{2}$ p	15· 4			73 p
11·12			95 $\frac{11}{16}$ m	15· 6			72 $\frac{9}{16}$ m
11·14			94 $\frac{7}{8}$ m	15· 8			72 $\frac{1}{16}$ m
11·16			94 $\frac{1}{16}$ m	15·10			71 $\frac{5}{8}$ m
11·18			93 $\frac{1}{4}$ p	15·12			71 $\frac{1}{8}$ p
12·			92 $\frac{1}{2}$ m	15·14			70 $\frac{11}{16}$ m
12· 2			91 $\frac{11}{16}$ p	15·16			70 $\frac{1}{4}$ p
12· 4			90 $\frac{15}{16}$ p	15·18			69 $\frac{13}{16}$ p
12· 6			90 $\frac{1}{4}$ m	16·			69 $\frac{3}{8}$ m
12· 8			89 $\frac{1}{2}$ m	16· 2			68 $\frac{15}{16}$ m
12·10			88 $\frac{3}{4}$ p	16· 4			68 $\frac{1}{2}$ p
12·12			88 $\frac{1}{16}$ p	16· 6			68 $\frac{1}{16}$ p
12·14			87 $\frac{3}{8}$ p	16· 8			67 $\frac{11}{16}$ m
12·16			86 $\frac{11}{16}$ p	16·10			67 $\frac{1}{4}$ p
12·18			86 p	16·12			66 $\frac{7}{8}$ p
13·			85 $\frac{3}{8}$ m	16·14			66 $\frac{7}{16}$ p
13· 2			84 $\frac{11}{16}$ p	16·16			66 $\frac{1}{16}$ p
13· 4			84 $\frac{1}{16}$ p	16·18			65 $\frac{11}{16}$ m
13· 6			83 $\frac{7}{16}$ p	17·			65 $\frac{1}{4}$ p
13· 8			82 $\frac{13}{16}$ p	17· 2			64 $\frac{7}{8}$ p
13·10			82 $\frac{3}{16}$ p	17· 4			64 $\frac{1}{2}$ p
13·12			81 $\frac{5}{8}$ m	17· 6			64 $\frac{1}{8}$ p

DES CHANGES.

PARIS, L'ESPAGNE, AMSTERDAM.

Paris sur l'Espag.	Amster. sur Madrid.	Amster. sur Cadix.	Rend à Amster.	Paris sur l'Espag.	Amster. sur Madrid.	Amster. sur Cadix.	Rend à Amster.
17. 8	102	127 $\frac{1}{2}$	63 $\frac{3}{4}$ p	21. 2	102	127 $\frac{1}{2}$	52 $\frac{5}{16}$ m
17.10			63 $\frac{7}{16}$ m	21. 4			52 $\frac{3}{8}$ m
17.12			63 $\frac{1}{16}$ m	21. 6			52 $\frac{1}{16}$ m
17.14			62 $\frac{11}{16}$ p	21. 8			51 $\frac{5}{8}$ m
17.16			62 $\frac{3}{8}$ m	21.10			51 $\frac{1}{4}$ m
17.18			62 m	21.12			51 $\frac{1}{8}$ p
18.			61 $\frac{5}{8}$ p	21.14			51 $\frac{1}{8}$ p
18. 2			61 $\frac{5}{16}$ p	21.16			50 $\frac{15}{16}$ m
18. 4			61 m	21.18			50 $\frac{1}{16}$ m
18. 6			60 $\frac{5}{8}$ p	22.			50 $\frac{7}{16}$ p
18. 8			60 $\frac{3}{16}$ p	22. 2			50 $\frac{3}{16}$ p
18.10			60 m	22. 4			50 m
18.12			59 $\frac{11}{16}$ m	22. 6			49 $\frac{3}{4}$ p
18.14			59 $\frac{3}{8}$ m	22. 8			49 $\frac{7}{16}$ m
18.16			59 p	22.10			49 $\frac{5}{16}$ p
18.18			58 $\frac{11}{16}$ p	22.12			49 $\frac{1}{8}$ m
19.			58 $\frac{7}{16}$ m	22.14			48 $\frac{5}{8}$ p
19. 2			58 $\frac{1}{8}$ m	22.16			48 $\frac{1}{16}$ m
19. 4			57 $\frac{13}{16}$ m	22.18			48 $\frac{7}{16}$ p
19. 6			57 $\frac{1}{2}$ p	23.			48 $\frac{1}{4}$ p
19. 8			57 $\frac{3}{16}$ p	23. 2			48 $\frac{1}{16}$ m
19.10			56 $\frac{13}{16}$ m	23. 4			47 $\frac{13}{16}$ p
19.12			56 $\frac{5}{8}$ m	23. 6			47 $\frac{1}{2}$ p
19.14			56 $\frac{5}{16}$ p	23. 8			47 $\frac{1}{16}$ m
19.16			56 $\frac{1}{16}$ m	23.10			47 $\frac{1}{4}$ m
19.18			55 $\frac{3}{4}$ p	23.12			47 p
20.			55 $\frac{1}{2}$ m	23.14			46 $\frac{13}{16}$ p
20. 2			55 $\frac{3}{16}$ m	23.16			46 $\frac{5}{8}$ p
20. 4			54 $\frac{13}{16}$ p	23.18			46 $\frac{7}{16}$ p
20. 6			54 $\frac{11}{16}$ m	24.			46 $\frac{1}{2}$ m
20. 8			54 $\frac{3}{8}$ p	24. 2			46 $\frac{1}{4}$ m
20.10			54 $\frac{1}{16}$ p	24. 4			45 $\frac{5}{8}$ m
20.12			53 $\frac{7}{8}$ m	24. 6			45 $\frac{1}{16}$ m
20.14			53 $\frac{3}{8}$ m	24. 8			45 $\frac{1}{2}$ m
20.16			53 $\frac{3}{8}$ m	24.10			45 $\frac{1}{16}$ m
20.18			53 $\frac{1}{2}$ p	24.12			45 $\frac{1}{8}$ m
21.			52 $\frac{5}{8}$ m	24.14			44 $\frac{15}{16}$ m

COMBINAISON GENERALE

PARIS, L'ESPAGNE, AMSTERDAM.

Paris sur l'Espag.	Amster. sur Madrid.	Amster. sur Cadix.	Rend à Amster.	Paris sur l'Espag.	Amster. sur Madrid.	Amster. sur Cadix.	Rend à Amster.
10.	102 $\frac{1}{4}$	127 $\frac{13}{16}$	111 $\frac{1}{4}$ m	13.14	102 $\frac{1}{4}$	127 $\frac{13}{16}$	81 $\frac{3}{16}$ p
10. 2			110 $\frac{1}{8}$ p	13.16			80 $\frac{5}{16}$ m
10. 4			109 $\frac{1}{16}$ p	13.18			80 $\frac{1}{16}$ m
10. 6			108 p	14.			79 $\frac{7}{16}$ p
10. 8			107 m	14. 2			78 $\frac{7}{8}$ p
10.10			105 $\frac{15}{16}$ p	14. 4			78 $\frac{5}{16}$ p
10.12			104 $\frac{15}{16}$ p	14. 6			77 $\frac{15}{16}$ p
10.14			104 m	14. 8			77 $\frac{1}{4}$ p
10.16			103 p	14.10			76 $\frac{3}{4}$ m
10.18			102 $\frac{1}{16}$ m	14.12			76 $\frac{3}{16}$ m
11.			101 $\frac{1}{8}$ p	14.14			75 $\frac{11}{16}$ p
11. 2			100 $\frac{1}{4}$ m	14.16			75 $\frac{5}{16}$ m
11. 4			99 $\frac{1}{16}$ p	14.18			74 $\frac{11}{16}$ m
11. 6			98 $\frac{7}{16}$ p	15.			74 $\frac{5}{16}$ m
11. 8			97 $\frac{9}{16}$ p	15. 2			73 $\frac{11}{16}$ m
11.10			96 $\frac{3}{4}$ m	15. 4			73 $\frac{3}{16}$ p
11.12			95 $\frac{7}{8}$ p	15. 6			72 $\frac{11}{16}$ p
11.14			95 $\frac{1}{16}$ p	15. 8			72 $\frac{1}{4}$ p
11.16			94 $\frac{1}{4}$ p	15.10			71 $\frac{3}{4}$ p
11.18			93 $\frac{1}{2}$ m	15.12			71 $\frac{1}{4}$ p
12.			92 $\frac{11}{16}$ p	15.14			70 $\frac{7}{8}$ m
12. 2			91 $\frac{13}{16}$ p	15.16			70 $\frac{7}{16}$ m
12. 4			91 $\frac{3}{16}$ m	15.18			69 $\frac{13}{16}$ p
12. 6			90 $\frac{7}{16}$ p	16.			69 $\frac{1}{2}$ p
12. 8			89 $\frac{11}{16}$ p	16. 2			69 $\frac{1}{8}$ m
12.10			89 m	16. 4			68 $\frac{11}{16}$ m
12.12			88 $\frac{5}{16}$ m	16. 6			68 $\frac{1}{4}$ p
12.14			87 $\frac{5}{8}$ m	16. 8			67 $\frac{13}{16}$ p
12.16			86 $\frac{15}{16}$ m	16.10			67 $\frac{7}{16}$ p
12.18			86 $\frac{1}{4}$ m	16.12			67 p
13.			85 $\frac{9}{16}$ p	16.14			66 $\frac{5}{8}$ p
13. 2			84 $\frac{15}{16}$ m	16.16			66 $\frac{1}{4}$ m
13. 4			84 $\frac{1}{4}$ p	16.18			65 $\frac{13}{16}$ p
13. 6			83 $\frac{5}{8}$ p	17.			65 $\frac{7}{16}$ p
13. 8			83 p	17. 2			65 $\frac{1}{16}$ p
13.10			82 $\frac{3}{8}$ p	17. 4			64 $\frac{11}{16}$ m
13.12			81 $\frac{13}{16}$ m	17. 6			64 $\frac{1}{16}$ p

DES CHANGES. 223

PARIS, L'ESPAGNE, AMSTERDAM.

Paris sur l'Espag.	Amster. sur Madrid.	Amster. sur Cadix.	Rend à Amster.	Paris. sur l'Espag.	Amster. sur Madrid.	Amster. sur Cadix.	Rend à Amster.
17. 8	· 102 $\frac{1}{4}$ ·	127 $\frac{13}{16}$ ·	63 $\frac{15}{16}$ m	21. 2	· 102 $\frac{1}{4}$ ·	127 $\frac{13}{16}$ ·	52 $\frac{3}{4}$ m
17.10			63 $\frac{9}{16}$ p	21. 4			52 $\frac{1}{2}$ m
17.12			63 $\frac{3}{16}$ p	21. 6			52 $\frac{1}{4}$ m
17.14			62 $\frac{7}{8}$ m	21. 8			52 m
17.16			62 $\frac{1}{2}$ m	21.10			51 $\frac{3}{4}$ m
17.18			62 $\frac{1}{8}$ p	21.12			51 $\frac{1}{2}$ p
18.			61 $\frac{13}{16}$ m	21.14			51 $\frac{1}{4}$ p
18. 2			61 $\frac{7}{16}$ p	21.16			51 p
18. 4			61 $\frac{1}{4}$ p	21.18			50 $\frac{13}{16}$ m
18. 6			60 $\frac{13}{16}$ m	22.			50 $\frac{9}{16}$ p
18. 8			60 $\frac{7}{16}$ p	22. 2			50 $\frac{1}{16}$ p
18.10			60 $\frac{1}{8}$ p	22. 4			50 $\frac{1}{8}$ m
18.12			59 $\frac{1}{2}$ m	22. 6			49 $\frac{7}{8}$ p
18.14			59 $\frac{1}{2}$ m	22. 8			49 $\frac{11}{16}$ m
18.16			59 $\frac{3}{16}$ m	22.10			49 $\frac{7}{16}$ p
18.18			58 $\frac{7}{8}$ m	22.12			49 $\frac{1}{4}$ m
19.			58 $\frac{9}{16}$ m	22.14			49 p
19. 2			58 $\frac{1}{4}$ m	22.16			48 $\frac{13}{16}$ m
19. 4			57 $\frac{11}{16}$ p	22.18			48 $\frac{9}{16}$ p
19. 6			57 $\frac{5}{8}$ p	23.			48 $\frac{2}{16}$ m
19. 8			57 $\frac{3}{8}$ p	23. 2			48 $\frac{1}{8}$ m
19.10			57 $\frac{1}{16}$ m	23. 4			47 $\frac{15}{16}$ p
19.12			56 $\frac{3}{4}$ p	23. 6			47 $\frac{3}{4}$ m
19.14			56 $\frac{1}{2}$ m	23. 8			47 $\frac{9}{16}$ m
19.16			56 $\frac{3}{16}$ m	23.10			47 $\frac{1}{2}$ p
19.18			55 $\frac{7}{8}$ p	23.12			47 $\frac{1}{8}$ p
20.			55 $\frac{5}{8}$ m	23.14			46 $\frac{15}{16}$ p
20. 2			55 $\frac{3}{8}$ m	23.16			46 $\frac{5}{4}$ m
20. 4			55 $\frac{1}{16}$ p	23.18			46 $\frac{5}{16}$ m
20. 6			54 $\frac{13}{16}$ m	24.			46 $\frac{3}{16}$ m
20. 8			54 $\frac{9}{16}$ m	24. 2			46 m
20.10			54 $\frac{1}{4}$ p	24. 4			46 m
20.12			54 p	24. 6			45 $\frac{3}{4}$ p
20.14			53 $\frac{3}{4}$ m	24. 8			45 $\frac{9}{16}$ p
20.16			53 $\frac{1}{2}$ m	24.10			45 $\frac{7}{16}$ m
20.18			53 $\frac{1}{4}$ m	24.12			45 $\frac{1}{4}$ m
21.			53 m	24.14			45 $\frac{1}{16}$ m

224 COMBINAISON GENERALE

PARIS, L'ESPAGNE, AMSTERDAM.

Paris sur l'Espag.	Amster. sur Madrid.	Amster. sur Cadix.	Rend à Amster.	Paris sur l'Espag.	Amster. sur Madrid.	Amster. sur Cadix.	Rend à Amster.
10·	102 $\frac{1}{2}$	128 $\frac{1}{8}$	111 $\frac{7}{16}$ p	13·14	102 $\frac{1}{2}$	128 $\frac{1}{8}$	81 $\frac{3}{8}$ p
10· 2			110 $\frac{7}{16}$ m	13·16			80 $\frac{13}{16}$ m
10· 4			109 $\frac{5}{16}$ p	13·18			80 $\frac{1}{4}$
10· 6			108 $\frac{1}{4}$ p	14·			79 $\frac{11}{16}$ m
10· 8			107 $\frac{1}{4}$ m	14· 2			79 $\frac{1}{16}$ p
10·10			106 $\frac{3}{16}$ p	14· 4			78 $\frac{7}{16}$ m
10·12			105 $\frac{3}{16}$ p	14· 6			78
10·14			104 $\frac{1}{4}$ m	14· 8			77 $\frac{7}{16}$ p
10·16			103 $\frac{1}{4}$ p	14·10			76 $\frac{13}{16}$ m
10·18			102 $\frac{1}{16}$ m	14·12			76 $\frac{3}{8}$ p
11·			101 $\frac{5}{8}$ p	14·14			75
11· 2			100 $\frac{7}{16}$ p	14·16			75 m
11· 4			99 $\frac{9}{16}$ p	14·18			74 $\frac{7}{8}$ m
11· 6			98 $\frac{11}{16}$ p	15·			74 m
11· 8			97 $\frac{13}{16}$ p	15· 2			73 $\frac{7}{8}$ m
11·10			97 m	15· 4			73 $\frac{5}{8}$ m
11·12			96 $\frac{1}{8}$ p	15· 6			72 $\frac{7}{8}$ p
11·14			95 $\frac{3}{8}$ p	15· 8			72 $\frac{7}{16}$ p
11·16			94 $\frac{1}{2}$ p	15·10			71 $\frac{15}{16}$ p
11·18			93 $\frac{11}{16}$ p	15·12			71 $\frac{1}{2}$ m
12·			92 $\frac{15}{16}$ m	15·14			71 $\frac{1}{16}$ m
12· 2			92 $\frac{3}{16}$ m	15·16			70 $\frac{9}{16}$ p
12· 4			91 $\frac{7}{16}$ m	15·18			70 $\frac{1}{8}$ p
12· 6			90 $\frac{11}{16}$ m	16·			69 $\frac{11}{16}$ p
12· 8			89 $\frac{15}{16}$ m	16· 2			69 $\frac{1}{4}$ p
12·10			89 $\frac{3}{16}$ p	16· 4			68 $\frac{13}{16}$ p
12·12			88 $\frac{1}{2}$ p	16· 6			68 $\frac{7}{16}$ m
12·14			87 $\frac{13}{16}$ m	16· 8			68
12·16			87 $\frac{1}{8}$ p	16·10			67 $\frac{9}{16}$ p
12·18			86 $\frac{7}{16}$ p	16·12			67 $\frac{3}{16}$ p
13·			85 $\frac{13}{16}$ m	16·14			66 $\frac{2}{16}$ m
13· 2			85 $\frac{1}{8}$ p	16·16			66 $\frac{5}{8}$ p
13· 4			84 $\frac{1}{2}$ m	16·18			66 m
13· 6			83 $\frac{7}{8}$ m	17·			65 $\frac{5}{8}$ m
13· 8			83 $\frac{1}{4}$ m	17· 2			65 $\frac{1}{4}$ p
13·10			82 $\frac{5}{8}$ m	17· 4			64 $\frac{13}{16}$ p
13·12			82	17· 6			64 $\frac{7}{16}$ p

DES CHANGES.

PARIS, L'ESPAGNE, AMSTERDAM.

Paris. sur l'Espag.	Amster. sur Madrid.	Amster. sur Cadix.	Rend à Amster.	Paris sur l'Espag.	Amster. sur Madrid.	Amster. sur Cadix.	Rend à Amster.
17 . 8	102 $\frac{1}{2}$	128 $\frac{1}{8}$	64 $\frac{1}{16}$ p	21 . 2	102 $\frac{1}{2}$	128 $\frac{1}{8}$	52 $\frac{7}{8}$ m
17 . 10			63 $\frac{3}{4}$ m	21 . 4			52 $\frac{5}{8}$ m
17 . 12			63 $\frac{3}{8}$ m	21 . 6			52 $\frac{3}{8}$ m
17 . 14			63 p	21 . 8			52 $\frac{1}{8}$ m
17 . 16			62 $\frac{5}{8}$ p	21 . 10			51 $\frac{7}{8}$ p
17 . 18			62 $\frac{5}{16}$ m	21 . 12			51 $\frac{5}{8}$ p
18 .			61 $\frac{15}{16}$ p	21 . 14			51 $\frac{3}{8}$ p
18 . 2			61 $\frac{5}{8}$ m	21 . 16			51 $\frac{1}{8}$ p
18 . 4			61 $\frac{1}{4}$ p	21 . 18			50 $\frac{15}{16}$ m
18 . 6			60 $\frac{15}{16}$ p	22 .			50 $\frac{11}{16}$ p
18 . 8			60 $\frac{9}{16}$ m	22 . 2			50 $\frac{7}{16}$ p
18 . 10			60 $\frac{1}{4}$ p	22 . 4			50 $\frac{1}{4}$ m
18 . 12			59 $\frac{15}{16}$ p	22 . 6			50 p
18 . 14			59 $\frac{5}{8}$ p	22 . 8			49 $\frac{13}{16}$ m
18 . 16			59 $\frac{5}{16}$ p	22 . 10			49 $\frac{9}{16}$ p
18 . 18			59 p	22 . 12			49 $\frac{3}{8}$ m
19 .			58 $\frac{11}{16}$ p	22 . 14			49 $\frac{1}{8}$ p
19 . 2			58 $\frac{3}{8}$ p	22 . 16			48 $\frac{15}{16}$ m
19 . 4			58 $\frac{1}{16}$ p	22 . 18			48 $\frac{11}{16}$ p
19 . 6			57 $\frac{13}{16}$ m	23 .			48 $\frac{1}{2}$ m
19 . 8			57 $\frac{1}{2}$ m	23 . 2			48 $\frac{1}{4}$ p
19 . 10			57 $\frac{3}{16}$ p	23 . 4			48 $\frac{1}{16}$ p
19 . 12			56 $\frac{7}{8}$ p	23 . 6			47 $\frac{7}{8}$ m
19 . 14			56 $\frac{5}{8}$ m	23 . 8			47 $\frac{11}{16}$ m
19 . 16			56 $\frac{5}{16}$ p	23 . 10			47 $\frac{7}{16}$ p
19 . 18			56 $\frac{1}{16}$ m	23 . 12			47 $\frac{1}{4}$ p
20 .			55 $\frac{1}{2}$ p	23 . 14			47 $\frac{1}{16}$ m
20 . 2			55 $\frac{1}{2}$ m	23 . 16			46 $\frac{7}{8}$ p
20 . 4			55 $\frac{1}{2}$ p	23 . 18			46 $\frac{5}{16}$ m
20 . 6			54 $\frac{13}{16}$ m	24 .			46 $\frac{7}{16}$ p
20 . 8			54 $\frac{1}{16}$ m	24 . 2			46 $\frac{1}{4}$ p
20 . 10			54 $\frac{5}{8}$ p	24 . 4			46 $\frac{1}{16}$ p
20 . 12			54 $\frac{3}{8}$ p	24 . 6			45 $\frac{7}{8}$ p
20 . 14			53 $\frac{7}{8}$ m	24 . 8			45 $\frac{11}{16}$ p
20 . 16			53 $\frac{5}{8}$ m	24 . 10			45 $\frac{1}{2}$ p
20 . 18			53 $\frac{1}{2}$ m	24 . 12			45 $\frac{5}{16}$ p
21 .			53 $\frac{1}{8}$ m	24 . 14			45 $\frac{1}{8}$ p

Tome II.   F f

COMBINAISON GENERALE
PARIS, L'ESPAGNE, AMSTERDAM.

Paris sur l'Espag.	Amster. sur Madrid.	Amster. sur Cadix.	Rend à Amster.	Paris sur l'Espag.	Amster. sur Madrid.	Amster. sur Cadix.	Rend à Amster.
10 ·	102 $\frac{3}{4}$	128 $\frac{7}{16}$	111 $\frac{13}{16}$ m	13 · 14	102 $\frac{3}{4}$	128 $\frac{7}{16}$	81 $\frac{1}{8}$ m
10 · 2			110 $\frac{11}{16}$ m	13 · 16			81 p
10 · 4			109 $\frac{1}{8}$ m	13 · 18			80 $\frac{7}{16}$ m
10 · 6			108 $\frac{9}{16}$ m	14 ·			79 $\frac{7}{8}$ m
10 · 8			107 $\frac{1}{2}$ m	14 · 2			79 $\frac{5}{16}$ m
10 · 10			106 $\frac{1}{7}$ p	14 · 4			78 $\frac{3}{4}$ p
10 · 12			105 $\frac{5}{16}$ p	14 · 6			78 $\frac{3}{16}$ p
10 · 14			104 $\frac{1}{2}$ m	14 · 8			77 $\frac{5}{8}$ p
10 · 16			103 $\frac{1}{2}$ p	14 · 10			77 $\frac{1}{8}$ m
10 · 18			102 $\frac{9}{16}$ m	14 · 12			76 $\frac{9}{16}$ m
11 ·			101 $\frac{5}{8}$ p	14 · 14			76 $\frac{1}{16}$ m
11 · 2			100 $\frac{11}{16}$ p	14 · 16			75 $\frac{9}{16}$ p
11 · 4			99 $\frac{13}{16}$ p	14 · 18			75 p
11 · 6			98 $\frac{15}{16}$ m	15 ·			74 $\frac{1}{2}$ p
11 · 8			98 $\frac{1}{16}$ m	15 · 2			74 $\frac{1}{16}$ m
11 · 10			97 $\frac{3}{16}$ p	15 · 4			73 $\frac{9}{16}$ m
11 · 12			96 $\frac{3}{8}$ m	15 · 6			73 $\frac{1}{16}$ p
11 · 14			95 $\frac{9}{16}$ m	15 · 8			72 $\frac{9}{16}$ m
11 · 16			94 $\frac{3}{4}$ m	15 · 10			72 $\frac{1}{8}$ m
11 · 18			93 $\frac{15}{16}$ p	15 · 12			71 $\frac{11}{16}$ m
12 ·			93 $\frac{3}{16}$ m	15 · 14			71 $\frac{3}{16}$ p
12 · 2			92 $\frac{3}{8}$ p	15 · 16			70 $\frac{3}{4}$ p
12 · 4			91 $\frac{5}{8}$ p	15 · 18			70 $\frac{5}{16}$ p
12 · 6			90 $\frac{7}{8}$ p	16 ·			69 $\frac{7}{8}$ p
12 · 8			90 $\frac{1}{8}$ p	16 · 2			69 $\frac{7}{16}$ m
12 · 10			89 $\frac{5}{16}$ m	16 · 4			69 p
12 · 12			88 $\frac{3}{4}$ m	16 · 6			68 $\frac{9}{16}$ p
12 · 14			88 p	16 · 8			68 $\frac{3}{16}$ p
12 · 16			87 $\frac{5}{16}$ p	16 · 10			67 $\frac{3}{4}$ p
12 · 18			86 $\frac{11}{16}$ m	16 · 12			67 $\frac{3}{8}$ p
13 ·			86 m	16 · 14			66 $\frac{15}{16}$ p
13 · 2			85 $\frac{5}{16}$ p	16 · 16			66 $\frac{9}{16}$ m
13 · 4			84 $\frac{11}{16}$ p	16 · 18			66 $\frac{1}{8}$ p
13 · 6			84 $\frac{1}{16}$ m	17 ·			65 $\frac{3}{4}$ p
13 · 8			83 $\frac{13}{16}$ m	17 · 2			65 $\frac{3}{8}$ p
13 · 10			82 $\frac{13}{16}$ m	17 · 4			65 m
13 · 12			82 $\frac{3}{16}$ p	17 · 6			64 $\frac{5}{8}$ m

DES CHANGES.

PARIS, L'ESPAGNE, AMSTERDAM.

Paris sur l'Espag.	Amster. sur Madrid.	Amster. sur Cadix.	Rend à Amster.	Paris sur l'Espag.	Amster. sur Madrid.	Amster. sur Cadix.	Rend à Amster.
17 . 8	102 $\frac{3}{4}$	128 $\frac{7}{16}$	64 $\frac{1}{7}$ m	21 . 2	102 $\frac{3}{4}$	128 $\frac{7}{16}$	53 m
17 . 10			63 $\frac{7}{8}$ p	21 . 4			52 $\frac{3}{4}$ m
17 . 12			63 $\frac{1}{2}$ p	21 . 6			52 $\frac{1}{2}$ m
17 . 14			63 $\frac{3}{16}$ m	21 . 8			52 $\frac{1}{4}$ m
17 . 16			62 $\frac{13}{16}$ m	21 . 10			52 m
17 . 18			62 $\frac{7}{16}$ p	21 . 12			51 $\frac{3}{4}$ p
18 .			62 $\frac{1}{8}$ m	21 . 14			51 $\frac{1}{2}$ p
18 . 2			61 $\frac{3}{4}$ p	21 . 16			51 $\frac{1}{4}$ p
18 . 4			61 $\frac{7}{16}$ m	21 . 18			51 $\frac{1}{16}$ m
18 . 6			61 $\frac{1}{16}$ p	22 .			50 $\frac{13}{16}$ p
18 . 8			60 $\frac{3}{4}$ p	22 . 2			50 $\frac{9}{16}$ p
18 . 10			60 $\frac{7}{16}$ m	22 . 4			50 $\frac{3}{8}$ m
18 . 12			60 $\frac{1}{8}$ m	22 . 6			50 $\frac{1}{8}$ p
18 . 14			59 $\frac{13}{16}$ m	22 . 8			49 $\frac{15}{16}$ m
18 . 16			59 $\frac{7}{16}$ p	22 . 10			49 $\frac{11}{16}$ m
18 . 18			59 $\frac{1}{8}$ p	22 . 12			49 $\frac{7}{16}$ p
19 .			58 $\frac{13}{16}$ p	22 . 14			49 $\frac{1}{4}$ m
19 . 2			58 $\frac{1}{2}$ p	22 . 16			49 $\frac{1}{16}$ m
19 . 4			58 $\frac{1}{4}$ m	22 . 18			48 $\frac{13}{16}$ p
19 . 6			57 $\frac{15}{16}$ m	23 .			48 $\frac{1}{2}$ m
19 . 8			57 $\frac{1}{2}$ m	23 . 2			48 $\frac{3}{8}$ p
19 . 10			57 $\frac{3}{8}$ p	23 . 4			48 $\frac{3}{16}$ m
19 . 12			57 $\frac{1}{8}$ m	23 . 6			48 m
19 . 14			56 $\frac{3}{4}$ m	23 . 8			47 $\frac{3}{4}$ p
19 . 16			56 $\frac{7}{16}$ p	23 . 10			47 $\frac{9}{16}$ p
19 . 18			56 $\frac{1}{16}$ m	23 . 12			47 $\frac{3}{8}$ m
20 .			55 $\frac{5}{8}$ p	23 . 14			47 $\frac{3}{16}$ m
20 . 2			55 $\frac{3}{8}$ m	23 . 16			47 m
20 . 4			55 $\frac{3}{16}$ p	23 . 18			46 $\frac{3}{4}$ p
20 . 6			55 $\frac{1}{2}$ p	24 .			46 $\frac{9}{16}$ p
20 . 8			54 $\frac{13}{16}$ m	24 . 2			46 $\frac{3}{8}$ p
20 . 10			54 $\frac{9}{16}$ m	24 . 4			46 $\frac{3}{16}$ p
20 . 12			54 $\frac{1}{4}$ p	24 . 6			46 p
20 . 14			54 p	24 . 8			45 $\frac{13}{16}$ p
20 . 16			53 $\frac{3}{4}$ m	24 . 10			45 $\frac{5}{8}$ p
20 . 18			53 $\frac{1}{2}$ m	24 . 12			45 $\frac{7}{16}$ p
21 .			53 $\frac{1}{4}$ m	24 . 14			45 $\frac{1}{4}$ p

PARIS, L'ESPAGNE, AMSTERDAM.

Paris sur l'Espag.	Amster. sur Madrid.	Amster. sur Cadix.	Rend à Amster.	Paris sur l'Espag.	Amster. sur Madrid.	Amster. sur Cadix.	Rend à Amster.
10·	103	$128\frac{3}{4}$	$112\frac{1}{16}$ p	13·14	103	$128\frac{3}{4}$	$81\frac{13}{16}$ m
10· 2			$110\frac{15}{16}$ p	13·16			$81\frac{1}{2}$ p
10· 4			$109\frac{7}{8}$ m	13·18			$80\frac{5}{8}$ m
10· 6			$108\frac{13}{16}$ m	14·			$80\frac{1}{16}$ m
10· 8			$107\frac{3}{4}$ p	14· 2			$79\frac{1}{2}$ p
10·10			$106\frac{3}{4}$ m	14· 4			$78\frac{15}{16}$ m
10·12			$105\frac{3}{4}$ m	14· 6			$78\frac{3}{8}$ p
10·14			$104\frac{3}{4}$ m	14· 8			$77\frac{13}{16}$ p
10·16			$103\frac{3}{4}$ p	14·10			$77\frac{1}{4}$ p
10·18			$102\frac{13}{16}$ m	14·12			$76\frac{2}{4}$ p
11·			$101\frac{7}{8}$ p	14·14			$76\frac{1}{4}$ m
11· 2			$100\frac{15}{16}$ p	14·16			$75\frac{3}{4}$ m
11· 4			$100\frac{1}{16}$ m	14·18			$75\frac{3}{16}$ p
11· 6			$99\frac{3}{16}$ m	15·			$74\frac{11}{16}$ p
11· 8			$98\frac{1}{16}$ m	15· 2			$74\frac{3}{16}$ p
11·10			$97\frac{7}{16}$ p	15· 4			$73\frac{2}{4}$ p
11·12			$96\frac{1}{8}$ m	15· 6			$73\frac{1}{4}$ m
11·14			$95\frac{3}{4}$ p	15· 8			$72\frac{3}{4}$ p
11·16			95 m	15·10			$72\frac{5}{16}$ m
11·18			$94\frac{3}{16}$ m	15·12			$71\frac{13}{16}$ p
12·			$93\frac{3}{8}$ p	15·14			$71\frac{3}{8}$ p
12· 2			$92\frac{5}{8}$ m	15·16			$70\frac{13}{16}$ p
12· 4			$91\frac{7}{8}$ m	15·18			$70\frac{3}{8}$ m
12· 6			$91\frac{1}{8}$ m	16·			$70\frac{1}{16}$ m
12· 8			$90\frac{3}{8}$ m	16· 2			$69\frac{1}{2}$ m
12·10			$89\frac{5}{8}$ p	16· 4			$69\frac{3}{16}$ m
12·12			$88\frac{15}{16}$ p	16· 6			$68\frac{3}{4}$ p
12·14			$88\frac{1}{4}$ m	16· 8			$68\frac{5}{16}$ p
12·16			$87\frac{9}{16}$ m	16·10			$67\frac{15}{16}$ m
12·18			$86\frac{7}{8}$ m	16·12			$67\frac{1}{2}$ p
13·			$86\frac{3}{16}$ p	16·14			$67\frac{1}{8}$ p
13· 2			$85\frac{9}{16}$ m	16·16			$66\frac{11}{16}$ p
13· 4			$84\frac{7}{8}$ p	16·18			$66\frac{1}{16}$ m
13· 6			$84\frac{1}{4}$ p	17·			$65\frac{15}{16}$ p
13· 8			$83\frac{1}{8}$ p	17· 2			$65\frac{9}{16}$ m
13·10			83 p	17· 4			$65\frac{1}{4}$ p
13·12			$82\frac{3}{8}$ p	17· 6			$64\frac{3}{4}$ p

DES CHANGES.

PARIS, L'ESPAGNE, AMSTERDAM.

Paris sur l'Espag.	Amster. sur Madrid.	Amster. sur Cadix.	Rend à Amster.	Paris sur l'Espag.	Amster. sur Madrid.	Amster. sur Cadix.	Rend à Amster.
17. 8	103	128 $\frac{3}{4}$	64 $\frac{3}{8}$ P	21. 2	103	128 $\frac{3}{4}$	53 $\frac{1}{8}$ m
17.10	....	....	64 $\frac{1}{16}$ m	21. 4	....	....	52 $\frac{7}{8}$ m
17.12	....	....	63 $\frac{11}{16}$ m	21. 6	....	....	52 $\frac{5}{8}$ m
17.14	....	....	63 $\frac{1}{16}$ P	21. 8	....	....	52 $\frac{3}{8}$ m
17.16	....	....	62 $\frac{13}{16}$ P	21.10	....	....	52 $\frac{1}{8}$ m
17.18	....	....	62 $\frac{5}{8}$ m	21.12	....	....	51 $\frac{7}{8}$ P
18.	....	....	62 $\frac{1}{4}$ P	21.14	....	....	51 $\frac{5}{8}$ P
18. 2	....	....	61 $\frac{15}{16}$ m	21.16	....	....	51 $\frac{3}{8}$ P
18. 4	....	....	61 $\frac{9}{16}$ P	21.18	....	....	51 $\frac{3}{16}$ m
18. 6	....	....	61 $\frac{1}{4}$ m	22.	....	....	50 $\frac{13}{16}$ P
18. 8	....	....	60 $\frac{7}{8}$ P	22. 2	....	....	50 $\frac{11}{16}$ P
18.10	....	....	60 $\frac{9}{16}$ P	22. 4	....	....	50 $\frac{1}{2}$ m
18.12	....	....	60 $\frac{1}{4}$ m	22. 6	....	....	50 $\frac{1}{4}$ P
18.14	....	....	59 $\frac{15}{16}$ m	22. 8	....	....	50 P
18.16	....	....	59 $\frac{5}{8}$ m	22.10	....	....	49 $\frac{13}{16}$ m
18.18	....	....	59 $\frac{5}{16}$ m	22.12	....	....	49 $\frac{9}{16}$ m
19.	....	....	59 m	22.14	....	....	49 $\frac{5}{16}$ m
19. 2	....	....	58 $\frac{11}{16}$ m	22.16	....	....	49 $\frac{1}{8}$ P
19. 4	....	....	58 $\frac{3}{8}$ m	22.18	....	....	48 $\frac{15}{16}$ m
19. 6	....	....	58 $\frac{1}{16}$ P	23.	....	....	48 $\frac{3}{4}$ m
19. 8	....	....	57 $\frac{3}{4}$ P	23. 2	....	....	48 $\frac{1}{2}$ P
19.10	....	....	57 $\frac{7}{16}$ P	23. 4	....	....	48 $\frac{5}{16}$ m
19.12	....	....	57 $\frac{5}{16}$ m	23. 6	....	....	48 $\frac{1}{16}$ m
19.14	....	....	56 $\frac{7}{8}$ P	23. 8	....	....	47 $\frac{7}{8}$ P
19.16	....	....	56 $\frac{5}{8}$ m	23.10	....	....	47 $\frac{11}{16}$ m
19.18	....	....	56 $\frac{5}{16}$ P	23.12	....	....	47 $\frac{1}{2}$ m
20.	....	....	56 $\frac{1}{16}$ m	23.14	....	....	47 $\frac{5}{16}$ m
20. 2	....	....	55 $\frac{3}{4}$ P	23.16	....	....	47 $\frac{1}{16}$ P
20. 4	....	....	55 $\frac{1}{2}$ m	23.18	....	....	46 $\frac{7}{8}$ P
20. 6	....	....	55 $\frac{3}{16}$ P	24.	....	....	46 $\frac{11}{16}$ P
20. 8	....	....	54 $\frac{15}{16}$ m	24. 2	....	....	46 $\frac{1}{2}$ m
20.10	....	....	54 $\frac{11}{16}$ m	24. 4	....	....	46 $\frac{5}{16}$ m
20.12	....	....	54 $\frac{3}{8}$ P	24. 6	....	....	46 $\frac{1}{8}$ m
20.14	....	....	54 $\frac{1}{8}$ P	24. 8	....	....	45 $\frac{15}{16}$ m
20.16	....	....	53 $\frac{7}{8}$ P	24.10	....	....	45 $\frac{3}{4}$ m
20.18	....	....	53 $\frac{5}{8}$ m	24.12	....	....	45 $\frac{9}{16}$ m
21.	....	....	53 $\frac{3}{8}$ m	24.14	....	....	45 $\frac{3}{8}$ m

F f iij

COMBINAISON GENERALE

PARIS, L'ESPAGNE, AMSTERDAM.

Paris sur l'Espag.	Amster. sur Madrid.	Amster. sur Cadix.	Rend à Amster.	Paris sur l'Espag.	Amster. sur Madrid.	Amster. sur Cadix.	Rend à Amster.
10·	103 $\frac{1}{4}$	129 $\frac{1}{16}$	112 $\frac{5}{16}$ p	13·14	103 $\frac{1}{4}$	129 $\frac{1}{16}$	82 m
10· 2			111 $\frac{1}{4}$ m	13·16			81 $\frac{3}{8}$ p
10· 4			110 $\frac{1}{3}$ p	13·18			80 $\frac{13}{16}$ p
10· 6			109 $\frac{1}{16}$ p	14·			80 $\frac{1}{4}$ p
10· 8			108 p	14· 2			79 $\frac{11}{16}$ p
10·10			107 m	14· 4			79 $\frac{1}{8}$ p
10·12			106 m	14· 6			78 $\frac{9}{16}$ p
10·14			105 m	14· 8			78 p
10·16			104 p	14·10			77 $\frac{1}{2}$ m
10·18			103 $\frac{1}{16}$ m	14·12			76 $\frac{15}{16}$ p
11·			102 $\frac{1}{8}$ m	14·14			76 $\frac{7}{16}$ m
11· 2			101 $\frac{3}{16}$ p	14·16			75 $\frac{7}{8}$ p
11· 4			100 $\frac{3}{16}$ m	14·18			75 $\frac{5}{16}$ p
11· 6			99 $\frac{7}{16}$ m	15·			74 $\frac{3}{4}$ p
11· 8			98 $\frac{9}{16}$ m	15· 2			74 $\frac{3}{16}$ p
11·10			97 $\frac{11}{16}$ m	15· 4			73 $\frac{5}{8}$ p
11·12			96 $\frac{15}{16}$ p	15· 6			73 $\frac{1}{16}$ m
11·14			96 p	15· 8			72 $\frac{15}{16}$ p
11·16			95 $\frac{3}{16}$ p	15·10			72 $\frac{1}{2}$ p
11·18			94 $\frac{3}{8}$ p	15·12			72 p
12·			93 $\frac{3}{8}$ m	15·14			71 $\frac{9}{16}$ m
12· 2			92 $\frac{13}{16}$ p	15·16			71 $\frac{1}{8}$ m
12· 4			92 $\frac{1}{16}$ p	15·18			70 $\frac{5}{8}$ p
12· 6			91 $\frac{5}{16}$ p	16·			70 $\frac{3}{16}$ p
12· 8			90 $\frac{9}{16}$ p	16· 2			69 $\frac{3}{4}$ p
12·10			89 $\frac{7}{8}$ m	16· 4			69 $\frac{1}{4}$ p
12·12			89 $\frac{3}{16}$ m	16· 6			68 $\frac{15}{16}$ m
12·14			88 $\frac{7}{16}$ p	16· 8			68 $\frac{1}{2}$ m
12·16			87 $\frac{3}{4}$ p	16·10			68 $\frac{1}{16}$ p
12·18			87 $\frac{1}{16}$ p	16·12			67 $\frac{11}{16}$ p
13·			86 $\frac{7}{16}$ m	16·14			67 $\frac{1}{4}$ p
13· 2			85 $\frac{3}{4}$ p	16·16			66 $\frac{7}{8}$ p
13· 4			85 $\frac{1}{8}$ m	16·18			66 $\frac{1}{2}$ m
13· 6			84 $\frac{7}{16}$ p	17·			66 $\frac{1}{16}$ p
13· 8			83 $\frac{13}{16}$ p	17· 2			65 $\frac{11}{16}$ p
13·10			83 $\frac{3}{16}$ p	17· 4			65 $\frac{5}{16}$ m
13·12			82 $\frac{5}{8}$ m	17· 6			64 $\frac{15}{16}$ m

DES CHANGES.

PARIS, L'ESPAGNE, AMSTERDAM.

Paris sur l'Espag.	Amster. sur Madrid.	Amster. sur Cadix.	Rend à Amster.	Paris sur l'Espag.	Amster. sur Madrid.	Amster. sur Cadix.	Rend à Amster.
17. 8	103 1/4	129 1/16	64 9/16 m	21. 2	103 1/4	129 1/16	53 1/4 m
17.10	....	....	64 3/16 p	21. 4	....	....	53 m
17.12	....	....	63 13/16 p	21. 6	....	....	52 3/4 m
17.14	....	....	63 7/16 p	21. 8	....	....	52 1/2 m
17.16	....	....	63 1/8 m	21.10	....	....	52 1/4 m
17.18	....	....	62 3/4 p	21.12	....	....	52 p
18.	....	....	62 7/16 m	21.14	....	....	51 3/4 p
18. 2	....	....	62 1/16 p	21.16	....	....	51 1/2 p
18. 4	....	....	61 3/4 m	21.18	....	....	51 1/16 m
18. 6	....	....	61 3/8 p	22.	....	....	51 1/16 m
18. 8	....	....	61 1/16 m	22. 2	....	....	50 13/16 p
18.10	....	....	60 3/4 m	22. 4	....	....	50 5/8 m
18.12	....	....	60 3/8 p	22. 6	....	....	50 3/8 m
18.14	....	....	60 1/16 p	22. 8	....	....	50 1/8 p
18.16	....	....	59 3/4 p	22.10	....	....	49 13/16 m
18.18	....	....	59 7/16 m	22.12	....	....	49 11/16 p
19.	....	....	59 1/8 m	22.14	....	....	49 1/2 m
19. 2	....	....	58 13/16 p	22.16	....	....	49 1/4 p
19. 4	....	....	58 1/2 p	22.18	....	....	49 1/16 m
19. 6	....	....	58 3/16 p	23.	....	....	48 13/16 p
19. 8	....	....	57 7/8 p	23. 2	....	....	48 5/8 p
19.10	....	....	57 5/8 m	23. 4	....	....	48 7/16 m
19.12	....	....	57 7/16 p	23. 6	....	....	48 3/16 p
19.14	....	....	57 p	23. 8	....	....	48 p
19.16	....	....	56 3/4 m	23.10	....	....	47 13/16 m
19.18	....	....	56 7/16 p	23.12	....	....	47 3/4 m
20.	....	....	56 3/16 m	23.14	....	....	47 1/2 p
20. 2	....	....	55 7/8 p	23.16	....	....	47 3/16 p
20. 4	....	....	55 5/8 p	23.18	....	....	47 p
20. 6	....	....	55 3/8 p	24.	....	....	46 13/16 m
20. 8	....	....	55 1/16 p	24. 2	....	....	46 5/8 m
20.10	....	....	54 13/16 m	24. 4	....	....	46 7/16 m
20.12	....	....	54 9/16 m	24. 6	....	....	46 1/4 m
20.14	....	....	54 1/4 p	24. 8	....	....	46 1/16 m
20.16	....	....	54 p	24.10	....	....	45 7/8 m
20.18	....	....	53 3/4 m	24.12	....	....	45 1/16 m
21.	....	....	53 1/2 m	24.14	....	....	45 1/2 m

COMBINAISON GENERALE

PARIS, L'ESPAGNE, AMSTERDAM.

Paris sur l'Espag.	Amster. sur Madrid.	Amster. sur Cadix.	Rend à Amster.	Paris sur l'Espag.	Amster. sur Madrid.	Amster. sur Cadix.	Rend à Amster.
10·	· 103 $\frac{1}{2}$ ·	129 $\frac{3}{8}$ ·	112 $\frac{5}{8}$ m	13·14	· 103 $\frac{1}{2}$ ·	129 $\frac{3}{8}$ ·	82 $\frac{3}{16}$ p
10· 2			111 $\frac{1}{2}$ m	13·16			81 $\frac{1}{8}$ m
10· 4			110 $\frac{3}{8}$ p	13·18			81 p
10· 6			109 $\frac{5}{16}$ p	14·			80 $\frac{7}{16}$ p
10· 8			108 $\frac{1}{4}$ p	14· 2			79 $\frac{7}{8}$ m
10·10			107 $\frac{1}{4}$ m	14· 4			79 $\frac{1}{16}$ m
10·12			106 $\frac{1}{4}$ m	14· 6			78 $\frac{5}{8}$ m
10·14			105 $\frac{1}{4}$ m	14· 8			78 $\frac{7}{16}$ m
10·16			104 $\frac{1}{4}$ p	14·10			77 $\frac{11}{16}$ m
10·18			103 $\frac{3}{16}$ m	14·12			77 $\frac{1}{8}$ p
11·			102 $\frac{2}{8}$ m	14·14			76 $\frac{3}{8}$ m
11· 2			101 $\frac{7}{16}$ p	14·16			76 $\frac{1}{16}$ p
11· 4			100 $\frac{9}{16}$ m	14·18			75 $\frac{9}{16}$ m
11· 6			99 $\frac{1}{2}$ p	15·			75 $\frac{5}{16}$ m
11· 8			98 $\frac{3}{4}$ p	15· 2			74 $\frac{9}{16}$ p
11·10			97 $\frac{15}{16}$ m	15· 4			74 $\frac{1}{6}$ p
11·12			97 $\frac{1}{16}$ p	15· 6			73 $\frac{5}{8}$ m
11·14			96 $\frac{1}{4}$ m	15· 8			73 $\frac{1}{8}$ m
11·16			95 $\frac{7}{16}$ m	15·10			72 $\frac{1}{2}$ p
11·18			94 $\frac{5}{8}$ p	15·12			72 $\frac{1}{16}$ m
12·			93 $\frac{13}{16}$ p	15·14			71 $\frac{1}{4}$ p
12· 2			93 $\frac{1}{16}$ p	15·16			71 $\frac{1}{4}$ p
12· 4			92 $\frac{5}{16}$ m	15·18			70 $\frac{13}{16}$ p
12· 6			91 $\frac{9}{16}$ m	16·			70 $\frac{3}{8}$ m
12· 8			90 $\frac{13}{16}$ p	16· 2			69 $\frac{15}{16}$ p
12·10			90 $\frac{1}{16}$ p	16· 4			69 $\frac{1}{2}$ p
12·12			89 $\frac{3}{8}$ m	16· 6			69 $\frac{1}{16}$ p
12·14			88 $\frac{11}{16}$ m	16· 8			68 $\frac{11}{16}$ m
12·16			88 m	16·10			68 $\frac{1}{4}$ m
12·18			87 $\frac{1}{16}$ m	16·12			67 $\frac{13}{16}$ p
13·			86 $\frac{5}{8}$ m	16·14			67 $\frac{7}{16}$ m
13· 2			85 $\frac{15}{16}$ p	16·16			67 p
13· 4			85 $\frac{5}{16}$ m	16·18			66 $\frac{1}{2}$ p
13· 6			84 $\frac{11}{16}$ m	17·			66 $\frac{1}{8}$ p
13· 8			84 $\frac{1}{16}$ m	17· 2			65 $\frac{5}{8}$ m
13·10			83 $\frac{7}{16}$ m	17· 4			65 $\frac{1}{2}$ m
13·12			82 $\frac{13}{16}$ m	17· 6			65 $\frac{1}{16}$ p

DES CHANGES.
PARIS, L'ESPAGNE, AMSTERDAM.

Paris sur l'Espag.	Amster. sur Madrid.	Amster. sur Cadix.	Rend à Amster.	Paris sur l'Espag.	Amster. sur Madrid.	Amster. sur Cadix.	Rend à Amster.
17. 8	$103\frac{1}{2}$	$129\frac{3}{8}$	$64\frac{11}{16}$ P	21. 2	$103\frac{1}{2}$	$129\frac{3}{8}$	$53\frac{5}{8}$ m
17.10			$64\frac{3}{8}$ m	21. 4			$53\frac{3}{8}$ m
17.12			64 m	21. 6			$52\frac{7}{8}$ m
17.14			$63\frac{5}{8}$ m	21. 8			$52\frac{5}{8}$ m
17.16			$63\frac{1}{4}$ P	21.10			$52\frac{3}{8}$ P
17.18			$62\frac{15}{16}$ m	21.12			$52\frac{1}{7}$ P
18.			$62\frac{9}{16}$ m	21.14			$51\frac{7}{8}$ P
18. 2			$62\frac{3}{16}$ P	21.16			$51\frac{5}{8}$ P
18. 4			$61\frac{7}{8}$ m	21.18			$51\frac{7}{16}$ m
18. 6			$61\frac{9}{16}$ m	22.			$51\frac{3}{16}$ m
18. 8			$61\frac{1}{4}$ P	22. 2			$50\frac{15}{16}$ m
18.10			$60\frac{7}{8}$ m	22. 4			$50\frac{3}{4}$ m
18.12			$60\frac{9}{16}$ m	22. 6			$50\frac{1}{2}$ m
18.14			$60\frac{3}{16}$ P	22. 8			$50\frac{1}{4}$ P
18.16			$59\frac{7}{8}$ P	22.10			$50\frac{1}{16}$ m
18.18			$59\frac{1}{16}$ P	22.12			$49\frac{13}{16}$ m
19.			$59\frac{1}{4}$ P	22.14			$49\frac{5}{8}$ m
19. 2			$58\frac{15}{16}$ P	22.16			$49\frac{3}{8}$ P
19. 4			$58\frac{5}{8}$ P	22.18			$49\frac{1}{8}$ m
19. 6			$58\frac{3}{8}$ m	23.			$48\frac{15}{16}$ P
19. 8			$58\frac{1}{16}$ m	23. 2			$48\frac{3}{4}$ m
19.10			$57\frac{3}{4}$ m	23. 4			$48\frac{9}{16}$ m
19.12			$57\frac{7}{16}$ P	23. 6			$48\frac{5}{16}$ m
19.14			$57\frac{3}{16}$ m	23. 8			$48\frac{1}{8}$ m
19.16			$56\frac{7}{8}$ m	23.10			$47\frac{15}{16}$ m
19.18			$56\frac{9}{16}$ P	23.12			$47\frac{11}{16}$ P
20.			$56\frac{5}{16}$ m	23.14			$47\frac{1}{2}$ P
20. 2			56 P	23.16			$47\frac{5}{16}$ P
20. 4			$55\frac{3}{4}$ m	23.18			$47\frac{1}{8}$ m
20. 6			$55\frac{1}{2}$ m	24.			$46\frac{15}{16}$ m
20. 8			$55\frac{3}{16}$ P	24. 2			$46\frac{3}{4}$ m
20.10			$54\frac{15}{16}$ m	24. 4			$46\frac{9}{16}$ m
20.12			$54\frac{11}{16}$ m	24. 6			$46\frac{1}{2}$ P
20.14			$54\frac{3}{8}$ P	24. 8			$46\frac{1}{4}$ P
20.16			$54\frac{1}{2}$ P	24.10			$45\frac{15}{16}$ P
20.18			$53\frac{7}{8}$ P	24.12			$45\frac{3}{4}$ P
21.			$53\frac{3}{8}$ m	24.14			45

Tome II.   Gg

COMBINAISON GENERALE

PARIS, L'ESPAGNE, AMSTERDAM.

Paris sur l'Espag.	Amster. sur Madrid.	Amster. sur Cadix.	Rend à Amster.	Paris sur l'Espag.	Amster. sur Madrid.	Amster. sur Cadix.	Rend à Amster.
10·	103 $\frac{3}{4}$	129 $\frac{11}{16}$	112 $\frac{7}{8}$ p	13·14	103 $\frac{3}{4}$	129 $\frac{11}{16}$	82 $\frac{3}{8}$ p
10· 2			111 $\frac{3}{4}$ p	13·16			81 $\frac{13}{16}$ m
10· 4			110 $\frac{11}{16}$ m	13·18			81 $\frac{3}{16}$ p
10· 6			109 $\frac{9}{16}$ p	14·			80 $\frac{5}{8}$ p
10· 8			108 $\frac{9}{16}$ m	14· 2			80 $\frac{1}{16}$ m
10·10			107 $\frac{1}{2}$ p	14· 4			79 $\frac{1}{2}$ m
10·12			106 $\frac{1}{2}$ m	14· 6			78 $\frac{11}{16}$ m
10·14			105 $\frac{1}{2}$ m	14· 8			78 $\frac{3}{8}$ p
10·16			104 $\frac{1}{2}$ p	14·10			77 $\frac{7}{8}$ m
10·18			103 $\frac{6}{16}$ m	14·12			77 $\frac{1}{16}$ p
11·			102 $\frac{3}{8}$ m	14·14			76 $\frac{11}{16}$ m
11· 2			101 $\frac{11}{16}$ p	14·16			76 $\frac{1}{2}$ p
11· 4			100 $\frac{13}{16}$ m	14·18			75 $\frac{4}{5}$ p
11· 6			99 $\frac{7}{8}$ p	15·			75 $\frac{1}{4}$ p
11· 8			99 p	15· 2			74 $\frac{3}{4}$ p
11·10			98 $\frac{3}{16}$ m	15· 4			74 $\frac{1}{4}$ p
11·12			97 $\frac{1}{16}$ m	15· 6			73 $\frac{1}{4}$ p
11·14			96 $\frac{1}{2}$ m	15· 8			73 $\frac{1}{16}$ m
11·16			95 $\frac{11}{16}$ m	15·10			72 $\frac{13}{16}$ p
11·18			94 $\frac{7}{8}$ m	15·12			72 $\frac{3}{8}$ m
12·			94 $\frac{1}{16}$ p	15·14			71 $\frac{7}{8}$ p
12· 2			93 $\frac{1}{16}$ m	15·16			71 $\frac{1}{16}$ p
12· 4			92 $\frac{1}{2}$ p	15·18			71 m
12· 6			91 $\frac{1}{4}$ p	16·			70 $\frac{9}{16}$ m
12· 8			91 $\frac{1}{16}$ m	16· 2			70 $\frac{1}{8}$ m
12·10			90 $\frac{5}{16}$ m	16· 4			69 $\frac{11}{16}$ m
12·12			89 $\frac{9}{16}$ m	16· 6			69 $\frac{1}{4}$ p
12·14			88 $\frac{7}{8}$ p	16· 8			68 $\frac{11}{16}$ m
12·16			88 $\frac{3}{16}$	16·10			68 $\frac{7}{16}$ p
12·18			87 $\frac{1}{2}$ p	16·12			68
13·			86 $\frac{13}{16}$ p	16·14			67 $\frac{9}{16}$ p
13· 2			86 $\frac{3}{16}$ m	16·16			67 $\frac{3}{16}$ p
13· 4			85 $\frac{1}{2}$ p	16·18			66 $\frac{13}{16}$ p
13· 6			84 $\frac{7}{8}$ m	17·			66 $\frac{3}{8}$ p
13· 8			84 $\frac{1}{4}$ m	17· 2			66 p
13·10			83 $\frac{5}{8}$ m	17· 4			65 $\frac{5}{8}$ p
13·12			83	17· 6			65 $\frac{1}{4}$ m

PARIS, L'ESPAGNE, AMSTERDAM.

Paris fur l'Efpag.	Amfter. fur Madrid.	Amfter. fur Cadix.	Rend à Amfter.	Paris fur l'Efpag.	Amfter. fur Madrid.	Amfter. fur Cadix.	Rend à Amfter.
17· 8	$103\frac{3}{4}$	$129\frac{11}{16}$	$64\frac{7}{8}$ m	21· 2	$103\frac{3}{4}$	$129\frac{11}{16}$	$53\frac{1}{2}$ m
17·10			$64\frac{1}{2}$ p	21· 4			$53\frac{1}{4}$ m
17·12			$64\frac{1}{8}$ p	21· 6			53 m
17·14			$63\frac{3}{4}$ p	21· 8			$52\frac{3}{4}$ m
17·16			$63\frac{7}{16}$ m	21·10			$52\frac{1}{2}$ p
17·18			$63\frac{1}{16}$ m	21·12			$52\frac{1}{4}$ p
18·			$62\frac{11}{16}$ p	21·14			52 p
18· 2			$62\frac{3}{8}$ m	21·16			$51\frac{3}{4}$ p
18· 4			62 p	21·18			$51\frac{9}{16}$ m
18· 6			$61\frac{11}{16}$ m	22·			$51\frac{5}{16}$ m
18· 8			$61\frac{3}{8}$ m	22· 2			$51\frac{1}{16}$ p
18·10			61 p	22· 4			$50\frac{7}{8}$ m
18·12			$60\frac{11}{16}$ p	22· 6			$50\frac{5}{8}$ m
18·14			$60\frac{3}{8}$ m	22· 8			$50\frac{3}{8}$ p
18·16			$60\frac{1}{16}$ m	22·10			$50\frac{3}{16}$ m
18·18			$59\frac{3}{4}$ m	22·12			$49\frac{15}{16}$ p
19·			$59\frac{7}{16}$ m	22·14			$49\frac{3}{4}$ m
19· 2			$59\frac{1}{8}$ m	22·16			$49\frac{1}{2}$ p
19· 4			$58\frac{13}{16}$ m	22·18			$49\frac{5}{16}$ m
19· 6			$58\frac{1}{2}$ m	23·			$49\frac{1}{16}$ p
19· 8			$58\frac{3}{16}$ m	23· 2			$48\frac{7}{8}$ m
19·10			$57\frac{7}{8}$ p	23· 4			$48\frac{5}{8}$ p
19·12			$57\frac{9}{16}$ p	23· 6			$48\frac{7}{16}$ p
19·14			$57\frac{5}{16}$ m	23· 8			$48\frac{1}{4}$ m
19·16			57 p	23·10			$48\frac{1}{16}$ m
19·18			$56\frac{3}{4}$ m	23·12			$47\frac{13}{16}$ p
20·			$56\frac{7}{16}$ p	23·14			$47\frac{5}{8}$ p
20· 2			$56\frac{3}{16}$ m	23·16			$47\frac{7}{16}$ m
20· 4			$55\frac{7}{8}$ p	23·18			$47\frac{1}{4}$ m
20· 6			$55\frac{5}{8}$ m	24·			$47\frac{1}{16}$ m
20· 8			$55\frac{3}{16}$ p	24· 2			$46\frac{13}{16}$ p
20·10			$55\frac{1}{16}$ p	24· 4			$46\frac{5}{8}$ p
20·12			$54\frac{13}{16}$ m	24· 6			$46\frac{7}{16}$ p
20·14			$54\frac{9}{16}$ m	24· 8			$46\frac{1}{4}$ p
20·16			$54\frac{1}{4}$ p	24·10			$46\frac{1}{16}$ p
20·18			54 p	24·12			$45\frac{7}{8}$ p
21·			$53\frac{3}{4}$ p	24·14			$45\frac{11}{16}$ p

COMBINAISON GENERALE

PARIS, L'ESPAGNE, AMSTERDAM.

Paris sur l'Espag.	Amster. sur Madrid.	Amster. sur Cadix.	Rend à Amster.	Paris sur l'Espag.	Amster. sur Madrid.	Amster. sur Cadix.	Rend à Amster.
10 ·	104	130	113 $\frac{1}{8}$ p	13 · 14	104	130	82 $\frac{9}{16}$ p
10 · 2			112 $\frac{1}{16}$ m	13 · 16			82 m
10 · 4			110 $\frac{13}{16}$ m	13 · 18			81 $\frac{3}{8}$ p
10 · 6			109 $\frac{7}{8}$ m	14 ·			80 $\frac{3}{16}$ p
10 · 8			108 $\frac{13}{16}$ m	14 · 2			80 $\frac{1}{4}$ p
10 · 10			107 $\frac{3}{4}$ p	14 · 4			79 $\frac{11}{16}$ m
10 · 12			106 $\frac{3}{4}$ m	14 · 6			79 $\frac{1}{8}$ p
10 · 14			105 $\frac{3}{4}$ m	14 · 8			78 $\frac{9}{16}$ p
10 · 16			104 $\frac{3}{4}$ p	14 · 10			78 $\frac{1}{16}$ m
10 · 18			103 $\frac{13}{16}$ m	14 · 12			77 $\frac{1}{2}$ p
11 ·			102 $\frac{7}{8}$ m	14 · 14			77 m
11 · 2			101 $\frac{15}{16}$ p	14 · 16			76 $\frac{7}{16}$ p
11 · 4			101 p	14 · 18			75 $\frac{13}{16}$ p
11 · 6			100 $\frac{1}{8}$ p	15 ·			75 $\frac{7}{16}$ m
11 · 8			99 $\frac{1}{4}$ p	15 · 2			74 $\frac{13}{16}$ m
11 · 10			98 $\frac{3}{8}$ p	15 · 4			74 $\frac{7}{16}$ m
11 · 12			97 $\frac{5}{8}$ m	15 · 6			73 $\frac{7}{16}$ m
11 · 14			96 $\frac{11}{16}$ p	15 · 8			73 $\frac{1}{2}$ m
11 · 16			95 $\frac{7}{8}$ p	15 · 10			73 p
11 · 18			95 $\frac{1}{16}$ p	15 · 12			72 $\frac{9}{16}$ p
12 ·			94 $\frac{5}{16}$ m	15 · 14			72 $\frac{1}{8}$ p
12 · 2			93 $\frac{1}{2}$ p	15 · 16			71 $\frac{5}{8}$ p
12 · 4			92 $\frac{3}{4}$ m	15 · 18			71 $\frac{3}{16}$ p
12 · 6			92 m	16 ·			70 $\frac{3}{4}$ m
12 · 8			91 $\frac{1}{4}$ p	16 · 2			70 $\frac{1}{4}$ p
12 · 10			90 $\frac{1}{2}$ p	16 · 4			69 $\frac{7}{8}$ p
12 · 12			89 $\frac{13}{16}$ m	16 · 6			69 $\frac{1}{16}$ m
12 · 14			89 $\frac{1}{8}$ m	16 · 8			69 m
12 · 16			88 $\frac{3}{8}$ p	16 · 10			68 $\frac{9}{16}$ p
12 · 18			87 $\frac{11}{16}$ p	16 · 12			68 $\frac{3}{16}$ m
13 ·			87 $\frac{1}{16}$ m	16 · 14			67 $\frac{3}{4}$ p
13 · 2			86 $\frac{3}{8}$ p	16 · 16			67 $\frac{3}{8}$ p
13 · 4			85 $\frac{3}{4}$ m	16 · 18			66 $\frac{13}{16}$ p
13 · 6			85 $\frac{1}{16}$ p	17 ·			66 $\frac{9}{16}$ p
13 · 8			84 $\frac{7}{16}$ p	17 · 2			66 $\frac{3}{16}$ p
13 · 10			83 $\frac{13}{16}$ p	17 · 4			65 $\frac{13}{16}$ m
13 · 12			83 $\frac{3}{16}$ p	17 · 6			65 $\frac{3}{8}$ p

DES CHANGES.

PARIS, L'ESPAGNE, AMSTERDAM.

Paris sur l'Espag.	Amster. sur Madrid.	Amster. sur Cadix.	Rend à Amster.	Paris sur l'Espag.	Amster. sur Madrid.	Amster. sur Cadix.	Rend à Amster.
17· 8	104	130	65 p	21· 2	104	130	53 $\frac{5}{8}$ p
17·10			64 $\frac{11}{16}$ m	21· 4			53 $\frac{3}{8}$ m
17·12			64 $\frac{5}{16}$ m	21· 6			53 $\frac{1}{8}$ m
17·14			63 $\frac{11}{16}$ m	21· 8			52 $\frac{7}{8}$ m
17·16			63 $\frac{9}{16}$ p	21·10			52 $\frac{5}{8}$ p
17·18			63 $\frac{3}{16}$ p	21·12			52 $\frac{3}{8}$ p
18·			62 $\frac{7}{8}$ m	21·14			52 $\frac{1}{8}$ p
18· 2			62 $\frac{1}{2}$ p	21·16			51 $\frac{7}{8}$ p
18· 4			62 $\frac{3}{16}$ p	21·18			51 $\frac{11}{16}$ m
18· 6			61 $\frac{13}{16}$ p	22·			51 $\frac{7}{16}$ m
18· 8			61 $\frac{1}{2}$ m	22· 2			51 $\frac{3}{16}$ m
18·10			61 $\frac{3}{16}$ m	22· 4			51 m
18·12			60 $\frac{13}{16}$ p	22· 6			50 $\frac{3}{4}$ m
18·14			60 $\frac{1}{2}$ p	22· 8			50 $\frac{1}{2}$ p
18·16			60 $\frac{3}{16}$ m	22·10			50 $\frac{5}{16}$ m
18·18			59 $\frac{7}{8}$ m	22·12			50 $\frac{1}{16}$ p
19·			59 $\frac{9}{16}$ m	22·14			49 $\frac{7}{8}$ m
19· 2			59 $\frac{1}{4}$ m	22·16			49 $\frac{5}{8}$ p
19· 4			58 $\frac{15}{16}$ m	22·18			49 $\frac{7}{16}$ p
19· 6			58 $\frac{5}{8}$ p	23·			49 $\frac{3}{16}$ p
19· 8			58 $\frac{5}{16}$ p	23· 2			49 m
19·10			58 p	23· 4			48 $\frac{3}{4}$ p
19·12			57 $\frac{3}{4}$ m	23· 6			48 $\frac{9}{16}$ p
19·14			57 $\frac{7}{16}$ p	23· 8			48 $\frac{3}{8}$ m
19·16			57 $\frac{1}{8}$ p	23·10			48 $\frac{1}{8}$ p
19·18			56 $\frac{7}{8}$ m	23·12			47 $\frac{15}{16}$ p
20·			56 $\frac{9}{16}$ p	23·14			47 $\frac{3}{4}$ m
20· 2			56 $\frac{5}{16}$ p	23·16			47 $\frac{9}{16}$ p
20· 4			56 p	23·18			47 $\frac{3}{8}$ m
20· 6			55 $\frac{3}{4}$ m	24·			47 $\frac{1}{8}$ p
20· 8			55 $\frac{7}{16}$ p	24· 2			46 $\frac{15}{16}$ p
20·10			55 $\frac{3}{16}$ p	24· 4			46 $\frac{3}{4}$ p
20·12			54 $\frac{15}{16}$ m	24· 6			46 $\frac{9}{16}$ p
20·14			54 $\frac{11}{16}$ m	24· 8			46 $\frac{3}{8}$ m
20·16			54 $\frac{3}{8}$ p	24·10			46 $\frac{3}{16}$ m
20·18			54 $\frac{1}{8}$ p	24·12			46 m
21·			53 $\frac{7}{8}$ p	24·14			45 $\frac{13}{16}$ m

COMBINAISON GENERALE
PARIS, L'ESPAGNE, AMSTERDAM.

Paris sur l'Espag.	Amster. sur Madrid.	Amster. sur Cadix.	Rend à Amster.	Paris sur l'Espag.	Amster. sur Madrid.	Amster. sur Cadix.	Rend à Amster.
10 ·	· 104 $\frac{1}{4}$	· 130 $\frac{5}{16}$	· 113 $\frac{7}{16}$ m	13 · 14	· 104 $\frac{1}{4}$	· 130 $\frac{5}{16}$	· 82 $\frac{13}{16}$ m
10 · 2			112 $\frac{7}{16}$ m	13 · 16			82 $\frac{2}{15}$ p
10 · 4			111 $\frac{3}{16}$ p	13 · 18			81 $\frac{1}{8}$ m
10 · 6			110 $\frac{1}{8}$ m	14 ·			81
10 · 8			109 $\frac{1}{16}$ m	14 · 2			80 $\frac{7}{16}$ m
10 · 10			108 p	14 · 4			79 $\frac{7}{2}$ p
10 · 12			107 p	14 · 6			79 $\frac{1}{16}$ p
10 · 14			106 p	14 · 8			78 $\frac{4}{7}$ p
10 · 16			105 p	14 · 10			78 $\frac{1}{4}$ m
10 · 18			104 $\frac{1}{16}$ m	14 · 12			77 $\frac{11}{16}$ p
11 ·			103 $\frac{1}{8}$ m	14 · 14			77 $\frac{3}{16}$ m
11 · 2			102 $\frac{3}{16}$ m	14 · 16			76 $\frac{7}{9}$ p
11 · 4			101 $\frac{1}{4}$ p	14 · 18			76 $\frac{1}{4}$ m
11 · 6			100 $\frac{3}{8}$ p	15 ·			75 $\frac{1}{4}$ m
11 · 8			99 $\frac{1}{2}$ m	15 · 2			75 $\frac{1}{4}$ m
11 · 10			98 $\frac{3}{8}$ p	15 · 4			74 $\frac{3}{4}$ m
11 · 12			97 $\frac{3}{4}$ p	15 · 6			74 p
11 · 14			96 $\frac{15}{16}$ p	15 · 8			73 $\frac{5}{8}$ p
11 · 16			96 $\frac{1}{8}$ m	15 · 10			73 $\frac{1}{16}$ p
11 · 18			95 $\frac{1}{16}$ p	15 · 12			72 $\frac{11}{16}$ p
12 ·			94 $\frac{1}{2}$ p	15 · 14			72 $\frac{4}{4}$ p
12 · 2			93 $\frac{3}{4}$ m	15 · 16			71 $\frac{13}{16}$ m
12 · 4			93 m	15 · 18			71 $\frac{5}{16}$ p
12 · 6			92 $\frac{3}{16}$ p	16 ·			70 $\frac{7}{9}$ p
12 · 8			91 $\frac{1}{2}$ m	16 · 2			70 $\frac{7}{16}$ p
12 · 10			90 $\frac{3}{4}$ m	16 · 4			70 p
12 · 12			90 p	16 · 6			69 $\frac{9}{16}$ p
12 · 14			89 $\frac{5}{16}$ m	16 · 8			69 $\frac{3}{16}$ m
12 · 16			88 $\frac{5}{8}$ m	16 · 10			68 $\frac{3}{4}$ m
12 · 18			87 $\frac{15}{16}$ m	16 · 12			68 $\frac{5}{16}$ p
13 ·			87 $\frac{1}{4}$ m	16 · 14			67 $\frac{7}{8}$ p
13 · 2			86 $\frac{9}{16}$ p	16 · 16			67 $\frac{1}{2}$ p
13 · 4			85 $\frac{15}{16}$ p	16 · 18			67 $\frac{1}{16}$ m
13 · 6			85 $\frac{1}{4}$ p	17 ·			66 $\frac{2}{3}$ m
13 · 8			84 $\frac{5}{8}$ p	17 · 2			66 $\frac{1}{4}$ p
13 · 10			84 p	17 · 4			65 $\frac{13}{16}$ p
13 · 12			83 $\frac{3}{8}$ p	17 · 6			65 $\frac{5}{16}$ p

DES CHANGES.

PARIS, L'ESPAGNE, AMSTERDAM.

Paris sur l'Espag.	Amster. sur Madrid.	Amster. sur Cadix.	Rend à Amster.	Paris sur l'Espag.	Amster. sur Madrid.	Amster. sur Cadix.	Rend à Amster.
17. 8	$104\frac{1}{4}$	$130\frac{5}{16}$	$65\frac{3}{16}$ m	21. 2	$104\frac{1}{4}$	$130\frac{5}{16}$	$53\frac{3}{4}$ p
17.10	....	....	$64\frac{13}{16}$ p	21. 4	....	....	$53\frac{1}{2}$ p
17.12	....	....	$64\frac{7}{16}$ p	21. 6	....	....	$53\frac{1}{4}$ p
17.14	....	....	$64\frac{1}{16}$ p	21. 8	....	....	53 p
17.16	....	....	$63\frac{3}{4}$ m	21.10	....	....	$52\frac{3}{4}$ p
17.18	....	....	$63\frac{3}{8}$ m	21.12	....	....	$52\frac{1}{2}$ p
18.	....	....	63 p	21.14	....	....	$52\frac{1}{4}$ p
18. 2	....	....	$62\frac{11}{16}$ m	21.16	....	....	52 p
18. 4	....	....	$62\frac{5}{16}$ p	21.18	....	....	$51\frac{13}{16}$ m
18. 6	....	....	62 m	22.	....	....	$51\frac{9}{16}$ m
18. 8	....	....	$61\frac{5}{8}$ p	22. 2	....	....	$51\frac{5}{16}$ p
18.10	....	....	$61\frac{5}{16}$ m	22. 4	....	....	$51\frac{1}{16}$ p
18.12	....	....	61 m	22. 6	....	....	$50\frac{7}{8}$ m
18.14	....	....	$60\frac{5}{8}$ p	22. 8	....	....	$50\frac{5}{8}$ p
18.16	....	....	$60\frac{5}{16}$ p	22.10	....	....	$50\frac{7}{16}$ m
18.18	....	....	60 p	22.12	....	....	$50\frac{3}{16}$ p
19.	....	....	$59\frac{11}{16}$ p	22.14	....	....	$49\frac{15}{16}$ p
19. 2	....	....	$59\frac{3}{8}$ p	22.16	....	....	$49\frac{3}{4}$ m
19. 4	....	....	$59\frac{1}{16}$ p	22.18	....	....	$49\frac{1}{2}$ p
19. 6	....	....	$58\frac{3}{4}$ p	23.	....	....	$49\frac{1}{4}$ p
19. 8	....	....	$58\frac{7}{16}$ p	23. 2	....	....	$49\frac{1}{8}$ m
19.10	....	....	$58\frac{3}{16}$ m	23. 4	....	....	$48\frac{7}{8}$ p
19.12	....	....	$57\frac{7}{8}$ m	23. 6	....	....	$48\frac{11}{16}$ p
19.14	....	....	$57\frac{9}{16}$ p	23. 8	....	....	$48\frac{1}{2}$ m
19.16	....	....	$57\frac{5}{16}$ m	23.10	....	....	$48\frac{5}{16}$ p
19.18	....	....	57 m	23.12	....	....	$48\frac{1}{16}$ m
20.	....	....	$56\frac{11}{16}$ p	23.14	....	....	$47\frac{7}{8}$ m
20. 2	....	....	$56\frac{7}{16}$ m	23.16	....	....	$47\frac{11}{16}$ m
20. 4	....	....	$56\frac{1}{8}$ p	23.18	....	....	$47\frac{7}{16}$ p
20. 6	....	....	$55\frac{7}{8}$ m	24.	....	....	$47\frac{1}{4}$ p
20. 8	....	....	$55\frac{5}{8}$ m	24. 2	....	....	$47\frac{1}{16}$ p
20.10	....	....	$55\frac{5}{16}$ p	24. 4	....	....	$46\frac{7}{8}$ m
20.12	....	....	$55\frac{1}{16}$ m	24. 6	....	....	$46\frac{11}{16}$ m
20.14	....	....	$54\frac{13}{16}$ p	24. 8	....	....	$46\frac{1}{2}$ m
20.16	....	....	$54\frac{1}{2}$ p	24.10	....	....	$46\frac{5}{16}$ m
20.18	....	....	$54\frac{1}{4}$ p	24.12	....	....	$46\frac{1}{8}$ m
21.	....	....	54 p	24.14	....	....	$45\frac{15}{16}$ m

COMBINAISON GENERALE

PARIS, L'ESPAGNE, AMSTERDAM.

Paris sur l'Espag.	Amster. sur Madrid.	Amster. sur Cadix.	Rend à Amster.	Paris sur l'Espag.	Amster. sur Madrid.	Amster. sur Cadix.	Rend à Amster.
10 ·	104 $\frac{1}{2}$	130 $\frac{5}{8}$	113 $\frac{11}{16}$ p	13 · 14	104 $\frac{1}{2}$	130 $\frac{5}{8}$	83 m
10 · 2			112 $\frac{9}{16}$ p	13 · 16			82 $\frac{3}{8}$ p
10 · 4			111 $\frac{7}{16}$ p	13 · 18			81 $\frac{13}{16}$ m
10 · 6			110 $\frac{3}{8}$ p	14 ·			81 $\frac{1}{16}$ m
10 · 8			109 $\frac{5}{16}$ p	14 · 2			80 $\frac{5}{8}$ p
10 · 10			108 $\frac{5}{16}$ m	14 · 4			80 $\frac{1}{16}$ p
10 · 12			107 $\frac{1}{4}$ p	14 · 6			79 $\frac{1}{2}$ p
10 · 14			106 $\frac{1}{4}$ p	14 · 8			78 $\frac{15}{16}$ p
10 · 16			105 $\frac{1}{4}$ p	14 · 10			78 $\frac{7}{16}$ m
10 · 18			104 $\frac{5}{16}$ m	14 · 12			77 $\frac{7}{8}$ p
11 ·			103 $\frac{3}{8}$ m	14 · 14			77 $\frac{3}{8}$ p
11 · 2			102 $\frac{7}{16}$ m	14 · 16			76 $\frac{13}{16}$ p
11 · 4			101 $\frac{1}{2}$ p	14 · 18			76 $\frac{5}{16}$ m
11 · 6			100 m	15 ·			75 $\frac{13}{16}$ m
11 · 8			99 $\frac{3}{4}$ m	15 · 2			75 $\frac{5}{16}$ m
11 · 10			98 $\frac{7}{8}$ m	15 · 4			74 $\frac{13}{16}$ m
11 · 12			98 p	15 · 6			74 $\frac{5}{16}$ m
11 · 14			97 $\frac{3}{16}$ m	15 · 8			73 $\frac{13}{16}$ p
11 · 16			96 $\frac{3}{8}$ m	15 · 10			73 $\frac{3}{8}$ p
11 · 18			95 $\frac{9}{16}$ m	15 · 12			72 $\frac{7}{8}$ p
12 ·			94 $\frac{3}{4}$ m	15 · 14			72 $\frac{7}{16}$ m
12 · 2			93 $\frac{15}{16}$ p	15 · 16			71 $\frac{11}{16}$ p
12 · 4			93 $\frac{7}{16}$ p	15 · 18			71 $\frac{1}{2}$ p
12 · 6			92 $\frac{7}{16}$ m	16 ·			71 $\frac{1}{16}$ m
12 · 8			91 $\frac{11}{16}$ p	16 · 2			70 $\frac{5}{8}$ m
12 · 10			90 $\frac{15}{16}$ p	16 · 4			70 $\frac{3}{16}$ m
12 · 12			90 $\frac{1}{4}$ m	16 · 6			69 $\frac{3}{4}$ p
12 · 14			89 $\frac{1}{2}$ p	16 · 8			69 $\frac{1}{2}$ p
12 · 16			88 $\frac{13}{16}$ p	16 · 10			68 $\frac{15}{16}$ m
12 · 18			88 $\frac{1}{8}$ p	16 · 12			68 $\frac{1}{2}$ p
13 ·			87 $\frac{7}{16}$ p	16 · 14			68 $\frac{1}{16}$ p
13 · 2			86 $\frac{13}{16}$ m	16 · 16			67 $\frac{11}{16}$ p
13 · 4			86 $\frac{1}{8}$ p	16 · 18			67 $\frac{1}{4}$ p
13 · 6			85 $\frac{1}{2}$ m	17 ·			66 $\frac{7}{8}$ p
13 · 8			84 $\frac{7}{8}$ m	17 · 2			66 $\frac{1}{2}$ m
13 · 10			84 $\frac{1}{4}$ m	17 · 4			66 $\frac{1}{8}$ m
13 · 12			83 $\frac{5}{8}$ m	17 · 6			65 $\frac{3}{4}$ m

DES CHANGES.

PARIS, L'ESPAGNE, AMSTERDAM.

Paris sur l'Espag.	Amster. sur Madrid.	Amster. sur Cadix.	Rend à Amster.	Paris sur l'Espag.	Amster. sur Madrid.	Amster. sur Cadix.	Rend à Amster.
17 . 8	104 $\frac{1}{2}$	130 $\frac{1}{8}$	65 $\frac{1}{16}$ P	21 . 2	104 $\frac{1}{2}$	130 $\frac{1}{8}$	53 $\frac{7}{8}$ P
17 . 10			65 m	21 . 4			53 $\frac{5}{8}$ P
17 . 12			64 $\frac{5}{8}$ m	21 . 6			53 $\frac{3}{8}$ P
17 . 14			64 $\frac{1}{4}$ m	21 . 8			53 $\frac{1}{8}$ P
17 . 16			63 $\frac{3}{4}$ m	21 . 10			52 $\frac{7}{8}$ P
17 . 18			63 $\frac{1}{2}$ P	21 . 12			52 $\frac{5}{8}$ P
18 .			63 $\frac{3}{16}$ m	21 . 14			52 $\frac{3}{8}$ P
18 . 2			62 $\frac{13}{16}$ P	21 . 16			52 $\frac{1}{8}$ P
18 . 4			62 $\frac{1}{2}$ m	21 . 18			51 $\frac{13}{16}$ m
18 . 6			62 $\frac{1}{8}$ P	22 .			51 $\frac{11}{16}$ m
18 . 8			61 $\frac{13}{16}$ m	22 . 2			51 $\frac{7}{16}$ P
18 . 10			61 $\frac{7}{16}$ P	22 . 4			51 $\frac{1}{2}$ P
18 . 12			61 $\frac{1}{8}$ P	22 . 6			51 . m
18 . 14			60 $\frac{13}{16}$ m	22 . 8			50 $\frac{3}{4}$ P
18 . 16			60 $\frac{1}{2}$ m	22 . 10			50 $\frac{9}{16}$ P
18 . 18			60 $\frac{3}{16}$ m	22 . 12			50 $\frac{5}{16}$ P
19 .			59 $\frac{13}{16}$ P	22 . 14			50 $\frac{1}{16}$ P
19 . 2			59 $\frac{1}{2}$ P	22 . 16			49 $\frac{5}{8}$ m
19 . 4			59 $\frac{3}{16}$ P	22 . 18			49 $\frac{3}{8}$ P
19 . 6			58 $\frac{13}{16}$ m	23 .			49 $\frac{7}{16}$ m
19 . 8			58 $\frac{1}{2}$ m	23 . 2			49 $\frac{1}{4}$ m
19 . 10			58 $\frac{3}{16}$ m	23 . 4			49 . P
19 . 12			58 P	23 . 6			48 $\frac{13}{16}$ m
19 . 14			57 $\frac{11}{16}$ P	23 . 8			48 $\frac{9}{16}$ P
19 . 16			57 $\frac{7}{16}$ m	23 . 10			48 $\frac{3}{8}$ P
19 . 18			57 $\frac{1}{8}$ P	23 . 12			48 $\frac{3}{16}$ m
20 .			56 $\frac{7}{8}$ m	23 . 14			48 . m
20 . 2			56 $\frac{9}{16}$ P	23 . 16			47 $\frac{3}{4}$ m
20 . 4			56 $\frac{3}{16}$ m	23 . 18			47 $\frac{9}{16}$ P
20 . 6			56 . P	24 .			47 $\frac{3}{8}$ m
20 . 8			55 $\frac{3}{4}$ m	24 . 2			47 $\frac{3}{16}$ m
20 . 10			55 $\frac{7}{16}$ P	24 . 4			47 . m
20 . 12			55 $\frac{3}{16}$ P	24 . 6			46 $\frac{13}{16}$ m
20 . 14			54 $\frac{13}{16}$ m	24 . 8			46 $\frac{1}{2}$ P
20 . 16			54 $\frac{11}{16}$ m	24 . 10			46 $\frac{5}{16}$ m
20 . 18			54 $\frac{3}{8}$ P	24 . 12			46 $\frac{1}{16}$ P
21 .			54 $\frac{1}{8}$ P	24 . 14			46 . P

Tome II.   Hh

COMBINAISON GENERALE

PARIS, L'ESPAGNE, AMSTERDAM.

Paris sur l'Espag.	Amster. sur Madrid.	Amster. sur Cadix.	Rend à Amster.	Paris sur l'Espag.	Amster. sur Madrid.	Amster. sur Cadix.	Rend à Amster.
10·	104 $\frac{3}{4}$	130 $\frac{15}{16}$	113 $\frac{11}{16}$ p	13·14	104 $\frac{3}{4}$	130 $\frac{15}{16}$	83 $\frac{3}{16}$ p
10· 2			112 $\frac{13}{16}$ p	13·16			82 $\frac{9}{16}$ p
10· 4			111 $\frac{3}{4}$ m	13·18			82 m
10· 6			110 $\frac{5}{8}$ p	14·			81 $\frac{3}{8}$ p
10· 8			109 $\frac{9}{16}$ p	14· 2			80 $\frac{13}{16}$ p
10·10			108 $\frac{9}{16}$ m	14· 4			80 $\frac{1}{4}$ p
10·12			107 $\frac{1}{2}$ p	14· 6			79 $\frac{11}{16}$ p
10·14			106 $\frac{1}{2}$ p	14· 8			79 $\frac{1}{8}$ p
10·16			105 $\frac{1}{2}$ p	14·10			78 $\frac{3}{8}$ m
10·18			104 $\frac{9}{16}$ m	14·12			78 $\frac{1}{16}$ m
11·			103 $\frac{5}{8}$ m	14·14			77 $\frac{1}{2}$ p
11· 2			102 $\frac{11}{16}$ m	14·16			77 p
11· 4			101 $\frac{5}{8}$ p	14·18			76 $\frac{1}{2}$ m
11· 6			100 $\frac{7}{8}$ m	15·			76 m
11· 8			100 m	15· 2			75 $\frac{1}{2}$ m
11·10			99 $\frac{1}{8}$ m	15· 4			75 m
11·12			98 $\frac{4}{16}$ m	15· 6			74 $\frac{1}{2}$ m
11·14			97 $\frac{7}{16}$ m	15· 8			74 p
11·16			96 $\frac{9}{16}$ m	15·10			73 $\frac{1}{2}$ p
11·18			95 $\frac{3}{4}$ p	15·12			73 $\frac{1}{16}$ m
12·			95 m	15·14			72 $\frac{9}{8}$ p
12· 2			94 $\frac{3}{16}$ p	15·16			72 $\frac{1}{16}$ p
12· 4			93 $\frac{7}{16}$ m	15·18			71 $\frac{11}{16}$ m
12· 6			92 $\frac{11}{16}$ m	16·			71 $\frac{1}{4}$ m
12· 8			91 $\frac{15}{16}$ m	16· 2			70 $\frac{13}{16}$ m
12·10			91 $\frac{3}{16}$ m	16· 4			70 $\frac{3}{8}$ m
12·12			90 $\frac{7}{16}$ p	16· 6			69 $\frac{11}{16}$ m
12·14			89 $\frac{3}{4}$ m	16· 8			69 $\frac{1}{2}$ m
12·16			89 $\frac{1}{16}$ m	16·10			69 $\frac{1}{16}$ p
12·18			88 $\frac{3}{8}$ m	16·12			68 $\frac{5}{8}$ p
13·			87 $\frac{11}{16}$ m	16·14			68 $\frac{1}{4}$ m
13· 2			87 m	16·16			67 $\frac{13}{16}$ p
13· 4			86 $\frac{5}{16}$ p	16·18			67 $\frac{7}{16}$ m
13· 6			85 $\frac{11}{16}$ p	17·			67 $\frac{1}{16}$ m
13· 8			85 $\frac{1}{16}$ m	17· 2			66 $\frac{5}{8}$ p
13·10			84 $\frac{7}{16}$ m	17· 4			66 $\frac{1}{4}$ p
13·12			83 $\frac{13}{16}$ m	17· 6			65 $\frac{7}{8}$ p

DES CHANGES.

PARIS, L'ESPAGNE, AMSTERDAM.

Paris. sur l'Espag.	Amster. sur Madrid.	Amster. sur Cadix.	Rend à Amster.	Paris sur l'Espag.	Amster. sur Madrid.	Amster. sur Cadix.	Rend à Amster.
17.8	104¾	130 15/16	65 ½ m	21.2	104¾	130 15/16	54 p
17.10	....	....	65 ⅛ m	21.4	....	....	53 ¾ p
17.12	....	....	64 ⅝ p	21.6	....	....	53 ½ p
17.14	....	....	64 ⅜ p	21.8	....	....	53 ¼ p
17.16	....	....	64 p	21.10	....	....	53 p
17.18	....	....	63 11/16 m	21.12	....	....	52 ¾ p
18.	....	....	63 3/16 p	21.14	....	....	52 ½ p
18.2	....	....	62 15/16 p	21.16	....	....	52 ¼ p
18.4	....	....	62 ⅝ m	21.18	....	....	52 1/16 m
18.6	....	....	62 ¼ p	22.	....	....	51 13/16 m
18.8	....	....	61 11/16 p	22.2	....	....	51 9/16 p
18.10	....	....	61 ½ m	22.4	....	....	51 5/16 p
18.12	....	....	61 ¼ p	22.6	....	....	51 ⅛ m
18.14	....	....	60 15/16 m	22.8	....	....	50 ⅞ p
18.16	....	....	60 ⅝ m	22.10	....	....	50 ⅝ p
18.18	....	....	60 1/16 m	22.12	....	....	50 7/16 m
19.	....	....	60 m	22.14	....	....	50 3/16 p
19.2	....	....	59 11/16 m	22.16	....	....	50 m
19.4	....	....	59 ⅜ m	22.18	....	....	49 ¾ p
19.6	....	....	59 1/16 m	23.	....	....	49 9/16 m
19.8	....	....	58 ¾ m	23.2	....	....	49 5/16 p
19.10	....	....	58 7/16 p	23.4	....	....	49 ⅛ m
19.12	....	....	58 ⅛ p	23.6	....	....	48 13/16 m
19.14	....	....	57 ⅞ m	23.8	....	....	48 11/16 p
19.16	....	....	57 7/16 m	23.10	....	....	48 ½ m
19.18	....	....	57 ¼ p	23.12	....	....	48 5/16 m
20.	....	....	57 m	23.14	....	....	48 1/16 p
20.2	....	....	56 11/16 p	23.16	....	....	47 ⅞ p
20.4	....	....	56 7/16 m	23.18	....	....	47 11/16 m
20.6	....	....	56 ¼ p	24.	....	....	47 ½ m
20.8	....	....	55 ⅝ m	24.2	....	....	47 5/16 m
20.10	....	....	55 ⅜ m	24.4	....	....	47 m
20.12	....	....	55 3/16 p	24.6	....	....	46 ⅞ m
20.14	....	....	55 1/16 m	24.8	....	....	46 11/16 p
20.16	....	....	54 13/16 m	24.10	....	....	46 ½ p
20.18	....	....	54 ½ p	24.12	....	....	46 5/16 p
21.	....	....	54 ¼ p	24.14	....	....	46 ⅛ p

Hh ij

COMBINAISON GENERALE

PARIS, L'ESPAGNE, AMSTERDAM.

Paris sur l'Espag.	Amster. sur Madrid.	Amster. sur Cadix.	Rend à Amster.	Paris sur l'Espag.	Amster. sur Madrid.	Amster. sur Cadix.	Rend à Amster.
10 ·	105	131 $\frac{1}{4}$	114 $\frac{1}{4}$ m	13 · 14	105	131 $\frac{1}{4}$	83 $\frac{3}{8}$ p
10 · 2			113 $\frac{1}{8}$ m	13 · 16			82 $\frac{11}{16}$ m
10 · 4			112	13 · 18			82 $\frac{3}{16}$ m
10 · 6			110 $\frac{15}{16}$ m	14 ·			81 $\frac{5}{8}$ m
10 · 8			109 $\frac{7}{8}$ m	14 · 2			81 p
10 · 10			108 $\frac{13}{16}$ m	14 · 4			80 $\frac{7}{16}$ p
10 · 12			107 $\frac{3}{4}$ p	14 · 6			79 $\frac{7}{8}$ p
10 · 14			106 $\frac{3}{4}$ p	14 · 8			79 $\frac{5}{16}$ p
10 · 16			105 $\frac{3}{4}$ p	14 · 10			78 $\frac{13}{16}$ m
10 · 18			104 $\frac{13}{16}$ m	14 · 12			78 $\frac{1}{4}$ m
11 ·			103 $\frac{5}{8}$ m	14 · 14			77 $\frac{11}{16}$ p
11 · 2			102 $\frac{13}{16}$ m	14 · 16			77 $\frac{3}{16}$ p
11 · 4			102	14 · 18			76 $\frac{11}{16}$ m
11 · 6			101 $\frac{1}{8}$ m	15 ·			76 $\frac{1}{16}$ m
11 · 8			100 $\frac{1}{2}$ p	15 · 2			75 $\frac{5}{8}$ p
11 · 10			99 $\frac{5}{16}$ p	15 · 4			75 $\frac{1}{16}$ m
11 · 12			98 $\frac{1}{2}$ m	15 · 6			74 $\frac{11}{16}$ m
11 · 14			97 $\frac{5}{8}$ p	15 · 8			74 $\frac{3}{16}$ m
11 · 16			96 $\frac{13}{16}$ p	15 · 10			73 $\frac{11}{16}$ p
11 · 18			96	15 · 12			73 $\frac{1}{4}$ m
12 ·			95 $\frac{3}{16}$ p	15 · 14			72 $\frac{3}{4}$ p
12 · 2			94 $\frac{5}{16}$ m	15 · 16			72 $\frac{5}{16}$ m
12 · 4			93 $\frac{5}{8}$ p	15 · 18			71 $\frac{7}{8}$ p
12 · 6			92 $\frac{7}{8}$ p	16 ·			71 $\frac{3}{8}$ p
12 · 8			92 $\frac{1}{8}$ p	16 · 2			70 $\frac{15}{16}$ p
12 · 10			91 $\frac{3}{8}$ p	16 · 4			70 $\frac{1}{2}$ p
12 · 12			90 $\frac{11}{16}$ m	16 · 6			70 $\frac{1}{16}$ p
12 · 14			89 $\frac{15}{16}$ p	16 · 8			69 $\frac{11}{16}$ m
12 · 16			89 $\frac{1}{4}$	16 · 10			69 $\frac{1}{4}$ m
12 · 18			88 $\frac{9}{16}$ m	16 · 12			68 $\frac{13}{16}$ p
13 ·			87 $\frac{7}{8}$ p	16 · 14			68 $\frac{7}{16}$ m
13 · 2			87 $\frac{1}{5}$ p	16 · 16			68
13 · 4			86 $\frac{7}{16}$ m	16 · 18			67 $\frac{5}{8}$ m
13 · 6			85 $\frac{7}{8}$ p	17 ·			67 $\frac{3}{16}$ p
13 · 8			85 $\frac{1}{4}$ p	17 · 2			66 $\frac{13}{16}$ m
13 · 10			84 $\frac{5}{8}$ m	17 · 4			66 $\frac{7}{16}$ m
13 · 12			84	17 · 6			66 $\frac{1}{16}$ m

PARIS, L'ESPAGNE, AMSTERDAM.

Paris ſur l'Eſpag.	Amſter. ſur Madrid.	Amſter. ſur Cadix.	Rend à Amſter.	Paris ſur l'Eſpag.	Amſter. ſur Madrid.	Amſter. ſur Cadix.	Rend à Amſter.
17· 8	105	131 $\frac{1}{4}$	65 $\frac{5}{8}$ p	21· 2	105	131 $\frac{1}{4}$	54 $\frac{1}{8}$ p
17·10			65 $\frac{1}{4}$ p	21· 4			53 $\frac{7}{8}$ p
17·12			64 $\frac{15}{16}$ m	21· 6			53 $\frac{5}{8}$ p
17·14			64 $\frac{9}{16}$ m	21· 8			53 $\frac{3}{8}$ p
17·16			64 $\frac{3}{16}$ m	21·10			53 $\frac{1}{8}$ p
17·18			63 $\frac{13}{16}$ p	21·12			52 $\frac{7}{8}$ p
18·			63 $\frac{7}{16}$ p	21·14			52 $\frac{5}{8}$ p
18· 2			63 $\frac{1}{8}$ m	21·16			52 $\frac{3}{8}$ p
18· 4			62 $\frac{3}{4}$ p	21·18			52 $\frac{3}{16}$ m
18· 6			62 $\frac{7}{16}$ m	22·			51 $\frac{15}{16}$ m
18· 8			62 $\frac{1}{16}$ p	22· 2			51 $\frac{11}{16}$ p
18·10			61 $\frac{3}{4}$ p	22· 4			51 $\frac{7}{16}$ p
18·12			61 $\frac{7}{16}$ m	22· 6			51 $\frac{1}{4}$ m
18·14			61 $\frac{1}{16}$ p	22· 8			51
18·16			60 $\frac{3}{4}$ p	22·10			50 $\frac{3}{4}$ p
18·18			60 $\frac{7}{16}$ p	22·12			50 $\frac{9}{16}$ m
19·			60 $\frac{1}{8}$ p	22·14			50 $\frac{5}{16}$ p
19· 2			59 $\frac{13}{16}$ m	22·16			50 $\frac{1}{8}$ m
19· 4			59 $\frac{1}{2}$	22·18			49 $\frac{7}{8}$ p
19· 6			59 $\frac{3}{16}$ p	23·			49 $\frac{11}{16}$ m
19· 8			58 $\frac{7}{8}$ p	23· 2			49 $\frac{7}{16}$ p
19·10			58 $\frac{9}{16}$ p	23· 4			49 $\frac{1}{4}$ m
19·12			58 $\frac{5}{16}$ m	23· 6			49 p
19·14			58 m	23· 8			48 $\frac{13}{16}$ p
19·16			57 $\frac{11}{16}$ p	23·10			48 $\frac{5}{8}$ m
19·18			57 $\frac{7}{16}$ m	23·12			48 $\frac{7}{16}$ m
20·			57 $\frac{1}{8}$ m	23·14			48 $\frac{3}{16}$ p
20· 2			56 $\frac{13}{16}$ p	23·16			48
20· 4			56 $\frac{9}{16}$ m	23·18			47 $\frac{13}{16}$ m
20· 6			56 $\frac{1}{4}$ p	24·			47 $\frac{5}{8}$ m
20· 8			56	24· 2			47 $\frac{3}{8}$ p
20·10			55 $\frac{3}{4}$ m	24· 4			47 $\frac{3}{16}$ p
20·12			55 [illegible]/16 p	24· 6			47 p
20·14			55 $\frac{3}{16}$ p	24· 8			46 $\frac{13}{16}$ p
20·16			54 $\frac{15}{16}$ m	24·10			46 $\frac{5}{8}$ p
20·18			54 $\frac{11}{16}$ m	24·12			46 $\frac{7}{16}$ p
21·			54 $\frac{3}{8}$ p	24·14			46 $\frac{1}{4}$ p

COMBINAISON GENERALE
DES CHANGES
DES PRINCIPALES PLACES
DE L'EUROPE,
PAR RAPPORT
A LA FRANCE.

PARIS, LILLE, AMSTERDAM.

SIXIÉME COMBINAISON.

DES CHANGES

DES PRINCIPALES PLACES

DE L'EUROPE

PAR RAPPORT

A CELUI D'AMSTERDAM

PARIS, LILLE, AMSTERDAM.

Ette Combinaison est composée de quatre Nombres.
Les deux Nombres, qui sont entre les deux Colomnes sur une même ligne marquent deux Changes, qui sont égaux entr'eux, & qui par consequent produisent toûjours les mêmes égalités.

Ces deux Changes sont,

Celuy de Lille sur Paris, depuis 93 jusqu'à 99 deniers de gros de Lille pour un Ecu de France de 60 sols.

Et celui de Paris sur Lille, depuis 97 jusqu'à 103 $\frac{1}{4}$ livres de France pour 80 Florins de Lille toûjours égaux à 100 livres de France, c'est-à-dire, depuis 3 $\frac{1}{4}$ pour cent de benefice jusqu'à 3 pour cent de perte pour les Lettres de Change.

Cette derniere façon de compter le change de Paris sur Lille à tant pour cent de benefice ou de perte est marquée au bas des pages, ce qui forme une égalité avec les deux Changes qui sont entre les Colomnes.

La premiere Colomne contient les differents degrés du Change de Lille sur Amsterdam, depuis 100 jusqu'à 240 florins de Lille pour 100 florins de Banque d'Amsterdam.

La seconde Colomne contient les differents degrés du Change correspondant de Paris sur Amsterdam, depuis 38 $\frac{3}{4}$ jusqu'à 99 deniers de gros d'Amsterdam, pour un Ecu de France de 60 sols.

Tome II.

COMBINAISON GENERALE

PARIS, LILLE, AMSTERDAM.

Lille sur Amster.	Lille sur Paris	Paris sur Lille.	Rend à Amster.	Lille sur Amster.	Lille sur Paris.	Paris sur Lille.	Rend à Amster.
100	93	$103\frac{1}{4}$ m	93	137	93	$103\frac{1}{4}$ m	$67\frac{7}{8}$ p
101			$92\frac{1}{16}$ p	138			$67\frac{3}{8}$ p
102			$91\frac{3}{16}$ m	139			$66\frac{13}{16}$ m
103			$90\frac{5}{16}$ m	140			$66\frac{1}{16}$ m
104			$89\frac{7}{16}$ m	141			$65\frac{5}{16}$ m
105			$88\frac{9}{16}$ p	142			$65\frac{1}{2}$ m
106			$87\frac{3}{4}$ m	143			$65\frac{1}{16}$ m
107			$86\frac{15}{16}$ m	144			$64\frac{9}{16}$ p
108			$86\frac{1}{8}$ m	145			$64\frac{1}{8}$ p
109			$85\frac{5}{16}$ p	146			$63\frac{11}{16}$ p
110			$84\frac{9}{16}$ m	147			$63\frac{1}{4}$ p
111			$83\frac{13}{16}$ m	148			$62\frac{13}{16}$ p
112			$83\frac{1}{16}$ m	149			$62\frac{7}{16}$ m
113			$82\frac{1}{16}$ m	150			62
114			$81\frac{9}{16}$ p	151			$61\frac{9}{16}$ p
115			$80\frac{8}{16}$ m	152			$61\frac{3}{16}$ p
116			$80\frac{3}{16}$ m	153			$60\frac{13}{16}$ m
117			$79\frac{1}{2}$ m	154			$60\frac{3}{8}$ p
118			$78\frac{13}{16}$ p	155			60
119			$78\frac{1}{8}$ p	156			$59\frac{5}{8}$ m
120			$77\frac{1}{2}$	157			$59\frac{1}{4}$ m
121			$76\frac{7}{8}$ m	158			$58\frac{7}{8}$ m
122			$76\frac{1}{4}$ m	159			$58\frac{1}{2}$ m
123			$75\frac{5}{8}$ m	160			$58\frac{1}{8}$ m
124			75	161			$57\frac{3}{4}$ p
125			$74\frac{3}{8}$ p	162			$57\frac{7}{16}$ p
126			$73\frac{13}{16}$ m	163			$57\frac{1}{16}$ m
127			$73\frac{1}{4}$ m	164			$56\frac{11}{16}$ m
128			$72\frac{5}{8}$ *	165			$56\frac{3}{8}$ p
129			$72\frac{1}{16}$ p	166			56 p
130			$71\frac{9}{16}$ m	167			$55\frac{11}{16}$ p
131			71 m	168			$55\frac{3}{8}$ p
132			$70\frac{7}{16}$ p	169			55 p
133			$69\frac{13}{16}$ m	170			$54\frac{11}{16}$ p
134			$69\frac{3}{8}$ p	171			$54\frac{3}{8}$ p
135			$68\frac{3}{8}$ p	172			$54\frac{1}{16}$ p
136			$68\frac{3}{8}$ p	173			$53\frac{3}{4}$ p

DES CHANGES.

PARIS, LILLE, AMSTERDAM.

Lille sur Amster.	Lille sur Paris.	Paris sur Lille.	Rend à Amster.	Lille sur Amster.	Lille sur Paris.	Paris sur Lille.	Rend à Amster.
174	93	$103\frac{1}{4}$ m	$53\frac{7}{16}$ p	211	93	$103\frac{1}{4}$ m	$44\frac{1}{16}$ p
175			$53\frac{1}{8}$ p	212			$43\frac{7}{8}$ m
176			$52\frac{13}{16}$ p	213			$43\frac{11}{16}$ m
177			$52\frac{9}{16}$ m	214			$43\frac{7}{16}$ p
178			$52\frac{1}{4}$ m	215			$43\frac{1}{4}$ p
179			$51\frac{15}{16}$ p	216			$43\frac{1}{16}$ m
180			$51\frac{11}{16}$ m	217			$42\frac{7}{8}$ m
181			$51\frac{3}{4}$ p	218			$42\frac{11}{16}$ m
182			$51\frac{1}{8}$ m	219			$42\frac{7}{16}$ p
183			$50\frac{13}{16}$ p	220			$42\frac{1}{4}$ p
184			$50\frac{9}{16}$ m	221			$42\frac{1}{16}$ p
185			$50\frac{1}{4}$ p	222			$41\frac{7}{8}$ p
186			50	223			$41\frac{11}{16}$ p
187			$49\frac{3}{4}$ m	224			$41\frac{1}{2}$ p
188			$49\frac{7}{16}$ p	225			$41\frac{1}{16}$ p
189			$49\frac{3}{16}$ p	226			$41\frac{1}{8}$ p
190			$48\frac{15}{16}$ p	227			41 m
191			$48\frac{11}{16}$ p	228			$40\frac{13}{16}$ m
192			$48\frac{7}{16}$ p	229			$40\frac{5}{8}$ m
193			$48\frac{3}{16}$ m	230			$40\frac{7}{16}$ m
194			$47\frac{15}{16}$ p	231			$40\frac{1}{4}$ p
195			$47\frac{11}{16}$ p	232			$40\frac{1}{16}$ p
196			$47\frac{7}{16}$ p	233			$39\frac{15}{16}$ m
197			$47\frac{3}{16}$ p	234			$39\frac{3}{4}$ m
198			47 m	235			$39\frac{9}{16}$ p
199			$46\frac{3}{4}$ m	236			$39\frac{7}{16}$ p
200			$46\frac{1}{2}$	237			$39\frac{1}{4}$ p
201			$46\frac{1}{4}$ p	238			$39\frac{1}{16}$ p
202			$46\frac{1}{16}$ m	239			$38\frac{15}{16}$ m
203			$45\frac{13}{16}$ p	240			$38\frac{3}{4}$
204			$45\frac{9}{16}$ p				
205			$45\frac{3}{8}$ m				
206			$45\frac{1}{8}$ p				
207			$44\frac{15}{16}$ p				
208			$44\frac{11}{16}$ p				
209			$44\frac{1}{2}$ m				
210			$44\frac{5}{16}$ m				

EGALITÉ.

Le Change de Paris sur Lille de .... $103\frac{1}{4}$ m
est égal à un peu moins de .... $3\frac{1}{4}$ p $\frac{0}{0}$
de benefice pour les Lettres.

252 COMBINAISON GENERALE
PARIS, LILLE, AMSTERDAM.

Lille sur Amster.	Lille sur Paris	Paris sur Lille.	Rend à Amster.	Lille sur Amster.	Lille sur Paris.	Paris sur Lille.	Rend à Amster.
100	$93\frac{1}{4}$	$102\frac{15}{16}$ p	$93\frac{1}{4}$	137	$93\frac{1}{4}$	$102\frac{15}{16}$ p	$68\frac{7}{16}$ p
101	....	....	$92\frac{3}{16}$ p	138	....	....	$67\frac{9}{16}$ p
102	....	....	$91\frac{7}{16}$ m	139	....	....	$67\frac{1}{16}$ p
103	....	....	$90\frac{9}{16}$ m	140	....	....	$66\frac{1}{8}$ m
104	....	....	$89\frac{11}{16}$ m	141	....	....	$66\frac{1}{8}$ p
105	....	....	$88\frac{13}{16}$ m	142	....	....	$65\frac{11}{16}$ p
106	....	....	88 m	143	....	....	$65\frac{3}{16}$ p
107	....	....	$87\frac{1}{8}$ p	144	....	....	$64\frac{3}{4}$ p
108	....	....	$86\frac{1}{16}$ p	145	....	....	$64\frac{5}{16}$ m
109	....	....	$85\frac{9}{16}$ m	146	....	....	$63\frac{7}{16}$ m
110	....	....	$84\frac{3}{4}$ p	147	....	....	$63\frac{8}{16}$ m
111	....	....	84 p	148	....	....	63 p
112	....	....	$83\frac{1}{4}$ p	149	....	....	$62\frac{9}{16}$ p
113	....	....	$82\frac{1}{2}$ p	150	....	....	$62\frac{3}{16}$ m
114	....	....	$81\frac{13}{16}$ m	151	....	....	$61\frac{3}{4}$ p
115	....	....	$81\frac{1}{16}$ p	152	....	....	$61\frac{3}{8}$ p
116	....	....	$80\frac{3}{8}$ p	153	....	....	$60\frac{1}{16}$ p
117	....	....	$79\frac{11}{16}$ p	154	....	....	$60\frac{9}{16}$ m
118	....	....	79 p	155	....	....	$60\frac{3}{16}$ m
119	....	....	$78\frac{3}{8}$ m	156	....	....	$59\frac{3}{4}$ p
120	....	....	$77\frac{11}{16}$ p	157	....	....	$59\frac{3}{8}$ p
121	....	....	$77\frac{1}{16}$ p	158	....	....	59 p
122	....	....	$76\frac{7}{16}$ m	159	....	....	$58\frac{5}{8}$ p
123	....	....	$75\frac{13}{16}$ p	160	....	....	$58\frac{1}{4}$ *
124	....	....	$75\frac{3}{16}$ p	161	....	....	$57\frac{11}{16}$ m
125	....	....	$74\frac{3}{8}$ m	162	....	....	$57\frac{9}{16}$ p
126	....	....	74 p	163	....	....	$57\frac{3}{16}$ p
127	....	....	$73\frac{7}{16}$ m	164	....	....	$56\frac{7}{8}$ m
128	....	....	$72\frac{7}{8}$ m	165	....	....	$56\frac{1}{2}$ p
129	....	....	$72\frac{5}{16}$ m	166	....	....	$56\frac{3}{16}$ m
130	....	....	$71\frac{3}{4}$ m	167	....	....	$55\frac{13}{16}$ p
131	....	....	$71\frac{3}{16}$ m	168	....	....	$55\frac{1}{2}$ p
132	....	....	$70\frac{5}{8}$ p	169	....	....	$55\frac{3}{16}$ m
133	....	....	$70\frac{1}{8}$ m	170	....	....	$54\frac{3}{8}$ m
134	....	....	$69\frac{9}{16}$ p	171	....	....	$54\frac{8}{16}$ m
135	....	....	$69\frac{1}{16}$ p	172	....	....	$54\frac{3}{16}$ p
136	....	....	$68\frac{9}{16}$ p	173	....	....	$53\frac{7}{8}$ p

DES CHANGES.

PARIS, LILLE, AMSTERDAM.

Lille sur Amster.	Lille sur Paris.	Paris sur Lille.	Rend à Amster.	Lille sur Amster.	Lille sur Paris.	Paris sur Lille.	Rend à Amster.
174	$93\frac{1}{4}$	$102\frac{15}{16}$ P	$53\frac{9}{16}$ P	211	$93\frac{1}{4}$	$102\frac{15}{16}$ P	$44\frac{3}{16}$ P
175	....	....	$53\frac{5}{16}$ m	212	....	....	44 m
176	....	....	53 m	213	....	....	$43\frac{3}{4}$ P
177	....	....	$52\frac{11}{16}$ m	214	....	....	$43\frac{9}{16}$ P
178	....	....	$52\frac{3}{8}$ P	215	....	....	$43\frac{3}{8}$ m
179	....	....	$52\frac{1}{8}$ m	216	....	....	$43\frac{3}{16}$ m
180	....	....	$51\frac{13}{16}$ P	217	....	....	43 m
181	....	....	$51\frac{1}{2}$ P	218	....	....	$42\frac{3}{4}$ P
182	....	....	$51\frac{1}{4}$ m	219	....	....	$42\frac{9}{16}$ P
183	....	....	$50\frac{15}{16}$ P	220	....	....	$42\frac{3}{8}$ P
184	....	....	$50\frac{11}{16}$ m	221	....	....	$42\frac{3}{16}$ P
185	....	....	$50\frac{3}{8}$ P	222	....	....	42 P
186	....	....	$50\frac{1}{8}$ P	223	....	....	$41\frac{13}{16}$ P
187	....	....	$49\frac{7}{8}$ m	224	....	....	$41\frac{1}{2}$ P
188	....	....	$49\frac{5}{8}$ m	225	....	....	$41\frac{7}{16}$ P
189	....	....	$49\frac{5}{16}$ P	226	....	....	$41\frac{1}{4}$ P
190	....	....	$49\frac{1}{16}$ P	227	....	....	$41\frac{1}{16}$ P
191	....	....	$48\frac{13}{16}$ P	228	....	....	$40\frac{7}{8}$ P
192	....	....	$48\frac{9}{16}$ P	229	....	....	$40\frac{1}{4}$ m
193	....	....	$48\frac{5}{16}$ P	230	....	....	$40\frac{9}{16}$ m
194	....	....	$48\frac{1}{16}$ P	231	....	....	$40\frac{3}{8}$ m
195	....	....	$47\frac{13}{16}$ P	232	....	....	$40\frac{3}{16}$ P
196	....	....	$47\frac{9}{16}$ P	233	....	....	40 P
197	....	....	$47\frac{5}{16}$ P	234	....	....	$39\frac{7}{8}$ m
198	....	....	$47\frac{3}{8}$ m	235	....	....	$39\frac{11}{16}$ m
199	....	....	$46\frac{3}{8}$ m	236	....	....	$39\frac{1}{2}$ P
200	....	....	$46\frac{5}{8}$	237	....	....	$39\frac{3}{8}$ m
201	....	....	$46\frac{3}{8}$ P	238	....	....	$39\frac{3}{16}$ m
202	....	....	$46\frac{3}{16}$ m	239	....	....	39 P
203	....	....	$45\frac{15}{16}$ m	240	....	....	$38\frac{7}{8}$ m
204	....	....	$45\frac{11}{16}$ P				
205	....	....	$45\frac{1}{2}$ m				
206	....	....	$45\frac{1}{4}$ P				
207	....	....	$45\frac{1}{16}$ m				
208	....	....	$44\frac{13}{16}$ P				
209	....	....	$44\frac{5}{8}$ m				
210	....	....	$44\frac{3}{8}$ P				

EGALITE'.

Le Change de Paris sur Lille de .... $102\frac{15}{16}$ P
est égal à un peu plus de .... $2\frac{15}{16}$ P $\frac{0}{0}$
de benefice pour les Lettres.

COMBINAISON GENERALE

PARIS, LILLE, AMSTERDAM.

Lille sur Amster.	Lille sur Paris.	Paris sur Lille.	Rend à Amster.	Lille sur Amster.	Lille sur Paris.	Paris sur Lille.	Rend à Amster.
100	· 93 $\frac{1}{2}$	· 102 $\frac{11}{16}$ m·	93 $\frac{1}{2}$	137	· 93 $\frac{1}{2}$	· 102 $\frac{11}{16}$ m·	68 $\frac{1}{4}$ m
101			92 $\frac{5}{16}$ p	138			67 $\frac{3}{4}$ p
102			91	139			67 $\frac{1}{4}$ p
103			90 $\frac{3}{4}$ p	140			66 $\frac{13}{16}$ m
104			89 $\frac{7}{8}$ p	141			66 $\frac{5}{16}$ m
105			89 $\frac{1}{16}$ m	142			65 $\frac{7}{8}$ m
106			88 $\frac{3}{16}$ p	143			65 $\frac{3}{8}$ p
107			87 $\frac{3}{8}$ p	144			64 $\frac{15}{16}$ m
108			86 $\frac{9}{16}$ p	145			64 $\frac{1}{2}$ m
109			85 $\frac{3}{4}$	146			64 $\frac{1}{16}$ m
110			85	147			63 $\frac{5}{8}$ m
111			84 $\frac{1}{4}$ m	148			63 $\frac{3}{16}$ m
112			83 $\frac{1}{2}$ m	149			62 $\frac{3}{4}$ p
113			82 $\frac{3}{4}$ m	150			62 $\frac{5}{16}$ p
114			82 p	151			61 $\frac{15}{16}$ m
115			81 $\frac{5}{16}$ m	152			61 $\frac{1}{2}$ p
116			80 $\frac{5}{8}$ m	153			61 $\frac{1}{8}$ m
117			79 $\frac{15}{16}$ m	154			60 $\frac{11}{16}$ p
118			79 $\frac{1}{4}$ p	155			60 $\frac{5}{16}$ p
119			78 $\frac{9}{16}$ p	156			59 $\frac{15}{16}$ m
120			77 $\frac{15}{16}$ m	157			59 $\frac{9}{16}$ m
121			77 $\frac{1}{4}$ p	158			59 $\frac{3}{16}$ m
122			76 $\frac{5}{8}$ p	159			58 $\frac{13}{16}$ m
123			76 p	160			58 $\frac{7}{16}$
124			75 $\frac{3}{8}$ p	161			58 $\frac{1}{16}$ p
125			74 $\frac{13}{16}$ m	162			57 $\frac{11}{16}$ p
126			74 $\frac{3}{16}$ p	163			57 $\frac{3}{8}$ m
127			73 $\frac{5}{8}$ m	164			57 p
128			73 $\frac{1}{16}$ m	165			56 $\frac{11}{16}$ m
129			72 $\frac{1}{2}$	166			56 $\frac{5}{16}$ p
130			71 $\frac{15}{16}$ m	167			56
131			71 $\frac{3}{8}$ p	168			55 $\frac{5}{8}$ p
132			70 $\frac{13}{16}$ p	169			55 $\frac{5}{16}$ m
133			70 $\frac{5}{16}$ m	170			55
134			69 $\frac{3}{4}$ p	171			54 $\frac{11}{16}$ m
135			69 $\frac{1}{4}$ p	172			54 $\frac{3}{8}$ m
136			68 $\frac{3}{4}$	173			54 $\frac{1}{16}$ m

DES CHANGES.

PARIS, LILLE, AMSTERDAM.

Lille sur Amster.	Lille sur Paris.	Paris sur Lille.	Rend à Amster.	Lille sur Amster.	Lille sur Paris.	Paris sur Lille.	Rend à Amster.
174	$93\frac{1}{2}$	$102\frac{11}{16}$ m	$53\frac{3}{4}$ m	211	$93\frac{1}{2}$	$102\frac{11}{16}$ m	$44\frac{5}{16}$ p
175	......	......	$53\frac{7}{16}$ m	212	......	......	$44\frac{1}{8}$ m
176	......	......	$53\frac{1}{8}$	213	......	......	$43\frac{7}{8}$ p
177	......	......	$52\frac{13}{16}$ p	214	......	......	$43\frac{11}{16}$ p
178	......	......	$52\frac{1}{2}$ p	215	......	......	$43\frac{1}{2}$ m
179	......	......	$52\frac{1}{4}$ m	216	......	......	$43\frac{5}{16}$ m
180	......	......	$51\frac{13}{16}$ p	217	......	......	$43\frac{1}{16}$ p
181	......	......	$51\frac{11}{16}$ m	218	......	......	$42\frac{7}{8}$ p
182	......	......	$51\frac{3}{8}$	219	......	......	$42\frac{11}{16}$ p
183	......	......	$51\frac{1}{16}$ p	220	......	......	$42\frac{1}{2}$
184	......	......	$50\frac{13}{16}$	221	......	......	$42\frac{5}{16}$ m
185	......	......	$50\frac{9}{16}$ m	222	......	......	$42\frac{1}{8}$ p
186	......	......	$50\frac{1}{4}$ p	223	......	......	$41\frac{15}{16}$ m
187	......	......	50	224	......	......	$41\frac{3}{4}$ m
188	......	......	$49\frac{3}{4}$ m	225	......	......	$41\frac{9}{16}$ m
189	......	......	$49\frac{1}{2}$ m	226	......	......	$41\frac{3}{8}$ m
190	......	......	$49\frac{3}{16}$	227	......	......	$41\frac{1}{16}$ p
191	......	......	$48\frac{15}{16}$ p	228	......	......	41 p
192	......	......	$48\frac{11}{16}$ p	229	......	......	$40\frac{13}{16}$ p
193	......	......	$48\frac{7}{16}$ p	230	......	......	$40\frac{5}{8}$ p
194	......	......	$48\frac{3}{16}$ p	231	......	......	$40\frac{1}{2}$ m
195	......	......	$47\frac{15}{16}$ p	232	......	......	$40\frac{5}{16}$ m
196	......	......	$47\frac{11}{16}$ p	233	......	......	$40\frac{1}{8}$ p
197	......	......	$47\frac{7}{16}$ p	234	......	......	$39\frac{15}{16}$ p
198	......	......	$47\frac{1}{4}$ m	235	......	......	$39\frac{13}{16}$ m
199	......	......	47 m	236	......	......	$39\frac{5}{8}$ m
200	......	......	$46\frac{3}{4}$	237	......	......	$39\frac{7}{16}$ p
201	......	......	$46\frac{1}{2}$ p	238	......	......	$39\frac{5}{16}$ m
202	......	......	$46\frac{5}{16}$ m	239	......	......	$39\frac{1}{8}$ m
203	......	......	$46\frac{1}{16}$ m	240	......	......	$38\frac{15}{16}$ p
204	......	......	$45\frac{13}{16}$ p				
205	......	......	$45\frac{5}{8}$ m				
206	......	......	$45\frac{3}{8}$				
207	......	......	$45\frac{3}{16}$ m				
208	......	......	$44\frac{15}{16}$ p				
209	......	......	$44\frac{3}{4}$ m				
210	......	......	$44\frac{1}{2}$ p				

EGALITÉ.

Le Change de Paris sur Lille de .... $102\frac{11}{16}$ m
est égal à un peu moins de .... $2\frac{11}{16}$ p $\frac{0}{0}$
de benefice pour les Lettres.

Tome II.

COMBINAISON GENERALE
PARIS, LILLE, AMSTERDAM.

Lille sur Amster.	Lille sur Paris.	Paris sur Lille.	Rend à Amster.	Lille sur Amster.	Lille sur Paris.	Paris sur Lille.	Rend à Amster.
100	$93\frac{3}{4}$	$102\frac{3}{8}$ p	$93\frac{3}{4}$	137	$93\frac{3}{4}$	$102\frac{3}{8}$ p	$68\frac{7}{16}$ m
101			$92\frac{13}{16}$ p	138			$67\frac{15}{16}$ m
102			$91\frac{13}{16}$ m	139			$67\frac{7}{16}$ p
103			91 p	140			$66\frac{15}{16}$ p
104			$90\frac{1}{8}$ p	141			$66\frac{1}{2}$ m
105			$89\frac{3}{16}$ m	142			66
106			$88\frac{7}{16}$ p	143			$65\frac{9}{16}$ m
107			$87\frac{5}{8}$ m	144			$65\frac{1}{8}$ p
108			$86\frac{13}{16}$ m	145			$64\frac{3}{4}$ p
109			86 p	146			$64\frac{5}{16}$ p
110			$85\frac{1}{4}$ m	147			$63\frac{3}{4}$ p
111			$84\frac{7}{16}$ p	148			$63\frac{3}{8}$ m
112			$83\frac{11}{16}$ p	149			$62\frac{15}{16}$ m
113			$82\frac{15}{16}$ p	150			$62\frac{1}{2}$
114			$82\frac{1}{4}$ m	151			$62\frac{1}{8}$ p
115			$81\frac{1}{2}$ p	152			$61\frac{11}{16}$ m
116			$80\frac{13}{16}$ p	153			$61\frac{1}{4}$ p
117			$80\frac{1}{8}$ p	154			$60\frac{7}{8}$ p
118			$79\frac{7}{16}$ p	155			$60\frac{1}{2}$
119			$78\frac{13}{16}$ m	156			$60\frac{1}{8}$
120			$78\frac{1}{8}$ p	157			$59\frac{11}{16}$ p
121			$77\frac{1}{2}$	158			$59\frac{5}{16}$ p
122			$76\frac{7}{8}$ m	159			$58\frac{1}{2}$ p
123			$76\frac{1}{4}$ m	160			$58\frac{9}{16}$ *
124			$75\frac{5}{8}$ m	161			$58\frac{1}{4}$ m
125			75	162			$57\frac{7}{8}$ m
126			$74\frac{3}{8}$ p	163			$57\frac{1}{2}$ p
127			$73\frac{13}{16}$ p	164			$57\frac{3}{16}$ m
128			$73\frac{1}{4}$ m	165			$56\frac{13}{16}$ p
129			$72\frac{11}{16}$ m	166			$56\frac{1}{2}$ m
130			$72\frac{1}{8}$ m	167			$56\frac{1}{8}$ p
131			$71\frac{9}{16}$ p	168			$55\frac{13}{16}$ p
132			71 p	169			$55\frac{1}{2}$
133			$70\frac{1}{2}$ m	170			$55\frac{1}{8}$ p
134			$69\frac{15}{16}$ p	171			$54\frac{13}{16}$ p
135			$69\frac{7}{16}$ p	172			$54\frac{1}{2}$ p
136			$68\frac{15}{16}$ m	173			$54\frac{1}{6}$ p

DES CHANGES.

PARIS, LILLE, AMSTERDAM.

Lille sur Amster.	Lille sur Paris.	Paris sur Lille.	Rend à Amster.	Lille sur Amster.	Lille sur Paris.	Paris sur Lille.	Rend à Amster.
174	$93\frac{3}{4}$	$102\frac{3}{8}$ p	$53\frac{7}{8}$ p	211	$93\frac{3}{4}$	$102\frac{3}{8}$ p	$44\frac{7}{16}$ m
175			$53\frac{9}{16}$ p	212			$44\frac{1}{4}$ m
176			$53\frac{1}{4}$ p	213			44 p
177			$52\frac{15}{16}$ p	214			$43\frac{13}{16}$ m
178			$52\frac{11}{16}$ m	215			$43\frac{1}{2}$ m
179			$52\frac{3}{8}$ m	216			$43\frac{3}{8}$ p
180			$52\frac{1}{16}$ p	217			$43\frac{3}{16}$ p
181			$51\frac{13}{16}$ m	218			43 p
182			$51\frac{1}{2}$ p	219			$42\frac{13}{16}$ m
183			$51\frac{1}{4}$ m	220			$42\frac{1}{2}$ m
184			$50\frac{15}{16}$ p	221			$42\frac{7}{16}$ m
185			$50\frac{11}{16}$ m	222			$42\frac{1}{4}$ m
186			$50\frac{3}{8}$ p	223			$42\frac{1}{16}$ m
187			$50\frac{1}{8}$ p	224			$41\frac{7}{8}$ m
188			$49\frac{7}{8}$ m	225			$41\frac{11}{16}$ m
189			$49\frac{3}{8}$ m	226			$41\frac{1}{2}$ m
190			$49\frac{5}{16}$ p	227			$41\frac{1}{16}$ m
191			$49\frac{1}{16}$ p	228			$41\frac{1}{8}$ p
192			$48\frac{13}{16}$ p	229			$40\frac{15}{16}$ m
193			$48\frac{9}{16}$ p	230			$40\frac{3}{4}$ p
194			$48\frac{5}{16}$ p	231			$40\frac{9}{16}$ p
195			$48\frac{1}{16}$ p	232			$40\frac{7}{16}$ m
196			$47\frac{13}{16}$ p	233			$40\frac{1}{4}$ m
197			$47\frac{7}{16}$ p	234			$40\frac{1}{16}$ p
198			$47\frac{3}{8}$ m	235			$39\frac{7}{8}$ p
199			$47\frac{1}{8}$ m	236			$39\frac{3}{4}$ m
200			$46\frac{7}{8}$ m	237			$39\frac{9}{16}$ m
201			$46\frac{5}{8}$ p	238			$39\frac{3}{8}$ p
202			$46\frac{7}{16}$ m	239			$39\frac{1}{4}$ m
203			$46\frac{3}{16}$ m	240			$39\frac{1}{16}$
204			$45\frac{15}{16}$ p				
205			$45\frac{3}{4}$ m				
206			$45\frac{1}{2}$ p				
207			$45\frac{5}{16}$ m				
208			$45\frac{1}{16}$ p				
209			$44\frac{7}{8}$ m				
210			$44\frac{5}{8}$ p				

EGALITE'.

Le Change de Paris sur Lille de .... $102\frac{3}{8}$ p
est égal à un peu plus de .... $2\frac{3}{8}$ p $\frac{0}{0}$
de benefice pour les Lettres.

Tome II.

COMBINAISON GENERALE

PARIS, LILLE, AMSTERDAM.

Lille sur Amster.	Lille sur Paris	Paris sur Lille.	Rend à Amster.	Lille sur Amster.	Lille sur Paris.	Paris sur Lille.	Rend à Amster.
100	94	102 $\frac{1}{8}$ P	94	137	94	102 $\frac{1}{8}$ P	68 $\frac{5}{8}$ m
101			93 $\frac{1}{16}$ P	138			68 $\frac{1}{8}$ m
102			92 $\frac{3}{16}$ m	139			67 $\frac{5}{8}$ P
103			91 $\frac{1}{4}$ P	140			67 $\frac{1}{8}$ P
104			90 $\frac{3}{8}$ P	141			66 $\frac{11}{16}$ m
105			89 $\frac{1}{2}$ P	142			66 $\frac{3}{16}$ P
106			88 $\frac{11}{16}$ m	143			65 $\frac{3}{4}$ m
107			87 $\frac{7}{8}$ m	144			65 $\frac{1}{4}$ P
108			87 $\frac{1}{16}$ m	145			64 $\frac{13}{16}$ P
109			86 $\frac{1}{4}$ m	146			64 $\frac{3}{8}$ P
110			85 $\frac{7}{16}$ P	147			63 $\frac{15}{16}$ P
111			84 $\frac{11}{16}$ m	148			63 $\frac{1}{2}$ P
112			83 $\frac{15}{16}$ m	149			63 $\frac{1}{16}$ P
113			83 $\frac{3}{16}$ m	150			62 $\frac{11}{16}$ m
114			82 $\frac{7}{16}$ P	151			62 $\frac{1}{4}$ P
115			81 $\frac{3}{4}$ m	152			61 $\frac{13}{16}$ P
116			81 $\frac{1}{16}$ m	153			61 $\frac{7}{16}$ m
117			80 $\frac{5}{16}$ P	154			61 $\frac{1}{16}$ m
118			79 $\frac{11}{16}$ m	155			60 $\frac{5}{8}$ P
119			79 m	156			60 $\frac{1}{4}$ P
120			78 $\frac{5}{16}$ P	157			59 $\frac{7}{8}$ m
121			77 $\frac{11}{16}$ m	158			59 $\frac{1}{2}$ P
122			77 $\frac{1}{16}$ m	159			59 $\frac{1}{8}$ m
123			76 $\frac{7}{16}$ m	160			58 $\frac{3}{4}$ P
124			75 $\frac{13}{16}$ m	161			58 $\frac{3}{8}$ P
125			75 $\frac{3}{8}$ P	162			58 P
126			74 $\frac{5}{8}$ m	163			57 $\frac{11}{16}$ m
127			74 P	164			57 $\frac{5}{16}$ m
128			73 $\frac{7}{16}$ P	165			57 m
129			72 $\frac{7}{8}$ m	166			56 $\frac{5}{8}$ P
130			72 $\frac{5}{16}$ m	167			56 $\frac{5}{16}$ m
131			71 $\frac{3}{4}$ P	168			55 $\frac{15}{16}$ P
132			71 $\frac{3}{16}$ P	169			55 $\frac{5}{8}$ m
133			70 $\frac{11}{16}$ m	170			55 $\frac{5}{16}$ m
134			70 $\frac{1}{8}$ P	171			55 m
135			69 $\frac{5}{8}$ P	172			54 $\frac{5}{8}$ P
136			69 $\frac{1}{8}$ m	173			54 $\frac{5}{16}$ P

DES CHANGES.

PARIS, LILLE, AMSTERDAM.

Lille sur Amster.	Lille sur Paris.	Paris sur Lille.	Rend à Amster.	Lille sur Amster.	Lille sur Paris.	Paris sur Lille.	Rend à Amster.
174	94	$102\frac{1}{8}$ P	54 P	211	94	$102\frac{1}{8}$ P	$44\frac{9}{16}$ m
175			$53\frac{11}{16}$ P	212			$44\frac{5}{16}$ P
176			$53\frac{7}{16}$ m	213			$44\frac{1}{8}$ P
177			$53\frac{1}{4}$ m	214			$43\frac{11}{16}$ m
178			$52\frac{13}{16}$ m	215			$43\frac{3}{4}$ m
179			$52\frac{1}{2}$ P	216			$43\frac{1}{4}$ P
180			$52\frac{1}{4}$ m	217			$43\frac{5}{16}$ P
181			$51\frac{13}{16}$ m	218			$43\frac{1}{8}$ m
182			$51\frac{1}{2}$ P	219			$42\frac{13}{16}$ m
183			$51\frac{3}{8}$ m	220			$42\frac{3}{4}$ m
184			$51\frac{1}{16}$ P	221			$42\frac{9}{16}$ m
185			$50\frac{13}{16}$ m	222			$42\frac{1}{4}$ P
186			$50\frac{9}{16}$ m	223			$42\frac{1}{8}$ P
187			$50\frac{1}{4}$ P	224			$41\frac{15}{16}$ P
188			50	225			$41\frac{3}{4}$ P
189			$49\frac{3}{4}$ m	226			$41\frac{9}{16}$ P
190			$49\frac{1}{2}$ m	227			$41\frac{7}{16}$ m
191			$49\frac{5}{16}$ P	228			$41\frac{1}{4}$ m
192			$48\frac{15}{16}$ P	229			$41\frac{1}{16}$ m
193			$48\frac{11}{16}$ P	230			$40\frac{7}{8}$ m
194			$48\frac{7}{16}$ P	231			$40\frac{11}{16}$ P
195			$48\frac{3}{16}$ P	232			$40\frac{1}{2}$ P
196			$47\frac{15}{16}$ P	233			$40\frac{5}{16}$ P
197			$47\frac{11}{16}$ P	234			$40\frac{1}{16}$ m
198			$47\frac{1}{2}$ m	235			40
199			$47\frac{1}{4}$ m	236			$39\frac{13}{16}$ P
200			47	237			$39\frac{11}{16}$ m
201			$46\frac{3}{4}$ P	238			$39\frac{1}{2}$ m
202			$46\frac{9}{16}$ m	239			$39\frac{5}{16}$ P
203			$46\frac{5}{16}$ m	240			$39\frac{3}{16}$ m
204			$46\frac{1}{16}$ P				
205			$45\frac{7}{8}$ m				
206			$45\frac{5}{8}$ P				
207			$45\frac{7}{16}$ m				
208			$45\frac{3}{16}$ P				
209			45 m				
210			$44\frac{3}{4}$ P				

EGALITÉ.

Le Change de Paris sur Lille de .... $102\frac{1}{8}$ P

est égal à un peu plus de .... $2\frac{1}{8}$ P $\frac{0}{0}$

de benefice pour les Lettres.

PARIS, LILLE, AMSTERDAM.

Lille sur Amster.	Lille sur Paris	Paris sur Lille.	Rend à Amster.	Lille sur Amster.	Lille sur Paris.	Paris sur Lille.	Rend à Amster.
100	$94\frac{1}{4}$	$101\frac{7}{8}$ m.	$94\frac{1}{4}$	137	$94\frac{1}{4}$	$101\frac{7}{8}$ m.	$68\frac{13}{16}$ m
101			$93\frac{3}{16}$ p	138			$68\frac{1}{2}$ m
102			$92\frac{3}{8}$ p	139			$67\frac{15}{16}$ m
103			$91\frac{1}{2}$ p	140			$67\frac{1}{16}$ p
104			$90\frac{5}{8}$	141			$66\frac{7}{8}$ m
105			$89\frac{3}{4}$ p	142			$66\frac{3}{8}$ m
106			$88\frac{15}{16}$ m	143			$65\frac{13}{16}$ m
107			$88\frac{1}{16}$ p	144			$65\frac{7}{16}$ p
108			$87\frac{1}{4}$ p	145			65
109			$86\frac{7}{16}$ p	146			$64\frac{9}{16}$ m
110			$85\frac{11}{16}$ m	147			$64\frac{1}{8}$ m
111			$84\frac{15}{16}$ m	148			$63\frac{11}{16}$ m
112			$84\frac{1}{8}$ p	149			$63\frac{1}{4}$ p
113			$83\frac{7}{16}$ m	150			$62\frac{13}{16}$ m
114			$82\frac{11}{16}$ m	151			$62\frac{7}{16}$ m
115			$81\frac{15}{16}$ p	152			62 p
116			$81\frac{1}{4}$	153			$61\frac{5}{8}$ m
117			$80\frac{9}{16}$ m	154			$61\frac{3}{16}$ p
118			$79\frac{7}{8}$ m	155			$60\frac{13}{16}$ m
119			$79\frac{3}{16}$ m	156			$60\frac{7}{16}$ m
120			$78\frac{9}{16}$ m	157			$60\frac{1}{16}$ m
121			$77\frac{7}{8}$ p	158			$59\frac{5}{8}$ p
122			$77\frac{1}{4}$ p	159			$59\frac{1}{4}$ p
123			$76\frac{5}{8}$ p	160			$58\frac{7}{8}$ *
124			76 p	161			$58\frac{9}{16}$ m
125			$75\frac{3}{8}$ p	162			$58\frac{3}{16}$ m
126			$74\frac{13}{16}$ m	163			$57\frac{13}{16}$ m
127			$74\frac{3}{16}$ m	164			$57\frac{1}{2}$ m
128			$73\frac{5}{8}$	165			57 m
129			$73\frac{1}{16}$ m	166			$56\frac{3}{4}$ p
130			$72\frac{1}{2}$	167			$56\frac{1}{2}$ m
131			$71\frac{15}{16}$ p	168			$56\frac{1}{8}$ m
132			$71\frac{3}{8}$ p	169			$55\frac{3}{4}$ p
133			$70\frac{7}{8}$ m	170			$55\frac{7}{16}$ p
134			$70\frac{5}{16}$ p	171			$55\frac{1}{8}$ m
135			$69\frac{13}{16}$ p	172			$54\frac{13}{16}$ m
136			$69\frac{5}{16}$ m	173			$54\frac{1}{2}$ m

DES CHANGES.

PARIS, LILLE, AMSTERDAM.

Lille sur Amster.	Lille sur Paris.	Paris sur Lille.	Rend à Amster.	Lille sur Amster.	Lille sur Paris.	Paris sur Lille.	Rend à Amster.
174	94 $\frac{1}{4}$	101 $\frac{7}{8}$ m	54 $\frac{3}{16}$ m	211	94 $\frac{1}{4}$	101 $\frac{7}{8}$ m	44 $\frac{11}{16}$ m
175			53 $\frac{7}{8}$ m	212			44 $\frac{7}{16}$ p
176			53 $\frac{9}{16}$ m	213			44 $\frac{1}{4}$ m
177			53 $\frac{1}{4}$ m	214			44 $\frac{1}{16}$ m
178			52 $\frac{15}{16}$ p	215			43 $\frac{13}{16}$ p
179			52 $\frac{5}{8}$ p	216			43 $\frac{5}{8}$ p
180			52 $\frac{3}{8}$ m	217			43 $\frac{7}{16}$ m
181			52 $\frac{1}{16}$ p	218			43 $\frac{1}{4}$ m
182			51 $\frac{13}{16}$ m	219			43 $\frac{1}{16}$ m
183			51 $\frac{1}{2}$ p	220			42 $\frac{13}{16}$ p
184			51 $\frac{1}{4}$ m	221			42 $\frac{5}{8}$ p
185			50 $\frac{15}{16}$ p	222			42 $\frac{7}{16}$ p
186			50 $\frac{11}{16}$ m	223			42 $\frac{1}{4}$ p
187			50 $\frac{3}{8}$ p	224			42 $\frac{1}{16}$ p
188			50 $\frac{1}{8}$ p	225			41 $\frac{7}{8}$ p
189			49 $\frac{7}{8}$ m	226			41 $\frac{11}{16}$ p
190			49 $\frac{5}{8}$ m	227			41 $\frac{1}{2}$ p
191			49 $\frac{3}{8}$ m	228			41 $\frac{5}{16}$ p
192			49 $\frac{1}{16}$ p	229			41 $\frac{3}{16}$ m
193			48 $\frac{13}{16}$ p	230			41 m
194			48 $\frac{9}{16}$ p	231			40 $\frac{13}{16}$ m
195			48 $\frac{5}{16}$ p	232			40 $\frac{5}{8}$
196			48 $\frac{1}{16}$ p	233			40 $\frac{7}{16}$ p
197			47 $\frac{13}{16}$ p	234			40 $\frac{1}{4}$ p
198			47 $\frac{5}{8}$ m	235			40 $\frac{1}{8}$ m
199			47 $\frac{3}{8}$ p	236			39 $\frac{15}{16}$ m
200			47 $\frac{1}{8}$ p	237			39 $\frac{3}{4}$ p
201			46 $\frac{7}{8}$ p	238			39 $\frac{9}{16}$ m
202			46 $\frac{11}{16}$ m	239			39 $\frac{7}{16}$ m
203			46 $\frac{7}{16}$ m	240			39 $\frac{1}{4}$ p
204			46 $\frac{3}{16}$ p				
205			46 m				
206			45 $\frac{3}{4}$ p				
207			45 $\frac{9}{16}$ m				
208			45 $\frac{5}{16}$				
209			45 $\frac{3}{16}$ m				
210			44 $\frac{7}{8}$ p				

EGALITÉ.

Le Change de Paris sur Lille de .... 101 $\frac{7}{8}$ m
est égal à un peu moins de .... 1 $\frac{7}{8}$ p $\frac{0}{0}$
de benefice pour les Lettres.

COMBINAISON GENERALE

PARIS, LILLE, AMSTERDAM.

Lille sur Amster.	Lille sur Paris.	Paris sur Lille.	Rend à Amster.	Lille sur Amster.	Lille sur Paris.	Paris sur Lille.	Rend à Amster.
100	94 $\frac{1}{2}$	101 $\frac{9}{16}$ P	94 $\frac{1}{2}$	137	94 $\frac{1}{2}$	101 $\frac{9}{16}$ P	69 m
101			93 $\frac{9}{16}$ P	138			68 $\frac{1}{2}$ m
102			92 $\frac{5}{8}$ P	139			68 m
103			91 $\frac{3}{4}$ m	140			67 $\frac{1}{2}$
104			90 $\frac{7}{8}$ m	141			67 P
105			90	142			66 $\frac{9}{16}$ m
106			89 $\frac{1}{8}$ P	143			66 $\frac{1}{16}$ P
107			88 $\frac{1}{16}$ P	144			65 $\frac{5}{8}$
108			87 $\frac{1}{2}$	145			65 $\frac{1}{2}$ m
109			86 $\frac{11}{16}$ P	146			64 $\frac{2}{3}$ m
110			85 $\frac{13}{16}$ m	147			64 $\frac{1}{4}$ m
111			85 $\frac{1}{8}$ P	148			63 $\frac{7}{8}$ m
112			84 $\frac{3}{8}$	149			63 $\frac{7}{16}$ m
113			83 $\frac{1}{2}$ P	150			63
114			82 $\frac{2}{3}$ P	151			62 $\frac{9}{16}$ P
115			82 $\frac{3}{16}$ m	152			62 $\frac{3}{16}$ m
116			81 $\frac{7}{16}$ P	153			61 $\frac{3}{4}$ P
117			80 $\frac{3}{4}$ P	154			61 $\frac{3}{8}$ m
118			80 $\frac{1}{16}$ P	155			60 $\frac{11}{16}$ P
119			79 $\frac{7}{16}$ m	156			60 $\frac{9}{16}$ P
120			78 $\frac{3}{4}$	157			60 $\frac{1}{16}$ P
121			78 $\frac{1}{8}$ m	158			59 $\frac{13}{16}$ m
122			77 $\frac{7}{16}$ P	159			59 $\frac{7}{16}$ m
123			76 $\frac{13}{16}$ P	160			59 $\frac{1}{16}$
124			76 $\frac{3}{16}$ P	161			58 $\frac{11}{16}$ P
125			75 $\frac{5}{8}$ m	162			58 $\frac{5}{16}$ P
126			75	163			58 m
127			74 $\frac{7}{16}$ m	164			57 $\frac{5}{8}$ m
128			73 $\frac{13}{16}$ P	165			57 $\frac{1}{4}$ P
129			73 $\frac{1}{4}$ P	166			56 $\frac{15}{16}$ m
130			72 $\frac{11}{16}$ P	167			56 $\frac{9}{16}$ P
131			72 $\frac{1}{8}$ P	168			56 $\frac{1}{4}$
132			71 $\frac{7}{16}$ P	169			55 $\frac{15}{16}$ m
133			71 $\frac{1}{16}$ m	170			55 $\frac{5}{16}$
134			70 $\frac{1}{2}$ P	171			55 $\frac{1}{4}$ P
135			70	172			54 $\frac{15}{16}$ P
136			69 $\frac{1}{2}$ m	173			54 $\frac{5}{8}$ m

DES CHANGES.

PARIS, LILLE, AMSTERDAM.

Lille sur Amster.	Lille sur Paris.	Paris sur Lille.	Rend à Amster.	Lille sur Amster.	Lille sur Paris.	Paris sur Lille.	Rend à Amster.
174	$94\frac{1}{2}$	$101\frac{9}{16}$ p	$54\frac{5}{16}$ m	211	$94\frac{1}{2}$	$101\frac{9}{16}$ p	$44\frac{13}{16}$ m
175			54	212			$44\frac{9}{16}$ p
176			$53\frac{11}{16}$ p	213			$44\frac{3}{8}$ m
177			$53\frac{3}{8}$ p	214			$44\frac{1}{16}$ m
178			$53\frac{1}{16}$ p	215			$43\frac{13}{16}$ p
179			$52\frac{13}{16}$ m	216			$43\frac{1}{2}$
180			$52\frac{1}{2}$	217			$43\frac{9}{16}$ m
181			$52\frac{3}{16}$ p	218			$43\frac{3}{8}$ m
182			$51\frac{15}{16}$ m	219			$43\frac{1}{8}$ p
183			$51\frac{5}{8}$ p	220			$42\frac{15}{16}$ p
184			$51\frac{3}{8}$ m	221			$42\frac{3}{4}$ p
185			$51\frac{1}{16}$ p	222			$42\frac{9}{16}$ p
186			$50\frac{13}{16}$ m	223			$42\frac{3}{8}$ p
187			$50\frac{9}{16}$ m	224			$42\frac{1}{16}$
188			$50\frac{1}{4}$ p	225			42
189			50	226			$41\frac{13}{16}$ p
190			$49\frac{3}{4}$ m	227			$41\frac{1}{2}$ p
191			$49\frac{1}{2}$ m	228			$41\frac{7}{16}$ p
192			$49\frac{3}{16}$ *	229			$41\frac{1}{4}$ p
193			$48\frac{13}{16}$ p	230			$41\frac{1}{16}$ p
194			$48\frac{11}{16}$ p	231			$40\frac{13}{16}$ m
195			$48\frac{7}{16}$ p	232			$40\frac{3}{4}$ m
196			$48\frac{3}{16}$ p	233			$40\frac{9}{16}$
197			48 m	234			$40\frac{3}{8}$ p
198			$47\frac{3}{4}$ m	235			$40\frac{3}{16}$ m
199			$47\frac{1}{2}$ m	236			$40\frac{1}{16}$ m
200			$47\frac{1}{4}$	237			$39\frac{7}{8}$ m
201			47 p	238			$39\frac{11}{16}$ p
202			$46\frac{13}{16}$ m	239			$39\frac{9}{16}$ m
203			$46\frac{9}{16}$ m	240			$39\frac{3}{8}$
204			$46\frac{5}{16}$ p				
205			$46\frac{1}{8}$ m				
206			$45\frac{7}{8}$ m				
207			$45\frac{5}{8}$ p				
208			$45\frac{7}{16}$ m				
209			$45\frac{3}{16}$ p				
210			45				

EGALITÉ.

Le Change de Paris
sur Lille de .... $101\frac{9}{16}$ p
est égal à un peu
plus de .... $1\frac{9}{16}$ p. o/e
de benefice pour les Lettres.

COMBINAISON GENERALE
PARIS, LILLE, AMSTERDAM.

Lille sur Amster.	Lille sur Paris.	Paris sur Lille.	Rend à Amster.	Lille sur Amster.	Lille sur Paris.	Paris sur Lille.	Rend à Amster.
100	$94\frac{3}{4}$	$101\frac{5}{16}$ p	$94\frac{3}{4}$	137	$94\frac{3}{4}$	$101\frac{5}{16}$ p	$69\frac{3}{16}$ m
101			$93\frac{13}{16}$ m	138			$68\frac{11}{16}$ m
102			$92\frac{7}{8}$ p	139			$68\frac{3}{16}$ m
103			92 m	140			$67\frac{11}{16}$ m
104			$91\frac{1}{8}$ m	141			$67\frac{3}{16}$ p
105			$90\frac{1}{4}$ m	142			$66\frac{3}{4}$ p
106			$89\frac{3}{8}$ p	143			$66\frac{1}{4}$ p
107			$88\frac{9}{16}$ m	144			$65\frac{13}{16}$ m
108			$87\frac{3}{4}$ m	145			$65\frac{3}{8}$ m
109			$86\frac{15}{16}$ m	146			$64\frac{7}{8}$ p
110			$86\frac{1}{8}$ p	147			$64\frac{7}{16}$ p
111			$85\frac{3}{8}$ m	148			64 p
112			$84\frac{5}{8}$ m	149			$63\frac{9}{16}$ p
113			$83\frac{7}{8}$ m	150			$63\frac{3}{16}$ m
114			$83\frac{1}{8}$ m	151			$62\frac{3}{4}$ m
115			$82\frac{3}{8}$ p	152			$62\frac{5}{16}$ p
116			$81\frac{11}{16}$ m	153			$61\frac{15}{16}$ m
117			81 m	154			$61\frac{1}{2}$ p
118			$80\frac{5}{16}$ m	155			$61\frac{1}{8}$ p
119			$79\frac{5}{8}$ m	156			$60\frac{3}{4}$ m
120			$78\frac{15}{16}$ p	157			$60\frac{3}{8}$ m
121			$78\frac{5}{16}$ m	158			$59\frac{15}{16}$ p
122			$77\frac{11}{16}$ m	159			$59\frac{9}{16}$ p
123			$77\frac{1}{16}$ m	160			$59\frac{3}{16}$ *
124			$76\frac{7}{16}$ m	161			$58\frac{7}{8}$ m
125			$75\frac{13}{16}$ m	162			$58\frac{1}{2}$ m
126			$75\frac{3}{16}$ p	163			$58\frac{1}{8}$ p
127			$74\frac{5}{8}$ m	164			$57\frac{3}{4}$ p
128			74 p	165			$57\frac{7}{16}$ m
129			$73\frac{7}{16}$ p	166			$57\frac{1}{16}$ p
130			$72\frac{7}{8}$ p	167			$56\frac{3}{4}$ m
131			$72\frac{5}{16}$ m	168			$56\frac{3}{8}$ p
132			$71\frac{3}{4}$ p	169			$56\frac{1}{16}$ p
133			$71\frac{1}{4}$ m	170			$55\frac{3}{4}$ p
134			$70\frac{11}{16}$ p	171			$55\frac{7}{16}$ m
135			$70\frac{3}{16}$ m	172			$55\frac{1}{16}$ p
136			$69\frac{11}{16}$ m	173			$54\frac{3}{4}$ p

DES CHANGES.

Paris, Lille, Amsterdam.

Lille sur Amster.	Lille sur Paris.	Paris sur Lille.	Rend à Amster.	Lille sur Amster.	Lille sur Paris.	Paris sur Lille.	Rend à Amster.
174	$94\frac{3}{4}$	$101\frac{5}{16}$p	$54\frac{7}{16}$ p	211	$94\frac{3}{4}$	$101\frac{5}{16}$p	$44\frac{7}{8}$ p
175			$54\frac{1}{8}$ p	212			$44\frac{11}{16}$ p
176			$53\frac{13}{16}$ p	213			$44\frac{1}{2}$ m
177			$53\frac{1}{2}$ p	214			$44\frac{1}{4}$ p
178			$53\frac{1}{4}$ m	215			$44\frac{1}{16}$ p
179			$52\frac{15}{16}$ m	216			$43\frac{7}{8}$ m
180			$52\frac{5}{8}$ m	217			$43\frac{11}{16}$ m
181			$52\frac{3}{8}$ m	218			$43\frac{7}{16}$ p
182			$52\frac{1}{16}$ m	219			$43\frac{1}{4}$ p
183			$51\frac{3}{4}$ p	220			$43\frac{1}{16}$ p
184			$51\frac{1}{2}$ m	221			$42\frac{7}{8}$ m
185			$51\frac{3}{16}$ p	222			$42\frac{11}{16}$ m
186			$50\frac{15}{16}$ p	223			$42\frac{1}{2}$ m
187			$50\frac{11}{16}$ m	224			$42\frac{5}{16}$ m
188			$50\frac{3}{8}$ p	225			$42\frac{1}{8}$ m
189			$50\frac{1}{8}$ p	226			$41\frac{15}{16}$ m
190			$49\frac{7}{8}$ p	227			$41\frac{3}{4}$ m
191			$49\frac{5}{8}$ p	228			$41\frac{9}{16}$ m
192			$49\frac{3}{8}$ m	229			$41\frac{3}{8}$ p
193			$49\frac{1}{16}$ p	230			$41\frac{3}{16}$ p
194			$48\frac{13}{16}$ p	231			41 p
195			$48\frac{9}{16}$ p	232			$40\frac{13}{16}$ p
196			$48\frac{5}{16}$ p	233			$40\frac{11}{16}$ m
197			$48\frac{1}{8}$ p	234			$40\frac{1}{2}$ m
198			$47\frac{7}{8}$ m	235			$40\frac{5}{16}$ p
199			$47\frac{5}{8}$ m	236			$40\frac{1}{8}$ p
200			$47\frac{3}{8}$ p	237			40 m
201			$47\frac{1}{8}$ p	238			$39\frac{13}{16}$ m
202			$46\frac{7}{8}$ p	239			$39\frac{5}{8}$ p
203			$46\frac{11}{16}$ m	240			$39\frac{1}{2}$ m
204			$46\frac{1}{2}$ p				
205			$46\frac{1}{4}$ m				
206			46 m				
207			$45\frac{3}{4}$ p				
208			$45\frac{9}{16}$ m				
209			$45\frac{5}{16}$ p				
210			$45\frac{1}{8}$ m				

EGALITÉ.

Le Change de Paris sur Lille de .... $101\frac{5}{16}$p
est égal à un peu plus de .... $1\frac{5}{16}$p $\frac{0}{0}$
de benefice pour les Lettres.

COMBINAISON GENERALE

PARIS, LILLE, AMSTERDAM.

Lille sur Amster.	Lille sur Paris	Paris sur Lille.	Rend à Amster.	Lille sur Amster.	Lille sur Paris.	Paris sur Lille.	Rend à Amster.
100	95	$101\frac{1}{16}$ m	95	137	95	$101\frac{1}{16}$ m	$69\frac{5}{16}$ p
101			$94\frac{1}{16}$ m	138			$68\frac{13}{16}$ p
102			$93\frac{1}{8}$ p	139			$68\frac{3}{8}$ m
103			$92\frac{1}{4}$ m	140			$67\frac{7}{8}$ m
104			$91\frac{3}{8}$ m	141			$67\frac{7}{16}$ p
105			$90\frac{1}{2}$ m	142			$66\frac{7}{8}$ p
106			$89\frac{5}{8}$ m	143			$66\frac{7}{16}$ m
107			$88\frac{13}{16}$ m	144			66 m
108			$87\frac{15}{16}$ p	145			$65\frac{1}{2}$ p
109			$87\frac{1}{8}$ p	146			$65\frac{1}{16}$ p
110			$86\frac{3}{8}$ m	147			$64\frac{5}{8}$ p
111			$85\frac{9}{16}$ p	148			$64\frac{3}{16}$ p
112			$84\frac{13}{16}$ p	149			$63\frac{3}{4}$ p
113			$84\frac{5}{16}$ p	150			$63\frac{5}{16}$ p
114			$83\frac{5}{16}$ p	151			$62\frac{13}{16}$ m
115			$82\frac{5}{8}$ m	152			$62\frac{1}{2}$
116			$81\frac{7}{8}$ p	153			$62\frac{1}{16}$ p
117			$81\frac{3}{16}$ p	154			$61\frac{11}{16}$ p
118			$80\frac{1}{2}$ p	155			$61\frac{1}{4}$ m
119			$79\frac{13}{16}$ p	156			$60\frac{7}{8}$ p
120			$79\frac{3}{16}$ m	157			$60\frac{1}{2}$ p
121			$78\frac{1}{2}$ p	158			$60\frac{1}{8}$ p
122			$77\frac{7}{8}$ m	159			$59\frac{3}{4}$ m
123			$77\frac{1}{4}$ m	160			$59\frac{3}{8}$
124			$76\frac{5}{8}$ m	161			59 p
125			76	162			$58\frac{5}{8}$ p
126			$75\frac{3}{8}$ p	163			$58\frac{5}{16}$ m
127			$74\frac{13}{16}$ m	164			$57\frac{15}{16}$ m
128			$74\frac{3}{16}$ *	165			$57\frac{9}{16}$ p
129			$73\frac{5}{8}$ p	166			$57\frac{1}{4}$ m
130			$73\frac{1}{16}$ p	167			$56\frac{7}{8}$ p
131			$72\frac{1}{2}$ p	168			$56\frac{9}{16}$ p
132			72 m	169			$56\frac{3}{16}$ p
133			$71\frac{7}{16}$ m	170			$55\frac{7}{8}$ p
134			$70\frac{7}{8}$ p	171			$55\frac{5}{8}$ m
135			$70\frac{3}{8}$ m	172			$55\frac{1}{4}$ m
136			$69\frac{7}{8}$ m	173			$54\frac{15}{16}$ m

DES CHANGES.

PARIS, LILLE, AMSTERDAM.

Lille sur Amster.	Lille sur Paris.	Paris sur Lille.	Rend à Amster.	Lille sur Amster.	Lille sur Paris.	Paris sur Lille.	Rend à Amster.
174	95	101 $\frac{1}{16}$ m	54 $\frac{5}{8}$ m	211	95	101 $\frac{1}{16}$ m	45 p
175			54 $\frac{1}{16}$ m	212			44 $\frac{13}{16}$ m
176			54 m	213			44 $\frac{5}{8}$ m
177			53 $\frac{11}{16}$ m	214			44 $\frac{3}{8}$ p
178			53 $\frac{3}{8}$ m	215			44 $\frac{1}{16}$ m
179			53 $\frac{1}{16}$ p	216			44 m
180			52 $\frac{3}{4}$ p	217			43 $\frac{3}{4}$ p
181			52 $\frac{1}{2}$ m	218			43 $\frac{7}{16}$ p
182			52 $\frac{3}{16}$ p	219			43 $\frac{3}{8}$ p
183			51 $\frac{15}{16}$ m	220			43 $\frac{3}{16}$ m
184			51 $\frac{1}{2}$ p	221			43 m
185			51 $\frac{3}{8}$ m	222			42 $\frac{13}{16}$ m
186			51 $\frac{1}{16}$ p	223			42 $\frac{1}{2}$ m
187			50 $\frac{13}{16}$ m	224			42 $\frac{1}{16}$ m
188			50 $\frac{9}{16}$ m	225			42 $\frac{1}{4}$ m
189			50 $\frac{1}{4}$ p	226			42 $\frac{1}{16}$ m
190			50	227			41 $\frac{7}{8}$ m
191			49 $\frac{3}{4}$ m	228			41 $\frac{11}{16}$ m
192			49 $\frac{1}{2}$ m	229			41 $\frac{1}{2}$ m
193			49 $\frac{1}{4}$ m	230			41 $\frac{5}{16}$ m
194			49 m	231			41 $\frac{1}{8}$ p
195			48 $\frac{11}{16}$ p	232			40 $\frac{13}{16}$ p
196			48 $\frac{1}{2}$ m	233			40 $\frac{3}{4}$ p
197			48 $\frac{1}{4}$ m	234			40 $\frac{3}{8}$ m
198			48 m	235			40 $\frac{7}{16}$ m
199			47 $\frac{3}{4}$ m	236			40 $\frac{1}{4}$ p
200			47 $\frac{1}{2}$	237			40 $\frac{1}{16}$ p
201			47 $\frac{1}{4}$ p	238			39 $\frac{15}{16}$ m
202			47 p	239			39 $\frac{3}{4}$ m
203			46 $\frac{13}{16}$ m	240			39 $\frac{9}{16}$ p
204			46 $\frac{9}{16}$ p				
205			46 $\frac{1}{16}$ p				
206			46 $\frac{1}{8}$ m				
207			45 $\frac{7}{8}$ p				
208			45 $\frac{11}{16}$ m				
209			45 $\frac{7}{16}$ p				
210			45 $\frac{1}{4}$ m				

EGALITÉ.

Le Change de Paris sur Lille de .... 101 $\frac{1}{16}$ m
est égal à un peu moins de .... 1 $\frac{1}{16}$ p 0
de benefice pour les Lettres.

COMBINAISON GENERALE

PARIS, LILLE, AMSTERDAM.

Lille sur Amster.	Lille sur Paris	Paris sur Lille.	Rend à Amster.	Lille sur Amster.	Lille sur Paris.	Paris sur Lille.	Rend à Amster.
100	$95\frac{1}{4}$	$100\frac{13}{16}$ m	$95\frac{1}{4}$	137	$95\frac{1}{4}$	$100\frac{13}{16}$ m	$69\frac{1}{2}$ p
101			$94\frac{5}{16}$ m	138			69 p
102			$93\frac{3}{8}$ p	139			$68\frac{1}{2}$ p
103			$92\frac{1}{2}$ m	140			$68\frac{1}{16}$ m
104			$91\frac{9}{16}$ p	141			$67\frac{9}{16}$ m
105			$90\frac{11}{16}$ p	142			$67\frac{1}{16}$ p
106			$89\frac{7}{8}$ m	143			$66\frac{5}{8}$ m
107			89 p	144			$66\frac{3}{16}$ p
108			$88\frac{3}{16}$ p	145			$65\frac{11}{16}$ p
109			$87\frac{3}{8}$ p	146			$65\frac{1}{4}$ m
110			$86\frac{9}{16}$ p	147			$64\frac{13}{16}$ m
111			$85\frac{13}{16}$ m	148			$64\frac{3}{8}$ m
112			$85\frac{1}{16}$ m	149			$63\frac{15}{16}$ m
113			$84\frac{5}{16}$ m	150			$63\frac{1}{2}$
114			$83\frac{9}{16}$ m	151			$63\frac{1}{16}$ p
115			$82\frac{13}{16}$ m	152			$62\frac{11}{16}$ m
116			$82\frac{1}{8}$ m	153			$62\frac{1}{4}$ p
117			$81\frac{7}{16}$ m	154			$61\frac{7}{8}$ m
118			$80\frac{3}{4}$ m	155			$61\frac{7}{16}$ p
119			$80\frac{1}{16}$ m	156			$61\frac{1}{16}$ m
120			$79\frac{3}{8}$	157			$60\frac{11}{16}$ m
121			$78\frac{3}{4}$ m	158			$60\frac{5}{16}$ m
122			$78\frac{1}{16}$ p	159			$59\frac{7}{8}$ p
123			$77\frac{7}{16}$ p	160			$59\frac{1}{2}$ *
124			$76\frac{13}{16}$ p	161			$59\frac{3}{16}$ m
125			$76\frac{3}{16}$ p	162			$58\frac{13}{16}$ m
126			$75\frac{5}{8}$ m	163			$58\frac{7}{16}$ m
127			75	164			$58\frac{1}{16}$ p
128			$74\frac{7}{16}$ m	165			$57\frac{3}{4}$ m
129			$73\frac{13}{16}$ p	166			$57\frac{3}{8}$ p
130			$73\frac{1}{4}$ p	167			$57\frac{1}{16}$ m
131			$72\frac{11}{16}$ p	168			$56\frac{11}{16}$ m
132			$72\frac{3}{16}$ m	169			$56\frac{3}{8}$ m
133			$71\frac{5}{8}$ m	170			56 p
134			$71\frac{1}{16}$ p	171			$55\frac{11}{16}$ p
135			$70\frac{9}{16}$	172			$55\frac{3}{8}$ p
136			$70\frac{1}{16}$ m	173			$55\frac{1}{16}$ m

DES CHANGES.

PARIS, LILLE, AMSTERDAM.

Lille sur Amster.	Lille sur Paris.	Paris sur Lille.	Rend à Amster.	Lille sur Amster.	Lille sur Paris.	Paris sur Lille.	Rend à Amster.
174	95 $\frac{1}{4}$	100 $\frac{13}{16}$ m	54 $\frac{3}{4}$ m	211	95 $\frac{1}{4}$	100 $\frac{13}{16}$ m	45 $\frac{1}{8}$ p
175	....	.	54 $\frac{7}{16}$ m	212	....		44 $\frac{15}{16}$ m
176	....		54 $\frac{1}{8}$ m	213	....		44 $\frac{11}{16}$ p
177	....		53 $\frac{13}{16}$ p	214	....		44 $\frac{1}{2}$ p
178	....		53 $\frac{1}{2}$ p	215	....		44 $\frac{5}{16}$ m
179	....		53 $\frac{3}{16}$ p	216	....		44 $\frac{1}{8}$ m
180	....		52 $\frac{13}{16}$ m	217	....		43 $\frac{7}{8}$ p
181	....		52 $\frac{1}{2}$ m	218	....		43 $\frac{11}{16}$ p
182	....		52 $\frac{3}{16}$ p	219	....		43 $\frac{1}{2}$ m
183	....		52 $\frac{1}{16}$ m	220	....		43 $\frac{5}{16}$ m
184	....		51 $\frac{3}{4}$ p	221	....		43 $\frac{1}{8}$ m
185	....		51 $\frac{1}{2}$ m	222	....		42 $\frac{7}{8}$ p
186	....		51 $\frac{1}{16}$ p	223	....		42 $\frac{11}{16}$ p
187	....		50 $\frac{15}{16}$ m	224	....		42 $\frac{1}{2}$ p
188	....		50 $\frac{11}{16}$ m	225	....		42 $\frac{5}{16}$ p
189	....		50 $\frac{3}{8}$ p	226	....		42 $\frac{1}{8}$ p
190	....		50 $\frac{1}{8}$ p	227	....		41 $\frac{15}{16}$ p
191	....		49 $\frac{7}{8}$ m	228	....		41 $\frac{3}{4}$ p
192	....		49 $\frac{5}{8}$ m	229	....		41 $\frac{5}{8}$ m
193	....		49 $\frac{3}{8}$ m	230	....		41 $\frac{7}{16}$ m
194	....		49 $\frac{1}{8}$ m	231	....		41 $\frac{1}{4}$ m
195	....		48 $\frac{7}{8}$ m	232	....		41 $\frac{1}{16}$ m
196	....		48 $\frac{5}{8}$ m	233	....		40 $\frac{7}{8}$ p
197	....		48 $\frac{3}{8}$ m	234	....		40 $\frac{11}{16}$ p
198	....		48 $\frac{1}{8}$ m	235	....		40 $\frac{9}{16}$ m
199	....		47 $\frac{7}{8}$ m	236	....		40 $\frac{3}{8}$ m
200	....		47 $\frac{5}{8}$ m	237	....		40 $\frac{3}{16}$ p
201	....		47 $\frac{3}{8}$ p	238	....		40
202	....		47 $\frac{1}{8}$ p	239	....		39 $\frac{7}{8}$ m
203	....		46 $\frac{15}{16}$ m	240	....		39 $\frac{11}{16}$
204	....		46 $\frac{11}{16}$ p				
205	....		46 $\frac{7}{16}$ p				
206	....		46 $\frac{1}{4}$ m				
207	....		46 p				
208	....		45 $\frac{13}{16}$ m				
209	....		45 $\frac{9}{16}$ p				
210	....		45 $\frac{3}{8}$ m				

EGALITÉ.

Le Change de Paris sur Lille de .... 100 $\frac{13}{16}$ m
est égal à un peu moins de .... $\frac{13}{16}$ p $\frac{0}{0}$
de benefice pour les Lettres.

COMBINAISON GENERALE

PARIS, LILLE, AMSTERDAM.

Lille sur Amster.	Lille sur Paris.	Paris sur Lille.	Rend à Amster.	Lille sur Amster.	Lille sur Paris.	Paris sur Lille.	Rend à Amster.
100	· 95 $\frac{1}{2}$ ·	100 $\frac{1}{2}$ p ·	95 $\frac{1}{16}$	137	· 95 $\frac{1}{2}$ ·	100 $\frac{1}{2}$ p ·	69 $\frac{11}{16}$ p
101			94 $\frac{9}{16}$ m	138			69 $\frac{3}{16}$ p
102			93 $\frac{5}{8}$ p	139			68 $\frac{11}{16}$ p
103			92 $\frac{11}{16}$ p	140			68 $\frac{3}{16}$ p
104			91 $\frac{13}{16}$ p	141			67 $\frac{3}{4}$ m
105			90 $\frac{15}{16}$ p	142			67 $\frac{1}{4}$ p
106			90 $\frac{1}{8}$ m	143			66 $\frac{13}{16}$ m
107			89 $\frac{1}{4}$ p	144			66 $\frac{5}{16}$ p
108			88 $\frac{7}{16}$ m	145			65 $\frac{7}{8}$ p
109			87 $\frac{5}{8}$ m	146			65 $\frac{7}{16}$ p
110			86 $\frac{13}{16}$ p	147			64 $\frac{15}{16}$ p
111			86 $\frac{1}{16}$ m	148			64 $\frac{1}{2}$ p
112			85 $\frac{1}{4}$ p	149			64 $\frac{1}{8}$ m
113			84 $\frac{1}{2}$ p	150			63 $\frac{11}{16}$ p
114			83 $\frac{3}{4}$ p	151			63 $\frac{1}{4}$ m
115			83 $\frac{1}{16}$ m	152			62 $\frac{13}{16}$ p
116			82 $\frac{5}{16}$ p	153			62 $\frac{7}{16}$ m
117			81 $\frac{5}{8}$ m	154			62 p
118			80 $\frac{15}{16}$ m	155			61 $\frac{5}{8}$ m
119			80 $\frac{1}{4}$ p	156			61 $\frac{1}{4}$ p
120			79 $\frac{9}{16}$ p	157			60 $\frac{13}{16}$ p
121			78 $\frac{15}{16}$ p	158			60 $\frac{7}{16}$ p
122			78 $\frac{1}{4}$ p	159			60 $\frac{1}{16}$ p
123			77 $\frac{5}{8}$ p	160			59 $\frac{11}{16}$ p
124			77 p	161			59 $\frac{5}{16}$ p
125			76 $\frac{3}{8}$ p	162			58 $\frac{15}{16}$ p
126			75 $\frac{13}{16}$ m	163			58 $\frac{9}{16}$ p
127			75 $\frac{3}{16}$ p	164			58 $\frac{1}{4}$ m
128			74 $\frac{5}{8}$ m	165			57 $\frac{7}{8}$ p
129			74 p	166			57 $\frac{1}{2}$ p
130			73 $\frac{7}{16}$ p	167			57 $\frac{3}{16}$ m
131			72 $\frac{7}{8}$ p	168			56 $\frac{7}{8}$ m
132			72 $\frac{5}{16}$ m	169			56 $\frac{1}{2}$ p
133			71 $\frac{13}{16}$ p	170			56 $\frac{3}{16}$ m
134			71 $\frac{1}{4}$ p	171			55 $\frac{7}{8}$ m
135			70 $\frac{3}{4}$ m	172			55 $\frac{1}{2}$ p
136			70 $\frac{1}{4}$ m	173			55 $\frac{3}{16}$ p

DES CHANGES.

PARIS, LILLE, AMSTERDAM.

Lille sur Amster.	Lille sur Paris.	Paris sur Lille.	Rend à Amster.	Lille sur Amster.	Lille sur Paris.	Paris sur Lille.	Rend à Amster.
174	95 $\frac{1}{2}$	100 $\frac{1}{2}$ P	54 $\frac{7}{8}$ p	211	95 $\frac{1}{2}$	100 $\frac{1}{2}$ P	45 $\frac{1}{4}$ p
175			54 $\frac{1}{16}$ p	212			45 $\frac{1}{16}$ m
176			54 $\frac{1}{4}$ p	213			44 $\frac{13}{16}$ p
177			53 $\frac{13}{16}$ p	214			44 $\frac{5}{8}$ p
178			53 $\frac{5}{8}$ p	215			44 $\frac{7}{16}$ m
179			53 $\frac{3}{8}$ m	216			44 $\frac{3}{16}$ p
180			53 $\frac{1}{16}$ m	217			44 p
181			52 $\frac{3}{4}$ p	218			43 $\frac{13}{16}$ m
182			52 $\frac{1}{2}$ m	219			43 $\frac{5}{8}$ m
183			52 $\frac{3}{16}$ m	220			43 $\frac{7}{16}$ m
184			51 $\frac{7}{8}$ p	221			43 $\frac{3}{16}$ p
185			51 $\frac{5}{8}$ m	222			43 p
186			51 $\frac{3}{8}$ m	223			42 $\frac{13}{16}$ p
187			51 $\frac{1}{16}$ p	224			42 $\frac{5}{8}$ p
188			50 $\frac{13}{16}$ m	225			42 $\frac{7}{16}$ p
189			50 $\frac{1}{2}$ p	226			42 $\frac{1}{4}$ p
190			50 $\frac{1}{4}$ p	227			42 $\frac{1}{16}$ p
191			50	228			41 $\frac{7}{8}$ p
192			49 $\frac{3}{4}$ m	229			41 $\frac{11}{16}$ p
193			49 $\frac{1}{2}$ m	230			41 $\frac{1}{2}$ p
194			49 $\frac{1}{4}$ m	231			41 $\frac{5}{16}$ p
195			49 m	232			41 $\frac{3}{16}$ m
196			48 $\frac{3}{4}$ m	233			41 m
197			48 $\frac{1}{2}$ m	234			40 $\frac{13}{16}$ m
198			48 $\frac{1}{4}$ m	235			40 $\frac{5}{8}$ p
199			48 m	236			40 $\frac{7}{16}$ p
200			47 $\frac{3}{4}$	237			40 $\frac{5}{16}$ m
201			47 $\frac{1}{2}$ p	238			40 $\frac{1}{8}$ p
202			47 $\frac{1}{4}$ p	239			39 $\frac{15}{16}$ p
203			47 $\frac{1}{16}$ m	240			39 $\frac{13}{16}$ m
204			46 $\frac{13}{16}$ p				
205			46 $\frac{9}{16}$ p				
206			46 $\frac{3}{8}$ m				
207			46 $\frac{1}{8}$ p				
208			45 $\frac{15}{16}$ m				
209			45 $\frac{11}{16}$ p				
210			45 $\frac{1}{2}$ m				

EGALITÉ.

Le Change de Paris sur Lille de .... 100 $\frac{1}{2}$ P
est égal à un peu plus de .... $\frac{1}{2}$ p $\frac{0}{0}$
de benefice pour les Lettres.

COMBINAISON GENERALE

PARIS, LILLE, AMSTERDAM.

Lille sur Amster.	Lille sur Paris.	Paris sur Lille.	Rend à Amster.	Lille sur Amster.	Lille sur Paris.	Paris sur Lille.	Rend à Amster.
100	$95\frac{3}{4}$	$100\frac{1}{4}$ P	$95\frac{3}{4}$	137	$95\frac{3}{4}$	$100\frac{1}{4}$ P	$69\frac{7}{8}$ p
101			$94\frac{13}{16}$ m	138			$69\frac{3}{8}$ p
102			$93\frac{7}{8}$ m	139			$68\frac{7}{8}$ p
103			$92\frac{15}{16}$ p	140			$68\frac{3}{8}$ p
104			$92\frac{1}{16}$ p	141			$67\frac{15}{16}$ m
105			$91\frac{3}{16}$ p	142			$67\frac{16}{16}$ p
106			$90\frac{5}{16}$ p	143			$66\frac{15}{16}$ p
107			$89\frac{1}{2}$ m	144			$66\frac{1}{2}$ m
108			$88\frac{11}{16}$ m	145			$66\frac{1}{16}$ m
109			$87\frac{7}{8}$ m	146			$65\frac{9}{16}$ p
110			$87\frac{1}{16}$ m	147			$65\frac{1}{8}$ p
111			$86\frac{1}{4}$ p	148			$64\frac{11}{16}$ p
112			$85\frac{1}{2}$ m	149			$64\frac{1}{4}$ p
113			$84\frac{3}{4}$ m	150			$63\frac{13}{16}$ p
114			84 m	151			$63\frac{7}{16}$ m
115			$83\frac{1}{4}$ p	152			63 m
116			$82\frac{9}{16}$ m	153			$62\frac{9}{16}$ p
117			$81\frac{13}{16}$ p	154			$62\frac{3}{16}$ p
118			$81\frac{1}{8}$ p	155			$61\frac{3}{4}$ p
119			$80\frac{7}{16}$ p	156			$61\frac{3}{8}$ p
120			$79\frac{13}{16}$ m	157			61 m
121			$79\frac{1}{8}$ m	158			$60\frac{5}{8}$ m
122			$78\frac{1}{2}$ m	159			$60\frac{1}{4}$ m
123			$77\frac{7}{8}$ m	160			$59\frac{13}{16}$ *
124			$77\frac{3}{16}$ p	161			$59\frac{1}{2}$ m
125			$76\frac{5}{8}$ p	162			$59\frac{1}{8}$ m
126			76 m	163			$58\frac{3}{4}$ m
127			$75\frac{3}{8}$ p	164			$58\frac{3}{8}$ p
128			$74\frac{13}{16}$ m	165			58 p
129			$74\frac{1}{4}$ m	166			$57\frac{11}{16}$ m
130			$73\frac{5}{8}$ p	167			$57\frac{1}{16}$ p
131			$73\frac{1}{16}$ p	168			57 m
132			$72\frac{9}{16}$ m	169			$56\frac{11}{16}$ m
133			72 m	170			$56\frac{5}{16}$ p
134			$71\frac{7}{16}$ p	171			56 m
135			$70\frac{15}{16}$ m	172			$55\frac{11}{16}$ m
136			$70\frac{3}{8}$ p	173			$55\frac{3}{8}$ m

DES CHANGES.

PARIS, LILLE, AMSTERDAM.

Lille sur Amster.	Lille sur Paris.	Paris sur Lille.	Rend à Amster.	Lille sur Amster.	Lille sur Paris.	Paris sur Lille.	Rend à Amster.
174	· 95 $\frac{3}{4}$ P	· 100 $\frac{1}{4}$ P	55 P	211	· 95 $\frac{3}{4}$	· 100 $\frac{1}{4}$ P	45 $\frac{1}{2}$ P
175	....	....	54 $\frac{11}{16}$ P	212	....	....	45 $\frac{3}{8}$ m
176	....	....	54 $\frac{3}{8}$ P	213	....	....	44 $\frac{15}{16}$ P
177	....	....	54 $\frac{1}{8}$ m	214	....	....	44 $\frac{3}{4}$ m
178	....	....	53 $\frac{13}{16}$ m	215	....	....	44 $\frac{9}{16}$ m
179	....	....	53 $\frac{1}{2}$ m	216	....	....	44 $\frac{7}{16}$ P
180	....	....	53 $\frac{3}{16}$ P	217	....	....	44 $\frac{1}{8}$ m
181	....	....	52 $\frac{7}{8}$ P	218	....	....	43 $\frac{15}{16}$ m
182	....	....	52 $\frac{5}{8}$ m	219	....	....	43 $\frac{3}{4}$ m
183	....	....	52 $\frac{5}{16}$ P	220	....	....	43 $\frac{1}{2}$ P
184	....	....	52 $\frac{1}{16}$ m	221	....	....	43 $\frac{5}{16}$ P
185	....	....	51 $\frac{3}{4}$ P	222	....	....	43 $\frac{1}{8}$ P
186	....	....	51 $\frac{1}{2}$ m	223	....	....	42 $\frac{15}{16}$ m
187	....	....	51 $\frac{1}{16}$ P	224	....	....	42 $\frac{3}{4}$ m
188	....	....	50 $\frac{13}{16}$ m	225	....	....	42 $\frac{9}{16}$ m
189	....	....	50 $\frac{11}{16}$ m	226	....	....	42 $\frac{3}{8}$ m
190	....	....	50 $\frac{3}{8}$ P	227	....	....	42 $\frac{3}{16}$ m
191	....	....	50 $\frac{1}{8}$ P	228	....	....	42 m
192	....	....	49 $\frac{7}{8}$ m	229	....	....	41 $\frac{13}{16}$ m
193	....	....	49 $\frac{5}{8}$ m	230	....	....	41 $\frac{5}{8}$ P
194	....	....	49 $\frac{3}{8}$ m	231	....	....	41 $\frac{7}{16}$ P
195	....	....	49 $\frac{1}{8}$ m	232	....	....	41 $\frac{1}{4}$ P
196	....	....	48 $\frac{7}{8}$ m	233	....	....	41 $\frac{1}{8}$ m
197	....	....	48 $\frac{5}{8}$ m	234	....	....	40 $\frac{15}{16}$ m
198	....	....	48 $\frac{3}{8}$ m	235	....	....	40 $\frac{3}{4}$ m
199	....	....	48 $\frac{1}{8}$ m	236	....	....	40 $\frac{9}{16}$ P
200	....	....	47 $\frac{7}{8}$ m	237	....	....	40 $\frac{3}{8}$ P
201	....	....	47 $\frac{5}{8}$ P	238	....	....	40 $\frac{1}{4}$ m
202	....	....	47 $\frac{3}{8}$ P	239	....	....	40 $\frac{1}{16}$ P
203	....	....	47 $\frac{3}{16}$ m	240	....	....	39 $\frac{7}{8}$ P
204	....	....	46 $\frac{15}{16}$ m				
205	....	....	46 $\frac{11}{16}$ P				
206	....	....	46 $\frac{1}{2}$ m				
207	....	....	46 $\frac{1}{4}$ P				
208	....	....	46 $\frac{1}{16}$ m				
209	....	....	45 $\frac{13}{16}$ P				
210	....	....	45 $\frac{5}{8}$ m				

EGALITÉ.

Le Change de Paris sur Lille de .... 100 $\frac{1}{4}$ P
est égal à un peu plus de .... $\frac{1}{4}$ P $\frac{0}{0}$
de benefice pour les Lettres.

Tome II.

COMBINAISON GENERALE

PARIS, LILLE, AMSTERDAM.

Lille sur Amster.	Lille sur Paris	Paris sur Lille.	Rend à Amster.	Lille sur Amster.	Lille sur Paris.	Paris sur Lille.	Rend à Amster.
100	96	100	96	137	96	100	$70\frac{1}{16}$ P
101			$95\frac{1}{16}$ m	138			$69\frac{9}{16}$ P
102			$94\frac{1}{8}$ m	139			$69\frac{1}{16}$ P
103			$93\frac{3}{16}$ P	140			$68\frac{9}{16}$ P
104			$92\frac{1}{16}$ m	141			$68\frac{1}{16}$ P
105			$91\frac{1}{16}$ m	142			$67\frac{1}{2}$ P
106			$90\frac{9}{16}$ P	143			$67\frac{1}{8}$ P
107			$89\frac{3}{4}$ m	144			$66\frac{11}{16}$ m
108			$88\frac{7}{8}$ P	145			$66\frac{2}{16}$ P
109			$88\frac{1}{16}$ P	146			$65\frac{1}{2}$ P
110			$87\frac{1}{4}$ P	147			$65\frac{1}{16}$ P
111			$86\frac{1}{2}$ m	148			$64\frac{7}{8}$ P
112			$85\frac{11}{16}$ P	149			$64\frac{7}{16}$ m
113			$84\frac{13}{16}$ P	150			64
114			$84\frac{3}{16}$ P	151			$63\frac{9}{16}$ P
115			$83\frac{1}{2}$ m	152			$63\frac{3}{16}$ P
116			$82\frac{3}{4}$ P	153			$62\frac{2}{4}$ m
117			$82\frac{1}{16}$ m	154			$62\frac{1}{16}$ P
118			$81\frac{3}{8}$ m	155			$61\frac{13}{16}$ P
119			$80\frac{11}{16}$ m	156			$61\frac{9}{16}$ P
120			80	157			$61\frac{1}{8}$ P
121			$79\frac{5}{16}$ P	158			$60\frac{2}{4}$ P
122			$78\frac{11}{16}$ P	159			$60\frac{3}{8}$ P
123			$78\frac{1}{16}$ m	160			60
124			$77\frac{7}{16}$ m	161			$59\frac{5}{16}$ P
125			$76\frac{13}{16}$ m	162			$59\frac{1}{4}$ P
126			$76\frac{3}{16}$ m	163			$58\frac{7}{8}$ P
127			$75\frac{9}{16}$ P	164			$58\frac{9}{16}$ m
128			75	165			$58\frac{3}{16}$ m
129			$74\frac{7}{16}$ m	166			$57\frac{13}{16}$ P
130			$73\frac{7}{8}$ m	167			$57\frac{1}{2}$ m
131			$73\frac{5}{16}$ m	168			$57\frac{1}{8}$ P
132			$72\frac{3}{4}$ m	169			$56\frac{13}{16}$ m
133			$72\frac{3}{16}$ m	170			$56\frac{1}{2}$ m
134			$71\frac{5}{8}$ P	171			$56\frac{1}{8}$ P
135			$71\frac{1}{8}$ m	172			$55\frac{13}{16}$ P
136			$70\frac{9}{16}$ P	173			$55\frac{1}{2}$ m

DES CHANGES.

PARIS, LILLE, AMSTERDAM.

Lille sur Amster.	Lille sur Paris.	Paris sur Lille.	Rend à Amster.	Lille sur Amster.	Lille sur Paris.	Paris sur Lille.	Rend à Amster.
174	96	100	$55\frac{3}{16}$ m	211	96	100	$45\frac{1}{2}$ m
175			$54\frac{7}{8}$ m	212			$45\frac{7}{16}$ m
176			$54\frac{9}{16}$ m	213			$45\frac{1}{16}$ p
177			$54\frac{1}{4}$ m	214			$44\frac{7}{8}$ m
178			$53\frac{15}{16}$ m	215			$44\frac{5}{8}$ p
179			$53\frac{5}{8}$ p	216			$44\frac{7}{16}$ p
180			$53\frac{5}{16}$ p	217			$44\frac{1}{4}$ m
181			$53\frac{1}{16}$ m	218			$44\frac{1}{16}$ m
182			$52\frac{3}{4}$ m	219			$43\frac{13}{16}$ p
183			$52\frac{7}{16}$ p	220			$43\frac{5}{8}$ p
184			$52\frac{3}{16}$ m	221			$43\frac{7}{16}$ p
185			$51\frac{7}{8}$ p	222			$43\frac{1}{4}$ m
186			$51\frac{5}{8}$ m	223			$43\frac{1}{16}$ m
187			$51\frac{5}{16}$ p	224			$42\frac{7}{8}$ m
188			$51\frac{1}{16}$ p	225			$42\frac{11}{16}$ p
189			$50\frac{13}{16}$ m	226			$42\frac{1}{2}$ m
190			$50\frac{1}{2}$ p	227			$42\frac{5}{16}$ m
191			$50\frac{1}{4}$ p	228			$42\frac{1}{8}$ m
192			50	229			$41\frac{15}{16}$ m
193			$49\frac{3}{4}$ m	230			$41\frac{3}{4}$ m
194			$49\frac{1}{2}$ m	231			$41\frac{9}{16}$ m
195			$49\frac{1}{4}$ m	232			$41\frac{3}{8}$ p
196			49 m	233			$41\frac{3}{16}$ p
197			$48\frac{3}{4}$ m	234			41 p
198			$48\frac{1}{2}$ m	235			$40\frac{7}{8}$ m
199			$48\frac{1}{4}$ m	236			$40\frac{11}{16}$ m
200			48	237			$40\frac{1}{2}$ p
201			$47\frac{3}{4}$ p	238			$40\frac{5}{16}$ p
202			$47\frac{1}{2}$ p	239			$40\frac{3}{16}$ m
203			$47\frac{5}{16}$ m	240			40
204			$47\frac{1}{16}$ m				
205			$46\frac{13}{16}$ p				
206			$46\frac{5}{8}$ m				
207			$46\frac{3}{8}$ p				
208			$46\frac{1}{8}$ p				
209			$45\frac{15}{16}$ m				
210			$45\frac{11}{16}$ p				

EGALITÉ.

Le Change de Paris sur Lille de 100
est égal au .... pair.

Mm ij

COMBINAISON GENERALE

PARIS, LILLE, AMSTERDAM.

Lille sur Amster.	Lille sur Paris	Paris sur Lille.	Rend à Amster.	Lille sur Amster.	Lille sur Paris.	Paris sur Lille.	Rend à Amster.
100	· 96 $\frac{1}{4}$	· 99 $\frac{3}{4}$ m	· 96 $\frac{1}{4}$	137	· 96 $\frac{1}{4}$	· 99 $\frac{3}{4}$ m	· 70 $\frac{1}{4}$ p
101			95 $\frac{5}{16}$ m	138			69 $\frac{3}{4}$ m
102			94 $\frac{3}{8}$ m	139			69 $\frac{1}{4}$ m
103			93 $\frac{7}{16}$ p	140			68 $\frac{3}{4}$
104			92 $\frac{9}{16}$ m	141			68 $\frac{1}{4}$
105			91 $\frac{11}{16}$	142			67 $\frac{13}{16}$ m
106			90 $\frac{12}{16}$ m	143			67 $\frac{1}{4}$ m
107			89 $\frac{13}{16}$ p	144			66 $\frac{13}{16}$ p
108			89 $\frac{1}{8}$ m	145			66 $\frac{3}{4}$ p
109			88 $\frac{3}{16}$ m	146			65 $\frac{11}{16}$ m
110			87 $\frac{1}{2}$	147			65 $\frac{1}{2}$ m
111			86 $\frac{11}{16}$ p	148			65 $\frac{1}{16}$ m
112			85 $\frac{13}{16}$	149			64 $\frac{1}{2}$ m
113			85 $\frac{3}{16}$ m	150			64 $\frac{1}{16}$ m
114			84 $\frac{7}{16}$ m	151			63 $\frac{3}{4}$ m
115			83 $\frac{11}{16}$ p	152			63 $\frac{3}{16}$ p
116			83 m	153			62 $\frac{13}{16}$ m
117			82 $\frac{1}{4}$ p	154			62 $\frac{1}{2}$
118			81 $\frac{9}{16}$ p	155			62 $\frac{3}{8}$ m
119			80 $\frac{7}{8}$ p	156			61 $\frac{11}{16}$ p
120			80 $\frac{3}{16}$ p	157			61 $\frac{5}{16}$ m
121			79 $\frac{9}{16}$ m	158			60 $\frac{13}{16}$ m
122			78 $\frac{7}{8}$ p	159			60 $\frac{9}{16}$ m
123			78 $\frac{1}{4}$ p	160			60 $\frac{1}{8}$ *
124			77 $\frac{5}{8}$ m	161			59 $\frac{13}{16}$ m
125			77	162			59 $\frac{1}{16}$ m
126			76 $\frac{3}{8}$ p	163			59 $\frac{1}{16}$ m
127			75 $\frac{13}{16}$ m	164			58 $\frac{11}{16}$ p
128			75 $\frac{3}{16}$ p	165			58 $\frac{1}{16}$ p
129			74 $\frac{5}{8}$ m	166			58 m
130			74 $\frac{1}{16}$ m	167			57 $\frac{5}{8}$ p
131			73 $\frac{1}{2}$ m	168			57 $\frac{1}{16}$ m
132			72 $\frac{15}{16}$ m	169			56 $\frac{13}{16}$ p
133			72 $\frac{3}{8}$ m	170			56 $\frac{5}{8}$ m
134			71 $\frac{13}{16}$ p	171			56 $\frac{3}{16}$ m
135			71 $\frac{5}{16}$ m	172			55 $\frac{11}{16}$ p
136			70 $\frac{3}{4}$ p	173			55 $\frac{1}{8}$ p

DES CHANGES.

PARIS, LILLE, AMSTERDAM.

Lille sur Amster.	Lille sur Paris.	Paris sur Lille.	Rend à Amster.	Lille sur Amster.	Lille sur Paris.	Paris sur Lille.	Rend à Amster.
174	96 $\frac{1}{4}$	99 $\frac{3}{4}$ m	55 $\frac{5}{16}$ P	211	96 $\frac{1}{4}$	99 $\frac{3}{4}$ m	45 $\frac{5}{8}$ m
175			55	212			45 $\frac{1}{2}$ P
176			54 $\frac{11}{16}$	213			45 $\frac{3}{16}$ P
177			54 $\frac{3}{8}$ P	214			45 m
178			54 $\frac{1}{16}$ P	215			44 $\frac{3}{4}$ P
179			53 $\frac{3}{4}$ P	216			44 $\frac{9}{16}$ m
180			53 $\frac{1}{2}$ m	217			44 $\frac{3}{8}$ m
181			53 $\frac{3}{16}$ m	218			44 $\frac{1}{8}$ P
182			52 $\frac{7}{8}$ P	219			43 $\frac{15}{16}$ P
183			52 $\frac{5}{8}$ m	220			43 $\frac{3}{4}$
184			52 $\frac{5}{16}$ m	221			43 $\frac{9}{16}$ m
185			52 P	222			43 $\frac{3}{8}$ m
186			51 $\frac{3}{4}$ m	223			43 $\frac{3}{16}$ m
187			51 $\frac{1}{2}$ m	224			42 $\frac{15}{16}$ *
188			51 $\frac{1}{16}$ P	225			42 $\frac{3}{4}$ P
189			50 $\frac{15}{16}$ m	226			42 $\frac{9}{16}$ P
190			50 $\frac{11}{16}$ m	227			42 $\frac{3}{8}$ P
191			50 $\frac{3}{8}$ P	228			42 $\frac{3}{16}$ P
192			50 $\frac{1}{8}$ P	229			42
193			49 $\frac{7}{8}$ m	230			41 $\frac{7}{8}$ m
194			49 $\frac{5}{8}$ m	231			41 $\frac{11}{16}$ m
195			49 $\frac{3}{8}$ m	232			41 $\frac{1}{2}$ m
196			49 $\frac{1}{8}$ m	233			41 $\frac{5}{16}$ m
197			48 $\frac{7}{8}$ m	234			41 $\frac{1}{8}$ P
198			48 $\frac{5}{8}$ m	235			40 $\frac{15}{16}$ P
199			48 $\frac{3}{8}$ m	236			40 $\frac{1}{2}$ m
200			48 $\frac{1}{8}$	237			40 $\frac{1}{2}$ m
201			47 $\frac{7}{8}$ P	238			40 $\frac{5}{16}$ P
202			47 $\frac{5}{8}$ P	239			40 $\frac{1}{4}$ P
203			47 $\frac{7}{16}$ m	240			40 $\frac{1}{8}$ m
204			47 $\frac{3}{16}$ m				
205			46 $\frac{15}{16}$ P				
206			46 $\frac{3}{4}$ m				
207			46 $\frac{1}{2}$ m				
208			46 $\frac{1}{4}$ P				
209			46 $\frac{1}{16}$ m				
210			45 $\frac{15}{16}$ P				

EGALITÉ.

Le Change de Paris sur Lille de .... 99 $\frac{3}{4}$ m
est égal à un peu plus de .... $\frac{1}{4}$ p °/°
de perte pour les Lettres.

COMBINAISON GENERALE

PARIS, LILLE, AMSTERDAM.

Lille sur Amster.	Lille sur Paris.	Paris sur Lille.	Rend à Amster.	Lille sur Amster.	Lille sur Paris.	Paris sur Lille.	Rend à Amster.
100	96 ½	99 ½ m	96 ½	137	96 ½	99 ½ m	70 $\frac{7}{16}$ p
101			95 $\frac{9}{16}$ m	138			69 $\frac{13}{16}$ m
102			94 $\frac{5}{8}$ m	139			69 $\frac{7}{16}$ m
103			93 $\frac{11}{16}$ p	140			68 $\frac{11}{16}$ m
104			92 $\frac{13}{16}$ m	141			68 $\frac{7}{16}$ p
105			91 $\frac{7}{8}$ p	142			67 $\frac{15}{16}$ p
106			91 $\frac{1}{16}$ m	143			67 ½ m
107			90 $\frac{3}{16}$ m	144			67 p
108			89 $\frac{3}{8}$ m	145			66 $\frac{9}{16}$ m
109			88 $\frac{9}{16}$ m	146			66 $\frac{1}{8}$ m
110			87 $\frac{3}{4}$ m	147			65 $\frac{2}{3}$ p
111			86 $\frac{15}{16}$ m	148			65 $\frac{5}{16}$ p
112			86 $\frac{3}{16}$ m	149			64 $\frac{3}{4}$ p
113			85 $\frac{3}{8}$ p	150			64 $\frac{5}{16}$ p
114			84 $\frac{5}{8}$ p	151			63 $\frac{13}{16}$ m
115			83 $\frac{15}{16}$ m	152			63 $\frac{1}{2}$ m
116			83 $\frac{3}{16}$ p	153			63 $\frac{1}{2}$ p
117			82 $\frac{1}{2}$ m	154			62 $\frac{11}{16}$ m
118			81 $\frac{3}{4}$ p	155			62 $\frac{1}{4}$ p
119			81 $\frac{1}{16}$ p	156			61 $\frac{7}{8}$ m
120			80 $\frac{7}{16}$ m	157			61 $\frac{7}{16}$ p
121			79 $\frac{3}{4}$ p	158			61 $\frac{1}{16}$ p
122			79 $\frac{1}{8}$ m	159			60 $\frac{11}{16}$ p
123			78 $\frac{7}{16}$ p	160			60 $\frac{5}{16}$
124			77 $\frac{13}{16}$ p	161			59 $\frac{15}{16}$ p
125			77 $\frac{3}{16}$ p	162			59 $\frac{9}{16}$ p
126			76 $\frac{9}{16}$ p	163			59 $\frac{3}{16}$ p
127			76 m	164			58 $\frac{13}{16}$ p
128			75 $\frac{3}{8}$ p	165			58 $\frac{1}{2}$ p
129			74 $\frac{13}{16}$ m	166			58 $\frac{1}{8}$ p
130			74 $\frac{1}{4}$ m	167			57 $\frac{3}{4}$ m
131			73 $\frac{11}{16}$ m	168			57 $\frac{7}{16}$ p
132			73 $\frac{1}{8}$ m	169			57 $\frac{1}{8}$ m
133			72 $\frac{9}{16}$ m	170			56 $\frac{3}{4}$ p
134			72 p	171			56 $\frac{7}{16}$ m
135			71 $\frac{1}{2}$ m	172			56 $\frac{1}{8}$ m
136			70 $\frac{15}{16}$ p	173			55 $\frac{3}{4}$ p

DES CHANGES.

PARIS, LILLE, AMSTERDAM.

Lille sur Amster.	Lille sur Paris.	Paris sur Lille.	Rend à Amster.	Lille sur Amster.	Lille sur Paris.	Paris sur Lille.	Rend à Amster.
174	96 $\frac{1}{2}$	99 $\frac{1}{2}$ m	55 $\frac{7}{16}$ p	211	96 $\frac{1}{2}$	99 $\frac{1}{2}$ m	45 $\frac{3}{4}$ m
175			55 $\frac{1}{8}$ p	212			45 $\frac{1}{2}$ p
176			54 $\frac{13}{16}$ p	213			45 $\frac{5}{16}$ m
177			54 $\frac{1}{2}$ p	214			45 $\frac{1}{16}$ p
178			54 $\frac{3}{16}$ p	215			44 $\frac{7}{8}$ p
179			53 $\frac{11}{16}$ m	216			44 $\frac{11}{16}$ m
180			53 $\frac{5}{8}$ m	217			44 $\frac{1}{2}$ m
181			53 $\frac{3}{16}$ p	218			44 $\frac{1}{4}$ p
182			53 p	219			44 $\frac{1}{16}$ p
183			52 $\frac{3}{4}$ m	220			43 $\frac{7}{8}$ m
184			52 $\frac{7}{16}$ p	221			43 $\frac{11}{16}$ m
185			52 $\frac{3}{16}$ m	222			43 $\frac{7}{16}$ p
186			51 $\frac{7}{8}$ p	223			43 $\frac{1}{4}$ p
187			51 $\frac{1}{8}$ m	224			43 $\frac{1}{16}$ p
188			51 $\frac{1}{16}$ p	225			42 $\frac{7}{8}$ p
189			51 $\frac{1}{16}$ m	226			42 $\frac{11}{16}$ p
190			50 $\frac{13}{16}$ m	227			42 $\frac{1}{2}$ p
191			50 $\frac{1}{2}$ p	228			42 $\frac{1}{16}$ p
192			50 $\frac{1}{4}$ p	229			42 $\frac{1}{8}$ p
193			50	230			41 $\frac{15}{16}$
194			49 $\frac{3}{4}$ m	231			41 $\frac{3}{4}$ p
195			49 $\frac{1}{2}$ m	232			41 $\frac{3}{8}$ m
196			49 $\frac{1}{4}$ m	233			41 $\frac{7}{16}$ m
197			49 m	234			41 $\frac{1}{4}$ m
198			48 $\frac{3}{4}$ m	235			41 $\frac{1}{16}$ p
199			48 $\frac{1}{2}$ m	236			40 $\frac{7}{8}$ p
200			48 $\frac{1}{4}$	237			40 $\frac{11}{16}$ p
201			48 p	238			40 $\frac{9}{16}$ m
202			47 $\frac{3}{4}$ p	239			40 $\frac{3}{8}$ p
203			47 $\frac{9}{16}$ m	240			40 $\frac{3}{16}$ p
204			47 $\frac{1}{16}$ m				
205			47 $\frac{1}{16}$ p				
206			46 $\frac{7}{8}$ m				
207			46 $\frac{5}{8}$ m				
208			46 $\frac{3}{8}$ p				
209			46 $\frac{3}{16}$ m				
210			45 $\frac{11}{16}$ p				

EGALITÉ.

Le Change de Paris sur Lille de .... 99 $\frac{1}{2}$ m
est égal à un peu plus de .... $\frac{1}{2}$ p %
de perte pour les Lettres.

COMBINAISON GENERALE

PARIS, LILLE, AMSTERDAM.

Lille sur Amster.	Lille sur Paris.	Paris sur Lille.	Rend à Amster.	Lille sur Amster.	Lille sur Paris.	Paris sur Lille.	Rend à Amster.
100 ·	$96\frac{3}{4}$ ·	$99\frac{1}{4}$ m ·	$96\frac{3}{4}$	137 ·	$96\frac{3}{4}$ ·	$99\frac{1}{4}$ m ·	$70\frac{5}{8}$ m
101			$95\frac{13}{16}$ m	138			$70\frac{1}{4}$ m
102			$94\frac{7}{8}$ m	139			$69\frac{3}{8}$ m
103			$93\frac{15}{16}$ m	140			$69\frac{1}{8}$ m
104			93 p	141			$68\frac{1}{2}$ m
105			$92\frac{1}{8}$ p	142			$68\frac{1}{8}$ p
106			$91\frac{1}{4}$ p	143			$67\frac{11}{16}$ m
107			$90\frac{7}{16}$ m	144			$67\frac{3}{16}$
108			$89\frac{9}{16}$ p	145			$66\frac{3}{4}$ m
109			$88\frac{3}{4}$ p	146			$66\frac{1}{4}$
110			$87\frac{15}{16}$ p	147			$65\frac{13}{16}$
111			$87\frac{3}{16}$ m	148			$65\frac{3}{8}$ m
112			$86\frac{3}{8}$ p	149			$64\frac{15}{16}$
113			$85\frac{5}{8}$ m	150			$64\frac{1}{2}$
114			$84\frac{7}{8}$ m	151			$64\frac{1}{16}$
115			$84\frac{1}{8}$ p	152			$63\frac{5}{8}$ p
116			$83\frac{3}{8}$ p	153			$63\frac{1}{4}$ m
117			$82\frac{11}{16}$ p	154			$62\frac{13}{16}$
118			82 m	155			$62\frac{7}{16}$
119			$81\frac{5}{16}$ m	156			62 p
120			$80\frac{5}{8}$	157			$61\frac{5}{8}$
121			$79\frac{15}{16}$ p	158			$61\frac{1}{4}$
122			$79\frac{1}{16}$ m	159			$60\frac{7}{8}$
123			$78\frac{11}{16}$ m	160			$60\frac{7}{16}$ *
124			78 p	161			$60\frac{1}{16}$ p
125			$77\frac{3}{8}$ p	162			$59\frac{3}{4}$ m
126			$76\frac{13}{16}$ m	163			$59\frac{3}{8}$ m
127			$76\frac{3}{16}$ m	164			59 m
128			$75\frac{9}{16}$ p	165			$58\frac{5}{8}$ p
129			75	166			$58\frac{1}{16}$
130			$74\frac{7}{16}$ m	167			$57\frac{11}{16}$
131			$73\frac{7}{8}$ m	168			$57\frac{9}{16}$ m
132			$73\frac{5}{16}$ m	169			$57\frac{1}{4}$ m
133			$72\frac{3}{4}$ m	170			$56\frac{15}{16}$
134			$72\frac{3}{16}$ p	171			$56\frac{9}{16}$ p
135			$71\frac{11}{16}$ m	172			$56\frac{1}{4}$
136			$71\frac{1}{8}$ p	173			$55\frac{15}{16}$ m

DES CHANGES.

PARIS, LILLE, AMSTERDAM.

Lille sur Amster.	Lille sur Paris.	Paris sur Lille.	Rend à Amster.	Lille sur Amster.	Lille sur Paris.	Paris sur Lille.	Rend à Amster.
174	96 $\frac{3}{4}$	99 $\frac{1}{4}$ m	55 $\frac{5}{8}$ m	211	96 $\frac{3}{4}$	99 $\frac{1}{4}$ m	45 $\frac{7}{8}$ m
175			55 $\frac{1}{16}$ m	212			45 $\frac{3}{4}$ p
176			55 m	213			45 $\frac{7}{16}$ m
177			54 $\frac{11}{16}$ m	214			45 $\frac{5}{16}$ p
178			54 $\frac{3}{8}$ m	215			45
179			54 $\frac{1}{16}$ m	216			44 $\frac{13}{16}$ m
180			53 $\frac{3}{4}$	217			44 $\frac{9}{16}$ p
181			53 $\frac{7}{16}$ p	218			44 $\frac{3}{8}$ p
182			53 $\frac{3}{16}$ m	219			44 $\frac{3}{16}$ m
183			52 $\frac{7}{8}$ m	220			44 m
184			52 $\frac{7}{16}$ p	221			43 $\frac{3}{4}$ p
185			52 $\frac{1}{16}$ m	222			43 $\frac{7}{16}$ p
186			52 p	223			43 $\frac{3}{8}$ p
187			51 $\frac{3}{4}$ m	224			43 $\frac{3}{16}$ p
188			51 $\frac{7}{16}$ p	225			43
189			51 $\frac{1}{2}$ p	226			42 $\frac{13}{16}$ m
190			50 $\frac{15}{16}$ m	227			42 $\frac{5}{8}$ m
191			50 $\frac{5}{8}$ p	228			42 $\frac{7}{16}$ m
192			50 $\frac{3}{8}$ p	229			42 $\frac{1}{4}$ m
193			50 $\frac{1}{8}$ p	230			42 $\frac{1}{16}$ p
194			49 $\frac{7}{8}$ m	231			41 $\frac{7}{8}$ p
195			49 $\frac{5}{8}$ m	232			41 $\frac{11}{16}$ p
196			49 $\frac{3}{8}$ m	233			41 $\frac{1}{2}$ p
197			49 $\frac{1}{8}$ m	234			41 $\frac{5}{16}$ m
198			48 $\frac{7}{8}$ m	235			41 $\frac{3}{16}$ m
199			48 $\frac{5}{8}$ m	236			41 m
200			48 $\frac{3}{8}$	237			40 $\frac{13}{16}$ p
201			48 $\frac{1}{8}$ p	238			40 $\frac{5}{8}$ p
202			47 $\frac{7}{8}$ p	239			40 $\frac{1}{2}$ m
203			47 $\frac{11}{16}$ m	240			40 $\frac{5}{16}$
204			47 $\frac{7}{16}$ m				
205			47 $\frac{1}{16}$ p				
206			46 $\frac{15}{16}$ p				
207			46 $\frac{3}{4}$ m				
208			46 $\frac{1}{2}$ p				
209			46 $\frac{1}{16}$ m				
210			46 $\frac{1}{16}$ p				

EGALITÉ.

Le Change de Paris sur Lille de .... 99 $\frac{1}{4}$ m
est égal à un peu plus de .... $\frac{3}{4}$ p %
de perte pour les Lettres.

Tome II.

COMBINAISON GENERALE
PARIS, LILLE, AMSTERDAM.

Lille sur Amster.	Lille sur Paris	Paris sur Lille.	Rend à Amster.	Lille sur Amster.	Lille sur Paris.	Paris sur Lille.	Rend à Amster.
100	97	99 m	97	137	97	99 m	$70\frac{13}{16}$ m
101			$96\frac{1}{16}$ m	138			$70\frac{1}{8}$ m
102			$95\frac{1}{8}$ m	139			$69\frac{13}{16}$ m
103			$94\frac{7}{16}$ m	140			$69\frac{5}{16}$ m
104			$93\frac{1}{2}$ p	141			$68\frac{13}{16}$ m
105			$92\frac{3}{8}$ p	142			$68\frac{5}{16}$ m
106			$91\frac{1}{2}$ p	143			$67\frac{13}{16}$ p
107			$90\frac{5}{8}$ p	144			$67\frac{3}{8}$ p
108			$89\frac{13}{16}$ p	145			$66\frac{7}{8}$ p
109			89 m	146			$66\frac{7}{16}$ p
110			$88\frac{3}{16}$ m	147			66 m
111			$87\frac{3}{8}$ p	148			$65\frac{9}{16}$ m
112			$86\frac{5}{8}$ m	149			$65\frac{1}{8}$ m
113			$85\frac{13}{16}$ p	150			$64\frac{11}{16}$ m
114			$85\frac{1}{16}$ p	151			$64\frac{1}{4}$ m
115			$84\frac{3}{8}$ p	152			$63\frac{13}{16}$ p
116			$83\frac{5}{8}$ m	153			$63\frac{3}{8}$ p
117			$82\frac{7}{8}$ p	154			63 m
118			$82\frac{3}{16}$ p	155			$62\frac{9}{16}$ p
119			$81\frac{1}{2}$ p	156			$62\frac{7}{16}$ m
120			$80\frac{13}{16}$ p	157			$61\frac{13}{16}$ m
121			$80\frac{3}{16}$ m	158			$61\frac{3}{8}$ p
122			$79\frac{1}{2}$ p	159			61 p
123			$78\frac{7}{8}$ m	160			$60\frac{5}{8}$ p
124			$78\frac{1}{4}$ m	161			$60\frac{1}{4}$ m
125			$77\frac{5}{8}$ m	162			$59\frac{7}{8}$ p
126			77 m	163			$59\frac{1}{2}$ p
127			$76\frac{3}{8}$ p	164			$59\frac{1}{8}$ p
128			$75\frac{3}{4}$ *	165			$58\frac{13}{16}$ m
129			$75\frac{3}{16}$ p	166			$58\frac{7}{16}$ m
130			$74\frac{5}{8}$ m	167			$58\frac{1}{16}$ p
131			$74\frac{1}{16}$ m	168			$57\frac{3}{4}$ m
132			$73\frac{1}{2}$ m	169			$57\frac{3}{8}$ p
133			$72\frac{15}{16}$ m	170			$57\frac{1}{16}$ m
134			$72\frac{3}{8}$ p	171			$56\frac{3}{4}$ m
135			$71\frac{7}{8}$ m	172			$56\frac{3}{8}$ p
136			$71\frac{5}{16}$ p	173			$56\frac{1}{16}$ p

DES CHANGES.

PARIS, LILLE, AMSTERDAM.

Lille sur Amster.	Lille sur Paris.	Paris sur Lille.	Rend à Amster.	Lille sur Amster.	Lille sur Paris.	Paris sur Lille.	Rend à Amster.
174	97	99 m	55 $\frac{3}{4}$ m	211	97	99 m	46 m
175			55 $\frac{7}{16}$ m	212			45 $\frac{3}{4}$ p
176			55 $\frac{1}{8}$ m	213			45 $\frac{9}{16}$ m
177			54 $\frac{13}{16}$ m	214			45 $\frac{5}{16}$ p
178			54 $\frac{1}{2}$ m	215			45 $\frac{1}{8}$ m
179			54 $\frac{3}{16}$ p	216			44 $\frac{15}{16}$ m
180			53 $\frac{7}{8}$ p	217			44 $\frac{11}{16}$ p
181			53 $\frac{9}{16}$ p	218			44 $\frac{1}{2}$ m
182			53 $\frac{5}{16}$ m	219			44 $\frac{5}{16}$ m
183			53 p	220			44 $\frac{1}{16}$ p
184			52 $\frac{11}{16}$ p	221			43 $\frac{7}{8}$ p
185			52 $\frac{7}{16}$ m	222			43 $\frac{11}{16}$ p
186			52 $\frac{1}{8}$ p	223			43 $\frac{1}{2}$ m
187			51 $\frac{7}{8}$ m	224			43 $\frac{5}{16}$ m
188			51 $\frac{3}{8}$ m	225			43 $\frac{1}{8}$ m
189			51 $\frac{5}{16}$ p	226			42 $\frac{15}{16}$ m
190			51 $\frac{1}{16}$ m	227			42 $\frac{3}{4}$ m
191			50 $\frac{13}{16}$ m	228			42 $\frac{9}{16}$ m
192			50 $\frac{1}{2}$ p	229			42 $\frac{3}{8}$ m
193			50 $\frac{1}{4}$ p	230			42 $\frac{1}{16}$ m
194			50	231			42 m
195			49 $\frac{3}{4}$ m	232			41 $\frac{13}{16}$ m
196			49 $\frac{1}{2}$ m	233			41 $\frac{3}{8}$ p
197			49 $\frac{1}{4}$ m	234			41 $\frac{5}{16}$ p
198			49 m	235			41 $\frac{1}{4}$ p
199			48 $\frac{3}{4}$ m	236			41 $\frac{1}{8}$ m
200			48 $\frac{1}{2}$	237			40 $\frac{15}{16}$ m
201			48 $\frac{1}{4}$ p	238			40 $\frac{3}{4}$ p
202			48 p	239			40 $\frac{9}{16}$ p
203			47 $\frac{13}{16}$ m	240			40 $\frac{7}{16}$ m
204			47 $\frac{9}{16}$ m				
205			47 $\frac{5}{16}$ p				
206			47 $\frac{1}{16}$ p				
207			46 $\frac{7}{8}$ m				
208			46 $\frac{5}{8}$ p				
209			46 $\frac{7}{16}$ m				
210			46 $\frac{3}{16}$ p				

EGALITÉ.

Le Change de Paris sur Lille de .... 99 m
est égal à un peu plus de .... 1 p $\frac{0}{0}$
de perte pour les Lettres.

COMBINAISON GENERALE
PARIS, LILLE, AMSTERDAM.

Lille sur Amster.	Lille sur Paris	Paris sur Lille.	Rend à Amster.	Lille sur Amster.	Lille sur Paris.	Paris sur Lille.	Rend à Amster.
100	· 97¼	· 98 11/16 p	· 97¼	137	· 97¼	· 98 11/16 p	· 71 m
101			96 3/16 m	138			70½ m
102			95 5/16 p	139			69 15/16 p
103			94 7/16 m	140			69 7/16 p
104			93 ½ p	141			69 m
105			92 5/8 m	142			68 ½ m
106			91 ¾ m	143			68 p
107			90 7/8 p	144			67 9/16 m
108			90 1/16 m	145			67 1/16 p
109			89 ¼ m	146			66 5/8 m
110			88 7/16 m	147			66 3/16 m
111			87 5/8 m	148			65 11/16 p
112			86 13/16 p	149			65 ¼ p
113			86 1/16 m	150			64 13/16 p
114			85 3/16 m	151			64 3/8 p
115			84 9/16 p	152			64 m
116			83 15/16 p	153			63 9/16 m
117			83 1/8 m	154			63 1/8 p
118			82 7/16 m	155			62 3/4 m
119			81 ¾ m	156			62 3/16 p
120			81 1/16 m	157			61 11/16 p
121			80 3/8 m	158			61 1/16 m
122			79 11/16 p	159			61 1/16 m
123			79 1/16 p	160			60 3/4 *
124			78 7/16 m	161			60 3/8 p
125			77 13/16 m	162			60 p
126			77 3/16 m	163			59 11/16 m
127			76 9/16 p	164			59 1/16 m
128			76 m	165			58 15/16 p
129			75 3/8 p	166			58 9/16 p
130			74 13/16 m	167			58 ¼ m
131			74 ¼ m	168			57 7/8 p
132			73 11/16 m	169			57 9/16 p
133			73 1/8 m	170			57 3/16 p
134			72 9/16 p	171			56 7/8 m
135			72 1/16 m	172			56 9/16 m
136			71 ½ p	173			56 3/16 p

DES CHANGES.

PARIS, LILLE, AMSTERDAM.

Lille sur Amster.	Lille sur Paris.	Paris sur Lille.	Rend à Amster.	Lille sur Amster.	Lille sur Paris.	Paris sur Lille.	Rend à Amster.
174	$97\frac{1}{4}$	$98\frac{11}{16}$ p	$55\frac{7}{8}$ p	211	$97\frac{1}{4}$	$98\frac{11}{16}$ p	$46\frac{1}{16}$ p
175	....	....	$55\frac{5}{16}$ p	212	....	....	$45\frac{7}{8}$ m
176	....	....	$55\frac{1}{4}$ p	213	....	....	$45\frac{11}{16}$ m
177	....	....	$54\frac{11}{16}$ p	214	....	....	$45\frac{7}{16}$ p
178	....	....	$54\frac{5}{8}$ p	215	....	....	$45\frac{1}{4}$ m
179	....	....	$54\frac{1}{16}$ p	216	....	....	45 p
180	....	....	54 p	217	....	....	$44\frac{13}{16}$ p
181	....	....	$53\frac{3}{4}$ m	218	....	....	$44\frac{5}{8}$ m
182	....	....	$53\frac{7}{16}$ m	219	....	....	$44\frac{7}{16}$ m
183	....	....	$53\frac{3}{8}$ p	220	....	....	$44\frac{3}{16}$ p
184	....	....	$52\frac{7}{8}$ m	221	....	....	44 p
185	....	....	$52\frac{9}{16}$ p	222	....	....	$43\frac{13}{16}$ m
186	....	....	$52\frac{5}{16}$ m	223	....	....	$43\frac{5}{8}$ m
187	....	....	52 p	224	....	....	$43\frac{7}{16}$ m
188	....	....	$51\frac{3}{4}$ m	225	....	....	$43\frac{1}{4}$ m
189	....	....	$51\frac{7}{16}$ p	226	....	....	43 p
190	....	....	$51\frac{3}{16}$ m	227	....	....	$42\frac{13}{16}$ p
191	....	....	$50\frac{15}{16}$ m	228	....	....	$42\frac{5}{8}$ p
192	....	....	$50\frac{5}{8}$ p	229	....	....	$42\frac{7}{16}$
193	....	....	$50\frac{3}{8}$ p	230	....	....	$42\frac{5}{16}$ m
194	....	....	$50\frac{1}{8}$ p	231	....	....	$42\frac{1}{8}$ m
195	....	....	$49\frac{7}{8}$ m	232	....	....	$41\frac{15}{16}$ m
196	....	....	$49\frac{5}{8}$ m	233	....	....	$41\frac{1}{2}$ m
197	....	....	$49\frac{3}{8}$ m	234	....	....	$41\frac{9}{16}$ m
198	....	....	$49\frac{1}{8}$ m	235	....	....	$41\frac{3}{8}$ p
199	....	....	$48\frac{7}{8}$ m	236	....	....	$41\frac{3}{16}$ p
200	....	....	$48\frac{5}{8}$ p	237	....	....	$41\frac{1}{16}$ m
201	....	....	$48\frac{3}{8}$ p	238	....	....	$40\frac{7}{8}$ m
202	....	....	$48\frac{1}{8}$ p	239	....	....	$40\frac{11}{16}$ p
203	....	....	$47\frac{15}{16}$ m	240	....	....	$40\frac{1}{2}$ p
204	....	....	$47\frac{11}{16}$ m				
205	....	....	$47\frac{7}{16}$ p				
206	....	....	$47\frac{3}{16}$ p				
207	....	....	47 m				
208	....	....	$46\frac{3}{4}$ p				
209	....	....	$46\frac{1}{2}$ p				
210	....	....	$46\frac{5}{16}$ m				

EGALITÉ.

Le Change de Paris sur Lille de .... $98\frac{11}{16}$ p
est égal à un peu moins de .... $1\frac{5}{16}$ p $\frac{0}{0}$
de perte pour les Lettres.

COMBINAISON GENERALE

PARIS, LILLE, AMSTERDAM.

Lille sur Amster.	Lille sur Paris.	Paris sur Lille.	Rend à Amster.	Lille sur Amster.	Lille sur Paris.	Paris sur Lille.	Rend à Amster.
100	$97\frac{1}{2}$	$98\frac{7}{16}$ p	$97\frac{1}{2}$	137	$97\frac{1}{2}$	$98\frac{7}{16}$ p	$71\frac{3}{16}$ m
101			$96\frac{9}{16}$ m	138			$70\frac{3}{8}$ p
102			$95\frac{9}{16}$ p	139			$70\frac{1}{2}$ p
103			$94\frac{11}{16}$ m	140			$69\frac{5}{8}$ p
104			$93\frac{3}{4}$	141			$69\frac{3}{8}$ p
105			$92\frac{7}{8}$ m	142			$68\frac{11}{16}$ m
106			92 m	143			$68\frac{3}{16}$ m
107			$91\frac{1}{8}$ m	144			$67\frac{11}{16}$ p
108			$90\frac{1}{4}$ p	145			$67\frac{1}{4}$ m
109			$89\frac{7}{16}$ p	146			$66\frac{4}{4}$ p
110			$88\frac{5}{8}$ p	147			$66\frac{1}{2}$ p
111			$87\frac{13}{16}$ p	148			$65\frac{5}{8}$ p
112			$87\frac{1}{16}$ m	149			$65\frac{5}{16}$ m
113			$86\frac{5}{16}$ m	150			65
114			$85\frac{1}{2}$ p	151			$64\frac{9}{16}$ p
115			$84\frac{13}{16}$ m	152			$64\frac{1}{8}$ p
116			$84\frac{1}{16}$ m	153			$63\frac{3}{4}$ m
117			$83\frac{1}{16}$ p	154			$63\frac{1}{16}$ m
118			$82\frac{5}{8}$ p	155			$62\frac{7}{8}$ p
119			$81\frac{15}{16}$ m	156			$62\frac{1}{8}$ m
120			$81\frac{1}{4}$	157			$62\frac{1}{16}$ m
121			$80\frac{9}{16}$ p	158			$61\frac{11}{16}$ p
122			$79\frac{15}{16}$ m	159			$61\frac{1}{2}$ p
123			$79\frac{1}{4}$ m	160			$60\frac{13}{16}$
124			$78\frac{3}{8}$ p	161			$60\frac{9}{16}$ p
125			78	162			$60\frac{3}{16}$ m
126			$77\frac{3}{8}$ p	163			$59\frac{13}{16}$ p
127			$76\frac{3}{4}$ p	164			$59\frac{3}{16}$ p
128			$76\frac{1}{16}$ p	165			$59\frac{1}{16}$ p
129			$75\frac{9}{16}$ p	166			$58\frac{3}{4}$ p
130			75	167			$58\frac{1}{4}$ p
131			$74\frac{7}{16}$ m	168			$58\frac{1}{16}$ m
132			$73\frac{7}{8}$ m	169			$57\frac{11}{16}$ p
133			$73\frac{1}{16}$ m	170			$57\frac{5}{8}$ m
134			$72\frac{3}{4}$ p	171			57 p
135			$72\frac{1}{4}$ m	172			$56\frac{11}{16}$ m
136			$71\frac{11}{16}$ p	173			$56\frac{5}{8}$ m

DES CHANGES.

PARIS, LILLE, AMSTERDAM.

Lille sur Amster.	Lille sur Paris.	Paris sur Lille.	Rend à Amster.	Lille sur Amster.	Lille sur Paris.	Paris sur Lille.	Rend à Amster.
174	$97\frac{1}{2}$	$98\frac{7}{16}$ p	$56\frac{1}{16}$ m	211	$97\frac{1}{2}$	$98\frac{7}{16}$ p	$46\frac{1}{16}$ p
175			$55\frac{11}{16}$ p	212			46 m
176			$55\frac{3}{8}$ p	213			$45\frac{3}{4}$ p
177			$55\frac{1}{16}$ p	214			$45\frac{9}{16}$ m
178			$54\frac{3}{4}$ p	215			$45\frac{3}{8}$ m
179			$54\frac{1}{2}$ m	216			$45\frac{1}{8}$ p
180			$54\frac{3}{16}$ m	217			$44\frac{15}{16}$ m
181			$53\frac{7}{8}$ m	218			$44\frac{3}{4}$ m
182			$53\frac{9}{16}$ p	219			$44\frac{1}{2}$ p
183			$53\frac{1}{4}$ p	220			$44\frac{5}{16}$ p
184			53 m	221			$44\frac{1}{8}$ m
185			$52\frac{11}{16}$ p	222			$43\frac{15}{16}$ m
186			$52\frac{7}{16}$ m	223			$43\frac{3}{4}$ m
187			$52\frac{1}{8}$ p	224			$43\frac{1}{2}$ p
188			$51\frac{7}{8}$ m	225			$43\frac{5}{16}$ p
189			$51\frac{5}{16}$ p	226			$43\frac{1}{8}$ p
190			$51\frac{1}{16}$ p	227			$42\frac{15}{16}$ p
191			$51\frac{1}{16}$ m	228			$42\frac{3}{4}$ p
192			$50\frac{3}{4}$ *	229			$42\frac{9}{16}$ p
193			$50\frac{1}{2}$ p	230			$42\frac{3}{8}$ p
194			$50\frac{1}{4}$ p	231			$42\frac{3}{16}$ p
195			50	232			42 p
196			$49\frac{3}{4}$ m	233			$41\frac{7}{8}$ m
197			$49\frac{1}{2}$ m	234			$41\frac{11}{16}$ m
198			$49\frac{1}{4}$ m	235			$41\frac{1}{2}$ m
199			49 m	236			$41\frac{5}{16}$ p
200			$48\frac{3}{4}$	237			$41\frac{1}{8}$ p
201			$48\frac{1}{2}$ p	238			$40\frac{15}{16}$ p
202			$48\frac{1}{4}$ p	239			$40\frac{13}{16}$ m
203			48 p	240			$40\frac{5}{8}$
204			$47\frac{13}{16}$ m				
205			$47\frac{9}{16}$ m				
206			$47\frac{5}{16}$ p				
207			$47\frac{1}{8}$ m				
208			$46\frac{7}{8}$				
209			$46\frac{5}{8}$ p				
210			$46\frac{7}{16}$ m				

EGALITÉ.

Le Change de Paris sur Lille de .... $98\frac{7}{16}$ p
est égal à un peu moins de .... $1\frac{9}{16}$ p $\frac{0}{0}$
de perte pour les Lettres.

COMBINAISON GENERALE

PARIS, LILLE, AMSTERDAM.

Lille sur Amster.	Lille sur Paris.	Paris sur Lille.	Rend à Amster.	Lille sur Amster.	Lille sur Paris.	Paris sur Lille.	Rend à Amster.
100	$97\frac{3}{4}$	$98\frac{3}{16}$ p	$97\frac{3}{4}$	137	$97\frac{3}{4}$	$98\frac{3}{16}$ p	$71\frac{3}{8}$ m
101			$96\frac{13}{16}$ m	138			$70\frac{13}{16}$ p
102			$95\frac{13}{16}$ p	139			$70\frac{5}{16}$ p
103			$94\frac{7}{8}$ p	140			$69\frac{13}{16}$ p
104			94 m	141			$69\frac{5}{16}$ p
105			$93\frac{1}{8}$ m	142			$68\frac{11}{16}$ p
106			$92\frac{3}{16}$ p	143			$68\frac{1}{4}$ m
107			$91\frac{3}{8}$ m	144			$67\frac{7}{8}$ p
108			$90\frac{1}{2}$ p	145			$67\frac{7}{16}$ m
109			$89\frac{11}{16}$ m	146			$66\frac{15}{16}$ p
110			$88\frac{7}{8}$ m	147			$66\frac{1}{2}$ m
111			$88\frac{1}{16}$ p	148			$66\frac{1}{16}$ p
112			$87\frac{1}{4}$ p	149			$65\frac{5}{8}$ p
113			$86\frac{1}{2}$ p	150			$65\frac{3}{16}$ p
114			$85\frac{3}{4}$ m	151			$64\frac{3}{4}$ p
115			85	152			$64\frac{5}{16}$ m
116			$84\frac{1}{4}$ p	153			$63\frac{7}{8}$ m
117			$83\frac{9}{16}$ m	154			$63\frac{1}{2}$ m
118			$82\frac{13}{16}$ p	155			$63\frac{1}{16}$ p
119			$82\frac{1}{8}$ p	156			$62\frac{11}{16}$ m
120			$81\frac{7}{16}$ p	157			$62\frac{1}{4}$ p
121			$80\frac{13}{16}$ m	158			$61\frac{7}{8}$ m
122			$80\frac{1}{8}$ m	159			$61\frac{1}{2}$ m
123			$79\frac{1}{2}$ m	160			$61\frac{1}{8}$ *
124			$78\frac{13}{16}$ p	161			$60\frac{11}{16}$ p
125			$78\frac{3}{16}$ p	162			$60\frac{5}{16}$ p
126			$77\frac{9}{16}$ p	163			60 m
127			$76\frac{15}{16}$ p	164			$59\frac{5}{8}$ m
128			$76\frac{3}{8}$ m	165			$59\frac{1}{4}$ m
129			$75\frac{3}{4}$ p	166			$58\frac{7}{8}$ p
130			$75\frac{3}{16}$ p	167			$58\frac{1}{2}$ p
131			$74\frac{5}{8}$ m	168			$58\frac{3}{16}$ m
132			$74\frac{1}{16}$ m	169			$57\frac{13}{16}$ p
133			$73\frac{1}{2}$ m	170			$57\frac{1}{2}$ p
134			$72\frac{15}{16}$ p	171			$57\frac{1}{8}$ m
135			$72\frac{7}{16}$ m	172			$56\frac{13}{16}$ p
136			$71\frac{7}{8}$	173			$56\frac{1}{2}$ p

DES CHANGES.

PARIS, LILLE, AMSTERDAM.

Lille sur Amster.	Lille sur Paris.	Paris sur Lille.	Rend à Amster.	Lille sur Amster.	Lille sur Paris.	Paris sur Lille.	Rend à Amster.
174	$97\frac{3}{4}$	$98\frac{3}{16}$ p	$56\frac{3}{16}$ m	211	$97\frac{3}{4}$	$98\frac{3}{16}$ p	$46\frac{5}{16}$ p
175			$55\frac{7}{8}$ m	212			$46\frac{1}{2}$ m
176			$55\frac{9}{16}$ m	213			$45\frac{5}{8}$ p
177			$55\frac{1}{4}$ m	214			$45\frac{11}{16}$ m
178			$54\frac{13}{16}$ m	215			$45\frac{7}{16}$ p
179			$54\frac{1}{8}$ m	216			$45\frac{1}{4}$ p
180			$54\frac{3}{16}$ m	217			$45\frac{1}{16}$ m
181			54 p	218			$44\frac{13}{16}$ p
182			$53\frac{11}{16}$ p	219			$44\frac{5}{8}$ p
183			$53\frac{7}{16}$ m	220			$44\frac{7}{16}$ m
184			$53\frac{1}{8}$	221			$44\frac{1}{4}$ m
185			$52\frac{13}{16}$ p	222			$44\frac{1}{16}$ m
186			$52\frac{9}{16}$ m	223			$43\frac{13}{16}$ p
187			$52\frac{1}{4}$ p	224			$43\frac{5}{8}$ p
188			52 m	225			$43\frac{7}{16}$ p
189			$51\frac{3}{4}$ m	226			$43\frac{1}{4}$ p
190			$51\frac{7}{16}$ p	227			$43\frac{1}{16}$ m
191			$51\frac{3}{16}$ m	228			$42\frac{7}{8}$ m
192			$50\frac{15}{16}$ m	229			$42\frac{11}{16}$ m
193			$50\frac{5}{8}$ p	230			$42\frac{1}{2}$
194			$50\frac{3}{8}$ p	231			$42\frac{5}{16}$ p
195			$50\frac{1}{8}$ p	232			$42\frac{1}{8}$ p
196			$49\frac{7}{8}$ m	233			$41\frac{15}{16}$ p
197			$49\frac{1}{2}$ m	234			$41\frac{3}{4}$ p
198			$49\frac{1}{4}$ m	235			$41\frac{1}{2}$ m
199			$49\frac{1}{8}$ m	236			$41\frac{5}{16}$ p
200			$48\frac{7}{8}$	237			$41\frac{1}{4}$ m
201			$48\frac{5}{8}$ p	238			$41\frac{1}{16}$ p
202			$48\frac{3}{8}$ p	239			$40\frac{7}{8}$ p
203			$48\frac{1}{8}$ p	240			$40\frac{3}{4}$ m
204			$47\frac{15}{16}$ m				
205			$47\frac{11}{16}$ m				
206			$47\frac{7}{16}$ p				
207			$47\frac{1}{4}$ m				
208			47 m				
209			$46\frac{3}{4}$ p				
210			$46\frac{9}{16}$ m				

EGALITÉ.

Le Change de Paris sur Lille de	$98\frac{3}{16}$ p
est égal à un peu moins de	$1\frac{13}{16}$ p $\frac{0}{0}$
de perte pour les Lettres.	

COMBINAISON GENERALE

PARIS, LILLE, AMSTERDAM.

Lille sur Amster.	Lille sur Paris	Paris sur Lille.	Rend à Amster.	Lille sur Amster.	Lille sur Paris.	Paris sur Lille.	Rend à Amster.
100	98	$97\frac{15}{16}$ P	98	137	98	$97\frac{15}{16}$ P	$71\frac{9}{16}$ m
101			97 P	138			71 P
102			$96\frac{1}{16}$ P	139			$70\frac{1}{2}$ P
103			$95\frac{1}{8}$ P	140			70
104			$94\frac{1}{4}$ m	141			$69\frac{1}{2}$ P
105			$93\frac{5}{16}$ P	142			69 P
106			$92\frac{7}{16}$ P	143			$68\frac{9}{16}$ P
107			$91\frac{9}{16}$ P	144			$68\frac{1}{16}$ m
108			$90\frac{3}{4}$ m	145			$67\frac{9}{16}$ P
109			$89\frac{15}{16}$ m	146			$67\frac{1}{8}$ m
110			$89\frac{1}{16}$ P	147			$66\frac{11}{16}$ m
111			$88\frac{5}{16}$ m	148			$66\frac{3}{16}$ P
112			$87\frac{1}{2}$	149			$65\frac{3}{4}$ P
113			$86\frac{3}{4}$ m	150			$65\frac{5}{16}$ P
114			$85\frac{15}{16}$ P	151			$64\frac{7}{8}$ P
115			$85\frac{3}{16}$ P	152			$64\frac{1}{2}$ m
116			$84\frac{1}{2}$ m	153			$64\frac{1}{16}$ m
117			$83\frac{3}{4}$ P	154			$63\frac{5}{8}$ P
118			$83\frac{1}{16}$ m	155			$63\frac{1}{4}$ m
119			$82\frac{3}{8}$ m	156			$62\frac{13}{16}$ P
120			$81\frac{11}{16}$ m	157			$62\frac{7}{16}$ m
121			81 m	158			62 P
122			$80\frac{5}{16}$ P	159			$61\frac{5}{8}$ P
123			$79\frac{11}{16}$ m	160			61 P
124			$79\frac{1}{16}$ m	161			$60\frac{7}{8}$ m
125			$78\frac{3}{8}$ P	162			$60\frac{1}{2}$ m
126			$77\frac{3}{4}$ P	163			$60\frac{1}{8}$ m
127			$77\frac{3}{16}$ m	164			$59\frac{3}{4}$ P
128			$76\frac{9}{16}$	165			$59\frac{3}{8}$ P
129			76 m	166			$59\frac{1}{16}$ m
130			$75\frac{3}{8}$ P	167			$58\frac{11}{16}$ m
131			$74\frac{13}{16}$ m	168			$58\frac{5}{16}$ P
132			$74\frac{1}{4}$ m	169			58 m
133			$73\frac{11}{16}$ m	170			$57\frac{5}{8}$ P
134			$73\frac{1}{8}$ P	171			$57\frac{1}{16}$ m
135			$72\frac{9}{16}$ P	172			57 m
136			$72\frac{1}{16}$ m	173			$56\frac{5}{8}$ P

DES CHANGES.

PARIS, LILLE, AMSTERDAM.

Lille sur Amster.	Lille sur Paris.	Paris sur Lille.	Rend à Amster.	Lille sur Amster.	Lille sur Paris.	Paris sur Lille.	Rend à Amster.
174	98	$97\frac{15}{16}$ P	$56\frac{5}{16}$ P	211	98	$97\frac{15}{16}$ P	$46\frac{7}{16}$ P
175			56	212			$46\frac{1}{4}$ m
176			$55\frac{11}{16}$ m	213			46 P
177			$55\frac{5}{8}$ m	214			$45\frac{13}{16}$ m
178			$55\frac{1}{16}$ m	215			$45\frac{9}{16}$ P
179			$54\frac{3}{4}$ m	216			$45\frac{3}{8}$ m
180			$54\frac{7}{16}$ P	217			$45\frac{5}{16}$ m
181			$54\frac{7}{8}$ P	218			$44\frac{15}{16}$ P
182			$53\frac{7}{8}$ m	219			$44\frac{3}{4}$ m
183			$53\frac{9}{16}$ m	220			$44\frac{9}{16}$ m
184			$53\frac{1}{4}$ P	221			$44\frac{3}{8}$ m
185			53 m	222			$44\frac{1}{8}$ P
186			$52\frac{11}{16}$ P	223			$43\frac{15}{16}$ P
187			$52\frac{7}{16}$ m	224			$43\frac{3}{4}$
188			$52\frac{1}{8}$ P	225			$43\frac{9}{16}$ m
189			$51\frac{7}{8}$ m	226			$43\frac{3}{8}$ m
190			$51\frac{7}{16}$ m	227			$43\frac{3}{16}$ m
191			$51\frac{5}{16}$ m	228			43 m
192			$51\frac{1}{16}$ m	229			$42\frac{13}{16}$ m
193			$50\frac{3}{4}$ P	230			$42\frac{5}{8}$ m
194			$50\frac{1}{2}$ m	231			$42\frac{7}{16}$ m
195			$50\frac{1}{4}$ P	232			$42\frac{1}{4}$ m
196			50	233			$42\frac{1}{16}$ m
197			$49\frac{3}{4}$ m	234			$41\frac{7}{8}$ P
198			$49\frac{1}{2}$ m	235			$41\frac{11}{16}$ P
199			$49\frac{1}{4}$	236			$41\frac{1}{2}$ P
200			49	237			$41\frac{5}{16}$ P
201			$48\frac{3}{4}$ P	238			$41\frac{3}{16}$ P
202			$48\frac{1}{2}$ P	239			41 P
203			$48\frac{1}{4}$ P	240			$40\frac{13}{16}$ P
204			$48\frac{1}{16}$ m				
205			$47\frac{13}{16}$ m				
206			$47\frac{9}{16}$ P				
207			$47\frac{5}{16}$ P				
208			$47\frac{1}{8}$ m				
209			$46\frac{7}{8}$ P				
210			$46\frac{11}{16}$ m				

EGALITE'.

Le Change de Paris sur Lille de .... $97\frac{15}{16}$ P

est égal à un peu moins de .... $2\frac{1}{16}$ P %

de perte pour les Lettres.

O o ij

COMBINAISON GENERALE
PARIS, LILLE, AMSTERDAM.

Lille sur Amster.	Lille sur Paris	Paris sur Lille.	Rend à Amster.	Lille sur Amster.	Lille sur Paris.	Paris sur Lille.	Rend à Amster.
100	· 98 $\frac{1}{4}$	· 97 $\frac{11}{16}$ p	98 $\frac{1}{4}$	137	· 98 $\frac{1}{4}$	· 97 $\frac{11}{16}$ p	71 $\frac{11}{16}$ p
101			97 $\frac{1}{4}$ p	138			71 $\frac{1}{16}$ p
102			96 $\frac{5}{16}$ p	139			70 $\frac{11}{16}$ m
103			95 $\frac{3}{8}$ p	140			70 $\frac{3}{16}$ p
104			94 $\frac{1}{4}$ m	141			69 $\frac{11}{16}$ m
105			93 $\frac{9}{16}$ p	142			69 $\frac{3}{16}$ p
106			92 $\frac{11}{16}$ p	143			68 $\frac{11}{16}$ p
107			91 $\frac{13}{16}$ p	144			68 $\frac{1}{4}$ m
108			91 m	145			67 $\frac{3}{4}$ p
109			90 $\frac{1}{8}$ p	146			67 $\frac{5}{16}$ p
110			89 $\frac{5}{16}$ p	147			66 $\frac{13}{16}$ p
111			88 $\frac{1}{2}$ p	148			66 $\frac{3}{8}$ p
112			87 $\frac{3}{4}$ m	149			65 $\frac{15}{16}$ p
113			86 $\frac{15}{16}$ p	150			65 $\frac{1}{2}$
114			86 $\frac{3}{16}$ m	151			65 $\frac{1}{16}$ p
115			85 $\frac{7}{16}$ m	152			64 $\frac{5}{8}$ p
116			84 $\frac{11}{16}$ p	153			64 $\frac{3}{16}$ p
117			84 m	154			63 $\frac{13}{16}$ m
118			83 $\frac{1}{4}$ p	155			63 $\frac{3}{8}$ p
119			82 $\frac{9}{16}$ p	156			63 m
120			81 $\frac{7}{8}$	157			62 $\frac{9}{16}$ p
121			81 $\frac{3}{16}$ p	158			62 $\frac{3}{16}$ m
122			80 $\frac{9}{16}$ m	159			61 $\frac{13}{16}$ m
123			79 $\frac{7}{8}$ p	160			61 $\frac{3}{8}$ *
124			79 $\frac{1}{4}$ m	161			61 p
125			78 $\frac{5}{8}$ m	162			60 $\frac{5}{8}$ p
126			78 m	163			60 $\frac{1}{4}$ p
127			77 $\frac{3}{8}$ m	164			59 $\frac{15}{16}$ m
128			76 $\frac{3}{4}$ p	165			59 $\frac{9}{16}$ m
129			76 $\frac{3}{16}$ m	166			59 $\frac{3}{16}$ m
130			75 $\frac{9}{16}$ p c	167			58 $\frac{13}{16}$ p
131			75	168			58 $\frac{1}{2}$ m
132			74 $\frac{7}{16}$ m	169			58 $\frac{1}{8}$ p
133			73 $\frac{7}{8}$ m	170			57 $\frac{13}{16}$ m
134			73 $\frac{5}{16}$ p	171			57 $\frac{7}{16}$ p
135			72 $\frac{3}{4}$ p	172			57 $\frac{1}{8}$ m
136			72 $\frac{1}{4}$ m	173			56 $\frac{13}{16}$ m

DES CHANGES.

PARIS, LILLE, AMSTERDAM.

Lille sur Amster.	Lille sur Paris.	Paris sur Lille.	Rend à Amster.	Lille sur Amster.	Lille sur Paris.	Paris sur Lille.	Rend à Amster.
174	98 $\frac{1}{4}$	97 $\frac{11}{16}$ p	56 $\frac{7}{16}$ p	211	98 $\frac{1}{4}$	97 $\frac{11}{16}$ p	46 $\frac{9}{16}$ p
175			56 $\frac{1}{8}$ p	212			46 $\frac{1}{2}$ m
176			55 $\frac{13}{16}$ p	213			46 $\frac{3}{8}$ p
177			55 $\frac{1}{2}$ p	214			45 $\frac{15}{16}$ m
178			55 $\frac{3}{16}$ p	215			45 $\frac{11}{16}$ p
179			54 $\frac{7}{8}$ p	216			45 $\frac{1}{2}$ m
180			54 $\frac{9}{16}$ p	217			45 $\frac{1}{4}$ p
181			54 $\frac{1}{4}$ p	218			45 $\frac{1}{16}$ p
182			54 $\frac{1}{16}$ m	219			44 $\frac{7}{8}$ m
183			54 m	220			44 $\frac{11}{16}$ p
184			53 $\frac{11}{16}$ p	221			44 $\frac{7}{16}$ m
185			53 $\frac{3}{8}$ p	222			44 $\frac{1}{4}$ p
186			53 $\frac{1}{16}$ m	223			44 $\frac{1}{16}$ m
187			52 $\frac{13}{16}$ p	224			43 $\frac{7}{8}$ m
188			52 $\frac{7}{16}$ m	225			43 $\frac{11}{16}$ m
189			52 $\frac{1}{4}$ p	226			43 $\frac{1}{2}$ m
190			52 m	227			43 $\frac{5}{16}$ m
191			51 $\frac{11}{16}$ p	228			43 $\frac{1}{16}$ p
192			51 $\frac{7}{16}$ p	229			42 $\frac{7}{8}$ p
193			51 $\frac{3}{16}$ m	230			42 $\frac{11}{16}$ p
194			50 $\frac{15}{16}$ m	231			42 $\frac{9}{16}$ m
195			50 $\frac{5}{8}$ p	232			42 $\frac{5}{16}$ p
196			50 $\frac{3}{8}$ p	233			42 $\frac{3}{16}$ m
197			50 $\frac{5}{8}$ p	234			42 m
198			49 $\frac{7}{8}$ m	235			41 $\frac{13}{16}$ m
199			49 $\frac{5}{8}$ m	236			41 $\frac{5}{8}$ p
200			49 $\frac{3}{8}$ m	237			41 $\frac{7}{16}$ p
201			49 $\frac{1}{8}$	238			41 $\frac{5}{16}$ m
202			48 $\frac{7}{8}$ p	239			41 $\frac{1}{8}$ p
203			48 $\frac{5}{8}$ p	240			40 $\frac{15}{16}$
204			48 $\frac{3}{16}$ m				
205			47 $\frac{15}{16}$ m				
206			47 $\frac{11}{16}$ p				
207			47 $\frac{7}{16}$ p				
208			47 $\frac{1}{4}$ m				
209			47 p				
210			46 $\frac{13}{16}$ m				

EGALITÉ.

Le Change de Paris sur Lille de .... 97 $\frac{11}{16}$ p

est égal à un peu moins de .... 2 $\frac{5}{16}$ p $\frac{0}{0}$

de perte pour les Lettres.

COMBINAISON GENERALE

PARIS, LILLE, AMSTERDAM.

Lille sur Amster.	Lille sur Paris.	Paris sur Lille.	Rend à Amster.	Lille sur Amster.	Lille sur Paris.	Paris sur Lille.	Rend à Amster.
100	$98\frac{1}{2}$	$97\frac{7}{16}$ P	$98\frac{1}{2}$	137	$98\frac{1}{2}$	$97\frac{7}{16}$ P	$71\frac{7}{8}$ P
101			$97\frac{1}{2}$ P	138			$71\frac{1}{8}$ P
102			$96\frac{9}{16}$ P	139			$70\frac{5}{8}$ m
103			$95\frac{5}{8}$ P	140			$70\frac{1}{16}$ m
104			$94\frac{11}{16}$ P	141			$69\frac{1}{2}$ m
105			$93\frac{13}{16}$ m	142			$69\frac{1}{16}$ m
106			$92\frac{15}{16}$ m	143			$68\frac{1}{2}$ P
107			$92\frac{1}{16}$ m	144			$68\frac{3}{8}$ P
108			$91\frac{3}{16}$ P	145			$67\frac{15}{16}$ m
109			$90\frac{5}{8}$ m	146			$67\frac{7}{16}$ P
110			$89\frac{7}{16}$ m	147			67 P
111			$88\frac{3}{4}$ m	148			$66\frac{9}{16}$ m
112			$87\frac{15}{16}$ P	149			$66\frac{1}{8}$ m
113			$87\frac{3}{16}$ P	150			$65\frac{11}{16}$ m
114			$86\frac{3}{8}$ P	151			$65\frac{1}{4}$ m
115			$85\frac{5}{8}$ P	152			$64\frac{13}{16}$ m
116			$84\frac{13}{16}$ m	153			$64\frac{3}{8}$ P
117			$84\frac{1}{2}$ P	154			$63\frac{15}{16}$ P
118			$83\frac{1}{2}$ m	155			$63\frac{9}{16}$ m
119			$82\frac{3}{4}$ P	156			$63\frac{1}{16}$ P
120			$82\frac{1}{16}$ P	157			$62\frac{3}{4}$ m
121			$81\frac{3}{8}$ P	158			$62\frac{1}{16}$ P
122			$80\frac{1}{4}$ m	159			$61\frac{11}{16}$ P
123			$80\frac{1}{16}$ P	160			$61\frac{9}{16}$
124			$79\frac{7}{16}$ m	161			$61\frac{3}{16}$ m
125			$78\frac{13}{16}$ m	162			$60\frac{13}{16}$
126			$78\frac{3}{16}$ m	163			$60\frac{7}{16}$
127			$77\frac{9}{16}$ m	164			$60\frac{1}{16}$
128			$76\frac{15}{16}$ P	165			$59\frac{11}{16}$ P
129			$76\frac{3}{8}$ m	166			$59\frac{1}{8}$ P
130			$75\frac{3}{4}$ P	167			59 m
131			$75\frac{3}{16}$ P	168			$58\frac{5}{8}$ P
132			$74\frac{5}{8}$ m	169			$58\frac{1}{16}$ m
133			$74\frac{1}{16}$ m	170			$57\frac{1}{16}$ P
134			$73\frac{1}{2}$ P	171			$57\frac{7}{8}$ m
135			$72\frac{15}{16}$ P	172			$57\frac{1}{4}$ P
136			$72\frac{7}{16}$ m	173			$56\frac{13}{16}$ m

DES CHANGES.

PARIS, LILLE, AMSTERDAM.

Lille sur Amster.	Lille sur Paris.	Paris sur Lille.	Rend à Amster.	Lille sur Amster.	Lille sur Paris.	Paris sur Lille.	Rend à Amster.
174	98 $\frac{1}{2}$	97 $\frac{7}{16}$ P	56 $\frac{1}{8}$ m	211	98 $\frac{1}{2}$	97 $\frac{7}{16}$ P	46 $\frac{11}{16}$ m
175			56 $\frac{1}{16}$ m	212			46 $\frac{7}{16}$ P
176			55 $\frac{15}{16}$ P	213			46 $\frac{1}{4}$ m
177			55 $\frac{5}{8}$ P	214			46 P
178			55 $\frac{5}{16}$ P	215			45 $\frac{13}{16}$ P
179			55 P	216			45 $\frac{5}{8}$ m
180			54 $\frac{3}{4}$ m	217			45 $\frac{3}{8}$ P
181			54 $\frac{7}{16}$ m	218			45 $\frac{1}{16}$ m
182			54 $\frac{1}{8}$ m	219			45
183			53 $\frac{13}{16}$ P	220			44 $\frac{3}{4}$ P
184			53 $\frac{9}{16}$ m	221			44 $\frac{9}{16}$ P
185			53 $\frac{1}{4}$ m	222			44 $\frac{3}{8}$ m
186			52 $\frac{15}{16}$ P	223			44 $\frac{3}{16}$ m
187			52 $\frac{11}{16}$ m	224			44 m
188			52 $\frac{3}{8}$ P	225			43 $\frac{3}{4}$ P
189			52 $\frac{1}{8}$ m	226			43 $\frac{9}{16}$ P
190			51 $\frac{13}{16}$ P	227			43 $\frac{3}{8}$ P
191			51 $\frac{9}{16}$ P	228			43 $\frac{3}{16}$ P
192			51 $\frac{5}{16}$ P	229			43 P
193			51 $\frac{1}{16}$ m	230			42 $\frac{13}{16}$ P
194			50 $\frac{3}{4}$ P	231			42 $\frac{5}{8}$ P
195			50 $\frac{1}{2}$ P	232			42 $\frac{5}{16}$ P
196			50 $\frac{1}{4}$ P	233			42 $\frac{1}{4}$ P
197			50	234			42 $\frac{1}{8}$ m
198			49 $\frac{3}{4}$ m	235			41 $\frac{15}{16}$ m
199			49 $\frac{1}{2}$ m	236			41 $\frac{3}{4}$ m
200			49 $\frac{1}{4}$	237			41 $\frac{9}{16}$ m
201			49 P	238			41 $\frac{3}{8}$ P
202			48 $\frac{3}{4}$ P	239			41 $\frac{3}{16}$ P
203			48 $\frac{1}{2}$ P	240			41 $\frac{1}{16}$ m
204			48 $\frac{5}{16}$ m				
205			48 $\frac{1}{16}$ m				
206			47 $\frac{13}{16}$ P				
207			47 $\frac{9}{16}$ P				
208			47 $\frac{3}{8}$ m				
209			47 $\frac{1}{8}$ P				
210			46 $\frac{7}{8}$ P				

EGALITÉ.

Le Change de Paris sur Lille de .... 97 $\frac{7}{16}$ P
est égal à un peu moins de .... 2 $\frac{9}{16}$ P $\frac{e}{0}$
de perte pour les Lettres.

COMBINAISON GENERALE
PARIS, LILLE, AMSTERDAM.

Lille sur Amster.	Lille sur Paris.	Paris sur Lille.	Rend à Amster.	Lille sur Amster.	Lille sur Paris.	Paris sur Lille.	Rend à Amster.
100	$98\frac{3}{4}$	$97\frac{3}{16}$ p.	$98\frac{3}{4}$	137	$98\frac{3}{4}$	$97\frac{3}{16}$ p.	$72\frac{1}{16}$ p.
101			$97\frac{3}{4}$ p.	138			$71\frac{9}{16}$ m.
102			$96\frac{13}{16}$ p.	139			$71\frac{1}{16}$ m.
103			$95\frac{7}{8}$ m.	140			$70\frac{9}{16}$ m.
104			$94\frac{15}{16}$ p.	141			$70\frac{1}{16}$ m.
105			$94\frac{1}{16}$ m.	142			$69\frac{9}{16}$ m.
106			$93\frac{3}{16}$ m.	143			$69\frac{1}{16}$ m.
107			$92\frac{5}{16}$ m.	144			$68\frac{9}{16}$ p.
108			$91\frac{7}{16}$ m.	145			$68\frac{1}{8}$ m.
109			$90\frac{5}{8}$ m.	146			$67\frac{5}{8}$ p.
110			$89\frac{3}{4}$ p.	147			$67\frac{3}{16}$ m.
111			$88\frac{15}{16}$ p.	148			$66\frac{3}{4}$ m.
112			$88\frac{3}{16}$ m.	149			$66\frac{1}{4}$ p.
113			$87\frac{3}{8}$ p.	150			$65\frac{13}{16}$ p.
114			$86\frac{1}{2}$ m.	151			$65\frac{3}{8}$ p.
115			$85\frac{7}{8}$ m.	152			$64\frac{15}{16}$ p.
116			$85\frac{1}{8}$ p.	153			$64\frac{9}{16}$ m.
117			$84\frac{3}{8}$ p.	154			$64\frac{1}{8}$ m.
118			$83\frac{11}{16}$ m.	155			$63\frac{11}{16}$ p.
119			83 m.	156			$63\frac{5}{16}$ m.
120			$82\frac{5}{16}$ m.	157			$62\frac{7}{8}$ p.
121			$81\frac{5}{8}$ m.	158			$62\frac{1}{2}$
122			$80\frac{15}{16}$ p.	159			$62\frac{1}{8}$ m.
123			$80\frac{1}{16}$ m.	160			$61\frac{11}{16}$ *
124			$79\frac{5}{8}$ p.	161			$61\frac{1}{16}$ p.
125			79	162			$60\frac{15}{16}$ p.
126			$78\frac{3}{8}$ m.	163			$60\frac{9}{16}$ p.
127			$77\frac{3}{4}$ p.	164			$60\frac{3}{16}$ p.
128			$77\frac{1}{8}$ p.	165			$59\frac{7}{8}$ m.
129			$76\frac{9}{16}$ m.	166			$59\frac{1}{2}$ m.
130			$75\frac{15}{16}$ p.	167			$59\frac{1}{8}$ p.
131			$75\frac{3}{8}$ p.	168			$58\frac{7}{8}$ m.
132			$74\frac{13}{16}$ m.	169			$58\frac{7}{16}$ m.
133			$74\frac{1}{4}$ m.	170			$58\frac{1}{16}$ p.
134			$73\frac{11}{16}$ m.	171			$57\frac{3}{4}$ m.
135			$73\frac{1}{8}$ p.	172			$57\frac{7}{16}$ m.
136			$72\frac{5}{8}$ m.	173			$57\frac{1}{16}$ p.

DES CHANGES.

PARIS, LILLE, AMSTERDAM.

Lille sur Amster.	Lille sur Paris.	Paris sur Lille.	Rend à Amster.	Lille sur Amster.	Lille sur Paris.	Paris sur Lille.	Rend à Amster.
174	$98\frac{3}{4}$	$97\frac{3}{16}$ p	$56\frac{3}{4}$ p	211	$98\frac{3}{4}$	$97\frac{3}{16}$ p	$46\frac{13}{16}$ m
175	....	....	$56\frac{7}{16}$ m	212	....	....	$46\frac{9}{16}$ p
176	....	....	$56\frac{1}{8}$ m	213	....	....	$46\frac{3}{8}$ m
177	....	....	$55\frac{13}{16}$ m	214	....	....	$46\frac{1}{8}$ p
178	....	....	$55\frac{1}{2}$ m	215	....	....	$45\frac{15}{16}$ m
179	....	....	$55\frac{3}{16}$ m	216	....	....	$45\frac{3}{4}$ m
180	....	....	$54\frac{7}{8}$ m	217	....	....	$45\frac{1}{2}$ p
181	....	....	$54\frac{9}{16}$ m	218	....	....	$45\frac{5}{16}$ m
182	....	....	$54\frac{1}{4}$ p	219	....	....	$45\frac{1}{16}$ p
183	....	....	$53\frac{15}{16}$ p	220	....	....	$44\frac{7}{8}$ p
184	....	....	$53\frac{11}{16}$ m	221	....	....	$44\frac{11}{16}$ m
185	....	....	$53\frac{3}{8}$ p	222	....	....	$44\frac{1}{2}$ m
186	....	....	$53\frac{1}{16}$ p	223	....	....	$44\frac{1}{4}$ m
187	....	....	$52\frac{13}{16}$ m	224	....	....	$44\frac{1}{16}$ p
188	....	....	$52\frac{1}{2}$ p	225	....	....	$43\frac{7}{8}$ p
189	....	....	$52\frac{1}{4}$ m	226	....	....	$43\frac{11}{16}$ p
190	....	....	52 m	227	....	....	$43\frac{1}{2}$ p
191	....	....	$51\frac{11}{16}$ p	228	....	....	$43\frac{5}{16}$ m
192	....	....	$51\frac{7}{16}$ p	229	....	....	$43\frac{1}{8}$ p
193	....	....	$51\frac{3}{16}$ m	230	....	....	$42\frac{15}{16}$ m
194	....	....	$50\frac{7}{8}$ p	231	....	....	$42\frac{3}{4}$ m
195	....	....	$50\frac{5}{8}$ p	232	....	....	$42\frac{9}{16}$ p
196	....	....	$50\frac{3}{8}$ p	233	....	....	$42\frac{3}{8}$ p
197	....	....	$50\frac{1}{8}$ p	234	....	....	$42\frac{3}{16}$ p
198	....	....	$49\frac{7}{8}$ m	235	....	....	42 p
199	....	....	$49\frac{5}{8}$ m	236	....	....	$41\frac{13}{16}$ p
200	....	....	$49\frac{3}{8}$ m	237	....	....	$41\frac{11}{16}$ m
201	....	....	$49\frac{1}{8}$ p	238°	....	....	$41\frac{1}{2}$ m
202	....	....	$48\frac{7}{8}$ p	239	....	....	$41\frac{1}{16}$ p
203	....	....	$48\frac{5}{8}$ p	240	....	....	$41\frac{1}{8}$ p
204	....	....	$48\frac{5}{16}$ m				
205	....	....	$48\frac{3}{16}$ m				
206	....	....	$47\frac{15}{16}$ m				
207	....	....	$47\frac{11}{16}$ p				
208	....	....	$47\frac{1}{2}$ m				
209	....	....	$47\frac{1}{4}$ m				
210	....	....	47 p				

EGALITÉ.

Le Change de Paris sur Lille de .... $97\frac{3}{16}$ p
est égal à un peu moins de .... $2\frac{13}{16}$ p $\frac{0}{0}$
de perte pour les Lettres.

COMBINAISON GENERALE

PARIS, LILLE, AMSTERDAM.

Lille sur Amster.	Lille sur Paris.	Paris sur Lille.	Rend à Amster.	Lille sur Amster.	Lille sur Paris.	Paris sur Lille.	Rend à Amster.
100	99	97 m	99	137	99	97 m	$72\frac{1}{4}$ p
101			98 p	138			$71\frac{3}{4}$ m
102			$97\frac{1}{16}$ m	139			$71\frac{1}{4}$ m
103			$96\frac{1}{8}$ m	140			$70\frac{11}{16}$ m
104			$95\frac{3}{16}$ p	141			$70\frac{1}{16}$ p
105			$94\frac{5}{16}$ m	142			$69\frac{5}{16}$ p
106			$93\frac{2}{8}$ p	143			$69\frac{1}{4}$ m
107			$92\frac{1}{2}$ p	144			$68\frac{3}{4}$
108			$91\frac{11}{16}$ m	145			$68\frac{1}{4}$ p
109			$90\frac{13}{16}$ p	146			$67\frac{13}{16}$ m
110			90	147			$67\frac{3}{8}$
111			$89\frac{3}{16}$ p	148			$66\frac{7}{8}$ p
112			$88\frac{3}{8}$ p	149			$66\frac{7}{16}$ p
113			$87\frac{5}{8}$ m	150			66
114			$86\frac{13}{16}$ p	151			$65\frac{9}{16}$ p
115			$86\frac{1}{16}$ p	152			$65\frac{1}{8}$ p
116			$85\frac{3}{8}$ m	153			$64\frac{11}{16}$ m
117			$84\frac{1}{2}$ m	154			$64\frac{5}{16}$ m
118			$83\frac{7}{8}$ p	155			$63\frac{7}{8}$ m
119			$83\frac{3}{16}$ p	156			$63\frac{7}{16}$ p
120			$82\frac{1}{2}$	157			$63\frac{1}{16}$ m
121			$81\frac{13}{16}$ p	158			$62\frac{11}{16}$ m
122			$81\frac{1}{8}$ p	159			$62\frac{1}{4}$ p
123			$80\frac{1}{2}$ m	160			$61\frac{3}{8}$
124			$79\frac{13}{16}$ p	161			$61\frac{1}{2}$ m
125			$79\frac{3}{16}$ p	162			$61\frac{1}{8}$ m
126			$78\frac{9}{16}$ p	163			$60\frac{3}{4}$ m
127			$77\frac{15}{16}$ p	164			$60\frac{3}{8}$ m
128			$77\frac{5}{16}$ *	165			60
129			$76\frac{3}{4}$ m	166			$59\frac{5}{8}$ p
130			$76\frac{1}{8}$ p	167			$59\frac{5}{16}$ m
131			$75\frac{9}{16}$ p	168			$58\frac{15}{16}$ m
132			75	169			$58\frac{9}{16}$ p
133			$74\frac{7}{16}$ m	170			$58\frac{1}{4}$ m
134			$73\frac{7}{8}$ m	171			$57\frac{7}{8}$ p
135			$73\frac{5}{16}$ p	172			$57\frac{9}{16}$ m
136			$72\frac{13}{16}$ m	173			$57\frac{1}{4}$ m

DES CHANGES.

PARIS, LILLE, AMSTERDAM.

Lille sur Amster.	Lille sur Paris.	Paris sur Lille.	Rend à Amster.	Lille sur Amster.	Lille sur Paris.	Paris sur Lille.	Rend à Amster.
174	99	97 m	$56\frac{7}{8}$ p	211	99	97 m	$46\frac{15}{16}$ m
175	......	......	$56\frac{9}{16}$ p	212	......	......	$46\frac{11}{16}$ p
176	......	......	$56\frac{1}{4}$	213	......	......	$46\frac{1}{2}$ m
177	......	......	$55\frac{15}{16}$ m	214	......	......	$46\frac{1}{4}$ p
178	......	......	$55\frac{5}{8}$ m	215	......	......	$46\frac{1}{16}$ m
179	......	......	$55\frac{5}{16}$ m	216	......	......	$45\frac{13}{16}$ m
180	......	......	55	217	......	......	$45\frac{5}{8}$ m
181	......	......	$54\frac{11}{16}$ p	218	......	......	$45\frac{7}{16}$ m
182	......	......	$54\frac{3}{8}$ p	219	......	......	$45\frac{3}{16}$ p
183	......	......	$54\frac{1}{8}$ m	220	......	......	45
184	......	......	$53\frac{13}{16}$ m	221	......	......	$44\frac{13}{16}$ m
185	......	......	$53\frac{1}{2}$ p	222	......	......	$44\frac{5}{8}$ m
186	......	......	$53\frac{1}{4}$ m	223	......	......	$44\frac{3}{8}$ p
187	......	......	$52\frac{15}{16}$ p	224	......	......	$44\frac{3}{16}$ p
188	......	......	$52\frac{11}{16}$ m	225	......	......	44
189	......	......	$52\frac{3}{8}$ p	226	......	......	$43\frac{13}{16}$ m
190	......	......	$52\frac{1}{8}$ m	227	......	......	$43\frac{5}{8}$ m
191	......	......	$51\frac{13}{16}$ p	228	......	......	$43\frac{7}{16}$ m
192	......	......	$51\frac{9}{16}$	229	......	......	$43\frac{1}{4}$ m
193	......	......	$51\frac{5}{16}$ m	230	......	......	$43\frac{1}{16}$ m
194	......	......	51 p	231	......	......	$42\frac{7}{8}$ m
195	......	......	$50\frac{3}{4}$ p	232	......	......	$42\frac{11}{16}$ m
196	......	......	$50\frac{1}{2}$ p	233	......	......	$42\frac{1}{2}$ m
197	......	......	$50\frac{1}{4}$ p	234	......	......	$42\frac{5}{16}$ m
198	......	......	50	235	......	......	$42\frac{1}{8}$ p
199	......	......	$49\frac{3}{4}$ m	236	......	......	$41\frac{15}{16}$ p
200	......	......	$49\frac{1}{2}$	237	......	......	$41\frac{1}{4}$ p
201	......	......	$49\frac{1}{4}$ p	238	......	......	$41\frac{1}{2}$ m
202	......	......	49 p	239	......	......	$41\frac{7}{16}$ m
203	......	......	$48\frac{3}{4}$ p	240	......	......	$41\frac{1}{4}$
204	......	......	$48\frac{1}{2}$ p				
205	......	......	$48\frac{5}{16}$ m				
206	......	......	$48\frac{1}{16}$ m				
207	......	......	$47\frac{13}{16}$ p				
208	......	......	$47\frac{5}{8}$ m				
209	......	......	$47\frac{3}{8}$ m				
210	......	......	$47\frac{1}{8}$ p				

EGALITÉ.

Le Change de Paris sur Lille de .... 97 m est égal à un peu plus de .... 3 p.%
de perte pour les Lettres.

COMBINAISON GENERALE
DES CHANGES
DES PRINCIPALES PLACES
DE L'EUROPE,
PAR RAPPORT
A LA FRANCE.

PARIS, { GENEVE, BASLE, } AMSTERDAM.

SEPTIÉME COMBINAISON.

PARIS, { GENÈVE, BASLE, } AMSTERDAM.

CEtte Combinaiſon eſt compoſée de trois Nombres.
Le Nombre du milieu, qui eſt entre les deux Colomnes, marque le Change de Paris ſur Geneve & ſur Baſle, depuis 110 juſqu'à 221 Ecus de France de 60 ſols, pour 100 Ecus de trois livres argent de Geneve & de Baſle.

La premiere Colomne contient les differents degrés du Change de Geneve & de Baſle ſur Amſterdam, depuis $86\frac{1}{2}$ juſqu'à $104\frac{1}{2}$ deniers de gros d'Amſterdam, pour un Ecu de 3 livres argent de Geneve & de Baſle.

La ſeconde Colomne contient les differents degrés du Change correſpondant de Paris ſur Amſterdam, depuis $39\frac{1}{8}$ juſqu'à 95 deniers de gros d'Amſterdam, pour un Ecu de France de 60 ſols.

PARIS, { GENEVE, BASLE, } AMSTERDAM.

Geneve fur Amfterd.	Paris fur Geneve.	Rend à Amfterd.	Geneve fur Amfterd.	Paris fur Geneve.	Rend à Amfterd.
86 ½	110	78 ⅝ p	86 ½	111	77 15/16 m
87	....	79 1/16 p	87	....	78 ⅜ p
87 ½	....	79 9/16 m	87 ½	....	78 13/16 p
88	....	80	88	....	79 ¼ p
88 ½	....	80 7/16 p	88 ½	....	79 ¾ m
89	....	80 15/16 m	89	....	80 3/16 m
89 ½	....	81 ⅜ m	89 ½	....	80 ⅝ p
90	....	81 13/16 p	90	....	81 1/16 p
90 ½	....	82 ¼ p	90 ½	....	81 9/16 m
91	....	82 ¾ m	91	....	82 m
91 ½	....	83 3/16 m	91 ½	....	82 7/16 m
92	....	83 ⅝ p	92	....	82 ⅞ p
92 ½	....	84 1/16 p	92 ½	....	83 5/16 p
93	....	84 9/16 m	93	....	83 13/16 m
93 ½	....	85	93 ½	....	84 ¼ m
94	....	85 7/16 p	94	....	84 11/16 m
94 ½	....	85 15/16 m	94 ½	....	85 ⅛ p
95	....	86 ⅜ m	95	....	85 9/16 p
95 ½	....	86 13/16 p	95 ½	....	86 1/16 m
96	....	87 ¼ p	96	....	86 ½ m
96 ½	....	87 ¾ m	96 ½	....	86 15/16 m
97	....	88 3/16 m	97	....	87 ⅜ p
97 ½	....	88 ⅝ p	97 ½	....	87 13/16 p
98	....	89 1/16 p	98	....	88 5/16 m
98 ½	....	89 9/16 m	98 ½	....	88 ¾ m
99	....	90	99	....	89 3/16 p
99 ½	....	90 7/16 p	99 ½	....	89 ⅝ p
100	....	90 15/16 m	100	....	90 1/16 p
100 ½	....	91 ⅜ m	100 ½	....	90 9/16 m
101	....	91 13/16 p	101	....	91 m
101 ½	....	92 ¼ p	101 ½	....	91 7/16 p
102	....	92 ¾ m	102	....	91 ⅞ p
102 ½	....	93 3/16 m	102 ½	....	92 5/16 p
103	....	93 ⅝ p	103	....	92 13/16 m
103 ½	....	94 1/16 p	103 ½	....	93 ¼ m
104	....	94 9/16 m	104	....	93 11/16 p
104 ½	....	95	104 ½	....	94 ⅛ p

PARIS, { GENEVE, BASLE, } AMSTERDAM.

Geneve sur Amsterd.	Paris sur Geneve.	Rend à Amsterd.	Geneve sur Amsterd.	Paris sur Geneve.	Rend à Amsterd.
86 1/2	112	77 1/4 m	86 1/2	113	76 9/16 m
87	…	77 11/16 m	87	…	77 m
87 1/2	…	78 1/8	87 1/2	…	77 7/16 m
88	…	78 9/16 p	88	…	77 7/8 p
88 1/2	…	79 p	88 1/2	…	78 5/16 p
89	…	79 7/16 p	89	…	78 3/4 p
89 1/2	…	79 15/16 m	89 1/2	…	79 3/16 p
90	…	80 3/8 m	90	…	79 5/8 p
90 1/2	…	80 13/16 m	90 1/2	…	80 1/16 p
91	…	81 1/4	91	…	80 1/2 p
91 1/2	…	81 11/16 p	91 1/2	…	81 m
92	…	82 1/8 p	92	…	81 7/16 m
92 1/2	…	82 9/16 p	92 1/2	…	81 7/8 m
93	…	83 1/16 m	93	…	82 5/16 m
93 1/2	…	83 1/2 m	93 1/2	…	82 3/4 m
94	…	83 15/16 m	94	…	83 3/16 m
94 1/2	…	84 3/8	94 1/2	…	83 5/8 p
95	…	84 13/16 p	95	…	84 1/16 p
95 1/2	…	85 1/4 p	95 1/2	…	84 1/2 p
96	…	85 11/16 p	96	…	84 15/16 p
96 1/2	…	86 3/16 m	96 1/2	…	85 3/8 p
97	…	86 5/8 m	97	…	85 13/16 p
97 1/2	…	87 1/16 m	97 1/2	…	86 5/16 m
98	…	87 1/2	98	…	86 3/4 m
98 1/2	…	87 15/16 p	98 1/2	…	87 3/16 m
99	…	88 3/8 p	99	…	87 5/8 m
99 1/2	…	88 13/16 p	99 1/2	…	88 1/16 m
100	…	89 5/16 m	100	…	88 1/2 m
100 1/2	…	89 3/4 m	100 1/2	…	88 15/16 p
101	…	90 3/16 m	101	…	89 3/8 p
101 1/2	…	90 5/8	101 1/2	…	89 13/16 p
102	…	91 1/16 p	102	…	90 1/4 p
102 1/2	…	91 1/2 p	102 1/2	…	90 11/16 p
103	…	91 15/16 p	103	…	91 1/8 p
103 1/2	…	92 7/16 m	103 1/2	…	91 9/16 p
104	…	92 7/8 m	104	…	92 1/16 m
104 1/2	…	93 5/16 m	104 1/2	…	92 1/2 m

COMBINAISON GENERALE

PARIS, { GENEVE, BASLE, } AMSTERDAM.

Geneve sur Amsterd.	Paris sur Geneve.	Rend à Amsterd.	Geneve sur Amsterd.	Paris sur Geneve.	Rend à Amsterd.
$86 \frac{1}{2}$	114	$75 \frac{7}{8}$ p	$86 \frac{1}{2}$	115	$75 \frac{3}{16}$ p
87	....	$76 \frac{3}{16}$ p	87	....	$75 \frac{5}{8}$ p
$87 \frac{1}{2}$	....	$76 \frac{3}{4}$ p	$87 \frac{1}{2}$	....	$76 \frac{1}{16}$ p
88	....	$77 \frac{3}{16}$ p	88	....	$76 \frac{1}{2}$ p
$88 \frac{1}{2}$	....	$77 \frac{5}{8}$ p	$88 \frac{1}{2}$	....	$76 \frac{15}{16}$ p
89	....	$78 \frac{1}{16}$ p	89	....	$77 \frac{3}{8}$ p
$89 \frac{1}{2}$	....	$78 \frac{1}{2}$ p	$89 \frac{1}{2}$	....	$77 \frac{13}{16}$ p
90	....	$78 \frac{15}{16}$ p	90	....	$78 \frac{1}{4}$ p
$90 \frac{1}{2}$	....	$79 \frac{3}{8}$ p	$90 \frac{1}{2}$	....	$78 \frac{11}{16}$ p
91	....	$79 \frac{13}{16}$ p	91	....	$79 \frac{1}{8}$ p
$91 \frac{1}{2}$	....	$80 \frac{1}{4}$ p	$91 \frac{1}{2}$	....	$79 \frac{9}{16}$ p
92	....	$80 \frac{11}{16}$ p	92	....	80
$92 \frac{1}{2}$	....	$81 \frac{1}{8}$ p	$92 \frac{1}{2}$	....	$80 \frac{7}{16}$ m
93	....	$81 \frac{9}{16}$ p	93	....	$80 \frac{7}{8}$ m
$93 \frac{1}{2}$	....	82 p	$93 \frac{1}{2}$	....	$81 \frac{5}{16}$ m
94	....	$82 \frac{7}{16}$ p	94	....	$81 \frac{3}{4}$ m
$94 \frac{1}{2}$	....	$82 \frac{7}{8}$ p	$94 \frac{1}{2}$	....	$82 \frac{3}{16}$ m
95	....	$83 \frac{5}{16}$ p	95	....	$82 \frac{5}{8}$ m
$95 \frac{1}{2}$	....	$83 \frac{3}{4}$ p	$95 \frac{1}{2}$	....	$83 \frac{1}{16}$ m
96	....	$84 \frac{3}{16}$ p	96	....	$83 \frac{1}{2}$ m
$96 \frac{1}{2}$	....	$84 \frac{5}{8}$ p	$96 \frac{1}{2}$	....	$83 \frac{15}{16}$ m
97	....	$85 \frac{1}{16}$ p	97	....	$84 \frac{3}{8}$ m
$97 \frac{1}{2}$	....	$85 \frac{1}{2}$ p	$97 \frac{1}{2}$	....	$84 \frac{13}{16}$ m
98	....	$85 \frac{15}{16}$ p	98	....	$85 \frac{3}{16}$ p
$98 \frac{1}{2}$	....	$86 \frac{3}{8}$ p	$98 \frac{1}{2}$	....	$85 \frac{5}{8}$ p
99	....	$86 \frac{13}{16}$ p	99	....	$86 \frac{1}{16}$ p
$99 \frac{1}{2}$	....	$87 \frac{1}{4}$ p	$99 \frac{1}{2}$	....	$86 \frac{1}{2}$ p
100	....	$87 \frac{3}{4}$ m	100	....	$86 \frac{15}{16}$ p
$100 \frac{1}{2}$	....	$88 \frac{3}{16}$ m	$100 \frac{1}{2}$	....	$87 \frac{3}{8}$ p
101	....	$88 \frac{5}{8}$ m	101	....	$87 \frac{13}{16}$ p
$101 \frac{1}{2}$	....	$89 \frac{1}{8}$ m	$101 \frac{1}{2}$	....	$88 \frac{1}{4}$ p
102	....	$89 \frac{1}{2}$ m	102	....	$88 \frac{11}{16}$ p
$102 \frac{1}{2}$	....	$89 \frac{15}{16}$ m	$102 \frac{1}{2}$	....	$89 \frac{1}{8}$ p
103	....	$90 \frac{3}{8}$ m	103	....	$89 \frac{9}{16}$ p
$103 \frac{1}{2}$	....	$90 \frac{13}{16}$ m	$103 \frac{1}{2}$	....	90
104	....	$91 \frac{1}{4}$ m	104	....	$90 \frac{7}{16}$ m
$104 \frac{1}{2}$	....	$91 \frac{11}{16}$ m	$104 \frac{1}{2}$	....	$90 \frac{7}{8}$ m

DES CHANGES.

PARIS, { GENEVE, BASLE, } AMSTERDAM.

Geneve sur Amsterd.	Paris sur Geneve.	Rend à Amsterd.	Geneve sur Amsterd.	Paris sur Geneve.	Rend à Amsterd.
86 $\frac{1}{2}$	116	74 $\frac{9}{16}$ p	86 $\frac{1}{2}$	117	73 $\frac{15}{16}$ m
87	....	75	87	....	74 $\frac{3}{8}$ m
87 $\frac{1}{2}$	....	75 $\frac{7}{16}$ m	87 $\frac{1}{2}$	....	74 $\frac{13}{16}$ m
88	....	75 $\frac{7}{8}$ m	88	....	75 $\frac{3}{16}$ p
88 $\frac{1}{2}$	....	76 $\frac{5}{16}$ m	88 $\frac{1}{2}$	....	75 $\frac{5}{8}$ p
89	....	76 $\frac{3}{4}$ m	89	....	76 $\frac{1}{16}$ p
89 $\frac{1}{2}$	....	77 $\frac{3}{16}$ p	89 $\frac{1}{2}$	....	76 $\frac{1}{2}$ m
90	....	77 $\frac{9}{16}$ p	90	....	76 $\frac{15}{16}$ m
90 $\frac{1}{2}$	....	78 p	90 $\frac{1}{2}$	....	77 $\frac{3}{8}$ m
91	....	78 $\frac{7}{16}$ p	91	....	77 $\frac{4}{4}$ p
91 $\frac{1}{2}$	....	78 $\frac{7}{8}$ p	91 $\frac{1}{2}$	....	78 $\frac{3}{16}$ p
92	....	79 $\frac{5}{16}$ m	92	....	78 $\frac{5}{8}$ p
92 $\frac{1}{2}$	....	79 $\frac{3}{4}$ m	92 $\frac{1}{2}$	....	79 $\frac{1}{16}$ m
93	....	80 $\frac{3}{16}$ m	93	....	79 $\frac{1}{2}$ m
93 $\frac{1}{2}$	....	80 $\frac{5}{8}$ m	93 $\frac{1}{2}$	....	79 $\frac{15}{16}$ m
94	....	81 $\frac{1}{16}$ m	94	....	80 $\frac{5}{16}$ p
94 $\frac{1}{2}$	....	81 $\frac{7}{16}$ p	94 $\frac{1}{2}$	....	80 $\frac{3}{4}$ p
95	....	81 $\frac{7}{8}$ p	95	....	81 $\frac{3}{16}$ p
95 $\frac{1}{2}$	....	82 $\frac{5}{16}$ p	95 $\frac{1}{2}$	....	81 $\frac{5}{8}$ m
96	....	82 $\frac{3}{4}$ p	96	....	82 $\frac{1}{16}$ m
96 $\frac{1}{2}$	....	83 $\frac{3}{16}$ p	96 $\frac{1}{2}$	....	82 $\frac{1}{2}$ m
97	....	83 $\frac{5}{8}$ m	97	....	82 $\frac{7}{8}$ p
97 $\frac{1}{2}$	....	84 $\frac{1}{16}$ m	97 $\frac{1}{2}$	....	83 $\frac{5}{16}$ p
98	....	84 $\frac{1}{2}$ m	98	....	83 $\frac{3}{4}$ p
98 $\frac{1}{2}$	....	84 $\frac{15}{16}$ m	98 $\frac{1}{2}$	....	84 $\frac{3}{16}$ p
99	....	85 $\frac{3}{8}$ m	99	....	84 $\frac{5}{8}$ m
99 $\frac{1}{2}$	....	85 $\frac{3}{4}$ p	99 $\frac{1}{2}$	....	85 $\frac{1}{16}$ m
100	....	86 $\frac{3}{16}$ p	100	....	85 $\frac{1}{2}$ m
100 $\frac{1}{2}$	....	86 $\frac{5}{8}$ p	100 $\frac{1}{2}$	....	85 $\frac{7}{8}$ p
101	....	87 $\frac{1}{16}$ p	101	....	86 $\frac{5}{16}$ p
101 $\frac{1}{2}$	....	87 $\frac{1}{2}$ p	101 $\frac{1}{2}$	....	86 $\frac{3}{4}$ p
102	....	87 $\frac{15}{16}$ m	102	....	87 $\frac{3}{16}$ m
102 $\frac{1}{2}$	....	88 $\frac{3}{8}$ m	102 $\frac{1}{2}$	....	87 $\frac{5}{8}$ m
103	....	88 $\frac{13}{16}$ m	103	....	88 $\frac{1}{16}$ m
103 $\frac{1}{2}$	....	89 $\frac{1}{4}$ m	103 $\frac{1}{2}$	....	88 $\frac{7}{16}$ p
104	....	89 $\frac{5}{8}$ p	104	....	88 $\frac{7}{8}$ p
104 $\frac{1}{2}$	....	90 $\frac{1}{16}$ p	104 $\frac{1}{2}$	....	89 $\frac{5}{16}$ p

COMBINAISON GENERALE

PARIS, { GENEVE, BASLE, } AMSTERDAM.

Geneve sur Amsterd.	Paris sur Geneve.	Rend à Amsterd.	Geneve sur Amsterd.	Paris sur Geneve.	Rend à Amsterd.
$86\frac{1}{2}$	118	$73\frac{5}{16}$ m	$86\frac{1}{2}$	119	$72\frac{11}{16}$ p
87		$73\frac{2}{4}$ m	87		$73\frac{1}{8}$ m
$87\frac{1}{2}$		$74\frac{1}{8}$ p	$87\frac{1}{2}$		$73\frac{1}{2}$ p
88		$74\frac{9}{16}$ p	88		$73\frac{15}{16}$ p
$88\frac{1}{2}$		75	$88\frac{1}{2}$		$74\frac{3}{8}$ m
89		$75\frac{7}{16}$ m	89		$74\frac{13}{16}$ m
$89\frac{1}{2}$		$75\frac{7}{8}$ m	$89\frac{1}{2}$		$75\frac{1}{4}$ p
90		$76\frac{1}{4}$ p	90		$75\frac{5}{8}$ p
$90\frac{1}{2}$		$76\frac{11}{16}$ p	$90\frac{1}{2}$		$76\frac{1}{16}$ m
91		$77\frac{1}{8}$ m	91		$76\frac{1}{2}$ m
$91\frac{1}{2}$		$77\frac{9}{16}$ m	$91\frac{1}{2}$		$76\frac{7}{8}$ p
92		$77\frac{15}{16}$ m	92		$77\frac{5}{16}$ m
$92\frac{1}{2}$		$78\frac{3}{8}$ p	$92\frac{1}{2}$		$77\frac{3}{4}$ p
93		$78\frac{13}{16}$ p	93		$78\frac{1}{4}$ p
$93\frac{1}{2}$		$79\frac{1}{4}$ m	$93\frac{1}{2}$		$78\frac{9}{16}$ p
94		$79\frac{11}{16}$ m	94		79 m
$94\frac{1}{2}$		$80\frac{1}{16}$ p	$94\frac{1}{2}$		$79\frac{7}{16}$ m
95		$80\frac{1}{2}$ p	95		$79\frac{13}{16}$ p
$95\frac{1}{2}$		$80\frac{15}{16}$ m	$95\frac{1}{2}$		$80\frac{1}{4}$ p
96		$81\frac{3}{8}$ m	96		$80\frac{11}{16}$ m
$96\frac{1}{2}$		$81\frac{3}{4}$ p	$96\frac{1}{2}$		$81\frac{1}{16}$ p
97		$82\frac{3}{16}$ p	97		$81\frac{1}{2}$ p
$97\frac{1}{2}$		$82\frac{5}{8}$ p	$97\frac{1}{2}$		$81\frac{15}{16}$ m
98		$83\frac{1}{16}$ m	98		$82\frac{3}{8}$ m
$98\frac{1}{2}$		$83\frac{1}{2}$ m	$98\frac{1}{2}$		$82\frac{4}{8}$ p
99		$83\frac{7}{8}$ p	99		$83\frac{3}{16}$ p
$99\frac{1}{2}$		$84\frac{3}{16}$ p	$99\frac{1}{2}$		$83\frac{5}{8}$ m
100		$84\frac{4}{4}$ m	100		$84\frac{1}{16}$ m
$100\frac{1}{2}$		$85\frac{2}{16}$ m	$100\frac{1}{2}$		$84\frac{1}{2}$ p
101		$85\frac{9}{16}$ p	101		$84\frac{7}{8}$ m
$101\frac{1}{2}$		86	$101\frac{1}{2}$		$85\frac{5}{16}$ m
102		$86\frac{7}{16}$ p	102		$85\frac{11}{16}$ p
$102\frac{1}{2}$		$86\frac{7}{8}$ m	$102\frac{1}{2}$		$86\frac{1}{8}$ p
103		$87\frac{5}{16}$ m	103		$86\frac{9}{16}$ m
$103\frac{1}{2}$		$87\frac{11}{16}$ p	$103\frac{1}{2}$		87 m
104		$88\frac{1}{8}$ p	104		$87\frac{3}{8}$ p
$104\frac{1}{2}$		$88\frac{9}{16}$ m	$104\frac{1}{2}$		$87\frac{13}{16}$ p

PARIS, { GENEVE, BASLE, } AMSTERDAM.

Geneve sur Amsterd.	Paris sur Geneve.	Rend à Amsterd.	Geneve sur Amsterd.	Paris sur Geneve.	Rend à Amsterd.
86 1/2	120	72 1/16 p	86 1/2	121	71 1/2 m
87	....	72 1/2	87	....	71 7/8 p
87 1/2	....	72 15/16 m	87 1/2	....	72 5/16 p
88	....	73 5/16 p	88	....	72 3/4 m
88 1/2	....	73 3/4	88 1/2	....	73 1/8 p
89	....	74 3/16 m	89	....	73 9/16 m
89 1/2	....	74 9/16 p	89 1/2	....	73 15/16 p
90	....	75	90	....	74 3/8 p
90 1/2	....	75 7/16 m	90 1/2	....	74 13/16 m
91	....	75 13/16 p	91	....	75 3/16 p
91 1/2	....	76 1/4	91 1/2	....	75 5/8 m
92	....	76 11/16 m	92	....	76 1/16 m
92 1/2	....	77 1/16 p	92 1/2	....	76 7/16 p
93	....	77 1/2	93	....	76 7/8 m
93 1/2	....	77 15/16 m	93 1/2	....	77 1/4 p
94	....	78 5/16 p	94	....	77 11/16 m
94 1/2	....	78 3/4	94 1/2	....	78 1/8 m
95	....	79 3/16 m	95	....	78 1/2 p
95 1/2	....	79 9/16 p	95 1/2	....	78 15/16 m
96	....	80	96	....	79 5/16 p
96 1/2	....	80 7/16 m	96 1/2	....	79 3/4 p
97	....	80 13/16 p	97	....	80 3/16 m
97 1/2	....	81 1/4	97 1/2	....	80 9/16 p
98	....	81 11/16 m	98	....	81 m
98 1/2	....	82 1/16 p	98 1/2	....	81 3/8 p
99	....	82 1/2	99	....	81 13/16 p
99 1/2	....	82 15/16 m	99 1/2	....	82 1/4 m
100	....	83 5/16 p	100	....	82 5/8 p
100 1/2	....	83 3/4	100 1/2	....	83 1/16 m
101	....	84 3/16 m	101	....	83 1/2 m
101 1/2	....	84 9/16 p	101 1/2	....	83 7/8 p
102	....	85	102	....	84 1/16 m
102 1/2	....	85 7/16 m	102 1/2	....	84 11/16 p
103	....	85 13/16 p	103	....	85 1/8 m
103 1/2	....	86 1/4	103 1/2	....	85 9/16 m
104	....	86 11/16 m	104	....	85 15/16 p
104 1/2	....	87 1/16 p	104 1/2	....	86 3/8 m

COMBINAISON GENERALE

PARIS, { GENEVE, BASLE, } AMSTERDAM.

Geneve sur Amsterd.	Paris sur Geneve.	Rend à Amsterd.	Geneve sur Amsterd.	Paris sur Geneve.	Rend à Amsterd.
$86\frac{1}{2}$	122	$70\frac{7}{8}$ p	$86\frac{1}{2}$	123	$70\frac{5}{16}$ p
87	....	$71\frac{1}{16}$ m	87	....	$70\frac{3}{4}$ m
$87\frac{1}{2}$	....	$71\frac{3}{4}$ m	$87\frac{1}{2}$	....	$71\frac{1}{8}$ p
88	....	$72\frac{1}{8}$ p	88	....	$71\frac{9}{16}$ p
$88\frac{1}{2}$	....	$72\frac{9}{16}$ m	$88\frac{1}{2}$	....	$71\frac{15}{16}$ p
89	....	$72\frac{15}{16}$ p	89	....	$72\frac{3}{8}$ p
$89\frac{1}{2}$	....	$73\frac{3}{8}$ m	$89\frac{1}{2}$	....	$72\frac{3}{4}$ p
90	....	$73\frac{3}{4}$ p	90	....	$73\frac{3}{16}$ m
$90\frac{1}{2}$	....	$74\frac{3}{16}$ m	$90\frac{1}{2}$	....	$73\frac{9}{16}$ p
91	....	$74\frac{9}{16}$ p	91	....	74 m
$91\frac{1}{2}$	....	75	$91\frac{1}{2}$	....	$74\frac{3}{8}$ p
92	....	$75\frac{7}{16}$ m	92	....	$74\frac{13}{16}$ m
$92\frac{1}{2}$	....	$75\frac{13}{16}$ p	$92\frac{1}{2}$	....	$75\frac{3}{16}$ p
93	....	$76\frac{1}{4}$ m	93	....	$75\frac{5}{8}$ m
$93\frac{1}{2}$	....	$76\frac{5}{8}$ p	$93\frac{1}{2}$	....	76
94	....	$77\frac{1}{16}$ m	94	....	$76\frac{7}{16}$ m
$94\frac{1}{2}$	....	$77\frac{7}{16}$ p	$94\frac{1}{2}$	....	$76\frac{13}{16}$ p
95	....	$77\frac{7}{8}$ m	95	....	$77\frac{1}{4}$ m
$95\frac{1}{2}$	....	$78\frac{1}{4}$ p	$95\frac{1}{2}$	....	$77\frac{5}{8}$ p
96	....	$78\frac{11}{16}$ p	96	....	$78\frac{1}{16}$ p
$96\frac{1}{2}$	....	$79\frac{1}{8}$ m	$96\frac{1}{2}$	....	$78\frac{7}{16}$ p
97	....	$79\frac{1}{2}$ p	97	....	$78\frac{7}{8}$ m
$97\frac{1}{2}$	....	$79\frac{15}{16}$ m	$97\frac{1}{2}$	....	$79\frac{1}{4}$ p
98	....	$80\frac{5}{16}$ p	98	....	$79\frac{11}{16}$ m
$98\frac{1}{2}$	....	$80\frac{3}{4}$ m	$98\frac{1}{2}$	....	$80\frac{1}{16}$ p
99	....	$81\frac{1}{8}$ p	99	....	$80\frac{1}{2}$ m
$99\frac{1}{2}$	....	$81\frac{9}{16}$ m	$99\frac{1}{2}$	....	$80\frac{7}{8}$ p
100	....	$81\frac{15}{16}$ p	100	....	$81\frac{5}{16}$ m
$100\frac{1}{2}$	....	$82\frac{3}{8}$ p	$100\frac{1}{2}$	....	$81\frac{11}{16}$ p
101	....	$82\frac{13}{16}$ m	101	....	$82\frac{1}{8}$ m
$101\frac{1}{2}$	....	$83\frac{3}{16}$ p	$101\frac{1}{2}$	....	$82\frac{1}{2}$ p
102	....	$83\frac{5}{8}$ m	102	....	$82\frac{15}{16}$ m
$102\frac{1}{2}$	....	84 p	$102\frac{1}{2}$	....	$83\frac{5}{16}$ p
103	....	$84\frac{7}{16}$ m	103	....	$83\frac{3}{4}$ m
$103\frac{1}{2}$	....	$84\frac{13}{16}$ p	$103\frac{1}{2}$	....	$84\frac{1}{8}$ p
104	....	$85\frac{1}{4}$ m	104	....	$84\frac{9}{16}$ m
$104\frac{1}{2}$	....	$85\frac{5}{8}$ p	$104\frac{1}{2}$	....	$84\frac{15}{16}$ p

DES CHANGES.

PARIS, { GENEVE, BASLE, } AMSTERDAM.

Geneve sur Amsterd.	Paris sur Geneve.	Rend à Amsterd.	Geneve sur Amsterd.	Paris sur Geneve.	Rend à Amsterd.
86 ½	124	69 ¾ p	86 ½	125	69 3/16 p
87	....	70 4/16 m	87	....	69 ⅝ m
87 ½	....	70 9/16 p	87 ½	....	70
88	....	70 15/16 p	88	....	70 ⅜ p
88 ½	....	71 ⅜ m	88 ½	....	70 13/16 m
89	....	71 ¾ p	89	....	71 3/16 p
89 ½	....	72 3/16 m	89 ½	....	71 ⅝ m
90	....	72 9/16 p	90	....	72
90 ½	....	73 m	90 ½	....	72 ⅜ p
91	....	73 ⅜ p	91	....	72 13/16 m
91 ½	....	73 13/16 m	91 ½	....	73 3/16 p
92	....	74 3/16 p	92	....	73 ⅝ m
92 ½	....	74 ⅝ m	92 ½	....	74
93	....	75	93	....	74 ⅜ p
93 ½	....	75 ⅜ p	93 ½	....	74 13/16 m
94	....	75 13/16 m	94	....	75 3/16 p
94 ½	....	76 3/16 p	94 ½	....	75 ⅝ m
95	....	76 ⅝ m	95	....	76
95 ½	....	77 p	95 ½	....	76 ⅜ p
96	....	77 7/16 m	96	....	76 13/16 m
96 ½	....	77 13/16 p	96 ½	....	77 3/16 p
97	....	78 ¼ m	97	....	77 ⅝ m
97 ½	....	78 ⅝ p	97 ½	....	78
98	....	79 1/16 m	98	....	78 ⅜ p
98 ½	....	79 7/16 m	98 ½	....	78 13/16 m
99	....	79 13/16 p	99	....	79 3/16 p
99 ½	....	80 ¼ m	99 ½	....	79 ⅝ m
100	....	80 ⅝ p	100	....	80
100 ½	....	81 1/16 m	100 ½	....	80 ⅜ p
101	....	81 7/16 p	101	....	80 13/16 m
101 ½	....	81 ⅞ m	101 ½	....	81 3/16 p
102	....	82 ¼ p	102	....	81 ⅝ m
102 ½	....	82 11/16 m	102 ½	....	82
103	....	83 1/16 p	103	....	82 ⅜ p
103 ½	....	83 7/16 p	103 ½	....	82 13/16 m
104	....	83 ⅞ m	104	....	83 3/16 p
104 ½	....	84 ¼ p	104 ½	....	83 ⅝ m

COMBINAISON GENERALE

PARIS, { GENEVE, BASLE, } AMSTERDAM.

Geneve sur Amsterd.	Paris sur Geneve.	Rend à Amsterd.	Geneve sur Amsterd.	Paris sur Geneve.	Rend à Amsterd.
$86\frac{1}{2}$	126	$68\frac{5}{8}$ p	$86\frac{1}{2}$	127	$68\frac{1}{8}$ m
87	....	$69\frac{1}{16}$ m	87	....	$68\frac{1}{2}$ p
$87\frac{1}{2}$	....	$69\frac{7}{16}$ p	$87\frac{1}{2}$	....	$68\frac{7}{8}$ p
88	....	$69\frac{13}{16}$ p	88	....	$69\frac{5}{16}$ p
$88\frac{1}{2}$	....	$70\frac{1}{4}$ m	$88\frac{1}{2}$	....	$69\frac{11}{16}$ m
89	....	$70\frac{5}{8}$ p	89	....	$70\frac{1}{16}$ p
$89\frac{1}{2}$	....	$71\frac{1}{16}$ m	$89\frac{1}{2}$	....	$70\frac{1}{2}$ m
90	....	$71\frac{7}{16}$ m	90	....	$70\frac{7}{8}$ m
$90\frac{1}{2}$	....	$71\frac{13}{16}$ p	$90\frac{1}{2}$	....	$71\frac{1}{4}$ p
91	....	$72\frac{1}{4}$ m	91	....	$71\frac{5}{8}$ p
$91\frac{1}{2}$	....	$72\frac{5}{8}$ m	$91\frac{1}{2}$	....	$72\frac{1}{16}$ m
92	....	73 p	92	....	$72\frac{7}{16}$ p
$92\frac{1}{2}$	....	$73\frac{7}{16}$ m	$92\frac{1}{2}$	....	$72\frac{13}{16}$ p
93	....	$73\frac{13}{16}$ m	93	....	$73\frac{1}{4}$ m
$93\frac{1}{2}$	....	$74\frac{3}{16}$ p	$93\frac{1}{2}$	....	$73\frac{5}{8}$ p
94	....	$74\frac{5}{8}$ m	94	....	74 p
$94\frac{1}{2}$	....	75	$94\frac{1}{2}$	....	$74\frac{7}{16}$ m
95	....	$75\frac{3}{8}$ p	95	....	$74\frac{13}{16}$ m
$95\frac{1}{2}$	....	$75\frac{13}{16}$ m	$95\frac{1}{2}$	....	$75\frac{3}{16}$ p
96	....	$76\frac{3}{16}$ p	96	....	$75\frac{9}{16}$ p
$96\frac{1}{2}$	....	$76\frac{9}{16}$ p	$96\frac{1}{2}$	....	76 m
97	....	77 m	97	....	$76\frac{3}{8}$ p
$97\frac{1}{2}$	....	$77\frac{3}{8}$ p	$97\frac{1}{2}$	....	$76\frac{3}{4}$ p
98	....	$77\frac{3}{4}$ p	98	....	$77\frac{3}{16}$ p
$98\frac{1}{2}$	....	$78\frac{3}{16}$ m	$98\frac{1}{2}$	....	$77\frac{9}{16}$ m
99	....	$78\frac{9}{16}$ p	99	....	$77\frac{15}{16}$ p
$99\frac{1}{2}$	....	$78\frac{15}{16}$ p	$99\frac{1}{2}$	....	$78\frac{3}{8}$ m
100	....	$79\frac{3}{8}$ m	100	....	$78\frac{3}{4}$ m
$100\frac{1}{2}$	....	$79\frac{3}{4}$ p	$100\frac{1}{2}$	....	$79\frac{1}{8}$ p
101	....	$80\frac{3}{16}$ m	101	....	$79\frac{1}{2}$ p
$101\frac{1}{2}$	....	$80\frac{9}{16}$ m	$101\frac{1}{2}$	....	$79\frac{15}{16}$ m
102	....	$80\frac{15}{16}$ p	102	....	$80\frac{5}{16}$ p
$102\frac{1}{2}$	....	$81\frac{3}{8}$ m	$102\frac{1}{2}$	....	$80\frac{11}{16}$ p
103	....	$81\frac{3}{4}$ m	103	....	$81\frac{1}{8}$ m
$103\frac{1}{2}$	....	$82\frac{1}{8}$ p	$103\frac{1}{2}$	....	$81\frac{1}{2}$ m
104	....	$82\frac{9}{16}$ m	104	....	$81\frac{7}{8}$ p
$104\frac{1}{2}$	....	$82\frac{15}{16}$ m	$104\frac{1}{2}$	....	$82\frac{5}{16}$ m

PARIS, { GENEVE, BASLE, } AMSTERDAM.

Geneve sur Amsterd.	Paris sur Geneve.	Rend à Amsterd.	Geneve sur Amsterd.	Paris sur Geneve.	Rend à Amsterd.
86 $\frac{1}{2}$	128	67 $\frac{9}{16}$ p	86 $\frac{1}{2}$	129	67 $\frac{1}{16}$ m
87		67 $\frac{15}{16}$ *	87		67 $\frac{7}{16}$ p
87 $\frac{1}{2}$		68 $\frac{3}{8}$ m	87 $\frac{1}{2}$		67 $\frac{13}{16}$ p
88		68 $\frac{3}{4}$	88		68 $\frac{3}{16}$ p
88 $\frac{1}{2}$		69 $\frac{1}{8}$ p	88 $\frac{1}{2}$		68 $\frac{5}{8}$ m
89		69 $\frac{1}{2}$ *	89		69 m
89 $\frac{1}{2}$		69 $\frac{15}{16}$ m	89 $\frac{1}{2}$		69 $\frac{3}{8}$ p
90		70 $\frac{5}{16}$	90		69 $\frac{3}{4}$ p
90 $\frac{1}{2}$		70 $\frac{11}{16}$ p	90 $\frac{1}{2}$		70 $\frac{1}{8}$ p
91		71 $\frac{1}{16}$ *	91		70 $\frac{9}{16}$ m
91 $\frac{1}{2}$		71 $\frac{1}{2}$ m	91 $\frac{1}{2}$		70 $\frac{15}{16}$ m
92		71 $\frac{7}{8}$	92		71 $\frac{5}{16}$ p
92 $\frac{1}{2}$		72 $\frac{1}{4}$ p	92 $\frac{1}{2}$		71 $\frac{11}{16}$ p
93		72 $\frac{5}{8}$ *	93		72 $\frac{1}{16}$ p
93 $\frac{1}{2}$		73 $\frac{1}{16}$ m	93 $\frac{1}{2}$		72 $\frac{1}{2}$ m
94		73 $\frac{7}{16}$	94		72 $\frac{7}{8}$ m
94 $\frac{1}{2}$		73 $\frac{13}{16}$ p	94 $\frac{1}{2}$		73 $\frac{1}{4}$ p
95		74 $\frac{3}{16}$ *	95		73 $\frac{5}{8}$ p
95 $\frac{1}{2}$		74 $\frac{5}{8}$ m	95 $\frac{1}{2}$		74 p
96		75	96		74 $\frac{7}{16}$ m
96 $\frac{1}{2}$		75 $\frac{3}{8}$ p	96 $\frac{1}{2}$		74 $\frac{13}{16}$ m
97		75 $\frac{3}{4}$ *	97		75 $\frac{3}{16}$ p
97 $\frac{1}{2}$		76 $\frac{3}{16}$ m	97 $\frac{1}{2}$		75 $\frac{9}{16}$ p
98		76 $\frac{9}{16}$	98		76 m
98 $\frac{1}{2}$		76 $\frac{15}{16}$ p	98 $\frac{1}{2}$		76 $\frac{3}{8}$ m
99		77 $\frac{5}{16}$ *	99		76 $\frac{3}{4}$ m
99 $\frac{1}{2}$		77 $\frac{3}{4}$ m	99 $\frac{1}{2}$		77 $\frac{1}{8}$ p
100		78 $\frac{1}{8}$	100		77 $\frac{1}{2}$ p
100 $\frac{1}{2}$		78 $\frac{1}{2}$ p	100 $\frac{1}{2}$		77 $\frac{15}{16}$ m
101		78 $\frac{7}{8}$ *	101		78 $\frac{5}{16}$ m
101 $\frac{1}{2}$		79 $\frac{5}{16}$ m	101 $\frac{1}{2}$		78 $\frac{11}{16}$ m
102		79 $\frac{11}{16}$	102		79 $\frac{1}{16}$ p
102 $\frac{1}{2}$		80 $\frac{1}{16}$ p	102 $\frac{1}{2}$		79 $\frac{7}{16}$ p
103		80 $\frac{7}{16}$ *	103		79 $\frac{7}{8}$ m
103 $\frac{1}{2}$		80 $\frac{7}{8}$ m	103 $\frac{1}{2}$		80 $\frac{1}{4}$ m
104		81 $\frac{1}{4}$	104		80 $\frac{5}{8}$ m
104 $\frac{1}{2}$		81 $\frac{3}{8}$ p	104 $\frac{1}{2}$		81 p

COMBINAISON GENERALE

PARIS, { GENEVE, BASLE, } AMSTERDAM.

Geneve sur Amsterd.	Paris sur Geneve.	Rend à Amsterd.	Geneve sur Amsterd.	Paris sur Geneve.	Rend à Amsterd.
$86\frac{1}{2}$	130	$66\frac{9}{16}$ m	$86\frac{1}{2}$	131	66 p
87		$66\frac{13}{16}$ m	87		$66\frac{7}{16}$ m
$87\frac{1}{2}$		$67\frac{5}{16}$ m	$87\frac{1}{2}$		$66\frac{13}{16}$ m
88		$67\frac{11}{16}$ p	88		$67\frac{3}{16}$ m
$88\frac{1}{2}$		$68\frac{1}{16}$ p	$88\frac{1}{2}$		$67\frac{9}{16}$ m
89		$68\frac{7}{16}$ p	89		$67\frac{13}{16}$ p
$89\frac{1}{2}$		$68\frac{7}{8}$ m	$89\frac{1}{2}$		$68\frac{5}{16}$ p
90		$69\frac{1}{4}$ m	90		$68\frac{11}{16}$ p
$90\frac{1}{2}$		$69\frac{5}{8}$ m	$90\frac{1}{2}$		$69\frac{1}{16}$ p
91		70	91		$69\frac{7}{16}$ p
$91\frac{1}{2}$		$70\frac{3}{8}$ p	$91\frac{1}{2}$		$69\frac{7}{8}$ m
92		$70\frac{3}{4}$ p	92		$70\frac{1}{4}$ m
$92\frac{1}{2}$		$71\frac{1}{8}$ p	$92\frac{1}{2}$		$70\frac{5}{8}$ m
93		$71\frac{7}{16}$ m	93		71 m
$93\frac{1}{2}$		$71\frac{15}{16}$ m	$93\frac{1}{2}$		$71\frac{3}{8}$ m
94		$72\frac{5}{16}$ m	94		$71\frac{3}{4}$ p
$94\frac{1}{2}$		$72\frac{11}{16}$ p	$94\frac{1}{2}$		$72\frac{1}{8}$ p
95		$73\frac{1}{16}$ p	95		$72\frac{1}{2}$ p
$95\frac{1}{2}$		$73\frac{7}{16}$ p	$95\frac{1}{2}$		$72\frac{7}{8}$ p
96		$73\frac{7}{8}$ m	96		$73\frac{5}{16}$ m
$96\frac{1}{2}$		$74\frac{1}{4}$ m	$96\frac{1}{2}$		$73\frac{11}{16}$ m
97		$74\frac{5}{8}$ m	97		$74\frac{1}{16}$ m
$97\frac{1}{2}$		75	$97\frac{1}{2}$		$74\frac{7}{16}$ m
98		$75\frac{3}{8}$ p	98		$74\frac{13}{16}$ m
$98\frac{1}{2}$		$75\frac{3}{4}$ p	$98\frac{1}{2}$		$75\frac{3}{16}$ p
99		$76\frac{1}{8}$ p	99		$75\frac{9}{16}$ p
$99\frac{1}{2}$		$76\frac{9}{16}$ m	$99\frac{1}{2}$		$75\frac{15}{16}$ p
100		$76\frac{15}{16}$ m	100		$76\frac{5}{16}$ p
$100\frac{1}{2}$		$77\frac{5}{16}$ m	$100\frac{1}{2}$		$76\frac{11}{16}$ p
101		$77\frac{11}{16}$ p	101		$77\frac{3}{8}$ m
$101\frac{1}{2}$		$78\frac{1}{16}$ p	$101\frac{1}{2}$		$77\frac{1}{2}$ m
102		$78\frac{7}{16}$ p	102		$77\frac{7}{8}$ m
$102\frac{1}{2}$		$78\frac{7}{8}$ m	$102\frac{1}{2}$		$78\frac{1}{4}$ m
103		$79\frac{1}{4}$ m	103		$78\frac{5}{8}$ p
$103\frac{1}{2}$		$79\frac{5}{8}$ m	$103\frac{1}{2}$		79 p
104		80	104		$79\frac{3}{8}$ p
$104\frac{1}{2}$		$80\frac{3}{8}$ p	$104\frac{1}{2}$		$79\frac{3}{4}$ p

DES CHANGES.

PARIS, { GENEVE, BASLE, } AMSTERDAM.

Geneve sur Amsterd.	Paris sur Geneve.	Rend à Amsterd.	Geneve sur Amsterd.	Paris sur Geneve.	Rend à Amsterd.
86 ½	132	65 $\frac{1}{2}$ p	86 ½	133	65 $\frac{1}{16}$ m
87		65 $\frac{15}{16}$ m	87		65 $\frac{7}{16}$ m
87 ½		66 $\frac{5}{16}$ m	87 ½		65 $\frac{13}{16}$ m
88		66 $\frac{11}{16}$ m	88		66 $\frac{3}{16}$ m
88 ½		67 $\frac{1}{16}$ m	88 ½		66 $\frac{9}{16}$ m
89		67 $\frac{7}{16}$ m	89		66 $\frac{15}{16}$ m
89 ½		67 $\frac{13}{16}$ m	89 ½		67 $\frac{5}{16}$ m
90		68 $\frac{3}{16}$ m	90		67 $\frac{11}{16}$ m
90 ½		68 $\frac{9}{16}$ m	90 ½		68 $\frac{1}{16}$ m
91		68 $\frac{15}{16}$ p	91		68 $\frac{7}{16}$ m
91 ½		69 $\frac{5}{16}$ p	91 ½		68 $\frac{13}{16}$ m
92		69 $\frac{11}{16}$ p	92		69 $\frac{3}{16}$ m
92 ½		70 $\frac{1}{16}$ p	92 ½		69 $\frac{9}{16}$ m
93		70 $\frac{7}{16}$ p	93		69 $\frac{15}{16}$ m
93 ½		70 $\frac{13}{16}$ p	93 ½		70 $\frac{5}{16}$ m
94		71 $\frac{3}{16}$ p	94		70 $\frac{11}{16}$ m
94 ½		71 $\frac{9}{16}$ p	94 ½		71 $\frac{1}{16}$ m
95		72 m	95		71 $\frac{7}{16}$ m
95 ½		72 $\frac{3}{8}$ m	95 ½		71 $\frac{13}{16}$ m
96		72 $\frac{3}{4}$ m	96		72 $\frac{3}{16}$ m
96 ½		73 $\frac{1}{8}$ m	96 ½		72 $\frac{9}{16}$ m
97		73 $\frac{1}{2}$ m	97		72 $\frac{15}{16}$ m
97 ½		73 $\frac{7}{8}$ m	97 ½		73 $\frac{5}{16}$ m
98		74 $\frac{1}{4}$ m	98		73 $\frac{11}{16}$ m
98 ½		74 $\frac{5}{8}$ m	98 ½		74 $\frac{1}{16}$ m
99		75	99		74 $\frac{7}{16}$ m
99 ½		75 $\frac{3}{8}$ p	99 ½		74 $\frac{13}{16}$ m
100		75 $\frac{3}{4}$ p	100		75 $\frac{3}{16}$ p
100 ½		76 $\frac{1}{8}$ p	100 ½		75 $\frac{9}{16}$ p
101		76 $\frac{1}{2}$ p	101		75 $\frac{15}{16}$ p
101 ½		76 $\frac{7}{8}$ p	101 ½		76 $\frac{5}{16}$ p
102		77 $\frac{1}{4}$ p	102		76 $\frac{11}{16}$ p
102 ½		77 $\frac{5}{8}$ p	102 ½		77 $\frac{1}{16}$ p
103		78 p	103		77 $\frac{7}{16}$ p
103 ½		78 $\frac{7}{16}$ m	103 ½		77 $\frac{13}{16}$ p
104		78 $\frac{13}{16}$ m	104		78 $\frac{3}{16}$ p
104 ½		79 $\frac{3}{16}$ m	104 ½		78 $\frac{9}{16}$ p

COMBINAISON GENERALE

PARIS, { GENEVE, BASLE, } AMSTERDAM.

Geneve sur Amsterd.	Paris sur Geneve.	Rend à Amsterd.	Geneve sur Amsterd.	Paris sur Geneve.	Rend à Amsterd.
$86\frac{1}{2}$	134	$64\frac{9}{16}$ m	$86\frac{1}{2}$	135	$64\frac{1}{16}$ p
87	....	$64\frac{13}{16}$ m	87	....	$64\frac{7}{16}$ p
$87\frac{1}{2}$	....	$65\frac{1}{16}$ m	$87\frac{1}{2}$	....	$64\frac{13}{16}$ p
88	....	$65\frac{5}{16}$ m	88	....	$65\frac{3}{16}$ m
$88\frac{1}{2}$	....	$66\frac{1}{16}$ m	$88\frac{1}{2}$	....	$65\frac{9}{16}$ m
89	....	$66\frac{7}{16}$ m	89	....	$65\frac{15}{16}$ m
$89\frac{1}{2}$	....	$66\frac{13}{16}$ m	$89\frac{1}{2}$	....	$66\frac{5}{16}$ m
90	....	$67\frac{3}{16}$ m	90	....	$66\frac{11}{16}$ m
$90\frac{1}{2}$	....	$67\frac{9}{16}$ m	$90\frac{1}{2}$	....	$67\frac{1}{16}$ m
91	....	$67\frac{15}{16}$ m	91	....	$67\frac{7}{16}$ m
$91\frac{1}{2}$	....	$68\frac{5}{16}$ m	$91\frac{1}{2}$	....	$67\frac{3}{4}$ p
92	....	$68\frac{11}{16}$ m	92	....	$68\frac{1}{8}$ p
$92\frac{1}{2}$	....	69 p	$92\frac{1}{2}$	....	$68\frac{1}{2}$ p
93	....	$69\frac{3}{8}$ p	93	....	$68\frac{7}{8}$ p
$93\frac{1}{2}$	....	$69\frac{3}{4}$ p	$93\frac{1}{2}$	....	$69\frac{1}{4}$ p
94	....	$70\frac{1}{8}$ p	94	....	$69\frac{5}{8}$ p
$94\frac{1}{2}$	....	$70\frac{1}{2}$ p	$94\frac{1}{2}$	....	70
95	....	$70\frac{7}{8}$ p	95	....	$70\frac{3}{8}$ m
$95\frac{1}{2}$	....	$71\frac{1}{4}$ p	$95\frac{1}{2}$	....	$70\frac{3}{4}$ m
96	....	$71\frac{5}{8}$ p	96	....	$71\frac{1}{8}$ m
$96\frac{1}{2}$	....	72 p	$96\frac{1}{2}$	....	$71\frac{1}{2}$ m
97	....	$72\frac{3}{8}$ p	97	....	$71\frac{7}{8}$ m
$97\frac{1}{2}$	....	$72\frac{3}{4}$ p	$97\frac{1}{2}$	....	$72\frac{1}{4}$ m
98	....	$73\frac{1}{8}$ p	98	....	$72\frac{9}{16}$ p
$98\frac{1}{2}$	....	$73\frac{1}{2}$ p	$98\frac{1}{2}$	....	$72\frac{15}{16}$ p
99	....	$73\frac{7}{8}$ p	99	....	$73\frac{5}{16}$ p
$99\frac{1}{2}$	....	$74\frac{1}{4}$ p	$99\frac{1}{2}$	....	$73\frac{11}{16}$ p
100	....	$74\frac{5}{8}$ p	100	....	$74\frac{1}{16}$ p
$100\frac{1}{2}$	....	75	$100\frac{1}{2}$	....	$74\frac{7}{16}$ p
101	....	$75\frac{3}{8}$ m	101	....	$74\frac{13}{16}$ p
$101\frac{1}{2}$	....	$75\frac{3}{4}$ m	$101\frac{1}{2}$	....	$75\frac{3}{16}$ m
102	....	$76\frac{1}{8}$ m	102	....	$75\frac{9}{16}$ m
$102\frac{1}{2}$	....	$76\frac{1}{2}$ m	$102\frac{1}{2}$	....	$75\frac{15}{16}$ m
103	....	$76\frac{7}{8}$ m	103	....	$76\frac{5}{16}$ m
$103\frac{1}{2}$	....	$77\frac{1}{4}$ m	$103\frac{1}{2}$	....	$76\frac{11}{16}$ m
104	....	$77\frac{5}{8}$ m	104	....	$77\frac{1}{16}$ m
$104\frac{1}{2}$	....	78 m	$104\frac{1}{2}$	....	$77\frac{7}{16}$ m

DES CHANGES.

PARIS, { GENEVE, BASLE, } AMSTERDAM.

Geneve sur Amsterd.	Paris sur Geneve.	Rend à Amsterd.	Geneve sur Amsterd.	Paris sur Geneve.	Rend à Amsterd.
86 $\frac{1}{2}$	136	63 $\frac{5}{8}$ m	86 $\frac{1}{2}$	137	63 $\frac{1}{8}$ p
87	....	64 m	87	....	63 $\frac{1}{2}$ p
87 $\frac{1}{2}$	....	64 $\frac{5}{16}$ p	87 $\frac{1}{2}$	....	63 $\frac{7}{8}$ m
88	....	64 $\frac{11}{16}$ p	88	....	64 $\frac{1}{4}$ m
88 $\frac{1}{2}$	....	65 $\frac{1}{16}$ p	88 $\frac{1}{2}$	....	64 $\frac{5}{8}$ m
89	....	65 $\frac{7}{16}$ p	89	....	64 $\frac{15}{16}$ p
89 $\frac{1}{2}$	....	65 $\frac{13}{16}$ m	89 $\frac{1}{2}$	....	65 $\frac{5}{16}$ p
90	....	66 $\frac{3}{16}$ m	90	....	65 $\frac{11}{16}$ p
90 $\frac{1}{2}$	....	66 $\frac{9}{16}$ m	90 $\frac{1}{2}$	....	66 $\frac{1}{16}$ m
91	....	66 $\frac{15}{16}$ m	91	....	66 $\frac{7}{16}$ m
91 $\frac{1}{2}$	....	67 $\frac{1}{4}$ p	91 $\frac{1}{2}$	....	66 $\frac{13}{16}$ m
92	....	67 $\frac{5}{8}$ p	92	....	67 $\frac{1}{8}$ p
92 $\frac{1}{2}$	....	68 p	92 $\frac{1}{2}$	....	67 $\frac{1}{2}$ p
93	....	68 $\frac{3}{8}$ p	93	....	67 $\frac{7}{8}$ p
93 $\frac{1}{2}$	....	68 $\frac{3}{4}$ p	93 $\frac{1}{2}$	....	68 $\frac{1}{4}$ m
94	....	69 $\frac{1}{8}$ m	94	....	68 $\frac{5}{8}$ m
94 $\frac{1}{2}$	....	69 $\frac{1}{2}$ m	94 $\frac{1}{2}$	....	69 m
95	....	69 $\frac{7}{8}$ m	95	....	69 $\frac{5}{16}$ p
95 $\frac{1}{2}$	....	70 $\frac{1}{4}$ m	95 $\frac{1}{2}$	....	69 $\frac{11}{16}$ p
96	....	70 $\frac{9}{16}$ p	96	....	70 $\frac{1}{16}$ p
96 $\frac{1}{2}$	....	70 $\frac{15}{16}$ p	96 $\frac{1}{2}$	....	70 $\frac{7}{16}$ p
97	....	71 $\frac{5}{16}$ p	97	....	70 $\frac{13}{16}$ m
97 $\frac{1}{2}$	....	71 $\frac{11}{16}$ p	97 $\frac{1}{2}$	....	71 $\frac{3}{16}$ m
98	....	72 $\frac{1}{16}$ m	98	....	71 $\frac{9}{16}$ m
98 $\frac{1}{2}$	....	72 $\frac{7}{16}$ m	98 $\frac{1}{2}$	....	71 $\frac{7}{8}$ p
99	....	72 $\frac{13}{16}$ m	99	....	72 $\frac{1}{4}$ p
99 $\frac{1}{2}$	....	73 $\frac{3}{16}$ m	99 $\frac{1}{2}$	....	72 $\frac{5}{8}$ p
100	....	73 $\frac{1}{2}$ p	100	....	73 m
100 $\frac{1}{2}$	....	73 $\frac{7}{8}$ p	100 $\frac{1}{2}$	....	73 $\frac{3}{8}$ m
101	....	74 $\frac{1}{4}$ p	101	....	73 $\frac{3}{4}$ m
101 $\frac{1}{2}$	....	74 $\frac{5}{8}$ p	101 $\frac{1}{2}$	....	74 $\frac{1}{16}$ p
102	....	75	102	....	74 $\frac{7}{16}$ p
102 $\frac{1}{2}$	....	75 $\frac{3}{8}$ m	102 $\frac{1}{2}$	....	74 $\frac{13}{16}$ p
103	....	75 $\frac{3}{4}$ m	103	....	75 $\frac{3}{16}$ m
103 $\frac{1}{2}$	....	76 $\frac{1}{8}$ m	103 $\frac{1}{2}$	....	75 $\frac{9}{16}$ m
104	....	76 $\frac{1}{2}$ m	104	....	75 $\frac{15}{16}$ m
104 $\frac{1}{2}$	....	76 $\frac{13}{16}$ p	104 $\frac{1}{2}$	....	76 $\frac{1}{4}$ p

COMBINAISON GENERALE

PARIS, { GENEVE, BASLE, } AMSTERDAM.

Geneve sur Amsterd.	Paris sur Geneve.	Rend à Amsterd.	Geneve sur Amsterd.	Paris sur Geneve.	Rend à Amsterd.
$86\frac{1}{2}$	138	$62\frac{11}{16}$ m	$86\frac{1}{2}$	139	$62\frac{1}{4}$ m
87		$63\frac{1}{16}$ m	87		$62\frac{9}{16}$ p
$87\frac{1}{2}$		$63\frac{3}{8}$ p	$87\frac{1}{2}$		$62\frac{15}{16}$ p
88		$63\frac{3}{4}$ p	88		$63\frac{5}{16}$ m
$88\frac{1}{2}$		$64\frac{1}{8}$ p	$88\frac{1}{2}$		$63\frac{11}{16}$ m
89		$64\frac{1}{2}$ m	89		64 p
$89\frac{1}{2}$		$64\frac{7}{8}$ m	$89\frac{1}{2}$		$64\frac{3}{8}$ p
90		$65\frac{3}{16}$ p	90		$64\frac{3}{4}$ m
$90\frac{1}{2}$		$65\frac{9}{16}$ p	$90\frac{1}{2}$		$65\frac{1}{8}$ m
91		$65\frac{15}{16}$ p	91		$65\frac{15}{16}$ p
$91\frac{1}{2}$		$66\frac{5}{16}$ m	$91\frac{1}{2}$		$65\frac{15}{16}$ p
92		$66\frac{11}{16}$ m	92		$66\frac{5}{16}$ m
$92\frac{1}{2}$		67 p	$92\frac{1}{2}$		$66\frac{9}{16}$ m
93		$67\frac{3}{8}$ p	93		$66\frac{15}{16}$ m
$93\frac{1}{2}$		$67\frac{3}{4}$ p	$93\frac{1}{2}$		$67\frac{1}{4}$ p
94		$68\frac{1}{8}$ m	94		$67\frac{5}{8}$ p
$94\frac{1}{2}$		$68\frac{1}{2}$ m	$94\frac{1}{2}$		68 m
95		$68\frac{13}{16}$ p	95		$68\frac{3}{8}$ m
$95\frac{1}{2}$		$69\frac{3}{16}$ p	$95\frac{1}{2}$		$68\frac{11}{16}$ p
96		$69\frac{9}{16}$ p	96		$69\frac{1}{16}$ p
$96\frac{1}{2}$		$69\frac{15}{16}$ m	$96\frac{1}{2}$		$69\frac{7}{16}$ m
97		$70\frac{5}{16}$ m	97		$69\frac{13}{16}$ m
$97\frac{1}{2}$		$70\frac{5}{8}$ p	$97\frac{1}{2}$		$70\frac{1}{8}$ p
98		71 p	98		$70\frac{7}{8}$ p
$98\frac{1}{2}$		$71\frac{3}{8}$ p	$98\frac{1}{2}$		$70\frac{7}{8}$ m
99		$71\frac{3}{4}$ m	99		$71\frac{1}{4}$ m
$99\frac{1}{2}$		$72\frac{1}{8}$ m	$99\frac{1}{2}$		$71\frac{9}{16}$ p
100		$72\frac{7}{16}$ p	100		$71\frac{15}{16}$ p
$100\frac{1}{2}$		$72\frac{13}{16}$ p	$100\frac{1}{2}$		$72\frac{5}{16}$ m
101		$73\frac{3}{16}$ p	101		$72\frac{11}{16}$ m
$101\frac{1}{2}$		$73\frac{9}{16}$ m	$101\frac{1}{2}$		73 p
102		$73\frac{15}{16}$ m	102		$73\frac{3}{8}$ p
$102\frac{1}{2}$		$74\frac{1}{4}$ p	$102\frac{1}{2}$		$73\frac{3}{4}$ m
103		$74\frac{5}{8}$ p	103		$74\frac{1}{8}$ m
$103\frac{1}{2}$		75	$103\frac{1}{2}$		$74\frac{7}{16}$ p
104		$75\frac{3}{8}$ m	104		$74\frac{13}{16}$ p
$104\frac{1}{2}$		$75\frac{3}{4}$ m	$104\frac{1}{2}$		$75\frac{3}{16}$ m

PARIS, { GENEVE, BASLE, } AMSTERDAM.

Geneve ſur Amſterd.	Paris ſur Geneve.	Rend à Amſterd.	Geneve ſur Amſterd.	Paris ſur Geneve.	Rend à Amſterd.
86 $\frac{1}{2}$	140	61 $\frac{13}{16}$ m	86 $\frac{1}{2}$	141	61 $\frac{3}{8}$ m
87	....	62 $\frac{1}{8}$ p	87	....	61 $\frac{11}{16}$ p
87 $\frac{1}{2}$	....	62 $\frac{1}{2}$	87 $\frac{1}{2}$	....	62 $\frac{1}{16}$ m
88	....	62 $\frac{7}{8}$ m	88	....	62 $\frac{7}{16}$ m
88 $\frac{1}{2}$	....	63 $\frac{3}{16}$ p	88 $\frac{1}{2}$	....	62 $\frac{3}{4}$ p
89	....	63 $\frac{9}{16}$ p	89	....	63 $\frac{1}{8}$ m
89 $\frac{1}{2}$	....	63 $\frac{15}{16}$ m	89 $\frac{1}{2}$	....	63 $\frac{1}{2}$ m
90	....	64 $\frac{5}{16}$ m	90	....	63 $\frac{13}{16}$ p
90 $\frac{1}{2}$	....	64 $\frac{5}{8}$ p	90 $\frac{1}{2}$	....	64 $\frac{3}{16}$ m
91	....	65	91	....	64 $\frac{9}{16}$ m
91 $\frac{1}{2}$	....	65 $\frac{3}{8}$ m	91 $\frac{1}{2}$	....	64 $\frac{7}{8}$ p
92	....	65 $\frac{11}{16}$ p	92	....	65 $\frac{1}{4}$ m
92 $\frac{1}{2}$	....	66 $\frac{1}{16}$ p	92 $\frac{1}{2}$	....	65 $\frac{5}{8}$ m
93	....	66 $\frac{7}{16}$ m	93	....	65 $\frac{15}{16}$ p
93 $\frac{1}{2}$	....	66 $\frac{13}{16}$ m	93 $\frac{1}{2}$	....	66 $\frac{5}{16}$ m
94	....	67 $\frac{1}{8}$ p	94	....	66 $\frac{11}{16}$ m
94 $\frac{1}{2}$	....	67 $\frac{1}{2}$	94 $\frac{1}{2}$	....	67 p
95	....	67 $\frac{7}{8}$ m	95	....	67 $\frac{3}{8}$ p
95 $\frac{1}{2}$	....	68 $\frac{3}{16}$ p	95 $\frac{1}{2}$	....	67 $\frac{3}{4}$ m
96	....	68 $\frac{9}{16}$ p	96	....	68 $\frac{1}{16}$ p
96 $\frac{1}{2}$	....	68 $\frac{15}{16}$ m	96 $\frac{1}{2}$	....	68 $\frac{7}{16}$ p
97	....	69 $\frac{5}{16}$ m	97	....	68 $\frac{13}{16}$ m
97 $\frac{1}{2}$	....	69 $\frac{5}{8}$ p	97 $\frac{1}{2}$	....	69 $\frac{1}{8}$ p
98	....	70	98	....	69 $\frac{1}{2}$ p
98 $\frac{1}{2}$	....	70 $\frac{3}{8}$ m	98 $\frac{1}{2}$	....	69 $\frac{7}{8}$ m
99	....	70 $\frac{11}{16}$ p	99	....	70 $\frac{3}{16}$ p
99 $\frac{1}{2}$	....	71 $\frac{1}{16}$ p	99 $\frac{1}{2}$	....	70 $\frac{9}{16}$ p
100	....	71 $\frac{7}{16}$ m	100	....	70 $\frac{15}{16}$ m
100 $\frac{1}{2}$	....	71 $\frac{13}{16}$ m	100 $\frac{1}{2}$	....	71 $\frac{1}{4}$ p
101	....	72 $\frac{1}{8}$ p	101	....	71 $\frac{3}{8}$ p
101 $\frac{1}{2}$	....	72 $\frac{1}{2}$	101 $\frac{1}{2}$	....	72 m
102	....	72 $\frac{7}{8}$ m	102	....	72 $\frac{5}{16}$ p
102 $\frac{1}{2}$	....	73 $\frac{3}{16}$ p	102 $\frac{1}{2}$	....	72 $\frac{11}{16}$ p
103	....	73 $\frac{9}{16}$ p	103	....	73 $\frac{1}{16}$ m
103 $\frac{1}{2}$	....	73 $\frac{15}{16}$ m	103 $\frac{1}{2}$	....	73 $\frac{3}{8}$ p
104	....	74 $\frac{5}{16}$ m	104	....	73 $\frac{3}{4}$ p
104 $\frac{1}{2}$	....	74 $\frac{5}{8}$ p	104 $\frac{1}{2}$	....	74 $\frac{1}{8}$ m

PARIS, { GENEVE, BASLE, } AMSTERDAM.

Geneve fur Amfterd.	Paris fur Geneve.	Rend à Amfterd.	Geneve fur Amfterd.	Paris fur Geneve.	Rend à Amfterd.
86 1/2	142	60 15/16 m	86 1/2	143	60 1/2 m
87		61 1/4 p	87		60 13/16 p
87 1/2		61 3/8 m	87 1/2		61 3/16 p
88		62 m	88		61 9/16 m
88 1/2		62 5/16 p	88 1/2		61 7/8 p
89		62 11/16 m	89		62 1/4 m
89 1/2		63 p	89 1/2		62 9/16 p
90		63 3/8 p	90		62 13/16 m
90 1/2		63 3/4 m	90 1/2		63 5/16 m
91		64 1/16 p	91		63 5/8 p
91 1/2		64 7/16 m	91 1/2		64 m
92		64 13/16 m	92		64 5/16 p
92 1/2		65 1/8 p	92 1/2		64 11/16 m
93		65 1/2 m	93		65 1/16 m
93 1/2		65 7/8 m	93 1/2		65 3/8 p
94		66 3/16 p	94		65 3/4 m
94 1/2		66 9/16 m	94 1/2		66 1/16 p
95		66 7/8 p	95		66 7/16 m
95 1/2		67 1/4 p	95 1/2		66 13/16 m
96		67 5/8 m	96		67 1/8 p
96 1/2		67 15/16 p	96 1/2		67 1/2 m
97		68 5/16 m	97		67 13/16 p
97 1/2		68 11/16 m	97 1/2		68 3/16 m
98		69 p	98		68 9/16 m
98 1/2		69 3/8 m	98 1/2		68 7/8 p
99		69 11/16 p	99		69 1/4 m
99 1/2		70 1/16 p	99 1/2		69 9/16 p
100		70 7/16 m	100		69 15/16 m
100 1/2		70 3/4 p	100 1/2		70 1/4 p
101		71 1/8 p	101		70 5/8 p
101 1/2		71 1/2 m	101 1/2		71 m
102		71 13/16 p	102		71 5/16 p
102 1/2		72 3/16 m	102 1/2		71 11/16 m
103		72 9/16 m	103		72 p
103 1/2		72 7/8 p	103 1/2		72 3/8 p
104		73 1/4 m	104		72 3/4 m
104 1/2		73 9/16 p	104 1/2		73 1/16 p

DES CHANGES.

PARIS, { **GENEVE, BASLE,** } **AMSTERDAM.**

Geneve sur Amsterd.	Paris sur Geneve.	Rend à Amsterd.	Geneve sur Amsterd.	Paris sur Geneve.	Rend à Amsterd.
86 ½	144	60 $\frac{1}{16}$ p	86 ½	145	59 $\frac{5}{8}$ p
87		60 $\frac{7}{16}$ m	87		60
87 ½		60 $\frac{3}{4}$ p	87 ½		60 $\frac{3}{8}$ m
88		61 $\frac{1}{8}$ m	88		60 $\frac{11}{16}$ p
88 ½		61 $\frac{7}{16}$ p	88 ½		61 $\frac{1}{16}$ m
89		61 $\frac{13}{16}$ m	89		61 $\frac{3}{8}$ p
89 ½		62 $\frac{1}{8}$ p	89 ½		61 $\frac{3}{4}$ m
90		62 $\frac{1}{2}$ m	90		62 $\frac{1}{16}$ p
90 ½		62 $\frac{7}{8}$ m	90 ½		62 $\frac{7}{16}$ m
91		63 $\frac{3}{16}$ p	91		62 $\frac{3}{4}$
91 ½		63 $\frac{9}{16}$ m	91 ½		63 $\frac{1}{8}$ p
92		63 $\frac{7}{8}$ p	92		63 $\frac{7}{16}$ p
92 ½		64 $\frac{1}{4}$ m	92 ½		63 $\frac{13}{16}$ m
93		64 $\frac{9}{16}$ p	93		64 $\frac{1}{8}$ p
93 ½		64 $\frac{15}{16}$ m	93 ½		64 $\frac{1}{2}$ m
94		65 $\frac{1}{4}$ p	94		64 $\frac{13}{16}$ p
94 ½		65 $\frac{5}{8}$	94 ½		65 $\frac{3}{16}$ m
95		66 m	95		65 $\frac{1}{2}$ p
95 ½		66 $\frac{5}{16}$ p	95 ½		65 $\frac{7}{8}$ m
96		66 $\frac{11}{16}$ m	96		66 $\frac{3}{16}$ p
96 ½		67	96 ½		66 $\frac{9}{16}$ m
97		67 $\frac{3}{8}$ m	97		66 $\frac{7}{8}$ p
97 ½		67 $\frac{11}{16}$ p	97 ½		67 $\frac{1}{4}$ m
98		68 $\frac{1}{16}$ m	98		67 $\frac{9}{16}$ p
98 ½		68 $\frac{3}{8}$ p	98 ½		67 $\frac{15}{16}$ m
99		68 $\frac{3}{4}$	99		68 $\frac{1}{4}$ p
99 ½		69 $\frac{1}{8}$ m	99 ½		68 $\frac{5}{8}$ m
100		69 $\frac{7}{16}$ p	100		68 $\frac{15}{16}$ p
100 ½		69 $\frac{13}{16}$ m	100 ½		69 $\frac{5}{16}$ m
101		70 $\frac{1}{8}$ p	101		69 $\frac{5}{8}$ p
101 ½		70 $\frac{1}{2}$ m	101 ½		70
102		70 $\frac{13}{16}$ p	102		70 $\frac{3}{8}$ m
102 ½		71 $\frac{3}{16}$ m	102 ½		70 $\frac{11}{16}$ p
103		71 $\frac{1}{2}$ p	103		71 $\frac{1}{16}$ m
103 ½		71 $\frac{7}{8}$	103 ½		71 $\frac{3}{8}$ p
104		72 $\frac{1}{4}$ m	104		71 $\frac{3}{4}$ m
104 ½		72 $\frac{9}{16}$ p	104 ½		72 $\frac{1}{16}$ p

COMBINAISON GENERALE

PARIS, { GENEVE, BASLE, } AMSTERDAM.

Geneve sur Amsterd.	Paris sur Geneve.	Rend à Amsterd.	Geneve sur Amsterd.	Paris sur Geneve.	Rend à Amsterd.
$86\frac{1}{2}$ ·	146 ·	$59\frac{1}{4}$ m	$86\frac{1}{2}$ ·	147 ·	$58\frac{13}{16}$ p
87	....	$59\frac{9}{16}$ p	87	....	$59\frac{3}{16}$ m
$87\frac{1}{2}$	....	$59\frac{15}{16}$ m	$87\frac{1}{2}$	....	$59\frac{1}{2}$ p
88	....	$60\frac{1}{4}$ p	88	....	$59\frac{7}{8}$ m
$88\frac{1}{2}$	....	$60\frac{5}{8}$ m	$88\frac{1}{2}$	....	$60\frac{3}{16}$ p
89	....	$60\frac{15}{16}$ p	89	....	$60\frac{9}{16}$ m
$89\frac{1}{2}$	....	$61\frac{5}{16}$ m	$89\frac{1}{2}$	....	$60\frac{7}{8}$ p
90	....	$61\frac{5}{8}$ p	90	....	$61\frac{1}{4}$ m
$90\frac{1}{2}$	....	62 m	$90\frac{1}{2}$	....	$61\frac{9}{16}$ p
91	....	$62\frac{5}{16}$ p	91	....	$61\frac{7}{8}$ p
$91\frac{1}{2}$	....	$62\frac{11}{16}$ m	$91\frac{1}{2}$	....	$62\frac{1}{4}$ m
92	....	63 p	92	....	$62\frac{9}{16}$ p
$92\frac{1}{2}$	....	$63\frac{3}{8}$ m	$92\frac{1}{2}$	....	$62\frac{15}{16}$ m
93	....	$63\frac{11}{16}$ p	93	....	$63\frac{1}{4}$ p
$93\frac{1}{2}$	....	$64\frac{1}{16}$ m	$93\frac{1}{2}$	....	$63\frac{5}{8}$ m
94	....	$64\frac{3}{8}$ p	94	....	$63\frac{15}{16}$ p
$94\frac{1}{2}$	....	$64\frac{3}{4}$ m	$94\frac{1}{2}$	....	$64\frac{5}{16}$ m
95	....	$65\frac{1}{16}$ p	95	....	$64\frac{5}{8}$ p
$95\frac{1}{2}$	....	$65\frac{7}{16}$ m	$95\frac{1}{2}$	....	$64\frac{15}{16}$ p
96	....	$65\frac{3}{4}$ p	96	....	$65\frac{5}{16}$ m
$96\frac{1}{2}$	....	$66\frac{1}{8}$ m	$96\frac{1}{2}$	....	$65\frac{5}{8}$ p
97	....	$66\frac{7}{16}$ p	97	....	66 m
$97\frac{1}{2}$	....	$66\frac{3}{4}$ p	$97\frac{1}{2}$	....	$66\frac{5}{16}$ p
98	....	$67\frac{1}{8}$ m	98	....	$66\frac{11}{16}$ m
$98\frac{1}{2}$	....	$67\frac{9}{16}$ p	$98\frac{1}{2}$	....	67 p
99	....	$67\frac{13}{16}$ m	99	....	$67\frac{3}{8}$ m
$99\frac{1}{2}$	....	$68\frac{1}{8}$ p	$99\frac{1}{2}$	....	$67\frac{11}{16}$ m
100	....	$68\frac{1}{2}$ m	100	....	68 p
$100\frac{1}{2}$	....	$68\frac{13}{16}$ p	$100\frac{1}{2}$	....	$68\frac{3}{8}$ m
101	....	$69\frac{3}{16}$ m	101	....	$68\frac{11}{16}$ p
$101\frac{1}{2}$	....	$69\frac{1}{2}$ p	$101\frac{1}{2}$	....	$69\frac{1}{16}$ m
102	....	$69\frac{7}{8}$ m	102	....	$69\frac{3}{8}$ p
$102\frac{1}{2}$	....	$70\frac{3}{16}$ p	$102\frac{1}{2}$	....	$69\frac{3}{4}$ m
103	....	$70\frac{9}{16}$ m	103	....	$70\frac{1}{16}$ p
$103\frac{1}{2}$	....	$70\frac{7}{8}$ p	$103\frac{1}{2}$	....	$70\frac{7}{16}$ m
104	....	$71\frac{1}{4}$ m	104	....	$70\frac{3}{4}$ m
$104\frac{1}{2}$	....	$71\frac{9}{16}$ p	$104\frac{1}{2}$	....	$71\frac{1}{16}$ p

DES CHANGES.

PARIS, { GENEVE, BASLE, } AMSTERDAM.

Geneve sur Amsterd.	Paris sur Geneve.	Rend à Amsterd.	Geneve sur Amsterd.	Paris sur Geneve.	Rend à Amsterd.
86 ½	148	58 7/16 p	86 ½	149	58 1/16 m
87	....	58 13/16 m	87	....	58 3/8 p
87 ½	....	59 1/8 p	87 ½	....	58 3/4 m
88	....	59 7/16 p	88	....	59 1/16 m
88 ½	....	59 13/16 m	88 ½	....	59 3/8 p
89	....	60 1/8 p	89	....	59 3/4 m
89 ½	....	60 1/2 m	89 ½	....	60 1/16 p
90	....	60 13/16 m	90	....	60 3/8 p
90 ½	....	61 1/8 p	90 ½	....	60 3/4 m
91	....	61 1/2 m	91	....	61 1/16 p
91 ½	....	61 13/16 p	91 ½	....	61 7/16 m
92	....	62 3/16 m	92	....	61 3/4 p
92 ½	....	62 1/2	92 ½	....	62 1/16 p
93	....	62 13/16 p	93	....	62 7/16 m
93 ½	....	63 3/16 m	93 ½	....	62 3/4 p
94	....	63 1/2 p	94	....	63 1/16 p
94 ½	....	63 7/8 m	94 ½	....	63 7/16 m
95	....	64 3/16 p	95	....	63 3/4 p
95 ½	....	64 1/2 p	95 ½	....	64 1/8 m
96	....	64 7/8 m	96	....	64 7/16 m
96 ½	....	65 1/16 p	96 ½	....	64 3/4 p
97	....	65 9/16 m	97	....	65 1/8 p
97 ½	....	65 7/8 p	97 ½	....	65 1/2 m
98	....	66 3/16 p	98	....	65 3/4 p
98 ½	....	66 9/16 m	98 ½	....	66 1/8 p
99	....	66 7/8 p	99	....	66 7/16 p
99 ½	....	67 1/4 m	99 ½	....	66 3/4 p
100	....	67 7/16 p	100	....	67 1/8 m
100 ½	....	67 7/8 p	100 ½	....	67 7/16 p
101	....	68 1/4 m	101	....	67 13/16 m
101 ½	....	68 9/16 p	101 ½	....	68 1/8 p
102	....	68 13/16 m	102	....	68 7/16 p
102 ½	....	69 1/4 p	102 ½	....	68 13/16 m
103	....	69 3/4 m	103	....	69 1/8 p
103 ½	....	69 15/16 m	103 ½	....	69 7/16 p
104	....	70 1/4 p	104	....	69 13/16 m
104 ½	....	70 3/8 m	104 ½	....	70 1/8 p

COMBINAISON GENERALE

PARIS, { GENEVE, BASLE, } AMSTERDAM.

Geneve sur Amsterd.	Paris sur Geneve.	Rend à Amsterd.	Geneve sur Amsterd.	Paris sur Geneve.	Rend à Amsterd.
$86\frac{1}{2}$	150	$57\frac{11}{16}$ m	$86\frac{1}{2}$	151	$57\frac{5}{16}$ m
87	....	58	87	....	$57\frac{5}{8}$ m
$87\frac{1}{2}$	....	$58\frac{5}{16}$ p	$87\frac{1}{2}$	....	$57\frac{15}{16}$ p
88	....	$58\frac{11}{16}$ m	88	....	$58\frac{1}{4}$ p
$88\frac{1}{2}$	....	59	$88\frac{1}{2}$	....	$58\frac{3}{8}$ m
89	....	$59\frac{5}{16}$ p	89	....	$58\frac{15}{16}$ p
$89\frac{1}{2}$	....	$59\frac{11}{16}$ m	$89\frac{1}{2}$	....	$59\frac{1}{4}$ p
90	....	60	90	....	$59\frac{3}{8}$ m
$90\frac{1}{2}$	....	$60\frac{5}{16}$ p	$90\frac{1}{2}$	....	$59\frac{15}{16}$ m
91	....	$60\frac{11}{16}$ m	91	....	$60\frac{1}{4}$ p
$91\frac{1}{2}$	....	61	$91\frac{1}{2}$	....	$60\frac{5}{8}$ m
92	....	$61\frac{5}{16}$ p	92	....	$60\frac{15}{16}$ m
$92\frac{1}{2}$	....	$61\frac{11}{16}$ m	$92\frac{1}{2}$	....	$61\frac{1}{4}$ p
93	....	62	93	....	$61\frac{9}{16}$ p
$93\frac{1}{2}$	....	$62\frac{5}{16}$ p	$93\frac{1}{2}$	....	$61\frac{15}{16}$ m
94	....	$62\frac{11}{16}$ m	94	....	$62\frac{1}{4}$ p
$94\frac{1}{2}$	....	63	$94\frac{1}{2}$	....	$62\frac{9}{16}$ p
95	....	$63\frac{5}{16}$ p	95	....	$62\frac{15}{16}$ m
$95\frac{1}{2}$	....	$63\frac{11}{16}$ m	$95\frac{1}{2}$	....	$63\frac{1}{4}$ m
96	....	64	96	....	$63\frac{9}{16}$ p
$96\frac{1}{2}$	....	$64\frac{5}{16}$ p	$96\frac{1}{2}$	....	$63\frac{15}{16}$ m
97	....	$64\frac{11}{16}$ m	97	....	$64\frac{1}{4}$ m
$97\frac{1}{2}$	....	65	$97\frac{1}{2}$	....	$64\frac{9}{16}$ p
98	....	$65\frac{5}{16}$ p	98	....	$64\frac{7}{8}$ p
$98\frac{1}{2}$	....	$65\frac{11}{16}$ m	$98\frac{1}{2}$	....	$65\frac{1}{4}$ m
99	....	66	99	....	$65\frac{9}{16}$ p
$99\frac{1}{2}$	....	$66\frac{5}{16}$ p	$99\frac{1}{2}$	....	$65\frac{7}{8}$ p
100	....	$66\frac{11}{16}$ m	100	....	$66\frac{1}{4}$ m
$100\frac{1}{2}$	....	67	$100\frac{1}{2}$	....	$66\frac{7}{16}$ m
101	....	$67\frac{5}{16}$ p	101	....	$66\frac{7}{8}$ p
$101\frac{1}{2}$	....	$67\frac{11}{16}$ m	$101\frac{1}{2}$	....	$67\frac{3}{16}$ p
102	....	68	102	....	$67\frac{9}{16}$ m
$102\frac{1}{2}$	....	$68\frac{5}{16}$ p	$102\frac{1}{2}$	....	$67\frac{7}{8}$ m
103	....	$68\frac{11}{16}$ m	103	....	$68\frac{3}{16}$ p
$103\frac{1}{2}$	....	69	$103\frac{1}{2}$	....	$68\frac{9}{16}$ m
104	....	$69\frac{5}{16}$ p	104	....	$68\frac{7}{8}$ m
$104\frac{1}{2}$	....	$69\frac{11}{16}$ m	$104\frac{1}{2}$	....	$69\frac{3}{16}$ p

DES CHANGES.

PARIS, { **GENEVE, BASLE,** } **AMSTERDAM.**

Geneve sur Amsterd.	Paris sur Geneve.	Rend à Amsterd.	Geneve sur Amsterd.	Paris sur Geneve.	Rend à Amsterd.
86 $\frac{1}{2}$	152	56 $\frac{15}{16}$ m	86 $\frac{1}{2}$	153	56 $\frac{9}{16}$ m
87		57 m	87		56 $\frac{7}{8}$ m
87 $\frac{1}{2}$		57 $\frac{1}{16}$ p	87 $\frac{1}{2}$		57 $\frac{3}{16}$ p
88		57 $\frac{7}{8}$ p	88		57 $\frac{1}{2}$ p
88 $\frac{1}{2}$		58 $\frac{1}{4}$ m	88 $\frac{1}{2}$		57 $\frac{13}{16}$ p
89		58 $\frac{2}{16}$ m	89		58 $\frac{3}{16}$ m
89 $\frac{1}{2}$		58 $\frac{7}{8}$ p	89 $\frac{1}{2}$		58 $\frac{1}{2}$ m
90		59 $\frac{3}{16}$ p	90		58 $\frac{13}{16}$ p
90 $\frac{1}{2}$		59 $\frac{9}{16}$ m	90 $\frac{1}{2}$		59 $\frac{1}{8}$ p
91		59 $\frac{7}{8}$ m	91		59 $\frac{1}{2}$ m
91 $\frac{1}{2}$		60 $\frac{3}{16}$ m	91 $\frac{1}{2}$		59 $\frac{13}{16}$ m
92		60 $\frac{1}{2}$ p	92		60 $\frac{1}{8}$ p
92 $\frac{1}{2}$		60 $\frac{7}{8}$ m	92 $\frac{1}{2}$		60 $\frac{1}{2}$ p
93		61 $\frac{3}{16}$ m	93		60 $\frac{13}{16}$ m
93 $\frac{1}{2}$		61 $\frac{1}{2}$ p	93 $\frac{1}{2}$		61 $\frac{1}{8}$ m
94		61 $\frac{13}{16}$ p	94		61 $\frac{1}{16}$ p
94 $\frac{1}{2}$		62 $\frac{1}{2}$ m	94 $\frac{1}{2}$		61 $\frac{3}{4}$ p
95		62 $\frac{1}{2}$	95		62 $\frac{1}{8}$ p
95 $\frac{1}{2}$		62 $\frac{13}{16}$ p	95 $\frac{1}{2}$		62 $\frac{7}{16}$ m
96		63 $\frac{3}{16}$ m	96		62 $\frac{3}{4}$ m
96 $\frac{1}{2}$		63 $\frac{1}{2}$ m	96 $\frac{1}{2}$		63 $\frac{1}{16}$ p
97		63 $\frac{13}{16}$ p	97		63 $\frac{3}{8}$ p
97 $\frac{1}{2}$		64 $\frac{1}{8}$ p	97 $\frac{1}{2}$		63 $\frac{3}{4}$ m
98		64 $\frac{1}{2}$ m	98		64 $\frac{1}{16}$ m
98 $\frac{1}{2}$		64 $\frac{13}{16}$ m	98 $\frac{1}{2}$		64 $\frac{3}{8}$ p
99		65 $\frac{1}{8}$ p	99		64 $\frac{11}{16}$ p
99 $\frac{1}{2}$		65 $\frac{7}{16}$ p	99 $\frac{1}{2}$		65 $\frac{1}{16}$ m
100		65 $\frac{13}{16}$ m	100		65 $\frac{3}{8}$ m
100 $\frac{1}{2}$		66 $\frac{1}{8}$ m	100 $\frac{1}{2}$		65 $\frac{11}{16}$ m
101		66 $\frac{7}{16}$ p	101		66 p
101 $\frac{1}{2}$		66 $\frac{3}{4}$ p	101 $\frac{1}{2}$		66 $\frac{5}{16}$ p
102		67 $\frac{1}{8}$ m	102		66 $\frac{11}{16}$ m
102 $\frac{1}{2}$		67 $\frac{7}{16}$ m	102 $\frac{1}{2}$		67 m
103		67 $\frac{3}{4}$ p	103		67 $\frac{5}{16}$ p
103 $\frac{1}{2}$		68 $\frac{1}{16}$ p	103 $\frac{1}{2}$		67 $\frac{5}{8}$ p
104		68 $\frac{7}{16}$ m	104		68 m
104 $\frac{1}{2}$		68 $\frac{3}{4}$	104 $\frac{1}{2}$		68 $\frac{5}{16}$ m

COMBINAISON GENERALE

PARIS, { **GENEVE, BASLE,** } **AMSTERDAM.**

Geneve sur Amsterd.	Paris sur Geneve.	Rend à Amsterd.	Geneve sur Amsterd.	Paris sur Geneve.	Rend à Amsterd.
$86\frac{1}{2}$	154	$56\frac{3}{16}$ m	$86\frac{1}{2}$	155	$55\frac{13}{16}$ m
87	....	$56\frac{1}{2}$ m	87	....	$56\frac{1}{8}$ p
$87\frac{1}{2}$	....	$56\frac{13}{16}$ p	$87\frac{1}{2}$	....	$56\frac{7}{16}$ p
88	....	$57\frac{1}{8}$ p	88	....	$56\frac{3}{4}$ p
$88\frac{1}{2}$	....	$57\frac{7}{16}$ p	$88\frac{1}{2}$	....	$57\frac{1}{8}$ m
89	....	$57\frac{13}{16}$ m	89	....	$57\frac{7}{16}$ m
$89\frac{1}{2}$	....	$58\frac{1}{8}$ m	$89\frac{1}{2}$	....	$57\frac{3}{4}$ m
90	....	$58\frac{7}{16}$ p	90	....	$58\frac{1}{16}$ p
$90\frac{1}{2}$	....	$58\frac{3}{4}$ p	$90\frac{1}{2}$	....	$58\frac{3}{8}$ p
91	....	$59\frac{1}{16}$ p	91	....	$58\frac{11}{16}$ p
$91\frac{1}{2}$	....	$59\frac{7}{16}$ m	$91\frac{1}{2}$	....	$59\frac{1}{16}$ m
92	....	$59\frac{3}{4}$ m	92	....	$59\frac{3}{8}$ m
$92\frac{1}{2}$	....	$60\frac{1}{16}$ p	$92\frac{1}{2}$	....	$59\frac{11}{16}$ m
93	....	$60\frac{3}{8}$ p	93	....	60
$93\frac{1}{2}$	....	$60\frac{11}{16}$ p	$93\frac{1}{2}$	....	$60\frac{5}{16}$ p
94	....	$61\frac{1}{16}$ m	94	....	$60\frac{5}{8}$ p
$94\frac{1}{2}$	....	$61\frac{3}{8}$ m	$94\frac{1}{2}$	....	$60\frac{15}{16}$ p
95	....	$61\frac{11}{16}$ p	95	....	$61\frac{5}{16}$ m
$95\frac{1}{2}$	....	62 p	$95\frac{1}{2}$	....	$61\frac{5}{8}$ m
96	....	$62\frac{5}{16}$ p	96	....	$61\frac{15}{16}$ m
$96\frac{1}{2}$	....	$62\frac{11}{16}$ m	$96\frac{1}{2}$	....	$62\frac{1}{4}$ p
97	....	63 m	97	....	$62\frac{9}{16}$ p
$97\frac{1}{2}$	....	$63\frac{5}{16}$ m	$97\frac{1}{2}$	....	$62\frac{7}{8}$ p
98	....	$63\frac{5}{8}$ p	98	....	$63\frac{1}{4}$ m
$98\frac{1}{2}$	....	$63\frac{15}{16}$ p	$98\frac{1}{2}$	....	$63\frac{9}{16}$ m
99	....	$64\frac{1}{16}$ m	99	....	$63\frac{7}{8}$ m
$99\frac{1}{2}$	....	$64\frac{5}{8}$ m	$99\frac{1}{2}$	....	$64\frac{3}{16}$ p
100	....	$64\frac{15}{16}$ m	100	....	$64\frac{1}{2}$ p
$100\frac{1}{2}$	....	$65\frac{1}{4}$ p	$100\frac{1}{2}$	....	$64\frac{13}{16}$ p
101	....	$65\frac{9}{16}$ p	101	....	$65\frac{3}{16}$ m
$101\frac{1}{2}$	....	$65\frac{13}{16}$ m	$101\frac{1}{2}$	....	$65\frac{1}{2}$ m
102	....	$66\frac{1}{4}$ m	102	....	$65\frac{13}{16}$ m
$102\frac{1}{2}$	....	$66\frac{9}{16}$ m	$102\frac{1}{2}$	....	$66\frac{1}{8}$ p
103	....	$66\frac{7}{8}$ p	103	....	$66\frac{7}{16}$ p
$103\frac{1}{2}$	....	$67\frac{3}{16}$ p	$103\frac{1}{2}$	....	$66\frac{3}{4}$ p
104	....	$67\frac{9}{16}$ m	104	....	$67\frac{1}{8}$ m
$104\frac{1}{2}$	....	$67\frac{7}{8}$ m	$104\frac{1}{2}$	....	$67\frac{7}{16}$ m

DES CHANGES.

PARIS, { GENEVE, BASLE, } AMSTERDAM.

Geneve sur Amsterd.	Paris sur Geneve.	Rend à Amsterd.	Geneve sur Amsterd.	Paris sur Geneve.	Rend à Amsterd.
86 $\frac{1}{2}$	156	55 $\frac{7}{16}$ p	86 $\frac{1}{2}$	157	55 $\frac{1}{8}$ m
87	....	55 $\frac{3}{4}$ p	87	....	55 $\frac{7}{16}$ m
87 $\frac{1}{2}$	....	56 $\frac{1}{16}$ p	87 $\frac{1}{2}$	....	55 $\frac{3}{4}$ m
88	....	56 $\frac{7}{16}$ m	88	....	56 $\frac{1}{16}$ m
88 $\frac{1}{2}$	....	56 $\frac{3}{4}$ m	88 $\frac{1}{2}$	....	56 $\frac{3}{8}$ m
89	....	57 $\frac{1}{16}$ m	89	....	56 $\frac{11}{16}$ p
89 $\frac{1}{2}$	....	57 $\frac{3}{8}$ m	89 $\frac{1}{2}$	....	57 p
90	....	57 $\frac{11}{16}$ p	90	....	57 $\frac{5}{16}$ p
90 $\frac{1}{2}$	....	58 p	90 $\frac{1}{2}$	....	57 $\frac{5}{8}$ p
91	....	58 $\frac{5}{16}$ p	91	....	57 $\frac{15}{16}$ p
91 $\frac{1}{2}$	....	58 $\frac{5}{8}$ p	91 $\frac{1}{2}$	....	58 $\frac{1}{4}$ p
92	....	59 m	92	....	58 $\frac{5}{8}$ m
92 $\frac{1}{2}$	....	59 $\frac{5}{16}$ m	92 $\frac{1}{2}$	....	58 $\frac{15}{16}$ m
93	....	59 $\frac{5}{8}$ m	93	....	59 $\frac{1}{4}$ m
93 $\frac{1}{2}$	....	59 $\frac{15}{16}$ m	93 $\frac{1}{2}$	....	59 $\frac{9}{16}$ m
94	....	60 $\frac{1}{4}$ p	94	....	59 $\frac{7}{8}$ m
94 $\frac{1}{2}$	....	60 $\frac{9}{16}$ p	94 $\frac{1}{2}$	....	60 $\frac{3}{16}$ p
95	....	60 $\frac{7}{8}$ p	95	....	60 $\frac{1}{2}$ p
95 $\frac{1}{2}$	....	61 $\frac{3}{16}$ p	95 $\frac{1}{2}$	....	60 $\frac{13}{16}$ p
96	....	61 $\frac{9}{16}$ m	96	....	61 $\frac{1}{8}$ p
96 $\frac{1}{2}$	....	61 $\frac{7}{8}$ m	96 $\frac{1}{2}$	....	61 $\frac{7}{16}$ p
97	....	62 $\frac{3}{16}$ m	97	....	61 $\frac{13}{16}$ m
97 $\frac{1}{2}$	....	62 $\frac{1}{2}$	97 $\frac{1}{2}$	....	62 $\frac{1}{8}$ m
98	....	62 $\frac{13}{16}$ p	98	....	62 $\frac{7}{16}$ m
98 $\frac{1}{2}$	....	63 $\frac{1}{8}$ p	98 $\frac{1}{2}$	....	62 $\frac{3}{4}$ m
99	....	63 $\frac{7}{16}$ p	99	....	63 $\frac{1}{16}$ m
99 $\frac{1}{2}$	....	63 $\frac{13}{16}$ m	99 $\frac{1}{2}$	....	63 $\frac{3}{8}$ p
100	....	64 $\frac{1}{8}$ m	100	....	63 $\frac{11}{16}$ p
100 $\frac{1}{2}$	....	64 $\frac{7}{16}$ m	100 $\frac{1}{2}$	....	64 p
101	....	64 $\frac{3}{4}$ m	101	....	64 $\frac{5}{16}$ p
101 $\frac{1}{2}$	....	65 $\frac{1}{16}$ p	101 $\frac{1}{2}$	....	64 $\frac{5}{8}$ p
102	....	65 $\frac{7}{16}$ p	102	....	64 $\frac{15}{16}$ p
102 $\frac{1}{2}$	....	65 $\frac{11}{16}$ p	102 $\frac{1}{2}$	....	65 $\frac{5}{16}$ m
103	....	66 p	103	....	65 $\frac{5}{8}$ m
103 $\frac{1}{2}$	....	66 $\frac{3}{8}$ m	103 $\frac{1}{2}$	....	65 $\frac{15}{16}$ m
104	....	66 $\frac{11}{16}$ m	104	....	66 $\frac{1}{4}$ m
104 $\frac{1}{2}$	....	67 m	104 $\frac{1}{2}$	....	66 $\frac{9}{16}$ m

COMBINAISON GENERALE

PARIS, { GENEVE, BASLE, } AMSTERDAM.

Geneve sur Amsterd.	Paris sur Geneve.	Rend à Amsterd.	Geneve sur Amsterd.	Paris sur Geneve.	Rend à Amsterd.
86 $\frac{1}{2}$	158	54 $\frac{3}{4}$ m	86 $\frac{1}{2}$	159	54 $\frac{3}{8}$ p
87		55 $\frac{1}{16}$ p	87		54 $\frac{11}{16}$ p
87 $\frac{1}{2}$		55 $\frac{3}{8}$ p	87 $\frac{1}{2}$		55 $\frac{1}{16}$ m
88		55 $\frac{11}{16}$ p	88		55 $\frac{3}{8}$ m
88 $\frac{1}{2}$		56 p	88 $\frac{1}{2}$		55 $\frac{11}{16}$ m
89		56 $\frac{5}{16}$ p	89		56 m
89 $\frac{1}{2}$		56 $\frac{5}{8}$ p	89 $\frac{1}{2}$		56 $\frac{5}{16}$ m
90		56 $\frac{13}{16}$ p	90		56 $\frac{5}{8}$ m
90 $\frac{1}{2}$		57 $\frac{1}{4}$ p	90 $\frac{1}{2}$		56 $\frac{15}{16}$ m
91		57 $\frac{1}{8}$ m	91		57 $\frac{1}{4}$ m
91 $\frac{1}{2}$		57 $\frac{15}{16}$ m	91 $\frac{1}{2}$		57 $\frac{9}{16}$ m
92		58 $\frac{1}{4}$ m	92		57 $\frac{7}{8}$ m
92 $\frac{1}{2}$		58 $\frac{9}{16}$ m	92 $\frac{1}{2}$		58 $\frac{1}{4}$ m
93		58 $\frac{7}{8}$ m	93		58 $\frac{1}{2}$ m
93 $\frac{1}{2}$		59 $\frac{3}{16}$ m	93 $\frac{1}{2}$		58 $\frac{13}{16}$ m
94		59 $\frac{1}{2}$ m	94		59 $\frac{1}{8}$ m
94 $\frac{1}{2}$		59 $\frac{13}{16}$ m	94 $\frac{1}{2}$		59 $\frac{7}{16}$ m
95		60 $\frac{1}{8}$ p	95		59 $\frac{3}{4}$ m
95 $\frac{1}{2}$		60 $\frac{7}{16}$ p	95 $\frac{1}{2}$		60 $\frac{1}{16}$ p
96		60 $\frac{3}{4}$ p	96		60 $\frac{3}{8}$ p
96 $\frac{1}{2}$		61 $\frac{1}{16}$ p	96 $\frac{1}{2}$		60 $\frac{11}{16}$ p
97		61 $\frac{3}{8}$ p	97		61
97 $\frac{1}{2}$		61 $\frac{11}{16}$ p	97 $\frac{1}{2}$		61 $\frac{5}{16}$ p
98		62 p	98		61 $\frac{5}{8}$ p
98 $\frac{1}{2}$		62 $\frac{5}{16}$ p	98 $\frac{1}{2}$		61 $\frac{15}{16}$ p
99		62 $\frac{11}{16}$ m	99		62 $\frac{1}{4}$ p
99 $\frac{1}{2}$		63 m	99 $\frac{1}{2}$		62 $\frac{9}{16}$ p
100		63 $\frac{5}{16}$ m	100		62 $\frac{7}{8}$ p
100 $\frac{1}{2}$		63 $\frac{5}{8}$ m	100 $\frac{1}{2}$		63 $\frac{3}{16}$ p
101		63 $\frac{15}{16}$ m	101		63 $\frac{1}{2}$ p
101 $\frac{1}{2}$		64 $\frac{1}{4}$ m	101 $\frac{1}{2}$		63 $\frac{13}{16}$ p
102		64 $\frac{9}{16}$ m	102		64 $\frac{1}{8}$ p
102 $\frac{1}{2}$		64 $\frac{7}{8}$ m	102 $\frac{1}{2}$		64 $\frac{7}{16}$ p
103		65 $\frac{3}{16}$ p	103		64 $\frac{3}{4}$ p
103 $\frac{1}{2}$		65 $\frac{1}{2}$ p	103 $\frac{1}{2}$		65 $\frac{1}{16}$ m
104		65 $\frac{13}{16}$ p	104		65 $\frac{7}{16}$ m
104 $\frac{1}{2}$		66 $\frac{1}{8}$ p	104 $\frac{1}{2}$		65 $\frac{3}{4}$ m

DES CHANGES.

PARIS, { GENEVE, BASLE, } AMSTERDAM.

Geneve sur Amsterd.	Paris sur Geneve.	Rend à Amsterd.	Geneve sur Amsterd.	Paris sur Geneve.	Rend à Amsterd.
$86\frac{1}{2}$	160	$54\frac{1}{16}$	$86\frac{1}{2}$	161	$53\frac{3}{4}$ m
87	....	$54\frac{3}{8}$	87	....	$54\frac{1}{16}$ m
$87\frac{1}{2}$	....	$54\frac{11}{16}$	$87\frac{1}{2}$	....	$54\frac{3}{8}$ m
88	....	55	88	....	$54\frac{11}{16}$ m
$88\frac{1}{2}$	....	$55\frac{5}{16}$	$88\frac{1}{2}$	....	55 m
89	....	$55\frac{5}{8}$	89	....	$55\frac{1}{4}$ p
$89\frac{1}{2}$	....	$55\frac{15}{16}$	$89\frac{1}{2}$	....	$55\frac{9}{16}$ p
90	....	$56\frac{1}{4}$	90	....	$55\frac{7}{8}$ p
$90\frac{1}{2}$	....	$56\frac{9}{16}$	$90\frac{1}{2}$	....	$56\frac{3}{16}$ p
91	....	$56\frac{7}{8}$	91	....	$56\frac{1}{2}$ p
$91\frac{1}{2}$	....	$57\frac{1}{16}$	$91\frac{1}{2}$	....	$56\frac{13}{16}$ p
92	....	$57\frac{1}{2}$	92	....	$57\frac{1}{8}$ p
$92\frac{1}{2}$	....	$57\frac{13}{16}$	$92\frac{1}{2}$	....	$57\frac{7}{16}$ p
93	....	$58\frac{1}{8}$	93	....	$57\frac{3}{4}$ p
$93\frac{1}{2}$	....	$58\frac{7}{16}$	$93\frac{1}{2}$	....	$58\frac{1}{16}$ p
94	....	$58\frac{3}{4}$	94	....	$58\frac{3}{8}$ p
$94\frac{1}{2}$	....	$59\frac{1}{16}$	$94\frac{1}{2}$	....	$58\frac{11}{16}$ p
95	....	$59\frac{3}{8}$	95	....	59 p
$95\frac{1}{2}$	....	$59\frac{11}{16}$	$95\frac{1}{2}$	....	$59\frac{5}{16}$ p
96	....	60	96	....	$59\frac{5}{8}$ p
$96\frac{1}{2}$	....	$60\frac{5}{16}$	$96\frac{1}{2}$	....	$59\frac{15}{16}$ p
97	....	$60\frac{5}{8}$	97	....	$60\frac{1}{4}$ m
$97\frac{1}{2}$	....	$60\frac{15}{16}$	$97\frac{1}{2}$	....	$60\frac{4}{16}$ m
98	....	$61\frac{1}{4}$	98	....	$60\frac{7}{8}$ m
$98\frac{1}{2}$	....	$61\frac{9}{16}$	$98\frac{1}{2}$	....	$61\frac{3}{16}$ m
99	....	$61\frac{7}{8}$	99	....	$61\frac{1}{2}$ m
$99\frac{1}{2}$	....	$62\frac{3}{16}$	$99\frac{1}{2}$	....	$61\frac{13}{16}$ m
100	....	$62\frac{1}{2}$	100	....	$62\frac{1}{8}$ m
$100\frac{1}{2}$	....	$62\frac{13}{16}$	$100\frac{1}{2}$	....	$62\frac{7}{16}$ m
101	....	$63\frac{1}{8}$	101	....	$62\frac{3}{4}$ m
$101\frac{1}{2}$	....	$63\frac{7}{16}$	$101\frac{1}{2}$	....	$63\frac{1}{16}$ m
102	....	$63\frac{3}{4}$	102	....	$63\frac{3}{8}$ m
$102\frac{1}{2}$	....	$64\frac{1}{16}$	$102\frac{1}{2}$	....	$63\frac{11}{16}$ m
103	....	$64\frac{3}{8}$	103	....	64 m
$103\frac{1}{2}$	....	$64\frac{11}{16}$	$103\frac{1}{2}$	....	$64\frac{5}{16}$ m
104	....	65	104	....	$64\frac{5}{8}$ m
$104\frac{1}{2}$	....	$65\frac{1}{16}$	$104\frac{1}{2}$	....	$64\frac{15}{16}$ m

Tome II.

COMBINAISON GENERALE

PARIS, { GENEVE, BASLE, } AMSTERDAM.

Geneve sur Amsterd.	Paris sur Geneve.	Rend à Amsterd.	Geneve sur Amsterd.	Paris sur Geneve.	Rend à Amsterd.
86 $\frac{1}{2}$	162	53 $\frac{3}{8}$ p	86 $\frac{1}{2}$	163	53 $\frac{1}{16}$ p
87	....	53 $\frac{11}{16}$ p	87	....	53 $\frac{3}{8}$ m
87 $\frac{1}{2}$	....	54 p	87 $\frac{1}{2}$	....	53 $\frac{11}{16}$ m
88	....	54 $\frac{5}{16}$ p	88	....	54 m
88 $\frac{1}{2}$	....	54 $\frac{5}{8}$ p	88 $\frac{1}{2}$	....	54 $\frac{5}{16}$ m
89	....	54 $\frac{15}{16}$ p	89	....	54 $\frac{5}{8}$ m
89 $\frac{1}{2}$	....	55 $\frac{1}{4}$ m	89 $\frac{1}{2}$	....	54 $\frac{15}{16}$ m
90	....	55 $\frac{7}{16}$ m	90	....	55 $\frac{3}{16}$ p
90 $\frac{1}{2}$	....	55 $\frac{7}{8}$ m	90 $\frac{1}{2}$	....	55 $\frac{1}{2}$ p
91	....	56 $\frac{3}{16}$ m	91	....	55 $\frac{13}{16}$ p
91 $\frac{1}{2}$	....	56 $\frac{1}{2}$ m	91 $\frac{1}{2}$	....	56 $\frac{3}{8}$ p
92	....	56 $\frac{13}{16}$ m	92	....	56 $\frac{7}{16}$ m
92 $\frac{1}{2}$	....	57 $\frac{1}{8}$ m	92 $\frac{1}{2}$	....	56 $\frac{3}{4}$ m
93	....	57 $\frac{7}{16}$ m	93	....	57 $\frac{1}{16}$ m
93 $\frac{1}{2}$	....	57 $\frac{11}{16}$ p	93 $\frac{1}{2}$	....	57 $\frac{3}{8}$ m
94	....	58 p	94	....	57 $\frac{11}{16}$ m
94 $\frac{1}{2}$	....	58 $\frac{5}{16}$ p	94 $\frac{1}{2}$	....	58 m
95	....	58 $\frac{5}{8}$ p	95	....	58 $\frac{5}{16}$ m
95 $\frac{1}{2}$	....	58 $\frac{15}{16}$ p	95 $\frac{1}{2}$	....	58 $\frac{9}{16}$ p
96	....	59 $\frac{1}{4}$ p	96	....	58 $\frac{7}{8}$ p
96 $\frac{1}{2}$	....	59 $\frac{9}{16}$ p	96 $\frac{1}{2}$	....	59 $\frac{3}{16}$ p
97	....	59 $\frac{7}{8}$ p	97	....	59 $\frac{1}{2}$ p
97 $\frac{1}{2}$	....	60 $\frac{3}{16}$ m	97 $\frac{1}{2}$	....	59 $\frac{13}{16}$ p
98	....	60 $\frac{1}{2}$ m	98	....	60 $\frac{1}{8}$ m
98 $\frac{1}{2}$	....	60 $\frac{13}{16}$ m	98 $\frac{1}{2}$	....	60 $\frac{7}{16}$ m
99	....	61 $\frac{1}{8}$ m	99	....	60 $\frac{3}{4}$ m
99 $\frac{1}{2}$	....	61 $\frac{7}{16}$ m	99 $\frac{1}{2}$	....	61 $\frac{1}{16}$ m
100	....	61 $\frac{3}{4}$ m	100	....	61 $\frac{3}{8}$ m
100 $\frac{1}{2}$	....	62 $\frac{1}{16}$ m	100 $\frac{1}{2}$	....	61 $\frac{11}{16}$ m
101	....	62 $\frac{3}{8}$ m	101	....	61 $\frac{15}{16}$ p
101 $\frac{1}{2}$	....	62 $\frac{5}{8}$ p	101 $\frac{1}{2}$	....	62 $\frac{1}{4}$ p
102	....	62 $\frac{15}{16}$ p	102	....	62 $\frac{9}{16}$ p
102 $\frac{1}{2}$	....	63 $\frac{1}{4}$ p	102 $\frac{1}{2}$	....	62 $\frac{7}{8}$ p
103	....	63 $\frac{9}{16}$ p	103	....	63 $\frac{3}{16}$ p
103 $\frac{1}{2}$	....	63 $\frac{7}{8}$ p	103 $\frac{1}{2}$	....	63 $\frac{1}{2}$ m
104	....	64 $\frac{3}{16}$ p	104	....	63 $\frac{13}{16}$ m
104 $\frac{1}{2}$	....	64 $\frac{1}{2}$ p	104 $\frac{1}{2}$	....	64 $\frac{1}{8}$ m

DES CHANGES.

PARIS, { GENEVE, BASLE, } AMSTERDAM.

Geneve sur Amsterd.	Paris sur Geneve.	Rend à Amsterd.	Geneve sur Amsterd.	Paris sur Geneve.	Rend à Amsterd.
$86\frac{1}{2}$	164	$52\frac{3}{4}$ m	$86\frac{1}{2}$	165	$52\frac{7}{16}$ m
87		$53\frac{1}{16}$ m	87		$52\frac{3}{4}$ m
$87\frac{1}{2}$		$53\frac{3}{8}$ m	$87\frac{1}{2}$		53 p
88		$53\frac{11}{16}$ m	88		$53\frac{5}{16}$ p
$88\frac{1}{2}$		$53\frac{15}{16}$ p	$88\frac{1}{2}$		$53\frac{3}{8}$ m
89		$54\frac{1}{4}$ p	89		$53\frac{15}{16}$ p
$89\frac{1}{2}$		$54\frac{9}{16}$ p	$89\frac{1}{2}$		$54\frac{1}{4}$ m
90		$54\frac{7}{8}$ p	90		$54\frac{9}{16}$ m
$90\frac{1}{2}$		$55\frac{1}{16}$ m	$90\frac{1}{2}$		$54\frac{7}{8}$ m
91		$55\frac{1}{2}$ m	91		$55\frac{1}{8}$ p
$91\frac{1}{2}$		$55\frac{13}{16}$ m	$91\frac{1}{2}$		$55\frac{7}{16}$ p
92		$56\frac{1}{8}$ m	92		$55\frac{3}{4}$ p
$92\frac{1}{2}$		$56\frac{3}{8}$ p	$92\frac{1}{2}$		$56\frac{1}{16}$ m
93		$56\frac{11}{16}$ p	93		$56\frac{3}{8}$ m
$93\frac{1}{2}$		57 p	$93\frac{1}{2}$		$56\frac{11}{16}$ m
94		$57\frac{5}{16}$ p	94		57 m
$94\frac{1}{2}$		$57\frac{5}{8}$ m	$94\frac{1}{2}$		$57\frac{1}{4}$ p
95		$57\frac{15}{16}$ m	95		$57\frac{9}{16}$ p
$95\frac{1}{2}$		$58\frac{1}{4}$ m	$95\frac{1}{2}$		$57\frac{7}{8}$ p
96		$58\frac{9}{16}$ m	96		$58\frac{3}{16}$ m
$96\frac{1}{2}$		$58\frac{1}{2}$ p	$96\frac{1}{2}$		$58\frac{1}{2}$ p
97		$59\frac{1}{8}$ p	97		$58\frac{13}{16}$ m
$97\frac{1}{2}$		$59\frac{7}{16}$ p	$97\frac{1}{2}$		$59\frac{1}{16}$ p
98		$59\frac{3}{4}$ p	98		$59\frac{3}{8}$ p
$98\frac{1}{2}$		$60\frac{1}{16}$ m	$98\frac{1}{2}$		$59\frac{11}{16}$ p
99		$60\frac{3}{8}$ m	99		60
$99\frac{1}{2}$		$60\frac{11}{16}$ m	$99\frac{1}{2}$		$60\frac{5}{16}$ m
100		61 m	100		$60\frac{5}{8}$ m
$100\frac{1}{2}$		$61\frac{1}{4}$ p	$100\frac{1}{2}$		$60\frac{15}{16}$ m
101		$61\frac{9}{16}$ p	101		$61\frac{3}{16}$ p
$101\frac{1}{2}$		$61\frac{7}{8}$ p	$101\frac{1}{2}$		$61\frac{1}{2}$ p
102		$62\frac{3}{16}$ p	102		$61\frac{13}{16}$ p
$102\frac{1}{2}$		$62\frac{1}{2}$	$102\frac{1}{2}$		$62\frac{1}{8}$ m
103		$62\frac{13}{16}$ m	103		$62\frac{7}{16}$ m
$103\frac{1}{2}$		$63\frac{1}{8}$ m	$103\frac{1}{2}$		$62\frac{3}{4}$ m
104		$63\frac{7}{16}$ m	104		63 p
$104\frac{1}{2}$		$63\frac{3}{4}$ m	$104\frac{1}{2}$		$63\frac{5}{16}$ p

COMBINAISON GENERALE

PARIS, { GENEVE, BASLE, } AMSTERDAM.

Geneve sur Amsterd.	Paris sur Geneve.	Rend à Amsterd.	Geneve sur Amsterd.	Paris sur Geneve.	Rend à Amsterd.
$86 \frac{1}{2}$	166	$52 \frac{1}{8}$ m	$86 \frac{1}{2}$	167	$51 \frac{13}{16}$ m
87	....	$52 \frac{7}{16}$ m	87	....	$52 \frac{1}{8}$ m
$87 \frac{1}{2}$	....	$52 \frac{11}{16}$ p	$87 \frac{1}{2}$	....	$52 \frac{3}{8}$ p
88	....	53 p	88	....	$52 \frac{11}{16}$ p
$88 \frac{1}{2}$	....	$53 \frac{5}{16}$ p	$88 \frac{1}{2}$	....	53 m
89	....	$53 \frac{3}{8}$ m	89	....	$53 \frac{5}{16}$ m
$89 \frac{1}{2}$	....	$53 \frac{15}{16}$ m	$89 \frac{1}{2}$	....	$53 \frac{9}{16}$ p
90	....	$54 \frac{3}{16}$ p	90	....	$53 \frac{7}{8}$ p
$90 \frac{1}{2}$	....	$54 \frac{1}{2}$ p	$90 \frac{1}{2}$	....	$54 \frac{3}{16}$ p
91	....	$54 \frac{13}{16}$ p	91	....	$54 \frac{1}{2}$ m
$91 \frac{1}{2}$	....	$55 \frac{1}{8}$ m	$91 \frac{1}{2}$	....	$54 \frac{13}{16}$ m
92	....	$55 \frac{5}{16}$ m	92	....	$55 \frac{1}{16}$ p
$92 \frac{1}{2}$	....	$55 \frac{3}{4}$ m	$92 \frac{1}{2}$	....	$55 \frac{3}{8}$ p
93	....	56 p	93	....	$55 \frac{11}{16}$ p
$93 \frac{1}{2}$	....	$56 \frac{5}{16}$ p	$93 \frac{1}{2}$	....	56 m
94	....	$56 \frac{5}{8}$ p	94	....	$56 \frac{5}{16}$ m
$94 \frac{1}{2}$	....	$56 \frac{15}{16}$ m	$94 \frac{1}{2}$	....	$56 \frac{9}{16}$ p
95	....	$57 \frac{1}{4}$ m	95	....	$56 \frac{7}{8}$ p
$95 \frac{1}{2}$	....	$57 \frac{1}{2}$ p	$95 \frac{1}{2}$	....	$57 \frac{7}{16}$ m
96	....	$57 \frac{13}{16}$ p	96	....	$57 \frac{1}{2}$ m
$96 \frac{1}{2}$	....	$58 \frac{3}{8}$ p	$96 \frac{1}{2}$	....	$57 \frac{13}{16}$ m
97	....	$58 \frac{7}{16}$ m	97	....	$58 \frac{1}{16}$ p
$97 \frac{1}{2}$	....	$58 \frac{3}{4}$ m	$97 \frac{1}{2}$	....	$58 \frac{3}{8}$ p
98	....	$59 \frac{1}{16}$ m	98	....	$58 \frac{11}{16}$ p
$98 \frac{1}{2}$	....	$59 \frac{5}{16}$ p	$98 \frac{1}{2}$	....	59 m
99	....	$59 \frac{5}{8}$ p	99	....	$59 \frac{5}{16}$ m
$99 \frac{1}{2}$	....	$59 \frac{15}{16}$ p	$99 \frac{1}{2}$	....	$59 \frac{9}{16}$ p
100	....	$60 \frac{1}{4}$ m	100	....	$59 \frac{7}{8}$ p
$100 \frac{1}{2}$	....	$60 \frac{9}{16}$ m	$100 \frac{1}{2}$	....	$60 \frac{3}{16}$ m
101	....	$60 \frac{13}{16}$ p	101	....	$60 \frac{1}{2}$ m
$101 \frac{1}{2}$	....	$61 \frac{1}{8}$ p	$101 \frac{1}{2}$	....	$60 \frac{3}{4}$ p
102	....	$61 \frac{7}{16}$ p	102	....	$61 \frac{1}{16}$ p
$102 \frac{1}{2}$	....	$61 \frac{3}{4}$ m	$102 \frac{1}{2}$	....	$61 \frac{3}{8}$ p
103	....	$62 \frac{1}{4}$ m	103	....	$61 \frac{11}{16}$ p
$103 \frac{1}{2}$	....	$62 \frac{3}{8}$ m	$103 \frac{1}{2}$	....	62 m
104	....	$62 \frac{3}{8}$ p	104	....	$62 \frac{1}{4}$ p
$104 \frac{1}{2}$	....	$62 \frac{11}{16}$ p	$104 \frac{1}{2}$	....	$62 \frac{9}{16}$ p

DES CHANGES.

PARIS, { GENEVE, BASLE, } AMSTERDAM.

Geneve sur Amsterd.	Paris sur Geneve.	Rend à Amsterd.	Geneve sur Amsterd.	Paris sur Geneve.	Rend à Amsterd.
86 $\frac{1}{2}$	168	51 $\frac{1}{2}$ m	86 $\frac{1}{2}$	169	51 $\frac{3}{16}$ m
87	....	51 $\frac{13}{16}$ m	87	....	51 $\frac{1}{2}$ m
87 $\frac{1}{2}$	....	52 $\frac{1}{16}$ p	87 $\frac{1}{2}$	....	51 $\frac{3}{4}$ p
88	....	52 $\frac{3}{8}$ p	88	....	52 $\frac{1}{16}$ p
88 $\frac{1}{2}$	....	52 $\frac{11}{16}$ m	88 $\frac{1}{2}$	....	52 $\frac{3}{8}$ m
89	....	53 m	89	....	52 $\frac{11}{16}$ m
89 $\frac{1}{2}$	....	53 $\frac{1}{4}$ p	89 $\frac{1}{2}$	....	52 $\frac{11}{16}$ p
90	....	53 $\frac{9}{16}$ p	90	....	53 $\frac{1}{4}$ p
90 $\frac{1}{2}$	....	53 $\frac{7}{8}$ m	90 $\frac{1}{2}$	....	53 $\frac{9}{16}$ m
91	....	54 $\frac{3}{16}$ m	91	....	53 $\frac{7}{8}$ m
91 $\frac{1}{2}$	....	54 $\frac{1}{16}$ p	91 $\frac{1}{2}$	....	54 $\frac{1}{8}$ p
92	....	54 $\frac{3}{4}$ p	92	....	54 $\frac{7}{16}$ p
92 $\frac{1}{2}$	....	55 $\frac{1}{16}$ m	92 $\frac{1}{2}$	....	54 $\frac{3}{4}$ m
93	....	55 $\frac{3}{8}$ m	93	....	55 p
93 $\frac{1}{2}$	....	55 $\frac{5}{8}$ p	93 $\frac{1}{2}$	....	55 $\frac{5}{16}$ p
94	....	55 $\frac{15}{16}$ p	94	....	55 $\frac{5}{8}$ m
94 $\frac{1}{2}$	....	56 $\frac{4}{16}$ p	94 $\frac{1}{2}$	....	55 $\frac{15}{16}$ m
95	....	56 $\frac{9}{16}$ m	95	....	56 $\frac{3}{16}$ p
95 $\frac{1}{2}$	....	56 $\frac{7}{8}$ m	95 $\frac{1}{2}$	....	56 $\frac{1}{2}$ p
96	....	57 $\frac{1}{8}$ p	96	....	56 $\frac{13}{16}$ m
96 $\frac{1}{2}$	....	57 $\frac{7}{16}$ p	96 $\frac{1}{2}$	....	57 $\frac{1}{8}$ m
97	....	57 $\frac{3}{4}$ m	97	....	57 $\frac{3}{8}$ p
97 $\frac{1}{2}$	....	58 $\frac{1}{16}$ m	97 $\frac{1}{2}$	....	57 $\frac{11}{16}$ p
98	....	58 $\frac{5}{16}$ p	98	....	58 m
98 $\frac{1}{2}$	....	58 $\frac{5}{8}$ p	98 $\frac{1}{2}$	....	58 $\frac{5}{16}$ m
99	....	58 $\frac{15}{16}$ m	99	....	58 $\frac{9}{16}$ p
99 $\frac{1}{2}$	....	59 $\frac{1}{4}$ m	99 $\frac{1}{2}$	....	58 $\frac{7}{8}$ p
100	....	59 $\frac{1}{2}$ p	100	....	59 $\frac{3}{16}$ m
100 $\frac{1}{2}$	....	59 $\frac{13}{16}$ p	100 $\frac{1}{2}$	....	59 $\frac{7}{16}$ p
101	....	60 $\frac{1}{8}$ m	101	....	59 $\frac{3}{4}$ p
101 $\frac{1}{2}$	....	60 $\frac{7}{16}$ m	101 $\frac{1}{2}$	....	60 $\frac{1}{16}$ m
102	....	60 $\frac{11}{16}$ p	102	....	60 $\frac{3}{8}$ m
102 $\frac{1}{2}$	....	61 p	102 $\frac{1}{2}$	....	60 $\frac{5}{8}$ p
103	....	61 $\frac{5}{16}$ m	103	....	60 $\frac{15}{16}$ p
103 $\frac{1}{2}$	....	61 $\frac{5}{8}$ m	103 $\frac{1}{2}$	....	61 $\frac{1}{4}$ m
104	....	61 $\frac{7}{8}$ p	104	....	61 $\frac{4}{4}$ m
104 $\frac{1}{2}$	....	62 $\frac{3}{16}$ p	104 $\frac{1}{2}$	....	61 $\frac{13}{16}$ p

COMBINAISON GENERALE

PARIS, { GENEVE, BASLE, } AMSTERDAM.

Geneve sur Amsterd.	Paris sur Geneve.	Rend à Amsterd.	Geneve sur Amsterd.	Paris sur Geneve.	Rend à Amsterd.
$86 \frac{1}{2}$	170	$50 \frac{7}{8}$ p	$86 \frac{1}{2}$	171	$50 \frac{9}{16}$ p
87	....	$51 \frac{1}{16}$ m	87	....	$50 \frac{7}{8}$ p
$87 \frac{1}{2}$	....	$51 \frac{1}{4}$ m	$87 \frac{1}{2}$	....	$51 \frac{1}{16}$ p
88	....	$51 \frac{3}{4}$ p	88	....	$51 \frac{7}{16}$ p
$88 \frac{1}{2}$	....	$52 \frac{1}{16}$ m	$88 \frac{1}{2}$	....	$51 \frac{3}{4}$ p
89	....	$52 \frac{3}{8}$ m	89	....	$52 \frac{1}{16}$ p
$89 \frac{1}{2}$	....	$52 \frac{5}{8}$ p	$89 \frac{1}{2}$	....	$52 \frac{1}{2}$ p
90	....	$52 \frac{15}{16}$ p	90	....	$52 \frac{5}{8}$ p
$90 \frac{1}{2}$	....	$53 \frac{1}{4}$ m	$90 \frac{1}{2}$	....	$52 \frac{15}{16}$ m
91	....	$53 \frac{1}{2}$ p	91	....	$53 \frac{3}{16}$ p
$91 \frac{1}{2}$	....	$53 \frac{13}{16}$ p	$91 \frac{1}{2}$	....	$53 \frac{1}{2}$ p
92	....	$54 \frac{3}{8}$ m	92	....	$53 \frac{13}{16}$ m
$92 \frac{1}{2}$	....	$54 \frac{7}{16}$ m	$92 \frac{1}{2}$	....	$54 \frac{1}{4}$ p
93	....	$54 \frac{11}{16}$ p	93	....	$54 \frac{1}{2}$ p
$93 \frac{1}{2}$	....	55	$93 \frac{1}{2}$	....	$54 \frac{11}{16}$ m
94	....	$55 \frac{5}{16}$ m	94	....	55 m
$94 \frac{1}{2}$	....	$55 \frac{9}{16}$ p	$94 \frac{1}{2}$	....	$55 \frac{1}{4}$ p
95	....	$55 \frac{7}{8}$ p	95	....	$55 \frac{7}{16}$ m
$95 \frac{1}{2}$	....	$56 \frac{3}{16}$ m	$95 \frac{1}{2}$	....	$55 \frac{7}{8}$ m
96	....	$56 \frac{1}{2}$ m	96	....	$56 \frac{3}{16}$ p
$96 \frac{1}{2}$	....	$56 \frac{3}{4}$ p	$96 \frac{1}{2}$	....	$56 \frac{7}{16}$ m
97	....	$57 \frac{1}{16}$ m	97	....	$56 \frac{3}{4}$
$97 \frac{1}{2}$	....	$57 \frac{3}{8}$ m	$97 \frac{1}{2}$	....	57 p
98	....	$57 \frac{5}{8}$ p	98	....	$57 \frac{5}{16}$ p
$98 \frac{1}{2}$	....	$57 \frac{15}{16}$ p	$98 \frac{1}{2}$	....	$57 \frac{5}{8}$ m
99	....	$58 \frac{1}{4}$ m	99	....	$57 \frac{7}{8}$ p
$99 \frac{1}{2}$	....	$58 \frac{1}{2}$ p	$99 \frac{1}{2}$	....	$58 \frac{3}{16}$ m
100	....	$58 \frac{13}{16}$ p	100	....	$58 \frac{1}{2}$ m
$100 \frac{1}{2}$	....	$59 \frac{1}{8}$ m	$100 \frac{1}{2}$	....	$58 \frac{3}{4}$ p
101	....	$59 \frac{7}{16}$ m	101	....	$59 \frac{1}{16}$ p
$101 \frac{1}{2}$	....	$59 \frac{11}{16}$ p	$101 \frac{1}{2}$	....	$59 \frac{3}{8}$ m
102	....	60	102	....	$59 \frac{5}{8}$ m
$102 \frac{1}{2}$	....	$60 \frac{5}{16}$ m	$102 \frac{1}{2}$	....	$59 \frac{15}{16}$ p
103	....	$60 \frac{9}{16}$ p	103	....	$60 \frac{1}{4}$ m
$103 \frac{1}{2}$	....	$60 \frac{7}{8}$ p	$103 \frac{1}{2}$	....	$60 \frac{1}{2}$ p
104	....	$61 \frac{3}{16}$ m	104	....	$60 \frac{13}{16}$ p
$104 \frac{1}{2}$	....	$61 \frac{1}{2}$ m	$104 \frac{1}{2}$	....	$61 \frac{1}{8}$ m

DES CHANGES.

PARIS, { GENEVE, BASLE, } AMSTERDAM.

Geneve sur Amsterd.	Paris sur Geneve.	Rend à Amsterd.	Geneve sur Amsterd.	Paris sur Geneve.	Rend à Amsterd.
86 $\frac{1}{2}$	172	50 $\frac{5}{16}$ m	86 $\frac{1}{2}$	173	50
87	....	50 $\frac{9}{16}$ p	87	....	50 $\frac{5}{16}$ m
87 $\frac{1}{2}$	....	50 $\frac{7}{8}$ m	87 $\frac{1}{2}$	....	50 $\frac{9}{16}$ p
88	....	51 $\frac{3}{16}$ m	88	....	50 $\frac{7}{8}$ m
88 $\frac{1}{2}$	....	51 $\frac{7}{16}$ p	88 $\frac{1}{2}$	....	51 $\frac{1}{8}$ p
89	....	51 $\frac{3}{4}$ m	89	....	51 $\frac{7}{16}$ p
89 $\frac{1}{2}$	....	52 $\frac{1}{16}$ m	89 $\frac{1}{2}$	....	51 $\frac{3}{4}$ m
90	....	52 $\frac{5}{16}$ p	90	....	52 p
90 $\frac{1}{2}$	....	52 $\frac{5}{8}$ m	90 $\frac{1}{2}$	....	52 $\frac{5}{16}$ m
91	....	52 $\frac{15}{16}$ m	91	....	52 $\frac{5}{8}$ m
91 $\frac{1}{2}$	....	53 $\frac{3}{16}$ p	91 $\frac{1}{2}$	....	52 $\frac{7}{8}$ p
92	....	53 $\frac{1}{2}$ m	92	....	53 $\frac{3}{16}$ m
92 $\frac{1}{2}$	....	53 $\frac{3}{4}$ p	92 $\frac{1}{2}$	....	53 $\frac{7}{16}$ p
93	....	54 $\frac{1}{16}$ p	93	....	53 $\frac{3}{4}$ p
93 $\frac{1}{2}$	....	54 $\frac{3}{8}$ m	93 $\frac{1}{2}$	....	54 $\frac{1}{16}$ m
94	....	54 $\frac{5}{8}$ p	94	....	54 $\frac{5}{16}$ p
94 $\frac{1}{2}$	....	54 $\frac{15}{16}$ p	94 $\frac{1}{2}$	....	54 $\frac{5}{8}$ m
95	....	55 $\frac{1}{4}$ m	95	....	54 $\frac{15}{16}$ m
95 $\frac{1}{2}$	....	55 $\frac{1}{2}$ p	95 $\frac{1}{2}$	....	55 $\frac{1}{16}$ p
96	....	55 $\frac{13}{16}$ p	96	....	55 $\frac{1}{2}$ p
96 $\frac{1}{2}$	....	56 $\frac{1}{8}$ m	96 $\frac{1}{2}$	....	55 $\frac{3}{4}$ p
97	....	56 $\frac{3}{8}$ p	97	....	56 $\frac{1}{16}$ p
97 $\frac{1}{2}$	....	56 $\frac{11}{16}$ m	97 $\frac{1}{2}$	....	56 $\frac{3}{8}$ m
98	....	57 m	98	....	56 $\frac{5}{8}$ p
98 $\frac{1}{2}$	....	57 $\frac{1}{4}$ p	98 $\frac{1}{2}$	....	56 $\frac{15}{16}$ m
99	....	57 $\frac{9}{16}$ m	99	....	57 $\frac{1}{4}$ m
99 $\frac{1}{2}$	....	57 $\frac{7}{8}$ m	99 $\frac{1}{2}$	....	57 $\frac{1}{2}$ p
100	....	58 $\frac{1}{8}$ p	100	....	57 $\frac{13}{16}$ m
100 $\frac{1}{2}$	....	58 $\frac{7}{16}$ m	100 $\frac{1}{2}$	....	58 $\frac{1}{16}$ p
101	....	58 $\frac{3}{4}$ m	101	....	58 $\frac{3}{8}$ p
101 $\frac{1}{2}$	....	59 p	101 $\frac{1}{2}$	....	58 $\frac{11}{16}$ m
102	....	59 $\frac{5}{16}$ m	102	....	58 $\frac{15}{16}$ p
102 $\frac{1}{2}$	....	59 $\frac{9}{16}$ p	102 $\frac{1}{2}$	....	59 $\frac{1}{4}$ m
103	....	59 $\frac{7}{8}$ p	103	....	59 $\frac{9}{16}$ m
103 $\frac{1}{2}$	....	60 $\frac{3}{16}$ m	103 $\frac{1}{2}$	....	59 $\frac{15}{16}$ p
104	....	60 $\frac{7}{16}$ p	104	....	60 $\frac{1}{8}$ m
104 $\frac{1}{2}$	....	60 $\frac{3}{4}$ p	104 $\frac{1}{2}$	....	60 $\frac{3}{8}$ p

COMBINAISON GENERALE

PARIS, { GENEVE, BASLE, } AMSTERDAM.

Geneve sur Amsterd.	Paris sur Geneve.	Rend à Amsterd.	Geneve sur Amsterd.	Paris sur Geneve.	Rend à Amsterd.
$86\frac{1}{2}$	174	$49\frac{11}{16}$ p	$86\frac{1}{2}$	175	$49\frac{7}{16}$ m
87		50	87		$49\frac{11}{16}$ p
$87\frac{1}{2}$		$50\frac{5}{16}$ m	$87\frac{1}{2}$		50
88		$50\frac{9}{16}$ p	88		$50\frac{5}{16}$ m
$88\frac{1}{2}$		$50\frac{7}{8}$ m	$88\frac{1}{2}$		$50\frac{9}{16}$ p
89		$51\frac{1}{8}$ p	89		$50\frac{7}{8}$ m
$89\frac{1}{2}$		$51\frac{7}{16}$ m	$89\frac{1}{2}$		$51\frac{1}{8}$ p
90		$51\frac{3}{4}$ m	90		$51\frac{7}{16}$ m
$90\frac{1}{2}$		52 p	$90\frac{1}{2}$		$51\frac{11}{16}$ p
91		$52\frac{5}{16}$ m	91		52
$91\frac{1}{2}$		$52\frac{9}{16}$ p	$91\frac{1}{2}$		$52\frac{5}{16}$ m
92		$52\frac{7}{8}$ m	92		$52\frac{9}{16}$ p
$92\frac{1}{2}$		$53\frac{3}{16}$ m	$92\frac{1}{2}$		$52\frac{7}{8}$ m
93		$53\frac{7}{16}$ p	93		$53\frac{1}{8}$ p
$93\frac{1}{2}$		$53\frac{3}{4}$ m	$93\frac{1}{2}$		$53\frac{7}{16}$ m
94		54 p	94		$53\frac{11}{16}$ p
$94\frac{1}{2}$		$54\frac{5}{16}$ m	$94\frac{1}{2}$		54
95		$54\frac{5}{8}$ m	95		$54\frac{5}{16}$ m
$95\frac{1}{2}$		$54\frac{7}{8}$ p	$95\frac{1}{2}$		$54\frac{9}{16}$ p
96		$55\frac{3}{16}$ m	96		$54\frac{7}{8}$ m
$96\frac{1}{2}$		$55\frac{7}{16}$ p	$96\frac{1}{2}$		$55\frac{1}{8}$ p
97		$55\frac{3}{4}$ m	97		$55\frac{7}{16}$ m
$97\frac{1}{2}$		$56\frac{1}{16}$ m	$97\frac{1}{2}$		$55\frac{11}{16}$ p
98		$56\frac{5}{16}$ p	98		56
$98\frac{1}{2}$		$56\frac{5}{8}$ m	$98\frac{1}{2}$		$56\frac{5}{16}$ m
99		$56\frac{7}{8}$ p	99		$56\frac{9}{16}$ p
$99\frac{1}{2}$		$57\frac{1}{16}$ m	$99\frac{1}{2}$		$56\frac{7}{8}$ m
100		$57\frac{1}{2}$ m	100		$57\frac{1}{8}$ p
$100\frac{1}{2}$		$57\frac{3}{4}$ p	$100\frac{1}{2}$		$57\frac{7}{16}$ m
101		$58\frac{1}{16}$ m	101		$57\frac{11}{16}$ p
$101\frac{1}{2}$		$58\frac{5}{16}$ p	$101\frac{1}{2}$		58
102		$58\frac{5}{8}$ m	102		$58\frac{5}{16}$ m
$102\frac{1}{2}$		$58\frac{15}{16}$ m	$102\frac{1}{2}$		$58\frac{9}{16}$ p
103		$59\frac{3}{16}$ p	103		$58\frac{7}{8}$ m
$103\frac{1}{2}$		$59\frac{1}{2}$ m	$103\frac{1}{2}$		$59\frac{1}{8}$ p
104		$59\frac{3}{4}$ p	104		$59\frac{7}{16}$ m
$104\frac{1}{2}$		$60\frac{1}{16}$ m	$104\frac{1}{2}$		$59\frac{11}{16}$ p

PARIS, { GENEVE, BASLE, } AMSTERDAM.

Geneve ſur Amſterd.	Paris ſur Geneve.	Rend à Amſterd.	Geneve ſur Amſterd.	Paris ſur Geneve.	Rend à Amſterd.
86 ½	176	49 ⅛ p	86 ½	177	48 ⅞ m
87	....	49 7/16 m	87	....	49 ⅛ p
87 ½	....	49 11/16 p	87 ½	....	49 7/16 m
88	....	50	88	....	49 11/16 p
88 ½	....	50 5/16 m	88 ½	....	50
89	....	50 9/16 p	89	....	50 5/16 m
89 ½	....	50 ⅞ m	89 ½	....	50 9/16 p
90	....	51 ⅛ p	90	....	50 ⅞ m
90 ½	....	51 7/16 m	90 ½	....	51 ⅛ p
91	....	51 11/16 p	91	....	51 7/16 m
91 ½	....	52 m	91 ½	....	51 11/16 p
92	....	52 ¼ p	92	....	52 m
92 ½	....	52 9/16 m	92 ½	....	52 ¼ p
93	....	52 13/16 p	93	....	52 9/16 m
93 ½	....	53 ⅛	93 ½	....	52 13/16 p
94	....	53 7/16 m	94	....	53 ⅛ m
94 ½	....	53 11/16 p	94 ½	....	53 ⅜ p
95	....	54 m	95	....	53 11/16 m
95 ½	....	54 ¼ p	95 ½	....	53 15/16 p
96	....	54 9/16 m	96	....	54 ¼ m
96 ½	....	54 13/16 p	96 ½	....	54 ½ p
97	....	55 ⅛ m	97	....	54 13/16 m
97 ½	....	55 ⅜ p	97 ½	....	55 1/16 p
98	....	55 11/16 m	98	....	55 ⅜ m
98 ½	....	55 15/16 p	98 ½	....	55 ⅝ p
99	....	56 ¼	99	....	55 15/16 m
99 ½	....	56 9/16 m	99 ½	....	56 3/16 p
100	....	56 13/16 p	100	....	56 ½ m
100 ½	....	57 ⅛ m	100 ½	....	56 ¾ p
101	....	57 ⅜ p	101	....	57 1/16 m
101 ½	....	57 11/16 m	101 ½	....	57 ⅜ m
102	....	57 15/16 p	102	....	57 ⅝ p
102 ½	....	58 ¼ m	102 ½	....	57 15/16 m
103	....	58 ½ p	103	....	58 3/16 p
103 ½	....	58 13/16 m	103 ½	....	58 ½ m
104	....	59 1/16 p	104	....	58 ¾ p
104 ½	....	59 ⅜	104 ½	....	59 1/16 m

PARIS, { GENEVE, BASLE, } AMSTERDAM.

Geneve ſur Amſterd.	Paris ſur Geneve.	Rend à Amſterd.	Geneve ſur Amſterd.	Paris ſur Geneve.	Rend à Amſterd.
86 1/2	178	48 5/8 m	86 1/2	179	48 5/16 p
87	....	48 7/8 p	87	....	48 5/8 m
87 1/2	....	49 3/16 m	87 1/2	....	48 7/8 p
88	....	49 7/16 p	88	....	49 3/16 m
88 1/2	....	49 3/4 m	88 1/2	....	49 7/16 p
89	....	50	89	....	49 3/4 m
89 1/2	....	50 1/4 p	89 1/2	....	50
90	....	50 9/16 m	90	....	50 1/4 p
90 1/2	....	50 13/16 p	90 1/2	....	50 9/16 m
91	....	51 1/8 m	91	....	50 13/16 p
91 1/2	....	51 3/8 p	91 1/2	....	51 1/8 m
92	....	51 11/16 m	92	....	51 3/8 p
92 1/2	....	51 15/16 p	92 1/2	....	51 11/16 m
93	....	52 1/4 m	93	....	51 15/16 p
93 1/2	....	52 1/2 p	93 1/2	....	52 1/4 m
94	....	52 13/16 m	94	....	52 1/2 p
94 1/2	....	53 1/16 p	94 1/2	....	52 13/16 m
95	....	53 3/8 m	95	....	53 1/16 p
95 1/2	....	53 5/8 p	95 1/2	....	53 3/8 m
96	....	53 15/16 m	96	....	53 5/8 p
96 1/2	....	54 3/16 p	96 1/2	....	53 15/16 m
97	....	54 1/2 m	97	....	54 3/16 p
97 1/2	....	54 3/4 p	97 1/2	....	54 1/2 m
98	....	55 1/16 m	98	....	54 3/4 m
98 1/2	....	55 5/16 p	98 1/2	....	55 p
99	....	55 5/8 m	99	....	55 5/16 m
99 1/2	....	55 7/8 p	99 1/2	....	55 9/16 p
100	....	56 3/16 m	100	....	55 7/8 m
100 1/2	....	56 7/16 p	100 1/2	....	56 1/8 p
101	....	56 3/4 m	101	....	56 7/16 m
101 1/2	....	57 p	101 1/2	....	56 11/16 p
102	....	57 5/16 m	102	....	57 m
102 1/2	....	57 9/16 p	102 1/2	....	57 1/4 p
103	....	57 7/8 m	103	....	57 9/16 m
103 1/2	....	58 1/8 p	103 1/2	....	57 13/16 p
104	....	58 7/16 m	104	....	58 1/8 m
104 1/2	....	58 11/16 p	104 1/2	....	58 3/8 p

DES CHANGES.

PARIS, { GENEVE, BASLE, } AMSTERDAM.

Geneve sur Amsterd.	Paris sur Geneve.	Rend à Amsterd.	Geneve sur Amsterd.	Paris sur Geneve.	Rend à Amsterd.
$86 \frac{1}{2}$	180	$48 \frac{1}{16}$ m	$86 \frac{1}{2}$	181	$47 \frac{13}{16}$ m
87	....	$48 \frac{5}{16}$ p	87	....	$48 \frac{1}{16}$ p
$87 \frac{1}{2}$	....	$48 \frac{5}{16}$ m	$87 \frac{1}{2}$	....	$48 \frac{1}{16}$ m
88	....	$48 \frac{5}{8}$ p	88	....	$48 \frac{3}{8}$ m
$88 \frac{1}{2}$	....	$49 \frac{1}{16}$ m	$88 \frac{1}{2}$	....	$48 \frac{7}{8}$ p
89	....	$49 \frac{7}{16}$ p	89	....	$49 \frac{3}{16}$ m
$89 \frac{1}{2}$	....	$49 \frac{3}{4}$ m	$89 \frac{1}{2}$	....	$49 \frac{7}{16}$ p
90	....	50	90	....	$49 \frac{3}{4}$ m
$90 \frac{1}{2}$	....	$50 \frac{1}{4}$ p	$90 \frac{1}{2}$	....	50
91	....	$50 \frac{9}{16}$ m	91	....	$50 \frac{1}{4}$ p
$91 \frac{1}{2}$	....	$50 \frac{13}{16}$ p	$91 \frac{1}{2}$	....	$50 \frac{9}{16}$ m
92	....	$51 \frac{1}{8}$ m	92	....	$50 \frac{13}{16}$ p
$92 \frac{1}{2}$	....	$51 \frac{3}{8}$ p	$92 \frac{1}{2}$	....	$51 \frac{1}{8}$ m
93	....	$51 \frac{11}{16}$ m	93	....	$51 \frac{3}{8}$ p
$93 \frac{1}{2}$	....	$51 \frac{15}{16}$ p	$93 \frac{1}{2}$	....	$51 \frac{11}{16}$ m
94	....	$52 \frac{1}{4}$ m	94	....	$52 \frac{1}{16}$ p
$94 \frac{1}{2}$	....	$52 \frac{1}{2}$ p	$94 \frac{1}{2}$	....	$52 \frac{1}{2}$ m
95	....	$52 \frac{3}{4}$ p	95	....	$52 \frac{3}{4}$ p
$95 \frac{1}{2}$	....	$53 \frac{1}{16}$ m	$95 \frac{1}{2}$	....	$53 \frac{1}{16}$ m
96	....	$53 \frac{5}{16}$ p	96	....	$53 \frac{5}{16}$ p
$96 \frac{1}{2}$	....	$53 \frac{5}{8}$ m	$96 \frac{1}{2}$	....	$53 \frac{9}{16}$ m
97	....	$53 \frac{7}{8}$ p	97	....	$53 \frac{7}{8}$ p
$97 \frac{1}{2}$	....	$54 \frac{3}{16}$ m	$97 \frac{1}{2}$	....	$53 \frac{7}{8}$ m
98	....	$54 \frac{7}{16}$ p	98	....	$54 \frac{1}{8}$ p
$98 \frac{1}{2}$	....	$54 \frac{3}{4}$ m	$98 \frac{1}{2}$	....	$54 \frac{7}{16}$ m
99	....	55	99	....	$54 \frac{11}{16}$ p
$99 \frac{1}{2}$	....	$55 \frac{1}{4}$ p	$99 \frac{1}{2}$	....	55 . m
100	....	$55 \frac{9}{16}$ m	100	....	$55 \frac{1}{4}$ m
$100 \frac{1}{2}$	....	$55 \frac{13}{16}$ p	$100 \frac{1}{2}$	....	$55 \frac{1}{2}$ p
101	....	$56 \frac{1}{8}$ m	101	....	$55 \frac{13}{16}$ m
$101 \frac{1}{2}$	....	$56 \frac{3}{8}$ p	$101 \frac{1}{2}$	....	$56 \frac{1}{16}$ p
102	....	$56 \frac{11}{16}$ m	102	....	$56 \frac{3}{8}$ m
$102 \frac{1}{2}$	....	$56 \frac{15}{16}$ p	$102 \frac{1}{2}$	....	$56 \frac{5}{8}$ p
103	....	$57 \frac{1}{4}$ m	103	....	$56 \frac{7}{8}$ p
$103 \frac{1}{2}$	....	$57 \frac{1}{2}$ p	$103 \frac{1}{2}$	....	$57 \frac{3}{16}$ m
104	....	$57 \frac{3}{4}$ p	104	....	$57 \frac{7}{16}$ p
$104 \frac{1}{2}$	....	$58 \frac{1}{16}$ m	$104 \frac{1}{2}$	....	$57 \frac{3}{4}$ m

PARIS, { GENEVE, BASLE, } AMSTERDAM.

Geneve sur Amsterd.	Paris sur Geneve.	Rend à Amsterd.	Geneve sur Amsterd.	Paris sur Geneve.	Rend à Amsterd.
86 1/2	182	47 1/2 p	86 1/2	183	47 1/4 p
87	....	47 13/16 m	87	....	47 9/16 m
87 1/2	....	48 1/16 p	87 1/2	....	47 13/16 p
88	....	48 3/8 m	88	....	48 1/16 p
88 1/2	....	48 5/8 p	88 1/2	....	48 3/8 m
89	....	48 7/8 p	89	....	48 5/8 p
89 1/2	....	49 3/16 m	89 1/2	....	48 15/16 m
90	....	49 7/16 p	90	....	49 3/16 m
90 1/2	....	49 3/4 m	90 1/2	....	49 7/16 p
91	....	50	91	....	49 3/4 m
91 1/2	....	50 1/4 p	91 1/2	....	50
92	....	50 9/16 m	92	....	50 1/4 p
92 1/2	....	50 13/16 p	92 1/2	....	50 9/16 m
93	....	51 1/8 m	93	....	50 13/16 p
93 1/2	....	51 3/8 m	93 1/2	....	51 1/16 p
94	....	51 5/8 p	94	....	51 3/8 m
94 1/2	....	51 15/16 m	94 1/2	....	51 5/8 p
95	....	52 3/16 p	95	....	51 15/16 m
95 1/2	....	52 1/2 m	95 1/2	....	52 3/16 m
96	....	52 3/4 m	96	....	52 7/16 p
96 1/2	....	53 p	96 1/2	....	52 3/4 m
97	....	53 5/16 m	97	....	53 p
97 1/2	....	53 9/16 p	97 1/2	....	53 1/4 p
98	....	53 7/8 m	98	....	53 9/16 m
98 1/2	....	54 1/8 m	98 1/2	....	53 13/16 p
99	....	54 3/8 p	99	....	54 1/8 m
99 1/2	....	54 11/16 m	99 1/2	....	54 3/8 m
100	....	54 15/16 p	100	....	54 5/8 p
100 1/2	....	55 1/4 m	100 1/2	....	54 15/16 m
101	....	55 1/2 m	101	....	55 3/16 p
101 1/2	....	55 3/4 p	101 1/2	....	55 7/16 p
102	....	56 1/16 m	102	....	55 3/4 m
102 1/2	....	56 5/16 p	102 1/2	....	56 p
103	....	56 9/16 p	103	....	56 5/16 m
103 1/2	....	56 7/8 m	103 1/2	....	56 9/16 m
104	....	57 1/8 p	104	....	56 13/16 p
104 1/2	....	57 7/16 m	104 1/2	....	57 1/8 m

PARIS, { GENEVE, BASLE, } AMSTERDAM.

Geneve sur Amsterd.	Paris sur Geneve.	Rend à Amsterd.	Geneve sur Amsterd.	Paris sur Geneve.	Rend à Amsterd.
86 ½	184	47 p	86 ½	185	46 ¾ p
87	....	47 5/16 m	87	....	47 p
87 ½	....	47 9/16 m	87 ½	....	47 5/16 m
88	....	47 13/16 p	88	....	47 9/16 p
88 ½	....	48 1/8 m	88 ½	....	47 13/16 p
89	....	48 3/8 m	89	....	48 1/8 m
89 ½	....	48 5/8 p	89 ½	....	48 3/8 p
90	....	48 15/16 m	90	....	48 5/8 p
90 ½	....	49 3/16 m	90 ½	....	48 15/16 m
91	....	49 7/16 p	91	....	49 3/16 p
91 ½	....	49 ¾ m	91 ½	....	49 7/16 p
92	....	50	92	....	49 ¾ m
92 ½	....	50 ¼ p	92 ½	....	50
93	....	50 9/16 m	93	....	50 ¼ p
93 ½	....	50 13/16 p	93 ½	....	50 9/16 m
94	....	51 1/16 p	94	....	50 13/16 m
94 ½	....	51 3/8 m	94 ½	....	51 1/16 p
95	....	51 5/8 p	95	....	51 3/8 m
95 ½	....	51 7/8 p	95 ½	....	51 5/8 m
96	....	52 3/16 m	96	....	51 7/8 p
96 ½	....	52 7/16 p	96 ½	....	52 3/16 m
97	....	52 11/16 p	97	....	52 7/16 m
97 ½	....	53 m	97 ½	....	52 11/16 p
98	....	53 ¼ p	98	....	53 m
98 ½	....	53 9/16 m	98 ½	....	53 ¼ m
99	....	53 13/16 m	99	....	53 ½ p
99 ½	....	54 1/16 p	99 ½	....	53 13/16 m
100	....	54 3/8 m	100	....	54 1/16 m
100 ½	....	54 5/8 m	100 ½	....	54 5/16 p
101	....	54 7/8 p	101	....	54 5/8 m
101 ½	....	55 3/16 m	101 ½	....	54 7/8 m
102	....	55 7/16 m	102	....	55 1/8 p
102 ½	....	55 11/16 p	102 ½	....	55 3/8 p
103	....	56 m	103	....	55 11/16 m
103 ½	....	56 ¼	103 ½	....	55 15/16 p
104	....	56 ½ p	104	....	56 3/16 p
104 ½	....	56 13/16 m	104 ½	....	56 ½ m

COMBINAISON GENERALE

PARIS, { GENEVE, BASLE, } AMSTERDAM.

Geneve sur Amsterd.	Paris sur Geneve.	Rend à Amsterd.	Geneve sur Amsterd.	Paris sur Geneve.	Rend à Amsterd.
$86\frac{1}{2}$	186	$46\frac{1}{3}$ p	$86\frac{1}{2}$	187	$46\frac{1}{4}$ p
87	....	$46\frac{3}{4}$ p	87	....	$46\frac{1}{2}$ p
$87\frac{1}{2}$	....	$47\frac{1}{16}$ m	$87\frac{1}{2}$	....	$46\frac{13}{16}$ m
88	....	$47\frac{5}{16}$ m	88	....	$47\frac{1}{16}$ m
$88\frac{1}{2}$	....	$47\frac{9}{16}$ p	$88\frac{1}{2}$	....	$47\frac{5}{16}$ p
89	....	$47\frac{7}{8}$ m	89	....	$47\frac{9}{16}$ p
$89\frac{1}{2}$	....	$48\frac{1}{8}$ m	$89\frac{1}{2}$	....	$47\frac{7}{8}$ m
90	....	$48\frac{3}{8}$ p	90	....	$48\frac{1}{8}$ p
$90\frac{1}{2}$	....	$48\frac{5}{8}$ p	$90\frac{1}{2}$	....	$48\frac{3}{8}$ p
91	....	$48\frac{15}{16}$ m	91	....	$48\frac{11}{16}$ m
$91\frac{1}{2}$	....	$49\frac{3}{16}$ p	$91\frac{1}{2}$	....	$48\frac{15}{16}$ m
92	....	$49\frac{7}{16}$ p	92	....	$49\frac{3}{16}$ p
$92\frac{1}{2}$	....	$49\frac{3}{4}$ m	$92\frac{1}{2}$	....	$49\frac{7}{16}$ m
93	....	50	93	....	$49\frac{3}{4}$ m
$93\frac{1}{2}$	....	$50\frac{1}{4}$ p	$93\frac{1}{2}$	....	50
94	....	$50\frac{9}{16}$ m	94	....	$50\frac{1}{4}$ p
$94\frac{1}{2}$	....	$50\frac{13}{16}$ m	$94\frac{1}{2}$	....	$50\frac{9}{16}$ m
95	....	$51\frac{1}{16}$ p	95	....	$50\frac{13}{16}$ m
$95\frac{1}{2}$	....	$51\frac{3}{8}$ m	$95\frac{1}{2}$	....	$51\frac{1}{16}$ p
96	....	$51\frac{5}{8}$ m	96	....	$51\frac{3}{8}$ p
$96\frac{1}{2}$	....	$51\frac{7}{8}$ p	$96\frac{1}{2}$	....	$51\frac{5}{8}$ m
97	....	$52\frac{1}{8}$ p	97	....	$51\frac{7}{8}$ m
$97\frac{1}{2}$	....	$52\frac{7}{16}$ m	$97\frac{1}{2}$	....	$52\frac{1}{8}$ p
98	....	$52\frac{11}{16}$ p	98	....	$52\frac{7}{16}$ p
$98\frac{1}{2}$	....	$52\frac{15}{16}$ p	$98\frac{1}{2}$	....	$52\frac{11}{16}$ m
99	....	$53\frac{1}{4}$ m	99	....	$52\frac{15}{16}$ p
$99\frac{1}{2}$	....	$53\frac{1}{2}$ m	$99\frac{1}{2}$	....	$53\frac{3}{16}$ p
100	....	$53\frac{3}{4}$ p	100	....	$53\frac{1}{2}$ m
$100\frac{1}{2}$	....	$54\frac{1}{16}$ m	$100\frac{1}{2}$	....	$53\frac{3}{4}$ m
101	....	$54\frac{5}{16}$ m	101	....	54 p
$101\frac{1}{2}$	....	$54\frac{9}{16}$ p	$101\frac{1}{2}$	....	$54\frac{1}{4}$ p
102	....	$54\frac{13}{16}$ p	102	....	$54\frac{9}{16}$ m
$102\frac{1}{2}$	....	$55\frac{1}{8}$ m	$102\frac{1}{2}$	....	$54\frac{13}{16}$ p
103	....	$55\frac{3}{8}$ p	103	....	$55\frac{1}{16}$ p
$103\frac{1}{2}$	....	$55\frac{5}{8}$ p	$103\frac{1}{2}$	....	$55\frac{5}{16}$ m
104	....	$55\frac{15}{16}$ m	104	....	$55\frac{5}{8}$ m
$104\frac{1}{2}$	....	$56\frac{3}{16}$ m	$104\frac{1}{2}$	....	$55\frac{7}{8}$ p

PARIS, { GENEVE, BASLE, } AMSTERDAM.

Geneve fur Amfterd.	Paris fur Geneve.	Rend à Amfterd.	Geneve fur Amfterd.	Paris fur Geneve.	Rend à Amfterd.
86 1/2	188	46 p	86 1/2	189	45 3/4 p
87	....	46 1/4 p	87	....	46 1/16 m
87 1/2	....	46 9/16 m	87 1/2	....	46 5/16 m
88	....	46 13/16 m	88	....	46 9/16 m
88 1/2	....	47 1/16 p	88 1/2	....	46 13/16 p
89	....	47 5/16 p	89	....	47 1/16 p
89 1/2	....	47 5/8 m	89 1/2	....	47 3/8 m
90	....	47 7/8 m	90	....	47 5/8 m
90 1/2	....	48 1/8 p	90 1/2	....	47 7/8 p
91	....	48 3/8 p	91	....	48 1/8 p
91 1/2	....	48 11/16 m	91 1/2	....	48 7/16 m
92	....	48 15/16 m	92	....	48 11/16 m
92 1/2	....	49 3/16 p	92 1/2	....	48 15/16 p
93	....	49 7/16 p	93	....	49 3/16 p
93 1/2	....	49 3/4 m	93 1/2	....	49 1/2 m
94	....	50	94	....	49 3/4 m
94 1/2	....	50 1/4 p	94 1/2	....	50
95	....	50 9/16 m	95	....	50 1/4 p
95 1/2	....	50 13/16 m	95 1/2	....	50 1/2 p
96	....	51 1/16 p	96	....	50 13/16 m
96 1/2	....	51 5/16 p	96 1/2	....	51 1/16 m
97	....	51 5/8 m	97	....	51 5/16 p
97 1/2	....	51 7/8 m	97 1/2	....	51 9/16 p
98	....	52 1/8 p	98	....	51 7/8 m
98 1/2	....	52 3/8 p	98 1/2	....	52 1/8 m
99	....	52 11/16 m	99	....	52 3/8 p
99 1/2	....	52 15/16 m	99 1/2	....	52 5/8 p
100	....	53 3/16 p	100	....	52 15/16 m
100 1/2	....	53 7/16 p	100 1/2	....	53 3/16 m
101	....	53 3/4 m	101	....	53 7/16 p
101 1/2	....	54 m	101 1/2	....	53 11/16 p
102	....	54 1/4 p	102	....	53 15/16 p
102 1/2	....	54 1/2 p	102 1/2	....	54 1/4 m
103	....	54 13/16 m	103	....	54 1/2 m
103 1/2	....	55 1/16 m	103 1/2	....	54 3/4 p
104	....	55 5/16 p	104	....	55 p
104 1/2	....	55 9/16 p	104 1/2	....	55 5/16 m

COMBINAISON GENERALE

PARIS, { GENEVE, BASLE, } AMSTERDAM.

Geneve sur Amsterd.	Paris sur Geneve.	Rend à Amsterd.	Geneve sur Amsterd.	Paris sur Geneve.	Rend à Amsterd.
86 $\frac{1}{2}$	190	45 $\frac{1}{2}$ p	86 $\frac{1}{2}$	191	45 $\frac{5}{16}$ m
87	....	45 $\frac{13}{16}$ m	87	....	45 $\frac{9}{16}$ m
87 $\frac{1}{2}$	....	46 $\frac{1}{16}$ m	87 $\frac{1}{2}$	....	45 $\frac{13}{16}$ m
88	....	46 $\frac{5}{16}$ p	88	....	46 $\frac{1}{16}$ p
88 $\frac{1}{2}$	....	46 $\frac{9}{16}$ p	88 $\frac{1}{2}$	....	46 $\frac{5}{16}$ p
89	....	46 $\frac{13}{16}$ p	89	....	46 $\frac{5}{8}$ p
89 $\frac{1}{2}$	....	47 $\frac{1}{8}$ m	89 $\frac{1}{2}$	....	46 $\frac{7}{8}$ m
90	....	47 $\frac{3}{8}$ m	90	....	47 $\frac{1}{8}$ m
90 $\frac{1}{2}$	....	47 $\frac{5}{8}$ p	90 $\frac{1}{2}$	....	47 $\frac{3}{8}$ p
91	....	47 $\frac{7}{8}$ p	91	....	47 $\frac{5}{8}$ p
91 $\frac{1}{2}$	....	48 $\frac{3}{16}$ m	91 $\frac{1}{2}$	....	47 $\frac{7}{8}$ p
92	....	48 $\frac{7}{16}$ m	92	....	48 $\frac{3}{16}$ m
92 $\frac{1}{2}$	....	48 $\frac{11}{16}$ p	92 $\frac{1}{2}$	....	48 $\frac{7}{16}$ m
93	....	48 $\frac{15}{16}$ p	93	....	48 $\frac{11}{16}$ p
93 $\frac{1}{2}$	....	49 $\frac{3}{16}$ p	93 $\frac{1}{2}$	....	48 $\frac{15}{16}$ p
94	....	49 $\frac{1}{2}$ m	94	....	49 $\frac{3}{16}$ p
94 $\frac{1}{2}$	....	49 $\frac{3}{4}$ m	94 $\frac{1}{2}$	....	49 $\frac{1}{2}$ m
95	....	50	95	....	49 $\frac{3}{4}$ m
95 $\frac{1}{2}$	....	50 $\frac{1}{4}$ p	95 $\frac{1}{2}$	....	50
96	....	50 $\frac{1}{2}$ p	96	....	50 $\frac{1}{4}$ p
96 $\frac{1}{2}$	....	50 $\frac{13}{16}$ m	96 $\frac{1}{2}$	....	50 $\frac{1}{2}$ p
97	....	51 $\frac{1}{16}$ m	97	....	50 $\frac{13}{16}$ m
97 $\frac{1}{2}$	....	51 $\frac{5}{16}$ p	97 $\frac{1}{2}$	....	51 $\frac{1}{16}$ m
98	....	51 $\frac{9}{16}$ p	98	....	51 $\frac{5}{16}$ m
98 $\frac{1}{2}$	....	51 $\frac{13}{16}$ p	98 $\frac{1}{2}$	....	51 $\frac{9}{16}$ p
99	....	52 $\frac{1}{8}$ m	99	....	51 $\frac{13}{16}$ p
99 $\frac{1}{2}$	....	52 $\frac{3}{8}$ m	99 $\frac{1}{2}$	....	52 $\frac{1}{8}$ m
100	....	52 $\frac{5}{8}$ p	100	....	52 $\frac{3}{8}$ m
100 $\frac{1}{2}$	....	52 $\frac{7}{8}$ p	100 $\frac{1}{2}$	....	52 $\frac{5}{8}$ m
101	....	53 $\frac{3}{16}$ m	101	....	52 $\frac{7}{8}$ p
101 $\frac{1}{2}$	....	53 $\frac{7}{16}$ m	101 $\frac{1}{2}$	....	53 $\frac{1}{8}$ p
102	....	53 $\frac{11}{16}$ m	102	....	53 $\frac{3}{8}$ p
102 $\frac{1}{2}$	....	53 $\frac{15}{16}$ p	102 $\frac{1}{2}$	....	53 $\frac{11}{16}$ m
103	....	54 $\frac{3}{16}$ p	103	....	53 $\frac{15}{16}$ m
103 $\frac{1}{2}$	....	54 $\frac{1}{2}$ m	103 $\frac{1}{2}$	....	54 $\frac{3}{16}$ p
104	....	54 $\frac{3}{4}$ m	104	....	54 $\frac{7}{16}$ p
104 $\frac{1}{2}$	....	55	104 $\frac{1}{2}$	....	54 $\frac{11}{16}$ p

PARIS, { GENEVE, BASLE, } AMSTERDAM.

Geneve sur Amsterd.	Paris sur Geneve.	Rend à Amsterd.	Geneve sur Amsterd.	Paris sur Geneve.	Rend à Amsterd.
86 1/2	192	45 1/16 m	86 1/2	193	44 13/16 p
87		45 5/16	87		45 1/16 p
87 1/2		45 9/16 p	87 1/2		45 5/16 p
88		45 13/16 p	88		45 5/8 m
88 1/2		46 1/16 *	88 1/2		45 7/8 m
89		46 3/8 m	89		46 1/8 m
89 1/2		46 5/8 m	89 1/2		46 3/8 m
90		46 7/8	90		46 5/8 p
90 1/2		47 1/8 p	90 1/2		46 7/8 p
91		47 3/8 p	91		47 1/8 p
91 1/2		47 5/8 *	91 1/2		47 7/16 m
92		47 15/16 m	92		47 11/16 m
92 1/2		48 3/16 m	92 1/2		47 15/16 m
93		48 7/16	93		48 3/16 m
93 1/2		48 11/16 p	93 1/2		48 7/16 p
94		48 15/16 p	94		48 11/16 p
94 1/2		49 3/16 *	94 1/2		48 15/16 p
95		49 1/2 m	95		49 1/4 m
95 1/2		49 3/4 m	95 1/2		49 1/2 m
96		50	96		49 3/4 m
96 1/2		50 1/4 p	96 1/2		50
97		50 1/2 p	97		50 1/4 p
97 1/2		50 3/4 *	97 1/2		50 1/2 p
98		51 1/16 m	98		50 3/4 p
98 1/2		51 5/16 m	98 1/2		51 1/16 m
99		51 9/16	99		51 5/16 m
99 1/2		51 13/16 p	99 1/2		51 9/16 m
100		52 1/16 p	100		51 13/16 p
100 1/2		52 5/16 *	100 1/2		52 1/16 p
101		52 5/8 m	101		52 5/16 p
101 1/2		52 7/8 m	101 1/2		52 9/16 p
102		53 1/8	102		52 7/8 m
102 1/2		53 3/8 p	102 1/2		53 1/8 m
103		53 5/8 p	103		53 3/8 m
103 1/2		53 7/8 *	103 1/2		53 5/8 p
104		54 3/16 m	104		53 7/8 p
104 1/2		54 7/16 m	104 1/2		54 1/8 p

COMBINAISON GENERALE

PARIS, { GENEVE, BASLE, } AMSTERDAM.

Geneve sur Amsterd.	Paris sur Geneve.	Rend à Amsterd.	Geneve sur Amsterd.	Paris sur Geneve.	Rend à Amsterd.
$86 \frac{1}{2}$	194	$44 \frac{9}{16}$ p	$86 \frac{1}{2}$	195	$44 \frac{5}{16}$ m
87		$44 \frac{7}{8}$ m	87		$44 \frac{9}{16}$ m
$87 \frac{1}{2}$		$45 \frac{1}{8}$ m	$87 \frac{1}{2}$		$44 \frac{13}{16}$ m
88		$45 \frac{3}{8}$ m	88		45 p
$88 \frac{1}{2}$		$45 \frac{5}{8}$ m	$88 \frac{1}{2}$		$45 \frac{1}{4}$ p
89		$45 \frac{7}{8}$ p	89		$45 \frac{1}{2}$ p
$89 \frac{1}{2}$		$46 \frac{1}{8}$ p	$89 \frac{1}{2}$		$45 \frac{3}{4}$ p
90		$46 \frac{3}{8}$ p	90		$46 \frac{1}{16}$ p
$90 \frac{1}{2}$		$46 \frac{5}{8}$ p	$90 \frac{1}{2}$		$46 \frac{5}{16}$ m
91		$46 \frac{15}{16}$ m	91		$46 \frac{11}{16}$ m
$91 \frac{1}{2}$		$47 \frac{3}{16}$ m	$91 \frac{1}{2}$		$46 \frac{15}{16}$ m
92		$47 \frac{7}{16}$ m	92		$47 \frac{3}{16}$ m
$92 \frac{1}{2}$		$47 \frac{11}{16}$ m	$92 \frac{1}{2}$		$47 \frac{7}{16}$ m
93		$47 \frac{15}{16}$ p	93		$47 \frac{11}{16}$ p
$93 \frac{1}{2}$		$48 \frac{3}{16}$ p	$93 \frac{1}{2}$		$47 \frac{15}{16}$ p
94		$48 \frac{7}{16}$ p	94		$48 \frac{3}{16}$ p
$94 \frac{1}{2}$		$48 \frac{11}{16}$ p	$94 \frac{1}{2}$		$48 \frac{7}{16}$ p
95		49 m	95		$48 \frac{11}{16}$ p
$95 \frac{1}{2}$		$49 \frac{1}{4}$ m	$95 \frac{1}{2}$		49 m
96		$49 \frac{1}{2}$ m	96		$49 \frac{1}{4}$ m
$96 \frac{1}{2}$		$49 \frac{3}{4}$ m	$96 \frac{1}{2}$		$49 \frac{1}{2}$ m
97		50	97		$49 \frac{3}{4}$
$97 \frac{1}{2}$		$50 \frac{1}{4}$ p	$97 \frac{1}{2}$		50
98		$50 \frac{1}{2}$ p	98		$50 \frac{1}{4}$ p
$98 \frac{1}{2}$		$50 \frac{3}{4}$ p	$98 \frac{1}{2}$		$50 \frac{1}{2}$ p
99		51 p	99		$50 \frac{3}{4}$ p
$99 \frac{1}{2}$		$51 \frac{5}{16}$ m	$99 \frac{1}{2}$		51 p
100		$51 \frac{9}{16}$ m	100		$51 \frac{5}{16}$ m
$100 \frac{1}{2}$		$51 \frac{13}{16}$ m	$100 \frac{1}{2}$		$51 \frac{13}{16}$ m
101		$52 \frac{1}{16}$ m	101		$51 \frac{15}{16}$ m
$101 \frac{1}{2}$		$52 \frac{5}{16}$ p	$101 \frac{1}{2}$		$52 \frac{1}{16}$ m
102		$52 \frac{9}{16}$ p	102		$52 \frac{5}{16}$ m
$102 \frac{1}{2}$		$52 \frac{13}{16}$ p	$102 \frac{1}{2}$		$52 \frac{9}{16}$ p
103		$53 \frac{1}{16}$ p	103		$52 \frac{13}{16}$ p
$103 \frac{1}{2}$		$53 \frac{3}{8}$ m	$103 \frac{1}{2}$		$53 \frac{1}{16}$ p
104		$53 \frac{5}{8}$ m	104		$53 \frac{3}{16}$ p
$104 \frac{1}{2}$		$53 \frac{7}{8}$ m	$104 \frac{1}{2}$		$53 \frac{9}{16}$ p

PARIS, { GENEVE, BASLE, } AMSTERDAM.

Geneve fur Amfterd.	Paris fur Geneve.	Rend à Amfterd.	Geneve fur Amfterd.	Paris fur Geneve.	Rend à Amfterd.
86 1/2	196	44 1/8 p	86 1/2	197	43 15/16 m
87	...	44 3/8 p	87	...	44 3/16 m
87 1/2	...	44 5/8 p	87 1/2	...	44 7/16 m
88	...	44 7/8 p	88	...	44 11/16 m
88 1/2	...	45 1/8 p	88 1/2	...	44 15/16 m
89	...	45 7/16 m	89	...	45 3/16 m
89 1/2	...	45 11/16 m	89 1/2	...	45 7/16 m
90	...	45 15/16 m	90	...	45 11/16 m
90 1/2	...	46 3/16 m	90 1/2	...	45 15/16 p
91	...	46 7/16 m	91	...	46 3/16 p
91 1/2	...	46 11/16 m	91 1/2	...	46 7/16 p
92	...	46 15/16 p	92	...	46 11/16 p
92 1/2	...	47 3/16 p	92 1/2	...	46 15/16 p
93	...	47 7/16 p	93	...	47 3/16 p
93 1/2	...	47 11/16 p	93 1/2	...	47 7/16 p
94	...	47 15/16 p	94	...	47 11/16 p
94 1/2	...	48 3/16 p	94 1/2	...	48 m
95	...	48 1/2 m	95	...	48 1/4 m
95 1/2	...	48 3/4 m	95 1/2	...	48 1/2 m
96	...	49 m	96	...	48 3/4 m
96 1/2	...	49 1/4 m	96 1/2	...	49 m
97	...	49 1/2 m	97	...	49 1/4 m
97 1/2	...	49 3/4 m	97 1/2	...	49 1/2 m
98	...	50	98	...	49 3/4 m
98 1/2	...	50 1/4 p	98 1/2	...	50
99	...	50 1/2 p	99	...	50 1/4 p
99 1/2	...	50 3/4 p	99 1/2	...	50 1/2 p
100	...	51 p	100	...	50 3/4 p
100 1/2	...	51 1/4 p	100 1/2	...	51 p
101	...	51 1/2 p	101	...	51 1/4 p
101 1/2	...	51 13/16 m	101 1/2	...	51 1/2 p
102	...	52 1/16 m	102	...	51 3/4 p
102 1/2	...	52 5/16 m	102 1/2	...	52 p
103	...	52 9/16 m	103	...	52 5/16 m
103 1/2	...	52 13/16 m	103 1/2	...	52 9/16 m
104	...	53 1/16 m	104	...	52 13/16 m
104 1/2	...	53 5/16 p	104 1/2	...	53 1/16 m

COMBINAISON GENERALE

PARIS, { GENEVE, BASLE, } AMSTERDAM.

Geneve sur Amsterd.	Paris sur Geneve.	Rend à Amsterd.	Geneve sur Amsterd.	Paris sur Geneve.	Rend à Amsterd.
$86\frac{1}{2}$	198	$43\frac{11}{16}$ m	$86\frac{1}{2}$	199	$43\frac{7}{16}$ p
87	....	$43\frac{15}{16}$ p	87	....	$43\frac{11}{16}$ p
$87\frac{1}{2}$	....	$44\frac{3}{16}$ p	$87\frac{1}{2}$	....	44 m
88	....	$44\frac{7}{16}$ p	88	....	$44\frac{1}{4}$ m
$88\frac{1}{2}$	....	$44\frac{11}{16}$ p	$88\frac{1}{2}$	....	$44\frac{1}{2}$ m
89	....	$44\frac{15}{16}$ p	89	....	$44\frac{3}{4}$ m
$89\frac{1}{2}$	....	$45\frac{3}{16}$ p	$89\frac{1}{2}$	....	45 m
90	....	$45\frac{7}{16}$ p	90	....	$45\frac{1}{4}$ m
$90\frac{1}{2}$	....	$45\frac{11}{16}$ p	$90\frac{1}{2}$	....	$45\frac{1}{2}$ m
91	....	$45\frac{15}{16}$ p	91	....	$45\frac{3}{4}$ m
$91\frac{1}{2}$	....	$46\frac{3}{16}$ p	$91\frac{1}{2}$	....	46 m
92	....	$46\frac{7}{16}$ p	92	....	$46\frac{1}{4}$ m
$92\frac{1}{2}$	....	$46\frac{11}{16}$ p	$92\frac{1}{2}$	....	$46\frac{1}{2}$ m
93	....	47 m	93	....	$46\frac{3}{4}$ m
$93\frac{1}{2}$	....	$47\frac{1}{4}$ m	$93\frac{1}{2}$	....	47 m
94	....	$47\frac{1}{2}$ m	94	....	$47\frac{1}{4}$ m
$94\frac{1}{2}$	....	$47\frac{3}{4}$ m	$94\frac{1}{2}$	....	$47\frac{1}{2}$ m
95	....	48 m	95	....	$47\frac{3}{4}$ m
$95\frac{1}{2}$	....	$48\frac{1}{4}$ m	$95\frac{1}{2}$	....	48 m
96	....	$48\frac{1}{2}$ m	96	....	$48\frac{1}{4}$ m
$96\frac{1}{2}$	....	$48\frac{3}{4}$ m	$96\frac{1}{2}$	....	$48\frac{1}{2}$ m
97	....	49 m	97	....	$48\frac{3}{4}$ m
$97\frac{1}{2}$	....	$49\frac{1}{4}$ m	$97\frac{1}{2}$	....	49 m
98	....	$49\frac{1}{2}$ m	98	....	$49\frac{1}{4}$ m
$98\frac{1}{2}$	....	$49\frac{3}{4}$ m	$98\frac{1}{2}$	....	$49\frac{1}{2}$ m
99	....	50	99	....	$49\frac{3}{4}$ m
$99\frac{1}{2}$	....	$50\frac{1}{4}$ p	$99\frac{1}{2}$	....	50
100	....	$50\frac{1}{2}$ p	100	....	$50\frac{1}{4}$ p
$100\frac{1}{2}$	....	$50\frac{3}{4}$ p	$100\frac{1}{2}$	....	$50\frac{1}{2}$ p
101	....	51 p	101	....	$50\frac{3}{4}$ p
$101\frac{1}{2}$	....	$51\frac{1}{4}$ p	$101\frac{1}{2}$	....	51 p
102	....	$51\frac{1}{2}$ p	102	....	$51\frac{1}{4}$ p
$102\frac{1}{2}$	....	$51\frac{3}{4}$ p	$102\frac{1}{2}$	....	$51\frac{1}{2}$ p
103	....	52 p	103	....	$51\frac{3}{4}$ p
$103\frac{1}{2}$	....	$52\frac{1}{4}$ p	$103\frac{1}{2}$	....	52 p
104	....	$52\frac{1}{2}$ p	104	....	$52\frac{1}{4}$ p
$104\frac{1}{2}$	....	$52\frac{3}{4}$ p	$104\frac{1}{2}$	....	$52\frac{1}{2}$ p

PARIS, { GENEVE, BASLE, } AMSTERDAM.

Geneve sur Amsterd.	Paris sur Geneve.	Rend à Amsterd.	Geneve sur Amsterd.	Paris sur Geneve.	Rend à Amsterd.
86 ½	200	43 ¼	86 ½	201	43 1/16 m
87	....	43 ½	87	....	43 5/16 m
87 ½	....	43 ¾	87 ½	....	43 9/16 m
88	....	44	88	....	43 ¾ p
88 ½	....	44 ¼	88 ½	....	44 p
89	....	44 ½	89	....	44 ¼ p
89 ½	....	44 ¾	89 ½	....	44 ½ p
90	....	45	90	....	44 ¾ p
90 ½	....	45 ¼	90 ½	....	45 p
91	....	45 ½	91	....	45 ¼ p
91 ½	....	45 ¾	91 ½	....	45 ½ p
92	....	46	92	....	45 ¾ p
92 ½	....	46 ¼	92 ½	....	46 p
93	....	46 ½	93	....	46 ¼ p
93 ½	....	46 ¾	93 ½	....	46 ½ p
94	....	47	94	....	46 ¾ p
94 ½	....	47 ¼	94 ½	....	47 p
95	....	47 ½	95	....	47 ¼ p
95 ½	....	47 ¾	95 ½	....	47 ½ p
96	....	48	96	....	47 ¾ p
96 ½	....	48 ¼	96 ½	....	48 p
97	....	48 ½	97	....	48 ¼ p
97 ½	....	48 ¾	97 ½	....	48 ½ p
98	....	49	98	....	48 ¾ p
98 ½	....	49 ¼	98 ½	....	49 p
99	....	49 ½	99	....	49 ¼ p
99 ½	....	49 ¾	99 ½	....	49 ½ p
100	....	50	100	....	49 ¾ p
100 ½	....	50 ¼	100 ½	....	50
101	....	50 ½	101	....	50 ¼ m
101 ½	....	50 ¾	101 ½	....	50 ½ m
102	....	51	102	....	50 ¾ m
102 ½	....	51 ¼	102 ½	....	51 m
103	....	51 ½	103	....	51 ¼ m
103 ½	....	51 ¾	103 ½	....	51 ½ m
104	....	52	104	....	51 ¾ m
104 ½	....	52 ¼	104 ½	....	52 m

COMBINAISON GENERALE

PARIS, { GENEVE, BASLE, } AMSTERDAM.

Geneve sur Amsterd.	Paris sur Geneve.	Rend à Amsterd.	Geneve sur Amsterd.	Paris sur Geneve.	Rend à Amsterd.
$86\frac{1}{2}$	202	$42\frac{13}{16}$ p	$86\frac{1}{2}$	203	$42\frac{5}{8}$ m
87		$43\frac{1}{6}$ p	87		$42\frac{7}{8}$ m
$87\frac{1}{2}$		$43\frac{5}{16}$ p	$87\frac{1}{2}$		$43\frac{1}{8}$ m
88		$43\frac{9}{16}$ p	88		$43\frac{3}{8}$ m
$88\frac{1}{2}$		$43\frac{13}{16}$ m	$88\frac{1}{2}$		$43\frac{5}{8}$ m
89		$44\frac{1}{16}$ m	89		$43\frac{13}{16}$ p
$89\frac{1}{2}$		$44\frac{5}{16}$ m	$89\frac{1}{2}$		$44\frac{1}{16}$ p
90		$44\frac{9}{16}$ m	90		$44\frac{5}{16}$ p
$90\frac{1}{2}$		$44\frac{13}{16}$ m	$90\frac{1}{2}$		$44\frac{9}{16}$ p
91		$45\frac{1}{16}$ m	91		$44\frac{13}{16}$ p
$91\frac{1}{2}$		$45\frac{5}{16}$ m	$91\frac{1}{2}$		$45\frac{1}{16}$ p
92		$45\frac{9}{16}$ m	92		$45\frac{5}{16}$ p
$92\frac{1}{2}$		$45\frac{13}{16}$ m	$92\frac{1}{2}$		$45\frac{9}{16}$ p
93		$46\frac{1}{16}$ m	93		$45\frac{13}{16}$ p
$93\frac{1}{2}$		$46\frac{5}{16}$ m	$93\frac{1}{2}$		$46\frac{1}{16}$ m
94		$46\frac{9}{16}$ m	94		$46\frac{5}{16}$ m
$94\frac{1}{2}$		$46\frac{13}{16}$ m	$94\frac{1}{2}$		$46\frac{9}{16}$ m
95		47 p	95		$46\frac{13}{16}$ m
$95\frac{1}{2}$		$47\frac{1}{4}$ p	$95\frac{1}{2}$		$47\frac{1}{16}$ m
96		$47\frac{1}{2}$ p	96		$47\frac{5}{16}$ m
$96\frac{1}{2}$		$47\frac{3}{4}$ p	$96\frac{1}{2}$		$47\frac{9}{16}$ m
97		48 p	97		$47\frac{13}{16}$ m
$97\frac{1}{2}$		$48\frac{1}{4}$ p	$97\frac{1}{2}$		48 p
98		$48\frac{1}{2}$ p	98		$48\frac{1}{4}$ p
$98\frac{1}{2}$		$48\frac{3}{4}$ p	$98\frac{1}{2}$		$48\frac{1}{2}$ p
99		49 p	99		$48\frac{3}{4}$ p
$99\frac{1}{2}$		$49\frac{1}{4}$ p	$99\frac{1}{2}$		49 p
100		$49\frac{1}{2}$ p	100		$49\frac{1}{4}$ p
$100\frac{1}{2}$		$49\frac{3}{4}$ p	$100\frac{1}{2}$		$49\frac{1}{2}$ p
101		50	101		$49\frac{3}{4}$ p
$101\frac{1}{2}$		$50\frac{1}{4}$ m	$101\frac{1}{2}$		50
102		$50\frac{1}{2}$ m	102		$50\frac{1}{4}$ m
$102\frac{1}{2}$		$50\frac{3}{4}$ m	$102\frac{1}{2}$		$50\frac{1}{2}$ m
103		51 m	103		$50\frac{3}{4}$ m
$103\frac{1}{2}$		$51\frac{1}{4}$ m	$103\frac{1}{2}$		51 m
104		$51\frac{1}{2}$ m	104		$51\frac{1}{4}$ m
$104\frac{1}{2}$		$51\frac{3}{4}$ m	$104\frac{1}{2}$		$51\frac{1}{2}$ m

PARIS, { GENEVE, BASLE, } AMSTERDAM.

Geneve sur Amsterd.	Paris sur Geneve.	Rend à Amsterd.	Geneve sur Amsterd.	Paris sur Geneve.	Rend à Amsterd.
86 ½	204	42 ⅜ p	86 ½	205	42 3/16 p
87		42 ⅝ p	87		42 7/16 p
87 ½		42 ⅞ p	87 ½		42 11/16 m
88		43 ⅛ p	88		42 15/16 m
88 ½		43 ⅜ p	88 ½		43 3/16 m
89		43 ⅝ p	89		43 7/16 m
89 ½		43 ⅞ m	89 ½		43 11/16 m
90		44 ⅛ m	90		43 ⅞ p
90 ½		44 ⅜ m	90 ½		44 ⅛ p
91		44 ⅝ m	91		44 ⅜ p
91 ½		44 ⅞ m	91 ½		44 ⅝ p
92		45 ⅛ m	92		44 ⅞ p
92 ½		45 5/16 p	92 ½		45 ⅛ m
93		45 9/16 p	93		45 ⅜ m
93 ½		45 13/16 p	93 ½		45 ⅝ m
94		46 1/16 p	94		45 ⅞ m
94 ½		46 5/16 p	94 ½		46 ⅛ m
95		46 9/16 p	95		46 5/16 p
95 ½		46 13/16 p	95 ½		46 9/16 p
96		47 1/16 m	96		46 13/16 p
96 ½		47 5/16 m	96 ½		47 1/16 p
97		47 9/16 m	97		47 5/16 p
97 ½		47 13/16 m	97 ½		47 9/16 m
98		48 1/16 m	98		47 13/16 m
98 ½		48 5/16 m	98 ½		48 1/16 m
99		48 ½ p	99		48 5/16 m
99 ½		48 ¾ p	99 ½		48 9/16 m
100		49 p	100		48 ¾ p
100 ½		49 ¼ p	100 ½		49 p
101		49 ½ p	101		49 ¼ p
101 ½		49 ¾ p	101 ½		49 ½ p
102		50	102		49 ¾ p
102 ½		50 ¼ m	102 ½		50
103		50 ½ m	103		50 ¼ m
103 ½		50 ¾ m	103 ½		50 ½ m
104		51 m	104		50 ¾ m
104 ½		51 ¼ m	104 ½		51 m

PARIS, { GENEVE, BASLE, } AMSTERDAM.

Geneve sur Amsterd.	Paris sur Geneve.	Rend à Amsterd.	Geneve sur Amsterd.	Paris sur Geneve.	Rend à Amsterd.
86 1/2	206	42 m	86 1/2	207	41 13/16 m
87		42 1/4 m	87		42 p
87 1/2		42 1/2 m	87 1/2		42 1/4 p
88		42 11/16 p	88		42 1/2 p
88 1/2		42 15/16 p	88 1/2		42 3/4 p
89		43 3/16 p	89		43 m
89 1/2		43 7/16 p	89 1/2		43 1/4 m
90		43 11/16 p	90		43 1/2 m
90 1/2		43 15/16 m	90 1/2		43 3/4 m
91		44 3/16 m	91		43 15/16 p
91 1/2		44 7/16 m	91 1/2		44 3/16 p
92		44 11/16 m	92		44 7/16 p
92 1/2		44 7/8 p	92 1/2		44 11/16 m
93		45 1/8 p	93		44 15/16 m
93 1/2		45 3/8 p	93 1/2		45 3/16 m
94		45 5/8 p	94		45 7/16 m
94 1/2		45 7/8 m	94 1/2		45 5/8 p
95		46 1/8 m	95		45 7/8 p
95 1/2		46 3/8 m	95 1/2		46 1/8 p
96		46 5/8 m	96		46 3/8 p
96 1/2		46 7/8 m	96 1/2		46 5/8 m
97		47 1/16 p	97		46 7/8 m
97 1/2		47 5/16 p	97 1/2		47 1/8 m
98		47 9/16 p	98		47 5/16 p
98 1/2		47 13/16 p	98 1/2		47 9/16 p
99		48 1/16 m	99		47 13/16 p
99 1/2		48 5/16 m	99 1/2		48 1/16 p
100		48 9/16 m	100		48 5/16 m
100 1/2		48 13/16 m	100 1/2		48 9/16 m
101		49 p	101		48 13/16 m
101 1/2		49 1/4 p	101 1/2		49 1/16 m
102		49 1/2 p	102		49 1/4 p
102 1/2		49 3/4 p	102 1/2		49 1/2 p
103		50	103		49 3/4 p
103 1/2		50 1/4 m	103 1/2		50
104		50 1/2 m	104		50 1/4 m
104 1/2		50 3/4 m	104 1/2		50 1/2 m

PARIS, { GENEVE, BASLE, } AMSTERDAM.

Geneve sur Amsterd.	Paris sur Geneve.	Rend à Amsterd.	Geneve sur Amsterd.	Paris sur Geneve.	Rend à Amsterd.
86 1/2	208	41 9/16 p	86 1/2	209	41 3/8 p
87	....	41 13/16 p	87	....	41 5/8 p
87 1/2	....	42 1/16 p	87 1/2	....	41 7/8 m
88	....	42 5/16 m	88	....	42 1/8 m
88 1/2	....	42 9/16 m	88 1/2	....	42 3/8 m
89	....	42 13/16 m	89	....	42 9/16 p
89 1/2	....	43 p	89 1/2	....	42 13/16 p
90	....	43 1/4 p	90	....	43 1/16 m
90 1/2	....	43 1/2 p	90 1/2	....	43 5/16 m
91	....	43 3/4	91	....	43 9/16 m
91 1/2	....	44 m	91 1/2	....	43 3/4 p
92	....	44 1/4 m	92	....	44 p
92 1/2	....	44 1/2 m	92 1/2	....	44 1/4 p
93	....	44 11/16 p	93	....	44 1/2 m
93 1/2	....	44 15/16 p	93 1/2	....	44 3/4 m
94	....	45 3/16 p	94	....	45 m
94 1/2	....	45 7/16 m	94 1/2	....	45 3/16 p
95	....	45 11/16 m	95	....	45 7/16 p
95 1/2	....	45 15/16 m	95 1/2	....	45 11/16 p
96	....	46 1/8 p	96	....	45 15/16 m
96 1/2	....	46 3/8 p	96 1/2	....	46 3/16 m
97	....	46 5/8 p	97	....	46 7/16 m
97 1/2	....	46 7/8	97 1/2	....	46 5/8 p
98	....	47 1/8 m	98	....	46 7/8 p
98 1/2	....	47 3/8 m	98 1/2	....	47 1/8 p
99	....	47 5/8 m	99	....	47 3/8 m
99 1/2	....	47 13/16 p	99 1/2	....	47 5/8 m
100	....	48 1/16 p	100	....	47 7/8 m
100 1/2	....	48 5/16 p	100 1/2	....	48 1/16 p
101	....	48 9/16 m	101	....	48 5/16 p
101 1/2	....	48 13/16 m	101 1/2	....	48 9/16 p
102	....	49 1/16 m	102	....	48 13/16 m
102 1/2	....	49 1/4 p	102 1/2	....	49 1/16 m
103	....	49 1/2 p	103	....	49 5/16 m
103 1/2	....	49 3/4 p	103 1/2	....	49 1/2 p
104	....	50	104	....	49 3/4 p
104 1/2	....	50 1/4 m	104 1/2	....	50

PARIS, { GENEVE, BASLE, } AMSTERDAM.

Geneve fur Amfterd.	Paris fur Geneve.	Rend à Amfterd.	Geneve fur Amfterd.	Paris fur Geneve.	Rend à Amfterd.
86 ½	210	41 $\frac{3}{16}$ p	86 ½	211	41 m
87	....	41 $\frac{7}{16}$ m	87	....	41 ¼ m
87 ½	....	41 $\frac{11}{16}$ m	87 ½	....	41 ½ m
88	....	41 ⅞ p	88	....	41 $\frac{11}{16}$ p
88 ½	....	42 ⅛ p	88 ½	....	41 $\frac{15}{16}$ p
89	....	42 ⅜ p	89	....	42 $\frac{3}{16}$ m
89 ½	....	42 ⅝ m	89 ½	....	42 $\frac{7}{16}$ m
90	....	42 ⅞ m	90	....	42 ⅝ p
90 ½	....	43 ⅛ m	90 ½	....	42 ⅞ p
91	....	43 $\frac{5}{16}$ p	91	....	43 ⅛ p
91 ½	....	43 $\frac{9}{16}$ p	91 ½	....	43 ⅜ m
92	....	43 $\frac{13}{16}$ m	92	....	43 ⅝ m
92 ½	....	44 $\frac{1}{16}$ m	92 ½	....	43 $\frac{13}{16}$ p
93	....	44 $\frac{5}{16}$ m	93	....	44 $\frac{1}{16}$ p
93 ½	....	44 ½ p	93 ½	....	44 $\frac{5}{16}$ p
94	....	44 ¾ p	94	....	44 $\frac{9}{16}$ m
94 ½	....	45	94 ½	....	44 $\frac{13}{16}$ m
95	....	45 ¼ m	95	....	45 p
95 ½	....	45 ½ m	95 ½	....	45 ¼ p
96	....	45 $\frac{11}{16}$ p	96	....	45 ½ m
96 ½	....	45 $\frac{15}{16}$ p	96 ½	....	45 ¾ m
97	....	46 $\frac{3}{16}$ p	97	....	46 m
97 ½	....	46 $\frac{7}{16}$ m	97 ½	....	46 $\frac{3}{16}$ p
98	....	46 $\frac{11}{16}$ m	98	....	46 $\frac{7}{16}$ p
98 ½	....	46 ⅞ p	98 ½	....	46 $\frac{11}{16}$ m
99	....	47 ⅛ p	99	....	46 $\frac{15}{16}$ m
99 ½	....	47 ⅜ p	99 ½	....	47 $\frac{3}{16}$ m
100	....	47 ⅝ m	100	....	47 ⅜ p
100 ½	....	47 ⅞ m	100 ½	....	47 ⅝ p
101	....	48 ⅛ m	101	....	47 ⅞ m
101 ½	....	48 $\frac{5}{16}$ p	101 ½	....	48 ⅛ m
102	....	48 $\frac{9}{16}$ p	102	....	48 $\frac{5}{16}$ p
102 ½	....	48 $\frac{13}{16}$ m	102 ½	....	48 $\frac{9}{16}$ p
103	....	49 $\frac{1}{16}$ m	103	....	48 $\frac{13}{16}$ p
103 ½	....	49 $\frac{5}{16}$ m	103 ½	....	49 $\frac{1}{16}$ m
104	....	49 ½ p	104	....	49 $\frac{5}{16}$ m
104 ½	....	49 ¾ p	104 ½	....	49 ½ p

DES CHANGES.

PARIS, { GENEVE, BASLE, } AMSTERDAM.

Geneve sur Amsterd.	Paris sur Geneve.	Rend à Amsterd.	Geneve sur Amsterd.	Paris sur Geneve.	Rend à Amsterd.
86 $\frac{1}{2}$	212	40 $\frac{13}{16}$ m	86 $\frac{1}{2}$	213	40 $\frac{5}{8}$ m
87	....	41 $\frac{1}{16}$ m	87	....	40 $\frac{7}{8}$ m
87 $\frac{1}{2}$	....	41 $\frac{1}{4}$ p	87 $\frac{1}{2}$	....	41 $\frac{1}{16}$ p
88	....	41 $\frac{1}{2}$ p	88	....	41 $\frac{1}{16}$ p
88 $\frac{1}{2}$	....	41 $\frac{3}{4}$ m	88 $\frac{1}{2}$	....	41 $\frac{9}{16}$ m
89	....	42 m	89	....	41 $\frac{13}{16}$ m
89 $\frac{1}{2}$	....	42 $\frac{3}{16}$ p	89 $\frac{1}{2}$	....	42 p
90	....	42 $\frac{7}{16}$ p	90	....	42 $\frac{1}{4}$ p
90 $\frac{1}{2}$	....	42 $\frac{11}{16}$ p	90 $\frac{1}{2}$	....	42 $\frac{1}{2}$ m
91	....	42 $\frac{15}{16}$ m	91	....	42 $\frac{3}{4}$ m
91 $\frac{1}{2}$	....	43 $\frac{3}{16}$ m	91 $\frac{1}{2}$	....	42 $\frac{15}{16}$ p
92	....	43 $\frac{3}{8}$ p	92	....	43 $\frac{3}{16}$ p
92 $\frac{1}{2}$	....	43 $\frac{5}{8}$ p	92 $\frac{1}{2}$	....	43 $\frac{7}{16}$ m
93	....	43 $\frac{7}{8}$ m	93	....	43 $\frac{11}{16}$ m
93 $\frac{1}{2}$	....	44 $\frac{1}{8}$ m	93 $\frac{1}{2}$	....	43 $\frac{7}{8}$ p
94	....	44 $\frac{9}{16}$ p	94	....	44 $\frac{1}{8}$ p
94 $\frac{1}{2}$	....	44 $\frac{9}{16}$ p	94 $\frac{1}{2}$	....	44 $\frac{3}{8}$ m
95	....	44 $\frac{13}{16}$ m	95	....	44 $\frac{5}{8}$ m
95 $\frac{1}{2}$	....	45 $\frac{1}{16}$ m	95 $\frac{1}{2}$	....	44 $\frac{13}{16}$ p
96	....	45 $\frac{5}{16}$ m	96	....	45 $\frac{1}{16}$ p
96 $\frac{1}{2}$	....	45 $\frac{1}{2}$ p	96 $\frac{1}{2}$	....	45 $\frac{5}{16}$ m
97	....	45 $\frac{3}{4}$ p	97	....	45 $\frac{9}{16}$ m
97 $\frac{1}{2}$	....	46 m	97 $\frac{1}{2}$	....	45 $\frac{3}{4}$ p
98	....	46 $\frac{1}{4}$ m	98	....	46 p
98 $\frac{1}{2}$	....	46 $\frac{7}{16}$ p	98 $\frac{1}{2}$	....	46 $\frac{1}{4}$ m
99	....	46 $\frac{11}{16}$ p	99	....	46 $\frac{1}{2}$ m
99 $\frac{1}{2}$	....	46 $\frac{15}{16}$ m	99 $\frac{1}{2}$	....	46 $\frac{11}{16}$ p
100	....	47 $\frac{3}{16}$ m	100	....	46 $\frac{15}{16}$ p
100 $\frac{1}{2}$	....	47 $\frac{3}{8}$ p	100 $\frac{1}{2}$	....	47 $\frac{3}{16}$ m
101	....	47 $\frac{5}{8}$ p	101	....	47 $\frac{7}{16}$ m
101 $\frac{1}{2}$	....	47 $\frac{7}{8}$ p	101 $\frac{1}{2}$	....	47 $\frac{5}{8}$ p
102	....	48 $\frac{1}{8}$ m	102	....	47 $\frac{7}{8}$ p
102 $\frac{1}{2}$	....	48 $\frac{3}{8}$ m	102 $\frac{1}{2}$	....	48 $\frac{1}{8}$ m
103	....	48 $\frac{5}{8}$ p	103	....	48 $\frac{3}{8}$ m
103 $\frac{1}{2}$	....	48 $\frac{13}{16}$ p	103 $\frac{1}{2}$	....	48 $\frac{13}{16}$ p
104	....	49 $\frac{1}{16}$ m	104	....	48 $\frac{15}{16}$ p
104 $\frac{1}{2}$	....	49 $\frac{5}{16}$ m	104 $\frac{1}{2}$	....	49 $\frac{1}{16}$ m

COMBINAISON GENERALE

PARIS, { GENEVE, BASLE, } AMSTERDAM.

Geneve sur Amsterd.	Paris sur Geneve.	Rend à Amsterd.	Geneve sur Amsterd.	Paris sur Geneve.	Rend à Amsterd.
$86\frac{1}{2}$	214	$40\frac{7}{16}$ m	$86\frac{1}{2}$	215	$40\frac{1}{4}$ m
87	....	$40\frac{5}{8}$ p	87	....	$40\frac{7}{16}$ p
$87\frac{1}{2}$	....	$40\frac{7}{8}$ p	$87\frac{1}{2}$	....	$40\frac{11}{16}$ p
88	....	41 m	88	....	$40\frac{13}{16}$ m
$88\frac{1}{2}$	....	$41\frac{3}{8}$ m	$88\frac{1}{2}$	....	$41\frac{1}{16}$ m
89	....	$41\frac{7}{16}$ p	89	....	$41\frac{3}{8}$ p
$89\frac{1}{2}$	....	$41\frac{13}{16}$ p	$89\frac{1}{2}$	....	$41\frac{5}{8}$ p
90	....	$42\frac{1}{16}$ m	90	....	$41\frac{7}{8}$ m
$90\frac{1}{2}$	....	$42\frac{5}{16}$ m	$90\frac{1}{2}$	....	$42\frac{1}{16}$ p
91	....	$42\frac{1}{2}$ p	91	....	$42\frac{5}{16}$ p
$91\frac{1}{2}$	....	$42\frac{3}{4}$ p	$91\frac{1}{2}$	....	$42\frac{9}{16}$ m
92	....	43 m	92	....	$42\frac{13}{16}$ m
$92\frac{1}{2}$	....	$43\frac{1}{4}$ m	$92\frac{1}{2}$	....	43 p
93	....	$43\frac{7}{16}$ p	93	....	$43\frac{1}{4}$ p
$93\frac{1}{2}$	....	$43\frac{11}{16}$ p	$93\frac{1}{2}$	....	$43\frac{1}{2}$ m
94	....	$43\frac{13}{16}$ m	94	....	$43\frac{3}{4}$ m
$94\frac{1}{2}$	....	$44\frac{3}{16}$ m	$94\frac{1}{2}$	....	$43\frac{15}{16}$ p
95	....	$44\frac{3}{8}$ p	95	....	$44\frac{3}{16}$ m
$95\frac{1}{2}$	....	$44\frac{5}{8}$ p	$95\frac{1}{2}$	....	$44\frac{7}{16}$ m
96	....	$44\frac{7}{8}$ m	96	....	$44\frac{5}{8}$ p
$96\frac{1}{2}$	....	$45\frac{1}{16}$ p	$96\frac{1}{2}$	....	$44\frac{7}{8}$ p
97	....	$45\frac{5}{16}$ p	97	....	$45\frac{1}{8}$ m
$97\frac{1}{2}$	....	$45\frac{9}{16}$ m	$97\frac{1}{2}$	....	$45\frac{3}{8}$ m
98	....	$45\frac{13}{16}$ m	98	....	$45\frac{9}{16}$ p
$98\frac{1}{2}$	....	46 p	$98\frac{1}{2}$	....	$45\frac{13}{16}$ p
99	....	$46\frac{1}{4}$ p	99	....	$46\frac{1}{16}$ m
$99\frac{1}{2}$	....	$46\frac{1}{2}$ m	$99\frac{1}{2}$	....	$46\frac{1}{4}$ p
100	....	$46\frac{3}{4}$ m	100	....	$46\frac{1}{2}$ p
$100\frac{1}{2}$	....	$46\frac{15}{16}$ p	$100\frac{1}{2}$	....	$46\frac{3}{4}$ m
101	....	$47\frac{3}{16}$ p	101	....	47 m
$101\frac{1}{2}$	....	$47\frac{7}{16}$ m	$101\frac{1}{2}$	....	$47\frac{3}{16}$ p
102	....	$47\frac{11}{16}$ m	102	....	$47\frac{7}{16}$ p
$102\frac{1}{2}$	....	$47\frac{7}{8}$ p	$102\frac{1}{2}$	....	$47\frac{11}{16}$ m
103	....	$48\frac{1}{8}$ p	103	....	$47\frac{15}{16}$ m
$103\frac{1}{2}$	....	$48\frac{3}{8}$ m	$103\frac{1}{2}$	....	$48\frac{1}{8}$ p
104	....	$48\frac{5}{8}$ m	104	....	$48\frac{3}{8}$ p
$104\frac{1}{2}$	....	$48\frac{13}{16}$ p	$104\frac{1}{2}$	....	$48\frac{5}{8}$ m

DES CHANGES.

PARIS, { GENEVE, BASLE, } AMSTERDAM.

Geneve sur Amsterd.	Paris sur Geneve.	Rend à Amsterd.	Geneve sur Amsterd.	Paris sur Geneve.	Rend à Amsterd.
86 $\frac{1}{2}$	216	40 $\frac{1}{16}$ m	86 $\frac{1}{2}$	217	39 $\frac{7}{8}$ m
87	....	40 $\frac{1}{4}$ p	87	....	40 $\frac{1}{16}$ p
87 $\frac{1}{2}$	....	40 $\frac{3}{8}$ p	87 $\frac{1}{2}$	....	40 $\frac{5}{16}$ p
88	....	40 $\frac{3}{4}$ p	88	....	40 $\frac{9}{16}$ m
88 $\frac{1}{2}$	....	41 m	88 $\frac{1}{2}$	....	40 $\frac{13}{16}$ m
89	....	41 $\frac{3}{16}$ p	89	....	41 p
89 $\frac{1}{2}$	....	41 $\frac{7}{16}$ m	89 $\frac{1}{2}$	....	41 $\frac{1}{4}$ m
90	....	41 $\frac{11}{16}$ m	90	....	41 $\frac{1}{2}$ m
90 $\frac{1}{2}$	....	41 $\frac{9}{8}$ p	90 $\frac{1}{2}$	....	41 $\frac{11}{16}$ p
91	....	42 $\frac{1}{8}$ p	91	....	41 $\frac{15}{16}$ m
91 $\frac{1}{2}$	....	42 $\frac{3}{8}$ m	91 $\frac{1}{2}$	....	42 $\frac{3}{16}$ m
92	....	42 $\frac{5}{8}$ p	92	....	42 $\frac{3}{8}$ p
92 $\frac{1}{2}$	....	42 $\frac{13}{16}$ p	92 $\frac{1}{2}$	....	42 $\frac{5}{8}$ p
93	....	43 $\frac{1}{16}$ m	93	....	42 $\frac{7}{8}$ m
93 $\frac{1}{2}$	....	43 $\frac{5}{16}$ m	93 $\frac{1}{2}$	....	43 $\frac{1}{16}$ p
94	....	43 $\frac{1}{16}$ p	94	....	43 $\frac{5}{16}$ p
94 $\frac{1}{2}$	....	43 $\frac{3}{4}$	94 $\frac{1}{2}$	....	43 $\frac{9}{16}$ m
95	....	44 m	95	....	43 $\frac{3}{4}$ p
95 $\frac{1}{2}$	....	44 $\frac{3}{16}$ p	95 $\frac{1}{2}$	....	44 p
96	....	44 $\frac{7}{16}$ p	96	....	44 $\frac{1}{4}$ m
96 $\frac{1}{2}$	....	44 $\frac{1}{16}$ m	96 $\frac{1}{2}$	....	44 $\frac{1}{2}$ m
97	....	44 $\frac{7}{16}$ m	97	....	44 $\frac{11}{16}$ p
97 $\frac{1}{2}$	....	45 $\frac{1}{8}$ p	97 $\frac{1}{2}$	....	44 $\frac{15}{16}$ m
98	....	45 $\frac{3}{8}$ m	98	....	45 $\frac{3}{16}$ p
98 $\frac{1}{2}$	....	45 $\frac{5}{8}$ m	98 $\frac{1}{2}$	....	45 $\frac{3}{8}$ p
99	....	45 $\frac{13}{16}$ p	99	....	45 $\frac{5}{8}$ m
99 $\frac{1}{2}$	....	46 $\frac{1}{16}$ p	99 $\frac{1}{2}$	....	45 $\frac{7}{8}$ m
100	....	46 $\frac{5}{16}$ m	100	....	46 $\frac{1}{16}$ p
100 $\frac{1}{2}$	....	46 $\frac{1}{2}$ p	100 $\frac{1}{2}$	....	46 $\frac{5}{16}$ p
101	....	46 $\frac{3}{4}$ p	101	....	46 $\frac{9}{16}$ m
101 $\frac{1}{2}$	....	47 m	101 $\frac{1}{2}$	....	46 $\frac{3}{4}$ p
102	....	47 $\frac{1}{4}$ m	102	....	47 p
102 $\frac{1}{2}$	....	47 $\frac{7}{16}$ p	102 $\frac{1}{2}$	....	47 $\frac{1}{4}$ p
103	....	47 $\frac{11}{16}$ m	103	....	47 $\frac{11}{16}$ p
103 $\frac{1}{2}$	....	47 $\frac{15}{16}$ m	103 $\frac{1}{2}$	....	47 $\frac{11}{16}$ m
104	....	48 $\frac{1}{8}$ p	104	....	48 $\frac{1}{16}$ m
104 $\frac{1}{2}$	....	48 $\frac{3}{8}$ p	104 $\frac{1}{2}$	....	

COMBINAISON GENERALE

PARIS, { GENEVE, BASLE, } AMSTERDAM.

Geneve sur Amsterd.	Paris sur Geneve.	Rend à Amsterd.	Geneve sur Amsterd.	Paris sur Geneve.	Rend à Amsterd.
86 $\frac{1}{2}$	218	39 $\frac{11}{16}$ m	86 $\frac{1}{2}$	219	39 $\frac{1}{2}$ m
87	....	39 $\frac{13}{16}$ m	87	....	39 $\frac{4}{16}$ m
87 $\frac{1}{2}$	....	40 $\frac{1}{8}$ p	87 $\frac{1}{2}$	....	39 $\frac{15}{16}$ p
88	....	40 $\frac{3}{16}$ m	88	....	40 $\frac{3}{16}$ m
88 $\frac{1}{2}$	....	40 $\frac{3}{8}$ m	88 $\frac{1}{2}$	....	40 $\frac{7}{16}$ m
89	....	40 $\frac{13}{16}$ p	89	....	40 $\frac{5}{8}$ p
89 $\frac{1}{2}$	....	41 $\frac{1}{16}$ m	89 $\frac{1}{2}$	....	40 $\frac{7}{8}$ m
90	....	41 $\frac{1}{16}$ m	90	....	41 $\frac{1}{8}$ m
90 $\frac{1}{2}$	....	41 $\frac{3}{8}$ p	90 $\frac{1}{2}$	....	41 $\frac{5}{16}$ p
91	....	41 $\frac{3}{4}$ m	91	....	41 $\frac{9}{16}$ m
91 $\frac{1}{2}$	....	42 m	91 $\frac{1}{2}$	....	41 $\frac{3}{4}$ m
92	....	42 $\frac{3}{16}$ p	92	....	42 p
92 $\frac{1}{2}$	....	42 $\frac{7}{16}$ m	92 $\frac{1}{2}$	....	42 $\frac{1}{4}$ m
93	....	42 $\frac{11}{16}$ m	93	....	42 $\frac{7}{16}$ p
93 $\frac{1}{2}$	....	42 $\frac{7}{8}$ p	93 $\frac{1}{2}$	....	42 $\frac{11}{16}$ p
94	....	43 $\frac{1}{8}$ m	94	....	42 $\frac{15}{16}$ m
94 $\frac{1}{2}$	....	43 $\frac{3}{8}$ m	94 $\frac{1}{2}$	....	43 $\frac{1}{8}$ p
95	....	43 $\frac{13}{16}$ p	95	....	43 $\frac{3}{8}$ p
95 $\frac{1}{2}$	....	43 $\frac{13}{16}$ m	95 $\frac{1}{2}$	....	43 $\frac{5}{8}$ m
96	....	44 $\frac{1}{16}$ m	96	....	43 $\frac{13}{16}$ p
96 $\frac{1}{2}$	....	44 $\frac{1}{4}$ p	96 $\frac{1}{2}$	....	44 $\frac{1}{16}$ p
97	....	44 $\frac{1}{2}$ m	97	....	44 $\frac{1}{8}$ m
97 $\frac{1}{2}$	....	44 $\frac{6}{8}$ m	97 $\frac{1}{2}$	....	44 $\frac{1}{2}$ m
98	....	44 $\frac{15}{16}$ p	98	....	44 $\frac{3}{4}$ m
98 $\frac{1}{2}$	....	45 $\frac{3}{16}$ m	98 $\frac{1}{2}$	....	45 m
99	....	45 $\frac{7}{16}$ m	99	....	45 $\frac{1}{4}$ p
99 $\frac{1}{2}$	....	45 $\frac{5}{8}$ p	99 $\frac{1}{2}$	....	45 $\frac{11}{16}$ m
100	....	45 $\frac{5}{8}$ m	100	....	45 $\frac{15}{16}$ m
100 $\frac{1}{2}$	....	46 $\frac{1}{8}$ m	100 $\frac{1}{2}$	....	45 $\frac{5}{8}$ p
101	....	46 $\frac{1}{16}$ p	101	....	46 m
101 $\frac{1}{2}$	....	46 $\frac{9}{16}$ m	101 $\frac{1}{2}$	....	46 $\frac{1}{4}$ m
102	....	46 $\frac{13}{16}$ m	102	....	46 $\frac{15}{16}$ p
102 $\frac{1}{2}$	....	47 p	102 $\frac{1}{2}$	....	46 $\frac{15}{16}$ m
103	....	47 $\frac{1}{4}$ m	103	....	47 $\frac{1}{16}$ m
103 $\frac{1}{2}$	....	47 $\frac{1}{2}$ m	103 $\frac{1}{2}$	....	47 $\frac{1}{4}$ p
104	....	47 $\frac{11}{16}$ p	104	....	47 $\frac{1}{2}$ m
104 $\frac{1}{2}$	....	47 $\frac{15}{16}$ m	104 $\frac{1}{2}$	....	47 $\frac{11}{16}$ p

PARIS, { GENEVE, BASLE, } AMSTERDAM.

Geneve sur Amsterd.	Paris sur Geneve.	Rend à Amsterd.	Geneve sur Amsterd.	Paris sur Geneve.	Rend à Amsterd.
86 1/2	220	39 5/16 p	86 1/2	221	39 1/8 p
87	………	39 9/16 m	87	………	39 3/8 m
87 1/2	………	39 3/4 p	87 1/2	………	39 9/16 p
88	………	40	88	………	39 13/16 p
88 1/2	………	40 1/4 m	88 1/2	………	40 1/16 m
89	………	40 7/16 p	89	………	40 1/4 p
89 1/2	………	40 11/16 m	89 1/2	………	40 1/2 m
90	………	40 15/16 m	90	………	40 3/4 m
90 1/2	………	41 1/8 p	90 1/2	………	40 15/16 p
91	………	41 3/8 m	91	………	41 3/16 m
91 1/2	………	41 9/16 p	91 1/2	………	41 3/8 p
92	………	41 13/16 p	92	………	41 5/8 p
92 1/2	………	42 1/16 m	92 1/2	………	41 7/8 m
93	………	42 1/4 p	93	………	42 1/16 p
93 1/2	………	42 1/2	93 1/2	………	42 5/16 m
94	………	42 3/4 m	94	………	42 9/16 m
94 1/2	………	42 15/16 p	94 1/2	………	42 3/4 p
95	………	43 3/16 m	95	………	43 m
95 1/2	………	43 7/16 m	95 1/2	………	43 3/16 p
96	………	43 5/8 p	96	………	43 7/16 p
96 1/2	………	43 7/8 m	96 1/2	………	43 11/16 m
97	………	44 1/16 p	97	………	43 7/8 p
97 1/2	………	44 5/16 p	97 1/2	………	44 1/8 m
98	………	44 9/16 m	98	………	44 3/8 m
98 1/2	………	44 3/4 p	98 1/2	………	44 9/16 p
99	………	45	99	………	44 13/16 m
99 1/2	………	45 1/4 m	99 1/2	………	45 p
100	………	45 7/16 p	100	………	45 1/4 m
100 1/2	………	45 11/16 m	100 1/2	………	45 1/2 m
101	………	45 15/16 m	101	………	45 11/16 p
101 1/2	………	46 1/8 p	101 1/2	………	45 15/16 m
102	………	46 3/8 m	102	………	46 1/8 p
102 1/2	………	46 9/16 p	102 1/2	………	46 3/8 p
103	………	46 13/16 p	103	………	46 5/8 m
103 1/2	………	47 1/16 m	103 1/2	………	46 13/16 p
104	………	47 1/4 p	104	………	47 1/16 m
104 1/2	………	47 1/2	104 1/2	………	47 5/16 m

COMBINAISON GENERALE
DES CHANGES
DES PRINCIPALES PLACES
DE L'EUROPE,
PAR RAPPORT
A LA FRANCE.

PARIS, { GENEVE, BASLE, } LONDRES.

HUITIÉME COMBINAISON.

PARIS, { GENEVE, BASLE, } LONDRES.

CEtte Combinaison est composée de trois Nombres.
  Le Nombre du milieu, qui est entre les deux Colomnes, marque le change de Paris sur Geneve & sur Basle, depuis 110 jusqu'à 221 Ecus de France de 60 sols, pour 100 Ecus de 3 livres argent de Geneve & de Basle.

  La premiere Colomne contient les differents degrés du Change de Geneve & de Basle sur Londres, depuis 51 jusqu'à 60 deniers Sterling de Londres, pour un Ecu de 3 livres argent de Geneve & de Basle.

  La seconde Colomne contient les differents degrés du Change correspondant de Paris sur Londres, depuis $23\frac{1}{16}$ jusqu'à $54\frac{9}{16}$ deniers Sterling de Londres, pour un Ecu de France de 60 sols.

COMBINAISON GENERALE

PARIS, { GENEVE, BASLE, } LONDRES.

Geneve sur Londres.	Paris sur Geneve.	Rend à Londres.	Geneve sur Londres.	Paris sur Geneve.	Rend à Londres.
51	110	46 $\frac{3}{8}$ m	51	111	45 $\frac{15}{16}$ p
51 $\frac{1}{4}$	....	46 $\frac{9}{16}$ p	51 $\frac{1}{4}$	....	46 $\frac{3}{16}$ m
51 $\frac{1}{2}$	....	46 $\frac{13}{16}$ p	51 $\frac{1}{2}$	....	46 $\frac{3}{8}$ p
51 $\frac{3}{4}$	....	47 $\frac{1}{16}$ m	51 $\frac{3}{4}$	....	46 $\frac{7}{8}$ m
52	....	47 $\frac{1}{4}$ p	52	....	46 $\frac{1}{8}$ m
52 $\frac{1}{4}$	....	47 $\frac{1}{2}$ p	52 $\frac{1}{4}$	....	47 $\frac{1}{16}$ p
52 $\frac{1}{2}$	....	47 $\frac{3}{4}$ m	52 $\frac{1}{2}$	....	47 $\frac{1}{16}$ m
52 $\frac{3}{4}$	....	47 $\frac{15}{16}$ p	52 $\frac{3}{4}$	....	47 $\frac{1}{2}$ p
53	....	48 $\frac{3}{16}$ m	53	....	47 $\frac{3}{4}$ p
53 $\frac{1}{4}$	....	48 $\frac{7}{16}$ m	53 $\frac{1}{4}$	....	48 m
53 $\frac{1}{2}$	....	48 $\frac{5}{8}$ p	53 $\frac{1}{2}$	....	48 $\frac{3}{16}$ p
53 $\frac{3}{4}$	....	48 $\frac{7}{8}$ m	53 $\frac{3}{4}$	....	48 $\frac{7}{16}$ m
54	....	49 $\frac{1}{16}$ p	54	....	48 $\frac{5}{8}$ p
54 $\frac{1}{4}$	....	49 $\frac{5}{16}$ p	54 $\frac{1}{4}$	....	48 $\frac{7}{8}$ m
54 $\frac{1}{2}$	....	49 $\frac{9}{16}$ m	54 $\frac{1}{2}$	....	49 $\frac{3}{8}$ m
54 $\frac{3}{4}$	....	49 $\frac{3}{4}$ p	54 $\frac{3}{4}$	....	49 $\frac{9}{16}$ p
55	....	50	55	....	49 $\frac{3}{16}$ m
55 $\frac{1}{4}$	....	50 $\frac{1}{16}$ m	55 $\frac{1}{4}$	....	49 $\frac{3}{4}$ p
55 $\frac{1}{2}$	....	50 $\frac{11}{16}$ p	55 $\frac{1}{2}$	....	50
55 $\frac{3}{4}$	....	50 $\frac{1}{2}$ m	55 $\frac{3}{4}$	....	50 $\frac{1}{16}$ m
56	....	50 $\frac{13}{16}$ m	56	....	50 $\frac{7}{16}$ p
56 $\frac{1}{4}$	....	51 $\frac{1}{8}$ p	56 $\frac{1}{4}$	....	50 $\frac{11}{16}$ m
56 $\frac{1}{2}$	....	51 $\frac{3}{8}$ m	56 $\frac{1}{2}$	....	50 $\frac{7}{8}$ p
56 $\frac{3}{4}$	....	51 $\frac{5}{8}$ p	56 $\frac{3}{4}$	....	51 $\frac{1}{8}$ p
57	....	51 $\frac{13}{16}$ p	57	....	51 $\frac{3}{8}$ m
57 $\frac{1}{4}$	....	52 $\frac{1}{16}$ m	57 $\frac{1}{4}$	....	51 $\frac{9}{16}$ p
57 $\frac{1}{2}$	....	52 $\frac{1}{4}$ p	57 $\frac{1}{2}$	....	51 $\frac{13}{16}$ m
57 $\frac{3}{4}$	....	52 $\frac{1}{2}$	57 $\frac{3}{4}$	....	52 p
58	....	52 $\frac{3}{4}$ m	58	....	52 $\frac{1}{4}$ p
58 $\frac{1}{4}$	....	52 $\frac{15}{16}$ p	58 $\frac{1}{4}$	....	52 $\frac{1}{2}$ m
58 $\frac{1}{2}$	....	53 $\frac{3}{16}$ m	58 $\frac{1}{2}$	....	52 $\frac{11}{16}$ p
58 $\frac{3}{4}$	....	53 $\frac{7}{16}$ m	58 $\frac{3}{4}$	....	52 $\frac{15}{16}$ m
59	....	53 $\frac{5}{8}$ p	59	....	53 $\frac{3}{16}$ p
59 $\frac{1}{4}$	....	53 $\frac{7}{8}$ m	59 $\frac{1}{4}$	....	53 $\frac{3}{8}$ p
59 $\frac{1}{2}$	....	54 $\frac{1}{16}$ p	59 $\frac{1}{2}$	....	53 $\frac{5}{8}$ m
59 $\frac{3}{4}$	....	54 $\frac{5}{16}$ p	59 $\frac{3}{4}$	....	53 $\frac{13}{16}$ p
60	....	54 $\frac{9}{16}$ m	60	....	54 $\frac{1}{16}$ m

DES CHANGES.

PARIS, { GENEVE, BASLE, } LONDRES.

Geneve sur Londres.	Paris sur Geneve.	Rend à Londres.	Geneve sur Londres.	Paris sur Geneve.	Rend à Londres.
51	112	45 $\frac{2}{16}$ m	51	113	45 $\frac{1}{8}$ p
51 $\frac{1}{4}$	....	45 $\frac{3}{4}$ p	51 $\frac{1}{4}$	....	45 $\frac{3}{8}$ m
51 $\frac{1}{2}$	....	46 m	51 $\frac{1}{2}$	....	45 $\frac{9}{16}$ p
51 $\frac{3}{4}$	....	46 $\frac{3}{16}$ p	51 $\frac{3}{4}$	....	45 $\frac{13}{16}$ m
52	....	46 $\frac{7}{16}$ m	52	....	46 p
52 $\frac{1}{4}$	....	46 $\frac{5}{8}$ p	52 $\frac{1}{4}$	....	46 $\frac{1}{4}$ m
52 $\frac{1}{2}$	....	46 $\frac{7}{8}$	52 $\frac{1}{2}$	....	46 $\frac{7}{16}$ p
52 $\frac{3}{4}$	....	47 $\frac{1}{8}$ m	52 $\frac{3}{4}$	....	46 $\frac{11}{16}$ m
53	....	47 $\frac{3}{16}$ p	53	....	46 $\frac{7}{8}$ p
53 $\frac{1}{4}$	....	47 $\frac{9}{16}$ m	53 $\frac{1}{4}$	....	47 $\frac{1}{8}$ m
53 $\frac{1}{2}$	....	47 $\frac{3}{4}$ p	53 $\frac{1}{2}$	....	47 $\frac{3}{8}$ m
53 $\frac{3}{4}$	....	48 m	53 $\frac{3}{4}$	....	47 $\frac{9}{16}$ p
54	....	48 $\frac{3}{16}$ p	54	....	47 $\frac{13}{16}$ m
54 $\frac{1}{4}$	....	48 $\frac{7}{16}$	54 $\frac{1}{4}$	....	48 p
54 $\frac{1}{2}$	....	48 $\frac{11}{16}$ m	54 $\frac{1}{2}$	....	48 $\frac{1}{4}$ m
54 $\frac{3}{4}$	....	48 $\frac{7}{8}$ p	54 $\frac{3}{4}$	....	48 $\frac{7}{16}$ p
55	....	49 $\frac{1}{8}$ m	55	....	48 $\frac{11}{16}$ m
55 $\frac{1}{4}$	....	49 $\frac{5}{16}$ p	55 $\frac{1}{4}$	....	48 $\frac{7}{8}$ p
55 $\frac{1}{2}$	....	49 $\frac{9}{16}$ m	55 $\frac{1}{2}$	....	49 $\frac{1}{8}$ m
55 $\frac{3}{4}$	....	49 $\frac{3}{4}$ p	55 $\frac{3}{4}$	....	49 $\frac{3}{8}$ p
56	....	50	56	....	49 $\frac{9}{16}$ m
56 $\frac{1}{4}$	....	50 $\frac{1}{4}$ m	56 $\frac{1}{4}$	....	49 $\frac{3}{4}$ p
56 $\frac{1}{2}$	....	50 $\frac{7}{16}$ p	56 $\frac{1}{2}$	....	50
56 $\frac{3}{4}$	....	50 $\frac{11}{16}$ m	56 $\frac{3}{4}$	....	50 $\frac{1}{4}$ m
57	....	50 $\frac{7}{8}$ p	57	....	50 $\frac{7}{16}$ p
57 $\frac{1}{4}$	....	51 $\frac{1}{8}$ m	57 $\frac{1}{4}$	....	50 $\frac{11}{16}$ m
57 $\frac{1}{2}$	....	51 $\frac{5}{16}$ p	57 $\frac{1}{2}$	....	50 $\frac{7}{8}$ p
57 $\frac{3}{4}$	....	51 $\frac{9}{16}$	57 $\frac{3}{4}$	....	51 $\frac{1}{8}$ m
58	....	51 $\frac{13}{16}$ m	58	....	51 $\frac{5}{16}$ p
58 $\frac{1}{4}$	....	52	58 $\frac{1}{4}$	....	51 $\frac{9}{16}$ m
58 $\frac{1}{2}$	....	52 $\frac{1}{4}$ m	58 $\frac{1}{2}$	....	51 $\frac{3}{4}$ p
58 $\frac{3}{4}$	....	52 $\frac{1}{4}$ p	58 $\frac{3}{4}$	....	52 m
59	....	52 $\frac{11}{16}$ m	59	....	52 $\frac{3}{16}$ p
59 $\frac{1}{4}$	....	52 $\frac{7}{8}$ p	59 $\frac{1}{4}$	....	52 $\frac{7}{16}$ m
59 $\frac{1}{2}$	....	53 $\frac{1}{8}$	59 $\frac{1}{2}$	....	52 $\frac{5}{8}$ p
59 $\frac{3}{4}$	....	53 $\frac{3}{8}$ m	59 $\frac{3}{4}$	....	52 $\frac{7}{8}$ p
60	....	53 $\frac{9}{16}$ p	60	....	53 $\frac{1}{8}$ m

COMBINAISON GENERALE

PARIS, { GENEVE, BASLE, } LONDRES.

Geneve sur Londres.	Paris sur Geneve.	Rend à Londres.	Geneve sur Londres.	Paris sur Geneve.	Rend à Londres.
51	114	44 $\frac{3}{4}$ m	51	115	44 $\frac{3}{8}$ m
51 $\frac{1}{4}$	....	44 $\frac{13}{16}$ p	51 $\frac{1}{4}$	....	44 $\frac{9}{16}$ p
51 $\frac{1}{2}$	....	45 $\frac{3}{16}$ m	51 $\frac{1}{2}$	....	44 $\frac{13}{16}$ m
51 $\frac{3}{4}$	....	45 $\frac{3}{8}$ p	51 $\frac{3}{4}$	....	45
52	....	45 $\frac{5}{8}$ m	52	....	45 $\frac{3}{16}$ p
52 $\frac{1}{4}$	....	45 $\frac{13}{16}$ p	52 $\frac{1}{4}$	....	45 $\frac{7}{16}$ m
52 $\frac{1}{2}$	....	46 $\frac{1}{16}$ m	52 $\frac{1}{2}$	....	45 $\frac{5}{8}$ p
52 $\frac{3}{4}$	....	46 $\frac{1}{4}$ p	52 $\frac{3}{4}$	....	45 $\frac{7}{8}$ m
53	....	46 $\frac{1}{2}$ m	53	....	46 $\frac{1}{16}$ p
53 $\frac{1}{4}$	....	46 $\frac{11}{16}$ p	53 $\frac{1}{4}$	....	46 $\frac{5}{16}$ m
53 $\frac{1}{2}$	....	46 $\frac{15}{16}$ m	53 $\frac{1}{2}$	....	46 $\frac{3}{4}$
53 $\frac{3}{4}$	....	47 $\frac{7}{8}$ p	53 $\frac{3}{4}$	....	46 $\frac{15}{16}$ p
54	....	47 $\frac{3}{8}$ m	54	....	47 $\frac{3}{16}$ m
54 $\frac{1}{4}$	....	47 $\frac{9}{16}$ p	54 $\frac{1}{4}$	....	47 $\frac{3}{8}$ p
54 $\frac{1}{2}$	....	47 $\frac{13}{16}$ m	54 $\frac{1}{2}$	....	47 $\frac{5}{8}$ m
54 $\frac{3}{4}$	....	48 p	54 $\frac{3}{4}$	....	47 $\frac{13}{16}$ p
55	....	48 $\frac{1}{4}$ m	55	....	48 $\frac{1}{16}$ m
55 $\frac{1}{4}$	....	48 $\frac{7}{16}$ p	55 $\frac{1}{4}$	....	48 $\frac{1}{4}$ p
55 $\frac{1}{2}$	....	48 $\frac{11}{16}$ m	55 $\frac{1}{2}$	....	48 $\frac{1}{2}$ m
55 $\frac{3}{4}$	....	48 $\frac{7}{8}$ p	55 $\frac{3}{4}$	....	48 $\frac{11}{16}$ p
56	....	49 $\frac{1}{8}$ m	56	....	48 $\frac{15}{16}$ m
56 $\frac{1}{4}$	....	49 $\frac{5}{16}$ p	56 $\frac{1}{4}$	....	49 $\frac{1}{8}$ p
56 $\frac{1}{2}$	....	49 $\frac{9}{16}$ m	56 $\frac{1}{2}$	....	49 $\frac{3}{8}$ m
56 $\frac{3}{4}$	....	49 $\frac{3}{4}$ p	56 $\frac{3}{4}$	....	49 $\frac{9}{16}$ p
57	....	50	57	....	49 $\frac{13}{16}$ m
57 $\frac{1}{4}$	....	50 $\frac{1}{4}$ m	57 $\frac{1}{4}$	....	50
57 $\frac{1}{2}$	....	50 $\frac{7}{16}$ p	57 $\frac{1}{2}$	....	50 $\frac{3}{16}$ p
57 $\frac{3}{4}$	....	50 $\frac{11}{16}$ m	57 $\frac{3}{4}$	....	50 $\frac{7}{16}$ m
58	....	50 $\frac{7}{8}$ p	58	....	50 $\frac{5}{8}$ p
58 $\frac{1}{4}$	....	51 $\frac{1}{8}$ m	58 $\frac{1}{4}$	....	50 $\frac{7}{8}$ m
58 $\frac{1}{2}$	....	51 $\frac{5}{16}$ p	58 $\frac{1}{2}$	....	51 $\frac{1}{16}$ p
58 $\frac{3}{4}$	....	51 $\frac{9}{16}$ m	58 $\frac{3}{4}$	....	51 $\frac{1}{4}$ m
59	....	51 $\frac{3}{4}$ p	59	....	51 $\frac{1}{2}$ p
59 $\frac{1}{4}$	....	52 m	59 $\frac{1}{4}$	....	51 $\frac{3}{4}$ m
59 $\frac{1}{2}$	....	52 $\frac{3}{16}$ p	59 $\frac{1}{2}$	....	51 $\frac{15}{16}$ p
59 $\frac{3}{4}$	....	52 $\frac{7}{16}$ m	59 $\frac{3}{4}$	....	52 $\frac{3}{16}$ m
60	....	52 $\frac{5}{8}$ p	60	....	52 $\frac{3}{8}$ p

DES CHANGES.

PARIS, { GENEVE, BASLE, } LONDRES.

Geneve sur Londres.	Paris sur Geneve.	Rend à Londres.	Geneve sur Londres.	Paris sur Geneve.	Rend à Londres.
51	116	$43\frac{15}{16}$ p	51	117	$43\frac{9}{16}$ p
$51\frac{1}{4}$	....	$44\frac{3}{16}$ m	$51\frac{1}{4}$	....	$43\frac{13}{16}$ m
$51\frac{1}{2}$	....	$44\frac{3}{8}$ p	$51\frac{1}{2}$	....	44 p
$51\frac{3}{4}$	....	$44\frac{5}{8}$ p	$51\frac{3}{4}$	....	$44\frac{1}{4}$ m
52	....	$44\frac{13}{16}$ p	52	....	$44\frac{7}{16}$ p
$52\frac{1}{4}$	....	$45\frac{1}{16}$ m	$52\frac{1}{4}$	....	$44\frac{11}{16}$ m
$52\frac{1}{2}$	....	$45\frac{1}{4}$ p	$52\frac{1}{2}$	....	$44\frac{7}{8}$ m
$52\frac{3}{4}$	....	$45\frac{1}{2}$ m	$52\frac{3}{4}$	....	$45\frac{1}{8}$ p
53	....	$45\frac{11}{16}$ p	53	....	$45\frac{5}{16}$ m
$53\frac{1}{4}$	....	$45\frac{7}{8}$ p	$53\frac{1}{4}$	....	$45\frac{1}{2}$ p
$53\frac{1}{2}$	....	$46\frac{1}{8}$ m	$53\frac{1}{2}$	....	$45\frac{3}{4}$ m
$53\frac{3}{4}$	....	$46\frac{5}{16}$ p	$53\frac{3}{4}$	....	$45\frac{15}{16}$ p
54	....	$46\frac{9}{16}$ p	54	....	$46\frac{1}{8}$ p
$54\frac{1}{4}$	....	$46\frac{3}{4}$ p	$54\frac{1}{4}$	....	$46\frac{3}{8}$ m
$54\frac{1}{2}$	....	47 m	$54\frac{1}{2}$	....	$46\frac{9}{16}$ p
$54\frac{3}{4}$	....	$47\frac{3}{16}$ p	$54\frac{3}{4}$	....	$46\frac{13}{16}$ m
55	....	$47\frac{7}{16}$ m	55	....	47 p
$55\frac{1}{4}$	....	$47\frac{5}{8}$ p	$55\frac{1}{4}$	....	$47\frac{1}{4}$ m
$55\frac{1}{2}$	....	$47\frac{7}{8}$ m	$55\frac{1}{2}$	....	$47\frac{7}{16}$ m
$55\frac{3}{4}$	....	$48\frac{1}{16}$ m	$55\frac{3}{4}$	....	$47\frac{5}{8}$ p
56	....	$48\frac{1}{4}$ p	56	....	$47\frac{7}{8}$ m
$56\frac{1}{4}$	....	$48\frac{1}{2}$ m	$56\frac{1}{4}$	....	$48\frac{1}{16}$ p
$56\frac{1}{2}$	....	$48\frac{11}{16}$ p	$56\frac{1}{2}$	....	$48\frac{5}{16}$ m
$56\frac{3}{4}$	....	$48\frac{15}{16}$ m	$56\frac{3}{4}$	....	$48\frac{1}{2}$ p
57	....	$49\frac{1}{8}$ p	57	....	$48\frac{11}{16}$ p
$57\frac{1}{4}$	....	$49\frac{3}{8}$ m	$57\frac{1}{4}$	....	$48\frac{15}{16}$ m
$57\frac{1}{2}$	....	$49\frac{9}{16}$ p	$57\frac{1}{2}$	....	$49\frac{1}{8}$ p
$57\frac{3}{4}$	....	$49\frac{13}{16}$ m	$57\frac{3}{4}$	....	$49\frac{3}{8}$ m
58	....	50	58	....	$49\frac{9}{16}$ p
$58\frac{1}{4}$	....	$50\frac{3}{16}$ p	$58\frac{1}{4}$	....	$49\frac{13}{16}$ m
$58\frac{1}{2}$	....	$50\frac{7}{16}$ m	$58\frac{1}{2}$	....	50
$58\frac{3}{4}$	....	$50\frac{5}{8}$ p	$58\frac{3}{4}$	....	$50\frac{3}{16}$ p
59	....	$50\frac{7}{8}$ m	59	....	$50\frac{7}{16}$ m
$59\frac{1}{4}$	....	$51\frac{1}{16}$ p	$59\frac{1}{4}$	....	$50\frac{5}{8}$ p
$59\frac{1}{2}$	....	$51\frac{5}{16}$ m	$59\frac{1}{2}$	....	$50\frac{7}{8}$ m
$59\frac{3}{4}$	....	$51\frac{1}{2}$ p	$59\frac{3}{4}$	....	$51\frac{1}{16}$ p
60	....	$51\frac{1}{4}$ m	60	....	$51\frac{1}{16}$ m

COMBINAISON GENERALE

PARIS, { GENEVE, BASLE, } LONDRES.

Geneve sur Londres.	Paris sur Geneve.	Rend à Londres.	Geneve sur Londres.	Paris sur Geneve.	Rend à Londres.
51	118	$43\frac{1}{4}$ m	51	119	$42\frac{7}{8}$ m
$51\frac{1}{4}$	....	$43\frac{7}{16}$ m	$51\frac{1}{4}$	....	$43\frac{1}{16}$ p
$51\frac{1}{2}$	....	$43\frac{5}{8}$ p	$51\frac{1}{2}$	....	$43\frac{1}{4}$ p
$51\frac{3}{4}$	....	$43\frac{7}{8}$ m	$51\frac{3}{4}$	....	$43\frac{1}{2}$ m
52	....	$44\frac{1}{16}$ p	52	....	$43\frac{11}{16}$ m
$52\frac{1}{4}$	....	$44\frac{1}{4}$ p	$52\frac{1}{4}$	....	$43\frac{15}{16}$ m
$52\frac{1}{2}$	....	$44\frac{1}{2}$ m	$52\frac{1}{2}$	....	$44\frac{1}{8}$ m
$52\frac{3}{4}$	....	$44\frac{11}{16}$ p	$52\frac{3}{4}$	....	$44\frac{5}{16}$ p
53	....	$44\frac{13}{16}$ m	53	....	$44\frac{9}{16}$ m
$53\frac{1}{4}$	....	$45\frac{1}{8}$ p	$53\frac{1}{4}$	....	$44\frac{3}{4}$ m
$53\frac{1}{2}$	....	$45\frac{5}{16}$ p	$53\frac{1}{2}$	....	$44\frac{15}{16}$ p
$53\frac{3}{4}$	....	$45\frac{9}{16}$ m	$53\frac{3}{4}$	....	$45\frac{3}{16}$ m
54	....	$45\frac{3}{4}$ p	54	....	$45\frac{3}{8}$ p
$54\frac{1}{4}$	....	46 m	$54\frac{1}{4}$	....	$45\frac{5}{8}$ p
$54\frac{1}{2}$	....	$46\frac{3}{16}$ m	$54\frac{1}{2}$	....	$45\frac{13}{16}$ m
$54\frac{3}{4}$	....	$46\frac{3}{8}$ p	$54\frac{3}{4}$	....	46 p
55	....	$46\frac{5}{8}$ m	55	....	$46\frac{3}{16}$ p
$55\frac{1}{4}$	....	$46\frac{13}{16}$ p	$55\frac{1}{4}$	....	$46\frac{7}{16}$ m
$55\frac{1}{2}$	....	$47\frac{1}{16}$ m	$55\frac{1}{2}$	....	$46\frac{5}{8}$ p
$55\frac{3}{4}$	....	$47\frac{1}{4}$ m	$55\frac{3}{4}$	....	$46\frac{7}{8}$ m
56	....	$47\frac{7}{16}$ p	56	....	$47\frac{1}{16}$ m
$56\frac{1}{4}$	....	$47\frac{11}{16}$ m	$56\frac{1}{4}$	....	$47\frac{1}{4}$ p
$56\frac{1}{2}$	....	$47\frac{7}{8}$ p	$56\frac{1}{2}$	....	$47\frac{1}{2}$ m
$56\frac{3}{4}$	....	$48\frac{1}{16}$ p	$56\frac{3}{4}$	....	$47\frac{11}{16}$ p
57	....	$48\frac{5}{16}$ m	57	....	$47\frac{7}{8}$ m
$57\frac{1}{4}$	....	$48\frac{1}{2}$ p	$57\frac{1}{4}$	....	$48\frac{1}{8}$ m
$57\frac{1}{2}$	....	$48\frac{3}{4}$ m	$57\frac{1}{2}$	....	$48\frac{5}{16}$ p
$57\frac{3}{4}$	....	$48\frac{15}{16}$ p	$57\frac{3}{4}$	....	$48\frac{1}{2}$ p
58	....	$49\frac{1}{8}$ p	58	....	$48\frac{3}{4}$ m
$58\frac{1}{4}$	....	$49\frac{3}{8}$ m	$58\frac{1}{4}$	....	$48\frac{15}{16}$ p
$58\frac{1}{2}$	....	$49\frac{9}{16}$ p	$58\frac{1}{2}$	....	$49\frac{3}{16}$ m
$58\frac{3}{4}$	....	$49\frac{13}{16}$ m	$58\frac{3}{4}$	....	$49\frac{3}{8}$ m
59	....	50	59	....	$49\frac{9}{16}$ p
$59\frac{1}{4}$	....	$50\frac{3}{16}$ p	$59\frac{1}{4}$	....	$49\frac{13}{16}$ m
$59\frac{1}{2}$	....	$50\frac{7}{16}$ m	$59\frac{1}{2}$	....	50
$59\frac{3}{4}$	....	$50\frac{5}{8}$ p	$59\frac{3}{4}$	....	$50\frac{3}{16}$ p
60	....	$50\frac{7}{8}$ m	60	....	$50\frac{7}{16}$ m

DES CHANGES.

PARIS, { GENEVE, BASLE, } LONDRES.

Geneve sur Londres.	Paris sur Geneve.	Rend à Londres.	Geneve sur Londres.	Paris sur Geneve.	Rend à Londres.
51	120	42 $\frac{1}{2}$	51	121	42 $\frac{1}{8}$ p
51 $\frac{1}{4}$	.....	42 $\frac{11}{16}$ p	51 $\frac{1}{4}$	.....	42 $\frac{5}{16}$ m
51 $\frac{1}{2}$	.....	42 $\frac{15}{16}$ m	51 $\frac{1}{2}$	.....	42 $\frac{8}{16}$ m
51 $\frac{3}{4}$	.....	43 $\frac{1}{8}$	51 $\frac{3}{4}$	.....	42 $\frac{16}{16}$ p
52	.....	43 $\frac{3}{16}$ p	52	.....	43 m
52 $\frac{1}{4}$	.....	43 $\frac{9}{16}$ m	52 $\frac{1}{4}$	.....	43 $\frac{3}{16}$ m
52 $\frac{1}{2}$	.....	43 $\frac{3}{4}$	52 $\frac{1}{2}$	.....	43 $\frac{3}{8}$ p
52 $\frac{3}{4}$	.....	43 $\frac{15}{16}$ p	52 $\frac{3}{4}$	.....	43 $\frac{8}{8}$ m
53	.....	44 $\frac{3}{16}$ m	53	.....	43 $\frac{13}{16}$ m
53 $\frac{1}{4}$	.....	44 $\frac{3}{8}$	53 $\frac{1}{4}$	.....	44 p
53 $\frac{1}{2}$	.....	44 $\frac{9}{16}$ p	53 $\frac{1}{2}$	.....	44 $\frac{3}{16}$ p
53 $\frac{3}{4}$	.....	44 $\frac{15}{16}$ m	53 $\frac{3}{4}$	.....	44 $\frac{7}{16}$ m
54	.....	45	54	.....	44 $\frac{5}{8}$ p
54 $\frac{1}{4}$	.....	45 $\frac{3}{16}$ p	54 $\frac{1}{4}$	.....	44 $\frac{13}{16}$ p
54 $\frac{1}{2}$	.....	45 $\frac{7}{16}$ m	54 $\frac{1}{2}$	.....	45 $\frac{1}{16}$ m
54 $\frac{3}{4}$	.....	45 $\frac{3}{8}$	54 $\frac{3}{4}$	.....	45 $\frac{1}{4}$ m
55	.....	45 $\frac{13}{16}$ p	55	.....	45 $\frac{7}{16}$ p
55 $\frac{1}{4}$	.....	46 $\frac{1}{16}$ m	55 $\frac{1}{4}$	.....	45 $\frac{11}{16}$ m
55 $\frac{1}{2}$	.....	46 $\frac{1}{4}$	55 $\frac{1}{2}$	.....	45 $\frac{7}{16}$ m
55 $\frac{3}{4}$	.....	46 $\frac{7}{16}$ p	55 $\frac{3}{4}$	.....	46 $\frac{7}{8}$ p
56	.....	46 $\frac{11}{16}$ m	56	.....	46 $\frac{5}{16}$ p
56 $\frac{1}{4}$	.....	46 $\frac{7}{8}$	56 $\frac{1}{4}$	.....	46 $\frac{4}{16}$ m
56 $\frac{1}{2}$	.....	47 $\frac{1}{16}$ p	56 $\frac{1}{2}$	.....	46 $\frac{11}{16}$ p
56 $\frac{3}{4}$	.....	47 $\frac{5}{16}$ m	56 $\frac{3}{4}$	.....	46 $\frac{7}{8}$ p
57	.....	47 $\frac{1}{2}$	57	.....	47 $\frac{1}{8}$ m
57 $\frac{1}{4}$	.....	47 $\frac{11}{16}$ p	57 $\frac{1}{4}$	.....	47 $\frac{3}{16}$ p
57 $\frac{1}{2}$	.....	47 $\frac{15}{16}$ m	57 $\frac{1}{2}$	.....	47 $\frac{1}{2}$ p
57 $\frac{3}{4}$	.....	48 $\frac{1}{8}$	57 $\frac{3}{4}$	.....	47 $\frac{3}{4}$ m
58	.....	48 $\frac{8}{16}$ p	58	.....	47 $\frac{15}{16}$ m
58 $\frac{1}{4}$	.....	48 $\frac{9}{16}$ m	58 $\frac{1}{4}$	.....	48 $\frac{1}{16}$ p
58 $\frac{1}{2}$	.....	48 $\frac{3}{4}$	58 $\frac{1}{2}$	.....	48 $\frac{3}{8}$ m
58 $\frac{3}{4}$	.....	48 $\frac{15}{16}$ p	58 $\frac{3}{4}$	.....	48 $\frac{9}{16}$ m
59	.....	49 $\frac{3}{16}$ m	59	.....	48 $\frac{3}{4}$ p
59 $\frac{1}{4}$	.....	49 $\frac{3}{8}$	59 $\frac{1}{4}$	.....	48 $\frac{15}{16}$ p
59 $\frac{1}{2}$	.....	49 $\frac{9}{16}$ p	59 $\frac{1}{2}$	.....	49 $\frac{3}{16}$ m
59 $\frac{3}{4}$	.....	49 $\frac{13}{16}$ m	59 $\frac{3}{4}$	.....	49 $\frac{3}{8}$ p
60	.....	50	60	.....	49 $\frac{9}{16}$ p

COMBINAISON GENERALE

PARIS, { GENEVE, BASLE, } LONDRES.

Geneve sur Londres.	Paris sur Geneve.	Rend à Londres.	Geneve sur Londres.	Paris sur Geneve.	Rend à Londres.
51	122	41 $\frac{13}{16}$ m	51	123	41 $\frac{7}{16}$ p
51 $\frac{1}{4}$	....	42 p	51 $\frac{1}{4}$	....	41 $\frac{11}{16}$ m
51 $\frac{1}{2}$	....	42 $\frac{3}{16}$ p	51 $\frac{1}{2}$	....	41 $\frac{7}{8}$ m
51 $\frac{3}{4}$	....	42 $\frac{7}{16}$ m	51 $\frac{3}{4}$	....	42 $\frac{1}{16}$ p
52	....	42 $\frac{5}{8}$ m	52	....	42 $\frac{1}{4}$ p
52 $\frac{1}{4}$	....	42 $\frac{13}{16}$ p	52 $\frac{1}{4}$	....	42 $\frac{11}{16}$ m
52 $\frac{1}{2}$	....	43 $\frac{1}{16}$ m	52 $\frac{1}{2}$	....	42 $\frac{7}{8}$ p
52 $\frac{3}{4}$	....	43 $\frac{1}{4}$ m	52 $\frac{3}{4}$	....	43 $\frac{1}{16}$ p
53	....	43 $\frac{7}{16}$ p	53	....	43 $\frac{5}{16}$ m
53 $\frac{1}{4}$	....	43 $\frac{5}{8}$ p	53 $\frac{1}{4}$	....	43 $\frac{1}{2}$ m
53 $\frac{1}{2}$	....	43 $\frac{7}{8}$ m	53 $\frac{1}{2}$	....	43 $\frac{11}{16}$ p
53 $\frac{3}{4}$	....	44 $\frac{1}{16}$ m	53 $\frac{3}{4}$	....	43 $\frac{7}{8}$ p
54	....	44 $\frac{1}{4}$ p	54	....	44 $\frac{1}{16}$ m
54 $\frac{1}{4}$	....	44 $\frac{7}{16}$ p	54 $\frac{1}{4}$	....	44 $\frac{1}{16}$ m
54 $\frac{1}{2}$	....	44 $\frac{11}{16}$ m	54 $\frac{1}{2}$	....	44 $\frac{1}{2}$ p
54 $\frac{3}{4}$	....	44 $\frac{7}{8}$ p	54 $\frac{3}{4}$	....	44 $\frac{11}{16}$ p
55	....	45 $\frac{1}{16}$ p	55	....	44 $\frac{13}{16}$ m
55 $\frac{1}{4}$	....	45 $\frac{1}{4}$ m	55 $\frac{1}{4}$	....	45 $\frac{1}{8}$ m
55 $\frac{1}{2}$	....	45 $\frac{1}{2}$ m	55 $\frac{1}{2}$	....	45 $\frac{5}{16}$ p
55 $\frac{3}{4}$	....	45 $\frac{11}{16}$ p	55 $\frac{3}{4}$	....	45 $\frac{1}{2}$ p
56	....	45 $\frac{7}{8}$ p	56	....	45 $\frac{3}{4}$ m
56 $\frac{1}{4}$	....	46 $\frac{1}{8}$ m	56 $\frac{1}{4}$	....	45 $\frac{15}{16}$ m
56 $\frac{1}{2}$	....	46 $\frac{5}{16}$ m	56 $\frac{1}{2}$	....	46 $\frac{1}{8}$ p
56 $\frac{3}{4}$	....	46 $\frac{1}{2}$ p	56 $\frac{3}{4}$	....	46 $\frac{5}{16}$ p
57	....	46 $\frac{3}{4}$ m	57	....	46 $\frac{9}{16}$ m
57 $\frac{1}{4}$	....	46 $\frac{15}{16}$ m	57 $\frac{1}{4}$	....	46 $\frac{3}{4}$ m
57 $\frac{1}{2}$	....	47 $\frac{1}{8}$ p	57 $\frac{1}{2}$	....	46 $\frac{15}{16}$ p
57 $\frac{3}{4}$	....	47 $\frac{5}{16}$ p	57 $\frac{3}{4}$	....	47 $\frac{1}{8}$ p
58	....	47 $\frac{9}{16}$ m	58	....	47 $\frac{3}{8}$ m
58 $\frac{1}{4}$	....	47 $\frac{3}{4}$ m	58 $\frac{1}{4}$	....	47 $\frac{9}{16}$ m
58 $\frac{1}{2}$	....	47 $\frac{15}{16}$ p	58 $\frac{1}{2}$	....	47 $\frac{3}{4}$ p
58 $\frac{3}{4}$	....	48 $\frac{1}{8}$ p	58 $\frac{3}{4}$	....	47 $\frac{15}{16}$ p
59	....	48 $\frac{3}{8}$ m	59	....	48 $\frac{3}{16}$ m
59 $\frac{1}{4}$	....	48 $\frac{9}{16}$ p	59 $\frac{1}{4}$	....	48 $\frac{3}{8}$ m
59 $\frac{1}{2}$	....	48 $\frac{3}{4}$ p	59 $\frac{1}{2}$	....	48 $\frac{9}{16}$ p
59 $\frac{3}{4}$	....	49 m	59 $\frac{3}{4}$	....	48 $\frac{3}{4}$ p
60	....	49 $\frac{3}{16}$ m	60	....	48 $\frac{3}{4}$ p

DES CHANGES.

PARIS, { GENEVE, BASLE, } LONDRES.

Geneve sur Londres.	Paris sur Geneve.	Rend à Londres.	Geneve sur Londres.	Paris sur Geneve.	Rend à Londres.
51	124	41 $\frac{1}{8}$ p	51	125	40 $\frac{13}{16}$ m
51 $\frac{1}{4}$	....	41 $\frac{9}{16}$ p	51 $\frac{1}{4}$	....	41
51 $\frac{1}{2}$	....	41 $\frac{9}{16}$ m	51 $\frac{1}{2}$	....	41 $\frac{3}{16}$ p
51 $\frac{3}{4}$	....	41 $\frac{3}{4}$ m	51 $\frac{3}{4}$	....	41 $\frac{3}{8}$ p
52	....	41 $\frac{15}{16}$ m	52	....	41 $\frac{5}{8}$ m
52 $\frac{1}{4}$	....	42 $\frac{1}{8}$ p	52 $\frac{1}{4}$	....	41 $\frac{13}{16}$ m
52 $\frac{1}{2}$	....	42 $\frac{7}{16}$ p	52 $\frac{1}{2}$	....	42
52 $\frac{3}{4}$	....	42 $\frac{9}{16}$ m	52 $\frac{3}{4}$	....	42 $\frac{3}{16}$ p
53	....	42 $\frac{3}{4}$ m	53	....	42 $\frac{3}{8}$ p
53 $\frac{1}{4}$	....	42 $\frac{15}{16}$ p	53 $\frac{1}{4}$	....	42 $\frac{5}{8}$ m
53 $\frac{1}{2}$	....	43 $\frac{1}{8}$ p	53 $\frac{1}{2}$	....	42 $\frac{13}{16}$ m
53 $\frac{3}{4}$	....	43 $\frac{3}{8}$ m	53 $\frac{3}{4}$	....	43
54	....	43 $\frac{9}{16}$ m	54	....	43 $\frac{3}{16}$ p
54 $\frac{1}{4}$	....	43 $\frac{3}{4}$	54 $\frac{1}{4}$	....	43 $\frac{3}{8}$ p
54 $\frac{1}{2}$	....	43 $\frac{15}{16}$ p	54 $\frac{1}{2}$	....	43 $\frac{5}{8}$ m
54 $\frac{3}{4}$	....	44 $\frac{1}{8}$ p	54 $\frac{3}{4}$	....	43 $\frac{13}{16}$ m
55	....	44 $\frac{3}{8}$ m	55	....	44
55 $\frac{1}{4}$	....	44 $\frac{9}{16}$ m	55 $\frac{1}{4}$	....	44 $\frac{3}{16}$ p
55 $\frac{1}{2}$	....	44 $\frac{3}{4}$ p	55 $\frac{1}{2}$	....	44 $\frac{3}{8}$ p
55 $\frac{3}{4}$	....	44 $\frac{15}{16}$ p	55 $\frac{3}{4}$	....	44 $\frac{5}{8}$ m
56	....	45 $\frac{3}{16}$ m	56	....	44 $\frac{13}{16}$ m
56 $\frac{1}{4}$	....	45 $\frac{3}{8}$ m	56 $\frac{1}{4}$	....	45
56 $\frac{1}{2}$	....	45 $\frac{9}{16}$ p	56 $\frac{1}{2}$	....	45 $\frac{3}{16}$ p
56 $\frac{3}{4}$	....	45 $\frac{3}{4}$ p	56 $\frac{3}{4}$	....	45 $\frac{3}{8}$ p
57	....	45 $\frac{15}{16}$ p	57	....	45 $\frac{5}{8}$ m
57 $\frac{1}{4}$	....	46 $\frac{3}{16}$ m	57 $\frac{1}{4}$	....	45 $\frac{13}{16}$ m
57 $\frac{1}{2}$	....	46 $\frac{3}{8}$ m	57 $\frac{1}{2}$	....	46
57 $\frac{3}{4}$	....	46 $\frac{9}{16}$ p	57 $\frac{3}{4}$	....	46 $\frac{3}{16}$ p
58	....	46 $\frac{3}{4}$ p	58	....	46 $\frac{3}{8}$ p
58 $\frac{1}{4}$	....	47 m	58 $\frac{1}{4}$	....	46 $\frac{5}{8}$ m
58 $\frac{1}{2}$	....	47 $\frac{3}{16}$ m	58 $\frac{1}{2}$	....	46 $\frac{13}{16}$ m
58 $\frac{3}{4}$	....	47 $\frac{3}{8}$ p	58 $\frac{3}{4}$	....	47
59	....	47 $\frac{9}{16}$ p	59	....	47 $\frac{3}{16}$ p
59 $\frac{1}{4}$	....	47 $\frac{13}{16}$ m	59 $\frac{1}{4}$	....	47 $\frac{3}{8}$ p
59 $\frac{1}{2}$	....	48 m	59 $\frac{1}{2}$	....	47 $\frac{5}{8}$ m
59 $\frac{3}{4}$	....	48 $\frac{3}{16}$ m	59 $\frac{3}{4}$	....	47 $\frac{13}{16}$ m
60	....	48 $\frac{3}{8}$ p	60	....	48

COMBINAISON GENERALE

PARIS, { GENEVE, BASLE, } LONDRES.

Geneve sur Londres.	Paris sur Geneve.	Rend à Londres.	Geneve sur Londres.	Paris sur Geneve.	Rend à Londres.
51	126	40 $\frac{1}{2}$ m	51	127	40 $\frac{3}{16}$ m
51 $\frac{1}{4}$	....	40 $\frac{11}{16}$ m	51 $\frac{1}{4}$	....	40 $\frac{3}{8}$ m
51 $\frac{1}{2}$	....	40 $\frac{7}{8}$ m	51 $\frac{1}{2}$	....	40 $\frac{9}{16}$ m
51 $\frac{3}{4}$	....	41 $\frac{1}{16}$ p	51 $\frac{3}{4}$	....	40 $\frac{3}{4}$ m
52	....	41 $\frac{1}{4}$ p	52	....	40 $\frac{15}{16}$ p
52 $\frac{1}{4}$	....	41 $\frac{7}{16}$ p	52 $\frac{1}{4}$	....	41 $\frac{1}{8}$ p
52 $\frac{1}{2}$	....	41 $\frac{11}{16}$ p	52 $\frac{1}{2}$	....	41 $\frac{1}{8}$ p
52 $\frac{3}{4}$	....	41 $\frac{7}{8}$ m	52 $\frac{3}{4}$	....	41 $\frac{9}{16}$ m
53	....	42 $\frac{1}{16}$ p	53	....	41 $\frac{3}{4}$ m
53 $\frac{1}{4}$	....	42 $\frac{1}{4}$ p	53 $\frac{1}{4}$	....	41 $\frac{15}{16}$ m
53 $\frac{1}{2}$	....	42 $\frac{7}{16}$ p	53 $\frac{1}{2}$	....	42 $\frac{1}{8}$ p
53 $\frac{3}{4}$	....	42 $\frac{11}{16}$ m	53 $\frac{3}{4}$	....	42 $\frac{5}{16}$ p
54	....	42 $\frac{7}{8}$ m	54	....	42 $\frac{1}{2}$ p
54 $\frac{1}{4}$	....	43 $\frac{1}{16}$ m	54 $\frac{1}{4}$	....	42 $\frac{11}{16}$ p
54 $\frac{1}{2}$	....	43 $\frac{1}{4}$ p	54 $\frac{1}{2}$	....	42 $\frac{15}{16}$ m
54 $\frac{3}{4}$	....	43 $\frac{7}{16}$ p	54 $\frac{3}{4}$	....	43 $\frac{1}{8}$ m
55	....	43 $\frac{5}{8}$ p	55	....	43 $\frac{5}{16}$ m
55 $\frac{1}{4}$	....	43 $\frac{7}{8}$ m	55 $\frac{1}{4}$	....	43 $\frac{1}{2}$ p
55 $\frac{1}{2}$	....	44 $\frac{1}{16}$ m	55 $\frac{1}{2}$	....	43 $\frac{11}{16}$ p
55 $\frac{3}{4}$	....	44 $\frac{1}{4}$ m	55 $\frac{3}{4}$	....	43 $\frac{7}{8}$ p
56	....	44 $\frac{7}{16}$ p	56	....	44 $\frac{1}{8}$ m
56 $\frac{1}{4}$	....	44 $\frac{5}{8}$ p	56 $\frac{1}{4}$	....	44 $\frac{5}{16}$ m
56 $\frac{1}{2}$	....	44 $\frac{13}{16}$ p	56 $\frac{1}{2}$	....	44 $\frac{1}{2}$ m
56 $\frac{3}{4}$	....	45 $\frac{1}{16}$ m	56 $\frac{3}{4}$	....	44 $\frac{11}{16}$ m
57	....	45 $\frac{1}{4}$ m	57	....	44 $\frac{7}{8}$ p
57 $\frac{1}{4}$	....	45 $\frac{7}{16}$ m	57 $\frac{1}{4}$	....	45 $\frac{1}{16}$ p
57 $\frac{1}{2}$	....	45 $\frac{5}{8}$ p	57 $\frac{1}{2}$	....	45 $\frac{1}{4}$ p
57 $\frac{3}{4}$	....	45 $\frac{13}{16}$ p	57 $\frac{3}{4}$	....	45 $\frac{1}{2}$ m
58	....	46 $\frac{1}{16}$ m	58	....	45 $\frac{11}{16}$ m
58 $\frac{1}{4}$	....	46 $\frac{1}{4}$ p	58 $\frac{1}{4}$	....	45 $\frac{7}{8}$ m
58 $\frac{1}{2}$	....	46 $\frac{7}{16}$ m	58 $\frac{1}{2}$	....	46 $\frac{1}{16}$ p
58 $\frac{3}{4}$	....	46 $\frac{5}{8}$ p	58 $\frac{3}{4}$	....	46 $\frac{1}{4}$ p
59	....	46 $\frac{13}{16}$ p	59	....	46 $\frac{7}{16}$ p
59 $\frac{1}{4}$	....	47 p	59 $\frac{1}{4}$	....	46 $\frac{5}{8}$ p
59 $\frac{1}{2}$	....	47 $\frac{1}{4}$ m	59 $\frac{1}{2}$	....	46 $\frac{7}{8}$ m
59 $\frac{3}{4}$	....	47 $\frac{7}{16}$ m	59 $\frac{3}{4}$	....	47 $\frac{1}{16}$ m
60	....	47 $\frac{5}{8}$ m	60	....	47 $\frac{1}{4}$ m

DES CHANGES.

PARIS, { GENEVE, BASLE, } LONDRES.

Geneve sur Londres.	Paris sur Geneve.	Rend à Londres.	Geneve sur Londres.	Paris sur Geneve.	Rend à Londres.
51	128	39 $\frac{13}{16}$ *	51	129	39 $\frac{9}{16}$ m
51 $\frac{1}{4}$	....	40 $\frac{1}{16}$ m	51 $\frac{1}{4}$	....	39 $\frac{3}{4}$ m
51 $\frac{1}{2}$	....	40 $\frac{1}{4}$ m	51 $\frac{1}{2}$	....	39 $\frac{15}{16}$ m
51 $\frac{3}{4}$	....	40 $\frac{7}{16}$ m	51 $\frac{3}{4}$	....	40 $\frac{1}{8}$ m
52	....	40 $\frac{5}{8}$	52	....	40 $\frac{5}{16}$ m
52 $\frac{1}{4}$	....	40 $\frac{13}{16}$ p	52 $\frac{1}{4}$	....	40 $\frac{1}{2}$ p
52 $\frac{1}{2}$	....	41 p	52 $\frac{1}{2}$	....	40 $\frac{11}{16}$ p
52 $\frac{3}{4}$	....	41 $\frac{3}{16}$ p	52 $\frac{3}{4}$	....	40 $\frac{7}{8}$ p
53	....	41 $\frac{3}{8}$ *	53	....	41 $\frac{1}{16}$ p
53 $\frac{1}{4}$	....	41 $\frac{5}{8}$ m	53 $\frac{1}{4}$	....	41 $\frac{1}{4}$ p
53 $\frac{1}{2}$	....	41 $\frac{13}{16}$ m	53 $\frac{1}{2}$	....	41 $\frac{1}{2}$ m
53 $\frac{3}{4}$	....	42 m	53 $\frac{3}{4}$	....	41 $\frac{11}{16}$ m
54	....	42 $\frac{3}{16}$	54	....	41 $\frac{7}{8}$ m
54 $\frac{1}{4}$	....	42 $\frac{3}{8}$ p	54 $\frac{1}{4}$	....	42 $\frac{1}{16}$ m
54 $\frac{1}{2}$	....	42 $\frac{9}{16}$ p	54 $\frac{1}{2}$	....	42 $\frac{1}{4}$ m
54 $\frac{3}{4}$	....	42 $\frac{3}{4}$ p	54 $\frac{3}{4}$	....	42 $\frac{7}{16}$ p
55	....	42 $\frac{15}{16}$ *	55	....	42 $\frac{5}{8}$ p
55 $\frac{1}{4}$	....	43 $\frac{3}{16}$ m	55 $\frac{1}{4}$	....	42 $\frac{13}{16}$ p
55 $\frac{1}{2}$	....	43 $\frac{3}{8}$ m	55 $\frac{1}{2}$	....	43 p
55 $\frac{3}{4}$	....	43 $\frac{9}{16}$ m	55 $\frac{3}{4}$	....	43 $\frac{3}{16}$ p
56	....	43 $\frac{3}{4}$	56	....	43 $\frac{7}{16}$ m
56 $\frac{1}{4}$	....	43 $\frac{15}{16}$ p	56 $\frac{1}{4}$	....	43 $\frac{5}{8}$ m
56 $\frac{1}{2}$	....	44 $\frac{1}{8}$ p	56 $\frac{1}{2}$	....	43 $\frac{13}{16}$ m
56 $\frac{3}{4}$	....	44 $\frac{5}{16}$ p	56 $\frac{3}{4}$	....	44 m
57	....	44 $\frac{1}{2}$ *	57	....	44 $\frac{3}{16}$ m
57 $\frac{1}{4}$	....	44 $\frac{2}{3}$ m	57 $\frac{1}{4}$	....	44 $\frac{3}{8}$ p
57 $\frac{1}{2}$	....	44 $\frac{13}{16}$ m	57 $\frac{1}{2}$	....	44 $\frac{9}{16}$ p
57 $\frac{3}{4}$	....	45 $\frac{1}{16}$ m	57 $\frac{3}{4}$	....	44 $\frac{3}{4}$ p
58	....	45 $\frac{5}{16}$	58	....	44 $\frac{15}{16}$ p
58 $\frac{1}{4}$	....	45 $\frac{1}{2}$ p	58 $\frac{1}{4}$	....	45 $\frac{1}{8}$ p
58 $\frac{1}{2}$	....	45 $\frac{11}{16}$ p	58 $\frac{1}{2}$	....	45 $\frac{5}{16}$ m
58 $\frac{3}{4}$	....	45 $\frac{7}{8}$ p	58 $\frac{3}{4}$	....	45 $\frac{9}{16}$ m
59	....	46 $\frac{1}{16}$ *	59	....	45 $\frac{3}{4}$ m
59 $\frac{1}{4}$	....	46 $\frac{1}{4}$ m	59 $\frac{1}{4}$	....	45 $\frac{15}{16}$ m
59 $\frac{1}{2}$	....	46 $\frac{1}{2}$ m	59 $\frac{1}{2}$	....	46 $\frac{3}{8}$ m
59 $\frac{3}{4}$	....	46 $\frac{11}{16}$ m	59 $\frac{3}{4}$	....	46 $\frac{1}{2}$ p
60	....	46 $\frac{7}{8}$	60	....	46 $\frac{1}{2}$ p

COMBINAISON GENERALE

PARIS, { GENEVE, BASLE, } LONDRES.

Geneve sur Londres.	Paris sur Geneve.	Rend à Londres.	Geneve sur Londres.	Paris sur Geneve.	Rend à Londres.
51	130	39 $\frac{1}{4}$ m	51	131	38 $\frac{15}{16}$ m
51 $\frac{1}{4}$	.....	39 $\frac{5}{16}$ m	51 $\frac{1}{4}$	.....	39 $\frac{1}{8}$ m
51 $\frac{1}{2}$	.....	39 $\frac{3}{8}$ m	51 $\frac{1}{2}$	.....	39 $\frac{5}{16}$ p
51 $\frac{3}{4}$	.....	39 $\frac{13}{16}$ m	51 $\frac{3}{4}$	.....	39 $\frac{1}{2}$ p
52	.....	40	52	.....	39 $\frac{11}{16}$ p
52 $\frac{1}{4}$	.....	40 $\frac{3}{16}$ p	52 $\frac{1}{4}$	.....	39 $\frac{7}{8}$ p
52 $\frac{1}{2}$	.....	40 $\frac{3}{8}$ p	52 $\frac{1}{2}$	.....	40 $\frac{1}{16}$ p
52 $\frac{3}{4}$	.....	40 $\frac{9}{16}$ p	52 $\frac{3}{4}$	.....	40 $\frac{1}{4}$ p
53	.....	40 $\frac{3}{4}$ p	53	.....	40 $\frac{7}{16}$ p
53 $\frac{1}{4}$	.....	40 $\frac{15}{16}$ p	53 $\frac{1}{4}$	.....	40 $\frac{5}{8}$ p
53 $\frac{1}{2}$	.....	41 $\frac{1}{8}$ p	53 $\frac{1}{2}$	.....	40 $\frac{13}{16}$ p
53 $\frac{3}{4}$	.....	41 $\frac{5}{16}$ m	53 $\frac{3}{4}$	.....	41 p
54	.....	41 $\frac{1}{2}$ m	54	.....	41 $\frac{1}{4}$ m
54 $\frac{1}{4}$	.....	41 $\frac{3}{4}$ m	54 $\frac{1}{4}$	.....	41 $\frac{1}{16}$ m
54 $\frac{1}{2}$	.....	41 $\frac{11}{16}$ m	54 $\frac{1}{2}$	.....	41 $\frac{5}{8}$ m
54 $\frac{3}{4}$	.....	42 $\frac{7}{8}$ m	54 $\frac{3}{4}$	.....	41 $\frac{13}{16}$ m
55	.....	42 $\frac{1}{16}$ m	55	.....	42 m
55 $\frac{1}{4}$	.....	42 $\frac{1}{2}$	55 $\frac{1}{4}$	.....	42 $\frac{3}{16}$ m
55 $\frac{1}{2}$	.....	42 $\frac{11}{16}$ p	55 $\frac{1}{2}$	.....	42 $\frac{3}{8}$ m
55 $\frac{3}{4}$	.....	42 $\frac{7}{8}$ p	55 $\frac{3}{4}$	.....	42 $\frac{9}{16}$ m
56	.....	43 $\frac{1}{16}$ p	56	.....	42 $\frac{3}{4}$ m
56 $\frac{1}{4}$	.....	43 $\frac{1}{4}$ p	56 $\frac{1}{4}$	.....	42 $\frac{15}{16}$ p
56 $\frac{1}{2}$	.....	43 $\frac{7}{16}$ p	56 $\frac{1}{2}$	.....	43 $\frac{1}{8}$ p
56 $\frac{3}{4}$	.....	43 $\frac{5}{8}$ p	56 $\frac{3}{4}$	.....	43 $\frac{5}{16}$ p
57	.....	43 $\frac{7}{8}$ m	57	.....	43 $\frac{1}{2}$ p
57 $\frac{1}{4}$	.....	44 $\frac{1}{16}$ m	57 $\frac{1}{4}$	.....	43 $\frac{11}{16}$ p
57 $\frac{1}{2}$	.....	44 $\frac{1}{4}$ m	57 $\frac{1}{2}$	.....	43 $\frac{7}{8}$ p
57 $\frac{3}{4}$	.....	44 $\frac{7}{16}$ m	57 $\frac{3}{4}$	.....	44 $\frac{1}{16}$ p
58	.....	44 $\frac{5}{8}$ m	58	.....	44 $\frac{1}{4}$ m
58 $\frac{1}{4}$	.....	44 $\frac{13}{16}$ m	58 $\frac{1}{4}$	.....	44 $\frac{7}{16}$ p
58 $\frac{1}{2}$	.....	45	58 $\frac{1}{2}$	.....	44 $\frac{11}{16}$ m
58 $\frac{3}{4}$	.....	45 $\frac{3}{16}$ p	58 $\frac{3}{4}$	.....	44 $\frac{7}{8}$ m
59	.....	45 $\frac{3}{8}$ p	59	.....	45 $\frac{1}{16}$ m
59 $\frac{1}{4}$	.....	45 $\frac{9}{16}$ p	59 $\frac{1}{4}$	.....	45 $\frac{1}{4}$ m
59 $\frac{1}{2}$	.....	45 $\frac{3}{4}$ p	59 $\frac{1}{2}$	.....	45 $\frac{7}{16}$ m
59 $\frac{3}{4}$	.....	45 $\frac{15}{16}$ p	59 $\frac{3}{4}$	.....	45 $\frac{5}{8}$ m
60	.....	46 $\frac{1}{8}$ p	60	.....	45 $\frac{13}{16}$ m

DES CHANGES.

PARIS, { GENEVE, BASLE, } LONDRES.

Geneve sur Londres.	Paris sur Geneve.	Rend à Londres.	Geneve sur Londres.	Paris sur Geneve.	Rend à Londres.
51	132	$38 \frac{5}{8}$ p	51	133	$38 \frac{3}{8}$ m
51 $\frac{1}{4}$		$38 \frac{13}{16}$ p	51 $\frac{1}{4}$		$38 \frac{9}{16}$ m
51 $\frac{1}{2}$		39 p	51 $\frac{1}{2}$		$38 \frac{3}{4}$ m
51 $\frac{3}{4}$		$39 \frac{3}{16}$ p	51 $\frac{3}{4}$		$38 \frac{15}{16}$ m
52		$39 \frac{3}{8}$ p	52		$39 \frac{1}{8}$ m
52 $\frac{1}{4}$		$39 \frac{9}{16}$ p	52 $\frac{1}{4}$		$39 \frac{5}{16}$ m
52 $\frac{1}{2}$		$39 \frac{3}{4}$ p	52 $\frac{1}{2}$		$39 \frac{1}{2}$ m
52 $\frac{3}{4}$		$39 \frac{15}{16}$ p	52 $\frac{3}{4}$		$39 \frac{11}{16}$ m
53		$40 \frac{1}{8}$ p	53		$39 \frac{7}{8}$ m
53 $\frac{1}{4}$		$40 \frac{5}{16}$ p	53 $\frac{1}{4}$		$40 \frac{1}{16}$ m
53 $\frac{1}{2}$		$40 \frac{1}{2}$ p	53 $\frac{1}{2}$		$40 \frac{1}{4}$ m
53 $\frac{3}{4}$		$40 \frac{3}{4}$ m	53 $\frac{3}{4}$		$40 \frac{7}{16}$ m
54		$40 \frac{15}{16}$ m	54		$40 \frac{5}{8}$ m
54 $\frac{1}{4}$		$41 \frac{1}{8}$ m	54 $\frac{1}{4}$		$40 \frac{13}{16}$ m
54 $\frac{1}{2}$		$41 \frac{5}{16}$ m	54 $\frac{1}{2}$		41 m
54 $\frac{3}{4}$		$41 \frac{1}{2}$ m	54 $\frac{3}{4}$		$41 \frac{3}{16}$ m
55		$41 \frac{11}{16}$ m	55		$41 \frac{3}{8}$ m
55 $\frac{1}{4}$		$41 \frac{7}{8}$ m	55 $\frac{1}{4}$		$41 \frac{9}{16}$ m
55 $\frac{1}{2}$		$42 \frac{1}{16}$ m	55 $\frac{1}{2}$		$41 \frac{3}{4}$ m
55 $\frac{3}{4}$		$42 \frac{1}{4}$ m	55 $\frac{3}{4}$		$41 \frac{15}{16}$ m
56		$42 \frac{7}{16}$ m	56		$42 \frac{1}{8}$ m
56 $\frac{1}{4}$		$42 \frac{5}{8}$ m	56 $\frac{1}{4}$		$42 \frac{5}{16}$ m
56 $\frac{1}{2}$		$42 \frac{13}{16}$ m	56 $\frac{1}{2}$		$42 \frac{1}{2}$ m
56 $\frac{3}{4}$		43 m	56 $\frac{3}{4}$		$42 \frac{11}{16}$ m
57		$43 \frac{3}{16}$ m	57		$42 \frac{7}{8}$ m
57 $\frac{1}{4}$		$43 \frac{3}{8}$ m	57 $\frac{1}{4}$		$43 \frac{1}{16}$ m
57 $\frac{1}{2}$		$43 \frac{9}{16}$ m	57 $\frac{1}{2}$		$43 \frac{1}{4}$ m
57 $\frac{3}{4}$		$43 \frac{3}{4}$ m	57 $\frac{3}{4}$		$43 \frac{7}{16}$ m
58		$43 \frac{15}{16}$ p	58		$43 \frac{5}{8}$ m
58 $\frac{1}{4}$		$44 \frac{1}{8}$ p	58 $\frac{1}{4}$		$43 \frac{13}{16}$ m
58 $\frac{1}{2}$		$44 \frac{5}{16}$ p	58 $\frac{1}{2}$		44 m
58 $\frac{3}{4}$		$44 \frac{1}{2}$ p	58 $\frac{3}{4}$		$44 \frac{3}{16}$ m
59		$44 \frac{11}{16}$ p	59		$44 \frac{3}{8}$ m
59 $\frac{1}{4}$		$44 \frac{7}{8}$ p	59 $\frac{1}{4}$		$44 \frac{9}{16}$ m
59 $\frac{1}{2}$		$45 \frac{1}{16}$ p	59 $\frac{1}{2}$		$44 \frac{3}{4}$ m
59 $\frac{3}{4}$		$45 \frac{1}{4}$ p	59 $\frac{3}{4}$		$44 \frac{15}{16}$ m
60		$45 \frac{7}{16}$ p	60		$45 \frac{1}{8}$ m

COMBINAISON GENERALE

PARIS, { GENEVE, BASLE, } LONDRES.

Geneve sur Londres.	Paris sur Geneve.	Rend à Londres.	Geneve sur Londres.	Paris sur Geneve.	Rend à Londres.
51	134	38 $\frac{1}{16}$ m	51	135	37 $\frac{3}{4}$ p
51 $\frac{1}{4}$	....	38 $\frac{1}{4}$ m	51 $\frac{1}{4}$	....	37 $\frac{15}{16}$ p
51 $\frac{1}{2}$	....	38 $\frac{7}{16}$ m	51 $\frac{1}{2}$	....	38 $\frac{1}{8}$ p
51 $\frac{3}{4}$	....	38 $\frac{5}{8}$ m	51 $\frac{3}{4}$	....	38 $\frac{5}{16}$ p
52	....	38 $\frac{13}{16}$ m	52	....	38 $\frac{1}{2}$ p
52 $\frac{1}{4}$	....	39 m	52 $\frac{1}{4}$	....	38 $\frac{11}{16}$ p
52 $\frac{1}{2}$	....	39 $\frac{3}{16}$ m	52 $\frac{1}{2}$	....	38 $\frac{7}{8}$ p
52 $\frac{3}{4}$	....	39 $\frac{3}{8}$ m	52 $\frac{3}{4}$	....	39 $\frac{1}{16}$ p
53	....	39 $\frac{9}{16}$ m	53	....	39 $\frac{1}{4}$ p
53 $\frac{1}{4}$	....	39 $\frac{3}{4}$ m	53 $\frac{1}{4}$	....	39 $\frac{7}{16}$ p
53 $\frac{1}{2}$	....	39 $\frac{15}{16}$ m	53 $\frac{1}{2}$	....	39 $\frac{5}{8}$ p
53 $\frac{3}{4}$	....	40 $\frac{1}{8}$ m	53 $\frac{3}{4}$	....	39 $\frac{13}{16}$ p
54	....	40 $\frac{5}{16}$ m	54	....	40
54 $\frac{1}{4}$	....	40 $\frac{1}{2}$ m	54 $\frac{1}{4}$	....	40 $\frac{3}{16}$ m
54 $\frac{1}{2}$	....	40 $\frac{11}{16}$ m	54 $\frac{1}{2}$	....	40 $\frac{3}{8}$ m
54 $\frac{3}{4}$	....	40 $\frac{7}{8}$ m	54 $\frac{3}{4}$	....	40 $\frac{9}{16}$ m
55	....	41 $\frac{1}{16}$ m	55	....	40 $\frac{3}{4}$ m
55 $\frac{1}{4}$	....	41 $\frac{1}{4}$ m	55 $\frac{1}{4}$	....	40 $\frac{15}{16}$ m
55 $\frac{1}{2}$	....	41 $\frac{7}{16}$ m	55 $\frac{1}{2}$	....	41 $\frac{1}{8}$ m
55 $\frac{3}{4}$	....	41 $\frac{5}{8}$ m	55 $\frac{3}{4}$	....	41 $\frac{5}{16}$ m
56	....	41 $\frac{13}{16}$ m	56	....	41 $\frac{1}{2}$ m
56 $\frac{1}{4}$	....	42 m	56 $\frac{1}{4}$	....	41 $\frac{11}{16}$ m
56 $\frac{1}{2}$	....	42 $\frac{3}{16}$ m	56 $\frac{1}{2}$	....	41 $\frac{7}{8}$ m
56 $\frac{3}{4}$	....	42 $\frac{3}{8}$ m	56 $\frac{3}{4}$	....	42 $\frac{1}{16}$ m
57	....	42 $\frac{9}{16}$ m	57	....	42 $\frac{1}{4}$ m
57 $\frac{1}{4}$	....	42 $\frac{3}{4}$ m	57 $\frac{1}{4}$	....	42 $\frac{7}{16}$ m
57 $\frac{1}{2}$	....	42 $\frac{15}{16}$ m	57 $\frac{1}{2}$	....	42 $\frac{9}{16}$ p
57 $\frac{3}{4}$	....	43 $\frac{1}{8}$ m	57 $\frac{3}{4}$	....	42 $\frac{3}{4}$ p
58	....	43 $\frac{5}{16}$ m	58	....	42 $\frac{15}{16}$ p
58 $\frac{1}{4}$	....	43 $\frac{1}{2}$ m	58 $\frac{1}{4}$	....	43 $\frac{1}{8}$ p
58 $\frac{1}{2}$	....	43 $\frac{11}{16}$ m	58 $\frac{1}{2}$	....	43 $\frac{5}{16}$ p
58 $\frac{3}{4}$	....	43 $\frac{13}{16}$ p	58 $\frac{3}{4}$	....	43 $\frac{1}{2}$ p
59	....	44 p	59	....	43 $\frac{11}{16}$ p
59 $\frac{1}{4}$	....	44 $\frac{3}{16}$ p	59 $\frac{1}{4}$	....	43 $\frac{7}{8}$ p
59 $\frac{1}{2}$	....	44 $\frac{3}{8}$ p	59 $\frac{1}{2}$	....	44 $\frac{1}{16}$ p
59 $\frac{3}{4}$	....	44 $\frac{7}{16}$ p	59 $\frac{3}{4}$	....	44 $\frac{1}{4}$ p
60	....	44 $\frac{3}{4}$ p	60	....	44 $\frac{7}{16}$ p

DES CHANGES.

PARIS, { GENEVE, BASLE, } LONDRES.

Geneve sur Londres.	Paris sur Geneve.	Rend à Londres.	Geneve sur Londres.	Paris sur Geneve.	Rend à Londres.
51	136	$37 \frac{1}{2}$	51	137	$37 \frac{1}{4}$ m
$51 \frac{1}{4}$	....	$37 \frac{11}{16}$ m	$51 \frac{1}{4}$	....	$37 \frac{7}{16}$ m
$51 \frac{1}{2}$	....	$37 \frac{7}{8}$ m	$51 \frac{1}{2}$	....	$37 \frac{9}{16}$ m
$51 \frac{3}{4}$	....	$38 \frac{1}{16}$ m	$51 \frac{3}{4}$	....	$37 \frac{3}{4}$ p
52	....	$38 \frac{1}{4}$ m	52	....	$37 \frac{15}{16}$ p
$52 \frac{1}{4}$	....	$38 \frac{7}{16}$ m	$52 \frac{1}{4}$	....	$38 \frac{1}{8}$ p
$52 \frac{1}{2}$	....	$38 \frac{5}{8}$ m	$52 \frac{1}{2}$	....	$38 \frac{1}{16}$ p
$52 \frac{3}{4}$	....	$38 \frac{13}{16}$ m	$52 \frac{3}{4}$	....	$38 \frac{1}{2}$ p
53	....	39 m	53	....	$38 \frac{11}{16}$ m
$53 \frac{1}{4}$	....	$39 \frac{1}{8}$ p	$53 \frac{1}{4}$	....	$38 \frac{7}{8}$ m
$53 \frac{1}{2}$	....	$39 \frac{1}{16}$ p	$53 \frac{1}{2}$	....	$39 \frac{1}{16}$ m
$53 \frac{3}{4}$	....	$39 \frac{1}{2}$ p	$53 \frac{3}{4}$	....	$39 \frac{1}{4}$ m
54	....	$39 \frac{11}{16}$ p	54	....	$39 \frac{7}{16}$ m
$54 \frac{1}{4}$	....	$39 \frac{7}{8}$ p	$54 \frac{1}{4}$	....	$39 \frac{5}{8}$ m
$54 \frac{1}{2}$	....	$40 \frac{1}{16}$ p	$54 \frac{1}{2}$	....	$39 \frac{3}{4}$ p
$54 \frac{3}{4}$	....	$40 \frac{1}{4}$ p	$54 \frac{3}{4}$	....	$39 \frac{15}{16}$ p
55	....	$40 \frac{7}{16}$ p	55	....	$40 \frac{1}{8}$ p
$55 \frac{1}{4}$	....	$40 \frac{5}{8}$	$55 \frac{1}{4}$	....	$40 \frac{1}{16}$ p
$55 \frac{1}{2}$	....	$40 \frac{13}{16}$	$55 \frac{1}{2}$	....	$40 \frac{1}{2}$ p
$55 \frac{3}{4}$	....	41 m	$55 \frac{3}{4}$	....	$40 \frac{11}{16}$ p
56	....	$41 \frac{3}{16}$ m	56	....	$40 \frac{7}{8}$ p
$56 \frac{1}{4}$	....	$41 \frac{3}{8}$ m	$56 \frac{1}{4}$	....	$41 \frac{1}{16}$ m
$56 \frac{1}{2}$	....	$41 \frac{9}{16}$ m	$56 \frac{1}{2}$	....	$41 \frac{1}{4}$ m
$56 \frac{3}{4}$	....	$41 \frac{3}{4}$ m	$56 \frac{3}{4}$	....	$41 \frac{7}{16}$ m
57	....	$41 \frac{15}{16}$ m	57	....	$41 \frac{5}{8}$ m
$57 \frac{1}{4}$	....	$42 \frac{1}{8}$ m	$57 \frac{1}{4}$	....	$41 \frac{13}{16}$ m
$57 \frac{1}{2}$	....	$42 \frac{1}{4}$ p	$57 \frac{1}{2}$	....	42 m
$57 \frac{3}{4}$	....	$42 \frac{7}{16}$ p	$57 \frac{3}{4}$	....	$42 \frac{1}{8}$ p
58	....	$42 \frac{5}{8}$ p	58	....	$42 \frac{5}{16}$ p
$58 \frac{1}{4}$	....	$42 \frac{13}{16}$ p	$58 \frac{1}{4}$	....	$42 \frac{1}{2}$ p
$58 \frac{1}{2}$	....	43 p	$58 \frac{1}{2}$	....	$42 \frac{11}{16}$ p
$58 \frac{3}{4}$	....	$43 \frac{3}{16}$ p	$58 \frac{3}{4}$	....	$42 \frac{7}{8}$ p
59	....	$43 \frac{3}{8}$ p	59	....	$43 \frac{1}{16}$ p
$59 \frac{1}{4}$	....	$43 \frac{9}{16}$ p	$59 \frac{1}{4}$	....	$43 \frac{1}{4}$ m
$59 \frac{1}{2}$	....	$43 \frac{3}{4}$	$59 \frac{1}{2}$	....	$43 \frac{7}{16}$ m
$59 \frac{3}{4}$	....	$43 \frac{15}{16}$ m	$59 \frac{3}{4}$	....	$43 \frac{5}{8}$ m
60	....	$44 \frac{1}{8}$ m	60	....	$43 \frac{13}{16}$ m

Tome II.

COMBINAISON GENERALE

PARIS, { GENEVE, BASLE, } LONDRES.

Geneve sur Londres.	Paris sur Geneve.	Rend à Londres.	Geneve sur Londres.	Paris sur Geneve.	Rend à Londres.
51	138	$36\frac{15}{16}$ p	51	139	$36\frac{11}{16}$ p
51 $\frac{1}{4}$	....	$37\frac{3}{8}$ p	51 $\frac{1}{4}$	....	$36\frac{7}{8}$ m
51 $\frac{1}{2}$	....	$37\frac{1}{16}$ p	51 $\frac{1}{2}$	....	$37\frac{1}{16}$ m
51 $\frac{3}{4}$	....	$37\frac{1}{2}$	51 $\frac{3}{4}$	....	$37\frac{1}{4}$ m
52	....	$37\frac{11}{16}$ m	52	....	$37\frac{7}{16}$
52 $\frac{1}{4}$	....	$37\frac{7}{8}$ m	52 $\frac{1}{4}$	....	$37\frac{9}{16}$ p
52 $\frac{1}{2}$	....	$38\frac{1}{16}$ m	52 $\frac{1}{2}$	....	$37\frac{3}{4}$ p
52 $\frac{3}{4}$	....	$38\frac{1}{4}$ m	52 $\frac{3}{4}$	....	$37\frac{15}{16}$ p
53	....	$38\frac{3}{8}$ p	53	....	$38\frac{1}{8}$ p
53 $\frac{1}{4}$	....	$38\frac{9}{16}$ p	53 $\frac{1}{4}$	....	$38\frac{5}{16}$ m
53 $\frac{1}{2}$	....	$38\frac{3}{4}$ p	53 $\frac{1}{2}$	....	$38\frac{1}{2}$ m
53 $\frac{3}{4}$	....	$38\frac{15}{16}$ p	53 $\frac{3}{4}$	....	$38\frac{11}{16}$ m
54	....	$39\frac{1}{8}$ p	54	....	$38\frac{7}{8}$ m
54 $\frac{1}{4}$	....	$39\frac{5}{16}$ m	54 $\frac{1}{4}$	....	39 p
54 $\frac{1}{2}$	....	$39\frac{1}{2}$ m	54 $\frac{1}{2}$	....	$39\frac{3}{16}$ p
54 $\frac{3}{4}$	....	$39\frac{11}{16}$ m	54 $\frac{3}{4}$	....	$39\frac{3}{8}$ p
55	....	$39\frac{7}{8}$ m	55	....	$39\frac{9}{16}$ p
55 $\frac{1}{4}$	....	$40\frac{1}{16}$ m	55 $\frac{1}{4}$	....	$39\frac{3}{4}$ m
55 $\frac{1}{2}$	....	$40\frac{3}{16}$ p	55 $\frac{1}{2}$	....	$39\frac{15}{16}$ m
55 $\frac{3}{4}$	....	$40\frac{3}{8}$ p	55 $\frac{3}{4}$	....	$40\frac{1}{8}$ m
56	....	$40\frac{9}{16}$ p	56	....	$40\frac{5}{16}$ m
56 $\frac{1}{4}$	....	$40\frac{3}{4}$ p	56 $\frac{1}{4}$	....	$40\frac{7}{16}$ p
56 $\frac{1}{2}$	....	$40\frac{15}{16}$ p	56 $\frac{1}{2}$	....	$40\frac{5}{8}$ p
56 $\frac{3}{4}$	....	$41\frac{1}{8}$ m	56 $\frac{3}{4}$	....	$40\frac{13}{16}$ p
57	....	$41\frac{1}{16}$ m	57	....	41 p
57 $\frac{1}{4}$	....	$41\frac{1}{2}$ m	57 $\frac{1}{4}$	....	$41\frac{3}{16}$ m
57 $\frac{1}{2}$	....	$41\frac{11}{16}$ m	57 $\frac{1}{2}$	....	$41\frac{3}{8}$ m
57 $\frac{3}{4}$	....	$41\frac{7}{8}$ m	57 $\frac{3}{4}$	....	$41\frac{9}{16}$ m
58	....	42 p	58	....	$41\frac{3}{4}$ m
58 $\frac{1}{4}$	....	$42\frac{3}{16}$ p	58 $\frac{1}{4}$	....	$41\frac{15}{16}$ m
58 $\frac{1}{2}$	....	$42\frac{3}{8}$ p	58 $\frac{1}{2}$	....	$42\frac{1}{16}$ p
58 $\frac{3}{4}$	....	$42\frac{9}{16}$ p	58 $\frac{3}{4}$	....	$42\frac{1}{4}$ p
59	....	$42\frac{3}{4}$ p	59	....	$42\frac{7}{16}$ p
59 $\frac{1}{4}$	....	$42\frac{15}{16}$ m	59 $\frac{1}{4}$	....	$42\frac{5}{8}$ p
59 $\frac{1}{2}$	....	$43\frac{3}{8}$ m	59 $\frac{1}{2}$	....	$42\frac{13}{16}$ m
59 $\frac{3}{4}$	....	$43\frac{5}{16}$ m	59 $\frac{3}{4}$	....	43 m
60	....	$43\frac{1}{2}$ m	60	....	$43\frac{3}{16}$ m

DES CHANGES. 379

PARIS, { GENEVE, BASLE, } LONDRES.

Geneve sur Londres.	Paris sur Geneve.	Rend à Londres.	Geneve sur Londres.	Paris sur Geneve.	Rend à Londres.
51	140	36 $\frac{7}{16}$ m	51	141	36 $\frac{3}{16}$ m
51 $\frac{1}{4}$	....	36 $\frac{5}{8}$ m	51 $\frac{1}{4}$	....	36 $\frac{3}{8}$ m
51 $\frac{1}{2}$	....	36 $\frac{13}{16}$ m	51 $\frac{1}{2}$	....	36 $\frac{5}{8}$ p
51 $\frac{3}{4}$	....	36 $\frac{15}{16}$ p	51 $\frac{3}{4}$	....	36 $\frac{11}{16}$ p
52	....	37 $\frac{1}{8}$ p	52	....	36 $\frac{7}{8}$ p
52 $\frac{1}{4}$	....	37 $\frac{5}{16}$ p	52 $\frac{1}{4}$	....	37 $\frac{1}{16}$ m
52 $\frac{1}{2}$	....	37 $\frac{1}{2}$	52 $\frac{1}{2}$	....	37 $\frac{1}{4}$ m
52 $\frac{3}{4}$	....	37 $\frac{11}{16}$ m	52 $\frac{3}{4}$	....	37 $\frac{7}{16}$ m
53	....	37 $\frac{7}{8}$ m	53	....	37 $\frac{9}{16}$ p
53 $\frac{1}{4}$	....	38 $\frac{1}{16}$ m	53 $\frac{1}{4}$	....	37 $\frac{3}{4}$ p
53 $\frac{1}{2}$	....	38 $\frac{3}{16}$ p	53 $\frac{1}{2}$	....	37 $\frac{15}{16}$ p
53 $\frac{3}{4}$	....	38 $\frac{3}{8}$ p	53 $\frac{3}{4}$	....	38 $\frac{1}{8}$ m
54	....	38 $\frac{9}{16}$ p	54	....	38 $\frac{1}{16}$ m
54 $\frac{1}{4}$	....	38 $\frac{3}{4}$	54 $\frac{1}{4}$	....	38 $\frac{1}{2}$ p
54 $\frac{1}{2}$	....	38 $\frac{15}{16}$ m	54 $\frac{1}{2}$	....	38 $\frac{5}{8}$ p
54 $\frac{3}{4}$	....	39 $\frac{1}{8}$ m	54 $\frac{3}{4}$	....	38 $\frac{13}{16}$ p
55	....	39 $\frac{5}{16}$ m	55	....	39 p
55 $\frac{1}{4}$	....	39 $\frac{7}{16}$ p	55 $\frac{1}{4}$	....	39 $\frac{3}{16}$ m
55 $\frac{1}{2}$	....	39 $\frac{5}{8}$ p	55 $\frac{1}{2}$	....	39 $\frac{3}{8}$ m
55 $\frac{3}{4}$	....	39 $\frac{13}{16}$ p	55 $\frac{3}{4}$	....	39 $\frac{9}{16}$ m
56	....	40	56	....	39 $\frac{11}{16}$ p
56 $\frac{1}{4}$	....	40 $\frac{3}{16}$ p	56 $\frac{1}{4}$	....	39 $\frac{7}{8}$ p
56 $\frac{1}{2}$	....	40 $\frac{3}{8}$ m	56 $\frac{1}{2}$	....	40 $\frac{1}{16}$ m
56 $\frac{3}{4}$	....	40 $\frac{9}{16}$ m	56 $\frac{3}{4}$	....	40 $\frac{1}{4}$ m
57	....	40 $\frac{11}{16}$ p	57	....	40 $\frac{7}{16}$ m
57 $\frac{1}{4}$	....	40 $\frac{7}{8}$ p	57 $\frac{1}{4}$	....	40 $\frac{5}{8}$ m
57 $\frac{1}{2}$	....	41 $\frac{1}{16}$ p	57 $\frac{1}{2}$	....	40 $\frac{3}{4}$ p
57 $\frac{3}{4}$	....	41 $\frac{1}{4}$	57 $\frac{3}{4}$	....	40 $\frac{15}{16}$ p
58	....	41 $\frac{7}{16}$ m	58	....	41 $\frac{1}{8}$ p
58 $\frac{1}{4}$	....	41 $\frac{5}{8}$ m	58 $\frac{1}{4}$	....	41 $\frac{5}{16}$ m
58 $\frac{1}{2}$	....	41 $\frac{13}{16}$ m	58 $\frac{1}{2}$	....	41 $\frac{1}{2}$ m
58 $\frac{3}{4}$	....	41 $\frac{15}{16}$ p	58 $\frac{3}{4}$	....	41 $\frac{11}{16}$ m
59	....	42 $\frac{1}{8}$ p	59	....	41 $\frac{7}{8}$
59 $\frac{1}{4}$	....	42 $\frac{5}{16}$ p	59 $\frac{1}{4}$	....	42 p
59 $\frac{1}{2}$	....	42 $\frac{1}{2}$	59 $\frac{1}{2}$	....	42 $\frac{3}{16}$ p
59 $\frac{3}{4}$	....	42 $\frac{11}{16}$ m	59 $\frac{3}{4}$	....	42 $\frac{3}{8}$ p
60	....	42 $\frac{7}{8}$ m	60	....	42 $\frac{7}{16}$ m

COMBINAISON GENERALE

PARIS, { GENEVE, BASLE, } LONDRES.

Geneve sur Londres.	Paris sur Geneve.	Rend à Londres.	Geneve sur Londres.	Paris sur Geneve.	Rend à Londres.
51	142	35 $\frac{15}{16}$ m	51	143	35 $\frac{11}{16}$ m
51 $\frac{1}{4}$	....	36 $\frac{1}{16}$ p	51 $\frac{1}{4}$	....	35 $\frac{13}{16}$ p
51 $\frac{1}{2}$	....	36 $\frac{1}{4}$ p	51 $\frac{1}{2}$	....	36 p
51 $\frac{3}{4}$	....	36 $\frac{7}{16}$ p	51 $\frac{3}{4}$	....	36 $\frac{3}{16}$ p
52	....	36 $\frac{5}{8}$ m	52	....	36 $\frac{3}{8}$ m
52 $\frac{1}{4}$	....	36 $\frac{13}{16}$ m	52 $\frac{1}{4}$	....	36 $\frac{9}{16}$ m
52 $\frac{1}{2}$	....	37 m	52 $\frac{1}{2}$	....	36 $\frac{11}{16}$ p
52 $\frac{3}{4}$	....	37 $\frac{1}{8}$ p	52 $\frac{3}{4}$	....	36 $\frac{7}{8}$ p
53	....	37 $\frac{5}{16}$ p	53	....	37 $\frac{1}{16}$ p
53 $\frac{1}{4}$	....	37 $\frac{1}{2}$	53 $\frac{1}{4}$	....	37 $\frac{1}{4}$ m
53 $\frac{1}{2}$	....	37 $\frac{11}{16}$ m	53 $\frac{1}{2}$	....	37 $\frac{9}{16}$ p
53 $\frac{3}{4}$	....	37 $\frac{7}{8}$ m	53 $\frac{3}{4}$	....	37 $\frac{7}{16}$ p
54	....	38 p	54	....	37 $\frac{11}{16}$ m
54 $\frac{1}{4}$	....	38 $\frac{3}{16}$ p	54 $\frac{1}{4}$	....	38 $\frac{1}{8}$ m
54 $\frac{1}{2}$	....	38 $\frac{3}{8}$ p	54 $\frac{1}{2}$	....	38 $\frac{1}{16}$ m
54 $\frac{3}{4}$	....	38 $\frac{9}{16}$ m	54 $\frac{3}{4}$	....	38 $\frac{7}{16}$ p
55	....	38 $\frac{3}{4}$ m	55	....	38 $\frac{5}{8}$ p
55 $\frac{1}{4}$	....	38 $\frac{15}{16}$ m	55 $\frac{1}{4}$	....	38 $\frac{13}{16}$ m
55 $\frac{1}{2}$	....	39 $\frac{1}{16}$ p	55 $\frac{1}{2}$	....	39 m
55 $\frac{3}{4}$	....	39 $\frac{1}{4}$ p	55 $\frac{3}{4}$	....	39 $\frac{3}{16}$ m
56	....	39 $\frac{7}{16}$ m	56	....	39 $\frac{5}{16}$ p
56 $\frac{1}{4}$	....	39 $\frac{5}{8}$ m	56 $\frac{1}{4}$	....	39 $\frac{1}{2}$ p
56 $\frac{1}{2}$	....	39 $\frac{13}{16}$ m	56 $\frac{1}{2}$	....	39 $\frac{11}{16}$ m
56 $\frac{3}{4}$	....	39 $\frac{15}{16}$ p	56 $\frac{3}{4}$	....	39 $\frac{7}{8}$ m
57	....	40 $\frac{3}{16}$ p	57	....	40 $\frac{1}{16}$ m
57 $\frac{1}{4}$	....	40 $\frac{1}{16}$ p	57 $\frac{1}{4}$	....	40 $\frac{3}{16}$ p
57 $\frac{1}{2}$	....	40 $\frac{1}{4}$ m	57 $\frac{1}{2}$	....	40 $\frac{3}{8}$ p
57 $\frac{3}{4}$	....	40 $\frac{11}{16}$ m	57 $\frac{3}{4}$	....	40 $\frac{9}{16}$ p
58	....	40 $\frac{7}{8}$ m	58	....	40 $\frac{3}{4}$ m
58 $\frac{1}{4}$	....	41 p	58 $\frac{1}{4}$	....	40 $\frac{15}{16}$ m
58 $\frac{1}{2}$	....	41 $\frac{3}{16}$ p	58 $\frac{1}{2}$	....	41 $\frac{1}{16}$ p
58 $\frac{3}{4}$	....	41 $\frac{3}{8}$ m	58 $\frac{3}{4}$	....	41 $\frac{1}{4}$ p
59	....	41 $\frac{9}{16}$ m	59	....	41 $\frac{7}{16}$ m
59 $\frac{1}{4}$	....	41 $\frac{3}{4}$ m	59 $\frac{1}{4}$	....	41 $\frac{5}{8}$ m
59 $\frac{1}{2}$	....	41 $\frac{7}{8}$ p	59 $\frac{1}{2}$	....	41 $\frac{13}{16}$ m
59 $\frac{3}{4}$	....	42 $\frac{1}{16}$ p	59 $\frac{3}{4}$	....	41 $\frac{15}{16}$ m
60	....	42 $\frac{1}{4}$ p	60	....	41 $\frac{3}{16}$ p

DES CHANGES.

PARIS, { GENEVE, BASLE, } LONDRES.

Geneve sur Londres.	Paris sur Geneve.	Rend à Londres.	Geneve sur Londres.	Paris sur Geneve.	Rend à Londres.
51	144	35 $\frac{7}{16}$ m	51	145	35 $\frac{13}{16}$ m
51 $\frac{1}{4}$	....	35 $\frac{9}{16}$ p	51 $\frac{1}{4}$	....	35 $\frac{3}{8}$ m
51 $\frac{1}{2}$	....	35 $\frac{3}{4}$ p	51 $\frac{1}{2}$	....	35 $\frac{1}{2}$ p
51 $\frac{3}{4}$	....	35 $\frac{11}{16}$ p	51 $\frac{3}{4}$	....	35 $\frac{11}{16}$ p
52	....	36 $\frac{1}{16}$ m	52	....	35 $\frac{7}{8}$ m
52 $\frac{1}{4}$	....	36 $\frac{5}{16}$ m	52 $\frac{1}{4}$	....	36 $\frac{1}{16}$ m
52 $\frac{1}{2}$	....	36 $\frac{7}{16}$ p	52 $\frac{1}{2}$	....	36 $\frac{3}{16}$ p
52 $\frac{3}{4}$	....	36 $\frac{5}{8}$ p	52 $\frac{3}{4}$	....	36 $\frac{5}{8}$ p
53	....	36 $\frac{13}{16}$ m	53	....	36 $\frac{9}{16}$ m
53 $\frac{1}{4}$	....	37 m	53 $\frac{1}{4}$	....	36 $\frac{3}{4}$ m
53 $\frac{1}{2}$	....	37 $\frac{1}{8}$ p	53 $\frac{1}{2}$	....	36 $\frac{7}{8}$ p
53 $\frac{3}{4}$	....	37 $\frac{5}{16}$ p	53 $\frac{3}{4}$	....	37 $\frac{1}{16}$ p
54	....	37 $\frac{1}{2}$	54	....	37 $\frac{1}{4}$ m
54 $\frac{1}{4}$	....	37 $\frac{11}{16}$ m	54 $\frac{1}{4}$	....	37 $\frac{7}{16}$ m
54 $\frac{1}{2}$	....	37 $\frac{7}{8}$ m	54 $\frac{1}{2}$	....	37 $\frac{9}{16}$ p
54 $\frac{3}{4}$	....	38 p	54 $\frac{3}{4}$	....	37 $\frac{3}{4}$ p
55	....	38 $\frac{3}{16}$ p	55	....	37 $\frac{15}{16}$ m
55 $\frac{1}{4}$	....	38 $\frac{3}{8}$ m	55 $\frac{1}{4}$	....	38 $\frac{1}{8}$ m
55 $\frac{1}{2}$	....	38 $\frac{9}{16}$ m	55 $\frac{1}{2}$	....	38 $\frac{1}{4}$ p
55 $\frac{3}{4}$	....	38 $\frac{11}{16}$ p	55 $\frac{3}{4}$	....	38 $\frac{7}{16}$ p
56	....	38 $\frac{7}{8}$ p	56	....	38 $\frac{5}{8}$ m
56 $\frac{1}{4}$	....	39 $\frac{1}{16}$ m	56 $\frac{1}{4}$	....	38 $\frac{3}{4}$ m
56 $\frac{1}{2}$	....	39 $\frac{1}{4}$ m	56 $\frac{1}{2}$	....	38 $\frac{15}{16}$ p
56 $\frac{3}{4}$	....	39 $\frac{7}{16}$ m	56 $\frac{3}{4}$	....	39 $\frac{1}{8}$ p
57	....	39 $\frac{9}{16}$ p	57	....	39 $\frac{5}{16}$ m
57 $\frac{1}{4}$	....	39 $\frac{3}{4}$ p	57 $\frac{1}{4}$	....	39 $\frac{1}{2}$ m
57 $\frac{1}{2}$	....	39 $\frac{15}{16}$ m	57 $\frac{1}{2}$	....	39 $\frac{5}{8}$ p
57 $\frac{3}{4}$	....	40 $\frac{1}{8}$ m	57 $\frac{3}{4}$	....	39 $\frac{13}{16}$ p
58	....	40 $\frac{1}{4}$ p	58	....	40
58 $\frac{1}{4}$	....	40 $\frac{7}{16}$ p	58 $\frac{1}{4}$	....	40 $\frac{3}{16}$ m
58 $\frac{1}{2}$	....	40 $\frac{5}{8}$	58 $\frac{1}{2}$	....	40 $\frac{3}{8}$ m
58 $\frac{3}{4}$	....	40 $\frac{13}{16}$ m	58 $\frac{3}{4}$	....	40 $\frac{1}{2}$ p
59	....	41 m	59	....	40 $\frac{11}{16}$ p
59 $\frac{1}{4}$	....	41 $\frac{1}{8}$ p	59 $\frac{1}{4}$	....	40 $\frac{7}{8}$ m
59 $\frac{1}{2}$	....	41 $\frac{5}{16}$ p	59 $\frac{1}{2}$	....	41 $\frac{1}{16}$ m
59 $\frac{3}{4}$	....	41 $\frac{1}{2}$ m	59 $\frac{3}{4}$	....	41 $\frac{3}{16}$ p
60	....	41 $\frac{11}{16}$ m	60	....	41 $\frac{3}{8}$ p

COMBINAISON GENERALE

PARIS, { GENEVE, BASLE, } LONDRES.

Geneve sur Londres.	Paris sur Geneve.	Rend à Londres.	Geneve sur Londres.	Paris sur Geneve.	Rend à Londres.
51	146	$34\frac{15}{16}$ m	51	147	$34\frac{11}{16}$ p
51 $\frac{1}{4}$	....	$35\frac{1}{8}$ m	51 $\frac{1}{4}$	....	$34\frac{7}{8}$ m
51 $\frac{1}{2}$	....	$35\frac{1}{4}$ p	51 $\frac{1}{2}$	....	$35\frac{1}{16}$ m
51 $\frac{3}{4}$	....	$35\frac{7}{16}$ p	51 $\frac{3}{4}$	....	$35\frac{3}{16}$ p
52	....	$35\frac{5}{8}$ m	52	....	$35\frac{3}{8}$ m
52 $\frac{1}{4}$	....	$35\frac{13}{16}$ m	52 $\frac{1}{4}$	....	$35\frac{9}{16}$ m
52 $\frac{1}{2}$	....	$35\frac{15}{16}$ p	52 $\frac{1}{2}$	....	$35\frac{11}{16}$ p
52 $\frac{3}{4}$	....	$36\frac{1}{8}$ p	52 $\frac{3}{4}$	....	$35\frac{7}{8}$ p
53	....	$36\frac{5}{16}$ m	53	....	$36\frac{1}{16}$ m
53 $\frac{1}{4}$	....	$36\frac{1}{2}$ m	53 $\frac{1}{4}$	....	$36\frac{1}{4}$ m
53 $\frac{1}{2}$	....	$36\frac{5}{8}$ p	53 $\frac{1}{2}$	....	$36\frac{3}{8}$ p
53 $\frac{3}{4}$	....	$36\frac{13}{16}$ p	53 $\frac{3}{4}$	....	$36\frac{9}{16}$ p
54	....	37 m	54	....	$36\frac{3}{4}$ m
54 $\frac{1}{4}$	....	$37\frac{3}{16}$ m	54 $\frac{1}{4}$	....	$36\frac{7}{8}$ p
54 $\frac{1}{2}$	....	$37\frac{5}{16}$ p	54 $\frac{1}{2}$	....	$37\frac{1}{16}$ p
54 $\frac{3}{4}$	....	$37\frac{1}{2}$ p	54 $\frac{3}{4}$	....	$37\frac{1}{4}$ m
55	....	$37\frac{11}{16}$ m	55	....	$37\frac{7}{16}$ m
55 $\frac{1}{4}$	....	$37\frac{13}{16}$ p	55 $\frac{1}{4}$	....	$37\frac{9}{16}$ p
55 $\frac{1}{2}$	....	38 p	55 $\frac{1}{2}$	....	$37\frac{3}{4}$ p
55 $\frac{3}{4}$	....	$38\frac{3}{16}$ m	55 $\frac{3}{4}$	....	$37\frac{15}{16}$ m
56	....	$38\frac{3}{8}$ m	56	....	$38\frac{1}{8}$ m
56 $\frac{1}{4}$	....	$38\frac{1}{2}$ p	56 $\frac{1}{4}$	....	$38\frac{1}{4}$ p
56 $\frac{1}{2}$	....	$38\frac{11}{16}$ p	56 $\frac{1}{2}$	....	$38\frac{7}{16}$ m
56 $\frac{3}{4}$	....	$38\frac{7}{8}$ m	56 $\frac{3}{4}$	....	$38\frac{5}{8}$ m
57	....	$39\frac{1}{16}$ m	57	....	$38\frac{3}{4}$ p
57 $\frac{1}{4}$	....	$39\frac{3}{16}$ p	57 $\frac{1}{4}$	....	$38\frac{15}{16}$ p
57 $\frac{1}{2}$	....	$39\frac{3}{8}$ p	57 $\frac{1}{2}$	....	$39\frac{1}{8}$ m
57 $\frac{3}{4}$	....	$39\frac{9}{16}$ m	57 $\frac{3}{4}$	....	$39\frac{5}{16}$ m
58	....	$39\frac{3}{4}$ m	58	....	$39\frac{7}{16}$ p
58 $\frac{1}{4}$	....	$39\frac{7}{8}$ p	58 $\frac{1}{4}$	....	$39\frac{5}{8}$ p
58 $\frac{1}{2}$	....	$40\frac{1}{16}$ p	58 $\frac{1}{2}$	....	$39\frac{13}{16}$ m
58 $\frac{3}{4}$	....	$40\frac{1}{4}$ m	58 $\frac{3}{4}$	....	$39\frac{15}{16}$ p
59	....	$40\frac{7}{16}$ m	59	....	$40\frac{1}{8}$ p
59 $\frac{1}{4}$	....	$40\frac{9}{16}$ p	59 $\frac{1}{4}$	....	$40\frac{1}{16}$ m
59 $\frac{1}{2}$	....	$40\frac{3}{4}$ p	59 $\frac{1}{2}$	....	$40\frac{1}{2}$ m
59 $\frac{3}{4}$	....	$40\frac{15}{16}$ m	59 $\frac{3}{4}$	....	$40\frac{5}{8}$ p
60	....	$41\frac{1}{8}$ m	60	....	$40\frac{13}{16}$ p

DES CHANGES.

PARIS, { GENEVE, BASLE, } LONDRES.

Geneve sur Londres.	Paris sur Geneve.	Rend à Londres.	Geneve sur Londres.	Paris sur Geneve.	Rend à Londres.
51	148	34 $\frac{7}{16}$ p	51	149	34 $\frac{1}{4}$ m
51 $\frac{1}{4}$	....	34 $\frac{5}{8}$ p	51 $\frac{1}{4}$	....	34 $\frac{3}{8}$ p
51 $\frac{1}{2}$	....	34 $\frac{13}{16}$ m	51 $\frac{1}{2}$	....	34 $\frac{8}{16}$ p
51 $\frac{3}{4}$	....	34 $\frac{11}{16}$ p	51 $\frac{3}{4}$	....	34 $\frac{3}{4}$ m
52	....	35 $\frac{1}{8}$ p	52	....	34 $\frac{7}{8}$
52 $\frac{1}{4}$	....	35 $\frac{1}{16}$ m	52 $\frac{1}{4}$	....	35 $\frac{1}{16}$ p
52 $\frac{1}{2}$	....	35 $\frac{1}{2}$ m	52 $\frac{1}{2}$	....	35 $\frac{1}{4}$ p
52 $\frac{3}{4}$	....	35 $\frac{3}{8}$ p	52 $\frac{3}{4}$	....	35 $\frac{3}{8}$ m
53	....	35 $\frac{12}{16}$ m	53	....	35 $\frac{9}{16}$ p
53 $\frac{1}{4}$	....	36 m	53 $\frac{1}{4}$	....	35 $\frac{3}{4}$ m
53 $\frac{1}{2}$	....	36 $\frac{1}{8}$ p	53 $\frac{1}{2}$	....	35 $\frac{7}{8}$ p
53 $\frac{3}{4}$	....	36 $\frac{5}{16}$ p	53 $\frac{3}{4}$	....	36 $\frac{1}{16}$ p
54	....	36 $\frac{1}{2}$ m	54	....	36 $\frac{1}{4}$ m
54 $\frac{1}{4}$	....	36 $\frac{5}{8}$ p	54 $\frac{1}{4}$	....	36 $\frac{7}{16}$ m
54 $\frac{1}{2}$	....	36 $\frac{13}{16}$ p	54 $\frac{1}{2}$	....	36 $\frac{9}{16}$ p
54 $\frac{3}{4}$	....	37 m	54 $\frac{3}{4}$	....	36 $\frac{3}{4}$ m
55	....	37 $\frac{3}{16}$ m	55	....	36 $\frac{15}{16}$ m
55 $\frac{1}{4}$	....	37 $\frac{1}{16}$ p	55 $\frac{1}{4}$	....	37 $\frac{1}{16}$ p
55 $\frac{1}{2}$	....	37 $\frac{1}{2}$	55 $\frac{1}{2}$	....	37 $\frac{1}{4}$ m
55 $\frac{3}{4}$	....	37 $\frac{11}{16}$ m	55 $\frac{3}{4}$	....	37 $\frac{7}{16}$ m
56	....	37 $\frac{13}{16}$ p	56	....	37 $\frac{9}{16}$ p
56 $\frac{1}{4}$	....	38 p	56 $\frac{1}{4}$	....	37 $\frac{3}{4}$ p
56 $\frac{1}{2}$	....	38 $\frac{3}{16}$ m	56 $\frac{1}{2}$	....	37 $\frac{15}{16}$ m
56 $\frac{3}{4}$	....	38 $\frac{3}{8}$ m	56 $\frac{3}{4}$	....	38 $\frac{1}{16}$ p
57	....	38 $\frac{1}{2}$ p	57	....	38 $\frac{1}{4}$ p
57 $\frac{1}{4}$	....	38 $\frac{11}{16}$ m	57 $\frac{1}{4}$	....	38 $\frac{7}{16}$ m
57 $\frac{1}{2}$	....	38 $\frac{7}{8}$ m	57 $\frac{1}{2}$	....	38 $\frac{9}{16}$ p
57 $\frac{3}{4}$	....	39 p	57 $\frac{3}{4}$	....	38 $\frac{3}{4}$ p
58	....	39 $\frac{3}{16}$ p	58	....	38 $\frac{15}{16}$ m
58 $\frac{1}{4}$	....	39 $\frac{3}{8}$ m	58 $\frac{1}{4}$	....	39 $\frac{1}{8}$ m
58 $\frac{1}{2}$	....	39 $\frac{1}{2}$ p	58 $\frac{1}{2}$	....	39 $\frac{1}{4}$ p
58 $\frac{3}{4}$	....	39 $\frac{11}{16}$ p	58 $\frac{3}{4}$	....	39 $\frac{7}{16}$ m
59	....	39 $\frac{7}{8}$ m	59	....	39 $\frac{5}{8}$ m
59 $\frac{1}{4}$	....	40 $\frac{1}{16}$ m	59 $\frac{1}{4}$	....	39 $\frac{3}{4}$ p
59 $\frac{1}{2}$	....	40 $\frac{3}{16}$ p	59 $\frac{1}{2}$	....	39 $\frac{15}{16}$ m
59 $\frac{3}{4}$	....	40 $\frac{3}{8}$ m	59 $\frac{3}{4}$	....	40 $\frac{1}{8}$ m
60	....	40 $\frac{9}{16}$ m	60	....	40 $\frac{1}{4}$ p

COMBINAISON GENERALE

PARIS, { GENEVE, BASLE, } LONDRES.

Geneve sur Londres.	Paris sur Geneve.	Rend à Londres.	Geneve sur Londres.	Paris sur Geneve.	Rend à Londres.
51	150	34	51	151	$33\frac{3}{4}$ p
51 $\frac{1}{4}$	....	$34\frac{3}{16}$ m	51 $\frac{1}{4}$	....	$33\frac{15}{16}$ p
51 $\frac{1}{2}$	....	$34\frac{5}{16}$ p	51 $\frac{1}{2}$	....	$34\frac{1}{8}$ m
51 $\frac{3}{4}$	....	$34\frac{1}{2}$	51 $\frac{3}{4}$	....	$34\frac{1}{4}$ p
52	....	$34\frac{11}{16}$ m	52	....	$34\frac{7}{16}$ m
52 $\frac{1}{4}$	....	$34\frac{13}{16}$ p	52 $\frac{1}{4}$	....	$34\frac{1}{2}$ m
52 $\frac{1}{2}$	....	35	52 $\frac{1}{2}$	....	$34\frac{3}{4}$
52 $\frac{3}{4}$	....	$35\frac{3}{16}$ m	52 $\frac{3}{4}$	....	$34\frac{15}{16}$ m
53	....	$35\frac{5}{16}$ p	53	....	$35\frac{1}{8}$ m
53 $\frac{1}{4}$	....	$35\frac{1}{2}$	53 $\frac{1}{4}$	....	$35\frac{1}{4}$ p
53 $\frac{1}{2}$	....	$35\frac{11}{16}$ m	53 $\frac{1}{2}$	....	$35\frac{7}{16}$ m
53 $\frac{3}{4}$	....	$35\frac{13}{16}$ p	53 $\frac{3}{4}$	....	$35\frac{5}{8}$ m
54	....	36	54	....	$35\frac{3}{4}$ p
54 $\frac{1}{4}$	....	$36\frac{3}{16}$ m	54 $\frac{1}{4}$	....	$35\frac{15}{16}$ m
54 $\frac{1}{2}$	....	$36\frac{5}{16}$ p	54 $\frac{1}{2}$	....	$36\frac{1}{16}$ p
54 $\frac{3}{4}$	....	$36\frac{1}{2}$	54 $\frac{3}{4}$	....	$36\frac{1}{4}$ p
55	....	$36\frac{11}{16}$ m	55	....	$36\frac{7}{16}$ m
55 $\frac{1}{4}$	....	$36\frac{13}{16}$ p	55 $\frac{1}{4}$	....	$36\frac{9}{16}$ p
55 $\frac{1}{2}$	....	37	55 $\frac{1}{2}$	....	$36\frac{3}{4}$ p
55 $\frac{3}{4}$	....	$37\frac{3}{16}$ m	55 $\frac{3}{4}$	....	$36\frac{15}{16}$ m
56	....	$37\frac{5}{16}$ p	56	....	$37\frac{1}{8}$ p
56 $\frac{1}{4}$	....	$37\frac{1}{2}$	56 $\frac{1}{4}$	....	$37\frac{1}{4}$ p
56 $\frac{1}{2}$	....	$37\frac{11}{16}$ m	56 $\frac{1}{2}$	....	$37\frac{7}{16}$ m
56 $\frac{3}{4}$	....	$37\frac{13}{16}$ p	56 $\frac{3}{4}$	....	$37\frac{9}{16}$ p
57	....	38	57	....	$37\frac{3}{4}$
57 $\frac{1}{4}$	....	$38\frac{3}{16}$ m	57 $\frac{1}{4}$	....	$37\frac{15}{16}$ m
57 $\frac{1}{2}$	....	$38\frac{5}{16}$ p	57 $\frac{1}{2}$	....	$38\frac{1}{16}$ p
57 $\frac{3}{4}$	....	$38\frac{1}{2}$	57 $\frac{3}{4}$	....	$38\frac{1}{4}$ m
58	....	$38\frac{11}{16}$ m	58	....	$38\frac{7}{16}$ m
58 $\frac{1}{4}$	....	$38\frac{13}{16}$ p	58 $\frac{1}{4}$	....	$38\frac{9}{16}$ p
58 $\frac{1}{2}$	....	39	58 $\frac{1}{2}$	....	$38\frac{3}{4}$ m
58 $\frac{3}{4}$	....	$39\frac{3}{16}$ m	58 $\frac{3}{4}$	....	$38\frac{15}{16}$ m
59	....	$39\frac{5}{16}$ p	59	....	$39\frac{1}{16}$ p
59 $\frac{1}{4}$	....	$39\frac{1}{2}$	59 $\frac{1}{4}$	....	$39\frac{1}{4}$ m
59 $\frac{1}{2}$	....	$39\frac{11}{16}$ m	59 $\frac{1}{2}$	....	$39\frac{3}{8}$ p
59 $\frac{3}{4}$	....	$39\frac{13}{16}$ p	59 $\frac{3}{4}$	....	$39\frac{9}{16}$ p
60	....	40	60	....	$39\frac{3}{4}$ m

DES CHANGES.

PARIS, { GENEVE, BASLE, } LONDRES.

Geneve sur Londres.	Paris sur Geneve.	Rend à Londres.	Geneve sur Londres.	Paris sur Geneve.	Rend à Londres.
51	152	33 $\frac{9}{16}$ m	51	153	33 $\frac{5}{16}$ p
51 $\frac{1}{4}$	......	33 $\frac{11}{16}$ p	51 $\frac{1}{4}$	......	33 $\frac{1}{2}$ m
51 $\frac{1}{2}$	......	33 $\frac{7}{8}$ p	51 $\frac{1}{2}$	......	33 $\frac{11}{16}$ m
51 $\frac{3}{4}$	......	34 $\frac{1}{16}$ m	51 $\frac{3}{4}$	......	33 $\frac{13}{16}$ p
52	......	34 $\frac{3}{16}$ p	52	......	34 m
52 $\frac{1}{4}$	......	34 $\frac{3}{8}$	52 $\frac{1}{4}$	......	34 $\frac{1}{8}$ p
52 $\frac{1}{2}$	......	34 $\frac{9}{16}$ m	52 $\frac{1}{2}$	......	34 $\frac{5}{16}$ p
52 $\frac{3}{4}$	......	34 $\frac{11}{16}$ p	52 $\frac{3}{4}$	......	34 $\frac{1}{2}$ m
53	......	34 $\frac{7}{8}$ m	53	......	34 $\frac{5}{8}$ p
53 $\frac{1}{4}$	......	35 $\frac{1}{16}$ m	53 $\frac{1}{4}$	......	34 $\frac{13}{16}$ m
53 $\frac{1}{2}$	......	35 $\frac{3}{16}$ p	53 $\frac{1}{2}$	......	34 $\frac{15}{16}$ p
53 $\frac{3}{4}$	......	35 $\frac{3}{8}$ m	53 $\frac{3}{4}$	......	35 $\frac{1}{8}$ p
54	......	35 $\frac{1}{2}$ p	54	......	35 $\frac{5}{16}$ m
54 $\frac{1}{4}$	......	35 $\frac{11}{16}$ p	54 $\frac{1}{4}$	......	35 $\frac{7}{16}$ p
54 $\frac{1}{2}$	......	35 $\frac{7}{8}$ m	54 $\frac{1}{2}$	......	35 $\frac{5}{8}$ m
54 $\frac{3}{4}$	......	36 p	54 $\frac{3}{4}$	......	35 $\frac{13}{16}$ m
55	......	36 $\frac{3}{16}$ m	55	......	35 $\frac{15}{16}$ p
55 $\frac{1}{4}$	......	36 $\frac{3}{8}$ m	55 $\frac{1}{4}$	......	36 $\frac{1}{8}$ m
55 $\frac{1}{2}$	......	36 $\frac{1}{2}$ p	55 $\frac{1}{2}$	......	36 $\frac{1}{4}$ p
55 $\frac{3}{4}$	......	36 $\frac{11}{16}$ m	55 $\frac{3}{4}$	......	36 $\frac{7}{16}$ p
56	......	36 $\frac{13}{16}$ p	56	......	36 $\frac{5}{8}$ m
56 $\frac{1}{4}$	......	37 p	56 $\frac{1}{4}$	......	36 $\frac{3}{4}$ p
56 $\frac{1}{2}$	......	37 $\frac{3}{16}$ m	56 $\frac{1}{2}$	......	36 $\frac{15}{16}$ m
56 $\frac{3}{4}$	......	37 $\frac{5}{16}$ p	56 $\frac{3}{4}$	......	37 $\frac{1}{16}$ p
57	......	37 $\frac{1}{2}$	57	......	37 $\frac{1}{4}$ p
57 $\frac{1}{4}$	......	37 $\frac{11}{16}$ m	57 $\frac{1}{4}$	......	37 $\frac{7}{16}$ p
57 $\frac{1}{2}$	......	37 $\frac{13}{16}$ p	57 $\frac{1}{2}$	......	37 $\frac{9}{16}$ m
57 $\frac{3}{4}$	......	38 m	57 $\frac{3}{4}$	......	37 $\frac{3}{4}$ m
58	......	38 $\frac{3}{16}$ m	58	......	37 $\frac{13}{16}$ m
58 $\frac{1}{4}$	......	38 $\frac{5}{16}$ p	58 $\frac{1}{4}$	......	38 $\frac{1}{16}$ p
58 $\frac{1}{2}$	......	38 $\frac{1}{2}$ m	58 $\frac{1}{2}$	......	38 $\frac{1}{4}$ m
58 $\frac{3}{4}$	......	38 $\frac{5}{8}$ p	58 $\frac{3}{4}$	......	38 $\frac{3}{8}$ p
59	......	38 $\frac{13}{16}$ p	59	......	38 $\frac{9}{16}$ m
59 $\frac{1}{4}$	......	39 m	59 $\frac{1}{4}$	......	38 $\frac{3}{4}$ p
59 $\frac{1}{2}$	......	39 $\frac{1}{8}$ p	59 $\frac{1}{2}$	......	38 $\frac{7}{8}$ p
59 $\frac{3}{4}$	......	39 $\frac{3}{16}$ m	59 $\frac{3}{4}$	......	39 $\frac{1}{16}$ m
60	......	39 $\frac{1}{2}$ m	60	......	39 $\frac{3}{16}$ p

Tome II.

COMBINAISON GENERALE

PARIS, { GENEVE, BASLE, } LONDRES.

Geneve fur Londres.	Paris fur Geneve.	Rend à Londres.	Geneve fur Londres.	Paris fur Geneve.	Rend à Londres.
51	154	$33 \frac{1}{8}$ m	51	155	$32 \frac{7}{8}$ p
$51 \frac{1}{4}$	....	$33 \frac{1}{4}$ p	$51 \frac{1}{4}$	....	$33 \frac{1}{16}$ p
$51 \frac{1}{2}$	....	$33 \frac{1}{16}$ p	$51 \frac{1}{2}$	....	$33 \frac{1}{4}$ m
$51 \frac{3}{4}$	....	$33 \frac{3}{8}$ m	$51 \frac{3}{4}$	....	$33 \frac{3}{8}$ p
52	....	$33 \frac{3}{4}$ p	52	....	$33 \frac{9}{16}$ m
$52 \frac{1}{4}$	....	$33 \frac{15}{16}$ m	$52 \frac{1}{4}$	....	$33 \frac{11}{16}$ p
$52 \frac{1}{2}$	....	$34 \frac{1}{16}$ p	$52 \frac{1}{2}$	....	$33 \frac{7}{8}$ m
$52 \frac{3}{4}$	....	$34 \frac{1}{4}$ p	$52 \frac{3}{4}$	....	$34 \frac{1}{16}$ m
53	....	$34 \frac{7}{16}$ m	53	....	$34 \frac{1}{6}$ p
$53 \frac{1}{4}$	....	$34 \frac{2}{16}$ p	$53 \frac{1}{4}$	....	$34 \frac{3}{8}$ m
$53 \frac{1}{2}$	....	$34 \frac{3}{4}$ m	$53 \frac{1}{2}$	....	$34 \frac{1}{2}$ p
$53 \frac{3}{4}$	....	$34 \frac{7}{8}$ p	$53 \frac{3}{4}$	....	$34 \frac{11}{16}$ m
54	....	$35 \frac{1}{16}$ p	54	....	$34 \frac{13}{16}$ p
$54 \frac{1}{4}$	....	$35 \frac{1}{4}$ m	$54 \frac{1}{4}$	....	35
$54 \frac{1}{2}$	....	$35 \frac{3}{8}$ p	$54 \frac{1}{2}$	....	$35 \frac{3}{16}$ m
$54 \frac{3}{4}$	....	$35 \frac{9}{16}$ m	$54 \frac{3}{4}$	....	$35 \frac{5}{16}$ p
55	....	$35 \frac{11}{16}$ p	55	....	$35 \frac{1}{2}$ m
$55 \frac{1}{4}$	....	$35 \frac{7}{8}$ p	$55 \frac{1}{4}$	....	$35 \frac{5}{8}$ p
$55 \frac{1}{2}$	....	$36 \frac{1}{16}$ m	$55 \frac{1}{2}$	....	$35 \frac{13}{16}$ m
$55 \frac{3}{4}$	....	$36 \frac{3}{16}$ p	$55 \frac{3}{4}$	....	$35 \frac{15}{16}$ p
56	....	$36 \frac{3}{8}$ m	56	....	$36 \frac{1}{8}$ p
$56 \frac{1}{4}$	....	$36 \frac{1}{2}$ p	$56 \frac{1}{4}$	....	$36 \frac{1}{16}$ m
$56 \frac{1}{2}$	....	$36 \frac{11}{16}$ p	$56 \frac{1}{2}$	....	$36 \frac{7}{16}$ p
$56 \frac{3}{4}$	....	$36 \frac{7}{8}$ m	$56 \frac{3}{4}$	....	$36 \frac{5}{8}$ m
57	....	37 p	57	....	$36 \frac{3}{4}$ p
$57 \frac{1}{4}$	....	$37 \frac{3}{16}$ m	$57 \frac{1}{4}$	....	$36 \frac{15}{16}$ m
$57 \frac{1}{2}$	....	$37 \frac{5}{16}$ p	$57 \frac{1}{2}$	....	$37 \frac{1}{8}$ m
$57 \frac{3}{4}$	....	$37 \frac{1}{2}$	$57 \frac{3}{4}$	....	$37 \frac{1}{4}$ p
58	....	$37 \frac{11}{16}$ m	58	....	$37 \frac{7}{16}$ m
$58 \frac{1}{4}$	....	$37 \frac{13}{16}$ p	$58 \frac{1}{4}$	....	$37 \frac{9}{16}$ p
$58 \frac{1}{2}$	....	38 m	$58 \frac{1}{2}$	....	$37 \frac{3}{4}$ m
$58 \frac{3}{4}$	....	$38 \frac{1}{8}$ p	$58 \frac{3}{4}$	....	$37 \frac{7}{8}$ p
59	....	$38 \frac{5}{16}$ m	59	....	$38 \frac{1}{16}$ p
$59 \frac{1}{4}$	....	$38 \frac{1}{2}$ m	$59 \frac{1}{4}$	....	$38 \frac{1}{4}$ m
$59 \frac{1}{2}$	....	$38 \frac{5}{8}$ p	$59 \frac{1}{2}$	....	$38 \frac{3}{8}$ p
$59 \frac{3}{4}$	....	$38 \frac{13}{16}$ m	$59 \frac{3}{4}$	....	$38 \frac{9}{16}$ m
60	....	$38 \frac{15}{16}$ p	60	....	$38 \frac{11}{16}$ p

DES CHANGES.

PARIS, { GENEVE, BASLE, } LONDRES.

Geneve sur Londres.	Paris sur Geneve.	Rend à Londres.	Geneve sur Londres.	Paris sur Geneve.	Rend à Londres.
51	156	32 $\frac{11}{16}$ p	51	157	32 $\frac{1}{2}$ m
51 $\frac{1}{4}$	....	32 $\frac{7}{8}$ m	51 $\frac{1}{4}$	....	32 $\frac{5}{8}$ p
51 $\frac{1}{2}$	....	33 p	51 $\frac{1}{2}$	....	32 $\frac{13}{16}$ m
51 $\frac{3}{4}$	....	33 $\frac{3}{16}$ m	51 $\frac{3}{4}$	....	32 $\frac{15}{16}$ p
52	....	33 $\frac{5}{16}$ p	52	....	33 $\frac{1}{8}$ m
52 $\frac{1}{4}$	....	33 $\frac{1}{2}$ m	52 $\frac{1}{4}$	....	33 $\frac{1}{4}$ p
52 $\frac{1}{2}$	....	33 $\frac{5}{8}$ p	52 $\frac{1}{2}$	....	33 $\frac{7}{16}$ p
52 $\frac{3}{4}$	....	33 $\frac{13}{16}$ p	52 $\frac{3}{4}$	....	33 $\frac{5}{8}$ m
53	....	34 m	53	....	33 $\frac{3}{4}$ p
53 $\frac{1}{4}$	....	34 $\frac{1}{8}$ p	53 $\frac{1}{4}$	....	33 $\frac{15}{16}$ m
53 $\frac{1}{2}$	....	34 $\frac{5}{16}$ m	53 $\frac{1}{2}$	....	34 $\frac{1}{16}$ p
53 $\frac{3}{4}$	....	34 $\frac{7}{16}$ p	53 $\frac{3}{4}$	....	34 $\frac{1}{4}$ m
54	....	34 $\frac{5}{8}$ m	54	....	34 $\frac{3}{8}$ p
54 $\frac{1}{4}$	....	34 $\frac{3}{4}$ p	54 $\frac{1}{4}$	....	34 $\frac{9}{16}$ m
54 $\frac{1}{2}$	....	34 $\frac{15}{16}$ m	54 $\frac{1}{2}$	....	34 $\frac{11}{16}$ p
54 $\frac{3}{4}$	....	35 $\frac{1}{8}$ m	54 $\frac{3}{4}$	....	34 $\frac{7}{8}$ m
55	....	35 $\frac{1}{4}$ p	55	....	35 $\frac{1}{16}$ m
55 $\frac{1}{4}$	....	35 $\frac{1}{4}$ m	55 $\frac{1}{4}$	....	35 $\frac{3}{16}$ p
55 $\frac{1}{2}$	....	35 $\frac{9}{16}$ p	55 $\frac{1}{2}$	....	35 $\frac{3}{8}$ m
55 $\frac{3}{4}$	....	35 $\frac{3}{4}$ m	55 $\frac{3}{4}$	....	35 $\frac{1}{2}$ p
56	....	35 $\frac{7}{8}$ p	56	....	35 $\frac{11}{16}$ m
56 $\frac{1}{4}$	....	36 $\frac{1}{16}$ m	56 $\frac{1}{4}$	....	35 $\frac{13}{16}$ p
56 $\frac{1}{2}$	....	36 $\frac{3}{16}$ p	56 $\frac{1}{2}$	....	36 m
56 $\frac{3}{4}$	....	36 $\frac{3}{8}$ p	56 $\frac{3}{4}$	....	36 $\frac{1}{8}$ p
57	....	36 $\frac{9}{16}$ m	57	....	36 $\frac{1}{16}$ m
57 $\frac{1}{4}$	....	36 $\frac{11}{16}$ p	57 $\frac{1}{4}$	....	36 $\frac{7}{16}$ p
57 $\frac{1}{2}$	....	36 $\frac{7}{8}$	57 $\frac{1}{2}$	....	36 $\frac{5}{8}$ m
57 $\frac{3}{4}$	....	37 p	57 $\frac{3}{4}$	....	36 $\frac{13}{16}$ m
58	....	37 $\frac{3}{16}$ m	58	....	36 $\frac{15}{16}$ p
58 $\frac{1}{4}$	....	37 $\frac{5}{16}$ p	58 $\frac{1}{4}$	....	37 $\frac{1}{8}$ m
58 $\frac{1}{2}$	....	37 $\frac{1}{2}$	58 $\frac{1}{2}$	....	37 $\frac{1}{4}$ p
58 $\frac{3}{4}$	....	37 $\frac{11}{16}$ m	58 $\frac{3}{4}$	....	37 $\frac{7}{16}$ m
59	....	37 $\frac{13}{16}$ p	59	....	37 $\frac{9}{16}$ p
59 $\frac{1}{4}$	....	38 m	59 $\frac{1}{4}$	....	37 $\frac{3}{4}$ m
59 $\frac{1}{2}$	....	38 $\frac{1}{8}$ p	59 $\frac{1}{2}$	....	37 $\frac{7}{8}$ p
59 $\frac{3}{4}$	....	38 $\frac{5}{16}$ m	59 $\frac{3}{4}$	....	38 $\frac{1}{16}$ m
60	....	38 $\frac{7}{16}$ p	60	....	38 $\frac{3}{16}$ p

COMBINAISON GENERALE

PARIS, { GENEVE, BASLE, } LONDRES.

Geneve sur Londres.	Paris sur Geneve.	Rend à Londres.	Geneve sur Londres.	Paris sur Geneve.	Rend à Londres.
51	158	32 $\frac{1}{4}$ p	51	159	32 $\frac{1}{16}$ p
51 $\frac{1}{4}$	....	32 $\frac{3}{16}$ m	51 $\frac{1}{4}$	....	32 $\frac{1}{4}$ m
51 $\frac{1}{2}$	....	32 $\frac{5}{8}$ m	51 $\frac{1}{2}$	....	32 $\frac{3}{8}$ p
51 $\frac{3}{4}$	....	32 $\frac{3}{4}$ p	51 $\frac{3}{4}$	....	32 $\frac{9}{16}$ m
52	....	32 $\frac{11}{16}$ m	52	....	32 $\frac{11}{16}$ p
52 $\frac{1}{4}$	....	33 $\frac{1}{16}$ p	52 $\frac{1}{4}$	....	32 $\frac{7}{8}$ m
52 $\frac{1}{2}$	....	33 $\frac{1}{4}$ m	52 $\frac{1}{2}$	....	33 p
52 $\frac{3}{4}$	....	33 $\frac{3}{8}$ p	52 $\frac{3}{4}$	....	33 $\frac{3}{16}$ m
53	....	33 $\frac{9}{16}$ m	53	....	33 $\frac{5}{16}$ p
53 $\frac{1}{4}$	....	33 $\frac{11}{16}$ p	53 $\frac{1}{4}$	....	33 $\frac{1}{2}$ m
53 $\frac{1}{2}$	....	33 $\frac{7}{8}$ m	53 $\frac{1}{2}$	....	33 $\frac{5}{8}$ p
53 $\frac{3}{4}$	....	34 p	53 $\frac{3}{4}$	....	33 $\frac{13}{16}$ m
54	....	34 $\frac{3}{16}$ m	54	....	33 $\frac{15}{16}$ p
54 $\frac{1}{4}$	....	34 $\frac{1}{16}$ p	54 $\frac{1}{4}$	....	34 $\frac{1}{8}$ m
54 $\frac{1}{2}$	....	34 $\frac{1}{2}$ m	54 $\frac{1}{2}$	....	34 $\frac{1}{4}$ p
54 $\frac{3}{4}$	....	34 $\frac{5}{8}$ p	54 $\frac{3}{4}$	....	34 $\frac{7}{16}$ m
55	....	34 $\frac{13}{16}$ m	55	....	34 $\frac{9}{16}$ p
55 $\frac{1}{4}$	....	34 $\frac{15}{16}$ p	55 $\frac{1}{4}$	....	34 $\frac{3}{4}$ m
55 $\frac{1}{2}$	....	35 $\frac{1}{8}$ p	55 $\frac{1}{2}$	....	34 $\frac{7}{8}$ p
55 $\frac{3}{4}$	....	35 $\frac{5}{16}$ m	55 $\frac{3}{4}$	....	35 $\frac{1}{16}$ p
56	....	35 $\frac{7}{16}$ p	56	....	35 $\frac{1}{4}$ m
56 $\frac{1}{4}$	....	35 $\frac{5}{8}$ m	56 $\frac{1}{4}$	....	35 $\frac{3}{8}$ p
56 $\frac{1}{2}$	....	35 $\frac{3}{4}$ p	56 $\frac{1}{2}$	....	35 $\frac{9}{16}$ m
56 $\frac{3}{4}$	....	35 $\frac{15}{16}$ m	56 $\frac{3}{4}$	....	35 $\frac{11}{16}$ m
57	....	36 $\frac{1}{16}$ p	57	....	35 $\frac{7}{8}$ m
57 $\frac{1}{4}$	....	36 $\frac{1}{4}$ m	57 $\frac{1}{4}$	....	36 p
57 $\frac{1}{2}$	....	36 $\frac{3}{8}$ p	57 $\frac{1}{2}$	....	36 $\frac{3}{16}$ m
57 $\frac{3}{4}$	....	36 $\frac{9}{16}$ m	57 $\frac{3}{4}$	....	36 $\frac{5}{16}$ p
58	....	36 $\frac{11}{16}$ p	58	....	36 $\frac{1}{2}$ m
58 $\frac{1}{4}$	....	36 $\frac{7}{8}$ m	58 $\frac{1}{4}$	....	36 $\frac{5}{8}$ p
58 $\frac{1}{2}$	....	37 p	58 $\frac{1}{2}$	....	36 $\frac{13}{16}$ m
58 $\frac{3}{4}$	....	37 $\frac{3}{16}$ m	58 $\frac{3}{4}$	....	36 $\frac{15}{16}$ m
59	....	37 $\frac{5}{16}$ p	59	....	37 $\frac{1}{8}$ m
59 $\frac{1}{4}$	....	37 $\frac{1}{2}$ m	59 $\frac{1}{4}$	....	37 $\frac{1}{4}$ p
59 $\frac{1}{2}$	....	37 $\frac{11}{16}$ m	59 $\frac{1}{2}$	....	37 $\frac{7}{16}$ m
59 $\frac{3}{4}$	....	37 $\frac{13}{16}$ p	59 $\frac{3}{4}$	....	37 $\frac{9}{16}$ p
60	....	38 m	60	....	37 $\frac{3}{4}$ m

DES CHANGES.

PARIS, { GENEVE, BASLE, } LONDRES.

Geneve sur Londres.	Paris sur Geneve.	Rend à Londres.	Geneve sur Londres.	Paris sur Geneve.	Rend à Londres.
5 1	160	3 1 $\frac{7}{8}$	5 1	161	3 1 $\frac{11}{16}$ m
5 1 $\frac{1}{4}$	....	3 2 *	5 1 $\frac{1}{4}$	....	3 1 $\frac{15}{16}$ p
5 1 $\frac{1}{2}$	....	3 2 $\frac{3}{16}$	5 1 $\frac{1}{2}$	....	3 2 m
5 1 $\frac{3}{4}$	....	3 2 $\frac{5}{16}$ *	5 1 $\frac{3}{4}$	....	3 2 $\frac{1}{8}$ p
5 2	....	3 2 $\frac{1}{2}$	5 2	....	3 2 $\frac{7}{16}$ m
5 2 $\frac{1}{4}$	....	3 2 $\frac{5}{8}$ *	5 2 $\frac{1}{4}$	....	3 2 $\frac{7}{16}$ p
5 2 $\frac{1}{2}$	....	3 2 $\frac{13}{16}$	5 2 $\frac{1}{2}$	....	3 2 $\frac{5}{8}$ m
5 2 $\frac{3}{4}$	....	3 2 $\frac{15}{16}$ *	5 2 $\frac{3}{4}$	....	3 2 $\frac{3}{4}$ p
5 3	....	3 3 $\frac{1}{8}$	5 3	....	3 2 $\frac{15}{16}$ m
5 3 $\frac{1}{4}$	....	3 3 $\frac{1}{4}$ *	5 3 $\frac{1}{4}$	....	3 3 $\frac{1}{16}$ p
5 3 $\frac{1}{2}$	....	3 3 $\frac{7}{16}$	5 3 $\frac{1}{2}$	....	3 3 $\frac{1}{4}$ m
5 3 $\frac{3}{4}$	....	3 3 $\frac{9}{16}$ *	5 3 $\frac{3}{4}$	....	3 3 $\frac{3}{8}$ p
5 4	....	3 3 $\frac{3}{4}$	5 4	....	3 3 $\frac{9}{16}$ m
5 4 $\frac{1}{4}$	....	3 3 $\frac{7}{8}$ *	5 4 $\frac{1}{4}$	....	3 3 $\frac{11}{16}$ p
5 4 $\frac{1}{2}$	....	3 4 $\frac{1}{16}$	5 4 $\frac{1}{2}$	....	3 3 $\frac{7}{8}$ m
5 4 $\frac{3}{4}$	....	3 4 $\frac{3}{16}$ *	5 4 $\frac{3}{4}$	....	3 4 p
5 5	....	3 4 $\frac{3}{8}$	5 5	....	3 4 $\frac{3}{16}$ m
5 5 $\frac{1}{4}$	....	3 4 $\frac{1}{2}$ *	5 5 $\frac{1}{4}$	....	3 4 $\frac{5}{16}$ p
5 5 $\frac{1}{2}$	....	3 4 $\frac{11}{16}$	5 5 $\frac{1}{2}$	....	3 4 $\frac{1}{2}$ m
5 5 $\frac{3}{4}$	....	3 4 $\frac{13}{16}$ *	5 5 $\frac{3}{4}$	....	3 4 $\frac{5}{8}$ p
5 6	....	3 5	5 6	....	3 4 $\frac{13}{16}$ m
5 6 $\frac{1}{4}$	....	3 5 $\frac{1}{8}$ *	5 6 $\frac{1}{4}$	....	3 4 $\frac{15}{16}$ p
5 6 $\frac{1}{2}$	....	3 5 $\frac{5}{16}$	5 6 $\frac{1}{2}$	....	3 5 $\frac{1}{16}$ p
5 6 $\frac{3}{4}$	....	3 5 $\frac{7}{16}$	5 6 $\frac{3}{4}$	....	3 5 $\frac{1}{4}$ m
5 7	....	3 5 $\frac{5}{8}$	5 7	....	3 5 $\frac{3}{8}$ p
5 7 $\frac{1}{4}$	....	3 5 $\frac{3}{4}$ *	5 7 $\frac{1}{4}$	....	3 5 $\frac{9}{16}$ m
5 7 $\frac{1}{2}$	....	3 5 $\frac{15}{16}$	5 7 $\frac{1}{2}$	....	3 5 $\frac{11}{16}$ p
5 7 $\frac{3}{4}$	....	3 6 $\frac{1}{16}$ *	5 7 $\frac{3}{4}$	....	3 5 $\frac{7}{8}$ m
5 8	....	3 6 $\frac{1}{4}$	5 8	....	3 6 p
5 8 $\frac{1}{4}$	....	3 6 $\frac{3}{8}$ *	5 8 $\frac{1}{4}$	....	3 6 $\frac{3}{16}$ m
5 8 $\frac{1}{2}$	....	3 6 $\frac{9}{16}$	5 8 $\frac{1}{2}$	....	3 6 $\frac{5}{16}$ p
5 8 $\frac{3}{4}$	....	3 6 $\frac{11}{16}$ *	5 8 $\frac{3}{4}$	....	3 6 $\frac{1}{2}$ m
5 9	....	3 6 $\frac{7}{8}$	5 9	....	3 6 $\frac{5}{8}$ p
5 9 $\frac{1}{4}$	....	3 7 *	5 9 $\frac{1}{4}$	....	3 6 $\frac{13}{16}$ m
5 9 $\frac{1}{2}$	....	3 7 $\frac{3}{16}$	5 9 $\frac{1}{2}$	....	3 6 $\frac{15}{16}$ p
5 9 $\frac{3}{4}$	....	3 7 $\frac{5}{16}$ *	5 9 $\frac{3}{4}$	....	3 7 $\frac{1}{8}$ m
6 0	....	3 7 $\frac{1}{2}$	6 0		3 7 $\frac{1}{4}$ p

COMBINAISON GENERALE

PARIS, { GENEVE, BASLE, } LONDRES.

Geneve sur Londres.	Paris sur Geneve.	Rend à Londres.	Geneve sur Londres.	Paris sur Geneve.	Rend à Londres.
51	162	31 $\frac{1}{2}$ m	51	163	31 $\frac{5}{16}$ m
51 $\frac{1}{4}$	....	31 $\frac{3}{8}$ p	51 $\frac{1}{4}$	....	31 $\frac{7}{16}$ p
51 $\frac{1}{2}$	....	31 $\frac{13}{16}$ m	51 $\frac{1}{2}$	....	31 $\frac{9}{16}$ m
51 $\frac{3}{4}$	....	31 $\frac{15}{16}$ p	51 $\frac{3}{4}$	....	31 $\frac{11}{16}$ m
52	....	32 $\frac{1}{8}$ m	52	....	31 $\frac{7}{8}$ p
52 $\frac{1}{4}$	....	32 $\frac{1}{4}$ p	52 $\frac{1}{4}$	....	32 $\frac{1}{16}$ m
52 $\frac{1}{2}$	....	32 $\frac{7}{16}$ m	52 $\frac{1}{2}$	....	32 $\frac{3}{16}$ p
52 $\frac{3}{4}$	....	32 $\frac{9}{16}$ m	52 $\frac{3}{4}$	....	32 $\frac{3}{8}$ m
53	....	32 $\frac{11}{16}$ p	53	....	32 $\frac{1}{2}$ p
53 $\frac{1}{4}$	....	32 $\frac{7}{8}$ m	53 $\frac{1}{4}$	....	32 $\frac{11}{16}$ m
53 $\frac{1}{2}$	....	33 p	53 $\frac{1}{2}$	....	32 $\frac{13}{16}$ p
53 $\frac{3}{4}$	....	33 $\frac{3}{16}$ m	53 $\frac{3}{4}$	....	33 m
54	....	33 $\frac{5}{16}$ p	54	....	33 $\frac{1}{8}$ p
54 $\frac{1}{4}$	....	33 $\frac{1}{2}$ m	54 $\frac{1}{4}$	....	33 $\frac{1}{6}$ m
54 $\frac{1}{2}$	....	33 $\frac{5}{8}$ p	54 $\frac{1}{2}$	....	33 $\frac{7}{16}$ m
54 $\frac{3}{4}$	....	33 $\frac{13}{16}$ m	54 $\frac{3}{4}$	....	33 $\frac{9}{16}$ p
55	....	33 $\frac{15}{16}$ p	55	....	33 $\frac{3}{4}$ m
55 $\frac{1}{4}$	....	34 $\frac{1}{8}$ m	55 $\frac{1}{4}$	....	33 $\frac{7}{8}$ p
55 $\frac{1}{2}$	....	34 $\frac{1}{4}$ p	55 $\frac{1}{2}$	....	34 $\frac{1}{16}$ m
55 $\frac{3}{4}$	....	34 $\frac{7}{16}$ m	55 $\frac{3}{4}$	....	34 $\frac{3}{16}$ p
56	....	34 $\frac{9}{16}$ p	56	....	34 $\frac{3}{8}$ m
56 $\frac{1}{4}$	....	34 $\frac{3}{4}$ m	56 $\frac{1}{4}$	....	34 $\frac{1}{2}$ p
56 $\frac{1}{2}$	....	34 $\frac{7}{8}$ p	56 $\frac{1}{2}$	....	34 $\frac{11}{16}$ m
56 $\frac{3}{4}$	....	35 p	56 $\frac{3}{4}$	....	34 $\frac{13}{16}$ p
57	....	35 $\frac{3}{16}$ m	57	....	35 m
57 $\frac{1}{4}$	....	35 $\frac{5}{16}$ p	57 $\frac{1}{4}$	....	35 $\frac{1}{8}$ m
57 $\frac{1}{2}$	....	35 $\frac{1}{2}$ m	57 $\frac{1}{2}$	....	35 $\frac{1}{4}$ p
57 $\frac{3}{4}$	....	35 $\frac{5}{8}$ p	57 $\frac{3}{4}$	....	35 $\frac{7}{16}$ m
58	....	35 $\frac{13}{16}$ m	58	....	35 $\frac{9}{16}$ p
58 $\frac{1}{4}$	....	35 $\frac{15}{16}$ p	58 $\frac{1}{4}$	....	35 $\frac{3}{4}$ m
58 $\frac{1}{2}$	....	36 $\frac{1}{8}$ m	58 $\frac{1}{2}$	....	35 $\frac{7}{8}$ p
58 $\frac{3}{4}$	....	36 $\frac{1}{4}$ p	58 $\frac{3}{4}$	....	36 $\frac{1}{16}$ m
59	....	36 $\frac{7}{16}$ m	59	....	36 $\frac{3}{16}$ p
59 $\frac{1}{4}$	....	36 $\frac{9}{16}$ p	59 $\frac{1}{4}$	....	36 $\frac{3}{8}$ m
59 $\frac{1}{2}$	....	36 $\frac{3}{4}$ m	59 $\frac{1}{2}$	....	36 $\frac{1}{2}$ p
59 $\frac{3}{4}$	....	36 $\frac{7}{8}$ p	59 $\frac{3}{4}$	....	36 $\frac{11}{16}$ m
60	....	37 $\frac{1}{16}$ m	60	....	36 $\frac{13}{16}$ m

DES CHANGES.

PARIS, { GENÈVE, BASLE, } LONDRES.

Geneve sur Londres.	Paris sur Geneve.	Rend à Londres.	Geneve sur Londres.	Paris sur Geneve.	Rend à Londres.
5 1	164	3 1 $\frac{1}{8}$ m	5 1	165	3 0 $\frac{11}{16}$ m
5 1 $\frac{1}{4}$	....	3 1 $\frac{1}{4}$	5 1 $\frac{1}{4}$	....	3 1 $\frac{1}{16}$ m
5 1 $\frac{1}{2}$	....	3 1 $\frac{3}{8}$ p	5 1 $\frac{1}{2}$	....	3 1 $\frac{3}{16}$ p
5 1 $\frac{3}{4}$	....	3 1 $\frac{9}{16}$ m	5 1 $\frac{3}{4}$	....	3 1 $\frac{3}{8}$ m
5 2	....	3 1 $\frac{11}{16}$ p	5 2	....	3 1 $\frac{1}{2}$ p
5 2 $\frac{1}{4}$	....	3 1 $\frac{7}{8}$ m	5 2 $\frac{1}{4}$	....	3 1 $\frac{11}{16}$ m
5 2 $\frac{1}{2}$	....	3 2 p	5 2 $\frac{1}{2}$	....	3 1 $\frac{13}{16}$ p
5 2 $\frac{3}{4}$	....	3 2 $\frac{3}{16}$ m	5 2 $\frac{3}{4}$	....	3 2 m
5 3	....	3 2 $\frac{5}{16}$ p	5 3	....	3 2 $\frac{1}{8}$ m
5 3 $\frac{1}{4}$	....	3 2 $\frac{1}{2}$ m	5 3 $\frac{1}{4}$	....	3 2 $\frac{1}{4}$ p
5 3 $\frac{1}{2}$	....	3 2 $\frac{5}{8}$ m	5 3 $\frac{1}{2}$	....	3 2 $\frac{7}{16}$ m
5 3 $\frac{3}{4}$	....	3 2 $\frac{3}{4}$ p	5 3 $\frac{3}{4}$	....	3 2 $\frac{9}{16}$ p
5 4	....	3 2 $\frac{15}{16}$ m	5 4	....	3 2 $\frac{3}{4}$ m
5 4 $\frac{1}{4}$	....	3 3 $\frac{1}{16}$ p	5 4 $\frac{1}{4}$	....	3 2 $\frac{7}{8}$ p
5 4 $\frac{1}{2}$	....	3 3 $\frac{1}{4}$ m	5 4 $\frac{1}{2}$	....	3 3 p
5 4 $\frac{3}{4}$	....	3 3 $\frac{3}{8}$ p	5 4 $\frac{3}{4}$	....	3 3 $\frac{3}{16}$ m
5 5	....	3 3 $\frac{9}{16}$ m	5 5	....	3 3 $\frac{1}{4}$ p
5 5 $\frac{1}{4}$	....	3 3 $\frac{11}{16}$ p	5 5 $\frac{1}{4}$	....	3 3 $\frac{1}{2}$ m
5 5 $\frac{1}{2}$	....	3 3 $\frac{13}{16}$ p	5 5 $\frac{1}{2}$	....	3 3 $\frac{5}{8}$ p
5 5 $\frac{3}{4}$	....	3 4 m	5 5 $\frac{3}{4}$	....	3 3 $\frac{13}{16}$ m
5 6	....	3 4 $\frac{1}{8}$ p	5 6	....	3 3 $\frac{15}{16}$ p
5 6 $\frac{1}{4}$	....	3 4 $\frac{5}{16}$ m	5 6 $\frac{1}{4}$	....	3 4 $\frac{1}{16}$ p
5 6 $\frac{1}{2}$	....	3 4 $\frac{7}{16}$ p	5 6 $\frac{1}{2}$	....	3 4 $\frac{1}{4}$ m
5 6 $\frac{3}{4}$	....	3 4 $\frac{5}{8}$ m	5 6 $\frac{3}{4}$	....	3 4 $\frac{3}{8}$ p
5 7	....	3 4 $\frac{3}{4}$ p	5 7	....	3 4 $\frac{9}{16}$ m
5 7 $\frac{1}{4}$	....	3 4 $\frac{15}{16}$ m	5 7 $\frac{1}{4}$	....	3 4 $\frac{11}{16}$ p
5 7 $\frac{1}{2}$	....	3 5 $\frac{1}{16}$ m	5 7 $\frac{1}{2}$	....	3 4 $\frac{7}{8}$ m
5 7 $\frac{3}{4}$	....	3 5 $\frac{3}{16}$ p	5 7 $\frac{3}{4}$	....	3 5
5 8	....	3 5 $\frac{3}{8}$ m	5 8	....	3 5 $\frac{1}{8}$ p
5 8 $\frac{1}{4}$	....	3 5 $\frac{1}{2}$ p	5 8 $\frac{1}{4}$	....	3 5 $\frac{5}{16}$ m
5 8 $\frac{1}{2}$	....	3 5 $\frac{11}{16}$ m	5 8 $\frac{1}{2}$	....	3 5 $\frac{7}{16}$ p
5 8 $\frac{3}{4}$	....	3 5 $\frac{15}{16}$ p	5 8 $\frac{3}{4}$	....	3 5 $\frac{5}{8}$ m
5 9	....	3 6 m	5 9	....	3 5 $\frac{3}{4}$ p
5 9 $\frac{1}{4}$	....	3 6 $\frac{1}{8}$ p	5 9 $\frac{1}{4}$	....	3 5 $\frac{15}{16}$ m
5 9 $\frac{1}{2}$	....	3 6 $\frac{1}{4}$ p	5 9 $\frac{1}{2}$	....	3 6 $\frac{1}{16}$ m
5 9 $\frac{3}{4}$	....	3 6 $\frac{7}{16}$ m	5 9 $\frac{3}{4}$	....	3 6 $\frac{3}{16}$ p
6 0	....	3 6 $\frac{9}{16}$ p	6 0	....	3 6 $\frac{3}{8}$ m

COMBINAISON GENERALE

PARIS, { GENEVE, BASLE, } LONDRES.

Geneve sur Londres.	Paris sur Geneve.	Rend à Londres.	Geneve sur Londres.	Paris sur Geneve.	Rend à Londres.
51	166	30 $\frac{3}{4}$ m	51	167	30 $\frac{9}{16}$ m
51 $\frac{1}{4}$	....	30 $\frac{7}{8}$ m	51 $\frac{1}{4}$	....	30 $\frac{11}{16}$ p
51 $\frac{1}{2}$	....	31 p	51 $\frac{1}{2}$	....	30 $\frac{13}{16}$ p
51 $\frac{3}{4}$	....	31 $\frac{3}{16}$ m	51 $\frac{3}{4}$	....	31 m
52	....	31 $\frac{5}{16}$ p	52	....	31 $\frac{1}{8}$ p
52 $\frac{1}{4}$	....	31 $\frac{1}{2}$ m	52 $\frac{1}{4}$	....	31 $\frac{5}{16}$ m
52 $\frac{1}{2}$	....	31 $\frac{5}{8}$ m	52 $\frac{1}{2}$	....	31 $\frac{7}{16}$ m
52 $\frac{3}{4}$	....	31 $\frac{3}{4}$ p	52 $\frac{3}{4}$	....	31 $\frac{9}{16}$ p
53	....	31 $\frac{15}{16}$ m	53	....	31 $\frac{3}{4}$ m
53 $\frac{1}{4}$	....	32 $\frac{1}{16}$ p	53 $\frac{1}{4}$	....	31 $\frac{7}{8}$ p
53 $\frac{1}{2}$	....	32 $\frac{1}{4}$ m	53 $\frac{1}{2}$	....	32 $\frac{1}{16}$ m
53 $\frac{3}{4}$	....	32 $\frac{3}{8}$ p	53 $\frac{3}{4}$	....	32 $\frac{3}{16}$ m
54	....	32 $\frac{1}{2}$ p	54	....	32 $\frac{5}{16}$ p
54 $\frac{1}{4}$	....	32 $\frac{11}{16}$ m	54 $\frac{1}{4}$	....	32 $\frac{1}{2}$ m
54 $\frac{1}{2}$	....	32 $\frac{13}{16}$ p	54 $\frac{1}{2}$	....	32 $\frac{5}{8}$ m
54 $\frac{3}{4}$	....	33 m	54 $\frac{3}{4}$	....	32 $\frac{13}{16}$ m
55	....	33 $\frac{1}{8}$ p	55	....	33 $\frac{1}{16}$ p
55 $\frac{1}{4}$	....	33 $\frac{5}{16}$ m	55 $\frac{1}{4}$	....	33 $\frac{1}{8}$ m
55 $\frac{1}{2}$	....	33 $\frac{7}{16}$ m	55 $\frac{1}{2}$	....	33 $\frac{1}{4}$ p
55 $\frac{3}{4}$	....	33 $\frac{9}{16}$ p	55 $\frac{3}{4}$	....	33 $\frac{3}{8}$ p
56	....	33 $\frac{3}{4}$ m	56	....	33 $\frac{9}{16}$ m
56 $\frac{1}{4}$	....	33 $\frac{7}{8}$ p	56 $\frac{1}{4}$	....	33 $\frac{11}{16}$ m
56 $\frac{1}{2}$	....	34 $\frac{1}{16}$ m	56 $\frac{1}{2}$	....	33 $\frac{13}{16}$ p
56 $\frac{3}{4}$	....	34 $\frac{3}{16}$ m	56 $\frac{3}{4}$	....	34 m
57	....	34 $\frac{5}{16}$ p	57	....	34 $\frac{1}{8}$ p
57 $\frac{1}{4}$	....	34 $\frac{1}{2}$ m	57 $\frac{1}{4}$	....	34 $\frac{7}{16}$ m
57 $\frac{1}{2}$	....	34 $\frac{5}{8}$ p	57 $\frac{1}{2}$	....	34 $\frac{1}{16}$ m
57 $\frac{3}{4}$	....	34 $\frac{13}{16}$ m	57 $\frac{3}{4}$	....	34 $\frac{9}{16}$ p
58	....	34 $\frac{15}{16}$ p	58	....	34 $\frac{3}{4}$ m
58 $\frac{1}{4}$	....	35 $\frac{1}{16}$ p	58 $\frac{1}{4}$	....	34 $\frac{7}{8}$ p
58 $\frac{1}{2}$	....	35 $\frac{1}{4}$ m	58 $\frac{1}{2}$	....	35 p
58 $\frac{3}{4}$	....	35 $\frac{3}{8}$ p	58 $\frac{3}{4}$	....	35 $\frac{3}{16}$ m
59	....	35 $\frac{9}{16}$ m	59	....	35 $\frac{5}{16}$ p
59 $\frac{1}{4}$	....	35 $\frac{11}{16}$ p	59 $\frac{1}{4}$	....	35 $\frac{1}{2}$ m
59 $\frac{1}{2}$	....	35 $\frac{13}{16}$ p	59 $\frac{1}{2}$	....	35 $\frac{5}{8}$ p
59 $\frac{3}{4}$	....	36 m	59 $\frac{3}{4}$	....	35 $\frac{3}{4}$ p
60	....	36 $\frac{1}{8}$ p	60	....	35 $\frac{15}{16}$ m

DES CHANGES.

PARIS, { GENEVE, BASLE, } LONDRES.

Geneve sur Londres.	Paris sur Geneve.	Rend à Londres.	Geneve sur Londres.	Paris sur Geneve.	Rend à Londres.
51	168	30 $\frac{3}{8}$ m	51	169	30 $\frac{3}{16}$ m
51 $\frac{1}{4}$	....	30 $\frac{1}{2}$ p	51 $\frac{1}{4}$	....	30 $\frac{1}{16}$ p
51 $\frac{1}{2}$	....	30 $\frac{5}{8}$ p	51 $\frac{1}{2}$	....	30 $\frac{1}{16}$ m
51 $\frac{3}{4}$	....	30 $\frac{13}{16}$ m	51 $\frac{3}{4}$	....	30 $\frac{2}{8}$ m
52	....	30 $\frac{15}{16}$ p	52	....	30 $\frac{3}{8}$ p
52 $\frac{1}{4}$	....	31 $\frac{1}{8}$ m	52 $\frac{1}{4}$	....	30 $\frac{15}{16}$ m
52 $\frac{1}{2}$	....	31 $\frac{1}{4}$	52 $\frac{1}{2}$	....	31 $\frac{1}{16}$ p
52 $\frac{3}{4}$	....	31 $\frac{3}{8}$ p	52 $\frac{3}{4}$	....	31 $\frac{3}{16}$ p
53	....	31 $\frac{9}{16}$ m	53	....	31 $\frac{3}{8}$ m
53 $\frac{1}{4}$	....	31 $\frac{11}{16}$ p	53 $\frac{1}{4}$	....	31 $\frac{1}{2}$ p
53 $\frac{1}{2}$	....	31 $\frac{7}{8}$ m	53 $\frac{1}{2}$	....	31 $\frac{11}{16}$ m
53 $\frac{3}{4}$	....	32 m	53 $\frac{3}{4}$	....	31 $\frac{13}{16}$ m
54	....	32 $\frac{1}{8}$	54	....	31 $\frac{15}{16}$ m
54 $\frac{1}{4}$	....	32 $\frac{5}{16}$ m	54 $\frac{1}{4}$	....	32 $\frac{1}{8}$ m
54 $\frac{1}{2}$	....	32 $\frac{7}{16}$ p	54 $\frac{1}{2}$	....	32 $\frac{3}{8}$ p
54 $\frac{3}{4}$	....	32 $\frac{9}{16}$ p	54 $\frac{3}{4}$	....	32 $\frac{3}{8}$ p
55	....	32 $\frac{3}{4}$ m	55	....	32 $\frac{1}{2}$ m
55 $\frac{1}{4}$	....	32 $\frac{7}{8}$ p	55 $\frac{1}{4}$	....	32 $\frac{11}{16}$ p
55 $\frac{1}{2}$	....	33 $\frac{1}{16}$ m	55 $\frac{1}{2}$	....	32 $\frac{13}{16}$ p
55 $\frac{3}{4}$	....	33 $\frac{3}{16}$ m	55 $\frac{3}{4}$	....	33 m
56	....	33 $\frac{5}{16}$ p	56	....	33 $\frac{1}{8}$ p
56 $\frac{1}{4}$	....	33 $\frac{1}{2}$ m	56 $\frac{1}{4}$	....	33 $\frac{5}{16}$ m
56 $\frac{1}{2}$	....	33 $\frac{5}{8}$ p	56 $\frac{1}{2}$	....	33 $\frac{7}{16}$ m
56 $\frac{3}{4}$	....	33 $\frac{3}{4}$ p	56 $\frac{3}{4}$	....	33 $\frac{9}{16}$ p
57	....	33 $\frac{15}{16}$ m	57	....	33 $\frac{3}{4}$ m
57 $\frac{1}{4}$	....	34 $\frac{1}{16}$ p	57 $\frac{1}{4}$	....	33 $\frac{7}{8}$ p
57 $\frac{1}{2}$	....	34 $\frac{1}{4}$ m	57 $\frac{1}{2}$	....	34 p
57 $\frac{3}{4}$	....	34 $\frac{3}{8}$	57 $\frac{3}{4}$	....	34 $\frac{3}{16}$ m
58	....	34 $\frac{1}{2}$ p	58	....	34 $\frac{5}{16}$ p
58 $\frac{1}{4}$	....	34 $\frac{11}{16}$ m	58 $\frac{1}{4}$	....	34 $\frac{7}{16}$ p
58 $\frac{1}{2}$	....	34 $\frac{13}{16}$ p	58 $\frac{1}{2}$	....	34 $\frac{5}{8}$ m
58 $\frac{3}{4}$	....	35 m	58 $\frac{3}{4}$	....	34 $\frac{3}{4}$ p
59	....	35 $\frac{1}{8}$	59	....	34 $\frac{15}{16}$ m
59 $\frac{1}{4}$	....	35 $\frac{1}{4}$ p	59 $\frac{1}{4}$	....	35 $\frac{1}{16}$ m
59 $\frac{1}{2}$	....	35 $\frac{7}{16}$ m	59 $\frac{1}{2}$	....	35 $\frac{3}{16}$ p
59 $\frac{3}{4}$	....	35 $\frac{9}{16}$ p	59 $\frac{3}{4}$	....	35 $\frac{5}{16}$ m
60	....	35 $\frac{11}{16}$ p	60	....	35 $\frac{1}{2}$ p

COMBINAISON GENERALE

PARIS, { GENEVE, BASLE, } LONDRES.

Geneve sur Londres.	Paris sur Geneve.	Rend à Londres.	Geneve sur Londres.	Paris sur Geneve.	Rend à Londres.
51	170	30	51	171	$29\frac{13}{16}$ p
$51\frac{1}{4}$		$30\frac{1}{8}$ p	$51\frac{1}{4}$		30 m
$51\frac{1}{2}$		$30\frac{1}{16}$ m	$51\frac{1}{2}$		$30\frac{1}{8}$ m
$51\frac{3}{4}$		$30\frac{7}{16}$ p	$51\frac{3}{4}$		$30\frac{7}{16}$ p
52		$30\frac{9}{16}$ p	52		$30\frac{9}{16}$ p
$52\frac{1}{4}$		$30\frac{3}{4}$ m	$52\frac{1}{4}$		$30\frac{9}{16}$ m
$52\frac{1}{2}$		$30\frac{7}{8}$ p	$52\frac{1}{2}$		$30\frac{11}{16}$ p
$52\frac{3}{4}$		31 p	$52\frac{3}{4}$		$30\frac{7}{8}$ m
53		$31\frac{3}{16}$ m	53		31 m
$53\frac{1}{4}$		$31\frac{5}{16}$ p	$53\frac{1}{4}$		$31\frac{1}{8}$ p
$53\frac{1}{2}$		$31\frac{1}{2}$ m	$53\frac{1}{2}$		$31\frac{5}{16}$ m
$53\frac{3}{4}$		$31\frac{3}{8}$ m	$53\frac{3}{4}$		$31\frac{7}{16}$ m
54		$31\frac{3}{4}$ p	54		$31\frac{9}{16}$ p
$54\frac{1}{4}$		$31\frac{15}{16}$ m	$54\frac{1}{4}$		$31\frac{3}{4}$ m
$54\frac{1}{2}$		$32\frac{1}{16}$ m	$54\frac{1}{2}$		$31\frac{7}{8}$ m
$54\frac{3}{4}$		$32\frac{3}{16}$ p	$54\frac{3}{4}$		32 p
55		$32\frac{3}{8}$ m	55		$32\frac{3}{16}$ m
$55\frac{1}{4}$		$32\frac{1}{2}$ m	$55\frac{1}{4}$		$32\frac{5}{16}$ m
$55\frac{1}{2}$		$32\frac{5}{8}$ p	$55\frac{1}{2}$		$32\frac{7}{16}$ p
$55\frac{3}{4}$		$32\frac{13}{16}$ m	$55\frac{3}{4}$		$32\frac{9}{16}$ m
56		$32\frac{15}{16}$ p	56		$32\frac{3}{4}$ m
$56\frac{1}{4}$		$33\frac{1}{16}$ p	$56\frac{1}{4}$		$32\frac{7}{8}$ m
$56\frac{1}{2}$		$33\frac{1}{4}$ m	$56\frac{1}{2}$		$33\frac{1}{16}$ m
$56\frac{3}{4}$		$33\frac{3}{8}$ p	$56\frac{3}{4}$		$33\frac{3}{16}$ m
57		$33\frac{1}{2}$ p	57		$33\frac{5}{16}$ p
$57\frac{1}{4}$		$33\frac{11}{16}$ m	$57\frac{1}{4}$		$33\frac{1}{2}$ p
$57\frac{1}{2}$		$33\frac{13}{16}$ p	$57\frac{1}{2}$		$33\frac{5}{8}$ p
$57\frac{3}{4}$		34 m	$57\frac{3}{4}$		$33\frac{3}{4}$ p
58		$34\frac{1}{8}$ m	58		$33\frac{15}{16}$ m
$58\frac{1}{4}$		$34\frac{1}{4}$ p	$58\frac{1}{4}$		$34\frac{1}{16}$ p
$58\frac{1}{2}$		$34\frac{7}{16}$ m	$58\frac{1}{2}$		$34\frac{3}{16}$ m
$58\frac{3}{4}$		$34\frac{9}{16}$ p	$58\frac{3}{4}$		$34\frac{3}{8}$ m
59		$34\frac{11}{16}$ p	59		$34\frac{1}{2}$ p
$59\frac{1}{4}$		$34\frac{7}{8}$ m	$59\frac{1}{4}$		$34\frac{5}{8}$ p
$59\frac{1}{2}$		35	$59\frac{1}{2}$		$34\frac{13}{16}$ m
$59\frac{3}{4}$		$35\frac{1}{8}$ p	$59\frac{3}{4}$		$34\frac{15}{16}$ p
60		$35\frac{1}{16}$ m	60		$35\frac{1}{16}$ p

DES CHANGES.

PARIS, { **GENEVE, BASLE,** } **LONDRES.**

Geneve sur Londres.	Paris sur Geneve.	Rend à Londres.	Geneve sur Londres.	Paris sur Geneve.	Rend à Londres.
51	172	29 $\frac{5}{8}$ p	51	173	29 $\frac{1}{16}$ m
51 $\frac{1}{4}$	....	29 $\frac{13}{16}$ m	51 $\frac{1}{4}$	....	29 $\frac{1}{8}$ m
51 $\frac{1}{2}$	....	29 $\frac{15}{16}$ p	51 $\frac{1}{2}$	....	29 $\frac{1}{4}$ p
51 $\frac{3}{4}$	....	30 $\frac{1}{16}$ p	51 $\frac{3}{4}$	....	29 $\frac{15}{16}$ m
52	....	30 $\frac{1}{4}$ m	52	....	30 $\frac{1}{16}$ p
52 $\frac{1}{4}$	....	30 $\frac{3}{8}$ p	52 $\frac{1}{4}$	....	30 $\frac{3}{8}$ m
52 $\frac{1}{2}$	....	30 $\frac{1}{2}$ p	52 $\frac{1}{2}$	....	30 $\frac{1}{2}$ p
52 $\frac{3}{4}$	....	30 $\frac{11}{16}$ m	52 $\frac{3}{4}$	....	30 $\frac{5}{8}$ m
53	....	30 $\frac{13}{16}$ p	53	....	30 $\frac{3}{4}$ p
53 $\frac{1}{4}$	....	30 $\frac{15}{16}$ p	53 $\frac{1}{4}$	....	30 $\frac{15}{16}$ m
53 $\frac{1}{2}$	....	31 $\frac{1}{16}$ m	53 $\frac{1}{2}$	....	31 $\frac{1}{16}$ p
53 $\frac{3}{4}$	....	31 $\frac{1}{4}$ m	53 $\frac{3}{4}$	....	31 $\frac{3}{16}$ p
54	....	31 $\frac{3}{8}$ p	54	....	31 $\frac{5}{16}$ m
54 $\frac{1}{4}$	....	31 $\frac{9}{16}$ m	54 $\frac{1}{4}$	....	31 $\frac{3}{8}$ m
54 $\frac{1}{2}$	....	31 $\frac{11}{16}$ m	54 $\frac{1}{2}$	....	31 $\frac{1}{2}$ p
54 $\frac{3}{4}$	....	31 $\frac{13}{16}$ p	54 $\frac{3}{4}$	....	31 $\frac{13}{16}$ m
55	....	32 m	55	....	31 $\frac{15}{16}$ m
55 $\frac{1}{4}$	....	32 $\frac{1}{8}$ m	55 $\frac{1}{4}$	....	32 $\frac{1}{16}$ p
55 $\frac{1}{2}$	....	32 $\frac{1}{4}$ p	55 $\frac{1}{2}$	....	32 $\frac{1}{4}$ m
55 $\frac{3}{4}$	....	32 $\frac{7}{16}$ m	55 $\frac{3}{4}$	....	32 $\frac{3}{8}$ m
56	....	32 $\frac{9}{16}$ m	56	....	32 $\frac{1}{2}$ p
56 $\frac{1}{4}$	....	32 $\frac{11}{16}$ p	56 $\frac{1}{4}$	....	32 $\frac{11}{16}$ m
56 $\frac{1}{2}$	....	32 $\frac{7}{8}$ m	56 $\frac{1}{2}$	....	32 $\frac{13}{16}$ m
56 $\frac{3}{4}$	....	33 m	56 $\frac{3}{4}$	....	32 $\frac{15}{16}$ p
57	....	33 $\frac{1}{8}$ p	57	....	33 $\frac{1}{16}$ p
57 $\frac{1}{4}$	....	33 $\frac{3}{16}$ m	57 $\frac{1}{4}$	....	33 $\frac{1}{4}$ m
57 $\frac{1}{2}$	....	33 $\frac{7}{16}$ p	57 $\frac{1}{2}$	....	33 $\frac{3}{8}$ p
57 $\frac{3}{4}$	....	33 $\frac{5}{16}$ m	57 $\frac{3}{4}$	....	33 $\frac{1}{2}$ p
58	....	33 $\frac{3}{4}$ m	58	....	33 $\frac{11}{16}$ m
58 $\frac{1}{4}$	....	33 $\frac{7}{8}$ m	58 $\frac{1}{4}$	....	33 $\frac{13}{16}$ p
58 $\frac{1}{2}$	....	34 p	58 $\frac{1}{2}$	....	33 $\frac{15}{16}$ p
58 $\frac{3}{4}$	....	34 $\frac{3}{16}$ m	58 $\frac{3}{4}$	....	33 $\frac{15}{16}$ p
59	....	34 $\frac{1}{16}$ m	59	....	34 $\frac{1}{8}$ m
59 $\frac{1}{4}$	....	34 $\frac{7}{16}$ p	59 $\frac{1}{4}$	....	34 $\frac{1}{4}$ m
59 $\frac{1}{2}$	....	34 $\frac{9}{16}$ p	59 $\frac{1}{2}$	....	34 $\frac{3}{8}$ p
59 $\frac{3}{4}$	....	34 $\frac{4}{16}$ m	59 $\frac{3}{4}$	....	34 $\frac{11}{16}$ m
60	....	34 $\frac{3}{8}$ p	60	....	34 $\frac{11}{16}$ m

COMBINAISON GENERALE

PARIS, { GENEVE, BASLE, } LONDRES.

Geneve sur Londres.	Paris sur Geneve.	Rend à Londres.	Geneve sur Londres.	Paris sur Geneve.	Rend à Londres.
51	174	29 $\frac{1}{16}$ m	51	175	29 $\frac{1}{8}$ p
51 $\frac{1}{4}$	......	29 $\frac{1}{16}$ p	51 $\frac{1}{4}$	......	29 $\frac{1}{16}$ m
51 $\frac{1}{2}$	......	29 $\frac{5}{16}$ m	51 $\frac{1}{2}$	......	29 $\frac{7}{16}$ m
51 $\frac{3}{4}$	......	29 $\frac{3}{4}$ m	51 $\frac{3}{4}$	......	29 $\frac{9}{16}$ p
52	......	29 $\frac{7}{8}$ p	52	......	29 $\frac{11}{16}$ p
52 $\frac{1}{4}$	......	30 p	52 $\frac{1}{4}$	......	29 $\frac{7}{8}$ m
52 $\frac{1}{2}$	......	30 $\frac{3}{16}$ m	52 $\frac{1}{2}$	......	30
52 $\frac{3}{4}$	......	30 $\frac{5}{16}$ p	52 $\frac{3}{4}$	......	30 $\frac{1}{8}$ p
53	......	30 $\frac{7}{16}$ p	53	......	30 $\frac{1}{16}$ m
53 $\frac{1}{4}$	......	30 $\frac{1}{2}$ m	53 $\frac{1}{4}$	......	30 $\frac{7}{16}$ m
53 $\frac{1}{2}$	......	30 $\frac{5}{8}$ m	53 $\frac{1}{2}$	......	30 $\frac{9}{16}$ p
53 $\frac{3}{4}$	......	30 $\frac{7}{8}$ p	53 $\frac{3}{4}$	......	30 $\frac{11}{16}$ p
54	......	31 $\frac{1}{16}$ m	54	......	30 $\frac{7}{8}$ m
54 $\frac{1}{4}$	......	31 $\frac{3}{16}$ m	54 $\frac{1}{4}$	......	31
54 $\frac{1}{2}$	......	31 $\frac{1}{16}$ p	54 $\frac{1}{2}$	......	31 $\frac{1}{8}$ p
54 $\frac{3}{4}$	......	31 $\frac{7}{16}$ p	54 $\frac{3}{4}$	......	31 $\frac{1}{16}$ m
55	......	31 $\frac{1}{16}$ m	55	......	31 $\frac{7}{16}$ m
55 $\frac{1}{4}$	......	31 $\frac{1}{2}$ p	55 $\frac{1}{4}$	......	31 $\frac{9}{16}$ p
55 $\frac{1}{2}$	......	31 $\frac{7}{8}$ p	55 $\frac{1}{2}$	......	31 $\frac{11}{16}$ p
55 $\frac{3}{4}$	......	32 $\frac{1}{16}$ m	55 $\frac{3}{4}$	......	31 $\frac{7}{8}$ m
56	......	32 $\frac{3}{16}$ m	56	......	32
56 $\frac{1}{4}$	......	32 $\frac{1}{16}$ p	56 $\frac{1}{4}$	......	32 $\frac{1}{8}$ p
56 $\frac{1}{2}$	......	32 $\frac{1}{2}$ m	56 $\frac{1}{2}$	......	32 $\frac{1}{16}$ m
56 $\frac{3}{4}$	......	32 $\frac{3}{8}$ m	56 $\frac{3}{4}$	......	32 $\frac{7}{16}$ m
57	......	32 $\frac{1}{4}$ p	57	......	32 $\frac{9}{16}$ p
57 $\frac{1}{4}$	......	32 $\frac{7}{8}$ p	57 $\frac{1}{4}$	......	32 $\frac{11}{16}$ p
57 $\frac{1}{2}$	......	33 $\frac{1}{16}$ m	57 $\frac{1}{2}$	......	32 $\frac{7}{8}$ m
57 $\frac{3}{4}$	......	33 $\frac{3}{16}$ p	57 $\frac{3}{4}$	......	33
58	......	33 $\frac{5}{16}$ p	58	......	33 $\frac{1}{8}$ p
58 $\frac{1}{4}$	......	33 $\frac{1}{2}$ m	58 $\frac{1}{4}$	......	33 $\frac{1}{16}$ m
58 $\frac{1}{2}$	......	33 $\frac{5}{8}$ m	58 $\frac{1}{2}$	......	33 $\frac{7}{16}$ m
58 $\frac{3}{4}$	......	33 $\frac{7}{8}$ p	58 $\frac{3}{4}$	......	33 $\frac{9}{16}$ p
59	......	33 $\frac{11}{16}$ m	59	......	33 $\frac{11}{16}$ p
59 $\frac{1}{4}$	......	34 $\frac{1}{16}$ m	59 $\frac{1}{4}$	......	33 $\frac{7}{8}$ m
59 $\frac{1}{2}$	......	34 $\frac{3}{16}$ p	59 $\frac{1}{2}$	......	34
59 $\frac{3}{4}$	......	34 $\frac{5}{16}$ p	59 $\frac{3}{4}$	......	34 $\frac{1}{8}$ p
60	......	34 $\frac{1}{2}$ m	60	......	34 $\frac{1}{16}$ m

DES CHANGES.

PARIS, { GENEVE, BASLE, } LONDRES.

Geneve sur Londres.	Paris sur Geneve.	Rend à Londres.	Geneve sur Londres.	Paris sur Geneve.	Rend à Londres.
51	176	29 m	51	177	$28 \frac{13}{16}$ p
51 $\frac{1}{4}$	....	$29 \frac{1}{8}$ m	51 $\frac{1}{4}$	....	$28 \frac{15}{16}$ p
51 $\frac{1}{2}$	....	$29 \frac{1}{4}$ p	51 $\frac{1}{2}$	....	$29 \frac{1}{8}$ m
51 $\frac{3}{4}$	....	$29 \frac{3}{8}$ p	51 $\frac{3}{4}$	....	$29 \frac{1}{4}$ m
52	....	$29 \frac{9}{16}$ m	52	....	$29 \frac{3}{8}$ m
52 $\frac{1}{4}$	....	$29 \frac{11}{16}$ m	52 $\frac{1}{4}$	....	$29 \frac{1}{2}$ p
52 $\frac{1}{2}$	....	$29 \frac{13}{16}$ p	52 $\frac{1}{2}$	....	$29 \frac{11}{16}$ m
52 $\frac{3}{4}$	....	30 m	52 $\frac{3}{4}$	....	$29 \frac{13}{16}$ p
53	....	$30 \frac{1}{8}$ m	53	....	$29 \frac{15}{16}$ p
53 $\frac{1}{4}$	....	$30 \frac{1}{4}$ p	53 $\frac{1}{4}$	....	$30 \frac{1}{16}$ p
53 $\frac{1}{2}$	....	$30 \frac{3}{8}$ p	53 $\frac{1}{2}$	....	$30 \frac{1}{4}$ m
53 $\frac{3}{4}$	....	$30 \frac{9}{16}$ m	53 $\frac{3}{4}$	....	$30 \frac{3}{8}$ m
54	....	$30 \frac{11}{16}$ m	54	....	$30 \frac{1}{2}$ p
54 $\frac{1}{4}$	....	$30 \frac{13}{16}$ p	54 $\frac{1}{4}$	....	$30 \frac{5}{8}$ p
54 $\frac{1}{2}$	....	$30 \frac{15}{16}$ p	54 $\frac{1}{2}$	....	$30 \frac{13}{16}$ m
54 $\frac{3}{4}$	....	$31 \frac{1}{8}$ m	54 $\frac{3}{4}$	....	$30 \frac{15}{16}$ m
55	....	$31 \frac{1}{4}$ m	55	....	$31 \frac{1}{16}$ p
55 $\frac{1}{4}$	....	$31 \frac{3}{8}$ p	55 $\frac{1}{4}$	....	$31 \frac{1}{16}$ p
55 $\frac{1}{2}$	....	$31 \frac{1}{2}$ m	55 $\frac{1}{2}$	....	$31 \frac{3}{8}$ m
55 $\frac{3}{4}$	....	$31 \frac{11}{16}$ m	55 $\frac{3}{4}$	....	$31 \frac{1}{2}$ m
56	....	$31 \frac{13}{16}$ p	56	....	$31 \frac{5}{8}$ p
56 $\frac{1}{4}$	....	$31 \frac{15}{16}$ p	56 $\frac{1}{4}$	....	$31 \frac{3}{4}$ p
56 $\frac{1}{2}$	....	$32 \frac{1}{8}$ m	56 $\frac{1}{2}$	....	$31 \frac{15}{16}$ m
56 $\frac{3}{4}$	....	$32 \frac{1}{4}$ m	56 $\frac{3}{4}$	....	$32 \frac{1}{16}$ m
57	....	$32 \frac{3}{8}$ p	57	....	$32 \frac{3}{16}$ p
57 $\frac{1}{4}$	....	$32 \frac{1}{2}$ p	57 $\frac{1}{4}$	....	$32 \frac{3}{8}$ m
57 $\frac{1}{2}$	....	$32 \frac{11}{16}$ m	57 $\frac{1}{2}$	....	$32 \frac{1}{2}$ m
57 $\frac{3}{4}$	....	$32 \frac{13}{16}$ m	57 $\frac{3}{4}$	....	$32 \frac{5}{8}$ p
58	....	$32 \frac{15}{16}$ p	58	....	$32 \frac{3}{4}$ p
58 $\frac{1}{4}$	....	$33 \frac{1}{8}$ m	58 $\frac{1}{4}$	....	$32 \frac{15}{16}$ m
58 $\frac{1}{2}$	....	$33 \frac{1}{4}$ m	58 $\frac{1}{2}$	....	$33 \frac{1}{16}$ m
58 $\frac{3}{4}$	....	$33 \frac{3}{8}$ p	58 $\frac{3}{4}$	....	$33 \frac{1}{4}$ p
59	....	$33 \frac{1}{2}$ p	59	....	$33 \frac{5}{16}$ p
59 $\frac{1}{4}$	....	$33 \frac{11}{16}$ m	59 $\frac{1}{4}$	....	$33 \frac{1}{2}$ m
59 $\frac{1}{2}$	....	$33 \frac{13}{16}$ m	59 $\frac{1}{2}$	....	$33 \frac{5}{8}$ m
59 $\frac{3}{4}$	....	$33 \frac{15}{16}$ p	59 $\frac{3}{4}$	....	$33 \frac{3}{4}$ p
60	....	$34 \frac{1}{16}$ p	60	....	$33 \frac{7}{8}$ p

COMBINAISON GENERALE

PARIS, { GENEVE, BASLE, } LONDRES.

Geneve sur Londres.	Paris sur Geneve.	Rend à Londres.	Geneve sur Londres.	Paris sur Geneve.	Rend à Londres.
51	178	28 $\frac{5}{8}$ p	51	179	28 $\frac{1}{2}$ m
51 $\frac{1}{4}$	.....	28 $\frac{13}{16}$ m	51 $\frac{1}{4}$	.....	28 $\frac{5}{8}$ p
51 $\frac{1}{2}$	.....	28 $\frac{15}{16}$ m	51 $\frac{1}{2}$	.....	28 $\frac{3}{4}$ p
51 $\frac{3}{4}$	.....	29 $\frac{1}{16}$ p	51 $\frac{3}{4}$	.....	28 $\frac{15}{16}$ m
52	.....	29 $\frac{3}{16}$ p	52	.....	29 $\frac{1}{16}$ m
52 $\frac{1}{4}$	.....	29 $\frac{3}{8}$ m	52 $\frac{1}{4}$	.....	29 $\frac{3}{16}$ p
52 $\frac{1}{2}$	.....	29 $\frac{1}{2}$ p	52 $\frac{1}{2}$	.....	29 $\frac{5}{16}$ p
52 $\frac{3}{4}$	.....	29 $\frac{5}{8}$ p	52 $\frac{3}{4}$	.....	29 $\frac{1}{2}$ m
53	.....	29 $\frac{3}{4}$ p	53	.....	29 $\frac{5}{8}$ m
53 $\frac{1}{4}$	.....	29 $\frac{15}{16}$ m	53 $\frac{1}{4}$	.....	29 $\frac{7}{8}$ p
53 $\frac{1}{2}$	.....	30 $\frac{1}{16}$ m	53 $\frac{1}{2}$	.....	30 p
53 $\frac{3}{4}$	.....	30 $\frac{3}{16}$ p	53 $\frac{3}{4}$	.....	30 p
54	.....	30 $\frac{5}{16}$ p	54	.....	30 $\frac{3}{16}$ m
54 $\frac{1}{4}$	.....	30 $\frac{1}{2}$ m	54 $\frac{1}{4}$	.....	30 $\frac{5}{16}$ m
54 $\frac{1}{2}$	.....	30 $\frac{5}{8}$ m	54 $\frac{1}{2}$	.....	30 $\frac{7}{16}$ p
54 $\frac{3}{4}$	.....	30 $\frac{7}{8}$ p	54 $\frac{3}{4}$	.....	30 $\frac{9}{16}$ p
55	.....	30 $\frac{7}{8}$ p	55	.....	30 $\frac{3}{4}$ m
55 $\frac{1}{4}$	.....	31 $\frac{1}{16}$ m	55 $\frac{1}{4}$	.....	30 $\frac{7}{8}$ m
55 $\frac{1}{2}$	.....	31 $\frac{3}{16}$ m	55 $\frac{1}{2}$	.....	31 p
55 $\frac{3}{4}$	.....	31 $\frac{5}{16}$ p	55 $\frac{3}{4}$	.....	31 $\frac{1}{8}$ p
56	.....	31 $\frac{7}{16}$ p	56	.....	31 $\frac{1}{4}$ m
56 $\frac{1}{4}$	.....	31 $\frac{5}{8}$ m	56 $\frac{1}{4}$	.....	31 $\frac{7}{16}$ m
56 $\frac{1}{2}$	.....	31 $\frac{3}{4}$ m	56 $\frac{1}{2}$	.....	31 $\frac{9}{16}$ p
56 $\frac{3}{4}$	.....	31 $\frac{7}{8}$ p	56 $\frac{3}{4}$	.....	31 $\frac{11}{16}$ p
57	.....	32 p	57	.....	31 $\frac{13}{16}$ p
57 $\frac{1}{4}$	.....	32 $\frac{3}{16}$ m	57 $\frac{1}{4}$	.....	32 m
57 $\frac{1}{2}$	.....	32 $\frac{5}{16}$ m	57 $\frac{1}{2}$	.....	32 $\frac{1}{8}$ m
57 $\frac{3}{4}$	.....	32 $\frac{7}{16}$ p	57 $\frac{3}{4}$	.....	32 $\frac{1}{4}$ p
58	.....	32 $\frac{9}{16}$ p	58	.....	32 $\frac{3}{8}$ p
58 $\frac{1}{4}$	.....	32 $\frac{5}{8}$ m	58 $\frac{1}{4}$	.....	32 $\frac{1}{2}$ m
58 $\frac{1}{2}$	.....	32 $\frac{7}{8}$ m	58 $\frac{1}{2}$	.....	32 $\frac{11}{16}$ m
58 $\frac{3}{4}$	.....	33 p	58 $\frac{3}{4}$	.....	32 $\frac{13}{16}$ p
59	.....	33 $\frac{1}{8}$ p	59	.....	32 $\frac{15}{16}$ p
59 $\frac{1}{4}$	.....	33 $\frac{5}{16}$ m	59 $\frac{1}{4}$	.....	33 $\frac{1}{8}$ m
59 $\frac{1}{2}$	.....	33 $\frac{7}{16}$ m	59 $\frac{1}{2}$	.....	33 $\frac{1}{4}$ m
59 $\frac{3}{4}$	.....	33 $\frac{9}{16}$ p	59 $\frac{3}{4}$	.....	33 $\frac{3}{8}$ p
60	.....	33 $\frac{11}{16}$ p	60	.....	33 $\frac{1}{2}$ p

DES CHANGES.

PARIS, { GENEVE, BASLE, } LONDRES.

Geneve sur Londres.	Paris sur Geneve.	Rend à Londres.	Geneve sur Londres.	Paris sur Geneve.	Rend à Londres.
51	180	$28\frac{1}{16}$ p	51	181	$28\frac{3}{16}$ m
$51\frac{1}{4}$	....	$28\frac{1}{8}$ m	$51\frac{1}{4}$	....	$28\frac{5}{16}$ p
$51\frac{1}{2}$	....	$28\frac{5}{16}$ m	$51\frac{1}{2}$	....	$28\frac{7}{16}$ p
$51\frac{3}{4}$	....	$28\frac{1}{2}$	$51\frac{3}{4}$	....	$28\frac{9}{16}$ p
52	....	$28\frac{5}{8}$ p	52	....	$28\frac{3}{4}$ m
$52\frac{1}{4}$	....	29 p	$52\frac{1}{4}$	....	$28\frac{7}{8}$ m
$52\frac{1}{2}$	....	$29\frac{3}{16}$ m	$52\frac{1}{2}$	....	29 p
$52\frac{3}{4}$	....	$29\frac{5}{16}$ m	$52\frac{3}{4}$	....	$29\frac{1}{8}$ p
53	....	$29\frac{7}{16}$ p	53	....	$29\frac{5}{16}$ m
$53\frac{1}{4}$	....	$29\frac{9}{16}$ p	$53\frac{1}{4}$	....	$29\frac{7}{16}$ m
$53\frac{1}{2}$	....	$29\frac{13}{16}$ m	$53\frac{1}{2}$	....	$29\frac{9}{16}$ m
$53\frac{3}{4}$	....	$29\frac{7}{8}$ m	$53\frac{3}{4}$	....	$29\frac{11}{16}$ m
54	....	30	54	....	$29\frac{13}{16}$ p
$54\frac{1}{4}$	....	$30\frac{1}{8}$ p	$54\frac{1}{4}$	....	30 m
$54\frac{1}{2}$	....	$30\frac{1}{4}$ p	$54\frac{1}{2}$	....	$30\frac{1}{16}$ m
$54\frac{3}{4}$	....	$30\frac{7}{16}$ m	$54\frac{3}{4}$	....	$30\frac{1}{8}$ m
55	....	$30\frac{9}{16}$ m	55	....	$30\frac{5}{16}$ p
$55\frac{1}{4}$	....	$30\frac{11}{16}$ m	$55\frac{1}{4}$	....	$30\frac{1}{2}$ p
$55\frac{1}{2}$	....	$30\frac{13}{16}$ p	$55\frac{1}{2}$	....	$30\frac{11}{16}$ m
$55\frac{3}{4}$	....	31 m	$55\frac{3}{4}$	....	$30\frac{13}{16}$ p
56	....	$31\frac{1}{8}$ m	56	....	$30\frac{15}{16}$ p
$56\frac{1}{4}$	....	$31\frac{1}{4}$	$56\frac{1}{4}$	....	$31\frac{1}{16}$ p
$56\frac{1}{2}$	....	$31\frac{3}{8}$ p	$56\frac{1}{2}$	....	$31\frac{3}{16}$ p
$56\frac{3}{4}$	....	$31\frac{1}{2}$ p	$56\frac{3}{4}$	....	$31\frac{5}{16}$ m
57	....	$31\frac{11}{16}$ m	57	....	$31\frac{3}{8}$ m
$57\frac{1}{4}$	....	$31\frac{13}{16}$ m	$57\frac{1}{4}$	....	$31\frac{9}{16}$ p
$57\frac{1}{2}$	....	$31\frac{15}{16}$ p	$57\frac{1}{2}$	....	$31\frac{11}{16}$ p
$57\frac{3}{4}$	....	$32\frac{1}{16}$ p	$57\frac{3}{4}$	....	$31\frac{7}{8}$ p
58	....	$32\frac{1}{4}$ m	58	....	$32\frac{1}{16}$ m
$58\frac{1}{4}$	....	$32\frac{3}{8}$	$58\frac{1}{4}$	....	$32\frac{3}{16}$ m
$58\frac{1}{2}$	....	$32\frac{1}{2}$	$58\frac{1}{2}$	....	$32\frac{5}{16}$ p
$58\frac{3}{4}$	....	$32\frac{5}{8}$ p	$58\frac{3}{4}$	....	$32\frac{7}{16}$ p
59	....	$32\frac{3}{4}$ p	59	....	$32\frac{5}{8}$ m
$59\frac{1}{4}$	....	$32\frac{7}{8}$ m	$59\frac{1}{4}$	....	$32\frac{3}{4}$ m
$59\frac{1}{2}$	....	$33\frac{1}{16}$ m	$59\frac{1}{2}$	....	$32\frac{7}{8}$ m
$59\frac{3}{4}$	....	$33\frac{1}{16}$ p	$59\frac{3}{4}$	....	33 p
60	....	$33\frac{1}{16}$ p	60	....	$33\frac{1}{8}$ p

COMBINAISON GENERALE

PARIS, { GENEVE, BASLE, } LONDRES.

Géneve sur Londres.	Paris sur Geneve.	Rend à Londres.	Geneve sur Londres.	Paris sur Geneve.	Rend à Londres.
51	182	28 p	51	183	$27 \frac{7}{8}$ m
51 $\frac{1}{4}$		$28 \frac{3}{16}$ m	51 $\frac{1}{4}$		28 p
51 $\frac{1}{2}$		$28 \frac{5}{16}$ m	51 $\frac{1}{2}$		$28 \frac{1}{8}$ p
51 $\frac{3}{4}$		$28 \frac{7}{16}$ m	51 $\frac{3}{4}$		$28 \frac{1}{4}$ p
52		$28 \frac{9}{16}$ p	52		$28 \frac{6}{16}$ p
52 $\frac{1}{4}$		$28 \frac{11}{16}$ p	52 $\frac{1}{4}$		$28 \frac{9}{16}$ m
52 $\frac{1}{2}$		$28 \frac{7}{8}$ m	52 $\frac{1}{2}$		$28 \frac{11}{16}$ p
52 $\frac{3}{4}$		29 m	52 $\frac{3}{4}$		$28 \frac{13}{16}$ p
53		$29 \frac{1}{8}$ m	53		$28 \frac{15}{16}$ p
53 $\frac{1}{4}$		$29 \frac{1}{4}$ p	53 $\frac{1}{4}$		$29 \frac{1}{8}$ m
53 $\frac{1}{2}$		$29 \frac{3}{8}$ p	53 $\frac{1}{2}$		$29 \frac{1}{4}$ m
53 $\frac{3}{4}$		$29 \frac{9}{16}$ m	53 $\frac{3}{4}$		$29 \frac{6}{16}$ m
54		$29 \frac{11}{16}$ m	54		$29 \frac{1}{2}$ p
54 $\frac{1}{4}$		$29 \frac{13}{16}$ m	54 $\frac{1}{4}$		$29 \frac{5}{8}$ p
54 $\frac{1}{2}$		$29 \frac{15}{16}$ p	54 $\frac{1}{2}$		$29 \frac{13}{16}$ m
54 $\frac{3}{4}$		$30 \frac{1}{16}$ p	54 $\frac{3}{4}$		$29 \frac{15}{16}$ m
55		$30 \frac{1}{4}$ m	55		$30 \frac{1}{16}$ m
55 $\frac{1}{4}$		$30 \frac{3}{8}$ m	55 $\frac{1}{4}$		$30 \frac{3}{16}$ p
55 $\frac{1}{2}$		$30 \frac{1}{2}$ m	55 $\frac{1}{2}$		$30 \frac{5}{16}$ p
55 $\frac{3}{4}$		$30 \frac{5}{8}$ p	55 $\frac{3}{4}$		$30 \frac{7}{16}$ p
56		$30 \frac{3}{4}$ p	56		$30 \frac{5}{8}$ m
56 $\frac{1}{4}$		$30 \frac{7}{8}$ p	56 $\frac{1}{4}$		$30 \frac{3}{4}$ m
56 $\frac{1}{2}$		$31 \frac{1}{16}$ m	56 $\frac{1}{2}$		$30 \frac{7}{8}$ m
56 $\frac{3}{4}$		$31 \frac{3}{16}$ m	56 $\frac{3}{4}$		31 p
57		$31 \frac{5}{16}$ p	57		$31 \frac{1}{8}$ p
57 $\frac{1}{4}$		$31 \frac{7}{16}$ p	57 $\frac{1}{4}$		$31 \frac{5}{16}$ m
57 $\frac{1}{2}$		$31 \frac{9}{16}$ p	57 $\frac{1}{2}$		$31 \frac{9}{16}$ m
57 $\frac{3}{4}$		$31 \frac{3}{4}$ m	57 $\frac{3}{4}$		$31 \frac{9}{16}$ m
58		$31 \frac{7}{8}$ m	58		$31 \frac{11}{16}$ p
58 $\frac{1}{4}$		32 p	58 $\frac{1}{4}$		$31 \frac{13}{16}$ p
58 $\frac{1}{2}$		$32 \frac{1}{8}$ p	58 $\frac{1}{2}$		$31 \frac{15}{16}$ p
58 $\frac{3}{4}$		$32 \frac{1}{4}$ p	58 $\frac{3}{4}$		$32 \frac{1}{8}$ m
59		$32 \frac{7}{16}$ m	59		$32 \frac{1}{4}$ m
59 $\frac{1}{4}$		$32 \frac{9}{16}$ m	59 $\frac{1}{4}$		$32 \frac{3}{8}$ p
59 $\frac{1}{2}$		$32 \frac{11}{16}$ p	59 $\frac{1}{2}$		$32 \frac{1}{2}$ p
59 $\frac{3}{4}$		$32 \frac{13}{16}$ p	59 $\frac{3}{4}$		$32 \frac{11}{16}$ m
60		$32 \frac{15}{16}$ p	60		$32 \frac{13}{16}$ m

DES CHANGES.

| PARIS, | { GENEVE, BASLE, } | LONDRES. |

Geneve sur Londres.	Paris sur Geneve.	Rend à Londres.	Geneve sur Londres.	Paris sur Geneve.	Rend à Londres.
51	184	$27\,\tfrac{11}{16}$ p	51	185	$27\,\tfrac{9}{16}$ p
51 1/4	....	$27\,\tfrac{7}{8}$ m	51 1/4	....	$27\,\tfrac{11}{16}$ p
51 1/2	....	28 m	51 1/2	....	$27\,\tfrac{13}{16}$ p
51 3/4	....	$28\,\tfrac{1}{8}$ m	51 3/4	....	28 m
52	....	$28\,\tfrac{1}{4}$ p	52	....	$28\,\tfrac{1}{8}$ m
52 1/4	....	$28\,\tfrac{3}{8}$ p	52 1/4	....	$28\,\tfrac{1}{4}$ m
52 1/2	....	$28\,\tfrac{11}{16}$ m	52 1/2	....	$28\,\tfrac{3}{8}$ p
52 3/4	....	$28\,\tfrac{13}{16}$ m	52 3/4	....	$28\,\tfrac{1}{2}$ p
53	....	$28\,\tfrac{15}{16}$ m	53	....	$28\,\tfrac{5}{8}$ p
53 1/4	....	$28\,\tfrac{1}{16}$ p	53 1/4	....	$28\,\tfrac{13}{16}$ m
53 1/2	....	$29\,\tfrac{1}{16}$ p	53 1/2	....	$28\,\tfrac{15}{16}$ m
53 3/4	....	$29\,\tfrac{1}{5}$ p	53 3/4	....	$29\,\tfrac{1}{16}$ m
54	....	$29\,\tfrac{3}{8}$ m	54	....	$29\,\tfrac{3}{16}$ p
54 1/4	....	$29\,\tfrac{1}{2}$ m	54 1/4	....	$29\,\tfrac{5}{12}$ p
54 1/2	....	$29\,\tfrac{5}{8}$ m	54 1/2	....	$29\,\tfrac{7}{16}$ p
54 3/4	....	$29\,\tfrac{3}{4}$ p	54 3/4	....	$29\,\tfrac{5}{8}$ m
55	....	$29\,\tfrac{7}{8}$ p	55	....	$29\,\tfrac{3}{4}$ m
55 1/4	....	30 p	55 1/4	....	$19\,\tfrac{7}{8}$ m
55 1/2	....	$30\,\tfrac{3}{16}$ m	55 1/2	....	30
55 3/4	....	$30\,\tfrac{5}{16}$ m	55 3/4	....	$30\,\tfrac{1}{8}$ p
56	....	$30\,\tfrac{7}{16}$ m	56	....	$30\,\tfrac{1}{4}$ p
56 1/4	....	$30\,\tfrac{9}{16}$ p	56 1/4	....	$30\,\tfrac{3}{8}$ p
56 1/2	....	$30\,\tfrac{11}{16}$ p	56 1/2	....	$30\,\tfrac{8}{16}$ m
56 3/4	....	$30\,\tfrac{13}{16}$ p	56 3/4	....	$30\,\tfrac{11}{16}$ m
57	....	31 m	57	....	$30\,\tfrac{13}{16}$ m
57 1/4	....	$31\,\tfrac{1}{8}$ m	57 1/4	....	$30\,\tfrac{15}{16}$ p
57 1/2	....	$31\,\tfrac{1}{4}$	57 1/2	....	$31\,\tfrac{1}{16}$ p
57 3/4	....	$31\,\tfrac{3}{8}$ p	57 3/4	....	$31\,\tfrac{3}{16}$ p
58	....	$31\,\tfrac{1}{2}$ p	58	....	$31\,\tfrac{5}{16}$ m
58 1/4	....	$31\,\tfrac{11}{16}$ m	58 1/4	....	$31\,\tfrac{1}{8}$ m
58 1/2	....	$31\,\tfrac{13}{16}$ m	58 1/2	....	$31\,\tfrac{5}{8}$ m
58 3/4	....	$31\,\tfrac{15}{16}$ m	58 3/4	....	$31\,\tfrac{3}{4}$ p
59	....	$32\,\tfrac{1}{16}$ p	59	....	$31\,\tfrac{7}{8}$ p
59 1/4	....	$32\,\tfrac{3}{16}$ p	59 1/4	....	32 p
59 1/2	....	$32\,\tfrac{5}{16}$ p	59 1/2	....	$32\,\tfrac{3}{16}$ m
59 3/4	....	$32\,\tfrac{1}{2}$ m	59 3/4	....	$32\,\tfrac{5}{16}$ m
60	....	$32\,\tfrac{5}{8}$ m	60	....	$32\,\tfrac{7}{16}$ m

Tome II.

COMBINAISON GENERALE

PARIS, { GENEVE, BASLE, } LONDRES,

Geneve sur Londres.	Paris sur Geneve.	Rend à Londres.	Geneve sur Londres.	Paris sur Geneve.	Rend à Londres.
51	186	27 $\frac{7}{16}$ m	51	187	27 $\frac{1}{4}$ p
51 $\frac{1}{4}$	....	27 $\frac{9}{16}$ m	51 $\frac{1}{4}$	....	27 $\frac{9}{16}$ m
51 $\frac{1}{2}$	....	27 $\frac{11}{16}$ p	51 $\frac{1}{2}$	....	27 $\frac{9}{16}$ m
51 $\frac{3}{4}$	....	27 $\frac{13}{16}$ p	51 $\frac{3}{4}$	....	27 $\frac{13}{16}$ m
52	....	27 $\frac{15}{16}$ p	52	....	27 $\frac{13}{16}$ m
52 $\frac{1}{4}$	....	28 $\frac{1}{16}$ p	52 $\frac{1}{4}$	....	27 $\frac{15}{16}$ p
52 $\frac{1}{2}$	....	28 $\frac{1}{4}$ m	52 $\frac{1}{2}$	....	28 $\frac{1}{16}$ p
52 $\frac{3}{4}$	....	28 $\frac{3}{8}$ m	52 $\frac{3}{4}$	....	28 $\frac{3}{16}$ p
53	....	28 $\frac{1}{2}$ m	53	....	28 $\frac{5}{16}$ p
53 $\frac{1}{4}$	....	28 $\frac{5}{8}$ p	53 $\frac{1}{4}$	....	28 $\frac{1}{2}$ m
53 $\frac{1}{2}$	....	28 $\frac{3}{4}$ p	53 $\frac{1}{2}$	....	28 $\frac{5}{8}$ m
53 $\frac{3}{4}$	....	28 $\frac{7}{8}$ p	53 $\frac{3}{4}$	....	28 $\frac{3}{4}$ m
54	....	29 $\frac{1}{16}$ m	54	....	28 $\frac{7}{8}$ p
54 $\frac{1}{4}$	....	29 $\frac{3}{16}$ m	54 $\frac{1}{4}$	....	29 p
54 $\frac{1}{2}$	....	29 $\frac{5}{16}$ m	54 $\frac{1}{2}$	....	29 $\frac{1}{8}$ p
54 $\frac{3}{4}$	....	29 $\frac{7}{16}$ m	54 $\frac{3}{4}$	....	29 $\frac{1}{4}$ p
55	....	29 $\frac{9}{16}$ p	55	....	29 $\frac{7}{16}$ m
55 $\frac{1}{4}$	....	29 $\frac{11}{16}$ p	55 $\frac{1}{4}$	....	29 $\frac{9}{16}$ m
55 $\frac{1}{2}$	....	29 $\frac{13}{16}$ p	55 $\frac{1}{2}$	....	29 $\frac{11}{16}$ m
55 $\frac{3}{4}$	....	30 m	55 $\frac{3}{4}$	....	29 $\frac{13}{16}$ p
56	....	30 $\frac{1}{8}$ m	56	....	29 $\frac{15}{16}$ p
56 $\frac{1}{4}$	....	30 $\frac{1}{4}$ m	56 $\frac{1}{4}$	....	30 $\frac{1}{8}$ p
56 $\frac{1}{2}$	....	30 $\frac{3}{8}$ p	56 $\frac{1}{2}$	....	30 $\frac{3}{16}$ p
56 $\frac{3}{4}$	....	30 $\frac{1}{2}$ p	56 $\frac{3}{4}$	....	30 $\frac{3}{8}$ m
57	....	30 $\frac{5}{8}$ p	57	....	30 $\frac{1}{2}$ m
57 $\frac{1}{4}$	....	30 $\frac{3}{4}$ p	57 $\frac{1}{4}$	....	30 $\frac{5}{8}$ m
57 $\frac{1}{2}$	....	30 $\frac{15}{16}$ m	57 $\frac{1}{2}$	....	30 $\frac{3}{4}$ m
57 $\frac{3}{4}$	....	31 $\frac{1}{16}$ m	57 $\frac{3}{4}$	....	30 $\frac{7}{8}$ p
58	....	31 $\frac{3}{16}$ m	58	....	31 p
58 $\frac{1}{4}$	....	31 $\frac{5}{16}$ p	58 $\frac{1}{4}$	....	31 $\frac{1}{8}$ p
58 $\frac{1}{2}$	....	31 $\frac{7}{16}$ p	58 $\frac{1}{2}$	....	31 $\frac{5}{16}$ m
58 $\frac{3}{4}$	....	31 $\frac{9}{16}$ p	58 $\frac{3}{4}$	....	31 $\frac{7}{16}$ m
59	....	31 $\frac{3}{4}$ m	59	....	31 $\frac{9}{16}$ m
59 $\frac{1}{4}$	....	31 $\frac{7}{8}$ m	59 $\frac{1}{4}$	....	31 $\frac{11}{16}$ m
59 $\frac{1}{2}$	....	32 m	59 $\frac{1}{2}$	....	31 $\frac{13}{16}$ p
59 $\frac{3}{4}$	....	32 $\frac{1}{8}$ m	59 $\frac{3}{4}$	....	31 $\frac{15}{16}$ p
60	....	32 $\frac{1}{4}$ p	60	....	32 $\frac{1}{16}$ p

DES CHANGES.

PARIS, { GENEVE, BASLE, } LONDRES.

Geneve sur Londres.	Paris sur Geneve.	Rend à Londres.	Geneve sur Londres.	Paris sur Geneve.	Rend à Londres.
51	188	27 $\frac{1}{8}$ p	51	189	27 m
51 $\frac{1}{4}$	....	27 $\frac{1}{4}$ p	51 $\frac{1}{4}$	....	27 $\frac{1}{8}$ m
51 $\frac{1}{2}$	....	27 $\frac{3}{8}$ p	51 $\frac{1}{2}$	....	27 $\frac{1}{4}$ m
51 $\frac{3}{4}$	....	27 $\frac{1}{2}$ p	51 $\frac{3}{4}$	....	27 $\frac{3}{8}$ p
52	....	27 $\frac{11}{16}$ m	52	....	27 $\frac{1}{2}$ p
52 $\frac{1}{4}$	....	27 $\frac{13}{16}$ m	52 $\frac{1}{4}$	....	27 $\frac{5}{8}$ p
52 $\frac{1}{2}$	....	27 $\frac{15}{16}$ m	52 $\frac{1}{2}$	....	27 $\frac{3}{4}$ p
52 $\frac{3}{4}$	....	28 $\frac{1}{16}$ m	52 $\frac{3}{4}$	....	27 $\frac{15}{16}$ m
53	....	28 $\frac{3}{16}$ p	53	....	28 $\frac{1}{16}$ m
53 $\frac{1}{4}$	....	28 $\frac{5}{16}$ p	53 $\frac{1}{4}$	....	28 $\frac{3}{16}$ m
53 $\frac{1}{2}$	....	28 $\frac{7}{16}$ p	53 $\frac{1}{2}$	....	28 $\frac{5}{16}$ m
53 $\frac{3}{4}$	....	28 $\frac{9}{16}$ p	53 $\frac{3}{4}$	....	28 $\frac{7}{16}$ p
54	....	28 $\frac{7}{8}$ m	54	....	28 $\frac{9}{16}$ p
54 $\frac{1}{4}$	....	28 $\frac{7}{8}$ m	54 $\frac{1}{4}$	....	28 $\frac{11}{16}$ p
54 $\frac{1}{2}$	....	29 m	54 $\frac{1}{2}$	....	28 $\frac{13}{16}$ p
54 $\frac{3}{4}$	....	29 $\frac{1}{8}$ p	54 $\frac{3}{4}$	....	28 $\frac{15}{16}$ p
55	....	29 $\frac{1}{4}$ p	55	....	29 $\frac{1}{8}$ m
55 $\frac{1}{4}$	....	29 $\frac{3}{8}$ p	55 $\frac{1}{4}$	....	29 $\frac{1}{8}$ m
55 $\frac{1}{2}$	....	29 $\frac{1}{2}$ p	55 $\frac{1}{2}$	....	29 $\frac{1}{4}$ m
55 $\frac{3}{4}$	....	29 $\frac{5}{8}$ p	55 $\frac{3}{4}$	....	29 $\frac{3}{8}$ m
56	....	29 $\frac{13}{16}$ m	56	....	29 $\frac{1}{2}$ p
56 $\frac{1}{4}$	....	29 $\frac{15}{16}$ m	56 $\frac{1}{4}$	....	29 $\frac{5}{8}$ p
56 $\frac{1}{2}$	....	30 $\frac{1}{16}$ m	56 $\frac{1}{2}$	....	29 $\frac{7}{8}$ p
56 $\frac{3}{4}$	....	30 $\frac{3}{16}$ m	56 $\frac{3}{4}$	....	30 p
57	....	30 $\frac{5}{16}$ p	57	....	30 $\frac{3}{16}$ m
57 $\frac{1}{4}$	....	30 $\frac{7}{16}$ p	57 $\frac{1}{4}$	....	30 $\frac{5}{16}$ m
57 $\frac{1}{2}$	....	30 $\frac{9}{16}$ p	57 $\frac{1}{2}$	....	30 $\frac{7}{16}$ m
57 $\frac{3}{4}$	....	30 $\frac{11}{16}$ p	57 $\frac{3}{4}$	....	30 $\frac{9}{16}$ m
58	....	30 $\frac{7}{8}$ m	58	....	30 $\frac{11}{16}$ p
58 $\frac{1}{4}$	....	31 m	58 $\frac{1}{4}$	....	30 $\frac{13}{16}$ p
58 $\frac{1}{2}$	....	31 $\frac{1}{8}$ m	58 $\frac{1}{2}$	....	30 $\frac{15}{16}$ p
58 $\frac{3}{4}$	....	31 $\frac{1}{4}$ m	58 $\frac{3}{4}$	....	31 $\frac{1}{16}$ p
59	....	31 $\frac{3}{8}$ p	59	....	31 $\frac{3}{16}$ p
59 $\frac{1}{4}$	....	31 $\frac{1}{2}$ p	59 $\frac{1}{4}$	....	31 $\frac{1}{2}$ m
59 $\frac{1}{2}$	....	31 $\frac{5}{8}$ p	59 $\frac{1}{2}$	....	31 $\frac{1}{2}$ m
59 $\frac{3}{4}$	....	31 $\frac{13}{16}$ m	59 $\frac{3}{4}$	....	31 $\frac{5}{8}$ m
60	....	31 $\frac{15}{16}$ m	60	....	31 $\frac{3}{4}$ m

COMBINAISON GENERALE

PARIS, { GENEVE, BASLE, } LONDRES,

Geneve sur Londres.	Paris sur Geneve.	Rend à Londres.		Geneve sur Londres.	Paris sur Geneve.	Rend à Londres.	
51	190	26 $\frac{13}{16}$	p	51	191	26 $\frac{11}{16}$	p
51 $\frac{1}{4}$	....	27	m	51 $\frac{1}{4}$	....	26 $\frac{13}{16}$	p
51 $\frac{1}{2}$	....	27 $\frac{1}{8}$	m	51 $\frac{1}{2}$	....	26 $\frac{15}{16}$	p
51 $\frac{3}{4}$	....	27 $\frac{1}{4}$	m	51 $\frac{3}{4}$	....	27 $\frac{1}{8}$	m
52	....	27 $\frac{3}{8}$	m	52	....	27 $\frac{1}{4}$	m
52 $\frac{1}{4}$	....	27 $\frac{1}{2}$		52 $\frac{1}{4}$	....	27 $\frac{3}{8}$	m
52 $\frac{1}{2}$	....	27 $\frac{5}{8}$		52 $\frac{1}{2}$	....	27 $\frac{1}{2}$	m
52 $\frac{3}{4}$	....	27 $\frac{3}{4}$	p	52 $\frac{3}{4}$	....	27 $\frac{5}{8}$	m
53	....	27 $\frac{7}{8}$	p	53	....	27 $\frac{3}{4}$	m
53 $\frac{1}{4}$	....	28	p	53 $\frac{1}{4}$	....	27 $\frac{7}{8}$	p
53 $\frac{1}{2}$	....	28 $\frac{3}{16}$	m	53 $\frac{1}{2}$	....	28	p
53 $\frac{3}{4}$	....	28 $\frac{5}{16}$	m	53 $\frac{3}{4}$	....	28 $\frac{1}{8}$	p
54	....	28 $\frac{7}{16}$	m	54	....	28 $\frac{1}{4}$	p
54 $\frac{1}{4}$	....	28 $\frac{9}{16}$	m	54 $\frac{1}{4}$	....	28 $\frac{3}{8}$	p
54 $\frac{1}{2}$	....	28 $\frac{11}{16}$	m	54 $\frac{1}{2}$	....	28 $\frac{9}{16}$	m
54 $\frac{3}{4}$	....	28 $\frac{13}{16}$	p	54 $\frac{3}{4}$	....	28 $\frac{11}{16}$	m
55	....	28 $\frac{15}{16}$	p	55	....	28 $\frac{13}{16}$	m
55 $\frac{1}{4}$	....	29 $\frac{1}{16}$	p	55 $\frac{1}{4}$	....	28 $\frac{15}{16}$	m
55 $\frac{1}{2}$	....	29 $\frac{3}{16}$	p	55 $\frac{1}{2}$	....	29 $\frac{1}{16}$	m
55 $\frac{3}{4}$	....	29 $\frac{5}{16}$	p	55 $\frac{3}{4}$	....	29 $\frac{3}{16}$	p
56	....	29 $\frac{1}{2}$	m	56	....	29 $\frac{5}{16}$	p
56 $\frac{1}{4}$	....	29 $\frac{5}{8}$	m	56 $\frac{1}{4}$	....	29 $\frac{7}{16}$	p
56 $\frac{1}{2}$	....	29 $\frac{3}{4}$	m	56 $\frac{1}{2}$	....	29 $\frac{9}{16}$	p
56 $\frac{3}{4}$	....	29 $\frac{7}{8}$	m	56 $\frac{3}{4}$	....	29 $\frac{11}{16}$	p
57	....	30		57	....	29 $\frac{13}{16}$	p
57 $\frac{1}{4}$	....	30 $\frac{1}{8}$	p	57 $\frac{1}{4}$	....	30	m
57 $\frac{1}{2}$	....	30 $\frac{1}{4}$	p	57 $\frac{1}{2}$	....	30 $\frac{1}{8}$	m
57 $\frac{3}{4}$	....	30 $\frac{3}{8}$	p	57 $\frac{3}{4}$	....	30 $\frac{1}{4}$	m
58	....	30 $\frac{1}{2}$	p	58	....	30 $\frac{3}{8}$	m
58 $\frac{1}{4}$	....	30 $\frac{11}{16}$	m	58 $\frac{1}{4}$	....	30 $\frac{1}{2}$	m
58 $\frac{1}{2}$	....	30 $\frac{13}{16}$	m	58 $\frac{1}{2}$	....	30 $\frac{5}{8}$	p
58 $\frac{3}{4}$	....	30 $\frac{15}{16}$	m	58 $\frac{3}{4}$	....	30 $\frac{7}{8}$	p
59	....	31 $\frac{1}{16}$	m	59	....	31	p
59 $\frac{1}{4}$	....	31 $\frac{3}{16}$	m	59 $\frac{1}{4}$	....	31 $\frac{1}{8}$	p
59 $\frac{1}{2}$	....	31 $\frac{5}{16}$	p	59 $\frac{1}{2}$	....	31 $\frac{5}{16}$	m
59 $\frac{3}{4}$	....	31 $\frac{7}{16}$	p	59 $\frac{3}{4}$	....	31 $\frac{7}{16}$	p
60	....	31 $\frac{9}{16}$	p	60	....	31 $\frac{7}{16}$	m

DES CHANGES.

PARIS, { GENEVE, BASLE, } LONDRES,

Geneve sur Londres.	Paris sur Geneve.	Rend à Londres.	Geneve sur Londres.	Paris sur Geneve.	Rend à Londres.
51	192	26 $\frac{9}{16}$	51	193	26 $\frac{7}{16}$ m
51 $\frac{1}{4}$	....	26 $\frac{11}{16}$ p	51 $\frac{1}{4}$	....	26 $\frac{9}{16}$ m
51 $\frac{1}{2}$	....	26 $\frac{13}{16}$ p	51 $\frac{1}{2}$	....	26 $\frac{11}{16}$ m
51 $\frac{3}{4}$	....	26 $\frac{15}{16}$ p	51 $\frac{3}{4}$	....	26 $\frac{13}{16}$ p
52	....	27 $\frac{1}{16}$ p	52	....	26 $\frac{15}{16}$ p
52 $\frac{1}{4}$	....	27 $\frac{3}{16}$ p	52 $\frac{1}{4}$	....	27 $\frac{1}{16}$ p
52 $\frac{1}{2}$	....	27 $\frac{5}{16}$ *	52 $\frac{1}{2}$	....	27 $\frac{3}{16}$ p
52 $\frac{3}{4}$	....	27 $\frac{1}{2}$ m	52 $\frac{3}{4}$	....	27 $\frac{5}{16}$ p
53	....	27 $\frac{1}{2}$ m	53	....	27 $\frac{7}{16}$ p
53 $\frac{1}{4}$	....	27 $\frac{5}{8}$ m	53 $\frac{1}{4}$	....	27 $\frac{9}{16}$ p
53 $\frac{1}{2}$	....	27 $\frac{7}{8}$ m	53 $\frac{1}{2}$	....	27 $\frac{3}{4}$ m
53 $\frac{3}{4}$	....	28 m	53 $\frac{3}{4}$	....	27 $\frac{7}{8}$ m
54	....	28 $\frac{1}{8}$	54	....	28 m
54 $\frac{1}{4}$	....	28 $\frac{1}{4}$ p	54 $\frac{1}{4}$	....	28 $\frac{1}{8}$ m
54 $\frac{1}{2}$	....	28 $\frac{3}{8}$ p	54 $\frac{1}{2}$	....	28 $\frac{1}{4}$ m
54 $\frac{3}{4}$	....	28 $\frac{1}{2}$ p	54 $\frac{3}{4}$	....	28 $\frac{3}{8}$ m
55	....	28 $\frac{5}{8}$ p	55	....	28 $\frac{1}{2}$ m
55 $\frac{1}{4}$	....	28 $\frac{3}{4}$ p	55 $\frac{1}{4}$	....	28 $\frac{5}{8}$ p
55 $\frac{1}{2}$	....	28 $\frac{7}{8}$ *	55 $\frac{1}{2}$	....	28 $\frac{3}{4}$ p
55 $\frac{3}{4}$	....	29 $\frac{1}{16}$ m	55 $\frac{3}{4}$	....	28 $\frac{7}{8}$ p
56	....	29 $\frac{1}{16}$ m	56	....	29 p
56 $\frac{1}{4}$	....	29 $\frac{1}{16}$ m	56 $\frac{1}{4}$	....	29 $\frac{1}{8}$ p
56 $\frac{1}{2}$	....	29 $\frac{7}{16}$ m	56 $\frac{1}{2}$	....	29 $\frac{1}{4}$ p
56 $\frac{3}{4}$	....	29 $\frac{9}{16}$ m	56 $\frac{3}{4}$	....	29 $\frac{3}{8}$ p
57	....	29 $\frac{11}{16}$	57	....	29 $\frac{9}{16}$ m
57 $\frac{1}{4}$	....	29 $\frac{13}{16}$ p	57 $\frac{1}{4}$	....	29 $\frac{11}{16}$ m
57 $\frac{1}{2}$	....	29 $\frac{15}{16}$ p	57 $\frac{1}{2}$	....	29 $\frac{13}{16}$ m
57 $\frac{3}{4}$	....	30 $\frac{1}{16}$ p	57 $\frac{3}{4}$	....	29 $\frac{15}{16}$ m
58	....	30 $\frac{3}{16}$ p	58	....	30 $\frac{1}{16}$ m
58 $\frac{1}{4}$	....	30 $\frac{5}{16}$ p	58 $\frac{1}{4}$	....	30 $\frac{3}{16}$ m
58 $\frac{1}{2}$	....	30 $\frac{7}{16}$ *	58 $\frac{1}{2}$	....	30 $\frac{5}{16}$ m
58 $\frac{3}{4}$	....	30 $\frac{5}{8}$ m	58 $\frac{3}{4}$	....	30 $\frac{7}{16}$ p
59	....	30 $\frac{3}{4}$ m	59	....	30 $\frac{9}{16}$ p
59 $\frac{1}{4}$	....	30 $\frac{7}{8}$ m	59 $\frac{1}{4}$	....	30 $\frac{11}{16}$ p
59 $\frac{1}{2}$	....	31 m	59 $\frac{1}{2}$	....	30 $\frac{13}{16}$ p
59 $\frac{3}{4}$	....	31 $\frac{1}{8}$ m	59 $\frac{3}{4}$	....	30 $\frac{15}{16}$ p
60	....	31 $\frac{1}{4}$	60	....	31 $\frac{1}{16}$ p

COMBINAISON GENERALE

PARIS, { GENEVE, BASLE, } LONDRES.

Geneve sur Londres.	Paris sur Geneve.	Rend à Londres.	Geneve sur Londres.	Paris sur Geneve.	Rend à Londres.
51	194	$26\frac{5}{16}$ m	51	195	$26\frac{1}{8}$ p
$51\frac{1}{4}$	....	$26\frac{7}{16}$ m	$51\frac{1}{4}$	....	$26\frac{5}{16}$ m
$51\frac{1}{2}$	....	$26\frac{9}{16}$ m	$51\frac{1}{2}$	....	$26\frac{7}{16}$ m
$51\frac{3}{4}$	....	$26\frac{11}{16}$ m	$51\frac{3}{4}$	....	$26\frac{9}{16}$ m
52	....	$26\frac{13}{16}$ m	52	....	$26\frac{11}{16}$ m
$52\frac{1}{4}$	....	$26\frac{15}{16}$ m	$52\frac{1}{4}$	....	$26\frac{13}{16}$ m
$52\frac{1}{2}$	....	$27\frac{1}{16}$ m	$52\frac{1}{2}$	....	$26\frac{15}{16}$ m
$52\frac{3}{4}$	....	$27\frac{3}{16}$ p	$52\frac{3}{4}$	....	$27\frac{1}{16}$ m
53	....	$27\frac{5}{16}$ p	53	....	$27\frac{3}{16}$ m
$53\frac{1}{4}$	....	$27\frac{7}{16}$ p	$53\frac{1}{4}$	....	$27\frac{5}{16}$ m
$53\frac{1}{2}$	....	$27\frac{9}{16}$ p	$53\frac{1}{2}$	....	$27\frac{7}{16}$ m
$53\frac{3}{4}$	....	$27\frac{11}{16}$ p	$53\frac{3}{4}$	....	$27\frac{9}{16}$ p
54	....	$27\frac{13}{16}$ p	54	....	$27\frac{11}{16}$ p
$54\frac{1}{4}$	....	$27\frac{15}{16}$ p	$54\frac{1}{4}$	....	$27\frac{13}{16}$ p
$54\frac{1}{2}$	....	$28\frac{1}{16}$ p	$54\frac{1}{2}$	....	$27\frac{15}{16}$ p
$54\frac{3}{4}$	....	$28\frac{3}{8}$ m	$54\frac{3}{4}$	....	$28\frac{1}{16}$ p
55	....	$28\frac{3}{8}$ m	55	....	$28\frac{3}{16}$ p
$55\frac{1}{4}$	....	$28\frac{1}{2}$ m	$55\frac{1}{4}$	....	$28\frac{5}{16}$ p
$55\frac{1}{2}$	....	$28\frac{5}{8}$ m	$55\frac{1}{2}$	....	$28\frac{7}{16}$ p
$55\frac{3}{4}$	....	$28\frac{3}{4}$ m	$55\frac{3}{4}$	....	$28\frac{9}{16}$ p
56	....	$28\frac{7}{8}$	56	....	$28\frac{11}{16}$ p
$56\frac{1}{4}$	....	29 m	$56\frac{1}{4}$	....	$28\frac{7}{8}$ m
$56\frac{1}{2}$	....	$29\frac{1}{8}$ m	$56\frac{1}{2}$	....	29 m
$56\frac{3}{4}$	....	$29\frac{1}{4}$ p	$56\frac{3}{4}$	....	$29\frac{1}{8}$ m
57	....	$29\frac{3}{8}$ p	57	....	$29\frac{1}{4}$ m
$57\frac{1}{4}$	....	$29\frac{1}{2}$ p	$57\frac{1}{4}$	....	$29\frac{3}{8}$ m
$57\frac{1}{2}$	....	$29\frac{5}{8}$ p	$57\frac{1}{2}$	....	$29\frac{1}{2}$ m
$57\frac{3}{4}$	....	$29\frac{3}{4}$ p	$57\frac{3}{4}$	....	$29\frac{5}{8}$ m
58	....	$29\frac{7}{8}$ p	58	....	$29\frac{3}{4}$ m
$58\frac{1}{4}$	....	30 p	$58\frac{1}{4}$	....	$29\frac{7}{8}$ m
$58\frac{1}{2}$	....	$30\frac{1}{8}$ p	$58\frac{1}{2}$	....	30
$58\frac{3}{4}$	....	$30\frac{5}{16}$ m	$58\frac{3}{4}$	....	$30\frac{1}{8}$ p
59	....	$30\frac{7}{16}$ m	59	....	$30\frac{2}{8}$ p
$59\frac{1}{4}$	....	$30\frac{9}{16}$ m	$59\frac{1}{4}$	....	$30\frac{3}{8}$ p
$59\frac{1}{2}$	....	$30\frac{11}{16}$ m	$59\frac{1}{2}$	....	$30\frac{5}{8}$ p
$59\frac{3}{4}$	....	$30\frac{13}{16}$ m	$59\frac{3}{4}$	....	$30\frac{5}{8}$ p
60	....	$30\frac{15}{16}$ m	60	....	$30\frac{3}{4}$ p

DES CHANGES.

PARIS, { GENEVE, BASLE, } LONDRES,

Geneve sur Londres.	Paris sur Geneve.	Rend à Londres.	Geneve sur Londres.	Paris sur Geneve.	Rend à Londres.
51	196	26 p	51	197	25 $\frac{7}{8}$ p
51 $\frac{1}{4}$	....	26 $\frac{1}{8}$ p	51 $\frac{1}{4}$	....	26 p
51 $\frac{1}{2}$	....	26 $\frac{1}{4}$ p	51 $\frac{1}{2}$	....	26 $\frac{1}{8}$ p
51 $\frac{3}{4}$	....	26 $\frac{3}{8}$ p	51 $\frac{3}{4}$	....	26 $\frac{1}{4}$ p
52	....	26 $\frac{1}{2}$ p	52	....	26 $\frac{3}{8}$ p
52 $\frac{1}{4}$	....	26 $\frac{11}{16}$ m	52 $\frac{1}{4}$	....	26 $\frac{1}{2}$ p
52 $\frac{1}{2}$	....	26 $\frac{13}{16}$ m	52 $\frac{1}{2}$	....	26 $\frac{3}{4}$ p
52 $\frac{3}{4}$	....	26 $\frac{15}{16}$ m	52 $\frac{3}{4}$	....	26 $\frac{7}{8}$ p
53	....	27 $\frac{1}{16}$ m	53	....	27 p
53 $\frac{1}{4}$	....	27 $\frac{3}{16}$ m	53 $\frac{1}{4}$	....	27 $\frac{1}{16}$ m
53 $\frac{1}{2}$	....	27 $\frac{5}{16}$ m	53 $\frac{1}{2}$	....	27 $\frac{1}{16}$ m
53 $\frac{3}{4}$	....	27 $\frac{7}{16}$ m	53 $\frac{3}{4}$	....	27 $\frac{1}{16}$ m
54	....	27 $\frac{9}{16}$ m	54	....	27 $\frac{1}{16}$ m
54 $\frac{1}{4}$	....	27 $\frac{11}{16}$ m	54 $\frac{1}{4}$	....	27 $\frac{9}{16}$ m
54 $\frac{1}{2}$	....	27 $\frac{13}{16}$ m	54 $\frac{1}{2}$	....	27 $\frac{11}{16}$ m
54 $\frac{3}{4}$	....	27 $\frac{15}{16}$ m	54 $\frac{3}{4}$	....	27 $\frac{13}{16}$ m
55	....	28 $\frac{1}{16}$ m	55	....	27 $\frac{15}{16}$ m
55 $\frac{1}{4}$	....	28 $\frac{3}{16}$ p	55 $\frac{1}{4}$	....	28 $\frac{1}{16}$ m
55 $\frac{1}{2}$	....	28 $\frac{5}{16}$ p	55 $\frac{1}{2}$	....	28 $\frac{3}{16}$ m
55 $\frac{3}{4}$	....	28 $\frac{7}{16}$ p	55 $\frac{3}{4}$	....	28 $\frac{5}{16}$ m
56	....	28 $\frac{9}{16}$ p	56	....	28 $\frac{7}{16}$ m
56 $\frac{1}{4}$	....	28 $\frac{11}{16}$ p	56 $\frac{1}{4}$	....	28 $\frac{9}{16}$ m
56 $\frac{1}{2}$	....	28 $\frac{13}{16}$ p	56 $\frac{1}{2}$	....	28 $\frac{11}{16}$ m
56 $\frac{3}{4}$	....	28 $\frac{15}{16}$ p	56 $\frac{3}{4}$	....	28 $\frac{13}{16}$ m
57	....	29 $\frac{1}{16}$ p	57	....	28 $\frac{15}{16}$ m
57 $\frac{1}{4}$	....	29 $\frac{3}{16}$ p	57 $\frac{1}{4}$	....	29 $\frac{1}{16}$ m
57 $\frac{1}{2}$	....	29 $\frac{5}{16}$ p	57 $\frac{1}{2}$	....	29 $\frac{3}{16}$ p
57 $\frac{3}{4}$	....	29 $\frac{7}{16}$ p	57 $\frac{3}{4}$	....	29 $\frac{5}{16}$ p
58	....	29 $\frac{9}{16}$ p	58	....	29 $\frac{7}{16}$ p
58 $\frac{1}{4}$	....	29 $\frac{3}{4}$ m	58 $\frac{1}{4}$	....	29 $\frac{9}{16}$ p
58 $\frac{1}{2}$	....	29 $\frac{7}{8}$ m	58 $\frac{1}{2}$	....	29 $\frac{11}{16}$ p
58 $\frac{3}{4}$	....	30 m	58 $\frac{3}{4}$	....	29 $\frac{13}{16}$ p
59	....	30 $\frac{1}{8}$ m	59	....	29 $\frac{15}{16}$ p
59 $\frac{1}{4}$	....	30 $\frac{1}{4}$ m	59 $\frac{1}{4}$	....	30 $\frac{1}{16}$ p
59 $\frac{1}{2}$	....	30 $\frac{3}{8}$ m	59 $\frac{1}{2}$	....	30 $\frac{3}{16}$ p
59 $\frac{3}{4}$	....	30 $\frac{1}{2}$ m	59 $\frac{3}{4}$	....	30 $\frac{5}{16}$ p
60	....	30 $\frac{5}{8}$ m	60	....	30 $\frac{7}{16}$ p

COMBINAISON GÉNÉRALE

PARIS, { GENEVE, BASLE, } LONDRES.

Geneve sur Londres.	Paris sur Geneve.	Rend à Londres.	Geneve sur Londres.	Paris sur Geneve.	Rend à Londres.
51	198	25 $\frac{3}{4}$ p	51	199	25 $\frac{5}{8}$ p
51 $\frac{1}{4}$	.....	25 $\frac{7}{8}$ p	51 $\frac{1}{4}$	.....	25 $\frac{7}{8}$ p
51 $\frac{1}{2}$	.....	26 p	51 $\frac{1}{2}$	.....	25 $\frac{7}{8}$ p
51 $\frac{3}{4}$	.....	26 $\frac{1}{8}$ p	51 $\frac{3}{4}$	.....	26 p
52	.....	26 $\frac{1}{4}$ p	52	.....	26 $\frac{1}{8}$ p
52 $\frac{1}{4}$	.....	26 $\frac{1}{8}$ p	52 $\frac{1}{4}$	.....	26 $\frac{1}{4}$ p
52 $\frac{1}{2}$	.....	26 $\frac{3}{8}$ p	52 $\frac{1}{2}$	.....	26 $\frac{3}{8}$ p
52 $\frac{3}{4}$	.....	26 $\frac{5}{8}$ p	52 $\frac{3}{4}$	.....	26 $\frac{1}{2}$ p
53	.....	26 $\frac{3}{4}$ p	53	.....	26 $\frac{5}{8}$ p
53 $\frac{1}{4}$	.....	26 $\frac{7}{8}$ p	53 $\frac{1}{4}$	.....	26 $\frac{3}{4}$ p
53 $\frac{1}{2}$	.....	27 p	53 $\frac{1}{2}$	.....	26 $\frac{7}{8}$ p
53 $\frac{3}{4}$	.....	27 $\frac{1}{8}$ p	53 $\frac{3}{4}$	.....	27 p
54	.....	27 $\frac{1}{4}$ p	54	.....	27 $\frac{1}{8}$ p
54 $\frac{1}{4}$	.....	27 $\frac{3}{8}$ p	54 $\frac{1}{4}$	.....	27 $\frac{3}{8}$ p
54 $\frac{1}{2}$	.....	27 $\frac{1}{2}$ p	54 $\frac{1}{2}$	.....	27 $\frac{3}{8}$ p
54 $\frac{3}{4}$	.....	27 $\frac{5}{8}$ p	54 $\frac{3}{4}$	.....	27 $\frac{1}{2}$ p
55	.....	27 $\frac{3}{4}$ p	55	.....	27 $\frac{5}{8}$ p
55 $\frac{1}{4}$	.....	27 $\frac{7}{8}$ p	55 $\frac{1}{4}$	.....	27 $\frac{3}{4}$ p
55 $\frac{1}{2}$	.....	28 p	55 $\frac{1}{2}$	.....	27 $\frac{7}{8}$ p
55 $\frac{3}{4}$	.....	28 $\frac{3}{16}$ m	55 $\frac{3}{4}$	.....	28 p
56	.....	28 $\frac{5}{16}$ m	56	.....	28 $\frac{1}{8}$ p
56 $\frac{1}{4}$	.....	28 $\frac{7}{16}$ m	56 $\frac{1}{4}$	.....	28 $\frac{1}{4}$ p
56 $\frac{1}{2}$	.....	28 $\frac{9}{16}$ m	56 $\frac{1}{2}$	.....	28 $\frac{3}{8}$ p
56 $\frac{3}{4}$	.....	28 $\frac{11}{16}$ m	56 $\frac{3}{4}$	.....	28 $\frac{1}{2}$ p
57	.....	28 $\frac{13}{16}$ m	57	.....	28 $\frac{5}{8}$ p
57 $\frac{1}{4}$	.....	28 $\frac{15}{16}$ m	57 $\frac{1}{4}$	.....	28 $\frac{3}{4}$ p
57 $\frac{1}{2}$	.....	29 $\frac{1}{16}$ m	57 $\frac{1}{2}$	.....	28 $\frac{7}{8}$ p
57 $\frac{3}{4}$	.....	29 $\frac{3}{16}$ m	57 $\frac{3}{4}$	.....	29 p
58	.....	29 $\frac{5}{16}$ m	58	.....	29 $\frac{1}{8}$ p
58 $\frac{1}{4}$	.....	29 $\frac{7}{16}$ m	58 $\frac{1}{4}$	.....	29 $\frac{1}{4}$ p
58 $\frac{1}{2}$	.....	29 $\frac{9}{16}$ m	58 $\frac{1}{2}$	.....	29 $\frac{3}{8}$ p
58 $\frac{3}{4}$	.....	29 $\frac{11}{16}$ m	58 $\frac{3}{4}$	.....	29 $\frac{1}{2}$ p
59	.....	29 $\frac{13}{16}$ m	59	.....	29 $\frac{5}{8}$ p
59 $\frac{1}{4}$	.....	29 $\frac{15}{16}$ m	59 $\frac{1}{4}$	.....	29 $\frac{3}{4}$ p
59 $\frac{1}{2}$	.....	30 $\frac{1}{16}$ m	59 $\frac{1}{2}$	.....	29 $\frac{7}{8}$ p
59 $\frac{3}{4}$	.....	30 $\frac{3}{16}$ m	59 $\frac{3}{4}$	.....	30 p
60	.....	30 $\frac{5}{16}$ m	60	.....	30 $\frac{1}{8}$ p

DES CHANGES.

PARIS, { **GENEVE, BASLE,** } **LONDRES.**

Geneve sur Londres.	Paris sur Geneve.	Rend à Londres.	Geneve sur Londres.	Paris sur Geneve.	Rend à Londres.
51	200	25 $\frac{1}{2}$	51	201	25 $\frac{5}{8}$ m
51 $\frac{1}{4}$	....	25 $\frac{1}{8}$	51 $\frac{1}{4}$	....	25 $\frac{1}{2}$ m
51 $\frac{1}{2}$	....	25 $\frac{3}{8}$	51 $\frac{1}{2}$	....	25 $\frac{5}{8}$ m
51 $\frac{3}{4}$	....	25 $\frac{7}{8}$	51 $\frac{3}{4}$	....	25 $\frac{3}{4}$ m
52	....	26	52	....	25 $\frac{7}{8}$ m
52 $\frac{1}{4}$	....	26 $\frac{1}{8}$	52 $\frac{1}{4}$	....	26 m
52 $\frac{1}{2}$	....	26 $\frac{1}{4}$	52 $\frac{1}{2}$	....	26 $\frac{1}{8}$ m
52 $\frac{3}{4}$	....	26 $\frac{3}{8}$	52 $\frac{3}{4}$	....	26 $\frac{1}{4}$ m
53	....	26 $\frac{1}{2}$	53	....	26 $\frac{3}{8}$ m
53 $\frac{1}{4}$	....	26 $\frac{5}{8}$	53 $\frac{1}{4}$	....	26 $\frac{1}{2}$ m
53 $\frac{1}{2}$	....	26 $\frac{3}{4}$	53 $\frac{1}{2}$	....	26 $\frac{5}{8}$ m
53 $\frac{3}{4}$	....	26 $\frac{7}{8}$	53 $\frac{3}{4}$	....	26 $\frac{3}{4}$ m
54	....	27	54	....	26 $\frac{7}{8}$ m
54 $\frac{1}{4}$	....	27 $\frac{1}{8}$	54 $\frac{1}{4}$	....	27 m
54 $\frac{1}{2}$	....	27 $\frac{1}{4}$	54 $\frac{1}{2}$	....	27 $\frac{1}{8}$ m
54 $\frac{3}{4}$	....	27 $\frac{3}{8}$	54 $\frac{3}{4}$	....	27 $\frac{1}{4}$ m
55	....	27 $\frac{1}{2}$	55	....	27 $\frac{3}{8}$ m
55 $\frac{1}{4}$	....	27 $\frac{5}{8}$	55 $\frac{1}{4}$	....	27 $\frac{1}{2}$ m
55 $\frac{1}{2}$	....	27 $\frac{3}{4}$	55 $\frac{1}{2}$	....	27 $\frac{5}{8}$ m
55 $\frac{3}{4}$	....	27 $\frac{7}{8}$	55 $\frac{3}{4}$	....	27 $\frac{3}{4}$ m
56	....	28	56	....	27 $\frac{7}{8}$ m
56 $\frac{1}{4}$	....	28 $\frac{1}{8}$	56 $\frac{1}{4}$	....	28 m
56 $\frac{1}{2}$	....	28 $\frac{1}{4}$	56 $\frac{1}{2}$	....	28 $\frac{1}{8}$ m
56 $\frac{3}{4}$	....	28 $\frac{3}{8}$	56 $\frac{3}{4}$	....	28 $\frac{1}{4}$ m
57	....	28 $\frac{1}{2}$	57	....	28 $\frac{3}{8}$ m
57 $\frac{1}{4}$	....	28 $\frac{5}{8}$	57 $\frac{1}{4}$	....	28 $\frac{1}{2}$ m
57 $\frac{1}{2}$	....	28 $\frac{3}{4}$	57 $\frac{1}{2}$	....	28 $\frac{5}{8}$ m
57 $\frac{3}{4}$	....	28 $\frac{7}{8}$	57 $\frac{3}{4}$	....	28 $\frac{7}{8}$ m
58	....	29	58	....	29 m
58 $\frac{1}{4}$	....	29 $\frac{1}{8}$	58 $\frac{1}{4}$	....	29 $\frac{1}{8}$ m
58 $\frac{1}{2}$	....	29 $\frac{1}{4}$	58 $\frac{1}{2}$	....	29 $\frac{1}{4}$ m
58 $\frac{3}{4}$	....	29 $\frac{3}{8}$	58 $\frac{3}{4}$	....	29 $\frac{3}{8}$ m
59	....	29 $\frac{1}{2}$	59	....	29 $\frac{1}{2}$ m
59 $\frac{1}{4}$	....	29 $\frac{5}{8}$	59 $\frac{1}{4}$	....	29 $\frac{5}{8}$ m
59 $\frac{1}{2}$	....	29 $\frac{3}{4}$	59 $\frac{1}{2}$	....	29 $\frac{3}{4}$ m
59 $\frac{3}{4}$	....	29 $\frac{7}{8}$	59 $\frac{3}{4}$	....	29 $\frac{7}{8}$ m
60	....	30	60	....	29 $\frac{7}{8}$ m

Tome II.

COMBINAISON GENERALE

PARIS, { GENEVE, BASLE, } LONDRES,

Geneve sur Londres.	Paris sur Geneve.	Rend à Londres.	Geneve sur Londres.	Paris sur Geneve.	Rend à Londres.
51	202	25 $\frac{1}{8}$ m	51	203	25 $\frac{1}{8}$ m
51 $\frac{1}{4}$	....	25 $\frac{2}{8}$ m	51 $\frac{1}{4}$	....	25 $\frac{2}{8}$ m
51 $\frac{1}{2}$	....	25 $\frac{3}{8}$ m	51 $\frac{1}{2}$	....	25 $\frac{3}{8}$ m
51 $\frac{3}{4}$	....	25 $\frac{5}{8}$ m	51 $\frac{3}{4}$	....	25 $\frac{5}{8}$ m
52		25 $\frac{6}{8}$ m	52		25 $\frac{6}{8}$ m
52 $\frac{1}{4}$	....	25 $\frac{7}{8}$ m	52 $\frac{1}{4}$	....	25 $\frac{7}{8}$ m
52 $\frac{1}{2}$	....	26 m	52 $\frac{1}{2}$	....	25 $\frac{7}{8}$ m
52 $\frac{3}{4}$	....	26 $\frac{1}{8}$ m	52 $\frac{3}{4}$	....	26 m
53		26 $\frac{1}{4}$ m	53		26 $\frac{1}{8}$ m
53 $\frac{1}{4}$	....	26 $\frac{3}{8}$ m	53 $\frac{1}{4}$	....	26 $\frac{1}{4}$ m
53 $\frac{1}{2}$	....	26 $\frac{1}{2}$ m	53 $\frac{1}{2}$	....	26 $\frac{3}{8}$ m
53 $\frac{3}{4}$	....	26 $\frac{5}{8}$ m	53 $\frac{3}{4}$	....	26 $\frac{1}{2}$ m
54		26 $\frac{3}{4}$ m	54		26 $\frac{5}{8}$ m
54 $\frac{1}{4}$	....	26 $\frac{7}{8}$ m	54 $\frac{1}{4}$	....	26 $\frac{7}{8}$ m
54 $\frac{1}{2}$	....	27 m	54 $\frac{1}{2}$	....	26 $\frac{7}{8}$ m
54 $\frac{3}{4}$	....	27 $\frac{1}{8}$ m	54 $\frac{3}{4}$	....	27 m
55		27 $\frac{1}{8}$ m	55		27 $\frac{1}{16}$ p
55 $\frac{1}{4}$	....	27 $\frac{2}{8}$ m	55 $\frac{1}{4}$	....	27 $\frac{3}{16}$ p
55 $\frac{1}{2}$	....	27 $\frac{2}{8}$ m	55 $\frac{1}{2}$	....	27 $\frac{5}{16}$ p
55 $\frac{3}{4}$	....	27 $\frac{3}{8}$ m	55 $\frac{3}{4}$	....	27 $\frac{7}{16}$ p
56		27 $\frac{3}{8}$ m	56		27 $\frac{9}{16}$ p
56 $\frac{1}{4}$	....	27 $\frac{7}{8}$ m	56 $\frac{1}{4}$	....	27 $\frac{11}{16}$ p
56 $\frac{1}{2}$	....	28 m	56 $\frac{1}{2}$	....	27 $\frac{13}{16}$ p
56 $\frac{3}{4}$	....	28 $\frac{1}{8}$ m	56 $\frac{3}{4}$	....	27 $\frac{15}{16}$ p
57		28 $\frac{3}{16}$ p	57		28 $\frac{1}{16}$ p
57 $\frac{1}{4}$	....	28 $\frac{5}{16}$ p	57 $\frac{1}{4}$	....	28 $\frac{3}{16}$ p
57 $\frac{1}{2}$	....	28 $\frac{7}{16}$ p	57 $\frac{1}{2}$	....	28 $\frac{5}{16}$ p
57 $\frac{3}{4}$	....	28 $\frac{9}{16}$ p	57 $\frac{3}{4}$	....	28 $\frac{7}{16}$ p
58		28 $\frac{11}{16}$ p	58		28 $\frac{9}{16}$ p
58 $\frac{1}{4}$	....	28 $\frac{13}{16}$ p	58 $\frac{1}{4}$	....	28 $\frac{11}{16}$ p
58 $\frac{1}{2}$	....	28 $\frac{15}{16}$ p	58 $\frac{1}{2}$	....	28 $\frac{13}{16}$ p
58 $\frac{3}{4}$	....	29 $\frac{1}{16}$ p	58 $\frac{3}{4}$	....	28 $\frac{15}{16}$ p
59		29 $\frac{3}{16}$ p	59		29 $\frac{1}{16}$ p
59 $\frac{1}{4}$	....	29 $\frac{5}{16}$ p	59 $\frac{1}{4}$	....	29 $\frac{3}{16}$ m
59 $\frac{1}{2}$	....	29 $\frac{7}{16}$ p	59 $\frac{1}{2}$	....	29 $\frac{5}{16}$ m
59 $\frac{3}{4}$	....	29 $\frac{9}{16}$ p	59 $\frac{3}{4}$	....	29 $\frac{7}{16}$ m
60	....	29 $\frac{11}{16}$ p	60	....	29 $\frac{9}{16}$ m

DES CHANGES.

PARIS, { GENEVE, BASLE, } LONDRES.

Geneve sur Londres.	Paris sur Geneve.	Rend à Londres.	Geneve sur Londres.	Paris sur Geneve.	Rend à Londres.
51	204	25	51	205	24 $\frac{7}{8}$ p
51 $\frac{1}{4}$	....	25 $\frac{1}{8}$ m	51 $\frac{1}{4}$	....	25
51 $\frac{1}{2}$	....	25 $\frac{1}{4}$ m	51 $\frac{1}{2}$	....	25 $\frac{1}{8}$ m
51 $\frac{3}{4}$	....	25 $\frac{3}{8}$ m	51 $\frac{3}{4}$	....	25 $\frac{1}{4}$ m
52	....	25 $\frac{1}{2}$ m	52	....	25 $\frac{3}{8}$ m
52 $\frac{1}{4}$	....	25 $\frac{5}{8}$ m	52 $\frac{1}{4}$	....	25 $\frac{1}{2}$ m
52 $\frac{1}{2}$	....	25 $\frac{3}{4}$ m	52 $\frac{1}{2}$	....	25 $\frac{5}{8}$ m
52 $\frac{3}{4}$	....	25 $\frac{7}{8}$ m	52 $\frac{3}{4}$	....	25 $\frac{3}{4}$ m
53	....	26 m	53	....	25 $\frac{7}{8}$ m
53 $\frac{1}{4}$	....	26 $\frac{1}{8}$ m	53 $\frac{1}{4}$	....	26 m
53 $\frac{1}{2}$	....	26 $\frac{1}{4}$ m	53 $\frac{1}{2}$	....	26 $\frac{1}{8}$ m
53 $\frac{3}{4}$	....	26 $\frac{3}{8}$ m	53 $\frac{3}{4}$	....	26 $\frac{1}{4}$ m
54	....	26 $\frac{1}{2}$ m	54	....	26 $\frac{5}{16}$ p
54 $\frac{1}{4}$	....	26 $\frac{9}{16}$ p	54 $\frac{1}{4}$	....	26 $\frac{7}{16}$ p
54 $\frac{1}{2}$	....	26 $\frac{11}{16}$ p	54 $\frac{1}{2}$	....	26 $\frac{9}{16}$ p
54 $\frac{3}{4}$	....	26 $\frac{13}{16}$ p	54 $\frac{3}{4}$	....	26 $\frac{11}{16}$ p
55	....	26 $\frac{15}{16}$ p	55	....	26 $\frac{13}{16}$ p
55 $\frac{1}{4}$	....	27 $\frac{1}{16}$ p	55 $\frac{1}{4}$	....	26 $\frac{15}{16}$ p
55 $\frac{1}{2}$	....	27 $\frac{3}{16}$ p	55 $\frac{1}{2}$	....	27 $\frac{1}{16}$ p
55 $\frac{3}{4}$	....	27 $\frac{5}{16}$ p	55 $\frac{3}{4}$	....	27 $\frac{3}{16}$ p
56	....	27 $\frac{7}{16}$ p	56	....	27 $\frac{5}{16}$ p
56 $\frac{1}{4}$	....	27 $\frac{9}{16}$ p	56 $\frac{1}{4}$	....	27 $\frac{7}{16}$ p
56 $\frac{1}{2}$	....	27 $\frac{11}{16}$ p	56 $\frac{1}{2}$	....	27 $\frac{9}{16}$ m
56 $\frac{3}{4}$	....	27 $\frac{13}{16}$ p	56 $\frac{3}{4}$	....	27 $\frac{11}{16}$ m
57	....	27 $\frac{15}{16}$ p	57	....	27 $\frac{13}{16}$ m
57 $\frac{1}{4}$	....	28 $\frac{1}{16}$ p	57 $\frac{1}{4}$	....	27 $\frac{15}{16}$ m
57 $\frac{1}{2}$	....	28 $\frac{3}{16}$ m	57 $\frac{1}{2}$	....	28 $\frac{1}{16}$ m
57 $\frac{3}{4}$	....	28 $\frac{5}{16}$ m	57 $\frac{3}{4}$	....	28 $\frac{3}{16}$ m
58	....	28 $\frac{7}{16}$ m	58	....	28 $\frac{5}{16}$ m
58 $\frac{1}{4}$	....	28 $\frac{9}{16}$ m	58 $\frac{1}{4}$	....	28 $\frac{7}{16}$ m
58 $\frac{1}{2}$	....	28 $\frac{11}{16}$ m	58 $\frac{1}{2}$	....	28 $\frac{9}{16}$ m
58 $\frac{3}{4}$	....	28 $\frac{13}{16}$ m	58 $\frac{3}{4}$	....	28 $\frac{11}{16}$ m
59	....	28 $\frac{15}{16}$ m	59	....	28 $\frac{3}{4}$ p
59 $\frac{1}{4}$	....	29 $\frac{1}{16}$ m	59 $\frac{1}{4}$	....	28 $\frac{7}{8}$ p
59 $\frac{1}{2}$	....	29 $\frac{3}{16}$ m	59 $\frac{1}{2}$	....	29 p
59 $\frac{3}{4}$	....	29 $\frac{5}{16}$ m	59 $\frac{3}{4}$	....	29 $\frac{1}{8}$ p
60	....	29 $\frac{7}{16}$ m	60	....	29 $\frac{1}{4}$ p

Fffij

COMBINAISON GENERALE

PARIS, { GENEVE, BASLE, } LONDRES,

Geneve sur Londres.	Paris sur Geneve.	Rend à Londres.	Geneve sur Londres.	Paris sur Geneve.	Rend à Londres.
51	206	$24\frac{3}{4}$ P	51	207	$24\frac{5}{8}$ P
51 $\frac{1}{4}$	......	$24\frac{7}{8}$ P	51 $\frac{1}{4}$	......	$24\frac{3}{4}$ P
51 $\frac{1}{2}$	......	25	51 $\frac{1}{2}$	......	$24\frac{7}{8}$ P
51 $\frac{3}{4}$	......	$25\frac{1}{8}$ m	51 $\frac{3}{4}$	......	25
52	......	$25\frac{2}{8}$ m	52	......	$25\frac{1}{8}$ m
52 $\frac{1}{4}$	......	$25\frac{3}{8}$ m	52 $\frac{1}{4}$	......	$25\frac{2}{8}$ m
52 $\frac{1}{2}$	......	$25\frac{4}{8}$ m	52 $\frac{1}{2}$	......	$25\frac{3}{8}$ m
52 $\frac{3}{4}$	......	$25\frac{5}{8}$ m	52 $\frac{3}{4}$	......	$25\frac{4}{8}$ m
53	......	$25\frac{6}{8}$ m	53	......	$25\frac{5}{8}$ m
53 $\frac{1}{4}$	......	$25\frac{7}{8}$ m	53 $\frac{1}{4}$	......	$25\frac{6}{8}$ m
53 $\frac{1}{2}$	......	26 m	53 $\frac{1}{2}$	......	$25\frac{7}{8}$ m
53 $\frac{3}{4}$	......	$26\frac{1}{16}$ P	53 $\frac{3}{4}$	......	$25\frac{15}{16}$ P
54	......	$26\frac{3}{16}$ P	54	......	$26\frac{1}{16}$ P
54 $\frac{1}{4}$	......	$26\frac{5}{16}$ P	54 $\frac{1}{4}$	......	$26\frac{3}{16}$ P
54 $\frac{1}{2}$	......	$26\frac{7}{16}$ P	54 $\frac{1}{2}$	......	$26\frac{5}{16}$ P
54 $\frac{3}{4}$	......	$26\frac{9}{16}$ P	54 $\frac{3}{4}$	......	$26\frac{7}{16}$ P
55	......	$26\frac{11}{16}$ P	55	......	$26\frac{9}{16}$ P
55 $\frac{1}{4}$	......	$26\frac{13}{16}$ P	55 $\frac{1}{4}$	......	$26\frac{11}{16}$ P
55 $\frac{1}{2}$	......	$26\frac{15}{16}$ P	55 $\frac{1}{2}$	......	$26\frac{13}{16}$ P
55 $\frac{3}{4}$	......	$27\frac{1}{16}$ P	55 $\frac{3}{4}$	......	$26\frac{15}{16}$ m
56	......	$27\frac{3}{16}$ m	56	......	$27\frac{1}{16}$ m
56 $\frac{1}{4}$	......	$27\frac{5}{16}$ m	56 $\frac{1}{4}$	......	$27\frac{3}{16}$ m
56 $\frac{1}{2}$	......	$27\frac{7}{16}$ m	56 $\frac{1}{2}$	......	$27\frac{5}{16}$ m
56 $\frac{3}{4}$	......	$27\frac{9}{16}$ m	56 $\frac{3}{4}$	......	$27\frac{7}{16}$ m
57	......	$27\frac{11}{16}$ m	57	......	$27\frac{9}{16}$ m
57 $\frac{1}{4}$	......	$27\frac{13}{16}$ m	57 $\frac{1}{4}$	......	$27\frac{11}{16}$ m
57 $\frac{1}{2}$	......	$27\frac{15}{16}$ m	57 $\frac{1}{2}$	......	$27\frac{7}{8}$ P
57 $\frac{3}{4}$	......	$28\frac{1}{16}$ P	57 $\frac{3}{4}$	......	$27\frac{7}{8}$ P
58	......	$28\frac{1}{8}$ P	58	......	28 P
58 $\frac{1}{4}$	......	$28\frac{2}{8}$ P	58 $\frac{1}{4}$	......	$28\frac{1}{8}$ P
58 $\frac{1}{2}$	......	$28\frac{3}{8}$ P	58 $\frac{1}{2}$	......	$28\frac{2}{8}$ P
58 $\frac{3}{4}$	......	$28\frac{4}{8}$ P	58 $\frac{3}{4}$	......	$28\frac{3}{8}$ P
59	......	$28\frac{5}{8}$ P	59	......	$28\frac{4}{8}$ P
59 $\frac{1}{4}$	......	$28\frac{6}{8}$ P	59 $\frac{1}{4}$	......	$28\frac{5}{8}$ m
59 $\frac{1}{2}$	......	$28\frac{7}{8}$ P	59 $\frac{1}{2}$	......	$28\frac{6}{8}$ m
59 $\frac{3}{4}$	......	29 P	59 $\frac{3}{4}$	......	$28\frac{7}{8}$ m
60	......	$29\frac{1}{8}$ P	60	......	29 m

DES CHANGES.

PARIS, { GENEVE, BASLE, } LONDRES,

Geneve sur Londres.	Paris sur Geneve.	Rend à Londres.	Geneve sur Londres.	Paris sur Geneve.	Rend à Londres.
51	208	24 $\frac{1}{2}$ p	51	209	24 $\frac{3}{8}$ p
51 $\frac{1}{4}$	....	24 $\frac{5}{8}$ p	51 $\frac{1}{4}$	....	24 $\frac{1}{8}$ p
51 $\frac{1}{2}$	....	24 $\frac{3}{4}$ p	51 $\frac{1}{2}$	....	24 $\frac{1}{4}$ p
51 $\frac{3}{4}$	....	24 $\frac{7}{8}$ p	51 $\frac{3}{4}$	....	24 $\frac{3}{8}$ p
52	....	25	52	....	24 $\frac{1}{2}$ p
52 $\frac{1}{4}$	....	25 $\frac{1}{8}$ m	52 $\frac{1}{4}$	....	25
52 $\frac{1}{2}$	....	25 $\frac{3}{8}$ m	52 $\frac{1}{2}$	....	25 $\frac{1}{8}$ m
52 $\frac{3}{4}$	....	25 $\frac{1}{2}$ m	52 $\frac{3}{4}$	....	25 $\frac{1}{4}$ m
53	....	25 $\frac{5}{8}$ m	53	....	25 $\frac{3}{8}$ m
53 $\frac{1}{4}$	....	25 $\frac{3}{4}$ m	53 $\frac{1}{4}$	....	25 $\frac{1}{2}$ m
53 $\frac{1}{2}$	....	25 $\frac{13}{16}$ p	53 $\frac{1}{2}$	....	25 $\frac{5}{8}$ m
53 $\frac{3}{4}$	....	25 $\frac{15}{16}$ p	53 $\frac{3}{4}$	....	25 $\frac{11}{16}$ p
54	....	26 $\frac{1}{16}$ p	54	....	25 $\frac{15}{16}$ p
54 $\frac{1}{4}$	....	26 $\frac{3}{16}$ p	54 $\frac{1}{4}$	....	26 $\frac{1}{16}$ p
54 $\frac{1}{2}$	....	26 $\frac{5}{16}$ p	54 $\frac{1}{2}$	....	26 $\frac{3}{16}$ p
54 $\frac{3}{4}$	....	26 $\frac{7}{16}$ p	54 $\frac{3}{4}$	....	26 $\frac{5}{16}$ p
55	....	26 $\frac{9}{16}$ p	55	....	26 $\frac{7}{16}$ p
55 $\frac{1}{4}$	....	26 $\frac{11}{16}$ m	55 $\frac{1}{4}$	....	26 $\frac{9}{16}$ m
55 $\frac{1}{2}$	....	26 $\frac{13}{16}$ m	55 $\frac{1}{2}$	....	26 $\frac{11}{16}$ m
55 $\frac{3}{4}$	....	26 $\frac{15}{16}$ m	55 $\frac{3}{4}$	....	26 $\frac{13}{16}$ m
56	....	27 $\frac{1}{16}$ m	56	....	26 $\frac{15}{16}$ m
56 $\frac{1}{4}$	....	27 $\frac{3}{16}$ m	56 $\frac{1}{4}$	....	27 $\frac{1}{16}$ m
56 $\frac{1}{2}$	....	27 $\frac{5}{16}$ m	56 $\frac{1}{2}$	....	27 $\frac{1}{4}$ p
56 $\frac{3}{4}$	....	27 $\frac{3}{8}$ p	56 $\frac{3}{4}$	....	27 $\frac{3}{8}$ p
57	....	27 $\frac{1}{2}$ p	57	....	27 $\frac{1}{2}$ p
57 $\frac{1}{4}$	....	27 $\frac{5}{8}$ p	57 $\frac{1}{4}$	....	27 $\frac{5}{8}$ p
57 $\frac{1}{2}$	....	27 $\frac{3}{4}$ p	57 $\frac{1}{2}$	....	27 $\frac{3}{4}$ p
57 $\frac{3}{4}$	....	27 $\frac{7}{8}$ p	57 $\frac{3}{4}$	....	27 $\frac{7}{8}$ m
58	....	28 p	58	....	28 m
58 $\frac{1}{4}$	....	28 $\frac{1}{8}$ m	58 $\frac{1}{4}$	....	28 $\frac{1}{8}$ m
58 $\frac{1}{2}$	....	28 $\frac{1}{4}$ m	58 $\frac{1}{2}$	....	28 $\frac{1}{4}$ m
58 $\frac{3}{4}$	....	28 $\frac{3}{8}$ m	59	....	28 $\frac{3}{8}$ m
59	....	28 $\frac{1}{2}$ m	59 $\frac{1}{4}$	....	28 $\frac{1}{2}$ m
59 $\frac{1}{4}$	....	28 $\frac{5}{8}$ m	59 $\frac{1}{2}$	....	28 $\frac{5}{8}$ p
59 $\frac{1}{2}$	....	28 $\frac{3}{4}$ m	59 $\frac{3}{4}$	....	28 $\frac{11}{16}$ p
59 $\frac{3}{4}$	....	28 $\frac{7}{8}$ m	60	....	
60	....	28 $\frac{7}{8}$ m			

COMBINAISON GENERALE

PARIS, { GENEVE, BASLE, } LONDRES.

Geneve sur Londres.	Paris sur Geneve.	Rend à Londres.	Geneve sur Londres.	Paris sur Geneve.	Rend à Londres.
51	210	24 $\frac{5}{16}$ m	51	211	24 $\frac{3}{16}$ m
51 $\frac{1}{4}$	....	24 $\frac{3}{8}$ p	51 $\frac{1}{4}$	....	24 $\frac{5}{16}$ m
51 $\frac{1}{2}$	....	24 $\frac{1}{2}$ p	51 $\frac{1}{2}$	....	24 $\frac{7}{16}$ m
51 $\frac{3}{4}$	....	24 $\frac{5}{8}$ p	51 $\frac{3}{4}$	....	24 $\frac{1}{2}$ p
52	....	24 $\frac{3}{4}$ p	52	....	24 $\frac{5}{8}$ p
52 $\frac{1}{4}$	....	24 $\frac{7}{8}$ p	52 $\frac{1}{4}$	....	24 $\frac{3}{4}$ p
52 $\frac{1}{2}$	....	25	52 $\frac{1}{2}$	....	24 $\frac{7}{8}$ p
52 $\frac{3}{4}$	....	25 $\frac{1}{8}$ m	52 $\frac{3}{4}$	....	25
53	....	25 $\frac{1}{4}$ m	53	....	25 $\frac{1}{8}$ m
53 $\frac{1}{4}$	....	25 $\frac{3}{8}$ m	53 $\frac{1}{4}$	....	25 $\frac{1}{4}$ m
53 $\frac{1}{2}$	....	25 $\frac{1}{2}$ m	53 $\frac{1}{2}$	....	25 $\frac{3}{8}$ m
53 $\frac{3}{4}$	....	25 $\frac{5}{8}$ m	53 $\frac{3}{4}$	....	25 $\frac{1}{2}$ m
54	....	25 $\frac{11}{16}$ p	54	....	25 $\frac{9}{16}$ p
54 $\frac{1}{4}$	....	25 $\frac{13}{16}$ p	54 $\frac{1}{4}$	....	25 $\frac{11}{16}$ p
54 $\frac{1}{2}$	....	25 $\frac{15}{16}$ p	54 $\frac{1}{2}$	....	25 $\frac{13}{16}$ p
54 $\frac{3}{4}$	....	26 $\frac{1}{16}$ p	54 $\frac{3}{4}$	....	25 $\frac{15}{16}$ p
55	....	26 $\frac{3}{16}$ p	55	....	26 $\frac{1}{16}$ p
55 $\frac{1}{4}$	....	26 $\frac{5}{16}$ m	55 $\frac{1}{4}$	....	26 $\frac{3}{16}$ m
55 $\frac{1}{2}$	....	26 $\frac{7}{16}$ m	55 $\frac{1}{2}$	....	26 $\frac{5}{16}$ m
55 $\frac{3}{4}$	....	26 $\frac{9}{16}$ m	55 $\frac{3}{4}$	....	26 $\frac{7}{16}$ m
56	....	26 $\frac{11}{16}$ m	56	....	26 $\frac{9}{16}$ m
56 $\frac{1}{4}$	....	26 $\frac{13}{16}$ m	56 $\frac{1}{4}$	....	26 $\frac{11}{16}$ m
56 $\frac{1}{2}$	....	26 $\frac{7}{8}$ p	56 $\frac{1}{2}$	....	26 $\frac{13}{16}$ p
56 $\frac{3}{4}$	....	27 p	56 $\frac{3}{4}$	....	26 $\frac{7}{8}$ p
57	....	27 $\frac{1}{8}$ p	57	....	27 p
57 $\frac{1}{4}$	....	27 $\frac{1}{4}$ p	57 $\frac{1}{4}$	....	27 $\frac{1}{8}$ p
57 $\frac{1}{2}$	....	27 $\frac{3}{8}$ p	57 $\frac{1}{2}$	....	27 $\frac{1}{4}$ p
57 $\frac{3}{4}$	....	27 $\frac{1}{2}$ p	57 $\frac{3}{4}$	....	27 $\frac{3}{8}$ m
58	....	27 $\frac{5}{8}$ m	58	....	27 $\frac{1}{2}$ m
58 $\frac{1}{4}$	....	27 $\frac{3}{4}$ m	58 $\frac{1}{4}$	....	27 $\frac{5}{8}$ m
58 $\frac{1}{2}$	....	27 $\frac{7}{8}$ m	58 $\frac{1}{2}$	....	27 $\frac{3}{4}$ m
58 $\frac{3}{4}$	....	28 m	58 $\frac{3}{4}$	....	27 $\frac{13}{16}$ p
59	....	28 $\frac{1}{8}$ m	59	....	27 $\frac{15}{16}$ p
59 $\frac{1}{4}$	....	28 $\frac{3}{16}$ p	59 $\frac{1}{4}$	....	28 $\frac{1}{16}$ p
59 $\frac{1}{2}$	....	28 $\frac{5}{16}$ p	59 $\frac{1}{2}$	....	28 $\frac{3}{16}$ p
59 $\frac{3}{4}$	....	28 $\frac{7}{16}$ p	59 $\frac{3}{4}$	....	28 $\frac{5}{16}$ p
60	....	28 $\frac{9}{16}$ p	60	....	28 $\frac{7}{16}$ m

DES CHANGES.

PARIS, { GENEVE, BASLE, } LONDRES,

Geneve sur Londres.	Paris sur Geneve.	Rend à Londres.	Geneve sur Londres.	Paris sur Geneve.	Rend à Londres.
51	212	$24\frac{1}{16}$ m	51	213	$23\frac{15}{16}$ p
51 $\frac{1}{4}$	....	$24\frac{3}{16}$ m	51 $\frac{1}{4}$	....	$24\frac{1}{16}$ m
51 $\frac{1}{2}$	....	$24\frac{5}{16}$ m	51 $\frac{1}{2}$	....	$24\frac{3}{16}$ m
51 $\frac{3}{4}$	....	$24\frac{7}{16}$ m	51 $\frac{3}{4}$	....	$24\frac{5}{16}$ m
52	....	$24\frac{1}{2}$ p	52	....	$24\frac{7}{16}$ m
52 $\frac{1}{4}$	....	$24\frac{5}{8}$ p	52 $\frac{1}{4}$	....	$24\frac{1}{2}$ p
52 $\frac{1}{2}$	....	$24\frac{3}{4}$ p	52 $\frac{1}{2}$	....	$24\frac{3}{4}$ p
52 $\frac{3}{4}$	....	$24\frac{7}{8}$ p	52 $\frac{3}{4}$	....	$24\frac{4}{4}$ p
53	....	25	53	....	$24\frac{7}{8}$ p
53 $\frac{1}{4}$	....	$25\frac{1}{8}$ m	53 $\frac{1}{4}$	....	25
53 $\frac{1}{2}$	....	$25\frac{1}{4}$ m	53 $\frac{1}{2}$	....	$25\frac{1}{8}$ m
53 $\frac{3}{4}$	....	$25\frac{3}{8}$ m	53 $\frac{3}{4}$	....	$25\frac{1}{4}$ m
54	....	$25\frac{5}{8}$ m	54	....	$25\frac{1}{2}$ m
54 $\frac{1}{4}$	....	$25\frac{9}{16}$ p	54 $\frac{1}{4}$	....	$25\frac{9}{16}$ p
54 $\frac{1}{2}$	....	$25\frac{11}{16}$ p	54 $\frac{1}{2}$	....	$25\frac{11}{16}$ p
54 $\frac{3}{4}$	....	$25\frac{13}{16}$ p	54 $\frac{3}{4}$	....	$25\frac{13}{16}$ p
55	....	$25\frac{15}{16}$ p	55	....	$25\frac{15}{16}$ p
55 $\frac{1}{4}$	....	$26\frac{1}{16}$ m	55 $\frac{1}{4}$	....	$26\frac{1}{16}$ m
55 $\frac{1}{2}$	....	$26\frac{3}{16}$ m	55 $\frac{1}{2}$	....	$26\frac{3}{16}$ m
55 $\frac{3}{4}$	....	$26\frac{5}{16}$ m	55 $\frac{3}{4}$	....	$26\frac{5}{16}$ m
56	....	$26\frac{7}{16}$ m	56	....	$26\frac{7}{16}$ m
56 $\frac{1}{4}$	....	$26\frac{9}{16}$ m	56 $\frac{1}{4}$	....	$26\frac{1}{2}$ p
56 $\frac{1}{2}$	....	$26\frac{5}{8}$ p	56 $\frac{1}{2}$	....	$26\frac{5}{8}$ p
56 $\frac{3}{4}$	....	$26\frac{3}{4}$ p	56 $\frac{3}{4}$	....	$26\frac{3}{4}$ p
57	....	$26\frac{7}{8}$ p	57	....	$26\frac{7}{8}$ p
57 $\frac{1}{4}$	....	27	57 $\frac{1}{4}$	....	27 m
57 $\frac{1}{2}$	....	$27\frac{1}{8}$ m	57 $\frac{1}{2}$	....	$27\frac{1}{8}$ m
57 $\frac{3}{4}$	....	$27\frac{1}{4}$ m	57 $\frac{3}{4}$	....	$27\frac{1}{4}$ m
58	....	$27\frac{3}{8}$ m	58	....	$27\frac{3}{8}$ m
58 $\frac{1}{4}$	....	$27\frac{1}{2}$ m	58 $\frac{1}{4}$	....	$27\frac{1}{2}$ p
58 $\frac{1}{2}$	....	$27\frac{5}{8}$ m	58 $\frac{1}{2}$	....	$27\frac{9}{16}$ p
58 $\frac{3}{4}$	....	$27\frac{11}{16}$ p	58 $\frac{3}{4}$	....	$27\frac{11}{16}$ p
59	....	$27\frac{13}{16}$ p	59	....	$27\frac{13}{16}$ p
59 $\frac{1}{4}$	....	$27\frac{15}{16}$ p	59 $\frac{1}{4}$	....	$27\frac{15}{16}$ m
59 $\frac{1}{2}$	....	$28\frac{1}{16}$ p	59 $\frac{1}{2}$	....	$27\frac{1}{16}$ m
59 $\frac{3}{4}$	....	$28\frac{3}{16}$ m	59 $\frac{3}{4}$	....	$28\frac{1}{16}$ m
60	....	$28\frac{5}{16}$ m	60	....	$28\frac{3}{16}$ m

COMBINAISON GENERALE

PARIS, { GENEVE, BASLE, } LONDRES.

Geneve sur Londres.	Paris sur Geneve.	Rend à Londres.	Geneve sur Londres.	Paris sur Geneve.	Rend à Londres.
51	214	$23\frac{13}{16}$ p	51	215	$23\frac{3}{4}$ m
51 $\frac{1}{4}$	....	$23\frac{15}{16}$ p	51 $\frac{1}{4}$	....	$23\frac{13}{16}$ p
51 $\frac{1}{2}$	....	$24\frac{1}{16}$ p	51 $\frac{1}{2}$	....	$23\frac{15}{16}$ p
51 $\frac{3}{4}$	....	$24\frac{3}{16}$ m	51 $\frac{3}{4}$	....	$24\frac{1}{16}$ p
52	....	$24\frac{5}{16}$ m	52	....	$24\frac{3}{16}$ m
52 $\frac{1}{4}$	....	$24\frac{7}{16}$ m	52 $\frac{1}{4}$	....	$24\frac{5}{16}$ m
52 $\frac{1}{2}$	....	$24\frac{9}{16}$ m	52 $\frac{1}{2}$	....	$24\frac{7}{16}$ m
52 $\frac{3}{4}$	....	$24\frac{5}{8}$ p	52 $\frac{3}{4}$	....	$24\frac{9}{16}$ m
53	....	$24\frac{3}{4}$ p	53	....	$24\frac{5}{8}$ p
53 $\frac{1}{4}$	....	$24\frac{7}{8}$ p	53 $\frac{1}{4}$	....	$24\frac{3}{4}$ p
53 $\frac{1}{2}$	....	25	53 $\frac{1}{2}$	....	$24\frac{7}{8}$ p
53 $\frac{3}{4}$	....	$25\frac{1}{8}$ m	53 $\frac{3}{4}$	....	25
54	....	$25\frac{1}{4}$ m	54	....	$25\frac{1}{8}$ m
54 $\frac{1}{4}$	....	$25\frac{3}{8}$ m	54 $\frac{1}{4}$	....	$25\frac{1}{4}$ m
54 $\frac{1}{2}$	....	$25\frac{7}{16}$ p	54 $\frac{1}{2}$	....	$25\frac{3}{8}$ p
54 $\frac{3}{4}$	....	$25\frac{9}{16}$ p	54 $\frac{3}{4}$	....	$25\frac{7}{16}$ p
55	....	$25\frac{11}{16}$ p	55	....	$25\frac{9}{16}$ p
55 $\frac{1}{4}$	....	$25\frac{13}{16}$ p	55 $\frac{1}{4}$	....	$25\frac{11}{16}$ p
55 $\frac{1}{2}$	....	$25\frac{15}{16}$ m	55 $\frac{1}{2}$	....	$25\frac{13}{16}$ m
55 $\frac{3}{4}$	....	$26\frac{1}{16}$ m	55 $\frac{3}{4}$	....	$25\frac{15}{16}$ m
56	....	$26\frac{3}{16}$ m	56	....	$26\frac{1}{16}$ m
56 $\frac{1}{4}$	....	$26\frac{5}{16}$ m	56 $\frac{1}{4}$	....	$26\frac{1}{4}$ m
56 $\frac{1}{2}$	....	$26\frac{3}{8}$ p	56 $\frac{1}{2}$	....	$26\frac{1}{8}$ p
56 $\frac{3}{4}$	....	$26\frac{1}{2}$ p	56 $\frac{3}{4}$	....	$26\frac{3}{8}$ p
57	....	$26\frac{5}{8}$ p	57	....	$26\frac{1}{2}$ p
57 $\frac{1}{4}$	....	$26\frac{3}{4}$ p	57 $\frac{1}{4}$	....	$26\frac{5}{8}$ p
57 $\frac{1}{2}$	....	$26\frac{7}{8}$ m	57 $\frac{1}{2}$	....	$26\frac{3}{4}$ m
57 $\frac{3}{4}$	....	27 m	57 $\frac{3}{4}$	....	27 m
58	....	$27\frac{1}{8}$ m	58	....	$27\frac{1}{16}$ p
58 $\frac{1}{4}$	....	$27\frac{1}{4}$ m	58 $\frac{1}{4}$	....	$27\frac{3}{16}$ p
58 $\frac{1}{2}$	....	$27\frac{5}{16}$ p	58 $\frac{1}{2}$	....	$27\frac{5}{16}$ p
58 $\frac{3}{4}$	....	$27\frac{7}{16}$ p	58 $\frac{3}{4}$	....	$27\frac{7}{16}$ p
59	....	$27\frac{9}{16}$ p	59	....	$27\frac{9}{16}$ m
59 $\frac{1}{4}$	....	$27\frac{11}{16}$ m	59 $\frac{1}{4}$	....	$27\frac{11}{16}$ m
59 $\frac{1}{2}$	....	$27\frac{13}{16}$ m	59 $\frac{1}{2}$	....	$27\frac{13}{16}$ m
59 $\frac{3}{4}$	....	$27\frac{15}{16}$ m	59 $\frac{3}{4}$	....	$27\frac{15}{16}$ m
60	....	$28\frac{1}{16}$ m	60	....	$27\frac{15}{16}$ m

DES CHANGES.

PARIS, { GENEVE, BASLE, } LONDRES.

Geneve sur Londres.	Paris sur Geneve.	Rend à Londres.	Geneve sur Londres.	Paris sur Geneve.	Rend à Londres.
51	216	23 $\frac{5}{8}$ m	51	217	23 $\frac{1}{2}$ p
51 $\frac{1}{4}$		23 $\frac{3}{4}$ m	51 $\frac{1}{4}$		23 $\frac{5}{8}$ m
51 $\frac{1}{2}$		23 $\frac{13}{16}$ p	51 $\frac{1}{2}$		23 $\frac{3}{4}$ m
51 $\frac{3}{4}$		23 $\frac{15}{16}$ p	51 $\frac{3}{4}$		23 $\frac{7}{8}$ m
52		24 $\frac{1}{16}$ p	52		23 $\frac{15}{16}$ p
52 $\frac{1}{4}$		24 $\frac{3}{16}$ p	52 $\frac{1}{4}$		24 $\frac{1}{16}$ p
52 $\frac{1}{2}$		24 $\frac{1}{16}$ m	52 $\frac{1}{2}$		24 $\frac{3}{16}$ p
52 $\frac{3}{4}$		24 $\frac{7}{16}$ m	52 $\frac{3}{4}$		24 $\frac{5}{16}$ m
53		24 $\frac{9}{16}$ m	53		24 $\frac{7}{16}$ m
53 $\frac{1}{4}$		24 $\frac{5}{8}$ p	53 $\frac{1}{4}$		24 $\frac{9}{16}$ m
53 $\frac{1}{2}$		24 $\frac{3}{4}$ p	53 $\frac{1}{2}$		24 $\frac{5}{8}$ p
53 $\frac{3}{4}$		24 $\frac{7}{8}$ p	53 $\frac{3}{4}$		24 $\frac{3}{4}$ p
54		25	54		24 $\frac{7}{8}$ p
54 $\frac{1}{4}$		25 $\frac{1}{8}$ m	54 $\frac{1}{4}$		25
54 $\frac{1}{2}$		25 $\frac{1}{4}$ m	54 $\frac{1}{2}$		25 $\frac{1}{8}$ m
54 $\frac{3}{4}$		25 $\frac{3}{8}$ m	54 $\frac{3}{4}$		25 $\frac{1}{4}$ m
55		25 $\frac{7}{16}$ p	55		25 $\frac{3}{8}$ m
55 $\frac{1}{4}$		25 $\frac{9}{16}$ p	55 $\frac{1}{4}$		25 $\frac{7}{16}$ p
55 $\frac{1}{2}$		25 $\frac{11}{16}$ p	55 $\frac{1}{2}$		25 $\frac{9}{16}$ p
55 $\frac{3}{4}$		25 $\frac{13}{16}$ m	55 $\frac{3}{4}$		25 $\frac{11}{16}$ p
56		25 $\frac{15}{16}$ m	56		25 $\frac{13}{16}$ m
56 $\frac{1}{4}$		26 $\frac{1}{16}$ m	56 $\frac{1}{4}$		25 $\frac{15}{16}$ m
56 $\frac{1}{2}$		26 $\frac{3}{16}$ m	56 $\frac{1}{2}$		26 $\frac{1}{16}$ m
56 $\frac{3}{4}$		26 $\frac{1}{4}$ p	56 $\frac{3}{4}$		26 $\frac{1}{8}$ p
57		26 $\frac{3}{8}$ p	57		26 $\frac{1}{4}$ p
57 $\frac{1}{4}$		26 $\frac{1}{2}$ p	57 $\frac{1}{4}$		26 $\frac{3}{8}$ p
57 $\frac{1}{2}$		26 $\frac{5}{8}$ m	57 $\frac{1}{2}$		26 $\frac{1}{2}$ m
57 $\frac{3}{4}$		26 $\frac{3}{4}$ m	57 $\frac{3}{4}$		26 $\frac{5}{8}$ m
58		26 $\frac{7}{8}$ m	58		26 $\frac{3}{4}$ m
58 $\frac{1}{4}$		26 $\frac{15}{16}$ p	58 $\frac{1}{4}$		26 $\frac{13}{16}$ p
58 $\frac{1}{2}$		27 $\frac{1}{16}$ p	58 $\frac{1}{2}$		26 $\frac{15}{16}$ p
58 $\frac{3}{4}$		27 $\frac{3}{16}$ p	58 $\frac{3}{4}$		27 $\frac{1}{16}$ p
59		27 $\frac{5}{16}$ p	59		27 $\frac{3}{16}$ p
59 $\frac{1}{4}$		27 $\frac{7}{16}$ m	59 $\frac{1}{4}$		27 $\frac{5}{16}$ m
59 $\frac{1}{2}$		27 $\frac{9}{16}$ m	59 $\frac{1}{2}$		27 $\frac{7}{16}$ m
59 $\frac{3}{4}$		27 $\frac{11}{16}$ m	59 $\frac{3}{4}$		27 $\frac{9}{16}$ m
60		27 $\frac{3}{4}$ p	60		27 $\frac{5}{8}$ p

Tome II.

COMBINAISON GENERALE

PARIS, { GENEVE, BASLE, } LONDRES,

Geneve sur Londres.	Paris sur Geneve.	Rend à Londres.	Geneve sur Londres.	Paris sur Geneve.	Rend à Londres.
51	218	23 $\frac{3}{8}$ p	51	219	23 $\frac{5}{16}$ m
51 $\frac{1}{4}$	....	23 $\frac{1}{2}$ p	51 $\frac{1}{4}$	....	23 $\frac{3}{8}$ p
51 $\frac{1}{2}$	....	23 $\frac{5}{8}$ m	51 $\frac{1}{2}$	....	23 $\frac{1}{2}$ p
51 $\frac{3}{4}$	....	23 $\frac{3}{4}$ m	51 $\frac{3}{4}$	....	23 $\frac{5}{8}$ m
52	....	23 $\frac{7}{8}$ m	52	....	23 $\frac{3}{4}$ m
52 $\frac{1}{4}$	....	23 $\frac{15}{16}$ p	52 $\frac{1}{4}$	....	23 $\frac{7}{8}$ m
52 $\frac{1}{2}$	....	24 $\frac{1}{16}$ p	52 $\frac{1}{2}$	....	24 m
52 $\frac{3}{4}$	....	24 $\frac{3}{16}$ p	52 $\frac{3}{4}$	....	24 $\frac{1}{16}$ p
53	....	24 $\frac{5}{16}$ m	53	....	24 $\frac{3}{16}$ p
53 $\frac{1}{4}$	....	24 $\frac{7}{16}$ m	53 $\frac{1}{4}$	....	24 $\frac{5}{16}$ p
53 $\frac{1}{2}$	....	24 $\frac{9}{16}$ m	53 $\frac{1}{2}$	....	24 $\frac{9}{16}$ m
53 $\frac{3}{4}$	....	24 $\frac{5}{8}$ p	53 $\frac{3}{4}$	....	24 $\frac{11}{16}$ m
54	....	24 $\frac{4}{7}$ p	54	....	24 $\frac{3}{4}$ p
54 $\frac{1}{4}$	....	24 $\frac{7}{8}$ p	54 $\frac{1}{4}$	....	24 $\frac{7}{8}$ p
54 $\frac{1}{2}$	....	25	54 $\frac{1}{2}$	....	25
54 $\frac{3}{4}$	....	25 $\frac{1}{8}$ m	54 $\frac{3}{4}$	....	25 $\frac{1}{8}$ m
55	....	25 $\frac{1}{4}$ m	55	....	25 $\frac{1}{4}$ m
55 $\frac{1}{4}$	....	25 $\frac{3}{8}$ m	55 $\frac{1}{4}$	....	25 $\frac{5}{16}$ p
55 $\frac{1}{2}$	....	25 $\frac{7}{16}$ p	55 $\frac{1}{2}$	....	25 $\frac{7}{16}$ p
55 $\frac{3}{4}$	....	25 $\frac{9}{16}$ p	55 $\frac{3}{4}$	....	25 $\frac{9}{16}$ p
56	....	25 $\frac{11}{16}$ p	56	....	25 $\frac{9}{16}$ p
56 $\frac{1}{4}$	....	25 $\frac{13}{16}$ m	56 $\frac{1}{4}$	....	25 $\frac{13}{16}$ m
56 $\frac{1}{2}$	....	25 $\frac{15}{16}$ m	56 $\frac{1}{2}$	....	25 $\frac{15}{16}$ m
56 $\frac{3}{4}$	....	26 $\frac{2}{4}$ m	56 $\frac{3}{4}$	....	25 $\frac{15}{16}$ p
57	....	26 $\frac{1}{8}$ p	57	....	26 p
57 $\frac{1}{4}$	....	26 $\frac{1}{4}$ p	57 $\frac{1}{4}$	....	26 $\frac{1}{8}$ p
57 $\frac{1}{2}$	....	26 $\frac{3}{8}$ p	57 $\frac{1}{2}$	....	26 $\frac{1}{4}$ p
57 $\frac{3}{4}$	....	26 $\frac{1}{2}$ m	57 $\frac{3}{4}$	....	26 $\frac{3}{8}$ m
58	....	26 $\frac{3}{8}$ m	58	....	26 $\frac{1}{2}$ m
58 $\frac{1}{4}$	....	26 $\frac{3}{4}$ m	58 $\frac{1}{4}$	....	26 $\frac{5}{8}$ m
58 $\frac{1}{2}$	....	26 $\frac{13}{16}$ p	58 $\frac{1}{2}$	....	26 $\frac{11}{16}$ p
58 $\frac{3}{4}$	....	26 $\frac{15}{16}$ p	58 $\frac{3}{4}$	....	26 $\frac{15}{16}$ p
59	....	27 $\frac{1}{16}$ p	59	....	27 $\frac{1}{16}$ p
59 $\frac{1}{4}$	....	27 $\frac{3}{16}$ m	59 $\frac{1}{4}$	....	27 $\frac{3}{16}$ m
59 $\frac{1}{2}$	....	27 $\frac{5}{16}$ m	59 $\frac{1}{2}$	....	27 $\frac{5}{16}$ m
59 $\frac{3}{4}$	....	27 $\frac{7}{16}$ m	59 $\frac{3}{4}$	....	27 $\frac{5}{16}$ m
60	....	27 $\frac{1}{2}$ p	60	....	27 $\frac{3}{8}$ p

DES CHANGES.

PARIS, { GENEVE, BASLE, } LONDRES,

Geneve sur Londres.	Paris sur Geneve.	Rend à Londres.	Geneve sur Londres.	Paris sur Geneve.	Rend à Londres.
51	220	23 $\frac{3}{16}$ m	51	221	23 $\frac{1}{16}$ p
51 $\frac{1}{4}$	....	23 $\frac{5}{16}$ m	51 $\frac{1}{4}$	....	23 $\frac{3}{16}$ p
51 $\frac{1}{2}$	....	23 $\frac{7}{16}$ m	51 $\frac{1}{2}$	....	23 $\frac{5}{16}$ m
51 $\frac{3}{4}$	....	23 $\frac{1}{2}$ p	51 $\frac{3}{4}$	....	23 $\frac{7}{16}$ m
52	....	23 $\frac{5}{8}$ p	52	....	23 $\frac{1}{2}$ p
52 $\frac{1}{4}$	....	23 $\frac{3}{4}$ p	52 $\frac{1}{4}$	....	23 $\frac{5}{8}$ p
52 $\frac{1}{2}$	....	23 $\frac{7}{8}$ m	52 $\frac{1}{2}$	....	23 $\frac{3}{4}$ p
52 $\frac{3}{4}$	....	24 m	52 $\frac{3}{4}$	....	23 $\frac{7}{8}$ m
53	....	24 $\frac{1}{16}$ p	53	....	24 m
53 $\frac{1}{4}$	....	24 $\frac{3}{16}$ p	53 $\frac{1}{4}$	....	24 $\frac{1}{8}$ m
53 $\frac{1}{2}$	....	24 $\frac{5}{16}$ p	53 $\frac{1}{2}$	....	24 $\frac{3}{16}$ p
53 $\frac{3}{4}$	....	24 $\frac{7}{16}$ m	53 $\frac{3}{4}$	....	24 $\frac{5}{16}$ p
54	....	24 $\frac{9}{16}$ m	54	....	24 $\frac{7}{16}$ m
54 $\frac{1}{4}$	....	24 $\frac{11}{16}$ m	54 $\frac{1}{4}$	....	24 $\frac{9}{16}$ m
54 $\frac{1}{2}$	....	24 $\frac{3}{4}$ p	54 $\frac{1}{2}$	....	24 $\frac{11}{16}$ m
54 $\frac{3}{4}$	....	24 $\frac{7}{8}$ p	54 $\frac{3}{4}$	....	24 $\frac{7}{8}$ p
55	....	25	55	....	25
55 $\frac{1}{4}$	....	25 $\frac{1}{8}$ m	55 $\frac{1}{4}$	....	25 $\frac{1}{8}$ m
55 $\frac{1}{2}$	....	25 $\frac{1}{4}$ m	55 $\frac{1}{2}$	....	25 $\frac{1}{4}$ m
55 $\frac{3}{4}$	....	25 $\frac{5}{16}$ p	55 $\frac{3}{4}$	....	25 $\frac{5}{16}$ p
56	....	25 $\frac{7}{16}$ p	56	....	25 $\frac{7}{16}$ p
56 $\frac{1}{4}$	....	25 $\frac{9}{16}$ p	56 $\frac{1}{4}$	....	25 $\frac{9}{16}$ p
56 $\frac{1}{2}$	....	25 $\frac{11}{16}$ m	56 $\frac{1}{2}$	....	25 $\frac{11}{16}$ m
56 $\frac{3}{4}$	....	25 $\frac{13}{16}$ m	56 $\frac{3}{4}$	....	25 $\frac{13}{16}$ m
57	....	25 $\frac{15}{16}$ m	57	....	25 $\frac{7}{8}$ p
57 $\frac{1}{4}$	....	26 p	57 $\frac{1}{4}$	....	26 p
57 $\frac{1}{2}$	....	26 $\frac{1}{8}$ p	57 $\frac{1}{2}$	....	26 $\frac{1}{8}$ p
57 $\frac{3}{4}$	....	26 $\frac{1}{4}$ p	57 $\frac{3}{4}$	....	26 $\frac{1}{4}$ p
58	....	26 $\frac{3}{8}$ m	58	....	26 $\frac{3}{8}$ m
58 $\frac{1}{4}$	....	26 $\frac{1}{2}$ m	58 $\frac{1}{4}$	....	26 $\frac{1}{2}$ m
58 $\frac{1}{2}$	....	26 $\frac{9}{16}$ p	58 $\frac{1}{2}$	....	26 $\frac{9}{16}$ p
58 $\frac{3}{4}$	....	26 $\frac{11}{16}$ p	58 $\frac{3}{4}$	....	26 $\frac{11}{16}$ p
59	....	26 $\frac{13}{16}$ p	59	....	26 $\frac{13}{16}$ m
59 $\frac{1}{4}$	....	26 $\frac{15}{16}$ m	59 $\frac{1}{4}$	....	26 $\frac{15}{16}$ m
59 $\frac{1}{2}$	....	27 $\frac{1}{16}$ m	59 $\frac{1}{2}$	....	27 $\frac{1}{16}$ m
59 $\frac{3}{4}$	....	27 $\frac{3}{16}$ m	59 $\frac{3}{4}$	....	27 $\frac{3}{16}$ m
60	....	27 $\frac{1}{4}$ p	60	....	27 $\frac{1}{8}$ p

COMBINAISON GENERALE
DES CHANGES
DES PRINCIPALES PLACES
DE L'EUROPE,
PAR RAPPORT
A LA FRANCE.

PARIS, HAMBOURG, LONDRES,

NEUVIÉME COMBINAISON.

PARIS, HAMBOURG, LONDRES.

CEtte Combinaison est composée de quatre Nombres.
Les deux Nombres, qui sont entre les deux Colomnes sur une même ligne marquent deux Changes.

Celuy de Hambourg sur Paris, depuis 22 jusqu'à 43 $\frac{7}{8}$ sols Lubs de Hambourg, pour un Ecu de France de 60 sols.

Et celui de Paris sur Hambourg, depuis 109 $\frac{3}{8}$ jusqu'à 218 $\frac{3}{16}$ livres de France, pour 100 Marcs Lubs de Hambourg.

Ces deux Changes sont égaux, & produisent toûjours les mêmes égalités.

La premiere Colomne contient les differents degrés du Change de Londres sur Hambourg, depuis 33 jusqu'à 36 sols de gros de Hambourg, pour une Livre Sterling de Londres.

La seconde Colomne contient les differents degrés du Change correspondant de Paris sur Londres, depuis 24 $\frac{7}{16}$ jusqu'à 53 $\frac{3}{8}$ deniers Sterling de Londres, pour un Ecu de France de 60 sols.

COMBINAISON GENERALE

PARIS, HAMBOURG, LONDRES.

Londr. sur Hamb.	Hamb. sur Paris.	Paris sur Hamb.	Rend à Londr.	Londr. sur Hamb.	Hamb. sur Paris.	Paris sur Hamb.	Rend à Londr.
33.	22	218$\frac{3}{16}$ m.	26$\frac{11}{16}$ m	33.	22$\frac{1}{8}$	216$\frac{15}{16}$ p	26$\frac{13}{16}$ p
33. 1			26$\frac{5}{8}$ m	33. 1			26$\frac{3}{4}$ p
33. 2			26$\frac{9}{16}$ m	33. 2			26$\frac{11}{16}$ m
33. 3			26$\frac{7}{16}$ p	33. 3			26$\frac{5}{8}$ m
33. 4			26$\frac{3}{8}$ p	33. 4			26$\frac{9}{16}$ m
33. 5			26$\frac{5}{16}$ p	33. 5			26$\frac{1}{2}$ m
33. 6			26$\frac{1}{4}$ p	33. 6			26$\frac{7}{16}$ m
33. 7			26$\frac{3}{16}$ p	33. 7			26$\frac{3}{8}$ m
33. 8			26$\frac{1}{8}$ p	33. 8			26$\frac{5}{16}$ m
33. 9			26$\frac{1}{16}$ p	33. 9			26$\frac{1}{4}$ m
33.10			26 p	33.10			26$\frac{4}{16}$ m
33.11			25$\frac{15}{16}$ p	33.11			26$\frac{1}{16}$ p
34.			25$\frac{7}{8}$ p	34.			26 p
34. 1			25$\frac{13}{16}$ p	34. 1			25$\frac{15}{16}$ p
34. 2			25$\frac{3}{4}$ p	34. 2			25$\frac{7}{8}$ p
34. 3			25$\frac{11}{16}$ p	34. 3			25$\frac{13}{16}$ p
34. 4			25$\frac{5}{8}$ p	34. 4			25$\frac{3}{4}$ p
34. 5			25$\frac{9}{16}$ p	34. 5			25$\frac{11}{16}$ p
34. 6			25$\frac{1}{2}$ p	34. 6			25$\frac{5}{8}$ p
34. 7			25$\frac{7}{16}$ p	34. 7			25$\frac{9}{16}$ p
34. 8			25$\frac{3}{8}$ p	34. 8			25$\frac{1}{2}$ p
34. 9			25$\frac{5}{16}$ p	34. 9			25$\frac{7}{16}$ m
34.10			25$\frac{1}{4}$ p	34.10			25$\frac{7}{16}$ m
34.11			25$\frac{3}{16}$ p	34.11			25$\frac{3}{8}$ m
35.			25$\frac{1}{8}$ p	35.			25$\frac{5}{16}$ m
35. 1			25$\frac{1}{16}$ p	35. 1			25$\frac{1}{4}$ m
35. 2			25 p	35. 2			25$\frac{3}{16}$ m
35. 3			24$\frac{15}{16}$ p	35. 3			25$\frac{1}{8}$ m
35. 4			24$\frac{7}{8}$ p	35. 4			25$\frac{1}{16}$ m
35. 5			24$\frac{7}{8}$ p	35. 5			25 m
35. 6			24$\frac{13}{16}$ m	35. 6			24$\frac{15}{16}$ m
35. 7			24$\frac{3}{4}$ m	35. 7			24$\frac{7}{8}$ m
35. 8			24$\frac{11}{16}$ m	35. 8			24$\frac{13}{16}$ m
35. 9			24$\frac{5}{8}$ m	35. 9			24$\frac{3}{4}$ m
35.10			24$\frac{9}{16}$ m	35.10			24$\frac{11}{16}$ m
35.11			24$\frac{1}{2}$ p	35.11			24$\frac{5}{8}$ p
36.			24$\frac{7}{16}$ p	36.			24$\frac{9}{16}$ p

DES CHANGES.

PARIS, HAMBOURG, LONDRES.

Londr. sur Hamb.	Hamb. sur Paris.	Paris sur Hamb.	Rend à Londr.	Londr. sur Hamb.	Hamb. sur Paris.	Paris sur Hamb.	Rend à Londr.
33.	.22 $\frac{1}{4}$	.215 $\frac{3}{4}$ m	27 m	33.	.22 $\frac{3}{8}$	.214 $\frac{1}{2}$ p	27 $\frac{1}{8}$ m
33. 1	....	....	26 $\frac{7}{8}$ p	33. 1	....	....	27 $\frac{1}{16}$ m
33. 2	....	....	26 $\frac{13}{16}$ p	33. 2	....	....	27 m
33. 3	....	....	26 $\frac{3}{4}$ p	33. 3	....	....	26 $\frac{15}{16}$ m
33. 4	....	....	26 $\frac{11}{16}$ p	33. 4	....	....	26 $\frac{7}{8}$ m
33. 5	....	....	26 $\frac{5}{8}$ p	33. 5	....	....	26 $\frac{13}{16}$ m
33. 6	....	....	26 $\frac{9}{16}$ p	33. 6	....	....	26 $\frac{11}{16}$ p
33. 7	....	....	26 $\frac{1}{2}$ p	33. 7	....	....	26 $\frac{5}{8}$ p
33. 8	....	....	26 $\frac{7}{16}$ m	33. 8	....	....	26 $\frac{9}{16}$ p
33. 9	....	....	26 $\frac{3}{8}$ m	33. 9	....	....	26 $\frac{1}{2}$ p
33.10	....	....	26 $\frac{5}{16}$ m	33.10	....	....	26 $\frac{7}{16}$ p
33.11	....	....	26 $\frac{1}{4}$ m	33.11	....	....	26 $\frac{3}{8}$ p
34.	....	....	26 $\frac{3}{16}$ m	34.	....	....	26 $\frac{5}{16}$ p
34. 1	....	....	26 $\frac{1}{8}$ m	34. 1	....	....	26 $\frac{1}{4}$ p
34. 2	....	....	26 $\frac{1}{16}$ m	34. 2	....	....	26 $\frac{3}{16}$ p
34. 3	....	....	26 m	34. 3	....	....	26 $\frac{1}{8}$ p
34. 4	....	....	25 $\frac{15}{16}$ m	34. 4	....	....	26 $\frac{1}{16}$ p
34. 5	....	....	25 $\frac{7}{8}$ m	34. 5	....	....	26 p
34. 6	....	....	25 $\frac{13}{16}$ m	34. 6	....	....	25 $\frac{15}{16}$ p
34. 7	....	....	25 $\frac{3}{4}$ m	34. 7	....	....	25 $\frac{7}{8}$ p
34. 8	....	....	25 $\frac{11}{16}$ m	34. 8	....	....	25 $\frac{13}{16}$ p
34. 9	....	....	25 $\frac{5}{8}$ m	34. 9	....	....	25 $\frac{3}{4}$ p
34.10	....	....	25 $\frac{9}{16}$ m	34.10	....	....	25 $\frac{11}{16}$ p
34.11	....	....	25 $\frac{1}{2}$ m	34.11	....	....	25 $\frac{5}{8}$ p
35.	....	....	25 $\frac{7}{16}$ m	35.	....	....	25 $\frac{9}{16}$ p
35. 1	....	....	25 $\frac{3}{8}$ m	35. 1	....	....	25 $\frac{1}{2}$ p
35. 2	....	....	25 $\frac{5}{16}$ m	35. 2	....	....	25 $\frac{7}{16}$ p
35. 3	....	....	25 $\frac{1}{4}$ m	35. 3	....	....	25 $\frac{3}{8}$ p
35. 4	....	....	25 $\frac{3}{16}$ p	35. 4	....	....	25 $\frac{5}{16}$ p
35. 5	....	....	25 $\frac{1}{8}$ p	35. 5	....	....	25 $\frac{1}{4}$ p
35. 6	....	....	25 $\frac{1}{16}$ p	35. 6	....	....	25 $\frac{3}{16}$ p
35. 7	....	....	25 p	35. 7	....	....	25 $\frac{1}{8}$ p
35. 8	....	....	24 $\frac{15}{16}$ p	35. 8	....	....	25 $\frac{1}{16}$ p
35. 9	....	....	24 $\frac{7}{8}$ p	35. 9	....	....	25 $\frac{1}{16}$ m
35.10	....	....	24 $\frac{13}{16}$ p	35.10	....	....	25 m
35.11	....	....	24 $\frac{3}{4}$ p	35.11	....	....	24 $\frac{15}{16}$ m
36.	....	....	24 $\frac{1}{4}$ m	36.	....	....	24 $\frac{7}{8}$ m

COMBINAISON GENERALE
PARIS, HAMBOURG, LONDRES.

Londr. sur Hamb.	Hamb. sur Paris.	Paris sur Hamb.	Rend à Londr.	Londr. sur Hamb.	Hamb. sur Paris.	Paris sur Hamb.	Rend à Londr.
33.	$22\frac{1}{2}$	$213\frac{5}{16}$ p	$27\frac{1}{4}$ p	33.	$22\frac{5}{8}$	$212\frac{1}{8}$ p	$27\frac{7}{16}$ m
33. 1			$27\frac{3}{16}$ p	33. 1			$27\frac{5}{8}$ m
33. 2			$27\frac{1}{8}$ p	33. 2			$27\frac{7}{16}$ m
33. 3			$27\frac{1}{16}$ p	33. 3			$27\frac{3}{16}$ p
33. 4			27	33. 4			$27\frac{1}{8}$ p
33. 5			$26\frac{15}{16}$ m	33. 5			$27\frac{1}{16}$ p
33. 6			$26\frac{7}{8}$ m	33. 6			27 p
33. 7			$26\frac{13}{16}$ m	33. 7			$26\frac{15}{16}$ p
33. 8			$26\frac{3}{4}$ m	33. 8			$26\frac{7}{8}$ p
33. 9			$26\frac{11}{16}$ m	33. 9			$26\frac{13}{16}$ p
33. 10			$26\frac{5}{8}$ m	33. 10			$26\frac{3}{4}$ m
33. 11			$26\frac{9}{16}$ m	33. 11			$26\frac{11}{16}$ m
34.			$26\frac{1}{2}$ m	34.			$26\frac{5}{8}$ m
34. 1			$26\frac{3}{8}$ p	34. 1			$26\frac{9}{16}$ m
34. 2			$26\frac{5}{16}$ p	34. 2			$26\frac{1}{2}$ m
34. 3			$26\frac{1}{4}$ p	34. 3			$26\frac{7}{16}$ m
34. 4			$26\frac{3}{16}$ p	34. 4			$26\frac{3}{8}$ m
34. 5			$26\frac{1}{8}$ p	34. 5			$26\frac{5}{16}$ m
34. 6			$26\frac{1}{16}$ p	34. 6			$26\frac{1}{4}$ m
34. 7			26 p	34. 7			$26\frac{3}{16}$ m
34. 8			$25\frac{15}{16}$ p	34. 8			$26\frac{1}{8}$ m
34. 9			$25\frac{7}{8}$ p	34. 9			$26\frac{1}{16}$ m
34. 10			$25\frac{13}{16}$ p	34. 10			26 m
34. 11			$25\frac{3}{4}$ p	34. 11			$25\frac{15}{16}$ m
35.			$25\frac{11}{16}$ p	35.			$25\frac{7}{8}$ m
35. 1			$25\frac{5}{8}$ p	35. 1			$25\frac{13}{16}$ m
35. 2			$25\frac{9}{16}$ p	35. 2			$25\frac{3}{4}$ m
35. 3			$25\frac{1}{2}$ m	35. 3			$25\frac{11}{16}$ m
35. 4			$25\frac{7}{16}$ m	35. 4			$25\frac{5}{8}$ m
35. 5			$25\frac{3}{8}$ m	35. 5			$25\frac{9}{16}$ m
35. 6			$25\frac{5}{16}$ m	35. 6			$25\frac{1}{2}$ m
35. 7			$25\frac{1}{4}$ m	35. 7			$25\frac{7}{16}$ m
35. 8			$25\frac{3}{16}$ m	35. 8			$25\frac{3}{8}$ m
35. 9			$25\frac{1}{8}$ m	35. 9			$25\frac{1}{4}$ p
35. 10			$25\frac{1}{16}$ m	35. 10			$25\frac{3}{16}$ p
35. 11			25	35. 11			$25\frac{1}{8}$ p
36.				36.			

DES CHANGES.

PARIS, HAMBOURG, LONDRES.

Londr. sur Hamb.	Hamb. sur Paris.	Paris sur Hamb.	Rend à Londr.	Londr. sur Hamb.	Hamb. sur Paris.	Paris sur Hamb.	Rend à Londr.
33 .	· 22 $\frac{3}{4}$ ·	211 m ·	27 $\frac{9}{16}$ p	33 .	· 22 $\frac{7}{8}$ ·	209 $\frac{13}{16}$ p ·	27 $\frac{3}{4}$ m
33 . 1			27 $\frac{1}{2}$ p	33 . 1			27 $\frac{11}{16}$ m
33 . 2			27 $\frac{7}{16}$ m	33 . 2			27 $\frac{9}{16}$ p
33 . 3			27 $\frac{3}{8}$ m	33 . 3			27 $\frac{1}{2}$ p
33 . 4			27 $\frac{5}{16}$ m	33 . 4			27 $\frac{7}{16}$ p
33 . 5			27 $\frac{1}{4}$ m	33 . 5			27 $\frac{3}{8}$ p
33 . 6			27 $\frac{3}{16}$ m	33 . 6			27 $\frac{5}{16}$ p
33 . 7			27 $\frac{1}{8}$ m	33 . 7			27 $\frac{1}{4}$ p
33 . 8			27 p	33 . 8			27 $\frac{3}{16}$ m
33 . 9			26 $\frac{15}{16}$ p	33 . 9			27 $\frac{1}{8}$ m
33 . 10			26 $\frac{7}{8}$ p	33 . 10			27 $\frac{1}{16}$ m
33 . 11			26 $\frac{13}{16}$ p	33 . 11			27 m
34 .			26 $\frac{3}{4}$ p	34 .			26 $\frac{15}{16}$ m
34 . 1			26 $\frac{11}{16}$ p	34 . 1			26 $\frac{7}{8}$ m
34 . 2			26 $\frac{5}{8}$ p	34 . 2			26 $\frac{3}{4}$ p
34 . 3			26 $\frac{9}{16}$ p	34 . 3			26 $\frac{11}{16}$ p
34 . 4			26 $\frac{1}{2}$ p	34 . 4			26 $\frac{5}{8}$ p
34 . 5			26 $\frac{7}{16}$ p	34 . 5			26 $\frac{9}{16}$ p
34 . 6			26 $\frac{3}{8}$ p	34 . 6			26 $\frac{1}{2}$ p
34 . 7			26 $\frac{5}{16}$ p	34 . 7			26 $\frac{7}{16}$ p
34 . 8			26 $\frac{1}{4}$ p	34 . 8			26 $\frac{3}{8}$ p
34 . 9			26 $\frac{3}{16}$ m	34 . 9			26 $\frac{5}{16}$ p
34 . 10			26 $\frac{1}{8}$ m	34 . 10			26 $\frac{1}{4}$ p
34 . 11			26 $\frac{1}{16}$ m	34 . 11			26 $\frac{3}{16}$ p
35 .			26	35 .			26 $\frac{1}{8}$ p
35 . 1			25 $\frac{15}{16}$ p	35 . 1			26 $\frac{1}{16}$ p
35 . 2			25 $\frac{7}{8}$ p	35 . 2			26 p
35 . 3			25 $\frac{13}{16}$ p	35 . 3			25 $\frac{15}{16}$ p
35 . 4			25 $\frac{3}{4}$ p	35 . 4			25 $\frac{7}{8}$ p
35 . 5			25 $\frac{11}{16}$ p	35 . 5			25 $\frac{13}{16}$ p
35 . 6			25 $\frac{5}{8}$ p	35 . 6			25 $\frac{3}{4}$ p
35 . 7			25 $\frac{1}{16}$ p	35 . 7			25 $\frac{11}{16}$ p
35 . 8			25 $\frac{1}{2}$ p	35 . 8			25 $\frac{5}{8}$ p
35 . 9			25 $\frac{7}{16}$ p	35 . 9			25 $\frac{8}{16}$ m
35 . 10			25 $\frac{3}{8}$ p	35 . 10			25 $\frac{8}{16}$ m
35 . 11			25 $\frac{1}{16}$ p	35 . 11			25 $\frac{1}{4}$ m
36 .			25 $\frac{1}{4}$ p	36 .			25 $\frac{7}{16}$ m

COMBINAISON GENERALE

PARIS, HAMBOURG, LONDRES.

Londr. sur Hamb.	Hamb. sur Paris.	Paris sur Hamb.	Rend à Londr.	Londr. sur Hamb.	Hamb. sur Paris.	Paris sur Hamb.	Rend à Londr.
33 ·	23	208 $\frac{11}{16}$ p	27 $\frac{7}{8}$ p	33 ·	23 $\frac{1}{8}$	207 $\frac{9}{16}$ p	28 p
33 · 1			27 $\frac{13}{16}$ m	33 · 1			27 $\frac{11}{16}$ p
33 · 2			27 $\frac{3}{4}$ m	33 · 2			27 $\frac{7}{8}$ p
33 · 3			27 $\frac{11}{16}$ m	33 · 3			27 $\frac{13}{16}$ p
33 · 4			27 $\frac{5}{8}$ m	33 · 4			27 $\frac{3}{4}$
33 · 5			27 $\frac{1}{2}$ p	33 · 5			27 $\frac{11}{16}$
33 · 6			27 $\frac{7}{16}$ p	33 · 6			27 $\frac{5}{8}$ m
33 · 7			27 $\frac{3}{8}$ p	33 · 7			27 $\frac{8}{16}$ m
33 · 8			27 $\frac{5}{16}$ p	33 · 8			27 $\frac{1}{2}$ m
33 · 9			27 $\frac{1}{4}$ p	33 · 9			27 $\frac{7}{16}$ m
33 · 10			27 $\frac{3}{16}$	33 · 10			27 $\frac{5}{16}$
33 · 11			27 $\frac{1}{8}$ p	33 · 11			27 $\frac{1}{4}$ p
34 ·			27 $\frac{1}{16}$ m	34 ·			27 $\frac{3}{16}$ p
34 · 1			27 m	34 · 1			27 $\frac{1}{8}$
34 · 2			26 $\frac{15}{16}$ m	34 · 2			27 $\frac{1}{16}$ p
34 · 3			26 $\frac{7}{8}$ m	34 · 3			27 p
34 · 4			26 $\frac{13}{16}$ m	34 · 4			26 $\frac{15}{16}$ p
34 · 5			26 $\frac{3}{4}$ m	34 · 5			26 $\frac{7}{8}$ p
34 · 6			26 $\frac{11}{16}$ m	34 · 6			26 $\frac{13}{16}$ m
34 · 7			26 $\frac{5}{8}$ m	34 · 7			26 $\frac{3}{4}$ m
34 · 8			26 $\frac{9}{16}$ m	34 · 8			26 $\frac{11}{16}$ m
34 · 9			26 $\frac{1}{2}$ m	34 · 9			26 $\frac{5}{8}$ m
34 · 10			26 $\frac{7}{16}$ m	34 · 10			26 $\frac{9}{16}$ m
34 · 11			26 $\frac{3}{8}$ m	34 · 11			26 $\frac{1}{2}$ m
35 ·			26 $\frac{5}{16}$ m	35 ·			26 $\frac{7}{16}$ m
35 · 1			26 $\frac{1}{4}$ m	35 · 1			26 $\frac{3}{8}$ m
35 · 2			26 $\frac{3}{16}$ m	35 · 2			26 $\frac{5}{16}$ m
35 · 3			26 $\frac{1}{8}$ m	35 · 3			26 $\frac{1}{4}$ m
35 · 4			26 $\frac{1}{16}$ m	35 · 4			26 $\frac{3}{16}$ m
35 · 5			26 m	35 · 5			26 $\frac{1}{8}$ m
35 · 6			25 $\frac{15}{16}$ m	35 · 6			26 $\frac{1}{16}$ m
35 · 7			25 $\frac{7}{8}$ m	35 · 7			26 m
35 · 8			25 $\frac{13}{16}$ m	35 · 8			25 $\frac{15}{16}$ m
35 · 9			25 $\frac{3}{4}$ m	35 · 9			25 $\frac{7}{8}$ m
35 · 10			25 $\frac{11}{16}$ m	35 · 10			25 $\frac{13}{16}$ p
35 · 11			25 $\frac{5}{8}$ m	35 · 11			25 $\frac{3}{4}$ p
36 ·			25 $\frac{9}{16}$ m	36 ·			25 $\frac{11}{16}$ p

DES CHANGES.   429

PARIS, HAMBOURG, LONDRES.

Londr. sur Hamb.	Hamb. sur Paris.	Paris sur Hamb.	Rend à Londr.	Londr. sur Hamb.	Hamb. sur Paris.	Paris sur Hamb.	Rend à Londr.
33.	. $23\frac{1}{4}$	. $206\frac{7}{16}$ p	. $28\frac{3}{16}$ m	33.	. $23\frac{3}{8}$	. $205\frac{3}{8}$ m	. $28\frac{1}{16}$ p
33. 1	....	....	$28\frac{1}{8}$ m	33. 1	....	....	$28\frac{1}{4}$ p
33. 2	....	....	$28\frac{1}{16}$ m	33. 2	....	....	$28\frac{3}{16}$ p
33. 3	....	....	28 m	33. 3	....	....	$28\frac{1}{8}$ m
33. 4	....	....	$27\frac{7}{8}$ p	33. 4	....	....	$28\frac{1}{16}$ m
33. 5	....	....	$27\frac{13}{16}$ p	33. 5	....	....	28 m
33. 6	....	....	$27\frac{3}{4}$ p	33. 6	....	....	$27\frac{15}{16}$ m
33. 7	....	....	$27\frac{11}{16}$ p	33. 7	....	....	$27\frac{13}{16}$ p
33. 8	....	....	$27\frac{5}{8}$ m	33. 8	....	....	$27\frac{3}{4}$ p
33. 9	....	....	$27\frac{9}{16}$ m	33. 9	....	....	$27\frac{11}{16}$ p
33.10	....	....	$27\frac{1}{2}$ m	33.10	....	....	$27\frac{5}{8}$ p
33.11	....	....	$27\frac{7}{16}$ m	33.11	....	....	$27\frac{9}{16}$ p
34.	....	....	$27\frac{3}{8}$ m	34.	....	....	$27\frac{1}{2}$ p
34. 1	....	....	$27\frac{5}{16}$ m	34. 1	....	....	$27\frac{7}{16}$ m
34. 2	....	....	$27\frac{1}{4}$ m	34. 2	....	....	$27\frac{3}{8}$ m
34. 3	....	....	$27\frac{1}{8}$ p	34. 3	....	....	$27\frac{5}{16}$ m
34. 4	....	....	$27\frac{1}{16}$ p	34. 4	....	....	$27\frac{1}{4}$ m
34. 5	....	....	27 p	34. 5	....	....	$27\frac{3}{16}$ m
34. 6	....	....	$26\frac{15}{16}$ p	34. 6	....	....	$27\frac{1}{8}$ p
34. 7	....	....	$26\frac{7}{8}$ p	34. 7	....	....	$27\frac{1}{16}$ m
34. 8	....	....	$26\frac{13}{16}$ p	34. 8	....	....	27 m
34. 9	....	....	$26\frac{3}{4}$ p	34. 9	....	....	$26\frac{15}{16}$ m
34.10	....	....	$26\frac{11}{16}$ p	34.10	....	....	$26\frac{13}{16}$ p
34.11	....	....	$26\frac{5}{8}$ p	34.11	....	....	$26\frac{3}{4}$ p
35.	....	....	$26\frac{9}{16}$ p	35.	....	....	$26\frac{11}{16}$ p
35. 1	....	....	$26\frac{1}{2}$ p	35. 1	....	....	$26\frac{5}{8}$ p
35. 2	....	....	$26\frac{7}{16}$ p	35. 2	....	....	$26\frac{9}{16}$ p
35. 3	....	....	$26\frac{3}{8}$ p	35. 3	....	....	$26\frac{1}{2}$ p
35. 4	....	....	$26\frac{5}{16}$ p	35. 4	....	....	$26\frac{7}{16}$ p
35. 5	....	....	$26\frac{1}{4}$ p	35. 5	....	....	$26\frac{3}{8}$ p
35. 6	....	....	$26\frac{3}{16}$ p	35. 6	....	....	$26\frac{5}{16}$ p
35. 7	....	....	$26\frac{1}{8}$ p	35. 7	....	....	$26\frac{1}{4}$ p
35. 8	....	....	$26\frac{1}{16}$ p	35. 8	....	....	$26\frac{3}{16}$ p
35. 9	....	....	26 p	35. 9	....	....	$26\frac{1}{8}$ p
35.10	....	....	$25\frac{15}{16}$ p	35.10	....	....	$26\frac{1}{16}$ p
35.11	....	....	$25\frac{7}{8}$ p	35.11	....	....	$26\frac{1}{16}$ m
36.	....	....	$25\frac{13}{16}$ p	36.	....	....	26 m

Hhh iij

COMBINAISON GENERALE

PARIS, HAMBOURG, LONDRES.

Londr. sur Hamb.	Hamb. sur Paris.	Paris sur Hamb.	Rend à Londr.	Londr. sur Hamb.	Hamb. sur Paris.	Paris sur Hamb.	Rend à Londr.
33.	· 23 $\frac{1}{2}$	· 204 $\frac{1}{4}$ p ·	28 $\frac{1}{2}$ m	33 . $\frac{1}{2}$	· 23 $\frac{5}{8}$	· 203 $\frac{3}{16}$ m ·	28 $\frac{5}{8}$ p
33 · 1	....	....	28 $\frac{7}{16}$ m	33 · 1	....	....	28 $\frac{9}{16}$ p
33 · 2	....	....	28 $\frac{5}{16}$ p	33 · 2	....	....	28 $\frac{1}{2}$ m
33 · 3	....	....	28 $\frac{1}{4}$ p	33 · 3	....	....	28 $\frac{7}{16}$ m
33 · 4	....	....	28 $\frac{3}{16}$ p	33 · 4	....	....	28 $\frac{3}{8}$ m
33 · 5	....	....	28 $\frac{1}{8}$ p	33 · 5	....	....	28 $\frac{1}{4}$ p
33 · 6	....	....	28 $\frac{1}{16}$ m	33 · 6	....	....	28 $\frac{3}{16}$ p
33 · 7	....	....	28 m	33 · 7	....	....	28 $\frac{1}{8}$ p
33 · 8	....	....	27 $\frac{15}{16}$ m	33 · 8	....	....	28 $\frac{1}{16}$ p
33 · 9	....	....	27 $\frac{7}{8}$ m	33 · 9	....	....	28
33 · 10	....	....	27 $\frac{13}{16}$ m	33 · 10	....	....	27 $\frac{15}{16}$ m
33 · 11	....	....	27 $\frac{11}{16}$ p	33 · 11	....	....	27 $\frac{7}{8}$ m
34 ·	....	....	27 $\frac{5}{8}$ p	34 ·	....	....	27 $\frac{13}{16}$ m
34 · 1	....	....	27 $\frac{9}{16}$ p	34 · 1	....	....	27 $\frac{3}{4}$ m
34 · 2	....	....	27 $\frac{1}{2}$ p	34 · 2	....	....	27 $\frac{11}{16}$ m
34 · 3	....	....	27 $\frac{7}{16}$ p	34 · 3	....	....	27 $\frac{9}{16}$ m
34 · 4	....	....	27 $\frac{3}{8}$ p	34 · 4	....	....	27 $\frac{1}{2}$ p
34 · 5	....	....	27 $\frac{5}{16}$ p	34 · 5	....	....	27 $\frac{7}{16}$ p
34 · 6	....	....	27 $\frac{1}{4}$ m	34 · 6	....	....	27 $\frac{3}{8}$ p
34 · 7	....	....	27 $\frac{3}{16}$ m	34 · 7	....	....	27 $\frac{5}{16}$ p
34 · 8	....	....	27 $\frac{1}{8}$ m	34 · 8	....	....	27 $\frac{1}{4}$ p
34 · 9	....	....	27 $\frac{1}{16}$ m	34 · 9	....	....	27 $\frac{3}{16}$ p
34 · 10	....	....	27 m	34 · 10	....	....	27 $\frac{1}{8}$ p
34 · 11	....	....	26 $\frac{15}{16}$ m	34 · 11	....	....	27 $\frac{1}{16}$ p
35 ·	....	....	26 $\frac{7}{8}$ m	35 ·	....	....	27
35 · 1	....	....	26 $\frac{13}{16}$ m	35 · 1	....	....	26 $\frac{15}{16}$ m
35 · 2	....	....	26 $\frac{3}{4}$ m	35 · 2	....	....	26 $\frac{7}{8}$ m
35 · 3	....	....	26 $\frac{11}{16}$ m	35 · 3	....	....	26 $\frac{13}{16}$ m
35 · 4	....	....	26 $\frac{5}{8}$ m	35 · 4	....	....	26 $\frac{3}{4}$ m
35 · 5	....	....	26 $\frac{9}{16}$ m	35 · 5	....	....	26 $\frac{11}{16}$ m
35 · 6	....	....	26 $\frac{1}{2}$ m	35 · 6	....	....	26 $\frac{5}{8}$ m
35 · 7	....	....	26 $\frac{7}{16}$ m	35 · 7	....	....	26 $\frac{9}{16}$ m
35 · 8	....	....	26 $\frac{3}{8}$ m	35 · 8	....	....	26 $\frac{1}{2}$ m
35 · 9	....	....	26 $\frac{5}{16}$ m	35 · 9	....	....	26 $\frac{7}{16}$ m
35 · 10	....	....	26 $\frac{1}{4}$ m	35 · 10	....	....	26 $\frac{3}{8}$ m
35 · 11	....	....	26 $\frac{3}{16}$ m	35 · 11	....	....	26 $\frac{5}{16}$ m
36 ·	....	....	26 $\frac{1}{8}$ m	36 ·	....	....	26 $\frac{1}{4}$

DES CHANGES.

PARIS, HAMBOURG, LONDRES.

Londr. sur Hamb.	Hamb. sur Paris.	Paris sur Hamb.	Rend à Londr.	Londr. sur Hamb.	Hamb. sur Paris.	Paris sur Hamb.	Rend à Londr.
33 . .	23 ¾	202 ⅛ m	28 13/16 m	33 . .	23 ⅞	201 1/16 m	28 15/16 p
33 . 1			28 11/16 p	33 . 1			28 ⅞ m
33 . 2			28 ⅝ p	33 . 2			28 13/16 m
33 . 3			28 9/16 p	33 . 3			28 ¾ m
33 . 4			28 ½	33 . 4			28 ⅝ p
33 . 5			28 7/16 m	33 . 5			28 9/16 p
33 . 6			28 ⅜ m	33 . 6			28 ½ p
33 . 7			28 5/16 m	33 . 7			28 7/16 m
33 . 8			28 3/16 m	33 . 8			28 ⅜ m
33 . 9			28 ⅛ p	33 . 9			28 5/16 m
33 . 10			28 1/16 m	33 . 10			28 ¼ m
33 . 11			28 p	33 . 11			28 3/16 m
34 . .			27 15/16 p	34 . .			28 1/16 p
34 . 1			27 ⅞ m	34 . 1			28 p
34 . 2			27 13/16 m	34 . 2			27 15/16 p
34 . 3			27 ¾ m	34 . 3			27 ⅞ p
34 . 4			27 11/16 m	34 . 4			27 13/16 p
34 . 5			27 ⅝ m	34 . 5			27 ¾ m
34 . 6			27 9/16 m	34 . 6			27 11/16 m
34 . 7			27 ½ m	34 . 7			27 ⅝ m
34 . 8			27 ⅜ m	34 . 8			27 9/16 m
34 . 9			27 5/16 p	34 . 9			27 ½ m
34 . 10			27 ¼ p	34 . 10			27 ⅜ m
34 . 11			27 3/16 p	34 . 11			27 ⅜ m
35 . .			27 ⅛ p	35 . .			27 1/16 m
35 . 1			27 1/16 p	35 . 1			27 ¼ m
35 . 2			27 p	35 . 2			27 3/16 m
35 . 3			26 15/16 p	35 . 3			27 1/16 p
35 . 4			26 ⅞ p	35 . 4			27 p
35 . 5			26 13/16 p	35 . 5			26 15/16 p
35 . 6			26 ¾ p	35 . 6			26 ⅞ p
35 . 7			26 11/16 p	35 . 7			26 13/16 p
35 . 8			26 ⅝ p	35 . 8			26 ¾ p
35 . 9			26 9/16 p	35 . 9			26 11/16 p
35 . 10			26 ½ p	35 . 10			26 ⅝ p
35 . 11			26 7/16 p	35 . 11			26 9/16 p
36 . .			26 ⅜ p	36 . .			26 ½ p

COMBINAISON GENERALE

PARIS, HAMBOURG, LONDRES.

Londr. sur Hamb.	Hamb. sur Paris.	Paris sur Hamb.	Rend à Londr.	Londr. sur Hamb.	Hamb. sur Paris.	Paris sur Hamb.	Rend à Londr.
33 ·	· 24	· 200	$29\frac{1}{16}$ P	33 ·	· $24\frac{1}{8}$	· $198\frac{15}{16}$ P	$29\frac{1}{4}$ m
33 · 1	....	....	29 P	33 · 1	....	....	$29\frac{1}{16}$ m
33 · 2	....	....	$28\frac{15}{16}$ P	33 · 2	....	....	$29\frac{1}{8}$ P
33 · 3	....	....	$28\frac{7}{8}$ m	33 · 3	....	....	29 P
33 · 4	....	....	$28\frac{13}{16}$ m	33 · 4	....	....	$28\frac{15}{16}$ P
33 · 5	....	....	$28\frac{3}{4}$ m	33 · 5	....	....	$28\frac{7}{8}$ P
33 · 6	....	....	$28\frac{11}{16}$ m	33 · 6	....	....	$28\frac{13}{16}$ m
33 · 7	....	....	$28\frac{9}{16}$ P	33 · 7	....	....	$28\frac{3}{4}$ m
33 · 8	....	....	$28\frac{1}{2}$ P	33 · 8	....	....	$28\frac{11}{16}$ m
33 · 9	....	....	$28\frac{7}{16}$ P	33 · 9	....	....	$28\frac{9}{16}$ P
33 · 10	....	....	$28\frac{3}{8}$ m	33 · 10	....	....	$28\frac{1}{2}$ P
33 · 11	....	....	$28\frac{5}{16}$ m	33 · 11	....	....	$28\frac{7}{16}$ P
34 ·	....	....	$28\frac{1}{4}$ m	34 ·	....	....	$28\frac{3}{8}$ P
34 · 1	....	....	$28\frac{3}{16}$ m	34 · 1	....	....	$28\frac{5}{16}$ P
34 · 2	....	....	$28\frac{1}{8}$ m	34 · 2	....	....	$28\frac{1}{4}$ m
34 · 3	....	....	28 P	34 · 3	....	....	$28\frac{3}{16}$ P
34 · 4	....	....	$27\frac{15}{16}$ P	34 · 4	....	....	$28\frac{1}{8}$ P
34 · 5	....	....	$27\frac{7}{8}$ P	34 · 5	....	....	$28\frac{1}{16}$ m
34 · 6	....	....	$27\frac{13}{16}$ P	34 · 6	....	....	28 m
34 · 7	....	....	$27\frac{3}{4}$ P	34 · 7	....	....	$27\frac{7}{8}$ P
34 · 8	....	....	$27\frac{11}{16}$ P	34 · 8	....	....	$27\frac{13}{16}$ P
34 · 9	....	....	$27\frac{5}{8}$ P	34 · 9	....	....	$27\frac{3}{4}$ P
34 · 10	....	....	$27\frac{9}{16}$ m	34 · 10	....	....	$27\frac{11}{16}$ P
34 · 11	....	....	$27\frac{1}{2}$ m	34 · 11	....	....	$27\frac{5}{8}$ P
35 ·	....	....	$27\frac{7}{16}$ m	35 ·	....	....	$27\frac{9}{16}$ P
35 · 1	....	....	$27\frac{3}{8}$ m	35 · 1	....	....	$27\frac{1}{2}$ P
35 · 2	....	....	$27\frac{5}{16}$ m	35 · 2	....	....	$27\frac{7}{16}$ P
35 · 3	....	....	$27\frac{1}{4}$ m	35 · 3	....	....	$27\frac{3}{8}$ P
35 · 4	....	....	$27\frac{3}{16}$ m	35 · 4	....	....	$27\frac{5}{16}$ m
35 · 5	....	....	$27\frac{1}{8}$ m	35 · 5	....	....	$27\frac{1}{4}$ m
35 · 6	....	....	$27\frac{1}{16}$ m	35 · 6	....	....	$27\frac{3}{16}$ m
35 · 7	....	....	27 m	35 · 7	....	....	$27\frac{1}{8}$ m
35 · 8	....	....	$26\frac{15}{16}$ m	35 · 8	....	....	$27\frac{1}{16}$ m
35 · 9	....	....	$26\frac{7}{8}$ m	35 · 9	....	....	27 m
35 · 10	....	....	$26\frac{13}{16}$ m	35 · 10	....	....	$26\frac{15}{16}$ m
35 · 11	....	....	$26\frac{3}{4}$ m	35 · 11	....	....	$26\frac{7}{8}$ m
36 ·	....	....	$26\frac{11}{16}$ m	36 ·	....	....	$26\frac{13}{16}$ m

DES CHANGES.

PARIS, HAMBOURG, LONDRES.

Londr. sur Hamb.	Hamb. sur Paris.	Paris sur Hamb.	Rend à Londr.	Londr. sur Hamb.	Hamb. sur Paris.	Paris sur Hamb.	Rend à Londr.
33 ·	· 24 $\frac{1}{4}$	· 197 $\frac{15}{16}$ p	· 29 $\frac{3}{8}$ p	33 ·	· 24 $\frac{3}{8}$	· 196 $\frac{15}{16}$ m	· 29 $\frac{9}{16}$ m
33 · 1			29 $\frac{5}{16}$ p	33 · 1			29 $\frac{1}{2}$ m
33 · 2			29 $\frac{1}{4}$ m	33 · 2			29 $\frac{7}{16}$ p
33 · 3			29 $\frac{3}{16}$ m	33 · 3			29 $\frac{5}{16}$ p
33 · 4			29 $\frac{1}{8}$ m	33 · 4			29 $\frac{1}{4}$ p
33 · 5			29 p	33 · 5			29 $\frac{3}{16}$ m
33 · 6			28 $\frac{15}{16}$ p	33 · 6			29 $\frac{1}{16}$ m
33 · 7			28 $\frac{7}{8}$ p	33 · 7			29 $\frac{1}{16}$ m
33 · 8			28 $\frac{13}{16}$ m	33 · 8			28 $\frac{15}{16}$ p
33 · 9			28 $\frac{3}{4}$ m	33 · 9			28 $\frac{7}{8}$ p
33 · 10			28 $\frac{11}{16}$ m	33 · 10			28 $\frac{13}{16}$ p
33 · 11			28 $\frac{1}{4}$ m	33 · 11			28 $\frac{3}{4}$ m
34 ·			28 $\frac{1}{2}$ p	34 ·			28 $\frac{11}{16}$ m
34 · 1			28 $\frac{7}{16}$ p	34 · 1			28 $\frac{5}{8}$ m
34 · 2			28 $\frac{3}{8}$ p	34 · 2			28 $\frac{9}{16}$ m
34 · 3			28 $\frac{5}{16}$ p	34 · 3			28 $\frac{7}{16}$ p
34 · 4			28 $\frac{1}{4}$ p	34 · 4			28 $\frac{3}{8}$ p
34 · 5			28 $\frac{3}{16}$ m	34 · 5			28 $\frac{5}{16}$ p
34 · 6			28 $\frac{1}{8}$ m	34 · 6			28 $\frac{1}{4}$ p
34 · 7			28 $\frac{1}{16}$ m	34 · 7			28 $\frac{3}{16}$ p
34 · 8			28 m	34 · 8			28 $\frac{1}{8}$ p
34 · 9			27 $\frac{15}{16}$ m	34 · 9			28 $\frac{1}{16}$ m
34 · 10			27 $\frac{7}{8}$ m	34 · 10			28 m
34 · 11			27 $\frac{3}{4}$ p	34 · 11			27 $\frac{15}{16}$ m
35 ·			27 $\frac{11}{16}$ p	35 ·			27 $\frac{7}{8}$ m
35 · 1			27 $\frac{5}{8}$ p	35 · 1			27 $\frac{13}{16}$ m
35 · 2			27 $\frac{9}{16}$ p	35 · 2			27 $\frac{3}{4}$ m
35 · 3			27 $\frac{1}{2}$ p	35 · 3			27 $\frac{11}{16}$ m
35 · 4			27 $\frac{7}{16}$ p	35 · 4			27 $\frac{5}{8}$ m
35 · 5			27 $\frac{3}{8}$ p	35 · 5			27 $\frac{1}{2}$ p
35 · 6			27 $\frac{5}{16}$ p	35 · 6			27 $\frac{7}{16}$ p
35 · 7			27 $\frac{1}{4}$ p	35 · 7			27 $\frac{3}{16}$ p
35 · 8			27 $\frac{3}{16}$ p	35 · 8			27 $\frac{5}{16}$ p
35 · 9			27 $\frac{1}{8}$ p	35 · 9			27 $\frac{1}{4}$ p
35 · 10			27 $\frac{1}{16}$ p	35 · 10			27 $\frac{3}{16}$ p
35 · 11			27 p	35 · 11			27 $\frac{1}{8}$ p
36 ·			26 $\frac{15}{16}$ p	36 ·			27 $\frac{1}{16}$ p

COMBINAISON GENERALE

PARIS, HAMBOURG, LONDRES.

Londr. sur Hamb.	Hamb. sur Paris.	Paris sur Hamb.	Rend à Londr.	Londr. sur Hamb.	Hamb. sur Paris.	Paris sur Hamb.	Rend à Londr.
33.	24$\frac{1}{2}$	195$\frac{15}{16}$ m	29$\frac{11}{16}$ p	33.	24$\frac{1}{8}$	194$\frac{15}{16}$ m	29$\frac{7}{8}$ m
33. 1			29$\frac{5}{8}$ m	33. 1			29$\frac{3}{4}$ p
33. 2			29$\frac{9}{16}$ m	33. 2			29$\frac{11}{16}$ p
33. 3			29$\frac{1}{2}$ m	33. 3			29$\frac{5}{8}$ p
33. 4			29$\frac{3}{8}$ m	33. 4			29$\frac{9}{16}$ p
33. 5			29$\frac{5}{16}$ p	33. 5			29$\frac{1}{2}$ p
33. 6			29$\frac{1}{4}$ p	33. 6			29$\frac{3}{8}$ p
33. 7			29$\frac{3}{16}$ m	33. 7			29$\frac{1}{16}$ p
33. 8			29$\frac{1}{8}$ m	33. 8			29$\frac{1}{4}$ p
33. 9			29$\frac{1}{16}$ m	33. 9			29$\frac{3}{16}$ m
33. 10			28$\frac{15}{16}$ p	33. 10			29$\frac{1}{8}$ m
33. 11			28$\frac{7}{8}$ p	33. 11			29$\frac{1}{16}$ m
34.			28$\frac{13}{16}$ p	34.			29
34. 1			28$\frac{3}{4}$ p	34. 1			28$\frac{7}{8}$ p
34. 2			28$\frac{11}{16}$ m	34. 2			28$\frac{13}{16}$ p
34. 3			28$\frac{5}{8}$ m	34. 3			28$\frac{3}{4}$ p
34. 4			28$\frac{9}{16}$ m	34. 4			28$\frac{11}{16}$ p
34. 5			28$\frac{1}{2}$ m	34. 5			28$\frac{5}{8}$ m
34. 6			28$\frac{3}{8}$ p	34. 6			28$\frac{9}{16}$ m
34. 7			28$\frac{5}{16}$ p	34. 7			28$\frac{1}{2}$ m
34. 8			28$\frac{1}{4}$ p	34. 8			28$\frac{7}{16}$ m
34. 9			28$\frac{3}{16}$ p	34. 9			28$\frac{3}{8}$ m
34. 10			28$\frac{1}{8}$ p	34. 10			28$\frac{1}{4}$ p
34. 11			28$\frac{1}{16}$ p	34. 11			28$\frac{3}{16}$ p
35.			28	35.			28$\frac{1}{8}$ p
35. 1			27$\frac{15}{16}$ m	35. 1			28$\frac{1}{16}$ p
35. 2			27$\frac{7}{8}$ m	35. 2			28 p
35. 3			27$\frac{13}{16}$ m	35. 3			27$\frac{15}{16}$ p
35. 4			27$\frac{3}{4}$ m	35. 4			27$\frac{7}{8}$ p
35. 5			27$\frac{11}{16}$ m	35. 5			27$\frac{13}{16}$ p
35. 6			27$\frac{5}{8}$ m	35. 6			27$\frac{3}{4}$ p
35. 7			27$\frac{9}{16}$ m	35. 7			27$\frac{11}{16}$ m
35. 8			27$\frac{1}{2}$ m	35. 8			27$\frac{5}{8}$ m
35. 9			27$\frac{7}{16}$ m	35. 9			27$\frac{9}{16}$ m
35. 10			27$\frac{3}{8}$ m	35. 10			27$\frac{1}{2}$ m
35. 11			27$\frac{5}{16}$ m	35. 11			27$\frac{7}{16}$ m
36.			27$\frac{1}{4}$ m	36.			27$\frac{3}{8}$ m

DES CHANGES.

PARIS, HAMBOURG, LONDRES.

Londr. sur Hamb.	Hamb. sur Paris.	Paris sur Hamb.	Rend à Londr.	Londr. sur Hamb.	Hamb. sur Paris.	Paris sur Hamb.	Rend à Londr.
33 .	$24\frac{3}{4}$	$193\frac{15}{16}$ p	30	33 .	$24\frac{7}{8}$	$192\frac{15}{16}$ p	$30\frac{1}{8}$ p
33 . 1			$29\frac{15}{16}$ m	33 . 1			$30\frac{1}{16}$ p
33 . 2			$29\frac{7}{8}$ m	33 . 2			30
33 . 3			$29\frac{3}{4}$ p	33 . 3			$29\frac{15}{16}$ m
33 . 4			$29\frac{11}{16}$ p	33 . 4			$29\frac{7}{8}$ m
33 . 5			$29\frac{5}{8}$ p	33 . 5			$29\frac{3}{4}$ p
33 . 6			$29\frac{9}{16}$ m	33 . 6			$29\frac{11}{16}$ p
33 . 7			$29\frac{1}{2}$ m	33 . 7			$29\frac{5}{8}$ p
33 . 8			$29\frac{3}{8}$ p	33 . 8			$29\frac{9}{16}$ m
33 . 9			$29\frac{5}{16}$ p	33 . 9			$29\frac{1}{2}$ m
33 . 10			$29\frac{1}{4}$ p	33 . 10			$29\frac{7}{16}$ m
33 . 11			$29\frac{3}{16}$ p	33 . 11			$29\frac{5}{16}$ p
34 .			$29\frac{1}{8}$ m	34 .			$29\frac{1}{4}$ p
34 . 1			$29\frac{1}{16}$ m	34 . 1			$29\frac{3}{16}$ p
34 . 2			29 m	34 . 2			$29\frac{1}{8}$ m
34 . 3			$28\frac{7}{8}$ p	34 . 3			$29\frac{1}{16}$ m
34 . 4			$28\frac{13}{16}$ p	34 . 4			29 m
34 . 5			$28\frac{3}{4}$ p	34 . 5			$28\frac{15}{16}$ m
34 . 6			$28\frac{11}{16}$ p	34 . 6			$28\frac{13}{16}$ p
34 . 7			$28\frac{5}{8}$ p	34 . 7			$28\frac{3}{4}$ p
34 . 8			$28\frac{9}{16}$ m	34 . 8			$28\frac{11}{16}$ p
34 . 9			$28\frac{1}{2}$ m	34 . 9			$28\frac{5}{8}$ p
34 . 10			$28\frac{7}{16}$ m	34 . 10			$28\frac{9}{16}$ p
34 . 11			$28\frac{3}{8}$ m	34 . 11			$28\frac{1}{2}$ m
35 .			$28\frac{5}{16}$ m	35 .			$28\frac{7}{16}$ m
35 . 1			$28\frac{3}{16}$ p	35 . 1			$28\frac{3}{8}$ m
35 . 2			$28\frac{1}{8}$ p	35 . 2			$28\frac{5}{16}$ m
35 . 3			$28\frac{1}{16}$ p	35 . 3			$28\frac{1}{4}$ m
35 . 4			28 p	35 . 4			$28\frac{1}{8}$ m
35 . 5			$27\frac{15}{16}$ p	35 . 5			28 p
35 . 6			$27\frac{7}{8}$ p	35 . 6			$27\frac{15}{16}$ p
35 . 7			$27\frac{13}{16}$ p	35 . 7			$27\frac{7}{8}$ p
35 . 8			$27\frac{3}{4}$ p	35 . 8			$27\frac{13}{16}$ p
35 . 9			$27\frac{11}{16}$ p	35 . 9			$27\frac{3}{4}$ p
35 . 10			$27\frac{5}{8}$ p	35 . 10			$27\frac{11}{16}$ p
35 . 11			$27\frac{9}{16}$ p	35 . 11			$27\frac{5}{8}$ p
36 .			$27\frac{1}{2}$	36 .			$27\frac{9}{16}$ p

COMBINAISON GENERALE

PARIS, HAMBOURG, LONDRES.

Londr. sur Hamb.	Hamb. sur Paris.	Paris sur Hamb.	Rend à Londr.	Londr. sur Hamb.	Hamb. sur Paris.	Paris sur Hamb.	Rend à Londr.
33.	25	192	$30\frac{5}{16}$ m	33.	$25\frac{1}{8}$	$191\frac{1}{16}$	$30\frac{7}{16}$ p
33. 1			$30\frac{1}{4}$ m	33. 1			$30\frac{3}{8}$ p
33. 2			$30\frac{3}{8}$ p	33. 2			$30\frac{5}{16}$ m
33. 3			$30\frac{1}{16}$ p	33. 3			$30\frac{1}{4}$ m
33. 4			30	33. 4			$30\frac{1}{8}$ p
33. 5			$29\frac{15}{16}$ m	33. 5			$30\frac{1}{16}$ p
33. 6			$29\frac{7}{8}$ m	33. 6			30
33. 7			$29\frac{3}{4}$ p	33. 7			$29\frac{15}{16}$ m
33. 8			$29\frac{11}{16}$ p	33. 8			$29\frac{7}{8}$ m
33. 9			$29\frac{5}{8}$ p	33. 9			$29\frac{3}{4}$ p
33. 10			$29\frac{9}{16}$ m	33. 10			$29\frac{11}{16}$ p
33. 11			$29\frac{1}{2}$ m	33. 11			$29\frac{5}{8}$ p
34.			$29\frac{7}{16}$ m	34.			$29\frac{9}{16}$ m
34. 1			$29\frac{5}{16}$ p	34. 1			$29\frac{1}{2}$ m
34. 2			$29\frac{1}{4}$ p	34. 2			$29\frac{7}{16}$ m
34. 3			$29\frac{3}{16}$ p	34. 3			$29\frac{5}{16}$ p
34. 4			$29\frac{1}{8}$ p	34. 4			$29\frac{1}{4}$ p
34. 5			$29\frac{1}{16}$ m	34. 5			$29\frac{3}{16}$ p
34. 6			29 m	34. 6			$29\frac{1}{8}$ p
34. 7			$28\frac{15}{16}$ m	34. 7			$29\frac{1}{16}$ m
34. 8			$28\frac{7}{8}$ m	34. 8			29 m
34. 9			$28\frac{3}{4}$ p	34. 9			$28\frac{15}{16}$ m
34. 10			$28\frac{11}{16}$ p	34. 10			$28\frac{7}{8}$ m
34. 11			$28\frac{5}{8}$ p	34. 11			$28\frac{13}{16}$ m
35.			$28\frac{9}{16}$ p	35.			$28\frac{11}{16}$ p
35. 1			$28\frac{1}{2}$ p	35. 1			$28\frac{5}{8}$ p
35. 2			$28\frac{7}{16}$ m	35. 2			$28\frac{9}{16}$ p
35. 3			$28\frac{3}{8}$ m	35. 3			$28\frac{1}{2}$ p
35. 4			$28\frac{5}{16}$ m	35. 4			$28\frac{7}{16}$ p
35. 5			$28\frac{1}{4}$ m	35. 5			$28\frac{3}{8}$ p
35. 6			$28\frac{3}{16}$ m	35. 6			$28\frac{5}{16}$ m
35. 7			$28\frac{1}{8}$ m	35. 7			$28\frac{1}{4}$ m
35. 8			$28\frac{1}{16}$ m	35. 8			$28\frac{3}{16}$ m
35. 9			28 m	35. 9			$28\frac{1}{8}$ m
35. 10			$27\frac{15}{16}$ m	35. 10			$28\frac{1}{16}$ m
35. 11			$27\frac{13}{16}$ p	35. 11			28 m
36.			$27\frac{3}{4}$ p	36.			$27\frac{15}{16}$ m

DES CHANGES. 437

PARIS, HAMBOURG, LONDRES.

Londr. sur Hamb.	Hamb. sur Paris.	Paris sur Hamb.	Rend à Londr.	Londr. sur Hamb.	Hamb. sur Paris.	Paris sur Hamb.	Rend à Londr.
33.	25 $\frac{1}{4}$	190 $\frac{1}{8}$ m	30 $\frac{5}{8}$ m	33.	25 $\frac{3}{8}$	189 $\frac{3}{16}$ m	30 $\frac{3}{4}$ p
33. 1			30 $\frac{1}{2}$ p	33. 1			30 $\frac{11}{16}$ m
33. 2			30 $\frac{7}{16}$ p	33. 2			30 $\frac{5}{8}$ m
33. 3			30 $\frac{3}{8}$ p	33. 3			30 $\frac{7}{16}$ p
33. 4			30 $\frac{5}{16}$ m	33. 4			30 $\frac{7}{16}$ p
33. 5			30 $\frac{1}{4}$ m	33. 5			30 $\frac{3}{8}$ m
33. 6			30 $\frac{1}{8}$ p	33. 6			30 $\frac{5}{16}$ m
33. 7			30 $\frac{1}{16}$ p	33. 7			30 $\frac{1}{4}$ m
33. 8			30	33. 8			30 $\frac{1}{8}$ p
33. 9			29 $\frac{15}{16}$ m	33. 9			30 $\frac{1}{16}$ p
33. 10			29 $\frac{7}{8}$ m	33. 10			30
33. 11			29 $\frac{3}{4}$ p	33. 11			29 $\frac{15}{16}$ m
34.			29 $\frac{11}{16}$ p	34.			29 $\frac{7}{8}$ m
34. 1			29 $\frac{5}{8}$ p	34. 1			29 $\frac{3}{4}$ p
34. 2			29 $\frac{9}{16}$ m	34. 2			29 $\frac{11}{16}$ p
34. 3			29 $\frac{1}{2}$ m	34. 3			29 $\frac{5}{8}$ p
34. 4			29 $\frac{7}{16}$ m	34. 4			29 $\frac{9}{16}$ p
34. 5			29 $\frac{3}{8}$ m	34. 5			29 $\frac{1}{2}$ m
34. 6			29 $\frac{1}{4}$ p	34. 6			29 $\frac{7}{16}$ m
34. 7			29 $\frac{3}{16}$ p	34. 7			29 $\frac{3}{8}$ m
34. 8			29 $\frac{1}{8}$ p	34. 8			29 $\frac{1}{4}$ p
34. 9			29 $\frac{1}{16}$ p	34. 9			29 $\frac{3}{16}$ p
34. 10			29 m	34. 10			29 $\frac{1}{8}$ p
34. 11			28 $\frac{15}{16}$ m	34. 11			29 $\frac{1}{16}$ p
35.			28 $\frac{7}{8}$ m	35.			29
35. 1			28 $\frac{13}{16}$ m	35. 1			28 $\frac{15}{16}$ m
35. 2			28 $\frac{3}{4}$ m	35. 2			28 $\frac{7}{8}$ m
35. 3			28 $\frac{5}{8}$ p	35. 3			28 $\frac{13}{16}$ m
35. 4			28 $\frac{9}{16}$ p	35. 4			28 $\frac{3}{4}$ m
35. 5			28 $\frac{1}{2}$ p	35. 5			28 $\frac{11}{16}$ m
35. 6			28 $\frac{7}{16}$ p	35. 6			28 $\frac{9}{16}$ p
35. 7			28 $\frac{3}{8}$ p	35. 7			28 $\frac{1}{2}$ p
35. 8			28 $\frac{5}{16}$ p	35. 8			28 $\frac{7}{16}$ p
35. 9			28 $\frac{1}{4}$ p	35. 9			28 $\frac{3}{8}$ p
35. 10			28 $\frac{3}{16}$ m	35. 10			28 $\frac{5}{16}$ p
35. 11			28 $\frac{1}{8}$ m	35. 11			28 $\frac{1}{4}$ p
36.			28 $\frac{1}{16}$ m	36.			28 $\frac{3}{16}$ p

Iii iij

438 COMBINAISON GENERALE

PARIS, HAMBOURG, LONDRES.

Londr. sur Hamb.	Hamb. sur Paris.	Paris sur Hamb.	Rend à Londr.	Londr. sur Hamb.	Hamb. sur Paris.	Paris sur Hamb.	Rend à Londr.
33 ·	· 25 $\frac{1}{2}$ ·	· 188 $\frac{1}{4}$ m ·	30 $\frac{15}{16}$ m	33 ·	25 $\frac{1}{8}$	· 187 $\frac{1}{16}$ p ·	31 $\frac{1}{16}$ m
33 · 1	.....	.....	30 $\frac{13}{16}$ p	33 · 1	.....	.....	31 m
33 · 2	.....	.....	30 $\frac{3}{4}$ p	33 · 2	.....	.....	30 $\frac{7}{8}$ p
33 · 3	.....	.....	30 $\frac{11}{16}$ m	33 · 3	.....	.....	30 $\frac{13}{16}$ p
33 · 4	.....	.....	30 $\frac{5}{8}$ m	33 · 4	.....	.....	30 $\frac{3}{4}$
33 · 5	.....	.....	30 $\frac{1}{2}$ p	33 · 5	.....	.....	30 $\frac{11}{16}$ m
33 · 6	.....	.....	30 $\frac{7}{16}$ p	33 · 6	.....	.....	30 $\frac{5}{8}$ m
33 · 7	.....	.....	30 $\frac{3}{8}$ m	33 · 7	.....	.....	30 $\frac{1}{2}$ p
33 · 8	.....	.....	30 $\frac{5}{16}$ m	33 · 8	.....	.....	30 $\frac{7}{16}$ p
33 · 9	.....	.....	30 $\frac{1}{4}$ m	33 · 9	.....	.....	30 $\frac{3}{8}$ m
33 · 10	.....	.....	30 $\frac{1}{8}$ p	33 · 10	.....	.....	30 $\frac{1}{4}$ m
33 · 11	.....	.....	30 $\frac{1}{16}$ p	33 · 11	.....	.....	30 $\frac{1}{4}$ m
34 ·	.....	.....	30	34 ·	.....	.....	30 $\frac{1}{8}$ p
34 · 1	.....	.....	29 $\frac{15}{16}$ m	34 · 1	.....	.....	30 $\frac{1}{16}$ p
34 · 2	.....	.....	29 $\frac{7}{8}$ m	34 · 2	.....	.....	30
34 · 3	.....	.....	29 $\frac{3}{4}$ p	34 · 3	.....	.....	29 $\frac{15}{16}$ m
34 · 4	.....	.....	29 $\frac{11}{16}$ p	34 · 4	.....	.....	29 $\frac{7}{8}$
34 · 5	.....	.....	29 $\frac{5}{8}$ p	34 · 5	.....	.....	29 $\frac{13}{16}$ m
34 · 6	.....	.....	29 $\frac{1}{2}$ p	34 · 6	.....	.....	29 $\frac{11}{16}$ m
34 · 7	.....	.....	29 $\frac{1}{2}$ m	34 · 7	.....	.....	29 $\frac{5}{8}$ p
34 · 8	.....	.....	29 $\frac{7}{16}$ m	34 · 8	.....	.....	29 $\frac{9}{16}$ p
34 · 9	.....	.....	29 $\frac{3}{8}$ m	34 · 9	.....	.....	29 $\frac{1}{2}$
34 · 10	.....	.....	29 $\frac{5}{16}$ m	34 · 10	.....	.....	29 $\frac{7}{16}$ p
34 · 11	.....	.....	29 $\frac{3}{16}$ p	34 · 11	.....	.....	29 $\frac{3}{8}$ m
35 ·	.....	.....	29 $\frac{1}{8}$ p	35 ·	.....	.....	29 $\frac{5}{16}$ m
35 · 1	.....	.....	29 $\frac{1}{16}$ p	35 · 1	.....	.....	29 $\frac{3}{16}$ p
35 · 2	.....	.....	29 p	35 · 2	.....	.....	29 $\frac{1}{8}$ p
35 · 3	.....	.....	28 $\frac{15}{16}$ m	35 · 3	.....	.....	29 $\frac{1}{16}$ p
35 · 4	.....	.....	28 $\frac{7}{8}$ m	35 · 4	.....	.....	29 p
35 · 5	.....	.....	28 $\frac{13}{16}$ m	35 · 5	.....	.....	28 $\frac{15}{16}$ p
35 · 6	.....	.....	28 $\frac{3}{4}$ m	35 · 6	.....	.....	28 $\frac{7}{8}$ m
35 · 7	.....	.....	28 $\frac{11}{16}$ m	35 · 7	.....	.....	28 $\frac{13}{16}$ m
35 · 8	.....	.....	28 $\frac{5}{8}$ m	35 · 8	.....	.....	28 $\frac{3}{4}$ m
35 · 9	.....	.....	28 $\frac{9}{16}$ m	35 · 9	.....	.....	28 $\frac{11}{16}$ m
35 · 10	.....	.....	28 $\frac{7}{16}$ p	35 · 10	.....	.....	28 $\frac{5}{8}$ m
35 · 11	.....	.....	28 $\frac{3}{8}$ p	35 · 11	.....	.....	28 $\frac{9}{16}$ m
36 ·	.....	.....	28 $\frac{5}{16}$ p	36 ·	.....	.....	28 $\frac{1}{2}$ m

PARIS, HAMBOURG, LONDRES.

Londr. sur Hamb.	Hamb. sur Paris.	Paris sur Hamb.	Rend à Londr.	Londr. sur Hamb.	Hamb. sur Paris.	Paris sur Hamb.	Rend à Londr.
33·	25 3/4	186 7/16 m	31 3/16 p	33·	25 7/8	185 1/2 p	31 3/8 m
33· 1			31 1/8 p	33· 1			31 5/16 m
33· 2			31 1/16 m	33· 2			31 3/16 p
33· 3			31 m	33· 3			31 1/8 p
33· 4			30 7/8 p	33· 4			31 1/16 m
33· 5			30 13/16 p	33· 5			31 m
33· 6			30 3/4 m	33· 6			30 7/8 p
33· 7			30 11/16 m	33· 7			30 13/16 p
33· 8			30 5/8 m	33· 8			30 3/4 m
33· 9			30 1/2 p	33· 9			30 11/16 m
33·10			30 7/16 p	33·10			30 9/16 p
33·11			30 3/8 m	33·11			30 1/2 p
34·			30 5/16 m	34·			30 7/16 p
34· 1			30 1/4 m	34· 1			30 3/8 m
34· 2			30 1/8 p	34· 2			30 5/16 m
34· 3			30 1/16 p	34· 3			30 1/4 m
34· 4			30	34· 4			30 1/8 p
34· 5			29 15/16 m	34· 5			30 1/16 p
34· 6			29 7/8 m	34· 6			30
34· 7			29 13/16 m	34· 7			29 15/16 m
34· 8			29 11/16 p	34· 8			29 7/8 m
34· 9			29 5/8 p	34· 9			29 13/16 m
34·10			29 9/16 p	34·10			29 11/16 p
34·11			29 1/2 m	34·11			29 5/8 p
35·			29 7/16 m	35·			29 9/16 p
35· 1			29 3/8 m	35· 1			29 1/2 p
35· 2			29 5/16 m	35· 2			29 7/16 m
35· 3			29 1/4 m	35· 3			29 3/8 m
35· 4			29 1/8 p	35· 4			29 5/16 m
35· 5			29 1/16 p	35· 5			29 1/4 m
35· 6			29 p	35· 6			29 1/8 p
35· 7			28 15/16 p	35· 7			29 1/16 p
35· 8			28 7/8 p	35· 8			29 p
35· 9			28 13/16 m	35· 9			28 15/16 p
35·10			28 3/4 m	35·10			28 7/8 p
35·11			28 11/16 m	35·11			28 13/16 p
36·			28 5/8 m	36·			28 3/4

COMBINAISON GENERALE

PARIS, HAMBOURG, LONDRES.

Londr. sur Hamb.	Hamb. sur Paris.	Paris sur Hamb.	Rend à Londr.	Londr. sur Hamb.	Hamb. sur Paris.	Paris sur Hamb.	Rend à Londr.
33·	26	184 $\frac{1}{8}$ m	31 $\frac{1}{2}$ P	33·	26 $\frac{1}{8}$	183 $\frac{3}{4}$ m	31 $\frac{11}{16}$ m
33· 1	......	......	31 $\frac{7}{16}$ m	33· 1	......	......	31 $\frac{9}{16}$ P
33· 2	......	......	31 $\frac{3}{8}$ m	33· 2	......	......	31 $\frac{1}{2}$ P
33· 3	......	......	31 $\frac{1}{4}$ P	33· 3	......	......	31 $\frac{7}{16}$ m
33· 4	......	......	31 $\frac{3}{16}$ P	33· 4	......	......	31 $\frac{3}{8}$ m
33· 5	......	......	31 $\frac{1}{8}$ m	33· 5	......	......	31 $\frac{1}{4}$ P
33· 6	......	......	31 $\frac{1}{16}$ m	33· 6	......	......	31 $\frac{3}{16}$ P
33· 7	......	......	30 $\frac{15}{16}$ P	33· 7	......	......	31 $\frac{1}{8}$ m
33· 8	......	......	30 $\frac{7}{8}$ P	33· 8	......	......	31 $\frac{1}{16}$ m
33· 9	......	......	30 $\frac{13}{16}$ P	33· 9	......	......	30 $\frac{15}{16}$ P
33·10	......	......	30 $\frac{3}{4}$ m	33·10	......	......	30 $\frac{7}{8}$ P
33·11	......	......	30 $\frac{11}{16}$ m	33·11	......	......	30 $\frac{13}{16}$ m
34·	......	......	30 $\frac{9}{16}$ P	34·	......	......	30 $\frac{3}{4}$ m
34· 1	......	......	30 $\frac{1}{2}$ P	34· 1	......	......	30 $\frac{11}{16}$ m
34· 2	......	......	30 $\frac{7}{16}$ P	34· 2	......	......	30 $\frac{9}{16}$ P
34· 3	......	......	30 $\frac{3}{8}$ m	34· 3	......	......	30 $\frac{1}{2}$ P
34· 4	......	......	30 $\frac{5}{16}$ m	34· 4	......	......	30 $\frac{7}{16}$ m
34· 5	......	......	30 $\frac{3}{16}$ P	34· 5	......	......	30 $\frac{3}{8}$ m
34· 6	......	......	30 $\frac{1}{8}$ P	34· 6	......	......	30 $\frac{5}{16}$ m
34· 7	......	......	30 $\frac{1}{16}$ P	34· 7	......	......	30 $\frac{3}{16}$ P
34· 8	......	......	30	34· 8	......	......	30 $\frac{1}{8}$ P
34· 9	......	......	29 $\frac{15}{16}$ m	34· 9	......	......	30 $\frac{1}{16}$ P
34·10	......	......	29 $\frac{7}{8}$ m	34·10	......	......	30
34·11	......	......	29 $\frac{13}{16}$ m	34·11	......	......	29 $\frac{15}{16}$ m
35·	......	......	29 $\frac{11}{16}$ P	35·	......	......	29 $\frac{7}{8}$ m
35· 1	......	......	29 $\frac{5}{8}$ P	35· 1	......	......	29 $\frac{13}{16}$ m
35· 2	......	......	29 $\frac{9}{16}$ P	35· 2	......	......	29 $\frac{11}{16}$ P
35· 3	......	......	29 $\frac{1}{2}$ P	35· 3	......	......	29 $\frac{5}{8}$ P
35· 4	......	......	29 $\frac{7}{16}$ m	35· 4	......	......	29 $\frac{9}{16}$ m
35· 5	......	......	29 $\frac{3}{8}$ m	35· 5	......	......	29 $\frac{1}{2}$ P
35· 6	......	......	29 $\frac{5}{16}$ m	35· 6	......	......	29 $\frac{7}{16}$ m
35· 7	......	......	29 $\frac{1}{4}$ m	35· 7	......	......	29 $\frac{5}{16}$ m
35· 8	......	......	29 $\frac{3}{16}$ m	35· 8	......	......	29 $\frac{5}{16}$ m
35· 9	......	......	29 $\frac{1}{16}$ P	35· 9	......	......	29 $\frac{1}{4}$ m
35·10	......	......	29 P	35·10	......	......	29 $\frac{3}{16}$ m
35·11	......	......	28 $\frac{15}{16}$ P	35·11	......	......	29 $\frac{1}{8}$ m
36·	......	......	28 $\frac{7}{8}$ P	36·	......	......	29 P

DES CHANGES.

PARIS, HAMBOURG, LONDRES.

Londr. sur Hamb.	Hamb. sur Paris.	Paris sur Hamb.	Rend à Londr.	Londr. sur Hamb.	Hamb. sur Paris.	Paris sur Hamb.	Rend à Londr.
33·	26 $\frac{1}{4}$	182 $\frac{7}{8}$ m	31 $\frac{13}{16}$ p	33·	26 $\frac{3}{8}$	182 m	32 m
33· 1			31 $\frac{3}{4}$ m	33· 1			31 $\frac{7}{8}$ p
33· 2			31 $\frac{11}{16}$ m	33· 2			31 $\frac{13}{16}$ m
33· 3			31 $\frac{9}{16}$ p	33· 3			31 $\frac{2}{4}$ m
33· 4			31 $\frac{1}{2}$	33· 4			31 $\frac{5}{8}$ p
33· 5			31 $\frac{7}{16}$ m	33· 5			31 $\frac{9}{16}$ p
33· 6			31 $\frac{5}{16}$ p	33· 6			31 $\frac{1}{2}$ m
33· 7			31 $\frac{1}{4}$ p	33· 7			31 $\frac{7}{16}$ m
33· 8			31 $\frac{3}{16}$ p	33· 8			31 $\frac{5}{16}$ p
33· 9			31 $\frac{1}{8}$	33· 9			31 $\frac{1}{4}$ p
33·10			31 $\frac{1}{16}$ m	33·10			31 $\frac{3}{16}$ m
33·11			30 $\frac{15}{16}$ p	33·11			31 $\frac{1}{8}$ m
34·			30 $\frac{7}{8}$ p	34·			31 p
34· 1			30 $\frac{13}{16}$ m	34· 1			30 $\frac{15}{16}$ p
34· 2			30 $\frac{3}{4}$ m	34· 2			30 $\frac{7}{8}$ p
34· 3			30 $\frac{11}{16}$ m	34· 3			30 $\frac{13}{16}$ m
34· 4			30 $\frac{9}{16}$ p	34· 4			30 $\frac{3}{4}$ m
34· 5			30 $\frac{1}{2}$ p	34· 5			30 $\frac{5}{8}$ p
34· 6			30 $\frac{7}{16}$ m	34· 6			30 $\frac{9}{16}$ p
34· 7			30 $\frac{3}{8}$ p	34· 7			30 $\frac{1}{2}$ p
34· 8			30 $\frac{5}{16}$ m	34· 8			30 $\frac{7}{16}$ m
34· 9			30 $\frac{3}{16}$ p	34· 9			30 $\frac{3}{8}$ m
34·10			30 $\frac{1}{8}$ p	34·10			30 $\frac{5}{16}$ m
34·11			30 $\frac{1}{16}$ p	34·11			30 $\frac{3}{16}$ p
35·			30	35·			30 $\frac{1}{8}$ p
35· 1			29 $\frac{15}{16}$ m	35· 1			30 $\frac{1}{16}$ p
35· 2			29 $\frac{7}{8}$ m	35· 2			30
35· 3			29 $\frac{11}{16}$ m	35· 3			29 $\frac{15}{16}$ m
35· 4			29 $\frac{5}{8}$ p	35· 4			29 $\frac{7}{8}$ p
35· 5			29 $\frac{9}{16}$ p	35· 5			29 $\frac{13}{16}$ m
35· 6			29 $\frac{7}{16}$ p	35· 6			29 $\frac{11}{16}$ p
35· 7			29 $\frac{3}{8}$ p	35· 7			29 $\frac{5}{8}$ p
35· 8			29 $\frac{5}{16}$ p	35· 8			29 $\frac{9}{16}$ p
35· 9			29 $\frac{3}{16}$ m	35· 9			29 $\frac{1}{2}$ p
35·10			29 $\frac{1}{8}$ m	35·10			29 $\frac{7}{16}$ p
35·11			29 $\frac{1}{16}$ m	35·11			29 $\frac{3}{8}$ m
36·			29 $\frac{1}{16}$ m	36·			29 $\frac{5}{16}$ m

Tome II.   Kkk

COMBINAISON GENERALE

PARIS, HAMBOURG, LONDRES.

Londr. sur Hamb.	Hamb. sur Paris.	Paris sur Hamb.	Rend à Londr.	Londr. sur Hamb.	Hamb. sur Paris.	Paris sur Hamb.	Rend à Londr.
33.	$26\frac{1}{2}$	$181\frac{1}{8}$ P	$32\frac{1}{8}$ m	33.	$26\frac{5}{8}$	$180\frac{1}{16}$	$32\frac{1}{4}$ P
33. 1			$32\frac{1}{16}$ m	33. 1			$32\frac{1}{16}$ P
33. 2			$31\frac{15}{16}$ P	33. 2			$32\frac{1}{8}$
33. 3			$31\frac{7}{8}$ P	33. 3			32 P
33. 4			$31\frac{13}{16}$ m	33. 4			$31\frac{15}{16}$ P
33. 5			$31\frac{3}{4}$ m	33. 5			$31\frac{7}{8}$ m
33. 6			$31\frac{5}{8}$ P	33. 6			$31\frac{13}{16}$ m
33. 7			$31\frac{9}{16}$ P	33. 7			$31\frac{11}{16}$ P
33. 8			$31\frac{1}{2}$ m	33. 8			$31\frac{5}{8}$ P
33. 9			$31\frac{7}{16}$ m	33. 9			$31\frac{9}{16}$ m
33.10			$31\frac{5}{16}$ P	33.10			$31\frac{1}{2}$ m
33.11			$31\frac{1}{4}$ P	33.11			$31\frac{3}{8}$ P
34.			$31\frac{3}{16}$ m	34.			$31\frac{5}{16}$ P
34. 1			$31\frac{1}{8}$ m	34. 1			$31\frac{1}{4}$ m
34. 2			31 P	34. 2			$31\frac{3}{16}$ m
34. 3			$30\frac{15}{16}$ P	34. 3			$31\frac{1}{8}$ m
34. 4			$30\frac{7}{8}$ m	34. 4			31 P
34. 5			$30\frac{13}{16}$ m	34. 5			$30\frac{15}{16}$ P
34. 6			$30\frac{3}{4}$ m	34. 6			$30\frac{7}{8}$ m
34. 7			$30\frac{5}{8}$ P	34. 7			$30\frac{13}{16}$ m
34. 8			$30\frac{9}{16}$ P	34. 8			$30\frac{3}{4}$ m
34. 9			$30\frac{1}{2}$ P	34. 9			$30\frac{5}{8}$ P
34.10			$30\frac{7}{16}$ m	34.10			$30\frac{9}{16}$ P
34.11			$30\frac{3}{8}$ m	34.11			$30\frac{1}{2}$ P
35.			$30\frac{5}{16}$ m	35.			$30\frac{7}{16}$ m
35. 1			$30\frac{3}{16}$ P	35. 1			$30\frac{3}{8}$ m
35. 2			$30\frac{1}{8}$ P	35. 2			$30\frac{5}{16}$ m
35. 3			$30\frac{1}{16}$ P	35. 3			$30\frac{3}{16}$ P
35. 4			30	35. 4			$30\frac{1}{8}$ P
35. 5			$29\frac{15}{16}$ m	35. 5			$30\frac{1}{16}$ P
35. 6			$29\frac{7}{8}$ m	35. 6			30
35. 7			$29\frac{13}{16}$ m	35. 7			$29\frac{15}{16}$ m
35. 8			$29\frac{3}{4}$ m	35. 8			$29\frac{7}{8}$ m
35. 9			$29\frac{5}{8}$ P	35. 9			$29\frac{13}{16}$ m
35.10			$29\frac{9}{16}$ P	35.10			$29\frac{3}{4}$ m
35.11			$29\frac{1}{2}$ P	35.11			$29\frac{5}{8}$ P
36.			$29\frac{7}{16}$ P	36.			$29\frac{9}{16}$ P

DES CHANGES.

PARIS, HAMBOURG, LONDRES.

Londr. sur Hamb.	Hamb. sur Paris.	Paris sur Hamb.	Rend à Londr.	Londr. sur Hamb.	Hamb. sur Paris.	Paris sur Hamb.	Rend à Londr.
33 .	· 26 $\frac{3}{4}$	·179 $\frac{7}{16}$ p	32 $\frac{7}{16}$ m	33 .	26 $\frac{7}{8}$	·178 $\frac{5}{8}$ m·	32 $\frac{9}{16}$ p
33 . 1	....	....	32 $\frac{5}{16}$ p	33 . 1	....	....	32 $\frac{7}{16}$ m
33 . 2	....	....	32 $\frac{1}{4}$ p	33 . 2	....	....	32 $\frac{5}{16}$ m
33 . 3	....	....	32 $\frac{3}{16}$ m	33 . 3	....	....	32 $\frac{1}{6}$ p
33 . 4	....	....	32 $\frac{1}{8}$ m	33 . 4	....	....	32 $\frac{1}{4}$
33 . 5	....	....	32 p	33 . 5	....	....	32 $\frac{3}{16}$ m
33 . 6	....	....	31 $\frac{15}{16}$ p	33 . 6	....	....	32 $\frac{1}{16}$ p
33 . 7	....	....	31 $\frac{7}{8}$ m	33 . 7	....	....	32 p
33 . 8	....	....	31 $\frac{13}{16}$ m	33 . 8	....	....	31 $\frac{15}{16}$ m
33 . 9	....	....	31 $\frac{11}{16}$ p	33 . 9	....	....	31 $\frac{7}{16}$ m
33 . 10	....	....	31 $\frac{1}{2}$ p	33 . 10	....	....	31 $\frac{3}{2}$ p
33 . 11	....	....	31 $\frac{8}{16}$ m	33 . 11	....	....	31 $\frac{11}{16}$ p
34 .	....	....	31 $\frac{1}{4}$ m	34 .	....	....	31 $\frac{5}{16}$ m
34 . 1	....	....	31 $\frac{3}{8}$ p	34 . 1	....	....	31 $\frac{9}{16}$ m
34 . 2	....	....	31 $\frac{5}{16}$ p	34 . 2	....	....	31 $\frac{7}{16}$ p
34 . 3	....	....	31 $\frac{1}{4}$ m	34 . 3	....	....	31 $\frac{3}{8}$ p
34 . 4	....	....	31 $\frac{3}{16}$ m	34 . 4	....	....	31 $\frac{5}{16}$ m
34 . 5	....	....	31 $\frac{1}{16}$ p	34 . 5	....	....	31 $\frac{1}{4}$ p
34 . 6	....	....	31 p	34 . 6	....	....	31 $\frac{3}{16}$ p
34 . 7	....	....	30 $\frac{15}{16}$ p	34 . 7	....	....	31 $\frac{1}{16}$ p
34 . 8	....	....	30 $\frac{7}{8}$ m	34 . 8	....	....	31 p
34 . 9	....	....	30 $\frac{13}{16}$ m	34 . 9	....	....	30 $\frac{15}{16}$ m
34 . 10	....	....	30 $\frac{11}{16}$ p	34 . 10	....	....	30 $\frac{7}{8}$ m
34 . 11	....	....	30 $\frac{5}{8}$ p	34 . 11	....	....	30 $\frac{13}{16}$ m
35 .	....	....	30 $\frac{9}{16}$ p	35 .	....	....	30 $\frac{11}{16}$ p
35 . 1	....	....	30 $\frac{1}{2}$ m	35 . 1	....	....	30 $\frac{5}{8}$ p
35 . 2	....	....	30 $\frac{7}{16}$ m	35 . 2	....	....	30 $\frac{9}{16}$ p
35 . 3	....	....	30 $\frac{3}{8}$ m	35 . 3	....	....	30 $\frac{7}{16}$ m
35 . 4	....	....	30 $\frac{5}{16}$ p	35 . 4	....	....	30 $\frac{3}{8}$ m
35 . 5	....	....	30 $\frac{1}{4}$ p	35 . 5	....	....	30 $\frac{3}{16}$ m
35 . 6	....	....	30 $\frac{1}{8}$ p	35 . 6	....	....	30 $\frac{1}{16}$ m
35 . 7	....	....	30 $\frac{1}{16}$ p	35 . 7	....	....	30 $\frac{1}{16}$ p
35 . 8	....	....	30	35 . 8	....	....	30 $\frac{1}{16}$ p
35 . 9	....	....	29 $\frac{15}{16}$ m	35 . 9	....	....	30
35 . 10	....	....	29 $\frac{7}{8}$ m	35 . 10	....	....	29 $\frac{15}{16}$ m
35 . 11	....	....	29 $\frac{13}{16}$ m	35 . 11	....	....	29 $\frac{7}{8}$ m
36 .	....	....	29 $\frac{3}{4}$ m	36 .	....	....	29 $\frac{7}{8}$ m

Kkk ij

444 COMBINAISON GENERALE

PARIS, HAMBOURG, LONDRES.

Londr. sur Hamb.	Hamb. sur Paris.	Paris sur Hamb.	Rend à Londr.	Londr. sur Hamb.	Hamb. sur Paris.	Paris sur Hamb.	Rend à Londr.
33 .	· 27	· $177\frac{3}{4}$ p ·	$32\frac{3}{4}$ m	33 .	· $27\frac{1}{8}$	· $176\frac{15}{16}$ p ·	$32\frac{7}{8}$ p
33 · 1	....		$32\frac{5}{8}$ p	33 · 1	....		$32\frac{13}{16}$ m
33 · 2	....		$32\frac{5}{16}$ p	33 · 2	....		$32\frac{11}{16}$ p
33 · 3	....		$32\frac{1}{2}$ m	33 · 3	....		$32\frac{5}{8}$ p
33 · 4	....		$32\frac{3}{8}$ p	33 · 4	....		$32\frac{9}{16}$ m
33 · 5	....		$32\frac{5}{16}$ p	33 · 5	....		$32\frac{1}{2}$ p
33 · 6	....		$32\frac{1}{4}$ m	33 · 6	....		$32\frac{3}{8}$ p
33 · 7	....		$32\frac{3}{16}$ m	33 · 7	....		$32\frac{5}{16}$ m
33 · 8	....		$32\frac{1}{16}$ p	33 · 8	....		$32\frac{1}{4}$ p
33 · 9	....		32	33 · 9	....		$32\frac{1}{8}$ p
33 · 10	....		$31\frac{15}{16}$ m	33 · 10	....		$32\frac{1}{16}$ p
33 · 11	....		$31\frac{13}{16}$ p	33 · 11	....		32 m
34 .	....		$31\frac{3}{4}$ p	34 .	....		$31\frac{15}{16}$ m
34 · 1	....		$31\frac{11}{16}$ m	34 · 1	....		$31\frac{13}{16}$ p
34 · 2	....		$31\frac{1}{2}$ m	34 · 2	....		$31\frac{3}{4}$ p
34 · 3	....		$31\frac{7}{16}$ m	34 · 3	....		$31\frac{11}{16}$ m
34 · 4	....		$31\frac{7}{16}$ p	34 · 4	....		$31\frac{5}{8}$ m
34 · 5	....		$31\frac{3}{8}$ p	34 · 5	....		$31\frac{1}{2}$ p
34 · 6	....		$31\frac{1}{16}$ p	34 · 6	....		$31\frac{7}{16}$ p
34 · 7	....		$31\frac{1}{4}$ m	34 · 7	....		$31\frac{3}{8}$ m
34 · 8	....		$31\frac{1}{8}$ p	34 · 8	....		$31\frac{5}{16}$ m
34 · 9	....		$31\frac{1}{16}$ p	34 · 9	....		$31\frac{1}{4}$ m
34 · 10	....		31 p	34 · 10	....		$31\frac{1}{8}$ p
34 · 11	....		$30\frac{15}{16}$ m	34 · 11	....		$31\frac{1}{16}$ p
35 .	....		$30\frac{7}{8}$ m	35 .	....		31
35 · 1	....		$30\frac{13}{16}$ m	35 · 1	....		$30\frac{15}{16}$ m
35 · 2	....		$30\frac{11}{16}$ p	35 · 2	....		$30\frac{7}{8}$ m
35 · 3	....		$30\frac{5}{8}$ p	35 · 3	....		$30\frac{3}{4}$ p
35 · 4	....		$30\frac{9}{16}$ p	35 · 4	....		$30\frac{11}{16}$ p
35 · 5	....		$30\frac{1}{2}$ m	35 · 5	....		$30\frac{5}{8}$ p
35 · 6	....		$30\frac{7}{16}$ m	35 · 6	....		$30\frac{9}{16}$ p
35 · 7	....		$30\frac{3}{8}$ m	35 · 7	....		$30\frac{1}{2}$ m
35 · 8	....		$30\frac{1}{4}$ p	35 · 8	....		$30\frac{7}{16}$ m
35 · 9	....		$30\frac{3}{16}$ p	35 · 9	....		$30\frac{3}{8}$ m
35 · 10	....		$30\frac{1}{8}$ p	35 · 10	....		$30\frac{1}{4}$ p
35 · 11	....		$30\frac{1}{16}$ p	35 · 11	....		$30\frac{3}{16}$ p
36 .	....		30 .	36 .	....		$30\frac{1}{8}$ p

DES CHANGES. 445

PARIS, HAMBOURG, LONDRES.

Londr. sur Hamb.	Hamb. sur Paris.	Paris sur Hamb.	Rend à Londr.	Londr. sur Hamb.	Hamb. sur Paris.	Paris sur Hamb.	Rend à Londr.
33.	27 $\frac{1}{4}$	176 $\frac{1}{8}$ p	33 p	33.	27 $\frac{3}{8}$	175 $\frac{5}{16}$ p	33 $\frac{3}{16}$ m
33. 1			32 $\frac{15}{16}$ p	33. 1			33 $\frac{1}{8}$ m
33. 2			32 $\frac{7}{8}$ m	33. 2			33 p
33. 3			32 $\frac{13}{16}$ m	33. 3			32 $\frac{15}{16}$ m
33. 4			32 $\frac{11}{16}$ p	33. 4			32 $\frac{7}{8}$ m
33. 5			32 $\frac{5}{8}$ m	33. 5			32 $\frac{3}{4}$ p
33. 6			32 $\frac{9}{16}$ m	33. 6			32 $\frac{11}{16}$ m
33. 7			32 $\frac{7}{16}$ p	33. 7			32 $\frac{5}{8}$ m
33. 8			32 $\frac{3}{8}$ p	33. 8			32 $\frac{1}{2}$ p
33. 9			32 $\frac{5}{16}$ m	33. 9			32 $\frac{7}{16}$ p
33.10			32 $\frac{3}{16}$ p	33.10			32 $\frac{3}{8}$ m
33.11			32 $\frac{1}{8}$ p	33.11			32 $\frac{3}{16}$ m
34.			32 $\frac{1}{16}$ m	34.			32 $\frac{3}{16}$ p
34. 1			32 m	34. 1			32 $\frac{1}{8}$ p
34. 2			31 $\frac{7}{8}$ p	34. 2			32 $\frac{1}{16}$ m
34. 3			31 $\frac{13}{16}$ p	34. 3			32 m
34. 4			31 $\frac{3}{4}$ m	34. 4			31 $\frac{7}{8}$ p
34. 5			31 $\frac{11}{16}$ m	34. 5			31 $\frac{13}{16}$ p
34. 6			31 $\frac{1}{2}$ p	34. 6			31 $\frac{3}{4}$ p
34. 7			31 $\frac{7}{16}$ p	34. 7			31 $\frac{11}{16}$ m
34. 8			31 $\frac{1}{16}$ p	34. 8			31 $\frac{9}{16}$ p
34. 9			31 $\frac{3}{8}$ m	34. 9			31 $\frac{1}{2}$ p
34.10			31 $\frac{5}{16}$ m	34.10			31 $\frac{7}{16}$ m
34.11			31 $\frac{1}{4}$ p	34.11			31 $\frac{3}{8}$ m
35.			31 $\frac{1}{8}$ p	35.			31 $\frac{5}{16}$ m
35. 1			31 $\frac{1}{16}$ p	35. 1			31 $\frac{3}{16}$ p
35. 2			31 m	35. 2			31 $\frac{1}{8}$ p
35. 3			30 $\frac{15}{16}$ m	35. 3			31 $\frac{1}{16}$ m
35. 4			30 $\frac{7}{8}$ m	35. 4			31 m
35. 5			30 $\frac{3}{4}$ p	35. 5			30 $\frac{15}{16}$ m
35. 6			30 $\frac{11}{16}$ p	35. 6			30 $\frac{7}{8}$ m
35. 7			30 $\frac{5}{8}$ p	35. 7			30 $\frac{3}{4}$ p
35. 8			30 $\frac{9}{16}$ m	35. 8			30 $\frac{11}{16}$ p
35. 9			30 $\frac{1}{2}$ m	35. 9			30 $\frac{5}{8}$ p
35.10			30 $\frac{7}{16}$ m	35.10			30 $\frac{9}{16}$ m
35.11			30 $\frac{3}{8}$ m	35.11			30 $\frac{1}{2}$ m
36.			30 $\frac{1}{4}$ p	36.			30 $\frac{7}{16}$ m

Kkk iij

COMBINAISON GENERALE

PARIS, HAMBOURG, LONDRES.

Londr. sur Hamb.	Hamb. sur Paris.	Paris sur Hamb.	Rend à Londr.	Londr. sur Hamb.	Hamb. sur Paris.	Paris sur Hamb.	Rend à Londr.
33.	· $27\frac{1}{2}$ ·	$174\frac{9}{16}$ m ·	$33\frac{5}{16}$ P	33.	· $27\frac{5}{8}$ ·	$173\frac{3}{4}$ P ·	$33\frac{1}{2}$ m
33. 1	....		$33\frac{1}{4}$ m	33. 1	....		$33\frac{3}{8}$ P
33. 2	....		$33\frac{3}{16}$ m	33. 2	....		$33\frac{5}{16}$ P
33. 3	....		$33\frac{1}{16}$ P	33. 3	....		$33\frac{1}{4}$ P
33. 4	....		33	33. 4	....		$33\frac{1}{8}$ P
33. 5	....		$32\frac{15}{16}$ m	33. 5	....		$33\frac{1}{16}$ P
33. 6	....		$32\frac{13}{16}$ P	33. 6	....		33 m
33. 7	....		$32\frac{3}{4}$ P	33. 7	....		$32\frac{7}{8}$ P
33. 8	....		$32\frac{11}{16}$ m	33. 8	....		$32\frac{13}{16}$ P
33. 9	....		$32\frac{9}{16}$ P	33. 9	....		$32\frac{3}{4}$ m
33. 10	....		$32\frac{1}{2}$ P	33. 10	....		$32\frac{11}{16}$ m
33. 11	....		$32\frac{7}{16}$ m	33. 11	....		$32\frac{9}{16}$ P
34.	....		$32\frac{3}{8}$ m	34.	....		$32\frac{1}{2}$ m
34. 1	....		$32\frac{1}{4}$ P	34. 1	....		$32\frac{7}{16}$ m
34. 2	....		$32\frac{3}{16}$ P	34. 2	....		$32\frac{5}{16}$ P
34. 3	....		$32\frac{1}{8}$ m	34. 3	....		$32\frac{1}{4}$ P
34. 4	....		$32\frac{1}{16}$ m	34. 4	....		$32\frac{3}{16}$ m
34. 5	....		$31\frac{15}{16}$ P	34. 5	....		$32\frac{1}{8}$ m
34. 6	....		$31\frac{7}{8}$ P	34. 6	....		32 P
34. 7	....		$31\frac{13}{16}$ m	34. 7	....		$31\frac{15}{16}$ P
34. 8	....		$31\frac{3}{4}$ m	34. 8	....		$31\frac{7}{8}$ m
34. 9	....		$31\frac{5}{8}$ P	34. 9	....		$31\frac{13}{16}$ m
34. 10	....		$31\frac{9}{16}$ P	34. 10	....		$31\frac{3}{4}$ m
34. 11	....		$31\frac{1}{2}$ P	34. 11	....		$31\frac{5}{8}$ P
35.	....		$31\frac{7}{16}$ m	35.	....		$31\frac{9}{16}$ P
35. 1	....		$31\frac{3}{8}$ m	35. 1	....		$31\frac{1}{2}$ m
35. 2	....		$31\frac{1}{4}$ P	35. 2	....		$31\frac{7}{16}$ m
35. 3	....		$31\frac{3}{16}$ P	35. 3	....		$31\frac{5}{8}$ m
35. 4	....		$31\frac{1}{8}$ P	35. 4	....		$31\frac{1}{4}$ P
35. 5	....		$31\frac{1}{16}$ m	35. 5	....		$31\frac{3}{16}$ P
35. 6	....		31 m	35. 6	....		$31\frac{1}{8}$ P
35. 7	....		$30\frac{15}{16}$ m	35. 7	....		$31\frac{1}{16}$ m
35. 8	....		$30\frac{13}{16}$ P	35. 8	....		31 m
35. 9	....		$30\frac{3}{4}$ P	35. 9	....		$30\frac{15}{16}$ m
35. 10	....		$30\frac{11}{16}$ P	35. 10	....		$30\frac{13}{16}$ P
35. 11	....		$30\frac{5}{8}$ P	35. 11	....		$30\frac{3}{4}$ P
36.	....		$30\frac{9}{16}$ m	36.	....		$30\frac{11}{16}$ P

DES CHANGES. 447

PARIS, HAMBOURG, LONDRES.

Londr. sur Hamb.	Hamb. sur Paris.	Paris sur Hamb.	Rend à Londr.	Londr. sur Hamb.	Hamb. sur Paris.	Paris sur Hamb.	Rend à Londr.
33.	27¾	173 m	33 ⅛ p	33.	27⅞	172 3/16 p	33 13/16 m
33. 1			33 9/16 m	33. 1			33 11/16 p
33. 2			33 7/16 p	33. 2			33 ⅝ m
33. 3			33 ⅜ p	33. 3			33 9/16 m
33. 4			33 5/16 m	33. 4			33 7/16 p
33. 5			33 3/16 p	33. 5			33 ⅜ m
33. 6			33 ⅛ p	33. 6			33 5/16 m
33. 7			33 1/16 m	33. 7			33 3/16 p
33. 8			33 m	33. 8			33 ⅛ m
33. 9			32 ⅞ p	33. 9			33 1/16 m
33.10			32 13/16 m	33.10			32 15/16 p
33.11			32 ¾ m	33.11			32 ⅞ m
34.			32 ⅝ p	34.			32 13/16 m
34. 1			32 9/16 p	34. 1			32 11/16 p
34. 2			32 ½ m	34. 2			32 ⅝ p
34. 3			32 7/16 m	34. 3			32 ⅝ m
34. 4			32 5/16 p	34. 4			32 ½ m
34. 5			32 ¼ p	34. 5			32 ⅜ p
34. 6			32 3/16 p	34. 6			32 5/16 p
34. 7			32 ⅛ p	34. 7			32 ¼ m
34. 8			32 p	34. 8			32 ⅛ m
34. 9			31 15/16 p	34. 9			32 1/16 p
34.10			31 ⅞ m	34.10			32 p
34.11			31 13/16 m	34.11			31 15/16 m
35.			31 11/16 p	35.			31 ⅞ m
35. 1			31 ⅝ p	35. 1			31 13/16 m
35. 2			31 9/16 p	35. 2			31 11/16 p
35. 3			31 ½ p	35. 3			31 ⅝ p
35. 4			31 7/16 m	35. 4			31 1/16 m
35. 5			31 5/16 p	35. 5			31 ½ m
35. 6			31 ¼ p	35. 6			31 7/16 m
35. 7			31 3/16 p	35. 7			31 ⅜ p
35. 8			31 ⅛ m	35. 8			31 ¼ p
35. 9			31 1/16 m	35. 9			31 3/16 p
35.10			31 m	35.10			31 ⅛ m
35.11			30 ⅞ p	35.11			31 1/16 m
36.			30 13/16 p	36.			31 m

COMBINAISON GENERALE
PARIS, HAMBOURG, LONDRES.

Londr. sur Hamb.	Hamb. sur Paris.	Paris sur Hamb.	Rend à Londr.	Londr. sur Hamb.	Hamb. sur Paris.	Paris sur Hamb.	Rend à Londr.
33.	28	$171\frac{7}{16}$ m.	$33\frac{15}{16}$ p	33.	$28\frac{1}{8}$	$170\frac{11}{16}$ m.	$34\frac{1}{16}$ p
33. 1			$33\frac{7}{8}$ m	33. 1			34 p
33. 2			$33\frac{3}{4}$ p	33. 2			$33\frac{15}{16}$ m
33. 3			$33\frac{11}{16}$ m	33. 3			$33\frac{13}{16}$ p
33. 4			$33\frac{5}{8}$ m	33. 4			$33\frac{3}{4}$
33. 5			$33\frac{1}{2}$ p	33. 5			$33\frac{11}{16}$ m
33. 6			$33\frac{7}{16}$ m	33. 6			$33\frac{9}{16}$ p
33. 7			$33\frac{3}{8}$ m	33. 7			$33\frac{1}{2}$ m
33. 8			$33\frac{1}{4}$ p	33. 8			$33\frac{7}{16}$ m
33. 9			$33\frac{3}{16}$ m	33. 9			$33\frac{5}{16}$ p
33. 10			$33\frac{1}{8}$ m	33. 10			$33\frac{1}{4}$ m
33. 11			33 p	33. 11			$33\frac{3}{16}$ p
34.			$32\frac{15}{16}$ p	34.			$33\frac{1}{16}$ p
34. 1			$32\frac{7}{8}$ m	34. 1			33 p
34. 2			$32\frac{3}{4}$ p	34. 2			$32\frac{15}{16}$ m
34. 3			$32\frac{11}{16}$ p	34. 3			$32\frac{7}{8}$ m
34. 4			$32\frac{5}{8}$ m	34. 4			$32\frac{3}{4}$ p
34. 5			$32\frac{9}{16}$ m	34. 5			$32\frac{11}{16}$ p
34. 6			$32\frac{7}{16}$ m	34. 6			$32\frac{1}{8}$ p
34. 7			$32\frac{3}{8}$ p	34. 7			$32\frac{1}{2}$ p
34. 8			$32\frac{5}{16}$ m	34. 8			$32\frac{7}{16}$ p
34. 9			$32\frac{1}{4}$ m	34. 9			$32\frac{3}{8}$ m
34. 10			$32\frac{1}{8}$ p	34. 10			$32\frac{1}{4}$ p
34. 11			$32\frac{1}{16}$ p	34. 11			$32\frac{3}{16}$ m
35.			32	35.			$32\frac{1}{8}$ p
35. 1			$31\frac{15}{16}$ m	35. 1			$32\frac{1}{16}$ p
35. 2			$31\frac{7}{8}$ m	35. 2			32 m
35. 3			$31\frac{3}{4}$ p	35. 3			$31\frac{11}{16}$ p
35. 4			$31\frac{11}{16}$ p	35. 4			$31\frac{13}{16}$ p
35. 5			$31\frac{5}{8}$ m	35. 5			$31\frac{3}{4}$
35. 6			$31\frac{9}{16}$ m	35. 6			$31\frac{11}{16}$ p
35. 7			$31\frac{1}{2}$ m	35. 7			$31\frac{5}{8}$ m
35. 8			$31\frac{3}{8}$ p	35. 8			$31\frac{9}{16}$ m
35. 9			$31\frac{5}{16}$ p	35. 9			$31\frac{1}{2}$ p
35. 10			$31\frac{1}{4}$ p	35. 10			$31\frac{3}{8}$ p
35. 11			$31\frac{3}{16}$ m	35. 11			$31\frac{5}{16}$ p
36.			$31\frac{1}{8}$ m	36.			$31\frac{1}{4}$

DES CHANGES.

PARIS, HAMBOURG, LONDRES.

Londr. sur Hamb.	Hamb. sur Paris.	Paris sur Hamb.	Rend à Londr.	Londr. sur Hamb.	Hamb. sur Paris.	Paris sur Hamb.	Rend à Londr.
33 ·	· 28 $\frac{1}{4}$	· 169 $\frac{11}{16}$ m	34 $\frac{1}{4}$ m	33 ·	· 28 $\frac{3}{8}$	· 169 $\frac{3}{16}$ m	34 $\frac{3}{8}$ p
33 · 1	....	....	34 $\frac{1}{8}$ p	33 · 1	....	....	34 $\frac{1}{16}$ m
33 · 2	....	....	34 $\frac{1}{16}$ p	33 · 2	....	....	34 $\frac{1}{4}$ m
33 · 3	....	....	34 m	33 · 3	....	....	34 $\frac{1}{8}$ p
33 · 4	....	....	33 $\frac{7}{8}$ p	33 · 4	....	....	34 $\frac{1}{16}$ m
33 · 5	....	....	33 $\frac{15}{16}$ p	33 · 5	....	....	33 $\frac{15}{16}$ p
33 · 6	....	....	33 $\frac{3}{4}$ m	33 · 6	....	....	33 $\frac{7}{8}$ p
33 · 7	....	....	33 $\frac{5}{8}$ p	33 · 7	....	....	33 $\frac{13}{16}$ m
33 · 8	....	....	33 $\frac{9}{16}$ p	33 · 8	....	....	33 $\frac{11}{16}$ p
33 · 9	....	....	33 $\frac{1}{2}$ m	33 · 9	....	....	33 $\frac{1}{8}$ p
33 · 10	....	....	33 $\frac{3}{8}$ p	33 · 10	....	....	33 $\frac{9}{16}$ m
33 · 11	....	....	33 $\frac{5}{16}$ p	33 · 11	....	....	33 $\frac{7}{16}$ p
34 ·	....	....	33 $\frac{1}{4}$ m	34 ·	....	....	33 $\frac{3}{8}$ p
34 · 1	....	....	33 $\frac{1}{8}$ p	34 · 1	....	....	33 $\frac{5}{16}$ m
34 · 2	....	....	33 $\frac{1}{16}$ p	34 · 2	....	....	33 $\frac{1}{4}$ m
34 · 3	....	....	33 m	34 · 3	....	....	33 $\frac{1}{8}$ p
34 · 4	....	....	32 $\frac{15}{16}$ m	34 · 4	....	....	33 $\frac{1}{16}$ m
34 · 5	....	....	32 $\frac{13}{16}$ p	34 · 5	....	....	33 m
34 · 6	....	....	32 $\frac{3}{4}$ p	34 · 6	....	....	32 $\frac{7}{8}$ p
34 · 7	....	....	32 $\frac{11}{16}$ m	34 · 7	....	....	32 $\frac{13}{16}$ p
34 · 8	....	....	32 $\frac{5}{8}$ m	34 · 8	....	....	32 $\frac{3}{4}$ p
34 · 9	....	....	32 $\frac{1}{2}$ p	34 · 9	....	....	32 $\frac{11}{16}$ m
34 · 10	....	....	32 $\frac{7}{16}$ p	34 · 10	....	....	32 $\frac{9}{16}$ p
34 · 11	....	....	32 $\frac{3}{8}$ m	34 · 11	....	....	32 $\frac{1}{2}$ p
35 ·	....	....	32 $\frac{3}{16}$ m	35 ·	....	....	32 $\frac{7}{16}$ m
35 · 1	....	....	32 $\frac{3}{16}$ p	35 · 1	....	....	32 $\frac{3}{8}$ m
35 · 2	....	....	32 $\frac{1}{8}$ p	35 · 2	....	....	32 $\frac{1}{4}$ p
35 · 3	....	....	32 $\frac{1}{16}$ p	35 · 3	....	....	32 $\frac{1}{16}$ p
35 · 4	....	....	32 m	35 · 4	....	....	32 $\frac{1}{8}$ p
35 · 5	....	....	31 $\frac{7}{8}$ p	35 · 5	....	....	32 $\frac{1}{16}$ m
35 · 6	....	....	31 $\frac{13}{16}$ p	35 · 6	....	....	32 m
35 · 7	....	....	31 $\frac{3}{4}$ p	35 · 7	....	....	31 $\frac{7}{8}$ p
35 · 8	....	....	31 $\frac{11}{16}$ m	35 · 8	....	....	31 $\frac{13}{16}$ p
35 · 9	....	....	31 $\frac{5}{8}$ m	35 · 9	....	....	31 $\frac{1}{4}$ m
35 · 10	....	....	31 $\frac{1}{16}$ m	35 · 10	....	....	31 $\frac{11}{16}$ m
35 · 11	....	....	31 $\frac{7}{16}$ p	35 · 11	....	....	31 $\frac{5}{8}$ m
36 ·	....	....	31 $\frac{3}{8}$ p	36 ·	....	....	31 $\frac{1}{2}$ p

COMBINAISON GENERALE
PARIS, HAMBOURG, LONDRES.

Londr. sur Hamb.	Hamb. sur Paris.	Paris sur Hamb.	Rend à Londr.	Londr. sur Hamb.	Hamb. sur Paris.	Paris sur Hamb.	Rend à Londr.
33 ·	28 $\frac{1}{2}$	168 $\frac{7}{16}$ m	34 $\frac{9}{16}$ m	33 ·	28 $\frac{5}{8}$	167 $\frac{11}{16}$ m	34 $\frac{11}{16}$ p
33 · 1			34 $\frac{7}{16}$ p	33 · 1			34 $\frac{1}{8}$ m
33 · 2			34 $\frac{3}{8}$ m	33 · 2			34 $\frac{1}{2}$ p
33 · 3			34 $\frac{5}{16}$ m	33 · 3			34 $\frac{7}{16}$ m
33 · 4			34 $\frac{3}{16}$ p	33 · 4			34 $\frac{3}{8}$ p
33 · 5			34 $\frac{1}{8}$ m	33 · 5			34 $\frac{1}{4}$ p
33 · 6			34 p	33 · 6			34 $\frac{3}{16}$ m
33 · 7			33 $\frac{15}{16}$ p	33 · 7			34 $\frac{1}{8}$ m
33 · 8			33 $\frac{7}{8}$ m	33 · 8			34 p
33 · 9			33 $\frac{3}{4}$ p	33 · 9			33 $\frac{15}{16}$ m
33 · 10			33 $\frac{11}{16}$ p	33 · 10			33 $\frac{13}{16}$ p
33 · 11			33 $\frac{5}{8}$ m	33 · 11			33 $\frac{3}{4}$ p
34 ·			33 $\frac{1}{2}$ p	34 ·			33 $\frac{11}{16}$ m
34 · 1			33 $\frac{7}{16}$ p	34 · 1			33 $\frac{5}{8}$ m
34 · 2			33 $\frac{3}{8}$ m	34 · 2			33 $\frac{1}{2}$ p
34 · 3			33 $\frac{5}{16}$ m	34 · 3			33 $\frac{7}{16}$ m
34 · 4			33 $\frac{3}{16}$ p	34 · 4			33 $\frac{3}{8}$ m
34 · 5			33 $\frac{1}{8}$ m	34 · 5			33 $\frac{1}{4}$ p
34 · 6			33 $\frac{1}{16}$ m	34 · 6			33 $\frac{3}{16}$ p
34 · 7			32 $\frac{15}{16}$ p	34 · 7			33 $\frac{1}{8}$ p
34 · 8			32 $\frac{7}{8}$ p	34 · 8			33 p
34 · 9			32 $\frac{13}{16}$ m	34 · 9			32 $\frac{15}{16}$ p
34 · 10			32 $\frac{3}{4}$ m	34 · 10			32 $\frac{7}{8}$ m
34 · 11			32 $\frac{5}{8}$ p	34 · 11			32 $\frac{13}{16}$ m
35 ·			32 $\frac{9}{16}$ p	35 ·			32 $\frac{1}{16}$ p
35 · 1			32 $\frac{1}{2}$ m	35 · 1			32 $\frac{1}{8}$ p
35 · 2			32 $\frac{7}{16}$ m	35 · 2			32 $\frac{9}{16}$ m
35 · 3			32 $\frac{5}{16}$ p	35 · 3			32 $\frac{1}{2}$ m
35 · 4			32 $\frac{1}{4}$ p	35 · 4			32 $\frac{3}{8}$ p
35 · 5			32 $\frac{3}{16}$ p	35 · 5			32 $\frac{5}{16}$ p
35 · 6			32 $\frac{1}{8}$ m	35 · 6			32 $\frac{1}{4}$ p
35 · 7			32 $\frac{1}{16}$ m	35 · 7			32 $\frac{3}{16}$ m
35 · 8			31 $\frac{15}{16}$ p	35 · 8			32 $\frac{1}{8}$ m
35 · 9			31 $\frac{7}{8}$ p	35 · 9			32 p
35 · 10			31 $\frac{13}{16}$ p	35 · 10			31 $\frac{15}{16}$ p
35 · 11			31 $\frac{3}{4}$ m	35 · 11			31 $\frac{7}{8}$ p
36 ·			31 $\frac{11}{16}$ m	36 ·			31 $\frac{13}{16}$ m

DES CHANGES. 451

PARIS, HAMBOURG, LONDRES.

Londr. sur Hamb.	Hamb. sur Paris.	Paris sur Hamb.	Rend à Londr.	Londr. sur Hamb.	Hamb. sur Paris.	Paris sur Hamb.	Rend à Londr.
33.	28 $\frac{3}{4}$	166 $\frac{13}{16}$ p	34 $\frac{7}{8}$ m	33.	28 $\frac{7}{8}$	166 $\frac{1}{4}$ m	35
33. 1			34 $\frac{3}{4}$ p	33. 1			34 $\frac{15}{16}$ m
33. 2			34 $\frac{11}{16}$ m	33. 2			34 $\frac{13}{16}$ p
33. 3			34 $\frac{9}{16}$ p	33. 3			34 $\frac{3}{4}$ m
33. 4			34 $\frac{1}{2}$	33. 4			34 $\frac{5}{8}$ p
33. 5			34 $\frac{7}{16}$ m	33. 5			34 $\frac{9}{16}$ m
33. 6			34 $\frac{5}{16}$ p	33. 6			34 $\frac{1}{2}$ m
33. 7			34 $\frac{1}{4}$ m	33. 7			34 $\frac{3}{8}$ p
33. 8			34 $\frac{3}{16}$ m	33. 8			34 $\frac{5}{16}$ m
33. 9			34 $\frac{1}{16}$ p	33. 9			34 $\frac{1}{4}$ m
33. 10			34 m	33. 10			34 $\frac{1}{8}$ p
33. 11			33 $\frac{15}{16}$ m	33. 11			34 $\frac{1}{16}$ m
34.			33 $\frac{13}{16}$ p	34.			34
34. 1			33 $\frac{3}{4}$ m	34. 1			33 $\frac{7}{8}$ p
34. 2			33 $\frac{11}{16}$ m	34. 2			33 $\frac{13}{16}$ m
34. 3			33 $\frac{9}{16}$ p	34. 3			33 $\frac{3}{4}$ p
34. 4			33 $\frac{1}{2}$ m	34. 4			33 $\frac{5}{8}$ p
34. 5			33 $\frac{7}{16}$ m	34. 5			33 $\frac{9}{16}$ m
34. 6			33 $\frac{5}{16}$ p	34. 6			33 $\frac{1}{2}$ m
34. 7			33 $\frac{1}{4}$ m	34. 7			33 $\frac{3}{8}$ p
34. 8			33 $\frac{3}{16}$ m	34. 8			33 $\frac{5}{16}$ m
34. 9			33 $\frac{1}{16}$ p	34. 9			33 $\frac{1}{4}$ m
34. 10			33 p	34. 10			33 $\frac{3}{16}$ m
34. 11			32 $\frac{15}{16}$ m	34. 11			33 $\frac{1}{16}$ p
35.			32 $\frac{7}{8}$ m	35.			33
35. 1			32 $\frac{3}{4}$ p	35. 1			32 $\frac{15}{16}$ m
35. 2			32 $\frac{11}{16}$ p	35. 2			32 $\frac{13}{16}$ p
35. 3			32 $\frac{5}{8}$ m	35. 3			32 $\frac{3}{4}$ p
35. 4			32 $\frac{9}{16}$ m	35. 4			32 $\frac{11}{16}$ p
35. 5			32 $\frac{1}{2}$ m	35. 5			32 $\frac{5}{8}$ m
35. 6			32 $\frac{3}{8}$ p	35. 6			32 $\frac{1}{2}$ m
35. 7			32 $\frac{5}{16}$ p	35. 7			32 $\frac{7}{16}$ m
35. 8			32 $\frac{1}{4}$ m	35. 8			32 $\frac{3}{8}$ p
35. 9			32 $\frac{3}{16}$ m	35. 9			32 $\frac{5}{16}$ m
35. 10			32 $\frac{1}{16}$ p	35. 10			32 $\frac{1}{4}$ m
35. 11			32 p	35. 11			32 $\frac{3}{16}$ m
36.			31 $\frac{15}{16}$ p	36.			32 $\frac{1}{16}$ p

COMBINAISON GENERALE
PARIS, HAMBOURG, LONDRES.

Londr. sur Hamb.	Hamb. sur Paris.	Paris sur Hamb.	Rend à Londr.	Londr. sur Hamb.	Hamb. sur Paris.	Paris sur Hamb.	Rend à Londr.
33.	29	165 $\frac{1}{2}$ P	35 $\frac{1}{8}$ P	33.	29 $\frac{1}{8}$	164 $\frac{13}{16}$ m	35 $\frac{5}{16}$ m
33. 1			35 $\frac{1}{16}$ P	33. 1			35 $\frac{3}{16}$ P
33. 2			35 m	33. 2			35 $\frac{1}{8}$ P
33. 3			34 $\frac{7}{8}$ P	33. 3			35 $\frac{1}{16}$ P
33. 4			34 $\frac{13}{16}$ m	33. 4			34 $\frac{15}{16}$ P
33. 5			34 $\frac{11}{16}$ P	33. 5			34 $\frac{7}{8}$ P
33. 6			34 $\frac{5}{8}$ P	33. 6			34 $\frac{3}{4}$ P
33. 7			34 $\frac{9}{16}$ m	33. 7			34 $\frac{11}{16}$ P
33. 8			34 $\frac{7}{16}$ P	33. 8			34 $\frac{1}{2}$ m
33. 9			34 $\frac{3}{8}$ m	33. 9			34 $\frac{7}{8}$ P
33. 10			34 $\frac{1}{16}$ m	33. 10			34 $\frac{7}{16}$ m
33. 11			34 $\frac{3}{16}$ P	33. 11			34 $\frac{3}{8}$ m
34.			34 $\frac{1}{8}$ m	34.			34 $\frac{1}{4}$ P
34. 1			34 $\frac{1}{16}$ m	34. 1			34 $\frac{3}{16}$ m
34. 2			33 $\frac{15}{16}$ P	34. 2			34 $\frac{1}{8}$ P
34. 3			33 $\frac{7}{8}$ m	34. 3			34 P
34. 4			33 $\frac{13}{16}$ m	34. 4			33 $\frac{15}{16}$ m
34. 5			33 $\frac{11}{16}$ P	34. 5			33 $\frac{7}{8}$ m
34. 6			33 $\frac{5}{8}$ m	34. 6			33 $\frac{3}{4}$ P
34. 7			33 $\frac{9}{16}$ m	34. 7			33 $\frac{11}{16}$ m
34. 8			33 $\frac{7}{16}$ P	34. 8			33 $\frac{5}{8}$ m
34. 9			33 $\frac{3}{8}$ P	34. 9			33 $\frac{1}{2}$ P
34. 10			33 $\frac{5}{16}$ m	34. 10			33 $\frac{7}{16}$ m
34. 11			33 $\frac{1}{4}$ m	34. 11			33 $\frac{3}{8}$ P
35.			33 $\frac{1}{8}$ P	35.			33 $\frac{5}{16}$ m
35. 1			33 $\frac{1}{16}$ P	35. 1			33 $\frac{3}{16}$ P
35. 2			33 m	35. 2			33 $\frac{1}{8}$ P
35. 3			32 $\frac{15}{16}$ m	35. 3			33 $\frac{1}{16}$ m
35. 4			32 $\frac{13}{16}$ P	35. 4			33 m
35. 5			32 $\frac{3}{4}$ P	35. 5			32 $\frac{7}{8}$ P
35. 6			32 $\frac{11}{16}$ m	35. 6			32 $\frac{13}{16}$ P
35. 7			32 $\frac{5}{8}$ m	35. 7			32 $\frac{3}{4}$ m
35. 8			32 $\frac{1}{2}$ P	35. 8			32 $\frac{11}{16}$ m
35. 9			32 $\frac{7}{16}$ P	35. 9			32 $\frac{9}{16}$ P
35. 10			32 $\frac{3}{8}$ m	35. 10			32 $\frac{1}{2}$ P
35. 11			32 $\frac{5}{16}$ m	35. 11			32 $\frac{7}{16}$ m
36.			32 $\frac{1}{4}$ m	36.			32 $\frac{3}{8}$ m

DES CHANGES.

PARIS, HAMBOURG, LONDRES.

Londr. sur Hamb.	Hamb. sur Paris.	Paris sur Hamb.	Rend à Londr.	Londr. sur Hamb.	Hamb. sur Paris.	Paris sur Hamb.	Rend à Londr.
33.	29 $\frac{1}{4}$	164 $\frac{1}{8}$ m	35 $\frac{7}{16}$ P	33.	29 $\frac{3}{8}$	163 $\frac{3}{8}$ P	35 $\frac{5}{8}$ m
33. 1			35 $\frac{3}{8}$ m	33. 1			35 $\frac{1}{2}$ P
33. 2			35 $\frac{5}{16}$ P	33. 2			35 $\frac{7}{16}$ m
33. 3			35 $\frac{3}{16}$ P	33. 3			35 $\frac{5}{16}$ P
33. 4			35 $\frac{1}{8}$	33. 4			35 $\frac{1}{4}$
33. 5			35 P	33. 5			35 $\frac{3}{16}$ m
33. 6			34 $\frac{15}{16}$ m	33. 6			35 $\frac{1}{16}$ P
33. 7			34 $\frac{13}{16}$ P	33. 7			35 m
33. 8			34 $\frac{3}{4}$ P	33. 8			34 $\frac{7}{8}$ P
33. 9			34 $\frac{11}{16}$ m	33. 9			34 $\frac{13}{16}$ P
33. 10			34 $\frac{9}{16}$ P	33. 10			34 $\frac{3}{4}$ m
33. 11			34 $\frac{1}{2}$ m	33. 11			34 $\frac{5}{8}$ P
34.			34 $\frac{7}{16}$	34.			34 $\frac{9}{16}$ m
34. 1			34 $\frac{5}{16}$ P	34. 1			34 $\frac{1}{2}$ m
34. 2			34 $\frac{1}{4}$ m	34. 2			34 $\frac{3}{8}$ P
34. 3			34 $\frac{3}{16}$ m	34. 3			34 $\frac{5}{16}$ m
34. 4			34 $\frac{1}{16}$ P	34. 4			34 $\frac{1}{4}$ m
34. 5			34 m	34. 5			34 $\frac{1}{8}$ P
34. 6			33 $\frac{15}{16}$ m	34. 6			34 $\frac{1}{16}$ m
34. 7			33 $\frac{13}{16}$ P	34. 7			34 m
34. 8			33 $\frac{3}{4}$	34. 8			33 $\frac{7}{8}$ P
34. 9			33 $\frac{11}{16}$ m	34. 9			33 $\frac{13}{16}$ P
34. 10			33 $\frac{9}{16}$ P	34. 10			33 $\frac{3}{4}$ m
34. 11			33 $\frac{1}{2}$ P	34. 11			33 $\frac{5}{8}$ P
35.			33 $\frac{7}{16}$ m	35.			33 $\frac{9}{16}$ P
35. 1			33 $\frac{3}{8}$ m	35. 1			33 $\frac{1}{2}$ m
35. 2			33 $\frac{1}{4}$ P	35. 2			33 $\frac{7}{16}$ m
35. 3			33 $\frac{3}{16}$ P	35. 3			33 $\frac{5}{16}$ P
35. 4			33 $\frac{1}{8}$ m	35. 4			33 $\frac{1}{4}$ P
35. 5			33 $\frac{1}{16}$ m	35. 5			33 $\frac{3}{16}$ m
35. 6			32 $\frac{15}{16}$ P	35. 6			33 $\frac{1}{8}$ m
35. 7			32 $\frac{7}{8}$ P	35. 7			33
35. 8			32 $\frac{13}{16}$ m	35. 8			32 $\frac{15}{16}$ P
35. 9			32 $\frac{3}{4}$ m	35. 9			32 $\frac{7}{8}$ m
35. 10			32 $\frac{5}{8}$ P	35. 10			32 $\frac{13}{16}$ m
35. 11			32 $\frac{9}{16}$ P	35. 11			32 $\frac{11}{16}$ P
36.			32 $\frac{1}{2}$	36.			32 $\frac{5}{8}$ P

COMBINAISON GENERALE
PARIS, HAMBOURG, LONDRES.

Londr. sur Hamb.	Hamb. sur Paris.	Paris sur Hamb.	Rend à Londr.	Londr. sur Hamb.	Hamb. sur Paris.	Paris sur Hamb.	Rend à Londr.
33.	· 29 $\frac{1}{2}$	· 162 $\frac{11}{16}$ p ·	35 $\frac{3}{4}$ p	33.	· 29 $\frac{5}{8}$	· 162 p ·	35 $\frac{15}{16}$ m
33 · 1	....	....	35 $\frac{11}{16}$ m	33 · 1	....	....	35 $\frac{13}{16}$ p
33 · 2	....	....	35 $\frac{9}{16}$ p	33 · 2	....	....	35 $\frac{3}{4}$ m
33 · 3	....	....	35 $\frac{1}{2}$ m	33 · 3	....	....	35 $\frac{1}{16}$
33 · 4	....	....	35 $\frac{3}{8}$ p	33 · 4	....	....	35 $\frac{9}{16}$ m
33 · 5	....	....	35 $\frac{5}{16}$ m	33 · 5	....	....	35 $\frac{7}{16}$ p
33 · 6	....	....	35 $\frac{1}{4}$ m	33 · 6	....	....	35 $\frac{3}{8}$ m
33 · 7	....	....	35 $\frac{1}{8}$ p	33 · 7	....	....	35 $\frac{1}{16}$ m
33 · 8	....	....	35 $\frac{1}{16}$ m	33 · 8	....	....	35 $\frac{1}{16}$ p.
33 · 9	....	....	34 $\frac{15}{16}$ p	33 · 9	....	....	35 $\frac{1}{8}$ m
33 · 10	....	....	34 $\frac{7}{8}$ p	33 · 10	....	....	35 p
33 · 11	....	....	34 $\frac{13}{16}$ m	33 · 11	....	....	34 $\frac{15}{16}$ p
34 ·	....	....	34 $\frac{11}{16}$ p	34 ·	....	....	34 $\frac{7}{8}$ m
34 · 1	....	....	34 $\frac{5}{8}$ m	34 · 1	....	....	34 $\frac{3}{4}$ p
34 · 2	....	....	34 $\frac{9}{16}$ m	34 · 2	....	....	34 $\frac{11}{16}$ m
34 · 3	....	....	34 $\frac{7}{16}$ p	34 · 3	....	....	34 $\frac{5}{8}$ m
34 · 4	....	....	34 $\frac{3}{8}$ m	34 · 4	....	....	34 $\frac{7}{16}$ p
34 · 5	....	....	34 $\frac{5}{16}$ m	34 · 5	....	....	34 $\frac{7}{16}$ m
34 · 6	....	....	34 $\frac{3}{16}$ p	34 · 6	....	....	34 $\frac{3}{8}$ m
34 · 7	....	....	34 $\frac{1}{8}$ m	34 · 7	....	....	34 $\frac{1}{4}$ p
34 · 8	....	....	34 $\frac{1}{16}$ m	34 · 8	....	....	34 $\frac{1}{16}$ m
34 · 9	....	....	33 $\frac{15}{16}$ p	34 · 9	....	....	34 $\frac{1}{8}$ m
34 · 10	....	....	33 $\frac{7}{8}$ p	34 · 10	....	....	34 p
34 · 11	....	....	33 $\frac{13}{16}$ m	34 · 11	....	....	33 $\frac{15}{16}$ p
35 ·	....	....	33 $\frac{11}{16}$ p	35 ·	....	....	33 $\frac{7}{8}$ m
35 · 1	....	....	33 $\frac{5}{8}$ p	35 · 1	....	....	33 $\frac{3}{4}$ p
35 · 2	....	....	33 $\frac{9}{16}$ m	35 · 2	....	....	33 $\frac{11}{16}$ m
35 · 3	....	....	33 $\frac{1}{2}$ m	35 · 3	....	....	33 $\frac{9}{16}$ m
35 · 4	....	....	33 $\frac{3}{8}$ p	35 · 4	....	....	33 $\frac{9}{16}$ m
35 · 5	....	....	33 $\frac{1}{4}$ p	35 · 5	....	....	33 $\frac{7}{16}$ m
35 · 6	....	....	33 $\frac{1}{4}$ m	35 · 6	....	....	33 $\frac{5}{16}$ p
35 · 7	....	....	33 $\frac{3}{16}$ m	35 · 7	....	....	33 $\frac{1}{4}$ m
35 · 8	....	....	33 $\frac{1}{16}$ p	35 · 8	....	....	33 $\frac{1}{4}$ m
35 · 9	....	....	33 p	35 · 9	....	....	33 $\frac{1}{8}$ p
35 · 10	....	....	32 $\frac{15}{16}$ m	35 · 10	....	....	33 $\frac{1}{16}$ p
35 · 11	....	....	32 $\frac{7}{8}$ m	35 · 11	....	....	33 m
36 ·	....	....	32 $\frac{3}{4}$ p	36 ·	....	....	32 $\frac{15}{16}$ m

DES CHANGES.

PARIS, HAMBOURG, LONDRES.

Londr. sur Hamb.	Hamb. sur Paris.	Paris sur Hamb.	Rend à Londr.	Londr. sur Hamb.	Hamb. sur Paris.	Paris sur Hamb.	Rend à Londr.
33.	29 $\frac{3}{4}$	161 $\frac{3}{8}$ m	36 $\frac{1}{16}$ m	33.	29 $\frac{7}{8}$	160 $\frac{11}{16}$ m	36 $\frac{3}{16}$ p
33. 1			36 m	33. 1			36 $\frac{1}{8}$ m
33. 2			35 $\frac{7}{8}$ p	33. 2			36 p
33. 3			35 $\frac{13}{16}$ m	33. 3			35 $\frac{15}{16}$ p
33. 4			35 $\frac{11}{16}$ p	33. 4			35 $\frac{7}{8}$ m
33. 5			35 $\frac{5}{8}$ m	33. 5			35 $\frac{3}{4}$ p
33. 6			35 $\frac{1}{2}$ p	33. 6			35 $\frac{11}{16}$ m
33. 7			35 $\frac{7}{16}$ m	33. 7			35 $\frac{9}{16}$ p
33. 8			35 $\frac{3}{8}$ m	33. 8			35 $\frac{1}{2}$ m
33. 9			35 $\frac{1}{4}$ p	33. 9			35 $\frac{7}{16}$ m
33. 10			35 $\frac{3}{16}$ m	33. 10			35 $\frac{5}{16}$ p
33. 11			35 $\frac{1}{16}$ p	33. 11			35 $\frac{3}{16}$ m
34.			35	34.			35 $\frac{1}{8}$ p
34. 1			34 $\frac{15}{16}$ m	34. 1			35 $\frac{1}{16}$ m
34. 2			34 $\frac{13}{16}$ p	34. 2			35 m
34. 3			34 $\frac{3}{4}$ m	34. 3			34 $\frac{7}{8}$ p
34. 4			34 $\frac{11}{16}$ m	34. 4			34 $\frac{13}{16}$ m
34. 5			34 $\frac{9}{16}$ p	34. 5			34 $\frac{3}{4}$ m
34. 6			34 $\frac{1}{2}$ m	34. 6			34 $\frac{5}{8}$ p
34. 7			34 $\frac{7}{16}$ m	34. 7			34 $\frac{1}{2}$ m
34. 8			34 $\frac{5}{16}$ p	34. 8			34 $\frac{7}{16}$ m
34. 9			34 $\frac{1}{4}$ m	34. 9			34 $\frac{3}{8}$ p
34. 10			34 $\frac{3}{16}$ m	34. 10			34 $\frac{5}{16}$ m
34. 11			34 $\frac{1}{16}$ p	34. 11			34 $\frac{1}{4}$ m
35.			34	35.			34 $\frac{1}{8}$ p
35. 1			33 $\frac{15}{16}$ m	35. 1			34 $\frac{1}{16}$ m
35. 2			33 $\frac{13}{16}$ p	35. 2			34 m
35. 3			33 $\frac{3}{4}$ p	35. 3			33 $\frac{7}{8}$ p
35. 4			33 $\frac{11}{16}$ m	35. 4			33 $\frac{13}{16}$ p
35. 5			33 $\frac{5}{8}$ m	35. 5			33 $\frac{3}{4}$ m
35. 6			33 $\frac{1}{2}$ p	35. 6			33 $\frac{11}{16}$ m
35. 7			33 $\frac{7}{16}$ p	35. 7			33 $\frac{9}{16}$ p
35. 8			33 $\frac{3}{8}$ m	35. 8			33 $\frac{1}{2}$ p
35. 9			33 $\frac{1}{4}$ m	35. 9			33 $\frac{7}{16}$ m
35. 10			33 $\frac{3}{16}$ p	35. 10			33 $\frac{3}{8}$ m
35. 11			33 $\frac{1}{8}$ p	35. 11			33 $\frac{1}{4}$ p
36.			33 $\frac{1}{16}$ m	36.			33 $\frac{3}{16}$ p

COMBINAISON GENERALE

PARIS, HAMBOURG, LONDRES.

Londr. sur Hamb.	Hamb. sur Paris.	Paris sur Hamb.	Rend à Londr.	Londr. sur Hamb.	Hamb. sur Paris.	Paris sur Hamb.	Rend à Londr.
33 .	30	160	$36\frac{3}{8}$ m	33 .	$30.\frac{1}{8}$	$159\frac{5}{16}$ p	$36\frac{1}{2}$ p
33 . 1			$36\frac{1}{4}$ p	33 . 1			$36\frac{7}{16}$ m
33 . 2			$36\frac{3}{16}$ m	33 . 2			$36\frac{5}{16}$ p
33 . 3			$36\frac{1}{16}$ p	33 . 3			$36\frac{1}{4}$ m
33 . 4			36	33 . 4			$36\frac{1}{8}$ p
33 . 5			$35\frac{15}{16}$ m	33 . 5			$36\frac{1}{16}$ m
33 . 6			$35\frac{13}{16}$ p	33 . 6			36 m
33 . 7			$35\frac{3}{4}$ m	33 . 7			$35\frac{7}{8}$ p
33 . 8			$35\frac{5}{8}$ p	33 . 8			$35\frac{13}{16}$ m
33 . 9			$35\frac{9}{16}$ m	33 . 9			$35\frac{11}{16}$ p
33 . 10			$35\frac{7}{16}$ p	33 . 10			$35\frac{5}{8}$ m
33 . 11			$35\frac{3}{8}$ p	33 . 11			$35\frac{1}{2}$ p
34 .			$35\frac{3}{16}$ m	34 .			$35\frac{7}{16}$ m
34 . 1			$35\frac{3}{16}$ p	34 . 1			$35\frac{5}{16}$ p
34 . 2			$35\frac{1}{8}$ m	34 . 2			$35\frac{1}{4}$ p
34 . 3			$35\frac{1}{16}$ m	34 . 3			$35\frac{3}{16}$ p
34 . 4			$34\frac{15}{16}$ p	34 . 4			$35\frac{1}{8}$ m
34 . 5			$34\frac{7}{8}$ m	34 . 5			35 p
34 . 6			$34\frac{13}{16}$ m	34 . 6			$34\frac{15}{16}$ m
34 . 7			$34\frac{11}{16}$ p	34 . 7			$34\frac{13}{16}$ p
34 . 8			$34\frac{5}{8}$ m	34 . 8			$34\frac{3}{4}$ p
34 . 9			$34\frac{9}{16}$ m	34 . 9			$34\frac{11}{16}$ m
34 . 10			$34\frac{7}{16}$ p	34 . 10			$34\frac{9}{16}$ p
34 . 11			$34\frac{3}{8}$ m	34 . 11			$34\frac{1}{2}$ p
35 .			$34\frac{3}{16}$ m	35 .			$34\frac{7}{16}$ m
35 . 1			$34\frac{3}{16}$ p	35 . 1			$34\frac{5}{16}$ m
35 . 2			$34\frac{1}{8}$ m	35 . 2			$34\frac{1}{4}$ p
35 . 3			$34\frac{1}{16}$ m	35 . 3			$34\frac{3}{16}$ m
35 . 4			$33\frac{15}{16}$ p	35 . 4			$34\frac{1}{8}$ m
35 . 5			$33\frac{7}{8}$ p	35 . 5			34 p
35 . 6			$33\frac{13}{16}$ m	35 . 6			$33\frac{15}{16}$ p
35 . 7			$33\frac{3}{4}$ m	35 . 7			$33\frac{7}{8}$ m
35 . 8			$33\frac{5}{8}$ p	35 . 8			$33\frac{13}{16}$ m
35 . 9			$33\frac{9}{16}$ p	35 . 9			$33\frac{11}{16}$ p
35 . 10			$33\frac{1}{2}$ m	35 . 10			$33\frac{5}{8}$ p
35 . 11			$33\frac{1}{16}$ m	35 . 11			$33\frac{9}{16}$ m
36 .			$33\frac{1}{16}$ p	36 .			$33\frac{1}{2}$ p

DES CHANGES.

PARIS, HAMBOURG, LONDRES.

Londr. sur Hamb.	Hamb. sur Paris.	Paris sur Hamb.	Rend à Londr.	Londr. sur Hamb.	Hamb. sur Paris.	Paris sur Hamb.	Rend à Londr.
33.	30¼	158 11/16 m	36 11/16 m	33.	30⅜	158 p	36 13/16 p
33. 1	....	....	36 9/16 p	33. 1	....	....	36 ¾ m
33. 2	....	....	36 ½ m	33. 2	....	....	36 ⅝ p
33. 3	....	....	36 ⅜ p	33. 3	....	....	36 9/16 m
33. 4	....	....	36 4/16 m	33. 4	....	....	36 7/16 p
33. 5	....	....	36 3/16 p	33. 5	....	....	36 ⅜ p
33. 6	....	....	36 ⅛ m	33. 6	....	....	36 ¼ p
33. 7	....	....	36 p	33. 7	....	....	36 3/16 m
33. 8	....	....	35 15/16 p	33. 8	....	....	36 1/16 p
33. 9	....	....	35 ⅞ m	33. 9	....	....	36
33. 10	....	....	35 ¾ p	33. 10	....	....	35 15/16 m
33. 11	....	....	35 11/16 m	33. 11	....	....	35 13/16 p
34.	....	....	35 9/16 p	34.	....	....	35 ¾ m
34. 1	....	....	35 ½ m	34. 1	....	....	35 ⅝ p
34. 2	....	....	35 7/16 m	34. 2	....	....	35 9/16 m
34. 3	....	....	35 5/16 p	34. 3	....	....	35 ⅜ m
34. 4	....	....	35 ¼ m	34. 4	....	....	35 ⅜ p
34. 5	....	....	35 2/16 m	34. 5	....	....	35 ¼ m
34. 6	....	....	35 1/16 p	34. 6	....	....	35 3/16 p
34. 7	....	....	35 m	34. 7	....	....	35 ⅝ p
34. 8	....	....	34 ⅞ p	34. 8	....	....	35 1/16 m
34. 9	....	....	34 13/16 p	34. 9	....	....	34 15/16 p
34. 10	....	....	34 ¾ p	34. 10	....	....	34 ⅞ p
34. 11	....	....	34 ⅝ p	34. 11	....	....	34 13/16 m
35.	....	....	34 9/16 p	35.	....	....	34 11/16 p
35. 1	....	....	34 ½ m	35. 1	....	....	34 ⅝ p
35. 2	....	....	34 7/16 m	35. 2	....	....	34 9/16 m
35. 3	....	....	34 5/16 p	35. 3	....	....	34 7/16 p
35. 4	....	....	34 ¼ m	35. 4	....	....	34 ⅜ p
35. 5	....	....	34 3/16 p	35. 5	....	....	34 5/16 m
35. 6	....	....	34 1/16 p	35. 6	....	....	34 ¼ m
35. 7	....	....	34 p	35. 7	....	....	34 ⅛ p
35. 8	....	....	33 15/16 m	35. 8	....	....	34 1/16 p
35. 9	....	....	33 ⅞ m	35. 9	....	....	34 m
35. 10	....	....	33 ¾ p	35. 10	....	....	33 15/16 m
35. 11	....	....	33 11/16 p	35. 11	....	....	33 13/16 p
36.	....	....	33 ⅝ m	36.	....	....	33 ¾

Tome II. M m m

PARIS, HAMBOURG, LONDRES.

Londr. sur Hamb.	Hamb. sur Paris.	Paris sur Hamb.	Rend à Londr.	Londr. sur Hamb.	Hamb. sur Paris.	Paris sur Hamb.	Rend à Londr.
33·	30 1/2	157 3/8 p	37 m	33·	30 5/8	156 3/4 m	37 1/8 m
33· 1			36 7/8 p	33· 1			37 p
33· 2			36 13/16 m	33· 2			36 15/16 m
33· 3			36 11/16 p	33· 3			36 13/16 p
33· 4			36 5/8 m	33· 4			36 3/4
33· 5			36 1/2 p	33· 5			36 11/16 m
33· 6			36 7/16 m	33· 6			36 9/16 p
33· 7			36 5/16 p	33· 7			36 1/2 m
33· 8			36 1/4 m	33· 8			36 3/8 p
33· 9			36 1/8 p	33· 9			36 5/16 m
33·10			36 1/16 m	33·10			36 3/16 p
33·11			36 m	33·11			36 1/8 m
34·			35 7/8 p	34·			36 p
34· 1			35 13/16 m	34· 1			35 15/16 p
34· 2			35 11/16 p	34· 2			35 7/8 m
34· 3			35 5/8 m	34· 3			35 3/4 p
34· 4			35 9/16 m	34· 4			35 11/16 m
34· 5			35 7/16 p	34· 5			35 9/16 p
34· 6			35 3/8 m	34· 6			35 1/2 p
34· 7			35 1/4 p	34· 7			35 7/16 m
34· 8			35 3/16 p	34· 8			35 5/16 p
34· 9			35 1/8 m	34· 9			35 1/4 p
34·10			35 p	34·10			35 3/16 m
34·11			34 15/16 p	34·11			35 1/16 p
35·			34 7/8 m	35·			35
35· 1			34 3/4 p	35· 1			34 15/16 m
35· 2			34 11/16 p	35· 2			34 13/16 p
35· 3			34 5/8 m	35· 3			34 3/4 p
35· 4			34 1/2 p	35· 4			34 11/16 m
35· 5			34 7/16 p	35· 5			34 9/16 p
35· 6			34 3/8 m	35· 6			34 1/2 p
35· 7			34 5/16 m	35· 7			34 7/16 m
35· 8			34 3/16 p	35· 8			34 3/8 m
35· 9			34 1/8 p	35· 9			34 1/4 p
35·10			34 1/16 m	35·10			34 3/16 m
35·11			33 15/16 p	35·11			34 1/8 m
36·			33 7/8 p	36·			34 p

DES CHANGES.

PARIS, HAMBOURG, LONDRES.

Londr. sur Hamb.	Hamb. sur Paris.	Paris sur Hamb.	Rend à Londr.	Londr. sur Hamb.	Hamb. sur Paris.	Paris sur Hamb.	Rend à Londr.
33 ·	30 $\frac{3}{4}$	156 $\frac{1}{8}$ m	37 $\frac{1}{4}$ p	33 ·	30 $\frac{7}{8}$	155 $\frac{7}{16}$ p	37 $\frac{7}{16}$ m
33 · 1	....	....	37 $\frac{3}{16}$ m	33 · 1	....	....	37 $\frac{5}{16}$ p
33 · 2	....	....	37 $\frac{1}{16}$ p	33 · 2	....	....	37 $\frac{1}{4}$ m
33 · 3	....	....	37 m	33 · 3	....	....	37 $\frac{1}{8}$ p
33 · 4	....	....	36 $\frac{7}{8}$ p	33 · 4	....	....	37 $\frac{1}{16}$ m
33 · 5	....	....	36 $\frac{13}{16}$ m	33 · 5	....	....	36 $\frac{15}{16}$ p
33 · 6	....	....	36 $\frac{11}{16}$ p	33 · 6	....	....	36 $\frac{7}{8}$ m
33 · 7	....	....	36 $\frac{5}{8}$ p	33 · 7	....	....	36 $\frac{3}{4}$ p
33 · 8	....	....	36 $\frac{9}{16}$ m	33 · 8	....	....	36 $\frac{11}{16}$ m
33 · 9	....	....	36 $\frac{7}{16}$ p	33 · 9	....	....	36 $\frac{9}{16}$ p
33 · 10	....	....	36 $\frac{3}{8}$ m	33 · 10	....	....	36 $\frac{1}{2}$ p
33 · 11	....	....	36 $\frac{1}{4}$ p	33 · 11	....	....	36 $\frac{7}{16}$ m
34 ·	....	....	36 $\frac{3}{16}$ m	34 ·	....	....	36 $\frac{5}{16}$ m
34 · 1	....	....	36 $\frac{1}{16}$ p	34 · 1	....	....	36 $\frac{1}{4}$ m
34 · 2	....	....	36	34 · 2	....	....	36 $\frac{1}{8}$ p
34 · 3	....	....	35 $\frac{15}{16}$ m	34 · 3	....	....	36 $\frac{1}{16}$
34 · 4	....	....	35 $\frac{13}{16}$ p	34 · 4	....	....	36
34 · 5	....	....	35 $\frac{3}{4}$ m	34 · 5	....	....	35 $\frac{7}{8}$ p
34 · 6	....	....	35 $\frac{5}{8}$ p	34 · 6	....	....	35 $\frac{13}{16}$ m
34 · 7	....	....	35 $\frac{9}{16}$ p	34 · 7	....	....	35 $\frac{11}{16}$ p
34 · 8	....	....	35 $\frac{1}{2}$ m	34 · 8	....	....	35 $\frac{5}{8}$
34 · 9	....	....	35 $\frac{3}{8}$ p	34 · 9	....	....	35 $\frac{9}{16}$ m
34 · 10	....	....	35 $\frac{5}{16}$ m	34 · 10	....	....	35 $\frac{7}{16}$ p
34 · 11	....	....	35 $\frac{1}{4}$ m	34 · 11	....	....	35 $\frac{3}{8}$ m
35 ·	....	....	35 $\frac{1}{8}$ p	35 ·	....	....	35 $\frac{5}{16}$ m
35 · 1	....	....	35 $\frac{1}{16}$ m	35 · 1	....	....	35 $\frac{3}{16}$ p
35 · 2	....	....	35 m	35 · 2	....	....	35 $\frac{1}{8}$ m
35 · 3	....	....	34 $\frac{7}{8}$ p	35 · 3	....	....	35 $\frac{1}{16}$ m
35 · 4	....	....	34 $\frac{13}{16}$ m	35 · 4	....	....	34 $\frac{15}{16}$ p
35 · 5	....	....	34 $\frac{3}{4}$ m	35 · 5	....	....	34 $\frac{7}{8}$ m
35 · 6	....	....	34 $\frac{5}{8}$ p	35 · 6	....	....	34 $\frac{13}{16}$ m
35 · 7	....	....	34 $\frac{9}{16}$ p	35 · 7	....	....	34 $\frac{11}{16}$ p
35 · 8	....	....	34 $\frac{1}{2}$ p	35 · 8	....	....	34 $\frac{5}{8}$ p
35 · 9	....	....	34 $\frac{3}{8}$ p	35 · 9	....	....	34 $\frac{1}{2}$ p
35 · 10	....	....	34 $\frac{5}{16}$ p	35 · 10	....	....	34 $\frac{7}{16}$ p
35 · 11	....	....	34 $\frac{1}{4}$ m	35 · 11	....	....	34 $\frac{3}{8}$ p
36 ·	....	....	34 $\frac{3}{16}$ m	36 ·	....	....	34 $\frac{1}{16}$ m

COMBINAISON GENERALE

PARIS, HAMBOURG, LONDRES.

Londr. sur Hamb.	Hamb. sur Paris.	Paris sur Hamb.	Rend à Londr.	Londr. sur Hamb.	Hamb. sur Paris.	Paris sur Hamb.	Rend à Londr.
33·	31	154 $\frac{13}{16}$ P	37 $\frac{9}{16}$ P	33·	31 $\frac{1}{8}$	154 $\frac{3}{16}$ P	37 $\frac{1}{2}$ m
33· 1	....	....	37 $\frac{1}{2}$ m	33· 1	....	....	37 $\frac{5}{8}$ P
33· 2	....	....	37 $\frac{3}{8}$ P	33· 2	....	....	37 $\frac{9}{16}$ m
33· 3	....	....	37 $\frac{5}{16}$ m	33· 3	....	....	37 $\frac{7}{16}$ P
33· 4	....	....	37 $\frac{3}{16}$ P	33· 4	....	....	37 $\frac{3}{8}$ m
33· 5	....	....	37 $\frac{1}{8}$ m	33· 5	....	....	37 $\frac{1}{4}$ P
33· 6	....	....	37 P	33· 6	....	....	37 $\frac{3}{16}$ m
33· 7	....	....	36 $\frac{15}{16}$ m	33· 7	....	....	37 $\frac{1}{16}$ P
33· 8	....	....	36 $\frac{13}{16}$ P	33· 8	....	....	37 m
33· 9	....	....	36 $\frac{3}{4}$ m	33· 9	....	....	36 $\frac{7}{8}$ P
33·10	....	....	36 $\frac{5}{8}$ P	33·10	....	....	36 $\frac{13}{16}$ m
33·11	....	....	36 $\frac{9}{16}$ m	33·11	....	....	36 $\frac{11}{16}$ P
34·	....	....	36 $\frac{1}{2}$ m	34·	....	....	36 $\frac{5}{8}$ m
34· 1	....	....	36 $\frac{3}{8}$ P	34· 1	....	....	36 $\frac{1}{2}$ P
34· 2	....	....	36 $\frac{5}{16}$ m	34· 2	....	....	36 $\frac{7}{16}$ P
34· 3	....	....	36 $\frac{3}{16}$ P	34· 3	....	....	36 $\frac{3}{8}$ m
34· 4	....	....	36 $\frac{1}{8}$ m	34· 4	....	....	36 $\frac{1}{4}$ P
34· 5	....	....	36 P	34· 5	....	....	36 $\frac{3}{16}$ m
34· 6	....	....	35 $\frac{15}{16}$ P	34· 6	....	....	36 $\frac{1}{16}$ P
34· 7	....	....	35 $\frac{7}{8}$ m	34· 7	....	....	36
34· 8	....	....	35 $\frac{3}{4}$ P	34· 8	....	....	35 $\frac{15}{16}$ m
34· 9	....	....	35 $\frac{11}{16}$ m	34· 9	....	....	35 $\frac{13}{16}$ P
34·10	....	....	35 $\frac{5}{8}$ m	34·10	....	....	35 $\frac{3}{4}$ m
34·11	....	....	35 $\frac{1}{2}$ P	34·11	....	....	35 $\frac{11}{16}$ m
35·	....	....	35 $\frac{7}{16}$ m	35·	....	....	35 $\frac{9}{16}$ P
35· 1	....	....	35 $\frac{3}{8}$ m	35· 1	....	....	35 $\frac{1}{2}$ m
35· 2	....	....	35 $\frac{1}{4}$ P	35· 2	....	....	35 $\frac{3}{8}$ P
35· 3	....	....	35 $\frac{3}{16}$ m	35· 3	....	....	35 $\frac{5}{16}$ P
35· 4	....	....	35 $\frac{1}{8}$ m	35· 4	....	....	35 $\frac{1}{4}$ m
35· 5	....	....	35 P	35· 5	....	....	35 $\frac{1}{8}$ P
35· 6	....	....	34 $\frac{15}{16}$ m	35· 6	....	....	35 $\frac{1}{16}$ P
35· 7	....	....	34 $\frac{7}{8}$ m	35· 7	....	....	35 m
35· 8	....	....	34 $\frac{3}{4}$ P	35· 8	....	....	34 $\frac{15}{16}$ m
35· 9	....	....	34 $\frac{11}{16}$ m	35· 9	....	....	34 $\frac{13}{16}$ P
35·10	....	....	34 $\frac{5}{8}$ m	35·10	....	....	34 $\frac{3}{4}$ m
35·11	....	....	34 $\frac{1}{2}$ P	35·11	....	....	34 $\frac{11}{16}$ m
36:	....	....	34 $\frac{7}{16}$ P	36:	....	....	34 $\frac{9}{16}$ P

DES CHANGES.

PARIS, HAMBOURG, LONDRES.

Londr. sur Hamb.	Hamb. sur Paris.	Paris sur Hamb.	Rend à Londr.	Londr. sur Hamb.	Hamb. sur Paris.	Paris sur Hamb.	Rend à Londr.
33 ·	31 $\frac{1}{4}$	153 $\frac{5}{8}$ m	37 $\frac{7}{8}$ p	33 ·	31 $\frac{3}{8}$	153 m	38 p
33 · 1			37 $\frac{13}{16}$ m	33 · 1			37 $\frac{15}{16}$ m
33 · 2			37 $\frac{11}{16}$ p	33 · 2			37 $\frac{13}{16}$ p
33 · 3			37 $\frac{5}{8}$ m	33 · 3			37 $\frac{3}{4}$ m
33 · 4			37 $\frac{1}{2}$ p	33 · 4			37 $\frac{5}{8}$ p
33 · 5			37 $\frac{7}{16}$ m	33 · 5			37 $\frac{9}{16}$ m
33 · 6			37 $\frac{5}{16}$ p	33 · 6			37 $\frac{7}{16}$ p
33 · 7			37 $\frac{1}{4}$ m	33 · 7			37 $\frac{3}{8}$ m
33 · 8			37 $\frac{1}{8}$ p	33 · 8			37 $\frac{1}{4}$ p
33 · 9			37 $\frac{1}{16}$ m	33 · 9			37 $\frac{3}{16}$ m
33 · 10			36 $\frac{15}{16}$ p	33 · 10			37 $\frac{1}{16}$ p
33 · 11			36 $\frac{7}{8}$ m	33 · 11			37 p
34 ·			36 $\frac{3}{4}$ p	34 ·			36 $\frac{15}{16}$ m
34 · 1			36 $\frac{11}{16}$ m	34 · 1			36 $\frac{13}{16}$ p
34 · 2			36 $\frac{9}{16}$ p	34 · 2			36 $\frac{3}{4}$ m
34 · 3			36 $\frac{1}{2}$ m	34 · 3			36 $\frac{5}{8}$ p
34 · 4			36 $\frac{7}{16}$ m	34 · 4			36 $\frac{9}{16}$ m
34 · 5			36 $\frac{5}{16}$ p	34 · 5			36 $\frac{7}{16}$ p
34 · 6			36 $\frac{1}{4}$ m	34 · 6			36 $\frac{3}{8}$ p
34 · 7			36 $\frac{1}{8}$ p	34 · 7			36 $\frac{1}{4}$ m
34 · 8			36 $\frac{1}{16}$ m	34 · 8			36 $\frac{3}{16}$ p
34 · 9			36 m	34 · 9			36 $\frac{1}{8}$ m
34 · 10			35 $\frac{7}{8}$ p	34 · 10			36 p
34 · 11			35 $\frac{13}{16}$ m	34 · 11			35 $\frac{15}{16}$ p
35 ·			35 $\frac{11}{16}$ p	35 ·			35 $\frac{7}{8}$ m
35 · 1			35 $\frac{5}{8}$ p	35 · 1			35 $\frac{3}{4}$ p
35 · 2			35 $\frac{9}{16}$ m	35 · 2			35 $\frac{11}{16}$ m
35 · 3			35 $\frac{7}{16}$ p	35 · 3			35 $\frac{5}{8}$ m
35 · 4			35 $\frac{3}{8}$ p	35 · 4			35 $\frac{1}{2}$ p
35 · 5			35 $\frac{5}{16}$ m	35 · 5			35 $\frac{7}{16}$ m
35 · 6			35 $\frac{3}{16}$ p	35 · 6			35 $\frac{5}{16}$ m
35 · 7			35 $\frac{1}{8}$ p	35 · 7			35 $\frac{1}{4}$ p
35 · 8			35 $\frac{1}{16}$ m	35 · 8			35 $\frac{1}{8}$ m
35 · 9			34 $\frac{15}{16}$ p	35 · 9			35 $\frac{1}{8}$ m
35 · 10			34 $\frac{7}{8}$ p	35 · 10			35 p
35 · 11			34 $\frac{13}{16}$ m	35 · 11			34 $\frac{15}{16}$ p
36 ·			34 $\frac{3}{4}$ m	36 ·			34 $\frac{7}{8}$ m

COMBINAISON GENERALE

PARIS, HAMBOURG, LONDRES.

Londr. sur Hamb.	Hamb. sur Paris.	Paris sur Hamb.	Rend à Londr.	Londr. sur Hamb.	Hamb. sur Paris.	Paris sur Hamb.	Rend à Londr.
33 .	. $31\frac{1}{2}$	. $152\frac{3}{8}$ p	. $38\frac{3}{16}$ m	33 .	. $31\frac{5}{8}$	. $151\frac{3}{4}$ p	. $38\frac{1}{16}$ p
33 . 1			$38\frac{1}{16}$ p	33 . 1			$38\frac{1}{8}$ m
33 . 2			38 m	33 . 2			$38\frac{1}{8}$ p
33 . 3			$37\frac{7}{8}$ p	33 . 3			$38\frac{1}{16}$ m
33 . 4			$37\frac{13}{16}$ m	33 . 4			$37\frac{15}{16}$ p
33 . 5			$37\frac{11}{16}$ p	33 . 5			$37\frac{7}{8}$ m
33 . 6			$37\frac{5}{8}$ m	33 . 6			$37\frac{3}{4}$ p
33 . 7			$37\frac{1}{2}$ p	33 . 7			$37\frac{11}{16}$ m
33 . 8			$37\frac{7}{16}$ m	33 . 8			$37\frac{9}{16}$ p
33 . 9			$37\frac{5}{16}$ p	33 . 9			$37\frac{1}{2}$ m
33 . 10			$37\frac{1}{4}$ m	33 . 10			$37\frac{3}{8}$ p
33 . 11			$37\frac{1}{8}$ p	33 . 11			$37\frac{5}{16}$ m
34 .			$37\frac{1}{16}$ m	34 .			$37\frac{3}{16}$ p
34 . 1			$36\frac{15}{16}$ p	34 . 1			$37\frac{1}{8}$ m
34 . 2			$36\frac{7}{8}$ p	34 . 2			37 p
34 . 3			$36\frac{13}{16}$ m	34 . 3			$36\frac{15}{16}$ m
34 . 4			$36\frac{11}{16}$ p	34 . 4			$36\frac{7}{8}$ p
34 . 5			$36\frac{5}{8}$ m	34 . 5			$36\frac{3}{4}$ m
34 . 6			$36\frac{1}{2}$ p	34 . 6			$36\frac{11}{16}$ p
34 . 7			$36\frac{7}{16}$ m	34 . 7			$36\frac{9}{16}$ m
34 . 8			$36\frac{3}{8}$ m	34 . 8			$36\frac{1}{2}$ m
34 . 9			$36\frac{1}{4}$ p	34 . 9			$36\frac{3}{8}$ p
34 . 10			$36\frac{3}{16}$ m	34 . 10			$36\frac{1}{4}$ m
34 . 11			$36\frac{1}{16}$ p	34 . 11			$36\frac{1}{4}$ m
35 .			36	35 .			$36\frac{1}{8}$ p
35 . 1			$35\frac{15}{16}$ m	35 . 1			$36\frac{1}{16}$ m
35 . 2			$35\frac{13}{16}$ p	35 . 2			36
35 . 3			$35\frac{3}{4}$ m	35 . 3			$35\frac{7}{8}$ p
35 . 4			$35\frac{11}{16}$ m	35 . 4			$35\frac{13}{16}$ m
35 . 5			$35\frac{5}{8}$ p	35 . 5			$35\frac{11}{16}$ p
35 . 6			$35\frac{1}{2}$ m	35 . 6			$35\frac{5}{8}$ m
35 . 7			$35\frac{7}{16}$ m	35 . 7			$35\frac{9}{16}$ m
35 . 8			$35\frac{5}{16}$ p	35 . 8			$35\frac{7}{16}$ p
35 . 9			$35\frac{1}{4}$ m	35 . 9			$35\frac{3}{8}$ p
35 . 10			$35\frac{3}{16}$ m	35 . 10			$35\frac{1}{4}$ p
35 . 11			$35\frac{1}{16}$ p	35 . 11			$35\frac{1}{4}$ m
36 .			35	36 .			$35\frac{1}{8}$ p

DES CHANGES.

PARIS, HAMBOURG, LONDRES.

Londr. sur Hamb.	Hamb. sur Paris.	Paris sur Hamb.	Rend à Londr.	Londr. sur Hamb.	Hamb. sur Paris.	Paris sur Hamb.	Rend à Londr.
33.	$31\frac{3}{4}$	$151\frac{3}{16}$ m	$38\frac{1}{8}$ m	33.	$31\frac{7}{8}$	$150\frac{9}{16}$ p	$38\frac{5}{8}$ p
33. 1	....	....	$38\frac{1}{8}$ p	33. 1	....	....	$38\frac{9}{16}$ m
33. 2	....	....	$38\frac{3}{16}$ m	33. 2	....	....	$38\frac{7}{16}$ p
33. 3	....	....	$38\frac{3}{16}$ p	33. 3	....	....	$38\frac{3}{8}$ m
33. 4	....	....	$38\frac{1}{8}$ m	33. 4	....	....	$38\frac{1}{4}$ p
33. 5	....	....	38 p	33. 5	....	....	$38\frac{1}{16}$ m
33. 6	....	....	$37\frac{15}{16}$ m	33. 6	....	....	$38\frac{1}{16}$ p
33. 7	....	....	$37\frac{13}{16}$ p	33. 7	....	....	$37\frac{15}{16}$ p
33. 8	....	....	$37\frac{3}{4}$ m	33. 8	....	....	$37\frac{7}{8}$ m
33. 9	....	....	$37\frac{5}{8}$ p	33. 9	....	....	$37\frac{3}{4}$ p
33.10	....	....	$37\frac{9}{16}$ m	33.10	....	....	$37\frac{11}{16}$ m
33.11	....	....	$37\frac{7}{16}$ p	33.11	....	....	$37\frac{9}{16}$ p
34.	....	....	$37\frac{3}{8}$ m	34.	....	....	$37\frac{1}{2}$ m
34. 1	....	....	$37\frac{1}{4}$ p	34. 1	....	....	$37\frac{7}{16}$ m
34. 2	....	....	$37\frac{3}{16}$ m	34. 2	....	....	$37\frac{5}{16}$ p
34. 3	....	....	$37\frac{1}{16}$ p	34. 3	....	....	$37\frac{1}{4}$ m
34. 4	....	....	37 m	34. 4	....	....	$37\frac{1}{8}$ p
34. 5	....	....	$36\frac{7}{8}$ p	34. 5	....	....	$37\frac{1}{16}$ m
34. 6	....	....	$36\frac{13}{16}$ m	34. 6	....	....	$36\frac{15}{16}$ p
34. 7	....	....	$36\frac{3}{4}$ m	34. 7	....	....	$36\frac{7}{8}$ m
34. 8	....	....	$36\frac{5}{8}$ p	34. 8	....	....	$36\frac{3}{4}$ p
34. 9	....	....	$36\frac{9}{16}$ m	34. 9	....	....	$36\frac{11}{16}$ m
34.10	....	....	$36\frac{7}{16}$ p	34.10	....	....	$36\frac{9}{16}$ p
34.11	....	....	$36\frac{3}{8}$ m	34.11	....	....	$36\frac{1}{2}$ m
35.	....	....	$36\frac{5}{16}$ m	35.	....	....	$36\frac{7}{16}$ m
35. 1	....	....	$36\frac{3}{16}$ p	35. 1	....	....	$36\frac{5}{16}$ p
35. 2	....	....	$36\frac{1}{8}$ m	35. 2	....	....	$36\frac{1}{4}$ p
35. 3	....	....	36 p	35. 3	....	....	$36\frac{3}{16}$ m
35. 4	....	....	$35\frac{15}{16}$ p	35. 4	....	....	$36\frac{1}{16}$ p
35. 5	....	....	$35\frac{7}{8}$ m	35. 5	....	....	36
35. 6	....	....	$35\frac{3}{4}$ p	35. 6	....	....	$35\frac{15}{16}$ m
35. 7	....	....	$35\frac{11}{16}$ p	35. 7	....	....	$35\frac{13}{16}$ p
35. 8	....	....	$35\frac{5}{8}$ m	35. 8	....	....	$35\frac{3}{4}$ m
35. 9	....	....	$35\frac{1}{2}$ p	35. 9	....	....	$35\frac{11}{16}$ m
35.10	....	....	$35\frac{7}{16}$ p	35.10	....	....	$35\frac{9}{16}$ p
35.11	....	....	$35\frac{3}{8}$ m	35.11	....	....	$35\frac{1}{2}$ m
36.	....	....	$35\frac{1}{4}$ p	36.	....	....	$35\frac{7}{16}$ m

464 COMBINAISON GENERALE

PARIS, HAMBOURG, LONDRES.

Londr. sur Hamb.	Hamb. sur Paris.	Paris sur Hamb.	Rend à Londr.	Londr. sur Hamb.	Hamb. sur Paris.	Paris sur Hamb.	Rend à Londr.
33.	32	150	$38\frac{13}{16}$ m	33.	$32\frac{1}{8}$	$149\frac{7}{16}$ m	$38\frac{11}{16}$ p
33. 1			$38\frac{11}{16}$ p	33. 1			$38\frac{13}{16}$ p
33. 2			$38\frac{9}{16}$ p	33. 2			$38\frac{3}{4}$ m
33. 3			$38\frac{1}{2}$ m	33. 3			$38\frac{5}{8}$ p
33. 4			$38\frac{3}{8}$ p	33. 4			$38\frac{9}{16}$ p
33. 5			$38\frac{5}{16}$ m	33. 5			$38\frac{7}{16}$ p
33. 6			$38\frac{3}{16}$ p	33. 6			$38\frac{5}{16}$ p
33. 7			$38\frac{1}{8}$ m	33. 7			$38\frac{1}{4}$ p
33. 8			38 p	33. 8			$38\frac{3}{16}$ m
33. 9			$37\frac{15}{16}$ m	33. 9			$38\frac{1}{16}$ p
33. 10			$37\frac{13}{16}$ p	33. 10			38 m
33. 11			$37\frac{3}{4}$ m	33. 11			$37\frac{7}{8}$ p
34.			$37\frac{5}{8}$ p	34.			$37\frac{13}{16}$ m
34. 1			$37\frac{9}{16}$ p	34. 1			$37\frac{11}{16}$ p
34. 2			$37\frac{7}{16}$ p	34. 2			$37\frac{5}{8}$ m
34. 3			$37\frac{3}{8}$ m	34. 3			$37\frac{1}{2}$ p
34. 4			$37\frac{3}{16}$ m	34. 4			$37\frac{7}{16}$ m
34. 5			$37\frac{3}{16}$ p	34. 5			$37\frac{5}{16}$ p
34. 6			$37\frac{1}{8}$ m	34. 6			$37\frac{1}{4}$ m
34. 7			37 p	34. 7			$37\frac{1}{16}$ m
34. 8			$36\frac{15}{16}$ m	34. 8			$37\frac{1}{16}$ p
34. 9			$36\frac{13}{16}$ p	34. 9			37
34. 10			$36\frac{3}{4}$ m	34. 10			$36\frac{7}{8}$ p
34. 11			$36\frac{11}{16}$ m	34. 11			$36\frac{13}{16}$ m
35.			$36\frac{9}{16}$ p	35.			$36\frac{11}{16}$ p
35. 1			$36\frac{1}{2}$ m	35. 1			$36\frac{5}{8}$ p
35. 2			$36\frac{3}{8}$ p	35. 2			$36\frac{9}{16}$ m
35. 3			$36\frac{5}{16}$ m	35. 3			$36\frac{7}{16}$ p
35. 4			$36\frac{1}{4}$ m	35. 4			$36\frac{3}{8}$ m
35. 5			$36\frac{1}{8}$ p	35. 5			$36\frac{3}{16}$ m
35. 6			$36\frac{1}{16}$ m	35. 6			$36\frac{3}{16}$ p
35. 7			36 m	35. 7			$36\frac{1}{8}$ p
35. 8			$35\frac{7}{8}$ p	35. 8			36 m
35. 9			$35\frac{13}{16}$ p	35. 9			$35\frac{15}{16}$ p
35. 10			$35\frac{3}{4}$ m	35. 10			$35\frac{7}{8}$ m
35. 11			$35\frac{5}{8}$ p	35. 11			$35\frac{3}{4}$ p
36.			$35\frac{9}{16}$ m	36.			$35\frac{11}{16}$ p

DES CHANGES.

PARIS, HAMBOURG, LONDRES.

Londr. sur Hamb.	Hamb. sur Paris.	Paris sur Hamb.	Rend à Londr.	Londr. sur Hamb.	Hamb. sur Paris.	Paris sur Hamb.	Rend à Londr.
33 ·	32 $\frac{1}{4}$	148 $\frac{13}{16}$ p	39 $\frac{1}{16}$ p	33 ·	32 $\frac{3}{8}$	148 $\frac{1}{4}$ p	39 $\frac{1}{4}$ m
33 · 1			39 m	33 · 1			39 $\frac{1}{8}$ p
33 · 2			38 $\frac{7}{8}$ p	33 · 2			39 $\frac{1}{16}$ m
33 · 3			38 $\frac{13}{16}$ m	33 · 3			38 $\frac{15}{16}$ p
33 · 4			38 $\frac{11}{16}$ p	33 · 4			38 $\frac{7}{8}$ m
33 · 5			38 $\frac{5}{8}$ m	33 · 5			38 $\frac{3}{4}$ p
33 · 6			38 $\frac{1}{2}$ p	33 · 6			38 $\frac{11}{16}$ m
33 · 7			38 $\frac{7}{16}$ m	33 · 7			38 $\frac{9}{16}$ m
33 · 8			38 $\frac{5}{16}$ p	33 · 8			38 $\frac{7}{16}$ p
33 · 9			38 $\frac{1}{4}$ m	33 · 9			38 $\frac{3}{8}$ m
33 · 10			38 $\frac{1}{8}$ p	33 · 10			38 $\frac{1}{4}$ p
33 · 11			38 $\frac{1}{16}$ m	33 · 11			38 $\frac{3}{16}$ m
34 ·			37 $\frac{15}{16}$ p	34 ·			38 $\frac{1}{16}$ p
34 · 1			37 $\frac{7}{8}$ m	34 · 1			38 m
34 · 2			37 $\frac{3}{4}$ p	34 · 2			37 $\frac{7}{8}$ p
34 · 3			37 $\frac{11}{16}$ m	34 · 3			37 $\frac{13}{16}$ m
34 · 4			37 $\frac{9}{16}$ p	34 · 4			37 $\frac{11}{16}$ p
34 · 5			37 $\frac{1}{2}$ m	34 · 5			37 $\frac{5}{8}$ p
34 · 6			37 $\frac{3}{8}$ p	34 · 6			37 $\frac{9}{16}$ m
34 · 7			37 $\frac{5}{16}$ m	34 · 7			37 $\frac{7}{16}$ p
34 · 8			37 $\frac{3}{16}$ p	34 · 8			37 $\frac{3}{8}$ m
34 · 9			37 $\frac{1}{8}$ m	34 · 9			37 $\frac{1}{4}$ p
34 · 10			37 $\frac{1}{16}$ m	34 · 10			37 $\frac{3}{16}$ m
34 · 11			36 $\frac{15}{16}$ p	34 · 11			37 $\frac{1}{16}$ p
35 ·			36 $\frac{7}{8}$ m	35 ·			37
35 · 1			36 $\frac{3}{4}$ p	35 · 1			36 $\frac{15}{16}$ m
35 · 2			36 $\frac{11}{16}$ m	35 · 2			36 $\frac{13}{16}$ p
35 · 3			36 $\frac{5}{8}$ m	35 · 3			36 $\frac{3}{4}$ m
35 · 4			36 $\frac{1}{2}$ p	35 · 4			36 $\frac{5}{8}$ p
35 · 5			36 $\frac{7}{16}$ m	35 · 5			36 $\frac{1}{2}$ p
35 · 6			36 $\frac{5}{16}$ p	35 · 6			36 $\frac{1}{2}$ m
35 · 7			36 $\frac{1}{4}$ p	35 · 7			36 $\frac{3}{8}$ p
35 · 8			36 $\frac{7}{16}$ m	35 · 8			36 $\frac{5}{16}$ m
35 · 9			36 $\frac{1}{16}$ p	35 · 9			36 $\frac{1}{4}$ m
35 · 10			36	35 · 10			36 $\frac{1}{8}$ p
35 · 11			35 $\frac{15}{16}$ m	35 · 11			36 $\frac{1}{16}$ m
36 ·			35 $\frac{13}{16}$ p	36 ·			36 m

466 COMBINAISON GENERALE

PARIS, HAMBOURG, LONDRES.

Londr. sur Hamb.	Hamb. sur Paris.	Paris sur Hamb.	Rend à Londr.	Londr. sur Hamb.	Hamb. sur Paris.	Paris sur Hamb.	Rend à Londr.
33.	32 $\frac{1}{2}$	147 $\frac{11}{16}$ P	39 $\frac{3}{8}$ P	33.	32 $\frac{5}{8}$	147 $\frac{1}{8}$ P	39 $\frac{9}{16}$ m
33. 1			39 $\frac{5}{16}$ m	33. 1			39 $\frac{7}{16}$ P
33. 2			39 $\frac{1}{4}$ P	33. 2			39 $\frac{3}{8}$ m
33. 3			39 $\frac{1}{8}$ m	33. 3			39 $\frac{1}{4}$ m
33. 4			39	33. 4			39 $\frac{1}{8}$ m
33. 5			38 $\frac{7}{8}$ P	33. 5			39 $\frac{1}{16}$ m
33. 6			38 $\frac{13}{16}$ m	33. 6			38 $\frac{15}{16}$ P
33. 7			38 $\frac{11}{16}$ P	33. 7			38 $\frac{7}{8}$ m
33. 8			38 $\frac{5}{8}$ m	33. 8			38 $\frac{3}{4}$ P
33. 9			38 $\frac{1}{2}$ P	33. 9			38 $\frac{11}{16}$ m
33. 10			38 $\frac{7}{16}$ m	33. 10			38 $\frac{9}{16}$ m
33. 11			38 $\frac{5}{16}$ P	33. 11			38 $\frac{1}{2}$ m
34.			38 $\frac{1}{4}$ m	34.			38 $\frac{3}{8}$ P
34. 1			38 $\frac{1}{8}$ P	34. 1			38 $\frac{5}{16}$ m
34. 2			38 $\frac{1}{16}$ m	34. 2			38 $\frac{3}{16}$ P
34. 3			37 $\frac{15}{16}$ P	34. 3			38 $\frac{1}{8}$ m
34. 4			37 $\frac{7}{8}$ m	34. 4			38 P
34. 5			37 $\frac{3}{4}$ P	34. 5			37 $\frac{15}{16}$ m
34. 6			37 $\frac{11}{16}$ m	34. 6			37 $\frac{13}{16}$ m
34. 7			37 $\frac{9}{16}$ P	34. 7			37 $\frac{3}{4}$ m
34. 8			37 $\frac{1}{2}$ m	34. 8			37 $\frac{5}{8}$ P
34. 9			37 $\frac{7}{16}$ m	34. 9			37 $\frac{9}{16}$ m
34. 10			37 $\frac{5}{16}$ P	34. 10			37 $\frac{7}{16}$ P
34. 11			37 $\frac{1}{4}$ m	34. 11			37 $\frac{3}{8}$ m
35.			37 $\frac{1}{8}$ P	35.			37 $\frac{5}{16}$ m
35. 1			37 $\frac{1}{16}$ m	35. 1			37 $\frac{3}{16}$ P
35. 2			36 $\frac{15}{16}$ P	35. 2			37 $\frac{1}{8}$ m
35. 3			36 $\frac{7}{8}$ P	35. 3			37 P
35. 4			36 $\frac{13}{16}$ P	35. 4			36 $\frac{15}{16}$ P
35. 5			36 $\frac{11}{16}$ P	35. 5			36 $\frac{7}{8}$ m
35. 6			36 $\frac{5}{8}$ m	35. 6			36 $\frac{3}{4}$ P
35. 7			36 $\frac{8}{15}$ m	35. 7			36 $\frac{11}{16}$ m
35. 8			36 $\frac{7}{16}$ P	35. 8			36 $\frac{9}{16}$ P
35. 9			36 $\frac{3}{8}$ m	35. 9			36 $\frac{1}{2}$ m
35. 10			36 $\frac{1}{4}$ P	35. 10			36 $\frac{5}{16}$ m
35. 11			36 $\frac{3}{16}$ P	35. 11			36 $\frac{5}{16}$ P
36.			36 $\frac{1}{8}$ m	36.			36 $\frac{1}{4}$

Paris, Hambourg, Londres.

Londr. sur Hamb.	Hamb. sur Paris.	Paris sur Hamb.	Rend à Londr.	Londr. sur Hamb.	Hamb. sur Paris.	Paris sur Hamb.	Rend à Londr.
33·	32 3/4	146 9/16 p	39 11/16 p	33·	32 7/8	146 p	39 7/8 m
33· 1			39 5/8 m	33· 1			39 3/4 m
33· 2			39 1/2 m	33· 2			39 5/8 p
33· 3			39 3/8 p	33· 3			39 9/16 m
33· 4			39 5/16 m	33· 4			39 7/16 p
33· 5			39 3/16 p	33· 5			39 3/8 m
33· 6			39 1/8 m	33· 6			39 1/4 p
33· 7			39 p	33· 7			39 3/16 m
33· 8			38 15/16 m	33· 8			39 1/16 m
33· 9			38 13/16 p	33· 9			38 15/16 p
33·10			38 3/4 m	33·10			38 7/8 m
33·11			38 5/8 m	33·11			38 3/4 p
34·			38 1/2 p	34·			38 11/16 m
34· 1			38 7/16 m	34· 1			38 9/16 p
34· 2			38 5/16 p	34· 2			38 1/2 m
34· 3			38 1/4 m	34· 3			38 3/8 p
34· 4			38 1/8 p	34· 4			38 5/16 m
34· 5			38 1/16 p	34· 5			38 3/16 p
34· 6			38 m	34· 6			38 1/8 m
34· 7			37 7/8 p	34· 7			38 p
34· 8			37 13/16 m	34· 8			37 15/16 m
34· 9			37 11/16 p	34· 9			37 13/16 p
34·10			37 5/8 m	34·10			37 3/4 p
34·11			37 1/2 p	34·11			37 11/16 m
35·			37 7/16 m	35·			37 9/16 p
35· 1			37 5/16 p	35· 1			37 1/2 m
35· 2			37 1/4 p	35· 2			37 3/8 p
35· 3			37 3/16 m	35· 3			37 5/16 m
35· 4			37 1/16 p	35· 4			37 3/16 p
35· 5			37 m	35· 5			37 1/8 p
35· 6			36 7/8 p	35· 6			37 1/16 m
35· 7			36 13/16 p	35· 7			36 15/16 p
35· 8			36 3/4 m	35· 8			36 7/8 m
35· 9			36 5/8 p	35· 9			36 13/16 m
35·10			36 9/16 m	35·10			36 11/16 p
35·11			36 1/2 m	35·11			36 5/8 m
36·			36 3/8 p	36·			36 1/2 p

468 COMBINAISON GENERALE

PARIS, HAMBOURG, LONDRES.

Londr. sur Hamb.	Hamb. sur Paris.	Paris sur Hamb.	Rend à Londr.	Londr. sur Hamb.	Hamb. sur Paris.	Paris sur Hamb.	Rend à Londr.
33 ·	33	·145$\frac{7}{16}$p	40	33 ·	·33$\frac{1}{8}$	·144$\frac{7}{8}$p	40$\frac{1}{8}$ p
33 · 1	....	....	39$\frac{7}{8}$ p	33 · 1	....	....	40$\frac{1}{16}$ m
33 · 2	....	....	39$\frac{3}{16}$ m	33 · 2	....	....	39$\frac{15}{16}$ p
33 · 3	....	....	39$\frac{11}{16}$ p	33 · 3	....	....	39$\frac{7}{8}$ m
33 · 4	....	....	39$\frac{5}{8}$ m	33 · 4	....	....	39$\frac{4}{4}$
33 · 5	....	....	39$\frac{9}{16}$ p	33 · 5	....	....	39$\frac{3}{4}$ p
33 · 6	....	....	39$\frac{3}{8}$ p	33 · 6	....	....	39$\frac{9}{16}$ m
33 · 7	....	....	39$\frac{5}{16}$ m	33 · 7	....	....	39$\frac{7}{16}$ p
33 · 8	....	....	39$\frac{3}{16}$ p	33 · 8	....	....	39$\frac{3}{8}$ m
33 · 9	....	....	39$\frac{1}{8}$ m	33 · 9	....	....	39$\frac{1}{4}$ p
33 · 10	....	....	39 p	33 · 10	....	....	39$\frac{3}{16}$ m
33 · 11	....	....	38$\frac{15}{16}$ m	33 · 11	....	....	39$\frac{1}{16}$ p
34 ·	....	....	38$\frac{13}{16}$ p	34 ·	....	....	39 m
34 · 1	....	....	38$\frac{3}{4}$ m	34 · 1	....	....	38$\frac{7}{8}$ p
34 · 2	....	....	38$\frac{5}{8}$ p	34 · 2	....	....	38$\frac{3}{4}$ p
34 · 3	....	....	38$\frac{9}{16}$ m	34 · 3	....	....	38$\frac{11}{16}$ m
34 · 4	....	....	38$\frac{7}{16}$ p	34 · 4	....	....	38$\frac{9}{16}$ p
34 · 5	....	....	38$\frac{3}{8}$ m	34 · 5	....	....	38$\frac{1}{2}$ m
34 · 6	....	....	38$\frac{1}{4}$ p	34 · 6	....	....	38$\frac{3}{8}$ p
34 · 7	....	....	38$\frac{3}{16}$ m	34 · 7	....	....	38$\frac{5}{16}$ m
34 · 8	....	....	38$\frac{1}{16}$ p	34 · 8	....	....	38$\frac{1}{4}$ m
34 · 9	....	....	38 m	34 · 9	....	....	38$\frac{1}{8}$ p
34 · 10	....	....	37$\frac{7}{8}$ p	34 · 10	....	....	38$\frac{1}{16}$ m
34 · 11	....	....	37$\frac{13}{16}$ m	34 · 11	....	....	37$\frac{15}{16}$ p
35 ·	....	....	37$\frac{11}{16}$ p	35 ·	....	....	37$\frac{7}{8}$ m
35 · 1	....	....	37$\frac{5}{8}$ m	35 · 1	....	....	37$\frac{3}{4}$ p
35 · 2	....	....	37$\frac{9}{16}$ p	35 · 2	....	....	37$\frac{11}{16}$ m
35 · 3	....	....	37$\frac{7}{16}$ m	35 · 3	....	....	37$\frac{9}{16}$ p
35 · 4	....	....	37$\frac{3}{8}$ m	35 · 4	....	....	37$\frac{1}{2}$
35 · 5	....	....	37$\frac{1}{4}$ p	35 · 5	....	....	37$\frac{7}{16}$ m
35 · 6	....	....	37$\frac{3}{16}$ m	35 · 6	....	....	37$\frac{5}{16}$ p
35 · 7	....	....	37$\frac{1}{8}$ m	35 · 7	....	....	37$\frac{1}{4}$ m
35 · 8	....	....	37 p	35 · 8	....	....	37$\frac{1}{8}$ p
35 · 9	....	....	36$\frac{15}{16}$ m	35 · 9	....	....	37$\frac{1}{16}$ p
35 · 10	....	....	36$\frac{13}{16}$ p	35 · 10	....	....	37 m
35 · 11	....	....	36$\frac{3}{4}$ p	35 · 11	....	....	36$\frac{7}{8}$ p
36 ·	....	....	36$\frac{11}{16}$ m	36 ·	....	....	36$\frac{13}{16}$ m

DES CHANGES.

PARIS, HAMBOURG, LONDRES.

Londr. sur Hamb.	Hamb. sur Paris.	Paris sur Hamb.	Rend à Londr.	Londr. sur Hamb.	Hamb. sur Paris.	Paris sur Hamb.	Rend à Londr.
33.	$33\frac{1}{4}$	$144\frac{3}{8}$ m	$40\frac{5}{16}$ m	33.	$33\frac{3}{8}$	$143\frac{13}{16}$ p	$40\frac{7}{16}$ p
33. 1			$40\frac{5}{16}$ p	33. 1			$40\frac{3}{8}$ m
33. 2			$40\frac{1}{8}$ m	33. 2			$40\frac{1}{4}$ p
33. 3			40	33. 3			$40\frac{1}{8}$ m
33. 4			$39\frac{7}{8}$ p	33. 4			$40\frac{1}{16}$ m
33. 5			$39\frac{13}{16}$ m	33. 5			$39\frac{15}{16}$ p
33. 6			$39\frac{11}{16}$ p	33. 6			$39\frac{7}{8}$ m
33. 7			$39\frac{1}{2}$ m	33. 7			$39\frac{3}{4}$ p
33. 8			$39\frac{1}{2}$ p	33. 8			$39\frac{5}{8}$ p
33. 9			$39\frac{7}{16}$ m	33. 9			$39\frac{9}{16}$ m
33. 10			$39\frac{5}{16}$ m	33. 10			$39\frac{7}{16}$ p
33. 11			$39\frac{3}{16}$ p	33. 11			$39\frac{3}{8}$ m
34.			$39\frac{1}{8}$ m	34.			$39\frac{1}{4}$ p
34. 1			39 p	34. 1			$39\frac{3}{16}$ m
34. 2			$38\frac{15}{16}$ m	34. 2			$39\frac{1}{16}$ p
34. 3			$38\frac{13}{16}$ p	34. 3			39 m
34. 4			$38\frac{3}{4}$ m	34. 4			$38\frac{7}{8}$ p
34. 5			$38\frac{5}{8}$ p	34. 5			$38\frac{13}{16}$ m
34. 6			$38\frac{9}{16}$ m	34. 6			$38\frac{11}{16}$ p
34. 7			$38\frac{7}{16}$ p	34. 7			$38\frac{5}{8}$ m
34. 8			$38\frac{3}{8}$ m	34. 8			$38\frac{1}{2}$ p
34. 9			$38\frac{1}{4}$ p	34. 9			$38\frac{7}{16}$ m
34. 10			$38\frac{3}{16}$ m	34. 10			$38\frac{5}{16}$ p
34. 11			$38\frac{1}{16}$ p	34. 11			$38\frac{1}{4}$ m
35.			38	35.			$38\frac{1}{8}$ p
35. 1			$37\frac{15}{16}$ m	35. 1			$38\frac{1}{16}$ m
35. 2			$37\frac{13}{16}$ p	35. 2			$37\frac{15}{16}$ p
35. 3			$37\frac{3}{4}$ m	35. 3			$37\frac{7}{8}$ m
35. 4			$37\frac{5}{8}$ p	35. 4			$37\frac{13}{16}$ m
35. 5			$37\frac{9}{16}$ m	35. 5			$37\frac{11}{16}$ p
35. 6			$37\frac{7}{16}$ p	35. 6			$37\frac{5}{8}$ m
35. 7			$37\frac{3}{8}$ p	35. 7			$37\frac{1}{2}$ p
35. 8			$37\frac{5}{16}$ m	35. 8			$37\frac{7}{16}$ m
35. 9			$37\frac{3}{16}$ p	35. 9			$37\frac{5}{16}$ p
35. 10			$37\frac{1}{8}$ m	35. 10			$37\frac{1}{4}$ p
35. 11			37 p	35. 11			$37\frac{3}{16}$ m
36.			$36\frac{15}{16}$ p	36.			$37\frac{1}{16}$ p

COMBINAISON GENERALE
PARIS, HAMBOURG, LONDRES.

Londr. sur Hamb.	Hamb. sur Paris.	Paris sur Hamb.	Rend à Londr.	Londr. sur Hamb.	Hamb. sur Paris.	Paris sur Hamb.	Rend à Londr.
33 ·	· 33 $\frac{1}{2}$	· 143 $\frac{5}{16}$ m	40 $\frac{5}{8}$ m	33 ·	· 33 $\frac{5}{8}$	· 142 $\frac{3}{4}$ P	· 40 $\frac{3}{4}$ P
33 · 1	....		40 $\frac{1}{2}$ P	33 · 1	....		40 $\frac{5}{8}$ P
33 · 2	....		40 $\frac{3}{8}$ P	33 · 2	....		40 $\frac{9}{16}$ P
33 · 3	....		40 $\frac{5}{16}$ m	33 · 3	....		40 $\frac{7}{16}$ m
33 · 4	....		40 $\frac{3}{16}$ P	33 · 4	....		40 $\frac{3}{8}$ m
33 · 5	....		40 $\frac{1}{8}$ m	33 · 5	....		40 $\frac{1}{4}$ P
33 · 6	....		40	33 · 6	....		40 $\frac{1}{8}$ P
33 · 7	....		39 $\frac{7}{8}$ P	33 · 7	....		40 $\frac{1}{16}$ m
33 · 8	....		39 $\frac{13}{16}$ m	33 · 8	....		39 $\frac{15}{16}$ P
33 · 9	....		39 $\frac{11}{16}$ P	33 · 9	....		39 $\frac{7}{8}$ m
33 · 10	....		39 $\frac{5}{8}$ m	33 · 10	....		39 $\frac{3}{4}$ P
33 · 11	....		39 $\frac{1}{2}$ P	33 · 11	....		39 $\frac{5}{8}$ P
34 ·	....		39 $\frac{7}{16}$ m	34 ·	....		39 $\frac{9}{16}$ m
34 · 1	....		39 $\frac{5}{16}$ P	34 · 1	....		39 $\frac{7}{16}$ P
34 · 2	....		39 $\frac{1}{4}$ m	34 · 2	....		39 $\frac{3}{8}$ m
34 · 3	....		39 $\frac{1}{8}$ m	34 · 3	....		39 $\frac{1}{4}$ m
34 · 4	....		39 P	34 · 4	....		39 $\frac{3}{16}$ m
34 · 5	....		38 $\frac{15}{16}$ m	34 · 5	....		39 $\frac{1}{16}$ P
34 · 6	....		38 $\frac{13}{16}$ P	34 · 6	....		39
34 · 7	....		38 $\frac{3}{4}$ m	34 · 7	....		38 $\frac{7}{8}$ P
34 · 8	....		38 $\frac{5}{8}$ P	34 · 8	....		38 $\frac{13}{16}$ P
34 · 9	....		38 $\frac{9}{16}$ m	34 · 9	....		38 $\frac{11}{16}$ P
34 · 10	....		38 $\frac{1}{2}$ m	34 · 10	....		38 $\frac{5}{8}$ m
34 · 11	....		38 $\frac{3}{8}$ P	34 · 11	....		38 $\frac{1}{2}$ P
35 ·	....		38 $\frac{5}{16}$ m	35 ·	....		38 $\frac{7}{16}$ m
35 · 1	....		38 $\frac{3}{16}$ P	35 · 1	....		38 $\frac{5}{16}$ P
35 · 2	....		38 $\frac{1}{8}$ m	35 · 2	....		38 $\frac{1}{4}$ m
35 · 3	....		38 P	35 · 3	....		38 $\frac{1}{8}$ P
35 · 4	....		37 $\frac{15}{16}$ m	35 · 4	....		38 $\frac{1}{16}$ m
35 · 5	....		37 $\frac{13}{16}$ P	35 · 5	....		38
35 · 6	....		37 $\frac{3}{4}$ m	35 · 6	....		37 $\frac{7}{8}$ m
35 · 7	....		37 $\frac{11}{16}$ m	35 · 7	....		37 $\frac{13}{16}$ P
35 · 8	....		37 $\frac{9}{16}$ P	35 · 8	....		37 $\frac{11}{16}$ P
35 · 9	....		37 $\frac{1}{2}$ m	35 · 9	....		37 $\frac{5}{8}$ m
35 · 10	....		37 $\frac{3}{8}$ P	35 · 10	....		37 $\frac{1}{2}$ m
35 · 11	....		37 $\frac{5}{16}$ m	35 · 11	....		37 $\frac{7}{16}$ P
36 ·	....		37 $\frac{1}{4}$ m	36 ·	....		37 $\frac{3}{8}$ m

DES CHANGES.

PARIS, HAMBOURG, LONDRES.

Londr. sur Hamb.	Hamb. sur Paris.	Paris sur Hamb.	Rend à Londr.	Londr. sur Hamb.	Hamb. sur Paris.	Paris sur Hamb.	Rend à Londr.
33.	· 33 $\frac{3}{4}$	· 142 $\frac{1}{4}$ m	40 $\frac{15}{16}$ m	33.	· 33 $\frac{7}{8}$	· 141 $\frac{11}{16}$ p	41 $\frac{1}{2}$ m
33. 1	....	....	40 $\frac{13}{16}$ m	33. 1	....	....	40 $\frac{15}{16}$ p
33. 2	....	....	40 $\frac{11}{16}$ p	33. 2	....	....	40 $\frac{3}{4}$ m
33. 3	....	....	40 $\frac{5}{8}$ m	33. 3	....	....	40 $\frac{5}{8}$ p
33. 4	....	....	40 $\frac{1}{2}$	33. 4	....	....	40 $\frac{1}{2}$ p
33. 5	....	....	40 $\frac{3}{8}$ p	33. 5	....	....	40 $\frac{7}{16}$ m
33. 6	....	....	40 $\frac{5}{16}$ m	33. 6	....	....	40 $\frac{7}{16}$ p
33. 7	....	....	40 $\frac{3}{16}$ p	33. 7	....	....	40 $\frac{3}{8}$ m
33. 8	....	....	40 $\frac{1}{8}$ m	33. 8	....	....	40 $\frac{1}{4}$ m
33. 9	....	....	40	33. 9	....	....	40 $\frac{1}{8}$ p
33. 10	....	....	39 $\frac{7}{8}$ p	33. 10	....	....	40 $\frac{1}{16}$ m
33. 11	....	....	39 $\frac{13}{16}$ m	33. 11	....	....	39 $\frac{15}{16}$
34.	....	....	39 $\frac{11}{16}$ p	34.	....	....	39 $\frac{7}{8}$ m
34. 1	....	....	39 $\frac{1}{8}$ m	34. 1	....	....	39 $\frac{3}{4}$ p
34. 2	....	....	39 $\frac{1}{2}$ p	34. 2	....	....	39 $\frac{11}{16}$ m
34. 3	....	....	39 $\frac{7}{16}$ m	34. 3	....	....	39 $\frac{9}{16}$ m
34. 4	....	....	39 $\frac{5}{16}$ p	34. 4	....	....	39 $\frac{7}{16}$ p
34. 5	....	....	39 $\frac{1}{4}$ m	34. 5	....	....	39 $\frac{3}{8}$ m
34. 6	....	....	39 $\frac{1}{8}$ p	34. 6	....	....	39 $\frac{1}{4}$ p
34. 7	....	....	39 $\frac{1}{8}$ m	34. 7	....	....	39 $\frac{3}{16}$ m
34. 8	....	....	38 $\frac{15}{16}$ p	34. 8	....	....	39 $\frac{1}{16}$ p
34. 9	....	....	38 $\frac{7}{8}$ m	34. 9	....	....	39 m
34. 10	....	....	38 $\frac{3}{4}$ p	34. 10	....	....	38 $\frac{7}{8}$ p
34. 11	....	....	38 $\frac{11}{16}$ m	34. 11	....	....	38 $\frac{3}{4}$ m
35.	....	....	38 $\frac{9}{16}$ p	35.	....	....	38 $\frac{11}{16}$ p
35. 1	....	....	38 $\frac{1}{2}$ m	35. 1	....	....	38 $\frac{5}{8}$ m
35. 2	....	....	38 $\frac{3}{8}$ p	35. 2	....	....	38 $\frac{1}{2}$ p
35. 3	....	....	38 $\frac{5}{16}$ m	35. 3	....	....	38 $\frac{7}{16}$ m
35. 4	....	....	38 $\frac{3}{16}$ p	35. 4	....	....	38 $\frac{1}{4}$ p
35. 5	....	....	38 $\frac{1}{8}$ m	35. 5	....	....	38 $\frac{3}{16}$ m
35. 6	....	....	38 p	35. 6	....	....	38 $\frac{1}{16}$ p
35. 7	....	....	37 $\frac{15}{16}$ p	35. 7	....	....	38 m
35. 8	....	....	37 $\frac{7}{8}$ m	35. 8	....	....	38 $\frac{7}{8}$ p
35. 9	....	....	37 $\frac{3}{4}$ p	35. 9	....	....	37 $\frac{7}{8}$ p
35. 10	....	....	37 $\frac{11}{16}$ m	35. 10	....	....	37 $\frac{13}{16}$ p
35. 11	....	....	37 $\frac{9}{16}$ p	35. 11	....	....	37 $\frac{3}{4}$ m
36.	....	....	37 $\frac{1}{2}$	36.	....	....	37 $\frac{5}{8}$ p

COMBINAISON GENERALE

PARIS, HAMBOURG, LONDRES.

Londr. sur Hamb.	Hamb. sur Paris.	Paris sur Hamb.	Rend à Londr.	Londr. sur Hamb.	Hamb. sur Paris.	Paris sur Hamb.	Rend à Londr.
33·	34	141 $\frac{3}{16}$ m	41 $\frac{3}{16}$ P	33·	34 $\frac{1}{8}$	140 $\frac{11}{16}$ m	41 $\frac{3}{16}$ m
33· 1			41 $\frac{1}{8}$ m	33· 1			41 $\frac{1}{8}$ P
33· 2			41 P	33· 2			41 $\frac{1}{16}$ P
33· 3			40 $\frac{7}{8}$ P	33· 3			41 $\frac{1}{16}$ m
33· 4			40 $\frac{13}{16}$ m	33· 4			40 $\frac{15}{16}$ m
33· 5			40 $\frac{11}{16}$ P	33· 5			40 $\frac{7}{8}$ P
33· 6			40 $\frac{5}{8}$ m	33· 6			40 $\frac{3}{4}$ m
33· 7			40 $\frac{1}{2}$ m	33· 7			40 $\frac{5}{8}$ P
33· 8			40 $\frac{3}{8}$ P	33· 8			40 $\frac{9}{16}$ m
33· 9			40 $\frac{5}{16}$ m	33· 9			40 $\frac{7}{16}$ m
33·10			40 $\frac{3}{16}$ m	33·10			40 $\frac{5}{16}$ m
33·11			40 $\frac{1}{8}$ P	33·11			40 $\frac{1}{4}$ m
34·			40	34·			40 $\frac{1}{8}$ P
34· 1			39 $\frac{7}{8}$ P	34· 1			40 $\frac{1}{16}$ m
34· 2			39 $\frac{13}{16}$ m	34· 2			39 $\frac{15}{16}$ P
34· 3			39 $\frac{11}{16}$ P	34· 3			39 $\frac{7}{8}$ m
34· 4			39 $\frac{5}{8}$ m	34· 4			39 $\frac{3}{4}$ P
34· 5			39 $\frac{1}{2}$ P	34· 5			39 $\frac{11}{16}$ m
34· 6			39 $\frac{5}{16}$ m	34· 6			39 $\frac{9}{16}$ P
34· 7			39 $\frac{5}{16}$ P	34· 7			39 $\frac{1}{2}$ m
34· 8			39 $\frac{1}{4}$ m	34· 8			39 $\frac{3}{8}$
34· 9			39 $\frac{1}{8}$ P	34· 9			39 $\frac{1}{4}$ P
34·10			39 $\frac{1}{16}$ m	34·10			39 $\frac{3}{16}$ m
34·11			38 $\frac{15}{16}$ P	34·11			39 $\frac{1}{16}$ P
35·			38 $\frac{7}{8}$ m	35·			39
35· 1			38 $\frac{3}{4}$ P	35· 1			38 $\frac{15}{16}$ m
35· 2			38 $\frac{11}{16}$ m	35· 2			38 $\frac{13}{16}$ P
35· 3			38 $\frac{9}{16}$ P	35· 3			38 $\frac{3}{4}$ m
35· 4			38 $\frac{1}{2}$ m	35· 4			38 $\frac{5}{8}$ P
35· 5			38 $\frac{3}{8}$ P	35· 5			38 $\frac{1}{2}$
35· 6			38 $\frac{5}{16}$ m	35· 6			38 $\frac{7}{16}$ P
35· 7			38 $\frac{1}{4}$ m	35· 7			38 $\frac{5}{16}$ m
35· 8			38 $\frac{1}{8}$ P	35· 8			38 $\frac{1}{4}$ P
35· 9			38 $\frac{1}{16}$ m	35· 9			38 $\frac{1}{8}$ m
35·10			37 $\frac{15}{16}$ P	35·10			38 $\frac{1}{16}$ P
35·11			37 $\frac{7}{8}$ m	35·11			38 P
36·			37 $\frac{3}{4}$ P	36·			37 $\frac{15}{16}$ m

DES CHANGES.

PARIS, HAMBOURG, LONDRES.

Londr. sur Hamb.	Hamb. sur Paris.	Paris sur Hamb.	Rend à Londr.	Londr. sur Hamb.	Hamb. sur Paris.	Paris sur Hamb.	Rend à Londr.
33 .	34 $\frac{1}{4}$	140 $\frac{1}{8}$ p	41 $\frac{1}{2}$ p	33 .	34 $\frac{3}{8}$	139 $\frac{5}{8}$ p	41 $\frac{11}{16}$ m
33 . 1			41 $\frac{7}{16}$ m	33 . 1			41 $\frac{9}{16}$ m
33 . 2			41 $\frac{5}{16}$ m	33 . 2			41 $\frac{7}{16}$ p
33 . 3			41 $\frac{1}{16}$ p	33 . 3			41 $\frac{3}{8}$ m
33 . 4			41 $\frac{1}{8}$ m	33 . 4			41 $\frac{1}{4}$
33 . 5			41 m	33 . 5			41 $\frac{1}{8}$ p
33 . 6			40 $\frac{7}{8}$ p	33 . 6			41 $\frac{1}{16}$ m
33 . 7			40 $\frac{13}{16}$ m	33 . 7			40 $\frac{15}{16}$ p
33 . 8			40 $\frac{11}{16}$ m	33 . 8			40 $\frac{13}{16}$ p
33 . 9			40 $\frac{9}{16}$ p	33 . 9			40 $\frac{2}{4}$ m
33 . 10			40 $\frac{1}{2}$ m	33 . 10			40 $\frac{5}{8}$ p
33 . 11			40 $\frac{3}{8}$ p	33 . 11			40 $\frac{9}{16}$ m
34 .			40 $\frac{7}{16}$ m	34 .			40 $\frac{7}{16}$ p
34 . 1			40 $\frac{3}{16}$ p	34 . 1			40 $\frac{5}{16}$ m
34 . 2			40 $\frac{1}{8}$ m	34 . 2			40 $\frac{1}{4}$ m
34 . 3			40	34 . 3			40 $\frac{1}{8}$ p
34 . 4			39 $\frac{7}{8}$ p	34 . 4			40 $\frac{1}{16}$ m
34 . 5			39 $\frac{13}{16}$ m	34 . 5			39 $\frac{15}{16}$ p
34 . 6			39 $\frac{11}{16}$ p	34 . 6			39 $\frac{7}{8}$ m
34 . 7			39 $\frac{5}{8}$ m	34 . 7			39 $\frac{3}{4}$ p
34 . 8			39 $\frac{1}{2}$ p	34 . 8			39 $\frac{11}{16}$ m
34 . 9			39 $\frac{7}{16}$ m	34 . 9			39 $\frac{9}{16}$ p
34 . 10			39 $\frac{5}{16}$ p	34 . 10			39 $\frac{1}{2}$ m
34 . 11			39 $\frac{1}{4}$ m	34 . 11			39 $\frac{3}{8}$ p
35 .			39 $\frac{1}{8}$ p	35 .			39 $\frac{1}{16}$ m
35 . 1			39 $\frac{1}{16}$ m	35 . 1			39 $\frac{3}{16}$ p
35 . 2			38 $\frac{7}{8}$ m	35 . 2			39 $\frac{1}{8}$ m
35 . 3			38 $\frac{13}{16}$ p	35 . 3			39
35 . 4			38 $\frac{3}{4}$ p	35 . 4			38 $\frac{15}{16}$ m
35 . 5			38 $\frac{11}{16}$ m	35 . 5			38 $\frac{13}{16}$ p
35 . 6			38 $\frac{9}{16}$ p	35 . 6			38 $\frac{3}{4}$ m
35 . 7			38 $\frac{1}{2}$ p	35 . 7			38 $\frac{5}{8}$ p
35 . 8			38 $\frac{7}{16}$ m	35 . 8			38 $\frac{9}{16}$ m
35 . 9			38 $\frac{5}{16}$ p	35 . 9			38 $\frac{7}{16}$ p
35 . 10			38 $\frac{1}{4}$ m	35 . 10			38 $\frac{3}{8}$ m
35 . 11			38 $\frac{1}{8}$ p	35 . 11			38 $\frac{5}{16}$ m
36 .			38 $\frac{1}{16}$ m	36 .			38 $\frac{3}{16}$ p

Tome II.

PARIS, HAMBOURG, LONDRES.

Londr. ſur Hamb.	Hamb. ſur Paris.	Paris ſur Hamb.	Rend à Londr.	Londr. ſur Hamb.	Hamb. ſur Paris.	Paris ſur Hamb.	Rend à Londr.
33 ·	34 1/2	139 1/8 p	41 13/16 p	33 ·	34 5/8	138 5/8 p	42 m
33 · 1			41 11/16 p	33 · 1			41 7/8 m
33 · 2			41 5/8 m	33 · 2			41 3/4 p
33 · 3			41 1/2 p	33 · 3			41 5/8 p
33 · 4			41 3/8 p	33 · 4			41 9/16 m
33 · 5			41 5/16 m	33 · 5			41 7/16 p
33 · 6			41 3/16 p	33 · 6			41 5/16 p
33 · 7			41 1/16 p	33 · 7			41 1/4 m
33 · 8			41 m	33 · 8			41 1/8 p
33 · 9			40 7/8 p	33 · 9			41 1/16 m
33 · 10			40 13/16 m	33 · 10			40 15/16 m
33 · 11			40 11/16 p	33 · 11			40 13/16 p
34 ·			40 9/16 p	34 ·			40 3/4 m
34 · 1			40 1/2 m	34 · 1			40 5/8 p
34 · 2			40 3/8 p	34 · 2			40 9/16 m
34 · 3			40 5/16 m	34 · 3			40 7/16 p
34 · 4			40 3/16 p	34 · 4			40 5/16 p
34 · 5			40 1/8 m	34 · 5			40 1/4 m
34 · 6			40	34 · 6			40 1/8 p
34 · 7			39 7/8 p	34 · 7			40 1/16 m
34 · 8			39 13/16 m	34 · 8			39 15/16 p
34 · 9			39 11/16 p	34 · 9			39 7/8 m
34 · 10			39 5/8 m	34 · 10			39 3/4 p
34 · 11			39 1/2 p	34 · 11			39 11/16 m
35 ·			39 7/16 m	35 ·			39 9/16 p
35 · 1			39 5/16 p	35 · 1			39 1/2 m
35 · 2			39 1/4 m	35 · 2			39 3/8 p
35 · 3			39 1/8 p	35 · 3			39 5/16 m
35 · 4			39 1/16 m	35 · 4			39 3/16 p
35 · 5			38 15/16 p	35 · 5			39 1/8 m
35 · 6			38 7/8 m	35 · 6			39 p
35 · 7			38 13/16 m	35 · 7			38 15/16 m
35 · 8			38 11/16 p	35 · 8			38 13/16 p
35 · 9			38 5/8 m	35 · 9			38 3/4 m
35 · 10			38 1/2 p	35 · 10			38 5/8 p
35 · 11			38 7/16 m	35 · 11			38 9/16 m
36 ·			38 5/16 p	36 ·			38 1/2 m

DES CHANGES.

PARIS, HAMBOURG, LONDRES.

Londr. sur Hamb.	Hamb. sur Paris.	Paris sur Hamb.	Rend à Londr.	Londr. sur Hamb.	Hamb. sur Paris.	Paris sur Hamb.	Rend à Londr.
33.	$34\frac{3}{4}$	$138\frac{1}{8}$ p	$42\frac{1}{8}$ m	33.	$34\frac{7}{8}$	$137\frac{5}{8}$ p	$42\frac{1}{4}$ p
33. 1			42 p	33. 1			$42\frac{1}{16}$ m
33. 2			$41\frac{15}{16}$ m	33. 2			$42\frac{1}{16}$ m
33. 3			$41\frac{13}{16}$ m	33. 3			$41\frac{15}{16}$ p
33. 4			$41\frac{11}{16}$ p	33. 4			$41\frac{7}{8}$ m
33. 5			$41\frac{5}{8}$ m	33. 5			$41\frac{3}{4}$ m
33. 6			$41\frac{1}{2}$ m	33. 6			$41\frac{5}{8}$ p
33. 7			$41\frac{3}{8}$ p	33. 7			$41\frac{9}{16}$ m
33. 8			$41\frac{5}{16}$ m	33. 8			$41\frac{7}{16}$ m
33. 9			$41\frac{3}{16}$ m	33. 9			$41\frac{5}{16}$ p
33.10			$41\frac{1}{16}$ p	33.10			$41\frac{1}{4}$ m
33.11			41 m	33.11			$41\frac{1}{8}$ p
34.			$40\frac{7}{8}$ p	34.			41 p
34. 1			$40\frac{13}{16}$ m	34. 1			$40\frac{15}{16}$ m
34. 2			$40\frac{11}{16}$ m	34. 2			$40\frac{13}{16}$ p
34. 3			$40\frac{9}{16}$ p	34. 3			$40\frac{1}{2}$ m
34. 4			$40\frac{1}{2}$ m	34. 4			$40\frac{3}{5}$ p
34. 5			$40\frac{3}{8}$ p	34. 5			$40\frac{9}{16}$ m
34. 6			$40\frac{5}{16}$ m	34. 6			$40\frac{7}{16}$ m
34. 7			$40\frac{3}{16}$ p	34. 7			$40\frac{5}{16}$ p
34. 8			$40\frac{1}{8}$ m	34. 8			$40\frac{1}{4}$ m
34. 9			40	34. 9			$40\frac{1}{8}$ p
34.10			$39\frac{7}{8}$ p	34.10			$40\frac{1}{16}$ m
34.11			$39\frac{13}{16}$ m	34.11			$39\frac{15}{16}$ p
35.			$39\frac{11}{16}$ p	35.			$39\frac{7}{8}$ p
35. 1			$39\frac{5}{8}$ m	35. 1			$39\frac{3}{4}$ p
35. 2			$39\frac{1}{2}$ p	35. 2			$39\frac{11}{16}$ m
35. 3			$39\frac{7}{16}$ m	35. 3			$39\frac{9}{16}$ p
35. 4			$39\frac{5}{16}$ p	35. 4			$39\frac{1}{2}$ m
35. 5			$39\frac{1}{4}$ m	35. 5			$39\frac{3}{8}$ p
35. 6			$39\frac{1}{8}$ p	35. 6			$39\frac{5}{16}$ m
35. 7			$39\frac{1}{16}$ p	35. 7			$39\frac{3}{16}$ p
35. 8			39 m	35. 8			$39\frac{1}{8}$ m
35. 9			$38\frac{7}{8}$ p	35. 9			39
35.10			$38\frac{13}{16}$ m	35.10			$38\frac{15}{16}$ m
35.11			$38\frac{11}{16}$ p	35.11			$38\frac{13}{16}$ m
36.			$38\frac{5}{8}$ m	36.			$38\frac{3}{4}$

COMBINAISON GENERALE

PARIS, HAMBOURG, LONDRES.

Londr. sur Hamb.	Hamb. sur Paris.	Paris sur Hamb.	Rend à Londr.	Londr. sur Hamb.	Hamb. sur Paris.	Paris sur Hamb.	Rend à Londr.
33.	35	$137\frac{1}{8}$ p	$42\frac{7}{16}$ m	33.	$35\frac{1}{8}$	$136\frac{5}{8}$ p	$42\frac{9}{16}$ p
33. 1			$42\frac{5}{16}$ p	33. 1			$42\frac{7}{16}$ p
33. 2			$42\frac{3}{16}$ p	33. 2			$42\frac{3}{8}$ m
33. 3			$42\frac{1}{8}$ m	33. 3			$42\frac{1}{4}$ p
33. 4			42	33. 4			$42\frac{1}{8}$ p
33. 5			$41\frac{7}{8}$ p	33. 5			$42\frac{1}{16}$ m
33. 6			$41\frac{13}{16}$ m	33. 6			$41\frac{15}{16}$ p
33. 7			$41\frac{11}{16}$ m	33. 7			$41\frac{11}{16}$ p
33. 8			$41\frac{9}{16}$ p	33. 8			$41\frac{1}{2}$ m
33. 9			$41\frac{1}{2}$ m	33. 9			$41\frac{3}{8}$ p
33. 10			$41\frac{3}{8}$ p	33. 10			$41\frac{1}{2}$ p
33. 11			$41\frac{1}{4}$ p	33. 11			$41\frac{1}{2}$ p
34.			$41\frac{3}{16}$ m	34.			$41\frac{1}{16}$ p
34. 1			$41\frac{1}{16}$ p	34. 1			$41\frac{1}{4}$ m
34. 2			41 m	34. 2			$41\frac{1}{8}$ m
34. 3			$40\frac{7}{8}$ p	34. 3			41
34. 4			$40\frac{3}{4}$ p	34. 4			$40\frac{15}{16}$ m
34. 5			$40\frac{11}{16}$ m	34. 5			$40\frac{15}{16}$ p
34. 6			$40\frac{9}{16}$ p	34. 6			$40\frac{3}{4}$ p
34. 7			$40\frac{1}{2}$ m	34. 7			$40\frac{5}{8}$ p
34. 8			$40\frac{3}{8}$ p	34. 8			$40\frac{1}{2}$ p
34. 9			$40\frac{5}{16}$ m	34. 9			$40\frac{7}{16}$ m
34. 10			$40\frac{3}{16}$ p	34. 10			$40\frac{5}{16}$ p
34. 11			$40\frac{1}{8}$ p	34. 11			$40\frac{1}{4}$ m
35.			40	35.			$40\frac{1}{8}$ p
35. 1			$39\frac{7}{8}$ p	35. 1			$40\frac{1}{16}$ m
35. 2			$39\frac{13}{16}$ m	35. 2			$39\frac{13}{16}$ p
35. 3			$39\frac{11}{16}$ p	35. 3			$39\frac{7}{8}$ m
35. 4			$39\frac{5}{8}$ m	35. 4			$39\frac{3}{4}$ p
35. 5			$39\frac{1}{2}$ p	35. 5			$39\frac{11}{16}$ m
35. 6			$39\frac{7}{16}$ m	35. 6			$39\frac{1}{2}$ p
35. 7			$39\frac{3}{8}$ m	35. 7			$39\frac{1}{2}$ m
35. 8			$39\frac{1}{4}$ p	35. 8			$39\frac{3}{8}$ p
35. 9			$39\frac{3}{16}$ m	35. 9			$39\frac{1}{16}$ m
35. 10			$39\frac{1}{16}$ p	35. 10			$39\frac{3}{16}$ p
35. 11			39 m	35. 11			$39\frac{1}{8}$ m
36.			$38\frac{7}{8}$ p	36.			39 p

DES CHANGES.

PARIS, HAMBOURG, LONDRES.

Londr. sur Hamb.	Hamb. sur Paris.	Paris sur Hamb.	Rend à Londr.	Londr. sur Hamb.	Hamb. sur Paris.	Paris sur Hamb.	Rend à Londr.
33 .	35 $\frac{1}{4}$	136 $\frac{3}{16}$ m	42 $\frac{3}{4}$ m	33 .	35 $\frac{3}{8}$	135 $\frac{11}{16}$ p	42 $\frac{7}{8}$ p
33 . 1			42 $\frac{5}{8}$ m	33 . 1			42 $\frac{3}{4}$ p
33 . 2			42 $\frac{1}{2}$ p	33 . 2			42 $\frac{11}{16}$ m
33 . 3			42 $\frac{3}{8}$ p	33 . 3			42 $\frac{9}{16}$ m
33 . 4			42 $\frac{5}{16}$ m	33 . 4			42 $\frac{7}{16}$ p
33 . 5			42 $\frac{3}{16}$ p	33 . 5			42 $\frac{3}{8}$ m
33 . 6			42 $\frac{1}{16}$ p	33 . 6			42 $\frac{1}{4}$ m
33 . 7			42 m	33 . 7			42 $\frac{1}{8}$ p
33 . 8			41 $\frac{7}{8}$ p	33 . 8			42
33 . 9			41 $\frac{3}{4}$ p	33 . 9			41 $\frac{15}{16}$ m
33 . 10			41 $\frac{11}{16}$ m	33 . 10			41 $\frac{13}{16}$ p
33 . 11			41 $\frac{9}{16}$ p	33 . 11			41 $\frac{3}{4}$ m
34 .			41 $\frac{1}{2}$ m	34 .			41 $\frac{5}{8}$ m
34 . 1			41 $\frac{3}{8}$ m	34 . 1			41 $\frac{1}{2}$ p
34 . 2			41 $\frac{1}{4}$ p	34 . 2			41 $\frac{7}{16}$ m
34 . 3			41 $\frac{3}{16}$ m	34 . 3			41 $\frac{5}{16}$ p
34 . 4			41 $\frac{1}{16}$ p	34 . 4			41 $\frac{3}{16}$ p
34 . 5			40 $\frac{15}{16}$ m	34 . 5			41 $\frac{1}{8}$ m
34 . 6			40 $\frac{7}{8}$ m	34 . 6			41 p
34 . 7			40 $\frac{3}{4}$ p	34 . 7			40 $\frac{15}{16}$ m
34 . 8			40 $\frac{11}{16}$ m	34 . 8			40 $\frac{13}{16}$ p
34 . 9			40 $\frac{9}{16}$ p	34 . 9			40 $\frac{3}{4}$ m
34 . 10			40 $\frac{1}{2}$ m	34 . 10			40 $\frac{5}{8}$ m
34 . 11			40 $\frac{3}{8}$ p	34 . 11			40 $\frac{1}{2}$ p
35 .			40 $\frac{5}{16}$ m	35 .			40 $\frac{7}{16}$ m
35 . 1			40 $\frac{3}{16}$ p	35 . 1			40 $\frac{5}{16}$ p
35 . 2			40 $\frac{1}{8}$ m	35 . 2			40 $\frac{1}{4}$ m
35 . 3			40	35 . 3			40 $\frac{1}{8}$ p
35 . 4			39 $\frac{7}{8}$ p	35 . 4			40 $\frac{1}{16}$ m
35 . 5			39 $\frac{13}{16}$ m	35 . 5			39 $\frac{15}{16}$ p
35 . 6			39 $\frac{11}{16}$ p	35 . 6			39 $\frac{7}{8}$ m
35 . 7			39 $\frac{5}{8}$ p	35 . 7			39 $\frac{3}{4}$ p
35 . 8			39 $\frac{9}{16}$ m	35 . 8			39 $\frac{11}{16}$ m
35 . 9			39 $\frac{7}{16}$ p	35 . 9			39 $\frac{9}{16}$ p
35 . 10			39 $\frac{3}{8}$ m	35 . 10			39 $\frac{1}{2}$ m
35 . 11			39 $\frac{1}{4}$ p	35 . 11			39 $\frac{3}{8}$ p
36 .			39 $\frac{3}{16}$ m	36 .			39 $\frac{5}{16}$ m

COMBINAISON GENERALE

PARIS, HAMBOURG, LONDRES.

Londr. sur Hamb.	Hamb. sur Paris.	Paris sur Hamb.	Rend à Londr.	Londr. sur Hamb.	Hamb. sur Paris.	Paris sur Hamb.	Rend à Londr.
33 .	· 35 $\frac{1}{2}$	· 135 $\frac{3}{16}$ p	43 p	33 .	· 35 $\frac{5}{8}$	· 134 $\frac{3}{4}$ m	43 $\frac{3}{16}$ m
33 . 1			42 $\frac{15}{16}$ m	33 . 1			43 $\frac{1}{16}$ p
33 . 2			42 $\frac{13}{16}$ p	33 . 2			42 $\frac{15}{16}$ p
33 . 3			42 $\frac{11}{16}$ p	33 . 3			42 $\frac{7}{8}$ m
33 . 4			42 $\frac{5}{8}$ m	33 . 4			42 $\frac{3}{4}$
33 . 5			42 $\frac{1}{2}$ m	33 . 5			42 $\frac{5}{8}$ p
33 . 6			42 $\frac{3}{8}$ p	33 . 6			42 $\frac{9}{16}$ m
33 . 7			42 $\frac{5}{16}$ m	33 . 7			42 $\frac{7}{16}$ m
33 . 8			42 $\frac{3}{16}$ m	33 . 8			42 $\frac{5}{16}$ p
33 . 9			42 $\frac{1}{16}$ p	33 . 9			42 $\frac{1}{4}$ m
33 . 10			42 m	33 . 10			42 $\frac{1}{8}$ m
33 . 11			41 $\frac{7}{8}$ m	33 . 11			42 p
34 .			41 $\frac{3}{4}$ p	34 .			41 $\frac{15}{16}$ m
34 . 1			41 $\frac{11}{16}$ m	34 . 1			41 $\frac{11}{16}$ m
34 . 2			41 $\frac{9}{16}$ m	34 . 2			41 $\frac{11}{16}$ p
34 . 3			41 $\frac{7}{16}$ p	34 . 3			41 $\frac{5}{8}$ m
34 . 4			41 $\frac{3}{8}$ p	34 . 4			41 $\frac{1}{2}$ p
34 . 5			41 $\frac{1}{4}$ p	34 . 5			41 $\frac{3}{8}$ p
34 . 6			41 $\frac{3}{16}$ m	34 . 6			41 $\frac{3}{16}$ m
34 . 7			41 $\frac{1}{16}$ m	34 . 7			41 $\frac{3}{16}$ p
34 . 8			40 $\frac{15}{16}$ p	34 . 8			41 $\frac{1}{8}$ m
34 . 9			40 $\frac{7}{8}$ m	34 . 9			41 p
34 . 10			40 $\frac{3}{4}$ p	34 . 10			40 $\frac{15}{16}$ m
34 . 11			40 $\frac{11}{16}$ m	34 . 11			40 $\frac{13}{16}$ m
35 .			40 $\frac{9}{16}$ p	35 .			40 $\frac{11}{16}$ p
35 . 1			40 $\frac{1}{2}$ m	35 . 1			40 $\frac{5}{8}$ m
35 . 2			40 $\frac{3}{8}$ p	35 . 2			40 $\frac{1}{2}$ p
35 . 3			40 $\frac{5}{16}$ m	35 . 3			40 $\frac{7}{16}$ m
35 . 4			40 $\frac{3}{16}$ p	35 . 4			40 $\frac{5}{16}$ p
35 . 5			40 $\frac{1}{8}$ m	35 . 5			40 $\frac{1}{4}$ m
35 . 6			40	35 . 6			40 $\frac{1}{8}$ p
35 . 7			39 $\frac{15}{16}$ m	35 . 7			40 $\frac{1}{16}$ m
35 . 8			39 $\frac{13}{16}$ p	35 . 8			39 $\frac{15}{16}$ p
35 . 9			39 $\frac{3}{4}$ m	35 . 9			39 $\frac{7}{8}$ m
35 . 10			39 $\frac{5}{8}$ p	35 . 10			39 $\frac{3}{4}$ p
35 . 11			39 $\frac{9}{16}$ m	35 . 11			39 $\frac{11}{16}$ m
36 .			39 $\frac{7}{16}$ p	36 .			39 $\frac{9}{16}$ p

DES CHANGES. 479

PARIS, HAMBOURG, LONDRES.

Londr. sur Hamb.	Hamb. sur Paris.	Paris sur Hamb.	Rend à Londr.	Londr. sur Hamb.	Hamb. sur Paris.	Paris sur Hamb.	Rend à Londr.
33.	35 $\frac{3}{4}$	134 $\frac{1}{4}$ p	43 $\frac{1}{16}$ p	33.	35 $\frac{7}{8}$	133 $\frac{13}{16}$ m	43 $\frac{1}{2}$ m
33. 1			43 $\frac{1}{4}$ m	33. 1			43 $\frac{3}{8}$ p
33. 2			43 $\frac{1}{8}$ m	33. 2			43 $\frac{1}{4}$ p
33. 3			43 p	33. 3			43 $\frac{3}{16}$ m
33. 4			42 $\frac{7}{8}$ p	33. 4			43 $\frac{1}{16}$ m
33. 5			42 $\frac{13}{16}$ m	33. 5			42 $\frac{15}{16}$ p
33. 6			42 $\frac{11}{16}$ m	33. 6			42 $\frac{13}{16}$ p
33. 7			42 $\frac{9}{16}$ p	33. 7			42 $\frac{3}{4}$ m
33. 8			42 $\frac{1}{2}$ m	33. 8			42 $\frac{5}{8}$ m
33. 9			42 $\frac{3}{8}$ m	33. 9			42 $\frac{1}{2}$ p
33. 10			42 $\frac{1}{4}$ p	33. 10			42 $\frac{5}{16}$ m
33. 11			42 $\frac{1}{16}$ m	33. 11			42 $\frac{3}{16}$ p
34.			42 $\frac{1}{16}$ m	34.			42 $\frac{3}{16}$ p
34. 1			41 $\frac{13}{16}$ p	34. 1			42 $\frac{1}{8}$ m
34. 2			41 $\frac{7}{8}$ m	34. 2			42
34. 3			41 $\frac{3}{4}$ p	34. 3			41 $\frac{7}{8}$ p
34. 4			41 $\frac{5}{8}$ p	34. 4			41 $\frac{13}{16}$ m
34. 5			41 $\frac{9}{16}$ m	34. 5			41 $\frac{11}{16}$ p
34. 6			41 $\frac{7}{16}$ p	34. 6			41 $\frac{5}{8}$ p
34. 7			41 $\frac{5}{16}$ m	34. 7			41 $\frac{1}{2}$ m
34. 8			41 $\frac{1}{4}$	34. 8			41 $\frac{3}{8}$ p
34. 9			41 $\frac{1}{8}$ p	34. 9			41 $\frac{5}{16}$ m
34. 10			41 $\frac{1}{16}$ m	34. 10			41 $\frac{3}{16}$ p
34. 11			40 $\frac{15}{16}$ p	34. 11			41 $\frac{1}{8}$ m
35.			40 $\frac{7}{8}$ m	35.			41
35. 1			40 $\frac{3}{4}$ p	35. 1			40 $\frac{7}{8}$ p
35. 2			40 $\frac{11}{16}$ m	35. 2			40 $\frac{13}{16}$ m
35. 3			40 $\frac{9}{16}$ p	35. 3			40 $\frac{11}{16}$ p
35. 4			40 $\frac{1}{2}$ m	35. 4			40 $\frac{5}{8}$ m
35. 5			40 $\frac{3}{8}$ p	35. 5			40 $\frac{1}{2}$ p
35. 6			40 $\frac{5}{16}$ m	35. 6			40 $\frac{7}{16}$ m
35. 7			40 $\frac{3}{16}$ m	35. 7			40 $\frac{5}{16}$ p
35. 8			40 $\frac{1}{16}$ p	35. 8			40 $\frac{1}{4}$ m
35. 9			40	35. 9			40 $\frac{1}{8}$ p
35. 10			39 $\frac{15}{16}$ m	35. 10			40 $\frac{1}{16}$ m
35. 11			39 $\frac{13}{16}$ p	35. 11			39 $\frac{15}{16}$ p
36.			39 $\frac{3}{4}$ m	36.			39 $\frac{7}{8}$ m

COMBINAISON GENERALE

PARIS, HAMBOURG, LONDRES.

Londr. sur Hamb.	Hamb. sur Paris.	Paris sur Hamb.	Rend à Londr.	Londr. sur Hamb.	Hamb. sur Paris.	Paris sur Hamb.	Rend à Londr.
33.	· 36	· $133\frac{5}{16}$ p	$43\frac{5}{8}$ p	33.	· $36\frac{1}{8}$	· $132\frac{7}{8}$ m	· $43\frac{13}{16}$ m
33. 1			$43\frac{1}{2}$ p	33. 1			$43\frac{11}{16}$ m
33. 2			$43\frac{7}{16}$ m	33. 2			$43\frac{9}{16}$ p
33. 3			$43\frac{5}{16}$ m	33. 3			$43\frac{7}{16}$ p
33. 4			$43\frac{3}{16}$ p	33. 4			$43\frac{3}{8}$ p
33. 5			$43\frac{1}{16}$ p	33. 5			$43\frac{1}{4}$ m
33. 6			43 m	33. 6			$43\frac{1}{8}$ p
33. 7			$42\frac{7}{8}$ p	33. 7			43 p
33. 8			$42\frac{3}{4}$ p	33. 8			$42\frac{15}{16}$ m
33. 9			$42\frac{11}{16}$ m	33. 9			$42\frac{13}{16}$ p
33. 10			$42\frac{9}{16}$ m	33. 10			$42\frac{11}{16}$ p
33. 11			$42\frac{7}{16}$ p	33. 11			$42\frac{1}{8}$ m
34.			$42\frac{3}{8}$ m	34.			$42\frac{1}{2}$
34. 1			$42\frac{1}{4}$ m	34. 1			$42\frac{3}{8}$ p
34. 2			$42\frac{1}{8}$ p	34. 2			$42\frac{5}{16}$ m
34. 3			$42\frac{1}{16}$ m	34. 3			$42\frac{3}{16}$ p
34. 4			$41\frac{15}{16}$ p	34. 4			$42\frac{1}{16}$ p
34. 5			$41\frac{13}{16}$ p	34. 5			42 m
34. 6			$41\frac{3}{4}$ m	34. 6			$41\frac{7}{8}$ p
34. 7			$41\frac{5}{8}$ p	34. 7			$41\frac{13}{16}$ m
34. 8			$41\frac{7}{16}$ m	34. 8			$41\frac{11}{16}$ m
34. 9			$41\frac{7}{16}$ m	34. 9			$41\frac{9}{16}$ p
34. 10			$41\frac{5}{16}$ p	34. 10			$41\frac{1}{2}$ m
34. 11			$41\frac{1}{4}$ m	34. 11			$41\frac{3}{8}$ p
35.			$41\frac{1}{8}$ p	35.			$41\frac{1}{16}$ m
35. 1			$41\frac{1}{16}$ m	35. 1			$41\frac{3}{16}$ p
35. 2			$40\frac{15}{16}$ p	35. 2			$41\frac{1}{16}$ p
35. 3			$40\frac{7}{8}$ m	35. 3			41 m
35. 4			$40\frac{3}{4}$ p	35. 4			$40\frac{7}{8}$ p
35. 5			$40\frac{11}{16}$ m	35. 5			$40\frac{13}{16}$ m
35. 6			$40\frac{9}{16}$ p	35. 6			$40\frac{11}{16}$ p
35. 7			$40\frac{7}{16}$ p	35. 7			$40\frac{9}{16}$ m
35. 8			$40\frac{3}{8}$ m	35. 8			$40\frac{1}{2}$ p
35. 9			$40\frac{1}{4}$ p	35. 9			$40\frac{7}{16}$ m
35. 10			$40\frac{3}{16}$ m	35. 10			$40\frac{5}{16}$ p
35. 11			$40\frac{1}{16}$ p	35. 11			$40\frac{1}{4}$ m
36.			40	36.			$40\frac{1}{8}$ p

DES CHANGES.

PARIS, HAMBOURG, LONDRES.

Londr. sur Hamb.	Hamb. sur Paris.	Paris sur Hamb.	Rend à Londr.	Londr. sur Hamb.	Hamb. sur Paris.	Paris sur Hamb.	Rend à Londr.
33 .	$36\frac{1}{4}$	$132\frac{7}{16}$ m	$43\frac{15}{16}$ p	33 .	$36\frac{3}{8}$	$131\frac{11}{16}$ p	$44\frac{1}{16}$ p
33 . 1			$43\frac{13}{16}$ p	33 . 1			44 m
33 . 2			$43\frac{11}{16}$ p	33 . 2			$43\frac{7}{8}$ m
33 . 3			$43\frac{5}{8}$ m	33 . 3			$43\frac{3}{4}$ m
33 . 4			$43\frac{1}{2}$ p	33 . 4			$43\frac{5}{8}$ p
33 . 5			$43\frac{3}{8}$ p	33 . 5			$43\frac{9}{16}$ m
33 . 6			$43\frac{1}{16}$ m	33 . 6			$43\frac{7}{16}$ m
33 . 7			$43\frac{3}{16}$ m	33 . 7			$43\frac{5}{16}$ p
33 . 8			$43\frac{1}{16}$ p	33 . 8			$43\frac{3}{16}$ p
33 . 9			$42\frac{15}{16}$ p	33 . 9			$43\frac{1}{8}$ m
33 . 10			$42\frac{7}{8}$ m	33 . 10			43 p
33 . 11			$42\frac{3}{4}$ p	33 . 11			$42\frac{7}{8}$ p
34 .			$42\frac{5}{8}$ p	34 .			$42\frac{13}{16}$ m
34 . 1			$42\frac{9}{16}$ m	34 . 1			$42\frac{11}{16}$ m
34 . 2			$42\frac{7}{16}$ p	34 . 2			$42\frac{9}{16}$ p
34 . 3			$42\frac{5}{16}$ p	34 . 3			$42\frac{1}{2}$ m
34 . 4			$42\frac{1}{4}$ m	34 . 4			$42\frac{3}{8}$ p
34 . 5			$42\frac{1}{8}$ p	34 . 5			$42\frac{1}{4}$ p
34 . 6			42 p	34 . 6			$42\frac{3}{16}$ p
34 . 7			$41\frac{15}{16}$ m	34 . 7			$42\frac{1}{16}$ p
34 . 8			$41\frac{13}{16}$ p	34 . 8			42 m
34 . 9			$41\frac{3}{4}$ m	34 . 9			$41\frac{7}{8}$ m
34 . 10			$41\frac{5}{8}$ p	34 . 10			$41\frac{3}{4}$ p
34 . 11			$41\frac{1}{2}$ p	34 . 11			$41\frac{11}{16}$ m
35 .			$41\frac{7}{16}$ m	35 .			$41\frac{9}{16}$ p
35 . 1			$41\frac{5}{16}$ p	35 . 1			$41\frac{1}{2}$ m
35 . 2			$41\frac{1}{4}$ m	35 . 2			$41\frac{3}{8}$ p
35 . 3			$41\frac{1}{8}$ p	35 . 3			$41\frac{1}{4}$ p
35 . 4			$41\frac{1}{16}$ p	35 . 4			$41\frac{3}{16}$ m
35 . 5			$40\frac{15}{16}$ p	35 . 5			$41\frac{1}{16}$ p
35 . 6			$40\frac{7}{8}$ m	35 . 6			41 m
35 . 7			$40\frac{3}{4}$ m	35 . 7			$40\frac{7}{8}$ p
35 . 8			$40\frac{5}{8}$ p	35 . 8			$40\frac{13}{16}$ m
35 . 9			$40\frac{7}{16}$ p	35 . 9			$40\frac{11}{16}$ p
35 . 10			$40\frac{1}{2}$ p	35 . 10			$40\frac{5}{8}$ m
35 . 11			$40\frac{3}{8}$ m	35 . 11			$40\frac{1}{2}$ p
36 .			$40\frac{1}{4}$ p	36 .			$40\frac{7}{16}$ m

Tome II.

COMBINAISON GENERALE
PARIS, HAMBOURG, LONDRES.

Londr. sur Hamb.	Hamb. sur Paris.	Paris sur Hamb.	Rend à Londr.	Londr. sur Hamb.	Hamb. sur Paris.	Paris sur Hamb.	Rend à Londr.
33.	$36\frac{1}{2}$	$131\frac{1}{2}$ p	$44\frac{1}{4}$ m	33.	$36\frac{1}{8}$	$131\frac{1}{16}$	$44\frac{3}{8}$ p
33. 1			$44\frac{1}{8}$ p	33. 1			$44\frac{5}{16}$ m
33. 2			44 p	33. 2			$44\frac{3}{16}$ m
33. 3			$43\frac{15}{16}$ m	33. 3			$44\frac{1}{16}$ m
33. 4			$43\frac{13}{16}$ m	33. 4			$43\frac{15}{16}$ m
33. 5			$43\frac{11}{16}$ p	33. 5			$43\frac{13}{16}$ p
33. 6			$43\frac{9}{16}$ p	33. 6			$43\frac{3}{4}$ m
33. 7			$43\frac{1}{2}$ m	33. 7			$43\frac{5}{8}$ m
33. 8			$43\frac{3}{8}$ m	33. 8			$43\frac{1}{2}$ p
33. 9			$43\frac{1}{4}$ p	33. 9			$43\frac{5}{16}$ m
33. 10			$43\frac{1}{8}$ p	33. 10			$43\frac{5}{16}$ m
33. 11			$43\frac{1}{16}$ m	33. 11			$43\frac{3}{16}$ p
34.			$42\frac{15}{16}$ p	34.			$43\frac{1}{16}$ p
34. 1			$42\frac{13}{16}$ p	34. 1			43 m
34. 2			$42\frac{3}{4}$ m	34. 2			$42\frac{7}{8}$ m
34. 3			$42\frac{5}{8}$ p	34. 3			$42\frac{3}{4}$ m
34. 4			$42\frac{1}{2}$ p	34. 4			$42\frac{11}{16}$ m
34. 5			$42\frac{7}{16}$ m	34. 5			$42\frac{9}{16}$ p
34. 6			$42\frac{5}{16}$ p	34. 6			$42\frac{7}{16}$ p
34. 7			$42\frac{3}{16}$ p	34. 7			$42\frac{3}{8}$ p
34. 8			$42\frac{1}{8}$ m	34. 8			$42\frac{1}{4}$ m
34. 9			42 p	34. 9			$42\frac{1}{8}$ m
34. 10			$41\frac{15}{16}$ m	34. 10			$42\frac{1}{16}$ m
34. 11			$41\frac{13}{16}$ p	34. 11			$41\frac{15}{16}$ p
35.			$41\frac{11}{16}$ p	35.			$41\frac{7}{8}$ m
35. 1			$41\frac{5}{8}$ m	35. 1			$41\frac{3}{4}$ p
35. 2			$41\frac{1}{2}$ p	35. 2			$41\frac{11}{16}$ m
35. 3			$41\frac{7}{16}$ m	35. 3			$41\frac{9}{16}$ m
35. 4			$41\frac{5}{16}$ m	35. 4			$41\frac{7}{16}$ p
35. 5			$41\frac{1}{4}$ m	35. 5			$41\frac{3}{8}$ m
35. 6			$41\frac{1}{8}$ p	35. 6			$41\frac{1}{4}$ p
35. 7			41 p	35. 7			$41\frac{3}{16}$ m
35. 8			$40\frac{15}{16}$ m	35. 8			$41\frac{1}{16}$ p
35. 9			$40\frac{13}{16}$ p	35. 9			41 m
35. 10			$40\frac{3}{4}$ m	35. 10			$40\frac{7}{8}$ p
35. 11			$40\frac{5}{8}$ p	35. 11			$40\frac{13}{16}$ m
36.			$40\frac{9}{16}$ m	36.			$40\frac{11}{16}$ p

DES CHANGES.

PARIS, HAMBOURG, LONDRES.

Londr. sur Hamb.	Hamb. sur Paris.	Paris sur Hamb.	Rend à Londr.	Londr. sur Hamb.	Hamb. sur Paris.	Paris sur Hamb.	Rend à Londr.
33·	36$\frac{3}{4}$	·130$\frac{5}{8}$m	44$\frac{9}{16}$m	33·	36$\frac{7}{8}$	·130$\frac{3}{16}$m	44$\frac{11}{16}$p
33· 1	....	....	44$\frac{7}{16}$m	33· 1	....	....	44$\frac{9}{16}$p
33· 2	....	....	44$\frac{1}{16}$p	33· 2	....	....	44$\frac{1}{2}$m
33· 3	....	....	44$\frac{1}{3}$p	33· 3	....	....	44$\frac{3}{8}$m
33· 4	....	....	44$\frac{1}{8}$p	33· 4	....	....	44$\frac{1}{4}$
33· 5	....	....	44 m	33· 5	....	....	44$\frac{1}{8}$p
33· 6	....	....	43$\frac{7}{8}$p	33· 6	....	....	44 p
33· 7	....	....	43$\frac{3}{4}$p	33· 7	....	....	43$\frac{15}{16}$m
33· 8	....	....	43$\frac{11}{16}$m	33· 8	....	....	43$\frac{13}{16}$m
33· 9	....	....	43$\frac{9}{16}$m	33· 9	....	....	43$\frac{11}{16}$p
33·10	....	....	43$\frac{7}{16}$p	33·10	....	....	43$\frac{5}{8}$m
33·11	....	....	43$\frac{5}{16}$p	33·11	....	....	43$\frac{1}{2}$m
34·	....	....	43$\frac{1}{4}$m	34·	....	....	43$\frac{3}{8}$p
34· 1	....	....	43$\frac{1}{8}$p	34· 1	....	....	43$\frac{1}{4}$p
34· 2	....	....	43 p	34· 2	....	....	43$\frac{3}{16}$m
34· 3	....	....	42$\frac{15}{16}$m	34· 3	....	....	43$\frac{1}{16}$p
34· 4	....	....	42$\frac{13}{16}$p	34· 4	....	....	42$\frac{15}{16}$p
34· 5	....	....	42$\frac{11}{16}$p	34· 5	....	....	42$\frac{7}{8}$m
34· 6	....	....	42$\frac{5}{8}$m	34· 6	....	....	42$\frac{3}{4}$p
34· 7	....	....	42$\frac{1}{2}$p	34· 7	....	....	42$\frac{5}{8}$p
34· 8	....	....	42$\frac{3}{8}$p	34· 8	....	....	42$\frac{9}{16}$m
34· 9	....	....	42$\frac{5}{16}$m	34· 9	....	....	42$\frac{7}{16}$p
34·10	....	....	42$\frac{3}{16}$p	34·10	....	....	42$\frac{5}{16}$m
34·11	....	....	42$\frac{1}{8}$	34·11	....	....	42$\frac{1}{4}$p
35·	....	....	42	35·	....	....	42$\frac{1}{8}$p
35· 1	....	....	41$\frac{7}{8}$p	35· 1	....	....	42$\frac{1}{16}$m
35· 2	....	....	41$\frac{13}{16}$m	35· 2	....	....	41$\frac{15}{16}$p
35· 3	....	....	41$\frac{11}{16}$p	35· 3	....	....	41$\frac{3}{8}$m
35· 4	....	....	41$\frac{5}{8}$m	35· 4	....	....	41$\frac{3}{4}$m
35· 5	....	....	41$\frac{1}{2}$p	35· 5	....	....	41$\frac{5}{8}$p
35· 6	....	....	41$\frac{7}{16}$m	35· 6	....	....	41$\frac{9}{16}$m
35· 7	....	....	41$\frac{5}{16}$m	35· 7	....	....	41$\frac{7}{16}$p
35· 8	....	....	41$\frac{1}{4}$p	35· 8	....	....	41$\frac{5}{16}$m
35· 9	....	....	41$\frac{1}{8}$m	35· 9	....	....	41$\frac{1}{4}$p
35·10	....	....	41 p	35·10	....	....	41$\frac{3}{16}$m
35·11	....	....	40$\frac{15}{16}$m	35·11	....	....	41$\frac{1}{16}$p
36·	....	....	40$\frac{13}{16}$p	36·	....	....	41 m

COMBINAISON GENERALE

PARIS, HAMBOURG, LONDRES.

Londr. sur Hamb.	Hamb. sur Paris.	Paris sur Hamb.	Rend à Londr.	Londr. sur Hamb.	Hamb. sur Paris.	Paris sur Hamb.	Rend à Londr.
33.	37.	$129\frac{3}{4}$ m.	$44\frac{7}{8}$ m	33.	$37\frac{1}{8}$	$129\frac{5}{16}$ m.	45
33. 1			$44\frac{3}{4}$ m	33. 1			$44\frac{7}{8}$ p
33. 2			$44\frac{5}{8}$ m	33. 2			$44\frac{3}{4}$ p
33. 3			$44\frac{1}{2}$ p	33. 3			$44\frac{11}{16}$ m
33. 4			$44\frac{3}{8}$ p	33. 4			$44\frac{9}{16}$ m
33. 5			$44\frac{5}{16}$ m	33. 5			$44\frac{7}{16}$ p
33. 6			$44\frac{3}{16}$ m	33. 6			$44\frac{5}{16}$ p
33. 7			$44\frac{1}{16}$ p	33. 7			$44\frac{3}{16}$ p
33. 8			$43\frac{15}{16}$ p	33. 8			$44\frac{1}{8}$ m
33. 9			$43\frac{7}{8}$ m	33. 9			44
33. 10			$43\frac{3}{4}$ m	33. 10			$43\frac{7}{8}$ p
33. 11			$43\frac{5}{8}$ p	33. 11			$43\frac{13}{16}$ m
34.			$43\frac{1}{2}$ p	34.			$43\frac{11}{16}$ m
34. 1			$43\frac{7}{16}$ p	34. 1			$43\frac{9}{16}$ p
34. 2			$43\frac{5}{16}$ p	34. 2			$43\frac{7}{16}$ p
34. 3			$43\frac{3}{16}$ p	34. 3			$43\frac{3}{8}$ m
34. 4			$43\frac{1}{8}$ m	34. 4			$43\frac{1}{4}$ p
34. 5			43 p	34. 5			$43\frac{1}{8}$ p
34. 6			$42\frac{7}{8}$ p	34. 6			$43\frac{1}{16}$ m
34. 7			$42\frac{13}{16}$ m	34. 7			$42\frac{15}{16}$ p
34. 8			$42\frac{11}{16}$ p	34. 8			$42\frac{13}{16}$ p
34. 9			$42\frac{9}{16}$ p	34. 9			$42\frac{3}{4}$ m
34. 10			$42\frac{1}{2}$ m	34. 10			$42\frac{5}{8}$ p
34. 11			$42\frac{3}{8}$ p	34. 11			$42\frac{1}{2}$ p
35.			$42\frac{5}{16}$ m	35.			$42\frac{7}{16}$ m
35. 1			$42\frac{3}{16}$ m	35. 1			$42\frac{5}{16}$ p
35. 2			$42\frac{1}{16}$ p	35. 2			$42\frac{1}{4}$ m
35. 3			42 m	35. 3			$42\frac{1}{8}$ p
35. 4			$41\frac{7}{8}$ p	35. 4			42 p
35. 5			$41\frac{13}{16}$ m	35. 5			$41\frac{15}{16}$ m
35. 6			$41\frac{11}{16}$ m	35. 6			$41\frac{13}{16}$ p
35. 7			$41\frac{9}{16}$ p	35. 7			$41\frac{3}{4}$ m
35. 8			$41\frac{1}{2}$ m	35. 8			$41\frac{5}{8}$ p
35. 9			$41\frac{3}{8}$ p	35. 9			$41\frac{9}{16}$ m
35. 10			$41\frac{5}{16}$ m	35. 10			$41\frac{7}{16}$ p
35. 11			$41\frac{3}{16}$ p	35. 11			$41\frac{3}{8}$ m
36.			$41\frac{1}{8}$ m	36.			$41\frac{1}{4}$

DES CHANGES.

PARIS, HAMBOURG, LONDRES.

Londr. sur Hamb.	Hamb. sur Paris.	Paris sur Hamb.	Rend à Londr.	Londr. sur Hamb.	Hamb. sur Paris.	Paris sur Hamb.	Rend à Londr.
33 .	· 37 $\frac{1}{4}$	· 128 $\frac{7}{8}$ m ·	45 $\frac{1}{8}$ p	33 .	· 37 $\frac{3}{8}$	· 128 $\frac{7}{16}$ m ·	45 $\frac{1}{16}$ m
33 . 1	....	....	45 $\frac{1}{16}$ m	33 . 1	....	....	45 $\frac{3}{16}$ p
33 . 2	....	....	44 $\frac{13}{16}$ m	33 . 2	....	....	45 $\frac{1}{16}$ p
33 . 3	....	....	44 $\frac{11}{16}$ m	33 . 3	....	....	44 $\frac{15}{16}$ p
33 . 4	....	....	44 $\frac{9}{16}$ p	33 . 4	....	....	44 $\frac{7}{8}$ m
33 . 5	....	....	44 $\frac{1}{2}$ p	33 . 5	....	....	44 $\frac{3}{4}$ m
33 . 6	....	....	44 $\frac{3}{8}$ m	33 . 6	....	....	44 $\frac{5}{8}$ p
33 . 7	....	....	44 $\frac{5}{16}$ m	33 . 7	....	....	44 $\frac{1}{2}$ p
33 . 8	....	....	44 $\frac{1}{4}$ p	33 . 8	....	....	44 $\frac{3}{8}$ p
33 . 9	....	....	44 $\frac{1}{8}$ p	33 . 9	....	....	44 $\frac{1}{16}$ m
33 . 10	....	....	44 $\frac{1}{16}$ m	33 . 10	....	....	44 $\frac{1}{16}$ m
33 . 11	....	....	43 $\frac{15}{16}$ m	33 . 11	....	....	44 $\frac{1}{16}$ p
34 .	....	....	43 $\frac{13}{16}$ p	34 .	....	....	44 m
34 . 1	....	....	43 $\frac{11}{16}$ p	34 . 1	....	....	43 $\frac{7}{8}$ m
34 . 2	....	....	43 $\frac{5}{8}$ m	34 . 2	....	....	43 $\frac{3}{4}$ p
34 . 3	....	....	43 $\frac{1}{2}$ p	34 . 3	....	....	43 $\frac{5}{8}$ p
34 . 4	....	....	43 $\frac{3}{8}$ p	34 . 4	....	....	43 $\frac{9}{16}$ m
34 . 5	....	....	43 $\frac{5}{16}$ m	34 . 5	....	....	43 $\frac{7}{16}$ p
34 . 6	....	....	43 $\frac{3}{16}$ p	34 . 6	....	....	43 $\frac{1}{4}$ p
34 . 7	....	....	43 $\frac{1}{16}$ p	34 . 7	....	....	43 $\frac{1}{4}$ m
34 . 8	....	....	43 m	34 . 8	....	....	43 $\frac{1}{8}$
34 . 9	....	....	42 $\frac{7}{8}$ p	34 . 9	....	....	43 p
34 . 10	....	....	42 $\frac{3}{4}$ p	34 . 10	....	....	42 $\frac{15}{16}$ m
34 . 11	....	....	42 $\frac{11}{16}$ m	34 . 11	....	....	42 $\frac{13}{16}$ p
35 .	....	....	42 $\frac{9}{16}$ p	35 .	....	....	42 $\frac{11}{16}$ p
35 . 1	....	....	42 $\frac{1}{2}$ m	35 . 1	....	....	42 $\frac{5}{8}$ m
35 . 2	....	....	42 $\frac{3}{8}$ m	35 . 2	....	....	42 $\frac{1}{2}$ p
35 . 3	....	....	42 $\frac{1}{4}$ p	35 . 3	....	....	42 $\frac{5}{16}$ m
35 . 4	....	....	42 $\frac{3}{16}$ m	35 . 4	....	....	42 $\frac{3}{16}$ p
35 . 5	....	....	42 $\frac{1}{16}$ p	35 . 5	....	....	42 $\frac{3}{16}$ p
35 . 6	....	....	42 m	35 . 6	....	....	42 $\frac{1}{8}$ p
35 . 7	....	....	41 $\frac{7}{8}$ m	35 . 7	....	....	42 p
35 . 8	....	....	41 $\frac{3}{4}$ p	35 . 8	....	....	41 $\frac{15}{16}$ m
35 . 9	....	....	41 $\frac{11}{16}$ m	35 . 9	....	....	41 $\frac{11}{16}$ p
35 . 10	....	....	41 $\frac{9}{16}$ p	35 . 10	....	....	41 $\frac{3}{4}$ m
35 . 11	....	....	41 $\frac{1}{2}$ m	35 . 11	....	....	41 $\frac{5}{8}$ m
36 .	....	....	41 $\frac{3}{8}$ p	36 .	....	....	41 $\frac{1}{2}$ p

PARIS, HAMBOURG, LONDRES.

Londr. ſur Hamb.	Hamb. ſur Paris.	Paris ſur Hamb.	Rend à Londr.	Londr. ſur Hamb.	Hamb. ſur Paris.	Paris ſur Hamb.	Rend à Londr.
33·	37 1/2	128	45 7/16 p	33·	37 5/8	127 9/16 p	45 5/8 m
33· 1			45 5/16 p	33· 1			45 1/2 m
33· 2			45 1/4 m	33· 2			45 3/8 p
33· 3			45 1/8 m	33· 3			45 1/4 p
33· 4			45	33· 4			45 1/8 p
33· 5			44 7/8 p	33· 5			45 1/16 m
33· 6			44 3/4 p	33· 6			44 15/16 m
33· 7			44 11/16 m	33· 7			44 13/16 p
33· 8			44 9/16 m	33· 8			44 11/16 p
33· 9			44 7/16 p	33· 9			44 9/16 p
33·10			44 5/16 p	33·10			44 1/2 m
33·11			44 1/4 m	33·11			44 3/8 m
34·			44 1/8 m	34·			44 1/4 p
34· 1			44 p	34· 1			44 3/16 m
34· 2			43 7/8 p	34· 2			44 1/16 m
34· 3			43 13/16 m	34· 3			43 15/16 p
34· 4			43 11/16 p	34· 4			43 13/16 p
34· 5			43 9/16 p	34· 5			43 3/4 m
34· 6			43 1/2 m	34· 6			43 5/8 m
34· 7			43 3/8 m	34· 7			43 1/2 p
34· 8			43 1/4 p	34· 8			43 7/16 m
34· 9			43 3/16 m	34· 9			43 5/16 m
34·10			43 1/16 m	34·10			43 3/16 p
34·11			42 15/16 p	34·11			43 1/8 m
35·			42 7/8 m	35·			43
35· 1			42 3/4 p	35· 1			42 7/8 p
35· 2			42 5/8 p	35· 2			42 13/16 m
35· 3			42 9/16 m	35· 3			42 11/16 p
35· 4			42 7/16 p	35· 4			42 5/8 m
35· 5			42 3/8 m	35· 5			42 1/2 m
35· 6			42 1/4 p	35· 6			42 3/8 p
35· 7			42 1/8 p	35· 7			42 5/16 m
35· 8			42 1/16 m	35· 8			42 3/16 p
35· 9			41 15/16 p	35· 9			42 1/8 m
35·10			41 7/8 m	35·10			42
35·11			41 3/4 p	35·11			41 7/8 p
36·			41 11/16 m	36·			41 13/16 m

DES CHANGES.

PARIS, HAMBOURG, LONDRES.

Londr. sur Hamb.	Hamb. sur Paris.	Paris sur Hamb.	Rend à Londr.	Londr. sur Hamb.	Hamb. sur Paris.	Paris sur Hamb.	Rend à Londr.
33.	37¾	127⅛ P	45¾ P	33.	37⅞	126¾ m	45 15/16 m
33. 1	....	....	45½ P	33. 1	....	....	45 1/16 m
33. 2	....	....	45⅜ P	33. 2	....	....	45 1/16 m
33. 3	....	....	45 7/16 m	33. 3	....	....	45 1/16 m
33. 4	....	....	45 1/16 m	33. 4	....	....	45 9/16 P
33. 5	....	....	45 3/16 m	33. 5	....	....	45 1/16 P
33. 6	....	....	45 1/16 P	33. 6	....	....	45¼ m
33. 7	....	....	44 13/16 P	33. 7	....	....	45⅛ m
33. 8	....	....	44⅞ m	33. 8	....	....	45
33. 9	....	....	44¾ m	33. 9	....	....	44⅞ P
33.10	....	....	44⅝ P	33.10	....	....	44¾ P
33.11	....	....	44½ P	33.11	....	....	44 11/16 m
34.	....	....	44 7/16 m	34.	....	....	44 9/16 m
34. 1	....	....	44 1/16 m	34. 1	....	....	44 7/16 P
34. 2	....	....	44⅜ P	34. 2	....	....	44 5/16 P
34. 3	....	....	44 1/16 P	34. 3	....	....	44¼ m
34. 4	....	....	44 m	34. 4	....	....	44⅛ P
34. 5	....	....	43⅞ m	34. 5	....	....	44 P
34. 6	....	....	43¾ P	34. 6	....	....	43 15/16 m
34. 7	....	....	43 1/16 m	34. 7	....	....	43 1/16 m
34. 8	....	....	43 9/16 m	34. 8	....	....	43 11/16 P
34. 9	....	....	43 1/16 P	34. 9	....	....	43⅝ m
34.10	....	....	43⅜ m	34.10	....	....	43½ m
34.11	....	....	43¼ m	34.11	....	....	43⅜ P
35.	....	....	43⅛ P	35.	....	....	43 1/16 m
35. 1	....	....	43 1/16 m	35. 1	....	....	43 3/16 m
35. 2	....	....	42 1/16 P	35. 2	....	....	43 1/16 P
35. 3	....	....	42 1/16 m	35. 3	....	....	43 m
35. 4	....	....	42¾ m	35. 4	....	....	42⅞ P
35. 5	....	....	42⅝ P	35. 5	....	....	42¾ P
35. 6	....	....	42 9/16 m	35. 6	....	....	42 11/16 P
35. 7	....	....	42 7/16 m	35. 7	....	....	42 9/16 P
35. 8	....	....	42⅜ P	35. 8	....	....	42½ m
35. 9	....	....	42¼ m	35. 9	....	....	42⅜ P
35.10	....	....	42⅛ P	35.10	....	....	42¼ P
35.11	....	....	42 1/16 m	35.11	....	....	42 3/16 m
36.	....	....	41 15/16 P	36.	....	....	42 1/16 P

COMBINAISON GENERALE
PARIS, HAMBOURG, LONDRES.

Londr. sur Hamb.	Hamb. sur Paris.	Paris sur Hamb.	Rend à Londr.	Londr. sur Hamb.	Hamb. sur Paris.	Paris sur Hamb.	Rend à Londr.
33 .	· 38	· $126\frac{5}{16}$ p	$46\frac{1}{16}$ m	33 .	· $38\frac{1}{8}$	· $125\frac{7}{8}$ p	$46\frac{3}{16}$ p
33 . 1			$45\frac{15}{16}$ p	33 . 1			$46\frac{1}{8}$ m
33 . 2			$45\frac{13}{16}$ p	33 . 2			46 m
33 . 3			$45\frac{11}{16}$ p	33 . 3			$45\frac{7}{8}$ m
33 . 4			$45\frac{5}{8}$ m	33 . 4			$45\frac{3}{4}$ m
33 . 5			$45\frac{1}{2}$ m	33 . 5			$45\frac{5}{8}$ p
33 . 6			$45\frac{3}{8}$ m	33 . 6			$45\frac{1}{2}$ p
33 . 7			$45\frac{1}{4}$ p	33 . 7			$45\frac{7}{16}$ m
33 . 8			$45\frac{1}{8}$ p	33 . 8			$45\frac{5}{16}$ m
33 . 9			$45\frac{1}{16}$ m	33 . 9			$45\frac{3}{16}$ m
33 . 10			$44\frac{15}{16}$ m	33 . 10			$45\frac{1}{16}$ p
33 . 11			$44\frac{13}{16}$ p	33 . 11			$44\frac{15}{16}$ p
34 .			$44\frac{11}{16}$ p	34 .			$44\frac{7}{8}$ m
34 . 1			$44\frac{5}{8}$ m	34 . 1			$44\frac{3}{4}$ m
34 . 2			$44\frac{1}{2}$ m	34 . 2			$44\frac{5}{8}$ p
34 . 3			$44\frac{3}{8}$ p	34 . 3			$44\frac{1}{2}$ p
34 . 4			$44\frac{1}{4}$ p	34 . 4			$44\frac{7}{16}$ m
34 . 5			$44\frac{3}{16}$ m	34 . 5			$44\frac{5}{16}$ m
34 . 6			$44\frac{1}{16}$ m	34 . 6			$44\frac{3}{16}$ p
34 . 7			$43\frac{15}{16}$ p	34 . 7			$44\frac{1}{8}$ p
34 . 8			$43\frac{7}{8}$ m	34 . 8			44 m
34 . 9			$43\frac{3}{4}$ m	34 . 9			$43\frac{7}{8}$ p
34 . 10			$43\frac{5}{8}$ p	34 . 10			$43\frac{3}{4}$ p
34 . 11			$43\frac{7}{16}$ m	34 . 11			$43\frac{9}{16}$ m
35 .			$43\frac{5}{16}$ m	35 .			$43\frac{7}{16}$ p
35 . 1			$43\frac{5}{16}$ p	35 . 1			$43\frac{5}{16}$ p
35 . 2			$43\frac{1}{4}$ m	35 . 2			$43\frac{3}{8}$ m
35 . 3			$43\frac{1}{8}$ m	35 . 3			$43\frac{1}{4}$ p
35 . 4			43 p	35 . 4			$43\frac{3}{16}$ m
35 . 5			$42\frac{15}{16}$ m	35 . 5			$43\frac{1}{16}$ m
35 . 6			$42\frac{13}{16}$ p	35 . 6			$42\frac{15}{16}$ p
35 . 7			$42\frac{11}{16}$ p	35 . 7			$42\frac{7}{8}$ m
35 . 8			$42\frac{5}{8}$ m	35 . 8			$42\frac{3}{4}$ p
35 . 9			$42\frac{1}{2}$ p	35 . 9			$42\frac{11}{16}$ m
35 . 10			$42\frac{7}{16}$ m	35 . 10			$42\frac{9}{16}$ m
35 . 11			$42\frac{5}{16}$ p	35 . 11			$42\frac{7}{16}$ p
36 .			$42\frac{1}{4}$ m	36 .			$42\frac{3}{8}$ m

DES CHANGES.

PARIS, HAMBOURG, LONDRES.

Londr. sur Hamb.	Hamb. sur Paris.	Paris sur Hamb.	Rend à Londr.	Londr. sur Hamb.	Hamb. sur Paris.	Paris sur Hamb.	Rend à Lon dr.
33.	$38\frac{1}{4}$	$125\frac{1}{2}$ m	$46\frac{3}{8}$ m	33.	$38\frac{3}{8}$	$125\frac{1}{16}$ p	$46\frac{1}{2}$ p
33. 1	....		$46\frac{1}{4}$ m	33. 1	....		$46\frac{3}{8}$ p
33. 2	....		$46\frac{1}{8}$ p	33. 2	....		$46\frac{5}{16}$ m
33. 3	....		46 p	33. 3	....		$46\frac{3}{16}$ m
33. 4	....		$45\frac{7}{8}$ p	33. 4	....		$46\frac{1}{16}$ m
33. 5	....		$45\frac{13}{16}$ m	33. 5	....		$45\frac{15}{16}$ p
33. 6	....		$45\frac{11}{16}$ m	33. 6	....		$45\frac{13}{16}$ p
33. 7	....		$45\frac{9}{16}$ m	33. 7	....		$45\frac{11}{16}$ p
33. 8	....		$45\frac{7}{16}$ p	33. 8	....		$45\frac{5}{8}$ m
33. 9	....		$45\frac{5}{16}$ p	33. 9	....		$45\frac{1}{2}$ m
33.10	....		$45\frac{1}{4}$ m	33.10	....		$45\frac{3}{8}$ m
33.11	....		$45\frac{1}{8}$ m	33.11	....		$45\frac{1}{4}$ p
34.	....		45	34.	....		$45\frac{1}{8}$ p
34. 1	....		$44\frac{7}{8}$ p	34. 1	....		45 m
34. 2	....		$44\frac{3}{4}$ p	34. 2	....		$44\frac{15}{16}$ m
34. 3	....		$44\frac{11}{16}$ m	34. 3	....		$44\frac{13}{16}$ p
34. 4	....		$44\frac{9}{16}$ p	34. 4	....		$44\frac{11}{16}$ p
34. 5	....		$44\frac{7}{16}$ p	34. 5	....		$44\frac{5}{8}$ m
34. 6	....		$44\frac{3}{8}$ m	34. 6	....		$44\frac{1}{2}$ m
34. 7	....		$44\frac{1}{4}$ m	34. 7	....		$44\frac{3}{8}$ p
34. 8	....		$44\frac{1}{8}$ p	34. 8	....		$44\frac{1}{4}$ p
34. 9	....		44 p	34. 9	....		$44\frac{3}{16}$ m
34.10	....		$43\frac{15}{16}$ m	34.10	....		$44\frac{1}{16}$
34.11	....		$43\frac{13}{16}$ p	34.11	....		$43\frac{15}{16}$
35.	....		$43\frac{11}{16}$ p	35.	....		$43\frac{7}{8}$ m
35. 1	....		$43\frac{1}{8}$ m	35. 1	....		$43\frac{3}{4}$ p
35. 2	....		$43\frac{1}{2}$ p	35. 2	....		$43\frac{5}{8}$ p
35. 3	....		$43\frac{3}{8}$ p	35. 3	....		$43\frac{7}{16}$ m
35. 4	....		$43\frac{5}{16}$ m	35. 4	....		$43\frac{7}{16}$ p
35. 5	....		$43\frac{3}{16}$ p	35. 5	....		$43\frac{5}{16}$ p
35. 6	....		$43\frac{1}{8}$ m	35. 6	....		$43\frac{3}{16}$ p
35. 7	....		43 m	35. 7	....		$43\frac{1}{4}$ p
35. 8	....		$42\frac{7}{8}$ p	35. 8	....		$43\frac{1}{16}$ m
35. 9	....		$42\frac{13}{16}$ m	35. 9	....		$42\frac{15}{16}$ m
35.10	....		$42\frac{11}{16}$ p	35.10	....		$42\frac{13}{16}$ p
35.11	....		$42\frac{5}{8}$ m	35.11	....		$42\frac{3}{4}$ m
36.	....		$42\frac{1}{2}$	36.	....		$42\frac{7}{8}$ p

Tome II.

COMBINAISON GENERALE

PARIS, HAMBOURG, LONDRES.

Londr. sur Hamb.	Hamb. sur Paris.	Paris sur Hamb.	Rend à Londr.	Londr. sur Hamb.	Hamb. sur Paris.	Paris sur Hamb.	Rend à Londr.
33.	. $38\frac{1}{2}$	. $124\frac{11}{16}$ m.	$46\frac{11}{16}$ m	33.	$38\frac{5}{8}$	. $124\frac{1}{4}$ p	. $46\frac{13}{16}$ p
33. 1	....	....	$46\frac{9}{16}$ m	33. 1	....	....	$46\frac{11}{16}$ p
33. 2	....	....	$46\frac{7}{16}$ m	33. 2	....	....	$46\frac{9}{16}$ p
33. 3	....	....	$46\frac{5}{16}$ p	33. 3	....	....	$46\frac{7}{16}$ p
33. 4	....	....	$46\frac{3}{16}$ p	33. 4	....	....	$46\frac{3}{8}$ m
33. 5	....	....	$46\frac{1}{16}$ p	33. 5	....	....	$46\frac{1}{4}$ m
33. 6	....	....	46 m	33. 6	....	....	$46\frac{1}{8}$ m
33. 7	....	....	$45\frac{7}{8}$ m	33. 7	....	....	46 p
33. 8	....	....	$45\frac{3}{4}$ m	33. 8	....	....	$45\frac{7}{8}$ p
33. 9	....	....	$45\frac{5}{8}$ p	33. 9	....	....	$45\frac{3}{4}$ p
33.10	....	....	$45\frac{1}{2}$ p	33.10	....	....	$45\frac{11}{16}$ m
33.11	....	....	$45\frac{3}{8}$ p	33.11	....	....	$45\frac{9}{16}$ m
34.	....	....	$45\frac{5}{16}$ m	34.	....	....	$45\frac{7}{16}$ p
34. 1	....	....	$45\frac{3}{16}$ m	34. 1	....	....	$45\frac{5}{16}$ p
34. 2	....	....	$45\frac{1}{16}$ p	34. 2	....	....	$45\frac{1}{4}$ m
34. 3	....	....	$44\frac{15}{16}$ p	34. 3	....	....	$45\frac{1}{8}$ m
34. 4	....	....	$44\frac{7}{8}$ m	34. 4	....	....	45
34. 5	....	....	$44\frac{3}{4}$ m	34. 5	....	....	$44\frac{7}{8}$ p
34. 6	....	....	$44\frac{5}{8}$ p	34. 6	....	....	$44\frac{13}{16}$ m
34. 7	....	....	$44\frac{1}{2}$ p	34. 7	....	....	$44\frac{11}{16}$ m
34. 8	....	....	$44\frac{7}{16}$ m	34. 8	....	....	$44\frac{9}{16}$ p
34. 9	....	....	$44\frac{5}{16}$ m	34. 9	....	....	$44\frac{7}{16}$ p
34.10	....	....	$44\frac{3}{16}$ p	34.10	....	....	$44\frac{3}{8}$ m
34.11	....	....	$44\frac{1}{8}$ m	34.11	....	....	$44\frac{1}{4}$ m
35.	....	....	44	35.	....	....	$44\frac{1}{8}$ p
35. 1	....	....	$43\frac{7}{8}$ p	35. 1	....	....	$44\frac{1}{16}$ m
35. 2	....	....	$43\frac{13}{16}$ m	35. 2	....	....	$43\frac{15}{16}$ m
35. 3	....	....	$43\frac{11}{16}$ p	35. 3	....	....	$43\frac{13}{16}$ p
35. 4	....	....	$43\frac{9}{16}$ p	35. 4	....	....	$43\frac{3}{4}$ m
35. 5	....	....	$43\frac{1}{2}$	35. 5	....	....	$43\frac{1}{4}$ m
35. 6	....	....	$43\frac{3}{8}$ p	35. 6	....	....	$43\frac{1}{2}$ p
35. 7	....	....	$43\frac{1}{4}$ p	35. 7	....	....	$43\frac{1}{16}$ m
35. 8	....	....	$43\frac{1}{16}$ m	35. 8	....	....	$43\frac{1}{16}$ p
35. 9	....	....	$43\frac{1}{16}$	35. 9	....	....	$43\frac{3}{16}$ p
35.10	....	....	43 m	35.10	....	....	$43\frac{1}{8}$ p
35.11	....	....	$42\frac{7}{8}$ p	35.11	....	....	43 p
36.	....	....	$42\frac{3}{4}$ p	36.	....	....	$42\frac{15}{16}$ m

DES CHANGES.

PARIS, HAMBOURG, LONDRES.

Londr. sur Hamb.	Hamb. sur Paris.	Paris sur Hamb.	Rend à Londr.	Londr. sur Hamb.	Hamb. sur Paris.	Paris sur Hamb.	Rend à Londr.
33.	$38\frac{3}{4}$	$123\frac{7}{8}$ m	47 m	33.	$38\frac{7}{8}$	$123\frac{1}{2}$ m	$47\frac{1}{8}$ m
33. 1			$46\frac{7}{8}$ m	33. 1			47 p
33. 2			$46\frac{3}{4}$ m	33. 2			$46\frac{7}{8}$ p
33. 3			$46\frac{5}{8}$ m	33. 3			$46\frac{3}{4}$ p
33. 4			$46\frac{1}{2}$	33. 4			$46\frac{5}{8}$ p
33. 5			$46\frac{3}{8}$ p	33. 5			$46\frac{9}{16}$ m
33. 6			$46\frac{1}{4}$ p	33. 6			$46\frac{7}{16}$ m
33. 7			$46\frac{1}{8}$ p	33. 7			$46\frac{5}{16}$ m
33. 8			$46\frac{1}{16}$ m	33. 8			$46\frac{3}{16}$ p
33. 9			$45\frac{15}{16}$ m	33. 9			$46\frac{1}{16}$ p
33. 10			$45\frac{13}{16}$ m	33. 10			$45\frac{15}{16}$ p
33. 11			$45\frac{11}{16}$ p	33. 11			$45\frac{7}{8}$ m
34.			$45\frac{9}{16}$ p	34.			$45\frac{3}{4}$ m
34. 1			$45\frac{1}{2}$ m	34. 1			$45\frac{5}{8}$ m
34. 2			$45\frac{3}{8}$ m	34. 2			$45\frac{1}{2}$ p
34. 3			$45\frac{1}{4}$ p	34. 3			$45\frac{3}{8}$ p
34. 4			$45\frac{1}{8}$ p	34. 4			$45\frac{1}{4}$ m
34. 5			$45\frac{1}{16}$	34. 5			$45\frac{3}{16}$ m
34. 6			$44\frac{15}{16}$	34. 6			$45\frac{1}{16}$ p
34. 7			$44\frac{13}{16}$ p	34. 7			$44\frac{15}{16}$ p
34. 8			$44\frac{11}{16}$ p	34. 8			$44\frac{7}{8}$
34. 9			$44\frac{5}{8}$ m	34. 9			$44\frac{3}{4}$ m
34. 10			$44\frac{1}{2}$ m	34. 10			$44\frac{5}{8}$ p
34. 11			$44\frac{3}{8}$ p	34. 11			$44\frac{9}{16}$ m
35.			$44\frac{7}{16}$ m	35.			$44\frac{7}{16}$ m
35. 1			$44\frac{3}{16}$ m	35. 1			$44\frac{5}{16}$ p
35. 2			$44\frac{1}{16}$ p	35. 2			$44\frac{3}{16}$ p
35. 3			44 m	35. 3			$44\frac{1}{8}$ m
35. 4			$43\frac{7}{8}$ m	35. 4			44 p
35. 5			$43\frac{3}{4}$ p	35. 5			$43\frac{7}{8}$ p
35. 6			$43\frac{11}{16}$ m	35. 6			$43\frac{13}{16}$ m
35. 7			$43\frac{9}{16}$ m	35. 7			$43\frac{11}{16}$ p
35. 8			$43\frac{7}{16}$ p	35. 8			$43\frac{1}{2}$ m
35. 9			$43\frac{3}{8}$ m	35. 9			$43\frac{1}{2}$ m
35. 10			$43\frac{1}{4}$ p	35. 10			$43\frac{3}{8}$ p
35. 11			$43\frac{1}{8}$ p	35. 11			$43\frac{3}{16}$ m
36.			$43\frac{1}{16}$ m	36.			$43\frac{3}{16}$ p

COMBINAISON GENERALE

PARIS, HAMBOURG, LONDRES.

Londr. sur Hamb.	Hamb. sur Paris.	Paris sur Hamb.	Rend à Londr.	Londr. sur Hamb.	Hamb. sur Paris.	Paris sur Hamb.	Rend à Londr.
33 .	. 39	. $123\frac{1}{16}$ p .	$47\frac{1}{4}$ p	33 .	. $39\frac{1}{8}$	. $122\frac{11}{16}$ m .	$47\frac{7}{16}$ m
33 . 1	....	....	$47\frac{1}{8}$ p	33 . 1	....	....	$47\frac{5}{16}$ m
33 . 2	....	....	$47\frac{1}{16}$ m	33 . 2	....	....	$47\frac{3}{16}$ m
33 . 3	....	....	$46\frac{15}{16}$ m	33 . 3	....	....	$47\frac{1}{16}$ p
33 . 4	....	....	$46\frac{13}{16}$ m	33 . 4	....	....	$46\frac{15}{16}$ p
33 . 5	....	....	$46\frac{11}{16}$ m	33 . 5	....	....	$46\frac{13}{16}$ p
33 . 6	....	....	$46\frac{9}{16}$ p	33 . 6	....	....	$46\frac{11}{16}$ p
33 . 7	....	....	$46\frac{7}{16}$ p	33 . 7	....	....	$46\frac{5}{8}$ m
33 . 8	....	....	$46\frac{5}{16}$ p	33 . 8	....	....	$46\frac{1}{2}$ m
33 . 9	....	....	$46\frac{1}{4}$ m	33 . 9	....	....	$46\frac{3}{8}$ m
33 . 10	....	....	$46\frac{1}{8}$ m	33 . 10	....	....	$46\frac{1}{4}$ m
33 . 11	....	....	46 m	33 . 11	....	....	$46\frac{1}{8}$ p
34 .	....	....	$45\frac{7}{8}$ p	34 .	....	....	46 p
34 . 1	....	....	$45\frac{3}{4}$ p	34 . 1	....	....	$45\frac{15}{16}$ m
34 . 2	....	....	$45\frac{11}{16}$ m	34 . 2	....	....	$45\frac{13}{16}$ m
34 . 3	....	....	$45\frac{9}{16}$ m	34 . 3	....	....	$45\frac{11}{16}$ p
34 . 4	....	....	$45\frac{7}{16}$ m	34 . 4	....	....	$45\frac{9}{16}$ p
34 . 5	....	....	$45\frac{5}{16}$ p	34 . 5	....	....	$45\frac{3}{8}$ m
34 . 6	....	....	$45\frac{3}{16}$ p	34 . 6	....	....	$45\frac{1}{4}$ m
34 . 7	....	....	$45\frac{1}{8}$ m	34 . 7	....	....	$45\frac{1}{8}$ p
34 . 8	....	....	45	34 . 8	....	....	$45\frac{1}{8}$ p
34 . 9	....	....	$44\frac{7}{8}$ p	34 . 9	....	....	$45\frac{1}{16}$ m
34 . 10	....	....	$44\frac{13}{16}$ m	34 . 10	....	....	$44\frac{15}{16}$ m
34 . 11	....	....	$44\frac{11}{16}$ m	34 . 11	....	....	$44\frac{13}{16}$ p
35 .	....	....	$44\frac{9}{16}$ p	35 .	....	....	$44\frac{13}{16}$ p
35 . 1	....	....	$44\frac{7}{16}$ p	35 . 1	....	....	$44\frac{1}{2}$ m
35 . 2	....	....	$44\frac{3}{8}$ m	35 . 2	....	....	$44\frac{1}{2}$ p
35 . 3	....	....	$44\frac{1}{4}$ p	35 . 3	....	....	$44\frac{3}{8}$ p
35 . 4	....	....	$44\frac{1}{8}$ p	35 . 4	....	....	$44\frac{1}{4}$ m
35 . 5	....	....	$44\frac{1}{16}$ m	35 . 5	....	....	$44\frac{3}{16}$ p
35 . 6	....	....	$43\frac{15}{16}$ p	35 . 6	....	....	$44\frac{1}{16}$ p
35 . 7	....	....	$43\frac{13}{16}$ p	35 . 7	....	....	44 m
35 . 8	....	....	$43\frac{3}{4}$ m	35 . 8	....	....	$43\frac{7}{8}$ p
35 . 9	....	....	$43\frac{5}{8}$ p	35 . 9	....	....	$43\frac{3}{4}$ p
35 . 10	....	....	$43\frac{7}{16}$ p	35 . 10	....	....	$43\frac{11}{16}$ m
35 . 11	....	....	$43\frac{5}{16}$ m	35 . 11	....	....	$43\frac{9}{16}$ p
36 .	....	....	$43\frac{5}{16}$ p	36 .	....	....	$43\frac{1}{2}$ m

DES CHANGES.

PARIS, HAMBOURG, LONDRES.

Londr. sur Hamb.	Hamb. sur Paris.	Paris sur Hamb.	Rend à Londr.	Londr. sur Hamb.	Hamb. sur Paris.	Paris sur Hamb.	Rend à Londr.
33.	.$39\frac{1}{4}$	.$122\frac{5}{16}$ m	$47\frac{9}{16}$ P	33.	.$39\frac{3}{8}$	.$121\frac{7}{8}$ P	$47\frac{3}{4}$ m
33. 1			$47\frac{7}{16}$ P	33. 1			$47\frac{5}{8}$ m
33. 2			$47\frac{5}{16}$ P	33. 2			$47\frac{1}{2}$ m
33. 3			$47\frac{3}{16}$ P	33. 3			$47\frac{3}{8}$ m
33. 4			$47\frac{1}{8}$ m	33. 4			$47\frac{1}{4}$ m
33. 5			47 m	33. 5			$47\frac{1}{8}$ P
33. 6			$46\frac{7}{8}$ m	33. 6			47 P
33. 7			$46\frac{3}{4}$ m	33. 7			$46\frac{7}{8}$ P
33. 8			$46\frac{5}{8}$ P	33. 8			$46\frac{13}{16}$ m
33. 9			$46\frac{1}{2}$ P	33. 9			$46\frac{11}{16}$ m
33. 10			$46\frac{3}{8}$ P	33. 10			$46\frac{9}{16}$ m
33. 11			$46\frac{5}{16}$ m	33. 11			$46\frac{7}{16}$ m
34.			$46\frac{3}{16}$ m	34.			$46\frac{5}{16}$ P
34. 1			$46\frac{1}{16}$ P	34. 1			$46\frac{3}{16}$ P
34. 2			$45\frac{15}{16}$ P	34. 2			$46\frac{1}{8}$ m
34. 3			$45\frac{13}{16}$ P	34. 3			46 m
34. 4			$45\frac{3}{4}$ m	34. 4			$45\frac{7}{8}$ m
34. 5			$45\frac{5}{8}$ m	34. 5			$45\frac{3}{4}$ P
34. 6			$45\frac{1}{2}$ P	34. 6			$45\frac{5}{8}$ P
34. 7			$45\frac{3}{8}$ P	34. 7			$45\frac{9}{16}$ m
34. 8			$45\frac{5}{16}$ m	34. 8			$45\frac{7}{16}$ m
34. 9			$45\frac{3}{16}$ m	34. 9			$45\frac{5}{16}$ P
34. 10			$45\frac{1}{16}$ P	34. 10			$45\frac{3}{16}$ P
34. 11			$44\frac{15}{16}$ P	34. 11			$45\frac{1}{8}$ m
35.			$44\frac{7}{8}$ m	35.			45
35. 1			$44\frac{3}{4}$ P	35. 1			$44\frac{7}{8}$ P
35. 2			$44\frac{5}{8}$ P	35. 2			$44\frac{13}{16}$ m
35. 3			$44\frac{9}{16}$ m	35. 3			$44\frac{11}{16}$ m
35. 4			$44\frac{7}{16}$ m	35. 4			$44\frac{9}{16}$ P
35. 5			$44\frac{5}{16}$ P	35. 5			$44\frac{7}{16}$ m
35. 6			$44\frac{1}{4}$ m	35. 6			$44\frac{3}{8}$ m
35. 7			$44\frac{1}{8}$ m	35. 7			$44\frac{1}{4}$ P
35. 8			44 P	35. 8			$44\frac{1}{16}$ m
35. 9			$43\frac{15}{16}$ m	35. 9			$44\frac{1}{16}$ m
35. 10			$43\frac{13}{16}$ P	35. 10			$43\frac{15}{16}$ P
35. 11			$43\frac{11}{16}$ P	35. 11			$43\frac{7}{8}$ m
36.			$43\frac{5}{8}$ m	36.			$43\frac{3}{4}$

COMBINAISON GENERALE

PARIS, HAMBOURG, LONDRES.

Londr. sur Hamb.	Hamb. sur Paris.	Paris sur Hamb.	Rend à Londr.	Londr. sur Hamb.	Hamb. sur Paris.	Paris sur Hamb.	Rend à Londr.
33.	. 39$\frac{1}{2}$	. 121$\frac{1}{2}$ p	. 47$\frac{7}{8}$ p	33.	. 39$\frac{5}{8}$	. 121$\frac{1}{8}$ p	. 48 p
33. 1	....		47$\frac{5}{4}$ p	33. 1	....		47$\frac{15}{16}$ m
33. 2	....		47$\frac{5}{8}$ p	33. 2	....		47$\frac{13}{16}$ m
33. 3	....		47$\frac{1}{2}$ p	33. 3	....		47$\frac{11}{16}$ m
33. 4	....		47$\frac{3}{8}$ p	33. 4	....		47$\frac{9}{16}$ m
33. 5	....		47$\frac{7}{16}$ m	33. 5	....		47$\frac{7}{16}$ m
33. 6	....		47$\frac{3}{16}$ m	33. 6	....		47$\frac{5}{16}$ p
33. 7	....		47$\frac{1}{16}$ m	33. 7	....		47$\frac{3}{16}$ p
33. 8	....		46$\frac{15}{16}$ m	33. 8	....		47$\frac{1}{16}$ p
33. 9	....		46$\frac{13}{16}$ p	33. 9	....		46$\frac{15}{16}$ p
33.10	....		46$\frac{11}{16}$ p	33.10	....		46$\frac{7}{8}$ p
33.11	....		46$\frac{9}{16}$ p	33.11	....		46$\frac{3}{4}$ m
34.	....		46$\frac{1}{2}$ m	34.	....		46$\frac{5}{8}$ m
34. 1	....		46$\frac{3}{8}$ m	34. 1	....		46$\frac{1}{2}$ p
34. 2	....		46$\frac{1}{4}$ m	34. 2	....		46$\frac{3}{8}$ p
34. 3	....		46$\frac{1}{8}$ p	34. 3	....		46$\frac{1}{4}$ p
34. 4	....		46 p	34. 4	....		46$\frac{3}{16}$ m
34. 5	....		45$\frac{15}{16}$ m	34. 5	....		46$\frac{1}{16}$ m
34. 6	....		45$\frac{13}{16}$ m	34. 6	....		45$\frac{15}{16}$ p
34. 7	....		45$\frac{11}{16}$ m	34. 7	....		45$\frac{13}{16}$ p
34. 8	....		45$\frac{9}{16}$ p	34. 8	....		45$\frac{1}{2}$ m
34. 9	....		45$\frac{7}{16}$ p	34. 9	....		45$\frac{3}{8}$ m
34.10	....		45$\frac{3}{8}$ m	34.10	....		45$\frac{1}{4}$ p
34.11	....		45$\frac{1}{4}$ p	34.11	....		45$\frac{3}{16}$ p
35.	....		45$\frac{1}{8}$ p	35.	....		45$\frac{1}{16}$ m
35. 1	....		45$\frac{1}{16}$ m	35. 1	....		45$\frac{3}{16}$ m
35. 2	....		44$\frac{15}{16}$ m	35. 2	....		45$\frac{1}{16}$ p
35. 3	....		44$\frac{13}{16}$ p	35. 3	....		44$\frac{1}{16}$ p
35. 4	....		44$\frac{11}{16}$ p	35. 4	....		44$\frac{1}{2}$ m
35. 5	....		44$\frac{5}{8}$ m	35. 5	....		44$\frac{3}{8}$ p
35. 6	....		44$\frac{1}{2}$ p	35. 6	....		44$\frac{1}{4}$ p
35. 7	....		44$\frac{3}{8}$ p	35. 7	....		44$\frac{1}{16}$ m
35. 8	....		44$\frac{5}{16}$ m	35. 8	....		44$\frac{3}{16}$ p
35. 9	....		44$\frac{3}{16}$ p	35. 9	....		44$\frac{3}{16}$ p
35.10	....		44$\frac{1}{16}$ p	35.10	....		44$\frac{1}{4}$ m
35.11	....		44 m	35.11	....		44$\frac{1}{8}$ p
36.	....		43$\frac{7}{8}$ p	36.	....		44 p

DES CHANGES.

PARIS, HAMBOURG, LONDRES.

Londr. sur Hamb.	Hamb. sur Paris.	Paris sur Hamb.	Rend à Londr.	Londr. sur Hamb.	Hamb. sur Paris.	Paris sur Hamb.	Rend à Londr.
33 .	39 $\frac{3}{4}$	120 $\frac{3}{4}$ P	48 $\frac{3}{16}$ m	33 .	39 $\frac{7}{8}$	120 $\frac{3}{8}$ P	48 $\frac{5}{16}$ P
33 . 1			48 $\frac{1}{16}$ m	33 . 1			48 $\frac{3}{16}$ P
33 . 2			47 $\frac{15}{16}$ P	33 . 2			48 $\frac{1}{16}$ P
33 . 3			47 $\frac{13}{16}$ P	33 . 3			48 m
33 . 4			47 $\frac{11}{16}$ P	33 . 4			47 $\frac{7}{8}$ m
33 . 5			47 $\frac{9}{16}$ P	33 . 5			47 $\frac{3}{4}$ m
33 . 6			47 $\frac{7}{16}$ P	33 . 6			47 $\frac{5}{8}$ m
33 . 7			47 $\frac{3}{8}$ m	33 . 7			47 $\frac{8}{16}$ m
33 . 8			47 $\frac{1}{4}$ m	33 . 8			47 $\frac{3}{8}$ P
33 . 9			47 $\frac{1}{8}$ m	33 . 9			47 $\frac{1}{4}$ P
33 . 10			47 m	33 . 10			47 $\frac{1}{8}$ P
33 . 11			46 $\frac{7}{8}$ P	33 . 11			47
34 .			46 $\frac{3}{4}$ P	34 .			46 $\frac{15}{16}$ m
34 . 1			46 $\frac{5}{8}$ P	34 . 1			46 $\frac{13}{16}$ m
34 . 2			46 $\frac{9}{16}$ m	34 . 2			46 $\frac{11}{16}$ m
34 . 3			46 $\frac{7}{16}$ m	34 . 3			46 $\frac{9}{16}$ P
34 . 4			46 $\frac{5}{16}$ m	34 . 4			46 $\frac{7}{16}$ P
34 . 5			46 $\frac{3}{16}$ P	34 . 5			46 $\frac{3}{8}$ m
34 . 6			46 $\frac{1}{16}$ P	34 . 6			46 $\frac{1}{4}$ m
34 . 7			46	34 . 7			46 $\frac{1}{8}$ m
34 . 8			45 $\frac{7}{8}$ m	34 . 8			46 P
34 . 9			45 $\frac{3}{4}$ P	34 . 9			45 $\frac{7}{8}$ P
34 . 10			45 $\frac{5}{8}$ P	34 . 10			45 $\frac{13}{16}$ m
34 . 11			45 $\frac{8}{16}$ m	34 . 11			45 $\frac{11}{16}$ m
35 .			45 $\frac{7}{16}$ m	35 .			45 $\frac{9}{16}$ P
35 . 1			45 $\frac{5}{16}$ P	35 . 1			45 $\frac{7}{16}$ P
35 . 2			45 $\frac{2}{16}$ P	35 . 2			45 $\frac{3}{8}$ m
35 . 3			45 $\frac{1}{8}$ m	35 . 3			45 $\frac{1}{4}$ m
35 . 4			45	35 . 4			45 $\frac{1}{8}$ P
35 . 5			44 $\frac{7}{8}$ P	35 . 5			45 $\frac{1}{16}$ m
35 . 6			44 $\frac{13}{16}$ P	35 . 6			44 $\frac{15}{16}$ m
35 . 7			44 $\frac{11}{16}$ m	35 . 7			44 $\frac{13}{16}$ P
35 . 8			44 $\frac{9}{16}$ P	35 . 8			44 $\frac{5}{8}$ m
35 . 9			44 $\frac{1}{2}$ m	35 . 9			44 $\frac{5}{8}$ m
35 . 10			44 $\frac{3}{8}$ m	35 . 10			44 $\frac{1}{2}$ P
35 . 11			44 $\frac{1}{4}$ P	35 . 11			44 $\frac{5}{16}$ m
36 .			44 $\frac{3}{16}$ m	36 .			44 $\frac{3}{16}$ m

COMBINAISON GENERALE

PARIS, HAMBOURG, LONDRES.

Londr. sur Hamb.	Hamb. sur Paris.	Paris sur Hamb.	Rend à Londr.	Londr. sur Hamb.	Hamb. sur Paris.	Paris sur Hamb.	Rend à Londr.
33 .	40	120	$48\frac{1}{2}$ m	33 .	$40\frac{1}{8}$	$119\frac{5}{8}$ P	$48\frac{5}{8}$ P
33 . 1	....	....	$48\frac{3}{8}$ m	33 . 1	....	....	$48\frac{1}{2}$ P
33 . 2	....	....	$48\frac{1}{4}$ m	33 . 2	....	....	$48\frac{3}{8}$ P
33 . 3	....	....	$48\frac{1}{8}$ m	33 . 3	....	....	$48\frac{1}{4}$ P
33 . 4	....	....	48	33 . 4	....	....	$48\frac{1}{8}$ P
33 . 5	....	....	$47\frac{7}{8}$ P	33 . 5	....	....	48 P
33 . 6	....	....	$47\frac{3}{4}$ P	33 . 6	....	....	$47\frac{15}{16}$ m
33 . 7	....	....	$47\frac{5}{8}$ P	33 . 7	....	....	$47\frac{13}{16}$ m
33 . 8	....	....	$47\frac{1}{2}$ P	33 . 8	....	....	$47\frac{11}{16}$ m
33 . 9	....	....	$47\frac{7}{16}$ m	33 . 9	....	....	$47\frac{9}{16}$ m
33 . 10	....	....	$47\frac{5}{16}$ m	33 . 10	....	....	$47\frac{7}{16}$ m
33 . 11	....	....	$47\frac{3}{16}$ m	33 . 11	....	....	$47\frac{5}{16}$ m
34 .	....	....	$47\frac{1}{16}$ m	34 .	....	....	$47\frac{3}{16}$ P
34 . 1	....	....	$46\frac{15}{16}$ P	34 . 1	....	....	$47\frac{1}{16}$ P
34 . 2	....	....	$46\frac{13}{16}$ P	34 . 2	....	....	47 m
34 . 3	....	....	$46\frac{11}{16}$ P	34 . 3	....	....	$46\frac{7}{8}$ m
34 . 4	....	....	$46\frac{5}{8}$ m	34 . 4	....	....	$46\frac{3}{4}$ m
34 . 5	....	....	$46\frac{1}{2}$ m	34 . 5	....	....	$46\frac{5}{8}$ P
34 . 6	....	....	$46\frac{3}{8}$ P	34 . 6	....	....	$46\frac{1}{2}$ P
34 . 7	....	....	$46\frac{1}{4}$ P	34 . 7	....	....	$46\frac{3}{8}$ m
34 . 8	....	....	$46\frac{1}{8}$ P	34 . 8	....	....	$46\frac{5}{16}$ m
34 . 9	....	....	$46\frac{1}{16}$ m	34 . 9	....	....	$46\frac{3}{16}$ m
34 . 10	....	....	$45\frac{15}{16}$ m	34 . 10	....	....	$46\frac{1}{16}$ P
34 . 11	....	....	$45\frac{13}{16}$ P	34 . 11	....	....	$45\frac{15}{16}$ P
35 .	....	....	$45\frac{11}{16}$ P	35 .	....	....	$45\frac{7}{8}$ m
35 . 1	....	....	$45\frac{5}{8}$ m	35 . 1	....	....	$45\frac{3}{4}$ m
35 . 2	....	....	$45\frac{1}{2}$ m	35 . 2	....	....	$45\frac{5}{8}$ P
35 . 3	....	....	$45\frac{3}{8}$ P	35 . 3	....	....	$45\frac{7}{16}$ P
35 . 4	....	....	$45\frac{5}{16}$ m	35 . 4	....	....	$45\frac{7}{16}$ m
35 . 5	....	....	$45\frac{3}{16}$ m	35 . 5	....	....	$45\frac{5}{16}$ P
35 . 6	....	....	$45\frac{1}{16}$ P	35 . 6	....	....	$45\frac{3}{16}$ P
35 . 7	....	....	$44\frac{15}{16}$ P	35 . 7	....	....	$45\frac{1}{8}$ m
35 . 8	....	....	$44\frac{7}{8}$ m	35 . 8	....	....	45
35 . 9	....	....	$44\frac{3}{4}$ P	35 . 9	....	....	$44\frac{7}{8}$ P
35 . 10	....	....	$44\frac{5}{8}$ P	35 . 10	....	....	$44\frac{13}{16}$ m
35 . 11	....	....	$44\frac{7}{16}$ m	35 . 11	....	....	$44\frac{9}{16}$ m
36 .	....	....	$44\frac{7}{16}$ P	36 .	....	....	$44\frac{9}{16}$ P

PARIS, HAMBOURG, LONDRES.

Londr. fur Hamb.	Hamb. fur Paris.	Paris fur Hamb.	Rend à Londr.
33·	$40\frac{1}{4}$	$119\frac{1}{4}$ p	$48\frac{13}{16}$ m
33· 1	....	....	$48\frac{11}{16}$ m
33· 2	....	....	$48\frac{9}{16}$ m
33· 3	....	....	$48\frac{7}{16}$ m
33· 4	....	....	$48\frac{5}{16}$ m
33· 5	....	....	$48\frac{3}{16}$ m
33· 6	....	....	$48\frac{1}{16}$ m
33· 7	....	....	$47\frac{15}{16}$ p
33· 8	....	....	$47\frac{13}{16}$ p
33· 9	....	....	$47\frac{11}{16}$ p
33·10	....	....	$47\frac{9}{16}$ p
33·11	....	....	$47\frac{1}{2}$ m
34·	....	....	$47\frac{3}{8}$ m
34· 1	....	....	$47\frac{1}{4}$ m
34· 2	....	....	$47\frac{1}{8}$ m
34· 3	....	....	47 p
34· 4	....	....	$46\frac{7}{8}$ p
34· 5	....	....	$46\frac{3}{4}$ p
34· 6	....	....	$46\frac{11}{16}$ m
34· 7	....	....	$46\frac{9}{16}$ m
34· 8	....	....	$46\frac{7}{16}$ p
34· 9	....	....	$46\frac{5}{16}$ p
34·10	....	....	$46\frac{1}{4}$ m
34·11	....	....	$46\frac{1}{8}$ m
35·	....	....	46
35· 1	....	....	$45\frac{7}{8}$ p
35· 2	....	....	$45\frac{13}{16}$ m
35· 3	....	....	$45\frac{11}{16}$ m
35· 4	....	....	$45\frac{9}{16}$ p
35· 5	....	....	$45\frac{7}{16}$ p
35· 6	....	....	$45\frac{3}{8}$ m
35· 7	....	....	$45\frac{1}{4}$ m
35· 8	....	....	$45\frac{1}{8}$ p
35· 9	....	....	$45\frac{1}{16}$ m
35·10	....	....	$44\frac{15}{16}$ m
35·11	....	....	$44\frac{13}{16}$ p
36·	....	....	$44\frac{3}{4}$ m

Londr. fur Hamb.	Hamb. fur Paris.	Paris fur Hamb.	Rend à Londr.
33·	$40\frac{3}{8}$	$118\frac{7}{8}$ p	$48\frac{15}{16}$ p
33· 1	....	....	$48\frac{13}{16}$ p
33· 2	....	....	$48\frac{11}{16}$ p
33· 3	....	....	$48\frac{9}{16}$ p
33· 4	....	....	$48\frac{7}{16}$ p
33· 5	....	....	$48\frac{5}{16}$ p
33· 6	....	....	$48\frac{3}{16}$ p
33· 7	....	....	$48\frac{1}{16}$ p
33· 8	....	....	48 m
33· 9	....	....	$47\frac{7}{8}$ m
33·10	....	....	$47\frac{3}{4}$ m
33·11	....	....	$47\frac{5}{8}$ m
34·	....	....	$47\frac{1}{2}$
34· 1	....	....	$47\frac{3}{8}$ p
34· 2	....	....	$47\frac{1}{4}$ p
34· 3	....	....	$47\frac{1}{8}$ p
34· 4	....	....	$47\frac{1}{16}$ m
34· 5	....	....	$46\frac{15}{16}$ m
34· 6	....	....	$46\frac{13}{16}$ m
34· 7	....	....	$46\frac{11}{16}$ p
34· 8	....	....	$46\frac{9}{16}$ p
34· 9	....	....	$46\frac{1}{2}$ m
34·10	....	....	$46\frac{3}{8}$ m
34·11	....	....	$46\frac{1}{4}$ p
35·	....	....	$46\frac{1}{8}$ p
35· 1	....	....	$46\frac{1}{16}$ m
35· 2	....	....	$45\frac{15}{16}$ m
35· 3	....	....	$45\frac{13}{16}$ p
35· 4	....	....	$45\frac{11}{16}$ p
35· 5	....	....	$45\frac{5}{8}$ m
35· 6	....	....	$45\frac{1}{2}$ m
35· 7	....	....	$45\frac{3}{8}$ p
35· 8	....	....	$45\frac{1}{4}$ p
35· 9	....	....	$45\frac{3}{16}$ m
35·10	....	....	$45\frac{1}{16}$ p
35·11	....	....	$44\frac{15}{16}$ p
36·	....	....	$44\frac{7}{8}$ m

COMBINAISON GENERALE

PARIS, HAMBOURG, LONDRES.

Londr. sur Hamb.	Hamb. sur Paris.	Paris sur Hamb.	Rend à Londr.	Londr. sur Hamb.	Hamb. sur Paris.	Paris sur Hamb.	Rend à Londr.
33.	40 $\frac{1}{2}$	118 $\frac{1}{2}$ p	49 $\frac{1}{16}$ p	33.	40 $\frac{5}{8}$	118 $\frac{1}{8}$ p	49 $\frac{1}{4}$ m
33. 1	....	....	48 $\frac{15}{16}$ p	33. 1	....	....	49 $\frac{1}{8}$ m
33. 2	....	....	48 $\frac{7}{8}$ m	33. 2	....	....	49 m
33. 3	....	....	48 $\frac{3}{4}$ m	33. 3	....	....	48 $\frac{7}{8}$ m
33. 4	....	....	48 $\frac{5}{8}$ m	33. 4	....	....	48 $\frac{3}{4}$ m
33. 5	....	....	48 $\frac{1}{2}$ m	33. 5	....	....	48 $\frac{5}{8}$ p
33. 6	....	....	48 $\frac{3}{8}$ m	33. 6	....	....	48 $\frac{1}{2}$ p
33. 7	....	....	48 $\frac{1}{4}$ m	33. 7	....	....	48 $\frac{3}{8}$ p
33. 8	....	....	48 $\frac{1}{8}$ m	33. 8	....	....	48 $\frac{1}{4}$ p
33. 9	....	....	48	33. 9	....	....	48 $\frac{1}{8}$ p
33. 10	....	....	47 $\frac{7}{8}$ p	33. 10	....	....	48 p
33. 11	....	....	47 $\frac{3}{4}$ p	33. 11	....	....	47 $\frac{15}{16}$ m
34.	....	....	47 $\frac{5}{8}$ p	34.	....	....	47 $\frac{13}{16}$ m
34. 1	....	....	47 $\frac{1}{2}$ p	34. 1	....	....	47 $\frac{11}{16}$ m
34. 2	....	....	47 $\frac{7}{16}$ m	34. 2	....	....	47 $\frac{9}{16}$ m
34. 3	....	....	47 $\frac{5}{16}$ m	34. 3	....	....	47 $\frac{7}{16}$ m
34. 4	....	....	47 $\frac{3}{16}$ m	34. 4	....	....	47 $\frac{5}{16}$ p
34. 5	....	....	47 $\frac{1}{16}$ p	34. 5	....	....	47 $\frac{3}{16}$ p
34. 6	....	....	46 $\frac{15}{16}$ p	34. 6	....	....	47. $\frac{1}{8}$ m
34. 7	....	....	46 $\frac{13}{16}$ p	34. 7	....	....	47 m
34. 8	....	....	46 $\frac{3}{4}$ m	34. 8	....	....	46 $\frac{7}{8}$
34. 9	....	....	46 $\frac{5}{8}$ m	34. 9	....	....	46 $\frac{3}{4}$
34. 10	....	....	46 $\frac{1}{2}$ p	34. 10	....	....	46 $\frac{5}{8}$
34. 11	....	....	46 $\frac{3}{8}$ p	34. 11	....	....	46 $\frac{9}{16}$ m
35.	....	....	46 $\frac{3}{16}$ m	35.	....	....	46 $\frac{7}{16}$ m
35. 1	....	....	46 $\frac{1}{16}$ m	35. 1	....	....	46 $\frac{5}{16}$ p
35. 2	....	....	46 $\frac{13}{16}$ p	35. 2	....	....	46 $\frac{3}{16}$ p
35. 3	....	....	45 $\frac{15}{16}$ p	35. 3	....	....	46 $\frac{1}{8}$ p
35. 4	....	....	45 $\frac{7}{8}$ m	35. 4	....	....	46 m
35. 5	....	....	45 $\frac{3}{4}$ m	35. 5	....	....	45 $\frac{7}{8}$ p
35. 6	....	....	45 $\frac{5}{8}$ m	35. 6	....	....	45 $\frac{3}{4}$ p
35. 7	....	....	45 $\frac{1}{2}$ p	35. 7	....	....	45 $\frac{11}{16}$ p
35. 8	....	....	45 $\frac{7}{16}$ m	35. 8	....	....	45 $\frac{9}{16}$ m
35. 9	....	....	45 $\frac{5}{16}$ p	35. 9	....	....	45 $\frac{7}{16}$ p
35. 10	....	....	45 $\frac{3}{16}$ p	35. 10	....	....	45 $\frac{5}{16}$ m
35. 11	....	....	45 $\frac{1}{8}$ m	35. 11	....	....	45 $\frac{1}{4}$ m
36.	....	....	45	36.	....	....	45 $\frac{1}{8}$ p

Paris, Hambourg, Londres.

Londr. sur Hamb.	Hamb. sur Paris.	Paris sur Hamb.	Rend à Londr.	Londr. sur Hamb.	Hamb. sur Paris.	Paris sur Hamb.	Rend à Londr.
33·	40 3/4	117 13/16 m	49 3/8 p	33·	40 7/8	117 7/16 m	49 9/16 m
33· 1			49 1/4 p	33· 1			49 7/16 m
33· 2			49 1/8 p	33· 2			49 5/16 m
33· 3			49 p	33· 3			49 3/16 m
33· 4			48 7/8 p	33· 4			49 1/16 m
33· 5			48 3/4 p	33· 5			48 15/16 m
33· 6			48 11/16 m	33· 6			48 13/16 m
33· 7			48 9/16 m	33· 7			48 11/16 m
33· 8			48 7/16 m	33· 8			48 9/16 p
33· 9			48 5/16 m	33· 9			48 7/16 p
33·10			48 3/16 m	33·10			48 5/16 p
33·11			48 1/16 m	33·11			48 3/16 p
34·			47 15/16 p	34·			48 1/16 p
34· 1			47 13/16 p	34· 1			48 m
34· 2			47 11/16 p	34· 2			47 7/8 m
34· 3			47 9/16 p	34· 3			47 3/4 m
34· 4			47 1/2 m	34· 4			47 5/8 m
34· 5			47 3/8 m	34· 5			47 1/2 p
34· 6			47 1/4 m	34· 6			47 3/8 p
34· 7			47 1/8 p	34· 7			47 1/4 p
34· 8			47 p	34· 8			47 3/16 m
34· 9			46 15/16 m	34: 9			47 1/16 m
34·10			46 13/16 m	34·10			46 15/16 p.
34·11			46 11/16 m	34·11			46 13/16 p
35·			46 9/16 p	35·			46 11/16 p
35· 1			46 7/16 p	35· 1			46 5/8 m
35· 2			46 3/8 m	35· 2			46 1/2 m
35· 3			46 1/4 m	35· 3			46 3/8 p
35· 4			46 1/8 p	35· 4			46 1/4 p
35· 5			46 p	35· 5			46 3/16 m
35· 6			45 15/16 m	35· 6			46 1/16 m
35· 7			45 13/16 m	35· 7			45 15/16 p
35· 8			45 11/16 p	35· 8			45 13/16 p
35· 9			45 5/8 m	35· 9			45 3/4 m
35·10			45 1/2 m	35·10			45 5/8 p
35·11			45 3/8 p	35·11			45 1/2 p
36·			45 1/4 p	36·			45 7/16 m

500 COMBINAISON GENERALE

PARIS, HAMBOURG, LONDRES.

Londr. sur Hamb.	Hamb. sur Paris.	Paris sur Hamb.	Rend à Londr.	Londr. sur Hamb.	Hamb. sur Paris.	Paris sur Hamb.	Rend à Londr.
33.	41	117$\frac{1}{16}$ p	49$\frac{11}{16}$ p	33.	41$\frac{1}{8}$	116$\frac{11}{16}$ p	49$\frac{7}{16}$ m
33. 1			49$\frac{9}{16}$ p	33. 1			49$\frac{3}{4}$ m
33. 2			49$\frac{7}{16}$ p	33. 2			49$\frac{5}{8}$ m
33. 3			49$\frac{5}{16}$ p	33. 3			49$\frac{1}{2}$ m
33. 4			49$\frac{3}{16}$ p	33. 4			49$\frac{3}{8}$ m
33. 5			49$\frac{1}{16}$ p	33. 5			49$\frac{1}{4}$ m
33. 6			48$\frac{15}{16}$ p	33. 6			49$\frac{1}{8}$ m
33. 7			48$\frac{13}{16}$ p	33. 7			49 m
33. 8			48$\frac{11}{16}$ p	33. 8			48$\frac{7}{8}$ m
33. 9			48$\frac{9}{16}$ p	33. 9			48$\frac{3}{4}$ m
33.10			48$\frac{1}{2}$ m	33.10			48$\frac{5}{8}$ m
33.11			48$\frac{3}{8}$ m	33.11			48$\frac{1}{2}$ p
34.			48$\frac{1}{4}$ m	34.			48$\frac{3}{8}$ p
34. 1			48$\frac{1}{8}$ m	34. 1			48$\frac{1}{4}$ p
34. 2			48	34. 2			48$\frac{1}{8}$ p
34. 3			47$\frac{7}{8}$ p	34. 3			48 p
34. 4			47$\frac{3}{4}$ p	34. 4			47$\frac{15}{16}$ m
34. 5			47$\frac{5}{8}$ p	34. 5			47$\frac{13}{16}$ m
34. 6			47$\frac{1}{2}$ m	34. 6			47$\frac{11}{16}$ m
34. 7			47$\frac{7}{16}$ m	34. 7			47$\frac{9}{16}$ p
34. 8			47$\frac{5}{16}$ m	34. 8			47$\frac{7}{16}$ p
34. 9			47$\frac{3}{16}$ m	34. 9			47$\frac{5}{16}$ p
34.10			47$\frac{1}{16}$ p	34.10			47$\frac{1}{4}$ m
34.11			47 m	34.11			47$\frac{1}{8}$ m
35.			46$\frac{7}{8}$ m	35.			47
35. 1			46$\frac{3}{4}$ m	35. 1			46$\frac{7}{8}$ p
35. 2			46$\frac{5}{8}$ p	35. 2			46$\frac{3}{4}$ p
35. 3			46$\frac{1}{2}$ p	35. 3			46$\frac{11}{16}$ m
35. 4			46$\frac{7}{16}$ p	35. 4			46$\frac{9}{16}$ m
35. 5			46$\frac{5}{16}$ p	35. 5			46$\frac{7}{16}$ p
35. 6			46$\frac{3}{16}$ p	35. 6			46$\frac{5}{16}$ p
35. 7			46$\frac{1}{16}$ p	35. 7			46$\frac{1}{4}$ m
35. 8			46 m	35. 8			46$\frac{1}{8}$ m
35. 9			45$\frac{7}{8}$ m	35. 9			46 p
35.10			45$\frac{3}{4}$ p	35.10			45$\frac{15}{16}$ m
35.11			45$\frac{11}{16}$ m	35.11			45$\frac{13}{16}$ m
36.			45$\frac{9}{16}$ m	36.			45$\frac{11}{16}$ p

DES CHANGES.

PARIS, HAMBOURG, LONDRES.

Londr. sur Hamb.	Hamb. sur Paris.	Paris sur Hamb.	Rend à Londr.	Londr. sur Hamb.	Hamb. sur Paris.	Paris sur Hamb.	Rend à Londr.
33.	$41\frac{1}{4}$	$116\frac{3}{8}$ m	50	33.	$41\frac{3}{8}$	116 p	$50\frac{1}{8}$ p
33. 1			$49\frac{7}{8}$ m	33. 1			50 p
33. 2			$49\frac{3}{4}$ m	33. 2			$49\frac{7}{8}$ p
33. 3			$49\frac{5}{8}$ m	33. 3			$49\frac{3}{4}$ p
33. 4			$49\frac{1}{2}$	33. 4			$49\frac{5}{8}$ p
33. 5			$49\frac{3}{8}$ p	33. 5			$49\frac{1}{2}$ p
33. 6			$49\frac{1}{4}$ p	33. 6			$49\frac{3}{8}$ p
33. 7			$49\frac{1}{8}$ p	33. 7			$49\frac{1}{4}$ p
33. 8			49 p	33. 8			$49\frac{3}{16}$ m
33. 9			$48\frac{7}{8}$ p	33. 9			$49\frac{1}{16}$ m
33.10			$48\frac{3}{4}$ p	33.10			$48\frac{15}{16}$ m
33.11			$48\frac{5}{8}$ p	33.11			$48\frac{13}{16}$ m
34.			$48\frac{1}{2}$ p	34.			$48\frac{11}{16}$ m
34. 1			$48\frac{7}{16}$ m	34. 1			$48\frac{9}{16}$ m
34. 2			$48\frac{5}{16}$ m	34. 2			$48\frac{7}{16}$ p
34. 3			$48\frac{3}{16}$ m	34. 3			$48\frac{5}{16}$ p
34. 4			$48\frac{1}{16}$ m	34. 4			$48\frac{3}{16}$ p
34. 5			$47\frac{15}{16}$ p	34. 5			$48\frac{1}{16}$ p
34. 6			$47\frac{13}{16}$ p	34. 6			48 m
34. 7			$47\frac{11}{16}$ p	34. 7			$47\frac{7}{8}$ m
34. 8			$47\frac{5}{8}$ m	34. 8			$47\frac{3}{4}$ m
34. 9			$47\frac{1}{2}$ m	34. 9			$47\frac{1}{2}$ p
34.10			$47\frac{3}{8}$ m	34.10			$47\frac{1}{2}$ p
34.11			$47\frac{1}{4}$ p	34.11			$47\frac{3}{8}$ p
35.			$47\frac{1}{8}$ p	35.			$47\frac{5}{16}$ m
35. 1			47 p	35. 1			$47\frac{3}{16}$ m
35. 2			$46\frac{15}{16}$ m	35. 2			$47\frac{1}{16}$ m
35. 3			$46\frac{13}{16}$ m	35. 3			$46\frac{15}{16}$ p
35. 4			$46\frac{11}{16}$ p	35. 4			$46\frac{13}{16}$ p
35. 5			$46\frac{9}{16}$ p	35. 5			$46\frac{3}{4}$ m
35. 6			$46\frac{1}{2}$ m	35. 6			$46\frac{5}{8}$ p
35. 7			$46\frac{3}{8}$ m	35. 7			$46\frac{1}{2}$ p
35. 8			$46\frac{1}{4}$ p	35. 8			$46\frac{3}{8}$ p
35. 9			$46\frac{1}{8}$ p	35. 9			$46\frac{1}{4}$ m
35.10			$46\frac{1}{16}$ m	35.10			$46\frac{1}{8}$ m
35.11			$45\frac{15}{16}$ p	35.11			$46\frac{1}{16}$ p
36.			$45\frac{13}{16}$ p	36.			46 m

COMBINAISON GENERALE

PARIS, HAMBOURG, LONDRES.

Londr. sur Hamb.	Hamb. sur Paris.	Paris sur Hamb.	Rend à Londr.	Londr. sur Hamb.	Hamb. sur Paris.	Paris sur Hamb.	Rend à Londr.
33 ·	· 41 $\frac{1}{2}$	· 115 $\frac{11}{16}$ m ·	50 $\frac{5}{16}$ m	33 ·	· 41 $\frac{5}{8}$	· 115 $\frac{5}{16}$ p ·	50 $\frac{7}{16}$ p
33 · 1			50 $\frac{5}{16}$ m	33 · 1			50 $\frac{5}{16}$ p
33 · 2			50 $\frac{1}{16}$ m	33 · 2			50 $\frac{5}{16}$ p
33 · 3			49 $\frac{15}{16}$ m	33 · 3			50 $\frac{1}{16}$ p
33 · 4			49 $\frac{13}{16}$ m	33 · 4			49 $\frac{15}{16}$ p
33 · 5			49 $\frac{11}{16}$ m	33 · 5			49 $\frac{13}{16}$ p
33 · 6			49 $\frac{9}{16}$ m	33 · 6			49 $\frac{11}{16}$ p
33 · 7			49 $\frac{7}{16}$ m	33 · 7			49 $\frac{9}{16}$ p
33 · 8			49 $\frac{5}{16}$ m	33 · 8			49 $\frac{7}{16}$ p
33 · 9			49 $\frac{3}{16}$ m	33 · 9			49 $\frac{5}{16}$ p
33 · 10			49 $\frac{1}{16}$ p	33 · 10			49 $\frac{3}{16}$ p
33 · 11			48 $\frac{15}{16}$ p	33 · 11			49 $\frac{1}{16}$ p
34 ·			48 $\frac{13}{16}$ p	34 ·			49 m
34 · 1			48 $\frac{11}{16}$ p	34 · 1			48 $\frac{7}{8}$ m
34 · 2			48 $\frac{9}{16}$ p	34 · 2			48 $\frac{3}{4}$ m
34 · 3			48 $\frac{7}{16}$ p	34 · 3			48 $\frac{5}{8}$ m
34 · 4			48 $\frac{3}{8}$ m	34 · 4			48 $\frac{1}{2}$ m
34 · 5			48 $\frac{1}{4}$ m	34 · 5			48 $\frac{3}{8}$ p
34 · 6			48 $\frac{1}{8}$	34 · 6			48 $\frac{1}{4}$ p
34 · 7			48	34 · 7			48 $\frac{1}{8}$ p
34 · 8			47 $\frac{7}{8}$ p	34 · 8			48 p
34 · 9			47 $\frac{3}{4}$	34 · 9			47 $\frac{15}{16}$ m
34 · 10			47 $\frac{5}{8}$ p	34 · 10			47 $\frac{13}{16}$ m
34 · 11			47 $\frac{7}{16}$ m	34 · 11			47 $\frac{11}{16}$ m
35 ·			47 $\frac{5}{16}$ m	35 ·			47 $\frac{9}{16}$ p
35 · 1			47 $\frac{5}{16}$ p	35 · 1			47 $\frac{7}{16}$ p
35 · 2			47 $\frac{3}{16}$ p	35 · 2			47 $\frac{3}{8}$ m
35 · 3			47 $\frac{1}{16}$ p	35 · 3			47 $\frac{1}{4}$ m
35 · 4			47 m	35 · 4			47 $\frac{1}{8}$ m
35 · 5			46 $\frac{7}{8}$ m	35 · 5			47 p
35 · 6			46 $\frac{3}{4}$ p	35 · 6			46 $\frac{7}{8}$ p
35 · 7			46 $\frac{5}{8}$ p	35 · 7			46 $\frac{13}{16}$ m
35 · 8			46 $\frac{7}{16}$ m	35 · 8			46 $\frac{11}{16}$ m
35 · 9			46 $\frac{7}{16}$ m	35 · 9			46 $\frac{9}{16}$ p
35 · 10			46 $\frac{5}{16}$ p	35 · 10			46 $\frac{7}{16}$ p
35 · 11			46 $\frac{3}{16}$ p	35 · 11			46 $\frac{5}{16}$ m
36 ·			46 $\frac{1}{8}$ m	36 ·			46 $\frac{1}{4}$

PARIS, HAMBOURG, LONDRES.

Londr. sur Hamb.	Hamb. sur Paris.	Paris sur Hamb.	Rend à Londr.	Londr. sur Hamb.	Hamb. sur Paris.	Paris sur Hamb.	Rend à Londr.
33.	41 3/4	115 m	50 5/8 m	33.	41 7/8	114 5/8 p	50 3/4 p
33. 1			50 1/2 m	33. 1			50 5/8 p
33. 2			50 3/8 m	33. 2			50 1/2 p
33. 3			50 1/4 m	33. 3			50 3/8 p
33. 4			50 1/8 m	33. 4			50 1/4
33. 5			50 m	33. 5			50 1/8 m
33. 6			49 7/8 m	33. 6			50
33. 7			49 3/4 m	33. 7			49 7/8 p
33. 8			49 5/8 m	33. 8			49 3/4 p
33. 9			49 1/2 m	33. 9			49 5/8 p
33.10			49 3/8 m	33.10			49 1/2 p
33.11			49 1/4 m	33.11			49 3/8 p
34.			49 1/8 m	34.			49 1/4 p
34. 1			49 m	34. 1			49 1/8 p
34. 2			48 7/8 p	34. 2			49 p
34. 3			48 3/4 p	34. 3			48 7/8 p
34. 4			48 5/8 p	34. 4			48 13/16 m
34. 5			48 1/2 p	34. 5			48 11/16 m
34. 6			48 3/8 p	34. 6			48 9/16 m
34. 7			48 5/16 m	34. 7			48 7/16 m
34. 8			48 3/16 m	34. 8			48 5/16 p
34. 9			48 1/16 m	34. 9			48 3/16 p
34.10			47 15/16 p	34.10			48 1/16 p
34.11			47 13/16 p	34.11			48 m
35.			47 11/16 p	35.			47 7/8 m
35. 1			47 5/8 m	35. 1			47 3/4 m
35. 2			47 1/2 m	35. 2			47 5/8 p
35. 3			47 3/8 p	35. 3			47 1/2 p
35. 4			47 1/4 p	35. 4			47 3/8 p
35. 5			47 1/8 p	35. 5			47 5/16 m
35. 6			47 1/16 m	35. 6			47 3/16 m
35. 7			46 15/16 m	35. 7			47 1/16 p
35. 8			46 13/16 p	35. 8			46 15/16 p
35. 9			46 11/16 p	35. 9			46 7/8 m
35.10			46 5/8 m	35.10			46 3/4 m
35.11			46 1/2 m	35.11			46 5/8 p
36.			46 3/8 p	36.			46 1/2 p

COMBINAISON GENERALE

PARIS, HAMBOURG, LONDRES.

Londr. sur Hamb.	Hamb. sur Paris.	Paris sur Hamb.	Rend à Londr.	Londr. sur Hamb.	Hamb. sur Paris.	Paris sur Hamb.	Rend à Londr.
33.	42½	114 $\frac{5}{16}$ m	50 $\frac{15}{16}$ m	33.	42 $\frac{1}{8}$	113 $\frac{15}{16}$ p	51 $\frac{1}{16}$ m
33. 1	....	....	50 $\frac{3}{4}$ p	33. 1	....	....	50 $\frac{13}{16}$ m
33. 2	....	....	50 $\frac{5}{8}$ p	33. 2	....	....	50 $\frac{13}{16}$ m
33. 3	....	....	50 $\frac{1}{2}$ p	33. 3	....	....	50 $\frac{11}{16}$ m
33. 4	....	....	50 $\frac{3}{8}$ p	33. 4	....	....	50 $\frac{7}{16}$ m
33. 5	....	....	50 $\frac{1}{4}$ p	33. 5	....	....	50 $\frac{1}{16}$ m
33. 6	....	....	50 $\frac{1}{8}$ p	33. 6	....	....	50 $\frac{5}{16}$ m
33. 7	....	....	50. p	33. 7	....	....	50 $\frac{3}{16}$ m
33. 8	....	....	49 $\frac{7}{8}$ p	33. 8	....	....	50 $\frac{1}{16}$ m
33. 9	....	....	49 $\frac{3}{4}$ p	33. 9	....	....	49 $\frac{15}{16}$ m
33.10	....	....	49 $\frac{5}{8}$ p	33.10	....	....	49 $\frac{13}{16}$ m
33.11	....	....	49 $\frac{9}{16}$ m	33.11	....	....	49 $\frac{11}{16}$ m
34.	....	....	49 $\frac{7}{16}$ m	34.	....	....	49 $\frac{9}{16}$ m
34. 1	....	....	49 $\frac{5}{16}$ m	34. 1	....	....	49 $\frac{7}{16}$ p
34. 2	....	....	49 $\frac{3}{16}$ m	34. 2	....	....	49 $\frac{13}{16}$ p
34. 3	....	....	49 $\frac{1}{16}$ m	34. 3	....	....	49 $\frac{3}{16}$ p
34. 4	....	....	48 $\frac{15}{16}$ m	34. 4	....	....	49 $\frac{1}{16}$ p
34. 5	....	....	48 $\frac{13}{16}$ m	34. 5	....	....	48 $\frac{15}{16}$ p
34. 6	....	....	48 $\frac{11}{16}$ p	34. 6	....	....	48 $\frac{13}{16}$ p
34. 7	....	....	48 $\frac{9}{16}$ p	34. 7	....	....	48 $\frac{5}{8}$ m
34. 8	....	....	48 $\frac{7}{16}$ p	34. 8	....	....	48 $\frac{3}{8}$ m
34. 9	....	....	48 $\frac{3}{8}$ m	34. 9	....	....	48 $\frac{1}{8}$ m
34.10	....	....	48 $\frac{1}{4}$ m	34.10	....	....	48 $\frac{2}{8}$ m
34.11	....	....	48 $\frac{1}{8}$ m	34.11	....	....	48 $\frac{1}{4}$ p
35.	....	....	48	35.	....	....	48 $\frac{1}{8}$ p
35. 1	....	....	47 $\frac{7}{8}$ p	35. 1	....	....	48 p
35. 2	....	....	47 $\frac{3}{4}$ p	35. 2	....	....	47 $\frac{15}{16}$ m
35. 3	....	....	47 $\frac{11}{16}$ m	35. 3	....	....	47 $\frac{13}{16}$ m
35. 4	....	....	47 $\frac{9}{16}$ m	35. 4	....	....	47 $\frac{11}{16}$ p
35. 5	....	....	47 $\frac{7}{16}$ m	35. 5	....	....	47 $\frac{9}{16}$ p
35. 6	....	....	47 $\frac{1}{16}$ p	35. 6	....	....	47 $\frac{7}{16}$ p
35. 7	....	....	47 $\frac{3}{16}$ p	35. 7	....	....	47 $\frac{3}{8}$ m
35. 8	....	....	47 $\frac{1}{8}$ m	35. 8	....	....	47 $\frac{1}{4}$ m
35. 9	....	....	47. m	35. 9	....	....	47 $\frac{1}{8}$ p
35.10	....	....	46 $\frac{7}{8}$ p	35.10	....	....	47 p
35.11	....	....	46 $\frac{3}{4}$ p	35.11	....	....	46 $\frac{15}{16}$ m
36.	....	....	46 $\frac{11}{16}$ m	36.	....	....	46 $\frac{15}{16}$ m

DES CHANGES.

PARIS, HAMBOURG, LONDRES.

Londr. sur Hamb.	Hamb. sur Paris.	Paris sur Hamb.	Rend à Londr.	Londr. sur Hamb.	Hamb. sur Paris.	Paris sur Hamb.	Rend à Londr.
33.	42 $\frac{1}{4}$	113 $\frac{1}{8}$ m	51 $\frac{3}{16}$ p	33.	42 $\frac{3}{8}$	113 $\frac{1}{4}$ p	51 $\frac{3}{8}$ m
33. 1			51 $\frac{1}{16}$ p	33. 1			51 $\frac{1}{4}$ m
33. 2			50 $\frac{15}{16}$ p	33. 2			51 $\frac{1}{8}$ m
33. 3			50 $\frac{13}{16}$ p	33. 3			51 m
33. 4			50 $\frac{11}{16}$ p	33. 4			50 $\frac{7}{8}$ m
33. 5			50 $\frac{9}{16}$ p	33. 5			50 $\frac{3}{4}$ m
33. 6			50 $\frac{7}{16}$ p	33. 6			50 $\frac{5}{8}$ m
33. 7			50 $\frac{5}{16}$ p	33. 7			50 $\frac{1}{2}$ m
33. 8			50 $\frac{3}{16}$ p	33. 8			50 $\frac{3}{8}$ m
33. 9			50 $\frac{1}{16}$ p	33. 9			50 $\frac{1}{4}$ m
33. 10			49 $\frac{15}{16}$ p	33. 10			50 $\frac{1}{8}$ m
33. 11			49 $\frac{13}{16}$ p	33. 11			50 m
34.			49 $\frac{11}{16}$ p	34.			49 $\frac{7}{8}$ m
34. 1			49 $\frac{9}{16}$ p	34. 1			49 $\frac{3}{4}$ m
34. 2			49 $\frac{7}{16}$ p	34. 2			49 $\frac{5}{8}$ m
34. 3			49 $\frac{5}{16}$ p	34. 3			49 $\frac{1}{2}$ m
34. 4			49 $\frac{1}{4}$ m	34. 4			49 $\frac{3}{8}$ m
34. 5			49 $\frac{1}{8}$ m	34. 5			49 $\frac{1}{4}$ m
34. 6			49 m	34. 6			49 $\frac{1}{8}$ p
34. 7			48 $\frac{7}{8}$ m	34. 7			49 p
34. 8			48 $\frac{3}{4}$ m	34. 8			48 $\frac{7}{8}$ p
34. 9			48 $\frac{5}{8}$ p	34. 9			48 $\frac{3}{4}$ p
34. 10			48 $\frac{1}{2}$ p	34. 10			48 $\frac{11}{16}$ p
34. 11			48 $\frac{3}{8}$ p	34. 11			48 $\frac{9}{16}$ m
35.			48 $\frac{5}{16}$ m	35.			48 $\frac{7}{16}$ m
35. 1			48 $\frac{3}{16}$ m	35. 1			48 $\frac{5}{16}$ p
35. 2			48 $\frac{1}{16}$ m	35. 2			48 $\frac{3}{16}$ p
35. 3			47 $\frac{15}{16}$ p	35. 3			48 $\frac{1}{16}$ p
35. 4			47 $\frac{13}{16}$ p	35. 4			48 m
35. 5			47 $\frac{11}{16}$ p	35. 5			47 $\frac{7}{8}$ m
35. 6			47 $\frac{9}{16}$ m	35. 6			47 $\frac{3}{4}$ m
35. 7			47 $\frac{1}{2}$ m	35. 7			47 $\frac{5}{8}$ m
35. 8			47 $\frac{3}{8}$ p	35. 8			47 $\frac{1}{2}$ p
35. 9			47 $\frac{1}{4}$ p	35. 9			47 $\frac{3}{8}$ p
35. 10			47 $\frac{3}{16}$ m	35. 10			47 $\frac{3}{16}$ p
35. 11			47 $\frac{1}{16}$ m	35. 11			47 $\frac{3}{16}$ p
36.			46 $\frac{15}{16}$ p	36.			47 $\frac{1}{16}$ p

Tome II.

506 COMBINAISON GENERALE

PARIS, HAMBOURG, LONDRES.

Londr. sur Hamb.	Hamb. sur Paris.	Paris sur Hamb.	Rend à Londr.	Londr. sur Hamb.	Hamb. sur Paris.	Paris sur Hamb.	Rend à Londr.
33.	42 $\frac{1}{2}$	112 $\frac{15}{16}$ p	51 $\frac{1}{2}$ p	33.	42 $\frac{5}{8}$	112 $\frac{5}{8}$ m	51 $\frac{11}{16}$ m
33. 1			51 $\frac{3}{8}$ p	33. 1			51 $\frac{9}{16}$ m
33. 2			51 $\frac{1}{4}$ p	33. 2			51 $\frac{7}{16}$ m
33. 3			51 $\frac{1}{8}$ p	33. 3			51 $\frac{1}{4}$ p
33. 4			51	33. 4			51 $\frac{1}{8}$ p
33. 5			50 $\frac{7}{8}$ m	33. 5			51 p
33. 6			50 $\frac{3}{4}$ m	33. 6			50 $\frac{7}{8}$ p
33. 7			50 $\frac{5}{8}$ m	33. 7			50 $\frac{3}{4}$ p
33. 8			50 $\frac{1}{2}$ m	33. 8			50 $\frac{5}{8}$ p
33. 9			50 $\frac{3}{8}$ m	33. 9			50 $\frac{1}{2}$ p
33. 10			50 $\frac{1}{4}$ m	33. 10			50 $\frac{3}{8}$ p
33. 11			50 $\frac{1}{8}$ m	33. 11			50 $\frac{1}{4}$ p
34.			50	34.			50 $\frac{1}{8}$ p
34. 1			49 $\frac{7}{8}$ p	34. 1			50 p
34. 2			49 $\frac{3}{4}$ p	34. 2			49 $\frac{7}{8}$ p
34. 3			49 $\frac{5}{8}$ p	34. 3			49 $\frac{3}{4}$ p
34. 4			49 $\frac{1}{2}$ p	34. 4			49 $\frac{1}{16}$ m
34. 5			49 $\frac{3}{8}$ p	34. 5			49 $\frac{9}{16}$ m
34. 6			49 $\frac{1}{4}$ p	34. 6			49 $\frac{7}{16}$ m
34. 7			49 $\frac{3}{16}$ m	34. 7			49 $\frac{5}{16}$ m
34. 8			49 $\frac{1}{16}$ m	34. 8			49 $\frac{3}{16}$ m
34. 9			48 $\frac{15}{16}$ m	34. 9			49 $\frac{1}{16}$ m
34. 10			48 $\frac{13}{16}$ m	34. 10			48 $\frac{15}{16}$ p
34. 11			48 $\frac{11}{16}$ m	34. 11			48 $\frac{13}{16}$ p
35.			48 $\frac{9}{16}$ p	35.			48 $\frac{11}{16}$ p
35. 1			48 $\frac{7}{16}$ p	35. 1			48 $\frac{1}{2}$ m
35. 2			48 $\frac{5}{16}$ p	35. 2			48 $\frac{13}{32}$ m
35. 3			48 $\frac{1}{4}$ m	35. 3			48 $\frac{3}{8}$ m
35. 4			48 $\frac{1}{8}$ m	35. 4			48 $\frac{1}{4}$ p
35. 5			48	35. 5			48 $\frac{1}{8}$ p
35. 6			47 $\frac{7}{8}$ p	35. 6			48 p
35. 7			47 $\frac{3}{4}$ p	35. 7			47 $\frac{11}{16}$ m
35. 8			47 $\frac{11}{16}$ m	35. 8			47 $\frac{13}{16}$ m
35. 9			47 $\frac{9}{16}$ m	35. 9			47 $\frac{1}{2}$ p
35. 10			47 $\frac{7}{16}$ p	35. 10			47 $\frac{3}{8}$ p
35. 11			47 $\frac{5}{16}$ p	35. 11			47 $\frac{1}{2}$ m
36.			47 $\frac{1}{4}$ m	36.			47 $\frac{3}{8}$ m

DES CHANGES.

PARIS, HAMBOURG, LONDRES.

Londr. sur Hamb.	Hamb. sur Paris.	Paris sur Hamb.	Rend à Londr.	Londr. sur Hamb.	Hamb. sur Paris.	Paris sur Hamb.	Rend à Londr.
33.	42 ¾	112 ¼ p	51 $\frac{13}{16}$ p	33.	42 ⅞	111 $\frac{15}{16}$ p	52 m
33. 1			51 $\frac{11}{16}$ p	33. 1			51 $\frac{13}{16}$ p
33. 2			51 $\frac{9}{16}$ m	33. 2			51 $\frac{11}{16}$ p
33. 3			51 $\frac{7}{16}$ m	33. 3			51 $\frac{9}{16}$ p
33. 4			51 $\frac{5}{16}$ m	33. 4			51 $\frac{7}{16}$ p
33. 5			51 $\frac{3}{16}$ m	33. 5			51 $\frac{5}{16}$ p
33. 6			51 $\frac{1}{16}$ m	33. 6			51 $\frac{3}{16}$ p
33. 7			50 $\frac{15}{16}$ m	33. 7			51 $\frac{1}{16}$ p
33. 8			50 $\frac{13}{16}$ m	33. 8			50 $\frac{15}{16}$ p
33. 9			50 $\frac{11}{16}$ m	33. 9			50 $\frac{13}{16}$ p
33. 10			50 $\frac{9}{16}$ m	33. 10			50 $\frac{11}{16}$ p
33. 11			50 $\frac{7}{16}$ m	33. 11			50 $\frac{9}{16}$ p
34.			50 $\frac{5}{16}$ m	34.			50 $\frac{7}{16}$ p
34. 1			50 $\frac{3}{16}$ m	34. 1			50 $\frac{5}{16}$ p
34. 2			50 $\frac{1}{16}$ m	34. 2			50 $\frac{3}{16}$ p
34. 3			49 $\frac{15}{16}$ m	34. 3			50 $\frac{1}{16}$ p
34. 4			49 $\frac{13}{16}$ m	34. 4			49 $\frac{15}{16}$ p
34. 5			49 $\frac{11}{16}$ m	34. 5			49 $\frac{13}{16}$ p
34. 6			49 $\frac{9}{16}$ p	34. 6			49 $\frac{11}{16}$ p
34. 7			49 $\frac{7}{16}$ p	34. 7			49 $\frac{9}{16}$ p
34. 8			49 $\frac{5}{16}$ p	34. 8			49 ½ m
34. 9			49 $\frac{3}{16}$ p	34. 9			49 ⅜ m
34. 10			49 $\frac{1}{16}$ p	34. 10			49 ¼ m
34. 11			49 m	34. 11			49 ⅛ m
35.			48 ⅞ m	35.			49
35. 1			48 ¾ m	35. 1			48 ⅞ p
35. 2			48 ⅝ p	35. 2			48 ¾ p
35. 3			48 ½ p	35. 3			48 ⅜ p
35. 4			48 ⅜ p	35. 4			48 $\frac{7}{16}$ m
35. 5			48 $\frac{5}{16}$ p	35. 5			48 $\frac{5}{16}$ m
35. 6			48 ¼ m	35. 6			48 $\frac{3}{16}$ p
35. 7			48 $\frac{1}{16}$ m	35. 7			48 $\frac{1}{16}$ p
35. 8			47 $\frac{15}{16}$ p	35. 8			
35. 9			47 $\frac{13}{16}$ p	35. 9			48 m
35. 10			47 ¾ m	35. 10			47 ⅞ m
35. 11			47 ⅝ m	35. 11			47 ¾ m
36.			47 ½	36.			47 ⅝ p

COMBINAISON GENERALE

PARIS, HAMBOURG, LONDRES.

Londr. sur Hamb.	Hamb. sur Paris.	Paris sur Hamb.	Rend à Londr.	Londr. sur Hamb.	Hamb. sur Paris.	Paris sur Hamb.	Rend à Londr.
33.	43	$111\frac{5}{8}$ p.	$52\frac{1}{8}$ m	33.	$43\frac{1}{8}$	$111\frac{5}{16}$ m	$52\frac{1}{4}$ p
33. 1			52 m	33. 1			$52\frac{1}{8}$ p
33. 2			$51\frac{7}{8}$ m	33. 2			52 p
33. 3			$51\frac{3}{4}$ m	33. 3			$51\frac{7}{8}$ p
33. 4			$51\frac{5}{8}$ m	33. 4			$51\frac{3}{4}$ p
33. 5			$51\frac{1}{2}$ m	33. 5			$51\frac{5}{8}$ m
33. 6			$51\frac{5}{16}$ p	33. 6			$51\frac{1}{2}$ m
33. 7			$51\frac{3}{16}$ p	33. 7			$51\frac{3}{8}$ m
33. 8			$51\frac{1}{16}$ p	33. 8			$51\frac{1}{4}$ m
33. 9			$50\frac{15}{16}$ p	33. 9			$51\frac{1}{8}$ m
33. 10			$50\frac{13}{16}$ p	33. 10			51 m
33. 11			$50\frac{11}{16}$ p	33. 11			$50\frac{7}{8}$ m
34.			$50\frac{9}{16}$ p	34.			$50\frac{3}{4}$ m
34. 1			$50\frac{7}{16}$ p	34. 1			$50\frac{5}{8}$ m
34. 2			$50\frac{5}{16}$ p	34. 2			$50\frac{1}{2}$ m
34. 3			$50\frac{1}{4}$ m	34. 3			$50\frac{3}{8}$ m
34. 4			$50\frac{1}{8}$ m	34. 4			$50\frac{1}{4}$ m
34. 5			50 m	34. 5			$50\frac{1}{8}$ m
34. 6			$49\frac{7}{8}$ m	34. 6			50
34. 7			$49\frac{3}{4}$ m	34. 7			$49\frac{7}{8}$ p
34. 8			$49\frac{5}{8}$ m	34. 8			$49\frac{3}{4}$ p
34. 9			$49\frac{1}{2}$ m	34. 9			$49\frac{5}{8}$ p
34. 10			$49\frac{3}{8}$ p	34. 10			$49\frac{1}{2}$ p
34. 11			$49\frac{1}{4}$ p	34. 11			$49\frac{3}{8}$ p
35.			$49\frac{1}{8}$ p	35.			$49\frac{5}{16}$ m
35. 1			49 p	35. 1			$49\frac{3}{16}$ m
35. 2			$48\frac{15}{16}$ m	35. 2			$49\frac{1}{16}$ m
35. 3			$48\frac{13}{16}$ m	35. 3			$48\frac{15}{16}$ m
35. 4			$48\frac{11}{16}$ m	35. 4			$48\frac{13}{16}$ m
35. 5			$48\frac{9}{16}$ p	35. 5			$48\frac{11}{16}$ m
35. 6			$48\frac{7}{16}$ p	35. 6			$48\frac{9}{16}$ p
35. 7			$48\frac{5}{16}$ p	35. 7			$48\frac{1}{2}$ p
35. 8			$48\frac{1}{4}$ m	35. 8			$48\frac{3}{8}$ p
35. 9			$48\frac{1}{8}$ m	35. 9			$48\frac{1}{4}$ p
35. 10			48	35. 10			$48\frac{1}{8}$ p
35. 11			$47\frac{7}{8}$ p	35. 11			48 p
36.			$47\frac{3}{4}$ p	36.			$47\frac{15}{16}$ m

PARIS, HAMBOURG, LONDRES.

Londr. sur Hamb.	Hamb. sur Paris.	Paris sur Hamb.	Rend à Londr.	Londr. sur Hamb.	Hamb. sur Paris.	Paris sur Hamb.	Rend à Londr.
33·	43 $\frac{1}{4}$	111 m	52 $\frac{7}{16}$ m	33·	43 $\frac{3}{8}$	110 $\frac{11}{16}$ m	52 $\frac{9}{16}$ p
33· 1			52 $\frac{5}{16}$ m	33· 1			52 $\frac{7}{16}$ p
33· 2			52 $\frac{3}{16}$ m	33· 2			52 $\frac{5}{16}$ m
33· 3			52 p	33· 3			52 $\frac{3}{16}$ m
33· 4			51 $\frac{7}{8}$ p	33· 4			52 $\frac{1}{16}$ m
33· 5			51 $\frac{3}{4}$ p	33· 5			51 $\frac{15}{16}$ m
33· 6			51 $\frac{5}{8}$ p	33· 6			51 $\frac{13}{16}$ m
33· 7			51 $\frac{1}{2}$ p	33· 7			51 $\frac{11}{16}$ m
33· 8			51 $\frac{3}{8}$ p	33· 8			51 $\frac{9}{16}$ m
33· 9			51 $\frac{1}{4}$ p	33· 9			51 $\frac{7}{16}$ m
33·10			51 $\frac{1}{8}$ p	33·10			51 $\frac{1}{4}$ p
33·11			51 p	33·11			51 $\frac{1}{8}$ p
34·			50 $\frac{7}{8}$ p	34·			51 p
34· 1			50 $\frac{3}{4}$ p	34· 1			50 $\frac{7}{8}$ p
34· 2			50 $\frac{5}{8}$ p	34· 2			50 $\frac{3}{4}$ p
34· 3			50 $\frac{1}{2}$ p	34· 3			50 $\frac{11}{16}$ m
34· 4			50 $\frac{3}{8}$ p	34· 4			50 $\frac{9}{16}$ m
34· 5			50 $\frac{1}{4}$ p	34· 5			50 $\frac{7}{16}$ m
34· 6			50 $\frac{1}{8}$ p	34· 6			50 $\frac{5}{16}$ m
34· 7			50 p	34· 7			50 $\frac{3}{16}$ m
34· 8			49 $\frac{7}{8}$ p	34· 8			50 $\frac{1}{16}$ m
34· 9			49 $\frac{13}{16}$ m	34· 9			49 $\frac{15}{16}$ m
34·10			49 $\frac{11}{16}$ m	34·10			49 $\frac{13}{16}$ m
34·11			49 $\frac{9}{16}$ m	34·11			49 $\frac{11}{16}$ p
35·			49 $\frac{7}{16}$ m	35·			49 $\frac{9}{16}$ p
35· 1			49 $\frac{5}{16}$ m	35· 1			49 $\frac{7}{16}$ p
35· 2			49 $\frac{3}{16}$ p	35· 2			49 $\frac{5}{16}$ p
35· 3			49 $\frac{1}{16}$ p	35· 3			49 $\frac{1}{4}$ m
35· 4			48 $\frac{15}{16}$ p	35· 4			49 $\frac{1}{8}$ m
35· 5			48 $\frac{7}{8}$ m	35· 5			49 m
35· 6			48 $\frac{3}{4}$ m	35· 6			48 $\frac{7}{8}$ m
35· 7			48 $\frac{5}{8}$ m	35· 7			48 $\frac{3}{4}$ p
35· 8			48 $\frac{1}{2}$ p	35· 8			48 $\frac{5}{8}$ p
35· 9			48 $\frac{3}{8}$ p	35· 9			48 $\frac{9}{16}$ m
35·10			48 $\frac{1}{4}$ p	35·10			48 $\frac{7}{16}$ m
35·11			48 $\frac{3}{16}$ m	35·11			48 $\frac{5}{16}$ m
36·			48 $\frac{1}{16}$ m	36·			48 $\frac{3}{16}$ p

COMBINAISON GENERALE

PARIS, HAMBOURG, LONDRES.

Londr. sur Hamb.	Hamb. sur Paris.	Paris sur Hamb.	Rend à Londr.	Londr. sur Hamb.	Hamb. sur Paris.	Paris sur Hamb.	Rend à Londr.
33.	· 43 $\frac{1}{2}$ ·	110 $\frac{3}{8}$ m.	52 $\frac{3}{4}$ m	33.	· 43 $\frac{5}{8}$ ·	110 p	· 52 $\frac{7}{8}$ p
33. 1	....		52 $\frac{5}{8}$ m	33. 1	....		52 $\frac{3}{4}$ m
33. 2	....		52 $\frac{7}{16}$ p	33. 2	....		52 $\frac{5}{8}$ m
33. 3	....		52 $\frac{5}{16}$ p	33. 3	....		52 $\frac{1}{2}$ m
33. 4	....		52 $\frac{3}{16}$ p	33. 4	....		52 $\frac{3}{8}$ m
33. 5	....		52 $\frac{1}{16}$ p	33. 5	....		52 $\frac{1}{4}$ m
33. 6	....		51 $\frac{15}{16}$ p	33. 6	....		52 $\frac{1}{16}$ p
33. 7	....		51 $\frac{13}{16}$ m	33. 7	....		51 $\frac{15}{16}$ p
33. 8	....		51 $\frac{11}{16}$ m	33. 8	....		51 $\frac{13}{16}$ p
33. 9	....		51 $\frac{9}{16}$ m	33. 9	....		51 $\frac{11}{16}$ p
33. 10	....		51 $\frac{7}{16}$ m	33. 10	....		51 $\frac{9}{16}$ p
33. 11	....		51 $\frac{5}{16}$ m	33. 11	....		51 $\frac{7}{16}$ p
34.	....		51 $\frac{3}{16}$ m	34.	....		51 $\frac{5}{16}$ p
34. 1	....		51 $\frac{1}{16}$ m	34. 1	....		51 $\frac{3}{16}$ p
34. 2	....		50 $\frac{15}{16}$ m	34. 2	....		51 $\frac{1}{16}$ p
34. 3	....		50 $\frac{13}{16}$ m	34. 3	....		50 $\frac{15}{16}$ p
34. 4	....		50 $\frac{11}{16}$ m	34. 4	....		50 $\frac{13}{16}$ p
34. 5	....		50 $\frac{9}{16}$ m	34. 5	....		50 $\frac{11}{16}$ p
34. 6	....		50 $\frac{7}{16}$ m	34. 6	....		50 $\frac{9}{16}$ p
34. 7	....		50 $\frac{5}{16}$ p	34. 7	....		50 $\frac{7}{16}$ p
34. 8	....		50 $\frac{3}{16}$ p	34. 8	....		50 $\frac{5}{16}$ p
34. 9	....		50 $\frac{1}{16}$ p	34. 9	....		50 $\frac{3}{16}$ p
34. 10	....		49 $\frac{15}{16}$ p	34. 10	....		50 $\frac{1}{8}$ m
34. 11	....		49 $\frac{13}{16}$ p	34. 11	....		50 m
35.	....		49 $\frac{11}{16}$ p	35.	....		49 $\frac{7}{8}$ m
35. 1	....		49 $\frac{5}{8}$ m	35. 1	....		49 $\frac{3}{4}$ m
35. 2	....		49 $\frac{1}{2}$ m	35. 2	....		49 $\frac{5}{8}$ m
35. 3	....		49 $\frac{3}{8}$ m	35. 3	....		49 $\frac{1}{2}$ p
35. 4	....		49 $\frac{1}{4}$ m	35. 4	....		49 $\frac{3}{8}$ p
35. 5	....		49 $\frac{1}{8}$ p	35. 5	....		49 $\frac{1}{4}$ p
35. 6	....		49 p	35. 6	....		49 $\frac{1}{8}$ p
35. 7	....		48 $\frac{7}{8}$ p	35. 7	....		49 $\frac{1}{16}$ m
35. 8	....		48 $\frac{13}{16}$ m	35. 8	....		48 $\frac{15}{16}$ m
35. 9	....		48 $\frac{11}{16}$ m	35. 9	....		48 $\frac{13}{16}$ m
35. 10	....		48 $\frac{9}{16}$ m	35. 10	....		48 $\frac{11}{16}$ p
35. 11	....		48 $\frac{7}{16}$ p	35. 11	....		48 $\frac{9}{16}$ p
36.	....		48 $\frac{5}{16}$ p	36.	....		48 $\frac{1}{2}$ m

DES CHANGES.

PARIS, HAMBOURG, LONDRES.

Londr. sur Hamb.	Hamb. sur Paris.	Paris sur Hamb.	Rend à Londr.	Londr. sur Hamb.	Hamb. sur Paris.	Paris sur Hamb.	Rend à Londr.
33 .	. 43 ¾	. 109 11/16 p	53 p	33 .	. 43 ⅞	. 109 ⅜ p	53 3/16 m
33 . 1			52 ⅞ p	33 . 1			53 1/16 m
33 . 2			52 13/16 p	33 . 2			52 15/16 m
33 . 3			52 ⅝ p	33 . 3			52 13/16 m
33 . 4			52 ½ p	33 . 4			52 ⅜ p
33 . 5			52 ⅜ m	33 . 5			52 ¼ p
33 . 6			52 ¼ m	33 . 6			52 ⅜ p
33 . 7			52 ⅛ m	33 . 7			52 ¼ p
33 . 8			52 m	33 . 8			52 ⅛ p
33 . 9			51 ⅞ m	33 . 9			52
33 . 10			51 ¾ m	33 . 10			51 ⅞ m
33 . 11			51 ⅝ m	33 . 11			51 ¾ m
34 .			51 ½ m	34 .			51 ⅝ m
34 . 1			51 ⅜ m	34 . 1			51 ½ m
34 . 2			51 ¼ m	34 . 2			51 ⅜ m
34 . 3			51 ⅛ m	34 . 3			51 ¼ m
34 . 4			51 m	34 . 4			51 ⅛ m
34 . 5			50 ⅞ m	34 . 5			51 m
34 . 6			50 ¾ m	34 . 6			50 ⅞ m
34 . 7			50 ⅝ m	34 . 7			50 ¾ m
34 . 8			50 ½ m	34 . 8			50 ⅝ m
34 . 9			50 ⅜ m	34 . 9			50 ½ p
34 . 10			50 ¼ m	34 . 10			50 ⅜ p
34 . 11			50 ⅛ m	34 . 11			50 ⅛ p
35 .			50	35 .			50 ⅛ p
35 . 1			49 ⅞ p	35 . 1			50 p
35 . 2			49 ¾ p	35 . 2			49 ⅞ p
35 . 3			49 ⅝ p	35 . 3			49 13/16 m
35 . 4			49 ½ p	35 . 4			49 11/16 m
35 . 5			49 5/16 m	35 . 5			49 9/16 m
35 . 6			49 3/16 m	35 . 6			49 7/16 m
35 . 7			49 3/16 m	35 . 7			49 ⅜ p
35 . 8			49 1/16 p	35 . 8			49 ⅜ p
35 . 9			48 15/16 p	35 . 9			49 ⅛ p
35 . 10			48 13/16 p	35 . 10			49 m
35 . 11			48 ¾ m	35 . 11			48 ⅞ m
36 .			48 ⅝ m	36 .			48 ¾

www.ingramcontent.com/pod-product-compliance
Lightning Source LLC
Chambersburg PA
CBHW051133230426
43670CB00007B/795